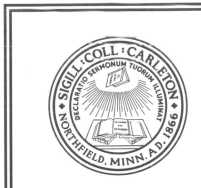

LIBRARY

Gift of

The Bush
Foundation

WITHDRAWN

Friedrich Schleiermacher
Kritische Gesamtausgabe
II. Abt. Band 16

Friedrich Daniel Ernst
Schleiermacher

Kritische Gesamtausgabe

Im Auftrag
der Berlin-Brandenburgischen Akademie der Wissenschaften
und der Akademie der Wissenschaften zu Göttingen

herausgegeben von
Hermann Fischer
und
Ulrich Barth, Konrad Cramer,
Günter Meckenstock, Kurt-Victor Selge

Zweite Abteilung
Vorlesungen
Band 16

Walter de Gruyter · Berlin · New York
2005

Friedrich Daniel Ernst

Schleiermacher

Vorlesungen über
die kirchliche Geographie
und Statistik

Herausgegeben von
Simon Gerber

Walter de Gruyter · Berlin · New York
2005

Bearbeitet in der Schleiermacherforschungsstelle Berlin

♾ Gedruckt auf säurefreiem Papier,
das die US-ANSI-Norm über Haltbarkeit erfüllt.

ISBN 3-11-017929-6

Bibliografische Information Der Deutschen Bibliothek

Die Deutsche Bibliothek verzeichnet diese Publikation in der Deutschen Nationalbibliografie; detaillierte bibliografische Daten sind im Internet über <http://dnb.ddb.de> abrufbar.

© Copyright 2005 by Walter de Gruyter GmbH & Co. KG, D-10785 Berlin
Dieses Werk einschließlich aller seiner Teile ist urheberrechtlich geschützt. Jede Verwertung außerhalb der engen Grenzen des Urheberrechtsgesetzes ist ohne Zustimmung des Verlages unzulässig und strafbar. Das gilt insbesondere für Vervielfältigungen, Übersetzungen, Mikroverfilmungen und die Einspeicherung und Verarbeitung in elektronischen Systemen.
Printed in Germany
Umschlaggestaltung: Rudolf Hübler, Berlin
Satz: Giorgio Giacomazzi, Berlin
Druck: Gerike GmbH, Berlin
Buchbinderische Verarbeitung: Lüderitz & Bauer classic GmbH, Berlin

3X
+827
.53
1980
2 Abt.
Bd. 16

093005/226/0 T8

Inhaltsverzeichnis

Einleitung des Bandherausgebers

Der vorliegende Band enthält bisher unveröffentlichte handschriftliche Quellen zu den Vorlesungen über die kirchliche Geographie und Statistik, die Friedrich Schleiermacher in den Jahren 1826, 1827 und 1833/34 geplant bzw. gehalten hat. Es handelt sich einerseits um ein Manuskript Schleiermachers, das auf etwa 100 Seiten vor allem eine nach Themen geordnete Materialsammlung für die Vorlesungen bietet,[1] andererseits um studentische Nachschriften.

Im Jahr 1835 teilte Ludwig Jonas einen vorläufigen Plan für die Edition des Schleiermacherschen Nachlasses im Rahmen der „Sämmtlichen Werke" mit. Danach sollte Adolf Sydow (1800–82) die Enzyklopädie, die kirchliche Statistik und die Predigten herausgeben.[2] Sydow gab tatsächlich vier Bände Predigten aus Schleiermachers Nachlaß heraus (SW II/7–10). Enzyklopädie und Statistik, die offenbar die Bände I/9 und I/10 der „Sämmtlichen Werke" bilden sollten, sind jedoch nie erschienen, was bei der Statistik umso schwerer wiegt, als es für die Enzyklopädie mit der „Kurzen Darstellung des theologischen Studiums" immerhin einen gedruckten Leitfaden von Schleiermachers Hand gab. Von Schleiermachers Meinungen zu der von ihm selbst ins Leben gerufenen Disziplin der Statistik waren also bisher nur die entsprechenden Paragraphen in der „Kurzen Darstellung" bekannt.[3]

---

[1] Im Ausstellungskatalog „Friedrich Schleiermacher zum 150. Todestag. Handschriften und Drucke", bearbeitet von Andreas Arndt und Wolfgang Virmond, S. 40 (Katalog-Nummer 24) ist fol. 51ʳ dieses Manuskripts abgebildet.

[2] SW III/3, hg. von L. Jonas, 1835, S. VIII f. Vgl. dazu Hans-Joachim Birkner: Die Kritische Schleiermacher-Ausgabe zusammen mit ihren Vorläufern vorgestellt, S. 12–18 = ders.: Schleiermacher-Studien, S. 309–315. Auch die Ankündigung des Verlags G. Reimer für die „Sämmtlichen Werke" (1834, abgedruckt bei Birkner: a.a.O. S. 41–45 = 328–331) erwähnt die Statistik-Vorlesungen.

[3] KD¹ S. 65–69, §§ 43–60 (KGA I/6, hg. von Dirk Schmid, S. 294–297); KD² §§ 232–250 (KGA I/6, S. 408–413). Vgl. dazu Emanuel Hirsch: Geschichte der neuern evangelischen Theologie 5, S. 353 f.; H.-J. Birkner: Schleiermachers „Kurze Darstellung" als theologisches Reformprogramm, S. 72 f. = ders.: Schleiermacher-Studien S. 299 f.; Kurt Nowak: Theorie der Geschichte, S. 435; Christoph Dinkel: Kirche gestalten – Schleiermachers Theorie des Kirchenregiments, S. 116 f. 262 f. Kurt Nowak: Schleiermacher,

I. Historische Einführung

1. Vorgeschichte

Der Begriff Statistik ist im Deutschen seit Mitte des 18. Jahrhunderts nachweisbar. Er setzte sich seitdem schnell durch; seine genaue Herkunft ist ungewiß.[4] *Statistik bedeutete zunächst noch nicht das, was wir heute darunter verstehen, also die zahlenmäßige Erfassung und Auswertung insbesondere politischer, gesellschaftlicher und ökonomischer Phänomene, sondern „die Staatenlehre, und beiwohnend die Staatenkunde",*[5] *was wiederum die „Lehre von den Staaten, d.h. von ihrer Größe, ihrer Macht, und andern innern und äußern Verhältnissen" (oder auch eine Schrift, die diese Lehre behandelt) meint.*[6] *Seit etwa 1770 erscheint das Wort Statistik als Titel von Büchern und Zeitschriften,*[7] *oft zusammen mit Geographie.*[8] *In Schleiermachers theologischer Enzyklopädie, dem*

---

hat zur Statistik nicht nur die KD herangezogen (S. 230), sondern auch die Schleiermacherschen und studentischen Handschriften, und zwar Schleiermachers Vorlesungsmanuskript und die Nachschrift Schmidt, letzterer entnahm er auch den Aufriß der Vorlesung 1827 (S. 260–263). Allerdings hat die Nachschrift Schmidt nicht 251 Blatt, sondern 251 (numerierte) Seiten, und das Ms. Schleiermachers hat 54 und nicht 90 Blatt (vgl. bei Nowak Anm. 117 zu S. 262). Das handschriftliche Material erwähnt auch Hanna Jursch: Schleiermacher als Kirchenhistoriker 1, S. 11. Sie nennt die beiden Nachschriften aus dem Schleiermacher-Nachlaß im Archiv der Berlin-Brandenburgischen Akademie der Wissenschaften (Schubring, Röseler) „u. a. aus den verschiedenen Jahrgängen". Eine Inhaltsangabe der ungedruckten Vorlesung wolle sie dem zweiten Band ihrer Arbeit als Exkurs beifügen; der Band ist jedoch nie erschienen.

[4] *Deutsches Wörterbuch von Jacob und Wilhelm Grimm 17 (X, 2,1), 1919, S. 951*

[5] *Joachim Heinrich Campe: Wörterbuch zur Erklärung und Verdeutschung der unserer Sprache aufgedrungenen fremden Ausdrücke, 2. Aufl. 1813, S. 567*

[6] *J. H. Campe: Wörterbuch der Deutschen Sprache 4, 1810, S. 565 f. Johann Georg Meusel schreibt in seinem Lehrbuch der Statistik, 1792, S. 1–7: Statistik oder Staatenkunde sei „die Wissenschaft oder Kenntniß von der gegenwärtigen politischen Verfassung der Staaten." Dazu gehörten einerseits die Bestandteile der Staaten (Größe, Grenzen und Einteilung, Boden, Klima und Wasser, Wirtschaft, Wissenschaft und Einwohner), andererseits die Regierungen der Staaten (Regierungsform und Regierungsgeschäfte, zu letzteren werden auch Religionssachen und Kirchenregiment gerechnet). Dieses Verständnis des Begriffs Statistik haben z.B. auch Georg Friedrich Daniel Goeß: Ueber den Begriff der Statistik. Ein historisch-kritischer Versuch, 1804; Wilhelm Butte: Die Statistik als Wissenschaft, 1808. Weitere Belege bei Grimm. Zur Geschichte der Staatenkunde, die im 17. Jh. als empirische Erweiterung der philosophischen Staatslehre und der Ereignisgeschichte aufkam, vgl. Nowak: Theorie S. 433 f.*

[7] *Z. B. Friedrich Ludwig Anton Hörschelmann: Politische Statistik der Vereinigten Niederlande, 1767; Charles d'Eon de Beaumont: Statistik der Königreiche Neapel und Sizilien, 1775; Christian Wilhelm von Dohm: Materialien für die Statistick und neuere Staatengeschichte, 1777–85; Meusel: Lehrbuch.*

[8] *Z. B. Beyträge zur Statistik und Geographie vorzüglich von Deutschland aus der neuesten Litteratur, 1780–82; Geographie, Geschichte und Statistik der Europäischen Staa-*

Gesamtentwurf der theologischen Wissenschaft, ist die kirchliche Statistik eine der theologischen Disziplinen. Schleiermacher setzt die politische Grundbedeutung des Begriffs Statistik (Staatenkunde, Beschreibung der inneren und äußeren Verhältnisse der Staaten) voraus und wendet sie auf das Gebiet der Religion an: Die religiöse oder kirchliche Statistik ist die Darstellung der Zustände der Religionen bzw. der christlichen Kirchen zu einem gegebenen Zeitpunkt, in der Regel in der Gegenwart.[9] Doch schrieb man auch schon vor Schleiermacher von kirchlicher Statistik oder Statistik der Kirchen, ebenso wie z. B. auch von einer Statistik der Schulen: Da Religion und Bildung mit ihren Einrichtungen zu den inneren Verhältnissen eines Staates gehören, wird die Beschreibung ihrer Angelegenheiten in einem Staat oft als Teil der politischen Statistik angesehen.[10]

Seit wann Schleiermacher die kirchliche Statistik als einen notwendigen Bestandteil im Kanon der theologischen Disziplinen und im Theologiestudium ansah, ist nicht sicher zu entscheiden. Im WS 1804/05, SS 1805, WS 1807/08 und WS 1810/11 hielt er in Halle und Berlin die ersten Vorlesungen zur theologischen Enzyklopädie,[11] doch sind keine Aufzeichnungen davon erhalten. Immerhin ist es nicht unwahrscheinlich, daß Schleiermacher schon damals an ein Fach Statistik dachte. Schon für sein erstes Kolleg im WS 1804/05 hatte er ja ein eigenes Konzept der Enzyklopädie, das er für wert erachtete, veröffentlicht zu werden.[12]

---

ten, 1782/83; Friedrich L. Brun: Tabellarisches Lehrbuch der neuesten Geographie und Statistik, 1786; Philipp Ludwig Hermann Röder: Geographie und Statistik Wirtembergs, 1787; Magazin für Geographie und Statistik der Königlich-Preußischen Staaten, 1791; Johann Heinrich Jacobi: Allgemeine Übersicht der Geographie, Statistik und Geschichte sämmtlicher Europäischen Staaten, 1791/92.

[9] *Vgl. 183,19–184,2; 186,7–23; 463,6–9. Emanuel Hirschs Auskunft, Statistik bedeute bei Schleiermacher „von der lateinischen Wurzelbedeutung her" die „Wissenschaft vom Zuständlichen" (Geschichte 5, S. 353), trifft also nur insofern zu, als die politische Grundbedeutung des Begriffs Statistik bzw. statistique vom lateinischen status abgeleitet ist.*

[10] *August Wilhelm Hupel: Die kirchliche Statistik von Rußland nebst andern kürzern Aufsätzen, 1786; Carl Traugott Gottlob Schönemann: Grundriss einer Statistik des Teutschen Religions- und Kirchenwesens, 1797; Friedrich Koch: Ideen zu einer Statistik des öffentlichen Schul- und Erziehungswesens, 1803; Johann Gottlieb Scheibel: Einige Bemerkungen über das Studium der Universalgeschichte, Statistik und Kirchengeschichte, 1811, S. 32. Vgl. auch oben zu Meusel.*

[11] *Vgl. W. Virmond: Schleiermachers Vorlesungen in thematischer Folge, 140 f.*

[12] *Schleiermacher schrieb am 4.11.1804, also kurz nach Beginn der ersten Vorlesung, an seinen Verleger Georg Reimer, er würde gern aphoristische Kompendien veröffentlichen, als erstes vielleicht eines zur Enzyklopädie: Aus Schleiermacher's Leben. In Briefen (= Br.) 4, S. 105, vgl. A. Arndt und W. Virmond: Schleiermachers Briefwechsel (= Arndt/Virmond) S. 182.*

*Zwar konsultierte Schleiermacher für seine Enzyklopädie-Vorlesung
auch den „ehrlichen" Nösselt und Plancks „geschwätzige" Einleitung,
wie er am 13.11.1804 an Joachim Christian Gaß schrieb, doch nicht, um
deren Konzepte zu übernehmen, sondern um seinem nach eigener Ein-
schätzung noch nicht genügend fließenden und detaillierten Vortrage
aufzuhelfen.[13] In einem Brief an Gaß vom 16.11.1805 zeichnet sich bereits die Dreiteilung der Theologie in historische, philosophische und
praktische Theologie ab.[14] Stand für Schleiermacher bereits einerseits die
zeitliche Einteilung der historischen Theologie in die Kenntnis vom Anfang des Christentums, von seinem weiteren Verlauf und von seinem
gegenwärtigen Zustand und andererseits ihre organische Einteilung in
die Geschichte des Lehrbegriffs und die der Verfassung fest, so ergab sich
daraus schon die Disziplin der Statistik als die Kunde von der kirchlichen Verfassung in der Gegenwart.*

*Sicheren Boden betreten wir aber erst mit der ersten Auflage der
„Kurzen Darstellung des theologischen Studiums zum Behuf einleitender
Vorlesungen" (Berlin 1811).[15] Hier bildet die Statistik zusammen mit der
Dogmatik und der Sittenlehre den letzten Teil der historischen Theolo-
gie, den Teil, der den gegenwärtigen Zustand des Christentums be-
schreibt, wobei es Dogmatik und Sittenlehre mit der idealen Seite, dem
Lehrbegriff von seiner theoretischen und praktischen Seite her, zu tun
haben, die Statistik aber mit der realen Seite, der Verfassung.[16] Dabei*

---

[13] *Wilhelm Gaß: Fr. Schleiermacher's Briefwechsel mit J. Chr. Gaß (= Br. Gaß) S. 2. Vgl.
Arndt/Virmond S. 125. Die Rede ist von Johann August Nösselts Anweisung zur Bildung angehender Theologen und von Gottlieb Jakob Plancks Einleitung in die theologische Wissenschaften. Anregungen über die Disziplin der Statistik hätte Schleiermacher aus diesen Werken nur begrenzt gewinnen können. Nösselt empfiehlt den angehenden Theologen u. a. das Studium der Staatenkunde oder Statistik (I, S. 288f., §§
242f.). Zur historischen Theologie gehöre auch eine Kenntnis der Kirchenverfassung,
die sich zur Kirchengeschichte verhalte wie die Statistik der Staaten zur Geschichte;
diese Kenntnis sei ebenso wichtig, wie sie ein bislang unbebautes Feld sei (II, S.
171–176, §§ 125–128). Für die Amtsführung des Pfarrers sei nicht nur die Kenntnis des
Rechts ihrer eigenen Kirche notwendig, sondern, sofern sie es mit Katholiken zu tun
hätten, auch die des kanonischen Rechts (III, S. 139–152, §§ 80–90). Planck empfiehlt
Kenntnisse der kirchlichen Geographie (I, S. 106), jedoch nicht als eigene Disziplin der
historischen Theologie, sondern als Veranschaulichung der Missionsgeschichte.*

[14] *Br. Gaß S. 36f. Vgl. Arndt/Virmond S. 125. Zum Ganzen vgl. D. Schmid: Einleitung zu
KGA I/6, 1998, S. XXXVIII–XLIII.*

[15] *Über Schleiermachers Pläne, die KD zu veröffentlichen, und die lange Verzögerung
ihrer Durchführung vgl. den Brief an Reimer vom 21.12.1805 (Br. 2, S. 48, vgl.
Arndt/Virmond S. 184); Brief an Gaß vom Sommer 1806 (Br. Gaß S. 53, vgl. Arndt/Vir-
mond S. 126); Brief an Henriette von Willich vom 28.3.1809 (Br. 2, S. 235, vgl.
Arndt/Virmond S. 226).*

[16] *Vgl. KD[1] S. 16, § 3; S. 28–32, §§ 19f. 27. 32f.; S. 56–62, §§ 2. 31 (KGA I/6, S. 259.
268–270. 288. 292).*

habe die Statistik „vorzüglich zu betrachten die religiöse Entwiklung, die kirchliche Verfassung und die äußeren Verhältnisse der Kirche im gesamten Gebiet der Christenheit".[17] *Mit der religiösen Entwicklung meint Schleiermacher das Verhältnis des Lehrbegriffs zum „religiösen Bewußtsein der Gemeinheit" und das Verhältnis des religiösen Prinzips einer Religionspartei zu den „herrschenden sinnlichen Motiven"; das Wesen der kirchlichen Verfassung äußere sich im Verhältnis zwischen Klerus und Laien, das Wesen der äußeren Verhältnisse wiederum im Verhältnis einer Kirche zu Staat und Wissenschaft.*[18] *Die Untersuchung könne weder ohne religiöses Interesse noch ohne philosophischen und kritischen Geist geführt werden.*[19] *Da jedes Gebiet innerhalb der Kirche ein organischer Teil des Ganzen sei, müsse sich jeder, der in der Kirche etwas wirken wolle, mit allen Kirchenparteien der Gegenwart befassen, nicht nur mit der eigenen Landeskirche oder Konfession. Die Kenntnis des gegenwärtigen Zustands der Christenheit sei mithin für eine kompetente Kirchenleitung unerläßlich, ihr Mangel führe zu totem Mechanismus.*[20] *Beide Seiten der Kenntnis vom gegenwärtigen Zustand des Christentums wie überhaupt der Kirchengeschichte, die dogmatisch-ethische und die statistische, ließen sich freilich umso weniger voneinander scheiden und ohne einander betrachten, je näher man einer Epoche stehe: Mit einer Epoche, wie zuletzt die Reformation eine gewesen sei, fange auf allen Gebieten des kirchlichen Lebens etwas Neues an, und insofern dann alles voneinander abhänge, müsse es auch zusammen betrachtet werden, während sich in Zeiten der ruhigen Entwicklung (Perioden) die einzelnen Gebiete in ihrer relativen Selbständigkeit gut gesondert betrachten ließen.*[21]

Mit seinem Konzept der Statistik als derjenigen theologischen Disziplin, die die christlichen Kirchen in ihrem gegenwärtigen Zustand beschreibt, schlägt Schleiermacher neue Wege ein. Seit dem Entstehen der Konfessionen im 16. Jahrhundert waren die Kirchen vor allem unter dem Gesichtspunkt des in ihnen geltenden Lehrbegriffs beschrieben und miteinander verglichen worden: Die Isagogik stellte die Entstehungsgeschichte und die Lehren der Symbole (Bekenntnisse und Bekenntnisschriften) dar, während die Polemik die zwischen den Konfessionen strittigen Punkte auflistete und dort die Lehre der eigenen Konfession

---

[17] *KD*[1] S. 65, § 43 (KGA I/6, S. 294)
[18] *KD*[1] S. 66f., §§ 45–50 (KGA I/6, S. 295)
[19] *KD*[1] S. 68f., §§ 59f. (KGA I/6, S. 297)
[20] *KD*[1] S. 27–32, §§ 14. 34; S. 67f., §§ 52–55 (KGA I/6, S. 267. 270. 296)
[21] *KD*[1] S. 25–31, §§ 7. 11–13. 28–31; S. 61, § 23 (KGA I/6, S. 266–270. 291)

verteidigte und die der anderen zurückwies. Unter dem Einfluß des Pie-
tismus und der Aufklärung milderte sich im 18. Jahrhundert der Cha-
rakter der symbolischen Theologie; das Polemische trat gegenüber dem
Deskriptiven zurück. An der Schwelle zum 19. Jahrhundert entwarf der
schon erwähnte Gottlieb Jakob Planck in einem Leitfaden für Vorlesun-
gen eine Art unpolemische Polemik, also eine Disziplin, die die Lehrsy-
steme der anderen Kirchenparteien dem der eigenen vorurteilsfrei gegen-
überstellt und dabei zwischen wesentlichen und bloß abgeleiteten Dif-
ferenzen unterscheidet.[22] Nach Schleiermachers Enzyklopädie gehört die
Polemik hingegen zur philosophischen Theologie, mithin zum grundle-
genden Teil der theologischen Wissenschaft, der das Wesen der Kirche
mit Hilfe der Ethik, der Wissenschaft von den Prinzipien des menschli-
chen Handelns und der Geschichte, bestimmt. Die Polemik richtet sich
nach innen, bezweckt also nicht Verteidigung und Angriff nach außen,
sondern Selbstprüfung und Abschaffung alles dessen, was in der Er-
scheinung der eigenen Kirche der Idee und dem Wesen der Christentums
widerstreitet und seine Kraft schwächt.[23] Von der Symbolik wiederum
schreibt Schleiermacher, sie sei eine einzelne untergeordnete Disziplin;[24]
untergeordnet denkt er sie offenbar nicht der Statistik, sondern der Dog-
matik. Die Symbole seien die normative Darstellung für eine bestimmte
Erscheinungsweise des Christentums, sie seien also am Beginn einer Pe-
riode des Christentums eben das, was der neutestamentliche Kanon für
das Christentum insgesamt sei.[25] Die Dogmatik als Darstellung des Lehr-
begriffs in der Gegenwart müsse die Symbole heranziehen, könne sich
aber nicht auf das durch die Symbole Fixierte beschränken, da dies nach
deren Natur immer fragmentarisch sei.[26] Obwohl die Dogmatik sich im
Gegensatz zur Statistik grundsätzlich auf eine Kirchengemeinschaft zu
beschränken habe, müsse sie auch den Lehrbegriff der anderen Kirchen-

---

[22] Vgl. dazu G. J. Planck: *Abriß einer historischen und vergleichenden Darstellung der*
dogmatischen Systeme unserer verschiedenen christlichen Hauptpartheien nach ihren
Grundbegriffen, ihren daraus abgeleiteten Unterscheidungslehren und ihren prakti-
schen Folgen, 1796 (2. Aufl. 1804, 3. Aufl. 1822); Philipp Marheineke: *Institutiones*
symbolicae, 1812, §§ 3–6; Ferdinand Kattenbusch: *Lehrbuch der vergleichenden Con-*
fessionskunde, S. 39–52; Friedrich Loofs: *Symbolik oder christliche Konfessionskunde,*
S. 65–69; RE³ 15, 1904, S. (508–513) 511 (Paul Tschackert: Polemik); 19, 1907,
S. (196–207) 201–205 (Ferdinand Kattenbusch: Symbole, Symbolik); Hermann Mulert:
Konfessionskunde, S. 1–5; RGG³ 3, 1959, S. 1749–52 (Ernst Wolf: Konfessionskunde).
[23] KD¹ S. 19–22, §§ 1–11 (KGA I/6, S. 262f.). Vgl. S. 6–9, §§ 22–27. 37f. (KGA I/6,
S. 252–254)
[24] KD¹ S. 69, § 1 (KGA I/6, S. 297)
[25] KD¹ S. 33, § 2; S. 60, §§ 21 f.; S. 69, § 1 (KGA I/6, S. 272. 291. 297).
[26] KD¹ S. 64f., § 40 (KGA I/6, S. 294). Vgl. CG¹ § 30 (KGA I/7, 1, S. 103–108) (CG² § 27
[KGA I/13, 1, S. 175–182]).

partei berücksichtigen (was natürlich in der durch die Epoche der Reformation heraufgeführten gegenwärtigen Periode heißt: denjenigen des römischen Katholizismus).[27] *Insofern gehört das Gebiet der klassischen symbolischen und polemischen Theologie in der ersten Auflage der „Kurzen Darstellung" Schleiermachers also zur Dogmatik.*

Als Schleiermacher seine ersten Vorlesungen zur Enzyklopädie hielt, im Jahr 1804, erschien in Tübingen ein Handbuch in zwei Bänden, das zu seiner Zeit einzigartig war und es noch lange bleiben sollte: die „Kirchliche Geographie und Statistik" von Carl Friedrich Stäudlin. In seinen Vorlesungen nennt Schleiermacher Stäudlin den Begründer der Disziplin der Statistik und Stäudlins Handbuch das zwar überholte, aber einzige und daher unentbehrliche Handbuch dazu.[28] *Er hat es für die Vorlesungen ausgiebig konsultiert. Stäudlin, 1761 in Stuttgart geboren, seit 1790 Professor der Theologie in Göttingen, gestorben 1826, der nach damaligem Brauch über alle biblischen, historischen und systematischen Fächer Vorlesungen hielt, las im SS 1803 und im WS 1803/04 die kirchliche Geographie und Statistik*[29] *und brachte schon 1804 die beiden Bände seines Handbuchs heraus. Danach hielt Stäudlin keine Vorlesungen in dieser Disziplin mehr. Dies ist um so schwerer zu begreifen, als er ja nunmehr sowohl eine ausgearbeitete Vorlesung als auch einen eigenen gedruckten Leitfaden hatte und als er auf diesem Gebiet eine Kapazität ohnegleichen war. Daß Stäudlin die neuesten kirchlichen Entwicklungen aufmerksam verfolgte, zeigt nicht zuletzt die Mitarbeit an Zeitschriften wie dem „Archiv für alte und neue Kirchengeschichte" und dem „Kirchenhistorischen Archiv".*

Für Stäudlin ist die kirchliche Geographie und Statistik ein Teil der Geographie der Religionen: Alles, was zugleich im Raum vorhanden sei, habe seine Geographie, so wie auch alles, was zeitlich nacheinander da sei, seine Geschichte habe. Es gebe also eine Geographie der Sprachen, der Kunst, der Wissenschaften usw. und eben auch eine Geographie der Religionen. Daß er, Stäudlin, sich erst einmal auf die christliche Religion beschränke, habe pragmatische Gründe: Über die anderen Religionen

---

[27] *KD¹ S. 32, § 34; S. 61f., §§ 23f. 29 (KGA I/6, S. 270. 291f.). Vgl. CG¹ §§ 26–28 (KGA I/7, 1, s. 96–101) (CG² §§ 23f. [KGA I/13, 1, S. 160–169]).*

[28] *192,5–14; 463,6; vgl. Friedrich Schleiermacher: Theologische Enzyklopädie (1831/32), Nachschrift David Friedrich Strauß, hg. von Walter Sachs (= ThEnz [Strauß]) §§ 95. vor 231. 245 (S. 98. 221. 238).*

[29] *Im Göttinger Catalogus praelectionum heißt es: „publice autem Statum ecclesiae praesentem seu Geographiam ecclesiasticam exponet" (SS 1803) bzw.: „Publice autem Statum ecclesiae praesentem seu Geographiam et Statisticen ecclesiasticam exponet" (WS 1803/04).*

gebe es noch zu wenig verläßliche Nachrichten.[30] *Aber auch die Geographie des Christentums sei nur möglich durch die Fortschritte der Länder-, Völker- und Staatenkunde und des Verkehrs, dank denen auch entlegene Weltteile keine terra incognita mehr seien. Betrieben werden müsse die kirchliche Geographie im Geiste der Achtung und Toleranz, ohne Arroganz und Gehässigkeiten. So trage sie bei zur Bildung und Aufklärung, helfe, Vorurteile abzubauen, und sei nicht zuletzt auch interessant und unterhaltend.*[31] *Die Statistik (politische Staatenkunde) wiederum sei Teil der Geographie im weiteren Sinne, nämlich die Lehre von den Ländern und Völkern, insofern sie Staaten bildeten; eine Religionsstatistik also beschreibe das Verhältnis zwischen Religion und politischer Macht und die verschiedenen kirchlichen Verfassungen. Freilich sei es auch hier weder möglich noch geraten, das Geographische und das Statistische streng voneinander zu trennen.*[32]

    Stäudlin teilt den Stoff in einen kürzeren Teil, die allgemeine kirchliche Geographie und Statistik, und einen längeren Teil, die besondere kirchliche Geographie und Statistik.[33] *Der allgemeine Teil stellt erst die verschiedenen christlichen Konfessionen und ihre Verbreitung auf der Erde vor: das orientalische und das okzidentale Christentum, dann das Judentum, das Stäudlin als einzige nichtchristliche Religion mitberücksichtigt. Es folgen Betrachtungen über die Wechselwirkungen zwischen den geographischen und statistischen (politischen) Verhältnissen, dem Volkscharakter und der Religion in den verschiedenen Ländern, über die Zahl der Christen insgesamt und über die Veränderung der Denkart besonders der okzidentalischen Christen durch die Aufklärung. Der besondere Teil beschreibt den Zustand der christlichen Kirchen und des Judentums in den einzelnen Ländern und Staaten. Der Stoff wird nach den Staatsgrenzen von 1804 eingeteilt; in der Reihenfolge der Länder ist keine besondere Ordnung zu erkennen. Da der Zustand von 1804 nur eine Momentaufnahme in den Umwälzungen der Französischen Revolution und der Koalitionskriege war, war Stäudlins Werk schnell überholt. In Europa sollten die Grenzen noch fast jährlich neu gezogen werden, bis der Wiener Kongreß eine neue, für Jahrzehnte dauerhafte Ordnung schuf. Auch nach 1815 brachte Stäudlin indessen keine aktualisierte Ausgabe heraus.*

---

[30] *Stäudlin I, S. IV f. 4–8. Vgl. Nowak: Theorie 434 f.*

[31] *Stäudlin I, S. 3–6. 19–22. 32–35. Interessant und unterhaltend ist Stäudlins Kirchliche Geographie und Statistik auch noch nach 200 Jahren.*

[32] *Stäudlin I, S. 8–15*

[33] *Der allgemeine Teil findet sich in Stäudlin I, S. 37–123, der besondere Teil in I, S. 125–II, S. 749.*

Ist Schleiermachers Konzept der Statistik als theologischer Disziplin von Stäudlin abhängig? Eigenständig ist jedenfalls die enzyklopädische Einordnung der Statistik als letzter Teil der historischen Theologie durch Schleiermacher. Doch hat sich Schleiermacher vielleicht von Stäudlin anregen lassen, bei der Statistik nicht nur die kirchliche Verfassung und die äußeren Verhältnisse zu betrachten, sondern auch die religiöse Volkskunde der verschiedenen Kirchen und Länder.

Neben Schleiermacher wurde an der Berliner Universität weiter die klassische symbolische Theologie betrieben. Hier ist besonders Philipp Marheineke (1780–1846) zu nennen, der seit 1811 Professor in Berlin war und oft Vorlesungen über die Symbolik hielt.[34] Er verfaßte ein mehrbändiges Lehrbuch der Symbolik, dessen materialer Teil allerdings über das System des römischen Katholizismus nicht hinauskam, und einen lateinischen Leitfaden für seine Vorlesungen; nach seinem Tode wurden die Vorlesungen als Buch herausgegeben.[35] Marheineke beanspruchte, die Wissenschaft, die sich als Polemik zu Tode gestritten habe, nun als Symbolik neu zu begründen: Sie stelle die historisch-dogmatische Entwicklung des Lehrbegriffs in den verschiedenen Kirchenparteien dar, wie er in ihren Symbolen ausgesprochen sei. Durch die Symbole gelange man dann zu jenem Kern, durch den sich Geist und Wesen der Kirchenpartei erschlössen und aus dem sich alle ihre Erscheinungen in Lehre, Leben und Verfassung erklärten.[36] Die Symbolik könne sich nicht auf die (selbstverständlich ganz unpolemische) Darstellung des Lehrbegriffs beschränken, sondern bedürfe zugleich geographischer und statistischer

---

[34] *Marheineke kündigte Symbolik-Vorlesungen an für das WS 1810/11, die SS von 1811 bis 1829, die WS 1830/31 und 1831/32, die SS 1832 und 1833, die WS 1834/35, 1836/37 und 1840/41 und die SS 1840 und 1844. Nicht zustande kamen die Vorlesungen im WS 1810/11, SS 1813 und WS 1831/32. Über das SS 1844 gibt es keine Listen der gehaltenen Vorlesungen. Auch August Neander und August Twesten hielten symbolisch-polemische Vorlesungen, ersterer als „genetische Entwicklung der Gegensätze zwischen Protestantismus und Katholizismus" (SS 1834 und SS 1842, WS 1847/48), letzterer als Symbolik und Polemik (SS 1836, 1838, 1840, 1845, 1847, 1851, 1853, 1855).*

[35] *Christliche Symbolik oder historischkritische und dogmatischkomparative Darstellung des katholischen, lutherischen, reformirten und socinianischen Lehrbegriffs, 3 Bände, 1810–13; Institutiones symbolicae, 1812 (2. Aufl. 1825, 3. Aufl. 1830); Christliche Symbolik oder comparative Darstellung des katholischen, lutherischen, reformirten, socinianischen und des Lehrbegriffes der griechischen Kirche, hg. von Stephan Matthies und Wilhelm Vatke, 1848.*

[36] *Christliche Symbolik I, S. 3–22; vgl. Christliche Symbolik (Vorlesungen) S. 1–17. Marheinekes Symbolik setzt das Programm des Planckschen „Abrisses einer historischen und vergleichenden Darstellung der dogmatischen Systeme unserer verschiedenen christlichen Hauptpartheien" fort, wenn sie eine objektive, unpolemische Darstellung fordert und unterscheidet zwischen den grundlegenden Differenzen und den Unterschieden in Nebenpunkten zwischen den verschiedenen Kirchenparteien.*

Hilfskenntnisse.[37] *Tatsächlich aber kommt das Geographisch-Statistische in Marheinekes Arbeiten zur Symbolik fast gar nicht vor.*

2. Die Vorlesung 1826/27

Eine Vorlesung über die Statistik hat Schleiermacher zum ersten Mal erst für das WS 1826/27 angekündigt, nach mehr als 35 Semestern akademischer Lehrtätigkeit. Warum er mit dieser von ihm für notwendig erachteten Disziplin so lange gewartet hat und warum er gerade jetzt eine Statistik-Vorlesung anbot, darüber läßt sich nur mutmaßen. Drängte es ihn, seinen Ideen zu Kirche und Kirchenregiment einen empirischen Unterbau zu geben? Wollte er alle Disziplinen seines wissenschaftlichen Systems einmal gelesen haben (so las er seit 1821 ja auch den materialen Teil der Kirchengeschichte)? Hatten ihn die Auseinandersetzungen um Kirchenverfassung, Union und Agende seit 1816 gelehrt, wie recht er einst gehabt hatte, als er profunde Kenntnisse des gegenwärtigen Zustands der Kirche in den verschiedenen Ländern, unter verschiedenen politischen Systemen und mit verschiedenen Verfassungen, als notwendig erklärte für jeden, der ein kirchenleitendes Amt bekleidet? Wollte er sich und besonders die Studenten für die kommenden Aufgaben in der Kirchenleitung kompetent machen?[38] *Hat Schleiermacher vielleicht eine gewisse Freude am Umgang mit Zahlen und statistischem Material an sich entdeckt, gleichsam als Gegengewicht zu den Abstraktionen des philosophisch-systematischen Denkens?*[39] *Vielleicht kam alles zusammen. Auffällig ist, daß Schleiermacher in der Einleitung zur Vorlesung des SS 1827 bei der Begründung der Disziplin zwei Dinge verbindet, die in der „Kurzen Darstellung" noch unverbunden sind, nämlich die Statistik als Beschreibung des gegenwärtigen Zustandes der christlichen Kirchen in Hinblick auf religiöse Entwicklung, kirchliche Verfassung und äußere Verhältnisse und die Unterscheidung von Perioden und Epochen in der Geschichte: Die Gegenwart habe in der Tat Ähnlichkeit mit einer geschichtlichen Epoche, und insofern, als in ihr alles miteinander zu tun habe und voneinander abhänge, sei sie ein geeigneter Zeitpunkt zu einer statistischen Gesamtschau.*[40]

---

[37] *Christliche Symbolik I, S. 29f.; vgl. Christliche Symbolik (Vorlesungen) S. 19f.*
[38] *Dies vermutet Dinkel: Kirche gestalten S. 116.*
[39] *Schleiermacher notierte in seinen Exzerpten ja allerlei Dinge, deren Relevanz für die Amtsführung in einer deutschen evangelischen Landeskirche recht zweifelhaft ist. Welche Bedeutung haben etwa die Einkünfte des Patriarchen von Lissabon oder die Renten der Domherren an den preußischen Bistümern?*
[40] 190,16–192,3

*Im Vorlesungsverzeichnis der Berliner Universität für das WS 1826/27
findet sich folgende deutsche und lateinische Ankündigung:*

> *„Die kirchliche Statistik lehrt Hr. Prof. D. Schleiermacher in 5 wöchentl.
> Stunden, Morgens v. 9–10 Uhr." – „Statisticen ecclesiasticam tradet quin-
> quies p. hebd. h. IX–X."*[41]

*Die Vorlesung kam allerdings nicht zustande; statt ihrer las Schleier-
macher die christliche Sittenlehre. In der an das zuständige Ministerium
geschickten Liste der Lehrveranstaltungen des Semesters heißt es: „Die
Vorlesung ist auf specielle Genehmigung des hohen Ministeriums umge-
ändert worden." Der Grund dieser Umänderung läßt sich unschwer er-
raten: Für die Vorbereitung der Statistik-Vorlesungen war Schleiermacher, ähnlich wie bei der Kirchengeschichte,*[42] *darauf angewiesen, sich
den Stoff zunächst selbst zu erarbeiten. Zurückgreifen konnte er zwar
auf seine Grundlegung der Disziplin in der Enzyklopädie, auf sein im
Laufe seines Lebens und Wirkens erworbenes Wissen zur Kirchenkunde,
auf seine kirchenpolitischen Erfahrungen und auf seine Kenntnis der
Tagesereignisse. Den Großteil des Materials aber mußte sich Schleiermacher erst aus Arbeiten anderer aneignen. In einem Brief an Gaß vom
24.7.1826 schreibt Schleiermacher: „Das schlimmste ist nur das neue
Collegium (kirchliche Statistik) was ich für den Winter angekündigt
habe und wofür ich erst anfangen muß zu sammeln. Der innere Impuls
dazu war aber zu stark, ich konnte es nicht lassen."*[43] *Die Frucht der
Präparation auf das Semester sind wahrscheinlich Ms. fol. 53 (Zur Statistik), eine kurze und ganz ungeordnete Sammlung von Analekten aus
Zeitschriften, und die auf fol. 11 gesammelten Exzerpte über die orthodoxen Kirchen (Exzerpte zur griechischen Kirche). Schleiermacher
muß sich dann aber zu der Einsicht durchgerungen haben, daß ungeachtet seines „inneren Impulses", die Statistik zu lesen, die bisherige
Materialsammlung und die Zeit, um sie zu ergänzen, nicht ausreichen
würden, um damit ein fünfstündiges Kolleg zu bestreiten.*

*Von der von Schleiermacher zur Präparation konsultierten Literatur
ließ sich ermitteln:*

*a) Bücher und Monographien: Johann Matthias Schröckh und Hein-
rich Gottlieb Tzschirner: Christliche Kirchengeschichte seit der Reformation 5 (1806); 9 (1810); C. F. Stäudlin: Kirchliche Geographie und
Statistik I (1804)*

---

[41] *Arndt/Virmond S. 323; Virmond: Schleiermachers Vorlesungen S. 143*

[42] *Vgl. Joachim Boekels: Schleiermacher als Kirchengeschichtler (= Boekels) S. 11–31.
93–106.*

[43] *Br. 4, S. 351 f. Vgl. Arndt/Virmond S. 129.*

b) Rechtsquellen: –

c) Sammelwerke und Fachzeitschriften: Heinrich Eberhard Gottlob Paulus (Hg.): Sammlung der merkwürdigsten Reisen in den Orient V–VI (1799–1801)

d) Zeitungen: Allgemeine Kirchen-Zeitung 5–6 (1826–27); Jahrbücher der Theologie und theologischer Nachrichten 1826,1; Theologische Nachrichten 1826

3. Die Vorlesung 1827

Schon für das SS 1827 kündigte Schleiermacher erneut eine Vorlesung zur Statistik an. In den Vorlesungsverzeichnissen heißt es:

> *„Die kirchliche Geographie und Statistik lehrt fünfmal wöchentlich Morgens v. 7–8 Uhr Hr. Prof. D. Schleiermacher." – „Geographiam et statisticam ecclesiasticam docebit quinquies p. hebd. h. VII–VIII matut."[44]*

In den Titel der Vorlesung hatte Schleiermacher (anders als in seiner Grundlegung der Disziplin in der Enzyklopädie und anders als bei den Vorlesungen 1826/27 und 1833/34) den Begriff der Geographie aufgenommen, hat also den Titel der Vorlesung dem des reichlich konsultierten Städlinschen Handbuchs angeglichen.

Schleiermacher war sich offenbar immer noch bewußt, was für ein kühnes Unternehmen seine Vorlesung war; in der Einleitung weist er die Studenten auf das Neue, aber auch Notwendige seines Unternehmens hin und bittet sie zugleich um Nachsicht, wenn dieses erste Mal noch nicht alles perfekt sei.[45]

Die Zahl der Hörer gibt die vorläufige Liste der Vorlesungen für das Ministerium, die vier Wochen nach Vorlesungsbeginn eingereicht wurde, mit 98 an. Die nach Semesterende an das Ministerium eingereichte Liste nennt jedoch 127 Hörer. 29 Hörer schrieben sich also noch nachträglich ein.

Nach übereinstimmendem Zeugnis der Ministerial-Listen, des Tagebuchs Schleiermachers und der Nachschriften begann die Vorlesung am Montag, dem 7.5. und endete am Freitag, dem 31.8. Mit sieben Nachschriften, fünf vollständigen und zwei unvollständigen, ist diese Vorlesung sehr gut dokumentiert.

---

[44] Arndt/Virmond S. 323; Virmond: Schleiermachers Vorlesungen S. 143
[45] 192,21–28

*Der Verlauf der Vorlesung im Einzelnen läßt sich anhand des Schlei-
ermacherschen Tagebuchs, der Nachschriften und des Manuskriptes genau rekonstruieren. An 15 der 85 Vorlesungstage fiel die Vorlesung aus,
also auffallend häufig (rund 17% der regulären Kollegstunden). In
Schleiermachers Tagebuch für 1827 finden sich folgende Angaben:*

7.5. „Erste Stunde in allen 3 Collegien." – 9.5. „Frühpredigt über 1 Petr
2,15.16. Communion." Es war Bußtag (Mittwoch nach Jubilate), die Vorlesung fiel aus. – 14.5. „5te Stunde." – 15.5. „Die beiden lezten Stunden fielen
aus Mißverstand aus." Gemeint sind Statistik und Enzyklopädie. – 16.5.
„Ausgesezt wegen der akademischen Abhandlung." Gemeint ist die erste Abhandlung „Über den Begriff des höchsten Gutes" vom 17.5.1827 (KGA I/11,
hg. von Martin Rössler, 2002, S. 535–553). – 17.5. „Ausgesezt. Besuch von
Madame Kohlrausch." – 18.5. „Statistik und Encyclopädie 6." – 21.5. „Statistik und Encyclopädie 7te" – 24.5. „Hauptpredigt über Matth 28,18–20.
Communion." Es war Christi Himmelfahrt. – 25.5. „10. Stunde. … Statistik
hat anzufangen bei der orientalischen Kirche der griechischen Kirche." – 26.5.
„Für die Statistik gearbeitet" – 28.5. „11 Statistik und Encyclopädie." – 1.6.
„15 Statistik und Encyclopädie. … Statistik Allgemeine Bemerkung über griechische Kirche im Uebergang zur römischen." – 4.6. „Frühpredigt über Act
10". Es war Pfingstmontag. Auch an den beiden folgenden Tagen fiel die
Vorlesung aus. Am 6.6. reiste Schleiermacher nach Potsdam. – 7.6. „Statistik
und Encyclopädie 16." – 8.6. „Statistik und Encyclopädie 17." – 9.6. „Vorbereitung", vielleicht sind die Vorlesungen gemeint. – 11.8. „Statistik und
Encyclopädie 18." – 15.8. „Statistik und Encyclopädie 22." – 18.6. „Statistik
und Encyclopädie 23." – 22.6. „Statistik und Encyclopädie 27." – 23.6. „Mancherlei Kleinigkeiten vorgearbeitet." Vielleicht ist darin Arbeit an den Vor
lesungen inbegriffen. – 25.6. „Statistik und Encyclopädie 28." – 29.6. „Statistik und Encyclopädie 32." – 2.7. „Statistik und Encyclopädie 33." – 3.7.
„Ausgesezt wegen der Akademie." – 6.7. „Statistik und Encyclopädie 36." –
8.7. „nachmittags etwas an Statistik gearbeitet." – 9.7. „Statistik und Encyclopädie 37." – 10.7. „Ausgesezt wegen Diarrhöe." – 11.7. „Vorlesungen fort-
gesezt." – 13.7. „Statistik und Encyclopädie 40." – 16.7. „Statistik und Encyclopädie 41." – 19.7. „Ausgesezt wegen Begräbniß von Frederike Meier." –
20.7. „Statistik und Encyclopädie 44." – 21.7. „Vorbereitung." – 23.7. „Statistik und Encyclopädie 45." – 25.7. „Statistik die deutsch katholische Kirche
beschlossen." – 27.7. „Statistik und Encyclopädie 49." – 30.7. „Statistik und
Encyclopädie 50." – 2.8. „Statistik 53 katholische Kirche beendigt und Südamerika mitgenomen." – 3.8. „Vormittags zu Hause". Die Vorlesung fiel also
aus. – 6.8. „Statistik und Encyclopädie 54." – 8.8. „Nicht gelesen wegen
Diarrhöe." – 10.8. „Statistik und Encyclopädie 56." Hier hat Schleiermacher
sich verzählt. Da die Vorlesung laut dem Zeugnis der Nachschriften weder
am 7.8. noch am 9.8. ausfiel, war es schon die 57. Stunde. – 13.6. „Statistik
und Encyclopädie 57." Es war die 58. Stunde. – 17.8. „Statistik und Ency-

clopädie 61." Es war die 62. Stunde. – 20.8. „Statistik und Encyclopädie 62."
Es war die 63. Stunde. – 23.8. „Statistik und Encyclopädie 65." Es war die 66.
Stunde. – 24.8. „Abreise mit Belitz und Bärensprung über Tassdorf und Für-
stenwalde nach Ragow." Die Vorlesung fiel also aus. – 27.8. „Abreise mit
Beliz nebst Frau und Töchtern über Fürstenwalde und Vogelsdorf." Die Vor-
lesung fiel also aus. – 28.8. „Statistik und Encyclopädie 66." Es war die 67.
Stunde. – 31.8. „Statistik und Encyclopädie mit 69 geschlossen." Es war die
70. Stunde.

Das Manuskript Schleiermachers enthält Aufrisse der Vorlesungs-
stunden 1–8, 10–12, 14–15, 17–21, 32 und 50–52 (vgl. unten).
Unter den Nachschreibern sind es besonders Ernst Fink (F.) mit 54
Datumsangaben und J. Schmidt (Schm.) mit 64 Datumsangaben, denen
wir es verdanken, daß wir im nachgeschriebenen Text Datum und Um-
fang der einzelnen Vorlesungsstunden rekonstruieren können. Die Nach-
schrift Anonym (An.) bietet drei Angaben, E. Stolpe (St.) deren zwei.
Der Anfang dreier Vorlesungsstunden wird in keiner der Nachschriften
angegeben, läßt sich aber bestimmen anhand des Wechsels der Hand-
schrift und Tinte in der Nachschrift Röseler (R.) oder anhand von
Schleiermachers Manuskript. Im Einzelnen haben wir folgende Daten
mit Angabe der Fundstelle:

7.5. (An. 1ʳ; Schm. 3), 8.5. (Schm. 8), 10.5. (Schm. 13), 11.5. (F. 13; Schm. 18),
14.5. wird in keiner Nachschrift angegeben (Zäsur anhand von R. 6ʳ), 18.5.
(Schm. 28), 21.5. (Schm. 33), 22.5. (Schm. 38), 23.5. (Schm. 43), 25.5. wird in
keiner Nachschrift angegeben (Zäsur anhand von R. 14ʳ), 28.5. (Schm. 52),
29.5. (Schm. 56), 30.5. (F. 45; Schm. 60), 31.5. (Schm. 64), 1.6. (Schm. 69),
7.6. (Schm. 74), 8.6. (Schm. 78), 11.6. (F. 64; Schm. 82), 12.6. wird in keiner
Nachschrift angegeben (Zäsur anhand von Verschiedene Notizen und Ex-
zerpte [1]), 13.6. (F. 70; Schm. 91), 14.6. (F. 73; Schm. 95), 15.6. (F. 76; Schm.
100), 18.6. (F. 80; Schm. 105), 19.6. (F. 83; Schm. 110), 20.6. (F. 86; Schm.
114), 21.6. (F. 89; Schm. 117), 22.6. (F. 93; Schm. 121), 25.6. (F. 95; Schm.
125), 26.6. (F. 99; Schm. 129), 27.6. (F. 104; Schm. 133), 28.6. (F. 107; Schm.
137), 29.6. (F. 111, Schm. 140), 2.7. (F. 114; Schm. 144), 4.7. (F. 118; Schm.
147, der irrtümlich den 3.7. nennt), 5.7. (F. 121; Schm. 151), 6.7. (F. 125;
Schm. 154), 9.7. (F. 128; Schm. 157), 11.7. (F. 132; Schm. 159, der irrtümlich
den 10.7. nennt), 12.7. (F. 136; Schm. 163), 13.7. (F. 139; Schm. 166), 16.7.
(F. 143; Schm. 169), 17.7. (F. 148; Schm. 173), 18.7. (F. 151; Schm. 176), 20.7.
(F. 155; Schm. 178), 23.7. (F. 159; Schm. 181), 24.7. (F. 163; Schm. 184), 25.7.
(F. 167; Schm. 186), 26.7. (F. 172; Schm. 189), 27.7. (F. 176; Schm. 193), 30.7.
(F. 180, Schm. 196), 31.7. (F. 185; Schm. 199), 1.8. (An. 87ᵛ; F. 190; Schm.
202), 2.8. (F. 195; Schm. 205), 6.8. (F. 199; Schm. 209), 7.8. (F. 203; Schm.
212), 9.8. (F. 207; Schm. 215, der irrtümlich den 8.8. nennt), 10.8. (F. 211;

*Schm. 218), 13.8. (F. 215; St. 346; Schm. 221), 14.8. (F. 219; Schm. 224), 15.8.
(F. 223; St. 349; Schm. 226), 16.8. (F. 228; Schm. 229), 17.8. (An. 104ʳ; F. 232;
Schm. 231); 20.8. (F. 237; Schm. 234), 21.8. (F. 242; Schm. 236), 22.8. (F. 247;
Schm. 239), 23.8. (F. 252; Schm. 241), 28.8. (F. 257; Schm. 245); 29.8. (F. 260),
30.8. (F. 265), 31.8. (F. 270).*

*Von der von Schleiermacher zur Präparation konsultierten Literatur
ließ sich ermitteln:*

*a) Bücher und Monographien: Joseph Simonius Assemani: Biblio-
theca orientalis III/2 (1728); Heinrich Philipp Konrad Henke: Allgemeine
Geschichte der christlichen Kirche 2 (4. Aufl. 1801); 5 (1802); H. Ph.
K. Henke und Johann Severin Vater: Handbuch der allgemeinen Ge-
schichte der christlichen Kirche 2–3 (1827); Ludwig Ideler: Handbuch
der mathematischen und technischen Chronologie 1 (1825) (unsicher);
Carl Gottfried Leonhardt: Die gesegnete Ausbreitung des Christenthums
unter Heyden, Mahommedanern und Juden in der neuesten Zeit (1820);
Johann Christian Pfister: Die evangelische Kirche in Wirtemberg (1821);
Karl Heinrich Sack: Ansichten und Beobachtungen über Religion und
Kirche in England (1818); J. M. Schröckh und H. G. Tzschirner: Christ-
liche Kirchengeschichte seit der Reformation 6 (1807) (unsicher);
C. F. Stäudlin: Kirchliche Geographie und Statistik I–II (1804)*

*b) Rechtsquellen: Acten des Wiener Congresses 2 (1815); 4 (1815); 6
(1816); Allgemeines Landrecht für die Preußischen Staaten; Erstes ConstitutionsEdict, die Kirchliche Staatsverfassung des Grosherzogthums
Baden betreffend (1807); Evangelische Kirchenvereinigung im Großherzogthum Baden nach ihren Haupturkunden und Dokumenten (1821);
Gesetzblatt für das Königreich Baiern 1818; Gesetz-Sammlung für die
Königlich-Preußischen Staaten 1821; Grosherzoglich Badisches Regierungs-Blatt 5 (1807); Großherzoglich Hessisches Regierungsblatt 1826;
Königlich Württembergisches Staats- und Regierungs-Blatt 1817; 1819;
1824; 1826*

*c) Sammelwerke und Fachzeitschriften: Kirchenhistorisches Archiv
1823,1–1824,4; Neuere Geschichte der Evangelischen Missions-Anstalten
zu Bekehrung der Heiden in Ostindien 6 (1825); H. E. G. Paulus (Hg.):
Kirchen-Beleuchtungen 1–2 (1827); H. E. G. Paulus (Hg.): Sammlung der
merkwürdigsten Reisen in den Orient II–VI (1792–1801); Repertorium
für Biblische und Morgenländische Litteratur 12 (1783)*

*d) Zeitungen: Allgemeine Kirchen-Zeitung 5–6 (1826–27); Der auf-
richtige und wohlerfahrene Schweizer-Bote 24 (1827); Le Constitutionnel
1827; Staats und Gelehrte Zeitung des Hamburgischen unpartheyischen
Correspondenten 1827; Theologische Nachrichten 1823–24; Vossische
Zeitung 1827*

Erwähnt (ohne daß klar ist, ob Schleiermacher das Buch selbst oder etwas darüber gelesen hat) wird: Gergely Bezeviczy: Nachrichten über den jetzigen Zustand der Evangelischen in Ungarn (1822); Charles Dupin: Situation progressive des forces de la France (1827); Orthodoxa Confessio Catholicae atque Apostolicae Ecclesiae Orientalis, hg. von Lars Norrmann (1695; oder eine andere Ausgabe)

Neben seinem Manuskript hatte Schleiermacher in der Vorlesung wohl gelegentlich auch den Stäudlin vor sich, vielleicht auch das Allgemeine Landrecht.[46]

1. Zwischen den Vorlesungen

Die zweite und letzte Vorlesung über die Statistik hielt Schleiermacher im WS 1833/34, 13 Semester nach der ersten.

Ist es die Aufgabe der kirchlichen Statistik, den gegenwärtigen inneren und äußeren Zustand der Kirchen auf der Welt darzustellen, so veränderte sich dieser zwischen 1827 und 1833 weiter. Von den wichtigsten politischen und kirchlichen Ereignissen seien genannt:

1828   *Einführung der vom König zu besetzenden Generalsuperintenturen in allen preußischen Provinzen, allmähliches Ende des Agendenstreits.*

1828/29 *Emanzipation der Dissenters und Katholiken in Großbritannien, Zulassung zu Parlament und öffentlichen Ämtern.*

1829/30 *Anerkennung der Unabhängigkeit Griechenlands.*

1829   *Pius VIII. wird Papst.*

1830   *Konflikte um das staatliche Aufsichtsrecht über die römisch-katholische Kirche zwischen Liberalen und Ultramontanen in den südwestdeutschen Bundesstaaten. Beginn der lutherischen Separation von der preußischen Union. Julirevolution in Frankreich, Ende des klerikal-legitimistischen Regimes Karls X. zugunsten der vom Großbürgertum gestützten Herrschaft des Bürgerkönigs Ludwig Philipp. Unruhen in einigen deutschen Bundesstaaten (Hannover, Sachsen, Hessen-Kassel, Braunschweig), Aufstände in Polen, Belgien und Norditalien. Bildung eines liberalen Westblocks (Großbri-*

---

[46] *In der 11. Stunde gibt er den genauen griechischen Titel des orthodoxen Bekenntnisbuches an, in der 30. Stunde zählt er die österreichischen Bistümer auf. Beides stand nicht im Manuskript (die Bistümer wurden erst 1833 nachgetragen). In der 41. und 42. Stunde redet er auch über einige Paragraphen des Allgemeinen Landrechts, die er nicht in das Manuskript exzerpiert hat.*

tannien, Frankreich) und eines konservativen Ostblocks (Rußland, Österreich, Preußen) in Europa.

1831 Gregor XVI. wird Papst, weitere Verschärfung des kirchlich und politisch reaktionären Kurses in Papsttum und Kirchenstaat. Unabhängigkeit Belgiens von den Niederlanden. Verfassung in Sachsen. Der ägyptische Feldherr Mohammed Ali erobert Palästina und Syrien.

1833 Verfassung in Hannover. Unabhängigkeit der griechischen Kirche vom Patriarchat Konstantinopel. Ausbruch der Karlistenkriege in Spanien.

Schleiermacher hat, wie das Manuskript zeigt, an seiner Statistik nicht kontinuierlich weitergearbeitet, indem er sich etwa wichtige statistische Nachrichten aus Zeitschriften und Zeitungen notiert hätte. So enthält das Manuskript z.B. keine Exzerpte aus den Jahrgängen 1828–1831 der Allgemeinen Kirchen-Zeitung, obwohl auch in ihnen manches stand, was eine Notiz verdient hätte. Die Arbeit an der Statistik ruhte also sechs Jahre lang, sie wurde wohl erst nach dem SS 1833 wieder aufgenommen. Einzig die Notiz Protestantische Kirche 75 dürfte aus dem Jahr 1828 stammen.

In der Zeit zwischen beiden Vorlesungen erschien die zweite Auflage der „Kurzen Darstellung" (1830, KGA I/6, S. 317–446). Wenn auch der Gesamtentwurf für die Theologie als Wissenschaft derselbe geblieben ist, so sind doch die Umarbeitungen gegenüber der ersten Auflage erheblich: Die Paragraphen sind vielfach umgestellt, vereinigt oder geteilt, die Leitsätze neu formuliert, das ganze Werk um kleingedruckte erklärende Zusätze zu den Leitsätzen erweitert. Auf Grundlage dieser zweiten Auflage hielt Schleiermacher im WS 1831/32 eine letzte Enzyklopädie-Vorlesung; von ihr ist eine Nachschrift aus der Feder David Friedrich Strauß' erhalten, die Walter Sachs 1987 als Band 4 des Schleiermacher-Archivs herausgab.

Stellung und Zweck der Statistik als letzter Disziplin der historischen Theologie ist in der zweiten Auflage im wesentlichen gleich geblieben (§§ 85. 95. 195). Neu ist, daß die kirchliche Statistik nicht mehr unter einer Überschrift mit der Dogmatik zusammengefaßt ist, sondern eine eigene Überschrift hat (vor § 232). In seiner Vorlesung 1831/32 konnte Schleiermacher wiederholen, was er im SS 1827 in der Einleitung der ersten Statistik-Vorlesung über Geschichte, Quellen und Schwierigkeiten der Disziplin Statistik gesagt hatte.[47]

---

[47] ThEnz (Strauß) § 95; vor § 232 (S. 98. 220f.)

Modifiziert ist nun aber, was als Gegenstand der Statistik angegeben wird: nicht mehr die Verfassung der Kirche, sondern ihr gesellschaftlicher Zustand in einem gegebenen Moment (§§ 95. 195). Dies bedeutet offenbar eine Erweiterung: In der ersten Auflage hatte Schleiermacher Lehrbegriff und Verfassung als die beiden Momente im gegenwärtigen Zustand der Kirche voneinander gesondert. Nun aber schreibt er, „daß es eigentlich in der Kirche, wie sie ganz Gemeinschaft ist, nichts zu erkennen giebt, was nicht ein Theil ihres gesellschaftlichen Zustandes wäre" (§ 195 Zusatz). Insofern kann also die Lehre nicht der Dogmatik vorbehalten bleiben, sondern gehört auch zur Statistik. Die Statistik scheint also jetzt der Dogmatik bei der Darstellung der Gegenwart ebenso übergeordnet zu sein, wie für den Verlauf des Christentums die Kirchengeschichte (als Geschichte der Gemeinschaft) der Dogmengeschichte übergeordnet ist (§ 90). Und die Symbolik als vergleichende Darstellung des Lehrbegriffs der verschiedenen Kirchenparteien, die in der ersten Auflage wohl noch der Dogmatik untergeordnet gedacht wurde, ist nun „nur aus Elementen der kirchlichen Statistik zusammengesezt, und kann sich in diese wieder zurükkziehn" (§ 249).[48] Wozu also bedarf es dann noch der Dogmatik als Disziplin neben statt unter der Statistik? Schleiermacher erklärt, es gebe eben zwei Weisen, den Lehrbegriff darzustellen, die geschichtliche und die dogmatische. Letztere unterscheide sich von der ersten dadurch, daß jeder nur denjenigen Lehrbegriff dogmatisch darstellen könne, den er selber anerkenne, mithin nur eine Dogmatik der eigenen Konfession vortragen oder schreiben könne.[49] Ein Protestant z. B. könnte also im Rahmen der Statistik einen Abriß des gegenwärtigen römisch-katholischen Lehrbegriffs geben, aber keine römisch-katholische Dogmatik schreiben. Schleiermacher hat hier den Punkt seiner Enzyklopädie, der als der problematischste befunden wurde, nämlich die Einordnung der Dogmatik in die historische Theologie,[50] wieder ein Stück zurückgenommen.

Als Gegenstand der Statistik angegeben werden nun die innere Beschaffenheit und die äußeren Verhältnisse der kirchlichen Gesellschaften; erstere teilt sich in die Form und den Gehalt (§ 232). Diese Dreiteilung des Gegenstandes gab es schon in der ersten Auflage; in ihr hieß die

---

[48] *Das Verhältnis zwischen Symbolik und Statistik ist also jetzt genau umgekehrt wie bei Marheineke.*
[49] *§§ 97 f.; ThEnz (Strauß) §§ 97 f. 249 (S. 99–101. 241 f.)*
[50] *Vgl. Julius Wiggers: Kirchliche Statistik (= Wiggers) I, S. 8 f.; Christoph Ernst Luthardt: Kompendium der Dogmatik, 8. Aufl., § 4,1; Friedrich Nitzsch: Lehrbuch der evangelischen Dogmatik, 2. Aufl., S. 13 f.; Julius Kaftan: Dogmatik, 5./6. Aufl., S. 7; Birkner: Schleiermachers „Kurze Darstellung" S. 73–75 = Schleiermacher-Studien S. 300 f.*

innere Form kirchliche Verfassung und der innere Gehalt religiöse Ent-
wicklung. Unter den äußeren Verhältnissen, d. h. den Verhältnissen zu
anderen Gemeinschaften, werden nicht nur wie in der ersten Auflage die
Beziehungen zu Staat und Wissenschaft begriffen, sondern auch die zu
den anderen christlichen und nichtchristlichen Religionsgemeinschaften
(§ 238). Beim inneren Gehalt, der jetzt bestimmt wird als „Stärke und
Gleichmäßigkeit, womit der eigenthümliche Gemeingeist derselben [Kir-
chengemeinschaft] die ganze ihr zugehörige Masse durchdringt", ver-
weist Schleiermacher im Zusatz auf das, was in den Paragraphen zur
Polemik zu den beiden Krankheitszuständen des inneren Gehalts einer
Kirchengemeinschaft gesagt ist, dem Indifferentismus und dem Separa-
tismus (§ 234, vgl. §§ 56f.). Von der inneren Form oder Verfassung wie-
derum heißt es, sie beruhe nicht nur auf der Art des Verhältnisses zwi-
schen der Gesamtheit und dem kirchenleitenden Klerus (so die erste Auf-
lage), sondern auch auf der Art, wie die Kirchenleitung organisiert sei (§
236). Offenbar will Schleiermacher hier berücksichtigen, daß es z. B. in
den evangelischen Kirchen, denen ja die Vorstellung vom Verhältnis zwi-
schen Geistlichen und Laien gemeinsam ist, doch ganz verschiedene Ar-
ten der Kirchenverfassung gibt, die den Laien und den Gemeinden mehr
oder weniger Mitspracherecht gewähren. In der Enzyklopädie-Vorlesung
von 1831/32 schlägt er eine Klassifizierung der Verfassungen in monar-
chische, aristokratische und demokratische vor.[51] Daß Schleiermacher
sich seit der ersten Auflage intensiver mit der Disziplin Statistik befaßt
hat, zeigt sich auch darin, daß den drei Teilen des in ihr darzustellenden
Gesamtzustandes der christlichen Gesellschaften, dem inneren Gehalt,
der inneren Form und den äußeren Verhältnissen, weitere Paragraphen
gewidmet sind, die es in der ersten Auflage noch nicht gegeben hatte.[52]
Schließlich weist Schleiermacher noch auf die weiterhin bestehenden
Desiderate in dieser wichtigen, bis ins Unendliche ausführbaren Diszi-
plin hin[53] und insistiert wie schon in der ersten Auflage darauf, daß die
Kenntnis lediglich der Statistik der eigenen Kirchengemeinschaft unzu-
reichend sei (§§ 95. 233. 243f.).

---

[51] ThEnz (Strauß) § 236 (S. 224–226).
[52] §§ 235 (innerer Gehalt), 237 (innere Form) und 239–241 (äußere Verhältnisse zu anderen Religionsgemeinschaften, Wissenschaft und Staat). Besonders die drei letzten hat
Schleiermacher in der Vorlesung ausführlich erläutert, vgl. ThEnz (Strauß) (S. 223–236).
[53] §§ 242. 245. In der Vorlesung erwähnt Schleiermacher lobend ein neues Werk zur
kirchlichen Statistik Schottlands, vgl. ThEnz (Strauß) § 245. Er meint offenbar August
Friedrich Gemberg: Die schottische Nationalkirche nach ihrer gegenwärtigen innern
und äußern Verfassung, 1828.

5. Die Vorlesung 1833/34

Schleiermachers zweite und letzte Vorlesung über die kirchliche Statistik, gehalten im WS 1833/34, seinem letzten Semester, wird in den Vorlesungsverzeichnissen folgendermaßen angekündigt:

> „Kirchliche Statistik, Hr. Prof. Dr. Schleiermacher in fünf wöchentlichen Stunden v. 8–9 Uhr privatim." – „Statisticam quam vocant ecclesiasticam tractabit quinq. h. VIII–IX matutina."[54]

Im Gegensatz zur ersten Statistik-Vorlesung ist die Quellenlage zu dieser Vorlesung schlecht: Es ist nur eine Nachschrift erhalten, die noch dazu ganz unvollständig ist und deren Text von nur geringer Qualität ist.

Der Vorlesungsverlauf läßt sich trotz der schlechten Quellenlage weitgehend rekonstruieren. In Schleiermachers Tagebüchern für 1833 und 1834 finden sich folgende Eintragungen:

> 21.10. „Alle drei Vorlesungen angefangen." – 25.10. „5te Stunde." – 28.10. „6te Stunde." – 1.11. „10te Stunde." – 2.11. „Für Collegia und Festpredigt gearbeitet." – 4.11. „11te Stunde." – 6.11. „ausgesezt aus Mangel an Vorbereitung." – 8.11. „14te Stunde." – 9.11. „Vorbereitung." – 11.11. „15te Stunde." – 15.11. „Kollegia 19te Stunde." – 18.11. „Kollegia 20te Stunde." – 22.11. „Kollegia 24te Stunde." – 25.11. „Kollegia 25te Stunde." – 29.11. „Kollegia Stunde 29." – 1.12. „Collegia aufgearbeitet und etwas an der Abhandlung." – 2.12. „Kollegia 30." – 4.12. „Armendirection versäumt wegen des Hanoverschen Grundgesezes. Dies excerpirt und Collegia nachgeholt." – 6.12. „Kollegia 34 Stunde." – 7.12. „Kollegia Briefe Kleinigkeiten." – 9.12. „Kollegia 35. Stunde." – 13.12. „Kollegia 39 Stunde." – 14.12. „Predigt Collegia Kirchenscheine." – 16.12. „Kollegia 40te Stunde." – 20.12. „Kollegia mit der 44ten Stunde bis zum 6t. Januar geschlossen." – 21.12. „Vorbereitung." – 25.12. „Vorbereitung." – 3.1. „Den ganzen Tag zu Hause geblieben. Correcturen Statistik." – 6.1. „Mit Stunde 45 alle Collegia wieder angefangen. ... Statistik bei Baiern." – 8.1. „Nach Mittag die Kollegia bedacht." – 9.1. „Nach Mittag Akademie Kollegien und Correctur." – 10.1. „Kollegia 49. Statistik Würtemberg beendigt, Hannover angefangen." – 11.1. „Korrectur, Collegia Predigt." – 13.1. „Kollegia 50." – 14.1. „Abends Mühlenfels und [Lüdchen], vorher Correctur und Kollegia." – 15.1. „Nach Mittag Schach mit Luise. Kollegia und Korrectur." – 17.1. „Kollegia 54." – 20.1. „Kollegia 55." – 24.1. „Kollegia 59." – 25.1. „Kollegia Predigt Correctur." – 27.1. „Kollegia und Katechese ausgesezt. Unwohl, nichts bedeutendes gethan." – 28.1. „Kollegien und Katechese ausgesezt." – 29.1. „Ebenso." – 30.1. „Mit einem Colleg angefangen, Katholische Briefe 60." Die Statistik fiel also noch einmal aus. – 31.1. „Psychologie und Statistik 60." – 3.2. „Psychologie und Statistik 61. Katholische

---

[54] Arndt/Virmond S. 330; Virmond: Schleiermachers Vorlesungen S. 143

Briefe 62. immer noch sehr heiser. ... Nach Mittag nur Collegia." – Zum 6.2.
findet sich der letzte Eintrag in Schleiermachers Tagebuch, der die Vorlesun-
gen aber nicht erwähnt.

Aus Ludwig Jonas' Aufzeichnungen über Schleiermachers letzte Tage
wissen wir, daß Schleiermacher am Donnerstag, dem 6.2.1834 noch seine drei Vorlesungen hielt. Da im Tagebuch auch für den 4. und 5.2. nicht
verzeichnet ist, daß die Vorlesungen ausgefallen wären, waren es die
Stunden 64 (Psychologie und Statistik) bzw. 65 (katholische Briefe).
Vom 7.2. an war Schleiermacher zu krank, um noch das Katheder zu
besteigen;[55] am 12.2. verstarb er. Die zweite Statistik-Vorlesung hatte
also 64 Stunden.

Schleiermachers Manuskript enthält für das Kolleg 1833/34 nur Aufrisse der Vorlesungsstunden 2, 3 und 5–7 (vgl. unten).

In der Nachschrift Ohle sind folgende Daten (immer am Ende der
jeweiligen Stunde) eingetragen·

22.10. (8^r), 23.10. (11^v), 24.10. (15^r), 25.10. (19^r), 29.10 (23^v), 30.10. (26^r),
13.12. (36^v), 17.12. (44^r), 10.1. (45^v), 13.1. (50^v).

Es fehlen die Zäsuren zwischen 21. und 22.10. (diese läßt sich durch
das Ms. Schleiermachers bestimmen), 28. und 29.10., 31.10. und 1.11.,
12. und 13.12. sowie 16. und 17.12.

Obwohl wir über diese zweite Statistik-Vorlesung viel weniger als
über die erste wissen, ist doch deutlich, daß sie keine bloße Wiederholung der ersten war: 1) Schleiermacher hat zur Präparation weitere Literatur studiert und das Manuskript von 1827 fortgeführt. Zwei neue
Abteilungen wurden in ihm angelegt: Amerika und Kleine Partheien. 2)
Bei der Behandlung der altorientalischen Kirchen berichtet Schleiermacher gegenüber 1827 weniger Einzelheiten und redet statt dessen mehr
über das Prinzipielle (Verkehr und Lebendigkeit gegenüber Isolierung
und Erstarrung). Er hat sich insgesamt offenbar kürzer gefaßt: Die Darstellung der Protestantischen Kirche beginnt schon in der 41. Stunde
(1827 war es in der 53. Stunde). 3) Schleiermacher hat auch den Stoff
anders disponiert: Die Behandlung des Katholizismus schließt er mit
Deutschland ab. Amerika soll laut dem in der 4. Stunde mitgeteilten
Gesamtplan als eigenes Kapitel und nicht jeweils bei katholischer und
protestantischer Kirche behandelt werden. Bei der Behandlung der protestantischen deutschen Landeskirchen hat Schleiermacher die Reihen-

---

[55] *Hans-Friedrich Traulsen: Aus Schleiermachers letzten Tagen (25. Januar bis 12. Fe-*
bruar 1834), S. 374 f.

*folge lutherisch-uniert verlassen; andererseits redet er in Stunde 40/41
von einer Triplizität des Protestantismus (lutherisch, reformiert, uniert),
während er 1827 in der Union noch nicht einen eigenen Typ des Protestantismus sah, sondern den Übergang von der lutherisch-reformierten
Zweiheit zur Einheit.*

*Von der von Schleiermacher zur Präparation konsultierten Literatur
ließ sich ermitteln:*

*a) Bücher und Monographien: John Howard Hinton: The History
and Topography of the United States of North America II (1832); Christoph Gottlob Jähne: Dankbare Erinnerung an die Gemeinde der
Schwenkfelder zu Philadelphia in Nordamerika (1816); C. F. Stäudlin:
Kirchliche Geographie und Statistik I–II (1804)*

*b) Rechtsquellen: Gesetzblatt für das Königreich Baiern 1818; Groß-
herzoglich Badisches Staats- und Regierungsblatt 25 (1827); Sammlung
der Gesetze, Verordnungen und Ausschreibung für das Königreich Hannover 1824,1; 1833,1*

*c) Sammelwerke und Fachzeitschriften: Archiv für alte und neue Kir-
chengeschichte 1,1–5,2 (1813–22)*

*d) Zeitungen: Allgemeine Kirchen-Zeitung 11–12 (1832–33); Allge-
meines Repertorium für die theologische Literatur und kirchliche Statistik 2 (1833); Evangelische Kirchen-Zeitung 13 (1833); Vossische Zeitung
1833*

*In der Vorlesung hatte Schleiermacher außer seinem Manuskript min-
destens in der 5.–7. Stunde noch den Stäudlin vor sich.*[56]

6. Nachgeschichte

*Schleiermachers Gedanken zur kirchlichen Statistik gaben den späteren
Generationen manche Anregung; in Artikeln und Lehrbüchern wurde
und wird auf Schleiermacher verwiesen.*[57] *Dies ist aber vor allem den*

---

[56] *Über die Drusen hat er, wie die Nachschrift und das Manuskript (Kirchliche Geographie und Statistik [22]) zeigen, anhand Stäudlins und nicht seiner Exzerpte referiert.
Auch für die Maroniten scheint er noch Stäudlin herangezogen zu haben.*

[57] *Wiggers I, S. III f. 9–11; Paul Pieper: Kirchliche Statistik Deutschlands, 2. Aufl. 1900,
S. 3f.; RE³ 18, 1906, S. 777–779 (Franz Dibelius: Statistik, kirchliche); 23, 1913,
S. (756–763) 758 (Martin Schian: Kirchenkunde); RGG¹ 5, 1913, S. 893–97 (Johannes
Witte: Statistik, kirchliche); Horst Stephan: Zur gegenwärtigen Lage der vergleichen-
den Konfessionskunde, S. 21f.; Mulert: Konfessionskunde S. 5f. 18f.; Johannes Schnei-
der: Vorwort, in: Kirchliches Jahrbuch 56, 1929, S. III–VI; RGG² 3, 1929, S. 912f.
(Martin Schian: Kirchenkunde); S. 1175–1177 (Hermann Mulert: Konfessionskunde);
5, 1931, S. 764–768 (Johannes Schneider: Statistik, Kirchliche); RGG³ 3, 1959, S. 1453f.
(Ernst Wolf: Kirchenkunde); S. (1749–52) 1750 (Ernst Wolf: Konfessionskunde); TRE*

Paragraphen zur Statistik in der zweiten Auflage der „Kurzen Darstellung" zu verdanken; Adolf Sydows geplante Ausgabe der Statistik im Rahmen der Sämmtlichen Werke kam, wie bereits gesagt, nicht zustande, und so blieb die Nachwirkung der Vorlesungen insgesamt gering. Von ihnen blieb hauptsächlich in Erinnerung, daß sie einmal gehalten wurden. Johannes Schneider (1857–1930), seit 1922 Leiter des Kirchenstatistischen Amtes und Honorarprofessor für Kirchenkunde, Kirchenverfassung und Statistik in Berlin, schrieb, von Schleiermachers 1830/31 (sic!) gehaltenen Vorlesungen zur Statistik sei uns leider nichts überkommen.[58]

Daß in der Zeit zwischen 1820 und 1860 Zeitungen und Zeitschriften mit Nachrichten aus dem Gebiet der Kirche den Begriff der Statistik im Titel oder Untertitel führten[59] und eine Reihe von Monographien zur kirchlichen Statistik einzelner Länder und Staaten erschien, die in der Regel geschichtliche Rückblicke und Nachrichten zu Bevölkerungsstatistik, staatlicher und kirchlicher Verfassung, Kultus und kirchlichen Einrichtungen enthielten,[60] wird sich weniger dem direkten Einfluß Stäudlins und Schleiermachers verdanken als einem allgemein gestiegenen Interesse an Kirchenrechtsfragen und Nachrichten aus der Ökumene. Die Vorlesungskataloge der Berliner Universität verzeichnen nach Schleiermacher Statistik-Vorlesungen von Ernst Mayerhoff und Wilhelm Chlebus; beide verstarben früh. Mayerhoff (1806–37) kündigte Vorlesungen über die kirchliche Statistik im WS 1834/35 und im SS 1835 an. Im WS 1832/33 hatte er bereits ein Kolleg zur neueren Missionsgeschichte gehalten. Da Mayerhoff laut Studentenverzeichnis im SS 1827 an der Berliner Universität eingeschrieben war,[61] ist es nicht unwahrscheinlich, daß er Schleiermachers erste Statistik-Vorlesung gehört hat und durch sie angeregt wurde. Seine beiden Vorlesungen kamen jedoch nicht zustande,

---

18, 1989, S. (599–602) 600 (Gerhard Rau: Kirchenkunde); 32, 2001, S. (115–19) 116 (Christiane Kayser: Statistik); RGG[4] 4, 2001, S. 1206 f. (Martin Kumlehn: Kirchenkunde).

[58] RGG[2] 5, 1931, S. 766. Vgl. S. 217 f. (Paul Glaue: Schneider, Johannes). Zu Hanna Jurschs und Kurt Nowaks Kenntnis des hier veröffentlichten handschriftlichen Materials vgl. oben Anm. 3.

[59] Z. B. Sophronizon oder unpartheyisch-freymüthige Beyträge zur neueren Geschichte, Gesetzgebung und Statistik der Staaten und Kirchen; die Allgemeine Kirchen-Zeitung: „Ein Archiv für die neueste Geschichte und Statistik der christlichen Kirche, nebst einer kirchenhistorischen und kirchenrechtlichen Urkundensammlung"; das Allgemeine Repertorium für die theologische Literatur und kirchliche Statistik.

[60] So z. B. David Mauchart: Kirchliche Statistik des Königreichs Würtemberg evangelisch-lutherischen Antheils, 1821; Gemberg: Die schottische Nationalkirche; Georg Finsler, Kirchliche Statistik der reformirten Schweiz, 1854.

[61] 12. Verzeichniß der Studirenden auf der Königlichen Universität zu Berlin 1827, S. 20

und zwar, wie die Listen der gehaltenen Vorlesungen angeben, „wegen literarischer Arbeiten". Chlebus (1817–49) kündigte während seiner kurzen akademischen Lehrtätigkeit sogar fünfmal Vorlesungen zur kirchlichen Statistik Europas an und bot als Begleitung zusätzlich „Conversatorien" darüber an.[62] *Auch Chlebus kann Schleiermachers Statistik gehört haben, und zwar im WS 1833/34, seinem ersten Studiensemester.*[63] *Die Vorlesung im WS 1848/49 fiel aus, „weil sich keine hinreichende Zahl von Hörern gemeldet". Ob von den anderen eine zustandekam, ist ungewiß, da für die Zeit vom SS 1844 bis zum SS 1847 die Vorlesungslisten nicht überliefert sind.*

Notiz von Schleiermachers Statistik-Vorlesungen nahm der Kieler Propst Claus Harms. Er hielt im Jahr 1835 selbst 16 öffentliche Vorlesungen über den Zustand der Kirche und der Schulen in Schleswig, Holstein und Lauenburg. In der ersten Vorlesung am 18.5. bemerkt er: „Schleiermacher hat vor wenigen Jahren gesagt, sie [die kirchliche Statistik] sei noch nimmer in Berlin gelesen, und selbst, was er gelesen hat und Stäudlin und wohl auf anderen Universitäten gelesen ist, das ist nicht, was ich meine. 1. Keine Statistik allein, 2. keine allgemeine, sondern die Kirchenkunde eines bestimmten Landes, so möchte ich, was ich zu geben denke, lieber nennen."[64] *Wenn Harms sagt, er wolle nicht nur eine Statistik lesen, so meint er offenbar, er wolle nicht nur Verfassung und äußere Verhältnisse, sondern auch die inneren Zustände behandeln, die freilich Schleiermachers Statistik auch umfaßt. Genauere Kenntnis von Schleiermachers Vorlesungen hatte Harms also nicht. Er gab seinen Vorlesungen den Titel: „Kirchenkunde und Schulenkunde der drei Herzogtümer. Vorführung des Zustandes der Kirche und der Schulen der Herzogtümer, wie er gegenwärtig ist in aller Hinsicht, verbunden mit Urteil über einzelne Vorkommenheiten."*[65] *Den Begriff Kirchenkunde sollte einige Jahrzehnte später der Praktische Theologe Paul Drews aufgreifen.*

Die einzige vollständige Darstellung der kirchlichen Statistik im Sinne Schleiermachers erschien 1842/43 und kam aus der Feder eines Theologen aus einem deutschen Land, das Schleiermacher in seinen Vorlesungen auffälligerweise nie erwähnte: der des Mecklenburgers Julius Wig-

---

[62] WS 1844/45, SS 1845, WS 1845/46, SS 1847, WS 1848/49, Conversatorien im WS 1844/45 und SS 1845. Die Vorlesung vom WS 1845/46 hatte den Untertitel „Überblick des gegenwärtigen kirchlichen Zustandes in den europäischen Ländern".
[63] Amtliches Verzeichniß 1833/34, S. 7
[64] Christian Harms: Claus Harms' akademische Vorlesungen über den Kirchen- und Schulstaat der drei Herzogtümer, S. 48
[65] Harms: Claus Harms' akademische Vorlesungen S. 49

gers (1811–1901), der später aus politischen Gründen aus seinem aka-
demischen Amt entfernt wurde und freier Publizist wurde.[66] *Wiggers,*
der selbst bei Schleiermacher studiert hat, dabei aber, wie er bedauert,
an keiner Vorlesung zur Statistik teilnahm, beruft sich auf Stäudlin und
Schleiermacher als die Begründer der kirchlichen Statistik.[67] *Sie ist nach*
Wiggers die „wissenschaftliche Darstellung der gegenwärtigen Kirche
nach dem vollen Umfange ihrer räumlichen Ausbreitung wie nach dem
vollen Inhalte ihres erscheinenden Lebens“:[68] *„Die kirchliche Statistik*
hat die Kirche einer gegebenen Zeit nach allen ihren mannichfaltigen
Lebensäußerungen und Beziehungen aufzufassen und darzustellen, also
nach der Seite der Lehre, des Cultus, der Verfassung und Sitte, so wie
nach ihren Beziehungen zu anderen Gebieten des menschlich-geselligen
Daseyns, als zu den untergeordneten religiösen Gemeinschaften, zu den
Gemeinschaften des Staates, der Wissenschaft und der Kunst.“[69] *Setzt*
man Lehre, Kultus und Sitte als den inneren Gehalt, so ist stimmt Wig-
gers' Bestimmung des Gegenstandes der Statistik mit der Schleierma-
chers in der „Kurzen Darstellung“ überein. Mit Schleiermacher nennt
Wiggers die Statistik den Schlußstein der historischen Theologie, zu der
er freilich die Dogmatik nicht rechnet. Den Zweck der Statistik gibt
Wiggers (mit Schleiermacher) an als die Befähigung zu geordneter Ein-
wirkung auf die Kirche.[70] *Was das Verfahren betrifft, so schreibt Wig-*
gers, er wolle im Unterschied zu Schleiermacher bei der Darstellung
einer Kirchengemeinschaft nicht unbedingt von deren Verfassung ausge-
hen, sondern jeweils von dem, worin der Geist der Gemeinschaft am
klarsten in Erscheinung tritt. Außerdem solle das Komparative weniger
als bei Schleiermacher in die Einzelheiten gehen.[71] *Unklar ist, worauf*
Wiggers sich hier bezieht. Weder in der „Kurzen Darstellung“ noch in
den Vorlesungen (die Wiggers nach eigener Aussage nicht gehört hat)
sagt Schleiermacher, daß die Verfassung jeweils der Ausgangspunkt der

---

[66] *Johann Elieser Theodor Wiltschs Handbuch der kirchlichen Geographie und Statistik*
behandelt Ausbreitung und Organisation der Kirche bis zum Ende des Mittelalters.
Stephan Jakob Neher: Kirchliche Geographie und Statistik, stellt nur den gegenwär-
tigen Bestand der römisch-katholischen Kirche dar, geordnet nach Bistümern und Kir-
chenprovinzen, macht aber auch kurze Angaben über die Staaten (Bevölkerungszahl,
Bildungseinrichtungen) und über Anzahl und Verfassung der Nichtkatholiken.

[67] *Wiggers I, S. III f. 9–11. Nach den Amtlichen Verzeichnissen des Personals und der*
Studirenden war Wiggers in Berlin vom WS 1833/34 bis zum WS 1835/36 immatriku-
liert. Er hätte also an Schleiermachers zweiter Statistik-Vorlesung teilnehmen können.

[68] *Wiggers I, S. IV*

[69] *Wiggers I, S. 6*

[70] *Wiggers I, S. IV–VIII. 6–9*

[71] *Wiggers I, S. 18–20*

Betrachtung sein müsse,[72] und er äußert sich auch nicht dazu, wie detailliert der Vergleich zwischen den einzelnen Kirchengemeinschaften zu führen sei.

Die Symbolik nach Marheineke beschränkte sich zunächst wesentlich auf die vergleichende Darstellung der Lehrbegriffe und nahm unter dem Einfluß des Konfessionalismus wieder einen stärker polemischen Charakter an. Karl Hase (1862) und besonders Ferdinand Kattenbusch, der der Symbolik den neuen Namen Konfessionskunde gab und es zu ihrem Programm machte, nicht das Ideal, sondern die Wirklichkeit der Konfessionen zu beschreiben (1892), ließen die einseitige Fixierung der Disziplin auf den Lehrbegriff aber hinter sich und bemühten sich um ein alle Lebensbereiche umfassendes Verständnis. Damit war ein Hauptanliegen der Schleiermacherschen Statistik aufgenommen, freilich ohne sich auf Schleiermacher zu berufen.[73]

In den 1850er Jahren begannen die evangelischen Landeskirchen mit der regelmäßigen Veröffentlichung zahlenstatistischer Nachrichten. Über Größe und Wachstum der Gemeinden, kirchliches Leben und Umfang der Liebestätigkeit und vieles mehr stand von nun an das umfangreiche Zahlenmaterial zur Verfügung, das Schleiermacher so vermißt hatte. Der Begriff Statistik nahm allmählich seine heutige Bedeutung an. Um die Jahrhundertwende wertete Paul Pieper die bisherigen Erhebungen zusammenfassend in einer Kirchlichen Statistik Deutschlands aus.[74]

Zur gleichen Zeit wurde von Seiten der Praktischen Theologie noch einmal geltend gemacht, was Schleiermacher in der „Kurzen Darstellung" zur Disziplin der Statistik geschrieben hatte. Paul Drews forderte 1901 eine empirisch-deskriptive Disziplin innerhalb der Praktischen Theologie ein, eine religiöse Volkskunde und Psychologie, die die für die Praxis unerläßlichen Kenntnisse über das religiöse und sittliche Leben in

---

[72] *So disponiert Schleiermacher die Kirchen einer Partei ja nicht nach den Verfassungen, sondern nach dem Verhältnis zum Staat (herrschend, rezipiert, geduldet, gedrückt).*

[73] *Vgl. K. Hase: Handbuch der protestantischen Polemik gegen die römisch-katholische Kirche, 1862; Kattenbusch: Lehrbuch S. 1–5. 56–70; Loofs: Symbolik S. 70–76; RE³ 19, 1907, S. 205–207 (Ferdinand Kattenbusch: Symbolik); Stephan: Zur gegenwärtigen Lage S. 22–24; Mulert: Konfessionskunde S. 6–9; RGG³ 3, 1959, S. 1750f. (Ernst Wolf: Konfessionskunde).*

[74] *Vgl. Pieper: Kirchliche Statistik (dort S. 5–7 über die Geschichte der Statistik); RGG² 5, 1931, S. 765–67 (Johannes Schneider: Statistik, Kirchliche); RGG³ 6, 1962, S. 338f. (Annemarie Burger: Statistik, kirchliche). Die Verfassungen der evangelischen Landeskirchen kommen bei Pieper gar nicht vor, die Organisation der römisch-katholischen Kirche in Deutschland nur in einem Anhang. Dafür enthält Piepers Werk zahllose Statistiken über die deutsche Bevölkerung (z.B. Sprachen, Stadt und Land, finanzielle Leistungsfähigkeit, Mischehen) und über das kirchliche Leben im Deutschen Reich.*

den Landeskirchen und außerhalb ihrer gewinnen und vermitteln sollte. Weiter heißt es: „Endlich aber ist mein Hauptgedanke noch einer besonderen Ausprägung fähig. Es lässt sich nämlich von dem bezeichneten Gesichtspunkt aus auch das gesamte kirchliche Leben einer einzelnen kirchlichen Provinz oder einer Landeskirche darstellen. ... ‹Kirchliche Statistik› kann man diese Disziplin nennen, wenn man mit Schleiermacher reden will. Lieber aber nenne ich sie mit Claus Harms ‹Kirchenkunde›. Denn kein Geringerer als er hat einst diesen Gedanken praktisch durchgeführt."[75] Aus Drews' Überlegungen gingen, verschieden einander zugeordnet und voneinander abgegrenzt, die Fächer Kirchenkunde, religiöse Volkskunde und religiöse Seelenkunde hervor. In einer Programmschrift zur Reform der Praktischen Theologie schreibt Drews: „Und ist diese Kirchenkunde denn so etwas schlechthin Neues und Unerhörtes? Ich will nicht daran erinnern, daß schon Claus Harms fast ganz das Gleiche einmal unternommen hat. Wohl aber will ich daran erinnern, daß Schleiermacher die historische Theologie abschließt mit einer ‹kirchlichen Statistik›, bei der ihm vielleicht etwas wie unsre heutige vergleichende Konfessionskunde vorschwebte, die aber doch der Kirchenkunde sehr ähnlich, jedenfalls wesensverwandt ist. Auf sie läßt er sofort die Praktische Theologie folgen: die Kenntnis des gegenwärtigen Zustandes bildet die unmittelbare Voraussetzung für die Theorie oder Technik des kirchlichen Handelns. Freilich ist diese Schleiermachersche Disziplin der ‹kirchlichen Statistik› nicht zur Blüte gekommen. Es hat nicht an Versuchen gefehlt, dieses Programm zu verwirklichen: der Rostocker Theologe Julius Wiggers gab 1842 und 1843 eine solche ‹kirchliche Statistik› in 2 Bänden, freilich in wenig gelungener Weise, heraus. So ist diese Disziplin brach liegen geblieben, bis sie in der Konfessionskunde auflebte. Zur evangelischen Kirchenkunde aber entwickelte sie sich nicht. Vielleicht wäre dies der Fall gewesen, wenn Schleiermacher jene Disziplin dem Praktischen Theologen als Arbeitsgebiet zugewiesen hätte, was freilich nach seiner ganzen enzyklopädischen Auffassung der Theologie unmöglich war."[76] Drews eröffnete 1902 die „Evangelische Kirchenkunde", eine Reihe von Einzeldarstellungen der deutschen evangelischen Landeskirchen, mit einer Beschreibung der sächsischen Kirche.[77] Neben den Gemeinsamkeiten dieser empirischen

---

[75] „Religiöse Volkskunde", eine Aufgabe der praktischen Theologie, S. 7f.

[76] Das Problem der Praktischen Theologie, 1910, S. 58f. Drews verweist auf KD² §§ 232–250. Er betont noch einmal, daß die Kirchenkunde (gegen Schleiermacher) der Praktischen, nicht der Historischen Theologie zuzuordnen sei (64).

[77] P. Drews: Das kirchliche Leben der Evangelisch-Lutherischen Landeskirche des König-

*Disziplinen mit Schleiermachers Konzept einer kirchlichen Statistik fällt
aber auch der wesentliche Unterschied auf: Kirchenkunde wie auch neuere Statistik behandeln in der Regel nur ein begrenztes Kirchengebiet.
Drews erwartete vom angehenden Amtsträger nur den Erwerb kirchenkundlichen Wissens über seine eigene Kirche. Die Kirchenkunde bietet
eine Fülle von Details, die Schleiermacher nur „Virtuosität" genannt hätte;[78] ein Gesamtüberblick und ein Vergleich zwischen den inneren und
äußeren Verfassungen der verschiedenen Kirchen, wie ihn Schleiermacher, wohl aufgrund seiner kirchenpolitischen Erfahrungen, für unerläßlich hielt, bleibt hingegen aus, wie denn auch die neueren statistischen,
kirchenkundlichen und volkskundlichen Untersuchungen den Schwer-
punkt auf das legen, was Schleiermacher den inneren Gehalt nannte.*

*Insgesamt konnte sich Schleiermachers kirchliche Statistik also nicht
als theologische Disziplin durchsetzen. Schleiermacher hatte sie als
Kenntnis vom gegenwärtigen Zustand der Kirche konzipiert und dazu
Religionsgeographie, politische Statistik, Kirchengeschichte, die vergleichende Darstellung der Kirchenparteien (Symbolik) und das Kirchenrecht herangezogen; die Statistik wird wie die Symbolik nach Kirchenparteien disponiert und erst dann nach Ländern und Staaten, aber nicht
der Lehrbegriff ist ihr Hauptgegenstand, sondern die inneren und äußeren Verhältnisse der Kirchen, besonders die Verfassung. Nach Schleiermacher fiel die Statistik wieder auseinander in die vergleichende Konfessionskunde, das Kirchenrecht und in die empirischen Fächer der Praktischen Theologie (Kirchen- und Volkskunde, Religionspsychologie und
-soziologie, Statistik der Religionen, Konfessionen und Landeskirchen).
Die komparative Darstellung der verschiedenen Kirchenverfassungen leistet keins dieser Fächer.*

---

reichs Sachsen, Evangelische Kirchenkunde 1, 1902. Vgl. dazu auch Drews: Das Pro-
blem S. 7–12. 37–41. 54–68; RE[3] 23, 1913, S. 756–763 (Martin Schian: Kirchenkunde);
RGG[2] 3, 1929, S. 912f. (Martin Schian: Kirchenkunde); 5, 1931, S. 1668f. (Friedrich
Niebergall: Religiöse Volkskunde); RGG[3] 3, 1959, S. 1453f. (Ernst Wolf: Kirchenkun-
de); 6, 1962, S. 1466f. (Gottfried Holtz: Religiöse Volkskunde); TRE 18, 1989,
S. 599–602 (Gerhard Rau: Kirchenkunde); RGG[4] 4, 2001, S. 1206f. (Martin Kumlehn:
Kirchenkunde).
[78] KD[1] S. 68, § 57 (KGA I/6, S. 296)

II. Editorischer Bericht

1. Zum Editionsverfahren

Es gelten die editorischen Grundsätze für die II. Abteilung (Vorlesungen) der KGA[79] mit folgenden Besonderheiten:

a) Um den Sachapparat von den zahlreichen Verweisen zwischen Manuskript und Nachschriften zu entlasten, wird im Anhang unter den Verzeichnissen in drei Synopsen von den Stunden der Vorlesungen 1827 bzw. 1833/34 auf das Manuskript und umgekehrt vom Manuskript auf die einzelnen Vorlesungsstunden verwiesen. Im Sachapparat zu den Nachschriften wird nur nachgewiesen, was nicht schon im Apparat zu Schleiermachers Manuskript vermerkt ist; daher ist dessen Apparat bei den Nachschriften stets mitzuberücksichtigen. Vgl. Punkt 5. g) der Grundsätze.

b) Eine vierte Synopse weist im Zusammenhang nach, welche Literatur Schleiermacher an welcher Stelle seines Manuskriptes und seiner Vorlesungen benutzt hat.

c) Als zusätzliche Register enthält der Band ein geographisch-politisches Register und ein Sachregister. Vgl. Punkt 4 der Grundsätze.

d) Das Vorlesungsmanuskript wird nicht in der Reihenfolge wiedergegeben, in der seine Blätter später numeriert wurden, sondern in der Reihenfolge, in der es mutmaßlich entstanden ist, wobei aber die Präparationen von 1827 und 1833/34 insofern nicht auseinandergerissen werden dürfen, als Schleiermacher 1833/34 die älteren Notizen weiterverwendete. An den Anfang werden also die wohl schon vor 1827 entstandenen Abteilungen gestellt, gefolgt vom Fragment eines Vorlesungsaufrisses für 1827 (Kirchliche Geographie und Statistik) und den für diese Vorlesung angelegten Abteilungen mit ihren Ergänzungen 1833/34 und von den erst 1833/34 angelegten Abteilungen; zum Einzelnen vgl. unten. Die vermischten Notizen und Exzerpte in der Abteilung Kirchliche Geographie und Statistik und auf fol. 12 (Verschiedene Notizen und Exzerpte) bleiben in ihrer Reihenfolge. Umgestellt werden nur in der Abteilung Katholische Kirche Nr. 139–151, die hinter 138 statt hinter 168 zu stehen kommen.

---

[79] *KGA II/8, hg. von Walter Jaeschke, 1998, S. IX–XVI. Die vollständige Wiedergabe von Nachschriften für jedes Semester (vgl. Punkt 2; 2. o) der Grundsätze) ist bei den Vorlesungen zur Statistik unerläßlich, da sich allein aus Schleiermachers Vorlesungsmanuskript kein Bild über Verlauf und Inhalt der Vorlesungen gewinnen läßt.*

2. Manuskript Schleiermachers

*Standort: Berlin, Staatsbibliothek Preußischer Kulturbesitz, Handschrif-
tenabteilung, Dep. 42, Schleiermacher-Archiv IV, K. 21, B. 4.*
   Kein Titel.
   *Beschreibung: 108 Seiten (54 Blätter), 22,5x18 cm, archivalisch foli-
iert. Fol. 15–16, 29–32 und 35–54 sind mehr oder weniger stark blau-
grün getönt. Das Papier hat kein Wasserzeichen. Vier Blätter entstehen
jeweils durch doppeltes Falten und Auftrennen eines großen Bogens Papier. Archivalische Foliierung nach der (zufälligen) Lage der Blätter im
Schleiermacher-Archiv.*
   *Fol. 1–10 und 13–14 (Protestantische Kirche) sind Einzelblätter. Die
Aufschrift „Protestanten" auf fol. 5ʳ und fol. 9ʳ zeigt aber ebenso wie die
Schnittkanten der Blätter, daß es ursprünglich 3 Lagen zu je 2 ineinander
gelegten Doppelblättern waren (1–4; 5–8; 9–10. 13–14). – Fol. 11/12
(ohne Titel) und 15/16 (Amerika) sind Doppelblätter. – Fol. 17 (Katholische Kirche) und 20 sind Einzelblätter, hingen aber ursprünglich
zusammen und bildeten zusammen mit dem Doppelblatt fol. 18/19 eine
Lage zu 2 ineinander gelegten Doppelblättern, wie die Aufschrift „Katholische Kirche" auf fol. 21ʳ und die Schnittkanten der Blätter zeigen. –
Fol. 21/22 (zur katholischen Kirche) sind ein Doppelblatt. – Fol. 23–28
(zur katholischen Kirche) sind Einzelblätter, doch zeigen die Schnittkanten der Blätter, daß ursprünglich fol. 23 mit 24, 25 mit 28 und 26 mit 27
zusammenhing, so daß fol. 23–24 ein Doppelblatt und 25–28 eine Lage
aus zwei ineinander gelegten Doppelblättern bildeten. – Fol. 29–32 (zur
katholischen Kirche) sind eine Lage aus zwei ineinander gelegten Doppelblättern. – Fol. 33–34 (Kirchliche Geographie und Statistik) sind Einzelblätter, waren aber, wie die Schnittkanten der Blätter zeigen, ein Doppelblatt. – Fol. 35–38 (Mission), 39–42 (Semitischer Zweig) und 43–46
(Griechischer Zweig) sind Lagen aus je zwei ineinander gelegten Doppelblättern. Das Heft „Mission" ist zwischen fol. 37 und 38 nicht auf-
geschnitten. – Fol. 47/48 (Zur griechischen Kirche), 51/52 (Kleine Partheien) und 53/54 (Zur Statistik) sind Doppelblätter. – Fol. 49 und 50
(Abendländischer Zweig) sind Einzelblätter und hingen, wie die Schnittkanten zeigen, auch ursprünglich nicht zusammen. – Die Seiten 16ʳ, 16ᵛ,
32ᵛ, 34ᵛ, 36ᵛ–38ᵛ, 42ᵛ, 47ᵛ–48ᵛ, 50ᵛ, 52ʳ, 52ᵛ, 54ʳ, 54ᵛ sind leer.*
   *Wie bereits gesagt, mußte Schleiermacher für seine Statistik-Vorle-
sungen (ähnlich wie bei den Vorlesungen zu Kirchengeschichte[80]) auf
Arbeiten anderer zurückgreifen. So besteht das Manuskript zum größten*

---

[80] Vgl. Boekels S. 14–24. 93–106.

*Teil aus Exzerpten aus Büchern, Zeitschriften und Zeitungen. Stunden-
aufrisse, Aphorismen, Fragen und eigene Einfälle finden sich zwar auch,
aber weit weniger. Wie das Manuskript keinen Gesamttitel, sondern nur
Untertitel hat – Protestantische Kirche, Amerika, Katholische Kirche,
Kirchliche Geographie und Statistik, Missionen, Semitischer Zweig,
Griechischer Zweig, Zur griechischen Kirche, Kleine Partheien und Zur
Statistik, wobei aber das Doppelblatt 11/12 ohne Titel ist, – so bildet das
Manuskript auch keine Einheit für sich, sondern besteht aus mehreren
freilich zusammengehörigen Untereinheiten. In einigen dieser Untereinheiten sind die einzelnen Absätze, deren Länge von einer Zeile bis zu
anderthalb Seiten (Katholische Kirche 121–123) reicht, durchnumeriert,
nämlich in Protestantische Kirche, Katholische Kirche, Semitischer
Zweig, Griechischer Zweig und Kleine Partheien, während Amerika,
Missionen, Kirchliche Geographie und Statistik, Abendländischer Zweig
und Zur Statistik nicht durchnumeriert sind. Die bis 66 reichende Numerierung des Griechischen Zweiges wird einerseits auf fol. 12ʳ mit
67–71 fortgesetzt, andererseits auf fol. 47ʳ mit 67 (Zur griechischen Kirche). – Was Schleiermacher im SS 1827 von seinem Material in der Vorlesung benutzt hat, das hat er mit einem Erledigungsvermerk, in der
Regel einem Haken, versehen; es gibt allerdings keine exakte Übereinstimmung des Abgehakten und des verwendeten Materials. Etwa von
Stunde 40 an hat Schleiermacher sich dieses Abhaken abgewöhnt, so daß
es in der Abteilung Protestantische Kirche keine Haken mehr gibt.
Entstehungsgeschichte: Der jetzige Umfang des Manuskripts rührt
vom WS 1833/34 her. Sein größerer Teil ist aber schon älter. Die einzelnen Teile des Manuskript lassen sich anhand der in ihnen ausgewerteten
Literatur und anhand der Vorlesungsnachschriften datieren.
1) Die wohl ältesten Stücke des Manuskripts sind: A) die Exzerpte
über die orthodoxen Kirchen auf fol. 11 (Exzerpte zur griechischen Kirche). Sie sind nicht numeriert und sind von Schleiermacher offenbar
nicht weiter verwertet worden. B) Die Abteilung Zur Statistik, eine ungeordnete Sammlung von Analekten aus Zeitschriften; die letzten Absätze sind aus Zeitschriften vom Januar 1827 exzerpiert. Vermutlich sind
diese beiden Stücke im Zusammenhang der Präparation auf das avisier-
te, aber nicht gehaltene Kolleg im WS 1826/27 angelegt worden. Die
evangelische Kirche in Buenos Aires (Zur Statistik [2]) hat Schleiermacher im Kolleg des SS 1827 erwähnt.
2) Zu Beginn der Vorlesung 1827 hat Schleiermacher zur Vor- und
Nachbereitung seiner Stunden die Abteilung Kirchliche Geographie und
Statistik angelegt. Sie dokumentiert, welcher Stoff in den ersten Stunden*

behandelt wurde. Schleiermacher hat die geordnete Nachbereitung der Vorlesung aber nicht lange durchgehalten: Schon für Stunde 9 gibt es keinen Aufriß mehr, es folgen aber noch die für die Stunden 10–12 und 18. Auf dem Doppelblatt Kirchliche Geographie und Statistik (fol. 33/34) sind neben Stundenaufrissen einige Exzerpte, Pläne zur Gliederung der Vorlesungen zur katholischen und zur protestantischen Kirche und eine Anzahl von Fragen notiert, denen Schleiermacher nachgehen wollte.

Zur Präparation auf das SS 1827 hat Schleiermacher die Abteilungen Semitischer Zweig, Griechischer Zweig, Abendländischer Zweig und Missionen offenbar parallel angefangen: Sie alle beginnen mit Exzerpten aus dem ersten Heft des ersten Jahrgangs (1823) des „Kirchenhistorischen Archivs", sind also bei der Auswertung der zwei Aufsätze von Carl Friedrich Stäudlin und Johann Severin Vater über die neuesten kirchengeschichtlichen Ereignisse gemeinsam angelegt worden. Dabei war es wohl von Anfang an Schleiermachers Absicht, für Katholiken und Protestanten getrennte Abteilungen anzulegen, denn der Abendländische Zweig ist nicht numeriert und wurde auch (bis auf ein analectum aus der für den Semitischen Zweig und den Griechischen Zweig studierten „Sammlung der merkwürdigsten Reisen in den Orient", Abendländischer Zweig [15]) nicht über die Exzerpte aus dem „Kirchenhistorischen Archiv" 1823,1 hinausgeführt. Für die Vorlesung hat Schleiermacher den Abendländischen Zweig offensichtlich nicht mehr herangezogen. Die Abteilungen Semitischer Zweig, Griechischer Zweig, und Missionen wurden hingegen über die Nachrichten aus dem „Kirchenhistorischen Archiv" hinaus fortgeführt. Bei den Exzerpten der Abteilung Semitischer Zweig steht die Numerierung nicht wie sonst am linken Rand neben den Absätzen, sondern am jeweils inneren Rand der Seite, also bei Vorderseiten links, bei Rückseiten rechts.

Nachdem das Heft Griechischer Zweig (fol. 43–46) voll und auch am Rand von fol. 46^v kein Platz mehr war, führte Schleiermacher den Griechischen Zweig auf fol. 12 weiter, also auf der zweiten Hälfte des Doppelblattes 11/12, auf dessen erster Hälfte er die oben erwähnten, nicht weiter benutzten Exzerpte über die orthodoxen Kirchen gesammelt hatte. Ein neues Doppelblatt wollte Schleiermacher für die griechische Kirche offenbar nicht mehr anfangen. Weiter geführt wurde fol. 12 dann ähnlich wie die Abteilung Kirchliche Geographie und Statistik: Schleiermacher notierte auf ihm die Aufrisse der Stunden 14, 15, 17 und 19–21 sowie verschiedene Exzerpte (besonders über das Kaiserreich Österreich) und Fragen. Diese Notizen und Exzerpte hat Schleiermacher in der Vorlesung noch verwertet.

Die Abteilungen Katholische Kirche und Protestantische Kirche wurden wohl erst im Laufe des Semesters angelegt. Katholische Kirche 8–11 schrieb Schleiermacher aus seinen unter dem Titel „Abendländischer Zweig" gesammelten Exzerpten aus dem „Kirchenhistorischen Archiv" 1823,1 (vgl. oben) ab. Auf das SS 1827 gehen Katholische Kirche 1–138 und Protestantische Kirche 1–74 zurück, Protestantische Kirche 75 wurde wahrscheinlich 1828 nachgetragen.

Für seine zweite Statistik-Vorlesung im WS 1833/34 hat Schleiermacher kein neues Heft angefangen, sondern hat seine Präparationen von 1827 weiterverwendet und ergänzt.

Am Rand der Abteilung Kirchliche Geographie und Statistik (fol. 33ʳ) hat Schleiermacher unvollständige Aufrisse der Stunden 2–7 gemacht (Kirchliche Geographie und Statistik [22]); er hat also mit dieser Art der Vor- und Nachbereitung noch schneller aufgehört als in der ersten Vorlesung.

Zur altorientalischen und zur griechischen Kirche kam 1833 nichts hinzu, hier genügten Schleiermacher die Exzerpte von 1827. Erst als die Darstellung der Ostkirchen im Kolleg abgeschlossen war, notierte sich Schleiermacher Nachrichten aus der Allgemeinen Kirchen-Zeitung und der Evangelischen Kirchen-Zeitung über die Kirche im neugegründeten griechischen Staat und fügte sie als Nr. 67 unter dem Titel „Zur griechischen Kirche" der Abteilung Griechischer Zweig bei (fol. 47). Da es im Manuskript schon Griechischer Zweig 67–71 gab (fol. 12ʳ), hätte das Exzerpt eigentlich die Nummer 72 bekommen müssen, doch Schleiermacher hatte das Doppelblatt 11/12 aus dem Zusammenhang des Griechischen Zweiges gelöst und wegen der Exzerpte über die Protestanten in Österreich der Abteilung Protestantische Kirche beigefügt[81]. Dort (zwischen fol. 10 und 13) lag es noch bei der Paginierung des Manuskripts. Die letzte Notiz auf fol. 12ᵛ über das bald nachzuholende Jerusalem (Verschiedene Notizen und Exzerpte [11]) hat Schleiermacher wohl während des Kollegs 1833/34 gemacht.

Die Abteilung Katholische Kirche setzte Schleiermacher von Nr. 139 an zunächst in einem neuen Heft (fol. 29–32) fort, besann sich aber nach Nr. 151 dahin, den freien Platz auf fol. 28 auch noch auszunutzen, so daß Nr. 152–168 dort stehen. In der Abteilung Protestantische Kirche fügte Schleiermacher zum Manuskript der ersten Vorlesung die Nummern 76 ff. hinzu, und zwar direkt auf fol. 10ʳ. Außerdem ergänzte er in

---

[81] *Bei Protestantische Kirche 90 verweist er am Rand auf das Doppelblatt 11/12 als auf das „eingelegte Blatt".*

den Abteilungen Katholische Kirche und Protestantische Kirche das Manuskript von 1827 an einigen Stellen am Rand, und zwar bei Katholische Kirche 31; 32; 88 und Protestantische Kirche 1; 22; 23; 30; 60.

3) Neu angelegt wurden 1833/34 zwei Abteilungen: Amerika und Kleine Partheien;[82] die Abteilung Amerika beginnt mit zwei aus der Abteilung Katholische Kirche kopierten Absätzen (Katholische Kirche 49; 112).

Wie schon unter den Bemerkungen zum Editionsverfahren, Punkt d), angedeutet, wird das Manuskript in der Reihenfolge seiner mutmaßlichen Entstehung wiedergegeben: Am Anfang stehen 1) die vor der Vorlesung von 1827 angelegten Abteilungen (Exzerpte zur griechischen Kirche, Zur Statistik), dann kommen 2) die Teile, die für die Vorlesung 1827 angelegt wurden (Kirchliche Geographie und Statistik mit Ergänzung 1833/34, Semitischer Zweig, Griechischer Zweig mit den verschiedenen Notizen und Exzerpten und der Ergänzung 1833/34 „Zur griechischen Kirche", Abendländischer Zweig, Missionen, Katholische Kirche mit Nachträgen 1833/34, Protestantische Kirche mit Nachträgen 1833/34); den Schluß machen 3) die beiden für die Vorlesung 1833/34 angelegten Abteilungen (Amerika, Kleine Partheien).

3. Vorlesungsnachschriften

3.1. Anonym (1827)

Standort: Berlin, Staatsbibliothek Preußischer Kulturbesitz, Handschriftenabteilung, Dep. 42, Schleiermacher-Archiv IV, K. 22, C. 2.

Titel (fol. 1ʳ): Kirchliche Statistik / [ergänzt: u. Geographie /] nach / Schleiermacher / Berlin im Sommersemest. 1827. / d 7t. Mai.

Umfang: alle 70 Stunden

Beschreibung: 256 Seiten (128 Blatt) (16 Lagen zu 16 Seiten, 28,5x18,5 cm), archivalisch foliiert. Fester Einband.

Die Nachschrift Anonym ist der Leittext für die Vorlesung 1827, denn sie ist unter den Nachschriften die ausführlichste. Sie bemüht sich offenbar um eine wörtliche Wiedergabe von Schleiermachers Vortrag; so läßt sie Schleiermacher meistens in der ersten Person reden und gibt – neben vielen typischen Floskeln des mündlichen Vortrags – gelegentlich auch das genau wieder, was Schleiermacher „beiseite" gesprochen hat.

---

[82] Kurt Nowak: Schleiermacher S. 262, nahm an, daß es die Abteilung Kleine Partheien schon 1827 gab.

Der Text ist insgesamt zuverlässig, muß freilich stellenweise korrigiert und ergänzt werden. Er weist auch zahlreiche Flüchtigkeitsfehler auf. Die Handschrift ist flüchtig, aber fast überall eindeutig zu entziffern. Die Zahl der Abkürzungen ist selbst für Nachschriften groß; obwohl Buchstabenbestand und Bedeutung der Abkürzungen in der Regel eindeutig sind, kann die genaue Auflösung uneindeutig sein: Nicht differenziert wird insbesondere oft zwischen Ein- und Mehrzahl; z.B. steht Vh. für Verhältniß oder für Verhältnisse, K. für Kirche oder Kirchen, w. für wird, werden, werde, würde oder würden. In zweifelhaften Fällen hat der Editor jeweils die Form eingesetzt, die ihm dem Zusammenhang nach am plausibelsten erschien. Die Kursivierung der vom Editor ergänzten Buchstaben läßt dem Leser die Möglichkeit, die Entscheidungen des Editors nachzuvollziehen und eventuell zu anderen Lösungen zu kommen.

Der Abschnitt über die preußische Union (63. Stunde) wurde, entweder vom Verfasser oder von einem späteren, noch einmal durchgearbeitet und mit zahlreichen Unterstreichungen versehen; diese blieben bei der Transskription unberücksichtigt.

Auch die anderen Nachschriften des SS 1827 sind sämtlich ausgewertet und, wo nötig, eingearbeitet worden. Entsprechend den editorischen Grundsätzen stehen für das Verständnis wesentliche Korrekturen und Ergänzungen im Text (gegebenenfalls in eckigen Klammern) mit einem Nachweis im textkritischen Apparat; andere erwähnenswerte Zusätze und Varianten werden im Sachapparat notiert.

3.2. Julius Schubring (1827)

Standort: Berlin, Berlin-Brandenburgische Akademie der Wissenschaften, Archiv, Schleiermacher-Nachlaß 560

Titel (pag. 1): Kirchliche Geographie und Statistik / bei Schleiermacher. / Berlin 1827. / Schubring.

Umfang: alle 70 Stunden

Beschreibung: 174 Seiten (11 Lagen zu 16 Seiten; aus der letzten Lage ist ein Blatt herausgetrennt, bläuliches Papier, 20x17 cm), eigene Paginierung. Weicher Einband.

Julius Schubring, * 2.6.1806 in Dessau, † 14.12.1889 ebd., studierte in Leipzig und Berlin, war nach seinen Examina 1828 Hauslehrer in den Häusern Schleiermacher und Schade und wurde 1830 Kollaborator am Gymnasium in Dessau. An der Kirche St. Georg in Dessau wurde Schubring 1831 Pfarrsubstitut, 1832 Diakonus und 1837 Pfarrer; 1883 wurde *er emeritiert. Schubring war 1870–88 Mitglied des Konsistoriums in Dessau und wurde 1880 mit den Titeln Oberkonsistorialrat und D. theol. (Halle) ausgezeichnet.*[83] *Der Schleiermacherforschung ist Schubring bekannt als Hörer Schleiermachers und Adressat eines Briefes von Schleiermacher vom Mai 1829.*[84] *Bekannt wurde Schubring aber vor allem durch seine Beziehungen zu Felix Mendelssohn-Bartholdy: Er hatte Mendelssohn 1825 in Berlin kennengelernt und schrieb später u. a. die Libretti der Oratorien „Paulus" und „Elias".*

Der Text der Nachschrift Schubring ist knapper gefaßt als der der Nachschrift Anonym, hat aber viele Ergänzungen zu dieser Nachschrift. Der Vergleich mit den anderen Nachschriften zeigt indessen, daß etliche dieser Ergänzungen nur Schubring hat; Schubring, dessen Nachschrift im ganzen zuverlässig ist, hat also bei der Ausarbeitung seiner Mitschriften gelegentlich auch eigenes Wissen eingearbeitet. Berücksichtigt man nur, was von den anderen Nachschriften gestützt wird, bietet Schubring eine Fülle von wertvollen Ergänzungen und Korrekturen zu Anonym. Die Handschrift ist sorgfältig und gut lesbar. Sie macht wenig Absätze und verzichtet weitgehend auf Überschriften.

3.3. Ernst Fink (1827)

Standort: New York, Union Theological Seminary Library (Burke Library), Cage IF 4, S 34, 89531.

Titel (Deckblatt): Kirchliche / Geografie u. Statistik. / Von Dr. Schleiermacher. / Berlin, Sommer 1827. / Ernst Fink, d. G. G. B.

Umfang: alle 70 Stunden

Beschreibung: Deckblatt, 12 Seiten mit Inhaltsverzeichnis der Vorlesung und verschiedenen Exzerpten zur Geographie der Religionen (nicht numeriert), 274 Seiten, eigene Paginierung.

Ernst Friedrich Fink, * 24.10.1806 in Kandern (Baden), Studium in Freiburg, Halle, Berlin und Heidelberg, war 1833–43 Pfarrverweser in Leutesheim und von 1843 bis zu seinem Tod am 25.6.1863 Hausgeistlicher an der Heilanstalt für Geisteskranke in Illenau. 1856 verlieh ihm die Universität Heidelberg den Titel eines D. theol.[85]

---

[83] *Julius Schubring jr.: Briefwechsel zwischen Felix Mendelssohn Bartholdy und Julius Schubring, zugleich ein Beitrag zur Geschichte und Theorie des Oratoriums, S. VI f.; Herrmann Graf: Anhaltisches Pfarrerbuch, S. 424. Im Studentenverzeichnis vom Sommer 1827 ist Schubring nicht genannt.*

[84] *Vgl. SW I/11, hg. von Eduard Bonnell, 1840, S. IX; KGA II/8, S. LVIII; KGA II/10, 1, hg. von Andreas Arndt, 2002, S. XL; Arndt/Virmond S. 234.*

[85] *Badische Biographien, Band 1, S. 249 f. (K. Ströbe); Allgemeine Deutsche Biographie 7,*

Der Text der Nachschrift Fink hat einige Lücken (besonders in den ersten Vorlesungsstunden), ist sonst aber meist zuverlässig. Die Handschrift ist sorgfältig und gut lesbar, obwohl sie viel abkürzt. Bei den Aufzeichnungen über die Nestorianer und Monophysiten sind die Absätze numeriert (1–32); zahlreiche Notizen (Stichworte, gelegentlich auch Literaturangaben) finden sich am Rand der ersten 31 Seiten (1.–10. Stunde), danach kaum noch.

3.4. E. Stolpe (1827)

Standort: Berlin, Staatsbibliothek Preußischer Kulturbesitz, Handschriftenabteilung, Dep. 42, Schleiermacher-Archiv I, K. 4, C. 8, pag. 251–367.
Titel (pag. 251): Kirchliche Geographie u Statistik. / Nach den Vorlesungen des Herrn Prof. Dr. Fr. Schleiermacher / von / E. Stolpe, theol. stud. / Berlin. / Im Sommersemester 1827.
Umfang: alle 70 Stunden
Beschreibung: 117 Seiten (2 Lagen zu 16 Seiten, 1 Lage zu 24 Seiten, 2 Lagen zu 16 Seiten, 1 Lage zu 12 Seiten, 1 Lage zu 16 Seiten, eine Seite der 6 Seiten des hinteren Einbands noch beschrieben, 21,8x17,6 cm), archivalisch paginiert. Der Gesamtband (fester Einband; Titel [Buchrükken]: „Ethik, theol. Encyklopaedie u. Statistik nach Schleiermacher") hat einen Umfang von einem Titelblatt und 372 Seiten und enthält auch Nachschriften der beiden anderen Vorlesungen Schleiermachers im SS 1827, Ethik (Titelblatt bis pag. 160) und Encyklopädie (163–243). In den Band eingelegt ist ein Heft aus 2 Lagen zu je 8 Seiten, gleiches Format, gezählt als Seite 373–388, enthaltend den Beginn einer Abschrift der Statistik-Nachschrift ohne Abkürzungen, mit zahlreichen Lakunen dort, wo der Kopist die Vorlage nicht lesen konnte.
Der Verfasser der Nachschrift ist wohl der im Studentenverzeichnis genannte, sonst nicht weiter bekannte F. E. J. Stolpe aus Berlin, dort eingeschrieben seit Ostern 1826 und wohnhaft in der Mittelstraße 41.[86]
Der Text der Nachschrift Stolpe ist knapp gefaßt und hat einige Lükken, ist sonst aber sehr zuverlässig. Die Handschrift ist sorgfältig und gut lesbar. Die Nachschrift macht wenig Absätze und verzichtet weitgehend auf Überschriften.

1877, S. 17; Heinrich Neu: Pfarrerbuch der evangelischen Kirche Badens von der Reformation bis zur Gegenwart, Teil 2, S. 162. Das Studentenverzeichnis nennt als Finks Heimat das Großherzogtum Baden, gibt den Termin seiner Immatrikulation in Berlin mit Ostern 1827 an und nennt als Berliner Adresse Dorotheenstraße 62 (12. Verzeichniß 1827, S. 8).

[86] 12. Verzeichniß 1827, S. 31

3.5. J. Schmidt (1827)

Standort: Berlin, Staatsbibliothek Preußischer Kulturbesitz, Handschriftenabteilung, Dep. 42, Schleiermacher-Archiv IV, K. 22, C. 1.
  Titel (pag. 1): Kirchliche Geographie u Statistik / von / H Prof. Schleiermacher. / J. Schmidt Stud th. / Berlin im Sommersemester 1827.
  Umfang: alle 70 Stunden
  Beschreibung: 256 Seiten (16 Lagen zu 16 Seiten, 22x18 cm), eigene Paginierung von pag. 1–251. Kein Einband.
  Verfasser der Nachschrift ist entweder Johann Gottfried Friedrich Schmidt, * 3.3.1805 in Köslin, Studium in Greifswald und Berlin, 1829 Pfarrer in Arnhausen, 1870 emeritiert,[87] *oder ein J. L. T. Schmidt aus Brandenburg, in Berlin eingeschrieben seit Ostern 1827 und dort wohnhaft in der Mauerstraße 3.*[88]
  Die Nachschrift Schmidt bietet für die ersten ca. 30 Vorlesungsstunden einen guten, ausführlichen Text, wird aber danach immer knapper und lückenhafter. Wegen der schlechten Qualität des Papiers und der Tinte und wegen der Handschrift ist diese Nachschrift besonders schlecht lesbar.

3.6. Robert Röseler (1827)

Standort: Berlin, Berlin-Brandenburgische Akademie der Wissenschaften, Archiv, Schleiermacher-Nachlaß 559
  Titel (Deckblatt): Kirchliche Geographie und Statistik / nach dem Vortrage des Prof. Dr. Schleiermacher. / Berlin, / Sommer-Semester 1827. / Robert Röseler.
  Umfang: unvollständig (Stunde 1–48)
  Beschreibung: Deckblatt und 160 Seiten (80 Blatt) (1 Lage zu 12 Seiten, wobei Blatt 1 als Titelblatt nicht gezählt ist und hinter Blatt 3 ein Blatt herausgetrennt ist, 1 Lage zu 8 Seiten, 8 Lagen zu 16 Seiten, 21,8x17,7 cm; 1 Heft zu 16 Seiten im Format 20x16,5 cm aus bläulichem Papier), archivalisch foliiert, eigene Paginierung nur pag. 1–8 = fol. 1ʳ–4ᵛ. Fester Einband. 1 eingelegtes Blatt (22x8,9 cm) mit Abkürzungsverzeichnis.

---

[87] Ernst Müller: Die Evangelischen Geistlichen Pommerns von der Reformation bis zur Gegenwart, Band 2, S. 9. Das Studentenverzeichnis nennt J. F. Schmidt aus Pommern, eingeschrieben in Berlin seit Ostern 1826, wohnhaft in der Jüdenstraße 27 (12. Verzeichniß 1827, S. 27).
[88] 12. Verzeichniß 1827, S. 27

Robert Röseler, * *20.1.1807 in Berlinchen,* † *4.5.1891 in Eberswalde, studierte in Halle und Berlin, 1831 Ordination, 1832 Pfarrer in Groß-Latzke, 1836 in Deetz (Kirchenkreis Soldin), 1883 emeritiert.*[89]
Die Nachschrift Röseler bietet einen lückenhaften und insgesamt nicht sehr guten Text. Die Handschrift ist leidlich gut zu lesen.

3.7. Wilhelm Brodkorb (1827)

Standort: Berlin, Staatsbibliothek Preußischer Kulturbesitz, Handschriftenabteilung, Ms. Germ. oct. 670, fol. 38–58.
Titel (fol. 38ʳ): Kirchliche Geographie / und / Statistik / von / Dr. Schleiermacher. / ein Fragment / Berlin / im Sommer 1827. CWJTBrodkorb.
Umfang: unvollständig (Stunde 44–58)
Beschreibung: 42 Seiten (21 Blatt) (fol. 38 gehört zur vorigen Lage [fol. 35–38], 1 Lage zu 8 Seiten, 1 Lage zu 4 Seiten, 4 Lagen zu 8 Seiten, deren letztes Blatt das Titelblatt der Ethik ist, 21,3x12,5 cm), archivalisch foliiert. Der Band (fester Einband; Titel [fol. 1]: „Ein Heft verschiedenen Inhalts") hat einen Gesamtumfang von 152 Blättern und ist ein Konvolut mit Nachschriften vom SS 1827, er enthält noch Ausschnitte aus Schleiermachers beiden anderen Vorlesungen jenes Semesters (Enzyklopädie [2–37] und Ethik [60–81]) sowie Neander: Die letzte Rede und die Leidensgeschichte Christi nach Johannes (82–152).
Carl Wilhelm Julius Theodor Brodkorb, * *11.3.1806 in Wolfenbüttel,* † *18.3.1897 in Braunschweig, studierte in Göttingen und Berlin. 1831 wurde Brodkorb Gefängnisprediger in Wolfenbüttel und Lehrer an der dortigen Büger- und Töchterschule, 1835 Pfarrer in Besel und 1846 Superintendent in Bevern. Von 1858 bis zu seiner Emeritierung 1886 war Brodkorb Pfarrer in Benzingerode, 1869–75 auch Mitglied der braunschweigischen Landesversammlung, seit 1881 Kirchenrat.*[90] *Laut Eintrag auf der vorderen inneren Umschlagseite schenkte Professor Otto Hahne (Braunschweig) den Band 1927 aus dem Nachlaß der Tochter Brodkorbs der Preußischen Staatsbibliothek Berlin.*

---

[89] Otto Fischer: Evangelisches Pfarrerbuch Brandenburg II/2, S. 711. Das Studentenverzeichnis nennt R. O. Röseler aus der Neumark, in Berlin seit Michaelis 1826 eingeschrieben und wohnhaft in der Oberen Wallstraße 10.

[90] Biographisches Jahrbuch und Deutscher Nekrolog 2, 1897, 1898, S. 360–362 (P. Zimmermann); Georg Seebaß und Friedrich-Wilhelm Freist: Die Pastoren der Braunschweigischen Evangelisch-Lutherischen Landeskirche seit Einführung der Reformation, Band 2, S. 44. Das Studentenverzeichnis für den Sommer 1827 nennt Brodkorb nicht. Schleiermacher notierte in seinem Tagebuch von 1827/28, S. 215: „H Brodkorb wohnt Rosenstraße Werder ohne Nummer."

*Der Text der Nachschrift Brodkorb ist lückenhaft und für sich wenig
zuverlässig, bestätigt aber von Fall zu Fall die Lesarten der anderen
Nachschriften. Die Handschrift ist im ganzen gut lesbar.*

3.8. Karl Ohle (1833/34)

*Standort: Berlin, Staatsbibliothek Preußischer Kulturbesitz, Handschrif-
tenabteilung, Dep. 42, Schleiermacher-Archiv IV, K. 22, C. 3.*

   *Titel (fol. 1ʳ): Kirchliche Statistik / vorgetragen von Schleiermacher /
im W. S. 1833–34. / K. Ohle.*

   Umfang: unvollständig (Stunde 1–10, 38–41, 49–50)

   *Beschreibung: 104 Seiten (52 Blatt) (1 Lage zu 24 Seiten, 1 Lage zu 28
Seiten, 1 Lage zu 8 Seiten, 1 Doppelblatt zu 4 Seiten, 2 Lagen zu je 8
Seiten, 29x19 cm), archivalisch foliiert. Kein Einband.*

   *Karl Ohle, * 1813 in Sandau, 1853 Pfarrer in Britz (gehört heute zu
Berlin-Neukölln), dort | 19.6.1873.[91]*

   *Die Nachschrift Ohle ist die einzige zur Vorlesung 1833/34, also Leit-
text zu diesem Semester. Sie ist indessen unvollständig und dokumentiert
nur ein Viertel der Vorlesung. Offenbar ist sie die nicht ins Reine geschriebene Mitschrift der Vorlesungsstunden. Dies zeigt sowohl der recht
fehlerhafte Text der Nachschrift als auch ihre äußere Form, d.h. die
unregelmäßige, nachlässige und nicht sehr leserliche Handschrift und die
ungleiche Größe der Lagen, aus denen die Nachschrift besteht; Ohle hat
auch kein konsequentes System von Kürzeln. Auf fol. 45ʳ setzt die Nachschrift der 49. Vorlesungsstunde mitten im Satz ein. Mindestens hier sind
also ein oder mehrere Blätter der Nachschrift verlorengegangen. Die
Seiten 15ᵛ, 44ᵛ, 47ʳ–48ᵛ, 51ʳ–52ᵛ sind leer.*

*Die hier vorgelegten Vorlesungen wurden in den Jahren 2000–2004 an
der Schleiermacher-Forschungsstelle der Berlin-Brandenburgischen Akademie der Wissenschaften mit Hilfe von Mitteln der Deutschen Forschungsgemeinschaft durch den Unterzeichneten als hierfür zusätzlich
angestellten Editor bearbeitet. Der Deutschen Forschungsgemeinschaft,
die diese Vorlesung ausdrücklich als ein- und letztmalige Förderung bewilligt hat, gebührt ein besonderer Dank des Editors wie des Leiters der
Berliner Schleiermacher-Forschungsstelle, Herr Prof. Dr. Kurt-Victor
Selge, der die Edition angeregt, beantragt und begleitet hat.*

---

[91] Fischer: Evangelisches Pfarrerbuch Brandenburg II/2, S. 608. Das Studentenverzeichnis
   nennt K. Ohle aus der Altmark, in Berlin seit Ostern 1833 immatrikuliert, wohnhaft Im
   Inselgebäude (Amtliches Verzeichniß 1833/34, S. 28).

Nächstdem danke ich meinen Kollegen, den Herren Prof. Dr. Andreas Arndt und Dr. Wolfgang Virmond, sowie meinem Vorgänger, Herrn Prof. Dr. Walter Jaeschke (jetzt Bochum), die die für die Edition unentbehrliche Vorarbeit leisteten, die handschriftlichen Quellen zu recherchieren und zu fotokopieren. Andreas Arndt, Herr Prof. Dr. Dr. Günter Meckenstock (Kiel) und besonders Wolfgang Virmond haben mir beim Entziffern der Handschriften manche Hilfe geleistet. Frau Isabelle Lüke schrieb Carl Friedrich Stäudlins Kirchliche Geographie und Statistik und anderes ab, so daß diese Texte mit einem Textverarbeitungsprogramm bearbeitet werden konnten. Bei der Beschaffung der Literatur unterstützte mich Frau Britta Hermann von der Berliner Akademiebibliothek. Die Herren Prof. em. Dr. Lorenz Hein (Hamburg) und Prof. Dr. Karl Schwarz (Wien) halfen mir bei der Klärung einiger Sachfragen. Herr Giorgio Giacomazzi hat mit viel Geduld und Sachverstand die Textdateien in einen Satz für den Druck umgewandelt. Ihnen allen sei an dieser Stelle noch einmal herzlich gedankt.

Berlin, im November 2004

Simon Gerber

Manuskript Schleiermachers

[Exzerpte zur griechischen Kirche]

[1.] Griechen. – Drukk ohne Proselytenmacherei – Die römischen Bestrebungen verdanken ihren Erfolg zum Theil dem Schuz den die europäischen katholischen Mächte vorzüglich den Katholiken also auch den
5 Unirten bewiesen.

[2.] Der mit einem Theil seines Klerus in die Gemeinschaft der Lateiner
getretene Patriarch von Konstantinopel Jeremias III wurde entsezt und
für einen Rebellen erklärt.

[3.] R a i t z e n sind die der altgriechischen Religion zugethanen Illyrier in
10 den oestreichischen Provinzen. Eigentlich ein eignes Volk. Der Landes-
name Rascien ist untergegangen.

---

10 f Eigentlich ... untergegangen.] *auf den rechten Rand überlaufend wohl nachgetragen*
10 f Landesname] *korr. aus* [Lamdesname]

---

2 *Schröckh/Tzschirner 9, S. 6–14: „Indeß ist der Uebertritt zu dem Islamismus bey der Indolenz der Türken auf der einen und bey der Anhänglichkeit der Griechen auf der andern Seite weit seltener erfolgt, als es geschehen seyn würde, wenn der Türke eben so regsam, thätig und unternehmend, als bigott und fanatisch wäre. [...] Daß aber die Türken ein unduldsames Volk sind, beweisen die Gesetze, welche das Verhältniß der Christen zu den Muhammedanern bestimmen." So sei es den Christen u. a. verboten, Muslims zu missionieren, Moscheen oder das Gebiet von Mekka zu betreten, Kirchen mit Kreuzen zu schmücken und mit Glocken zu versehen und türkische Tracht zu tragen. „Und drücken-der, als diese Gesetze, wird oft die Habsucht der Befehlshaber, welche von den höhern Geistlichen beträchtliche Summen erpressen und wenn sie die Wiederherstellung verfalle-ner Kirchen gestatten sollen, durch ansehnliche Geschenke gewonnen werden müssen, oder die Wuth des rohen Pöbels, wenn er die Christen in den Zeiten der Empörung be-schimpft, ihre Wohnungen plündert und ihre Tempel entweiht. [...] Weniger als die Chri-sten in dem eigentlichen Türkischen Reiche empfanden die Bewohner der Moldau und der Wallachey den Druck dieses Verhältnisses. [...] Ueberhaupt scheint es, als habe sich in den neuesten Zeiten das Verhältniß der Griechischen Christen, zwar nicht in wie fern es durch die Staatsverfassung bestimmt wird, aber doch in wie fern es von dem Verhalten Einzelner anhängt, verbessert. [...] Vielleicht sieht noch das gegenwärtige Geschlecht das Reich fallen, welches Jahrhunderte lang der Schrecken des Ostens war, vielleicht kehren die fremden Barbaren vor unsern Augen in schimpflicher Flucht über eben das Meer zurück, welches einst ihre siegreiche Flotte bedeckte."* **2–5** *Schröckh/Tzschirner 9, S. 15 f.* **6–8** *Schröckh/Tzschirner 9, S. 34 f. Dies geschah 1731.* **9–11** *Schröckh/Tzschirner 9, S. 36*

[4.] Unirte Kirche griechischen Gebrauchs in Ungarn in drei Diözesen Munkatsch 728 Pfarren 850 Mönche in 8 Klöstern. Domkapitel GroßWardein 55 Pfarren. Kreuz 12 Pfarren. Die 3 Bischöfe stehn unter dem Erzbischof in Gran. – Die unirte Kirche unter den Wallachen in Siebenbürgen ist seit 1744 so gut als aufgehoben.   5

[5.] Die Griechen in Slavonien und Syrmien stehen unter dem Metropoliten von Belgrad, der aber seinen Wohnsiz in Carlowiz hat.

[6.] In den ehemaligen Venetianischen Ländern hat die Absicht die Griechen zu uniren lange Unruhen hervorgebracht. Jezt sind wahrscheinlich die Griechen im oesterreichischen Dalmatien in nicht unirter Verfas-   10
sung.

[7.] Auf den Sieben Inseln die griechische Religion herrschend.

[8.] Die Griechen von Calabria citra sind unirt, jedoch mit Priesterehe und zwei Gestalten auch andern griechischen Gebräuchen. In der Stille hängen sie aber dem Patriarchen von Konstantinopel an.   15

[9.] Der Patriarch von Konstantinopel hat den Rang eines Paschah von 3 Roßschweifen, Bischofsstab, mit Perlen und Edelsteinen ge-

------

1 Unirte] *folgt* ⟨|h|⟩   **4f** unter … Siebenbürgen] *korr. aus der* Wallachei

1–4 *Stäudlin I, S. 368. Schröckh/Tzschirner 9, S. 38 verweist auf Stäudlin.*   **4f** *Schröckh/ Tzschirner 9, S. 40–43. Vgl. Griechischer Zweig 44.*   **6f** *Schröckh/Tzschirner 9, S. 38. Die Metropole war für die seit 1690 nach Ungarn eingewanderten Serben errichtet worden und bestand nach Schröckh-Tzschirner seit 1740 in Karlowitz (vgl. aber Griechischer Zweig 9).* **8–11** *Schröckh/Tzschirner 9, S. 51, wonach die nichtunierten Griechen im venetianischen Dalmatien de facto geduldet gewesen seien, auch wenn staatliche Gesetze und päpstliche Bullen auf die Union mit dem Papst gedrängt hätten. Auch unter österreichischer und französischer Herrschaft würden sie geduldet.*   **12** *Schröckh/Tzschirner 9, S. 51f. anhand von Stäudlin II, S. 583f. Vgl. Katholische Kirche 105.*   **13–15** *Schröckh/Tzschirner 9, S. 52f. Süditalien und Sizilien gehörten vom 8. bis zum 11. Jahrhundert zum Patriarchat Konstantinopel und wurden durch das griechische Christentum mitgeprägt.*   **16–5,3** *Schröckh/Tzschirner 9, S. 59–62. Wegen ihrer hohen Einkünfte war die Patriarchenwürde sehr begehrt. Die Intrigen und Bestechungen, mit denen man (oft erfolgreich) versuchte, Patriarchen zu stürzen und selbst die Würde zu erlangen, trugen zur Verachtung der Christen bei den Türken bei. „In keiner Würde der christlichen Welt hat so schneller Wechsel Statt gefunden, als in dem Patriarchate von Constantinopel und von Parthenius II. an, welcher um das Jahr 1648 zum zweytenmale zu dieser Würde gelangte, bis auf den Callinicus, welcher sie gegen das Ende des siebzehnten Jahrhunderts bekleidete, konnte sich ununterbrochen keiner länger, als einige Jahre, behaupten.“*

schmückte Krone, und hatte Janitscharen zu seiner Wache. Häufiger
Wechsel derselben. – Unter ihm die Patriarchen von Alexandria Antiochia und Jerusalem – Viele bischöfliche Size eingegangen.

[10.] In den höheren Ordnungen das dreifache Ansehn des Priesters
5 Richters und Lehrers. – Herabwürdigung der niedrigen Geistlichkeit
durch die Noth. – Vom Bischof aufwärts alles aus Klöstern. Ueber die
Klöster auf Athos Paulus Samlung merkwürdiger Reisen Th. V.

[11.] Aberglaube an Amuleten. Zaubereien und sichtbare Wirkungen des
Kirchenbannes. – Gesegnete aber noch nicht consecrirte Stüke Brodt
10 sind Amulete – Engelerscheinungen, Wunder von Heiligenbildern. – Die
Excomunicirten verwesen nicht und die Seele irrt unstät herum.

[12.] Eben so Verfall der Klöster die sonst zahlreich und reich waren,
auch durch türkische Habsucht.

[13.] Bedingungen wenn einer Priester werden will, öffentliche Auffor-
15 derung. Lesen und Schreiben, ehelicher Zustand, Diakonus 25 Priester
30 Jahr. Die zweite Heirath macht ihn zum ἀπόπαππος.

———|

[14.] B e i c h t e in der Regel nur die Mönche des *heiligen* Basilius.   11ᵛ

[15.] Salben als „Siegel der Gaben des *heiligen* Geistes" v o r d e r T a u f e,
welche dreimaliges E i n t a u c h e n in Wasser ist. Auf Morea wurde nur
20 b e g o s s e n.

6f Ueber ... V.] *am rechten Rand*

4–6 *Schröckh/Tzschirner 9, S. 63–68* **6f** *Paulus V, S. 312–328, auf den Schröckh/Tzschir-
ner 9, S. 70 hinweist.* **8–11** *Schröckh/Tzschirner 9, S. 105–107* **14–16** *Paulus V, S. 295 f.*
17 *Paulus V, S. 297 f.* **18f** *Paulus V, S. 299. – Schleiermacher betont „vor der Taufe"
offenbar, weil die Salbung bei der Taufe in den orthodoxen Kirchen von römisch-katholischen Referenten oft mit dem Sakrament der Firmung identifiziert wird. Dazu müßte die
Salbung aber nach der Taufe stattfinden.* **19f** *Paulus VI, S. 21, wo aber nicht von Morea
(der Peloponnes) die Rede ist, sonder von Myconi (Mykonos). Vgl. Griechischer Zweig 28.*

[16.] A b e n d m a h l. Vesper, Gebete. Austheilung, ἀπόδειπνον

[17.] T r a u u n g. Verlesung der KirchenOrdnung, Ringwechsel, Krönung

[18.] L e i c h e n werden gewaschen, bekreuzt, mit den besten Kleidern angethan. Gebete, Erde in den offenen Sarg gesprengt.

———

[19.] Jede Kirche ein Kirchweihfest an ihren Heiligentagen wobei Brodt   5
Kerzen und Weihrauch geschenkt werden.

———

[20.] An Epiphanias wird ein Kreuz ins Wasser geworfen; bringt Segen
wenn man es auffängt.

———

[21.] Die Nichtunirten Griechen in P o l e n wurden mit unter den Dissi-
denten begriffen und denselben Beschränkungen unterworfen.   10

[22.] Die russische Kirche hat früher die Uebertretenden wieder getauft –
Verbesserungen unter dem Patriarchen Nicon von 1652 an – Nach

---

4 in] *über* ⟨auf⟩

1 *Paulus V, S. 296f.: „Der Papos muß an jedem Sonn- und Festtage die Gebete verlesen,
und die Sakramente austheilen. Den Tag zuvor, ehe das Sakrament ausgetheilt wird, muß
er die Vesper singen, und nach dem Abendmal ein Gebet,* ἀπόδειπνον *genannt, ablesen.‟*
2 *Paulus V, S. 300. Gekrönt werden Bräutigam und Braut.*   3f *Paulus V, S. 301f. Bekreuzt
werden die Leichen, indem mit einem in warmes Wasser getauchten Schwamm oder Leinwand auf Gesicht, Knien und Füßen ein Kreuz gemacht wird. Die Erde sprengt nur der
Priester in den offenen Sarg, und zwar in Form eines Kreuzes auf Haupt, Füße und beide
Seiten des Verstorbenen.*   5f *Paulus V, S. 303, wo es u. a. heißt: „Das Brod bekömmt der
Generalvikarius des Erzbischofs; die Wachskerzen und der Weihrauch werden zum Dienst
der Kirche verwahrt.‟*   7f *Paulus VI, S. 48f.*   9f *Schröckh/Tzschirner 9, S. 146f. Im
17./18. Jh. wurden die nicht mit der römischen Kirche unierten Orthodoxen in Polen
denselben Beschränkungen wie die Protestanten unterworfen.*   11 *Schröckh/Tzschirner 9,
S. 159f.*   12 *Schröckh/Tzschirner 9, S. 168f.: „Mit Ruhm und Glück bekleidete er diese
Würde mehrere Jahre hindurch; denn er besaß Wissenschaft und Beredtsamkeit, war ge-
recht in seinen Entscheidungen, freygebig gegen die Armen, schützte die Bedrückten gegen
Willkühr und Gewalt, und machte sich um die Russische Kirche dadurch verdient, daß er
statt der einstimmigen Kirchenmusik die vielstimmige Vocalmusik einführte, welche bisher
nur in Kiew gebräuchlich gewesen war, die Kirchenbücher verbesserte, einen neuen Druck
der selten gewordenen Ostrogischen Bibelübersetzung veranstaltete und gelehrte Schule
gründete.‟ Zu Nicon vgl. auch Griechischer Zweig 15.*   12–7,1 *Schröckh/Tzschirner 9,
S. 173f. Die Aussetzung der Wahl eines neuen Patriarchen und die Einrichtung eines Bi-
schofskollegiums nach dem Tode des Patriarchen Adrian war die erste Stufe zur Ablösung
des Patriarchats durch die regierende Synode.*

Adrians Tode 1702 Exarch mit einem Collegio deputirter Bischöfe –
Errichtung der heiligen Synode 1721. Sie kann auch verwittweten Priestern die Fortsezung der geistlichen Functionen bewilligen. Ein Erzbischof ist Vorsizer, ein Minister das erste weltliche Mitglied und hat als
5 OberProcurator ein veto. Procopowitz geistliches Reglement: Statutum
canonicum Petri magni. Beschränkung der Klöster, Noviciat auf 30 Jahr
und 3 Jahre lang. Gelehrte Schulen, Zwei Seminarien für solche die ins
Kloster gehen um sich auf geistliche Würden vorzubereiten. – Katharina
zieht definitiv das Kirchengut ein. Schwarze (Kloster) und weiße (Welt)
10 Geistlichkeit. – Metropoliten Erzbischöfe und Bischöfe sind nicht Instanzen zusamen die αρχιερεις. – Archimandriten und Igumeni – Mönche die doch auch in den Seminarien Rectoren sind.   Weisse 1.)
Protohicrci und 2. Hierei. Diaconen und Subdiaconen zwar eine Weihe
aber doch nicht recht zum geistlichen Stande gerechnet. – Auch des
15 Kaisers Beichtvater ist nur ein Protohierei[.] Die schwarze Geistlichkeit
hält nicht Beichte und nur selten klerikale Functionen.

[23.] Zur Bildung des geistlichen Standes 4 Akademien in Kiew Moskau
Petersburg und Kasan und 37 Seminarien – ErzBischof von Novogrod
die erste Würde.

20 [24.] Platons rechtgläubige Lehre und Ermahnung an die Raskolniken.
Seine heiligen Reden 11 Bände in russischer Sprache 1780.

---

*2–5 Schröckh/Tzschirner 9, S. 174–176. Vgl. Griechischer Zweig 43. – Verwitwete Priester
mußten sonst ihr Amt aufgeben und ins Kloster gehen; vgl. Griechischer Zweig 47.   5–8
Schröckh/Tzschirner 9, S. 177–180. Die Rede ist von: Geistliches Reglement auf hohen
Befehl und Verordnung [...] Petri des Ersten Kaysers von gantz Rußland, etc. etc. und mit
Bewilligung des gantzen heil. dirigirenden Synodi der orthodoxen Rußischen Kirche, 1721;
Statutum canonicum sive ecclesiasticum Petri Magni, vulgo regulamentum in sancta or-
thodoxa Rossorum ecclesia praescriptum et auctum, 1785. – Der Staatsmann und Geist-
liche Theophanes Prokopowitz (1681– 1736) hatte im Auftrag des Zaren mit dem Geist-
lichen Reglement die Verfassung der heiligen Synode ausgearbeitet. Die erwähnten Bestim-
mungen über das Klosterwesen enthält ein Ukas von 1724.   8f Schröckh/Tzschirner 9,
S. 184. Dies geschah 1764.   9–16 Schröckh/Tzschirner 9, S. 185–188. Daß Metropoliten,
Erzbischöfe und Bischöfe keine Instanzen seien, heißt: Sie sind gleichrangig, keiner hat
über den anderen Befehlsgewalt.   17f Schröckh/Tzschirner 9, S. 189   18f Schröckh/
Tzschirner 9, S. 206, wo erwähnt wird, daß dem Th. Prokopowitz (vgl. oben) für seine
Verdienste vom Zaren die Stelle des Erzbischofs von Nowgorod „und damit die höchste
Würde in der Russischen Kirche" übertragen worden sei.   20f Schröckh/Tzschirner 9,
S. 212–218. Die Rede ist von: Platon: Pravoslavnoe ucenie ili Sokrascennaja christianskaja
bogoslovija, 1765; deutsche Übersetzung von J. Rodde: Rechtgläubige Lehre, oder kurzer
Auszug der christlichen Theologie, zum Gebrauche Seiner Kaiserlichen Hoheit des Durchl.
Thronfolgers des rußischen Reiches, rechtgläubigen Großen Herrn Zesarewitsch und
Großfürsten Paul Petrowitsch, verfasset von Seiner Kaiserlichen Hoheit Lehrer dem Jero-
monach Platon, nunmehrigen Archimandriten des Troitzschen Klosters, Riga 1770.
Tzschirner erwähnt eine weitere deutsche (Petersburg 1776) und eine lateinische Überset-*

[25.] Theophylact (Archimandrit u*nd* Rector de*r* Moskauschen Akademie) Dogmata orthodox*ae* reli*gionis.* Serebrennikow (ErzB*ischof von* Jekaterino*slaw*) russische Rhetorik – Leichenrede auf Potemkin.

[26.] Petrus Mogilas (Metropo*lit von* Kiew) Erklärung des Glaubens erschien zuerst russisch. Hernach als ὀρϑοδοξος πιστις παντων των   5 Γρηϰων griechisch.

———

[27.] Die Leichen bekamen ein versiegeltes Zeugniß der Rechtgläubigkeit mit. Große Synode über die richtige Form des Kreuzmachens (Geist*liche* mit drei, Laien mit zwei Fingern) Verfolgungen deshalb.

———

zung (Moskau 1774). – Von der rechtgläubigen katholisch-orientalischen Kirche Christi, Ermahnung an ihre ehemaligen Kinder, die nunmehr an der Seuche der Trennung darniederliegen, 1766. – Archiepiskopa Platona Socinenija, 11 Bände, 1780. – Platon Levschin (1737–1812), Archimandrit, 1763 von Katharina der Großen zum Erzieher des späteren Zaren Paul ernannt, 1770 Erzbischof von Tver, 1775 von Moskau, 1787 Metropolit. **1f** *Schröckh/Tzschirner 9, S. 214. Die Rede ist von: Theophylactus: Dogmata christianae orthodoxae religionis, 1773.* **2f** *Schröckh/Tzschirner 9, S. 217. Die Rede ist von Abraam Serebrennikov (1745–92, seit 1786 als Ambrosius [Ambrosij] Erzbischof von Ekaterinoslaw), Verfasser von: Kratkoe rukovodstvo k oratorii rossijskoj, 1778, 2. Aufl. 1791. Die Leichenrede auf Potemkin erschien in: B. Heideke: Russischer Merkur, Riga 1805, Heft 6, S. 468f.* **4–6** *Schröckh/Tzschirner 5, S. 406f. (9, S. 222 verweist darauf). Petrus Mogilas (1597–1647, seit 1633 Metropolit von Kiew) verfaßte 1638 die Erstfassung seiner Glaubensschrift lateinisch (Confessio orthodoxa). Die griechische Übersetzung des Werks durch Meletios Syrigos wurde überarbeitet und durch die Patriarchen der griechischen und russischen Kirche 1643 als Lehr- und Bekenntnisbuch der orthodoxen Kirchen approbiert (nach Stäudlin I, S. 270 nicht unter dem oben genannten Titel, sondern als Ἔϰϑεσις τῆς τῶν Ῥώσσων πίστεως). Es wurde 1667 (nicht 1662, wie Schröckh und Stäudlin I, S. 271 schreiben) in Amsterdam gedruckt unter dem Titel Ὀρϑόδοξος ὁμολογία τῆς ϰαϑολιϰῆς ϰαὶ ἀποστολιϰῆς ἐϰϰλησίας τῆς ἀνατολιϰῆς. Übersetzungen und weitere Auflagen folgten. Die erste russische Ausgabe erschien nach Schröckh/Tzschirner 9, S. 222 nicht vor der griechischen, sondern erst 1685 (ebenso Stäudlin I, S. 271). Vgl. Griechischer Zweig 37–40.* **7f** *Schröckh/Tzschirner 9, S. 227* **8f** *Schröckh/Tzschirner 9, S. 228f. Der Streit entstand nach Tzschirner um 1685. „Tausende legten lieber ihren Kopf unter das Beil des Henkers, ehe sie sich dem Schluße der Kirchenversammlung [daß die Laien sich hinfort nicht mehr wie die Geistlichen mit drei, sondern mit zwei Fingern bekreuzigen sollten] mit Gefahr ihrer Seeligkeit unterwarfen."*

Zur Statistik

[1.] In der Provinz S. Juan von Buenos Ayres ist die Freiheit der Gottesdienste von der Lokalregierung anerkannt worden.

[2.] In der Stadt Buenos Ayres ist den Engländern eine protestantische
5 Kirche bewilligt und am 25ten September 1825 eingeweiht worden.

[3.] Die Provinzen Charcas, La Paz, Cochabamba Potosi und Santa Cruz
haben sich (August 1825) als Republik von Ober Peru constituirt.

[4.] Die Episcopalen haben in New York allein 12 Kirchen und Kapellen, überhaupt 7 Bischöfc und gegen 300 Kirchen. Besonders zahlreich
10 in den südlichen Staaten. – Sie nennt sich Presbyterianische Episcopalkirche (wahrscheinlich wegen der Wahl der Bischöfc?) stimmt völlig mit
der englischen überein. – Das herrschende theologische System in dieser
Kirche ist das Arminianische. Das Common prayer book wird fast der
Bibel gleich gehalten.

4f *AKZ 5 (1826), 9 (15.1.), S. 80*   7 *Ober-Peru: Bolivien*   8–13 *ThN 1826, S. 143*   13f
*ThN 1826, S. 146f.: „Der jetzige Bischof von New York hat zwei Schriften über die Bibel-
und die Common-Prayer-Book-Gesellschaften drucken lassen, worin er alle, die sich in
dem Sprengel der Episkopalkirche befinden, laut aufgefordert, mit der amerikanischen Bibelgesellschaft, oder sonst irgend einer, die blos die Bibel ausgibt, nichts zu thun zu haben,
sondern sich schlechterdings an diejenigen ‹ausschließlich› zu halten, welche jenes Gebet-
buch mit der Bibel verbinden, oder vielmehr, wie es in der That geschieht, welche ihm den
Vorzug vor dieser giebt. […] Auch berichtet er, daß unter den Episkopalen an dem Ge-
betbuch mehr Mangel sey, als an der Bibel […] Dieser Rath, der in den J. 1816 und 1817
ertheilt wurde, blieb nicht ohne Wirkung. Schon in den folgenden Jahren wurde bekannt
gemacht, daß die Hülfs-, Bibel- und Comm.Prayer-Book-Gesellschaft zu New York damals
1190 Bibeln und 7989 Exempl. von jenem Gebetbuche vertheilt habe, wornach also 7
Gebetbücher auf eine Bibel kamen." – Zum Common Prayer Book vgl. Protestantische
Kirche 72.*

[5.] In Baden giebt es außer den den 3 bischöf*lichen* Vicariaten untergebenen bischöf*lichen* Dekanaten auch noch landesherr*liche* Dekanate
in der katho*lischen* Kirche (Schwarz theo*logische* Annalen 1826 S. 342)
wie sich aber beide gegen einander verhalten ist *nicht* gesagt.

———

[6.] Methodisten in Amerika – ein Theil hat die Episkopalver*fassung*   5
angenomen u*nd* sie haben dort 3 (auch presbyterianische) Bißthüm*er* –
Ihre camp meetings. |

[———]

53ᵛ [7.] Baptisten die zahlreichste Kirchen*Gemeinschaft* in d*en* Vereinig-
ten Staaten bis auf 3000 Kirchen. (Erwähnt ein Unterschied zwischen
Particularbaptisten und Schottischen Baptisten.)   10

———

[8.] Die böhm*ischen* Brüder knüpften gleich anfänglich gleichmäßig
Verbind*ungen* an mit den sächsischen und den Schweizerischen Reformatoren – Nach 1620 ziehen sie großentheils nach Polen u*nd* verbinden sich dort mehr mit den Reformirten. Ein großer Theil der jezigen

———

10 Baptisten.)] Baptisten.

———

1–4 *Jahrbücher der Theologie und theologischer Nachrichten 1826,1, S. 342–346: Rezension zu M. Stromeyer: Die katholisch-kirchlichen Ortsbehörden, Pfarreien, Benefiziate und
Lehranstalten im Großherzogthum Baden, 1825. Danach gab es in Baden bischöfliche
Vikariate in Konstanz und Bruchsal und ein bischöfliches Kommissariat in Kappel sowie
80 landesherrliche Dekanate mit 723 Pfarreien und 90 Benefiziaten. „Davon sind zu unterscheiden die den bischöflichen Vicariaten unmittelbar untergebenen bischöflichen Dekanate, deren für das Vicariat Constanz 20 [...] und für das Vicariat Bruchsal 15 [...]
bestehen.“ – Nach G. J. Kintzinger: Die katholische Kirchenregierung und das landesherrliche Schutz- und Aufsichtsrecht im Großherzogthum Baden, S. 16 f., standen die landesherrlichen Dekane als unmittelbare kirchliche Vorgesetzte der Geistlichen über den 35
erzbischöflichen Dekanen. Das Erzbistum Freiburg wurde 1821 durch die Bulle provida
sollersque (vgl. Katholische Kirche 125) begründet und 1827 vom Großherzogtum Baden
errichtet.   5–7 ThN 1826, S. 161–164. – Camp meetings sind auf freiem Feld abgehaltene,
oft tagelange missionarische Massenversammlungen: „Kann ein Redner vor Ermattung
nicht weiter, so tritt alsobald ein andrer auf, und das geht so fort ohne Unterbrechung,
eine Woche lang oder drüber. Die Reden und Gebete steigern ihre Gewalt so sehr, daß sie
die Menschen ganz außer sich bringen. Die Zuhörer werden mächtig ergriffen, sie seufzen,
schreien, werfen sich zu Boden, in Paroxysmen von Seelenkrampf; und das alles wirkt wie
Ansteckung, es ergreift die, welche aus bloßer Neugierde und mit Verachtung dieser Dinge
gekommen sind, und die Zahl der Convertiten vermehrt sich; nun treten sie in Haufen,
ziehen rund um, singen Kirchenlieder und fordern das versammelte Volk auf Buße zu
thun.“   8–10 ThN 1826, S. 164, wo es u. a. heißt: „Sie haben 7 Orte für ihren Gottesdienst in der Stadt [New York]; vielleicht auch einen für die Schwarzen. Sie stimmen
sämmtlich, sowohl im Kirchenregiment als im Gottesdienst, mit den Particularbaptisten in
England überein, aber es ist auch eine kleine Congregation nach den Grundsätzen der
schottischen Baptisten dort eingerichtet.“*

Einrichtung z.E. die Kirchenämter und Stufen schreiben sich auch von
da her.

———

[*9.*] N e s t o r i a n e r vom See Urumia ohnfern der russischen Grenze bis
Mosul am Tigris (durch ihre Missionen im Mittelalter sind bei den
5 Mongolen und in Ostindien die T h o m a s Christen entstanden.) über
400000 Seelen stark unter Zwei Patriarchen in Urumia und Mosul. Ver-
heirathete Bischöfe Presbyter und Diakonen. Als Sacramente nur Taufe
Abendmahl und Priesterweihe, wenig Bilder, viel Kreuz. Die Bibel in
syrischer ihnen nicht mehr bekannten Sprache. Keine Schulen als in den
10 Klöstern.

[*10.*] J a c o b i t e n in Diarbekir Mosul und Mesopotamien bis Bagdad
über 300000 Seelen von dem Monophysiten Jacobus Bar Addaeus. Ein
Patriarch der sich von Antiochien nennt. Mehr Heilige und Verehrung
der Maria, Gebete und Liturgie syrisch, was sie nicht verstehn. – Uni-
15 onsversuche des römischen Stuhls. (Kirchenzeitung 1827 No. 6 ohne
Angabe der Quelle.)

———

[*11.*] In Sierra Leone protestantische Mission durch 2 Zöglinge Jähnikes
gestiftet. (Ob die ganze Bevölkerung von 18000 Negern christlich?) Dort
ein Seminar um Eingebohrne für den Missionsdienst zu bilden (Kirchen-
20 Zeitung No. 9.)

———

20 9.)] 9.

———

3–16 *AKZ 6 (1827), 6 (11.1.), S. 52–54. – Jakob Baradäus († 578) war der Organisator der
in Opposition zur byzantinischen Staatskirche stehenden syrisch-monophysitischen Kirche.
Kaiserin Theodora unterstützte ihn heimlich.* **17–20** *AKZ 6 (1827), 9 (16.1.), S. 75–77. –
Die beiden Zöglinge hießen Nenner und Hartwig. Johannes Jänicke (1748–1827), erst
Webergeselle, wurde 1778 Lehrer in Barby und seit 1779 Geistlicher an der böhmisch-
lutherischen Bethlehemgemeinde in Berlin. 1800 gründete er die erste deutsche Missions-
schule und hatte auch an der Begründung der Preußischen Hauptbibelgesellschaft Anteil.
Das erwähnte Seminar wurde in Leicester gegründet, dann nach Regents-Town verlegt.*

Kirchliche Geographie und Statistik.

[*1.*] Einleitung. – Erklärung über den Namen, Verhältniß beider Theile. Absicht.

Quellen. allgemeine besondere. – (Ueber die der Dogmatik parallele Stellung). Bloßes Aggregat thut es hier auch nicht. 5

───────

2. Die Anschauung von der Wirksamkeit des *Christenthums* geht auch aus der Geschichte hervor. Verhältniß beider Disciplinen gegen einander. – In wiefern jezt eine Epoche ist. – Quellen.

[──────]

3. Nähere Bestimmung des Verfahrens. Haupteintheilung nach den gesonderten Kirchengemeinschaften. 10

Ordnung nach der Idee vom Gegensaz zwischen Peripherie und Grenze.

[──────]

4. Positive und negative Grenze[.] Verrückung der Linie. Auch geschichtlich die beste Ordnung. Östliche Grenze.

Griechische Linie   Lateinische Linie   Neue Welt   Mission 15

───────

[5.] Erste Abtheilung   Süd östliche Grenze.
   A. 4. Daher ausgesezt.
   A. 8. 9. 11.

───────────────────────────

2–5 *1. Stunde, Mo, 7.5.*   6–8 *2. Stunde, Di, 8.5.*   9–12 *3. Stunde, Do, 10.5.*   13–15 *4. Stunde, Fr, 11.5.*   16–13,2 *5. Stunde, Mo, 14.5. Schleiermacher verweist auf die numerierten Absätze der Abteilung Semitischer Zweig.*

Allgemein*er* Charakter
 Gegensaz von Nestorianismus u*nd* Monophysism*us*
 Nestorianism*us* 1. 15. 14.
 Monoph*ysismus* 16. 12. 5. 2. 7. 10. 6. 13. 3.
5 Freit*ag* 18t*er* Monophys*iten* mit 5 angefangen u*nd* dabei stehen geblieben.

_____

[6.] Die Katholische Kirche wird wol am besten behandelt werden 1.) In
den Ländern wo sie alleinherrschend ist Portug*al* Span*ien* Italien. Dann
in denen wo sie Staatsreligion ist Oesterr*eich* Frankr*eich* Baiern. Dann
10 in denen wo sie unter protest*antischen* Regierungen vorkomt Preußen
Niederlande Großbrittan*ien*. Sachsen Baden.
 Abstufungen von dem monar*chischen* Prinzip aus.
 Theorie üb*er* d*as* V*e*rhältn*iß* katho*lischer* Landesh*erren* u*nd* protest*antischer* zur katho*lischen* Kirche.

_____

15 [7.] Fragen: Ob unter d*en* gegenwärt*igen* Bairischen Ministern Protestanten sind? – Wesent*liche* Punkte des Bairischen Concordates u*nd* V*e*rhältn*iß* zur Constitut*ion*. |

[——]

[8.] Fragen. Ob der ErzB*ischof von* Salzb*urg* noch die ehem*aligen* Vor- 33ᵛ
rechte hat? (Stäudl*in* II p. 570.)

_____

20 [9.] Die Protest*antische* K*irchen*Gem*eine* wird wol wesentlich zu thcilen
sein in die herrschenden Schweden Dänemark Reform*irte* Kantone (?)
Großbritannien. Dann die gemischten Niederland Preußen Würtemb*er*g
Baden Baiern. Dann gedrückte Oesterr*eich* Frankr*eich*.

_____

---

1 Allgemeiner Charakter] *am rechten Rand* 5 f Freitag ... geblieben.] *am rechten Rand*
7–11 Die ... Baden.] *Erledigungsvermerk* 9 Baiern] *mit Einfügungszeichen am rechten*
Rand 12–14 Abstufungen ... Kirche.] *am rechten Rand, Erledigungsvermerk* 21
Dänemark] *folgt* ⟨Würtemberg⟩

3–6 6. *Stunde, Fr, 18.5. Schleiermacher verweist auf die numerierten Absätze der Abteilung*
Semitischer Zweig. 18 f *Stäudlin II, S. 570*

[*10.*] Frage: Ueber die Convocate der englischen Geistlichkeit

———

[*11.*] Frage Ueber die Ehegeseze der Orthodox griechischen Kirche zumal in Rußland.

———

[*12.*] Frage Ob der Koptische Jahresanfang am 8ten September altägyptisch ist? Zu 29ten August alten Styls Ideler.   5

———

[*13.*] Frage nach dem Buche Henoch

———

[*14.*] VIIte Stunde. Montag 21 Mai
    Maroniten 5.   Jacobiten 16. 12.   K o p t e n 2. A. a. 7. a. a. b.
c. c. d. d. e. e. 7. e 2. b. 7. f. g. g. A b e n d m a h l 7) m. 10) b. c. 19) a.
Fasten 7) h. n. Gottesdienst 7) l. F e s t e 7) o. p. q. Glauben 7) r. i. 7 k.   10
Zustand der Gemeinen 7) h. 10) d. 18. Mönche. 7) k. r. 19)b.
    VIIIte Stunde K o p t e n Nachlese 7) i. i. 10) c, 7) k. k. b. c. 19) b. 7) h.
10) d. 18.
    A b y s s i n i e n Herrschendes Christenthum. 7) c. 6) b. 13) a 17) d. e. k.
i. 13) b. 17) a. b. g. f. c. 6) a. 17) h.   15

———

<hr/>

4f *Frage ... Ideler.*] *Erledigungsvermerk*   **9** *7. e*] *mit Einfügungszeichen am linken Rand*
7) m. ... 19) a.] *7 korr., 19) a. mit Einfügungszeichen am linken Rand*   **12f** *10) c, ... 10)*
d.] *10) c, 7) mit Einfügungszeichen am linken Rand, b. c.: c. mit Einfügungszeichen über
der Zeile, 10) d. mit Einfügungszeichen am linken Rand*   **14** *a*] *folgt* ⟨*b.*⟩   **15** *g.*] *folgt*
⟨*h.*⟩

<hr/>

4f *Den koptischen Jahresanfang erwähnt Paulus III, S. 81. 156 (vgl. Semitischer Zweig 7).
Ludwig Ideler schrieb dazu, es habe seit dem 1. Jh. n. Chr. in Ägypten eine dem julianischen Kalender analoge Zeitrechnung gegeben, die sog. alexandrinische, die bei den Kopten und Abessiniern ihre Geltung behalten habe. Der erste Tag des Jahres nach der alexandrinischen Zeitrechnung (1. Thoth) sei der 29. August des julianischen Kalenders
(Handbuch der mathematischen und technischen Chronologie, Band 1, 1825, S. 140–144).
Vielleicht wollte Schleiermacher aber auch nicht bei Ideler nachlesen, sondern diesen
(1766–1846, 1794 Hofastronom in Berlin, 1810 Mitglied der Akademie der Wissenschaften,
1821 o. Prof.) selbst fragen. **6** Vgl. 217,24–27 **7–11** 7. Stunde, Mo, 21.5. Schleiermacher
verweist auf die numerierten Absätze der Abteilung Semitischer Zweig. **12–15** 8. Stunde,
Di, 22.5. Schleiermacher verweist auf die numerierten Absätze der Abteilung Semitischer
Zweig.*

[*15.*] Frage. Nach dem nicht unir*ten* griechischen Decan in Posen.

———

[*16.*] X*te* Stunde A r m e n i e r
Allgemeines ü*ber* die griech*ische* Kirche. Eintheilung. Ungriech*ische*
Griechen nach oriental*ischer* Seite. Rechte Griechen. Ungriech*ische*
5 Griechen nach d*er* slavon*ischen* Seite.

———

[*17.*] XI*te* St*unde* Die ungriech*ische*n Griechen. 32. 30. 34. 3.

[*18.*] XII. Griech*ischer* Gottesdienst. 51. 52. 59. 28. 31. Sacramente 53.
26. 54. 25. − Gebräuche 56. 27. 61. 55. Priesterschaft u*nd* Kirchenregi-
ment 4. 49. 57. 58. 26. 47. 29. 33. 4. 5. 60. 23 50. |

[————]

10 [*19.*] Fest der Wasserweihung an Epiphan*ias* als Tauftag Christi   34ʳ

[*20.*] P a p s t w a h l 29. 30. 33. 34. Muß erst ascendiren wenn er noch
nicht KardinalBischof ist − Krönung 8 Tage nach d*er* Wahl durch den
ersten *Kardinal*Diako*n*. Vorher d*er* Papst Hochamt u*nd* läßt sich d*as*
A*bend*mahl auf dem Throne reichen. Accipe tiaram tribus coronis or-
15 natam et scias te esse patrem principum ac regum rectorem orbis in terra
vicarium salvatoris nostri. − So oft er Hochamt hält wird d*ie* Krone auf
den Altar d*er* Peterskirche gesezt − Die Besiznehmung (mit d*er* Krone)
von der LateranKirche.

[*21.*] Geist*liche* H*andlung*en Frohnl*eich*nahm auf d*em* Stuhl getragen mit
20 d*er* Monstranz − Rosenweihe am 4*ten* Son*tag* d*er* Fasten − Vor d*er*
Weihnachtsmette Stab u*nd* Hut Segen. Palliumsweihe − Agnus Dei wäch-
sern − GrünDon*ers*tag Fluch u*nd* Segen, Charfr*eitag* Hochamt in d*er*
Sixtin*ischen* Kapelle. |

———

7–9 51. ... 50.]51. 52. 59. 28. 31. *Erledigungsvermerk,* 53. 26. 54. 25. *Erledigungsvermerk,*
56. 27. 61. 55. *Erledigungsvermerk,* 4. 49. 57. 58. *Erledigungsvermerk,* 26. *mit Einfügungszeichen über der Zeile,* 47. 29. 33. *Erledigungsvermerk,* 23 50. *Erledigungsvermerk*

1 *Diesen erwähnt Stäudlin I, S. 349.*   **2–5** *10. Stunde, Fr, 25.5.*   **6** *11. Stunde, Mo, 28.5.
Schleiermacher verweist auf die numerierten Absätze der Abteilung Griechischer Zweig.*
7–9 *12. Stunde, Di, 29.5. Schleiermacher verweist auf die numerierten Absätze der Abteilung Griechischer Zweig.*   **10** *Stäudlin I, S. 279. – Die Rede ist von der russischen Kirche.*
11 *18. Stunde, Mo, 11.6. Schleiermacher verweist auf die numerierten Absätze der Abteilung Katholische Kirche.*   **11–18** *Stäudlin I, S. 418–420. – Nach Stäudlin I, S. 419 heißt es:
„patrem te esse“.*   **19–23** *Stäudlin I, S. 423–426. Vgl. Katholische Kirche 38.*

[*Präparation 1833/34*]

33ʳ [22.] 2. An das vorhandene Interesse.

3 Uebergang auf die bestehenden Differenzen zum Behuf der Theilung, worauf zu sehen.

6 Angefangen bei Nestorianern.   5

Drusen II S. 628 Vgl A 8.

Christliche S a b i e r S. 631. und 705.

Nestorianer gesondert durch Localität, die gemeinsamen Merkmale,
die Sonderung der Gemeinschaft.

A 1. 14. 15.   10

Monophysiten a) Jacobiten Mesopotamien 12. 16.

b. Armenier.

c Kopten.

d. Abyssinier.

Maroniten   15

2–15 2. ... Maroniten] *am rechten Rand*   **6** II] *über der Zeile*   **11** a)] *folgt* ⟨Maroniten⟩

2–15 *Diese Randglosse ist der Aufriß der Stunden 2–7 des Kollegs 1833/34 (22.–29.10.). Die
Abessinier hat Schleiermacher aber erst in der 8. Stunde, also nach den Maroniten, behandelt. Bei Drusen und Sabiern (letztere erwähnte Schleiermacher in der Vorlesung freilich nicht) wird auf Stäudlin II, S. 628 f. und 631. 705 verwiesen. Die anderen Zahlen
verweisen auf die numerierten Absätze der Abteilung Semitischer Zweig.*

Semitischer Zweig

Archiv 1823

1. **Nestorianer.** Chaldäische Christen unter dem Patriarchen zu Mo-
5 sul in Syrien Babylon Mesopotamien Medien Persien Tartarei Ostindien
China.[1]

[———]

2. Monophysiten A. a **Kopten** Patriarch in Cairo, von den Bischöfen
aus den Mönchen geweiht, zugleich Oberrichter.

b. Sie **beschneiden** sich, halten es aber nicht für einen Religions-
10 gebrauch. Unter ihm steht auch der Abyssinische Patriarch, der von dem
Koptischen aus seinem Klerus gewählt wird. c. Sie halten außer der
Beschneidung auch noch den Sabbath und die Mosaischen Speisegeseze.

[———]

---

[1] Nestorianischer Patriarch (?) zu Diarbekir in Mesopotamien erkennt den
Papst an. Patriarch zu Ormia in Persien. Der Mosulsche heißt Elias; der
15 persische Simeon.

---

3 Archiv 1823] *am rechten Rand*   4–6 1. ... China.] *Erledigungsvermerk*   7f 2. ...
Oberrichter.] *Erledigungsvermerk*   9–11 b. ... wird.] *Erledigungsvermerk*   11 c.] *am
linken Rand*   11f c. ... Speisegeseze.] *Erledigungsvermerk*   13–15 Nestorianischer ...
Simeon.] *am rechten Rand*   13 (?)] *über der Zeile*

3 KHA 1823,1   4–6 KHA 1823,1, S. 40f.   7f KHA 1823,1, S. 41   9–12 KHA 1823,1,
S. 41f.   13–15 Stäudlin II, S. 635: „Zu Diarbekir oder Karemid wohnt ein nestorianischer
Patriarch. Nachrichten der römischen Missionäre vom Jahr 1781. zufolge hat jener ge-
wöhnlich den Namen Joseph angenommen und sich dem Pabste unterworfen"; I, S. 55

3. B. A r m e n i e r in Armenien Rußland Türkei dem west*lichen* Asien –
einzel*ne* Gemeinen in Venedig London Amsterdam Marseille. a Ihr Catholicus wohnt im persischen Armenien im Kloster Etschmiazin mon*a-
sterium*. b Das Taufritual der Arm*enier* im russischen Reiche ist in Alt-
Slavonischer Sprache. – c Der Catholicus hat 3 Patriarchen unter sich. d.   5
Einer in Constantinopel (ab*er* wo die and*eren* beiden?)[1] In Rußland
Keiner; da sich Joseph nennt Erzbischof der Armen*ischen* Nation in
Rußland[2] – e Sie sind Monophysiten im Sinne des Cyrillus ab*er* nicht in
dem des Eutyches f u*nd* sagen man könne rechtgläubig 2 Naturen lehren
nur müsse es nicht im Sinne des Nestorius geschehen d.h. sie schreiben   10
dem λογος ενσαρχωθεις Eine Natur zu aber nicht durch χρασις oder
συγχυσις sondern durch ενωσις zu Einer Person. Gott ist Mensch geworden ohne Verwandlung u*nd* ohne Veränderung.

g Der Armenische Erz*B*ischof in Venedig muß vom dortig*en* katho-
lischen Patriarchen seinen Einsezungsbrief nehmen. | 15

[———]

39ᵛ 4. In Jerusalem römische griechische armenische koptische Religiosen
am h*eiligen* Grabe.[3]

Jede Parthei hat besondere Sanctuarien im Besiz.   Die s y r i -
s c h e n C h r i s t e n sind dort fast ausgestorben.

———

[1] 1.) Zu Sis in Caramanien 2.) Zu Gandsasar in Schirwan 3.) Auf der Insel   20
   Agthamar. Die in Constant*inopel* u*nd* Jerusalem sind es nur titular.
[2] Armenische Kirche u*nd* Kloster in Triest.
[3] Bei der Prozession am h*eiligen* Sonnab*end* kom*en* erst d*ie* Griechen dann
   die Armenier, Syrer, Kopten.

2–9 a … f] a, b, c, d., e, f *am linken Rand*   3–5 b … Sprache.] *Erledigungsvermerk*   5 c
… sich.] *Erledigungsvermerk*   6 beiden?)] beiden?   12f Gott … Veränderung.] *am
rechten Rand*   16–19 4. … ausgestorben.] *Erledigungsvermerk*   20f 1.) … titular.] *am
rechten Rand, Erledigungsvermerk*   22 Armenische … Triest.] *am rechten Rand*   23f
Bei … Kopten.] *auf den linken Rand überlaufend nachgetragen*

1–6 *KHA 1823,1, S. 42. Dort wird verwiesen auf: Taufritual der Armenischen Kirchen im
Russischen Reiche in der Alt-Slawonischen Sprache, Petersburg 1799.   6–8 Schleiermacher schließt das aus dem im KIIA 1823,1, S. 42f. genannten Buchtitel: Bekenntniß des
christlichen Glaubens des Armenischen Kirche, aus dem Armenischen in's Russische übersetzt und herausgegeben von dem Erzbischofe der Armenischen Nation in Rußland Joseph
und dem Fürsten Argutinski Dolgoruki, Petersburg 1799.   8–13 KHA 1823,1, S. 43f. Zu
Cyrill, Eutyches und Nestorius vgl. 206,12–15; 208,29–209,9   14f Stäudlin II, S. 62
16–19 Paulus II, S. 49   20f Stäudlin I, S. 60; II, S. 610   22 Stäudlin II, S. 568. Die
Gemeinde siedelte 1810 von Triest nach Wien über.   23f Paulus V, S. 77, wonach der
koptischen Geistlichkeit noch die abessinische und die georgische folgt.*

5. Maroniten[1] am Libanon.[2] Erkennen den Papst als Oberhaupt.[3] Syrische Messe und Liturgie; aber auch von den Priestern verstehen die wenigsten die Sprache, ihre Muttersprache ist arabisch. Ihre Messe noch weit länger als die römische. Die Priester sind verheirathet.

5 a Ihr Patriarch wird vom Volk gewählt, heißt immer Petrus, sein Siz im Kloster Cannubin, 1½ Tagereise von Tripolis. (Das weltliche Regiment führen Zwei Diakonen) Nur wenige in Rom gebildete Priester haben einige Kenntnisse. a Patriarch und Bischöfe leben im Coelibat, Priester sind verehelicht doch nur Einmal und nur mit Jungfrauen. b.
10 Die Ordensgeistlichen Mönche des heiligen Antonius ohne eigentliche Gelübde sehr frei. Communion unter beiderlei Gestalt.[4] Die assistirenden Geistlichen communiciren immer mit dem Celebranten. – c. Sie haben kein Weihwasser; d. ihre Feste sind nur Weihnachten Ostern Himelfahrt Peter Paul Himmelfahrt Mariä. – a Communion wird oft ohne

---

15 [1] Vom Mönch Johannes gegen Ende des 7. Jahrhunderts
[2] Auch in Aleppo
[3] Sie dulden die Blutrache. –
[4] Zerstückelte Hostie mit in den Kelch, beides zusamen mit dem Löffel gereicht.

1–20,3 5. ... finden.] *Erledigungsvermerk, a, a, b., c., d., a, a, e am linken Rand* 5 wird ... Petrus,] *mit Einfügungszeichen am linken Rand* 9 doch ... Jungfrauen] *mit Einfügungszeichen am linken Rand* 15 Vom ... Jahrhunderts] *am linken Rand* 16 Auch in Aleppo] *über der Zeile* 17 Sie dulden die Blutrache. –] *am linken Rand* 18 f Zerstückelte ... gereicht.] *am linken Rand*

1–4 *Paulus II, S. 127* 5 f *Paulus II, S. 208* 6 f *Paulus II, S. 211, wo Dandini schreibt:* „Indessen bediente ich mich dieser Gelegenheit, um den Diakonen meinen Besuch zu machen, und mich mit ihnen zu besprechen. Es sind nur zween; sie haben das Amt weltlicher Herren, die das ganze Volk regieren, ihre Streitigkeiten entscheiden und mit den Türken über alles verhandeln, was die Tribute und andre Verfallenheiten betrifft." 7 f *Paulus II, S. 218 f.* 8 f *Paulus II, S. 222 f.* 9 *Stäudlin II, S. 626* 10 f *Paulus II, S. 224 f., wo Dandini schreibt:* „Die drey religiöse Gelübde der Armuth, Keuschheit und des Gehorsams legen sie nicht ausdrüklich ab; sondern wenn sie in das Kloster aufgenommen werden oder Profeß thun, hält einer ein Buch in der Hand, und liest ihnen einiges vor, was sie betrifft, kündigt ihnen dabey an, daß sie enthaltsam leben müssen, nebst andern ähnlichen Ermahnungen. Mehr bedarf es nicht, um sie in vollkommener Keuschheit zu erhalten. Man hört auch in der That hier nichts Aergerliches oder Unanständiges von ihnen, ob sie schon ganz allein überall hin gehen, und sich oft mehrere Tage ausser dem Kloster aufhalten. Sie haben Eigenthum an Gütern und Geld, können auch darüber auf den Todesfall disponiren; welches mir ein eingeschlichener Mißbrauch zu seyn scheint. Wollen sie nicht länger in einem Kloster bleiben, so gehn sie in ein anderes, ohne erst die Erlaubniß des Obern darüber einzuholen. [...] Als den sechsten und lezten Beweis führe ich ihren Namen, Mönche des heil. Antonius, an." 11 f *Paulus II, S. 228* 12–14 *Paulus II, S. 232* 14–20,2 *Paulus II, S. 233* 15 *Stäudlin II, S. 624:* „Johann der Maronite, welcher dieser Secte nicht den Namen gab, sondern sich von einem älteren Asceten Maron diesen Beinamen beilegte, war ein Mönch, welcher gegen das Ende des 7. Jahrhunderts lebte, und bestimmter die Parthie des Pabstes ergriff. Nachdem er sich sammt seinen Anhängern nach dem Libanon gezogen hatte, so nannten sie sich alle Maroniten." 16 *Stäudlin I, S. 63* 17 *Stäudlin II, S. 626* 18 f *Stäudlin II, S. 626*

Beichte gereicht. Alle Priester ohne Unterschied des Ranges können alles absolviren. − a Gepredigt wird nie; selten eine Homilie oder Legende gelesen, e Bibeln fast gar nicht zu finden. (Paulus II)

———

6. Die A b e s s y n i e r a haben einige griech*isch*e Apokryphe u*nd* patristische Schriften, jedoch nur aus arabischen Uebersezu*ng*en übertragen. b. 5
Sie feiern d*en* Sabbath u*nd* halten die mosaischen Speisegeseze. (Paulus III)

———

7. a K o p t i s c h e r Patriarch in Kairo; von den Neun Bischöfen gewählt u*nd* zwar aus dem Kloster Antonii od*er* Macarii.[1] Entfernt vo*n* aller

———

[1] a Nach Anderen nehmen auch die Vornehmsten der Nation an der Wahl eines 10
Patriarchen Theil.

3 (Paulus II)] *ohne Klammern am linken Rand*   4–6 6   Speisegeseze.] *Erledigungsvermerk*   4 f a ... b.] *a, b. am rechten Rand*   6 Sie ... Speisegeseze.] *nachgetragen*   6 f (Paulus III)] *ohne Klammern am linken Rand*   8–21,1 7. ... Pracht.] *Erledigungsvermerk* 10 f a Nach ... Theil.] *am linken Rand, Erledigungsvermerk*

2 f *Paulus II, S. 234*   3 *Paulus II, S. 236, wo Dandini schreibt: „Ich glaube nicht, daß im ganzen Lande eine einzige vollständige Bibel zu finden ist."*   4 f *Paulus III, S. 44 f. Dort werden aufgezählt: Concilia patrum; Biblia V. et N. T.; Historia et Acta discipulorum Christi; Miracula b. Mariae Virginis; Homiliae patrum: Theophil von Alexandrien: Von der Flucht Christi nach Ägypten, Cyriacus: Vom Tode Christi, Johannes Chrysostomus: Von der Geburt Christi; Liturgiae S. Basilii, Chrysostomi, S. Cyrilli; Synaxaria (d. h. Kirchenordnungen): Didascalia und andere mehr.*   6 f *Stäudlin II, S. 651*   8 f *Paulus III, S. 69*   9–21,1 *Paulus III, S. 70 f.: „Seine Tafel ist mit schlechten Speisen besetzt, etwa mit Fischen und Eyern, weissen gesalzenen Käse, so sie Gibn halum nennen, Rettichen und Zwiebeln. Sein Getränk ist Nilwasser, Wein kommt selten in sein Haus. Ein wenig Datteln oder Feigen machen den Nachtisch aus; zuweilen geht auch ein Gläschen Brandtwein herum. [...] Seine Kleidung ist anständig, aber nicht prächtig; er trägt ein weißwollenes Hemd, über dieses eine Juppe oder engen Rock, dann einen blauen oder violetblauen Tuchrock und über diesen einen Talar von schwarzem Zeug. Doch verändert er seine Kleider nach der Jahreszeit. In seiner Hand trägt er allezeit eine Krücke, wie die andern Mönche, statt eines Stabes, um sich während des Betens, wenn er müde wird, darauf zu lehnen. An seinem Kopf hängt eine schöne lange Inful herunter, die um seinen Leib gewickelt ist. [...] Was seine Einnahme betrift, so höre ich, daß sie jährlich auf 20,000 Abukelb oder Löwenthaler kommen soll. Es dünkt mich aber, daß dieses zu hoch angeschlagen ist, obwohl er auch von Jerusalem ein ansehnliches erhält. Allein die gierigen Türken, welche nicht gern sehen, wenn ein Christ sein Brod hat, klopfen seinen Beutel wacker aus, so, daß ihm wenig übrig bleibt. [...] Von seiner Einnahme muß er auch alles, was zum Gottesdienst und zur Unterhaltung der Kirchen in Kairo nöthig ist, anschaffen."* 10 f *Paulus IV, S. 239*

Pracht. b Außer d*iese*n 9 Bischöfen giebt es noch einen in der koptischen
Kapelle in Jerusalem. c Und der Patriarch sendet auch nach Abessynien
den Metropoliten.[1] d. Die Bischöfe sämmtlich sehr arm.[2] Unter ihnen
stehen die Komos Erzprie*ster* u*nd* Kassis Priester[3] – l Die M e s s e geht

5   Sonntags schon | um 1 Uhr Morgens an. Gepredigt wird nicht sond*ern*   40ʳ
nur Legenden u*nd* Erklärungen d*er* Evang*elien* u*nd* Epi*stel*n aus Homilien griech*ischer* Väter gelesen.[4] r Ihr M o n o p h y s i t *i s m u s* ist Euty-
chianischer als der Armenische. m Keine Herumtragung od*er* Verwah-
rung des geweihten Brodtes. A b e n d m a h l unter beiderlei Gestalt.[5] Kin-

10 derCommunion bald nach d*er* Taufe (nur Wein d*er* mit dem Finger

---

[1] c. Die Bischöfe werden vom Patriarchen gewählt.
[2] d Der Prälat verpachtet den Bischöfen die Gefälle.
[3] e. Die Priester beschäftigen sich zum Theil zugleich mit dem Unterricht der
     Kinder.
15 [4] Epistel u*nd* Evangelium werden immer arabisch gelesen.
[5] m Sie nehmen zum A b e n d m a h l künstli*chen* Wein aus getrockneten Trauben
     und Wasser. Der kathol*ische* Priester Fr*ei*heit

1–4 b ... l] b, c, d., l *am rechten Rand*   **1 f** b ... Jerusalem.] *Erledigungsvermerk*   **2 f** c ...
Metropoliten.] *Erledigungsvermerk*   **2** Abessynien] *korr. aus* Abyssynien   **3 f** d. ...
Priester] *Erledigungsvermerk*   **4–7** l ... gelesen.] *Erledigungsvermerk*   **7–22,20** r ... g.] r,
m, n, o, p, g, f, h., i., k., i., k., e, g. *am linken Rand*   **8–22,1** m ... ausgetheilt]
Erledigungsvermerk   **10–22,1** (nur ... wird)] *ohne Klammern mit Einfügungszeichen am
rechten Rand*   **11** c. Die ... gewählt.] *am linken Rand, Erledigungsvermerk*   **12** d Der
Prälat ... Gefälle.] *am linken Rand*   **13 f** e. ... Kinder.] *am linken Rand, Erledigungs-
vermerk*   **15** Epistel ... gelesen.] *am rechten Rand, Erledigungsvermerk*   **16 f** m Sie ...
Freiheit] *am rechten Rand, Erledigungsvermerk*

1–3 *Paulus III, S. 72 f., wo es u. a. heißt:* „Sie können kaum einen lahmen Esel ernähren,
auf welchem sie ohne Sattel und Zeug reiten. Es vergehen mehrere Wochen, bis ein Pfennig
in ihre Hände kommt, sie leben allein von den freywilligen Gaben guter Christen, oder von
Ackerbau, oder von einem erlernten Handwerk, oder vom Abschreiben [...] Sie wissen von
keinen Welthändeln, bekümmern sich auch gar nicht darum, sondern leben in der Einfalt
ihres Herzens in den Tag hinein."   **3 f** *Paulus III, S. 73 f.*   **4 f** *Paulus III, S. 74*   **5–7**
Paulus III, S. 76, wo es u. a. heißt: „Diese Erklärungen sind aus den heil. Vätern, St.
Basilius, Chrysostomus, Cyrillus, Theophilus, Aba Buschi und dergleichen genommen."
7 f *Paulus III, S. 77:* „Von Christus glauben und sagen sie, daß in ihm eine Natur ist, ein
Wille, eine Gottheit, daß seine Gottheit nicht einen Augenblick, auch nicht ein wenig,
nicht ein bisgen von seiner Menschheit abgesondert sey". Zu Eutyches vgl. 209,2–3.
8–22,2 *Paulus III, S. 77–83. Vieles davon zeigt für Schleiermacher, daß die Kopten nicht an
das römisch-katholische Transsubstantiationsdogma glauben.*   **11** *Paulus IV, S. 240*   **12**
Paulus V, S. 90: „Die Bischöffe von diesen Städten sind, im eigentlichen Sinn, angesehene
Pächter des Patriarchen. Sie haben einen Vertrag mit ihm, nach welchem sie jährlich
eine gewisse Summe Pachtgeld bezahlen, was sie alsdann über diese Summe von ihrem
Sprengel fordern, behalten sie für sich."   **13 f** *Paulus IV, S. 242:* „Es gibt einige unter
ihnen, welche sich ganz allein mit dem Unterricht der Kinder beschäftigen. Sie lehren sie
arabisch und koptisch lesen, wenn sie es können, und lassen sie den Katechismus reciti-
ren."   **15** *Paulus IV 241*   **16 f** *Paulus IV, S. 258. Vgl. unten 212,24–213,5, wo Schleiermacher ausführlich von den Skrupeln der Jesuitenpater Du Bernat und Siccard gegenüber dem koptischen Abendmahlswein und dem freieren Geist der Kopten in dieser Hinsicht redet.*

in d*en* Mund gestrichen wird). – Geweihtes Brodt wird ausgetheilt – n
Kein eigent*liches* W e i h w a s s e r. – o 32 M a r i e n f e s t e ohne eigent*lich*
die Maria als Vermittlerin anzurufen. – p Ihr Jahr fängt mit d*em* 8*ten*
Sept*ember* an, ihre Monate alle *von* 30 Tag, dann 5 Schalttage am Ende.
– g T a u f e mit Exorcism*us* viel Salben Räuchern Kreuz machen. Sie   5
t a u f e n immer erst nach 40 Tagen; (Mädchen nach 24) oft warten sie
bis im 7*ten* Monat, oft auch wol später, glauben ab*er* doch d*aß* d*ie*
ungetauften Kinder in die Hölle fahren (?).[1] f Die B e s c h n e i d u n g ist
gebräuch*lich* aber kein Gebot. q Ihr Weihnachten ist d*er* 29*te* December
d. h. 6 Tage vor Jahresschluß. h. F a s t e n haben sie viel mehr[.] Vor   10
Weihnachten vom 1*ten* December an. Vor Oster*n* 55 Tage nach Pfingsten
1 Monat[.] Nach Mar*ia* Himmelfahrt ½ Monat.[2] – i. In den K i r c h e n
keine Statuen, aber Bilder die jedoch nur durch Kuß und Begrüßung
verehrt werden. – k. In der Wüste Macarii sind jezt nur noch 4 K l ö -
s t e r. – i. K i r c h e n werd*en* oft weggenommen, und wenn sie einfallen   15
dürfen sie nicht wieder gebaut werden. – k. Die K o p t i s c h e n M ö n c h e
wohnen in einzelnen, von einer gemeinsamen Ringmauer umschlossen*en*
Häusern.[3] – e Da die Priester so schlecht besoldet werd*en* will niemand
einer werden, *und* nicht selten wird einem guten Bauer mit Gewalt das
Chorhemd übergeworfen.[4] – g. Das U n t e r t a u c h e n zum Andenken der   20
Taufe Chris*ti* am 16*ten* Januar.

---

[1]   Schwache Kinder werden im Hause nur gesalbt. Sie haben einen Kanon, d*aß*
      wenn auch ein Kind nach der ersten Salbung sterbe es doch durch d*as* Ver-
      langen nach der Taufe gerettet werde.
[2]   m Nur in den Zeiten d*ieser* großen Fasten wird d*as* A b e n d m a h l ausge-   25
      theilt.
[3]   r. Das Kloster Johannis des Kleinen Paulus V p. 97 scheint ein solches mit
      verheiratheten Mönchen zu sein.   Eben so das des ErzEngels Michael.
[4]   Jedoch nur solche die vorher Diakonen gewesen. Das werden sie aber schon
      als Knaben um bei der Messe zu dienen.   30

1f n Kein … W e i h w a s s e r.] *Erledigungsvermerk*   2f o … anzurufen.] *Erledigungsver-*
merk   3 Maria] Mariä   3f p … Ende.] *Erledigungsvermerk*   5–8 g … (?).]
Erledigungsvermerk   6f immer … bis] *korr. aus* in der Regel   8f f … Gebot.]
Erledigungsvermerk   9f q … Jahresschluß.] *am rechten Rand*   10–12 h. … Monat.]
Erledigungsvermerk   12–14 i. … werden.] *Erledigungsvermerk*   14f k. … K l ö s t e r.]
Erledigungsvermerk   15f i. … werden.] *Erledigungsvermerk*   16–18 k. … Häusern.]
Erledigungsvermerk   18–20 e … übergeworfen.] *Erledigungsvermerk*   20f g. … Januar.]
Erledigungsvermerk   22–24 Schwache … werde.] *am rechten Rand*   25f m Nur …
ausgetheilt.] *am rechten Rand*   27f r. Das … Michael.] *am rechten Rand*   29f Jedoch
… dienen.] *mit Einfügungszeichen am rechten Rand*

2f *Paulus III, S. 79–82*   3f *Paulus III, S. 81*   5–9 *Paulus III, S. 82f.*   6 *Paulus IV, S. 254*
9–12 *Paulus III, S. 85f.*   14f *Paulus III, S. 96*   15f *Paulus III, S. 97*   16–18 *Paulus III,*
S. 296   20f *Paulus III, S. 335f.*   22–24 *Paulus IV, S. 255f.*   27f *Paulus V, S. 97. 114, wo*
es heißt, diese Klöster seien von zahlreichen christlichen Familien bewohnt.   29f *Paulus*
IV, S. 242

n. Psalmen und Neues Testament findet sich fast in jedem Hause. i.
Sie beten für die Todten weil die Hölle erst am jüngsten Tage angehe,
nehmen jedoch kein eigentliches Fegefeuer an. k. Sie glauben an Fürbitten der Heiligen und Märtyrer.

——— |

5 8. Zwei Tagereise von Tripolis sind die Kesbinen und Nassarier eine 40ᵛ
Mischung von Christenthum und Islam. Sie behaupten Christus hätte
einen andren am Kreuz sterben lassen, und nehmen mehrere Mensch-
werdungen an Moses, Abraham, Christus, Mahomed. Sie feiern die meisten christlichen Feste und halten, aber bloß die Männer ein apokry-
10 phisches Abendmahl mit Wein und Fleisch. (Paulus III)

[———]

9 Eine ähnliche Mischung findet sich wol bei den Drusen[1] doch mit mehr
Islamischen Gebräuchen. Sie haben außer dem Koran noch geheime heilige Bücher von ihrem späteren ägyptischen Gesezgeber herrührend.

———

[1] Repertorium XII, iv Ueber die Religion der Drusen. Allein dies sind nur die
15 Eingeweihten. Auch diese sezen die Evangelien über den Koran.

---

1 n. ... Hause.] *Erledigungsvermerk*   1–3 i. ... k.] i., k. *am linken Rand*   i. ... an.]
Erledigungsvermerk   3f k. ... Märtyrer.] *Erledigungsvermerk*   5–10 8. ... Fleisch.]
Erledigungsvermerk   10 (Paulus III)] *ohne Klammern am linken Rand*   11–13 9 ...
herrührend.] *Erledigungsvermerk*   14f Repertorium ... Koran.] *am linken Rand*

1 *Paulus III, S. 79*   2f *Paulus III, S. 86 f.*   3f *Paulus III, S. 87*   5–10 *Paulus IV, S. 56–58*
11–13 *Paulus IV, S. 60–63: „Die heutige Drusen erkennen einen Egyptier für ihren Gesetzgeber, und nennen ihn Bamrillah, Elbakem, Maulana, das heißt, der Weise, unser Richter
und Herr. Er erschien, sagen sie, nur 2000 Jahre nach Mahomed [sic!]. Seine Jünger
verehrten ihn, als ihren König, und erschienen in seiner Gegenwart immer in einer gebeug-
ten Stellung. [...] Außer diesem ersten Gesetzgeber erkennen sie noch einen zweyten, der
sein Schüler war. Sie nennen ihn Hamze, nach ihnen ein heiliger Mann. Er hat ihnen drey
Gesetzbücher geschrieben. Diese Bücher dürfen sie keinem Fremden mittheilen. Ich weis
nicht, ob dieß die Ursache ist, daß sie dieselbe unter der Erde verwahren. Jeden Freytag,
den Tag ihrer Zusammenkünfte, holen sie diese Bücher hervor, um daraus öffentlich vorzulesen. [...] [Die Tukoma oder Ukkal, d.h. die Eingeweihten unter den Drusen] erkennen
den Alkoran, unterwerfen sich der Beschneidung, dem Fasten im Ramadan, der Enthaltsamkeit von Schweinefleisch und mehreren abergläubischen Gebräuchen der Türken.“*
14f *Repertorium für Biblische und Morgenländische Litteratur 12 (1783), S. 108–224. Dort
schreibt Eichhorn, die uneingeweihte Mehrheit der Drusen sei mit der Religion der Drusen
und ihren Riten völlig unbekannt (S. 109 f.). Die eingeweihten Drusen hielten die vier
Evangelien in Ehren, erklärten sie aber für eine Offenbarung ihres Propheten Hemsah, der
sich zur Zeit Jesu als Lazarus unter Jesu Jünger gemischt habe und nach Jesu Tod dessen
Leichnam aus dem Grab genommen habe, damit die Jünger zu der falschen Überzeugung
kämen, Jesus und nicht er, Hemsah, der auch Soliman der Perser heiße, sei der Messias.
Den Koran erklärten die Drusen hingegen für falsch mit Ausnahme der Stellen, wo er mit
den Evangelien übereinstimme (131–138).*

10. a Die K o p t e n sind häufig Geschäftsführer der Begs u*nd* anderer
türkischen Großen (wie in Africa die Juden)

 b Ob die K o p t e n an Transsubs*tantiation* glauben geht aus ihren
Formularen nicht hervor. Sie verwahren die Hostie nicht.

 c Als G e n u g t h u u n g legen sie nur Gebete auf[,] besondere Uebungen   5
würden verrathen daß einer gesündigt habe. (NB. d*ie*ser Grund scheint
nur schwerlich der rechte zu sein.)

 d. Die Ehescheidungen werden ziemlich erleichtert weil die Leute
doch können vor dem Kadi ihre Ehe auflösen lassen und eine neue
schließen.   10

---

11. Markab im Paschalik Tripoli soll der Haupzsiz der S y r i s c h e n S a -
b i e r sein, die aber verschieden von den persischen und arabischen sind.

---

12. J a k o b i t i s c h e r Patriarch in Diarbekir. Der oberste im Paschalik
Bagdad Kloster Saphran.

 Monophysitische Partei v*on* Jacobus Baradaeus im 6*ten* Jahr*Hundert*. 15

---

13. a Die A b y s s i n i e r halten auch viel Mosaische Reinigungsgeseze, sie
haben auch d*as* Fest der Taufe Christi.

1f 10. ... Juden)] *Erledigungsvermerk; folgt zwischen dieser und der folgenden Zeile*
⟨————⟩   3f b ... nicht.] *Erledigungsvermerk*   7 sein.)] sein.   13f 12. ... Saphran.]
Erledigungsvermerk   15 Monophysitische ... JahrHundert.] *am linken Rand*   16–25,2
13. ... Jahr.] *Erledigungsvermerk*

1f *Stäudlin II, S. 641: „Uebrigens sind Kopten unter dem Namen Schreiber zu Cairo die
Intendanten und Secretaire der Regierung und der Beks, bilden insofern eine Art von
Körper mit einem Oberhaupt an ihrer Spitze, welches die Stellen in demselben besetzt und
verkauft. Von den Türken, welchen diese Schreiber dienen, sind sie verachtet, und von den
Bauern, welche sie drücken, sind sie gehaßt."   3f Paulus IV, S. 261–263, wo Pater Du
Bernat SJ u. a. schreibt: „Ich will Sie nicht aufhalten mit Bemerkungen über die Ueberein-
stimmung des koptischen Glaubens mit dem unsrigen, in Rücksicht auf die wirkliche
Gegenwart des Leibs und Bluts Christi im Abendmal, und in Beziehung auf die Transsubstantiation. Sie beten dieses ehrwürdige Sakrament an, wie wir, und der Dominikaner,
Pater Wansleb, hat dieß mit Recht versichert; nur geschieht es zu einer andern Zeit, nem-
lich unmittelbar vor der Kommunion, und nachdem der Priester die Hostie vertheilt hat."
5f Paulus IV, S. 264   8–10 Paulus IV, S. 271   11f Stäudlin II, S. 631, wo es u. a. heißt:
„Es sind jedoch in neueren Zeiten bedeutende Zweifel wider die Existenz Syrischer Sabier
erhoben worden, wenigstens scheinen sie eine eigene von den Sabiern in Persien und
Arabien verschiedene Secte zu seyn"   13f Stäudlin II, S. 636f.   15 Stäudlin I, S. 57. Zu
Jakob Baradäus vgl. Zur Statistik [10.].   16 Stäudlin II, S. 651f., wo Speiseverbote,
Scheidungsrecht, kultische Unreinheit während der Menstruation und nach dem Beischlaf,
Leviratsehe und Beschneidung genannt sind.   16f Stäudlin II, S. 654: „Ein eigenes Fest
haben die Abyssinier zum Angedenken der Taufe Jesu. Der König und seine Minister, die
ganze Geistlichkeit, Vornehme und Volk, Junge und Alte steigen vor Sonnenuntergang ins
Wasser, baden sich und lassen den Seegen von Priestern über sich aussprechen."*

b Sie halten das Abendmahl mit gesäuertem Brodt außer am Gründonnerstag und communiciren nicht vor dem 25ten Jahr.

———————

14. Die ThomasChristen in Indien an der Persischen Grenze eine eigene
Republik unter brittischer Hoheit. Unirt durch die Portugiesen auf der
5 Synode zu Udiamper aber wieder abgefallen als die Portugiesen von den
Holländern vertrieben wurden. Nestorianer mit 3 | Sacramenten. Pro- 41ʳ
testantische Vorstellungen vom Abendmahl. Priester auf alle Weise verheirathet. Gottesdienstliche Sprache syrisch von wenigen verstanden. Sie
haben Excomunication und Kirchenbuße. Sie gehören zur 2ten Adels-
10 klasse Nairi und leben vom Handel.

———————

15. Die Syrischen Nestorianer[1] sind nach Assemani von der
Edessenischen Schule ausgegangen indem die orientalischen Bischöfe
dem Nestorius günstig waren. – Sie erkenen 3 HauptStufen der Hierarchie machen aber Abstufungen 1.) Episcopus Katholicus Metropolit
15 Bischof. 2. Presbyter Archidiacon Periodeuten Presbyter 3. Diaconus
Subdiaconus Lector. Keine eigentlichen Mönche. Alle Geistlichen unter
Bischöfen heirathen.

———————

[1] Nestorianer sehr wenige Bilder ohne Verehrung. S. Paulus VI p. 236 folgenden.

———————

3–10 14. … Handel.] *Erledigungsvermerk*   4 f durch … Udiamper] *mit Einfügungszeichen
am linken Rand*   5 f als … wurden] *mit Einfügungszeichen am linken Rand*   11–17 15.
… heirathen.] *Erledigungsvermerk*   15 Periodeuten] Periodeuta   18 f Nestorianer …
folgenden.] *am rechten Rand*

1 f *Stäudlin II, S. 652. Dort heißt es u. a., sie genössen das Abendmahl „nicht vor dem 25.
Jahre, glauben, daß man vor demselben keine eigentliche Sünde begehen könne".*   3–6
Stäudlin II, S. 687–690. Die Synode zu Udiamper fand 1599 statt.   6–9 *Stäudlin II,
S. 685–687*   9 f *Stäudlin II, S. 692*   11–13 *J.S. Assemani: Bibliotheca orientalis Cle-
mentino-Vaticana III/2, S. LXIX; vgl. den Abschnitt S. LXVII–LXXXII. Die Theologen der
Schule von Edessa, wie Nestorius in der theologischen Tradition der Antiochenischen
Schule verwurzelt, wanderten nach dem Sturz des Nestorius großenteils in Persische Reich
aus und sorgten dafür, daß die Kirche des Persischen Reichs den in der römisch-byzanti-
nischen Reichskirche verworfenen nestorianischen Glauben annahm.*   13–16 *Assemani:
Bibliotheca orientalis III/2, S. DCXV-DCCCLVI handelt von den Stufen der Kleriker bei
den Nestorianern.*   16 f *Assemani: Bibliotheca orientalis III/2, S. CCCXXVII-CCCXXIX*
18 f *Paulus VI, S. 243 f., wo Schulz schreibt: „Noch muß ich anmerken, daß zwar in der
Kirche viele Lichter, aber keine Bilder waren." Dort ist von Sorianern die Rede, d.h.
syrischen Nestorianern (vgl. ebd. S. 246 f. Schulz identifiziert die Sorianer fälschlicherweise
auch mit den Melkiten, d.h. den Anhängern der kaiserlich-byzantinischen [chalcedoni-
schen] Orthodoxie in Syrien).*

16. Die J a c o b i t e n *von* Jacobus Baradaeus sind auch nicht streng Euty-
chianische Monophysiten. Sie verehren Bilder und Heilige besonders die
Maria.

———

17 a Abessynier c o m m u n i c i r e n erst mit dem 25ten Jahr. Zeichen des
doppelten Kreuzes auf dem Brodt. Almosen beim Abendmahl. – b Maria   5
HimelsKönigin und Vorsteherin aller Heiligen; also auch mit diesen verehrt. – c. Zwei Mönchsorden *heilige* Thekla und *heiliger* Eustathius mit
verheiratheten Mönchen (ausgenomen der Abt) welche Ackerbau treiben.

    d. Keine Gemeinschaft mit Unbeschnittenen – e Altäre in Gestalt   10
einer Lade. Abbildung der BundesLade in der MetropolitanKirche zu
Axum. Schnelles Begraben der Todten.

    f Der Abuna ordinirt durch Anblasen und Kreuzmachen. Auch das
Koptische KinderDiaconat. Geistliche keine ausgezeichnete Kleidung,
tragen aber immer ein Kreuz.   15

    g Viele Kirchen klein und dunkel, Strohdächer mit konischen Gie-
beln, voll Gemälde. – h Gottesdienst ohne Predigt stehend auf Krücken
gelehnt. – i Verbot der Polygamie mit Ausnahme des Konigs. – k Mosai-
sche Eheverbote. Leviratsehe erlaubt. |

[———]

41ᵛ 18 K o p t i s c h e Geistliche erlauben gewöhnlich den römischen Missio-   20
naren ihre Gemeinen zu unterrichten[.] Bisweilen bringen diese es dann

---

1–3 16. … Maria.] *Erledigungsvermerk*   4–19 17 … erlaubt.] *Erledigungsvermerk*   4
Jahr.] *folgt* ⟨mit⟩   5–7 b … c.] b, c. *am linken Rand*   8 (ausgenomen der Abt)] *am
rechten Rand*   10 e] *am linken Rand*   17f h … k] h, i, k *am linken Rand*   20
gewöhnlich] *über* ⟨bisweilen⟩

1–3 *Stäudlin I, S. 57 f. Zu Jakob Baradäus vgl. Zur Statistik [10.]; zu Eutyches vgl. 209,2–3.*
4–9 *Stäudlin II, S. 652 f. – Nach Stäudlin sind die Mönche zwar größtenteils verheiratet
und treiben Ackerbau, diejenigen der hl. Thekla und des hl. Eustathius aber leben ehelos.*
10–12 *Stäudlin II, S. 651 f.*   13–15 *Stäudlin II, S. 655*   16–19 *Stäudlin II, S. 656 f.*   19
Stäudlin II, S. 651   20–27,1 *Paulus V, S. 118, wo Pater Siccard SJ schreibt: „Ich gieng
weiter, um die Nacht in dem Dorf Kassr zu bleiben, nahe bey der alten Stadt Hue am
Josephs Kanal. Der Geistliche dieses Dorfs war sehr zuvorkommend und bat mich, seinen
Beichtkindern Unterricht zu geben, die er selbst in die Kirche zusammen berief, und an
denen ich ein gutmütiges Volk fand. Ich hatte einen Koptischen Goldschmidt Victor, als
Reisegefährten und Wegweiser bey mir, der die koptische Religion genau wuste aber un-
glücklicher weise noch sehr fest an den Irrthümern seiner Secte hieng. Ihn unterrichtete ich
beständig aber fruchtlos. Während ich nun den Einwohnern von Kassr Unterricht gab,
drang ein Lichtstrahl in sein Herz. [...] Da ich an der Aufrichtigkeit seiner Gesinnungen
nicht zweifeln konnte, ließ ich ihn öffentlich seine Irrthümer abschwören, und zu der
Katholischen und Römischen Religion übergehen.“*

dahin daß einer s*eine* Irrthümer abschwört. (Paulus V p. 118) Aber was
wird nun wenn er zur kath*olischen* Kirche übergegangen ist?

[———]

19 a Ein kath*olischer* Priester Sicard macht aus dem Kloster des h*eiligen*
Antonius ausdrük*lich* eine Reise zur Grotte des h*eiligen* Antonius um
5 dort Messe zu halten geht ab*er* unverrichteter Sache zurück weil d*er*
kopt*ische* Priester ihm von d*iese*m Wein gegeben hatte. Assemani war
dabei. (Paulus V p. 151)
b NB. Die Klöster des h*eiligen* Paulus u*nd* des h*eiligen* Antonius sind
wahre Klöster mit Keuschheitsgelübd*e.*

10 20 a A r m e n i e r[1] am Gründonersta*g* Fußwaschung. Der Bischof wäscht
salbt u*nd* küßt d*ie* Füße; dann thut ein Priester dasselbe an den Laien.

---

[1] Erzbischof in Brusa u*nd* Smyrna, Siwas u*nd* Erzerum

---

1 (Paulus ... 118)] *ohne Klammern am linken Rand*   **3–7** a ... dabei.] *Erledigungsvermerk*
4 Antonius] *über* ⟨Paulus Eremita⟩   **7** (Paulus ... 151)] *ohne Klammern am linken Rand*
12 Erzbischof ... Erzerum] *am linken Rand*

3–7 *Paulus V, S. 151–153. Dort schreibt Pater Siccard SJ: „Wir [Siccard und sein Reisebegleiter Joseph Assemani] machten ihm [dem koptischen Pater Synnodius aus dem Kloster des hl. Antonius] den Vorschlag, er möchte uns den andern Tag nach der Grotte des h. Antonius begleiten, wo wir die Messe halten wollten. Er willigte gern ein. [...] Früh Morgens [am 12.6.1716] machten wir uns auf den Weg, und nahmen die Altarbekleidungen mit. P. Synnodius trug den Wein zu unsrer Messe. [...] Nach vielen Umwegen und Bemühungen kamen wir endlich zu der Grotte, welche die Natur selbst in den Fels gemacht hat. [...] Wir bereiteten uns, um in diesem einsamen, Andachteinflössenden Ort die h. Messe anzufangen, als Synnodius mir den Wein gab, den er dazu mitgebracht hatte. Die Farbe und der Geruch davon fielen mir auf. Ich fragte ihn: was das für Wein wäre? Es ist, sagte er mir, der Wein Abareke. Was für einen Wein geben Sie mir, antwortete ich ihm? Dieser ist zum Sacrament der h. Messe untauglich. In der That ist dieser vorgebliche Wein nur ein Extract, den unsere Kopten von den getrokneten Trauben machen, die sie aus Griechenland bekommen, und in Wasser einweichen, um den Saft davon auszudrücken, diesen Wein nennen sie Arabeke, das heißt im Arabischen: Seegen. Dieser Wein, sagte mir Synnodius, ist viel süßer als jeder andere, und wir nehmen keinen andern zum Gottesdienst. Ich antwortete ihm darauf nichts weiter, als daß er nicht tauge, um die Materie des Sacraments zu seyn. Wir verrichteten unsre Gebete, und stiegen, wie Abraham, ohne das Opfer gebracht zu haben, wieder vom Berge herab [vgl. 1. Mose 22,13–19].“ Zu Assemani vgl. 209,14–15.*   **8 f** *Paulus V, S. 127–150. Dort berichtet Pater Siccard SJ von einem Besuch in diesen Klöstern und vom dortigen Mönchsleben.*   **10 f** *Paulus VI, S. 109, wo Schulz schreibt: „Nachmittags [am 19.4.1753] gieng ich in die Armenische Kirche [in Smyrna]. Der Bischoff las erstlich etwas aus dem Evangelium vor, darnach wurde die Geschichte vom Fußwaschen gelesen; indeß setzte man zwey große kupferne Schalen auf die Erde. An die eine setzte sich der Bischoff und wusch etlichen Pfaffen die Füße salbte sie mit Oel und küßte sie. Darnach setzte sich einer von den gewaschenen Mönchen an die andere Schale oder Becken, und machte es den andern Leuten, sonderlich den Knaben, eben so.“*   **12** *Städlin II, S. 635 (dort wird auch ein Erzbischof in Tokat erwähnt). 610 f*

b. Am OsterSonnabend kirch*liches* Verlesen de*r* Leidensgesch*ichte.*
Einsegnung des Brodtes u*nd* Austheilu*ng* de*r* Communion.

c Die P a t r i a r c h e n − 4 eigent*liche* Etschmiazin, Sis (in Caramanien)
Gandsalar (in Schirwan) Agthamar (Insel) − machen allein d*as* Chrisma
u*nd* der Verkauf desselben an die Bischöfe u*nd* v*on* diese*n* weiter an   5
Priester u*nd* Volk ist die bedeutendste geist*liche* Einnahme.

d. Bibel darf jeder lesen; es giebt auch kritisches u*nd* gelehrtes Bibelstudium unter den Geist*liche*n.

Sie sollen 7 Mysterien haben reichen abe*r* die leze Oelung nur den
Geist*liche*n u*nd* zwar nach dem Tode.   10

Taufe ist Besprengung u*nd* Untertauchung − Berührung der Lippen
dabei mit consecrirt*em* Brodt u*nd* Wein.

Commun*ion* gesäuertes Brodt u*nd* reiner Wein eingetaucht. Trans-
subst*antiation.* Heilige Bilder Fasten am strengst*en* für d*ie* Geistlichk*ei*t,
doch minde*r* lang als Kopten. Verschiedene Grade desselben 1.) ohne   15
Fleisch 2.) auch ohne Eier u*nd* Milch 3) Ganz bis nach Sonenuntergang.

---

3 f − 4 ... (Insel) −] *ohne Gedankenstriche am linken Rand*   7 f Bibel ... Geist*liche*n.]
Erledigungsvermerk   9 f Sie ... Tode.] *Erledigungsvermerk*   11 f Taufe ... Wein.]
Erledigungsvermerk   11 Berührung der Lippen] *uber* ⟨Brechung⟩   13−16 Commun*ion*
... Sonenuntergang.] *Erledigungsvermerk*   15 f 1.) ... Sonenuntergang.] *mit Einfügungs-
zeichen auf den linken Rand überlaufend nachgetragen*

---

1 f *Paulus VI, S. 110 f., wo Schulz schreibt:* „Den 21. April [1753] Nachmittags giengen wir
abermals in die Armenische Kirche und fanden mehr Volk darinn, als am grünen Donnerstag. Der Bischoff wurde mit Singen und Lichtern aus seiner Wohnung abgeholt und
von zwey fremden Bischöfen begleitet. Nachdem sie sich, jeder an seinen Ort, gesetzt
hatten, wurde dem hiesigen Bischoff der Kirchen-Habit umgegeben, worin er vor das Volk
trat und ein Stück von der Leidens-Geschichte Christi laut in Armenischer Sprache herlas.
Alsdann traten die beyden andern Bischöfe, einer nach dem andern auf; diesen folgten die
andern Priester, Diaconi und Chor-Knaben, bis die ganze Leidens-Geschichte zu Ende war.
Nun gieng der Bischoff in das Allerheiligste und setzte die Bischöfliche Krone auf. Der
Vorhang, welcher gewaltig groß und von dickem, stark mit Gold durchwirktem Seiden-
zeug war, wurde zurück gezogen; zur Abbildung des am Tage der Creutzigung Christi
zerrissenen Vorhangs im Tempel. Zugleich konnte jedermann den Bischoff in seiner Krone
sehen. Hierauf las er an dem Altar, hinter dem geöfneten Vorhang, die Geschichte der
Auferstehung Christi; segnete das Brod des Abendmahls und den Kelch; dieses wurde von
zween Geistlichen mit erhabener Hand um den Quadrat-Altar getragen, und wieder an den
Ort, wo es gesegnet worden, hingesetzt. Alsdann nahm einer das Evangelien-Buch, trug es
auch, über dem Haupt erhaben, um den Altar, so daß es das untenstehende Volk sehen
konte. Nach diesem genoß der Bischoff das Abendmahl zuerst und setzte sich auf den
Bischöflichen Thron neben dem Altar; die beyden Bischöfe nahmen es jeder für sich selbst,
blieben bey dem Altar stehen, und theilten es den andern Communicanten aus. Die Anaphora wurde einigen auch so gereicht, wie bey den Griechen. [...] Der Gottesdienst dauerte bis nach Sonnen-Untergang; worauf der Bischoff den Segen ertheilte, und dem Volk
Erlaubniß gab, Eyer, Käse und Brod zu essen."   3 f Stäudlin I, S. 59 f.   4−6 Stäudlin II,
S. 611 f.   7 f Stäudlin II, S. 612   9 f Stäudlin II, S. 612 f.   11 f Stäudlin II, S. 613   13−16
Stäudlin II, S. 613 f.*

Feste der Kirche (vor *allem* der Geist*lichen* sind sehr viele) u*nd* des Volks. Weihnachten u*nd* Beschneidu*ng* Chris*t*i sind auf Epiphaniä combi*n*irt.

Langer Gottesdienst, nächt*lich* beginnend bis 8 Stunden. Liturgie
5 altarmenisch unverständlich, Predigt Neuarmenisch; auch wo diese Sprachen verständ*liche* sind mit türkischer u*nd* syrischer Ueberse*zu*ng.

Die Bischöfe predigen fleißig selbst; sie haben Mönche zu Vicarien (D*iese* heißen Vartabits u*nd* lehren zugleich die Theologie.), visitiren auch fleißig ihre Sprengel. |
10 Armenisch*er* Bischof in Aleppo, Smyrna.   42ʳ

Wenig eigentliche Mönche; die Priester müss*en* heirathen dürfen es aber nur einmal.

Häu*f*ige Wallfahrt nach Etschmiazin u*nd* J*e*rus*alem*.

Armenische ErzB*ischö*f*e* in Bursa u*nd* Tokat beides in Natolien.

15 In Astraian 4 armen*ische* Kirchen, mit eigner Gerichtsbarkeit. Ehemals ein ErzBischof dort, der jezt in Nachitschevan in Ekaterinoslav wohnt.

Viel Armenier in Georgien.

Die Armenier haben auch in Persien mehrere Druckereien, lassen
20 aber die Lettern in Amsterdam gießen.

1–3 Feste … combinirt.] *Erledigungsvermerk*   1 sind sehr viele] *mit Einfügungszeichen am linken Rand*   4–6 Langer … Uebersezung.] *Erledigungsvermerk*   7–9 Die … Sprengel.] *Erledigungsvermerk*   8 (Diese … Theologie.)] *ohne Klammern mit Einfügungszeichen am linken Rand*   10 , Smyrna.] *nachgetragen*   19f Die … gießen.] *Erledigungsvermerk*

1–3 *Stäudlin II, S. 614: „Sie unterscheiden zwischen denjenigen Festtagen, welche nur die Kirche feiert und zwischen denjenigen, welche das Volk mitfeiert. Der ersteren sind viele, die Priester versehen an denselben den öffentlichen Gottesdienst, von den Laien aber nimmt fast niemand Antheil, der andern Feste gibt es wenige. Weihnachten, Neujahr und Epiphaniä werden an Einem Tage gefeiert."   4–6 Stäudlin II, S. 614f.   7–9 Stäudlin II, S. 611   10 Stäudlin II, S. 629. 635 (dort werden armenische Erzbischöfe in Bursa, Smyrna und Tokat, erwähnt; vgl. oben).   11f Stäudlin II, S. 611   13 Stäudlin II, S. 615   14 Stäudlin II, S. 635   15–17 Stäudlin I, S. 302: „Jetzt sind daselbst [in Petersburg] zwei Geistliche, welche unter einem armenischen Erzbischofe stehen, der ehemals seinen Sitz in Astrachan hatte und seit 1780. in der neuerbauten Stadt Nachitschewan in der Katharinoslawschen Statthalterschaft wohnt."   18 Stäudlin I, S. 302*

Griechischer Zweig

Arch*iv* 23. S. 32.

1 Erst seit 1819 unter Autorität d*e*r hei*ligen* Synode eine Uebersezung der F.vangelien ins Russische. (Bisher nur slavonische.)

[———]

2 Befreiung der Geist*lichen* u*n*d Mönche von körper*lichen* Strafen in 5 Rußland (erst in d*iesem* JahrHundert.)

———

3. Vereinigung der Grusinischen altgriechischen Kirche mit der Russischen. Der Katholicus in Tiflis beständig Mitglied der dirigi-*renden* Synode.

[———]

4 Imerwährende Synode in Constant*inopel* aus 8 Bischöfen Pa- 10 triarch an d*e*r Spize – Gericht aus Geist*lichen* unter d*em* Vorsiz des Patriarchen, welches ohne Bestätig*ung* bis zur Landesverweisung er-kennt u*nd* im PatriarchenPallast Janitscharen zur Ausführung hat. – Aehnliches findet bei den Bischöfen statt.

[———]

---

2 Arch*iv* … 32.] *am rechten Rand*   4 slavonische.)] slavonische.   5f 2 … JahrHundert.)] *Erledigungsvermerk*   6 JahrHundert.)] JahrHundert.   7–9 3. … Synode.] *Erledigungs-vermerk*   7 altgriechischen] *mit Einfügungszeichen über der Zeile*   10–14 4 … statt.] *Erledigungsvermerk*   10 8] *korr. aus* 4   13f – Aehnliches … statt.] *auf den rechten Rand überlaufend nachgetragen*

2 KHA 1823,1, S. 32–40   3f KHA 1823,1, S. 33   5f KHA 1823,1, S. 33f.   7–9 KHA 1823,1, S. 33. Die Vereinigung kam 1811 zustande.   10f KHA 1823,1, S. 36   11–13 KHA 1823,1, S. 38. Dort heißt es über das Gericht: „Es dictirt alle Strafen, ohne erst die Be-stätigung des Hofs zu suchen, nur bei Landesverweisung hohlt es erst einen schriftlichen Befehl der Pforte ein, läßt aber darauf selbst durch die Janitscharen, welche den Patriar-chen-Pallast bewachen, seine Befehle vollziehen. Nur zum Tode verdammt dieß Gericht nie".

5. AufseherColleg*ium* üb*er* d*as* Gemeinwesen aus 4 Bischöfen 4 Fürsten u*nd* 4 Bürgern.

———

6. R a s k o l n i k e n. Die meisten Kosaken u*nd* viele Sibirier. Anhänglichkeit an die alte Liturgie gegen Nicon. Strenge Enthaltsamkeit. Zwei Kirchen in Casan – Inspirirte u*nd* f a n a t i s c h e R a s k o l n i k e n. Zu ihnen
die P h i l i p p o n e n (märtyrersüchtig, ohne Eid u*nd* ohne Kriegsdienst)
D u c h o b o r z e n Mystische Verächter des Buchstaben.
    Der Name v*on* Ras auseinand*er* u*nd* kolotje spalten sowol als Schis-
matiker[.] Sie selbst nennen sich Altgläubige od*er* Rechtgläubige.

———

7 U n i r t e G r i e c h e n a M a r o n i t e n (Libanon u*nd* Antilibanon) Messe
in syrisch*er* Sprache u*nd* Abend*mah*l in 2 Gestalten[.] b. Die Occiden-
ta*lischen* Griechische Messe 2 Gestalten Priesterehe.

———

8. S e r b i s c h e K i r c h e. Schon seit dem 13t*en* Sec*ulum* mit Bewilligung
des Patri*archen* von Constant*inopel* einen ErzB*ischof* der auch später
(Siz Ipek) als Patriarch anerkannt ward.
    NB Ueber die vielen Patriarchen in der griechischen Kirche im Ge-
gensaz gegen den römischen Monarchismus. |

[———]

9 Der ErzBischof der O e s t r e i c h i s c h e n S e r b e n wird durch einen 43ᵛ
NationalCongreß in Gegenwart eines könig*lichen* Commissarii gewählt.
Er besteht aus 75 Abgeordneten, von jedem Stande (Bürger Krieger
Geist*liche*) 25, und noch neucre 25 von Adel u*nd* Gutsbesizern.

1 f 5. ... Bürgern.] *Erledigungsvermerk*   3–7 6. ... Buchstaben.] *Erledigungsvermerk*   8 f
Der ... Rechtgläubige.] *am rechten Rand*   16 f NB ... Monarchismus.] *am rechten Rand*

1 f KHA 1823,1, S. 36. *Dieses Kollegium befindet sich ebenfalls in Konstantinopel.*   **3–7**
*KHA 1823,1, S. 44–46. Die beiden von der Regierung geduldeten Kirchen in Kasan gehören
den gemäßigten (Schleiermacher: „inspirirten“) Raskolniken.*   **8 f** *KHA 1824,4, S. 30*
10–12 *KHA 1823,1, S. 47*   **13–15** *KHA 1823,3, S. 111. – Der serbische König Stephan
Duschan erhob 1346 den serbischen Erzbischof zum Patriarchen. 1376 wurde der serbische
Patriarch vom Patriarchen von Konstantinopel als solcher anerkannt.*   **18–21** *KHA
1823,3, S. 112. – Der Erzbischof hatte seit 1720 seinen Sitz in Karlowitz (vgl. ebd. 111; nach
Schröckh/Tzschirner 9, S. 38 seit 1740; vgl. Exzerpte zur griechischen Kirche [5.]). 1760
wurde die Zahl der Abgeordneten auf 75 festgesetzt, unter Leopold II. (1790–92) kamen
die restlichen 25 dazu.*

Eben so werden jähr*lich* Synoden gehalten, die aber nur aus Bischöfen bestehen. Bischöfe werden auf denselben aus vom ErzB*ischof*
präsentirten Candidaten durch Stimmenmehrheit gewählt u*nd* dann landesherr*lich* bestätigt.

Den Unionsversuchen mit der kath*olischen* Kirche haben sich die 5
Bischöfe geneigter erwiesen als d*as* Volk.

————

10 Die Klostervorsteher (Igumenen) werden von der zum Sprengel des
Klosters gehörenden Umge*ge*nd gewählt, häufig aber von den Bischöfen
abgesezt.

[————]

11. Das Patriarchat in Constant*in*opel wird jezt durch Griechen besezt, 10
indem diese sich d*as* Recht d*a*zu erkauft haben. Die Ernennungen zum
Bisch*of* werden im türk*is*chen Serv*i*en von den Türken erkauft.

[————]

12 Die Servier haben weniger heilige Bilder als die Russen. Ihre Popen
haben nicht d*as* Recht zu beichten u*nd* zu absolviren. Sie lesen nur vor
aus gedrukten od*er* geschrieben*en* Büchern – Die Archimandriten zwi- 15
schen d*ie*sen u*nd* den Bischöfen. Drei Bischöfe Belgrad Uschiza u*nd*
Novibazar. – Fasten u*nd* Kasteiungen werden nach d*er* Beichte als Stra-

————

1 f Bischöfen] *über* ⟨Geist*lichen*⟩

1–4 *KHA 1823,3, S. 112 f.* **5 f** *KHA 1823,3, S. 118. Ebd. S. 113–119 wird berichtet, wie
seit 1678 zahlreiche Versuche des Staates, die orthodoxen Serben mit der römisch-katho-
lischen Kirche zu unieren, vor allem am Widerstand der Bevölkerung scheiterten.* **7–9**
*KHA 1823,3, S. 119. Die Rede ist von der orthodoxen Kirche im Kaisertum Österreich:
„Die nichtunirten Bischöfe im Kaiserstaate üben übrigens gern dieselbe willkührliche Gewalt über die ihnen untergeordnete Geistlichkeit aus, wie dort die Römisch-Katholischen
Bischöfe".* **10–12** *KHA 1823,3, S. 120 f. Dort geht es aber nicht um das Patriarchat
Konstantinopel, sondern um das serbische Patriarchat und die serbischen Bistümer: „Griechen, die nicht Serbisch wissen, werden zu Bischöfen geweiht und dahin geschickt; und
geben sich, da sie oft in kurzer Zeit einen Nachfolger erhalten, nicht die Mühe, es zu
lernen; die Griechen haben der Türkischen Regierung Geld für das eingegangene Patriarchat gegeben, so daß es aus ihrer Mitte besetzt wird, und drängen sich so den Religions-
aber nicht Sprach-verwandten Nationen an der Donau auf. Dort sind sie daher gehaßt und
in Klöstern kaum geduldet."* **13–33,1** *KHA 1823,3, S. 122–124. – Die Stellung der
Archimandriten zwischen Popen und Bischöfen entnahm Schleiermacher offenbar den Sätzen: „Es ist bestimmt, was der Geistliche zu lesen hat, und was dem Archimandriten
vorbehalten ist. [...] [Der Bischof] schickt oft den ungehorsamen Popen oder Archimandriten Drohungen".*

fen aufgelegt. Communion mit Wein u*nd* eingetauchtem Brodte. – Große u*nd* prächtige Klöster; auch eines auf dem Berge Athos.

_____

13 Die Constantinop*eler* immerwährende Synode aus 8 Bischöfen. Alle auswärtigen Erzbischöfe u*nd* Bischöfe haben in ihr einen bestimmten
5 Patron. Nach dem Muster von dieser stiftete Peter I die stätige Synode 1721.

_____

14 Die ersten Raskolniken v*om* Mönch Martin im 12t*en* JahrHundert von Zahl der Hallelujah u*nd* Altargebräuchen der Taufen u*nd* Trauungen – Karp Strigolnik im 14t*en* JahrHundert gegen die Gebühren für
10 Priesterweihen u*nd* gegen die Beichte. | Die Gebühren für die Weihen 44ʳ wurd*en* zwar 1503 auf einer Synode in Moskwa abgeschafft; aber d*er* Streit über d*ie* Beichte blieb.

_____

15 Die russische Kirche communicirte noch nach der Synode v*on* 1654 mit dem Patriarchen v*on* Constantinopel durch den Czaar über d*ie*

3–6 13 ... 1721.] *Erledigungsvermerk*   7–12 14 ... blieb.] *Erledigungsvermerk*   10 Die ... Weihen] *korr. aus* Diese Gebühren   13–34,2 15 ... Mogilas.] *Erledigungsvermerk*

1f *KHA 1823,3, S. 127: „Besonders zeichnen sich aus: Studeniza bei Novibazar, Decrani bei Prizren, Ravaniza zwischen Kjupria und Parakin, Gjurgievi Stupovi bei Bielopolje. Nicht in dem Grade, aber auch ansehnlich sind Tronoscha bei Loznicza, Kalenitj im Zagadiner Gebiet u. a. Von letzterer und noch gewöhnlicherer Art sind gegen funfzig in dem Bezirk der Herrschaft Miloschs."*   3–5 *KHA 1823,4, S. 80f. Die 8 Bischöfe sind die vier Patriarchen (Konstantinopel, Alexandria, Antiochia, Jerusalem) und die Erzbischöfe von Heraklea in Thrakien, Cyzicus, Nikomedien und Nicäa.*   5f *KHA 1823,4, S. 87f.*
7–9 *KHA 1824,2, S. 49f.: „Mit dem Mönche Martin aber, welcher im 1149 in die Gegend von Kiew kam, nahm das Sectenwesen in Rußland erst seinen wahren Anfang, denn er fand viele Anhänger und seine Lehre ward nicht so leicht unterdrückt. Er war von Geburt ein Armenier, und hatte ein Werk geschrieben, das in 20 Kapiteln verschiedene Lehrsätze enthielt. Dieses Werk nannte er das Recht, (Prawda) und vertheilte es heimlich. [...] Er lehrte unter andern, daß es sündlich sey, wie zeithero bei der Taufe von Süden gegen Norden um den Taufstein, und die zu Trauenden auf gleiche Weise um das Pult (Naloi) zu führen, und daß in beiden Fällen in entgegen gesetzter Richtung, d. i. von Norden gegen Süden oder von der Linken zur Rechten nach dem Lauf der Sonne gegangen werden müsse. [...] Ferner lehrte er, daß man am Ende der Psalmen das Alleluja nicht drei Mal sondern nur zwei Mal singen müsse. Besonders wichtig aber schien es ihm, mit welchen Fingern man das Zeichen des heil. Kreuzes zu machen hätte".*   9f *KHA 1824,2, S. 57f. Strigolnik trat 1375 in Nowgorod auf. Als er mit einigen anderen in die Wolchow gestürzt wurde und ertrank, griff die Bewegung um sich.*   10–12 *KHA 1824,2, S. 61f.*
13–34,1 *KHA 1824,4, S. 26f. Eine Synode unter dem Vorsitz des Moskauer Patriarchen Nicon (1652–66, † 1681) beschloß 1654 die Verbesserung der fehlerhaften russischen Kirchenbücher anhand ihrer Vorlagen in den alten griechischen und slawischen Kirchenbüchern. Zar Alexei Michailowitsch teilte dieses Vorhaben Paisii, dem Patriarchen von Konstantinopel, mit, der es billigte. Vgl. Exzerpte zur griechischen Kirche [22.].*

Verbesserung ihrer Kirchenbücher nach den alten Handschriften und
hernach über die ὁμολογία von Petrus Mogilas.

––––––

16. Allerlei Fanatismus knüpfte sich an die Feindschaft gegen diese Kritik und so entstanden die verschiednen neueren Raskolniken. – Ein Bischof Paul von Colomna Mitstifter derselben wurde von dem griechi-   5
schen Patriarchen und den russischen Bischöfen zum Widerruf verurtheilt, und da er das nicht wollte abgesezt und in ein Kloster gesperrt.

[———]

17 Die heftigen Raskol-Lehrer schlossen sich an die Aufruhre der Ko
saken und der Strelizen an.

[———]

18 Unter dem Popen Kosma im Kosakenlande fingen sie an diejenigen   10
wieder zu taufen welche nach den Niconschen Kirchenbüchern getauft
waren.

[———]

19 Sie theilen sich in solche die auch nach den neuen Büchern geweihte
Popen annehmen, und in solche die lieber ohne Popen sich behelfen. –
P o p i s c h e . Achteckige Kreuzform und Zwiespalt unter ihnen über die   15
Form des Räucherns. Die Wietka nach verschiedenen Amnestien zwei-

––

1f und hernach … Mogilas.] *auf den rechten Rand überlaufend nachgetragen*   **3–7** 16. …
gesperrt.] *Erledigungsvermerk*   **6** Bischöfen] *folgt* ⟨abgesezt⟩   **8f** 17 … an.] *Erledigungsvermerk*   **10–12** 18 … waren.] *Erledigungsvermerk*   **13–35,3** 19 … Chrisma.]
Erledigungsvermerk   **14** die] *folgt* ⟨auch⟩   **15** P o p i s c h e .] *ohne Hervorhebung am
rechten Rand*

1f *Stäudlin I, S. 270f. Diese Verhandlungen fanden aber schon 1643 statt. Zu Mogilas und
der Confessio vgl. Exzerpte zur griechischen Kirche [26.]; Griechischer Zweig 39*   **3f**
KHA 1824,4, S. 29–31   **4–7** *KHA 1824,4, S. 34f. Paul starb im Paterstrowschen Kloster in
Karelien.*   **8f** *KHA 1824,4, S. 35–40. Die Aufstände fanden 1667–71 bzw. 1681 statt und
brachten den Raskolniken viel Zulauf. Nachdem Bischöfe der Staatskirche im Kreml vergeblich versucht hatten, mit dem Rädelsführer Nikita zu diskutieren, wurde dieser hin-
gerichtet.*   **10–12** *KHA 1824,4, S. 40f. Kosma war 1681 aus Moskau geflohen und hatte
sich 1686 in der Ukraine niedergelassen.*   **13f** *KHA 1824,4, S. 43f.*   **15f** *KHA 1824,4,
S. 48–52. – Das achteckige Kreuz hat einen großen Querbalken und darüber und darunter
je einen kleinen (die Tafel zu Christi Häupten und den Querbalken unter Christi Füßen). –
Der raskolnikisch-popische Diakon Alexander ließ 1706 nach der im russischen Kirchen-
reglement vorgeschriebenen Form beim Räuchern das Räucherfaß in Kreuzform schwin-
gen, verursachte damit einen Aufruhr und mußte von der Wietka (s. unten) fliehen. Er
gründete die Gemeinschaft der Diakonowzen.*   **16–35,1** *KHA 1824,4, S. 55–61. – Die
Wietka war eine Insel im Dnjepr. Die Siedlung popischer Raskolniken auf ihr (vgl. unten
S. 42) wurde 1736 und 1764 von Regierungstruppen erobert, die Bewohner zerstreut oder
nach Sibirien verbannt. Die Regierung hatte den Bewohnern vorher mehrfach Amnestie
angeboten, wenn sie die Wietka freiwillig verließen (so Zarin Elisabeth i. J. 1760).*

mal von Rußland aus zerstört. – Zweiter *Haupt*Siz in der Ukraine Staro-
dubow. Falscher Bischof Anphinogen – Spaltung unter ihnen 1779 wegen des im Moskwoschen KirchhofsKloster erfundenen neuen Chrisma.

[———]

20 Unpopisch sind auch die Philipponen. Aelteste verrichten die Taufe,
5 ehedem mordeten sie sich und Andere und lebten mit ihren Frauen nur
geistlich. Beides ist jezt abgeschafft.

———

Griechische Kirche in Rußland Stäudlin I S. 268. 347 in Ungarn S. 367
Sicilien S. 489

[———]

21 In Venedig sind nur unirte griechische Christen ausdrüklich geduldet;
10 die Nichtunirten haben keine Kirche – Griechisches Gymnasium und
Druckerei daselbst. |

[———]

22 In den Schulen auf dem Berge Athos wird das altgriechische gelehrt. 44ᵛ

———

23 Der Patriarch von Constantinopel ernennt den Erzbischof von Samos,

---

4–6 20 … abgeschafft.] *Erledigungsvermerk*   7 Griechische] *davor* ⟨21.⟩   12 22 …
gelehrt.] *Erledigungsvermerk*   13–36,2 23 … sein.] *Erledigungsvermerk*

1 f *KHA 1824,4, S. 61–67. – Die Starodubowzen lebten wild in den Wäldern der Ukraine
und erschlugen während des Nordischen Krieges einige Schweden. Der aus dem Neu-
jerusalem-Kloster bei Moskau entlaufene Hierodiakon Ambrosius begab sich um 1748 zu
Patrikij, dem Popen der Starodubowzen, und gab sich, von diesem zu den Diakonowzen (s.
o.) gesandt, als geweihter Bischof Anphinogen aus. Er ordinierte zahlreiche Geistliche,
wurde aber 1753 von Patrikij entlarvt und floh nach Polen, wo er Offizier und zuletzt
General wurde.   2 f KHA 1824,4, S. 71–74. – Das Kirchhof-Kloster hatten die popischen
Raskolniken 1771 in Moskau gegründet. 1777 kochte dort der Pope Wassili Öl, um die zu
den Raskolniken übergehenden Popen damit zu salben. Da Raskolniken aus anderen Teilen Rußlands das neue Salböl verwarfen, kam es 1779/80 in Moskau zu Religionsgesprä-
chen zwischen beiden Seiten, die in einer Spaltung endeten. Die Anhänger des neuen Öls
bekamen den Namen „Wiedersalber".   4–6 Stäudlin I, S. 349–355   7 f Stäudlin I,
S. 268–289. 347–349. 367–374. 489–491   9–11 Stäudlin II, S. 63   12 Stäudlin II, S. 591
13–36,1 Paulus V, S. 292–295: „Wenn ein neuer Erzbischof kömmt; so zeigt er sein Patent
von dem türkischen Kaiser dem Kadi […] Der Patriarch von Konstantinopel ernannte als
denn [nachdem Joseph Georgirenes, der Verfasser dieses Berichts, i. J. 1671 als Erzbischof
von Samos zurückgetreten und nach Patmos gegangen war] Philarctus von der Insel Si-
phanto, an seine Stelle."*

u*nd* er bekommt sein Patent vom Sultan. (Paulus V S. 295) So wird es
also mit den andren wol auch sein.

———————

24 Auch die unirten griechi*schen* Priester (παππος) haben vom Pabst d*ie*
Erlaubniß zu heirathen. Aber nur Einmal, sonst werd*en* sie wieder welt-
lich (αποπαππος)   5

———————

25 Beichte hören nicht die Priester sonder*n* die Mönche des h*eiligen*
Basilius.

———————

26 Auch auf Samos wird erst nach dem 40t*en* Tage getauft. Ob also
allgem*ein*? Nur in Schwachh*eits*fällen gleich aber abgekürzt.

———————

27 Jedes Haus hat ein Marien oder Heiligenbild vor dem bei brennend*er*   10
Lampe gebetet wird.

———————

28 A*m* g*rünen* D*onnerstag* heilig*en* *sie* Brodt, gießen geheiligt*en* W*ein*
darauf mit den Worten: die Einigung und Bekräftigung des h*eiligen* Leibes und und kostbaren Bluts. Am Sonntag nach Ostern wird dies Brodt
beräuchert in Stückchen von der Größe eines Weizenkorns geschnitten   15
und so für die Kranken aufgehob*en* (NB Zur Communion also nicht
gebrau*cht*.) – Dasselbe auch in Konstantinopel.
   Derselbe Autor sagt, die griechi*sche* Religi*on* sei überall bis auf die
geringst*e* Cerimonie gleich – Doch erwähnt Schulz (Paulus VI) in s*einen*
Reisen verschiedene TaufCerimonien.   20

———————

---

1 (Paulus … 295)] *ohne Klammern am linken Rand*   6f 25 … Basilius.] *Erledigungsver-*
merk   8f 26 … abgekürzt.] *Erledigungsvermerk*   10f 27 … wird.] *Erledigungsvermerk*
12–20 28 … TaufCerimonien.] *Erledigungsvermerk*   17 gebraucht.)] gebrau*cht*.   19f
Doch … TaufCerimonien] *mit Einfügungszeichen auf den linken Rand überlaufend nach-*
getragen

3–5 *Paulus V, S. 295f.*   6f *Paulus V, S. 297f.*   8f *Paulus V, S. 298f.*   10f *Paulus V,*
S. 299   12–17 *Paulus V, S. 300f.*   18f *Paulus V, S. 303: „Die Religion der griechischen*
Kirche herrscht im ganzen Archipelagus, und ist unter der Inspektion des Patriarchen zu
Konstantinopel. Sie ist bis auf die geringsten Ceremonien überall gleich.“   19f *Paulus VI,*
S. 20–22, wo Schulz den Bericht seines Reisebegleiters Woltersdorf über eine Taufe auf
Mykonos am 7.11.1752 wiedergibt (vgl. Exzerpte zur griechischen Kirche [15.]) und be-
merkt, bei einer orthodoxen Taufe in Peterwaradain (Ungarn), der er beigewohnt habe,
habe es viele der auf Mykonos durchgeführten Zeremonien nicht gegeben.

29 Athos. Wenige theils griech*ische* theils bulgarische Klöster. Mönche des h*eiligen* Basilius. Durch ganz Griechenland ausgesendet.

———

30. Die Natolier reden türkisch schreiben es aber mit griech*ischen* Buchstaben. Ihr Gottesdienst griechisch was aber die wenigsten verstehen.
5 (Paulus VI) |

[———]

31 Die Griechen (in Smyrna) beten sonst immer stehend; am Pfingstfest 45ʳ
aber kniend weil so die Apostel den h*eiligen* Geist empfangen hätten.
(*Paulus* VI. S 135.)
 Fußwaschen am Gründonnerstag, dramatisirt nach der Leidens-
10 geschichte, allemal mit einem rothharigen Judas.

———

1 f 29 … ausgesendet.] *Erledigungsvermerk*   3 f 30. … verstehen.] *Erledigungsvermerk*
5 (Paulus VI)] *ohne Klammern am linken Rand*   6–10 31 … Judas.] *Erledigungsvermerk*
8 (*Paulus* … 135.)] *ohne Klammern am rechten Rand*

———

1 f *Paulus V, S. 313–319. 297 f. Danach gibt es auf dem Athos insgesamt 21 Klöster, davon
drei bulgarische. Die Basilius-Mönche werden vom Athos ausgesandt, um Beichte zu hören
und um Almosen für den Athos zu betteln.*   3–5 *Paulus VI, S. 15, wo Schulz schreibt:
„Der Haatschi Kiriacko sagte: daß die Christen in Natolien durchgängig Türkisch reden,
aber unter 3 bis 400 könne kaum Einer Türkisch lesen oder schreiben; sie schreiben ihre
Briefe und Bücher in Türkischer Sprache, aber mit Griechischen Buchstaben; ich selbst
habe dieser Tage ein solches Buch gesehen, welches mit Griechischen Buchstaben geschrieben war. Die Liturgie der Christen ist in Griechischer Sprache, welche die wenigsten
verstehen.“*   6–8 *Paulus VI, S. 134, wo Schulz schreibt: „Den 10. Jun. [1753] wollten wir
in die griechische Kirche gehen, weil diese Nation heute ihr Pfingst-Fest anfieng; allein wir
wurden durch mancherley Besuche und Abschiednehmen daran verhindert; doch hatten
wir auch nicht eben viel versäumt; der ganze Vormittags-Gottesdienst besteht im Beten auf
den Knien. Das ganze Jahr hindurch beten sie stehend. Sie geben als Ursache an: daß die
Apostel am Tage der Pfingsten, auf den Knien betend, den h. Geist empfangen haben.“*
9 f *Paulus VI, S. 108, wo Schulz schreibt: „Den 19. [April 1753], am grünen Donnerstag,
giengen wir in die Griechische Kirche [in Smyrna]. Herr Mann führte uns wegen der
Menge des Volks, in die Sacristey, oder den Chor der Geistlichen, wo wir die Liturgie, und
nachher das Fußwaschen am besten mit ansehen konnten. Nachdem der Bischoff die Messe geendet hatte, gieng er nebst 12 Pfaffen auf eine etwas erhabene Bühne, mitten in der
Kirche, setzte sich in seinem Meß-Gewand auf seinen Bischöflichen Stuhl, nebst den sogenannten zwölf Aposteln, in die Runde, so, daß er auf jeder Seite sechs hatte, unter deren
Füßen Fässer mit Wasser stunden. Indessen daß diese sich in Ordnung setzten, steigt ein
anderer, der Didascalos, auf die Kanzel, und lieset die Geschichte von dem Essen des
Oster-Lamms, bis auf die Worte: Da nahm Jesus einen Schurz [Joh 13,4]. Hier stund der
Bischoff auf, legte sein Meßgewand ab, gürtete einen Schurz um sich, und machte es in
allem wie in jener Geschichte. Auch der, welcher Petrus vorstellen sollte, redete die Worte
zu dem Bischoff, die Petrus zu Christus sagte. Der Mönch, welcher den Judas vorstellt,
muß rothbärtig sein und rothe Haare haben; wenn er in dieser oder jener Gemeinde nicht*

32. Die unirten Griechen haben unter den Drusen 12 Manns und 5 Frauenklöster. Im Hauptkloster Marhana eine arabische Druckerei.[1]

---

33. Auf dem Berg Athos 22 griechische Klöster 500 Kapellen 4000 Mönche.

---

34 Die Grusinische niedere Geistlichkeit sehr unwissend und roh; 5 mehr mit Wahrsagen und Zeichendeuten beschäftigt. Die Bischöfe haben Vasallen und ziehn ins Feld und auf die Jagd. Nur der Patriarch führt ein strenges Leben.

Die Messe in der altgeorgischen Sprache die nicht mehr verständlich ist. 10

Die Geistlichen tragen immer geweihtes Brodt in Beuteln bei sich; aber die wenige Sorgfalt dabei beweiset doch gegen ihren Glauben an Transsubstantiation.

Begüterte lassen sich im Sarge einen Ablaßbrief und Empfehlung an den heiligen Petrus auf die Brust legen. 15

---

[1] Griechische Christen in der Gegend zwischen Aleppo und Jerusalem welche Arabisch reden erwähnt auch Schultz. Paulus VI p. 269

1f 32. ... Druckerei.] *Erledigungsvermerk*   3f 33. ... Mönche.] *Erledigungsvermerk*
5–15 34 ... legen.] *Erledigungsvermerk*   8 Leben.] *folgt* ⟨Die⟩   16f Griechische ... 269]
am rechten Rand

---

*ist, so muß er von andern Orten her verschrieben werden – dies, weil Judas listig, schmei-
chelnd, geitzig und unbedachtsam gewesen sey und man diese Tugenden bey den Roth-
köpfen gemeiniglich finde. Diese Verschreibung eines rothbärtigen fremden Popen geschieht fast durchgängig. Er bleibt nur die Fest-Tage über im Kloster, und geht hernach in
sein eignes zurück, um der Spötterey des Volks auszuweichen."*   1f *Stäudlin II, S. 629*
5 8 *Stäudlin I, S. 309 f.*   9f *Stäudlin I, S. 307*   11–13 *Stäudlin I, S. 311 f. Dort heißt es u.
a.:* „*Das Brod ist hart, sie brechen es in kleine Stücke, um es in Wein zu tauchen, und
bekümmern sich wenig um die kleinen Theilchen des geweihten Brods, welche auf die Erde
fallen oder ihnen an den Händen kleben bleiben. Ueber alles dieses haben sich die katholischen Missionäre sehr scandalisirt."*   14f *Stäudlin I, S. 315*   16f *Paulus VI, S. 269,
wo Schulz schreibt: In Endjesiek am Orontes* „*kehrten wir bey dem Griechischen Priester
ein, welcher zugleich Schultheiß, (oder: Aeltester) Priester und Schulmeister ist. Wir frag-
ten ihn: ob die Kinder fleißig zur Schule kämen? er antwortete: sehr wenige, und diese
selten; daher gar wenige etwas lesen können. Sie gehören zur Griechischen Kirche, reden
aber nicht griechisch, sondern arabisch.*"

35. In Ungarn unirte Griechen (Ausgang vom Sohn und Fegefeuer) 3 Bischöfe Munkatsch Groswardein und Kreuz.

———

36. Projectirte Uebersezung von Peter dem Großen wo aber die andere Colonne leer blieb. Die russische Uebersezung von 1819 hatte noch den
5 slavonischen Text (aus dem sie gemacht ist!) neben sich. Erst seit 1823 hat man das slavonische weggelassen. |

[———]

37 Bedeutender Unterschied zwischen der orthodoxa confessio und dem   45ᵛ Platonschen Unterricht.

[———]

38. Die Eintheilung des Decalogus in der ὁμολογία ist wie bei den Refor-
10 mirten.

[———]

39 Die Confession überhaupt legt das Nicenische Symbolum zum Grunde in 12 Artikel getheilt Gott Artikel 1 Christus 2–7, Unsre lezten 8–12. Und dieses ist der erste Theil vom Glauben. Der 2te von der Hofnung, enthält das Gebet und die Seligkeiten.

———

3–6 36. … weggelassen.] *Erledigungsvermerk*   3 f Projectirte … blieb.] *am rechten Rand*
7 f 37 … Unterricht.] *Erledigungsvermerk*   9 f 38. … Reformirten.] *Erledigungsvermerk*
11–14 39 … Seligkeiten.] *Erledigungsvermerk*

1 f *Stäudlin I, S. 367 f.; vgl. Griechischer Zweig 62. Gemeint ist der Ausgang des Heiligen Geistes nicht nur vom Vater, sondern auch vom Sohn, eine abendländische Lehre, die die Orthodoxen sonst verwerfen. Vgl. 224,35–36.*   3–6 *ThN 1823, S. 264: Verbreitung des neuen Testaments in der Volkssprache in Rußland. Vgl. Griechischer Zweig 1.*   7 f *Zur Confessio und dem Unterricht des Archimandriten Platon vgl. Exzerpte zur griechischen Kirche [24.]; [26.]; Griechischer Zweig 39.*   9 f *Die „Orthodoxa Confessio Catholicae atque Apostolicae Ecclesiae Orientalis" (vgl. Exzerpte zur griechischen Kirche [26.]) erlebte mehrere Ausgaben. Schleiermacher benutzte wohl die in Deutschland weitestverbreitete Ausgabe hg. von L. Norrmann, Leipzig 1695 (griech.-lat.), vielleicht auch die Ausgabe hg. von C. G. Hofmann, Breslau 1751 (griech.-lat.-dt.). Teil III der Confessio über die 10 Gebote (vgl. zu Griechischer Zweig 39) zählt das Bilderverbot, das in der katholischen und lutherischen Zählung zum ersten Gebot gehört, als zweites Gebot; zum Ausgleich werden das neunte und zehnte Gebot der katholischen und lutherischen Zählung als ein Gebot, das zehnte, gezählt (das entspricht der reformierten Zählung).*   11–14 *Die Confessio (vgl. Exzerpte zur griechischen Kirche [26.]; Griechischer Zweig 38) hat drei Teile: I. Glauben (Glaubenslehre anhand des nicäno-constantinopolitanischen Glaubensbekenntnisses [NC]), II. Hoffnung (Vaterunser, Seligpreisungen), III. Liebe (Tugenden und Sünden, 10 Gebote). – Mit „Unsre lezten" ist der 3. Artikel des NC gemeint (Heiliger Geist, Kirche, Taufe, ewiges Leben).*

40 Seit Melanchthon hatte es manche Annäherungen zw*isch*en den
Protestanten u*nd* Griechen gegeben[.] Besonders erklärte s*ich* Cyrillus
Lucaris Patr*iarch* von Alexandria zulezt in Constantinopel früher Vorsteher d*er* griech*isch*en Schule in Vilna in s*eine*m Glaubensbekenntniß
(1629) sehr protest*antisch* über viele H*aupt*Punkte. Dafür romanisirte   5
sein Nachfolger noch weit mehr und so kam in den Katechism*us* v*on*
Mogilas die Brodtverwandlung (das Wort μετουσίωσις war noch nicht
lange üblich) und der Unterschied der 3 Haupt u*nd* 4 NebenSacramente
wurde beseitigt.

41 Der Moskausche Metropolit erhielt erst in d*er* Mitte des 17*ten* J*ahr*-   10
H*underts* den Titel eines Patriarchen.

42 Die Moskausche Synode 1665–67 hat erst den jähr*lichen* Bann gegen
die kathol*ische* Kirche u*nd* den Papst aufgehoben.[1]

43 Peter d*er* Gro*ße* sezte 1721 statt des Patriarchats die h*eilige* dirigi-
rende Synode ein, zur Verwaltung des Patriarchats. Siz in Petersburg;   15
Commission davon in Moscau.

---

[1] In Constantinopel wird er noch ausgesprochen.

1–9 40 ... beseitigt.] *Erledigungsvermerk*   3 f Alexandria ... Vilna] Alexandria *über*
⟨Const*antinopel*⟩, zulezt in Constantinopel *mit Einfügungszeichen am linken Rand*, früher
... Vilna *am linken Rand*   10 f 41 ... Patriarchen.] *Erledigungsvermerk*   14–16 43 ...
Moscau.] *Erledigungsvermerk*   17 In ... ausgesprochen.] *am linken Rand*

1–8 *Henke/Vater 3, S. 196–199. Kyrillos Lukaris, geb. 1570, 1601 Patriarch von Alexandria,
seit 1620 (mit Unterbrechungen) Patriarch von Konstantinopel. 1629 erschien in Genf seine
Confessio fidei, in der er sich in vielen Lehrpunkten dem Calvinismus näherte. 1638 ließ
Sultan Murad IV. (angeblich durch den Einfluß der Jesuiten) Lukaris erdrosseln und in den
Bosporus werfen. Der erwähnte Nachfolger des Lukaris, Kyrillos Kontara von Berrhöa,
erlitt schon 1639 dasselbe Schicksal wie Lukaris. – Zu Mogilas und der Confessio vgl.
Exzerpte zur griechischen Kirche [24.]; [26.]; Griechischer Zweig 38; 39. In Teil I, quaestio
107 der Confessio ist allerdings nicht von* μετουσίωσις *(griech. Äquivalent zum lat. transsubstantiatio) die Rede, sondern vom* μεταβάλλεσθαι *(Verwandelt werden, lat. immutari)
der* οὐσία *(Substanz, lat. substantia) des Brots und Weins in die des Leibes und Blutes
Christi.*   10 f *Nicht um 1650, sondern schon 1589 wurde Erzbischof Hiob von Rostow
erster Patriarch von Moskau. Er starb 1610.*   14–16 *Henke/Vater 3, S. 309; vgl. Exzerpte
zur griechischen Kirche [22.].*   17 *Städlin II, S. 599*

44 Die Union der Wallachen in Siebenbürgen gelang weil sie keine
bestimten Gerechtsame hatten aber 1744 begeisterte sie ein russischer
Mönch und säuberte ihre Heiligthümer von der durch die päbst*lichen*
entstanden*en* Entweihung. Seit 1761 haben die Nichtunirten wieder ei-
5 nen eignen Bischof. |

[——]

45 Die zweite russische Fastenzeit nach Pfingsten 40 Tage. Die dritte 46ʳ
Muttergottesfasten 1–15 Aug*ust*. Die Vierte Philippusfasten 15–26 No-
vemb*er*. Mittwo*ch* u*nd* Freit*ag*. Saturnalische Osterfreude – Wasser-
weihe an der Taufe *Christ*i.

[——]

10 46. Die russischen Metropoliten scheinen keine besondere Autorität üb*er*
die Bischöf*e* zu haben; ebe*n* s*o* wenig die Erzbischöfe.　　Es giebt
überhaupt 31 Eparchien (Diöcesen) u*nd* auf 18/19000 Pfarrkirchen
67/68000 geist*liche* Personen.

47 Archimandriten sind Vorsteher eines Klosters welches FilialKlö-
15 ster hat, Higumeni eines einzelnen. Die Klöster stehen nicht unter den
Bischöfen sondern unmittel*bar* unter der geist*lichen* Synode. Protopopen
sind die ersten Prediger bei den Hauptkirchen. Wenn ein Pope Wittwer
wird, muß er in ein Kloster gehn und heißt dann Hieromonachos.

---

12 18/19000] 18/19 1000　　**14–18** 47 … Hieromonachos.] *Erledigungsvermerk*　　**15f**
Die … Synode.] *am rechten Rand*

1–5 *Henke 5, S. 240–242. Die nichtunierten Orthodoxen in Siebenbürgen waren (im Gegensatz zu denen in Illyrien) nur geduldet. 1697 hatte sich der wallachische Bischof Theophil mit einem Teil seines Klerus mit Rom uniert. Der unbekannte Mönch aus Rußland
wurde zwar in Hermannstadt verhaftet und nach Wien gebracht, dann vermutlich nach
Rußland abgeschoben, aber sein Eindruck war unauslöschlich; ihm folgten weitere Mönche, die gegen die Union predigten und das Volk von ihr abbrachten. Alle Gegenwirkungen
der Regierung fruchteten nichts. Vgl. Exzerpte zur griechischen Kirche [4.].* **6–9** *Stäudlin
I, S. 276–279. Dort heißt es u. a.: „In der ganzen Osterwoche verschwindet gleichsam der
Unterschied der Stände, und sie mischen sich, wie bei den alten Saturnalien, untereinander.
Es werden Freudenfeste und Lustbarkeiten angestellt, und wenn in der Butterwoche [der
Woche vor den ersten Fasten (Aschermittwoch bis Ostern), in der noch Butter, Milch und
Eier genossen werden dürfen] mehr in der Völlerei ausgeschweift wurde, so geschieht es
jetzt mehr in der Leckerhaftigkeit und Gefräßigkeit und man hat bemerkt, daß das letzte in
der Gesundheit der Russen noch einen größern Ruin verursacht als das erste. Der gemeine
Russe pflegt überhaupt alle seine Festtage durch übermäßiges Trinken zu feiern."* **10–13**
Stäudlin I, S. 281–283 **14–18** *Stäudlin I, S. 282 f. 288*

48 Wegen der im Reiche befindlichen Muhamedan*er* und Heiden giebt es in Rußland ein Collegium de propaganda fide.

———

49 Die beständige Synode in Const*antinopel* wählt zwar den Patri-archen, aber die Wahl wird von den weltlichen Mitgliedern geleitet, wel- 5 che im Dienst der Pforte stehn. Er erhält vom Großwessir einen Ehren-Kaftan und Investitur mit Stab u*nd* Knopf als Richter und Haupt des christ*lichen* Gesezes.

[———]

50 Unter Const*antinopel* stehn etwa 50 Metropoliten u*nd* ErzB*ischöfe* u*nd* 120 Bischöfe. Sie werden von der Synode ernannt vom Patriarchen ordinirt von d*er* Pforte bestätigt weil sie auch obrigkeitliche Verrichtun- 10 gen

———

51. Auch bei den Griechen in der Türkei wird an manchen Orten die Messe nur Nachts gelesen. Die Kirchen deshalb großentheils dunkel.

———

52 Der Gottesdienst altgriechisch von Wenigen verstanden. Beim (selte-nen) Predigen wird wol Neugriechisch eingemischt. – Die Gem*eine* singt 15 nicht sondern nur ein Chor von Sängern – Vorlesungen aus d*er* Schrift den Legenden u*nd* Homilien. – Rosenkranz|

[———]

46ᵛ 53 Kinder nach Acht Tagen versiegelt (durch Bekreuzung u*nd* Gebete). Getauft wird in den Häusern.

———

54 Die verbotenen Grade werden beobachtet. Die türkischen Obrig- 20

———

3–7 49 ... Gesezes.] *Erledigungsvermerk* 8–11 50 ... Verrichtungen] *Erledigungsvermerk* 12f 51. ... gelesen.] *Erledigungsvermerk* 13 Die ... dunkel.] *am rechten Rand* 14–17 52 ... Rosenkranz] *Erledigungsvermerk* 18f 53 ... Häusern.] *Erledigungsvermerk* 18 Gebete).] Gebete. 20–43,2 54 ... excommuniciren.] *Erledigungsvermerk* 20 türkischen] türkisen

1f *Stäudlin I, S. 287* 3–7 *Stäudlin II, S. 595f.* 8–11 *Stäudlin II, S. 601f.* 12f *Stäudlin II, S. 605f., wo als Beispiel Morea (die Peloponnes) genannt ist.* 14–17 *Stäudlin II, S. 606f. Daß nicht die Gemeinde, sondern ein Chor singt, steht Stäudlin I, S. 288.* 18f *Stäudlin II, S. 607* 20–43,2 *Stäudlin II, S. 608. – Das mosaische Gesetz verbietet die Ehe zwischen verschiedenen Verwandtschaftsgraden (3. Mose 18,6–18). Diese Verbote wirkten auch in der Kirchengeschichte nach und wurden z. B. vom Papsttum gelegentlich herangezogen, um Ehen für ungültig zu erklären.*

keiten dispensiren davon für Geld. Dann aber haben die Bischöfe das Recht zu excommuniciren.

[———]

55 Der Patriarch von Constantinopel allein kann canonisiren; es geschieht aber selten wegen der Unkosten die aus den Untersuchungen und
5 Zeugenvernehmungen entstehen.

───────

56. Häufige Wallfahrten nach Jerusalem und an andre heilige Oerter. – Magische Heiligkeit des Rosenkranzes.

───────

57 Die Patriarchen (Antiochia Jerusalem Alexandria) werden an ihren Orten von Geistlichen und Weltlichen gewählt, aber auf Vorstellung des
10 Patriarchen in Constantinopel welcher auch die Bestätigungsbriefe der Pforte aus wirkt. – ErzBischöfe und Metropoliten werden von der Synode in Constantinopel gewählt und von der Pforte bestätigt; so auch Bischöfe, welche insgesamt der Patriarch ordinirt. Die Bischöflichen Sprengel müssen die Kosten der Bestätigung tragen und darum geht
15 mancher BischofsSiz ein.

───────

58 Die Weihen folgen sich   Anagnosten Sänger Hypodiakonen Diakonen Priester Erzpriester welches die höchste ist für Weltgeistliche und Verehelichte.

[———]

59 Die Geistlichen vicl Messelesen und Amtshandlungen, wenig Predi-
20 gen.

───────

───────────────────────────────

1 davon] *korr. aus* dafür   3–5 55 … entstehen.] *Erledigungsvermerk*   6f 56. … Rosenkranzes.] *Erledigungsvermerk*   7 Magische … Rosenkranzes.] *nachgetragen*   8–15 57 … ein.] *Erledigungsvermerk*   13 Bischöflichen] *korr. aus* Bischofsize   16–18 58 … Verehelichte.] *Erledigungsvermerk*   19f 59 … Predigen.] *Erledigungsvermerk*

3–5 *Stäudlin II, S. 609. Vor einer Heiligsprechung versammelt der Patriarch zur Untersuchung und Zeugenvernehmung eine Synode von Bischöfen.*   6 *Stäudlin II, S. 609*   7 *Stäudlin II, S. 610*   8–15 *Stäudlin II, S. 600–602*   16–18 *Stäudlin II, S. 603*   19f *Stäudlin II, S. 603: „Sie predigen selten, haben aber destomehr mit Messelesen, Beichthören, Taufen, Copuliren, Leichenbegleitung zu thun."*

60 Der Bischoff kann einen durch Abscheren des Barts zum Απoπαππoς machen.

———

61 Unter den türkischen Griechen viel Glaube an Wunder und Erscheinungen. Besprechen und Segnen von Menschen und Dingen durch Gebete.   5

———

62 Die unirten Griechen in Ungarn nehmen Ausgang vom Vater und Sohn an und auch Fegefeuer.

———

63 Die nicht unirten Griechen sind in Ungarn Amts und Güterfähig. Ihre Bischöfe haben Stimme auf dem Reichstage. Sie haben freies Bürgerrecht auch in Ungarisch Illyrien (welches den Protestanten fehlt). Ihr Ober-   10 haupt der ErzBischof von Carlowiz, welcher stets ein Raize oder Illyrier sein muß und von den 7 Bischöfen und 75 Repräsentanten gewählt wird.

———

64 In Siebenbürgen haben die nicht unirten Griechen einen Bischof in Rosinar sind aber nur tolerirt.

[——]

65 Die unirten, zu denen die meisten Wallachen gehören sind recipirt   15 und haben ihren Bischof in Hermanstadt.

———

66. Griechen auf Sicilien in Messina und 4 Dörfern etwa 15000 Seelen aber unirt. Ein Archimandrit übt erzbischöfliche Gewalt. |

[——]

1f 60 ... machen.] *Erledigungsvermerk*   3–5 61 ... Gebete.] *Erledigungsvermerk*   4f
Gebete] Gebets *(Stäudlin II, S. 610: Gebetsformeln)*   11–18 oder ... Gewalt.] *am linken
Rand*

1f *Stäudlin II, S. 603*   3–5 *Stäudlin II, S. 609 f.*   6f *Stäudlin I, S. 368. Vgl. Griechischer
Zweig 35.*   8–12 *Stäudlin I, S. 371 f. Die vollen Bürgerrechte und Sitz und Stimme auf den
Reichstagen für die Bischöfe wurden den Orthodoxen 1791/92 gewährt. Zur Wahl des
Erzbischofs von Karlowitz vgl. oben Griechischer Zweig 9.*   13f *Stäudlin I, S. 387*   15f
Stäudlin I, S. 387   17f *Stäudlin I, S. 489. In den vier Dörfern Palazzo Adriano, Mezzo-
iusu, Piana delli Greci und la Contessa, die im Tal Mazzara liegen, lebten etwa 15000
Griechisch-Unierte.*

67 Russen. Die Verehrung der Bilder besonders der Taschenbilder gränzt 12ʳ
an Fetischismus. – Aerztlicher Eid auf das Fasten.

———

68 Die Regierung hat die Kirchengüter eingezogen um die Bauern der
Dienste entlassen zu können, nimmt aber nun doch die entstehen*den*
5 Ueberschüsse zu eigener Verwendung indem die Güter von Camcral-
höfen administrirt werden.

———

69 Pracht in der Kleidung der hohen Geist*lichen* u*nd* Feierlichkeit in
ihren Verrichtungen; Gemeinheit u*nd* Unanständig*keit* der niedern.

———

---

1 f 67 ... Fasten.] *Erledigungsvermerk*   1 Taschenbilder] *korr. aus* ⌊   bilder]   3–6 68
... werden.] *Erledigungsvermerk*   5 von] *über* ⟨zu⟩   7 f 69 ... niedern.] *Erledigungsvermerk*

1 f *Stäudlin I, S. 275 f.: „Der rechtgläubige Russe bezeugt gemahlten Bildern tiefe Verehrung. Geschnitzte, gehauene und gegossene Bilder duldet er nur an den Altären in der
Kirche, aber gemahlte Bilder Jesu, der Maria und der Heiligen sind überall in Kirchen und
Privathäusern anzutreffen. Er betrachtet sie wie Zauberbilder, und nimmt es nicht so
genau damit, daß ihm sein Glauben vorschreibt, nur dem dadurch Abgebildeten Verehrung
zu bezeugen. Er schmückt sie mit Silber, Gold, Perlen und Edelsteinen aus. Er zündet vor
ihnen Lichter an, verbeugt sich vor ihnen und ruft: Herr, erbarme dich meiner (Gospodi
Pomiloï). Tritt ein Russe in ein Zimmer, so sieht er sich erst nach den Heiligenbildern um,
beugt und bekreuzt sich und grüßt alsdann den Wirth und die Anwesenden, eben so
verfährt er beim Weggehen. Bei Taufen, Hochzeiten, Beerdigungen, Eidesleistungen müssen
Heiligenbilder seyn. Die Wände der Russischen Kirchen hängen voll von Bildern, welche
von Privatpersonen gestiftet sind und ihnen zugehören. Wird einer excommunicirt, so wird
ihm auch sein Bild zurückgegeben und darf nicht eher wieder in die Kirche gebracht
werden, bis er selbst wieder in den Schooß derselben aufgenommen ist. Bei Verrichtungen,
welche für unrein oder unheilig gehalten werden, bei ehelichem oder unehelichem
Beischlafe, werden die Heiligenbilder verhüllt oder verschlossen, und die Freudenmädchen
versäumen dieß niemals. Der Russe pflegt auch Abbildungen oder Abdrücke der Heiligen
im Kleinen, in Metall, besonders Kupfer, bei sich in der Tasche zu tragen. Man erzählt,
daß man zuweilen einen Bauern oder Soldaten ein solches kupfernes Bild aus der Tasche
ziehen, darauf spucken, es mit der Hand reiben und reinigen, es vor sich hinsetzen, sich vor
ihm beugen und beten und darauf seinen Weg weiter fortsetzen sehe. Der vornehme und
reiche Russe verwahrt seine kostbaren Heiligenbilder in einem Kasten, führt sie so auf
Reisen mit sich, nimmt sie zuweilen heraus und betet sie an. Die Kaiserinn Catharina
II. bezeugte den Heiligen große Ehrerbietung, warf sich oft in ihrer Kapelle vor ihnen
nieder, las den Staub auf und streute ihn auf die Diamantenkrone, welche sie auf dem
Haupte trug. Auch an den Straßen sieht man die Heiligenbilder sehr häufig."   2 Stäudlin
I, S. 277: „Die Aerzte müssen schwören, daß sie in der Fastenzeit keinem Kranken eine
Medicin verordnen wollen, wozu Fleisch oder auch nur Fleischbrühe, Eier, Milch und
Butter genommen werden."   3–6 Stäudlin I, S. 285 f. Dies geschah 1764.   7 f Stäudlin I,
S. 284–287: „Unter der höheren Geistlichkeit in Rußland herrscht viel Kenntniß, Cultur*

70. Unirte Griechen zahlreich in dem ehema*ligen* NeuOstpreußen. 67
Pfarrkirchen. Standen unter dem unirten Metropoliten *von* Kiow.

XIII. Stunde. 16–20. 6.

_____

XV*te* 45. 46. 48. 43. R a i z i s c h e   G r i e c h e n . 8. 12. 11. 9 (10.) 63. 44. 64.
71. welche Sprache?   5

[———]

71. In Ungarn anno 1793 überhaupt 1505 nicht unirte griech*ische* Mut-
terpfarren mit 2101 Geist*lichen*. Von den Pfarren 935 illyrische 553
Wallachische u*nd* 17 Neugriechische.
   Nur eine Klosterschule in der Wallachischen Vorstadt bei Cronstadt.
Unirte Griechen 62. 24. 21. 35. 65. 66. 70.   10
Vergleichung dieser Union mit d*er* unsrigen.

_____

<hr>

4f 43. ... Sprache?] 43. *mit Einfügungszeichen über der Zeile, 12 korr. aus 11, 71 korr. aus*
74, welche Sprache? *am rechten Rand*   **6** 71] *korr. aus 74*

<hr>

*und Sittlichkeit, aber unter der niedern desto mehr Unwissenheit und Roheit. Viele Popen
können kaum lesen und sind dem Trunke in hohem Grade ergeben. Das Volk betrachtet sie
nicht sowohl als Lehrer und Beispiele der Sittlichkeit und Religion, als vielmehr als Priester
und geistliche Cärimonienmeister. Wenn der Pope ein wenig sclavonisch lesen, die Messe
sagen und die Vesper singen kann, so ist er schon ein recht guter Pope. Alsdann mag er sich
berauschen und mit seinen Gemeindegliedern herumschlagen, sie küssen ihm doch die
Hand und bitten ihn um seinen Seegen, wenn sie ihn geprügelt haben. Wenn er auch
einmal durch den Rausch verhindert wird, die Messe zu lesen, so kommen doch die Leute
das nächstemal wieder. An gewissen Tagen des Jahres ziehen die Popen in ihren Kirchspielen umher und lassen sich Eier, Butter, Flachs u. dgl. geben, kehren darauf mit ihrem
Vorrathe auf einem Karren, auch wohl betrunken, singend, liegend, nach ihrer Heimath
zurück. Nicht selten sieht man auf den Straßen berauschte Priester oder Mönche, welche
taumeln, fluchen, singen und die Weiber unzüchtig betasten. [...] Von den höheren Geistlichen pflegt die Messe mit großer Würde, Feierlichkeit und Pracht gelesen zu werden, aber
die Popen verrichten diese und andere gottesdienstliche Handlungen oft mit großer Unanständigkeit. Es gibt welche, die vor dem Altare fluchen, den Küster schlagen und ihm laut
und gebieterisch befehlen, eine Kerze anzuzünden, ein Heiligenbild herbeizubringen und
aus einem Buche vorzulesen."   1f Stäudlin I, S. 347 (auch dort heißt es Kiow und nicht
Kiew).   3 14. (nicht 13.) Stunde, Do, 31.5. Schleiermacher verweist auf andere numerierte
Absätze dieser Abteilung.   4–11 15. Stunde, Fr, 1.6. Schleiermacher verweist auf andere
numerierte Absätze dieser Abteilung.   6–8 Stäudlin I, S. 373   9 Stäudlin I, S. 387: „die
disunirten [Griechen] haben außer dem Kloster in der Kronstädter walachischen Vorstadt
keine andere Gelegenheit, sich wissenschaftliche Kenntnisse zu erwerben."*

[*Verschiedene Notizen und Exzerpte*]

35 K a t h o *l i s c h* Ueber die geist*lich*e Monarchie. Zusammenh*a*ng mit der bischöf*lichen* Würde sehr schwach. Die übrige *Christen*heit nur durch d*ie* fremden Kardinäle repräsentirt.

─────────

5 [*1.*] Fortsezung d*er* Papstwahl No 34 R*e*gierung. 39. Consist*or*ien 41.

─────────

[*2.*] Fortsezung der Regier*un*g: die Congregation, die Legaturen u*nd* Nuntiaturen

─────────

[*3.*] Ueb*er* Bekantmach*un*g p*ä*bst*licher* Beschl*ü*sse, Ueb*er* geist*liche* Er- nennungen.
10   Anfang des speciellen

─────────

[*4.*] Im H e s s i s c h e n F ü r s t e n t h *um* Starkenburg u*nd* in Würtemberg sollen Waldenser sein. Ist das wahr?

─────────

[*5.*] In Schlesien sollen Schwenkfeldsch*e* G*e*m*eine*n sein. Ob, und wo?

─────────

[*6.*] Die *Allgemeine KirchenZeitung* 1827 No 111 gi*eb*t die Z*a*hl d*er*
15 gottesdienst*lichen* Versam*lung*sörter in London auf 406 an, wor*un*ter 206 episkop*ale* 14 katho*lische* 66 Independenten u*nd* ebensoviel metho- distische. |

[─────]

───

2 K a t h o l i s c h] *über der Zeile*   11 f Im … wahr?] *Fragezeichen am linken Rand*   13 In
… wo?] *Fragezeichen am linken Rand*

2–4 *17. Stunde, Fr, 8.6. Was die 35 bedeutet, ist unklar.*   5 *19. Stunde, Di, 12.6.*
Schleiermacher verweist auf die numerierten Absätze der Abteilung Katholische Kirche.
6 f *20. Stunde, Mi, 13.6.*   8–10 *21. Stunde, Do, 14.6.*   13 *Stäudlin I, S. 89*   14–17 *AKZ 6*
(1827), 111 (17.7.), S. 910. Die 66 Örter der Methodisten hat Schleiermacher addiert aus 36
der Wesleyschen Methodisten und 30 der calvinischen Methodisten (d.h. Methodisten, die
an die Prädestination glauben). Genannt werden noch 32 Örter der Baptisten, 16 der
Presbyterianer und Unitarier und 6 der Quäker.

12ᵛ NB Gehört zum Protestant*ischen* Fascikel.

[7.] *Allgemeine KirchenZeitung* 1827 No 121 berechnet in Deutschland 2,720000 Protestanten unter kath*olischen* Fürsten (inclu*sive* Sachsen) und 5580000 Katholik*en* unter protest*antischen* Fürsten.

――――――

[8.] Im deutschen O e s t r e i c h 31500 Prot*estanten* Illyrien 17000 Böh- 5 m*en* 50000 Mähren 68000. Consistor*ium* Augsburgsch*er* Conf*ession* in Wien. In Niederöstreich Ein luth*erischer* u*nd* Ein reform*irter* Super-intendent. In InnerOestreich 14 Gem*einen* 1/16 d*er* Einwohner – In B ö h m e n die Reformirten (die zahlreichst*e* Parthei) vorzüg*lich* im Chru-dimer die Luth*eraner* im Czaslauer Kreise – In Gallizien ein eign*er* Su- 10 perintendent Augsb*urgscher* Conf*ession*.

[9.] In U n g a r n gesezlich eine völlige Religionsparität. Prot*estanten* können zu allen Würden gelangen. Kinderraub, Nöthigung zu kath*oli*-*schen* Eiden u*nd* Theilnahme an F*ei*erlichkeiten, Manipulation der Kran-ken u*nd* Missethäter p Verbot des Besuchs fremd*er* Universitäten. Er- 15 schwerung litterarisch*er* Communication. Ehesachen gehören auch wenn ein Theil evang*elisch* ist immer vor d*ie* bischöf*lichen* Gerichte. Luthe-ran*er* 439 Mutterkirchen mit 472 Predig*ern* eingetheilt in Contubernien mit einem welt*lichen* Inspector u*nd* geist*lichen* Senior. Aus d*ie*sen zu-samengesezt 4 Superintendenturen v*on* d*en* Gem*einen* gewählt vom Kö- 20 nig bestätigt. In jedem ein welt*licher* DistrictInspector. Ein welt*licher*

――――――――――

1 NB ... Fascikel.] *am linken Rand*   16f Ehesachen ... Gerichte.] *am linken Rand*
2–4 *AKZ 6 (1827), 121 (4.8.), S. 989–992. Diese Statistik zählt erst die Protestanten in Österreich (ohne Ungarn), Bayern, Sachsen, Anhalt-Köthen (dies hatte 1825–30 einen ka-tholischen Fürsten), Hohenzollern-Hechingen und Hohenzollern-Sigmaringen und dann die Katholiken in Preußen, Hannover, Würtemberg, Baden, Hessen-Kassel, Hessen-Darm-stadt, Holstein-Lauenburg (Schleswig gehörte nicht zum Deutschen Bund), Luxemburg (dies war in Personalunion mit den Niederlanden), Sachsen-Weimar-Eisenach, Sachsen-Meiningen, Sachsen-Altenburg, Sachsen-Coburg-Gotha, Braunschweig, Mecklenburg-Schwerin, Mecklenburg-Strelitz, Oldenburg, Nassau, Anhalt-Dessau, Anhalt-Bernburg, Schwarzburg-Sondershausen, Schwarzburg-Rudolstadt, Reuß ältere Linie Greiz, Reuß Schleiz jüngere Linie, Reuß Ebersdorf jüngere Linie, Lippe-Detmold, Schaumburg-Lippe-Bückeburg, Waldeck, Hessen-Homburg, Frankfurt, Bremen, Lübeck und Hamburg.* 5f AKZ 6 (1827), 121 (4.8.), S. 989. Die 31500 hat Schleiermacher addiert aus 4300 im Land unter der Enns, 24700 im Land ob der Enns und 2500 in der Steiermark. Illyrien: König-reich innerhalb des Kaiserreiches Österreich, umfaßte Krain, Karnten, Görz und Istrien. Vgl. Protestantische Kirche 89.* 6–8 *Stäudlin II, S. 565. Niederösterreich: das Erzher-zogtum Österreich.* 7f *Stäudlin II, S. 568 (1/16 nach I. de Luca: Oestreichische Spezial-statistik, Wien 1792, S. 77).* 8–10 *Innerösterreich: Steiermark, Kärnten, Krain und Görz.* Stäudlin II, S. 573. Vgl. Protestantische Kirche 1; 89.* 10f *Stäudlin II, S. 581. Vgl. Protestantische Kirche 27.* 12–49,5 *Stäudlin I, S. 364f. 374–383. Die Synode der Lutheraner von 1791 fand in Pest statt; gleichzeitig tagten die Reformierten in Ofen (Bu-da).*

GeneralInspector. Neun Gymnasien. Ob noch eine Synode nach der *von* 1791 deren Beschlüsse Leopold II nicht bestätigte? R e f o r m i r t e, größtentheils NationalUngarn 1300 Mutterkirchen u*nd* 1340 Predi*ger*. Zwei große Gymnasien Saros-Patak u*nd* Debreczin nebst mehren kleinen. Vie-
5 le Stiftungen auf ausländi*sche*n Schulen u*nd* Universitäten.

[*10.*] S i e b e n b ü r g e n Reformirte Ungarn u*nd* Szekler. Senioren mit Notaren, Superintendent mit GeneralNotar, 500 Pfarren, 6 Gymnasien. Luthera*ner* vorzü*glich* Sachsen. 14 Diöcesen unt*er* Decanen welche mit dem Superintend*enten* d*as* Consistorium ausmachen.

10 [*11.*] Jerusalem wird wol nachzuholen sein hinter der katholischen Kirche um den abstechenden Punkt d*aß* keine Locatität gelten soll hervorzuheben. |

Zur griechi*schen* Kirche   47ʳ
67. Die Synode der Erzbischöfe u*nd* Bischöfe Griechenlands wurde von
15 der Regierung i. J. 1833 in Nauplia zusamenberufen und ihr nachstehender Gesezesentwurf vorgelegt 1. Die orient*alische* orthodoxe u*nd* apo-st*olische* Kirche Griechenlands welche kein anderes Oberhaupt aner-kennt als Christum hängt von keiner andern Autorität ab, indem sie dogmatische Einh*ei*t d*en* von allen orient*alischen* Kirchen anerkannten
20 Principien gemäß unberührt erhält (soll gewiß heißen: unangetastet). Was die Verwaltung der Kirche belangt, welche der Krone zusteht und in nichts den heiligen Kanones entgegen ist: so erkennt sie den König *von* Griechenland als ihr Oberhaupt an. 2.) Es wird eine permanente bloß aus Erzbischöfen bestehende von dem König constituirte und als die
25 oberste Autorität der Kirche betrachtete Synode (nach Art der russischen Kirche) errichtet werden. Die eingeklammerten Worte wurden gestrichen und dafür hinzugesezt, Und sie wird die kirchlichen Angelegenheiten den heiligen Kanones gemäß leiten. – D*iese*r Veränderung trat die Regierung bei und die Sache war in zwei Sizungen beendigt (Allg*emeine Kirchen*-
30 Zeit*ung* 1833 No. 191).

---

4 nebst ... kleinen] *mit Einfügungszeichen am linken Rand*   13 Zur griechi*schen* Kirche] *am rechten Rand*

6–9 *Stäudlin I, S. 388*   10–12 *Diese Notiz geht wohl auf das Kolleg 1833/34 zurück, denn 1827 hatte Schleiermacher ja Jerusalem am Anfang der 5. Stunde (14.5.) behandelt. 14–30 AKZ 12 (1833), 191 (3.12.), S. 1544. Die Synode begann ihre Arbeit am 27.7. – Mit der Nr. 67 knüpft Schleiermacher 1833 noch einmal an die Nr. 66 auf fol. 46ᵛ (oben S. 44,17–18) an. Vgl. den editorischen Bericht zur Entstehungsgeschichte des Manuskriptes Schleiermachers.*

Die Synode bestand aus 36 Metropoliten Erzbischöfen und Bischöfen. Nach derselben erklärte eine Königliche Verordnung vom 4ten Aug.
die Unabhängigkeit der griechischen Kirche, die nunmehr die orthodoxe
orientalisch apostolische Kirche im Königreich Griechenland heißt. Prä-
sident der permanenten Synode ist Kyrillos Metropolit von Korinth   5
Staatsprocurator der (damalige) Ministerialrath Konstantin Schinas,
Mitglieder Poisios Metropolit von Theben Zakkaria Metropolit von
Santorin Kyrillos Exmetropolit von Larissa und Kirchenvorsteher von
Elis, Joseph Bischof von Andrussa, Sekretair der Priester Theokles
Pharmakides (Evangelische KirchenZeitung 1833 No. 96).   10

---

5 Kyrillos] *folgt* ⟨Erz⟩

1–10 *Evangelische Kirchen-Zeitung 13 (1833), 96 (30.11.), S. 768*

[1.] Zustand der katholischen Kirche in den verschiedenen akatholischen
Ländern
  a.) In Rußland woher zu nehmen?
5 b.) In England
  c.) In Niederlanden
  d.) In Preußen Concordat.
  e.) In Sachsen
  f.) In den kleineren Staaten.
10 g.) In Dänemark
  h.) In Schweden

[2.] Ob das Princip der bürgerlichen Gleichstellung auch über nicht deutsche Staaten gehe.

———————

[3.] Union in Preußen und Nassau, Baiern und Baden. (Archiv 23. S 20–)
15 Separatisten in Würtemberg a. Mystische – großentheils ausgewan-

———————

2 verschiedenen] *folgt* ⟨protestantischen⟩   14 (Archiv ... 20–)] *ohne Klammern am*
rechten Rand

12f *Gemeint ist die bürgerliche Gleichstellung der Konfessionen gemäß Art. 16 der Bun-*
desakte von 1815 (vgl. Protestantische Kirche 37).   14 *KHA 1823,1, S. 20–31*   15–52,2
KHA 1823,1, S. 50–55. Mit den mystischen Separatisten sind strenge Pietisten gemeint:
„Diese Leute zeichneten sich durch ihre Kleidung aus, versäumten den Gottesdienst, in
ihren besonderen Versammlungen weissagten sie auch, namentlich wider Prediger, Kirche
und Fürsten, von bevorstehenden göttlichen Strafgerichten und dem Weltende. Sie enthiel-
ten sich der gewöhnlichen weltlichen Vergnügungen. [...] Als die Revolution in dem be-
nachbarten Frankreich ausbrach, mehrte sich die Zahl der Separatisten, deren Gundsätze
zufällig in gewissen Stücken mit jenen revolutionären zusammentrafen. Da sie jetzt gefähr-
licher wurden, so machten die Regierungen Verordnungen und Verfügungen wider sie.
Viele wanderten darauf nach Nordamerika und Rußland aus." Mit den antiliturgischen
Separatisten sind gemäßigte Pietisten gemeint, die die 1809 in Würtemberg eingeführte
rationalistische Agende ablehnten. Gottlieb Wilhelm Hoffmann (1771–1846), Bürgermei-
ster von Leonberg, beantragte 1817 beim König die Erlaubnis zur Gründung einer staats-
freien Gemeinde, die 1818 unter Auflagen gewährt wurde. Die daraufhin 1819 gestiftete
Brüdergemeinde Korntal besteht bis heute.

dert b Antiliturgische. Sie haben Kirchenfreiheit errungen, sich aber alles erwerben müssen.

———

[4.] Die englischen Presbyterianer sind meist Arminianisch oder Soci-
nianisch. Nur die Independenten oder Congregationalisten sind strenge
Kalvinisten. Bei den Congreg*ationalisten* ist der gewählte Pastor d*as*   5
Haupt d*er* Gem*eine*, und in ihren Associations treten nur die Pastoren
zusammen.

———

[5.] Constitution der Protestanten in Frankr*eich* unter Napoleon. – Kei-
ne Neuerungen in Bekenntniß u*nd* Disciplin ohne Genehmigung der Regierung. Die Geist*lichen* sollten wie die kath*olischen* einen Eid vor den   10
Präfecten schwören.

———

[6.] Die Unitarier in Siebenbürgen haben eigene Consistorialeinrichtung
u*nd* Unterrichtsanstalten. |

[———]

49ᵛ [7.] Precärer Zustand d*er* Waldenser seit der Sardinischen Constitution. –
Unterstüzung und Verwendung v*on* England u*nd* Preußen.   15

———

[8.] Noch fortdauernder Streit in Genf.

———

5–7 Bei ... zusammen.] *auf den rechten Rand überlaufend nachgetragen*

3–5 *KHA 1823,1, S. 59*   5–7 *KHA 1824,3, S. 99*   8–11 *KHA 1823,1, S. 60f. Dies wurde
durch die Organischen Artikel von 1802 (Organische Artikel betreffend die Protestanten
4f.) und das Konkordat von 1801 (Mirbt Nr. 558; Huber/Huber Nr. 2, Art. 6f.) bestimmt.*
12f *KHA 1823,1, S. 64*   14f *KHA 1823,1, S. 68f.: „Als aber der König von Sardinien 1814
in seine Staaten auf dem festen Lande zurückkehrte, ließ er sogleich ein Edict ergehen, daß
die Lage und Verhältnisse der Waldenser in Piemont ganz wiederum in den Zustand von
1798 zurücktreten sollten. Da wurde ihnen alles wiedergenommen, was ihnen unter Französischer Herrschaft bewilliget worden war. [...] Preußen aber nimmt sich bei dem Turi-
ner Hofe ihrer nachdrücklich an und auch die Hülfe von England haben sie angefleht. Im
J. 1818 ließ der Bischof von Pignarol einen ausführlichen Hirtenbrief drucken und verbreiten, um die Waldenser zum katholischen Glauben zu bekehren. Der Preussische Gesandte erhob darüber Beschwerden; da mißbilligte die Regierung jenen Schritt und versicherte, daß solches in Zukunft unterbleiben sollte.“*   16 *KHA 1823,1, S. 62–64: „Zu Genf*

[9.] Allmäh*liche* Modification in der Brü*der*Gem*eine*. Gemeinort Königsfeld ohne Chorhäuser. – Nachlaß des Looses b*ei* der Ehe – Confirmation u*nd* allgem*eines* A*bend*m*ah*l.

———

[10.] Die Delftsche Gesellschaft Christo sacrum als eigne Secte behan-
5 delt, von der französisch reform*irten* Gemeine ausgehend, ein Versuch
zur allgem*einen* Union auf dem Grund des wesent*lichen* *Christus*Glaubens u*nd* Gleichgültigkeit der übrigen Dogmen.

———

*ist seit dem J. 1817 ein lebhafter theologischer Streit ausgebrochen. Die dortige Kirche und
die sogenannte venerable compagnie des pasteurs war schon lange von den alten Symbolis
abgewichen und behandelte sie als etwas Veraltetes. Man legte selbst die positiven Lehren
des Christenthums bei Seite und predigte Natur- und Vernunft-Religion und -Moral. Um
die gedachte Zeit aber fingen gewisse Geistliche, Weltliche und Schriftsteller an, sich der
alten Lehre anzunehmen [...] Die Compagnie gab darauf ein Reglement heraus, durch
welches sie anordnete, daß alle Candidaten und Prediger sich verpflichten sollten, ihre
Meinung über die gedachten Lehren nicht in Reden festzusetzen, die Meinung eines Pfarrers darüber nicht zu bestreiten, und, wenn sie sich über diese Gegenstände äußern müßten, in dem Sinn, welchen sie diesen Lehren beilegen, nicht tiefer einzugehen und möglichst
beiden Wörtern und Ausdrücken der h. Schrift stehen zu bleiben. Einem Prediger, Malan,
welcher die Unterschrift verweigerte, wurde die Kanzel verboten. Zuletzt wurde er gar
abgesetzt. Er hielt darauf Andachtsstunden in seinem Hause, ohngefähr nach Spenerischer
Weise. Noch im J. 1817 stifteten auch Empaytaz und Bost zu Genf die sogenannte Neue
Kirche. [...] Diese neue Kirche will nur aus solchen bestehen, die wirklich glauben und
wiedergeboren sind, und hält sich für verpflichtet, sich von solchen, die es nicht sind, zu
trennen. Eine Zeit lang genossen die Mitglieder Ruhe, man verspottete sie nur in Reden
und Carricaturen. Im J. 1818 aber, als sie ihre Versammlungen in ein anderes Haus ver-
legten, rotteten sich Haufen vor demselben zusammen, störten ihren Gottesdienst durch
Hohngelächter, Geräusch und Geschrei [...] Der Streit über sie wird noch in Schriften
fortgeführt, auch die Schmähungen und Beleidigungen dauern fort, aber die Zahl der
Mitglieder vermehrt sich." – Dieser Bericht ist ein Exzerpt aus W. A. Schickedanz' Aufsatz,
den Schleiermacher zur Präparation auf das Kolleg von 1833/34 dann selbst exzerpiert hat;
vgl. Protestantische Kirche 101.* **1f** *KHA 1823,1, S. 69f.: Auf der allgemeinen Synode der
Brüdergemeinde im Jahr 1818 „erklärten die Amerikanischen Deputirten, daß sie die Entscheidung der Ehen durch das Loos nicht mehr behaupten könnten; dieß wurde ihnen auch
nachgelassen und nachher erklärt, daß es den Mitgliedern der Brüdergemeine überhaupt
frei stehen solle, bei ihren Ehen das Loos entscheiden zu lassen oder nicht. [...] Im J. 1807
wurde zu Königsfeld im Wirtembergischen ein neuer Gemeineort gegründet, welcher keine
Chorhäuser hat. Diese scheint man aufheben oder einschränken und anders einrichten zu
wollen." – Königsfeld gehörte seit 1806 zu Baden (zu Würtemberg gehörte es nie).* **4–7**
*KHA 1823,1, S. 72–74. Die Gemeinschaft Christo Sacrum wurde 1797 in Delft gegründet.
Der Bericht ist ein Exzerpt aus den Briefen über den kirchlichen Zustand in Holland, die
Schleiermacher zur Präparation auf das Kolleg von 1833/34 dann selbst exzerpiert hat; vgl.
Protestantische Kirche 98.*

[*11.*] Neue Einrichtungen in der katho*lischen* Kirche in allen durch den Krieg zerstörten Ländern. – In Portugall melden sich unter den Cortes 3000 Menschen zum Austritt aus dem Kloster – Precärer Zustand in Süddeutschland – Der Papst stellt 1814 den Jesuiter Orden in Italien auf den vorigen Fuß wieder her. – Redemtoristen, ein Nebenzweig der Je- 5 suiten.

———

[*12.*] Neues Concordat 1817 zw*ischen* Consalvi u*nd* Blacas zurükgehend auf d*as von* 1516.

———

[*13.*] I s l a n d 48000 Einwohner in 184 Pfarreien unter 19 Pröbste vertheilt. Sonst 2 Bißthümer Skalholt und Holum jezt nur Eines in Reikia- 10 vik. Eben da war die öffentliche Hochschule die aber nach Bessestadt verlegt ist[.] 3 Lehrer u*nd* 24 überwiegend zum geist*lichen* Stande be-

---

1–6 Neue … Jesuiten.] *Erledigungsvermerk*

1f *KHA 1823,1, S. 75–83. Dort wird berichtet von der Wiederherstellung des Kirchenstaats, der Aufhebung der Reformen Karl von Dalbergs und seines Generalvikars Ignaz von Wessenberg im Bistum Konstanz und den Konkordaten und Vereinbarungen mit Frankreich, Neapel, Sardinien, Bayern und Russisch-Polen (1816/17). Vgl. Katholische Kirche 8.* 2f *KHA 1823,1, S. 85. Mit „unter den Cortes" (Ständeversammlungen) meint Schleiermacher die Zeit der liberalen Verfassung in Portugal (1820–23). Vgl. Katholische Kirche 11.* 3f *KHA 1823,1, S. 87f. Dort wird berichtet vom rechtlich und organisatorisch ungeklärten Zustand der römisch-katholischen Kirche in den südwestdeutschen Staaten nach der Aufhebung des Bistums Konstanz durch Rom.* 4–6 *KHA 1823,1, S. 89f. Dort heißt es u. a.: „Die neue Religionsgesellschaft der Redemtoristen, gestiftet vom Bischof Alph. Mar. von Liguori († 1787) auch zur Nachfolge Jesu und der Beförderung derselben in Anderen durch Unterricht und aushelfende Seelsorge, ist als ein Nebenzweig der Jesuiten, deren Privilegien sie jedoch nicht hat, angesehen worden". Vgl. Katholische Kirche 9* 7f *KHA 1823,1, S. 80. – Ercole Consalvi (1757–1824), seit 1800 Kardinal und Staatssekretär, nach der Wahl Leos XII. 1823 entlassen, hatte hervorragenden Anteil an der päpstlichen Politik zur Zeit Napoleons und der Restauration, namentlich an der Wiederherstellung des Kirchenstaats 1814 und am Abschluß zahlreicher Konkordate. Pierre Louis Herzog von Blacas d'Aulps (1771–1839) war Diplomat im Dienste Ludwigs XVIII. und Karls X. Das 1817 abgeschlossene Konkordat sollte hinter die Revolution und Napoleon (Konkordat von 1801) wieder auf das Konkordat von 1516 zurückgehen. Es erlangte in Frankreich nie Gesetzeskraft, da es von der Regierung nach Widerstand beider Kammern zurückgezogen wurde; das Konkordat von 1801 blieb bis 1905 (Trennung von Staat und Kirche in Frankreich) in Kraft. Vgl. Katholische Kirche 10; 67; 143.* 9–11 *KHA 1824,1, S. 66–68. – 1797 wurden die Bistümer Skalholt und Holum auf Befehl der dänischen Regierung zum Bistum Island mit Sitz in Reykjavik vereinigt.* 11–55,1 *KHA 1824,1, S. 71f. – Im 16. Jahrhundert waren zwei Schulen in Skalholt und Holum gestiftet worden. Am Ende des 18. Jahrhunderts wurden sie vereinigt und nach Reykjavik verlegt, dann nach Bessestadt.*

stimmte Schüler. Aermlicher aber guter Zustand. Die Pfarrer wohnen
und arbeiten wie die andern Candidaten unter Aufsicht des Bischofs.
Gottesdienst nach unserer Weise; die Lieder aus dem deutschen mit unseren Chorälen – Rationalistische Parthei unter der Geistlichkeit, wirkt
5 nach Henderson nachtheilig auf die Sittlichkeit – Jährlich im Seminar
eine Synode – Die Isländische Ueber*sezung* des *Neuen* Testa*mentes* hat
statt unserer Weise größere Paragraphen. Später erst d*ie* ganze Bibel
zulezt wieder nach der besseren Ausgabe v*on* 1644. |

[——]

[*14.*] Die Baptisten in America. Aus dortigen Presbyterianern u*nd* 50ʳ
10 eng*lischen* Baptisten. Ihr Stammvater Roger Williams von den Pres-
byt*erianern* in Massachusets weil er neben dem Kirchenregiment auch
Gewissensfreiheit wollte gründete in d*er* Wildniß Providence u*nd* dadurch den Staat Rhode Island.
Sie bedienen sich zwar des Wortes Person lassen aber die Trinitäts-
15 lehre sehr im dunkeln. „Um das in der Gottheit zu bezeichnen dem
gewisse Acte von Handlungen beigelegt werden." –

---

4 wirkt] *über* ⟨welche⟩   16 werden."] werden.

1–4 *KHA 1824,1, S. 75–79. Dort heißt es u. a.: „Im Amte selbst ist wegen der Geringfü-*
gigkeit ihrer Gehalte, eigene Handarbeit von ihrer Seite nothwendig, um ihre Familien zu
erhalten. Der Pfarrer arbeitet auf der Länderei, die zu seiner Kirche gehört, man sieht ihn
oft auf einem Karren eine Ladung von Fischen herbeiführen, die er aus einer fernen Ge-
gend geholt hat. Die Pfarrerwohnungen sind bloß aus Holz und Torf gebaut und haben
keine inneren Bequemlichkeiten. Kaum findet man eine Feuerstelle in denselben, oft ist nur
eine Stube darin, zu welcher das Sonnenlicht einen freien Zugang hat, oder wo sich ein
Raum vor der Stube befindet, ist es die nackte Erde. Selten besteht das Hausgeräthe aus
mehr als einem Bette, einem oder zwei Stühlen und wenigen Kleiderschränken. So ist die
lebenslängliche Lage der Isländischen Pfarrer und mitten unter diesem elenden Leben und
diesen Entbehrungen wohnt sehr oft ein Geist, Gelehrsamkeit und sittliche Vortrefflichkeit
mit ihnen in diesen Hütten."   4f *KHA 1824,1, S. 81f. Stäudlin zitiert dort aus Ebenezer*
Henderson: Iceland; or the journal of a residence in that island, during the years 1814 and
1815, 2. Aufl. 1819, S. 34f.: „Die Isländischen Prediger lassen sich in zwei Classen abthei-
len, in die von der alten und von der neuen Schule. Jene nehmen die Bibel als eine Offen-
barung des Willens Gottes an und beugen sich mit Ehrerbietung vor ihren Entscheidungen.
[...] Die Prediger von der neuen Schule, deren Zahl nicht sehr groß ist, behandeln die
göttlichen Dinge ganz anders. [...] Sie sind Weltmänner und verrathen in ihrem Betragen
Leichtsinn und Indifferentismus. Auch die Wirkungen ihrer Lehren auf andere sind sicht-
bar – Skepticismus, Unglauben, Unsittlichkeit." – Henderson (1784–1858) hatte Island als
Gesandter der Londoner Bibelgesellschaft bereist.   5f *KHA 1824,1, S. 84. Die jährliche*
Synode erwähnt Henderson in seiner Reisebeschreibung.   6–8 *KHA 1824,1, S. 88–92.*
Auch dies wird anhand von Henderson berichtet. Die erste isländische Übersetzung des
Neuen Testaments (von Oddur Gottschalkson) erschien 1540 (mit Paragraphen- statt Vers-
einteilung), die ganze Bibel 1584. 1644 kam eine revidierte Bibel heraus, die erstmals die
Einteilung in Verse bot.   9–56,11 *KHA 1824,3, S. 97–99. – Roger Williams († 1683) wurde*
von den Presbyterianern aus Massachusets ausgestoßen, gründete 1636 Providence und
verkündete dort allgemeine Religionsfreiheit. – Die Täufer der Reformationszeit und die
Mennoniten hatten gerichtliche Eide, Kriegsdienst und jede politische Tätigkeit verboten.

Gericht*liche* Eide u*nd* Vertheidigungskriege halten sie für erlaubt. –
Sie taufen nicht eher bis sie die Ueberzeugung haben daß die Kinder aus
Gott geboren sind. Ihre Taufe ist Einmalige Untertauchung auf die drei
Namen.

Jährliche Associations aus den Pastoren u*nd* Aeltesten benachbarter   5
Gem*eine*n. In einigen Provinzen treten diese in eine Convention zusammen. Alle drei Jahr eine General Convention auf welcher 30 Directoren
bis zur nächsten gewählt werden.

Aelteste Lehranstalt Brown University in Providence seit 1760. Water-
ville College in Main seit 1810 Columbian College in Washington u*nd*   10
Hamilton Institute seit 1821 in New York.

_____

Katholisch

[15.] Den Saz daß Kinder welche nicht getauft werden können durch den
Glauben der Eltern gerechtfertigt werden hat Pabst Pius V aus Cajetans
Commentar über S. Thomas ausstreichen lassen.   15

---

12 Katholi*sch*] *am rechten Rand*

13–15 *Paulus IV, S. 257. Pater Du Bernat SJ wirft den Kopten vor, eben diesen Satz zu
glauben. – Thomas Cajetan OP (eigentlich Jakob de Vio, 1468–1534), bedeutender Theologe, seit 1517 Kardinal, bekannt auch durch sein Verhör Luthers auf dem Augsburger
Reichstag 1518, schrieb 1507–22 den ersten Kommentar zur Summa theologiae des Thomas von Aquino; hier geht es um den Kommentar zu STh III q 68 a 1; 2. Pius V. (Michele
Ghislieri OP, 1566–72) ernannte Thomas von Aquino zum Kirchenlehrer und Cajetan zu
dessen gültigem Kommentator; bei der Kanonisierung des Cajetanschen Kommentars wurden auch dogmatische Begradigungen vorgenommen. Cajetans Ansicht zur Notwendigkeit
der Kindertaufe wurde schon 1547 auf der 7. Sitzungsperiode des Konzils von Trient
kontrovers diskutiert, ohne daß jedoch eine Entscheidung gefällt worden wäre; vgl. L. Kruse: Die Stellungnahme des Konzils von Trient zur Ansicht Cajetans über die Kinderersatztaufe in konzilsgeschichtlicher Würdigung und theologiegeschichtlicher Gegenwartsbedeutung. Die Editio Leonina der Werke des Thomas von Aquino enthält die umstrittenen
Sätze aus Cajetans Kommentar (Band 12, S. 94): „Sed tunc [zur Zeit des Alten Bundes],
deficiente parvulis proprio salutis auxilio, parentum fides pro parvulo sola sufficiebat.
Ergo nunc, quando parvulo deest proprium salutis remedium, quod est baptisma, sola
parentis fides, parvulum Deo offerens, sufficit ad salutem parvuli. [...] Et propterea, quando impossibilitas sacramentum fidei excludit, virtuti fidei locus relinquitur. Et sic parvulus
ex baptismo fluminis voto parentum suscepto salvaretur, si impossibile esset ipsum bap-
tizari aqua.“*

Missionen

[*1.*] Nachzusehn 1) Knapp im 66t*en* Stück 2.) Uebersicht evang*elische* Missionspläze Halle 23. 3.) Leonhardt gesegnete Ausbreitung p Dresd*en* 1820.

––––––

5 [*2.*] Otaheiti ist als großentheils christ*lich* angesehn seit 1816–17. (Archiv 23. S. 8)

––––––

[*3.*] Missionsgesellschaften in England 1.) Die Baptistengesellschaft. 2.) die große Londner Missionsgesellschaft (presbyterianisch) 3.) die Church-Mission-Society (episkopa*listisch*) 4.) die Londner Judengesell-
10 schaft. (Archiv 23 S. 1–16)

––––––

[*4.*] Katholische Mission in China fast zu Ende. (Archiv 23. S. 16)

––––––

5 f (Archiv ... 8)] *ohne Klammern am rechten Rand*   10 (Archiv ... 16)] *ohne Klammern am rechten Rand*   11 (Archiv ... 16)] *ohne Klammern am rechten Rand*

2 NGEMA 6, 66 (1816), S. 539–558   2 f NGEMA 6, 71 (1823), S. 1104–1124   3 f *C. G. Leonhardt: Die gesegnete Ausbreitung des Christenthums unter Heyden, Mahommedanern und Juden in der neuesten Zeit; zur Beförderung des Missionswerks in einer kurzen Uebersicht dargestellt, 1820*   5 f *KHA 1823,1, S. 7f. – König Pomare von Otaheiti (Tahiti), von der Londoner Missionsgesellschaft bekehrt, führte das Christentum nicht ohne Gewalt ein (u. a. Niederschlagung eines Aufstands heidnischer Häuptlinge und Priester 1815).*   7–10 *KHA 1823,1, S. 7–10*   11 *KHA 1823,1, S. 14–17. Danach kam es 1805 in China zu einem Verbot des Christentums und zu Christenverfolgungen, da den Behörden ein Schreiben nach Rom mit einer Karte von China in die Hände gefallen war, die zur Klärung einer kirchenrechtlichen Streitfrage Chinas Einteilung in kirchliche Diözesen zeigte. Missionare wurden ausgewiesen, Kirchen eingezogen, chinesische Christen ihrer Ämter enthoben, inhaftiert und exiliert. Doch habe diese Verfolgung mehr die Vornehmen als das Volk getroffen und das Christentum in China nicht gänzlich aufheben können.*

[5.] Die Baptisten Mission in Serampore hat eine große Druckerei welche die d*er* Propaganda übertraf. Sie brannte 1811 ab, ist aber schon wieder eben so hergestellt. Jährlich werden allein zur Unterhaltung von Eingebohrnen als Uebersezungsgehülfen 1000 Pf*und* Sterling verwandt.

[6.] Berliner MissionsSchule seit 1800 – Baseler Missionsschule seit 1816.   5
Missionsgesellschaft seit 1820.

[7.] London Society for promoting Christian knowledge verausgabt zwischen 50 *und* 60 *tausend* Pf*und* in Bibeln u*nd* Tractaten.

[8.] Missionen der Wesleyschen Methodisten in Westindien und auf Ceylon.   10

[9.] Die High Church Missions Society vorzüglich unt*er* den freie*n* Negern auf Sierra Leone; der Missionär ein Deutscher. Ihre merkwürdige KinderAnstalt auf dem Leicester Berge.

12f Ihre … Berge.] *auf den rechten Rand überlaufend nachgetragen*

2 *Nicht 1811, sondern am 11.3.1812. Vgl. Reports of the British and Foreign Bible Society 2 (1811–13), S. 376f. 507f.; NGEMA 6, 66 (1816), S. 548; Kurze Nachrichten von dem Zustande der evangelischen Missionen in Ostindien, NGEMA 6, 67 (1818), S. (575–596) 583f.* **5f** *ThN 1824, S. 9f. Die Rede ist von der Basler evangelischen Missionsgesellschaft.*   **7f** *ThN 1824, S. 18f., wo es u. a. heißt: „Die Einnahme der Gesellschaft vom April 1818 bis dahin 1819 betrug 55,939 Pf., und ihre Ausgaben 55,146 Pf. Sterl. Sie hat in dieser Zeit und außer England, vornehmlich auch in Ostindien, vertheilt: 32,150 Bibeln, 53,905 N. Test. und Ps., 91,621 allgem. Gebetbücher, 74,889 andere gebundene Bücher, und 913,483 Tractätchen." Die Quelle ist: Nachricht von dem Fortgange der Bemühungen der London'schen Gesellschaft christlicher Erkenntniß (Society for promoting christian knowldge) in England und Ostindien, NGEMA 6, 69 (1820), S. (835–841) 835f. Zum Common Prayer Book vgl. Protestantische Kirche 72.*   **9f** *ThN 1824, S. 19. Die Quelle ist: NGEMA 6, 69 (1820), S. 842. Die Übersicht evangelischer Missionsplätze (NGEMA 6, 71 [1823], S. 1117–1121) nennt 8 Missionsplätze der Wesleyschen Methodisten auf Ceylon und ihrer 19 auf den Westindischen Inseln.*   **11f** *ThN 1824, S. 19f., wo es u. a. heißt: „12,000 Neger, aus 22 verschiedenen Völkern, sind da um einen verständigen und unermüdet thätigen deutschen Missionär versammelt, und mehrere Hunderte unter ihnen so wahrhaft zu Gott bekehrt, daß sie, so wie die in den Schulen unterrichteten mehr als 500 Negerkinder, einmal wahrscheinlich die besten Christenboten für Afrika werden können." Der Name des deutschen Missionars wird weder hier noch in der Quelle dieses Berichts, NGEMA 6, 69 (1820), S. 844 (vgl. unten), genannt.*   **12f** *NGEMA 6, 69 (1820), S. 844, die Quelle von ThN 1824, S. 19f. Hier werden Regents Town und Leicester Mountains als Kolonien aus der Sklaverei entronnener Schwarzer in Sierra Leone genannt, in denen die Missionare der englisch-bischöflichen Missionsgesellschaft segensreich wirkten.*

[*10.*] Knapp im 71ten Stük berechnet in WestAfrica u*nd* den afrika-
ni*schen* Inseln Südafricas am mittell*än*disch*en* schwarzen u*nd* kaspi-
schen Meer, Sibir*ien* Tibet China Indien, Neuholland SüdSee Inseln
N*o*rd u*nd* SüdAmerika Westind*ien* Grönland 357 evangelische Missio-
5 narien. |

[———]

[*11.*] Sendungen von vielen tausend griech*ischen* armeni*schen* arabi*sche*n 35ᵛ
itali*enischen* Bibeln u*nd* N*eu*en Tes*t*am*enten* nach der Levante. –
Malayische Beng*a*li*sch*e persische arabische Bibeln von Calcutta aus
in Ostindien umher. Von Madras aus tamulische; von Bombay aus guzu-
10 ratische item cingalesische.
Hülfsbibelgesellschaft in Buenos Ayres.
Nordamerikanische Bibelgesellschaft.

———

[*12.*] Die Secretare der britt*ischen* Bibelges*ellschaft* bekomen 300 £ Gehalt. Klagen darüber d*aß* zu viele Entschädigungen vertheilt werden.

———

15 [*13.*] Missionspläze festes Land v*on* Ostindien 49 Ceylon 12 Archipela-
gus 3.

———

[*14.*] Die Bremische Geistlichkeit auf d*er* Landschaft ist in 6 Kapitel
eingetheilt, jedes hat einen Dekan u*nd* einen Kämmerer. Die Stadtgeistlichkeit bildet ein besonderes Kapitel.

———

20 [*15.*] Die Kapsche Mission der Londner Missionsgesellschaft welche ihren *Haupt*Siz in Bethelsdorf 130 Meilen östlich v*on* d*er* Kapstadt hat.
Dort 1814 in Graaf-Reynet eine Generalversammlung, worin sie nicht

---

4 evangelische] *über* ⟨deutsche⟩   21 130 ... Kapstadt] *mit Einfügungszeichen am linken*
Rand

1–5 *ThN 1824, S. 26 f., nach NGEMA 6, 71 (1823), S. 1124, wo vermerkt ist, auf 357 zähle*
das Londoner Missionary Register die Anzahl der evangelischen Missionare; die eigene
Übersicht der NGEMA (S. 1104–1124) zähle aber mehr.   6–12 *ThN 1824, S. 60–62*   13 f
ThN 1824, S. 63   15 f *NGEMA 6, 71 (1823), S. 1110–1118. Die 49 hat Schleiermacher*
addiert aus 4 jenseits und 45 diesseits des Ganges.   20 f *Leonhardt S. 114*   22–60,2
Leonhardt S. 118. Dort heißt es u. a.: „Dann schritt man auch zur Ordination von 4
Negerpredigern, (Berend, Hendrick, Waterboer, David). [...] Im Versammlungshause pre-
digte nun Waterboer über Apost. Gesch. 17, 30. 31, der erste Hottentottenprediger, der je
eine Kanzel betreten hat.“

nur einen Deutschen H*errn* Ulbricht sondern auch 4 Hottentotten or-
dinirten. Zu welcher K*irchen*Gemein*s*chaft gehörig das ist nicht abzusehen. Der Ausdruck Südafricanische Kirche.

[16.] In Tripoli sind 5 protestantische Consulate aber kein Prediger.
Günstige Toleranz der Muhamedaner. Privatversuche eines bekehrten   5
Juden Murthim von Malta unter *seine*n Glaubensgenossen.

[17.] Sehr verständige Instruction der Londner High Church Missions
Society an ihren litterarischen Geschäftsträger auf Malta (gesegnete Aus-
breit*ung* S. 40.).

[18.] In der Capstadt besteht ein Seminar um junge Neger zu Missio-   10
narien zu bilden. |

[———]

36ʳ [19.] Im District Palam cottah bei Cap Comorin haben sich 1100 Hin-
dusfamilien zum evangel*ische*n Christenthum bekehrt.

---

6 Murthim ... Malta] *mit Einfügungszeichen am linken Rand*   8f (gesegnete ... 40.)] *ohne
Klammern am linken Rand*

4–6 *Leonhardt S. 132f.:* „Herr Murthim, ein auf Malta zum Christenthum bekehrter Jude,
ist sowohl unter seinen ehemaligen jüdischen Volksgenossen als für die Mohammedaner
überhaupt ein so frommer und thätiger Christ geworden, daß ein andrer durch ihn zu
Tripoli zum Christenthum bekehrter Jude, Gham, uns versicherte, man dürfe Herrn Murthim als einen Apostel für seine verirrten Brüder betrachten. [...] In Tripoli sind 5 protestantische Consulate, und kein Prediger. [...] In Tripoli ist es nicht sehr gefährlich zu
reisen. Ueberall zeigen sich Spuren einer allgemeinen Abnahme der mohammedanischen
Intoleranz." *   7–9 Leonhardt S. 40f. Dort wird aus einer Instuktion für den 1815 von
England nach Malta abgereisten Missionar Jowett zitiert. Deren Hauptpunkte sind: 1.) das
Sammeln von Notizen über den Zustand der Religion und Gesellschaft an den Küsten des
Mittelmeers und 2.) die Verbreitung christlicher Erkenntnis durch Druckerpressen, Reisen
und die Errichtung von Schulen.   10f Stäudlin II, S. 661   12f Dies hat Schleiermacher
wohl entnommen aus Christian Wilhelm Gerickes Tagebuch von 1802 (NGEMA 6, 61
[1805], S. 1–46). Dort wird neben zahlreichen Einzeltaufen und einigen Übertritten aus der
römisch-katholischen Kirche die Taufe von allerdings nicht 1100 Familien, sondern 245
Familien mit 1025 Personen berichtet (S. 30–35). – Gericke (1742–1803) lebte seit 1765 als
Missionar in Indien.*

[*20.*] Die Londner Gesellschaft zur Bekehrung der Juden verwendet jährlich 90000 rth.

[*21.*] Die TractatGesellschaft in London hat 1825 an 10½ Millionen
Schriften vertheilt.

1f *AKZ 6 (1827), 11 (20.1.), S. 96*

Katholische Kirche

1 In Frankreich sind dermalen wieder 2800 Nonnen Klöster, von denen jedoch nur 20 contemplativ sind. (KirchenZeitung 1827 No 68)

[――――]

2 Im preußischen Westfalen dauern noch fort 2 Franciscaner Klöster Dorsten und Rietberg[.] Es bestehen dabei Gymnasien, deren Lehrer 5
nach neueren Befehlen ausschließend aus diesen Conventen genommen werden sollen. Jedoch sollen sie praestanda praestiren. (No 65)
Nach Kohlrausch Erzählung bestehen in der Provinz Westfalen bereits 5
solche Klöster.

3. Weimarsches Gesez in Gefolg der Bulle De salute animarum 10
(Theologische Nachrichten 1824 S. 41 flgd und 78 flgd) vom 7ten October 1823.

2f 1 … sind.] *Erledigungsvermerk* 3 *(KirchenZeitung … 68)] ohne Klammern am rechten*
Rand 7 *(No 65)] ohne Klammern am rechten Rand*

2f *AKZ 6 (1827), 68 (1.5.), S. 551. Die Nachricht beruht auf einer offiziellen Notiz des*
geistlichen Ministeriums über die Frauenklöster. 4–7 *AKZ 6 (1827), 65 (26.4.), S. 528*
8f *Heinrich Kohlrausch († 1826), hannoverscher Generalfeldmedikus, dann geheimer*
Obermedizinalrat und Kunstsammler in Berlin, Schleiermachers Arzt; oder, was wahr-
scheinlicher ist, der mit H. Kohlrausch entfernt verwandte Friedrich Kohlrausch
(1780–1865), 1818–30 Leiter des höheren Schulwesens der Provinz Westfalen, dann Vor-
sitzender des Oberschulkollegiums in Hannover. F. Kohlrausch hielt sich 1827 in Berlin
auf, um sich gegenüber dem Vorwurf der Demagogie zu rechtfertigen. 10–12 *ThN 1824,*
S. 41–48. 78–101: Gesetz über die Verhältnisse der katholischen Kirchen und Schulen in
dem Großherzogthum Weimar. Vgl. Katholische Kirche 122, wo Schleiermacher ausführ-
liche Exzerpte aus diesem Gesetz gemacht hat.

4. Errichtung des Bißthums St. Gallen jedoch in beständiger Verbindung mit dem Bißthum Chur 1823.

———

5. Die schwärmerischen Ermordungen in Wildenspuch Canton Zürich 1823.

———

5   6. Die römische Kirche behandelt d i e T ü r k e i als ein Missionsland. Die dortigen K a t h o l i k e n sind sämmtlich als Franken nur unter dem Schuz europäischer Mächte geduldet (NB Das gilt wol nicht von den unirten Griechen Armeniern und Syrern welche in ihrer Kategorie als Rajahs

---

1f 4. ... 1823.] *Erledigungsvermerk*   3f Die ... 1823.] *gestrichen*

1f *ThN 1824, S. 225–232: „Der Papst hat dieses Bisthum vor kurzem errichtet, und der päpstliche Internuntius hat mit dem Fürstbischof von Chur, welcher zugleich zum Bischof von St. Gallen ernannt ist, bereits zu Ende April d. J. die Dotationsgegenstände daselbst und die Vollziehung der Bulle vorbereitet. Indessen ist Rorschach auf einstweilen zum Bischofssitz bestimmt." Dann wird die päpstliche Bulle abgedruckt, es handelt sich um die Bulle „Ecclesias quae antiquitate ac dignitate praestant" vom 2.7.1823. Der erwähnte Bischof ist Karl Rudolf Buol von Schauenstein (1760–1833, seit 1793 Bischof von Chur).   3f ThN 1824, S. 373–400: Rezension zu J. L. Meyer: Gräuelscenen, oder Kreuzigungsgeschichte einer religiösen Schwärmerin in Wildenspuch, Cantons Zürich, 2. Aufl. 1824. – Im März 1823 wurde die 28jährige Margareta Peter in Wildenspuch von Anhängern, die sich seit 1818 um sie gesammelt hatten und sie für eine Prophetin hielten, gekreuzigt; auch Margaretas ältere Schwester Elisabeth wurde getötet. Tags zuvor hatten Margareta Peters Anhänger in der Meinung, gegen den Teufel zu kämpfen, das Haus des Vaters Peter, der ebenfalls zu dem Kreis gehörte, demoliert. Die Vorfälle erregten großes Aufsehen und hatten strenge Maßnahmen gegen Konventikel zur Folge; vgl. noch AKZ 2 (1823), 28 (5.4.), S. 257–259; 41 (21.5.), S. 379–383; 42 (24.5.), S. 393–397; 102 (20.12.), S. 1007f.; 3 (1824), 103 (26.8.), S. 849–852; 114 (21.9.), S. 942f.; ThN 1825, S. 198–202; ferner RE³ 21, 1908, S. 283–289 (Carl Pestalozzi).   5–64,2 Städlin II, S. 586–588: „Unter den Christen, welche sich in der Türkei aufhalten, muß man zweierlei Classen wohl unterscheiden. Zu der ersten gehören diejenigen Europäer, welche keine Unterthanen des Sultans sind, sich des Handels wegen im Reiche aufhalten und gewöhnlich Franken genannt werden. [...] In ganz andern Verhältnissen finden sich die eingebohrnen Christen in der Türkei. Sie leben in einem verachteten und gedrückten Zustande." S. 615f.: „Die Katholiken werden in der Regel sowohl von den Türken als auch von den andern Christensecten gehaßt. Sie werden auch sammt ihren Kirchen, Klöstern und Geistlichen bloß als Fremdlinge unter dem Schutze europäischer Mächte, Frankreichs, Englands, Hollands, geduldet, und stehen unter der Oberaufsicht der Propaganda zu Rom. [...] Die meisten Mönche sind zugleich Missionäre, dürfen sich aber als solche nicht leicht unter die Türken wagen, desto mehr aber suchen sie Leute von andern Religionspartheien in den Schooß der allein seeligmachenden Kirche zu bringen und sind darinn nicht selten glücklich. Uebrigens gibt es verschiedene unirte griechische, armenische, nestorianische Kirchen und auch die Maroniten sind es."*

bleiben) und die katho*lischen* Kirchen stehn unter d*er* kirchlichen Oberaufsicht d*er* röm*ischen* Propaganda.

[———]

7. In Constantinopel 12 katho*lische* Kirchen u*nd* 6 Klöster. Die
Missionen vorzüg*lich* von Franciskanern bedient theils Franzosen theils
Italie*nern* theils Spaniern. Der Superior muß ein Römer sein d*er* Pro-   5
curator ein Spanier der Vikarius ein Franzose. Dieser Hauptsiz ist im
Kloster S. Salvator in Jerusalem. Der Procurator herrscht fast unum-
schränkt, wie auch der K*önig* v*on* Spanien am meisten beiträgt.

8. In allen wesent*lich* durch die lezten Kriege afficirten Länd*ern* muß
man bei den damaligen Institutionen anfang*en* um die Reaction als sol-   10
che kenen zu lernen. |

[———]

17ᵛ 9 Der Jesuiterorden ist in Italien schon 1814 vom Papst auf den
vorigen Fuß wied*er* hergestellt.

10 Das neue franzö*sische* Concordat zwischen Consalvi und Blacas geht auf d*as* v*on* 1516 zurük.   15

11. In Portugall meldeten sich unter den Cortes 3000 Mönch*e* zum
Austritt.

12. Die 4 Gallicanischen Säze 1.) Die Kirche habe keine welt*liche*
Gewalt. Die welt*liche* Gewalt über Geist*liche* sei im apostol*ischen* Stuhl

---

5 Der] *korr. aus* Die   9–11 8. ... lernen.] *Erledigungsvermerk*   12f 9 ... hergestellt.]
Erledigungsvermerk   14f 10 ... zurük.] *Erledigungsvermerk*   16f 11. ... Austritt.]
Erledigungsvermerk   18–65,8 12. ... Kirche.] *Erledigungsvermerk*   18 Die ... keine]
korr. aus Keine   19–65,3 Die ... sei] *über der Zeile, dann mit Einfügungszeichen am
linken Rand,* d*er* Papst *korr. aus* des Papstes

---

3 *Stäudlin II, S.* 616   3–8 *Stäudlin II, S.* 620 f.   9–11 *KHA* 1823,1, S. 75–83. *Vgl.
Abendländischer Zweig [11.]. Katholische Kirche 8–11 hat Schleiermacher aus Abendländischer Zweig [11.] f. kopiert.*   12f *KHA* 1823,1, S. 89. *Vgl. Abendländischer Zweig [11.].*
14f *KHA* 1823,1, S. 80. *Vgl. Abendländischer Zweig [12.].*   16f *KHA* 1823,1, S. 85. *Vgl.
Abendländischer Zweig [11.].*   18–65,8 *Die Declaratio cleri Gallicani de ecclesiastica
potestate, am 19.3.1682 auf einer Nationalsynode in Paris verabschiedet, steht z.B. in
Schröckh/Tzschirner 6, S. 339 f. (Mirbt Nr. 535) – Das Konzil von Konstanz (1414–18), auf
das sich die Declaratio beruft, dekretierte, daß die Gewalt des Konzils der des Papstes
übergeordnet sei; es setzte drei Päpste ab und wählte einen vierten.*

so enthalten d*aß* zugleich unerschütter*lich* bestehn die Beschlüsse der 4t*en* u*n*d 5t*en* Session der Kostnizer K*irchen*Versa*m*mlu*ng* (näm*lich* der Papst sei 2.) Untergeordnet den Concilien) 3.) D*a*s Herkommen der gal- lican*ischen* Kirche in Rechtssachen müsse gelten so wie überhaupt der
5 Gebrauch der apost*olischen* Macht durch die geheiligten Canones müsse geregelt werden. 4. In Glaubenssachen hab*e* der Papst einen vorzüg- *lichen* Antheil an der Entscheidung; aber sein Urtheil werde erst unver- änder*lich* d*u*r*ch* die Beistimmung der Kirche.
NB D*iese* 4 Säze sind in Rom wiederholt verdammt worden.

10 13. Die Bischöfe in partibus sind aus den Zeiten der Kreuzzüge her. Sezt er deren auch für Städte im türkischen Reiche, wo es griechische Bi- schöfe giebt?[1]

14 Der K a r d i n a l v i c a r i u s verwaltet die erzbischöf*lichen* Geschäfte[.] Zu *sei*ne*r* Diöcese gehören die Bißthümer Ostia Velletri Frascati Porto
15 Albino welche zum Theil auch von Kardinälen bekleidet werden.

15 Der l a t e r a n i s c h e P a l l a s t ist von K*aise*r Constantin dem Papst Silvester geschenkt, u*n*d die Kirche S Johann Lateran ist die Basilica Constantini. D*iese* Kirche ist die bischöf*liche* Kirche des Papstes und Vorsteher des Domcapitels ist immer ein Cardinal. Der Pallast hingegen

20 [1] Nein nur in solchen Orten die einmal im Besiz der lateinischen Kirche waren.

---

3 Concilien)] Concilien   4–6 müsse … werden.] *mit Einfügungszeichen am linken Rand*
6–8 habe … die] *über* 〈nicht ohne〉   9 NB … worden.] *am linken Rand*   13–15 14 …
werden.] *Erledigungsvermerk*   14 Diöcese] *korr. aus* Diöcse   16–66,2 15 … Wohnort.]
Erledigungsvermerk   20 Nein … waren.] *am linken Rand,* in solchen Orten *korr. aus*
solche Orte

---

9 *1690 verurteilte Papst Alexander VIII. die Declaratio durch die Bulle „Inter multiplices".*
10 *Stäudlin I, S. 433: „Eben so pflegt der Pabst seit den Kreuzzügen auch Bischöfe für solche Gegenden zu ernennen, welche einst in der Macht katholischer Christen waren, sich aber jetzt in den Händen der Unglaubigen befinden."*   13–15 *Stäudlin I, S. 434f.*
16–66,1 *Stäudlin I, S. 439f. Dort heißt es u. a.: „Man weiß, daß Sixt V. in dieser Gegend [an der Stelle des von den Hunnen zerstörten alten Lateran-Palastes] einen neuen Pallast aufführen ließ, welchen nachher Innocenz XII. in ein Hospital für Waisenmädchen verwandelte und mit beträchtlichen Einkünften versah. Diese Anstalt dauert noch fort, so wie sich auch auf dem Lateranischen Platze das große Lazareth di S. Salvatore befindet."*

ist jezt ein Hospital und der Quirinalpallast del monte cavallo ist der gewöhnliche Wohnort.

——————

16 In Neapel betragen die Einkünfte der Weltgeistlichen 340890 *Dukaten* Klostergeistliche 5011300, der Stiftungen 588000. Zusamen 9007390 *Dukaten* wozu noch 2178960 für Messen. 21 Erzbischöfe 110   5 Bischöfe.

——————

17. In der Stadt Neapel 104 Mönchs 42 Nonnen Klöster. Die Klöster gewähren den Mönchen nur Wohnung, und Kost. Mehrere Benedictiner Mönche sind Professoren an der Universität. Die Theatiner treiben besonders das Predigen und die Seelsorge. Sie sind von den Generalen   10 unabhängig und in geistlichen Sachen den Bischöfen in weltlichen den Gerichten unterworfen. |

[——]

18ʳ   Neapel
18. Der Konig kann an den meisten Klöstern Weltgeistliche oder Laien zu Aebten machen, welche dann an Residenz und Regel nicht gebunden   15 sind.   Monte Cassino aber und La Cava haben immer Aebte aus dem Orden.

——————

19 Die Congregationi müssen der Regierung ihre Statuten vorlegen.

——————

20. Es giebt in Neapel ein besonderes Collegium welches gegen Einführung der Inquisition und gegen inquisitorische Handlungen der Geist-   20 lichkeit zu wachen hat.

——————

3–6 16 … Bischöfe.] *Erledigungsvermerk*   **3** 340890] 3408090 *(korr. aus 340790)*   **7–12** 17. … unterworfen.] *Erledigungsvermerk*   **7** In der Stadt] *über* ⟨[Parma]⟩   **13** Neapel] *mit Klammer um 18.–23. am rechten Rand*   **14–17** 18. … Orden.] *Erledigungsvermerk* **18** 19 … vorlegen.] *Erledigungsvermerk*   **19–21** 20. … hat.] *Erledigungsvermerk*   **19** ein] *korr. aus* einen

1 f *Städlin I, S. 448*   **3–6** *Städlin I, S. 457–459. Dort heißt es u. a. (zitiert aus: G. M. Galanti: Nuova descrizione storica e geografica delle Sicilie, Band 1, 1788, S. 375): „Da wir 47233 Weltpriester und 25399 Mönche haben, welche zusammen 72632 ausmachen, so betragen die Messen, für jeden 30 Ducati jährlich gerechnet, 2178960 Ducati."*   **7–10** *Städlin I, S. 460 f.*   **10–12** *Städlin I, S. 463*   **14–17** *Städlin I, S. 464 f. Danach kann der Konig sogar Weltliche zu Äbten ernennen.*   **18** *Städlin I, S. 466*   **19–21** *Städlin I, S. 471 f. Die Rede ist von der Deputazione Contro al tribunale del S. officio.*

21. In Sicilien wozu in dieser Hinsicht auch Kalabrien gehört übt das Tribunal der königlichen Monarchie die Rechte eines legati a latere aus. Der Präsident desselben heißt giudice della monarchia. An ihn wird von den Gerichtshöfen der Bischöfe und Erzbischöfe appellirt,
5 und nur was die Vollmacht eines Legaten überschreitet, geht an den Papst. Doch kann von diesem Tribunal noch appellirt werden an das della sacra regia Coscienza welches auch das höchste weltliche Appellationshof ist.

22. Der geistliche Stand ist in Sicilien ein Reichsstand Braccio ecclesia-
10 stico mit 63 Stimmen. Der ErzBischof von Palermo präsidirt bei den Reichsständen und muß ein Ausländer sein. Unter seinem Präsidio steht auch das Tribunale della crociata welches Dispensation von Fastengesezen ertheilt und dafür jährlich 100000 Scudi einnimt[.] Unter ihm die 4 Bischöfe von Girgenti Mazara Catania und Siracusa mit zusamen 198
15 Parochien. – Der ErzBischof von Messina hat mit seinen 3 Bischöfen von Patti Cefalu und Lipari zusamen 149 Parochien.

23. Der König präsentirt dem Papst 3 Subjecte zur bischöflichen Stelle aber mit einem bestimmten Empfehlungsschreiben für Einen.
    In Sicilien Basilianerklöster mit griechischen ritus und Liturgie als
20 unirte Griechen, ihre Aebte zum Theil Reichsbarone. Benedictiner fast lauter Söhne aus den ersten Familien mit sehr gelösten KlosterBanden S Staeudlin 1 S 483.

1–8 21. … ist.] *Erledigungsvermerk* 9–16 22. … Parochien.] *Erledigungsvermerk* 15 seinen] *folgt* ⟨4⟩ 17–22 23. … 483.] *Erledigungsvermerk* 18 cincm] einer

1–8 *Stäudlin I, S. 477f.* 9–16 *Stäudlin I, S. 478–481. Dort heißt es u. a.: Die Geistlichkeit „wird im Parlemente durch die Erzbischöfe, Bischöfe, Aebte und Prioren repräsentirt, welche zusammengenommen der kirchliche Arm (braccio ecclesiastico) heissen. Sie haben in Allem 63 Stimmen." – Die 198 hat Schleiermacher (falsch) aus 73 (Girgenti), 33 (Mazara), 47 (Catania), 65 (Syrakus) und 45 (Palermo) addiert. Der Erzbischof von Palermo hat aber noch einen fünften Suffragan, den Bischof von Malta; die Zahl seiner Parochien gibt Stäudlin nicht an. Die 149 ist aus 105 (Messina), 5 (Patti), 30 (Cefalu) und 9 (Lipari) addiert. 17f Stäudlin I, S. 481f. Nach Stäudlin besteht diese Regelung seit 1776. 19–22 Stäudlin I, S. 482–484. Da heißt es u. a.: „Die Ordensregel wird nicht strenge gehalten. Die Mönche leben sehr angenehm, vergnügen sich mit Spielen und Reiten, haben eine gute Tafel, und wer das Studiren liebt, findet hier eine Bibliothek und Muße. Sie sind tolerant und nehmen Ketzer mit eben so viel Gastfreundschaft auf, als Glaubensbrüder. Frauenzimmer dürfen nicht ins Kloster kommen, aber die Herrn Mönche kommen desto öfterer zu ihnen. Den Armen erweisen sie unbeschreiblich viele Wohltaten."*

24 In Mayland besezte der Herzog und unter der italienischen Republik der Oberpräsident alle Erz und Bißthümer und der Papst bestätigte
nur. Ob es noch so ist?

Sardinien
25. Der König von Sardinien ernennt ErzBischöfe und Bischöfe; der   5
Papst bestätigt sie nach vorhergehender Prüfung.
   Geistliche Gerichtsbarkeit der Bischöfe und ein Königlicher apostolischer Kanzler welcher über gemischte Gegenstände und in Appellatio-
nis entscheidet
   Die kirchlichen Freistätten sind beschrankt. | 10

[———]

18ᵛ 26. Der Cavaliere servente de Maria, und der hintere Träger mit der
Müze auf dem Kopf.
   Jesus und Maria verbeugen sich auf der Straße vor einander.
   Ochsen gehn mit in der Prozession des heiligen Antiocho weil er
gegen die Seuche schüzt.   15

---

4 Sardinien] *am rechten Rand*   5–10 25. … beschränkt.] *Erledigungsvermerk*   11f Der
… Kopf.] *Erledigungsvermerk*   13 Jesus … einander.] *Erledigungsvermerk*   14f Ochsen
… schüzt.] *Erledigungsvermerk*

1–3 *Stäudlin I, S. 500. 1803 hatte die damalige italienische Republik mit dem Papast ein
Konkordat geschlossen. 1815 fiel Mailand an Österreich.*   5f *Stäudlin II, S. 47*   7–9
*Stäudlin II, S. 52. Danach sind allerdings der Appellationsrichter und der königliche apo-
stolische Kanzler, der über gemischte Gegenstände entscheidet, zwei Personen.*   10
Stäudlin II, S. 52 f.   11f *Stäudlin II, S. 55: „Man sieht oft ein Marienbild von einer Kirche
in die andere in einer Sänfte getragen werden, ein Cavaliere servente mit entblößtem
Haupt geht ihr zur Seite, auch der vordere Träger hat die Mütze abgezogen, indem der
hintere [Stäudlin: hindere] als der von ihr nicht gesehene das Haupt bedeckt hat."*   13
*Stäudlin II, S. 55: „Wenn die Bilder der Maria und Jesu den Tag vor Ostern einander auf
den Straßen begegnen, so verbeugen sie sich voreinander."*   14f *Stäudlin II, S. 55 f.: „Zu
den größten Kirchen- und zugleich Volksfesten gehört das Fest des h. Antiogio, welches im
Frühjahre bei Buenosayres, einem Kloster an der Seeküste, wo ein berühmtes Marienbild
ist, das zur See Wunder thut und von katholischen Seefahrern mit Kanonenschüssen be-
grüßt zu werden pflegt, gefeiert wird. [...] Eine Messe wird gelesen und darauf folgt eine
große Procession. Da dieser Heilige ein Schutzpatron wider Pest und Seuche ist, so läßt
man auch Ochsen an der Procession Antheil nehmen. Diese werden mit Blumen an den
Hörnern, dem Joche und dem Schwanze geziert und auf das Joch werden noch kleine
Fahnen gepflanzt, in welche Kreuze gestickt sind. So gehen die Ochsen in der Procession
voran, alsdann folgen die Mönche, darauf die Musikanten und nach ihnen der Heilige
selbst."*

27 a Die Cardinäle sind 6 Cardinalbischöfe Ostia Porto Sabina Palestrina Frascati und Albano. 50 Kard*inal*priester 14 K*ardinal*diaconen[.] Leztre beide Titel von einer Kirche in Rom.

b Die Nuntien an kath*olischen* Höfen, der Statthalter von Rom d*er*
5 Maggiordomo werden gewöhn*lich* Kardinäle.

c Der Senator von Rom hat ein welt*liche*s Tribunal, aber wenig zu sagen. Die 3 Conservatoren sind Stadtkämmerer.

28 Die Kardinäle müssen schwören Ansehn u*nd* Rechte des Papstes zu vertheidigen Ketzer u*nd* Schismatiker aber zu verfolgen.

10 Papstwahl

29. Der Maggiordomo wird Gouverneur des Conclave welches außerdem einen Marschall hat. Der Marschall hat die zwei äußeren Schlösser der Camerlengo u*nd* Cerimonienmeist*er* die beid*en* inneren.

30. Die fremden Kardinäle dürfen nur während des scrutiniums prote-
15 stiren. Kaiser, Frankreich u*nd* Spanien haben das Protestationsrecht.

31. Hermopolis rechnet 30000 kath*olische* Geistliche in Frankreich.[1]

---

[1] De Pradt nach dem Concordat v*on* 1817 rechnet 40000

1–3 a … Rom.] *Erledigungsvermerk* 4f b … Kardinäle.] *Erledigungsvermerk* 6f c … Stadtkämmerer.] *Erledigungsvermerk* 8f 28 … verfolgen.] *Erledigungsvermerk* 10 Papstwahl] *mit Klammer um 29.–30. am linken Rand* 11–13 29. … innercn.] *Erledigungsvermerk* 14f 30. … Protestationsrecht.] *Erledigungsvermerk* 16 31. … Frankreich.] *Erledigungsvermerk* 16–70,2 31. … gicbt?] *Klammer am linken Rand um 31.–32.* 17 De Pradt … 40000] *mit Einfügungszeichen am linken Rand*

1–3 *Stäudlin I, S. 406f.* 4f *Stäudlin I, S. 407* 6f *Stäudlin I, S. 405. Dort heißt es u. a.:* „Die drei Conservatoren des römischen Volks besorgen die Oekonomie der Stadt." 8f *Stäudlin I, S. 407* 11–13 *Stäudlin I, S. 412–414* 14f *Stäudlin I, S. 415f.* 16 *Denis Luc Graf von Frayssinous (1765–1841), Hofprediger Ludwigs XVIII., Bischof von Hermopolis in partibus infidelium, 1824–28 Kultusminister, Vorkämpfer der Restauration. Nach Ns. Stolpe 303 kommt die Zahl 30000 aus* „einer öffentlichen Rede, die der Bischof von Hermopolis gehalten hat". 17 *AANKG 4,2 (1819), S. 422:* „so daß, wenn man diese Summe auf vierzig tausend Köpfe vertheilt, auf jeden 1250 Francs kommen." – Diesen Zusatz hat Schleiermacher bei der Präparation auf das Kolleg von 1833/34 gemacht. Vgl. Katholische Kirche 144.

32. Seiner Aussage nach ernennt der König alle Bischöfe. – Ob es in
Frankreich eigentliche Domkapitel giebt?[1]

Papstwahl
33 Der Papst soll jedesmal ein Italiener, wenigstens 55 Jahr und ohne
bedeutenden Leibesfehler sein.   5

---

34. Beim Scrutinium und Accesso 2/3 der Stimmen. Beim accesso immer
für einen der schon Stimmen gehabt für den man aber nicht selbst ge-
stimmt hatte. – Beim Compromiß müssen sie Alle einig sein. – Bei der
Inspiration sagt Stäudlin nicht bestimmt ob es genug ist wenn 2/3 beitreten oder ob Alle es müssen.   10
    Das Volk übt das ius acclamandi aus. |

[———]

19ʳ 35 Nach Hamburgischem Correspondenten vom 8ten Juni ist die Bulle
     wegen N a s s a u und Frankfurt am Main erschienen.

[———]

---

[1] Ja nach de Pradt.

1f 32. ... giebt?] *Erledigungsvermerk*   **3** Papstwahl] *mit Klammer um 33–34. am linken
Rand*   **4f** 33 ... sein.] *Erledigungsvermerk*   **6–11** 34. ... aus.] *Erledigungsvermerk*   **14**
Ja nach de Pradt.] *nachgetragen*

4f *Stäudlin I, S. 416f.*   **6–10** *Stäudlin I, S. 415f., wo es u. a. heißt: „Kommen auch auf
diese Art [durch Scrutinium und Accesso] nicht 2/3 Stimmen für Einen heraus, so geschieht
die Wahl durch das Compromiß d. i. man wählt einige Cardinäle aus und erklärt, daß man
den Pabst anerkennen wolle, welchen sie ernennen werden; solche Cardinäle aber müssen
ganz einstimmig gewählt seyn. Kommt man auf diesem Wege nicht zum Zwecke, so wird
die Wahl durch Inspiration versucht. Die Cardinäle, welche wegen der Wahl einig miteinander geworden sind, treten hervor und rufen den Namen desjenigen aus, welcher Pabst
seyn soll, wie wenn es aus göttlicher Eingebung geschähe, alsdann treten ihnen, wenn es
gut geht, die übrigen bei, aus Furcht, die Wahl möchte gelingen und sonst der neue Pabst
ihr Feind werden, oder um doch auch etwas zur Pabstwahl beizutragen.“*   **11** *Stäudlin I,
S. 417f.: „Die Acclamation des Volks ist lauter oder leiser, je nachdem es mit der Pabstwahl mehr oder minder zufrieden ist.“*   **12f** *Staats und Gelehrte Zeitung des Hamburgischen unpartheyischen Correspondenten, 1827, 91 (8.6.): „Frankfurt, den 3 Juny. Endlich
ist die päpstliche Bulle über die Organisation der Angelegenheiten der katholischen Kirche
im Herzogthum Nassau und der freyen Stadt Frankfurt eingegangen, und nach glücklicher
Vereinigung dieser für die beyden Staaten so wichtigen Angelegenheit dieselbe zu voller
Zufriedenheit beyder Theile geordnet. Die päpstliche Bulle wegen der Organisation der
katholischen Kirche in Baden und Darmstadt soll ebenfalls schon ausgefertigt seyn und
nächstens eintreffen. Mit Würtemberg sollen aber noch einige Differenzen obwalten, an
deren baldigster Ausgleichung jedoch nicht zu zweifeln ist.“ Gemeint ist die Bulle „Ad
dominici gregis custodiam“ vom 11.4.1827 (Huber/Huber Nr. 109), die sich entgegen dieser Zeitungsmeldung auch auf Baden, Hessen-Darmstadt und Würtemberg, ferner auf
Hessen-Kassel bezog; vgl. unten Katholische Kirche 125; 167.*   **14** *AANKG 4,2 (1819),*

36 Berl*iner* Zeit*un*g 11t*er* Jun*i*. Das neue B i ß t h u m B a s e l hat seinen Siz in Solothurn und besteht aus der kathol*ischen* Bevölkerung der Cantone Luzern Bern Solothurn Aargau Basel Zug u*nd* Thurgau. D*a*s Kapitel besteht aus 21 Domherrn von denen 14 Kapitularen sind, d*a*s Recht
5 haben den Bischof zu wählen und s*einen* Senat bilden. Der Bischof erhält 10000 Schweizerfranken, jeder Domherr 2000.

––––––––

37 Der Papst hat in einem neuerlichen Consistorio Bischöfe u*nd* Erz-B*ischöf*e in den neuen A m e r i c a n i s c h *en* Staaten ernannt. (vgl No 49)

––––––––

P a p s t
10 38 Die Geist*lichen* Handlungen d*es* Papstes 1.) Messelesen u*n*bestimt. 2.) GründonnerstagsSegen und Fluch vorher Hochamt in der PetersKirche. 3.) Palmenweihe und Austheilung in der Kapelle des Quirinale 4.) Hochamt am Charfreitag in der Sixtinischen Kapelle 5. Ostersegen mit den dreifachen Krone. 6.) Laetare Rosenweihe. 7.) Christmette – vorher
15 Staab u*nd* Hut Segen 8) Pallium von der Wolle der bei der Kirche S Agnese auferzognen Lämmer wird besprengt beräuchert u*nd* gesegnet 9. Agnus Dei Weihe u*nd* Vertheilung unbestimmt.

––––––––

39 Kardinalämter 1. Camerlengo 2. Segretario – ist Aeuße*rer* u*nd* iner*er*

––––––––––

1–6 36 … 2000.] *Erledigungsvermerk* **8** (vgl … 49)] *ohne Klammern am rechten Rand* **9** P a p s t] *am rechten Rand* **10–17** 38 … unbestimmt.] *Erledigungsvermerk* **11** vorher … PetersKirche] *mit Einfügungszeichen am rechten Rand* **12** Quirinale] *über* ⟨Lateran⟩ **15 f** von … Lämmer] *mit Einfügungszeichen am rechten Rand* **18–72,2** 39 … Vicario.] *Erledigungsvermerk* **18–72,1** – ist … Obergericht) –] *ohne Gedankenstriche mit Einfügungszeichen am rechten Rand*

––––––––––

S. 387: Die nach 1814 von den aus dem Exil heimgekehrten Bischöfen befehdeten Bischöfe des napoleonischen Frankreichs „hatten von den Capiteln ihre Vollmachten erhalten" – Diesen Zusatz hat Schleiermacher bei der Präparation auf das Kolleg von 1833/34 gemacht. **1–6** *Vossische Zeitung 1827, 133 (11. 6.). Vgl. Katholische Kirche 73; 85* **7 f** *Vossische Zeitung 1827, 129 (6.6.): „Italien, den 27sten Mai. Der Papst hielt am 21sten dies. ein geheimes Consistorium im Vatikanischen Pallast, in welchem 21 neue Bischöfe ernannt wurden, unter diesen war D. Raimond Ignaz Mendez, Erzbischof von Venezuela oder Carracas."* **10–17** *Stäudlin I, S. 423–426, wo noch die Fronleichnamsprozession erwähnt wird (vgl. Kirchliche Geographie und Statistik [21.]). – Die Palmenweihe findet am Palmsonntag statt. – Laetare: der 4. Sonntag der Passionszeit. – Pallium: wollener Schulterumhang für Erzbischöfe. – Agnus Dei: Wachsplättchen mit dem Bild des Lammes und eines Heiligen.* **15 f** *Stäudlin I, S. 449; vgl. Katholische Kirche 157.* **18–72,2** *Stäudlin I, S. 426 f. – Der Kämmerling ist Finanzminister. Der Prodatarius hat die Aufsicht über die Besetzung der geistlichen Stellen. Der Sekretär der Breven fertigt die weniger Bedeutenden päpstlichen Verordnungen (vor allem Dispensationen) aus. Der Prouditore ist der oberste Richter in Zivilsachen.*

Minister zugleich Präses der Sagra consulta (pein*liches* Obergericht) –
3.) Prodatario 4.) Segretario der Breven. 5. Prouditore 6.) Vicario.

———

40 Sixtus V hinterließ 4000 verkäuf*liche* Aemter.

———

41. Vieles wird durch bloße Congregazioni welche theils nur pro tem-
pore sind, theils stehend, leztere sind 1.) die der Inquisition. 2.) der   5
hei*ligen* Gebräuche (auch Kanonisation) 3.) de propaganda fide, mit ihr
die Missionäre in Verbindung. 4.) der kirch*lichen* Immunität.

———

42 Legati a latere sind vornehme Nuntien. Es giebt gebohrne Toledo,
Gran, Rheims, Salzburg.

———

43 Concordate giebt es mit Spanien Frankreich Portugal, Neapel u*nd*   10
Deutschland.

———

44 Auch in den meist*en* kath*olischen* Ländern müssen Bullen und Breven
erst das placitum bekommen.

———

45 Ueber den Zustand der Akath*olische*n (Protest*ante*n u*nd* Juden) in
Rom. | 15

[———]

---

2 6.) Vicario.] *nachgetragen*   3 40 … Aemter.] *Erledigungsvermerk*   4–7 41. …
Immunität.] *Erledigungsvermerk*   4 theils] *über der Zeile*   6f mit … Verbindung.] *mit
Einfügungszeichen am rechten Rand*   8f 42 … Salzburg.] *Erledigungsvermerk*   12f 44
… bekommen.] *Erledigungsvermerk*   14f 45 … Rom.] *Erledigungsvermerk*

2 *Stäudlin I, S. 134f. Der Vikar verwaltet für den Papst die Erzdiözese Rom; vgl. Katholische Kirche 14; 155.*   3 *Stäudlin I, S. 428. – Sixtus V. (Felice Peretti) war 1585–90 Papst.*
4–7 *Stäudlin I, S. 430f.*   8f *Stäudlin I, S. 432*   10f *Stäudlin I, S. 434. Dort ist auch die
italienische Republik genannt (seit 1805 Königreich Italien), die 1815 aufgelöst wurde und
teils an Österreich fiel (Lombardei, Venetien), teils an den restaurierten Kirchenstaat (Romagna), teils habsburgische Sekundogenitur wurde (Modena).*   12f *Stäudlin I, S. 434*
14f *Stäudlin I, S. 435–438: „Die unirten griechischen Christen, die unirten Syrer und die
Armenier haben im Kirchenstaate bürgerliche Rechte und öffentlichen Gottesdienst, die
Protestanten aber sind von beiden ausgeschlossen. Sonst konnte ein Protestant nicht einmal sicher und unangefochten zu Rom leben, dieß ist aber jetzt nicht mehr der Fall. Die*

Rom 19ᵛ
46 In Rom sind 5000 Mönche 3000 Priester 150 Brüderschaften 328
Kirchen 186 Klöster.

---

47 Bei der Kirche S Antonio abbate wird allerlei Vieh mit Weihwasser
5 besprengt.

---

48 Die Aechtheit des Hauses von Loretto ist durch Gesandte die man
nach Dalmatien und Palästina schikte bestätigt worden.

Amerika
49 Der Papst hat am 21ten May 1827 ernannt einen ErzBischof von
10 Bogota und einen von Caraccas so wie Bischöffe von Quito St Martha
und Cuença. Auch Bischof von Antioquia in Columbien.

---

1 Rom] *am linken Rand* 2f 46 ... Klöster.] *Erledigungsvermerk* 4f 47 ... besprengt.]
Erledigungsvermerk 6f 48 ... worden.] *Erledigungsvermerk* 8 Amerika] *am linken*
Rand 11 Auch ... Columbien.] *am linken Rand*

Juden hatten bis auf Paul IV. noch ziemlich viele Freiheiten im Kirchenstaate, besaßen
Güter und Grundstücke, handelten und wohnten in der Stadt Rom zerstreut, wo sie woll-
ten. Durch eine Bulle jenes Pabsts vom J. 1555. wurden sie sehr eingeschränkt. Sie wurden
in ein besonderes Quartier der Stadt, il ghetto, welcher nur einen Eingang und einen
Ausgang hatte, eingesperrt, mußten sich des Abends daselbst einfinden, mußten alle ihre
Grundstücke an Christen verkaufen, durften keine Christen mehr in ihren Diensten haben
und sollten mit keinem vertraulich umgehen, auch ihren Handel bloß auf Hausgeräthe und
alte Kleider einschränken. Eine ältere päbstliche Verordnung, daß nämlich alle Sonntage
wenigstens 200 jüdische Mannspersonen und 50 Frauenspersonen in eine katholische Kir-
che gehen und daselbst ihren Unglauben sollten bestreiten hören, wurde aufs neue einge-
schärft und wird noch heutzutag beobachtet. [...] Pius V. und Clemens VIII. verbannten
sie aus allen Theilen des Kirchenstaats, ausgenommen aus Rom, Ancona und Avignon. Im
J. 1775. gab Pius VI. ein neues scharfes Edict über die Juden, aus dem Pallaste der Inqui-
sition, heraus, worinn alte Verordnungen wiederhohlt und neue hinzugesetzt werden. Die
Juden sollten den Talmud und kabbalistische Bücher nicht lesen, besitzen, abschreiben und
die in ihnen enthaltenen Irrthümer nicht bekannt machen, [...] die bekehrten Juden nicht
beunruhigen und beleidigen, zur Unterscheidung ein gelbes Zeichen und zwar die Männer
am Hute, die Weibspersonen auf bloßem Kopfe tragen, [...] nicht außer dem Ghetto
übernachten, wenn sie auf die Messe wollen, sich einen Erlaubnißschein vom Bischofe oder
Vicar geben lassen, alles bei Geld- Gefängniß- und Leibesstrafen, und diesen Verordnun-
gen sollen sich auch fremde Juden während ihres Aufenthalts im Kirchenstaate unterwer-
fen." 2f *Stäudlin I, S. 439* 4f *Stäudlin I, S. 449. Dies geschieht jährlich im Januar.* 6f
Stäudlin I, S. 453–455. Vgl. unten Katholische Kirche 161. 9–11 *Vgl. Amerika [1.].*

50 Wie ist in Malta der kirch*liche* Zustand seit es die Englän*der* besizen?

51 Die T o s c a n i s c h e Reform unter Leopold hatte vorzüg*lich* zum Gegenstand, bessere V*er*theilung u*nd* Anordnung d*er* Pfarreinkünfte, Unterdrückung der geist*lichen* Sanscurenen, Aufhebung eines Theils d*er* Klöster zum Besten des Unterrichtswesen, Beschränkung d*er* übrigen in 5
dem sie ohne ministeriale Bewill*ung* k*eine* Novizen annehmen sollten, Beschränkung der Dotationen an Klöster u*nd* Kirchen, Aufhebung der Abhängig*keit* v*on* auswärt*igen* Provinzialen u*nd* Oberen.   Schon zur Zeit des K*önigreichs* Etrurien machtc man Rükschritte, soweit Bonaparte es erlaubte. – Wie mag es jezt sein?   10

52. Drei ErzB*ischöfe* Florcnz Siena Pisa, der*en* ers*ter* 6, d*er* andre 4 d*er* dritte 3 B*ischöfe* unter sich haben. Ausserdem noch 5 unmittelbare Bischöfe.

53. In P a r m a waren unter dem lezten Herzog ähn*liche* Verbe*sserungen* gemacht; u*nter* anderem auch sollten s*eine* Unterthanen in Rom keine 15
Processe führen u*nd* keine Beneficien von dort annehmen. Der H*erzog* wurde mit dem Bann bedroht; allein dies hatte für den Papst wegen Berufung auf die Bulla in coena domini nur die nachtheilige Folge daß diese in mehreren Ländern widerrufen wurde.

2–10 51 ... sein?] *Erledigungsvermerk*   2–13 51 ... Bischöfe.] *Klammer am linken Rand um 51–52.*   11–13 52. ... Bischöfe.] *Erledigungsvermerk*   14–19 53. ... wurde.] *Erledigungsvermerk*

2–8 *Stäudlin II, S. 85–88. – Leopold von Habsburg-Lothringen-Toskana, ein Bruder Kaiser Josephs II., 1765–90 Großherzog von Toskana, 1790–92 als Leopold II. Kaiser.*   8–10 *Stäudlin II, S. 90f. – Das Königreich Etrurien bestand 1801–07 als Satellitenstaat Napoleons auf dem Gebiet der Toskana.*   11–13 *Stäudlin II, S. 91*   14–19 *Stäudlin II, S. 98–100. Die Rede ist von Herzog Ferdinand von Parma (1765–1802, seit 1781 volljährig). Der erwähnte Streit fällt ins Jahr 1768, also die Zeit der Unmündigkeit Ferdinands. Die Abendmahlsbulle „In coena Domini", deren Erstfassung von Papst Urban V. stammt (1363), wurde jedes Jahr am Gründonnerstag verlesen (vgl. oben Katholische Kirche 38) und verkündete die Verdammung der Ungläubigen, Schismatiker und Ketzer (nach Bedarf aktualisiert, z.B. 1521 Aufnahme Luthers). Clemens XIII. drohte in dem gegen Ferdinand und seine Kirchenreform gerichteten Breve „Aliud ad Apostolatus" (30.1.1768) unter Berufung auf die Abendmahlsbulle, die Geistlichen Parmas vom Gehorsam gegen den Herzog zu entbinden. Ferdinands Vormund Du Tillot antwortete mit der Ausweisung der Jesuiten aus Parma. 1770 zwangen die bourbonischen Mächte Frankreich, Spanien und Neapel-Sizilien Clemens XIV., die Verlesung der Abendmahlsbulle auszusetzen.*

Portugall
54 a Der Patriarch von Lissabon hat 100000 £ Sterling Einkünfte.

———

55. a In Portugall ist der 10te Mensch ein Geistlicher, auf eine Parochie kommen im Durchschnitt 400 Seelen.

5 54 b Unter dem Patriarchen *von* Lissabon standen sonst auch die 4 Brasilischen Bischöffe ohnerachtet in S. Salvador ein ErzB*ischof* war. Das Patriarchat ist erst 1716 von Johann V, der auch d*as* Kloster Mafra (das portug*iesische* Eskurial) gegründet und | der Patriarch sollte jedes- 20ʳ mal aus dem *Königlichen* Hause sein.

10 55. b Große Unwissenheit der Geistlichen in Portugall u*nd* Unsittlichke*it* der Klosterleute beiderlei Geschlechts.

c. Durch Joh*anns* V Streitigkeiten mit dem Papst wurde erreicht da*ß* die Kardinalswürde mit dem Patriarchat verbunden ward, da*ß der* Kö- nig die Ernennung zu allen geist*lichen* Würden bekam auch die Inqui- 15 sition an billige Geseze gebunden ward. Die späteren Pombalschen Be-

———

1 Portugall] *mit Klammer um 54 a–56 am linken Rand* 2 54 a … Einkünfte.] *Erledigungsvermerk* 3f 55. a … Seelen.] *Erledigungsvermerk* 5–9 54 b … sein.] *Erledigungsvermerk* 8 Eskurial] *folgt* 《gestiftet》 10f b … Geschlechts.] *Erledigungsvermerk* 12–76,2 c. … zurükgenomen.] *Erledigungsvermerk* 14 allen] *mit Einfügungszeichen über der Zeile*

———

3f *Stäudlin II, S. 102: „Man findet in Portugal bei einer Bevölkerung von etwa zwei Millionen Seelen ohngefähr 200000 geistliche Personen, mehr als 5000 Parochieen, 417 Manns- und 110 Nonnenklöster und ausserdem noch eine große Menge von Kapellen, Konventen und Stiftungen".* 5f *Stäudlin II, S. 105. 743* 7–9 *Stäudlin II, S. 102. 106f.* 10f *Stäudlin II, S. 108 f.: „Nach dem übereinstimmenden Zeugnisse mehrerer glaubwürdiger Männer, welche Portugal bereist und sich zum Theil lange daselbst aufgehalten haben, sind die Geistlichen und Mönche größtentheils roh und unwissend, und führen wie die Nonnen ein unsittliches und ausschweifendes Leben. Die Mönche insbesondere besuchen häufig unzüchtige Weibspersonen, betragen sich auch gegen andere Frauenzimmer mit einer empörenden Schaamlosigkeit und Unanständigkeit, und beschimpfen sich selbst auf öffentlicher Straße. Schon zu den Zeiten des Königs Johann V. war das Kloster Odivelas mehr ein Harem des Königs, als ein Sitz der Keuschheit und Züchtigkeit. Die vielen unehlichen Kinder des Königs sind aus diesem Kloster hervorgegangen. Die 300 junge und schöne Nonnen, welche in demselben lebten, hatten noch ausserdem viele besondere Liebhaber, lebten äußerst frei und trugen gewöhnlich nicht einmal ihre Nonnenkleidung. Pombal nahm daher einen Grund, manche dieser Klöster aufzuheben oder zu reformiren. Aber noch jetzt dauert die Sittenlosigkeit in den Klöstern fort, allein die Achtung gegen den Mönchsstand und die Almosen, welche an die Klöster gegeben werden, haben sehr abgenommen."* 12–76,2 *Stäudlin II, S. 111–114. – Sebastião José de Carvalho e Mello, Graf von Pombal (1699–1782), 1750 Außenminister und 1756 Premierminister von Portugal, Reformpolitiker, beschränkte die Macht des Papstes, der Geistlichkeit und der Inquisition und wies 1759 die Jesuiten aus Portugal und seinen Kolonien aus. Nach dem Regierungsantritt Marias I. 1777 wurde Pombal entlassen, viele seiner Reformen wurden zurückgenommen.*

schränkungen der päpst*lichen* Gewalt wurden hernach wieder zurükgenomen.

———

d Der h*eilige* Antonius v*on* Padua ist Obergeneral der portugiesi-
schen Armee.   Große Vereh*rung* der als ganz verschieden gedachten
Marienbilder, della Concepzion, dei sette dolori, da Nazaret d'Atalaja.   5
Besondre Feste der lezten Maria; viele Heilige komen in ihre Kapelle.
Concerte, Stiergefechte, Feuerwerke p – Bruderschaften welche Almosen
zu Messen sameln lassen u*nd diese* Almosen verpachten – Der h*eilige*
Georg der an der Frohnleichnamsprozession vorangetragen wird zu
Pferde besizt viele Diamanten und viele werden ihm geliehen – Kra*nke*   10
Kin*der* werden einem Hei*ligen* geweiht und tragen dann sogleich
Mönchskleidung – Gestorb*ene* Kinder werden geschmückt und in der
Kirche zur Verehrung der Gläubigen ausgesezt.

[———]

———

3–13 d ... ausgesezt.] *Erledigungsvermerk*

———

3–13 *Stäudlin II, S. 119–125: Antonius von Padua „wird auch als der General der portugiesischen Armee betrachtet, wozu er feierlich erwählt ist. [...] Unter den Bildern desselbigen Heiligen [Franz Xaver] und eben so auch der Maria machen sie einen großen Unterschied. Einige ziehen das Bild der Maria von der Conception, andere das der Maria von
den sieben Schmerzen, andere das der Maria von Nazaret, andere das da Luz, andere das
von Atalaja u.s.w. vor. Zu Ehren der letzten werden alle Jahre zwei große Feste gefeiert.
Mehrere Heilige von Lissabon und andern Gegenden kommen alsdann mit einem großen
Gefolge nach ihrer Capelle. Es wird große Messe und Predigt gehalten, man verkauft
Bilderchen dieser Maria, man führt ein großes Concert an der Thüre der Kapelle auf, man
brennt Feuerwerke ab, hält Markt, führt allerlei Kunststücke auf, gibt auch zuweilen
Stiergefechte. [...] Es gibt Brüderschaften, welche für Arme in gewissen Kirchen Messen
lesen lassen und zu diesem Zwecke Allmosen sammeln; diese Einnahme verpachten sie
zuweilen an Leute, welche sich in die Nähe dieser Kirchen stellen und betteln. Diese Bettler
haben nach Abzug des Pachtgelds einen großen Gewinn für sich selbst übrig. [...] Die
Processionen sind vermindert, aber doch noch sehr zahlreich, die vornehmste ist die am
Frohnleichnamsfeste. [...] Die Bildsäule des h. Georg wird vorangetragen. Sie ist von Silber
und sitzt auf einem weißen Pferde, der Page des Heiligen geht voraus und Diener halten
ihm die Steigbügel. Die reichsten Frauenzimmer leihen ihre Diamanten, um den Hut des
Heiligen damit zu zieren, viele gehören ihm auch eigenthümlich. [...] Wenn ein Kind krank
ist, so pflegt man es oft, auf den Fall, daß es nicht sterben wird, dem h. Franciscus, oder
Dominicus oder einem andern Ordenspatron zu weihen; daher sieht man in diesem Lande
nicht selten Kinder von 4 oder 5 Jahren in der Mönchskleidung, einem von ihren Eltern
geschehenen Gelübde zufolge. Wenn ein Kind stirbt, so freuen sich die Eltern und Verwandten mehr als sie sich betrüben, weil sie fest überzeugt sind, daß sein Tod im Un-
schuldsalter ihm einen gewissen Wohnsitz unter den Engeln des Paradieses versichert. Sein
Leichnam wird mit aller möglichen Sorgfalt geschmückt, mit Blumen bedeckt, mit einer
aufmunternden Musik begleitet und in der Kirche eine Zeitlang zur Verehrung der Glaubigen ausgesetzt."*

56 Drei Geist*liche* Ritterorden vo*n* Aviz, Jago delle spatha u*nd* der aus den Trümern der Tempelherren gestiftete Orden Christi. Alle bis auf die eigent*lich* Geist*liche*n Brüder des ersten dürfen heirathen.

———

Spanien

5 57 In Spanien verkaufen bisweilen Freudenmädchen Beichtzettel die sie von Geist*liche*n erhalten haben. – In Spanischen Kalendern sind gewisse Tage besonders bezeichnet an denen man durch eine Anzahl Gebete eine Seele aus dem Fegefeuer ziehn kann. – Prozessionen mit Laternen Fahnen u*nd* Musik um den Rosenkranz abzusingen. – FrohnleichnamsProzession mit Masken und als Engel gekleideten Kindern. – Damen schmücken für fest*liche* Tage die Marienbilder mit ihren schönsten Kleidern.

———

58 a Man zählt unter 8 ErzB*ischöfe*n u*nd* 48 Bischöffen etwa 158000 Geist*liche* Personen.

———

15   b. Der ErzB*ischof* vo*n* Toledo hat 300000 Duc*aten* Einkünfte, sein Kapitel halb soviel. Alle ErzB*ischöfe* zusamen 740000 Duk*aten*.

———

59 Der Kö*nig* ernennt ErzB*ischöfe* u*nd* B*ischöfe*[.] Der Papst hat überha*upt* nur 52 Beneficien zu vergeben u*nd* darf dafür keine Gebühren nehmen. Auch die Beisizer des Nuntiaturgerichtes (es sind 6 Weltgeist-
20 *liche*. Der Nuntius erhält vom König 50000 Scudi jähr*lich*) ernennt zwar

---

1–3 56 … heirathen.] *Erledigungsvermerk*   4 Spanien] *mit Klammer um 57–65 am rechten Rand*   5–12 57 … Kleidern.] *Erledigungsvermerk*   13f 58 a … Personen.] *Erledigungsvermerk*   15 f b. … Dukaten.] *Erledigungsvermerk*   17–78,4 59 … Spanien.] *Erledigungsvermerk*   19f (es … jährlich)] *ohne Klammern mit Einüfgungszeichen am rechten Rand*

1–3 *Stäudlin II, S. 125 f.*   5 f *Stäudlin II, S. 136. – Mit dem Beichtzettel bescheinigt ein Priester, daß jemand seiner jährlichen Beichtpflicht nachgekommen ist und die Kommunion empfangen darf.*   6–12 *Stäudlin II, S. 132–135*   13 f *Stäudlin II, S. 137*   15 f *Stäudlin II, S. 138 f. Die 740000 hat Schleiermacher addiert aus 300000 (Toledo), 140000 (Sevilla), 80000 (Santiago), 70000 (Granada), 40000 (Burgos), 20000 (Tarragona), 50000 (Zaragoza) und 40000 (Valencia).*   17–78,4 *Stäudlin II, S. 139–141. Diese Regelungen gehen zumeist auf das 1753 zwischen Benedikt XIV. und Ferdinand VI. geschlossene Konkordat zurück.*

der Papst aber auf des *König*s Vorschlag. – Für die geist*lichen* Erbschaften u*nd* VakanzEinkünfte bekomt d*er* Papst 600000 Scudi Entschädigung. – Für Dispensen zog er sonst oder zieht noch 1500000 Livres aus Spanien. |

20ᵛ   b. Die Einkünfte d*er* KreuzzugsBulle muß der König auf die Erhaltung der africanischen Festungen verwenden.   5

[———]

60. Es gab 15 Inquisitionsgerichte unter dem ErzB*ischof von* Toledo. Erst waren die Päpste eifersüchtig auf d*as* Institut; dann haben es die Könige selbst beschränkt.

[———]

61. Gegen 9000 Klöster u*nd* 94000 Mönche u*nd* Nonnen. Ueb*er* 200000   10 durch Gelübde zur Ehelosigkeit v*er*pflichte*te* Personen.

[———]

62. Das Kloster S. Lorenzo (Escurial) v*on* 200 Hieronymiten bewohnt hat 5 Milli*one*n Realen Einkünfte.

[———]

63. Die 3 geist*lichen* Ritterorden v*on* Calatrave u*nd* Alcantara u*nd* v*on* S. Jago de Compostella.   15

[———]

5f b. ... verwenden.] *Erledigungsvermerk*   7–9 60. ... beschränkt.] *Erledigungsvermerk*
10f 61. ... Personen.] *Erledigungsvermerk*   12f 62. ... Einkünfte.] *Erledigungsvermerk*
14f 63. ... Compostella.] *Erledigungsvermerk*

5f *Stäudlin II, S. 141f.:* „Die Kreuzzugsbulle ist erst durch das letzte Concordat für immerwährend erklärt und dadurch eine beständige Quelle von Zuflüssen für den königlichen Schatz geworden. Ursprünglich war sie dazu bestimmt, allen denjenigen Spaniern, welche wider die Ungläubigen kämpften oder zum Kriege wider sie Beiträge lieferten, ertheilt zu werden und ihnen gewisse Arten von Ablaß zu verschaffen. Noch jetzt müssen die Könige von Spanien den Ertrag aus dem Verkaufe dieser Bulle zur Unterhaltung ihrer Festungen und Garnisonen an den afrikanischen Küsten verwenden. [...] Jeder gute Katholik in Spanien kauft sich ein Exemplar dieser Bulle und erhält dadurch nicht nur den darinn verwilligten Ablaß, sondern auch die Erlaubniß, unter Zustimmung seines Arzts und Beichtvaters, in der Fastenzeit Fleisch, Milch und Eier zu essen." *   7 Stäudlin II, S. 149f.   7–9 Stäudlin II, S. 143   10f Stäudlin II, S. 152. Dort wird die Zahl der Klöster nach J. Townsend: A journey through Spain in the years 1786. and 87., Band 1, London 1791, S. 514 mit 8932 angegeben.   12f Stäudlin II, S. 157   14f Stäudlin II, S. 159*

64 In Toledo wird aus Stift*u*ng des Kardinal Ximenes in einer besondren Kapelle täg*lich* die Messe nach Mozarabischem Ritus gelesen.

---

65 Die spanische Theologie besteht vorzüg*lich* in Casuistik u*nd* Mystik. D*a*s bibl*ische* u*nd* orienta*lische* Studium fast gänz*lich* unbekannt. – Die
5 Geist*lichen* werden in den bischöf*lichen* Seminarien gebildet.

Frankr*eich*
66 Seit dem Anfang der Revolutio*n* sind in Frankr*eich* die Kirchengüter eingezogen und die Geist*lichen* vom Staat besoldet. Zugleich wurden d*ie* Klöster aufgehoben – D*ie* Geist*lichen* u*nd* Bischöfe sollten von d*er* Ge-
10 m*eine* u*nd* den Wahlmännern gewählt werden.
NationalSynode zu Paris zur Zeit des Directo*riums* 1797.

---

67 Concordat zw*ische*n Bonaparte u*nd* Pius VII. anno 1801. Die Katho-
lische R*eligion* wird darin nicht für Staatsr*eligion* od*er* herrschend sondern nur für die R*eligion* der Majorität erklärt. Der Papst erkennt den
15 V*erkauf* der Kirchengüter an, keine päpst*liche* Thätigk*eit* in der franzö-
sischen Kirche ohne Genehmigung der Regierung. – Appel comme

---

1 f 64 … gelesen.] *Erledigungsvermerk*   6 Frankreich] *mit Klammer um 66–69 am linken*
Rand   7–11 66 … 1797.] *Erledigungsvermerk*   12–80,2 67 … haben.] *Erledigungsver-*
merk

1 f *Stäudlin II, S. 161. Die Kapelle gehört zur Kathedrale von Toledo. – Francisco Ximénes*
de Cisneros OFM (1436–1517), 1492 Beichtvater der Königin Isabella, 1495 Erzbischof von
Toledo, 1507 Kardinal und Generalinquisitor von Kastilien. Nach dem mozarabischen
Ritus hielten die christlichen Spanier zur Zeit der arabischen Herrschaft die Messe. Er
wurde mit der Rückeroberung Spaniens vom römischen Ritus verdrängt.   3–5 *Stäudlin II,*
S. 167 f.   7–10 *Stäudlin II, S. 175–177. Die Nationalversammlung beschloß das erste am*
2.11.1789, die Aufhebung der Klöster am 13.2.1790, die Zivilkonstitution des Klerus mit
Bestimmungen über die Wahl der Geistlichen am 12.6.1790.   11 *Stäudlin II, S. 182:*
„Während des Directoriums bekümmert sich die Regierung wenig um kirchliche Angele-
genheiten, der Cultus liegt darnieder, die katholischen Geistlichen werden fast nur gedul-
det, die Bischöfe halten eine Nationalsynode zu Paris, um sich über die Angelegenheiten
der französischen Kirche zu berathschlagen und eine Wiederaussöhnung mit dem Pabste
und den ausgewanderten Bischöfen herbeizuführen, eine feste und bestimmte kirchliche
Verfassung ist gar nicht da." – Die Jahreszahl 1797 hat Schleiermacher der für die Akten
der Nationalsynode angegebenen Quelle entnommen.   12 *Stäudlin II, S. 183–193 gibt den*
Inhalt des Konkordats (auch Mirbt Nr. 558; Huber/Huber Nr. 2) und der Organischen
Artikel (im Auszug auch Mirbt Nr. 559) wieder.   12–14 *Konkordat, Präambel*   14 f
Konkordat, Art. 13   15 f *Organische Artikel betreffend die Katholiken 1 f.: Weder Bullen*
und Breven noch Legaten oder andere Personen dürfen ohne Genehmigung der Regierung
Einfluß auf die Kirche in Frankreich üben.   16–80,1 *Organische Artikel betreffend die*
Katholiken 6: „Il y aura recours au conseil d'état, dans tout le cas d'abus de la part des
supérieurs et autres personnes ecclésiastiques." Es folgt eine Aufzählung der möglichen
Mißbräuche der geistlichen Gewalt.

d'abus beim Staatsrath – Ein ErzBischoff soll 15000 Bischof 10000 und ein Pfarrer nicht unter 1000 Franken haben.[1]

_____

68 Vor 1789 waren 18 Erzbißthümer und 112 Bißthümer. Im Concordat von 1801 10 Erzbißthümer und 50 Bißthümer.[2]

_____

69 Vielleicht ein Wort über die Anmaaßung der ausgewanderten Bi- 5
schöffe.

_____

70 Das Jubeljahr gehört besonders unter die Mittel die päpstliche Monarchie zu unterhalten. – Die Laterankirche hat soviel Indulgenztage als
bei einem 72stündigen Tage Regentropfen fallen. |

[———]

21ʳ 71 Das Concilium Tridentinum ist weder in Frankreich bestätigt 10
und auch in Deutschland und Ungarn wenigstens nicht auf feierliche
Weise.

_____

[1] Das neue Concordat ist vom 11. Juli 1817. HauptSache ist eine Wiederher-
stellung des Concordats zwischen Leo X und Franz I und Aufhebung des
Concordats von 1801 nebst den organischen Artikeln, welche abgeschafft sind 15
in allem was der Lehre und den Gesezen der Kirche zuwider ist. Die nächste
Organisation ist einer künftigen Bulle anheimgegeben und noch größeren
Wiederherstellung in Zukunft vorbehalten.   Fast gleichzeitig übergab
Blacas unterm 15. Juli eine Erklärung die vom König beschworenen Rechte
der Protestanten bezögen sich nur auf den ordre civil und könne also dieser 20
Schwur der Lehre und den Gesezen der Kirche keinen Eintrag thun.
[2] Nach dem Concordat von 1817 sollen die vor 1789 bestandenen Size mög-
lichst wiederhergestellt werden.

_____

1 ErzBischoff] *korr. aus* Bischoff   3 f 68 ... Bißthümer.] *Erledigungsvermerk*   7–9 70 ...
fallen.] *Erledigungsvermerk*   13–21 Das ... thun.] *am linken Rand*   22 f Nach ...
werden.] *nachgetragen*

_____

1 f *Stäudlin II, S. 193*   3 f *Stäudlin II, S. 193–196. Das Zweite bestimmten die Organischen
Artikel betreffend die Katholiken 58 f. Die genaue Zirkumskription der Sprengel war den
Organischen Artikeln beigefügt.*   13–21 *Zum Konkordat vom 11. Juni (nicht Juli) 1817
vgl. Abendländischer Zweig [12.]; Katholische Kirche 10; 143. Hier werden die Artikel
1.–3. 9. 14. zitiert.*   22 f *Art. 12 des Konkordats von 1817*

Fr*a*nkr*ei*c*h*
72 Der Papst autorisirt eine Schrift worin bewiesen wird d*a*ß die Käufer
geist*lich*e*r* Güter sie herausgeben müßten. Das Versprechen des Papstes
sie nicht zu beunruhigen habe immer den Sinn daß er sie vor welt*lich*en
5 Gerichten nicht belangen werde.

73 In der S c h w e i z stellte bisher der nuntius die Untersuchung an ob ein
Kandidat d*e*s Bißthumes die kanonischen Eigensch*a*ften habe. In dem
neuren Concordat ist darüber nichts neues verordnet; auch keine Ge-
währ geleistet d*a*ß d*i*e Domherren keine den DiöcesanStänden unange-
10 nehme Pers*o*nen wählen sollen.   Die Schweizerischen Bischöfe haben
nach d*i*esem Concordat keinen Metropolitanverband und der Nuntius
     In Beziehung auf die Domherren, welche der Bischof wählt hat B e r n
das Recht 3 Candidaten abzulehnen. Dagegen ist nicht zugestanden worden, d*a*ß der gewählt*e* ihr angenehm sein müsse.

---

1 Fr*a*nkreich] *am rechten Rand*   **2–5** 72 … werde.] *Erledigungsvermerk*   **6–14** 73 …
müsse.] *Erledigungsvermerk*   **12** Domherren, welche] Domherren *über* ⟨Weihbischöfe⟩,
welche *davor* ⟨hat⟩   **13f** Dagegen … müsse.] *am rechten Rand*

2–5 *Schleiermacher bezieht sich auf:* La Restituzione de' Beni Ecclesiastici necessaria alla
Salute di quelli che ne han fatto acquisto senza il consenso e l'autorità della S. Sede
Apostolica, 1824, *und dort besonders auf Capo XXI (recte: XX):* I due Concordati della
Sancta Sede col primo Console della Repubblica Francese, e col Rappresentante della
Repubblica Italiana non danno alcun diritto di proprietà sopra i Beni Ecclesiastici
*(S. 117–123). Verfasser der Schrift ist Filippo Anfossi OP (1748– 1825), seit 1815 Magister
Palatii des Papstes. 1832 erschien in Leipzig eine deutsche Übersetzung von Johann Daniel
Ferdinand Neigebaur (unter dem Pseudonym Doctor Daniel). Neigebaur schreibt im Vor-
wort: „Der Verfasser […] hatte schon seit längerer Zeit die Erlaubniß zum Druck dieser
Schrift verlangt. So lange Cardinal Consalvi lebte, konnte er seinen Zweck nicht erreichen.
Kaum hatte aber dieser große Staatsmann die Augen geschlossen, als der Papst unmittelbar
die Genehmigung dazu ertheilte. Kaum erschienen, war das Buch so schnell vergriffen, daß
schon im Juli 1824 diese zweite Auflage zu Bologna veranstaltet ward. Der Verleger eilte
damit umso mehr, da er jeden Augenblick ein Verbot dieses Scandals erwartete. Denn nicht
genug, daß die Schrift den ruhigen Besitzstand mehrerer europäischer Staaten angreift: so
ist sie besonders dazu geeignet, bei Millionen ruhiger Grundbesitzer die größten politischen und religiösen Besorgnisse zu erregen, ja zu neuen Umwälzungen zu führen."* **7–14**
*Das Konkordat über die Errichtung des Bistums Basel (Sitz in Solothurn; vgl. Katholische
Kirche 36; 85) wurde am 12.3.1827 mit den Regierungen der Kantone Bern, Luzern, Aargau und Solothurn abgeschlossen, aber im Februar 1828 vom Großen Rat von Aargau
verworfen. Es wurde daher neu verhandelt und am 26.3.1828 in etwas modifizierter Form
mit Bern, Luzern, Solothurn und Zug abgeschlossen; Aargau und Thurgau traten ihm
später bei. Die päpstliche Zirkumskriptionsbulle erging am 7.5.1828; nach ihr umfaßte das
Bistum auch das Gebiet von Basel, Zürich und Schaffhausen. – „und der Nuntius": lies:
der Nuntius nimmt die Funktion des fehlenden Erzbischofs wahr.*

Das Bißthum Basel hat in
Luzern	100000
Bern	42000
Solothurn	44000
Aargau	68000
Thurgau	17000
Zug	14000
Basel	5000 Seelen
	290000

5

74 In Preußen sind die Domherrenstellen mit solchen Pfrunden ver-   10
bunden worüber die Regierung das Patronatrecht ausübt.

75 Die Bulle Unam sanctam von Bonifac*ius* VIII erklärt die Führung des
geist*lichen* und welt*lichen* Schwertes für die tunica inconsutilis Christi so
daß das Geist*liche* überall zu beurtheilen habe ob u*nd* wo das welt*liche*
fechte. Dieselbe erklärt auch es sei fur alle menschliche Kreatur de ne-   15
cessitate salutis dem römischen Stuhl unterworfen zu sein.

76 Außer den beschlossenen neuen BenedictinerKlöstern in Baiern
wird auch in München ein FranciskanerKloster wieder errichtet.

1–9 Das … 290000] *am rechten Rand*

1–9 *AKZ 6 (1827), 109 (14.7.), S. 896. Die Zahlen für Solothurn und Thurgau hat Schleiermacher von 43949 bzw. 16782 aufgerundet, die Zahl für Thurgau von 14300 abgerundet.
Zugleich korrigiert er die Addition in der AKZ, die zu einem um 5000 zu hohen Ergebnis
gekommen war.   12–16 Die Bulle „Unam sanctam" (18.11.1303, Mirbt Nr. 372,
Mirbt/Aland Nr. 746) ist eines der wichtigsten Dokumente der spätmittelalterlichen Kirchengeschichte: Wie es einen Herrn und eine Kirche gebe, so auch ein Haupt der Kirche,
den Stellvertreter Christi und Nachfolger Petri: den Papst. Ihm gebühre sowohl die Führung des geistlichen Schwerts (d.h. die Entscheidung über Sündenvergebung und Exkommunikation) als auch die Aufsicht und Befehlsgewalt über das vom Staat geführte weltliche
Schwert; dem Papst untertan zu sein, sei also Gottes Ordnung und zum Heil notwendig.
Eine Inhaltsangabe der Bulle bieten z.B. Henke 2, S. 360 f; Henke/Vater 2, S. 400. – Die
tunica inconsutilis (der ungenähte Rock Christi, Joh 19,23 Vulgata) ist ein Symbol für die
Einheit der Kirche.*

77. In dem neuen kathol*ischen* Consisto*rium* in D r e s d e n führt nicht
eins von den 2 welt*lichen* sondern eines von den 3 geist*lichen* Mitgliedern den Vorsiz. – Der Apostol*ische* Vicarius wählt die Mitgl*ieder* des
Consisto*riums* unter Landesherr*licher* Bestätigung. Das Vicariatsgericht
5 besteht unter Vorsiz des Apostol*ischen* Vicars aus 2 geist*lichen* u*nd* 3
welt*lichen* Räthen (1 aus Landesr*egierung* 1 aus Appella*tions*gericht 1
besonderes kathol*isch*-welt*liches* Mitglied; doch hat der Apostol*ische*
Vicar das votum decisivum. – Der Vicarius hat den Rang zunächst nach
dem evang*elischen* OberConsistorialpräsidenten. Er u*nd* alle Mitglied*er*
10 beid*er* Collegien haben den Unterthanen u*nd* Diensteid zu leisten.|

[――――]

78 In D a r m s t a d t sollen in gemischten Ehen die Kind*er* ohne Unter- 21ᵛ
schied der R*eligion* des Vaters folgen.¹ Es scheint übereinstimmende
Willkühr d*er* Eltern ausgeschlossen, also muß der Kirche eine Action auf
die Kinder zustehen.

15 Ebendaselbst sind für alle Kirchgemeinen Vorstände angeordnet, die
aber bloß ökonomisch sind u*nd* zwar nur bei neuen Erwerbungen u*nd*
baulichen Constructionen in Thätigkeit treten. Ueber d*ie* currente Ver-
walt*ung* kön*en* sie nur Bemerk*ung*en machen. Die ersten für 1827 sollten
vo*n* Pfarrer u*nd* Landrath gewählt werden, hernach ergänzen sie sich
20 selbst nach regelmäßiger Ausscheidung.

---

¹ Dasselbe ist in Baden durch die KirchenConstitutionen vo*n* 1807 festgestellt.

1f nicht ... sondern] *über* ⟨das⟩   2 3] *über der Zeile*   13 der] *korr. aus* die   17 Ueber]
korr.   21 Dasselbe ... festgestellt.] *am linken Rand*

1–3 *Mandat, die Ausübung der katholisch-geistlichen Gerichtsbarkeit in den königl. säch-*
sischen Kreislanden, und die Grundsätze zu Regulirung der gegenseitigen Verhältnisse der
katholischen und evangelischen Glaubensgenossen betreffend; vom 19. Febr. 1827., in:
AKZ 6 (1827), 52 (1.4.), S. 417–424; 53 (3.4.), S. 425–429 = Paulus: Kirchen-Beleuchtungen
2, S. 93–125 (Huber/Huber Nr. 68. Vgl. Katholische Kirche 127), §§ 4. 7.   3–8 *§§ 5. 14 f.*
8–10 *§§ 16. 2. 6*   11–14 *Die religiöse Erziehung der Kinder aus gemischten Ehen betr.*
(27.2.), in: Großherzoglich Hessisches Regierungsblatt 1826, 7 (30.3.), S. 69 f. = AKZ 5
(1826), 61 (18.4.), S. 504. Nach Art. 1 des Edikts ist die „übereinstimmende Willkühr der
Eltern" allerdings nicht ausgeschlossen: „Wenn nicht in gültigen, vor Eingehung der Ehe
geschlossenen Eheverträgen, etwas anderes über die religiöse Erziehung der Kinder aus
gemischten Ehen festgesetzt worden ist, so sollen die Kinder, ohne Unterschied des Geschlechts, der Confession des Vaters folgen." *Die gleiche Einschränkung macht Art. 6 des*
badischen Konstitutionsedikts (vgl. Protestantische Kirche 62).   15–20 *Verordnung, die*
Bildung der Kirchenvorstände in den Provinzen Starkenburg und Oberhessen betr. (4.9.),
in: Großherzoglich Hessisches Regierungsblatt 1826, 25 (23.9.), S. 249–251 = AKZ 5
(1826), 155 (1.10.), S. 1268 f.   21 *Erstes ConstitutionsEdict (Huber/Huber Nr. 39), Art. 6*

79 Bairisches Concordat vom 5. Juni 1817. ordnet Zwei ErzBißthümer 1.) München-Freising (darunter Augsburg (wozu was sonst zu Constanz gehörte) Passau Regensburg). 2.) Bamberg (darunter Würzburg
Eichstädt Speyer). – Was sonst zu Salzburg gehörte ist unter Passau und
München vertheilt; Chiemsee mit München verbunden. Die ErzBischöfe 5
und Bischöfe leisten den Eid der Treue nach einer im Concordat bestimmten Formel.
  Kapitel. Dechant Propst und Kanoniker 10 bei ErzBischöfen 8 bei
Bischöfen Vicare 6 mit Vorbehalt der Vermehrung. NB. Generalvikar
und bischöflicher Secretär sind *nicht* besonders aufgestellt. Denen wel- 10
che diese Stellen bekleiden soll der König resp 500 und 200 fl. anweisen.
Die Einkünfte bestimt und auf Grundeigenthum fundirt welches zur frei-
en Verwaltung übergeben wird (mit Ausnahme von Speier welches bloß
auf Gehalt gesezt ist.) – Die bischöflichen Seminarien (auch auf Grund-
eigenthum zu dotiren) sind der vollkomen freien Aufsicht der Bischöffe 15
übergeben – Die Bischöffe sollen in der Aufsicht auf Glaubenslehre und
Sittenlehre in den öffentlichen Schulen nicht gehindert werden. – Die
Errichtung eines Hospitals für Geistliche und einiger Klöster ist stipulirt[1]
– Der Kirche ist ein Erwerbungsrecht beigelegt ohne Beschränkung
(Anm. hierüber. Wo eine gewisse Bildungsstufe erreicht ist braucht das 20
Erwerbungsrecht nicht beschrankt zu werden.) Der Papst verleiht dem
Könige die Ernennung als ein Indult auf ewige Zeiten sowol die der
ErzBischöfe und Bischöfe (Anm. Der Papst hat das Recht nicht gehabt
aber der König hat es auch nicht gehabt.) als auch in den 6 apostolischen
Monaten zu den Kanonicaten: die andern sind getheilt zwischen Bischof 25
und Kapitel. NB Die ersten Kapitel solle der Nuntius im Einverständniß
mit dem Könige ernennen. Die Vicariate besezen die respectiven Bischöfe und ErzBischöfe. – In Bezug auf die Pfarreien bleibt das Patronat-
verhältniß bestehn; der König tritt in die Stelle der ehemaligen Landesherren und der nicht mehr bestehenden geistlichen Corporationen. Pfar- 30
rer und Curaten müssen die Bischöfe selbst prüfen

---

[1] Decretirt ist jezt die Wiederherstellung 1.) des Schottenklosters in Regensburg
2.) der Benedictiner Abtei Metten 3.) eines Frauenklosters in Dillingen.

2f (wozu ... gehörte)] *ohne Klammern mit Einfügungszeichen am linken Rand*   3
Regensburg).] Regensburg.   4 Speyer).] Speyer.   5–7 Die ... Formel.] *am linken Rand*
9–11 NB. ... anweisen.] *am linken Rand*   14 ist.)] *folgt* ⟨Violinschlüssel⟩   20f (Anm ...
werden.)] *ohne Klammern am linken Rand*   23f (Anm ... gehabt.)] *ohne Klammern am*
linken Rand   26f NB ... ernennen.] *am linken Rand*   32f Decretirt ... Dillingen.] *am*
linken Rand

1 *Das ... Concordat mit Sr. päbstlichen Heiligkeit Pius VII.,* in: *Gesetzblatt für das Kö-*
nigreich Baiern 1818, 18 (22.7.), S. 397–436 (Mirbt Nr. 570; Huber/Huber Nr. 73)   1–5
Art. II   5–7 Art. XV   8–11 Art. III   12–14 Art. IV   14–17 Art. V   17f Art. VI f.   19
Art. VIII   21–28 Art. IX f.   28–31 Art. XI

Die Bischöfe haben das Recht sich Vicare und Gehülfen zu bestellen,
das Recht der Weihe, die geistliche Gerichtsbarkeit (von welcher jedoch
rein bürgerliche Angelegenheiten der Geistlichen ausgenommen sind) die
Censur über die Geistlichen und die Gläubigen; das Recht der Hirten-
5 briefe der kirchlichen Anordnungen und der freien Comunication mit
dem heiligen Stuhle in geistlichen Dingen; das Recht Pfarreien zu errichten zu theilen und zu vereinigen p die Aufsicht über die Beibehaltung der
lateinischen Kirchenformeln in den kirchlichen Verrichtungen. |
Der König macht sich anheischig, die Verbreitung von Büchern zu 22ʳ
10 hindern, welche die Bischöfe als dem Glauben und der Kirchenzucht
zuwider anzeigen; Verunehrung der katholischen Kirche und ihrer Diener nicht zu gestatten.

––––––––

80 In Baden sind schon 1807 alle Ehesachen, Klagen gegen Geistliche
über Privatverbindlichkeiten so wie Vergehen derselben gegen die Staats-
15 gesetze und Erbschaftssachen der Geistlichen an die weltlichen Gerichte
gewiesen; auch bestimt daß kein Patron dem Bischof einen Kirchen-
pfründner darstellen dürfe ohne vorher das landesherrliche placet erhalten zu haben, item daß auswärtige katholische geistliche Gerichte nur
bis zum Ableben des dermaligen Bischofs eine Gewalt ausüben können.
20 NB. In demselben Jahr erging die kirchliche Constitution welche am
1ten August 1807 in Kraft treten sollte, im Regierungsblatt aber nicht
enthalten ist.

––––––––

Schweiz
81 Die neuesten Nachrichten, welche ich in dem Schweizerboten besize
25 lassen es zweifelhaft ob das Tessin noch jezt unter dem Bischof von

––

14f so … Staatsgeseze] *mit Einfügungszeichen am rechten Rand* 20–22 NB. … ist.] *am
rechten Rand* 23 Schweiz] *mit Klammer um 81–87 am rechten Rand*

1–8 *Art. XII* 9–11 *Art. XIII* 11f *Art. XIV* 13–22 *Kirchliche Constitution des
Großherzogthums Baden betreffend (15.6.), in: Grosherzoglich-Badisches Regierungsblatt
5 (1807), 21 (23.6.), S. 87f. (Huber/Huber Nr. 40). Zum badischen Konstitutionsedikt von
1807 vgl. Protestantische Kirche 59; 62.* 24–86,2 *Schleiermacher bezieht sich auf: Schweizer-Bote 24 (1827), 1 (4.1.), S. 2: „Die Regierung des Kant. Tessin hat unterm 12. Dezember
den durch den Bischof von Chur wider den gegenseitigen Schulunterricht gemachten Aus-
fall mit großem Nachdruck beantwortet." 3 (18.1.), S. 17: „Das schon erwähnte Schreiben
der hohen Regierung vom Kanton Tessin an den Bischof von Como wegen des gegenseitigen Schulunterrichts endet mit folgenden kräftigen Worten"; 8 (22.2.), S. 59: „Die hohe
Regierung des Kantons Tessin scheint abermals in einen unangenehmen Briefwechsel mit
dem Bischof von Como verwickelt zu sein." In der Nachricht vom 4.1. dürfte ein Versehen
vorliegen, indem auch dort der Bischof von Como gemeint ist.*

Como oder unter dem von Chur indem Verhandlungen mit beiden vorkommen. Sonst war es zwischen Mailand und Como getheilt; vielleicht jezt zwischen Como und Chur. Antwort. Es gehört zu Como.

---

82 Der Bischof von Sitten war noch 1803 ein wirklicher exemter Bischof wahrscheinlich ist er es also noch. Sein Sprengel beschränkte   5
sich aber nur auf das Walliserland.

---

83 In der Schweiz haben die Klöster eine wohlthätige Tendenz wegen der Hospicien, des Unterrichts und indem sie häufig Pfarrverweser sind.

---

84 Die Kastellanei Landeron in Neufchatel ist zur Reformationszeit durch das Uebergewicht einer einzigen Stimme katholisch geblieben.   10

---

85 Bei den Verhandlungen über das neue Bißthum Basel haben die reformirten Stände verlangt es sollte aus dem Amtseide der Bischöfe das Versprechen die Kezer und Schismatiker zu verfolgen wegbleiben und die Bischöfe sollten den Regierungen einen Eid der Treue leisten. Nach mancherlei Einwändungen wurde zulezt doch die Weglassung dieser   15
Worte versprochen. Dagegen habe die Landesregierung auf Leistung des Unterthaneneides Verzicht gethan.

---

8 Hospicien,] *folgt* ⟨bei [Zeiten]⟩   16f Dagegen … gethan.] *auf den rechten Rand überlaufend nachgetragen*

2 *Stäudlin II, S. 288f. Das Tessin, vorher Teil des Herzogtums Mailand, war im 15. und 16. Jahrhundert von den Schweizern erobert und als Welsche Vogteien den 12 Kantonen unterstellt worden. Seit seiner Konstituierung als eigener Kanton 1803 wurde ein eigenes Bistum angestrebt, doch erst 1859 erhielt das Tessin einen bischöflichen Administrator in Lugano.*   4–6 *Stäudlin II, S. 306. – Sitten besteht bis heute als exemtes Bistum.*   7f *Stäudlin II, S. 274–279. 306. 310. Dort wird berichtet von der Stelle des Hauptpfarrers im Urserental (Uri), die die Kapuziner verwalten, von Hospizen der Kapuziner und Augustiner-Chorherren in Uri, auf dem Rigiberg (Schwyz), in St. Moritz (Wallis) und in Landeron (Neuenburg) und vom Unterricht in Zug, der in den Händen der Priester, Mönche und Nonnen ist.*   9f *Stäudlin II, S. 308: „Die Reformation wurde in diesem Lande wider Willen des damals regierenden fürstlichen Hauses eingeführt, die einzelnen Gemeinen entschieden durch Mehrheit der Stimmen für dieselbige. Nur in der Kastellaney Landeron, in welcher 2 Pfarrgemeinen sind, entschied die Mehrheit einer einzigen Stimme für die Beibehaltung des alten Glaubens, daher blieb Landeron katholisch und ist es auch unter der Oberherrschaft des protestantischen preussischen Hauses bis jetzt geblieben."*   11–16 *AKZ 6 (1827), 94 (17.6.), S. 767f. Diese Verhandlungen fanden zwischen November 1826 und Januar 1827 statt; vgl. Katholische Kirche 36; 73.*

86 Aus einem Theile des K a n t o n L u z e r n kamen sogar Bittschriften
ein daß man den reform*irten* Gottesdienst in der *Haupt*stadt nicht dulden möchte.

———

87 Der B i s c h o f v o n B a s e l hat das Lesen des *Neuen* Testa*ment*s u*nd*
5   der Stunden der Andacht verboten.

———

88 Die Republik M e x i c o ging in den Instructionen an ihre Abgesandte
in Rom auf die V*erbesserung*en v*on* Costniz u*nd* Basel u*nd* auf die Synode von Pistoja zurük. Die Gemeinen sollten ihre Geist*lichen* selbst wäh-
len. – Die Regierung will die Kirche be|schüzen, die kanonischen Geseze   22ᵛ
10   vollziehen lassen aber sich den Anmaßungen der Curie eben so muthig
als dem Despotismus widersezen.[1] – Artikel 1. Rö*misch* kath*olische* Re-
ligion ist Staatsreligion. 2.) Die Republik will mit dem Oberhaupt der
Kirche vereint sein. 3) In Dogmen unterwirft sie sich den ökume*nischen*
Concilien, in Disciplin behält sie sich vor Entscheid*ung*en anzunehmen
15   od*er* nicht. 4) Der Mexic*anische* GeneralCongreß übt d*as* allgemeine

———

[1] 1833 scheint die Autorität des Papstes in Mexico ganz aufgehoben worden zu
sein. Doch fehlen noch die Aktenstücke darüber.

———

2 in] *folgt* ⟨|Luzern|⟩   **16f** 1833 ... darüber.] *am linken Rand*

1–3 *AKZ 6 (1827), 41 (13.3.), S. 329–335: Ueber die Entstehung der evangelisch-reformir-
ten Pfarrgeneinde in Lucern. – Am 2.8.1826 hatte der Luzerner Staatsrat den Reformierten
in der Stadt Luzern freie Ausübung ihres Gottesdienstes gestattet.*   **4f** *AKZ 6 (1827), 48
(25.3.), S. 385–388: Rundschreiben des Fürstbischofs von Basel, gegen das Lesen der Bibel
und anderer religiöser Schriften. – Die „Stunden der Andacht zur Beförderung wahren
Christenthums und hauslicher Gottesverehrung", 1808–16 in dem von Heinrich Zschokke
und Georg Keller herausgegebenen gleichnamigen Aargauer Sonntagsblatt erschienen,
dann in 6 Bänden (1815/16), erlebten über 35 Auflagen und zählen damit zu den erfolg-
reichsten Erbauungsbüchern aller Zeiten. Bis 1842 erschien das Werk anonym, so daß über
seinen Verfasser (es war Zschokke) viel gerätselt wurde. – Franz Xaver von Neveu war seit
1794 der letzte Fürstbischof von Basel (Residenz in Offenburg); er starb am 23.8.1828, kurz
nach der Umwandlung des Fürstbistums in das Bistum Basel-Solothurn (vgl. Katholische
Kirche 36; 73; 85).*   **6–9** *Paulus: Kirchen-Beleuchtungen 1, S. 42f. Die Verhandlungen
fanden im Frühjahr 1826 statt. – Die Konzilien von Konstanz (1414–1418) und Basel
(1431–1449) verkündeten, daß in der Kirche das Konzil der höchste Souverän sei, dem
auch der Papst untergeordnet sei und dem die Aufgabe der Kirchenreform zukomme. Die
Bistumssynode von Pistoja (18.–29.9.1786) beschloß, angeregt von Großherzog Leopold
von Toskana (vgl. Katholische Kirche 51), eine Reform der toskanischen Kirche im Sinne
des Gallikanismus und Josephinismus. Die Beschlüsse wurden aber 1787 auf einer Lan-
dessynode in Florenz verworfen. Pius VI. verdammte am 28.8.1794 in der Konstitution
„Auctorem fidei" 85 Sätze der Synode von Pistoja.*   **9–11** *Paulus: Kirchen-Beleuchtungen
1, S. 44f.*   **11–88,7** *Paulus: Kirchen-Beleuchtungen 1, S. 45f.*   **16f** *Diese Randglosse geht
auf die Präparation auf das Kolleg von 1833/34 zurück.*

Patronat aus. 5.) Der Metropolitan wird die Diöcesen errichten und die
Wahl der Bischöfe bestätigen, der Papst aber Nachrichten erhalten. –
Kein Ausländer darf kirchliche Gerichtsbarkeit üben – Die Klostergeseze
werden den Kanonischen und Staatsgesezen untergeordnet und haben
keine ausländischen Behörden – Der Metropolitan wird Vollmacht ha-   5
ben jeden Klostergeistlichen auf Verlangen zu säcularisiren – Der Papst
erhält jährlich 100000 Pesos.

Deutschland
89 Von der im Verhältniß beider ReligionsTheile entstandenen Veränderung durch Aufhören der Kaiserlichen Würde der geistlichen   10
Reichsstände und der corpus Evangelicorum.

90 Die tridentinischen Beschlüsse sind in der deutschen katholischen
Kirche in subsidium angenommen.

91 Erst nach dem Wormser Concordat von 1122 kam das Recht die
Bischöfe zu wählen allmählig ausschließend an die Domkapitel.   15

---

8 Deutschland] *mit Klammer um 89–95 am linken Rand*   9–11 89 … Evangelicorum.]
Erledigungsvermerk   12f 90 … angenommen.] *Erledigungsvermerk*   14f 91 … Domkapitel.] *Erledigungsvermerk*

11 *Das Corpus Evangelicorum bestand zwischen dem Westfälischen Frieden und der Auf-*
lösung des Deutschen Reichs als politische Interessenvertretung der evangelischen Reli-
gionspartei auf den Reichstagen. Ihm gegenüber stand das Corpus Catholicorum. Vgl.
Stäudlin II, S. 358–361.   12 f *Stäudlin II, S. 336. „In subsidium" heißt als Ergänzung des*
bestehenden Rechts. Das Deutsche Reich hat die Reformdekrete des Konzils von Trient nie
angenommen, doch wurden sie in den deutschen Bistümern und katholischen Territorien
teils vor, teils nach dem Dreißigjährigen Krieg umgesetzt. Vgl. K. O. Freiherr von Aretin:
Heiliges Römisches Reich 1776–1806, S. 47 f.: „In Deutschland begegneten sich zwei For-
men der katholischen Kirche, die, streng genommen, nebeneinander gar nicht existieren
konnten. Die eine war die Reichskirche mit ihrer festen Verankerung in der Reichsverfas-
sung, die andere die nachtridentinische Papstkirche, deren Reformen in Deutschland nur
zu einem Teil hatten Fuß fassen können. […] Der Westfälische Friede hatte, von den
Säkularisierungen abgesehen, die Stellung der katholischen Kirche in Deutschland, wie sie
im 15. Jahrhundert bestanden hatte, reichsrechtlich garantiert. […] Die Reichskirche ruhte
nicht auf den Grundlagen der Gegenreformation, sondern auf der Reichsverfassung."
14 f *Stäudlin II, S. 336 f.*

92 Durch die Annahme der Basler Beschlüsse *vom Jahr* 1439 war d*er* Papst sehr beeinträchtigt erhielt ab*er* im Aschaffenburger Concordat wieder die Annaten, d*as* Recht die Bischöfe u*nd* Aebte zu bestätigen u*nd* die Papstmonate.

———

5 93 Eine kürzere Ewigkeit hat es nicht leicht gegeben als wie im Reichs-deput*ations*Schluß *von* 1803 die Würde des ReichsErzkanzlers und Pri-mas *von* Deutschland mit dem Bißthum Regensburg v*er*bunden wurde.

———

94 In welchem Grade ist d*as* Hoch u*nd* DeutschMeisterthum aufgeho-ben: sind auch die evang*elischen* Balleien in Franken u*nd* Sachsen sä-
10 cularisirt?

———

1–4 92 … Papstmonate.] *Erledigungsvermerk*   8–10 94 … säcularisirt?] *Fragezeichen am linken Rand*

1–4 *Städlin II, S. 337–339. Die Reformdekrete des Baseler Konzils (u. a. Abschaffung der Annaten [Abgaben für die Vergabe kirchlicher Pfründen an die Kurie], der Palliengelder, der päpstlichen Reservationen, Beschränkung der Appellationen an den Papst) wurden 1435 beschlossen und 1439 auf dem Mainzer Fürstentag vom Deutschen Reich angenom-men. Das Wiener Konkordat, 1448 zwischen Kaiser Friedrich III. und Papst Nikolaus V. geschlossen, war seit 1449 als Aschaffenburger Konkordat Reichsgesetz. Es verschob das Ergebnis der Konkordatsverhandlungen von 1447 zugunsten des Papstes.* 5–7 *Städlin II, S. 340, wo aus § 25 des Reichsdeputationshauptschlusses (Huber/Huber Nr. 5) zitiert wird: „Der Stuhl zu Mainz aber ist auf die Domkirche zu Regensburg übertragen. Die Würden eines Churfürsten, Reichserzkanzlers, Metropolitan-Erzbischofs und Primas von Deutschland bleiben auf ewige Zeiten damit vereiniget." 1805 wurde das Erzbistum Mainz ganz nach Regensburg übertragen und ein Fürstentum Regensburg gegründet. Die-ses fiel 1810 an Bayern. Das Erzbistum erlosch 1817 mit dem bayrischen Konkordat. Das Deutsche Reich war schon 1806 aufgelöst worden.* 8–10 *Städlin II, S. 350 f.: „Viele unzufriedene Ritter begaben sich [nachdem der Ordensmeister Markgraf Albrecht von Brandenburg 1525 evangelisch geworden war und das Ordensland Preußen ein weltliches Territorium geworden war] nach Deutschland und wählten daselbst einen neuen Hoch-und Deutschmeister. Dieser nennt sich immer noch Administrator des Hochmeisterthums in Preussen. […] Sonst bestanden die Herrschaften und Güter dieses Ordens aus dem eigentlichen Meisterthum zu Mergentheim und aus 12 Balleyen oder Provinzen: Elsaß und Burgund, Franken, Oesterreich, Hessen, Coblenz, Altbiesen, Tyrol oder Etsch, Westpha-len, Sachsen, Lothringen, Thüringen und Utrecht. Die Balley Utrecht war seit langer Zeit nicht mehr in Verbindung mit dem Meisterthum. Durch die Abtretung des linken Rhein-ufers sind die Balleyen Coblenz, Alt-Biesen, Lothringen und ein Theil der Balley Elsaß und Burgund, worunter einige Kommenden in der Schweiz, verloren und aufgehoben."*

95 N u n t i e n u*nd* Nuntiaturgerichte giebt es in Deutschland erst seit
dem Tridentino. 1786 Congreß der deutschen ErzB*ischöfe* zu Ems gegen
die Eingriffe des röm*ischen* Hofes.

———

96 In O e s t r e i c h waren unter Joseph von allen Mönchsorden nur die
Piaristen geblieben.   5

———

97 Die Deisten welche sich unter Joseph in B ö h m e n aufthaten mußten
sich wenigstens zum Schein zur prot*estant*ischen Kirche wenden. – NB
Ob eine Kirch*en*Gem*ein*scha*ft* genöth*i*gt werden kann solche Mitglieder
aufzunehmen

———

98 Der E r z B *ischof* v o n P r a g ist geboren*er* Legat des röm*ischen*   10
Stuhls und beständiger K*anzler der* Universität. Außerdem die B*ischöfe*
von Leutmeriz Königingrätz Budweis u*nd* Eger – Mähren 2 Diöcesen |
²³ʳ Ollmüz u*nd* Brünn. Erster ErzB*ischof* (Ob er noch etwas im pre*uß*ischen
OberSchlesien hat?) – Oesterr*eich*isch Schlesien steht theils unter Ollmüz
theils unter Breslau.   15

[———]

4f 96 … geblieben.] *Erledigungsvermerk*   6–9 97 … aufzunehmen] *Erledigungsvermerk*
10–15 98 … Breslau.] *Erledigungsvermerk*

1–3 *Stäudlin II, S. 355 f. Auf dem Emser Kongreß im August 1786 protestierten die Erzbischöfe von Mainz, Köln, Trier und Salzburg in 23 Artikeln (sog. Emser Punktuation vom
25.8.1786, Mirbt Nr. 553) gegen die Eingriffe der päpstlichen Nuntien in Köln und München in die erzbischöflichen Rechte, bestritten die päpstliche Allgewalt in der Kirche und
forderten eine Kirchenreform, die die Stellung des Konzils und der Landeskirchen verbessern sollte. Da sich jedoch neben dem Papst auch Bayern, Preußen und zahlreiche Bischöfe
dem entgegenstellten, zeitigte die Punktuation keine Folgen.*   6f *Stäudlin II, S. 573: „Als
Joseph II. die Duldung der Lutheraner und Reformirten in seinen Staaten durch Edicte
verordnete, zeigte sich in Böhmen eine Erscheinung, welche dem ehmaligen frühen und
muthvollen Auftreten der böhmischen Brüder analog war. Es zeigte sich eine beträchtliche
Anzahl von Deisten, welche einen öffentlichen Gottesdienst errichten wollten. Joseph behandelte sie mit Härte und wollte sie durch Stockschläge auf eine andere Meinung bringen
lassen, ein Verfahren, welches tiefe Blicke in die Denkungsart dieses Monarchen, in die Art
und den Grad seiner Aufklärung werfen läßt. Zuletzt wandten sie sich zur protestantischen
Kirche, blieben aber ohne Zweifel eben so Deisten, wie vorher viele, die sich zur katholischen Kirche hielten, Protestanten geblieben waren.“*   10 15 *Stäudlin II, S. 574–576.
Dort wird die (bis 1810) zum Bistum Regensburg gehörige Diöcese Eger erwähnt; Schleiermacher hat das dahingehend mißverstanden, Eger sei ein eigenes Bistum.*

99 In Gallizien ErzB*ischof von* Lemberg, B*ischöf*e in Przemisl (an beiden Orten haben auch die unirten Griechen besondere B*ischöfe*) Tarnow u*nd* Chelm.

———

Spanien

5 100 In Ceuta ist der Siz eines katho*lischen* Bischoffs, u*nd* Franciscaner sind in Marocco u*nd* Mecnes. Sie nehmen sich als Seelsorger der christ-*lichen* Sclaven an.

———

101. Oran im Gebiet *von* Algier haben die Spanier aufgegeben.

———

Oestreich K*aiserthum*

10 102 In Ungarn mit den einverleibten Provinzen machen die Katholik*en* allein etwas mehr als d*ie* Hälfte d*er* Einwohn*er* aus Reform*irte* u*nd* Lutheran*er* ein Viertheil Griechen eben so viel.

Den Titel Apost*olischer* König hat Clemens XIII a*nno* 1758 für Maria Theresia erneuert u*nd* bestätigt. – Der König v*er*giebt d*ie* geist*lichen* 15 Stellen, auch die Kanonikate welche sonst die Bischöfe vergaben, zieht d*ie* vacanten Einkünfte u*nd* beerbt d*ie* testamentlosen Bischöfe. – Er hat Legatenrechte – Die tridentinischen Beschlüsse haben allmählig eine Art von V*er*bindlichkeit erschlichen. Die Prälaten bilden d*en* ersten Reichs-stand.

20 In Ungarn tritt die antiprotest*antische* Tendenz weit stärker hervor als in Böhmen.

———

1–3 99 … Chelm.] *Erledigungsvermerk* 4 Spanien] *am rechten Rand* 9 Oestreich K*aiserthum*] *am rechten Rand* 10–21 102 … Böhmen.] *Erledigungsvermerk*

1–3 *Stäudlin II, S. 580f. Danach saß auch in Chelm ein griechisch-unierter Bischof.* 5–7 *Stäudlin II, S. 662f. Mit der Stadt Marokko ist Marrakesch gemeint.* 8 *Stäudlin II, S. 666: „Auf der westlichen Küste besaßen die Spanier die Festung Oran und besitzen noch das benachbarte Castell Masalquivir. In der Stadt Oran war eine katholische Kirche sammt drei Mannsklöstern, seit 1790. f. ist ein großer Theil der Stadt durch ein Erdbeben zerstört und der übrige an Algier abgetreten."* 10–12 *Stäudlin I, S. 361: „Die Bevölkerung des Königreichs, Croatien, Dalmatien, Sclavonien mit dazu gerechnet, steigt über 8 Millionen Menschen, und unter diesen sind mehr als 4 Millionen Katholiken, etwa anderthalb Millionen Reformirte, etwa 800000 Lutheraner, etwa 1800000 nichtunirte und 500000 unirte Griechen."* 13–19 *Stäudlin I, S. 360 (Legatenrechte). 362f.*

103 Das ehemalige berühmte ErzBißthum Aquileja ist nicht mehr, die
Diöcese getheilt zwischen Gradiska Laybach und Udine.

––––––––

104 Von Tyrol gehörten sonst außer den beiden Bißthümern Trident und
Brixen mehrere Districte noch zum Theil ausländischen Bischöfen von
Salzburg Augsburg Freising. Ich weiß nicht ob dies jezt ganz aufgehoben   5
ist.

––––––––

105 In Corfu ist ein katholischer Bischof. Wie mögen die Verhältnisse
zwischen Regierung und Papst sich gestellt haben?

––––––––

Deutschland
106 Der Papst protestirte auf dem W i e n e r C o n g r e ß gegen alle dem   10
römischen Stuhl nachtheiligen Verfügungen (indem Consalvi sich auf
Chigi den Päpstlichen Legaten zum Westfälischen Congreß berief) auch

––

1 f 103 … Udine.] *Erledigungsvermerk*   3–6 104 … ist.] *Erledigungsvermerk, Fragezei-*
chen am linken Rand   9 D e u t s c h l a n d] *am rechten Rand*   10–93,6 106 … wäre.]
Erledigungsvermerk

1 f *Stäudlin II, S. 568. Aquileja war vom 6. bis zum 18. Jahrhundert ein Patriarchat; vgl.*
245,15–17.   3–5 *Stäudlin II, S. 568 f. Dort sind an ausländischen Bistümern mit Diöze-*
sandistrikten in Tirol noch Verona, Laibach und Feltre genannt. Bis 1818 wurde ganz Tirol
zwischen Trient und Brixen aufgeteilt.   7 f *Stäudlin II, S. 584. – Korfu gehörte 1800–07*
(zur Zeit, als Stäudlins Handbuch erschien) zur „Republik der Sieben vereinigten Inseln"
unter russischer Hoheit, 1815–64 zum „Vereinigten Staat der Sieben Ionischen Inseln"
unter britischer Hoheit.   10–93,4 *Bei den Protestationen handelt es sich um folgende vier*
Dokumente: 1.) Note des CardinalLegaten Consalvi, über die weltlichen Angelegenheiten
des heiligen Stuhls, womit die Protestation an die Minister der acht Mächte, die den
Tractat von Paris vom 30. Mai 1814, und den ErgänzungsTractat vom 9. Jun. 1815 unter-
schrieben, begleitet wurde; datirt Wien den 14. Jun. 1815, AWC 4 (1815), S. 319–325; 2.)
Protestation des Cardinal-Legaten Consalvi, im Namen Sr. Heiligkeit und des apostoli-
schen Stuhles, gegen die vom wiener Congreß zum Nachtheil desselben getroffenen Ver-
fügungen; datirt Wien, den 14. Juni 1815, AWC 4 (1815), S. 325–328; 3.) Note des Herrn
CardinalLegaten Consalvi, betreffend die geistlichen Angelegenheiten des heiligen Stuhls,
womit den Herren Bevollmächtigten derjenigen acht Mächte welche den pariser Frieden
vom 30. Mai 1814 unterzeichnet haben, eine Protestation übersendet ward, wider jeden für
das Interesse der katholischen Religion nachtheiligen, und den Rechten der katholischen
Kirche und des heil. Stuh[l]s widerstrebenden Beschluß oder Act, welchen der Congreß,
namentlich in Hinsicht auf die katholischen Kirchen Teutschlands gehandhabt oder fest-
gesetzt hat; datirt Wien den 14. Jun. 1815, AWC 6 (1816), S. 437–441; 4.) Protestatio,
nomine Sanctitatis Suae Pii Papae VII. et Sanctae Sedis apostolicae, contra ea omnia, quae
in praejudicium jurium et rationum Ecclesiarum Germaniae, atque etiam Sanctae Sedis, vel
sancita vel manere permissa sunt in Congressu Vindobonensi. (Data Vindobonae d. 14.
Jun. 1815.), AWC 6 (1816), S. 441–446 (Huber/Huber Nr. 54). – Zu Ercole Consalvi vgl.
Abendländischer Zweig [12.]. Fabio Chigi (1599–1667), 1639–51 Nuntius in Köln, seit 1643
beim Friedenskongreß in Münster, 1651 Staatssekretär Innozenz' X., 1655 zum Papst ge-
wählt (Alexander VII.).

dagegen da*ß* er Avignon u*nd* Venaissin nicht wieder bekam und da*ß*
Oestreich einen kleinen Theil von Ferrara erhielt, sogar gegen den
Reichsdeputa*tions*Schluß *von* 1803 u*nd* gegen d*ie* Aufhebung des römi-
*sch*en Reiches. – D*ie*se Protestation bestätigte d*er* Papst in einer Consi-
5 storialrede so vollkomen als ob darüber eine aposto*lische* Bulle erlassen
wäre.

————

Frankr*eich*
107 Die Direction der f r a n z ö *s i s c h e n* k a t h o *l i s c h e n* S o c i e t e d e s
b o n s l i o n s interessirt sich dafür, da*ß* d*ie* Entführer eines protestan-
10 *tische*n Kindes ungestraft blieben. |

[——]

108 K a t h o l i s c h e Geist*liche* in Irland wollen sich die von Englän- 23ᵛ
dern gestifteten guten Schulen nicht nehmen lassen. – Aehn*liche* Erfah-
r*ung*en giebt es auch schon üb*er* d*as* Bibellesen.

————

109 Der Abbe Guyon veranstaltet in Lyon als Missionar ein A u t o d a
15 F e von 500 Bänden freiwillig ausgelieferter freigeisti*ger* Schriften.

————

110 Die T r a p p i s t e n haben in Frankr*eich* Neun Klöster.

————

111. Die in S a r d i n i e n entstandene Congregation der Geweihten der
*se*l*igen* Jungfrau Maria ist en*dlich* nachdem sie des Konigs Zustimmung
zu ihren unbedingten Gehorsam gegen den röm*ischen* Stuhl gebietenden
20 Statuten nachgewiesen von Leo XII bestätigt worden. (1826 oder 1827?)

————

7 *Frankreich*] *am rechten Rand*

4–6 *Rede Pius VII., gehalten zu Rom am 4. Sept. 1815, in dem geheimen Consistorium der
Cardinäle, betreffend die päpstlichen Unterhandlungen auf dem Wiener Congreß, und
deren Folgen, AWC 4 (1815), S. (312–318) 316–318* 14 *Claude Guyon (1785–1845), seit
1821 Jesuit, Prediger und Demagoge der Restauration in Frankreich.* 17–20 *Congregatio
Oblatorum Beatae Mariae Virginis (OMV), die Oblaten der seligen Jungfrau Maria, eine
Priesterkongregation für Unterricht und Seelsorge, den Ideen der Gründer der Jesuiten und
Redemtoristen, Ignaz von Loyola und Alphonse de' Liguori, verpflichtet, 1816 von Pio
Bruno Lanteri (1789–1830) bei Turin gegründet, 1826 von Leo XII. bestätigt.*

112. In B o l i v i a hat man die Unauflöslichkeit der Klostergelübde aufgehoben und unterstüzt alle welche sich säcularisiren wollen.

———

113. Im *Königreich* P o l e n sind 9 Kathedral u*nd* 6 CollegialKirchen 1919 Pfarrkirchen u*nd* 3300000 katho*lische* Einwohner.

———

114 In F r a n k r*eich* sind im Jahr 1825 für 4000000 Franken geist*liche* 5
V*ermächtnisse* gemacht worden die immobilien ungerechnet.

———

115 In den W i r t e m b e r g s c h e n neuen Provinzen sind Klöster u*nd* Asy-
le aufgehob*en*, die bischöf*liche* Gerichtsbarkeit in geistic*h*en Sachen beibehalten.

———

116 In B a d e n herrscht die katho*lische* Re*ligion* in der sogen*annten* 10
mittleren Markgrafschaft Baden, Rastatt Kehl p u*nd* in den neuen Ländern Costanz p.

———

117. Der Papst protestirt auf dem C o n g r e ß gegen die Einziehu*ng* der
geist*lichen* Fürstenthümer u*nd* beruft sich auf alle alten Protestationen
gegen die Wahlkapitulationen gegen d*en* Altranstädt*er* Frieden. – Er 15

---

1 f *AKZ 6 (1827), 16 (28.1.), S. 136: „America. Bolivia geht seiner inneren Ausbildung*
ungestört entgegen. Ein Decret der Regierung erlaubt jedem Mönche oder jeder Nonne das
Kloster zu verlassen; die secularisirten Individuen erhalten alle mögliche Unterstützung
von der Regierung, und vorzugsweise die erledigten Pfarrstellen. Novizen dürfen nicht
mehr aufgenommen werden. Dieselbe Ansicht über die Schädlichkeit der Klöster herrscht
in ganz Südamerica; in allen neuen Staaten wird darauf hingearbeitet, sie allmählich auf-
zuheben." Vgl. Amerika [2.].   10–12 *Stäudlin II, S. 547 f.*   13–95,1 *Note des Herrn*
CardinalLegaten Consalvi, datirt Wien den 14. Jun. 1815 (vgl. Katholische Kirche 106),
AWC 6 (1816), S. 439–441. – Im Frieden von Altranstädt (1706) zwischen Karl XII. von
Schweden und August den Starken von Sachsen und Polen verzichtete letzterer auf die
polnische Krone. In der Konvention von Altranstädt (1707) zwang Karl XII. Kaiser Joseph
I., den schlesischen Protestanten 117 geraubte Kirchen zurückzugeben und ihnen den Bau
von sechs „Gnadenkirchen" zu gestatten.

nennt diese Fürstenthümer Possessions de l'Eglise en Allemagne. In der
lateinischen Protestation steht jedoch temporales ecclesiarum Germaniae
possessiones. |

[———]

118. Wessenberg schlug auf dem C o n g r e ß vor, daß alle Bißthümer
5 innerhalb der deutschen Bundesstaaten Ein Ganzes als deutsche Kirche
unter Einem Primas ausmachen sollten. – D*ie*se*r* hätte dann leichter
können von Rom unabhängig gemacht werden. – Er trug zugleich an auf
eine in liegenden Gründen mit dem Recht der Selbstverwaltung bestehende Dotation und auf Theilnahme an der landständischen Repräsen-
10 tation.

119 In der päpst*lichen* Consistorialrede *vom* 4 Sept*ember* 1815 heißen
die P r o t e s t a n t i s c h e n Fürsten „jene glorreichen Fürsten die in der
Communion sich nicht an Petri Stuhl anschließen", auch Fürsten die
nicht zur röm*ischen* Kirche gehören und es wird Ruß*land* der kaiser*iche*
15 u*nd* Preuß*en* der könig*liche* Titel beigelegt.

120 In F r a n k r e i c h hat kürz*lich* der Staatsrath ein Appel comun d'abus
dahin entschieden „Ein kath*olischer* Geistlich*er* verdiene kein Tadel weil
er einer Frau deshalb die Sacramente verweigerte, weil sie Kirchengüter
besize."

9 landständischen] *folgt* ⟨Verhält⟩   13 anschließen",] anschließen,   19 besize."] besize.

1–3 *Protestatio, nomine Sanctitatis Suae Pii Papae VII. et Sanctae Sedis apostolicae
(14.6.1815; vgl. Katholische Kirche 106), AWC 6 (1816), S. 444 (Huber/Huber Nr. 54).*
4–6 *Abermaliger Vorschlag des Freiherrn von Wessenberg zu einem Artikel in der teutschen BundesActe, betreffend die teutsche katholische Kirche. Ohne Datum, AWC 4
(1815), S. 306f. (Huber/Huber Nr. 48)* – Ignaz Heinrich von Wessenberg (1774–1860),
*liberaler katholischer Theologe, 1801–27 Generalvikar und Bistumsverweser in Konstanz,
optierte für eine mit Rom nur lose verbundenen deutsche Reichskirche.*   7–10 *Denkschrift des Freiherrn von Wessenberg, GeneralVicars des Bisthums Constanz etc., worin
darauf angetragen wird, daß den Bischöfen und Domcapiteln durch die teutsche Bundes-
Acte alle Vorrechte der Landstände, so wie gleicher Rang und die nämlichen Verhältnisse,
in Ansehung ihrer Personen und Güter, wie den weltlichen mediatisirten Reichsständen,
eingeräumt werde; datirt Wien den 27. Nov. 1814, AWC 4 (1815), S. 304f. (Huber/Huber
Nr. 47)*   11–15 *Rede Pius VII. (4.9.1815; vgl. Katholische Kirche 106), AWC 4 (1815),
S. 314–316.*

Preußen

121. Bulle de salute animarum *vom* 16t*en* Juli 1821 u*nd* Kabinetsordre *vom* 23t*en* August 1821. – regiones quae actu dominationi subsunt. 1.) Kölln wieder eingesezt als MetropolitanKirche ohne eine Person zu bestimmen, darunter Trier Münster u*nd* Paderborn. 2) Posen mit Gnesen vereint zur Metropole erhoben[.] Gnesen durch Entsagung des Ignat*ius* Raczynski erledigt dem Timotheus Gorzcenski Bischof v*on* Posen übertragen. Darunter Culm. 3) Bischöf*liche* Kirchen v*on* Breslau u*nd* Ermeland in der Unmittelbarkeit bestätigt. – Breslau Propst Dechant 10 wirk*liche* Kanonik*ate* worunter d*er* erste Scholasticus 6 EhrenKanonikate 8 Vicarien. Ermland bleibt in s*eine*r jezigen V*erfassung* doch bleibt es dem Papst vorbehalten es nach Analogie umzugestalten.

Köln hat Probst, Dechant 10 wirk*liche* 4 EhrenKanonikate 8 Vicarien. Gnesen Probst u*nd* 6 Kanonik*ate*.

Posen Propst Dechant, 8 wirk*liche* 4 EhrenKanonik*ate* 6 Vicarien.

Münster Propst Dechant 8 wirk*liche* 4 Ehren 8 Vicarien.

Kulm Propst, Dechant 8 wirk*liche* 4 Ehren 6 Vicarien.

Trier Paderborn Propst Dechant 8 wirk*liche* 4 Ehren 6 Vicarien.

Sind mehr Kanonici vorhanden, so sollen die überzähl*igen* pensionirt werden; die ernannten neue Verleih*ungs*briefe bei d*er* Dataria lösen.

Die Seelsorge üb*er* die Pfarrgemeinen soll Namens des Kapitels einem zu prüfenden Canonicus anvertraut, auch Einer zum Poenitentiarius u*nd* Einer zum Theologus bestellt werden – Die EhrenCanonici sind zu Residenz u*nd* Horen nicht verpflichtet. Die EhrenCanonici sollen aus den Erzpriestern genommen werden. Jeder Canonicus muß d*ie* höhren Weihen empfangen 5 Jahr Seelsorger od*er* Prof*essor* d*er* Theologie oder eines Bischofs Gehülfe gewesen od*er* Doctor d*er* Theol*ogie* u*nd* des Kanon*ischen* Rechtes geworden sein. (D*as* leztere wird erst nach 10 Jahren gültig.) Stand u*nd* Geb*urt* sollen keinen Unterschied begründen. – D*er* Propst zu S. Hedwig u*nd* der Landdechant v*on* Glatz sind EhrenCanonici zu Breslau.

---

1 P r e u ß e n] *am rechten Rand*   13–20 Köln ... lösen.] *am rechten Rand*   24f Die ... werden.] *am rechten Rand*   26 Theologie] *folgt* ⟨gewesen⟩   28f (D*as* ... gültig.)] *ohne Klammern am rechten Rand*

---

2 *Gesetz-Sammlung für die Königlich Preußischen Staaten 1821, 12 (1.9.), S. 114–152 (Mirbt Nr. 574; Huber/Huber Nr. 91). Paragrapheneinteilung nach: Magnum Bullarium Romanum 15, 1853, S. 403–415 (auch bei Mirbt und Huber/Huber).* 2f *Gesetz-Sammlung für die Königlich Preußischen Staaten 1821, 12 (1.9.), S. 113 (Huber/Huber Nr. 90).* 3 *§ 1* 4f *§ 5* 5–8 *§ 6. Ignatius Raczyński SJ, 1806 Bischof von Gnesen, resignierte 1818 († 1823 im Jesuiten-Kloster Przemysl). Timotheus Gorzeński, 1790–1809 Bischof von Smolensk, 1809 Bischof von Posen, 1821 erster Erzbischof von Posen-Gnesen, † 1825.* 8f *§ 7* 9–11 *§ 14* 11f *§ 15* 13 *§ 5* 14f *§ 10* 16 *§ 12* 17 *§ 13* 18 *§ 11* 19f *§ 20* 21–23 *§ 16* 23f *§ 17* 24f *§ 19* 25–31 *§ 19*

Zur jezigen Ernennung wird ein Executor apostolicus ernannt. Künftig vergiebt der Papst die Propstei und die in den 6 ungleichen Monaten erledigten Canonicate. Die Dechani und die andren | Monate so wie die 24ᵛ Vicariate vergeben die Erz und Bischöfe.

5 Die Kapitel wählen die Bischöfe wobei auch die EhrenCanonici stimmen; der Papst überträgt die Untersuchung einem preußischen Bischof und der Papst bestätigt dann. Sie wählen aus der gesamten preußischen Geistlichkeit. –

Jeder Siz hat ein Seminar, welches nach den Tridentinischen Schlüssen der Executor anordnet.

10 Die Diöcesen bestimmt hier der Papst nach Anhörung der Kardinäle de propaganda fide[.] (NB MissionsLand) K ö l l n 680 Pfarreien in den RegierungsBezirken Aachen Düsseldorf und Kölln auch was sonst inländisches zu Lüttich gehörte p[.] T r i e r von Mecheln getrennt und an
15 Kölln überwiesen 634 Pfarren innerhalb Trier und Coblenz und 132 Kirchen die zu Mez gehört hatten, auch die unter Coburg Homburg und Oldenburg liegenden – M ü n s t e r 287 preußische Pfarreien und mehrere außerhalb über welche sich aber der Papst auch vorbehält anders zu verfügen. Ferner mehre sonst zu Cölln und Aachen gehörig gewesene,
20 einige widerruflich dem Weihbischof von Osnabrück anvertraut gewesene[,] alle niederländischen Kirchen sind abgenommen. P a d e r b o r n außer seinem bisherigen noch einiges vom überrheinischen Gebiet von Cölln, und was sonst zu Mainz gehört hatte so wie auch die Pfarreien des Großherzogthums Weimar. Doch soll diese Erweiterung erst nach
25 dem Abgang des Bischofs Franz Egon von Fürstenberg erfolgen, bis dahin ein apostolischer Vicar bestellt werden. – G n e s e n und P o s e n verlieren einiges vom bisherigen was zu Culm geschlagen wird und bekommen einiges was zu Wraclawek und Breslau gehörte. C u l m 250 Pfarreien. Oliva soll nach Abgang des gegenwärtigen Abtes zu Culm ge-
30 schlagen werden. Der Siz nach Pelplin verlegt. B r e s l a u das dermalige Gebiet nebst Beutten und Pless die zu Cracau gehört hatten 621 preußische Pfarren und außerdem die bisherigen Oesterreichischen. Es kamen dazu Berlin Potsdam Francfurt Spandau Stettin Stralsund vom

---

12 (NB MissionsLand)] *ohne Klammern am linken Rand* 13f auch ... gehörte] *mit Einfügungszeichen am linken Rand* 20f alle ... abgenommen.] *mit Einfügungszeichen am linken Rand*

1 § 20 1–4 § 21 5–8 §§ 22–24 9f § 25 11f § 26 12–14 § 27 14–17 § 28 17–21 § 29. *Aachen war 1801–1821 Bischofssitz.* 21–26 § 30. – *Franz Egon von Fürstenberg, 1789 bis zur Säkularisierung 1802 Bischof von Hildesheim und Paderborn, † 1825.* 26–28 § 31. – *Wraclawek: Wlozlawsk, poln. Wloclawek* 28–30 § 32 30–98,1 § 33

Propst zu S. Hedwig als Delegaten zu verwalten – E r m e l a n d das bisherige nebst einige*m* was v*o*n Culm abgenomen wird 119 Pfarreien. Prag
Olmüz Königingraez u*n*d Leutmeriz behalten was sie bisher im preuß*i*-
schen gehabt haben – Wegen der Größe der Sprengel wird die W e i h -
b i s c h ö f *l i c h e* W ü r d e beibehalten, u*n*d sie sollen Titularbißthümer in   5
partibus infidelium erhalten – Das neue Kollegiatstift in A a c h e n soll
aus eine*m* Propst den d*er* Papst ernennt u*n*d 6 Kanonikaten bestehn, die
der Papst abwechselnd mit dem ErzB*ischof* v*on* Cölln bestellt. – Zum
Executor ist der FürstBisch*of* v*on* Ermland ernannt. – Die Dotation wird
hernach als eine König*liche* Proposition u*n*d Darbietung aufgeführt. Die   10
Dotation ist gestellt auf Grundzinsen aus d*en* Staatswaldungen, welche
aber erst 1830 eingetragen werden können. Im Fall die StaatsSchulden
noch nicht so weit vermindert wären sollen Grundstücke v*er*kauft u*n*d
den Kirchen zum eigenthüm*lichen* Besiz übergeben werden. Die Summen
sind fixirt 1.) Für die beiden Erzbischöfe jede*m* 12000 r*th* 2.) Für die 4   15
Suffraganbischöfe jedem 8000 r*th* 3.) Für d*ie* beiden unmittelbaren Breslau 10000 r*th* (wobei sein Gut Würben u*n*d seine Einkünfte aus dem
Oesterreich*ischen* nicht mit veranschlagt sind) u*n*d Ermeland wie bisher.
V*e*rhältnißmäßig d*ie* Kapitel Pröpste v*o*n 2000–1000 p. Die aposto-
lischen Kammertaxen sind 1.) d*ie* beiden Erzbischöf*lichen* 1000 *Gulden*   20
F. Breslau 1500 *Gulden* F. Ermeland u*n*d d*ie* Suffragane 750 *Gulden* F. –
Wegen Residenz u*n*d Sommeraufenthalt wird der Executor an des Königs gnädige Versprech*un*gen gewiesen. Die Fabrica be*h*ält ihre bisheri-
gen Güter – Hospitien für ausgediente u*n*d Einsperrungshäuser für un-
gerathne Geist*liche* soll*en* bleiben u*n*d wo sie fehlen errichtet werden.| 25

[——]

25ʳ 122. W e i m a r i s c h e s Gesez (*Theolo*g*ische* Nachr*ichten* 1824). 1.) Der
Bischof v*on* Paderborn soll sich dem Großherzog u*n*d seine*n* Nachfolgern v*er*pflichten S. 43. 2.) Von d*er* ImmediatCommission soll Ein welt-
liches u*n*d Ein geist*liches* Mitglied kath*o*lisch sein. Vor d*iese* gehört alles
wobei Einwillig*un*g u*n*d Bestätig*un*g des Staats nothwendig ist, wogegen   30
sie sich alles dogmat*ischen* u*n*d disciplinarischen enthält. 3.) Alle bi-

7 den … ernennt] *mit Einfügungszeichen am linken Rand*   17 f (wobei … sind)] *ohne*
Klammern mit Einfügungszeichen am linken Rand   21 1500 … 750] 1500: 1½ 000, 750: ¾
000   26 (*Theologische* … 1824)] *ohne Klammern am rechten Rand*

1 f § 34   2–4 § 37   4–6 § 39   6–8 § 40   8–10 § 41. *Die Rede ist von Josef von*
Hohenzollern-Hechingen (1776–1836, seit 1808 gewählter Bischof von Ermeland).   10–14
§ 42 (dort ist aber nicht von 1830, sondern 1833 die Rede).   14–18 § 43   19–21 §§ 44–49.
58   22 f § 53   23 f § 54   24 f § 56   26 ThN 1824, S. 41–48. 78–101: *Gesetz vom*
7.10.1823 (vgl. Katholische Kirche 3).   26–28 Präambel   28–31 § 1   31–99,2 § 3

schöf*lichen* Verordn*u*ngen Synodalbeschlüsse u*n*d Bullen od*er* Breven
müssen vorher vorgelegt werd*e*n 4.) Berufung an d*e*n Papst wird nur auf
reine KirchenSachen beschränkt. Ein großherzog*licher* od*er* preuß*ischer*
Geist*licher* muß ad generalia bevollmächtigt sein. 5.) Gegen Aeußerun-
5	gen d*er* geist*lichen* Gewalt findet Recurs an den Landesherrn Statt. 6.)
Freie Ausüb*u*ng unbeschadet d*er* Rechte d*er* protest*antischen* Kirche
wird zugesichert. 7.) Feste welche d*ie* Protest*anten* nicht mitfeiern sind
auf den Sonntag zu verlegen. Charfreitag u*n*d Bußtag haben d*ie* Katho*liken* mit zu feiern. Prozessionen sind auf Kirchen u*n*d Kirchhöfe
10	beschränkt u*n*d fremde Durchzüge nicht zu leiden. Zum Gebet für d*as*
Haus hat d*ie* bischöf*liche* Behörde d*as* Formular zu entwerfen u*n*d zur
Genehmigung vorzulegen 8.) Die Katholiken sollen wenn Fulda nicht
zureicht Theil bekomen an den für Schulen u*n*d Pfarreien bestimmten
Geldern p[.] Kirchenvermögen soll ohne bischöf*liche* u*n*d landesherr-
15	*liche* Einwilligung nicht veräußert werden. 9. Parochialrechte protest*an-*
tischer Pfarrer üb*er* Katho*liken* et v. v. sind aufgehoben ohne Entschädigung – Das Gese*z* bestimmt für d*iese* Beziehung die Pfarreigrenzen (1.)
Weimar u*n*d Jena 2.) Zella 3.) Buttlar 4.) Dermbach[.] Einer von den
geist*lichen* im Lande steht dem Decanate vor u*n*d hat jährlich zu visiti-
20	ren.) – Dingliche Lasten bleiben wie bisher. 10. Katho*lische* Candidaten
müssen sich mit ihren Zeugnissen bei d*er* Immed*iat*Comm*ission* melden,
welche sie dann zur Hauptprüfung u*n*d Aufnahme in das Seminar empfiehlt. Pfarreien sollen ordent*lich* nur an Landeskinder vergeben werden.
Wo der Landesherr nicht Patron ist hat d*er* Bischof die Collation jedoch
25	nur mit landesherr*licher* Zustimm*u*ng. 11.) Schullehrer werden von der
Immed*iat*Comm*ission* geprüft u*n*d eingese*z*t, doch giebt d*iese* der bischöf*lichen* Behörde Kenntniß. Auch visitirt d*ie* Comm*ission* die Schulen. 12. Jede Kirche hat ein Vorsteheramt, welches d*as* Kirche*n*Vermöge*n* v*er*waltet u*n*d d*ie* Gebäude beaufsichtet unter Oberaufs*icht* der Im-
30	med*iat*Comm*ission*. 13.) V*er*mächtn*i*sse u*n*d Collecten bedürfen der Ge-
nehmigung pp 14 Bischof od*er* Weihbischof können visitiren müssen
ab*er* vorher Anzeige machen u*n*d dem Landesherrn steht dann frei einen
welt*lichen* Rath mitzugeben. 15 Geist*liche* Schullehrer u*n*d K*irchen*die-

---

18–20 Einer ... visitiren.] *mit Einfügungszeichen am rechten Rand*	20 bisher.] *korr. aus*
bisher.)	22 das] *korr. aus* ein	26 geprüft und] *mit Einfügungszeichen über der Zeile*
27 f Auch ... Schulen.] *mit Einfügungszeichen am rechten Rand*

2–4 § 4	4 f § 5	6 f § 6	7–12 §§ 7–9. – *„Gebet für das Haus“: d. h. für das regierende*
Haus.	12–15 §§ 11 f. – *Fulda: die gemeinschaftlichen Stiftungsfonds der Diözese Fulda.*
15–20 §§ 14 f. 18. 31	20–25 §§ 16 f.	25–27 § 19	27 f § 32	28–30 §§ 20 f.	30 f § 23
31–33 § 33	33–100,2 § 34

ner sind den gewöhn*lichen* Gerichten u*nd* de*r* Polizei unterworfen eben
wie die protest*antische*n. 16. Die Erben d*er* Geist*lichen* bekomen d*a*s
Sterbequartal, d*ie* Geist*lichen* können testiren ab*er* d*as* ferto an d*as* bischöf*liche* Vicariat ist aufgehoben. 17. Sie sind schuldig vor Gericht zu
zeugen und zu schwören. Beschränkung des Sigillum confessionis. 18.   5
25ᵛ Der Bischof führt die Aufsicht. | Straferkent*ni*sse desselben aber können
nur mit landesherr*liche*r Zustimmung vollzogen werden, wenn sie bürger*liche* Wirk*u*ngen haben – Ausgenommen Suspension wo periculum in
mora ist – Die Imm*ediat*Comm*ission* hat dafür zu sorgen daß Discipli-
narVergeh*u*ngen nicht ungestraft bleiben 19 D*ie* Geist*lichen* sind verant-   10
wortlich für richtige Führung der Kirchenbücher. 20. Hebammen 21.
Privatverträge üb*er* die religiöse Erziehung d*er* Kinder sind aufgehobe*n*;
*u*nd darf aus solch*em* Grunde kein katho*lischer* Pfarrer d*ie* Trauung
verweigern 32. Von Eheirrungen zw*ische*n katho*lischen* Eheleuten (NB.
Ueb*er* die Abhülfe) a Klage auf Trenung vo*n* T*isch* u*nd* Bett bischöf*lich*   15
b. Nichtigkeitsklagen getheilt. D*ie* Bischöf*lichen* Erkent*ni*sse müssen be-
stät*ig*t werden. Auch die sub a sind dem bürger*lichen* einer Eheschei-
dung gleich. 33 Irrungen in gemischten Ehen werd*en* alle welt*lich* behandelt 34 Ehe eines Katholike*n* mit ei*nem* geschiede*nen* Protest*an*ten ist
zulässig und hat alle bürger*lichen* Wirkungen. 35. Entscheid*u*ngen üb*er*   20
d*ie* Kinder a in gemischt*en* Ehen alle gleich älteste FamilienR*eligion*
(Gründe für d*iese* Bestimm*u*ng), R*eligion* des Vaters b Bei Uebertritt α

14f (NB ... Abhülfe)] *ohne Klammern am linken Rand*   **22** (Gründe ... Bestimm*u*ng)]
ohne Klammern mit Einfügungszeichen am linken Rand

2–4 § 36   **4f** § 38, *wo es u. a. heißt: „Sollte aber in einem solchen Falle durch die Aussage
und Angabe des Geistlichen Unglück und Nachtheil von dem Staate oder von Einzelnen
abgewendet, ein Verbrechen verhütet, oder den schädlichen Folgen eines begangenen Ver-
brechens abgeholfen werden können: so kann das Siegel der Verschwiegenheit (Sigillum
confessionis) nicht stärker seyn, als die Verbindlichkeit des Staatsbürgers."*   **6–10** § 39
10f § 40   **11** § 41: *„In blos katholischen Gemeinden dürfen nur solche, welche sich zur
katholischen Religion bekennen, als Hebammen angestellt werden. In gemischten Gemeinden entscheidet zwar unter den zur Hebammenstelle vorgeschlagenen Personen verschiedener Confession nur die Qualification für den Vorzug; jedoch soll in dem Sprengel der
katholischen Pfarrei zu Dermbach sowohl, als in dem von Weimar und Jena wenigstens
eine Hebamme katholisch seyn."*   **12–14** § 47   **14–18** § 48. *Über die Abhilfe bestimmt
der Paragraph, die Immediatkommission solle Versuche zur Aussöhnung machen; scheiterten diese, sei die Sache an die Landesregierung oder die bischöfliche Behörde zu verweisen. – Schleiermacher hat die vorhergehende 21 wegen der Unterlänge des h in „verant-
wortlich" als 31 gelesen und fährt deshalb mit 32 fort.*   **18f** § 49   **19f** § 50   **20–101,2** §§
51–55. *Danach sollen in gemischten Ehen alle Kinder in der Religion des Teils, dessen
Familie in aufsteigender Linie am längsten in ihrer Religion im Großherzogtum Weimar
eingebürgert war, folgen; ist dies nicht zu ermitteln, dann in der Religion des Vaters.
Uneheliche Kinder folgen der Religion der Mutter, Findelkinder der des Erziehers.*

Ein Theil ändert nichts β.) Beiderseitig ändert für die welche noch keinen Unterricht empfangen. c. Uneheliche Kinder und Findelkinder 36.
Uebertritt ist erlaubt nach dem 21ten Jahr. Bedingungen. – ein unförm-
licher in articulo mortis wird als nicht geschehn geachtet. Das preußi-
5 sche Landrecht Th. II Tit. XI wird als allgemeine Grundlage angenomen
in subsidium.

Preußen
123. Aus dem Landrecht Th II Tit XI. – Nur der Staat kann die Rechte
öffentlich aufgenomener KirchenGesellschaften beilegen. – Der Staat
10 ordnet öffentliche Bet Dank und außerordentliche Feste für alle Kirchen-
Gesellschaften allein – Jeder der sui iuris ist kann seine ReligionsGesellschaft wählen. Uebertritt durch ausdrükliche Erklarung – Keiner soll
durch Zwang oder listige Ueberredung zum Uebertritt verleiten – Unter
dem Vorwande des ReligionsEifers darf der Hausfriede nicht gestört
15 werden. – Wegen abweichender Meinungen darf kein Mitglied ausgeschlossen werden. – Ordination soll niemand bei auswärtigen Behörden nachsuchen. – Ordinirt niemand ehe er zu einem Amte berufen ist. –
Anerkenung der Vorschriften des kanonischen Rechtes über Rechte und
Pflichten der Priester. – Geistliche sollen sich zudringlicher Einmischun-
20 gen in FamilienAngelegenheiten enthalten. – Beschränkung des Beicht-
siegels auf das Staatswohl. – Kein Geistlicher darf von Gottesdienst und
Sacrament eigenmächtig ausschließen oder dazu zwingen – Geistliche
der privilegirten KirchenGesellschaften sind als Beamte des Staats von
persönlichen Lasten frei. – Geistliche werden in bürgerlichen Angelegen-
25 heiten nach den Gesezen des Staats behandelt. – Ein von seinem Amt
entsezter Geistlicher darf sich keiner Amtshandlungen mehr anmaßen, in
wiefern ein Katholik aber auch den priesterlichen Charakter verliere ist
nach den kanonischen Rechten zu beurtheilen.

---

7 Preußen] *am rechten Rand*   12 f Keiner … verleiten] *Erledigungsvermerk*   13–15 Unter
… werden.] *Erledigungsvermerk*   15 f Wegen … werden.] *Erledigungsvermerk*   16 f
Ordination … nachsuchen.] *Erledigungsvermerk*   18 f Anerkenung … Priester.] *Erledi-*
gungsvermerk   19 f Geistliche … enthalten.] *Erledigungsvermerk*   21 f Kein … zwingen]
Erledigungsvermerk   22–24 Geistliche … frei.] *Fragezeichen am linken Rand*

3–6 §§ 61 f. *Außer dem Mindestalter von 21 bestimmt § 61 als Bedingung für den Übertritt:*
„2) Er muß ein Zeugniß seines bisherigen Pfarrers beibringen, daß er seine Willensmeinung
vor diesem erklärt und darauf Belehrung über die Wichtigkeit seines Schrittes empfangen
habe. 3) Er muß endlich von dem zuständigen Pfarrer der Kirche, zu welcher er übertreten
will, unterrichtet und nach dem Zeugnisse desselben gehörig vorbereitet worden seyn.“
8 ALR II, XI (Mirbt Nr. 557; Huber/Huber Nr. 1)   8 f § 17   9–11 § 34   11 f §§ 40 f.
12 f § 43   13–15 § 44   15 f § 55   16 f § 64   17 § 65   18 f § 66   19 f § 69   20 f § 82
21 f §§ 86. 91   22–24 § 96   24 f § 98   25–28 §§ 104–107

Die dem Staat über die KirchenGesellschaften zukommenden Rechte verwalten die Behörden; sonst stehn sie unter den geistlichen Oberen – Keine KirchenGesellschaft kann von der Aufsicht des DiöcesanBischofs ohne Genehmigung des Staates ausgenommen werden – Kein Bischof darf ohne Erlaubniß Verordnungen von fremden geistlichen Oberen an- 5 nehmen – Der Bischof hat das Recht der Aufsicht, Visitation und Kirchenzucht – Ueber die Geistlichen kann er Geldstrafen bis 20 rth und Gefängniß bis 4 Wochen verhängen. – Geistliche müssen nach dem Erkentniß des geistlichen Gerichtes bestraft werden – Die Vicarien des Bischofs gehören zur höhren Geistlichkeit. – Er kann einen | General- 10 Vicar nicht ohne landesherrliche Genehmigung bestellen. – Auswärtige Bischöfe müssen einen Vicarius innerhalb Landes bestellen – Kein Unterthan darf vor die Gerichtsbarkeit fremder geistlicher Oberen gezogen werden. – Synoden dürfen nicht ohne Genehmigen berufen und auch ihre Schlüsse müssen genehmigt werden. – KirchenGesellschaften ver- 15 schiedener ReligionsParteien können einander in Ermangelung eigner Kirchhöfe das Begräbniß nicht versagen – Keine KirchenGesellschaft kann ohne Bewilligung des Staats liegende Gründe an sich bringen – Keiner ausländischen Kirche darf ohne Genehmigung des Staatoberhauptes etwas verabfolgt werden. – Was einem katholischen Priester für 20 Seelenmessen auf die Hand ertheilt worden ist vom Beschränken des Betrages kirchlicher Vermächtnisse frei.

Neue Parochien können nur vom Staat unter Zuziehung der geistlichen Obern errichtet werden. – Wenn ein katholischer Pfarrer eine bürgerlich erlaubte Ehe wegen mangelnder geistlicher Dispensation nicht 25 einsegnen will darf die Einsegnung von einem andren, allenfalls von einer andren Religionsparthei verrichtet werden. – Ein katholischer Pfarrer kann sich mit Erlaubniß der geistlichen Oberen einen Kaplan erwählen, derselbe hat aber kein ius succedendi.

Stifter Klöster und Orden haben die Rechte von Corporationen; kön- 30 nen ohne Genehmigung des Staates nicht von der Aufsicht des Bischofs eximirt werden, bedürfen Erlaubniß des Bischofs um Seelsorge zu üben.

6f Der ... Kirchenzucht] *Erledigungsvermerk*   8f Geistliche ... werden] *Erledigungsvermerk*   10f Er ... bestellen.] *Erledigungsvermerk*   11f Auswärtige ... bestellen] *Erledigungsvermerk*   12–14 Kein ... werden.] *Erledigungsvermerk*   19f Keiner ... werden.] *Erledigungsvermerk*   24–27 Wenn ... werden.] *Erledigungsvermerk*   25 bürgerlich] mit *Einfügungszeichen über der Zeile*   27–29 Ein ... succedendi.] *Erledigungsvermerk*

1f §§ 113f.   3f § 116   4–6 § 117   6f §§ 121–124   7f § 125   8f § 126   9f § 131   10f § 133   11f § 138   12–14 § 137   14f § 141   15–17 § 189   17f § 194   19f § 195   20–22 § 206   23f § 238   24–27 §§ 442f.   27–29 §§ 510. 514   30–32 §§ 939–943

– Ihre Strafbefugniß muß vom Staate bestätigt sein. – Aenderungen in ihrer Verfassung bedürfen der Einwilligung des Bischofs und Genehmigung des Staates. – Sie dürfen ausländischen Oberen und Stiftungen nichts zuwenden (Bestimmungen über die Art wie Beschlüsse in den
5 Kapitelversamlungen zu fassen sind.) Der Landesherr ist berechtigt das Wahlgeschäft des Vorgesezten durch einen Commissarius zu leiten. – Den regelmäßig gewählten, der die kanonischen Eigenschaften besizt muß der geistliche Obere bestätigen. Die landesherrliche Approbation muß da sein ehe die geistliche Confirmation nachgesucht wird. – Ver-
10 säumt das Kapitel die Wahl so fällt sie nach der Verfassung der Provinz entweder dem Landesherrn oder dem geistlichen Oberen anheim. – Von Coadjutoren; die Gründe solche zu wählen müssen vom LandesHerrn und dem geistlichen Oberen geprüft und genehmigt werden; der Coadjutor hat das Recht der Nachfolge. – Die Domkapitel stehn in gemein-
15 schaftlichen Angelegenheiten unter der Direction des Dechanten. Der Bischof hat darin weder Siz noch Stimme außer sofern er zugleich Canonicus ist. Der Bischof kann das Kapitel visitiren und Mißbräuche abstellen. Siz und Stimme im Capitel hat ein Domherr nur wenn er Subdiaconus ist und 3 Jahr auf hohen Schulen studirt hat. Streit über die
20 adliche Herkunft. Wo sie nötig ist wird vom weltlichen Richter entschieden. Zwei Pfründen bei Einem Stift kann niemand besizen; auch nicht bei einem andren eine solche welche Residenz erfordert. – Wo Einwilligung des Kapitels nöthig ist (z.E. Veräußerungen von Kirchengütern) hat der Bischof Eine Stimme und das GesamtCapitel auch Eine. –
25 Das Domkapitel verwaltet die bischöflichen Rechte während der Vacanz; Für die geistlichen Angelegenheiten bleibt der Vicarius den schon der Bischof sich gesezt hatte; so auch der Official für die weltliche Gerichtsbarkeit. Handlungen wozu die bischöfliche Würde erforderlich ist müssen während der Vacanz quiesciren (außer wo Weihbischöfe sind.)
30 Ordensobere dürfen den Bischöfen nicht eingreifen – Auswärtige müssen einen inländischen Vicarius haben, dürfen ohne Landesherrliche Erlaubniß nicht visitiren. Klosterobere welche ihre Strafgewalt überschreiten werden wie eigenmächtige Privatgewalt bestraft. – Dürfen

---

18–22 Siz ... erfordert.] *am rechten Rand*

1 § 947   1–3 § 959   3–6 §§ 961–982   7–9 §§ 1004. 1009   9–11 § 1012   11–14 §§
1015–1021   14–18 §§ 1027. 1024. 1030   18f § 1084   19–21 § 1086: „*Wo nach den
Statuten des Stifts adliche Herkunft zur Aufnahme erfordert wird, muß dieselbe gehörig
nachgewiesen, (Tit. 9. §. 17–20.) und ein darüber entstandener Streit vor dem weltlichen
Richter entschieden werden.*"   21f §§ 1115–1117   22–24 §§ 1032. 1037   25–29 §§
1041–1045   30 § 1060   30–33 §§ 1061. 1067   33–104,2 § 1068

nicht ohne Genehmigung Mitglieder ins Ausland versezen oder ausländische hereinrufen. –

    Kein Unterthan darf ohne landesherrliche Bewilligung ins Kloster aufgenommen werden. – Man kann sich durch den Eintritt ins Kloster keiner schon bestehenden Verbindlichkeit entziehen. – Was die Rechtsgültigkeit einer WillensErklärung überhaupt vereitelt, entkräftet auch das Klostergelübde. – Die Aufhebung kann immer beim Bischof nachgesucht | und wenn dieser sich weigert, auf Nichtigkeit vom Staat erkannt werden. – Die geistlichen Oberen erlangen durch das Gelübde kein Zwangsrecht. – Beschränkung der Vermögensverschreibungen Einzelner – Wer das Gelübde abgelegt ist civiliter mortuus.

    Beim Eintritt in Ritterorden dürfen keine Verbindlichkeiten übernomen werden, welche gegen die Geseze des Staats streitig.

———

124 Rußland hat seit dem Pariser Frieden einen Rußisch Polnischen Bevollmächtigten in Rom.

———

Deutschland
125 Nach den neuesten Nachrichten (KirchenZeitung 1827 No. 104) hat der Papst den MetropolitanErzBischof von F r e i b u r g wie die Carlsruher Zeitung sagt bestätigt und präconisirt; eben so den Bischof zu L i m b u r g. Die Bulle zur Regelung dieser neuen Kirchenprovinz provida solersque soll schon am 21. August 1821 erlassen, aber erst unterm 11ten April d. J. eine ergänzende Bulle erschienen sein.

———

16 Deutschland] *am linken Rand*   17 104)] 104

———

3f § 1161   4f § 1168   5–7 § 1172   7–9 §§ 1174f.   9f § 1179   10 § 1182: *„Personen, welche sich dem Mönchs- oder Nonnenstande widmen wollen, können, so lange sie im Probejahre stehen, über ihr Vermögen, gleich andern Bürgern des Staats, frey verfügen." § 1183: „Sie können dem Kloster, in welches sie treten wollen, nach Verhältniß der Nothdurft ihres Unterhalts, einen Theil ihrer Einkünfte, jedoch nicht über Vier Prozent von dem Betrage ihrer gesammten Vermögenssubstanz, auf ihre Lebenszeit verschreiben." § 1184: „Wenn sie aber ihren Vorsatz, wegen Ablegung des Klostergelübdes, ändern: so sind sie berechtigt, alle während des Probejahres über ihr Vermögen getroffenen Verfügungen, welche mit dem intendirten Klosterleben Verbindung oder Beziehung darauf haben, zu widerrufen."* 11 § 1199   12f § 1213   17–22 *AKZ 6 (1827), 104 (5.7.), S. 855, die die Karlsruher Zeitung vom 5.6. zitiert. Die Bulle Provida solerque (Huber/Huber Nr. 106) erschien nicht am 21.8., sondern schon am 16.8.1821 (so auch die Karlsruher Zeitung und AKZ). Die ergänzende Bulle vom 11.4.1827 heißt Ad dominici gregis custodiam (Huber/Huber Nr. 109). Vgl. zu den Bullen Katholische Kirche 35; 167.*

126 (Vgl No 49.) Der Papst hat darauf angetragen der Madrider Hof
solle erklären das königliche Exequatur sei für die Ernennungen in Ca-
nonica nicht nöthig. Die Deliberationen hierüber in Madrid dauern noch
fort.

––––––––

5 127 S a c h s e n Mandat über Ausübung der katholischen geistlichen Gerichtsbarkeit und über die Verhältnisse beider Kirchen 19ter Februar
1827.[1] – Berufung auf die Verordnung von 1807 und auf die deutsche
Bundesacte. – Apostolisches Vicariat (Bischoff aber nur in partibus) Er
bringt seine Delegation in einem päpstlichen Schreiben und leistet dann
10 den Unterthan und Diensteid (kann also auch ein Ausländer sein) Consistorium ist untere Instanz, Rang nach dem Consistorium zu Leipzig.
Der Apostolische Vicar präsentirt die Mitglieder zur Bestätigung und sie
leisten Unterthan und Diensteid. – Angelegenheiten welche die Verhältnisse dieses Consistoriums zu andren Collegien betreffen sind mittelst
15 Vortrag des geheimen Rathes zur landesherrlichen Decision zu stellen. –
Das Vicariatsgericht ist Appellationsinstanz und Vicarius hat darin votum decisivum; Rang nach den OberConsistorialRäthen. Es steht dem
Kirchenrath parallel. Beide verhalten sich zu andren Collegien in bezug
auf Verfügungen und Requisitionen wie die protestantischen geistlichen
20 Behörden. Das Consistorium wie die protestantischen die Gerechtsame
eines öffentlich constituirten Gerichtshofes. Es hat nach den Landes-
gesezen zu sprechen und nur wo Dogma und Disciplin betheiligt sind
auch das kanonische Recht zuzuziehn. – Auch außer den streitigen

––––––––

[1] Die *Allgemeine KirchenZeitung* No. 100 berichtet wiewol nur aus der Pariser
25 deutschen Zeitung der römische Hof habe diesem Mandat seine Anerkennung
verweigert wegen des UnterthanenEides, der protestantischen weltlichen Räthe und des Verbots der Proselytenmacherei. – Der *Constitutionnel* berichtet
neuerlich dasselbe aus Correspon*dance* particu*lière.*

––––––––

21 f zu sprechen] *mit Einfügungszeichen über der Zeile* **24–28** Die … particulière.] *am
linken Rand*

––––––––

1–4 *AKZ* 6 (1827), 104 (5.7.), S. 856. *Die Rede ist von Bullen und Breven, die die ehemaligen spanischen Kolonien in Amerika betreffen.* **5–7** *Mandat (19.2.1827; vgl. Katholische Kirche 77), in: AKZ 6 (1827), 52 (1.4.), S. 417–424; 53 (3.4.), S. 425–429 = Paulus:
Kirchen-Beleuchtungen 2, S. 93–125 (Huber/Huber Nr. 68)* **7 f** *Präambel. – Das Mandat
vom 16.2.1807 hatte den römisch-katholischen Untertanen gleiche Rechte wie den lutherischen gewährt. Zur Bundesakte vgl. Protestantische Kirche 37.* **8–13** *§§ 1 f.* **13–15** *§
12* **16–23** *§§ 14–23* **23–106,2** *§ 26* **24–28** *AKZ 6 (1827), 100 (28.6.), S. 816; Le
Constitutionnel 1827, 121 (18.7.). Im Constitutionnel sind als Gründe genannt, daß Bullen
und Breven des landesherrlichen Placet bedürften und daß die geistliche Jurisdiktion beschränkt sei.*

Rechtsangelegenheiten hat es dieselben Befugnisse wie die protestantischen. – Die katholischen Geistlichen sind in Betreff der Gerichtsbarkeit ganz den protestantischen gleich gestellt für welche auch die Consistorien den privilegirten Gerichtsstand bilden. – Excesse in katholischen Kirchen gehören in lezter Instanz vor die landesherrlichen Appel-　5
lationsbehörden. |

27ʳ　　In EheSachen ist es competent wenn der Beklagte katholisch ist. Unter Verlobten ist beklagt wer zurüktreten will, wenn beide ist es der geistliche Richter der Braut – Die Trauung richtet sich nach der Confession der Braut – Die Religion der Kinder ist den Eltern zu überlassen,　10
Angelöbniß nicht zu fordern, Taufe gebührt der Confession in welcher sie sollen erzogen werden (NB. Dies muß also öffentlich bekannt sein, Gunstverhältniß) – Wo verschiedene Schulen sind (höhere sind ausgenomen) dürfen die Kinder nur in die ihrer Confession aufgenommen werden (die Ursache) – Bei Erkentniß auf lebenslängliche Separation　15
kann der evangelische Theil wieder heirathen mit Bewilligung des evangelischen Consistoriums. – Ein katholischer darf einen evangelischen Abgeschiedenen bei Lebzeiten des Gatten nicht heirathen. – Aufhebung der protestantischen Parochialrechte mit Ausnahme der realen.

　　Das Consistorium schlägt die Geistlichen vor und vereidet sie, führt　20
die Aufsicht über sie, entscheidet in PersonalSachen und beurkundet sie; prüft die Arbeiten der weltlichen ConsistorialCandidaten. Aufsicht über theologische Candidaten. Schulen Gottesacker p Censur der katholischen geistlichen Schriften. Anfertigung der Tabellen.

　　Uebertritt mit 21 Jahr. Beim ersten Geistlichen des Orts von der　25
bisherigen Confession anzumelden, auf Vierwöchentliche Bedenkzeit und Ermahnung – ohne Herabwürdigung der anderen Confession. Er erhält dann ein schriftliches Entlassungszeugniß. – Geheimer Uebertritt bringt Nachtheil und ein Geistlicher der ihn mit Vorbehalt annimmt wird removirt. – Uebertritt hat auf Kinder über 14 Jahr keinen Einfluß.　30
Die jüngeren hängen von Uebereinkunft der Eltern ab.

―――――――

5 Kirchen] *folgt* ⟨|fe|⟩

2–4 § 27　4–6 § 33　7–9 §§ 37–39　9 f § 50　10–12 §§ 52–55　13–15 §§ 58 f.　15–17 §
61　17 f § 62　18 f § 65　20–24 *Uebersicht der dem katholisch-geistlichen Consistorium
übertragenen Geschäffte: AKZ 6 (1827), 52 (1.4.), S. 421 Fußtext = Paulus: Kirchen-Beleuchtungen 2, S. 125–127*　25–28 *Königlich sächsisches Mandat, den Uebertritt von einer
christlichen Confession zur anderen betreffend; vom 20. Februar 1827: AKZ 6 (1827), 54
(5.4.), S. 438 f. = Paulus: Kirchen-Beleuchtungen 2, S. 128–136, §§ 1–4*　28–30 *§§ 6 f.*　30 f
§ 11

128 Großbrittanien. In England vor einiger Zeit 60000 Katholiken. Klage über große Zunahme; höchstens 2 von Hundert – Anno 1780 überhaupt 359 katholische Priester nördlich 167 westlich 44 London 58 mittlere 90. (Wahrscheinlich also 4 Bischöfe.) – Strenge Acte ueber
5 Verbindungen mit dem Papst. Cannings Spaß darüber. Communication durch Sardinische Gesandschaft. – Erziehung in Italien und Frankreich, sonst auch in Deutschland Schottenklöster.

---

129 Irländische Katholiken sind durch Confiscationen allmählig um ihr Landeigenthum gekommen; also auch unwahlfähig von selbst – Sie ha-
10 ben schon Antheil an den Parlamentswahlen, Zutritt zur gerichtlichen Praxis zu den Geschworenengerichten den Stellen in der Armee und Flotte und zu den meisten Staatsämtern. Von den städtischen Wahlversamlungen bleiben sie ausgeschlossen nach der Act of corporation. |

[———]

130. Auf die allgemeinen Betrachtungen über die katholische Kirche ist 27ᵛ
15 respective das jesuitische, das Streben nach Grundbesiz, das Wieder-Aufleben der Klöster, die Behandlung der Missionsländer p.

Katholisches Rußland
131 Katholiken zuerst durch Einwanderungen unter Peter, der jedoch die Jesuiten ausnahm. Dann mit Litthauen und WeißRußland auch Jesuiten,
20 seitdem eine ordentliche Verfassung. Ein päbstlicher Nuntius ernennt Mohilow zur Metropolitankirche mit Pallium, ein Kapitel von 8 Domherren errichtet, ein gemäßigter Eid dem Pabst geleistet. 3 Weihbischöfe 5 Consistorialbeisizer 12 Landdekane 123 Pfarrkirchen. (Hernach mehr dazu was aber nun wieder zu Polen geschlagen ist.) – Der ErzBischof
25 sanctionirt 1779 förmlich die Jesuiten mit Novitiat, genehmigt von Pius

---

1–13 128 … corporation.] *Klammer am rechten Rand um 128–129*   3 Priester] *folgt* ⟨[167]⟩   4 Bischöfe.)] Bischöfe.   11 Geschworenengerichten] *folgt* ⟨den Comunalstellen⟩   17 Katholisches Rußland] *am linken Rand*   24 ist.)] ist.

1–7 *Stäudlin I, S. 181–183. Die römisch-katholische Einteilung Englands in 4 Diözesen gab es seit 1688. George Canning (1770–1827, brit. Staatsmann [Whig, Parteigänger William Pitts], 1807–09 und 1822–27 Außenminister) wird bei Stäudlin nicht erwähnt.*   8–13 *Stäudlin I, S. 198–203. Vgl. Katholische Kirche 179.*   18f *Stäudlin I, S. 320*   19 *Stäudlin I, S. 327. Mit der ersten polnischen Teilung (1772) kamen Teile Weißrußlands an Rußland.* 20–108,5 *Stäudlin I, S. 324–329. Diese Verfassung geht auf Verordnungen von 1782 und 1784 zurück. – Die Erlaubnis, in Rußland Novizen aufzunehmen, gewährte den Jesuiten nach ihrer Aufhebung durch Clemens XIV. (1773) das Überleben. Viele Jesuiten aus anderen Ländern suchten in Rußland Zuflucht.*

VII Anno 1801[.] In Petersburg 3 katholische Gemeinen und eine blü-
hende JesuitenSchule bis sie versezt werden. 38 Klöster von Piaristen
Dominicanern Franciscanern Karmelitern Bernhardinern Trinitariern.
Seit 1797 von Paul das Departement für katholische Angelegenheiten[.]
Der ErzBischof von Mohilow Präsident desselben.   5

––––––

132. Ueber den verschiedenen Antagonismus in der katholischen Kirche.
Zwei Centralpunkte der äußerlich monarchische und der intellectuelle.
Beide gegen einander – Theilung der weltlichen Macht zwischen beiden.
– Theilung der Volksmasse im umgekehrten Verhältniß – Verhältniß zur
protestantischen Kirche, evangelische und Jesuitische Tendenz. – Die   10
weltliche Macht der Kirche über das größte minimum hinaus; aber ihre
Selbständigkeit erreicht sie nicht mehr. – Das TerritorialInteresse vertritt
jezt das ehemalige ConcilienInteresse.

––––––

133 Vossische Zeitung 1827 No 172. Der Rath von Peru hat die Bischöfe
und Erzbischöfe selbst ernannt, und beschlossen daß in jeder Stadt nur   15
Ein Kloster sein solle.

––––––

134 In Bolivia sind andre ReligionsGenossen auch amtsfähig erklärt
worden wenngleich die katholische Religion Staatsreligion ist (Ebendaselbst.)

––––––

Niederlande   20
135 In den Unterhandlungen mit N i e d e r l a n d e n beklagt sich der Papst
daß die katholische Religion nicht zur herrschenden in Belgien erklärt
werde, daß die Geistlichen nicht der erste Stand sein sollen, daß die freie
Communication mit Rom gehindert werde. Er will dem König kein Er-

––––––

20 Niederlande] *am linken Rand*   21 N i e d e r l a n d e n] *über* ⟨Belgien⟩

––––––

6–13 *50. Stunde, Mo, 30.7.*   14–16 *Vossische Zeitung 1827, 172 (26. 7.): „Der Rath von*
Peru hat endlich die Bischöfe und Erzbischöfe selber ernannt, nachdem der Papst sich so
lange geweigert hat es zu thun, und beschlossen, alle Klöster, die weniger als 8 Mönche
haben, zu unterdrücken, wie überhaupt in keiner Stadt der Republik mehr als ein Kloster
zu dulden.“   17–19 *Vossische Zeitung 1827, 172 (26. 7.): „In Bolivia hat man ähnliche*
Maaßregeln getroffen. Zwar ist die kathol. Religion zur Religion des Staats erklärt wor-
den, allein andere Religionen werden nicht bloß geduldet, sondern auch ihre Bekenner zu
Aemtern hinzugelassen.“

nenungsrecht zugestehen, beruft sich auch hier auf s*eine* Protestation
gegen den westfä*lischen* Frieden.

––––––––

136. Kriegsführung der katho*lischen* Kirche gegen d*ie* protestan*tische*.
Da*ß* wir eigent*lich* offensiv sind ab*er* nur indirect. Die Katho*liken* wer-
5 den offensiv direct. Jesuiten am meist*en* in die Nähe d*er* Protest*anten*.
Französische Schulen. Durch sie auch Einfluß in welt*lichen* Dingen.
Welt*liche* Macht allgemeine Sammlungen.
   Welt*liche* Macht Streben nach Grundbesitz No 120[.] Nach Stand-
schaft 135. 75. Bruderschaften u*nd* Congregationen zur Saml*ung* No.
10 106. 107 |

[–––––]

137 Die Niederländische Convention mit dem rö*mischen* Stuhl ist am   28ʳ
18t*en* Jun*i* 27 in Rom abgeschlossen u*nd* am 25t*en* Jul*i* in Brüssel rati-
ficirt worden.

––––––––

138. In der *Allgemeine KirchenZeitung* No 112. A*nn*o 1827 ist von einem
15 deutschen Collegium in Rom die Rede, wohin mehrere wissenschaft*lich*
gebildete Jüngling*e*, auch Preußen, zur weitern Vorbildung für d*ie* Kirche abgegangen wären.

–––––– |

––

12 27] *folgt* ⟨abgeschlos⟩

––––––––

1 „*auch hier*": *wie bei den Protestationen gegen den Wiener Kongreß; vgl. Katholische
Kirche 106.*   **3–5** *51. Stunde, Di, 31.7.*   **6–10** *52. Stunde, Mi, 1.8. Schleiermacher
verweist auf andere numerierte Absätze dieser Abteilung.*   **11–13** *Vossische Zeitung 1827,
178 (2.8.)*   **14–17** *AKZ 6 (1827), 112 (19.7.), S. 919:* „*Baireuth, 11. Mai. Am 30. April sind
abermals 5 sittlich und wissenschaftlich gebildete Jünglinge, 3 aus Baiern (darunter 1 aus
dem Untermainkreise) und 2 aus Preußen, nach Rom abgereist, um in dem deutschen
Collegium der Hauptstadt der christlichen Welt zum Heil der Kirche und zum Wohl des
Staats weiter gebildet zu werden, und einstens segenbringend in ihr Vaterland zurückkeh-
ren zu können.*"

[*Nachtrag 1833/34*]

29ʳ Frankreich

139 In den (wenigsten) Französischen Seminaren fast immer Scholasti-
sche Theologie Kanonisches Recht und Mechanismus der Gebräuche.
Keine Exegese und wenig Homiletik.   5
   Die Bonapartischen theologischen Facultäten sollen wenigsten Einen
Professor für KirchenGeschichte einen für Dogmatik und einen für Mo-
ral haben.

140 Nach dem Tode des Churfürsten von Trier 1812 fundirte W ü r t e m -
b e r g ein PriesterSeminar für 40 Candidaten in Ellwangen und eine   10
theologische Facultät 5 Professoren und 2 Repetenten. Der Bischof hatte
kirchliche und religiöse Mitaufsicht und Visitationsrecht. Dreijähriger
Cursus, 20 Stipendien, Preisaufgaben. Alle Vorlesungen gratis.

---

2 Frankreich] *am rechten Rand*   3 (wenigsten)] (wenigsten

3–5 *AANKG 1,2 (1813), S. 206f.: „Es ist sogar aus ihrer [der französischen Geistlichkeit]
Mitte eine bedeutende Zahl von Schriftstellern hervorgegangen, welche durch ihr Genie,
durch ihre Gelehrsamkeit, durch ihre Beredtsamkeit einen hohen Grad von Ruhm erworben haben. [...] Allein, weder das Genie noch die Werke dieser berühmten Männer haben
einigen Einfluß auf die Erziehung der Geistlichen in den Seminarien von Frankreich erlangen können [...] Statt ihrer Meisterwerke studirte man hier die scholastischen Schriften
eines La Croix, Busenbaum, Collet, Tournely u.s.w., und die sogenannte allgemeine Theologie, oder, wie es eigentlich heißen sollte, ein wunderliches Gemisch von Dogmatik,
Moral und Kirchen- oder vielmehr Decretalen-Recht. [...] Selbst die Kanzelberedtsamkeit,
von der Ludwigs des XIVten Zeitalter so bewunderungswürdige Muster hervorgebracht
und deren Geheimnisse Fenelon so trefflich entwickelt hat, ja sogar die schwere und doch
so ungemein wichtige Kunst, die Jugend in der Religion zu unterrichten, ward in den
meisten Instituten dieser Art ganz vernachlässiget. Der allergrößte Fehler aber in dem
Plane, nach dem man junge Geistliche erzog, war der völlige Mangel einer gründlichen
Anweisung zur Erklärung der heiligen Schrift. Seine scholastischen Schriftsteller kannte der
Seminarist auswendig, aber er war völlig unbekannt damit geblieben, wie man aus jener
einzig wahren Quelle aller Theologie schöpfen müsse." – „Wenigsten" bedeutet hier wenigstens. Schleiermacher vermutet also, dies sei auch woanders so gewesen.*   6–8
*AANKG 1,2 (1813), S. 209. Dies bestimmte ein Dekret Napoleons von 1808. Nach ihm
sollte mindestens an jedem Sitz eines Erzbischofs eine theologische Fakultät sein.*   9–13
*AANKG 3,2 (1816), S. 493–495. – Clemens Wenzeslaus Herzog von Sachsen (1739–1812),
1763–68 Bischof von Freising und Regensburg, 1768–1802 Kurfürst-Erzbischof von Trier
(als solcher an der Emser Punktuation beteiligt; vgl. Katholische Kirche 95) und Bischof
von Augsburg, seit 1778 auch Administrator der Fürstpropstei Ellwangen. Ellwangen fiel
1802 an Würtemberg. Nach Clemens Wenzeslaus' Tod errichtete König Friedrich I. für die
zur Diözese Augsburg und zur ehemaligen Reichspropstei Ellwangen gehörigen Teile Wür-
tembergs in Ellwangen ein Generalvikariat, ein Priesterseminar und eine katholisch-theo-
logische Fakultät. 1817 wurden Generalvikariat und Seminar nach Rottenburg verlegt (seit
1828 Bistum Rottenburg) und die Fakultät der Universität Tübingen angegliedert.*

Fr*an*kr*eich*
141 In Frankreich Einbruch des neuen Klerus mit den Bourbons. Neigung vom Concordat v*on* 1801 zu dem von 1516 zurükzukehren. Concordat von 1817.

———————

5 Ital*ien*
142 Zu dem Colloquium der rota präsentir*en* di*c* katho*lischen* Mächte
ihre Unterthanen u*nd* der Papst sezt ein.

———————

Fr*an*kr*eich*
143 Concordat von 1817 1.) Herstelung des Concordats v*on* 1516, 2 u*nd*
10 3 Aufhebung des Concordats v*on* 1801 nebst den organ*ischen* Artikeln.

———————————

1 Frankreich] *am rechten Rand*   5 Ital*ien*] *am rechten Rand*   8 Frankr*eich*] *am rechten*
Rand

———————————

2–4 *AANKG 4,2 (1819), S. 379–389, wo de Pradt schreibt: „In dem Zeitraume von drey-*
zehn Jahren wiederfuhr dem Klerus eine doppelte große Freude, seine Wiedererweckung
im Jahre 1801. und die Restauration im Jahre 1814. [...] Am 31sten März (an dem Tage,
an welchem Paris capitulirte), wurden in Frankreich von mehr als vierzig tausend Geist-
lichen alle Stufen der Kirchenämter eingenommen und alle Theile des Gottesdienstes ver-
sehen. Die Nation war zufrieden mit ihrem Klerus, und verlangte auf keine Weise einen
andern. Nach wenig Tagen aber erscheint ein Priestergeschlecht, ganz unbekannt mit der
Nation, in deren Mitte es tritt, mit dem offenen Bekenntnisse, daß es ihre Kirche regieren
wolle. [...] Während die große Kirche die Hitze des Tages trug [Matth 20,12], die Kirchen
herstellte, die Priester sammelte, mit Napoleon kämpfte, Gefängniß und Verbannung er-
fuhr, beschränkte diese kleine Kirche ihre Thätigkeit darauf, daß sie im Auslande die Last
der englischen und in der Heimath die durch Napoleons Budjets ihr bestimmten Pensionen
trug; denn das ist alles, was man bis zum 31sten März von ihr weiß. [...] Die Erscheinung
der kleinen Kirche in der Mitte der großen hatte die Folge, daß es während der Zeit der
Restauration eine doppelte Kirche in Frankreich gab. [...] Wenige Tage nach der Restau-
ration des Jahres 1814 hörte man schon sagen, daß das Concordat vom J. 1801 abgeschafft
werden müsse; der König könne Buonaparte's Kirche nicht anerkennen, man müsse der
gallicanischen Kirche ihren ganzen Glanz wiedergeben. Der dem Concordate vom Jahre
1801 abgeneigte Klerus war wieder erschienen, die Bischöfe aus der Fremde waren zurück-
gekommen, und das Concordat war der Gegenstand ihres Hasses [...] Es schien unleugbar,
daß der erste Plan, der Hauptgedanke, der war, das Concordat vom J. 1801 abzuschaffen,
alles, was in den kirchlichen Verhältnissen geschehen war, als nicht geschehen zu betrach-
ten, und plötzlich zu dem Concordate vom J. 1516 (welches Franz I. und Leo X. schlos-
sen), zurückzukehren. [...] Seit fünf Jahren sieht man unterhandeln; die Unterhändler sah
man wechseln, aber man lernte nur ein Resultat kennen, das Concordat vom J. 1817."
6f *AANKG 4,2 (1819), S. 394f.: Der Bischof von Orthosia „ward mit der Gesandtschaft*
nach Rom geschickt, als Auditor der Rota, obgleich dieser Platz seit langer Zeit schon mit
dem Prälaten Isouard besetzt war. [...] Die Mächte präsentiren ihre Unterthanen zu dem
Gerichtshofe der Rota, der Papst aber setzt die Vorgeschlagenen ein, welche dann nicht
wieder entsetzt werden können. Diese Formalitäten haben Statt gefunden, der Prälat Isou-
ard war seit mehreren Jahren im Besitze, der Papst, der Herr von Rom, erkannte ihn an;
und doch schickte man einen anderen, welcher seinen Platz, als wäre er erledigt, einneh-
men sollte. [...] Der Bischof von Orthosia kam von Rom zurück, ohne zu den so sehr
gewünschten Posten eines Auditors der Rota gelangt zu sein, er blieb auditor in partibus".
9–112,3 *AANKG 4,2 (1819), S. 396–399. Vgl. Abendländischer Zweig [12.]; Katholische*
Kirche 10; 67.

4.) Herstellung der in 1801 aufgehobenen Size. 5. Beibehaltung der in 1801 gestifteten Size und ihrer Inhaber p[.] 8. Verheißung einer Dotation der Bißthümer[.] Das andere sind Nebenpunkte die Abteien betreffend.

———

144 Wiederherstellung der Kirchen und Pfarrgebäude seit 1802. Das Budget für den Klerus belief sich seit 1815 auf 29 Millionen wozu aber   5
noch 50 Millionen für Gebäude Seminarien p kommen. Man rechnete 40000 geistliche Personen. – Die Kirche hat auch die Fähigkeit Eigenthum zu erwerben wieder erhalten.

———

145 Fasten werden in Frankreich von Wenigen regelmäßig gehalten und wenige Männer communiciren.   10

———

146 Der Klerus der Restauration hat sich mit den Emigranten verbunden und ist fanatisch antirevolutionair.

———

4–8 *AANKG 4,2 (1819), S. 420–423. Vgl. Katholische Kirche 31.*   9 f *AANKG 4,2 (1819), S. 427 f.: „Die Pünctlichkeit in der Beobachtung der kirchlichen Vorschriften ist allerdings selten geworden. Man enthält sich an Fasttagen des Fleisches nicht und versäumt die für gewisse Zeiten des Jahres vorgeschriebenen Religionspflichten; auch wird die Beichte und die Communion von den Männern und selbst von vielen Weibern vernachlässigt.“   11 f AANKG 4,2 (1819), S. 430 f.: „Seit dem J. 1814 betrat der Klerus einen falschen Weg. Er zeigte sich sehr feindlich gegen die Ansichten, welche in Frankreich herrschen, und hörte nicht auf der fortgeschrittenen Aufklärung zu widerstreben. [...] Ueberdem ist er genährt mit der Idee von einem göttlichen Rechte, von der Herrschaft der Religion, von den Gefahren der freyen Presse und der Toleranz, die er mit dem Indifferentismus verwechselt. So kam er in Widerstreit gegen den in Frankreich herrschenden Geist. Seit dem J. 1814 tönten die Kanzeln von einer Sprache wieder, verschieden von der, die man seit 1801 geredet hatte. Seit dieser Zeit hat der Klerus nicht aufgehört, Verwünschungen der Philosophie und der Revolution auszusprechen, das ist der Inhalt der meisten Predigten. So tadelte er unaufhörlich das Verhalten des Volkes seit dreyßig Jahren, und mußte es dadurch vor sich entfernen. Ueberdem hatte er das Unglück, von der Classe begünstigt zu werden und wechselseitig sich günstig gegen sie zu beweisen, welche seit einiger Zeit geherrscht und so traurige Erinnerungen ihrer Herrschaft hinterlassen hat, und von der Nation verworfen wird. Andere unkluge Leute, indem sie nicht aufhörten von der Vereinigung des Thrones und des Altares zu reden, bewirkten, daß man ihn als das Mittel ihrer herrschsüchtigen Absichten betrachtete. Indem der Klerus mit den Emigranten und deren Partey sich verband, zog er den ganzen Unwillen auf sich, mit welchem die Nation diese Partey betrachtet. Diese unglückliche Annäherung fand im J. 1814 Statt, wie einst im J. 1789; der Erfolg mußte derselbe seyn. Die Priester wurden eben so wie die Edelleute ausgeschlossen; seit dem Jahre 1814 ist kein einziger Geistlicher zu den Kammern der Deputirten gewählt worden, da doch unter Napoleon bey jeder Wahl einige unter ihre Mitglieder eintraten.“*

147 Wenn man in den Rheinprovinzen gegen solche Uebeln wie Herauswerfen der Bänke aus einer Simultankirche, Taufe eines protestantischen
Kindes wider Willen des Vaters milde gewesen ist: so hat man die Uebel
hervorgerufen.

———

5 148 In B a i e r n sind alle 3 Conf*essionen* für gleichberechtigt erklärt u*nd*
ihnen überlassen ihre Kirchenangelegenheiten unter d*er* oberen Staatsaufsicht zu ordnen. – D*as* GeneralConsistorium ist beauftragt eine Ver-
fassung zu begründen und in einer allgem*einen* Kirchenordnung | vor- 29ᵛ
zulegen. Dies beides stimmt aber nicht, weil das GeneralConsist*orium*
10 die obere Staatsaufsicht selbst ist, also dann nicht die Kirche ordnet. So
ist auch hernach dem OberConsist*orium* nicht geboten sondern nur erlaubt bei innern Kirchenangelegenheiten die Meinung der GeneralSynode einzuholen wo es nöthig ist. – Das Ober*Consistorium* hat den Entwurf gemacht; er ist 1827 von den GeneralSynoden verworfen worden.

———

1–4 *AANKG* 5,2 (1822), S. 354. *Dort heißt es über die Zeit unmittelbar nach der Nieder-*
lage Napoleons 1814: „*Einzelne Klagen über intolerantes Benehmen und fanatische Unge-*
bühr einzelner katholischer Geistlichen wurden wohl hie und da vernommen, doch we-
niger häufig als man unter solchen Umständen hätte erwarten können. In einem Dorf des
Nieder-Maasdepartements ließ der Pfarrer aus der zum Simultaneum eingerichteten Kirche
die Sitzbänke der Reformirten hinauswerfen, ein anderer ließ sich beigehen, das Kind eines
protestantischen Vaters wider dessen Wissen und Willen katholisch zu taufen, ein dritter
ließ unsanfte Worte fallen von Ketzern und Ketzergenossen u.s.w. Der Generalgouverneur
war bemühet, bei der Entscheidung auf solche einkommende Beschwerden und Anzeigen,
den Ernst, welchen die Regierung sich selbst, und die Gerechtigkeit, welche sie dem Ver-
letzten schuldig ist, mit einer, in kritischen Zeitpunkten wie der damalige, so wohl ange-
brachten versöhnenden Milde überall zu vereinbaren." 5–14 *ARTL* 2 (1833), 11 (21.8.),
S. 171. *Vgl. Verfassungs-Urkunde des Königreichs Baiern (26.5.), Gesetzblatt für das Kö-*
nigreich Baiern 1818, 7 (6.6.), S. 101–140, Tit. IV, § 9 (Huber/Huber Nr. 59); Edict über die
äußern Rechts-Verhältnisse der Einwohner des Königreichs Baiern, in Beziehung auf Re-
ligiöse und kirchliche Gesellschaften (26.5.), ebd. 9 (17.6.), S. 149–180 (Huber/Huber Nr.
60), §§ 24. 38. 50. 57; Edict über die innern Kirchlichen Angelegenheiten der Protestanti-
schen Gesammt-Gemeinde in dem Königreiche (26.5.), ebd. 18 (22.7.), S. 437–450 (Hu-
ber/Huber Nr. 280), §§ 18 f. – Mit „GeneralConsistorium" meint Schleiermacher das Ober-
konsistorium. „*Auf eine Klage des Oberconsistoriums wegen verfassungswidriger Einmi-*
schung des Ministeriums, dem es untergeordnet ist, in die innern Kirchenangelegenheiten,
erging 1831 ein K. Rescript, worin die Selbstständigkeit des Oberconsistoriums für die
Ausübung des landesherrlichen Episcopats in inneren Kirchenangelegenheiten, zu deren
Berathung es nöthigen Falls die Meinung der Generalsynoden einholen kann, gewahrt
wird."

Deutsch*land*
149 Nach Fuchs All*gemeine* Uebersi*cht* des Zustandes der prot*estan-
tischen* Kirche in Baiern 1830 zählt Baiern 985 Pfarreien worunter 288
Patronatische (von diesen keine im Rheinkreise) An diesen 1150 Geist-
liche und dazu gehörig 1,089523 Seelen. – Im Isarkreise nur 2 Pfarreien   5
(München u*nd* Karolinenfeld) Im Unterdonaukreise nur Eine (Orten-
burg) – Noch zahlreiche protestantische Einwohner die nicht eingepfarrt
werden können (in Passau u*nd* Straubing) Die Geistlichen werden im
Ganzen gerühmt ohnerachtet der spär*lichen* Besoldung. Weniger die
durch wechselnde Commissionen bewirkten Prüfungen. – Schroffes Ent-   10
gegenstehen der beiden theologischen Partheien.

———

150 Evange*lische* Gesellschaft in Genf. Sonntäg*licher* Abendgottes-
dienst in eignem Lokal, SonntagsSchule, Wochenschule, Schule für Ka-
techumenen – Kolportiren von Bibeln Testamenten u*nd* Evange*lien* nach
Frankreich.   15

———

Italien
151. Die aufgehoben gewesene Universität Sicna ist 1814 wieder hergestellt; sie hat 5 Lehrstühle für Exegese, K*irchen*Geschichte Moral, Dogmatik u*nd* Praxis. In Pisa ist statt des lezten Orient*alische* Litteratur u*nd*
Archäologie abgesondert. Pisa hatte 1832 700–800 Siena 300 Studieren-   20
d*e*.

——— |

28ʳ   NB 139–151 Siehe in dem folgenden Heft

152. Die Bischöfe in partibus gründen sich auch auf ehem*aligen* Besiz.
Sie dienen wie ordinirte Kandidaten.

———

---

1 Deutsch*land*] *am linken Rand*   16 Italien] *am linken Rand*

2–11 *ARTL 2 (1833), 13 (1.9.), S. 201f. Vgl. K. H. Fuchs: Allgemeine Uebersicht des Zustandes der protestantischen Kirche in Bayern bei der dritten Säkularfeier der Augsburgischen Confessions-Uebergabe im Jahr 1830, S. 5. 14–24. 29. 40* **12–15** *ARTL 2 (1833), 14
(6.9.), S. 221–224. Die evangelische Gesellschaft (Société évangélique) wurde im Januar
1831 gegründet mit dem Ziel, das Reich Gottes durch Vorträge, Sammlungen und Verbreitung von Bibeln und religiöser Literatur zu fördern.* **17–21** *ARTL 2 (1833), 15
(11.9.), S. 240. Die Universität Siena war 1809 von den Franzosen geschlossen worden.*
23 f *Städlin 1, S. 433; vgl. Katholische Kirche 13.*

153. Da der König von Neapel selbst legatus a latere ist: so wird das Amt nicht als wesentlich geistlich angesehen.

---

154 Concordate werden nur mit katholischen Regierungen geschlossen, und es ist wesentlich zu wissen ob dergleichen bestehen oder nicht.

---

5 155 Zu dem vom Cardinalvicarius versehenen Erzbisthum Rom gehören die Bißthümer Ostia Velletri Frascati Porto Albino (Ich weiß nicht ob Ravenna als Erzbisthum wieder hergestellt ist). Es giebt aber in dem Kirchenstaat noch zwei Erzbißthümer Fermo und Urbino.

---

156 Die Lateranische Kirche ist die bischöfliche des Papstes mithin die
10 erste im Rang. Basilica Constantini erbaut als er den Lateranischen Pallast schenkte. Berühmt wegen der 11 Concilien. Der Vorsteher des Domkapitels allemal ein Kardinal; die Domherren besorgen den Gottesdienst.

---

157 Die Pallien für die Erzbischöfe werden aus Wolle von Lämmern verfertigt welche bei der Kirche S. Agnese fuor di porta pia aufgezogen

---

7 ist).] ist.

1 *Stäudlin I, S. 432 f.: „Die gewöhnlichen Gesandten heißen Nuntien, außerordentliche, welche nur in besonders wichtigen Angelegenheiten vom Pabste ernannt und in fremde oder seine eigene Provinzen gesandt werden, heißen Legaten a latere. [...] Gewisse Erzbischöfe, namentlich der von Toledo in Spanien, der von Gran in Ungarn, sonst auch der von Rheims in Champagne, der von Salzburg in Deutschland sind oder waren geborne Legaten des Römischen Stuhls in ihren Erzbisthümern. Wenn sie dadurch abhängiger von dem Pabste wurden, so haben die Könige von Sicilien, indem sie sich, um der eigentlichen päbstlichen Legate los zu werden, gleichfalls zu beständigen päbstlichen Legaten ernennen ließen, dadurch an kirchlicher Gewalt in ihrem Reiche gewonnen."* 3 f *Stäudlin I, S. 433 f.: „Wenn der Pabst seine Anmaaßungen und Ansprüche in einem katholischen Lande nicht geltend machen kann und dadurch in Streitigkeiten verwickelt wird, so läßt er eher von seinen Rechten etwas nach, gibt das, was er zugeben muß, eher für eine Nachsicht und Gnadenbezeugung aus, als er noch mehr aufs Spiel setzt, schließt in Rücksicht auf die Zeitumstände einen Vertrag, ein sogenanntes Concordat, läßt sich gewisse Rechte in fremden Ländern förmlich bestätigen und hofft auf bessere Zeiten, wo das Verlorene wieder eingebracht werden kann. Solche Concordate existiren mit der französischen Nation, mit Spanien, Portugal, Venedig, Neapel, der italienischen Republik, mit dem Kaiser und der deutschen Nation; das letzte muß aber jetzt nach den vielen und großen Veränderungen, die durch den Entschädigungsplan in Deutschland vorgegangen sind, bald durch ein neues ersetzt werden."* 5–8 *Stäudlin I, S. 434 f., wo es u. a. heißt: „Das Erzbisthum Ravenna ist jetzt weggefallen."* Damals gehörte Ravenna zur Italienischen Republik. Als die Romagna 1815 wieder an den Kirchenstaat fiel, wurde das Erzbistum Ravenna restituiert. 9–12 *Stäudlin I, S. 439 f.* 13–116,2 *Stäudlin I, S. 449. Vgl. Katholische Kirche 38.*

und eingesegnet worden sind, sie werden hernach noch auf das Grab der
Apostel in der Peterskirche gelegt.

———

158 In der Kapelle sanctum sanctorum bei der lateranischen Kirche ist
das von Lucas angefangene und von den Engeln vollendete Bild Jesu.
Der Altar ist so voll Reliquien daß nicht einmal der Papst da Messe lesen   5
darf.

———

159 In Sa. Maria Maggiore darf nur der Papst Messe lesen.

———

160 Die Katakomben sind die größten ReliquienQuelle.

———

161 In der Santa casa zu Loretto soll Maria geboren sein und haben.
Beim Einfall der Muhamedaner in Palästina fing es an sich zu bewegen   10
und wurde 1291 von einigen Engeln nach Dalmatien getragen. Maria
erschien um es bekannt zu machen. 1294 trugen die Engel es über das
adriatische Meer in den Wald einer Namens Laureta. Die Engel sangen
und die Bäume neigten sich. Es hat noch ein Paar kleine Transporte
ausgehalten bis es an seinem jezigen Ort mit einer Kirche überbaut ist.| 15

[———]

28ᵛ   Rom
162. Die Dataria hat es mit den geistlichen Einkünften zu thun.

[———]

163 Oberhofmeister Oberkammerherr Magister palatii sind prälatische
Würden.

[———]

---

16 Rom] *mit Klammer um 162.–165 am linken Rand*

3–6 *Stäudlin I, S. 442 f. Die Kapelle befindet sich nahe dem Lateran. Zu den Reliquien
gehören der Nabel und ein Stück von der Vorhaut Jesu.*   7 *Stäudlin I, S. 449*   8 *Stäudlin
I, S. 451: „Aus diesen Katakomben werden meistentheils die Reliquien hergenommen, mit
welchen der Pabst fremde Kirchen so oft und reichlich beschenkt, in der Voraussetzung, daß
es lauter Reliquien christlicher Märtyrer und Heiligen seien."*   9–15 *Stäudlin I, S. 453 f.*
17 *Stäudlin I, S. 429*   18 f *Stäudlin I, S. 427*

164 Die Sagra consulta ist d*a*s Comunal u*nd* Sanitätsgericht u*nd* wird
vom Card*inal* Segretario präsidirt – Die rota ist das päbst*liche* Ober-
AppellationsTribunal besteht aus 12 Prälaten welche auditori heißen, der
Gouverneur v*on* Rom an der Spize – Die Congregation der kirch*lichen*
5 Immunitäten, für alles was die Freiheiten der Geistlichkeit betrifft.

165 Pallatium St. Off*icii* Sizungen für die Inquisit*ion* u*nd* Gefängniß

166 conf. 135. 137. Der König d*er* Belgier 3 gleichzeitig übergeben*e*
Briefe an den Papst 1. Notificatorium 2. Creditiv 3. VermählungsAnzei-
g*e*. Des Papstes Antwort vom 3*ten* December 1832 *Allgemeine Kir-*
10 *chenZeitung* 1833 S. 1368. Schluß „Wir bitten den *Gott* des Lichts Ihnen
stets günstig zu sein u*nd* E. K. M. an uns zu knüpfen durch die Bande
vollkomner christlicher Liebe" Ueber d*ie* Vermählung „Wir antworten
hierauf da*ß* niemand mehr als wir Ihr Glükk und die Wohlfahrt Ihrer
Regierung wünscht. Wir halten es für überflüssig Sie zu ermahnen stets
15 der kath*olischen* Rel*igion* inmitten dieses Volks günstig zu bleiben."
Hernach folgt auf eine Anerkenung da*ß* die Unterthanen die Pflicht haben d*er* Obrigk*eit* zu gehorchen nicht bloß aus Furcht p. – In Brüssel
wird ein neues Kloster für Karmeliterinen (die schon Joseph 1782 aufgehoben hatte) gebaut.

20 Deutschland
167 Päpst*liche* Bulle provida solersque vom 16*ten* Aug*ust* 1821 enthält
Aufhebung des Bißthum Constanz und die Errichtung der Diöcesen Freiburg Mainz Fulda Rottenburg, Limburg. Die Bildung von Trientinischen

7 conf ... 137.] *am linken Rand* 15 bleiben."] bleiben. 17–19 – In ... gebaut.] *mit Einfügungszeichen auf den linken Rand überlaufend nachgetragen* 20 Deutschland] *am linken Rand*

1–4 *Stäudlin I, S. 427f.* 4f *Stäudlin I, S. 431* 6 *Stäudlin I, S. 448* 7–17 *AKZ 12 (1833), 170 (27.10.), S. 1367f. Zu Untertanen und Obrigkeit vgl. Röm 13,5; zu ergänzen:* „sondern auch um des Gewissens willen". 17–19 *AKZ 12 (1833), 171 (29.10.), S. 1376. Gemeint ist Kaiser Joseph II. (1765–90).* 21–118,5 *Verkündigung der päpstlichen Bullen zur Errichtung des Erzbisthums zu Freiburg, 16.10.1827, in: Großherzoglich-Badisches Staats- und Regierungsblatt 25 (1827), 23 (16.10.), S. 211–238 (AKZ 6 [1827], 176 [8.11.], S. 1433–1448 = ThN 1827, S. 333–360 [Huber/Huber Nr. 112]), darin S. 212–232 Provida solersque (Huber/Huber Nr. 106) und S. 233–238 Ad dominici gregis (Huber/Huber Nr. 109). Zu den Bullen vgl. Katholische Kirche 35; 125.*

Seminaria puerorum, die Grenzbestimmung der Bißthümer und die Einkünfte. Die Bulle Ad dominici gregis custodiam vom 11ten April 1827
benennt die Bischöfe, giebt Bestimung über die Seminarien, sezt unbe-
schränkte Verbindung mit dem heiligen Stuhle fest, und verleiht den
Erzbischöfen und Bischöfen die kirchliche Jurisdiction. – Ordonnanz des   5
Königs von Würtemberg vom 30ten Januar 1830 mit genauer Bestimung
des königlichen Schirmvoigtei und Oberaufsichtsrechtes. In der ersten
Kammer erhob sich eine Protestation gegen diese Ordonanz aber ohne
Erfolg; in der 2ten trug ein katholischer Priester selbst auf Zustimmung
an.   10

──────────

168. Die Ehedispensationen sind in P o r t u g a l dem Papst entzogen – 417
Mönchs und 110 Nonnenklöster. Also auf jede 100 Seelen 27 Mönche
und 9 Nonnen. Wahrscheinlich hier die geistlichen Ritterorden (auch die
in denen die Ehe erlaubt ist) mitgerechnet.

──────────

13 f Wahrscheinlich ... mitgerechnet.] *am linken Rand*

──────────

*5–10 AKZ 12 (1833), 51 (30.3.), S. 416: „Stuttgart, 8. März. In der heutigen Sitzung bittet
Pflanz um das Wort; er habe eine Motion, betreffend die königl. Erklärung vom 30. Jan.
1830, vorzutragen, und ersuche die hohe Kammer, ihn sogleich anzuhören. Dieß wird
zugestanden, worauf Pflanz seine Motion vorlas. Der Inhalt derselben ist dieser: das für die
rheinische Kirchenprovinz, zu welcher Würtemberg gehöre, bestehnde Concordat sei so
viel als keines; der Stand der Unordnung, in den die deutsche katholische Kirche durch die
Auflösung des heil. römischen Reiches verfallen, sei nur noch ärger geworden. Es sei daher
von höchster Wichtigkeit, daß unsere Regierung sich entschieden darüber erkläre, wie sie
ihr Recht der obersten Aufsicht über die Kirche ausüben wolle. Eine solche Erklärung sei
im Jahre 1830 von mehreren Regierungen und namentlich auch von der unsrigen, erfolgt.
Ein Ständemitglied habe damals dagegen protestirt, indem es sich auf ein Rundschreiben
des Papstes Pius VIII. vom Jahre 1830 berufen. Allein besagtes Circulare habe das landesherrliche Placet nicht erhalten, es sei also null und nichtig. Zum Schlusse trägt er darauf
an, daß die Kammer ausdrücklich ihre Zustimmung zu der Verordnung unseres Königs
vom 30. Januar 1830 gebe. – Die Sache wird an die staatsrechtliche Commission verwiesen." Von der Rede des Abgeordneten Pflanz am 8.3.1833, in der er die Zustimmung der
Kammer zur Verordnung vom 30.1.1830 beantragt (während der Abgeordnete von Horn-
stein diese Verordnung als Eingriff des Staates in die Religionsfreiheit verwarf), berichtet
auch AKZ 12 (1833), 68 (30.4.), S. 552. – In allen Staaten, auf die sich die Bullen „Provida
solersque" (vgl. Katholische Kirche 125) und „Ad dominici gregis custodiam" bezogen
(Würtemberg, Baden, Hessen-Kassel, Hessen-Darmstadt, Nassau und Frankfurt), wurden
im Herbst 1827 beide Bullen in die Gesetzessammlungen aufgenommen und am 30.1.1830
durch gleichlautende Verordnungen zum staatlichen Schutz- und Aufsichtsrecht ergänzt
(vgl. Huber/Huber Nr. 114), in Würtemberg durch die Königliche Verordnung, betreffend
die Ausübung des verfassungsmäßigen Schutz- und Aufsichts-Rechts des Staates über die
katholische Landes-Kirche (Regierungsblatt für das Königreich Würtemberg 1830, 9
[10.2.], S. 81–88). Gegen diese Verordnungen protestierte Pius VIII. am 30.6.1830 durch ein
Breve (Huber/Huber Nr. 115).*   **11 f** *Stäudlin II, S. 102*

Außer dem Patriarchen noch ErzB*ischöfe* in Braga u*nd* Evora. – 14
Bischöfe wovon 3 unter Evora 6 unter Braga u*nd* 5 unter Lissabon. –
ErzB*ischöfe* B*ischöfe* die ersten Cortes. Im Cister*zienser* Kl*oster* Alko-
baza (180000 Crusaden) lauter adlige Mönche.

5   In Lissabon 40 Pfarrkirchen u*nd* 50 Klöster – K*önigliches* Begräbniß
im HieronymitenKloster zu Belem. In Coimbra 8 P*rofessoren* außerd*em*
noch Röm*isches* Recht u*nd* KirchenGesch*ichte*. |

[————]

S c h w e i z   29ᵛ
169 Neuere Streitigkeiten durch Erledigung des Bißthumes Chur sowol
10 in Graubünden wegen V*erwaltung* des V*ermögens* zw*ische*n der Regierung u*nd* dem Kapitel als auch in S. Gallen wo man eine andre Stellung
u*nd* große Reformen in der Kirche will.

————

170 Nach der Berl*iner* Zeitung v*om* 22t*en* Nov*ember* 1833 berechnet
Moreau de Yonnès die Einkünfte der spanischen Geistlichkeit auf
15 247,860000 Fr. wovon allein 135 Millionen von liegenden Gründen u*nd*
32 Millionen v*on* zufälligen Einnahmen inclusive Messen wonach also
der Zehnte auf 80000000 zu rechnen sein würde.

————

B a i e r n   P a p s t
171 Gregor XVI hat unterm 27t*en* Mai 1832 an die Bairischen Bischöfe
20 ein Breve erlassen worin er die Verordnungen einschärft welche den
vertrauten Umgang mit Akatholiken untersagen. Darin sei auch die gemischte Ehe untersagt, u*nd* solche daher auch nur nach vorgängiger
Dispensation des apost*olischen* Stuhls zuzulassen. |

[————]

P a p s t   30ʳ
25 172 Gregor XVI sprach unterm 21t*en* Jun*i* 1832 die Excommunication
aus über alle seine Unterthanen, welche an dem Aufstand zu Ancona

---

8 S c h w e i z] *am linken Rand*   13 der] *folgt* ⟨Berechn⟩   18 B a i e r n   P a p s t] *am linken
Rand*   24 Papst] *am rechten Rand*

1–4 *Stäudlin II, S. 104–106*   5–7 *Stäudlin II, S. 126f.*   9–12 *Vossische Zeitung 1833, 274
(22. 11.). Am 23.10.1833 war Karl Rudolf Buol von Schauenstein (vgl. Katholische Kirche
4) gestorben.*   13–17 *Vossische Zeitung 1833, 274 (22. 11.). Richtig: Jonnès. – Die 800000
hat Schleiermacher selbst berechnet.*   19–23 *AKZ 11 (1832), 153 (27.9.), S. 1241–46:
Breve an die bayrischen Bischöfe „Summo jugiter" (Huber/Huber Nr. 203)*   25–120,3
AKZ 11 (1832), 112 (17.7.), S. 912

Theil genommen hatten. Er behält sich Lösung vor jedoch nur nach
einzelner Aufzählung der dahin gehörigen einzelnen sündhaften Handlungen.

[———]

173 Ein Sendschreiben (Bulle oder Breve) Leo XII vom 26ten März 1824
enthält die Circumscription der Kirchsprengel des Königreichs Hanno-   5
ver.

———

Hannover
174 Bestimmungen über die katholische Kirche aus dem Hannöverschen
Grundgesez.

§ 30 Mitglieder der evangelischen und katholischen Kirche gleiche   10
bürgerliche und politische Rechte und § 57 freie öffentliche Religionsübung.

§ 58 König über beide Kirchen. Das in der Kirchenhoheit begriffene
Schuz und OberAufsichtsrecht. § 59 Innere geistliche Angelegenheiten
der Kirchengewalt überlassen. § 62 Die Bischöfe oder Administratoren   15
von Hildesheim und Osnabrük die Ausübung der KirchenGewalt. Die
Rechte der KirchenHoheit (wozu auch OberAufsicht über die bischöfliche Verwaltung des KirchenVermögens) werden vom Ministerium unmittelbar oder durch die rein katholischen Consistorien ausgeübt. § 63
Alle allgemeinen Anordnungen der KirchenBehörden dürfen ohne Ge-   20
nehmigung des Ministeriums nicht verkündigt oder vollzogen werden.
Von rein kirchlichen Lehr oder DisciplinarSachen Einsichtnahme soll die
Bekanntmachung nicht gehindert werden. § 64 Alle amtlichen Comuni-
cationen mit auswärtigen KirchenOberen bedürfen placet[,] an Un-
schädlichkeit für den Staat gebunden. Ausgenomen GewissensSachen   25
Einzelner.

§ 65 Mißbräuche der KirchenGewalt ist das Ministerium verpflichtet
zu verhüten und abzustellen. § 66 Geistliche und KirchenBeamte die
nicht vom König ernannt werden bedürfen der königlichen Bestätigung –

---

7 Hannover] *am rechten Rand*

---

4 *Bulle „Impensa Romanorum" (Huber/Huber Nr. 121); vgl. Katholische Kirche 175.*
8–121,12 *Grundgesetz des Königreichs, Windsor-Castle, den 26sten September 1833, in:*
Sammlung der Gesetze, Verordnungen und Ausschreibungen für das Königreich Hannover
1833,1, 24 (9.10.), S. 286–330. Schleiermacher exzerpierte es laut Tagebuch am 4.12.1833
(vgl. Einleitung).

Entscheidung über kanonische Eigenschaften allein die geistliche Behörde. 67. Entlassung und Suspension der Geistlichkeit bedarf der Bestätigung des Ministeriums. 68. Das KirchenVermögen auch der Siftungen und Congregationen darf unter keinem Vorwand zum Staatsvermögen
5 gezogen werden. – Abänderung der Stiftung nur wenn ihr alter Zwek nicht mehr zu erreichen ist. – Die Bestimungen des ReichsDeputations-HauptSchlusses von 1803 bleiben vorbehalten. 69. Wo es noch nicht der Fall ist sollen den Verwaltern Personen aus den Gemeinen zur Seite stehn, außer wo der Patron die Ausgabe allein bestreitet. 70 Prediger
10 Aufsicht über VolksSchulen. 94. Die katholischen Bischöfe gehören zur ersten Kammer. 98 Zur zweiten Kammer gehört 5) Ein Deputirter des Domkapitels von Hildesheim.

175 Bulle impensa romanorum pontificum den 26ten März 1824. Das Capitulum cathedralis ecclesiae Hildesimensis soll haben Einen Dechant
15 (ohne Propst wie es scheint) 6 Canonici und 4 Vicari. Bischof 4000 rth und Wohnung: Dechant 1500 rth Canonici 1400, 1000, 800 | Vicarien 30ᵛ 400[.] Häuser nur bis zu den 2 ersten Vicarien. Die Erhebungsweise derselben soll erst noch dem heiligen Stuhl zur Bestätigung (approbatio) vorgelegt werden. Die Dotation von Osnabrück soll aufgeschoben wer-
20 den usquedum necessaria ad id suppetant media. Die Einnahmen sollen dann eben so sein, und auch das Seminar das hinreichende erhalten. Bis dahin soll der Bischof von Hildesheim 2000 rth mehr aus Osnabrück und der Dechant 300 rth mehr und soll bis dahin der Bischof von Paros Weihbischof sein, nach seinem Ableben aber der Bischof von Hildesheim
25 auch Osnabrück bekommen kraft besonderer Vollmacht und soll denjenigen GeneralVicar bestellen dürfen der in partibus, wenn tauglich sein wird, er soll dann 3000 rth erhalten. Die Diöcese soll am Hildesheimschen Seminar theil haben – Beide Bißthümer sollen unmittelbar sein – Bei Erledigung soll das Kapitel eine Liste von WahlCandidaten binnen
30 Monatsfrist dem Ministerium vorlegen, 30 Jahre, indigenae, entweder Seelsorger oder Professoren in den Gymnasien oder schon administran-

---

5 alter] *am linken Rand*   16 1400,] 14000   26 in] *über der Zeile*

13 *Sammlung der Gesetze, Verordnungen und Ausschreibungen für das Königreich Hannover 1824,1, 12 (2.6.), S. 89–110 (Huber/Huber Nr. 121). Paragrapheneinteilung nach: Magnum Bullarium Romanum 16, 1854, S. 32–37.*   13–15 § 5   15f § 6   16f § 7   17–19 § 8   19–21 § 9   21–23 § 10   23–27 § 11. *Carl Clemens Reichsfreiherr von Gruben (1764–1827), 1795 Bischof von Paros in partibus infidelium, seit 1802 Administrator des Bistums Osnabrück, seit 1825 auch Bistumsverweser von Hildesheim.*   27f § 12 28–122,3 § 13

dis negotiis ecclesiasticis ausgezeichnet, untadelhaft. Die Regierung kann
die unangenehmen streichen und das Kapitel wählt aus den übrigen und
sendet das WahlInstrument binnen Monatsfrist nach Rom. Die Prüfung
übergiebt der Papst einem angesehenen Landesgeistlichen und ertheilt
dann die Bestätigung per apostolicas litteras. Der neue Bischof soll von   5
dem andern mit Beistand von 2 andern oder 2 Prälaten consecrirt werden.
     Die Canonici 30jährig, Indigenat und als Priester Professor oder Seel-
sorger p gewesen sind. Bei Erledigung reichen abwechselnd Bischof oder
Kapitel eine Wahlliste von 4 ein; dann wird gewählt.   10
     Alle Landesgemeinen werden von fremden Bißthümern abgenomen,
so daß das ganze Königreich in diese 2 Sprengel diesseit und jenseit der
Weser getheilt werde. In Hildesheim 55 Parochialkirchen die schon immer dazu gehört haben. 20 Pfarrcien und HülfsPfarreien im Eichsfeld,
welche sonst zu Mainz oder Regensburg gehört haben[,] 3 Pfarreien   15
Hanover Göttingen und Zelle welche schon bisher unter Hildesheim
aber als Apostolischem Vicar der nordischen Missionen gestanden sein –
Osnabrück im Decanat der Domkirche 7 Pfarreien, im Decanat Iburg 7
Pfarreien im Decanat Fürstenau 11 Pfarreien im Decanat Verden 11 Pfarren und die zu Hanover gehörigen Theile der Pfarreien Damme und   20
Neuenkirchen. Im Erzpresbyteriat NiederLingen 12 Pfarren, 27 Pfarreien
im Kreise Meppen die bisher unter Münster standen, 3 dito in Ostfriesland – Auslieferung der Archive – Hildesheim 756 florin Kamertaxe
Osnabrück 666 2/3 – Executor der Bischof Franz Egon von Hildesheim
mit dem Recht Andere zu bevollmächtigen – alle exceptiones iuris wer-   25
den beseitigt.
     Schweiz 36. 73. 81–87 |

                              [——]

Oesterreichisches *Kaiserthum*
176 Stephan von Ungarn erhielt auch das Päpstliche Legatenrecht. Man
rechnet jezt zwischen 5 und 6 Millionen Katholiken als die Hälfte der   30
ganzen Bevölkerung, zwischen 2 und 3 Millionen Protestanten, ohn-

---

28 Oesterreichisches Kaiserthum] *am rechten Rand*

3–5 § 14   5–7 § 16   8f § 17   9f § 18   11–13 § 19   13–17 § 20   18–23 § 21   23 § 22
23f § 23   24f § 24. *Zu Franz Egon von Fürstenberg vgl. Katholische Kirche 121.*   25f §§
26f. *Gemeint sind alle der Bulle etwa entgegenstehenden Gewohnheitsrechte, Synodalbeschlüsse oder kirchlichen Gesetze.*   27 *Schleiermacher verweist auf numerierte Absätze
dieser Abteilung.*   29–123,12 *Stäudlin I, S. 360–365; vgl. Katholische Kirche 102. Der
eximierte Erzabt ist der Abt der Benediktinerabtei St. Martin.*

gefähr eben soviel Griechen. Ueber die Katholiken hat der König das oberste Patronatrecht, ernennt von Erzbischof bis Propsteien und auch zu den Kanonikaten die sonst die Bischöfe vergeben. Er hat die Einkünfte der Vacanzen, ist Intestat Erbe der Bischöfe, kann Bullen und Breven
5 erlauben und verbieten und limitrt den geistlichen Eid an den Papst. Die Prälaten sind der erste Reichsstand. Dahin gehört 1.) der ErzBischof Primas von Gran hat das Recht zu krönen und ist zugleich Obergespann, geborener Legat schwört nur durch seinen Official und präsentirt Adelsdiplome für seine Gutseingesessenen zur königlichen Unterschrift.
10 360000 Gulden. 11 Bischöfe und die unirten griechischen[.] 2. ErzBischof von Kolotscha unter ihm 5 Bischöfe. 3. die 16 Bischöfe. 4. 24 Aebte, unter ihnen ein Erzabt der eximirt ist.

Alle Eheprozesse auch bei gemischten Ehen gehören vor die bischöflichen Consistorien mit Appellation an den ErzBischof, den Primas, den
15 Papst.

2¾ 000 katholische Pfarren – Noch mehr als 150 Mönchsklöster und 12 Nonnenklöster etwa 10000 geistliche Personen.

---

177. Beschluß der katholischen Abtheilung des großen Rathes in S. Gallen 1. Die bisthümlichen Angelegenheiten sollen neu geordnet werden
20 ohne Rüksicht auf den aus der Päpstlichen Bulle vom 2ten Juli 1823

---

11 Kolotscha] Polotscha

13–15 *Stäudlin I, S. 364 f.: „Die Erzbischöfe und Bischöfe haben ihre Consistoria. Von diesen werden die Geistlichen insgesammt gerichtet, ausgenommen in Staats- und Majestätsverbrechen. Vor sie gehören Glaubens- und Kirchensachen, Eheprocesse, auch wenn nur Ein Gatte katholisch ist, Klagen über Meineid, Testamentsstreitigkeiten etc. Von den Aussprüchen der bischöflichen Consistorien kann an einen Erzbischof appellirt werden. Ergeht die Appellation an den von Kolotscha, so kann von ihm noch an den von Gran als Primas appellirt werden. Der Primas kann nach Befinden der Umstände die Sache unmittelbar an den Pabst bringen, jedoch muß er dazu die Erlaubniß des Königs haben, und der Pabst darf alsdann das Richteramt nicht dem Nuntius zu Wien, sondern nur einem Bischofe in den Erbländern übertragen."* **16f** *Stäudlin I, S. 366 f.: „Man berechnet ohngefähr 2751 katholische Pfarrer, 409 Lokalcapellane oder Pfarrer mit geringeren Besoldungen, 1607 Kooperatoren oder Adjuncte, zusammen 4767 Priester. [...] Mönchsklöster gibt es noch 152, unter welchen 84 Franciscaner-, 11 Minoriten-, 11 Kapuziner-, 3 Dominikanerklöster etc. sind. Die ganze Zahl der Mönche mag sammt den Laienbrüdern etwa 3234 betragen. [...] Nonnenklöster sind noch 12 übrig und die Zahl der Nonnen mag sich auf 274, die der Laienschwestern auf 116 belaufen. [...] Die Zahl aller katholischen geistlichen Personen steigt etwa auf 10000."* **18–124,11** *AKZ 12 (1833), 184 (21.11.), S. 1480. Der zitierte Beschluß datiert vom 28.10.1833 und steht im Zusammenhang des kirchenpolitischen Reformprogramms mehrerer Kantone nach der Erledigung des Bistums Chur am 23.10.1833 (vgl. Katholische Kirche [183.]). Zur Bulle von 1823 vgl. Katholische Kirche 4.*

hervorgegangenen Zustand[.][1] 2. Der Administrationsrath soll Vorschläge vorlegen. 3 Bis zum Entscheid des GroßRathsCollegi*ums* jede
Unterhandlung unterbleibe. 4. Als GrundBedingu*ng* wird sogleich fest-
gesezt a Aufnahme in einen MetropolitanVerband b. Garantie für die
Einführung der Synode. 5. Möglichste Oekonomie soll beobachtet wer- 5
den. 6. D*as* provisorisch noch fungirende Domkapitel soll sogleich aus
einem dreifachen Vorschlag des Adm*inistrations*rathes einen Bißthums-
verweser ernennen[.] 7. Bischofswahl soll einstweilen nicht vorgenommen werden. 8 Amtliche Mittheilu*ng* hievon a an d*as* Domkap*itel*. b An
die Nuntiatur. c. an den kleinen Rath u*nd* d durch d*iesen* an den Stand 10
Graubünden.

---

178 Oesterreich. Erz B *i s c h o f   v o n   W i e n* S. Pölten u*nd* Linz. Erz-
B *i s c h o f   v o n* Layb *a c h* (mit ein*em* Vicar in Görz aus dem ehemal*igen*
Aquileja) Gradiska, Zeng, Trient Como. Erz B *i s c h o f   v o n* S a l z b u r g.
Gurk Lavant beide in Kärnthen. Brixen. 15
    Böhmen. Erz B *i s c h o f   v o n* Pr *a g* Primas, Legat Leutmeriz König-
gräz Budweis. – Ob Eger jezt no*c*h unter Prag[.] Mähren Erz B *i s c h o f*
v o n Olmüz. Brünn.
    Galliz*ien* Erz B *i s c h o f   v o n* Lemb *e r g* Przemisl, Tarnow, Chelm.
Minister in Wien. D*er* Kaiser alle Ernennungen. Reaction seit Joseph II. | 20

---

[1] Die Bulle hatte jedoch in S. Gallen durch einen nach erhalten*er* Vollmacht
unt*erm* 28*ten* Oct*ober* 1823 gefaßten Beschluß d*es* kleinen Rathes der damaligen Verfassung gemäß Gesezeskraft erhalten.

---

13 f (mit ... Aquileja)] *ohne Klammern mit Einfügungszeichen am rechten Rand* **16**
Böhmen.] *davor* ⟨Chiemse⟩   **21–23** Die ... erhalten.] *am rechten Rand*

12–15 *Stäudlin II, S. 565–568, wo es u. a. heißt: „Im Friaul war einst der Sitz des berühmten Erz-Bisthums von Aquileja oder Aglar, welches 1751. dergestalt aufgehoben wurde,
daß nun zwei Erz-Bisthümer, eins zu Udine im venetianischen Gebiete und eins zu Görz im
österreichischen Friaul gestiftet wurden. Nachher 1788. wurde das Erzbisthum Görz aufgehoben und nach Laybach verlegt, für den görzischen District aber ein Vikar bestellt."*
16–18 *Stäudlin II, S. 574 f.*   **19** *Stäudlin II, S. 580*   **20** *Stäudlin II, S. 566: „Zur Besorgung
des ganzen Kirchenwesens in der österreichischen Monarchie ist daselbst eine geistliche
Commission, welcher andere Commissionen in den Provinzen untergeordnet sind. Der
Pabst darf hier wie in der ganzen Monarchie ohne Genehmigung des Kaisers nichts bekannt machen und verordnen. Uebrigens wird jetzt strenge auf die Erhaltung des römisch-
katholischen Systems gehalten und in Kirchensachen alles möglichst wieder auf den Fuß
zurückgesetzt, wie es vor Joseph II. war."*

Lombardei ErzBischof von Venedig Bischof von Udine (aus 31ᵛ
Aquileja) Bischöfe überhaupt etliche und 30. Die berühmtesten Padua
Verona Vicenza (Klöster und Convente welche der Seelsorge Erziehung
und Krankenpflege gewidmet sind dürfen wieder Vermächtnisse auch an
5 Grundbesiz annehmen.) Seit der Ligue von Cambrai (1510) besezte der
Papst 4/5 der Bißthümer. Alle Dispensen gingen ohnerachtet ein Nuntius
in Venedig war durch den Venetianischen Gesandten in Rom. Padua
über 90 Kirchen, Vicenza über 70.
ErzBischof von Mayland. Brescia Bergamo Pavia Como Crema
10 Novara Vigevano Cremona Lodi.
ErzBischof von Bologna. Reggio Imola Carpi.
ErzBischof von Ravenna Sesena Forli Faenza Rimini Cervia – Erz-
Bischof von Ferrara Mantua Comacchio Adria Verona.
Ungarn S. 102, 176

15 179 Großbrittanien 108. 128–130. Zuerst unter positiver Verfolgung,
dann i. J. 1778 den Dissenters gleich gesezt – Im Schottischen Hochland

---

5 annehmen.)] annehmen.   12 ErzBischof von Ravenna] *Fragezeichen am linken Rand*

1–7 *Stäudlin II, S. 69–73. Ein kaiserliches Edikt von 1803 gestattete die Vermächtnisse an
Klöster, die sich der Seelsorge, Erziehung und Krankenpflege widmen. Die Liga von Cambrai unter Führung Papst Julius' II. zwang die Republik Venedig nach einem Krieg 1510
zur Abtretung zahlreicher Rechte an den Papst. „Wenn einer vom Pabste Dispensationen,
Beneficien u. dgl. erhalten wollte, so durfte er sich weder an den Nuntius, noch unmittelbar an den Pabst wenden, sondern er mußte zuerst bei der Regierung um Erlaubniß an-
halten, die Bitte anbringen zu dürfen und wo es genehmiget wurde, so wurde sie an den
venetianischen Gesandten nach Rom geschickt, welcher sie an den Pabst gelangen ließ.
Man weiß nicht, daß unter der neuen Regierung darinn etwas wäre abgeändert worden."
7f Stäudlin II, S. 79, wo es aber heißt, Vicenza habe über 60 Kirchen.   9–13 Stäudlin I,
S. 500. Zu Schleiermachers Frage, ob das Erzbistum Ravenna wieder bestehe; vgl. Katholische Kirche 155.   15f Stäudlin I, S. 180f.: „Wider die Katholiken in England sind in
alten Zeiten sehr harte und einschränkende Gesetze gemacht worden. Sie wurden nicht in
die Toleranzacte eingeschlossen, welche nur auf die protestantischen Dissenters, die Soci-
nianer ausgenommen, eingeschränkt war. Sie sollten in England keine Ländereien kaufen,
auch solche, welche ihnen durch Erbschaft zufielen, nicht in Besitz nehmen dürfen, sondern sie den nächsten protestantischen Anverwandten überlassen, die katholischen Bischöfe und Priester sollten, wo man sie finde, in Verhaft genommen werden. Diese Gesetze
wurden lange strenge exequirt, nach und nach aber kamen sie immer mehr ausser Kraft,
jedoch wurden sie nicht aufgehoben und wenn man klagte wurde, mußten sie exequirt werden.
Im J. 1778. wandten sich daher die Katholiken an das Parlement und flehten dringend um
die Aufhebung jener Gesetze. Sie erreichten ihren Zweck, das Parlement wiederrief die
Gesetze und setzte die Katholiken den andern Dissentern gleich, nur daß es den Katholiken
auflegte, noch so viel zur Landtaxe zu bezahlen, als die übrigen Dissenters."   16–126,1
Stäudlin I, S. 193. Das Seminar befindet sich in Scallan, die Akademie in Nordmorar.*

ein katho*lisches* Seminarium u*nd* eine sogenannte Akademie – Durch
Cromwell kam das Grundeigenthum großentheils in protestantische
Hände – AntiOranismus der Irrländer seit 1688[.] Unter Wilhelm ausge-
schloss*en* von allen Staatsämtern und Parlamenten auch nicht Landeigenthum erben dür*fen*, Handwerksbeschränkungen, alles Nöthigungen   5
zum Uebertritt. Seit 1778 manches gemildert ab*er* catho*lic* Supremacy
blieb – Seit 1793 Antheil an den Parlamentswahlen, Zutritt zur gericht-
lichen Praxis.

[——]

180 SiebenInselRepub*lik* 105. In Malta sonst d*er* Bischof aus der Prie-
sterKlasse des Ordens (Die geist*liche* Gerichtsbarkeit übte sonst d*er* Bi-   10
schof nur über die andern Einwohner; über die Ordensglieder u*nd* in den
Ordenskirchen übte sie der Großprior des Ordens als erst*er* Geist*licher*
des Ordens).

[——]

181 Rußland 124, 131. – Von Polen habe ich NB im Stäudlin gar nichts
gefunden, weil es damals nicht bestand. Bei d*er* lezten Theil*ung* waren   15
2/3 des Landesertrags in den Händen d*er* Geistlichkeit. Die theilend*en*
Höfe kamen überein ihnen d*ie* Güter außerhalb d*er* Klostermau*ern* gegen Entschädigung zu nehmen. – Die Besezung mehrer*er* Bißthümer
blieb aufs ungewisse vertagt. Ob Sachsen während d*as* Groß*Herzog*-
thum Warschau bestand hierin geändert hat weiß ich nicht. Jezt steht es   20
wahrschein*lich* doch in höchster Instanz unter dem russischen Departe-

---

13 Ordens).] Ordens.   **21** russischen] *folgt* ⟨[   ]⟩

---

*1–8 Stäudlin I, S. 198–203, wo es u. a. heißt: „Cromwel, welcher in England alle christliche
Religionssecten, die Episcopalen ausgenommen, mit Duldung behandelte, züchtigte die
katholischen Irrländer aufs grausamste. Er ließ alle in Eine Provinz treiben, sie dort wie in
ein großes Gefängniß einsperren und jedem die Todesstrafe drohen, der die Grenzen über-
schreiben würde. Die Besitzungen aller derjenigen, welche an dem Aufstande unmittelbaren Antheil genommen hatten, d. i. drei Viertheile aller Ländereien in Irland ließ er con-
fisciren und verkaufte sie an neue protestantische Colonisten, welche aus England anka-
men, an Independenten, Presbyterianer, Baptisten und Leute von allen Secten. Mit dem
Gelde, welches sie erlegten, bezahlte er seine Soldaten. So kam das Landeigenthum der
alten eingebohrnen katholischen Irrländer größtentheils in die Hände von Fremdlingen und
von Protestanten." – 1688–90 unterstützten die katholischen Iren den Katholiken Jakob
II. Stuart gegen dessen Neffen und Schwiegersohn Wilhelm III. von Oranien und wurden
nach Wilhelms Sieg hart bedrückt.   9–13 Stäudlin II, S. 19   15–19 Stäudlin I, S. 345 f.,
wo es um die Katholiken im damaligen Südpreußen und Neu-Ostpreußen geht. 1815 fielen
die Gebiete zum größten Teil an Kongreß-Polen.   19–127,1 Aus von Preußen abgetretenen Gebieten in Südpreußen, Neu-Ostpreußen, Kulmerland und Netzedistrikt wurde
1807 das Großherzogtum Warschau gebildet, ein Vasallenstaat Napoleons in Personalunion mit Sachsen; 1809 fiel West-Galizien von Österreich an das Großherzogtum. –
Stäudlin I, S. 329 erwähnt das 1797 eingerichtete, zum Justizministerium gehörige Departement für römisch-katholische Kirchenangelegenheiten in Petersburg.*

ment für die katholischen Kirchensachen, aber die abgesonderte Existenz muß sich noch entwikkeln.

---

182. Batavische Republik Zur Zeit derselben ein Drittheil der Einwohner katholisch mit 350 Kirchen und circa 400 Priestern[.] Gemischte
5 Ehen erschwert, ein Reformirter kam dadurch um sein Amt. – Die Eltern durften nicht enterben wenn die Kinder übergingen[.] Geistliche Vermächtnisse waren ihnen verboten – Jansenistische Parthei.   Seit der Reformation waren nur ErzBischof | von Utrecht und Bischof von Harlem geblieben[.] Zuletzt nur der erste. Durch Verhezung der Jesuiten   32ʳ
10 suspendirte der Papst einen ErzBischof. Streit zwischen Papst und Kapitel. Sie lassen durch einen französischen Jansenistischen Bischof einen ErzBischof weihen und stellen Harlem her zum Behuf gegenseitiger Weihung. Der Papst verdammt 1763 eine Jansenistische Synode welche sich von Rom aus bestätigen lassen wollte und vollendet so die Spaltung.
15 Späterhin wollten die Päpste wieder anknüpfen, aber auf Bedingungen auf die nicht eingegangen werden konnte. – Zur Zeit des Königreich Niederlands wurden Unterhandlungen mit Rom gepflogen. 135 meines Wissens nicht zu Stande gekommen vor der belgischen Trennung.
    Vor der batavischen Republik wurde Holland in Rom als ein Mis-
20 sionsland behandelt. Die Gemeinen in Erzpriesterschaften gesamelt die bald unter einem Nuntius in Kölln oder Brüssel bald unter einem Superior standen. Die Priester hießen Missi und ihre Wohnsize stationes. Solcher Gemeinen gab es 308; außerdem standen unter benachbarten Bischöfen noch 257 Gemeinen. Nächst den Reformirten die Katholiken
25 am zahlreichsten. Sie hatten zur Bildung der Geistlichen 8 Institute theils Seminarien theils Gymnasien – Die Jansenisten in 5 Erzpriesterschaften höchstens 50 Gemeinen haben ein Seminarium in Amersfort.

3–16 *Stäudlin II, S. 226–231. Die Batavische Republik bestand 1795–1806. Mit der Beschränkung der Mischehen beschreibt Stäudlin aber den Zustand von 1790. – 1702 wurde Peter Codde, Erzbischof von Utrecht, auf Betreiben der Jesuiten von Papst Clemens XI. abgesetzt. Nach lander Sedisvakanz wählte das Utrechter Kapitel 1723 in Cornelius Steenhoven einen Nachfolger, doch der Papst verweigerte die Bestätigung, so daß Steenhoven von dem französischen Weihbischof Dominique Maria Varlet geweiht wurde, der abgesetzt worden war, weil er die antijansenistische Bulle „Unigenitus" (1713) nicht anerkannte. 1742 wurde von Utrecht aus das Bistum Haarlem wiederhergestellt.* **19–26** *AANKG 1,3 (1814), S. 164f.* **26f** *AANKG 1,3 (1814), S. 166f.*

[*183.*] Bei Gelegenheit der Erledigung des Bißthums Chur ist in der Schweiz die Rede davon gewesen, den Zusamenhang mit Rom aufzuheben u*nd* ein unabhängiges B*iß*thum nach Art des Jansenistischen in Utrecht zu errichten.

1–4 *Karl Rudolf von Buol-Schauenstein, Bischof von Chur (vgl. Katholische Kirche 4), starb am 23.10.1833. Vom 20.–27.1.1834 tagte in Baden (Kanton Aargau) eine Konferenz von Vertretern der Kantone Aargau, Baselland, Bern, Luzern, Solthurn, St. Gallen und Thurgau. Sie stellte ein kirchenpolitisches Programm auf, wonach in der Kirche der Schweiz die Kompetenzen der Kurie eingeschränkt werden sollten zugunsten staatlicher Kirchenhoheit und nationalkirchlicher Eigenständigkeit in einer zu schaffenden eigenen schweizerischen Kirchenprovinz unter einem Erzbischof in Basel. Um die gänzliche Loslösung von Rom ging es freilich nicht. Gregor XVI. verurteilte die Badener Sätze am 17.5.1835 in einer Enzyklika; das Programm wurde nicht umgesetzt. Vgl. Wiggers II, S. 145 f.*

Protestantische Kirche

1 In Böhmen zahlreiche Reformirte mehr im Chrudimer, Lutheraner
mehr im Czaslauschen Kreise.^{1}

---

2 Am Neckar (wo?) eine chiliastisch prophetische Secte aber weder se-
5 paratistisch noch empörerisch. (Theologische Nachrichten 1824 S. 31.)

---

^{1} Böhmen 11 lutherische Gemeinen

---

5 31.)] 31.   6 Böhmen ... Gemeinen] *am rechten Rand*

2f *Stäudlin II, S. 573. Vgl. Verschiedene Notizen und Exzerpte [8.]; Protestantische Kirche*
89 **4f** *ThN 1824, S. 27–33: Nachrichten von einer Secte. Am Neckar gebe es seit einigen*
Jahren eine Sekte, deren Mitglieder allerdings auch an den Gottestdiensten und Amtshand-
lungen der Landeskirche teilnähmen. „Diese Secte zeichnet sich hauptsächlich dadurch
aus, daß sie glaubt vorzugsweise im Stande der Gnade zu stehen, und von Gott auserwählt
zu seyn, und in den letzten Zeiten die Gemeinde des Herrn aufrecht zu erhalten, und zum
Wachen und Beten zu ermuntern. Ihre Anhänger geben vor, Erscheinungen und Gesichte
zu haben, in Entzückung durch den göttlichen Geist die Zukunft erhellt zu schauen, und
von ihm getrieben zu weissagen. Sie behaupten die Ankunft des Antichrists sey nahe, und
nach vielfachen schweren Kämpfen und Verfolgungen, die bevorstünden, werde die goldne
Zeit des Friedens, das 1000jährige Reich beginnen. An solchen Orten, wo ihrer mehrere
wohnen, haben sie Vorsteher, und an einem Orte, wo die Secte hauptsächlich ihren Sitz
hat, und an fünfzehn Familien zählt, lebt der angesehenste. [...] In den Häusern ihrer
Vorsteher halten sie an manchen Orten an Sonn- und Festtagen Nachmittags nach dem
öffentlichen Gottesdienste, ihre besonderen Erbauungs-Versammlungen, an denen sie je-
doch auch Andere, die nach ihrer Meinung noch draußen stehen, Theil nehmen lassen.
[...] Sie sind darin den Weigelianern, Quäkern, Labadisten und andern sogenannten In-
spirirtender letzten Jahrhunderte ähnlich, daß sie neben der mittelbaren Erleuchtung durch
das geschriebene Wort Gottes, noch eine unmittelbare Eingebung des göttlichen Lichtes im
Innern annehmen. [...] Auch gehören sie zu den Chiliasten. Ihre Glieder behaupten, daß
sie keine grobe und vorsetzliche, höchstens noch Schwachheits- und unwissentliche Sünden
mehr begehen können. Wirklich sind sie auch fromme, arbeitsame und sittliche Menschen,
mit weniger Ausnahme von Einzelnen, denen manches Unrecht nachgesagt wird." Dank
der milden Behandlung, die sie von der kirchlichen Landesregierung erführen, gebe es
keine ernsten Konflikte mit der Kirche, ja, mancher sei durch geduldige Belehrung aus der
Schrift schon von der Schwärmerei geheilt worden. **6** *AANKG 2,2 (1815), S. 471. Diese*
Randglosse geht auf die Präparation für 1833/34 zurück.

3 Vergebliche Unionsversuche in Bremen zuletzt 1822 von der Ansgari Gem*eine* ausgehend scheiterten am Dom.

———

4 Theolo*gische* Nachr*ichten* 1824 S. 116 p enthalten eine Bekannt-machu*ng* der evangel*ischen* Synode an die könig*lichen* Oberämter aus Stuttgard Nov 1823. Welche V*erhältn*isse walten hier ob?   5

———

5 In Baden 26 evang*elische* Dekanate worin 330 Prediger und 578 Schul-lehrer.

———

6 Sehr liberale ganz nach unsern Grundsäzcn eingerichtete Union im Waldekischen Th*eologische* Nachr*ichten* 1823 S. 38.

———

7 In Bern besteht ein Kirchenrath aus 1.) dem Amts Schultheiß als   10 Praeses 2.) Zwei Mitgliedern des Kleinen Rathes 3.) Zwei andern welt-·lic*he*n Mitgliedern 4.) Folgende geist*liche* Mitglieder a Oberster Dekan

---

1 f *ThN 1824, S. 109–116: Nachricht von den Unionsverhältnissen in Bremen. Die seit 1817 unierte Bremer Ansgar-Gemeinde trug 1822 beim Senat auf die kirchliche Vereinigung der Lutheraner und Reformierten in ganz Bremen an. Der Bremer Kirchenkonvent befürwor-tete die Vereinigung für den Fall, daß alle Stadtgemeinden sich anschlossen. Die Geistli-chen am (erst seit 1803 politisch zur Stadt Bremen gehörigen) lutherischen Dom widersetz-ten sich der Union, so daß eine Union für ganz Bremen nicht zustande kam. Die mehr-heitlich reformierten Stadtgemeinden vollzogen aber je für sich die Union.* **3–5** *ThN 1824, S. 116–123. Dort wird eine Reihe von Beschlüssen der alljährlich in Stuttgart tagen-den Synode über das evangelische Kirchen- und Schulwesen mitgeteilt. Zur württember-gischen Synode vgl. Protestantische Kirche 22* **6 f** *ThN 1824, S. 484–486, wo C. D. Le Pique: Statistik der evangelisch-protestantischen Kirchen und Schulen im Großherzogthum Baden, 1824, vorgestellt wird. Mit 26 hat Schleiermacher offenbar die Anzahl der Land-dekanate zusammengezählt; hinzu kommen noch das Stadtdekanat Karlsruhe und die Kir-chenministerien in Mannheim und Heidelberg.* **8 f** *ThN 1823, S. 38–61: Vereinigung der evangelischen Kirchen im Fürstenthum Waldeck. Zum Reformationsjubiläum 1817 verei-nigte sich die kleine reformierte Gemeinde in Arolsen mit der dortigen lutherischen Ge-meinde. Daraufhin betrieb das Waldekische Konsistorium die Union für das ganze Für stentum. Die Union wurde am Karfreitag 1821 durch gemeinsame Abendmahlsfeier voll-zogen. Gegenstand der Unionsverhandlungen waren der Abendmahlsritus, die Anrede im Vaterunser, die Vereinigung der Vermögen und die Bilder in den lutherischen Kirchen; die Form des Gottesdienstes solle allgemein in jeder Gemeinde beibehalten werden, die Lehr-differenzen seien nicht hinreichend, um eine Trennung der Konfessionen zu rechtfertigen (letzteres war auch das Prinzip der preußischen Union).* **10–131,6** *ThN 1823, S. 63–66: Ueber die Wahlart des obersten Dekans und der Prediger, an den 4 Kirchen der Hauptstadt (2.2.1818). Dort erklärt eine Fußnote zu Art. 3, wer die Mitglieder des Berner Kirchenrats sind.*

·

b. Erster Pred*iger* am Münster c. Ein Prof*essor* d*er* Theologie d. D*er* Pfarrer am h*eiligen* Geist. – Ob diese auf Zeitlebens gewählt werd*en* weiß ich nicht. – Dieser macht Vorschläge an den klein*en* Rath. (Theo*logische* N*achrichten* 1823 S. 63)

5 Eben da stehn die dortigen neueren Geseze über die Besezung der geist*lichen* Stellen in der Stadt Bern.

Eben da S 66 eine auch von Schultheiß u*nd* Rath der Stadt u*nd* Republik Bern ausgegangene KirchenVisitationsOrdnung d. d. 2*ten* Febr 1820 natürlich aber auch nach Bericht vom Kirchenrath.

———

10 8 Der Premierminister in England hat das Recht dem Könige die Bischöfe vorzuschlagen.

———

9 Anwendung der Theorie vom Amtsgeheimniß im Staatsdienst auf die kirch*lichen* Verhältnisse. In Baiern erging eine allgemeine V*er*ordnung hierüber unt*erm* 9*ten* Jul*i* 1821 ausdrük*lich* auch an die Dekane, ob ab*er* 15 durch d*iese* auch an die Geistlichkeit weiß ich *nicht* bestimmt. |

[———]

10 In der B a i r i s c h e n Union ist festgestellt: die allgemeinen Symbole 1ᵛ u*nd* die bei den getrennten protest*antischen* Confess*ion*en gebräuchli*chen* symbol*ischen* Bücher in gebührender Achtung zu halten, aber keinen andern Glaubensgrund noch Lehrnorm anzuerkennen als die *heilige* 20 Schrift.

———

3f (Theologische ... 63)] *ohne Klammern am rechten Rand*   14 1821] *folgt* 《erging》

7–9 *ThN 1823, S. 66–70: Kirchen-Visitationsordnung*   10f *Vossische Zeitung 1827, 133 (11.6.): „Der Premierminister in England hat unter andern eine Prärogative, die ihm großen Einfluß giebt; er hat nämlich die Präsentation aller Bischöfe und anderer hohen Dignitarien der herrschenden Kirche beim Könige, und es ist nicht der Gebrauch, daß der Souverain frühere Versprechungen ohne Zuziehung des Premierministers von sich giebt."*   12–15 *ThN 1823, S. 217–219: Allerhöchstes Rescript, die Amtsverschwiegenheit betreffend (9.7.1821)*   16–20 *ThN 1823, S. 263f.: Symbolische Bücher in Rhein-Baiern. § 3 der Erstfassung der Vereinigungsurkunde (von der ersten Generalsynode der vereinigten Protestanten des Rheinkreises 1818 verabschiedet) hatte die Symbole für abgeschafft erklärt. Die Urkunde in der hier zitierten, von der Generalsynode in Kaiserslautern 1821 verabschiedeten Fassung (Huber/Huber Nr. 290) wurde im § 3 auf Wunsch des lutherischen Generalkonsistoriums in München abgeändert.*

11 In Baiern wird dispensationsweise erlaubt auch vor vollendetem
13ten Jahr zu confirmiren.

—————

12 Bairische Verhandlungen über die Errichtung der Kirchenvorstände. In 12 protestirenden Stadtgemeinden wurde davon abgestanden vom
5ten August 1822.   5

—————

13 In Franken-Baiern giebt es außer den Decanen noch Kapitels-
Senioren. Aber was bedeuten sie?

—————

14 Die Anspach Baireuthischen Synoden haben weltliche Mitglieder
welche aber auf Vorschlag des Consistorii von der Oberbehörde ernannt
werden.   10

—————

15 In Loccum eine neue theologische Vorbereitungsanstalt seit October
1822 (wol in Aehnlichkeit mit den kleinen Seminaren in Würtemberg)
für solche die auf Schule schon absolvirt haben doch aber werden neben

---

1 f *ThN 1823, S. 329–332: Königl. Baiersche Consistorial-Verordnung, die Confirmations-
Gesuche der Confirmanden betr. (24.10.1820)*   3–5 *ThN 1823, S. 333–336: K. B. Con-
sistorial-Rescript, die Kirchen-Vorstände betr. Dort werden die Gemeinden angehalten,
gemäß den Verordnungen Kirchenvorstände zu wählen. „Was die 12 Gemeinden im Re-
zatkreise, Ansbach, Nürnberg, Feuchtwangen, Rothenburg, Erlangen, Uffenheim, Lauf,
Hersbruch, Fürth, Nördlingen, Schwabach und Gunzenhausen anbelangt, wozu noch die
Gemeinde Lindau zuletzt hinzugekommen ist, in deren Namen schriftliche Protestationen
gegen die Einführung der Kirchenvorstände eingereicht worden, so sind zwar diese Protestationen sämmtlich formlos und verordnungswidrig und sollten eigentlich gar nicht
anerkannt und angenommen werden [...] Allein um auch den entferntesten Schein zu
vermeiden, als ob auch nur der Zwang der Ueberredung in dieser Sache angeordnet werden wolle, wird hierdurch bestimmt, daß in den genannten 12 Städten vorerst von der
Wahl der Kirchen-Vorstände Umgang genommen werden soll, in der gegründeten Hoffnung, daß der größere Theil der Protestirenden durch die Königliche Entschließung auf die
unlautere Quelle des aufgeregten Mißtrauens aufmerksam gemacht, und beschämt, in
kurzem von selbst zu einer ruhigern Besinnung zurückkommen werden.“*   6 f *ThN 1823,
S. 336–338: Consistorial-Verordnung, die Wahl der Senioren betr. (27.12.1822)*   8–10
*ThN 1823, S. 377–379: Königl. baiersche Verordnung, die abzuhaltende Generalsynode
betreffend (12.6.1823). In Art. 4 heißt es: „Die Ernennung der weltlichen Mitglieder behalten Wir Uns selbst vor. Zu diesem Ende haben die Consistorien die Dekanate in Aron-
dissements von je 6 Dekanats-Districten einzutheilen, aus jedem derselben drei würdige
Männer auszuwählen, diese Liste der betreffenden Kreisregierung mitzutheilen, und sodann mit den Erinnerungen an Uns abzusenden.“ Vgl. Protestantische Kirche 26*   11–133,2
ThN 1823, S. 393–399: Nachricht über die theologischen Bildungsanstalten zu Loccum

hodegetischen Anweis*ung*en auch schon rhetorische und katechetische
Vorübungen getrieben.

16 In Mainz Cölln Coblenz bestand schon 1802 eine Union v*on* mehr als
80 Kirchen beid*er* Confessionen welche unter einem protestant*ische*n
5 Kirchenrath vereinigt waren.

17 In Frankreich gab 1788 Ludwig 16*te* das erste den Protestanten günstige Gesez wodurch sie aber doch nur von manchem Druck befreit
wurden.

18 In den Artikeln die Protestanten betreffend war im Concordat von
10 1801 bedungen: kein Ausländer dürfe ein geist*liches* Amt bekleiden; kein
Glaubensbekentn*iß* od*er* dgl auch *keine* neue DisciplinarEinrichtung bekannt gemacht werden ohne Sanction der Regierung; Vermächtnisse
durften sie nur in Staatsrenten annehmen, die Luther*aner* sollten 2 und
die Reform*irten* Ein Scminar od*er* Akademie haben deren Professoren
15 die Regierung ernannte, *und* auf d*iesen* mußte jeder künftige Geist*liche*
studirt haben. Bei den Reform*irten* sollten 5 Consistorialkirchen (auf
6000 See*len* jede) einen Synodalbezirk bilden und mehr als 60 Consistorialkirchen waren i. J. 1803 anerkannt. Die Luther*aner* sollten in

---

11 auch ... DisciplinarEinrichtung] *mit Einfügungszeichen am linken Rand*

3–5 *Stäudlin II, S. 209, wo auf die Marburger Theologischen Nachrichten Nr. 8, 1802,
verwiesen wird. Damals war das linke Rheinufer von Frankreich annektiert. Vgl. Protestantische Kirche 61.*   **6–8** *Stäudlin II, S. 172 f.: „Im J. 1788. erscheint nach vielen
Widersprüchen und Machinationen das vom König vorgeschlagene und vom Parlemente
zu Paris mit einer geringen Stimmenmehrheit einregistrirte, Edict, alle diejenige betreffend,
welche sich in Frankreich nicht zur katholischen Religion bekennen. In demselben wird
zwar allein der katholischen Religion der öffentliche Gottesdienst zugesichert und die
Protestanten werden den Katholiken keinesweges an bürgerlichen Rechten durchaus gleich-
gesetzt [...] Allein es wird ihnen doch erlaubt, Handlung, Künste, Professionen und Gewerbe zu treiben, ihre Ehen werden legitimirt und durch eine jedesmalige Ehedeclaration
von einem katholischen Pfarrer oder Justizbeamten bestätiget. Von einer freien Ausübung
der protestantischen Religion war übrigens in dem ganzen Edicte nicht die Rede, man
schien eine stille Privatübung derselben von Seiten der Regierung dulden zu wollen, ohne
sie jedoch ausdrücklich zu erlauben."*   **9–134,4** *Stäudlin II, S. 202–208. Diese Bestimmungen gehörten nicht zum Konkordat von 1801, sondern zu den Organischen Artikeln
von 1802 (vgl. Katholische Kirche 67), von denen 77 die Angelegenheiten der römisch-
katholischen und 44 die der evangelischen Kirchen ordneten. Es werden zitiert: Organische
Artikel betreffend die Protestanten 1. 4 f. 7–13 (die reformierte Akademie sollte in Genf
sein). 16 f. 35. 39–41.*

2ʳ Inspectionen | vertheilt sein, und der Inspector Generalversam*lungen* der Inspection berufen können. 3 Generalconsistor*ien* sollten in Strasburg Maynz u*nd* Cölln sein, u*nd* jedes einen welt*lichen* protest*antischen* Präsidenten haben.

———

19 Ob noch irgend etwas von Theophilanthropen besteht?   5

———

20 Stäudlin rechnet in Paris 30000 Protestanten.

———

21 Das Niederländische Concordat stößt sich noch an dem philosoph*ischen* Collegium in Loewen.

———

22 In Würtemberg[1] ist das Consist*orium* verfassungsmäßig zusammengesezt aus etlichen welt*lichen* Räthen v*on* wegen des Landesherrn   10 u*nd* aus 5 Theologen im Namen der gemeinen Kirche. In der constituirenden V*er*sam*lung* 1819 wurde die Synode als gesezgebend, das Consistorium als verwaltend erklärt. In der Synode sind aber keine von den

———

[1] cf 53

———

10 etlichen] *über* ⟨5⟩   14 cf 53] *am rechten Rand*

———

5 *Stäudlin II, S. 210f.:* „*Das Institut der Theophilantropen erregte Anfangs große Aufmerksamkeit, verbreitete sich in mehreren Theilen der Republik, erzeugte wohlthätige Rührungen und Contraste mit dem vorher gewöhnlichen Cultus und Religionsunterrichte, eröffnete der Nation neue Aussichten und Blicke in Religionssachen, allein es paßte nirgends recht hin, es war zu fein, zu einfach, zu moralisch sowohl für die wilden Demokraten, als auch für die gemäßigteren Republikaner, für Aristokraten und Royalisten, für die, welche nach der obersten Gewalt strebten und für die Nation überhaupt, welche in allen Dingen eher als in Religion und Moral aufgeklärt ist, auch lagen gewisse Fehler im Institute selbst. Es hatte daher niemals sonderliche Festigkeit und Ausbreitung und niemals sind ihm die noch vorhandenen Kirchengebäude zugetheilt und eingeräumt worden. Seit der Einführung des Consulats und des Concordats ist ihm selbst von Seiten der Regierung entgegengewirkt worden, ohngeachtet man nicht für gut fand, es eigentlich zu verbieten, und es immer noch, wiewohl auf schwachen Füßen steht.*"   6 *Stäudlin II, S. 214*   7 f AKZ 6 (1827), 17 (30.1.), S. 143 f. Das philosophische Collegium in Löwen war 1826 eröffnet worden. Die niederländische Regierung verpflichtete angehende katholische Geistliche zu seinem Besuch.   9–11 Pfister S. 28, wo dieser Satz fast wörtlich steht und dort zitiert ist aus Balthasar Bidembachs Lebensbeschreibung Herzog Christophs (1570).   11–13 Pfister S. 54   13–135,3 Pfister S. 67–70   14 Diesen Querverweis hat Schleiermacher wahrscheinlich bei der Präparation auf das Kolleg 1833/34 gemacht.*

Gem*ein*en gewählte Glieder.[1] Eine Verstärkung in d*ie*sem Sinne um eine vollständige Repräsentation zu Stande zu bringen ist daher schon in Antrag gekommen.

————

23 In B a i e r n[2] ist nach der neuen DienstOrganisation in der Ministerial-
5   Section für Kirche u*nd* Unterricht (Verordnung v*om* 7*ten* Dezember 1825 abgedrukt im All*g*e*meine* Zeit*ung* 1825 No 363 Beilagen) Ein wesent*lich* protestantischer Rath welcher dem Minister des Innern referirt. Die Section ist nur instruirend u*nd* berathend, u*nd* der Minister des Inn*ern* ist nicht (wenigstens nicht wesentlich) protestantisch. (NB. Nach Paulus
10 Kirchenbeleucht*ung* soll der Vorstand d*ie*ser Section Eduard Schenk ein Convertit sein.) – Das oberste Episkopat ist der unmittelb*a*ren Leitung des Minist*eriums* d*es* Innern vorbehalt*en*, welch*em* das protestant*ische* OberConsistorium unmittelbar untergeordnet ist.
      b Jene Section führt den Namen Oberster Kirchen u*nd* Schulrath; ihr
15 Wirkungskreis ist 1.) Gottesverehrung u*nd* Kirchen. 2.) Anstalten für GeistesCultur u*nd* NationalErziehung. 3.) Curatel der für Cultus u*nd* Unterricht vorhandenen Stiftungen. NB Ohnerachtet nur instruirend und berathend wird doch nach Mehrheit d*er* Stimmen beschlossen, d*a*s protest*antische* Mitglied hat aber in ausschließ*end* katho*lisch*en Kirchen-
20 angelegenheiten kein Stimmrecht.

————

[1] Die Synode besteht nur aus den GeneralSuperintendenten u*nd* dem Consistorium.
[2] cof 26. 88. 96. 14 94

---

5 f (Verordnung ... Beilagen)] *ohne Klammern am rechten Rand*   9 nicht] *mit Einfügungs-*
zeichen über der Zeile   9–11 (NB ... sein.)] *ohne Klammern am rechten Rand*   11
unmittelbaren] *über* ⟨obersten⟩   12 das] *folgt* ⟨oberste⟩   17–20 NB ... Stimmrecht.] *am*
rechten Rand   21 f Die ... Consistorium.] *am rechten Rand*   23 cof ... 94] *mit*
Einfügungszeichen über der Zeile auf den rechten Rand überlaufend nachgetragen

---

4–13 *Paulus: Kirchen-Beleuchtungen 1, S. 164–167 (nach der Augsburger Allgemeinen Zei-*
tung). – Eduard Schenk, seit 1828 von Schenk (1788–1841), seit 1818 im bayrischen Ju-
stizministerium, 1825 Oberhaupt der Sektion für Kirche und Unterricht, 1828 Innenmini-
ster, 1831 nach Erlaß eines Zensurgesetzes aufgrund des Druckes der liberalen Opposition
entlassen, darauf Regierungspräsident in Regensburg und 1838 Staatsrat in München, war
1817 zum römischen Katholizismus konvertiert und hatte darüber die Schrift „Gedanken
und Empfindungen am Fuße des Altars zur Feier von Ostern und Frohnleichnam", Mün-
chen 1822, verfaßt. Die einst gefeierten Dramen und Gedichte Schenks, den Ludwig I. zum
bayrischen Dichter gekrönt hat, sind längst vergessen.   14–20 *Paulus: Kirchen-Beleuch-*
tungen 1, S. 167–170   21 f *Stäudlin II, S. 540: „Die Generalsuperintendenten bilden mit*
dem Consistorium den Synodus, welcher sich alle Jahre zu Stuttgart versammelt und von
dem kirchlichen Zustande des Landes durch zweckmäßige Einrichtungen genau unterrich-
tet wird."   23 *Diesen Querverweis hat Schleiermacher bei der Präparation auf das Kolleg*
1833/34 gemacht.

c Zum Behuf der Ausübung des Episkopats hat das Staatsministerium des Innern einen eigenen protestantischen OberKirchen und Studienrath als Referenten.

---

24 In B a d e n verband sich mit der Union die durchgängige Stiftung von Presbyterien und Synoden. | Die Mitglieder des Kirchengemeinderathes 5 (außer sämt*lichen* Geist*lichen*) werden von allen Gemeindegliedern durch die von ihnen ernannten Wahlmänner gewählt.

---

25 In Z ü r i c h wird der Antistes aus 6 vom Kirchenrath vorgeschlagenen Geistlichen durch den großen Rath gewählt. – Der Antistes präsidirt nicht nur in der jähr*lichen* allgem*einen* Synode sondern auch im grö- 10 ßeren und kleinen Convent. – Der kleine Convent, welcher die executive Gewalt in kirch*lichen* Dingen hat besteht außer dem Antistes aus den 10 ersten Geist*lichen* der Stadt worunter die 5 ältesten Professoren, 3 von der Synode aus ihrer Mitte gewählten Geistlichen gewöhn*lich* vom Lan- de und 4 Regierungsmitgliedern, welche der große Rath wählt. Bei er- 15 ledigten geist*lichen* Aemtern macht dieser Kirchenrath einen 3fachen Vorschlag aus welchem der kleine Rath wählt. – Der größere Convent besteht außer den Mitgliedern des kleinen aus den Neun von der ganzen Synode gewählten Dekanen und aus 4 von der Synode aus verschiedenen Landbezirken gewählten Pfarrern. Er ist die für d*ie* gesamte Synode vor- 20 berathende Behörde. – Die allgem*eine* Synode versamelt sich jähr*lich* im Sept*ember* und es gehören zu ihr alle auch Nichtstationierte Geist*lichen*. Der Nichtpräsidirende Bürgermeis*ter* wohnt ihr bei (wie es scheint auch die welt*lichen* Mitglieder des kleinen Convents) Der Antistes berichtet über alles merkwürdige in den übrigen protestantischen Kirchen d*er* 25 Schweiz. Dann hält jedesmal Ein Dekan (Reihe herum) Vortrag üb*er* den Zustand der Kirche, über welchen berathen wird; diese Berathung eröf- net allemal das jüngste Mitglied des kleinen Convents. Die Synode ist

---

1 Ausübung] *über* ⟨Leitung⟩   13 der] *folgt* ⟨|s|⟩   22 auch] *über der Zeile*   27 f diese ... Convents.] *mit Einfügungszeichen am linken Rand*

1–3 *Paulus: Kirchen-Beleuchtungen 1, S. 169*   4–7 *Vgl. Protestantische Kirche 64. Von Wahlmännern werden nicht die Mitglieder des Kirchengemeinderats gewählt (vgl. Beilage C: Kirchengemeinde-Ordnung, § 5), sondern die Mitglieder der Generalsynode (Sanktionsreskript S. 4, Punkt 3; Beilage B: Kirchenverfassung, § 9).*   **8–137,4** *Schleiermacher beschreibt hier den Zustand nach 1804, während Stäudlin II, S. 266–268 noch den älteren Zustand vor Augen hat, als die Synode noch zweimal jährlich tagte der Kirchenrat noch nicht in den kleineren und größeren Konvent geteilt war; vgl. G. Finsler: Kirchliche Statistik der reformirten Schweiz, 1854, S. 41–43.*

allein constitutiv und wendet sich nur an die Regierung wo sie deren Hülfe bedarf. – Die Kapitel kommen jähr*lich* unter dem Vorsiz des Dekans zusamen und legen durch den Dekan was sie der Synode mittheilen wollen dem großen Convente vor.

---

5 26 In B a i e r n soll sich *die 2te* GeneralSynode der diesseits rhcin*ischen* Provinzen am 1*ten* Jul*i* d. J. *versammeln*. Die Capitularen schick*en* ihre Stimmen verschlossen an das Dekanat u*nd* diese eben so an d*as* Consistorium. Jedes De|kanat schlägt 3 Hausväter vor und aus d*iesen* wählt 3ʳ d*as* Consistorium 6. für jede Generalsynode.

---

10 27 Es giebt für G a l l i z i e n einen besond*eren* Superintendenten Augsburg*ischer* Confession.

---

28 A u f d e m C a p giebt es erst seit 1779 einen lutherischen Prediger. Ein*e* reformirte Kirchenleitung hat die allgemein*e* Aufsicht, außerdem giebt es Parochialkirchenräthe. – Ein Ehegericht aus Mitgliedern des 15 JustizColleg*iums* bestehend giebt die Erlaubnißscheine zu Trauungen.

---

29 In Ungarn gehören Ehesachen, auch wenn Ein Theil evangelisch ist dennoch für die bischöflichen Gerichte.

---

30 In K ä r n t h e n werden die Protest*anten* auf 1/16 der Bevölkerung geschäzt.[1] In Mähren zählte man schon 1786 an 24000 Protestanten; sie

---

20 [1] Kärnthen 13 Gem*einen*.

---

20 Kärnthen 13 Gem*einen*.] *am rechten Rand*

5–9 *AKZ 6 (1827), 86 (2.6.), S. 695f., wo ein Edikt des protestantischen Konsistoriums in Ansbach vom 30.4.1827 wiedergegeben wird: Aufgrund des königlichen Beschlusses, die bayrische protestantische Generalsynode am 1.7. abzuhalten, sollen die Dekanate gemäß den Wahlordnungen von 1823/24 ihre geistlichen Mitglieder für die Synode wählen und zur Wahl der weltlichen Mitglieder dem Konsistorium ihre Wahlvorschläge schicken. Vgl. Protestantische Kirche 14.* 10f *Stäudlin II, S. 581: „Franz II. hat kürzlich auf Antrag des evangelischen Oberconsistoriums zu Wien einen eigenen Superintendenten Augspurgischer Confession für Galizien bewilligt, welcher vom Aerarium einen Beitrag zu Reise- und Visitations-Kosten erhält."* 12–15 *Stäudlin II, S. 659f.* 16f *Stäudlin I, S. 365f. Vgl. Katholische Kirche 176.* 18f *Stäudlin II, S. 568. Vgl. Verschiedene Notizen und Exzerpte [8.].* 19–138,2 *Stäudlin II, S. 575f.* 20 *AANKG 2,2 (1815), S. 471. Diese Randglosse geht auf die Präparation für 1833/34 zurück.*

stehn unter dem Wiener Consistorium; auch in Oestreichisch Schlesien sind wol Protestanten.[1]

31. Im Würzburgschen sind über 20 lutherische Pfarreien und auch einige reformirte Gemeinen.

32 In der Nürnbergischen Liturgie soll noch manches so sein wie es   5
gleich nach dem Interim war.

33 In Würtemberg ist schon unter der vorigen Regierung das Kirchengut mit dem Staatsgut vereinigt, und die eigene Administration hat aufgehört – Zwei Aebte haben aber Siz im engeren und im größeren Ausschuß der Landstände. Klosterschulen sind verknüpft mit den Abteien   10
Bebenhausen Blaubeuren Maulbronn und Denkendorf. – Sezt man Adelberg statt Blaubeuren so sind dies die 4 GeneralSuperintendenturen oder Generalate.

---

[1] Oestreichisch Schlesien 12 Gemeinen mit 15 Predigern, wovon die meisten theils auch theils nur polnisch predigen unter dem Superintendenten in Te-   15
schen unter dem auch die Mährischen Protestanten stehen.

14–16 Oestreichisch … stehen.] *auf den rechten Rand überlaufend nachgetragen*

3f *Stäudlin II, S. 533*   5f *Stäudlin II, S. 536. Das 1548 auf dem Augsburger Reichstag den im Schmalkaldischen Krieg geschlagenen Protestanten aufgezwungene Interim sah u. a. die Wiedereinführung zahlreicher katholischer Zeremonien vor.*   7 9 *Stäudlin II, S. 540. Vgl. Protestantische Kirche 53.*   9–13 *Stäudlin II, S. 537–539, wo es u. a. heißt: „Es sind 14 lutherische Aebte im Lande: Adelberg, Alpirspach, Anhausen, Bebenhausen, Blaubeuren, St. Georgen, Herrenalb, Hirsau, Königsbronn, Lorch, Maulbronn, Murrhard, diese werden gewöhnlich Prälaten genannt, Denkendorf, Herbrechtingen. Sie machen die erste Classe unter den Landständen aus. Aus ihnen werden vier Aebte ausgewählt, von welchen zwei sammt 6 Städtedeputirten den engeren Ausschuß der Landstände und die zwei andern in Verbindung mit ihnen und 6 anderen Städtedeputirten den größeren Ausschuß ausmachen."*   14–16 *AANKG 2,2 (1815), S. 470. Diese Ergänzung geht auf die Präparation für 1833/34 zurück.*

34 In Odessa wird eine neu gestiftete evange*lische* Kirche von Katholiken, Russen Griechen u*nd* Mohamedan*ern* besucht.

—————

35 Die Behand*lung* der Geist*lichen* in den k l e i n e n S c h w e i z e r C a n t o n e n vorzüg*lich* Appenzell hat die größte Aehnlichkeit mit den Nord-
5   amerikanischen Zuständen.

—————

36 Lutheraner u*nd* Reform*irte* sollen im K ö n i g r e i c h P o l e n nach einem Warschauer Journal nur 30000 sein mit 37 Kirchen (dagegen 345000 Juden mit 274 Bethäusern). |

[———]

37. In einem frühren preußischen Entwurf zur Bundesverfassu*ng* werden   3ᵛ
10   die Rechte der Evangelischen unter den Schuz des Bundes gestellt, in einem spätern Oestereichischen aber mit preußischer Uebereinstimmung vorgelegten steht nur daß diese Rechte ausdrük*lich* aufrecht erhalten

---

1f *AKZ 5 (1826), 191 (3.12.), S. 1576: „Rußland. Herr Deserner, ein protestantischer Geist-*
licher, welcher nach Odessa berufen wurde, um die Erziehung des Sohnes des Grafen
Kutschouby zu übernehmen, fand die Einwohner geneigt, sich seiner Person zur Verrich-
tung des Gottesdienstes zu bedienen. [...] Gegenwärtig ist er ordentlicher Prediger an der
protestantischen Kirche zu Odessa, und nicht blos die protestantischen Schweizer und
Franzosen aus der Nachbarschaft, sondern auch viele Katholiken, Russen von der grie-
chischen Kirche, Griechen und sogar Muhamedaner besuchen sie. [...] Der protestant.
Theil der Gemeinde hat 1500, die Russen, Griechen und Muhamedaner haben 1000, und
die Schweizerkolonie hat 500 zur Bestreitung der Kosten dieser hoffnungsvollen Anstalt
beigetragen.“   3–5 *AKZ 5 (1826), 204 (28.12.), S. 1688: „Schweiz. In dem demokratischen*
Cantone Appenzell Außer-Roden, steht die Collatur der Pfarreien bei den Gemeinden. Da
sie ihre evangel. Pfarrer ganz aus ihren Mitteln salariren, so lassen sie sich auch das Recht
nicht beschränken, diese bei gewissen Vorfällen wieder abzusetzen. Schon die stille Be-
werbung um einen anderen Predigerposten, oder eine Probepredigt irgendwo, dient ihnen
zu einem gegründeten Vorwande. [...] Aber kürzlich trug sich folgender seltener Fall zu:
Durch den Willen der Mehrzahl der Kirchengenossen der Gem. Rehetobel geleitet, haben
die Vorsteher ihrem Pfarrer das Einkommen um 2 fl. herabgesetzt!“   6–8 *AKZ 6 (1827),*
46 (22.3.), S. 376: „Warschau, 28. Jan. Laut dem neuen Jahrbuche der religiösen Institute
befinden sich im Königreiche Polen sechs Kirchen und ein Kloster griechisch-russisches
Glaubensbekenntnisses. Die Gesammtzahl der im Königreiche ansässigen Bekenner dieser
Religion beträgt 342 Seelen. Die Lutheraner, deren Zahl sich auf 20,000 beläuft, haben 28
Kirchen; die Reformirten, über 10,000 an der Zahl, deren neun. Die Secte der Philippiner
zwei Kirchen und 500 Familien. Die Juden haben 274 Bethäuser; ihre Zahl beträgt gegen
345,000. Die Mahomedaner haben zwei Moscheen.“   9f *Abermaliger Entwurf der*
Verfassung eines zu errichtenden teutschen Staatenbundes, von den königlich-preussischen
Herren Bevollmächtigten übergeben, im Mai 1815, AWC 2 (1815), S. 298–308, § 11 (Hu-
ber/Huber Nr. 50)   10–140,1 *Entwurf zu der Grundlage der Verfassung des teutschen*
Staatenbundes, in einer Versammlung der Bevollmächtigten der künftigen Bundesglieder
am 23. Mai 1815, von dem kaiserlich österreichischen ersten Bevollmächtigten, Herrn Für-
sten von Metternich, vorgelegt, mit der Erklärung, daß solches in Einverständnis mit Sr.
Majestät dem König von Preussen geschehe, AWC 2 (1815), S. 314–322, Art. 15 (Hu-
ber/Huber Nr. 52)

werden. – Definitiv steht in A r t 16 d e r B u n d e s a c t e nur: Die Verschiedenheit der christlichen Religionspartheien kann in den Ländern
und Gebieten des deutschen Bundes keinen Unterschied in dem Genuß
der bürgerlichen und politischen Rechte begründen.

38 Nach der Idee des L a n d r e c h t e s sind die Consistorien eigent*lich* die   5
Geist*lichen* Oberen dem Bischof entsprechend wogegen ausdrük*lich* d*as*
Geist*liche* Departement aufgestellt ist als die dem Staat üb*er die* Kir-
*chen*gesell*schaft*en nach den Gesezen zukommenden Rechte verwaltend.
Die Consisto*rien* aber sind unter die Oberdirection des dazu verordneten
Departements d*e*s Staatsminist*erii* gestellt. In wiefern ab*er* dies hier auch   10
geist*licher* Oberer ist, das ist nicht klar bestimmt. – Bei dem Umfang der
Geschäfte d*er* Consist*orien* ist auf die verschiedene V*erfassung und* Ob-
servanz der Provinzen zurükgegangen.

39 Die Rechte des geist*lichen* Standes gehen verloren durch Entsezung
v*o*m Amte oder durch offentliche den g*eistlichen* Behörden ausgespro-   15
ch*ene* Ents*a*gung.

40 D e s s a u hat durch ein gem*einschaftliches* Abend*mah*l im Mai 1827
die Union ihrem Wesen nach vollzogen.

41 In H a n n o v e r ist lutherisch d*ie* Landesreligion. Das Consistorium
hat Kirchengewalt u*nd* geist*liche* Gerichtsbarkeit, die Landesregierung   20
hat die Bestätig*ungen* d*as* Patronatrecht aber auch Zustim*mung* zu geben bei liturgicis, Anordn*ung* außerord*entliche*r Festtage p[.]   Göt-

---

9 Die] *korr.*

1–4 *BundesActe oder Grundvertrag des teutschen Bundes, datirt Wien, den 8. Jun. 1815,
AWC 2 (1815), S. 587–615, Art. 16 (Mirbt Nr. 567; Huber/Huber Nr. 53)*   5–10 *ALR II,
XI, §§ 113. 143–146*   11–13 *ALR II, XI, § 144*   14–16 *ALR II, XI, §§ 102–105*   17 f *AKZ
6 (1827), 72 (8.5.), S. 584. Dort wird ein Schreiben Herzog Leopold Friedrichs von Anhalt-
Dessau vom 14.4.1827 abgedruckt, das für den 16.5. zur gemeinsamen Abendmahlsfeier
der Lutheraner und Reformierten auffordert, an der der Herzog sich auch selbst beteiligen
werde.*   19–141,3 *Stäudlin II, S. 364–368, wo es u. a. heißt: „Ausgenommen von seiner
Gerichtsbarkeit sind die Mitglieder und Verwandte der Universität Göttingen in Ehesachen, in welchen sie unter dem akademischen Gerichte stehen, und die Professoren der
theologischen Facultät, welche als solche nur unmittelbar unter der königlichen Landesregierung stehen, und dann haben die Magistrate verschiedener Städte z.E. Hannover,
Göttingen, Lüneburg etc. gewisse Rechte in Kirchensachen, durch welche die Gerichtsbarkeit des Consistoriums eingeschränkt wird."*

ting*en* ist vom Consist*orium* eximirt. Unter Hannover 6 GeneralSuperint*enden*ten u*nd* 48 Special. Calenberg Göttingen Clausthal (für Gru-
benhag*en*) Hoya Zelle Haarburg (die lez*ten* beiden für Lüneburg.)
    NB Kathol*ischer* Gottesdienst ist nur an einigen Orten. Die Katho-
5 liken dürfen Ehedispensat*ionen* nur beim Consist*orium* nachsuchen,
sind im Taufen u*nd* Copuliren beschränkt u*nd* müssen den protes*tan-*
tischen Pfarrern die Stolgebühr entrichten. Aehn*lichen* Beschränk*ungen*
sind auch die Reformirten unterworf*en*, die auch nur wenige einze*lne*
Gemei*nen* haben.

10 42. Die Hannoverischen, Braunschweigschen u*nd* Bükeburgschen R e -
f o r m i r t e n stehn in einem SynodalVerband und heißen deshalb die
c o n f ö d e r i r t e n Kirchen.|
    In Bremen u*nd* Verden, Consist*orium* in Stade werden die Geist*lichen* 4ʳ
nur auf die 3 Symbole u*nd* die ungeändert*e* Augsb*urger* Conf*ession*
15 verpflichtet bloß durch die Bestallung.

43 In B r a u n s c h w e i g stehn die Katholiken unter ähn*lichen* Beschränkungen wie in Hannover, die R e f o r m i r t e n aber nicht. Für die L u -
t h e r a n e r gilt hier d*as* Corpus doctrinae Julium von 1576 zulezt 1709
aus Agende, Symbolen u*nd* den symb*olischen* Büch*ern* mit Ausnahme
20 der Concordienformel. Zwei Consist*orien* in Blankenburg u*nd* Wolfenbüttel. Dem H*er*zog ist d*as* Geist*liche* Gericht in Braunschweig unter-

---

4–9 *Städlin II, S. 372–376*   10–12 *Städlin II, S. 376*   13–15 *Städlin II, S. 379: „Die*
Herzogthümer Bremen und das Fürstenthum Verden, von welchen nur jenes zum Nieder-
sächsischen, dieses aber zum Westphälischen Kreise gerechnet wird, haben gemeinschaft-
liche Landescollegien in Stade. Zu diesen gehört auch das Consistorium […] Die Geistli-
chen werden nur auf das apostolische, nicänische und athanasianische Symbolum und die
ungeänderte Augspurgische Confession und zwar ohne Unterschrift, ohne Eid, ohne Hand-
schlag, bloß durch die schriftliche Vocation und Bestallung verpflichtet." Es gelten in
Bremen-Verden als Bekenntnisschriften also weder Luthers Katechismen und Schmalkal-
dische Artikel noch Melanchthons Apologie der Augsburger Konfession und Traktat „de
potestate papae" noch auch (was Schleiermacher als Reformierten besonders interessieren
wird) die Konkordienformel von 1577, die in dreien ihrer 12 Artikel die reformierte Lehre
verwirft. – In den nach Luthers Tod ausgebrochenen Streitigkeiten zwischen den Anhän-
gern Melanchthons (Philippisten) und denen Luthers (Gnesiolutheraner) verwarfen die
letzteren die von Melanchthon (insbesondere im Artikel X „Vom Abendmahl") veränderte
Ausgabe der Confessio Augustana von 1540 (Confessio Augustana variata) und forderten
die alleinige Geltung des unveränderten Wortlauts von 1530 (Confessio Augustana inva-
riata, die ungeänderte Augsburger Konfession), die dann auch in das Konkordienbuch von
1580, das Korpus der lutherischen Bekenntnisschriften, aufgenommen wurde.   16–142,3
Städlin II, S. 381–387. – Revidiert wurde 1709 nicht das Corpus doctrinae Julium, son-
dern die bereits 1569 erschienene Kirchenordnung mit Lehrordnung, in der (und nicht im
Corpus doctrinae Julium) auch die Agende steht. Das Corpus doctrinae Julium enthält die
lutherischen Bekenntnisschriften ohne die Konkordienformel von 1577 sowie als Kom-
mentar dazu kürzere Schriften der Reformatoren Urbanus Rhegius und Martin Chemnitz.

geordnet. 6 GeneralSuperintendenten 1.) Wolfenbüttel mit 8, und
2.) Braunschweig mit 4, 3.) Helmstaedt mit 3 4.) Schöningen mit 3 5.)
Greene mit 5, 6.) Holzminden mit 3.

Blankenburg hat einen besonderen eximirten Superintendenten. Die
SpecialSuperintendenten sind nicht an bestimmte Pfarren gebunden. Die   5
jährlichen Synoden sind bloß litterarische Colloquien. Die Stifter männliche und weibliche. Auch die lezten haben einen Probst außer der Do-
mina. Diese sind Landstände. Mit den Stiften größtentheils Schulen oder
Seminarien verknüpft.

[——]

11 In Ostfriesland war sonst ein fur Lutheraner und Reformirte ge-   10
meinschaftliches Consistorium. 75 Lutherische Gemeinen mit 1 General-
Superintendenten und 8 Special 63 Reformirte Gemeinen mit 1 General
und 8 Special.[1]

45 Churhessen. Alle Civilbeamten müssen protestantisch, die Regierung in Cassel aber reformirt sein. Sie bildet auch mit 2 Geistlichen   15
das reformirte Consistorium – Unter diesem stehn 309 reformirte
und 50 lutherische Prediger. – Gemischtes Consistorium in Marburg
auch mit der Regierung verbunden 12 reformirte und 57 lutherische
Prediger – lutherisches Consistorium in Rinteln[,] und für Hanau abgesondert ein Lutherisches 40 Prediger und ein reformirtes 54 Prediger.   20
Unter diesen insgesamt 6 Superintendenten und 7 Inspectoren (NB. Der
Unterschied ist aus Städlin nicht zu verstehen, Zumal von den 3 Superintendenten Cassel Allendorf und Marpurg besonders angeführt
wird, daß sie ihrer Größe wegen in Convente abgetheilt sind denen Me-
tropolitane vorstehen).   Französische Kolonien so zahlreich   25
daß es einen besonderen französischen Inspector in Cassel giebt, der

---

[1] Ein lutherischer Coetus und ein reformirter Coetus

1–3 1.) ... 6.)] 1.) 2.) 3.) 4.) 5.) 6.) *nachgetragen*   13 und] *folgt* ⟨6⟩   20 40 Prediger] *mit*
Einfügungszeichen über der Zeile   25 vorstehen).] vorstehen.   26 Inspector] Insector
27 Ein ... Coetus] *am rechten Rand*

4–9 *Städlin II, S. 387–390*   10–13 *Städlin II, S. 503*   14–25 *Städlin II, S. 512–515, wo*
es u. a. heißt: „Sonst ist das Land in kirchlicher Rücksicht in Superintendenturen und
Inspectionen eingetheilt, welche unter der Oberaufsicht der respectiven Consistorien ste-
hen. Die Inspectoren sind den Superintendenten nicht untergeordnet, beide haben gleiche
Rechte und Verrichtungen, es ist nur der Unterschied, daß die Inspectoren keine Special-
diöcesen unter sich haben, wie die Superintendenten, sondern die Aufsicht über die Kirch-
spiele ihres Bezirks unmittelbar führen, und daß die Superintendenten einen höhern Rang
haben."   25–143,4 *Städlin II, S. 516 f.*

unter den beiden Consistorien Cassel und Marburg steht. | Katholiken 4ᵛ
sehr beschränkt. Alle gemischten Ehen müssen die Kinder sämtlich evangelisch erziehn lassen ja auch ganz katholische an Orten wo keine katholische Religionsübung ist. (Ob dies noch besteht?) Die Prediger sind
5 nicht an Perikopen gebunden, allgemeine Beichte auch in den lutherischen Gemeinen. Die Prediger werden auf die alten Symbole (auch ephe-
sinisches und chalcedonisches) auf Augsburger Confession und Apologie
verwiesen – Dordrechter Synode ist für die Reformirten nicht angenommen.

10 46. Chur Sachsen. Die Religionsversicherung wird bei jedem Regierungsantritt und auf jedem Landtag wiederholt, wodurch nämlich der
König sich aller Macht und Rechte in lutherischen KirchenSachen be-
giebt und sie dem Geheimen Rath der insofern von aller Unterwürfigkeit
entbunden ist, überläßt. Alle Angestellten (außer der Armee) müssen
15 lutherisch sein. Katholische Hofkapellen sind in Dresden Leipzig Meis-
sen, Hubertiburg (ist Lichtenburg noch sächsisch?) Reformirte nur in
Dresden und Leipzig. Juden nur Hausgottesdienst.
Der Geheime Rath hat seine Macht großentheils dem Kirchenrath
übertragen; jedoch muß dieser in allen wichtigen Dingen die Entschei-
20 dung des Geheimen Raths einholen. Der Kirchenrath ist das höchste
geistliche Gericht und hat die Consistorien unter sich. Das Personale des
Kirchenraths bildet zugleich auch das OberConsistorium in Dresden
(außerdem nun noch Leipzig Wurzen Schleusingen? Glaucha. Ob diese
Consistorien jezt noch alle bestehen, weiß ich nicht).

25 47 In Gotha stehn unter dem OberConsistorium geistliche Untergerichte in jedem Amt die auch auf Beobachtung der Kirchen und Schul-

---

4 (Ob ... besteht?)] *ohne Klammern am linken Rand*   10 bei] *über* ⟨durch⟩   23
Schleusingen?] *korr. aus* Schleusingen?)   24 nicht).] nicht.

4–9 *Stäudlin II, S. 517. In lutherischen Gemeinden waren sonst Predigten nach Perikopen
und Einzelbeichte üblich. Zu den Symbolen und Bekenntnisschriften vgl.* Protestantische
Kirche *42; 71; 423,6–11.*   10–17 *Stäudlin II, S. 422 f. Lichtenburg gehörte seit 1815 zur
preußischen Provinz Sachsen, ebenso Annaburg und Weißenfels, die Stäudlin noch als
Stätten katholischer sächsischer Hofkapellen nennt, Schleiermacher aber nicht abgeschrie-
ben hat.*   18–23 *Stäudlin II, S. 423 f., wo noch Wittenberg und Roßla genannt sind, die
ebenso wie Schleusingen nach 1815 zur preußischen Provinz Sachsen gehörten.*   25–144,3
*Stäudlin II, S. 469–473, wo es u. a. heißt: „Alle symbolische Bücher der lutherischen Kir-
che, auch die Concordienformel, sind in diesem Herzogthum angenommen und namentlich die Superintendenten angewiesen, darauf zu sehen, daß die Lehren des Christenthums
diesen Büchern gemäß in den ihrer Aufsicht anvertrauten Kirchen und Schulen vorgetragen und alle Neuerungen und Verfälschungen derselben verhütet werden. [...] Die noch ge-
bräuchliche Kirchenagende ist von Herzog Ernst 1647. veranstaltet und bekannt gemacht
und 1724. aufs neue abgedruckt und mit Zusätzen vermehrt."*

Ordnung sehn[1] – Ausgedehntes Ansehn des GeneralSuperint*endenten*; er
muß alle 5 Jahr Generalvisit*ation* umhalten. Concordienformel: Erne-
stinisch*e* Agende.

[———]

48 W e i m a r u*n*d E i s e n a c h jedes sein besonderes OberConsistorium
ohne Gerichtsbarkeit wov*on* der Jenaer Super*intendent* Mitglied ist – 7   5
Superintend*ent*uren u*nd* etwa 120 Pfarren vor der lezten Acquisition.

———

49 Worauf ist in Bezug auf die Einheit der versch*iedenen* evang*elischen*
Kirchengem*eine*n zu sehn? Litterae formatae, Gultigkeit der Prüfung.
Identität der Symbole.

Wie wenig man auf den ritus gesehn, und mit Recht. Daß die Union   10
hierin keinen Unterschied machen könne. |

[———]

5[1] 50. P r e u ß e n. Nach dem Landrecht sind die Consistorien den Bischöfen
parallel gestellt und immer als die eigent*lichen* Geist*lichen* Obern vorgestellt, also OberConsistorien und Kirchendir*ectorien* das höchste. Wogegen die Landesherr*lichen* Rechte sollen durch d*as* Geist*liche* Depar-   15
tement wahrgenommen werden.

Zu den Landesherr*lichen* Rechten gehört nament*lich* das Ausschrei-
ben außerordent*licher* Festtage, das Einrichten neuer Parochien, Zustimmung zu Veränder*ungen* in der Lehrordnung u*nd* Verfassung. Es bestand damals ein besonderes reform*irtes* geist*liche*s Departement. Lu-   20
ther*aner* und Kathol*iken* waren vereinigt.

Die ganze Scheidung hat mit d*er* neuen Organisation aufgehört, sowie die SeparatVerwaltung beider Kirchen.

Der Staat schüzt eines Jeden bürger*liche* u*nd* häus*liche* Freiheit gegen
Uebergreifende Anmaßung s*eine*s geist*lichen* Standes – unbeschadet des   25
Kirchengericht welche jedoch nur von den geist*lichen* Obern ausgehen
und nichts mit bürger*lichen* Folgen verfügen darf.

[1] Geist*liche* Untergerichte sind auch im Meiningischen.

18f Zustimmung ... Verfassung.] *mit Einfügungszeichen am rechten Rand*   28 Geist*liche*
... Meiningischen.] *am linken Rand*

4–6 *Stäudlin II, S. 474f. Mit der „lezten Acquisition" ist die Vergrößerung Sachsen-Wei-
mar-Eisenachs um Weida, Neustadt/Orla und Oldisleben (auf dem Wiener Kongreß) gemeint.*   12–16 *ALR II, XI, §§ 113. 143–146 (Huber/Huber Nr. 1)*   17f *ALR II, XI, § 34*
18f *ALR II, XI, § 146*   19–21 *Stäudlin II, S. 494–496*   24–27 *ALR II, XI, §§ 44–57 (Mirbt
Nr. 557)*   28 *Stäudlin II, S. 476*

Im Jülich Bergischen u*nd* Cleve-Markischen die Synodalverfassung
mit kirch*licher* Gesezgebung in beiden Kirchen jezt vereinigt, gewählte
wechselnde Superintendenten u*nd* GeneralSup*erintenden*en.

---

51. Die s c h o t t i s c h e   K i r c h e hat eine General Assembly von Geist*li-*
5 *chen* und Laien welche jähr*lich* im May zusammenkommt. Der König
schickt einen Repräsentanten hin, der sie in s*eine*m Namen eröffnet u*nd*
schließt u*nd* während der Zeit ein prächtiges Haus in Edinburgh macht.
Der Moderator aber eröffnet u*nd* schließt sie im Namen der Kirche; er
wird von den Mitgliedern jedesmal gewählt. Die Presbyterien wählen die
10 Mitglieder jedes 2–4 geist*liche* und 2 weltliche. Die Versammlung besteht
aus circa 400 Personen u*nd* hält öffent*lich*e Sizungen.

---

52. In L a u s a n n e hat man einen Predig*er* renitirt weil er besondere
Versam*lungen* gehalten. Dagegen hat in Genf die Verfolgung d*er* Momiers aufgehört u*nd* sie bestehen als eine dissidentische Privatgemeinde.

---

15 W ü r t e m b e*r*g
53 (Zu 22) Das Kirchengut wurde sonst vom Kirchenrath ohne geist*liche*
Mitglieder besondes verwaltet. D*as* Consist*orium* hat auch geist*liche*
Gerichtsbarkeit. Die obere Direction führt der geheime Rath. Als der
Herzog kath*olisch* war mußte er eben so die kirch*liche* Gewalt an d*iesen*
20 abtreten und es wurde vorgesorgt d*aß* die Katholik*en* keine größern
Freiheiten | erhielten. Die Visitationsberichte aus den Generalaten gehen 5ᵛ
an den Synodus. Die 14 Aebte waren sonst die erste Classe d*er* Landstände; und im*er* saßen zwei davon in d*en* beständigen Ausschüssen. –
Altwürtemberg ist in 4 Generalate abgetheilt von denen die Visitations-
25 berichte in die Synode gehn. (aus zusamen 445 Pfarreien) D*ie* General-
Sup*erintenden*ten sind zugleich Aebte. Bei 4 Abteien sind kleine Seminarien.

---

15 W ü r t e m b e r g] *am rechten Rand*

12f *AKZ 6 (1827), 53 (3.4.), S. 432. Es handelt sich um die Absetzung des Kandidaten Jean
Charles Vulliemoz (Yverdon), verhängt am 17.2.1827.* 14 *„Momiers" war in der Schweiz
eine Sammelbezeichnung für methodistisch-pietistische Gemeinschaften, insbesondere für
die 1817 von Henri Louis Empaytaz und David Ami Isaac Bost in Genf gegründete Neue
Kirche von Bourg de Four (vgl. Abendländischer Zweig [8.]).* 16–22 *Stäudlin II, S. 540 f.
– Herzog Karl Alexander (1733–37) und seine drei Söhne, die Herzöge Karl Eugen
(1737–93), Ludwig Eugen (1793–95) und Friedrich Eugen (1795–97) waren Katholiken.*
22–27 *Stäudlin II, S. 537–539. Vgl. Protestantische Kirche 33.*

In NeuWürtemberg hat der König Parität der 3 Confessionen für den Staatsdienst erklärt auch für Bürgerrechte mit.

———

54 D ä n e m a r k war nach der Wittenbergischen Kirchenordnung reformirt wozu noch die 26 Ripischen Artikel kamen. – Unter Friedrich II die 25 SicherheitsSäze; jedoch die Concordienformel nicht aufgenomen. 5 Doch in Holstein und Schleswig eingeführt. Noch im Königsgesez von 1665 strenge Maaßnehmungen gegen die Katholiken – Symbolisch sind außer den 3 alten die ungeänderte Confession und der kleine Katechismus.

Bischöfe sind in Dänemark 6 Seeland (Der Bischof von Seeland ist 10 immer zugleich Professor der Theologie in Kopenhagen) Fyhn Ripen Aarhuus Wiborg Aalborg, in Island 2 Skalholt und Hoole. – Seeland ist Metropolitan (nicht Erz) Bischof, ordinirt allein die andern Bischöfe wird selbst vom Bischof von Fyn ordinirt. Der König ernennt die Bischöfe gewöhnlich aus Stiftspröbsten, Professoren der Theologie in Ko- 15 penhagen. Bischöfe halten mit ihren Pröbsten gewöhnlich zweimal das Jahr Synoden auf denen der Stiftsamtmann als Königlicher Commissarius präsidirt Das Verhältniß zwischen der deutschen Kanzlei und dem MinisterCollegio ist nicht wie in Hanover und Sachsen. – Der Bischof kann einen Prediger suspendiren, muß aber dann die Sache den Gerich- 20 ten übergeben. Auch Ehesachen komen vor das weltliche Gericht. – Die Bischöfe halten in der Regel jährlich 2 mal Synoden; Verordnungen werden mitgetheilt und kirchliche Angelegenheiten berathen – Die Bischöfe namentlich der von Seeland werden theologisch consultirt auch über liturgische Veränderungen. – Die Bischöfe sind nicht verpflichtet zu pre- 25 digen, thun es bisweilen an Festtagen und bei Visitationen. – Die Pröpste

———

5f jedoch … eingeführt.] *mit Einfügungszeichen am linken Rand* 10–12 Seeland … Aalborg] *am linken Rand*, (Der … Kopenhagen) *ohne Klammern mit Einfügungszeichen am linken Rand* 12 Skalholt … Hoole] *am linken Rand* 14 wird … ordinirt.] *mit Einfügungszeichen am linken Rand* 15f Kopenhagen] Wien 16 zweimal] *korr. aus* einmal. 18f und … in] und *korr. aus* oder, in *folgt* (Schanov)

———

1f *Städlin II, S. 546* 3–9 *Städlin I, S. 213–217. – Die Kirchenordnung hatte Johann Bugenhagen aus Wittenberg verfaßt, sie wurde 1537 eingeführt. 1542 verabschiedete eine Synode der sieben dänischen Bischöfe in Ripen (Ribe) unter dem Vorsitz des Königs die 26 ripischen Artikel, die die Kirchenordnung mit verschiedenen kirchenrechtlichen Bestimmungen ergänzten (vgl. E. Pontoppidan: Kurtz gefaste Reformations Historie Der Dänischen Kirche, S. 368–374; L. Holberg: Dannemarks Og Norges Geistlige og Verdslige Staat, 2. Aufl., S. 125). Die 25 Sätze gegen Ketzerei von 1569, auf Befehl Friedrichs II. aufgestellt, um besonders den römischen Katholizismus von Dänemark fernzuhalten, mußten alle unterzeichnen, die als Fremde nach Dänemark kamen (vgl. Holberg, a. a. O. S. 125f.). Zu den Symbolen und Bekenntnisschriften vgl. Protestantische Kirche 12.* 10–18 *Städlin I, S. 217–222. Zu den Bistümern in Island vgl. Abendländischer Zweig [13.].* 18f *Städlin II, S. 399* 19–147,2 *Städlin I, S. 219–223*

werd*en* von den Pfarrern der Diöcese gewählt u*nd* vom B*ischof* bestätigt.

In den Herzogthümern giebt es statt der Bischöfe u*nd* Synoden
GeneralSuperint*enden*ten u*nd* OberConsistorien. Sonst dasselbe V*er*-
5 h*ä*ltn*iß* zum Staatsrath u*nd* der deutschen Kanzelei. Es werd*en* aber in
der Regel von den Gene*ral*Superint*enden*ten u*nd* OberConsistor*ien* Gutachten gefordert wie in Dänemark von den Bischöfen. – Die General-
Superint*enden*ten visitiren allein; die Pröpste nur mit den Amtleuten
(ausgenom*en* die adelichen Kirchen, in welchen sie allein visitiren – Die-
10 se gehören zu den UnterConsistorien) – Der Holsteinsche GeneralSuper-
intendent v*er*waltet | seine meisten Propsteien selbst. – In den Prüfungen 6ᵣ
d*er* Candidaten bei den OberConsistor*ien* (d*er*en Mitgli*eder* die General-
Superint*enden*ten sind) wird ein Prof*essor* Th*e*olog*iae* aus Kiel abwechselnd zugezogen. Ungleichheit der Geist*liche*n. Jeder Pfarrer hat nur Ka-
15 pläne zu Gehülfen. Die Pröpste in Ranzau u*nd* Pinneberg (lezter ist Pastor in Altona) sind vom Gene*ral*Superint*enden*ten unabhängig. In Holstein sind die Consistor*ien* zugleich privilegirtes Forum (mit Ausnahme
eigent*liche*r Criminalfälle). In Schleswig sind sie nur Disciplinarforum.

Die Reformirten haben überall d*a*s Recht sich niederzulass*en* u*nd*
20 eine Gemein*e* zu bilden. Es giebt aber der*en* nur in Altona u*nd* Glückstadt.

———

55 Norwegen 4. Bißthümer 1) Aggershuus in Christiania. 2.) Christiansand. 3. Bergen. 4 Drontheim. Bei jeder Kathedralkirche Consistorien oder Kapitel mit geist*liche*r Jurisdict*ion*, worin Bischof u*nd* Stifts-
25 amtmann präsidiren.

———

56 Schweden. Der geist*liche* Stand war sonst der erste, ist unt*er* Gustav Wasa auf d*em* Reichstage zu Westeraes 1527 der zweite geworden.
Dort wurde dem Könige Gewalt üb*er* d*ie* Kirche gegeb*en* mit der V*er*-
günstig*ung* nach Bedürfn*iß* KirchenGut in Krongut zu verwandeln. Ap-
30 pellation nach Rom u*nd* Confirm*ation* von Rom ward aufgehoben. Zu
Orebro 1529 wurde die Reformation vollends ausgeführt[.] 1594 zu

———

14f Ungleichheit ... Gehülfen.] *am rechten Rand*

3–14 *Stäudlin II, S. 399–402. Die beiden Generalsuperintendenten sitzen in Rendsburg und
Neumünster. – Stäudlin beschreibt nach eigener Angabe den Zustand um 1780.* 14f
Stäudlin I, S. 223 15–18 *Stäudlin II, S. 403* 19–21 *Stäudlin II, S. 406* 22–25 *Stäudlin I,
S. 222* 26–148,8 *Stäudlin I, S. 231–237*

Upsala ward der lutherische Glaube für den alleinherrschenden und geduldeten erklärt. Carl XII verpönte den Uebertritt mit Verbannung und Verlust aller Erbrechte. Anno 1778 und 79 wurde freie Religionsübung gestattet jedoch ohne Amtsfähigkeit öffentliche Schulen und Clöster jedoch nur für Fremde, so daß das Gesez für die Schweden blieb. Seit 1781   5
giebt es daher einen apostolischen Vicar. – Der König muß versprechen die lutherische Lehre nach Augsburger Confession und Concordienformel zu erhalten.

Es sind mehreremale Versuche zu einem Oberconsistorium gemacht, aber es ist bald wieder aufgehoben worden.   Bei jedem Bißthum ist   10
ein Consistorium oder Kapitel bestehend aus Domprobst Lector Rector und Conrector auch nahen Propsten und Geistlichen. Genaue Aufsicht und geistliche Gerichtsbarkeit. Bei Erledigung eines Bißthums stimmen alle Geistlichen und die 3 meist bestimmten schlägt das Consistorium vor. Der König wählt. Ist Upsala erledigt so stimmen alle Consistorien.   15
Die Consistorien haben über die Geistlichen das Recht der Aufsicht Ermahnung Suspension ja Absezung. Nur wenn es Lehre und Amtsführung betrifft müssen sie an den König anzeigen. – Sie halten auch Synoden,
6ᵛ die aber nur | litterarisch sind und sich vom kirchlichen Zustand unterrichten – Die Bischöfe von Upsala und Lund sind zugleich Prokanzlei   20
der Universitäten.

---

57 H a m b u r g herrschend lutherisch. Von Buggenhagen eingerichtet. Nach den Kirchspielen getheilt deren 5 sind[.] Von den 5 HauptPredigern wählt der Magistrat einen zum Senior. Kirchliche Anordnungen gehn vom Magistrat aus der aber freilich von der Bürgerschaft gewählt   25
wird. Mangel eigner Bildungsanstalt macht daß manches in die Geist–

---

15 erledigt] *zweimal*   22 Von ... eingerichtet.] *am linken Rand*

9f *Städlin I, S. 244: „Schon Gustaf Adolf hatte daran gedacht, ein Oberconsistorium für ganz Schweden zu errichten. Es wurde ein Plan dazu entworfen, allein die Ausführung wurde durch den Tod des Königs verhindert. Auch nachher konnte nichts ausgeführt werden, weil die Bischöfe sich theils dem Plane widersetzten, durch welchen sie an Macht und Einfluß verloren hätten, theils aber einen andern Plan vorschlugen, durch welchen nur sie gewonnen hätten, theils aber überall kein solches Consistorium haben wollten. Alle Sachen, welche unter die Aufsicht dieses Consistoriums kommen sollten, wurden an andere geistliche und weltliche Gerichte verwiesen. Im J. 1790. errichtete zwar K. Gustav III. eine Expedition für die Geschäfte der Kirche und des Priesterstands, welche fast Alles dasjenige verwaltete, was Gustav Adolf dem Oberconsistorium übertragen wollte, aber sie wurde einige Jahre nachher als völlig entbehrlich wieder aufgehoben."*   10–21 *Städlin I, S. 239–242*   23f *Städlin II, S. 416f.*

*lich*ke*it* kommt. Gleichh*e*it d*e*r Reform*irt*en ist wegen d*e*r politi*sche*n Eintheil*un*g schwer zu realisiren.

[——]

58. Lübeck ebenfalls in 5 Kirchspielen. Die 5 H*aupt*Pastoren Superint*enden*t u*n*d Ein Syndicus bilden ein Consistorium. Jedoch unter dem
5 Magistrat.

———

59 Zu 24 Baden Kirch*liche* Constit*ution* von 1807. Unterscheid*un*g vo*n*
Staatsbürgerrecht u*nd* Ortsbürgerrecht. Lezteres beschränkt auch d*ur*ch
Gnade für fremde Confess*ions*Verwandte nur persön*lich* zu erwerben. –
Kanzleisäß*ige* Städte allen R*eli*gions*v*erwandten offen, j*e*doch nur für
10 Privatgottesdienst hier besondere V*e*rwilligung – Frei*e* R*eli*gionsAende-
r*un*g nach dem 18. Jahre.

———

60. K*öni*gr*eic*h d*er* Ni*e*d*e*rlan*de*.[1] Lut*he*ri*sc*h. Es giebt eine allgem*eine* K*irche*nOrd*nun*g aber unter die*se*r hat jede Gem*einde* eine be-

———

[1] Politi*sche* Gleichh*e*it seit 1798. Vor der Einverleibung an Frankreich war 1809
15 im Werk für die luth*e*rische Kirch*e* eine Consist*orial* u*nd* Superintendentur-
Verfass*un*g einzuführen – Anno 1809 rechnete man 4/7 Reformirte 2/7 Katholiken u*nd* 1/7 andre Glaub*ens*Bekenntni*ss*e incl. Juden.

6 Zu 24] *am linken Rand*   14–17 Politi*sche* … Juden.] *am linken Rand*

3–5 *Stäudlin II, S. 419 f.*   6 *Erstes ConstitutionsEdict (Huber/Huber Nr. 39)*   6–8 *Art. 1.*
2   9f *Art. 3*   10f *Art. 5*   12–150,11 *Stäudlin II, S. 231–235, wo es u. a. heißt: „In dieser*
Amsterdamer lutherischen Gemeine fiengen nach und nach einige Prediger an, von der
alten Methode zu predigen und zu lehren, abzuweichen, von den Fortschritten und Auf-
klärungen der theologischen Wissenschaften, die besonders von Deutschland ausgiengen,
Gebrauch zu machen, ohne jedoch von den Lehren der augspurgischen Confession abzu-
weichen. Dieß erregte bei andern Predigern und bei einem Theile der Gemeine Widerwil-
len. Es bildeten sich zwei Partheien. [...] Zuletzt entstand eine Trennung. Die vom alten
Lichte, welche sich auch die hergestellte lutherische Gemeine nannten, machten den bei
weitem kleinern Theil, von 30000 höchstens 4 bis 5000 aus, sie sonderten sich ab, brachten
ein eigenes Capital zusammen, und erhielten 1790. von den Bürgermeistern und Regenten
der Stadt Amsterdam die Erlaubniß, eine neue Gemeine zu errichten und sich gegen Er-
legung einer gewissen Geldsumme in einer reformirten Kirche zu versammeln. Die Tren-
nung dauert noch jetzt fort." Vgl. zu den Herstelders Protestantische Kirche 87.   14–17
AANKG 1,3 (1814), S. 132–137: „Der Staatskalender (koniglyke Almanak) für das Jahr
1809 theilt die ganze Menschenmasse Holland's, Ostfriesland nicht mitgerechnet, wovon
ich auch nicht reden werde – der Religion nach in sieben Theile, so daß die Reformirten
4/7, die Katholiken 2/7 und die übrigen Glaubensgenossen mit den Juden 1/7 ausmachten."
Diese Glosse geht auf die Präparation 1833/34 zurück.

sondere. Jede ihren Kirchenrath mit Aeltesten u*nd* Diaconen. D*ie* Ge-
m*eine* zu Amsterdam welche in blühenden Zeiten 30000 Seelen begriff
hatte sonst eine Art von schiedsrichter*licher* Autorität in kirch*lichen*
Dingen indem d*er* dort*ige* K*irchen*Rath eine schiedsrichter*erliche* Klasse
aus drei benachbarten Gem*einen* bildete. 6 Pred*iger* (worunter 1 Deut-   5
scher) u*nd* 12 Aelteste bilden dort d*as* Consist*orium*. In schwierigen
Fällen wird ein großes Consist*orium* ausgeschieben welches auch alle
gewesene Aelteste in sich begreift. Dann die allgem*eine* kirch*liche* Versam*lung* wozu auch noch alle Diakonen gehören – Trennung in die vom
neuen Licht und die vom alten od*er* d*ie* wiederhergestellte Luth*erische*   10
Gem*eine*.

<hr>

61. **Frankr**e*ich*. 17. 20. Lutheran*er* auch viel analoges mit Reformirten. Wo haben die Lutheraner in Frankreich eine französische Univer-
sit*ät* od*er* theo*logische* Facult*ät*? B*ezirk*e von Consistorialkirch*en* u*nd*
Inspectionen. Von den 3 im Concordat v*on* 1802 bestim*ten* General-   15
Consistor*ien* ist jezt nur noch Strasburg französ*isch*. Es sollen 1 welt*li*-
cher Präs*ident* 2 kirch*liche* Inspectoren u*nd* 1 Deputirt*er* aus jed*er* In
spection sich nur m*it* Erlaubniß d*er* Regierung versammeln unter Vor-
anzeige d*er* abzuhandelnd*en* Gegenstände und in der Zwischenzeit ein
Directorium bestehn aus Präses, Einem kirch*lichen* Inspector u*nd* 3 Lai-   20
7ʳ en. | Schon zur französ*ischen* Zeit am Rhein Maynz Coblenz Cölln 80
unirte Kirchen unter ein*em* protest*antisch*en Kirchenrath.

<hr>

62 **Bade**n (zu 59) Kinder *aus* gemischten Ehen folgen dem Vater, wenn
*nicht*s vor Abschluß der Ehe stipulirt ist. D*aß* sie alle der Mutter folgen
sollen kann nur stipulirt werd*en* wenn am Wohnort nur *die* Kirche d*er*   25
Braut herrscht. **R**e**c**i**p**i**r**t sind allein evang*elisch* u*nd* kath*olisch*. Juden
sind constitut*ions*mäßig geduldet. Neue Duldungsv*er*willig*ungen* sollen
nur mit Vorbehalt des Rükrufs ertheilt werden. **H**e**r**r**s**c**h**e**n**d ist *die*

<hr>

10 und … alten] *mit Einfügungszeichen am linken Rand*   28 mit] *über* ⟨durch⟩

12–22 *Stäudlin II, S. 203. 206–209; vgl. Protestantische Kirche 16; 18. Organische Artikel*
betreffend die Protestanten 9 dekretiert die Errichtung zweier lutherischer Akademien oder
Seminare im Osten des damaligen französischen Reichs, ohne die Orte zu bestimmen.
Artikel 33–36 schreiben die Einteilung der lutherischen Kirche in Konsistorialbezirke und
Inspektionen vor (jede Inspektion 5 Konsistorialbezirke). Mainz und Köln als Orte der
Generalkonsistorien neben Straßburg (Artikel 40) waren 1815 an Hessen-Darmstadt bzw.
Preußen gefallen. Artikel 41–43 bestimmen Besetzung und Abhaltung der Generalkonsi-
storien sowie die Zusammensetzung des Direktoriums für die Zwischenzeit.   23–26
Erstes ConstitutionsEdict (Huber/Huber Nr. 39), Art. 6   26–28 *Art. 7*   28–151,2 *Art. 8*

christ*liche* Kirche mit Bezug auf den Staatsdienst, d*as* executive jedoch
ausgenommen. Alle recip*irten* Kir*ch*en sind eigenthumsberechtigt (Simultaneum soll unter kein*em* Vorwand neu eingerichtet werden.) u*nd*
kann ein Kirchenregiment verlangen. – Genaue Bestimung der Kirchen-
5 herrlichk*eit* d*es* Staats. Darunt*er* 1) d*as* Recht alle jene Wirksamk*eit* d*er*
Diener u*nd* Standsgenossen einzuordnen u*nd* z*u* leiten welche zu Erre-
chung des kirch*lichen* Zweckes nöthig sind. Auch in d*er* kirch*lichen*
Dienstbestel*ung* komt schon vor d*aß* d*ie*se dem Regenten gebühre insofern nicht besondere Verträge ein anderes bestimmen. – Strafgerichts-
10 bark*eit* üb*er* welt*liche* Vergehen, Streitgerichtsbark*eit* üb*er* welt*liche* Angelegenh*eit*en kann keine Kirchengewalt üben. In Ehesachen kann eine
Kirche nur verlangen d*aß* der eheangehörige Religionstheil in freiwilliger
Befolgung s*eine*r Kirchengrundsäze nicht gehemmt werde – Die evangelische K*irchen*Gewalt kann nur im Namen des Regenten welcher Re-
15 *ligion* er auch für s*eine* Person zugethan sei u*nd* nur d*urch* ein von ihm
aus Gliedern der evange*lischen* Kirche bestelltes OberConsi*stori*um besorgt werden[.] Beide Confessionen sind hierin schon d*urch* d*as* Statut
von 1807 vereinigt. Darin von jeder Confession Ein geist*licher* Rath der
nicht mit kirch*lichen* Vorrechten beladen, außerdem noch Ein wirk*licher*
20 Kirchendiener – Ausdrük*lich* sind die Fälle bestimmt wo die Pfarrer
auch Staatsdiener sind Aufgebot Copula*tion* Taufe Begräbn*iß*, wunder-
barerweise aber auch bei Annahme eines Uebertritts Bekenntn*iß*.

─────────

63 Preußen zu 50 Innerer Zustand ⌊Symb G   ts   ⌋ Ueber d*en* persön*lichen* Einfluß des Regenten. –⌋

[────]

25 64 B a d e n (zu 59) Unionsacte vom 23 u*nd* 26t*en*. Juli u*nd* 13t*en* Septem-   7ᵛ
ber 1821. Der Groß*Herzog* heißt darin Landesherr u*nd* Bischof so wie in

─────────────────────────────────

2f (Simultaneum ... werden.)] *ohne Klammern mit Einfügungszeichen am rechten Rand*

2–4 *Art. 9. 10*   4f *Art. 21. Die Art. 11–20 bestimmen dagegen den Umfang der kirch-*
lichen Selbstverwaltung (unter staatlicher Aufsicht). In Art. 11 heißt es, jede rezipierte
Kirche „kann verlangen, daß innerhalb des Grosherzogthums eine ihr zugethane Kirchen-
gewalt, eingerichtet auf die Grundsätze ihrer Religion, bestehe und anerkannt werde."
5–7 *Art. 12*   7–9 *Art. 13. Dies ist der Fall bei „Kirchen- oder Schulbeamten, welche eine*
eigens dazu gewidmete Pfründe oder sonst ein vom Staat Gesichertes Dienstgehalt haben".
9–11 *Art. 14*   11–13 *Art. 16*   13–20 *Art. 17*   20–22 *Art. 22*   25f *Evangelische*
Kirchenvereinigung im Großherzogthum Baden nach ihren Haupturkunden und Doku-
menten, 1821. Darin u. a. S. 3–5: Sanktionsreskript des Großherzogs (23.7.); S. 5 f. Publi-
kationsreskript der Evangelische Sektion des Innenministeriums (13.9.); S. 7–18: Urkunde
über die Vereinigung beider Evangelischen Kirchen in dem Großherzogthum Baden (Hu-
ber/Huber Nr. 292); S. 19–39: Beilage A: Kirchenordnung (15.8.); S. 40–46: Beilage B:
Kirchenverfassung (16.8.) (Huber/Huber Nr. 293); S. 47–56: Beilage C: Kirchengemeinde-
Ordnung (15.8.).   26 *Urkunde über die Vereinigung, S. 10*   26–152,6 *Beilage B, § 2*

Beilage B *von der Kirchen*Verfassung § 2 es heißt „Die Kirche bildet ein
organ*isches* Ganze welches bei jedem Schritt die Staatsaufsicht u*nd* Mit-
wirku*ng* in sich aufnimmt u*nd* in dem evange*lischen* Regente der zugleich oberste Landesbischof sei u*nd* alle aus beiden Eigenschaften flies-
send*e* Rechte circa sacra ausüben den lezten Staats u*nd* Kirchenrecht*li-*   5
chen Vereinigungspunkt findet." – In d*ie*se Acte sind aus dem allgem*ei-*
nen Lehrbuch eingeschaltet Fragen u*nd* Antworten über das A*bend*mahl
eingerückt, welche d*ie* V*erw*and*lung* läugnen, d*ie* Art u*nd* Weise der
Gegenwart unbestimmt lassen u*nd* eigent*lich* nur eintheilt in sichtbare
Zeichen u*nd* unsichtbare Gnaden. Dann ist d*er* Ritus als Brechen läng-   10
licht geschnittenen Brodtes bestimmt mit unseren Distribut*ions*Worten. –
B e i l a g e A. K i r c h e n O r d n u n g: Lehre (künftig) Cu*l*tus Gesang*Buch.*
Pre*d*igt abwechsel*nd* über Pericopen u*nd* freie Texte u*nd* Ordnu*ng* des
*Gottes*dienstes (Altaranredc u*nd* Gebet) Bestimmu*ng* der Festtage; Sacramente. Formulare fehlen noch. Confirmation soll öff*entlich* sein, Prü-   15
fu*ng* und Einsegnu*ng* getrennt. Von der Agende sollen Abweichu*ng*en
zwar in außerordent*lichen* Fällen erlaubt sein, doch muß sich d*er* Geist-
liche nöthigenfalls darüber rechtfertigen – B e i l a g e B. K i r c h e n V e r -
f a s s u n g. NB. D*ie* Presbyter werd*en* besonders in d*er* Beilage C behandelt. D*ie* SpecialSynoden haben halb so viel welt*liche* Mitglied*er* aus   20
*Kirchen*Aeltesten als Geist*liche*, v*er*samelt sich alle 3 Jahr unter dem
Decan. Ein landesherr*licher* Commissar wohnt bei. D*ie* GeneralSynode
v*er*samelt sich unbestimmt besteht aus 1.) Aus 2 Diöcesen einen geist*lichen*
Abgeordneten 2.) Aus je 4 Diöces*en* ein welt*licher* 3.) Zwei geist*liche*
u*nd* welt*liche* Glieder d*er* Ministerial*en* Kirchenbehörde 4.) einem er-   25
nannten Gliede d*er* theo*logischen* Facultät unt*er* Präsidio 5.) des landesherr*lichen* Commissar*ius.* – D*ie* Visitation*en* verrichten d*ie* Decane mit

---

6 findet."] findet.   25 f ernannten] *mit Einfügungszeichen am linken Rand*

6–10 *Urkunde über die Vereinigung, § 5, besonders Frage 5 und 6*   10f *Urkunde über die*
Vereinigung, § 6 (vgl. Beilage A § 11).   12 *Beilage A, § 3, der Lehre und Kultus als Inhalt*
der Kirchenordnung bestimmt. Für die Lehre sollen danach dienen: das von der General-
synode zum interimistischen Gebrauch approbierte gemeinsame Lehrbuch der Religion für
die Sonntagskatechisation, den Konfirmandenunterricht und den Schulunterricht in den
höheren Klassen, ein Lehrbuch für die unteren Klassen, das u. a. die 10 Gebote, das
apostolische Glaubensbekenntnis und das Vaterunser enthält, und ein der Generalsynode
vorgelegtes Buch mit biblischen Geschichten für den Haus- und Schulgebrauch. Die bis-
herigen Katechismen der Lutheraner und Reformierten sollten hingegen nur noch inneren
und historischen Wert haben.   12f *Beilage A, § 4. Danach soll in 10–12 Jahren ein*
gemeinsames Gesangbuch eingeführt werden. Gepredigt werden soll das erste Jahr über
das Evangelium und das zweite Jahr über die Epistel des Sonntags, im dritten Jahr über
freie Texte (letzteres entspricht der reformierten Tradition).   13f *Beilage A, § 6*   14–18
Beilage A, §§ 7 (recte: 8)–15. Die neue Liturgie oder Agende sollte nach § 15 binnen einem
Jahr eingeführt werden.   20–22 *Beilage B, § 6*   22–27 *Beilage B, § 9*   27–153,1 *Beilage*
B, § 11

Zuziehung zweier benachbarten Pfarrer und berichten an die Behörden.
C. GemeineOrdnung. Die Presbyterien haben ein Ermahnungsrecht.

_____

65 Die Würtembergischen Prälaten wollten Anno 1817 auch ihre
alten ständischen Rechte geltend machen wurden aber damit abgewie-
5 sen.

_____

66 In Würtemberg hat der König Constitution § 72 das Obersthoheit-
liche Schuz und Aufsichtsrecht über die Kirchen (also ohne Unterschied) wogegen die neuen Angelegenheiten der Autonomie jeder Kirche
überlassen sind. – Diese Autonomie nun oder das KirchenRegiment der
10 evangelisch lutherischen Kirche wird durch OberConsistorium und Syn-
odus verwaltet. – Von den reformirten Gemeinen im Königreich ist § 83 |
abgesondert die Rede, aber ohne daß ein besonderes KirchenRegiment 8ʳ
erwähnt würde. Aus späteren Regierungsblättern geht hervor daß der
König auch die reformirten Pfarreien besezt.

_____

2 *Beilage C, § 11*   3–5 *Königlich Württembergisches Staats- und Regierungs-Blatt 1817,*
Nr. 30 (10.5.), S. 222 f. Am 4./5.5.1817 wurde durch den König und das Kirchen- und
Schulministerium eine Eingabe der 14 Prälaten vom 18.4.1817 abgewiesen, in der die Wie-
derherstellung der durch die Verfassungsentwürfe 1815–17 aufgehobenen Prälaturen mit
ständischer Würde beantragt worden war. Vgl. Th. Eisenlohr: Geschichtliche Entwicklung
der rechtlichen Verhältnisse der evangelischen Kirche in Würtemberg, S. 181; Württem-
bergische Kirchengeschichte, S. 548. 726 (Christoph Kolb).   6–13 *Verfassungs-Urkunde*
für das Königreich Württemberg, vom 25. September 1819, in: Königlich Württembergi-
sches Staats- und Regierungs-Blatt 1819, 65 (27.9.), S. 634–682 (Huber/Huber Nr. 63). § 71
lautet: „Die Anordnungen in Betreff der innern kirchlichen Angelegenheiten bleiben der
verfassungsmäßigen Autonomie einer jeden Kirche überlassen.“ § 72 bestimmt, vermöge
des königlichen Schutz- und Aufsichtsrechtes über die Kirchen könnten „die Verordnungen
der Kirchengewalt ohne vorgängige Einsicht und Genehmigung des Staats-Oberhauptes
weder verkündet noch vollzogen werden.“ Nach § 83 soll für die Verbesserung der kirch-
lichen Einrichtungen der Reformierten, besonders ihrer Unterrichtsanstalten, für den Un-
terhalt ihrer Kirchen- und Schuldiener und für ihre sonstigen kirchlichen Bedürfnisse ge-
sorgt werden.   13 f *Die nicht sehr zahlreichen Reformierten in Würtemberg waren*
entweder eingewanderte Hugenotten oder Waldenser. Nach C. C. Gaupp: Amts-Handbuch
für die evangelischen Geistlichen und Lehrer des Königreichs Württemberg nach dem
Stand vom 1. Jan. 1822, gab es neben sechs lutherischen Generalaten (Generalsuperinten-
denturen) und einem lutherischen Feldpropstei-Sprengel in Würtemberg ein reformiertes
Dekanat mit 2467 Seelen und acht Gemeinden (Cannstadt, Dürrmanz, Groß-Villars, Neu-
hengstädt, Nordhausen, Perouse, Pinache und Wurmberg). Mit der neuen Einteilung der
Generalate 1823 (vgl. Königlich Württembergisches Staats- und Regierungs-Blatt 1823, 55
[23.10.], S. 775–777) ging offenbar die Eingliederung der reformierten Gemeinden in die
lutherischen Generalate und Dekanate einher. Zur königlichen Besetzung reformierter
Pfarreien (statt des bis dahin geltenden gemeindlichen Wahlrechts) vgl. Regierungsblatt für
das Königreich Württemberg 1824, 40 (5.8.), S. 575 (Wurmberg, zugleich Vereinigung der
dortigen lutherischen und reformierten Gemeinde); 1826, 24 (29.5.), S. 242 (Nordhausen);
35 (6.9.), S. 392 (Perouse). Vgl. dazu Eisenlohr: Geschichtliche Entwicklung S. 189–192.

67 Churhessen. Aus *Allgemeine KirchenZeitung* 1827 No 121 geht hervor daß für Hanau schon 1818 eine Synode berufen gewesen welche Unionsartikel beschlossen hat die auch genehmigt worden sind, wornach unter andern ein gemeinschaft*liches* Consistorium bestehn u*nd* di*eses* auch eine gemeinschaft*liche* Agende einführen sollte.   5

68 Anhalt ist kürz*lich* nachzuholen. Gegensaz v*on* Köthen u*nd* Dessau. Auch Bernburg unirt.

69 Rußland. V*er*bot des Uebertritts *au*s der russ*ischen* Kirche Alle Kinder aus gemischten Ehen russisch. Lutheraner. D*ie* deutschen Provinz*en* haben Land u*nd* StadtConsistor*ien* v*on* denen Appellation an das   10
JustizCollegium unter dem alle and*eren* protest*antischen* Provinz*en* stehn. In Liefland ein GeneralSuperint*endent*. In Curland ein Superint*endent*, Pröbste u*nd* Kirchenvisitatoren. Finnländische Kirche mit d*er* bisch*öflichen* V*er*fassung. Kaiser als Ob*er*bischoff. Feßler. PetersBurger Gesangbuchsgeschichte. Hofintrigu*en* aus theolog*ischen* Partheien.   15
Reformirte zuerst in Moscau v*on* Holländ*ern* u*nd* allmählig and*eren* Fremden in Archangel Petersburg u*nd* mehren Orten.
Zweifelhaftes üb*er* di*e* Union.

1–5 *AKZ* 6 (1827), 121 (4.8.), S. 985–989: „*Einige Noten zu des Herrn D. K. Chr. Gehren Schrift:* ‹*Ueber das Bedürfniß einer neuen Agende in Kurhessen und dessen zweckmäßiger Befriedigung, mit Berücksichtigung der neuesten Ereignisse auf dem Gebiete der Liturgie im Auslande. Cassel, 1826. In der Luckhardt'schen Hofbuchhandlung.*› *Von einem evangelischen Pfarrer in der kurfürstlichen Provinz Hanau.*" *Dort wird moniert, daß die gemeinschaftliche Agende noch nicht erschienen ist.*   **8f** *Stäudlin I, S. 299 f.*   **9–13** *Stäudlin I, S. 331 f.:* „*In Lief- Esth- Finn- und Curland sind Land- und Stadt-Consistorien, welche die Aufsicht über kirchliche Gebräuche und Einrichtungen, und die Geistlichkeit führen, in Ehesachen entscheiden etc. Sonst aber haben die Lutheraner im Russischen Reiche keine Consistorien, überhaupt keine besondere geistliche Gerichtshöfe, sondern sie stehen unter dem sogenannten Justizcollegium der Lief- Esth- und Finnländischen Rechtssachen zu Petersburg, manches, was sonst vor die Consistorien gehört, wird aber auch von den Gemeinen selbst, ihren Conventen und Predigern besorgt. Unter jenem Justizcollegium stehen die Consistorien in den protestantischen Provinzen nicht, ausgenommen, daß von ihren Aussprüchen an dasselbige appellirt werfen darf. [...] Die Lutherischen Pfarrer in Liefland stehen theils unter dem Generalsuperintendenten, theils unter dem Consistorium zu Riga. [...] Die vornehmsten geistlichen Würden [in Curland] sind der Superintendent, die Pröbste und die Kirchenvisitatoren.*"   **13f** *Stäudlin I, S. 239–243 erwähnt unter den schwedischen Bischöfen auch die in Abo und Wiborg. 1809 fiel Finnland an Rußland.*   **16f** *Stäudlin I, S. 333 f.:* „*Die erste reformirte Gemeine im Russischen Reiche entstand zu*

70 S c h a f f h a u s e n Der Antistes präsidirt alle Synoden, ordinirt *und*
introducirt. Mit den andern beiden Triumvirn bildet er den Schulrath
welch*er* d*ie* Vorschläge zur Besezung aller geist*lichen* Stellen an den kleinen Rath bringt. Jähr*liche* Synode mit beiden Bürgermeis*tern* zur Censur
5 aller Geist*lichen*[.] Kirchenrath aus Bürg*ermeistern* Statthalter Triumvirn u*nd* ein Paar Mitgliedern des kleinen Rathes. Uebergro*ßer* Vorzug
der StadtGeist*lichen*.

———

B a s e l Antistes ist d*er* erste Prediger am Münster. 16 Pred*iger* noch in
d*er* Stadt, etwa 30 Pfarreien im Kanton. KirchenConvent 4 Deputati
10 (sind d*iese* geist*lich* od*er* welt*lich*? Es erhellt nicht a*us* Stäudlin.) die
H*aupt*Pfarrer u*nd* die Professor*en* – Die Geist*lich*keit in 3 Kapitel das
jedes mit d*em* Landvogt in s*einem* Gebiet jähr*lich* Synode hält.|
   B e r n (S. No 7). 6 Dekanate, welche jähr*lich* am H*aupt*Ort mit dem   8ᵛ
Landvogt Synode halten. Dann versameln sich die Dekane in Bern zur
15 Berichterstatt*ung*. Die Landvögte introduciren jedoch in Gegenwart d*er*
Dekane. Die Geist*lichen* erheben den Zehnten für sich, aber im Namen
des Staates.
   Geist*liche* sind auch nach Aufhebung des geist*lichen* Standes doch
vom großen Rath u*nd* bürger*lichen* Vorrechten *aus*geschloss*en*. Der gro-
20 ße Rath wählt d*ie* Stadtpfarrer, auch die Helfer am Münster auch auf

———

20 auch … Münster] *mit Einfügungszeichen am linken Rand*

———

Moskau 1629. Die ersten Mitglieder derselben waren größtentheils Holländer, daher die Kirche noch jetzt die holländische heißt, obgleich seit 50 Jahren kein Gottesdienst mehr in der Sprache dieser Nation darin gehalten wird. Zu den Holländern gesellten sich nach und nach auch reformirte Deutsche, Franzosen, Schweizer, Ungarn, Engländer, die sich zuletzt in Eine Gemeine vereinigten. Jetzt machen die Holländer den kleinsten und die Deutschen den größten Theil derselben aus. Es wird bald deutsch, bald französisch gepredigt. [...] In Archangel haben die Reformirten seit 1674. freie, öffentliche Religionsubung. In Petersburg sind 4 reformirte Gemeinen: 1) die deutsche, 2) die französische. Beide hatten sich in Eine vereiniget, aber nachher nach mancherlei Streitigkeiten wieder getrennt, halten jedoch noch den Gottesdienst in Einer Kirche. 3) Die holländische. Anfangs hielten sich die Holländer zu den Lutheranern, seit 1730. haben sie eine eigene Kirche. 4) Die englische. Die Engländer hielten sich Anfangs gleichfalls zur lutherischen Kirche, seit 1719. riefen sie einen eigenen Prediger und seit 1723. haben sie ein eigenes Versammlungshaus. [...] Es gibt auch reformirte Gemeinen zu Katharinenstadt, Norkenskoi, Nowomoskawskaja, Riga seit 1721., zu Kappis im Mohilowschen Gouvernement schon seit mehr als 300 Jahren, zu Ustolochinskoi, zu Cronstadt eine englischbischöfliche, holländische und deutsche. Auch gibt es einige reformirte Kolonistengemeinen." 1–6 Stäudlin II, S. 272f. *Der Antistes ist der Pfarrer an der Johanniskirche, die Triumvirn sind die Pfarrer an den drei Stadtkirchen. Vom Kirchenrat schreibt Stäudlin nichts; was Schleiermacher von ihm schreibt, bezieht sich in Wirklichkeit auch auf den Schulrat.* 8–12 Stäudlin II, S. 271f. *Dort werden neben den 16 deutschen noch 2 französische Prediger erwähnt.* 13–156,1 Stäudlin II, S. 269f.

Vorschlag der Kapitel. Die Dekane. Den obersten Dekan der große Rath
auf doppelten Vorschlag des Kirchenrathes aus allen mehr als 10jährigen
Geistlichen. Am Münster sind 3 Pfarrer und 3 Helfer[,] lezte wieder
auch aus 10jährigen Geistlichen gewählte – Dann ein Kirchenconvent
wobei außer Pfarrern und Helfern 3 andere Pfarrer und 3 Professoren   5
der Theologie. Die französischen Prediger stehn ganz in denselben Verhältnissen. Eben so der Bernsche Antheil am ehemaligen Bißthum Basel.
– Jeder Fremde muß erst ins Ministerium aufgenommen sein, ehe er
irgend auf Wahl kommen kann. –

    Glarus Getheilte Religion aber auch die Obrigkeit. In der Haupt-   10
Pfarrkirche halten beide Theile Gottesdienst. Jede Gemeine besezt die
geistlichen Stellen durch Wahl. Alle Jahr eine Synode welche den Dekan
wählt.

    Appenzell völlig getheilt[.] AußerRoden reformirt 20 von den Ge-
meinen gewählte Pfarrer. Dekan und Kämmerer sind Haupt.   15

    Aargau bekam sonst seine Geistlichen von Zürich und Bern. –
Thurgau die Reformirten darin sonst zur Synode von Zürich also wahrscheinlich eben so eingerichtet abgetheilt in 3 Decanate. In St Gallen
wählt jede Gemeine den Pfarrer durch Stimmenmehrheit; jede Gemeine
hat ihren Stillstand (Kirchenconvent.) Die Geistlichen halten jährlich   20
Synode[.] Verhältniß zum Staat ist nicht angegeben.

    Bündten Circa 130 Pfarren in 6 Districten. In jedem bilden Präses
Kanzler und Quästor das Colloquium welches sich jährlich zweimal
versammelt. Jeder Bund hält jährlich Synode in Gegenwart weltlicher
Beisizer. Höchste Spize die evangelische Session, welche aber nicht näher   25
beschrieben ist. Der Dekan jedes Bundes wird durch eine Synode aller 3
Bünde gewählt.

    Waadt hatte schon zur Bernischen Zeit besondere KirchenOrdnung.
163 Pfarrer und 8 Diakonen in 5 Klassen oder Dekanaten deren jedes aus
2 oder 3 Colloquien besteht.   30

---

16 von] *verschmiert, unlesbar*   **18** abgetheilt in 3 Decanate] *mit Einfügungszeichen am
linken Rand*   **20** Stillstand] *korr. aus* (Stillstand

1–7 *ThN 1823, S. 63–66: Ueber die Wahlart (2.2.1818; vgl. Protestantische Kirche 7). Die
drei anderen Pfarrer sind der an der Heilig-Geist-Kirche, der an der Nydeck-Kirche und
der erste französische Pfarrer.*   **7** *ThN 1823, S. 70: Besoldung der reformirten Geistlichkeit im Leberberg (19.12.1818). Leberberg hatte bis 1815 zum Bistum Basel gehört.*   **8f**
*ThN 1823, S. 71f.: Requisit der Aufnahme in das hiesige Ministerium für die Anstellung
reformirter Geistlichen (10.7.1818)*   **10–13** *Stäudlin II, S. 279f.*   **14f** *Stäudlin II, S. 281f.*
16–21 *Stäudlin II, S. 282–286*   **22–27** *Stäudlin II, S. 287*   **28–30** *Stäudlin II, S. 290*

Neufchatel (Wegen Landeron No [84]) Die Landstände | über- 9^r
trugen der reverende Classe d*ie* Aufsicht u*nd* V*e*rwalt*ung* des Kirchenwesens, Versammelt sich mona*t*lich u*nd* ist ganz unabhäng*ig*[,] wählt
den Decan Vicedekan die Landdekane, ordinirt u*nd* wählt p ohne allen
5 Einfluß der welt*lich*en Macht. Nur stellt sie d*ie* neuerwählten Pfarrer
dem Statthalter vor, d*e*r ab*e*r dringende Gründe angeben muß wenn er
sie *nicht* bestätigen will. Die G*e*istlichkeit ist in 5 Kapit*e*l od*e*r Colloquien abgetheilt.

10 71 Niederlande. Reformirt. Gegen 1900 Pred*ig*er worun*t*er 1600 hol-
*l*ändische reform*i*rte. Die holländ*i*sche Kirche u*nd* die Wallonische sind
getrennt; nur bisweilen gemeinscha*ft*lich*e* Beschlüsse. H*e*id*e*lb*er*ger Ka-
te*chis*mus, Conf*e*ssio belg*i*ca, Acta Dordracena sind Symbol, doch sind
von den lezten die DisciplinarBeschl*üss*e in Friesland u*nd* Overyssel verworfen. Orthodo*x*e u*nd* heterodo*x*e Parthei. PresbyterV*e*rfass*un*g u*nd*
15 völlige Gleichheit aller Prediger. Jede Gem*ei*ne hat einen sich selbst er-
gänzend*en* Kirchenrath aus Pred*ig*ern Aeltesten u*nd* Diakonen die aus
allen Ständen genomen sind; Präses ist nur ein Pred*ig*er. D*ie*ser K*i*rch*en*-
Rath besezt auch die Pred*ig*erstellen. Die Städt*e* sind zwar nach Anzahl

---

1 [84]] *Lakune*

1–8 *Stäudlin II, S. 308f. (vgl. Katholische Kirche 84): „Da bei der Einführung der Reformation der Landesherr katholisch blieb, so richteten die reformirten Neuenburger und die
Landstände ihr Kirchenwesen selbst ein und gaben ihm eine eigene Verfassung. Die Aufsicht und Verwaltung des Kirchenwesens wurde der Gesellschaft oder Classe der Pfarrer (la
reverende classe) von den Landständen übertragen. Diese Gesellschaft ist das oberste und
fast ganz unabhängige Collegium in kirchlichen Sachen, geht dem weltlichen Stande vor,
hält seine monatlichen Versammlungen ohne Gegenwart eines weltlichen Beamten in einem Hause neben der vornehmsten Kirche der Hauptstadt, hält alle Jahre eine Hauptsyn-
ode ebendaselbst, und wählt ihren Dekanus und Vicedekanus, ihre Landdekane, die Häupter der Colloquien, Visitatoren der Kirchengüter, einen Einnehmer, einen Bibliothekar für
ihre Bibliothek in der Hauptstadt etc. Sie prüft und ordinirt Kandiaten, wählt, degradirt,
dimittirt Land-Pfarrer, alles ohne Einfluß der weltlichen Macht. Die neuerwählten Pfarrer
stellt sie dem königlichen Statthalter vor, der sie bestätigen muß, wenn er nicht dringende
Gründe wider sie vorbringen kann. [...] Es wird nicht leicht ein monarchisches Land
geben, wo in kirchlicher wie in politischer Hinsicht so viel Freiheit wäre, wie hier. Im
ganzen Lande sind etwa 33 reformirte Pfarrkirchen, 12 Filiale, 3 Diakonate, alle Geistlichen sind in 5 Colloquien oder Kapitel geteilt, wovon 3 zu Neuenburg und 2 zu Vallengin
gehören." – Neuenburg war 1707–1805 ein königlich preußisches Fürstentum. 1814 wurde
es ein Kanton der Schweiz unter der persönlichen Hoheit des Königs von Preußen. 1848
erhielt Neuenburg eine republikanische Verfassung; Friedrich Wilhelm IV. verzichtete 1857
auf seine Rechte. 9–158,3 Stäudlin II, S. 218–222. Die 1900 und 1600 hat Schleiermacher
von 1872 bzw. 1570 aufgerundet. Heidelberger Katechismus: Katechismus in 129 Fragen
und Antworten (1563), ursprünglich für die Kurpfalz. Confessio Belgica: Bekenntnisschrift
der holländischen Reformierten (1561 und nicht, wie Stäudlin schreibt, 1571). Zur Synode
von Dordrecht (1618/19) vgl. unten.*

der Prediger in Quartiere getheilt; aber alle Prediger wechseln mit Predigen und nur Hausbesuch ist topograph, auch hält man sich mit Confirmationen gewöhnlich daran.

Jährliche ClassenConvente aus Predigern und Eltesten. Diese prüfen und ordiniren und introduciren. Mehrere Klassen zusamen bilden eine 5 Synode. Jährliche ProvinzialSynoden welche Appellationen annehmen, Prediger cessiren und dimittiren; StaatsCommissär dabei. NationalSynode ist seit der Dordrechter nicht gewesen. Die Wallonier halten zweimal jährlich Synoden. – Die Prediger sind an die Formulare in den Agenden nicht buchstäblich gebunden. Taufe immer öffentlich. Communion Ta-   10 felweise. Lange Predigten, häufige Katechesen (Gilde.)

---

72 Großbrittanien Die bischöfliche Kirche ist eigentlich nur die Auflösung des Staates zwischen Heinrich und Becket. Die Convocations finden statt bei Erneuerung des Parlamentes und zwar vor demselben.

---

7 und] folgt ⟨dopp⟩   10 nicht] folgt ⟨beschaf⟩

4–11 *Stäudlin II, S. 223–226. – 1618/19 tagte in Dordrecht eine niederländische Nationalsynode, die aber auch von Reformierten Deutschlands, der Schweiz, Englands und Schottlands beschickt wurde. Die Synode definierte eine infralapsarische Prädestinationslehre (vgl. 423,7–9) und setzte etwa 200 Prediger, die die Prädestination ablehnten, ab (Remonstranten, Arminianer); diese konstituierten sich dann als eigene Gemeinschaft. Die Beschlüsse der Synode wurden auch in der Schweiz, der Pfalz, Frankreich und Schottland anerkannt, in Hessen, Bremen, Brandenburg und Anhalt aber abgelehnt oder ignoriert. Vgl. dazu auch Boekels S. 451 f. – Bei Stäudlin heißt es u. a.: „Bei der Abendmalsfeier selbst wird eine lange Tafel gedeckt und ringsum mit Bänken besetzt, die Diakonen gießen rothen Wein in die Becher und nehmen die Servietten von den Tellern auf, auf welchen das zerschnittene Brod liegt, die Kommunikanten setzen sich an die Tafel, der Prediger tritt an dieselbe, hält eine kurze Anrede, spricht die Einsetzungsworte, bricht und theilt Brod aus, läßt den Becher umhergehen, spricht ein Gebet und läßt dann die Kommunikanten abtreten, worauf sich neue an die Tafel setzen, bis alle Theil genommen haben. […] Die Predigten sind noch meistentheils sehr dogmatisch, gelehrt, polemisch, allegorisch, typisch und gedehnt und unter anderthalb Stunden dauert keine. Katechisirt wird über die Maaßen viel, von Predigern und Schullehrern, Candidaten und besondern Katecheten. Katecheten und Katechetinnen machen eine ordentliche Gilde aus. Wer in dieselbige gelangen will, muß sich einem Examen der Gilde und der Geistlichkeit unterwerfen. Die Haupteigenschaften sind Glauben an die Symbole, ein gutes Gedächtniß, Belesenheit in der Bibel, fromme Mine und Sprache. Auch Handwerksleute kommen häufig in die Gilde, wenn es mit dem Handwerke nicht gehen will. Im Ganzen ist der Religionsunterricht der Jugend in einem kläglichen Zustande."* **13** *König Heinrich II. (1154–1189) und Thomas Becket (1154 Kanzler des Königs, 1163 Erzbischof von Canterbury). 1164 entzweite sich Becket mit dem König wegen der Beschlüsse der Ständeversammlung zu Claredon, die die englische Kirche der Macht des Königs unterstellte, und floh aus England. Er kehrte 1170 im Triumph zurück und wurde am 29.12.1170 von vier Rittern in der Kathedrale von Canterbury ermordet. 1173 wurde Becket heiliggesprochen; Heinrich II. tat 1174 an seinem Grab Buße.* **13–159,28** *Stäudlin I, S. 138–146. Convocations sind Synoden der bischöflichen Geistlichkeit. Was „Sie bestehen aus zwei Kammern" bedeutet, ist unklar. Der Bischof von Winchester ist nicht Subdiakon, sondern Subdekan des Erzbischofs von Canterbury.*

Sie bestehen aus 2 Kammern. Der ErzBischof von Canterbury (der gewöhnlich in London in Lambeth-Pallace wohnt) ist das Oberhaupt der Convocation, auch Präses des Gewölbegerichts an welches von den andern geistlichen Gerichten appellirt werden kann. Der höchste geistliche
5 Gerichtshof ist der des Königs Court of Delegates der nur im Fall einer Appellation zusammenkommt. Vier | Bischöffe sind Präbendarien seiner 9ᵛ Kirche. London ist Decan Winchester ist Subdiacon. Lincoln Kanzler Rochester Kaplan. Er heißt Your Grace und Most reverend Father in God und ist geborenes Mitglied des geheimen Raths. Diesen Titel hat
10 York auch. Canterbury krönt den König und York die Königin. Beide sizen unmittelbar unter dem Großkanzler. Canterbury hat 21 Bischöfe unter sich York 4. Ueberhaupt 25 Bischöfe von denen nur Sodor & Man keinen Siz im OberHaus hat weil er nicht königlicher Ernennung ist. Wilhelm Conqueror nämlich hat alle Ländereien der Bißthümer in Ba-
15 ronien verwandelt. Sie folgen auf die Viscounts[.] Your Lordship und reverend Father in God. Sie müssen über 30 Jahr alt sein und können mit dem Bißthum andre geistliche Würden verbinden. Sie haben Confirmation (vorgeschriebene Gebete und Handauflegung) und Visitation. Wesentlichkeit der bischöflichen Ordination (die katholische wird aner-
20 kannt) Das Kapitel[.] Decan und Canonici bilden seinen geistlichen Rath. Leztre werden theils vom König theils vom Bischof ernannt. Jeder Bischof kann sich einen Suffragan sezen und diesem seine Autorität übertragen. Das Kapitel wählt den Bischof jedoch nur zum Schein, indem die Erlaubniß gleich mit einer bestimten Empfehlung verbunden ist.
25 Hiezu schlägt der PremierMinister vor. Der ErzBischof ordinirt die Bischöfe persönlich oder durch Vollmacht mit 2 assistirenden Bischöfen – London Durham und Winchester haben bestimten Rang Sodor & Man ist lezter, die andren nach Ancienität.[1]

---

[1] The evangelical Party und high church Party   Streit über die Wiedergeburt.
30 Die high Church Party ist gegen die Vereinigung zu religiösen Zwecken mit Dissenters.

---

9 God] *folgt ⟨Einfügungszeichen für die Randglosse⟩*   9f Diesen … auch.] *mit Einfü-*
gungszeichen am linken Rand   18 (vorgeschriebene … Handauflegung)] *ohne Klammern*
mit Einfügungszeichen am linken Rand   20 bilden] *folgt ⟪den⟫*   24 gleich] *folgt ⟨| |⟩*
29–31 The … Dissenters.] *am linken Rand*, und high church Party *mit Einfügungszeichen*
am linken Rand

29–31 *Sack: Ansichten S. 56–64: Das Hauptbestreben der evangelischen Partei gehe dahin,*
„dem Formalismus, der eine große Gefahr ihrer Kirche ist, dem steifen, theoretischen
Hängen an menschlichen Sätzen, der Kälte und Aeußerlichkeit des Gottesdienstes, der
verderblichen Absonderung von Glauben und Sittlichkeit Einhalt zu thun, mit einem Wor-
te, die einfache, göttliche Wahrheit des Evangeliums zu predigen, und ein Leben des Glau-
bens, der Liebe und christlichen Wirksamkeit in der Kirche zu erwecken." Während für

Die Bischöfe ordiniren Diaconen und Priester (NB Diaconen sind Anagnosten, sie dürfen taufen aber beim Abendmahl nur den Kelch reichen). Vor der Ordination Prüfung und Anfrage an die Gemeine. Die Prüfungen zu gelind. – Diakonen und Priester haben eine verschiedene Ordination. Die Archidiaconen haben den Rang nach den Decanen und 5 ein besonderes geistliches Gericht. Die Rural Deans ehemals Archipres-byteri bilden nebst den Präbendarien und Bischöfen die höhere englische Geistlichkeit. – Der Unterschied zwischen Rector & Vicar beruht nur auf großem und kleinem Zehnten. Die Curates sind Pfarrverweser, die aber auch die Priesterweihe haben.[1] – 39 Artikel book of homilies Co- 10 mon prayerbook, book of Canons. Die Artikel (erst 42) im Abendmahl Calvinisch, in der Prädestination unbestimmt – Book of homilies wird nicht mehr wie sonst zum Ablesen gebraucht aber noch unterschrieben. Commonprayerbook auf Calvins Rath in manchen Stücken geändert. Uniformitätsacte unter Carl II 1662 verordnet die Buchstäblichkeit. – 15 Abendmahl ohne Beichte Absolution oder Vorbereitung. – Trauungen –

---

[1] Die Bischöfe ordiniren bisweilen unstudirte Männer zu Curates.

---

3 reichen).] reichen.   4 eine] *folgt* ⟨persönliche⟩   6 Gericht] *erster Buchstabe unlesbar, vielleicht korr. aus Bericht*   7 und] *unleserlich*   10f book of homilies Comon pray-erbook,] *umgestellt aus* Comon prayerbook, book of homilies   17 Die ... Curates.] *am linken Rand*

---

den Hochkirchler Richard Mant die Wiedergeburt mit der Taufe identisch sei und der Bekehrung nur bedürfe, wer in Lastern und Irrtümern gefangen sei (Two tracts, intended to convey correct notions of regeneration and conversion, according to the sense of the holy scripture and of the Church of England, 1815), sei für George Bugg die Taufe nicht unbedingt schon Wiedergeburt, sie bedürfe der Einwilligung des Getauften und müsse als Frucht gute Taten zeitigen (Spiritual regeneration not necessarily connected with baptism, 1816). Die Zusammenarbeit mit Dissenters und Methodisten in der Bibelgesellschaft und bei der Mission werde von einigen Vertrtetern der High Church Party abgelehnt, so von Herbert Marsh (1757–1839, 1807 Professor der Theologie in Cambridge, 1816 Bischof von Llandaff [bei Cardiff], 1819 von Peterborough).   1–16 Stäudlin I, S. 146–159. – Anagnosten (Lektoren): niedere geistliche Weihe aus der altkirchlichen Zeit. Die 39 Artikel (1563) sind eine Umarbeitung der 42 Artikel (1552); Art. 17 behandelt die Prädestination, Art. 28f. die Art der Präsenz des Leibes und Blutes Christi im Abendmahl. Die beiden Bände des Book of Homilies (1547 und 1574) enthalten Musterpredigten; sie werden von Art. 35 der 39 Artikel autorisiert. Das Common Prayer Book, zuerst 1549 erschienen, dann mehrfach revidiert, u. a. auf Calvins Rat, ist zugleich Kirchenagende, Andachtsbuch und Katechismus. Karl II. (1660–85) restituierte nach der Zeit der Republik mit der Monarchie auch die anglikanische Kirche. Das Book of Canons (1604) enthält die Kirchenverfassung. „Trauungen müssen jedesmal Vormittags vor 12 Uhr geschehen, sonst sind sie ungültig, wenn nicht etwa eine besondere Dispensation ertheilt worden ist."   17 Sack: Ansichten S. 53

Bischöf*liche* Kirchen allein haben Gloc*ke*n u*nd* Thürme u*nd* stehn auf geweih*tem* Boden. Kirchhöfe auch geweiht.|

[——]

73. S c h o t t i s c h e P r e s b y t e r i a n i s c h e K i r c h e. Gleichheit aller Pre- 10ʳ
diger. D*ie*se sowol als die welt*lichen* K*irchen*Vorsteher heißen Presby-
5 teri. Leztere werden von d*en* Pr*e*digern g*e*wählt; sie bilden mit dem Prediger die Kirksession. Eintheilu*ng* in 70 Presbyterien etwa 950 Kirch-
spiele. Der König besezt 500 Pfarren die andern sind Patronate. Die
Prediger u*nd* obersten K*irchen*Vorsteher eines jeden versammeln sich
monatlich; sie ordiniren, entscheiden Ehesachen, dictiren Kirchenstra-
10 fen. Etwa 12 Presbyterien machen eine Provinz (15 Provinzen) Alle halbe
Jahre ProvinzialSynode von Deputirten im Hauptorte der Provinz. General Assembly einmal jähr*lich* in Edinburgh aus Abg*e*ordneten vo*n* allen Presbyterien. Kön*iglicher* Präses u*nd* kirch*licher* Präses (vgl. No 51).
– Kalvinischer Lehrbegriff; orthodoxe u*nd* moralische Parthei. Univer-
15 sitäten die einen besond*eren* Commissarius auf die general Assembly
schicken.

———

74 S a c h s e n Unterm 23. Jul*i* 27 hat König Anton das Zusicherungs-
Mandat wegen des R*e*ligionsZustandes mit Wied*e*rholu*ng* aller früheren
erlassen.

———

20 75. O e s t r e i c h Den Ungarn soll d*a*s Studiren auf ausländ*ischen* Universitäten wieder erlaubt sein. Ich habe es nur münd*lich* oder als Zei-
tungsnachricht gehört.

———

6f etwa ... Patronate.] *am rechten Rand*   13 (vgl ... 51)] *ohne schließende Klammer am rechten Rand*

1f *Stäudlin I, S. 160*   3–16 *Stäudlin I, S. 189–192. Der kirchliche Präses (moderator, vgl. Protestantische Kirche 51) wird von Stäudlin nicht erwähnt.*   17–19 *Paulus: Kirchen-Beleuchtungen 2, S. 146–148: Neustes Huldigungsmandat im Königreich Sachsen, zugleich als Kirchen-Assecuration und Erneuerung der Reversalien für die evangelische Kirche*   20–22 *Diese Notiz stammt wohl aus dem Jahr 1828. Das durch zwei Intimate 1818/19 verhängte Verbot für Ungarn, auf deutschen Universitäten zu studieren, wurde 1828 aufgehoben. Vgl. H. Peukert: Die Slawen der Donaumonarchie und die Universität Jena 1700–1848, S. 14. 115; K. Schwarz: Zum 175-Jahr-Jubiläum der Evangelisch-Theologischen Fakultät in Wien, S. 629 f.*

[*Nachtrag 1833/34*]

76 Die neue R u s s i s c h e Kirchenverordnung führt 7 neue kirchl*ich*e Feste ein 1.) Erntefest Sonnt*ag* nach Mich*ae*lis. 2.) Erin*er*u*ng* an Luther 19t*er* Oct*ober* od*er* Sonnt*ag* d*ar*auf 3. Erin*er*u*ng* an Hingegangene. Lez- ten Trin*itatis* Sonnt*ag*. 4.) Kirchweihe (wenn es *die* Gem*eine* wünscht) 5 am Jahrestage 5.) Mariä Verkündigung. 6. Joh*ane*s d*er* Täuf*er* 7.) All- gem*einer* Bettag (am ersten Mittwoch in der Fasten).

---

77 Verfolgungen der Protestanten im NiederLanguedoc unter der Re- stauration.

---

78 conf No 41. Bestimmungen üb*er* die evang*elische* Kirche in dem 10 Grundgesez des König*Reichs* H a n n o v e r (*die* gem*ei*nschaftl*ich*en § 30. 57–59 66. 67 unter kathol*ischer* Kirche) § 60. Die Rechte der K*irchen*- Gewalt vom König durch Consistorial od*er* PresbyterialBehörden aus geistl*ichen* u*nd* weltl*ichen* Personen unt*er* Aufsicht des Ministerii aus- geübt. Ueb*er* neue Kirchenordnung ist mit einer vom König zusam*en*- 15 zuberuf*enden* V*er*sam*lung* aus geistl*ichen* u*nd* weltl*ichen* theils vom Kö- nige bestimmt theils von Geistl*ichen* u*nd* Gem*eine*n gewählt zu bera- then. – Andre künft*ige* Einricht*ung*en weiteren Bestimmungen vorbehal- ten[.] § 61 Wenn der König *nicht* zur evang*elischen* Kirche gehören soll- te: so geht die Ausüb*ung* der K*irchen*Gewalt auf *die* evang*elischen* Mit- 20 gli*eder* des GesammtMinisteriums | über, im Fall zur Sicherstellung des Rechtszustandes das nähere mit Zustimmung der allgem*einen* Stände- v*er*sammlung verordnet worden. 71 D*as* von den vormal*igen* Klöstern herrührende zu einem abgesonderten Fonds vereinigte V*er*mögen soll für im*er* vo*n* d*er* StaatsCasse getrennt allein für *die* Univers*ität* u*nd* Kirchen 25 u*nd* SchulZweke verwendet werden. 94. Zur ersten Kammer gehören der Abt vo*n* Loccum u*nd* von St Michaelis zu Lüneb*urg*, nebst zwei auf

---

10 conf No 41.] *am rechten Rand*   12 66. 67] *mit Einfügungszeichen am rechten Rand*

2–7 *AKZ 12 (1833), 173 (2.11.), S. 1392. Es handelt sich um ein Reskript des Konsistoriums in Kurland. – Der 19.10. nach julianischem Kalender ist der 31.10. nach gregorianischem Kalender. Der Bettag soll nicht am ersten Mittwoch in den Fasten gehalten werden (das wäre der Aschermittwoch), sondern am Mittwoch nach dem ersten Fastensonntag.*   8 f *AANKG 3,1 (1815), S. 225–230*   11–163,8 *Grundgesetz (26.9.1833), in: Sammlung der Gesetze, Verordnungen und Ausschreibungen für das Königreich Hannover 1833,1, 24 (9.10.), S. 286–330. Schleiermacher exzerpierte es laut Tagebuch am 4.12.1833 (vgl. Einlei- tung). Vgl. Katholische Kirche 174.*

d*ie* Dauer des Landtags zu ernennenden angesehen*en* evange*lischen* Geistlichen. 98 Zur zweiten Kammer 1.) drei Deputirte des Stifts S Bo-nif*atius* (Hameln) Cosmae u*nd* Damiani (Wunstorf) St. Alexandri u*nd* b*eatae* Mar*iae* Virginis (Einbeck) Bardowiek u*nd* Ramelsloh welche v*on*
5 d*ie*s*en* Stiftern unter Zuziehung höhr*er* Geist*lichen* aus protest*antischen* Geist*lichen* u*nd* höheren Schulmännern so zu erwählen sind, daß sich wenigstens zwei ordinirte protest*antische* G*eistliche* darunter befinden. 4.) Zwei von den evange*lischen* Consistorien zu erwählende Deputirte.

_____

79 König Fried*rich* I befiehlt A*nno* 1706 der Halberst*adt* Mindensch*en*
10 Regierung die Benedict*iner*Kirchen zu schließen u*nd* den Reformirten einzuräumen we*nn* d*er* Abt v*on* Kempt*en* nicht d*ie* Kirche zu Theissel-berg (in Baiern, Herrsch*aft* Grönenbach) herausgeben würde. – Bei der Vacanz 1805 wollte sich kein reform*irter* Kand*idat* melden u*nd* man nahm einen lutherischen.

_____

15 80 cf 30. In N i e d e r O e s t r e i c h nur 2 luth*erische* Gem*einen*. W i e n (wo das evange*lische* Consistor*ium* für d*ie* deutschen Erbstaaten) u*nd* M i t - t e r b a c h bei Annaberg. In Steyermark ebenfalls 2.

_____

3 (Hameln)] (Hameln   4 b*eatae* ... Virginis] *am linken Rand*   15 cf 30.] *am linken Rand*

_____

9–14 *AANKG 2,2 (1815), S. 467–469: „Durch Kauf gieng der [teils katholische, teils re-formierte] pappenheimsche Theil der Herrschaft Grönenbach und Rottenstein im J. 1692 an das Stift Kempten über [...] Nachdem der Abt zum Besitz dieser Herrschaft gelangt war, verlangten die Katholiken, im Jahr 1696, ihnen in den Kirchen zu Herbishofen und Theisselberg die gemeinschaftliche Religionsübung zu gestatten oder eine dieser Kirchen ihnen ausschließlich einzuräumen. [...] Allein der kemptische Hofrath sprach unter dem Vorwande des Landesherrlichen Reformationsrechts den Katholiken die Kirche zu Theis-selberg im Jahr 1700 ausschließlich zu, und überließ ihnen [den Reformirten] bloß die zu Herbishofen. Alle Vorstellungen des Corporis Evangelici und des Kreisausschreibamts wa-ren bey dem Fürsten fruchtlos, bis der König von Preußen am 12. Nov. 1706 der halber-städtisch-mindischen Regierung befahl, den Benediktinern alle ihre Kirchen im Preußi-schen zu verschließen und den Reformirten einzuräumen, woferne der Abt [Ruprecht II. von Bodnau] nicht in drey Monaten alles restituiren würde. Die Benediktiner im Preu-ßischen machten bey dem Abt Vorstellungen, und im Jahr 1707 erhielten die Reformirten die Kirche zu Theisselberg wieder. [...] Ich füge dieser Geschichte nur noch bey, daß nach der Rückkehr des reformirten Pfarrers zu Grönenbach, Herrn Wirz, in sein schweizerisches Vaterland im Jahr 1805, da sich kein reformirter Kandidat zeigen wollte, die Gemeinde mit eigener Zustimmung, ja aus freywilliger Veranlassung, einen lutherischen Kandidaten, Hrn. Rehm aus Memmingen, der einige Zeit bey ihr vikarirte, als ihren Seelsorger auf-nahm. Acht Jahre lang versah er dieses Amt mit voller Zufriedenheit derselben."* 15–17 *AANKG 2,2 (1815), S. 471*

81 In Siebenbürgen stehen von den 268 lutherischen Gemeinen 15 unter dem reformirten Superintendenten wogegen auch 4 reformirte Gemeinen unter dem lutherischen. Jene 253 sind in 14 Decanate sehr ungleich vertheilt, das kleinste 5 das größte 26 Gemeinen.

82 In Ungarn kommt vor daß Evangelische Erwachsene, wenn ihre 5 Eltern später katholisch werden auch katholisch werden müssen. Sie werden von ComitatsHeyducken gefangen und zu einem entfernten katholischen Pleban geschleppt wo sie auf eigne Kosten so lange bleiben müssen, bis sie katholisch werden. – Das Gesez befreit sie von Erlegung der Stolgebühren an die katholische Geistlichkeit, diese werden aber 10 doch oft erzwungen. – 4/5 evangelische Rekruten gegen 1/5 katholische und 1/5 evangelische Anstellungen gegen 4/5 katholische in einer Stadt wo die Evangelischen 4/5 ausmachen.

83 Am Kap haben die Lutheraner erst seit 1779 öffentliche freie Religionsübung. | 15

[——]

13ᵣ 84 Die älteste Quelle der Rechte der Protestanten in Ungarn ist das Gesez von 1608 unter Matthias II wodurch die mit Rudolf 1606 geschlossene Wiener Pacification gesezliche Kraft erhielt.

85 Die lutherischen Prediger in Holland bekomen ihre Vorbildung gewöhnlich von einem Geistlichen und gehn dann auf eine deut- 20 sche Universität.

86 Die reformirte Geistlichkeit in Holland bildet in jeder Stadt nur Ein Ministerium und wechseln in den verschiedenen Kirchen. Jede

---

1–4 AANKG 2,2 (1815), S. 472–474. *Das Bistritzer und das Vorwaldner Dekanat haben je 26 Gemeinden, das Löschkircher Dekanat 5.* 5–13 AANKG 2,3 (1815), S. 676–678. *Um welche zu 4/5 evangelische Stadt es sich handelt, wird nicht gesagt.* 14f AANKG 2,3 (1815), S. 694 16–18 AANKG 1,2 (1813), S. 91. *Durch die Wiener Pacification von 1606 „ward die Religionsfreiheit der Ungarn für öffentlich und gesetzlich erklärt und blieb nicht mehr bloß eine Privat-Convention." Kaiser Rudolf II. (1576–1612) war zugleich König von Ungarn. Sein Bruder und Nachfolger Matthias (1612–19) hatte ihn schon 1608 als König von Ungarn abgelöst; als solcher trug er den Namen Matthias II.* 19–21 AANKG 1,3 (1814), S. 139 22–165,11 AANKG 1,3 (1814), S. 139–144. *Die Kirchenmeister sorgen für die Unterhaltung der Kirchen, die Ältesten wachen über Disziplin und Gottesdienst, die Diakonen sind die Armenpfleger.*

Gem*eine* hat ihren Kirchenrath unt*er* abwechselnd*em* Vorsiz der Prediger: Kirchenmeister (Aedilen) Aeltesten u*nd* Diakonen. Die Gem*einen*
sind zu Ringen, Klassen u*nd* Synoden vereinigt. Zur K l a s s e jede Orts-
gem*eine* einen Prediger u*nd* einen Aeltesten gewöhn*lich* Vierteljäh*rig*
5 (Ringe sind nur Unterabthei*lungen* der Klassen.) Sie verwalten Disciplin
Prüfung u*nd* Fürsorge für geist*liche* Wittwen u*nd* Waisen auch Aufsicht
üb*er* Lehre u*nd* Schule. – Jede Klasse ernennt zwei Pred*iger* u*nd* zwei
Aelteste zur S y n o d e , zu welcher die Regierung auch Zwei Abgeordnete
sendet. Hier bekomen die KlassenBeschlüße erst gesez*liche* Kraft. Acht
10 niederl*ändische* Synoden in 52 Klassen u*nd* eine (ungetheilte) franzö-
sisch-wallon*ische* Synode.
    Die R e m o n s t r a n t e n (circa 30 Gem*einen*) haben eine ähnliche Or-
ganisation.

[———]

87 conf 85. 60. Der l u t h *e r i s c h e* G o t t e s d i e n s t i n H o l l a n d nähert
15 sich sehr dem reform*irten.* Spaltung seit 1783. Die Herstelder isoliren
sich seit 1791, haben aber nur wenige Gem*einen* gewonnen. Sie verbieten
die deutschen Universitäten, wogegen die andern sie zur Pflicht machen.

[———]

88 In B a i e r n beeinträchtigt das Concordat die Stipulationen für die
20 Protestanten in der Constitution. Der König macht sich im Concordat
anheischig die Bücher zu verbieten, welche die Bischöfe ihm als dem
Glauben u*nd* der Kirchenzucht zuwider anzeigen.

---

14 conf ... 60.] *am rechten Rand*   **20–22** in ... anzeigen.] *auf den rechten Rand überlaufend, korr. aus* zu Gunsten der Katholiken

---

12f *AANKG 1,3 (1814), S. 146f.*   **14–18** *AANKG 1,3 (1814), S. 149–152. – 1783 hielten
sich unter den Amsterdamer lutherischen Predigern drei orthodoxe und drei aufgeklärte
die Waage. 1786 reichte der orthodoxe Prediger Hamelau beim Konsistorium eine Klage-
schrift gegen die drei aufgeklärten Prediger ein, doch erklärte die Synode 1787 die drei für
rechtgläubig. 1791 trennte sich Hamelau, dessen orthodoxe Amtsbrüder inzwischen verstorben und durch aufgeklärte ersetzt worden waren, mit 4–5000 Seelen von der Gemeinde
und begründete die Gemeinde der Herstelders. Weitere Gemeinden hätten die Herstelders
in Hoorn und Purmerende, während ihre Gemeinde in Haarlingen inzwischen zur lutherischen Mutterkirche zurückgekehrt sei. Vgl. Protestantische Kirche 60.*   **20–22** *Concordat (vgl. Katholische Kirche 79), in: Gesetzblatt für das Königreich Baiern 1818, 18 (22.7.),
S. 397–436 (Mirbt Nr. 570; Huber/Huber Nr. 73), Art. XIII*

89 Im Deutschen Oestreich 32000 Protest*anten* Illy*rien* 17000 Böhmen
50000 (Mähren 68000.) Die Reform*irten* vorzüglich im Chrudimer die
Lutheraner im Czaslauer Kreise. In InnerOestreich bilden 14 protest*antische* Gemein*en* 1/16 der Einwohner. Consist*orium* Augsb*urgischer*
Conf*ession* in Wien. Ob auch über Böhmen. In Nieder*Oestreich* ein   5
luth*erischer* u*nd* ein reform*irter* Superint*endent.* In Teschen ein luth*erischer.* In Gallizien?

90 cont 82 u*nd* d*as* eingelegte Blatt. In Ungarn troz der gesez*lichen*
Parität groß*er* Druck durch die Ständische Würde d*er* hohen katho*lischen* Geistlichkeit die zum Theil als Obergespann auch welt*liche* u*nd*   10
richter*liche* Autorität haben. Die Protestanten zusammen ein Viertheil
der Einwohner. |

[——]

13ᵛ 91 In Deutschland Nachtheil aus dem Aufhören des corporis Evangelicorum.

[——]

92 In Böhmen meldeten sich unter Josef II Deisten, diese aber mußten   15
sich zur protestantischen Kirche wenden – Ausdrük*liches* Verbot der
Union zwischen beiden protest*antischen* Kirchen.

93 Anfängliche Anmaaßung in den Rheinprovinzen[.] Herauswerfen der
Bänke aus ein*er* Simultankirche, Taufe eines protest*antischen* Kindes
wider Willen des Vaters. Hiegegen hat man Milde bewiesen.   20

---

8 cont ... Blatt.] *am rechten Rand*

1 f *AKZ 6 (1827), 121 (4.8.), S. 989. Dies und das Folgende hat Schleiermacher offenbar aus
Verschiedene Notizen und Exzerpte [8.] kopiert, wobei er die 31500 auf 32000 aufgerundet
hat.*   2 f *Stäudlin II, S. 573. Vgl. Protestantische Kirche 1.*   3 f *Stäudlin II, S. 568*   4–6
Stäudlin II, S. 565   6 f *AANKG 2,2 (1815), S. 470*   8–11 *Stäudlin I, S. 363–365. Mit dem
eingelegten Blatt ist das Doppelblatt fol. 11/12 gemeint; Schleiermacher bezieht sich hier
auf Verschiedene Notizen und Exzerpte [8.]–[10.]. Vgl. auch Katholische Kirche 102; 1/6.*
11 f *Stäudlin I, S. 361*   13 f *Vgl. Katholische Kirche 89.*   15 f *Stäudlin II, S. 573. Vgl.
Katholische Kirche 97.*   18–20 *AANKG 5,2 (1822), S. 354. Vgl. Katholische Kirche 147.*

94 conf Kath*olische* K*irche* No 148. 149. In Baiern wo alle Con*fessione*n ihre KirchenAngelegenheiten unter der obern Staatsaufsicht ordnen sollen ist das GeneralConsistorium beauftragt eine Verfassung zu begründen und in einer allgemeinen Kirchenordnung [*vorzulegen*]. Es ist ihnen
5 dabei erlaubt die Meinung der GeneralSynode einzuholen. Das Ober-Consistorium welches also iura sacra die eigent*liche* K*irchen*Gewalt ausübt hat den Entwurf gemacht aber 1827 hat die GeneralSynode ihn verworfen. Die StaatsOberaufsicht ist im Mi*nisterium* des Innern wo ein protestantisch*er* Ministerialrath referirt.

10 95 G e n f S. kath*olische* K*irche* No 150

96 Der Bischof v*on* S p e y e r erläßt Ostern 1833 einen Hirtenbrief, d*aß* auf den Grund d*er* päpst*lichen* Encyclica ein*e* gemischte Ehe nur ka-tho*lisch* eingesegnet werden soll, wenn durch einen förm*liche*n Act die V*ersicherung* ertheilt sei, d*aß* alle Kinder kath*olisch* erzogen werden
15 sollen.

97 Im GrossHerzogt*hum* Hessen eine neue Organisation der evangeli-*schen* Kirche d.h. luthe*rischen* mit Ausschluß d*er* reformirten[.] Unter dem Mi*nisterium* des Inn*er*n ein OberConsisto*rium* drei Superinten-ten. Die kath*olischen* K*irchen*Angelegenh*eiten* sind ohne weiteres in d*ie*
20 Hände d*er* Bischöfe gelegt.

1 conf ... 149.] *am linken Rand* 4 [*vorzulegen*]] *ergänzt nach* Katholische Kirche 148
20 gelegt] *korr. aus* eingelegt

1–8 *ARTL* 2 (1833), 11 (21.8.), S. 171. Mit „GeneralConsistorium" ist das Oberkonsisto-rium gemeint. Vgl. Katholische Kirche 148. 7–9 Vgl. Protestantische Kirche 23. 11–15 *ARTL* 2 (1833), 17 (21.9.), S. 272. Der Bischof heißt Johann Martin von Maul. 16–20 *ARTL* 2 (1833), 18 (26.9.), S. 276, wo E. Zimmermann: Verfassung der Kirche und Volks-schule im Großherzogthume Hessen nach der neuesten Organisation, 1832, rezensiert wird. Die Organisation schloß die reformierten Gemeinden allerdings nicht aus, sondern ein. Gemeint ist das Edikt vom 6.6.1832 (Huber/Huber Nr. 297), dessen Art. 1 lautet: „Die Verwaltung der die evangelische (die lutherische, die reformirte und die durch gegenseitige Uebereinkunft unirte Confession in sich begreifende) Kirche Unseres Großherzogthums betreffenden Angelegenheiten ist, unter der obersten Leitung und Aufsicht Unseres Mini-steriums des Innern und der Justiz, folgenden Behörden übertragen: 1. einem Oberconsi-storium, 2. drei Superintendenten, 3. den Kreisräthen, 4. den Decanen, 5. den Pfarrern und 6. den Kirchenvorständen."

98 Die Gesellschaft Christo sacrum in Delfft seit 1808 als eine eigne Sekte anerkannt mit der Tendenz alle christ*lichen* Partheien zu vereinigen die aber größtentheils aus Reformirten bestand, ist vielleicht nicht mehr vorhanden, wenigstens scheint sie sich gar nicht ausgebreitet zu haben. – Vergebliche Versuch*e* der Remonstranten seit 1796 sämmt*liche* 5 protest*antische*n Partheien zu Einer Kirche zu vereinigen.

———

Fast in allen Secten finden sich in Holland Alt u*nd* Neugläubige – Hausgottesdienst noch häufig   einzelne Bestrebungen nach V*er*besserung d*es* Kirchenzustand*s* u*nd* der Liturgie. |

[———]

14ʳ 99 In N a s s a u ist auf den i. J. 1817 gemachten Antrag beiderseit*i*ger 10 GeneralSuperintendenten ein*e* gemeinsch*aft*lich*e* GeneralSynode gehalten u*nd* auf di*es*er beschlossen worden, da*ß* beide Religionstheile nur Eine den Namen der e v a n g e *lisch* c h r i s t *l i c h e n* führende Kirche bil*den* soll*ten*. Die G*en*ehmigu*ng* *er*folgt*e* in *einem* landesh*err*lichen Edict

1–3 *AANKG 1,3 (1814), S. 157f. Vgl. Abendländischer Zweig [10.]. Wer Mitglied von Christo sacrum war, sollte zugleich weiter seiner bisherigen Konfession angehören, so daß Christo sacrum für alle Christen den Vereinigungspunkt bilden sollte. Die reformierten Theologen, aus deren Kirche Christo sacrum fast ausschließlich ihre Anhänger gewann, bekämpften sie jedoch.*   5f *AANKG 1,3 (1814), S. 161f. 1795 waren in den Niederlanden Staat und Kirche getrennt worden, so daß die Reformierten nicht mehr privilegiert waren. Die Remonstranten schickten am 10.9.1796 einen Brief an alle protestantischen Gemeinden der Niederlande und luden sie zur Vereinigung ein, wobei die der Offenbarung als Grundlehre, sonst aber kein verbindliches Glaubensbekenntnis angenommen werden sollte. In Dokkum vereinigten sich 1797 Remonstranten und Mennoniten (die strittige Frage, ob Kinder zu taufen seien, überließen sie den Eltern), sonst gab es keine Vereinigungen.*   7 *AANKG 1,3 (1814), S. 174: „Wir treffen nämlich in allen Secten beynah – die Remonstranten etwa ausgenommen – alt und neugläubige, welche sich aber ruhig neben einander vertragen. Unter den Reformirten sind die erstern, unter den Andersglaubenden die letztern die zahlreichsten." Altgläubig heißt hier dem klassischen Lehrbegriff, neugläubig der Aufklärung zugetan.*   7f *AANKG 1,3 (1814), S. 178: „Was ich vom hauslichen Leben kennen lernen konnte, dieß überzeugte mich, daß fast in allen Familien, selbst in denen, die auf dem Fuße der großen Welt leben, nach dem Fruhstuck ein Abschnitt der Bibel oder eines Erbauungsbuches gelesen und beredet wird; nicht blos der Kinder wegen; denn auch ohne diese thun es viele Eltern für sich."*   8f *AANKG 1,3 (1814), S. 179–182. Um dem Indifferentismus zu steuern, bemühten sich Christo sacrum und die Remonstranten um eine feierliche Liturgie, manche um ein Gesangbuch, andere um sonstige Verbesserung des Gottesdienstes, Mission und religiöse Schriften für das Volk.*   10–14 *AANKG 4,1 (1818), S. 165f. Die Rede ist vom lutherischen Generalsuperintendenten Müller (Wiesbaden) und dem reformierten Gieße (Weilburg). Die gemeinsame Generalsynode fand vom 5.–8.8. in Idstein statt. Die Vereinigung war für das Reformationsjubiläum (31.10.1817) bestimmt.*   14–169,1 *AANKG 4,1 (1818), S. 169–174 (Huber/Huber Nr. 294)*

vom 11ten August 1817. Die Pfarreien blieben bestehn mithin auch das
Kirchengut der einzelnen Gemeinen getrennt mit Ausnahme dessen was
sich bei vorkommenden Veränderungen wogegen die Gesamtstiftungen
zu – Die kirchliche Oberaufsicht soll local getheilt werden (Wiesbaden
5   war überwiegend lutherisch Weilburg überwiegend reformirt.)[1] Das Seminar in Herborn gemeinschaftliches Bildungsinstitut. Für Taufe und
Abendmahl die churpfälzische KirchenOrdnung allgemein eingeführt in
ihren übrigen Bestandtheilen nur empfohlen. Die Perikopen sollen allgemein gelesen werden, der Text frei bleiben – Neue Liturgie wird vor-
10   behalten – Beim Abendmahl sollen größere Hostien[2] gebraucht und ge-

---

[1] Nach dem Edikt vom 8ten April 1818 soll künftig nur Ein GeneralSuper-
    intendent sein, unter diesem die Pfarrbezirke in Decanate gesammelt. Die
    Pfarrbesoldungen von 600–1800 Fl. Dekane 1500–1800 GeneralSuper-
    intendent 2500–3000.
15 [2] Nach der besonderen Vorschrift vom 22ten September ist das Abendmahl-
    brodt gerade wie bei uns. Die Distributionsworte aus der Churpfälzischen
    Kirchenordnung. Das Brodt in die Hand gegeben.

---

2 f mit ... Veränderungen] *auf den rechten Rand überlaufend nachgetragen*   11–14 Nach
... 2500–3000.] *am rechten Rand, in Decanate oder: und Decanate*   15–17 Nach ...
gegeben.] *mit Einfügungszeichen am rechten Rand*

1–4 §§ 2–4: „§. 2. Die Pfarreyen und geistlichen Inspectionsbezirke bleiben vorerst in ihrem
bisherigen Umfang bestehen, und werden künftig da, wo den Umständen nach, und besonders in natürlicher Folge der vollzogenen Kirchenvereinigung Veränderungen eintreten
müssen, lediglich nach den Bedürfnissen der Bevölkerung mit Rücksichten auf die Verhältnisse der Ortslage begränzt. §. 3. Einer jeden, aus allen evangelisch-christlichen Familien in einem Kirchspiel oder Pfarreysprengel bestehenden Kirchengemeinde verbleibt
ihr abgesondert eigenthümliches Kirchengut, und da, wo in Gefolge der Bestimmungen im
vorhergehenden zweyten §phen Begränzungsabänderungen eintreten, wird der dadurch
allenfalls zur Verfügung freygewordene Theil des gemeinheitlichen Kirchenvermögens ausschließlich zum Vortheil dieser Gemeinde, oder wenn sie desselben nicht bedarf, zum
Vortheil des evangelischen Cultus mittelst Ueberweisung zu dem evangelisch-christlichen
Gesammtkirchengut verwendet. §. 4. Die verschiedenen geistlichen Gesammtstiftungen
werden nach vorausgegangener Ausscheidung aller dem öffentlichen Unterricht, der Ar-
menpflege und einzelnen Kirchengemeinden gehörigen Antheile zu einem evangelisch-
christlichen Haupt- oder Gesammtkirchenfond vereinigt". 4 § 5: „Die Oberaufsicht über
sämmtliche evangelisch-christliche Geistliche und Kirchen wird nach einer geographischen
Abtheilung zwischen den jetzt an der Spitze stehenden zwey Generalsuperintendenten der
Geistlichkeit beyder Confessionen getheilt, mit der Bestimmung, daß sie in der Person des
Ueberlebenden sich vereinigt." 4 f Vgl. AANKG 4,1 (1818), S. 165 (s. o.)   5 f § 6   6–10
§ 7   10–170,2 § 8   11–14 AANKG 5,2 (1822), S. 401–404. Zitiert werden die §§ 1–3. 6
des Edikts.   15–17 AANKG 4,1 (1818), S. 211–213: Verordnungen den neuen Abendmahlsritus betreffend, vom 22. October 1817., wo es u. a. heißt: „Die Hostien (oder das
Brod) werden nach folgender Vorschrift gefertigt: Zwey Tage vor dem Communiontage
werden aus vorzüglich reinem und weißem Waizenmehl, das mit Milch und ein wenig Hefe
zu einem Teig angesetzt worden, große Brode von 3–4 Pfund dergestalt gebacken, daß sie
nicht zu viele und große Lufträume enthalten [...] Diese Brode werden nun in dünne
Scheiben geschnitten, und mit Beyseitelegen der äußern Rinde, aus denselben vermittelst
einer eigends dazu gefertigten Form runde Hostien, welche ohngefähr 1¼ Zoll im Durch-
messer haben, ausgestochen. Diese Brodhostien werden dann auf einem Brete getrocknet,
jedoch nicht an dem heißen Ofen, damit sie sich nicht krumm ziehen."

brochen werden. Dies nur für kann[,] confirmatio nothwendig; den Alten die bisherige Form freigelassen. – Bei den activen minis*tri* wird wechselnde Reih*en*folge mit persön*licher* Entschädig*un*g eingeführt. – Ue*ber di*e Führung der neueren Kirchenbücher auf besonder*e* Vorschriften verwiesen. Die Protocolle der vorangegangen*en* Synode stehn wört-   5
lich in Stäudlin Ar*c*hiv IV Band. S 174 flgd.

––––––––

100 In Würtemberg wurde den Anhäng*ern* der alten Liturgie auf Antrag des Bürg*er*meis*ter* Hoffmann A*n*no 1818 gestattet sich besonders zu con-stituiren.

––––––––

101 G e n f . Entscheidender Schritt das Reglement vom 3t*en* May 1817.   10
Sie sollen versprechen sich zu enthalten ihre Meinung festzusezen (sc durch Reden oder Theile von Reden) 1. Ue*ber di*e Art wie die gött*liche* Natur mit der Person J*esu* Chr*isti* verbunden ist. 2.) über *di*e Erbsünde 3. Ueber die wirkende Gnade 4. üb*er di*e Prädestination. (Vgl Schicke-danz Kirche v*on* Genf in Stäudl*in* Archiv Vt*en* Band) Zur richt*igen* Ent-   15
scheidung fehlt noch 1) zu wissen wann und auf welche Art der neue Katechismus in Genf eingeführt wurde, 2.) Ob die Aeußerungen in de

––

2f § 9   4f § 10   5f *AANKG 4,1 (1818), S. 174–199*   7–9 *AANKG 4,2 (1819), S. 433–454. Vgl. dazu Abendländischer Zweig [3.].*   10–15 *AANKG 5,1 (1821), S. 134–136. Vgl. zum Streit in Genf Abendländischer Zweig [8.]. Das Reglement legte die Genfer Compagnie des Pasteurs den Predigern und Kandidaten zur Unterschrift vor, um den von den Anhängern des klassischen reformierten Lehrbegriffs gegen die Rationalisten begonnenen Streit zu unterbinden.*   16f *AANKG 5,1 (1821), S. 144. Die Compagnie des Pasteurs warf Henry Abraham César Malan (1787–1864) u. a. vor, sich im Religionsunterricht nicht an den gültigen Katechismus zu halten. Es handelte sich um den 1734 in Genf erschienenen kleinen Katechismus des Schweizer reformierten Theologen und Anhängers der Aufklärung Jean Frédéric Ostervald (1663–1747), einen Auszug aus Ostervalds großem Katechismus „Catéchisme ou Instruction dans la religion chrétienne", 1702, zahlreiche weitere Auflagen und Übersetzungen. Ostervalds kleiner Katechismus war in Genf 1788 in Gebrauch genommen worden und hatte Calvins Genfer Katechismus von 1542 abgelöst. Malan entgegnete, er widerspreche diesem Katechismus nicht, nehme aber auch Wahrheiten hinzu, die nicht in ihm stünden, aber in den sonst in Genf gültigen Bekenntnissen wie Calvins Katechismus und den Dekreten der Dordrechter Synode (zu ihr vgl. Protestantische Kirche 71).*   17–171,3 *AANKG 5,1 (1821), S. 175. 184. 188. F. de Fernex: Discours prononcé au consistoire de l'église de Genève, le 14. Janvier 1819, nimmt im Streit Partei für die Compagnie des Pasteurs: „Um so mehr spricht Hr. De Fernex für die Vereinigung aller Protestanten und schildert ihre großen Vortheile; derselben Meinung sey vorzüglich Turretin, die Krone der Genfer Theologen, gewesen, und seitdem er sie verfochten, habe man in Genf die Symbole abgeschafft, dadurch die Geister beruhiget und den Frieden herbeigeführt, dessen die Kirche (von Genf) hundert Jahre genossen. In der That, es wäre der Damm durchbrochen worden, der jeder Verbesserung entgegengestanden habe. – Die Schädlichkeit der Symbole wird aus der Geschichte von England erwiesen, wo die 39 Artikel der hohen Kirche die vielen Sekten veranlaßten. Aufhebung der Symbole sey das beste Mittel zur Vereinigung der Individuen und der Kirchen." – Jean Alphonse Turretini (1671–1737) war seit 1693 Pfarrer in Genf, seit 1697 auch Professor an der Genfer Akademie. Unter seinem Einfluß wurden in Genf 1725 die alten Bekenntnisverpflichtungen aufgehoben.*

Fernex Discours prononcé au consistoire p daß seitdem Turretin die
Vereinigung der Evangelischen verfochten man in Genf die Symbole ab-
geschafft habe. Heyer | in dem coup d'oeil daß schon 1725 der Beschluß 14ᵛ
gefaßt worden sei die jungen Geistlichen nur auf die Lehre der Schrift
5 und auf die kurze Auseinandersezung derselben im Katechismus zu verpflichten. – Zufolge der Confession de foi des eglises de la Suisse in der
Vorrede muß dies noch der Katechismus des Kalvin gewesen sein, denn
in der Vorrede steht man habe diesen Katechismus erst i. J. 1788 abgeschafft. – Nach Grenus sind die Ordonnances ecclesiastiques von 1576
10 zulezt 1735 gedrukt. Der Kalvinsche Katechismus nebst der Liturgie und
der Dordrechter Synode zulezt 1743. Seit 1780 der Katechismus durch

---

3–6 *AANKG 5,1 (1821), S. 174. 204. J. Heyer: Coup-d'oeil sur les confessions de foi, 1818,*
verteidigt ebenfalls das Reglement. Zum Beschluß von 1725 vgl. oben.   6–9 *AANKG 5,1*
(1821), S. 209 f. Confession de foi des églises de la Suisse. Précédée de quelques réflexions
des éditeurs sur la nature, la legitime usage et la nécessité des Confessions de foi, 1819. Es
handelt sich um eine französischer Übersetzung von H. Bullingers Confessio Helvetica
posterior (1566), der neben dem Heidelberger Katechismus weitestverbreiteten reformier-
ten Bekenntnisschrift, nebst einem Vorwort. Schickedanz schreibt dazu: „Die heil. Schrift,
sagen die Vorredner, ist allein die Regel des Glaubens, denn außer ihr gibt es nichts
Untrügliches. Ein Glaubensbekenntniß ist nur ein Ausdruck des Glaubens, keine Richt-
schnur desselben [...] Alle reformirten Kirchen haben diesen Grundsatz angenommen und
sind auch, größten Theils, ihm treu geblieben. Die Kirche von Genf gab ihr erstes Glau-
bensbekenntniß 1536 und 30 Jahre nachher unterschrieb sie das vorliegende. Ueberdies
wurden seit 1575 in den ‹Ordonnances Ecclésiastiques› die Geistlichen auf die Lehre
der Propheten und Apostel verpflichtet, wie selbige im Katechismus des Kalvin ausgespro-
chen sey; erst 1788 schaffte man diesen Katechismus ab." Zur Ersetzung des Calvinschen
Katechismus durch den Ostervalds vgl. oben.   9–172,6 *AANKG 5,1 (1821), S. 209.*
219–221. J. Grenus schrieb: Fragmens de l'histoire ecclésiastique de Genève au XIXe. siè-
cle, 1817; Suite aux fragmens de l'histoire etc., 1817; Correspondance de l'Avocat Grenus,
avec M. le Professeur Duby [...] sur l'accusation d'Arianisme et de Socinianisme, faite à la
Compagnie des Pasteurs de Genève, 1818. Er warf der Genfer Kirche vor, mit der Ab-
schaffung der Symbole den Boden der Legalität verlassen zu haben. „1576 erschienen in
Genf die mehrerwähnten Ordonnances ecclésiastiques [...] sie waren gleichsam das Ka-
nonische Recht der Kirche von Genf, natürlich im Geiste der Kalvinischen Lehre und mit
steter Beziehung auf diese; nach Vorschrift der Ordonnances wurden denn auch die Geist-
lichen auf diese Lehre eidlich verpflichtet. Jene wurden 1735 zum letztenmal gedruckt, was
Grenus der Venerablen Compagnie zum Vorwurfe macht, da man Jedem die Einsicht der
ihn verbindenden Gesetze möglichst erleichtern müsse. Vielleicht daß man sie mit guter,
auch erreichter, Absicht in Vergessenheit kommen ließ. – Allein 1814 bei damaliger Wie-
derherstellung der Republik wurden sie durch die abgegebenen Stimmen von 2444 Bürgern
in die Verfassungsurkunde (Charte constitutionelle) aufgenommen, und zugleich mit ihr
von den Geistlichen beschworen. [...] Auch ist in den Ordonnances geboten, daß, wenn
sich Zwiespalt um der Lehre willen ereignet, und die Venerable Compagnie unfähig ist, ihn
zu schlichten, sie mit den Kirchenältesten sich deswegen besprechen, und endlich, wenn
auch dies nicht hilft, die Regierung zu einer schiedsrichterlichen Vermittelung aufrufen
soll. Beides hat nicht allein die Venerable Compagnie unterlassen, sondern auch eigen-
mächtig, um den Streit der letzten Tage zu enden, jenes Reglement vom 3. Mai gegeben,
welches, nach Grenus, den Geistlichen ein ruchloses, gottloses Versprechen abnöthiget.
[...] Ueberhaupt aber kann und darf sie den angehenden Pfarrern kein anderes Verspre-
chen abfordern, als das in den Ordonnances vorgeschriebene, daß man nämlich die Lehre
der Apostel und Propheten nach Anleitung des Kalvinischen Katechismus predigen solle.
Letzterer ist 1743 sammt der Liturgie und dem Glaubensbekenntniß der Dordrechter Syn-
ode zum letztenmale abgedruckt worden; seit 1780 ist er widerrechtlich durch den neuen
Katechismus verdrängt."

den neuen verdrängt. In den Ordonnances sei geboten wenn Zwiespalt
über die Lehre entsteht den die Compagnie des Pasteurs nicht schlichten
kann, soll sie sich mit den Kirchenältesten besprechen und leztlich die
Regierung zu einer schiedsrichterlichen Vermittlung aufrufen. Die Ordonnances wurden 1814 durch die allgemeine Abstimmung in die Ver-   5
fassungsurkunde aufgenommen.

[102.] In den Rheinprovinzen blieb die Napoleonische KirchenOrdnung
unter den bestehenden Consistorien. Das lutherische GeneralConsistorium in Kölln wurde als unnüz aufgehoben. Die Vorliebe für die alte
SynodalVerfassung zeigte sich gleich. Auf Wiederherstellung wurde auch   10
angetragen – Die Klagen wegen gemischter Ehen mußten auf sich beruhen weil sie auf ausdrüklicher Vorschrift von Rom beruhten (nämlich
daß die katholischen Geistlichen keine dimissoriales ertheilten ohne Versprechen katholischer Erziehung).

7–11 AANKG 5,2 (1822), S. 354f.: „Die bestehende Verfassung ward auch für ihn [den
protestantischen Kultus am von Frankreich abgetretenen linken Rheinufer] beybehalten.
Nach dem allgemeinen Principe, und überhaupt im Provisorio war es nicht anders möglich, wiewohl gleich vom ersten Anfange an, vornämlich bei den Reformirten eine lebhafte
Sehnsucht nach Rückkehr ihrer alten Synodal- und Klassikalverfassung sich aussprach.
Das protestantische Kirchenregiment blieb demnach im Röer-Departement für die Reformirten durch die Konsistorien von Stollberg, Creveld, Odenkirchen, Meurs und Cleve, für
die Lutheraner durch das Konsistorium von Stollberg, im Nieder-Maas-Departement, wo
nur einige reformirte Gemeinden existirten, durch das Konsistorium von Maestricht unter
Aufsicht des resp. Gouvernements-Kommissairs ausgeübt. Das eine der drey im französischen Reiche bestandenen lutherischen General-Konsistorien, welches seine Wirksamkeit
über alle Rhein-Departemente bis zum Ober-Rhein erstreckte, und seinen Sitz zu Cöln
gehabt hatte, wurde als unnütz aufgehoben; da überdem der größere Theil seines bisherigen Wirkungskreises nicht mit unter diesseitiger Verwaltung stand, und der ihm vorsit-
zende Präsident in anderweitigen Dienstgeschäften abwesend war." 11–14 AANKG 5,2
(1822), S. 370: „Von mehreren Seiten beschwerte man sich, protestantischer Seits, über die
Anmaßung des katholischen Klerus, die Dimissoriales bey gemischten Ehen nicht ohne den
vorläufig ausgestellten Revers ertheilen zu wollen, daß alle aus der Ehe zu hoffenden
Kinder katholisch erzogen werden sollten. Durch Communication mit dem General-Vi-
cariate ward ermittelt, daß diese allerdings unerträgliche Anmaßung auf ausdrücklicher
Vorschrift des römischen Stuhls beruhete, gegen welche in den Provinzen, welche nicht,
wie Cleve und Berg, einen früheren Religionsreceß oder eine päpstliche Exemtionsbulle für
sich anzuführen hatten, das Konkordat keinen Schutz gewährte; es mußte daher leider
diese, zur Negociation des künftigen Landesherrn mit dem päpstlichen Stuhle qualificirte
Sache im Provisorio auf sich beruhen."

Amerika

[*1.*] Der Papst hat im May 1827 einen Erzbischof von Bogota und einen von Caraccas ernannt so wie Bischöfe von Quito, Santa Martha und Cuença.

5 [*2.*] In der Republik Bolivia hat man die Unauflöslichkeit der Klostergelübde aufgehoben und unterstüzt alle, welche sich saecularisiren wollen.

[*3.*] In den NordAmerikanischen FreiStaaten haben die Katholiken jezt einen ErzBischof in Baltimore und Bischöfe in Boston New York Phil-
10 adelphia, Bardstown (Kentucky) New Orleans Charlestown, Richmond, Cincinnati. Sie mögen jezt (s. Hintons history & topography of the united States 1833) 500000 Seelen betragen. Sie gewinnen viele durch ihre Schul und WaisenAnstalten.

[*4.*] Die anglicanische Kirche hat 10 Bischöfe in 15 Diöcesen. Ihre höch-
15 ste geistliche Behörde ist der GeneralConvent bestehend aus dem Hause

---

2–4 *Vgl. Katholische Kirche 49.* 5–7 *AKZ 6 (1827), 16 (28.1.), S. 136. Vgl. Katholische Kirche 112.* 8–13 *Hinton II, S. 362:* „*The Rev. Dr. John Carrol having been elected by the clergy the first bishop, through a special indulgence granted them by the pope, Pius VI., a see was constituted, and the bishop elect consecrated in England, August 15, 1790. In 1810, the increase of the Romish communion had become so great in the United States, that it was judged best at Rome to erect the episcopate of Baltimore into a metropolitan or archiepiscopal see, and to establish four new suffragan dioceses; namely, Boston, New York, Philadelphia, and Bardstown in Kentucky. New Orleans, Charleston [West Virginia], Richmond [Virginia], and Cincinatti, are now to be added to this list. [...] The methods adopted by the Catholics comprehend particularly establishments for education, from which they evidently expect much, the formation of religious houses of a benevolent character, and the building of churches [...] The number of persons who have embraced Romanism does not appear to have been ascertained; but ‹the population belonging to this church,› (a phrase of great latitude and vagueness,) at the highest of the various estimates which have been formed of it, has been computed at half a million.*“ 14–174,4 *Hinton II, S. 363f. Danach gibt es in den Vereinigten Staaten 528 anglikanische Geistliche.*

der Bischöfe worin der Aelteste den Vorsiz führt und dem Hause der Deputirten Laien. In jeder Diöcese ist auch ein Convent und jede Gemeine hat eine Congregation. Die Congregationen ernennen die Pfarrer, und die Convente die Bischöfe jedoch mit Genehmigung der Bischöfe.

[5.] Presbyterianer zuerst seit 1700 in New Jersey und Delaware. Völlige Gleichheit aller Geistlichen, Mitwirkung der Aeltesten, Vereinigung unter Synoden. Unter der General-Assembly 20 Synoden 104 Presbyterien 1800 Pfarrer 2250 Kirchen und 182000 Communicanten. Jede Gemeine ist in gewissem Grade unabhängig.

[6.] Die Baptisten im Ganzen die nämliche Form, aber sonst sehr unter sich getheilt. Sie haben 224 Verbrüderungen 2914 Geistliche 4384 Kirchen 304000 Communicanten (kommen auf jede Kirche etwa 80 Communicanten)

[7.] Die Unitarier seit 1803 zuerst in Portsmouth jezt hauptsächlich in Boston haben 1000 Congregationen sind beim Volk im Ganzen nicht beliebt | daher sie sich auch lieber nach ihrer Form Independenten oder Congregationalisten nennen. Die eigentlich mit den lzten Namen bezeichneten sind Calvinisten aber Gegner aller größeren Kirchenvereinigung. Die strengsten in diesem Sinn heißen Independenten. Die Congregationalisten stellen zuweilen Zusammenkünfte aus Deputirten der verschiedenen Gemeinen an, welche aber nur ad referendum nehmen können.

---

1 worin … führt] *mit Einfügungszeichen am rechten Rand*

5–9 Hinton II, S. 364   10–12 Hinton II, S. 366. *Dort werden aufgezählt: die calvinistischen Baptisten (seit 1639 in Providence), Siebenten-Tages-Baptisten (feiern den Sabbath statt des Sonntags, seit 1671 in Newport), Emancipators (Gegner der Sklaverei, seit 1805 in Kentucky), Free-communion Baptists (im Staate New York), Free-will Baptists (lehnen die calvinistische Prädestinationslehre ab), Tunker (glauben an die Allversöhnung, seit 1719, vor allem im Westen), Mennoniten (seit 1824), Six-principle Baptists (legen Wert auf die Handauflegung, vor allem in den Staaten Rhode Island und New York).*   14–17 *Hinton II, S. 367 f. Die 1803 in Portsmouth, New Hampshire gegründeten, 1000 Gemeinden zählenden Unitarier nennen sich „Christen" und sind nach Hinton Baptisten, die Calvinismus und Trinitätslehre ablehnen. Die Unitarier, deren Hauptort in Boston ist, haben sich hingegen nach Hinton von den anderen Kongregationalisten Neuenglands aus Indifferenz gegen die Dogmen gelöst und zählen nur etwa 150 Gemeinden.*   17–22 *Hinton II, S. 365 f. Dort heißt es u. a.: „The fundamental principle of Congregationalism, and that from which the name is derived, is, that each congregation, assembly, or brotherhood of professed christians, meeting together for religous purposes in one place, is a complete church. It may commune with other churches, but it is a church of itself, and not by virtue of any connexion with another body of christians." Nach Hinton gibt es 1000 kongregationalistische Pfarrer, 1270 Kirchen und 140000 Kommunikanten.*

[*8.*] Methodisten zuerst seit 1776 durch Irische Einwander*er* in New-york. Sie zählten 1829 an 16–1700 reisende Prediger und 437000 Anhänger. Wenn man sagt d*aß* sie Bischöfe haben so heißt das wol nur d*aß* ein*ige* von den Bischöfen der anglikan*ischen* Kirche Methodisten sind.

5 [*9.*] Quäker vorzüg*lich* in Pensilvanien etwa 150000. DeutschReformirte giebt d*iese* Nachricht nur etwa 6000 an, in Pensylv*anien* u*nd* NordCarolina; aber sie sind auch in Maryland und Ohio. – Den Lutheranern giebt er 200 Pfarr*er* für 800 Congregation*en* – Die Shaker zählten 15 Societäten u*nd* etwa 5400 Anhänger.

---

5 150000.] 15000.

1–4 *Hinton II, S. 369. Dort heißt es allerdings, 1784 sei Thomas Coke nach Amerika gekommen und habe einen Mr. Asbury zum Bischof ordiniert; seitdem habe die amerikanische Methodistenkirche im Gegensatz zur englischen einen episkopalen Charakter.*
5–9 *Hinton II, S. 369f. Von den 150000 Quäkern seien 56026 Hicksites (Unitarier) und 28904 orthodox (Trinitarier), beim Rest sei es unbekannt. Für die Deutschreformierten gibt Hinton nicht 6000 an, sondern acht Klassen, 120 Pfarrer und 500 Gemeinden. Die Shakers haben nach Hinton nicht 15, sondern 16 societies und 45 Prediger.*

Kleine Partheien

1. MethodistenPred*iger* u*nd* Missionen 2418. Method*isten* im Ganzen 180000 wovon Großbr*itt*a*nnien* u*nd* Irla*nd* 100000 W*est*ind*ien* 12000 NordAm*erika* 70000 – Andere Nachrichten geben die Gesamtzahl auf 630000 an, wov*on* 250000 in Großbritt*annien* u*nd* Irland.   5

<hr/>

2. S c h w e n k f e l d e r ursprünglich in Schlesien u*nd* der Oberlausiz, verfolgt in Schlesien vorzüg*lich* seit 1650 u*nd* 1680, wandern a*us* Schlesien nach einem Edict Carl VI a*nno* 1725 nach G ö r l i z u*nd* zogen 1730 nach P e n s y l v a n i e n. Die Zurükbleibenden haben s*ich* den evang*elischen* Gemei*nen* angeschlossen. Werden von Friedr*ich* II a*nno* 1742 wieder   10 nach Schlesien eingeladen. Meine Quelle ab*er* Erinnerung an die Schwenkfeld*er* Görl*iz* 1816 besagt nicht ob dieses ein Resultat gehabt.

<hr/>

<hr/>

3 180000 ... Irland] 180000 *korr. aus* 172000, *und* Irland *über der Zeile*

<hr/>

6–8 *Jähne S. 23 f.: „Bis unter die Regierung Kaiser Ferdinand III. blieben sie ziemlich ruhig, wo sie 1650 zum Theil in Gefängnisse geworfen aber wieder in Freiheit gesetzt wurden, und ihnen die Privat-Gottesverehrung erlaubt ward. Ihre Hauptbedrängnisse fingen um 1680 an, wiewohl sie auch damals wiederholt Kaiserlichen Schutz erlangten. 1708 übergaben sie der Liegnitzer Regierung ein schriftliches Glaubensbekenntniß, worauf Kaiser Karl VI. eine Mission von Jesuiten zu ihrer Bekehrung und Rückkehr zur Katholischen Religion absendete, wozu die bekannten P. Regent und Milano gehörten, die sie aber zu keiner andern Ueberzeugung brachten. Sie wurden nun mit Geldstrafen und Gefängniß belegt, und 1725 erließ Carl VI. ein sehr strenges Edict gegen sie. Hierdurch gedrängt verließen sie Schlesien und ihre dortigen heimathlichen Gegenden von Harpersdorf, Armenruh und Zackenau. Mehr als 170 Familien wanderten in die Oberlausitz, nach Wiesa bei Greifenburg, Görlitz, Hennersdorf bei Görlitz, Berthelsdorf und Herrnhut. Sie wurden durch ihr Gewerbe des Handels mit Weizen, Garn und Leinwand, der Stadt Görlitz nützlich, und weil sie sonst ein stilles Leben in aller Gottseeligkeit und Ehrbarkeit [1 Tim 2,2] führten, so ward denselben auf Vorstellung des Rathes in Görlitz, von Allerhöchster Landes-Regierung der Aufenthalt auf einige Zeit nicht versaget."* 8–10 *Jähne S. 30 f.* 10 f *Jähne S. 33–36, wo ein Edikt vom 8.3.1742 abgedruckt ist.*

3. In Philadelphia eine Schwenkfeldische Gemeine.

———

4. Die Unitarier in Siebenbürgen wollen beurtheilt sein nach ihrer Summa universae theologiae christianae in usum auditorum theologiae, Claudiopoli 1737 von Professor Georg Markos.

———

5 5. In Holland haben englische Presbyterianer Gemeinen in Amsterdam, Rotterdam Middelburg und Haag. Schottische in Rotterdam Dordrecht und Veere. Die eigentlichen holländischen Dissenters, Mennoniten und Remonstranten sind jezt in ihren Vorträgen und Schriften sehr wenig dogmatisch. Beredte moralische und allgemein religiöse
10 Vorträge. |

[———]

6 conf 4. Die Unitarier in Siebenbürgen sind größtentheils Magyaren 51ᵛ haben einen Superintendenten, einen GeneralNotar (Professor der Philosophie) sind in 8 Diöcesen geteilt deren jede ihren Archidiaconus und Notarius einige auch noch mehrere Inspectores-Curatores hat.

---

11 conf 4.] *am linken Rand*

———

1 *Jähne S. 8, wo dankbar eines Geldgeschenks von 163 Rthlr. Conv. Münze aus dieser Gemeinde für die in den napoleonischen Kriegen schwer heimgesuchte Stadt Görlitz gedacht wird.* 2–4 *AANKG 1,1 (1813), S. 85 f. Dort angeführt: G. Markos: Summa theologiae christianae secundum Unitarios in usum auditorum theologiae concinnata et edita, 1787 (nicht 1737). Anhand dieses Buches wird dann auf den folgenden Seiten der Lehrbegriff der Siebenbürger Unitarier dargestellt.* 5–10 *AANKG 1,3 (1814), S. 146–148. Die beredten, weniger dogmatischen als moralisch-religiösen Vorträge stammen von den Kollegianten (Rijnsburgern), d. h. Remonstranten, die die Kindertaufe ablehnten; sie verschwanden im 18. Jahrhundert allmählich und gingen meist zu den Mennoniten über. Ihr 1787 aufgelöstes Rotterdamer Kollegium gab noch 1780 eine Sammlung von 24 bei seinen Zusammenkünften gehaltenen religiösen Reden heraus.* 11–178,2 *AANKG 4,1 (1818), S. 152–160. Dort gibt Städlin einen Brief des Unitariers Georg Sylvester aus dem Jahr 1817 wieder. Dieser zählt auf: die bisher 19 Superintendenten der Siebenbürger Unitarier seit 1564, die officiales ecclesiastici (darunter der Generalnotar Johannes Füzi, Professor der Philosophie), die Inspektor-Kuratoren, Archidiakone und Notare der acht Diözesen und die Lehrkörper des Kollegiums in Klausenburg (darunter David Molnos, Professor der Geographie, Chronologie, Geschichte und deutschen Sprache) und der Gymnasien in Torda und Szekely-Keresztur. Daß die Siebenbürger Unitarier größtenteils Magyaren seien, entnahm Schleiermacher entweder Sylvesters Brief, in dem fast nur Ungarn erwähnt werden, oder Städlin I, S. 390, worauf Städlin in AANKG 4,1 (1818), S. 151 verweist.*

Sie haben ein Collegium in Clausenburg und zwei Gymnasien (Unter
den Professoren in Clausenburg ist auch einer der deutschen Sprache).

---

7. Ueber Würtemberg S. protestantische Kirche No. 100

---

8 Leser in Schweden vorzugsweise in Westerbotten, nicht selbstgege-
bener Name, auch in Norrbotten. Zuerst anno 1812 vom Consistorium   5
in Hernösand rechtgläubig befunden aber Olof Palengren vor Anstellung
großer Versammlungen gewarnt. Durch das Gericht anno 1813 in Geld-
strafe verurtheilt. Später Milderung von beiden Seiten; i. J. 1819 eine

---

2 Sprache).] Sprache.   4 Westerbotten] *über* ⟨Norrland⟩

4f *AANKG 4,3 (1820), S. 624–635: „Leser (laesare) nennt sich nicht selber, sondern wird
genannt eine fromme Partey im nördlichen Schweden, die mit großer Strenge auf evangelische Reinheit der Lehre überhaupt und die Lehre vom Glauben, als der einzigen Quelle
ächt-christlicher Handlungen, insbesondere dringt, den Inhalt der Predigten der Geistlichen nach der Bibel und den lutherischen Schriften sorgfältig prüft, und, ohne sich vom
öffentlichen Gottesdienst überhaupt abzusondern, doch den Predigten solcher Geistlichen,
deren Lehre sie für unevangelisch hält, gar nicht oder höchst ungern, beywohnt [...] Schon
zu Anfange und im Laufe des 18ten Jahrhunderts war an verschiedenen Orten Schwedens
eine Secte aufgekommen, die, oder vielmehr deren einzelne Zweige, man spottweise Leser
nannte, weil diese Leute einen großen Theil ihrer Zeit auf das Lesen der Bibel, einiger
Postillen etc. verwandten und dabey zum theil auf Schwärmereyen und in körperliche
Convulsionen geriethen. [...] Anderer Art waren die Läsare, welche im Jahr 1803 in
Vesterbotten entstanden. Zu Portsnäs, im Pastorat Piteå [...] wurden im J. 1803 insbesondere 7 Personen von dem Gefühl ihrer Unwürdigkeit und Sündhaftigkeit in einem solchen
Grade ergriffen, daß sie in eine große Angst über das Heil ihrer Seele geriethen und nur
allmählig durch inniges Anschließen an die Lehre vom Verdienste Christi wieder aufgerich-
tet und beruhiget werden konnten, weshalb sie nur solche Schriften aufsuchten, worin
diese Lehre vorzugsweise vorgetragen wird. [...] Diese jungen Leute lernten sich allmählig
näher kennen; das gleiche Bedürfniß führte sie öfter zusammen; sie fingen an, besondere
Erbauungsstunden an Sonntagen, Nachmittags von 4 bis Abends 8 oder 9 Uhr, zu halten.
Dieß erregte Aufsehen; einige lobten, andere tadelten; viele schlossen sich an, auch aus
andern Dörfern [...] Bald verbreiteten sich die Leser auch in die südlicheren Gemeinden
Westerbottens [...] Bereits am 26. März 1812 hatte der Landshöfding von Norbottn, der
jetzt verstorbene Ekorn, die religiösen Zusammenkünfte in Privathäusern als streitend mit
der königlichen Verordnung vom 12. Januar 1726 verboten."   5–7 AANKG 4,3 (1820),
S. 635–637. Olof Palengren war ein eifriger Wanderprediger der Leser.   7–179,1 AANKG
4,3 (1820), S. 647–649. Palengren appellierte nach der Verurteilung zu einer Geldbuße an
das Hofgericht, starb aber kurz darauf. Weiter schreibt von Schubert: „In den letzten
Jahren hatte die Strenge der Leser im Urtheil gegen die Geistlichkeit sich gemindert; während meines Aufenthalts in den Bothnischen Gemeinden, in welchen es Leser gibt (die
nördlichste derselben ist Nieder-Calix; in den nördlicher gelegenen finnischen Gemeinden
trifft man, wie oben erwähnt, keine Leser), im Sommer 1817 fand ich das Verhältniß
zwischen der Geistlichkeit und den Lesern im Ganzen gut; auch den Geistlichen, deren
Lehre ihnen früherhin bedenklich erschienen war, fingen sie an mehr Vertrauen zu schen-
ken. Späterhin soll die Strenge der Leser gegen Andersdenkende, zumal Laien, wieder
gewachsen seyn, so daß im J. 1819 die Regierung sich veranlaßt sah, eine Untersuchungs-
commission nach Bothnien abzuordnen; indeß gelang es, so viel ich erfahren habe, ohne
strengere Maßregeln, die Sache auf einen bessern Weg zurück zu leiten."*

neue aber mildere Untersuchung. – Etwas schwärmerischer waren sie aber auch nur vorübergehend in Helsingland. – In ElfborgsLän bloße Privatgottesdienst*liche* Societäten mit etwas herben u*nd* method*i*stischen Erwekkungscharakter.

1f *AANKG 4,3 (1820), S. 652f.*: „*Einige Aehnlichkeit mit den Lesern in Bothnien haben die Leser in Herjedalen und Nord-Helsingland, die aber an Zahl viel geringer, und in Herjedalen fast erloschen sind; im Anfang waren sie wirkliche Schwärmer. In Herjedalen, einer westlich an Norwegen grenzenden kleinen Landschaft, deren Einwohner, meist vom Ertrage ihrer Heerden, in patriarchalischer Unschuld leben, entstand die Secte 1768 in dem zum Pastorat Sueg gehörigen Kirchspiel Lill Herjedal; Stifterin war eine Bäuerin, Bång Karin, d. i. Karin (Catharina) Olofsdotter (Olofstochter) aus dem Hofe Bång; der Comminister Tunborg billigte die Schwärmerey. Auch hier war tiefer Kummer über das geistige Elend der Anfang der Weckung; man las sehr fleißig in der Bibel und in Postillen, und zeichnete sich durch einen stillen frommen Wandel aus; bald aber zeigte sich bey mehreren eine Art epileptischer Anfälle, in welchen man Offenbarungen des heiligen Geistes sah, wodurch die Sache verdächtig wurde und immer mehr an Theilnehmern verlor; gerichtliche Untersuchungen wurden angestellt, die körperlichen Convulsionen hörten auf und haben sich nicht weiter gezeigt.*" **2–4** *AANKG 5,2 (1822), S. 277–286. Dort waren die Leser 1808 durch Predigten des Geistlichen Jakob Otto Hoof (Svenljunga) entstanden. Seine Anhänger hießen auch Gewckte und Hoofianer. Elfborgslän liegt im Süden von Westergötland.*

Vorlesung 1827
Nachschrift Anonym

Kirchliche Statistik und Geographie
nach Schleiermacher

Berlin im Sommersemester 1827 den 7ten Mai|

Einleitung.

5 Der Name S t a t i s t i k ist ein schon bekannter, wenn *auch nicht* in die
gewöhn*liche* Reihe theo*logischer* Vorlesun*gen au*fgenomm*en.* Ich habe
inde*ß* die*ser* Disciplin in meiner Encyclopädi*e* ih*re* Stelle angewie*sen* wo
sie in d*er* hist*orische*n Theo*logie dem* letz*ten* Gliede angehört, der
Kenntni*ß* d*es* gegen*wärtigen* Zustandes d*er christlichen* Kirche. Die
10 Gesellsch*aft* in die sie dort gestellt ist, d*ie* Dog*matik,* gehört hier eigent-
lich nicht her *au*seinanderzus*c*tzen als nur in einer Beziehung; denn wenn
überhaupt v*on dem* gegen*wärtigen* Zustand d*er* K*irche* die Rede sein
soll, so gehör*en* d*ie* verschiedenen Gestaltun*gen* des Lehrbegriffs gegen-
wärti*ger* Zeit *au*ch dahin; es ist ein *nicht zu* übersehe*nder* Unter*schied*
15 diese Kenntni*ß* so vor*zu*tragen, wie sie *mit* in unsere Disciplin gehört
*un*d *au*f solche W*eise* wie es in d*er* Dog*matik* s*elbst* geschieht. Die Be-
nennu*ng* Geo*graphie* u*nd* S t a t i s t i k sind allerdings *au*s d*em* politisch*en* Gebiet herübergeholt. D*ie* erste hat es *mit* den räum*lichen* Verhältni*ssen* der Kirchen C*on*f*essionen zu* thun. D*ie* andere umfaßt d*iese*
20 Verschie*denheit* in allen Verhält*nissen* der Kirche *zu* anderen Lebens-
gebie*ten.* Es ist hier ein*e* ge*wisse* Analogie *nicht zu* verkennen *und* wir
sind *auch* schon daran gewöhnt, politi*sche* Ausdrü*ke au*f dem kirchli-
chen Gebiet angewendet *zu* sehen: K*irchen*recht, K*irchen*verfa*ß*ung, K*ir-*
*chen*regiment u*nd* K*irchen*gewalt, unerachtet diese Ausdrü*ke* in Bezie-

---

1 u*nd* Geo*graphie]* *nachgetragen*   **18** *mit* den räum*lichen]* *zweimal*

6–9 Vgl. *KD*¹ S. 32, § 33; S. 65, § 43 (*KGA* I/6, S. 270. 294) (*KD*² §§ 95. 232).   **9f** Vgl. *KD*¹
S. 16, § 3; S. 29, § 20; S. 56, § 2 S. 56, § 2 (*KGA* I/6, S. 259. 268. 288) (*KD*² §§ 49. 87. 195).

hung auf die Kirche eigentlich eine andere Bedeutung haben als *auf dem
politischen* Gebiet.

Wenn wir nun *auf* diese freilich sehr unzureichende allgemeine Angabe des Inhalts doch schon *fragen* wollen und zwar in Beziehung auf
die ausgesprochene Allgemeinheit: was denn nun eigentlich der Nutzen   5
dieser Disciplin sei, so ist das wohl das erste, worüber wir uns etwas
ausführlicher erklären müssen. Wir gehen *auf die* Grundsätze zurük: alle
theologischen Disciplinen müssen ihre Beziehung haben *auf* die *christliche* Kirche und zwar auf das Geschäft, die *christliche* Kirche zu regiren,
das in ihr bestehende Gut zu erhalten und zu vermehren[,] und nun *fragt*   10
sich, was in dieser Beziehung auf die Leitung der *christlichen* Kirche die
eigentliche Bedeutung dieser Disciplin sei. In der *gegenwärtigen* Zer-
spaltung der *christlichen* Kirche hat die ganze Disciplin ihren Grund, |
denn wenn die *christliche* Kirche auch über die ganze Erde verbreitet
wäre und es herrschte dieselbe Lehre und Verfaßung bei allen, so wäre   15
keine andere Kenntniß des Raums als die allgemeine und keine andere
Kenntniß der kirchlichen Verhältnisse als die in der wir jetzt leben, und
es *könnte* eine solche Disciplin gar *nicht* geben. *Durch* die Spaltung wird
sie erst möglich, man kann die verschiedenen Gestaltungen ins Auge
fassen und *fragen* wo ist nun eine von diesen gar [*nicht*], oder nur in   20
einem untergeordneten Verhältniß wo ist sie die herrschende u.s.w. und
darauf reducirt sich das Geographische und dann *fragt* man: worin sind
sie getrennt und ähnlich und wie stehen sie auf dem Punkt, den die
christliche Kirche bildet und das ist das Statistische. Aber indem nun
diese Disciplin möglich wird so scheint sie doch überflüssig zu sein wenn   25
man doch alle theologischen Disciplinen auf die Leitung der Kirche
beziehen wollte. Es ist dem Theologen der doch immer nur e i n e r Gemeinschaft angehört, ja auch nur die Kenntniß von dieser nothwendig.
Ja es ist nun z.B. die protestantische Kirche *nicht* einmal in Beziehung
auf das Geschäft der Kirchenleitung e i n e, sondern wird noch dazu po-   30
litisch begränzt. Wer im preußischen Staat lebt kann eigentlich gar *nicht*
anders als im Gebiet des preußischen Staats zur Leitung der *Evangelischen* Kirche wirksam sein, und man kann also sagen: für den *Evangelischen* Theologen ist *nicht*s wesentlich als die Kenntniß der *Evangelischen* Kirche in dem Land, wo er sich befindet und wo er seine kirch-   35
liche Wirksamkeit ausüben will. Das wäre die engste Beschränkung;
finden wir nun aber daß in dem theologischen Studium auch *nicht* einmal dafür gesorgt zu werden pflegt, so kommt es daher, daß man meint:

7–9 *Vgl. KD*[1] *S. 1f.,* §§ 1. 5 *(KGA I/6, S. 249) (KD*[2] *§§ 1. 5).*

es ist eine practische Sache, die erst, wenn der Theologe ins Ammt
kommt, ihn anfängt zu kümmern, und die er auf dem Wege der gewöhnlichen Tradition bekommt. So mögen wir denn freilich sagen: wenn wir
die Sache bloß aus dem practischen Gesichtspunkt des Kirchendiensts
5 betrachten, so ist das allerdings hinreichend, und es kommt nur darauf
an, daß einer weiß, worin er zu gehorchen hat wie die Gesetze und
worin so feststehen und wo er seiner Freiheit und Willkühr überlassen
ist. Betrachten wir es aus dem Gesichtspunkt des Kirchenregiments so ist
es am Ende auch da das nämliche; denn es fängt doch ein jeder seine
10 Wirksamkeit auf einer untergeordneten Stelle an, wo er nur auszuführen
hat, was ihm von oben aufgegeben wird; und so läßt sich denn allerdings
practisch | vertheidigen, hiezu ist keine besondere Unterweisung nöthig.   3ʳ
Gehen wir nun etwas weiter, so werden wir sagen müssen, die Kenntniß, die man sich nun so erwerben soll, das ist nun doch *nicht* allein die
15 Kenntniß des Zustands der Evangelischen Kirche in der er lebt. Sondern
da gibt es ja nun auch Verhältnisse zu den anderen Kirchengemeinschaften, die in dem Lande aufgenommen sind. Aber freilich die Verhältnisse verschiedener Kirchen zueinander in dem Gebiet des Staats zu ordnen, ist nicht mehr eine Sache des Kirchenregiments sondern die Sache
20 des Staats, er muß ihre Art und Weise des Zusammenlebens bestimmen,
und hier hat also ein jeder, der ein Kirchenregiment hat, immer nur
weiter zu gehorchen und die Gesetze da kennen zu lernen, was nun auch
in dem gewöhnlichen Lauf der Geschäffte geschehen kann. Das ist die
herrschende Ansicht, auf der die Vernachlässigung dieser Disciplin
25 beruht.
Nun haben wir also Gründe aufzustellen, warum diese Vernachlässigung nicht als etwas genügendes angesehen werden kann. Wir müssen
dabei etwas tiefer in die Sache hineingehen; das können wir aber nur
dadurch daß wir uns den Umfang derselben erst etwas genauer vorhal-
30 ten.
Wenn wir die ganze Sache nur beziehen wollen auf die unmittelbare
Theilnahme an der Leitung einer bestimmten Evangelischen Kirche in
einem bestimmten Land so ist denn in Beziehung auf alles Übrige was
zur christlichen Kirche gehört, das geographische gerade dasjenige was
35 am meisten hervortritt, denn großentheils sind es doch nur die räumlichen Verhältnisse worauf eine nähere Verbindung beruht; z.B. die Evangelische Kirche im preußischen Staat steht in einer näheren Verbindung
mit den anderen Evangelischen Kirchen in Deutschland als mit denen in

---

38 *Kirchen*] Staaten

Schweden und Ungarn; wir können in reale Verhältnisse treten in jenen,
in die wir mit den übrigen nicht können hineintreten. Schon einmal weil
es eine Gemeinschaftlichkeit der Sprache unter uns gibt und also die
Möglichkeit der Verpflanzung. Aber nun gibt es noch einen ganz
anderen Gesichtspunkt der Sache, der nur gefaßt werden kann, 5
wenn wir uns Alles was in dem Ausdruk Statistik liegt genauer betrachten: zuerst in seinem ursprünglichen politischen Gebrauch betrachtet so
finden wir daß zu den politischen Verhältnissen eines Staats nicht nur
gehört die Art seiner Verfaßung sondern auch die Kenntniß der Bevölkerung und die Kenntniß des Nationalreichthums und der verschiedenen 10
3ʳ Vertheilung deßelben, dazu auch die Kenntniß | des Kulturzustands[,] des
materiellen sowohl als des geistigen, dann die Kenntniß der Verhältnisse
in welchen ein Staat gegen andere Staaten steht worauf nun auch
beruhen die Sicherstellungen der Verhältnisse zwischen den Eingesesse-
nen des Staats und anderer Staaten und aller Verhältnisse die in Bezie- 15
hung auf die Freiheit des Verkehrs statt finden, kurz die Statistik soll
geben ein vollständiges Bild von der Totalität des bürgerlichen Lebens in
Beziehung auf seine ganze Verzweigung und die Massenvertheilung jener
verschiedenen Verzweigung. Es entwikelt sich hier also die Kenntniß
vom Gesammtzustand der in einem Staat liegenden und in ihm wirksa- 20
men Kräfte, dem Resultat, welches dieses bisher gehabt hat und dem
Verhältniß des Wandelbaren darin zu dem in der Natur selbst begründeten und feststehenden. Da sehen wir also durchaus ein, wie diese
Kenntniß durchaus nothwendig ist für den, der an der politischen Leitung einen wirklichen Antheil nehmen muß, wenn er nicht bloß Werk- 25
zeug sein will. Dabei zeigt sich auch, wie aus dieser Kenntniß sich auch
von selbst die Principien nach welchen der Staat nun zu leiten ist, sich
entwikeln müssen und die Kenntniß der Hilfsmittel, die im Gesammt-
wesen selbst liegen, um diesen Unvollkommenheiten abzuhelfen. Aber
gehen wir nun noch weiter und vergleichen nun in Beziehung auf das 30
Geschäft der politischen Leitung denjenigen der die lebendigste Kenntniß hat von dem Zustand seines Staats, mit dem, der eine ebensolche
Kenntniß von allen anderen Staaten hat, so werden wir offenbar sagen
müssen daß in Beziehung auf das Geschäfft der erste sich in einer sehr
untergeordneten Stellung befinden wird denn nur, wer das Lebendige 35
Bild von allen verschiedenen Gestaltungen des menschlichen Lebens hat,
wie sie sich nur von dem Mittelpunkt aus unserer europäischen Kultur
gebildet haben, der kann auch das ganze Geschäfft aus einem größeren

---

35 *wer*] indem man

Gesichtspunkt auffassen und allein wissen was sich aus anderen Staaten
in seinen Staat übertragen läßt oder *nicht*, und wie die Verhältniße in
denen der Staat zu allen anderen Staaten [*steht*], *welche zu* einem
Ganzen mit ihm gehören, zu benutzen sind, um den Staat innerlich zu
5 verbeßern. Nun *fragt sich aber, in wiefern sich dies mit
Recht auf das kirchliche Gebiet anwenden* läßt; es ist doch
der wesentliche Unterschied zwischen beiden *nicht* zu übersehen. Es ist
zuerst ein ganz anderes Verhältniß zwischen verschiedenen Staaten, die
zu der Gesammtheit des Europäischen Völkerbunds gehören, als zwi-
10 schen den *christlichen* Gestaltungen in dem *Christenthum*; diese letz-
ten sind mehr von einander gesondert, als die Staaten, und das Verkehr |
das die einzelnen der einen Staaten mit den einzelnen der anderen haben,   4ᵣ
hat einen weit größeren Einfluß in Beziehung auf das Ganze als bei den
verschiedenen Kirchen statt findet; mit denen bloß die Gemeinschaft der
15 Litteratur eigentlich Statt findet. Unmittelbar können sie gar *nicht* auf
einander wirken, haben gar *keine* Relation zu einander. Nun kann es
freilich auch Staaten geben, wo die *Evangelischen* Unterthanen gar keine
Relation haben mit katholischen, und andere, wo solche Relationen
häufig sind, und das bringt wieder einen Unterschied zu Stande, wie es
20 denn heut zu Tage eine allgemeine Empfindung ist, daß die Evangelische
Kirche gefährdet wird durch die Relation katholischer Mitglieder auf die
Evangelischen Mitglieder. Aber der unmittelbare Nutzen bleibt dabei
doch stehen und reicht nur *für die Kenntniß der Verhältnisse* wie sie in
den verschiedenen Staaten sind. Von dieser *Seite* angesehen können wir
25 den Einfluß dieser Disciplin keineswegs gleich stellen den Einflüssen der
analogen auf das politische.   Aber wir werden doch sagen müssen:
zur Kenntniß aller verschiedenen *christlichen* Kirchen gehört nun die
Kenntniß ihres Lehrbegriffs, ihres Gottesdienstes, die Kenntniß von dem
Zustand der Religiosität in einer jeden, vom Einfluß derselben auf das
30 ganze Leben, die Kenntniß von der Lebendigkeit in der geistigen Entwiklung so weit sie das religiöse Gebiet betrifft. Das sind alles verschiedene Punkte, aber man muß doch einen *Zusammen*hang davon ahnen,
und es läßt sich wohl zurükführen auf die allgemeinen Hauptpunkte der
Lehre und der Verfassung; man versteht die verschiedenen Zustände
35 nur, wenn man sie auf diese Hauptpunkte zurükführt und sie in ihrer

---

17 Unterthanen] Unterthaten

---

22 Scil. der Nutzen, den z.B. die Kenntnis der Verhältnisse in der römisch-katholischen
Kirche für die evangelische Kirchenleitung hat; dieser erstreckt sich eben nicht auf die
Möglichkeit einer Beeinflussung.

Genesis versteht. Also die lebendige Anschauung von der Totalität der Wirkungen, die das Christenthum hervorgebracht hat und von der verschiedenen Intensität, Art und Weise wie es sich in das menschliche Leben hineingebildet hat, das heißt doch nichts anderes: als, die Kenntniß der in dem Christenthum wirkenden Kraft erlangen wir nur durch 5 die Erkenntnis des Gesammtzustands der christlichen Kirche, jeder Leitung der christlichen Kirche muß diese lebendige Kenntniß zu Grunde liegen, wenn sie nicht bloß eine empirische sein soll; eine wirkliche Darstellung der lebendigen Idee setzt diese Kenntniß voraus; es zeigt sich also daß diese Disciplin etwas sehr wesentliches ist. Das muß auch das 10 natürliche Resultat der Kirchengeschichte sein, welche auch die Totalität der Wirkungen des Christenthums zur Anschauung bringen kann. |

4ᵛ Wir müßen uns über das Verhältnis beider Disciplinen zu einander
2. *Stunde* einiger maßen verständigen. In der Darstellung des theologischen Studiums habe ich mich darüber auch erklären müssen. 15

Wenn man die ganze geschichtliche Reihe betrachtet, also das Christenthum [als] eine Gemeinschaft von Menschen in der christlichen Kirche von ihren ersten Anfängen an, so kommt man dann, wenn man zur Klarheit gelangen will, nothwendig dahin, daß man dies Gesammtbild auf eine oder andere Weise theilen muß, um es mit Klarheit aufzufaßen, 20 bald indem man die günstigen und ungünstigen Begebenheiten zu einer und derselben Zeit sondert, bald indem man [sondert,] was sich auf die Gemeinschaft und den Zustand der Kirche [als] auf das mehr Äußerliche und was sich auf die Denkart und Lehre als auf das mehr Innerliche bezieht. Das können wir als bekannt voraussetzen. Wollten wir nun 25 dieses so oder so darstellen, so wird man sich häufig von dem einen auf das andere berufen müssen, was doch noch nicht gegeben ist. Daher hat man die Nothwendigkeit erkannt noch eine andere Theilung in einer entgegengesetzten Richtung zu machen, nämlich nach verschiedenen Zeitabschnitten. Da kann man sich wenigstens in der Folge bei dem 30 einen auf das berufen, was im anderen schon gegeben ist. Da besteht die Kunst nun darin, die rechten Punkte zu treffen für eine solche Theilung der Zeitreihe; wenn man nun eine allgemeine Formel aufstellen will, welches nun der richtige Punkt sei, so werden wir in Beziehung auf die

---

1–12 *Vgl. dazu und zum Folgenden auch den Anfang der Kirchengeschichtsvorlesung von 1821/22: Die treibende Kraft in der Geschichte des Christentums sei das Bestreben, das Göttliche in Christus sich anzueignen und auf andere zu verbreiten. Dabei wirkten komme es zu Wechselwirkungen zwischen dem Streben nach Verbreitung und dem nach Intensivierung, zwischen Einheit des Glaubens und Vielheit der Nationalitäten und Kulturen und zwischen Individualität und Gemeingeist (SW I/11, hg. von Eduard Bonnell, 1840, S. 633–635; Boekels S. 173–181).* **14f** *Vgl. KD¹ S. 25–30, §§ 7–20. 26–28 (KGA I/6, S. 266–269) (KD² §§ 73–87. 90–92).* **16–33** *Vgl. SW I/11, S. 636; Boekels S. 181.*

vorige Eintheilung sagen müssen: das sind die rechten Zeitabschnitte,
wo für alle Zweige etwas Neues beginnt; einen solchen Zeitpunkt nennt
man eine E p o c h e ; der eigentliche Nutzen dieser Eintheilung besteht
nun darin, daß wenn man an einen solchen Punkt gekommen man als-
5 dann ein anschauliches Bild von dem Gesammtzustand bekommt. Ein
solcher Durchschnitt also, durch alle diese verschiedenen parallel lau-
fenden geschichtlichen Gegenstände wäre dann dem Inhalt nach gleich;
denn es müßte ja ein solches Bild darin bestehen, wie sich nun alle
verschiedenen Theile des Ganzen in verschiedenen Regionen an den
10 verschiedenen Zeitpunkten verhalten. In so fern gehört beides wesentlich
zusammen. Wenn man aber eine solche Darstellung gibt, wie wir hier
geben wollen, so meint man den gegenwärtigen Moment, und nicht
irgend einen vergangenen; und das ist der Unterschied zwischen jenen
Durchschnittsbildern, die die Geschichte eigentlich nur braucht an dem
15 Punkt, welcher solchen geschichtlichen Knoten bildet[,] und unserer Disciplin, die es nun jedesmal mit dem Moment selbst zu thun hat.
Hier wollen wir mal einen Vergleich anstellen zwischen einem solchen
Bilde von dem Gesammtzustande der *christlichen Kirche* in einem solchen Zeitpunkt, der einen wesentlichen GeschichtsAbschnitt bildet, und
20 zwischen einem solchen, welcher genommen wird an jedem beliebigen
Punkt aber für das Intereße dieses Zeitpunkts selbst. Es ist offenbar,
wenn die Zeitabschnitte auf kunstgerechte Weise | genommen sind, 5ʳ
solche Momente, wo auf allen wichtigen Beziehungen innerhalb der
christlichen Kirche sich etwas Neues entwikelt, so muß ein solches
25 Durchschnittsbild einen hohen Grad von Klarheit in Beziehung auf dasjenige haben, was sonst vereinzelt angesehen wird. Bei einem einzelnen
Moment wird die Klarheit nicht so groß sein können; die verschiedenen
Punkte erscheinen noch unabhängiger von einander. So ist also eine
solche Zusammengehörigkeit alles Einzelnen, ein solches Zusammen-
30 treffen aller verschiedenen Beziehungen in einem Punkt nicht anzunehmen. Aber allerdings gibt es etwas anderes hier, das dem nun das
Gleichgewicht hält, denn sonst kann man solche Darstellungen ja lieber
von dem zunächst vorhergegangenen Zeitabschnitt aufstellen. Es ist
näm*lich d a s I n t e r e s s e d e s M o m e n t s*. Aber fragen wir uns, worin
35 besteht dies? so kann es doch nur darin bestehen, daß wir dasjenige gar
anschaulich wollen gegenwärtig haben, worauf unser Handeln einen
Einfluß haben kann, oder umgekehrt, was auf unser Handeln und Leben

---

1–3 Vgl. KD¹ S. 25–30, §§ 7. 28 (KGA I/6, S. 266. 269) (KD² §§ 73. 91). 7 *D.h. er wäre
eine Darstellung der kirchlichen Geographie und Statistik zu einem bestimmten Zeitpunkt.*

in der *christlichen Kirche* einen Einfluß hat. Wenn es nun wahr ist, daß
nur an solchen geschichtlichen Knoten ein Ineinandergreifen aller verschiedenen Beziehungen und ein gemeinsames Geschik aller verschiedenen Regionen zusammentrifft, so wird auch, je mehr sich eine Gegenwart von einem solchen entfernt, um so weniger können verlangt wer-   5
den, daß eine solche Darstellung von einer bestimmten Zeit nicht ein so
gleiches Intereße haben kann für jeden in jeder Gegend und in jeder Zeit.
Daraus ist nun auch natürlich warum das Interesse für eine solche Darstellung so wenig allgemein ist. Wenn das wißenschaftliche Betreiben des
Gegenstands vom richtigen Gesichtspunkt ausgeht, um desto mehr wird   10
es sich so verhalten, daß diese Disciplin da zurük tritt, wo dies in vor-
züglichem Grade gilt, daß uns viel im gegenwärtigen Zustand der Dinge
gleichgültig sein kann, und daß sie wieder zum Vorschein kommt da, wo
Alles eine größere Bedeutung auf unser eigenes Leben und Wirken
bekommt, was geschieht.   15

Nun wollen wir *fragen* wie es wohl mit der gegenwärtigen Zeit be-
schaffen ist? Das ist freilich eine sehr schwierige Frage und es gehört
etwas dazu, was sich wenige Menschen zuschreiben können, nämlich
etwas Prophetisches; es ist nur in der Identität des Zurüksehens und
Voraussehens die Darstellung der gegenwärtigen Zeit zu konstruiren.   20
Wenn wir auf solche Weise nun rechtfertigen wollen, daß diese Disciplin
jetzt wieder hervorgerufen wird, so wird dazu etwas gehören, was [*ich*]
nicht in Anspruch nehmen will zu leisten. Aber es gibt doch einen Punkt,
von welchem aus betrachtet die gegenwärtige Zeit allerdings im Bedürf-
5ᵛ niß | für diese Disciplin eine große Analogie hat mit einer großen   25
geschichtlichen Epoche. Dieser Punkt ist der: daß die größere Bekanntschaft mit den entfernteren Weltgegenden und den Regionen der *christlichen* Kirche die von uns ganz gesondert sind, daß diese seit einiger Zeit
angefangen hat practisch zu werden d. h. ein Wirken nach den entferntesten Regionen hervorzurufen, und das hat auf eigenthümliche Weise   30
den Character einer historischen Epoche, weil in diesem Wirken auch
dasjenige in unserer Nähe mehr Eins wird, was sonst in aller anderen
Beziehung relativ getrennt [*war*]. Die Erscheinungen auf welche ich diese
Behauptung gründe, sind ganz vorzüglich die in unserer abendländischen
Kirche so weit verbreiteten Bemühungen, auf der einen Seite das Chri-   35
stenthum selbst dahin zu bringen, wo es nicht ist, oder wo es ist, es in
eine bessere Gestalt zu bringen. Auf der anderen Seite die Bemühungen

---

23–26 *In KD¹ S. 61, § 23 (KGA I/6, S. 291) schreibt Schleiermacher noch, die letzte Epoche
in der Geschichte des Christentums sei die Reformation gewesen, doch dieser Satz ist in
KD² weggefallen, vgl. § 212.*

die *heilige* Schri*ft* überall hinzubringen, wo sie in d*er christlichen* K*irche*
gleichsam verloren gegang*en* ist u*nd* also überall zugänglich *zu* machen.
In di*eser* Bemühung h*aben* di*e* kir*ch*lichen Trennung*en* angefangen auf-
*zu*hör*en, nicht* nur di*e Evangelischen* Staat*en* h*aben* si*ch* in d*er*selb*en*
5 vereinigt, sond*ern* es ist gewi*ßer* ma*ßen selbst* d*er* Gegens*atz* zw*ischen*
d*em Evangelischen Christenthum* u*nd der Römischen* K*irche* in di*esel-*
b*en auf*gehoben w*or*den, was fr*eilich* nur in ein*em* geringen Umfang d*er*
Fall sein k*ann;* u*nd* so können wir also sag*en,* d*aß* in di*eser* Beziehung
di*e* genauere K*e*nntni*ß* von d*em* gegenwärtig*en* Zustand d*er* versch*ie-*
10 d*enen* Regionen ein allg*emein* größeres I*nteresse* h*at,* als vorher.

Dazu kommt no*ch* etwas A*nderes,* was wir aber *nicht* in d*en*selben
Rang stell*en* könn*en, wei*l es *nicht* so allg*emein* ist. In sehr viel*en* von
d*en* G*egenden,* wo di*e Evangelische* K*irche* besteht, regt si*ch* jetzt d*as*
Bewußtsein, d*aß* wir bisher in einer gewissen Bewu*ß*tlosigkeit in B*e*zie-
15 hung *auf* di*e* Verfa*ßung* d*er* K*irche* und in Beziehung *auf* ihr Verhältni*ß*
zum Staat g*e*l*ebt* h*aben,* u*nd* das ist *nicht* bloß eine theoret*ische* sond*ern*
a*uch* eine practische. Das ist eine Erscheinung di*e* wir in viel*en* Geg*en-*
d*en* d*er Evangelischen* K*irche* antre*ff*en als schon *auf*geregt, u*nd* von d*er*
si*ch* vorhersag*en* lä*ßt,* d*aß* sie si*ch* über kurz od*er* lang noch weiter
20 verbreit*en* w*ird.* Denn es ist, um ein einziges, aber ein großes B*ei*spi*el*
*anzu*führ*en, nicht zu* läug*nen* d*aß* man in Großbrittanni*en* darüber in
U*nk*larheit ist über d*as* Verhältni*ß* d*er* verschieden*en* Gestaltung*en* des
Protestantismus in di*esem* Reich u*nter* si*ch* und ihr *Verhältniß zum*
Staat. W*ie* es besteht, wei*ß* ein jeder, der da l*ebt, wei*l es im gesetzlichen
25 Buchstab*en* feststeht u*nd* in der Observanz, aber w a r u m es besteht u*nd*
ob es *auch* so besteh*en* sollt*e,* das ist *nicht* klar, u*nd* das ist d*er* Zustand
d*er* | Bewu*ß*tlosigk*eit.* Es w*ird* aber eine Z*eit* kommen, wo *auch* in Brit-   6ʳ
tanni*en* si*ch* das regt, was si*ch* bei uns angefangen hat *zu* reg*en.* Nun
mü*ßen* wir aber doch sag*en,* d*aß auch* i*n* di*eser* Beziehung eine w*ahr*haft
30 anschauli*che Betrachtung* aller verschieden*en* Zustände, wor*in* si*ch* di*e*
christliche K*irche* befindet *für* di*e* gegenwärtig*e* Z*eit* ein besond*eres*
I*nteresse* h*at.* D a s s i n d n u n *auch* d*ie* U r s a c h e n g e w e s e n di*e*
mich vermocht hab*en, zu* di*eser* Vorlesung *zu* schr*eiben.* Inde*ß* bin ich
gegenwärtig noch *nicht* im Stande so viel darüber *zu* l*eisten,* als ich wohl
35 mögt*e;* das h*at* nun s*einen* Grund in d*er* Beschaffenh*eit* d*er* Qu*elle aus*
d*er* si*ch* diese K*e*nntni*ß* allein schöpf*en* lä*ßt;* u*nd* darüber mu*ß* ich Einiges sag*en,* um Ihre A*n*foderung*en* u*nd* Erwartung*en* etw*a zu* mä*ßig*en.

---

30 *Betrachtung*] Zurükweisung *(korr. nach Schmidt 13)*   37 Ihre] ihre

Es ist aus dem eben gesagten klar, daß wir vor *nicht* langer *Zeit* in
eine solche Periode eingetreten sind, wo das Interesse an einer solchen
Betrachtung lebhaft sein kann. Daher ist auch erst seit kurzem daran
gedacht worden Materialien dazu wirklich zusammenzubringen. Umfassende Werke dieser Art gibt es unter uns eigentlich nur eins, das ist ein   5
nicht unbedeutendes Verdienst, was sich der vor kurzem verstorbene Dr
Stäudlin in Göttingen erworben hat. Es ist nun aber länger als 20 Jahre
her, daß *sein* Handbuch über kirchliche Geographie und Statistik entstanden ist, und dann ist auch Vieles *nicht* so richtig gegeben, als man es
jetzt geben kann, *weil* erst seit kurzem viel Notizen zu uns gelangt ist,   10
und seine Gewährsmänner waren auch oft nur sehr unsicher. Ich habe
theils deswegen, theils noch mehr *weil* ich mich mit der ganzen Anordnung desselben *nicht* vertragen kann, es *nicht* zu Grunde legen wollen;
es ist auch zu weitläuftig.

Andere Quellen sind nun allgemein statistische, wo das Verhältniß   15
der Kirchen und ihr Verhältniß zum Staat nur auf beiläufige Weise vorkommen. Es gibt nur wenig Länder, wo man ein specielles Kirchenrecht
und eine vollständige Beschreibung des kirchlichen Zustands eines Landes hatte; wer künftig etwas dazuthun kann, sei es in einem kleinen oder
größeren Gebiet, der kann die Sache wohl 50 Jahre hindurch immer   20
noch recht nützlich bearbeiten. Ich kann mich nun also zu einem solchen
Grad von Vollkommenheit in diesen Vorträgen, wie es wohl wünschenswerth wäre, gar *nicht* anheischig machen habe aber dennoch die Vorlesung *nicht* weiter hinaussetzen wollen; denn ich hätte gar *keine* Garantie dafür gehabt, übers Jahr mehr darüber zu wißen, als ich heute   25
weiß. Denn wer kann die Zeit vorher wißen? und in meiner Lage und
meinem Geschäfft ist auch *nicht* die häufigste Gelegenheit dazu, Notizen
darüber einzusammeln. |

6ᵛ
3. Stunde   Wir können uns nun wohl näher über das Verfahren erklären was wir
in dieser Vorlesung zu beobachten denken. Wir gehen dabei ganz aus   30
von dem Punkt, auf welchem ein wiedererwachtes Interesse an einer
solchen Disciplin beruht. Dabei kommt es allerdings auf eine Vollständigkeit der einzelnen Notizen als solcher *nicht* an; es wäre auch in der
That ein Unendliches. Wenn man die Sache nur im Allgemeinen etwas
näher ansieht, so *muß* das schon deutlich sein. Wenn wir irgend eine   35
religiöse Gesellschaft, einen Theil der *christlichen Kirche* in irgend einer
Gegend betrachten, so ist sie entweder ein relativ *für sich selbst*ständiger

---

*6–9 Zu Carl Friedrich Stäudlin (1761–1826) und seinem Handbuch „Kirchliche Geographie
und Statistik" vgl. die Einleitung.*   **19–21** *Vgl. KD² § 245.*

Theil einer größeren, oder eine eigene *für sich.* Das ist nun z.B. der Fall
bei den verschiedenen Ländern, in denen die *Evangelische Kirche* besteht; da kann man nun also sehr Vieles sparen; denn z.B. in die Beschreibung des Zustands derselben würde auch gehören die Beschrei-
5 bung ihres *Lehrbegriffs.* Da würden wir uns gleich d a r a u f berufen
können: das ist der allgemeine *evangelische* Lehrbegriff. Nun aber in-
volvirt das *nicht* einen gleichmäßigen Zustand; also das *wesentliche*
Interße in d i e s e r Beziehung wäre dann doch immer *zu* fragen: wie
steht nun dort das I n t e r e ß e an *dem* Lehrbegriff z.B. in Schweden im
10 *Verhältniß zu* dem Interesse in anderen Ländern. Das ist dann immer ein
wesentlicher Theil des Bildes, das wir uns verschaffen wollen. Wo sollen
wir es nun aber hernehmen? Wir *können nicht*s anderes thun, als es in
seiner allgemeinen Gänze darzustcllen. Einzelne Tagcsbcgebenheiten
müßten schon sehr schlagend sein, wenn es sich verlohnen sollte sie
15 anzuführen.

Wir sind darum nun *auch nicht* im Stand auf einzelne Citate uns zu
berufen und das ganze in einzelne Notizen *zu* zerlegen. Es wird also
*nicht*s anderes *zu* thun sein, als die Quellen im Allgemeinen nachzuwei-
sen, woraus die einzelnen Züge der Darstellung genommen sind, und
20 auch das wird sich *nicht* einmal immer der Mühe lohnen. Wenn wir nun
denselben Fall uns noch in anderer Beziehung vorhalten, so hat nun jede
in *sich* abgeschloßene Landeskirche ihre eigenthümliche Art der Verwaltung und des *Kirchen*regiments. Dahin gehört nun auch die Eintheilung der ganzen Masse *zum Behuf der Administration*; das erste ist ein
25 *wesentlicher* Theil dessen, was hier gesucht wird; aber wenn wir z.B.
genau anführen wollten: in Schweden sind so und so viel Bisthümer, die
sind da und da, und jedes besteht aus so und so vielen Probsteien und die
sind da und da, und jede Probstei aus so und so vielen Pfarreien, so
würde das ins Unendliche führen, obgleich es in die Statistik gehört, aber
30 auch nur in die specielle eines einzelnen Landes und einer einzelnen
Kirche, *nicht* in einer allgemeinen; mit solchen Dingen werden [wir] |
nun also *nicht* ins Detail gehen. Für Alles was *auf* diese Weise nach Zahl   7ʳ
und Maaß angegeben werden kann, gibt es entweder sichere, das Ganze
umfaßende Quellen, oder auch nur Notizen, die aus einzelnen Äußerun-
35 gen hergenommen sind, und die sind auch immer unsicher, bis sie von
einem Sachkundigen als allgemein dargestellt werden.

Wenn wir nun *zu* reden haben von solchen Gegenden, wo eine uns
fremde Form des *Christenthum*s besteht, so würde es deßen ungeachtet
auch da *nicht* möglich sein, in der Darstellung der *Lehre* die Dogmatik
40 ins Einzelne *zu* verfolgen, sondern das wäre auch nur bei einer verein-

zelten Darstellung möglich. In dieser Beziehung werde ich mich eines
sehr abgekürzten Verfahrens befleißigen; d.h. nur auf solche frühen
Punkte der Geschichte zurükführen, wobei nun verglichen werden kann
das was uns bekannt und einheimisch ist und das wird am beßten dazu
dienen, ein ganzes allgemeines Bild hervorzubringen. Ich mögte *nicht*   5
gern durch Einzelheiten den Totaleindruk zerstören. Es würde auch
sonst gar *nicht* möglich sein die Sache in der Kürze zu Stande zu bringen,
wenn wir *nicht* so verfahren wollten.

 Nun müssen wir uns zunächst verständigen über die Art und Weise
und über die Ordnung des Verfahrens.   10

 Die Ausdrüke **Geographie und Statistik** führen beide auf sehr
entschiedene Weise auf dasjenige hin, was in der *christlichen Kirche* das
Äußerliche ist, Geographie auf die räumliche Vertheilung, Statistik auf
das, was zur Form der Administration gehört. Wenn man von diesen
Äußerlichkeiten ausgehen wollte und danach die Ordnung des ganzen   15
Verfahrens bestimmen, so wird manche Verwirrung und Weitläuftigkeit
entstehen. Die Sachen liegen hier so: macht man das Geographische zu
dem Leitenden, so müßte man das Ganze behandeln nach den verschiedenen Ländern und da würde man wohl die **politische** Geographie zu
Grunde legen müssen. Dabei zersplittert sich aber dasjenige was einer   20
und derselben Kirchengemeinschaft angehört und sie characterisirt;
nämlich es gibt dann Vieles, was gar *keinen* eigentlichen Ort hat, und
was an mehreren Orten stehen kann. Z.B. wir wollten mit Europa anfangen, so würden wir Bestandtheile der verschiedenen Kirchengemeinschaften finden und *nichts* anderes herausbringen, als wie die eine sich 25
zu der anderen verhält, aber der Vergleich wie die **katholische** Kirche
in dem einen zu der katholischen in dem anderen [*Land steht*] würde
nicht zum Vorschein kommen; man müßte sich denn jedesmal immer
wiederholen. |

^{7ᵛ} Der Ausdruk Statistik führt nun wieder auf die verschiedenen Formen 30
des Kirchenregiments und der Verwaltung; sollte dies nun das Leitende
sein, so würden wir die verschiedenen Regionen theilen müssen nach den
Theilen der Verwaltung. Das würde aber ebensolche Verwirrung hervorbringen; wir würden z.B. die Englische Kirche und schwedische Kirche unter die bischöflichen Kirchen werfen und ihr Zusammenhang un- 35
ter einander und ihr Verhältniß zu anderen Evangelischen Kirchen würde verloren gehen. Also gerade dasjenige was durch die Bezeichnung

---

23 *Mit Europa: mit den einzelnen Ländern in Europa.* **34** *Zusatz Schubring 10 (Fink 12;*
Stolpe 257; Schmidt 16; Roseler 4'): „die christliche Kirche unterscheidet sich in der Ver-
waltung wesentlich in bischöfliche und presbyterianische Form, äußerlich in Kirchen wel-
che vom Staat unabhängig sind und welche abhängig."

freilich hervorgehoben wird, ist *nicht* dasjenige was wir in der Darstellung besonders hervorzuheben haben.

Nun *fragt sich was haben wir denn am meisten hervorzuheben*? Ich weiß *nichts* besseres als dies: die ganze geschichtliche
5 Erscheinung des *Christenthums* beruht doch nun einmal darauf, daß der *christliche Glaube* die Basis eines *gemeinschaftlichen Lebens* geworden ist. Wäre das *nicht* so gäbe es auch keine *christliche Kirche* und geschichtlichen Erscheinungen und kirchlichen Differenzen; nun ist dies aber doch der *Hauptpunkt*, von dem alles abhängt, und den muß man
10 denn auch am meisten hervorheben. Nun ist gerade der gegenwärtige Moment ein solcher, daß er ein gemeinsames Interesse an einem solchen Gegenstand wekt, *weil* es eine größere Verallgemeinerung gibt, als es sonst gegeben. Wir können also nach *nichts anderem fragen* als nach der Art, wie überall die Gemeinschaft besteht. Das Interesse bezieht sich
15 aber auf den Zustand in *welchem* die Gemeinschaft bisher bestanden hat; wir müssen uns also *fragen*: welches sind nun gegenwärtig die von einander getrennten, zugleich bestehenden christlichen Gemeinschaften? Die *Frage* scheint nun aber auch *nicht* einfach zu sein; denn getrennt sind von einander selbst in der katholi-
20 schen Kirche die Kirchen in den verschiedenen Staaten, ebenso in der Evangelischen Kirche; aber wir können doch *nicht* läugnen: das Verhältniß der kirchlichen Gemeinschaft zu der bürgerlichen ist nun etwas Untergeordnetes, und also für uns auch ein untergeordneter Gesichtspunkt. Wenn wir *nach der Glaubensgemeinschaft fragen* so können wir
25 doch nur auf das kirchliche und Glaubens-Interesse an und *für sich* sehen. Da verschwindet das politische wieder; wenn ein französischer Katholik nach Italien kommt, so gilt er dort doch auch für ein Mitglied der katholischen Kirche. Was wir also an die Spitze stellen ist nun diese innere Differenz: die *sich* nun zunächst in dem manifestirt, was Lehre
30 ist; aber das ist *nicht* gerade immer das trennendste. Die Differenz in der Lehre zwischen der orthodox griechischen Kirche und der Römisch katholischen | ist völlig unbedeutend aber die Trennung der Kirchengemein- 8ʳ
schaft ist eine absolute; die Unierten Griechen z.B. nähern sich ja der katholischen Kirche ohne die Differenz in der Lehre aufzugeben. Hier-
35 von nun den Grund auszumitteln liegt jenseits unseres Vorhabens, wir

---

6 *Lebens*] Glaubens *(korr. nach Schubring 10; Fink 12; Stolpe 258; Schmidt 16; Röseler 4ʳ)*

4–7 *Vgl. CG¹ §§ 12,3; 135 (KGA I/7, 1, S. 42 f.; 2, S. 163 f.) (CG² §§ 6,4; 115 [KGA I/13, 1, S. 57 f.; 2, S. 239 f.]).* **12** *D.h. es gibt mehr Verkehr unter den verschiedenen christlichen Kirchen sowie das Bestreben, die Trennungen zu überwinden und den Glauben auszubreiten; vgl. oben 190,23–191,10.*

setzen es als aus der Geschichte bekannt voraus. Wir ordnen nur die Kirchengemeinschaften unter einander, und fragen wie dieselben in einer inneren Gemeinschaft stehen und wie sie sich kirchlich von anderen trennen. Da kommen wir nun freilich auch in den Fall, Wiederholungen *nicht* vermeiden [zu] können. Z. B. wir handeln von der protestantischen 5 Kirche überhaupt; wir müssen sie da doch in ihren verschiedenen Zuständen betrachten in Beziehung auf Länder und Völker; da müssen wir sie doch betrachten im Verhältniß mit anderen Kirchen. Da kommen wir dann in die Verlegenheit, daß sich uns das Geographische öfter wiederholen wird. Bis auf einen gewissen Grad läßt sich dies abhelfen, ganz 10 aber freilich *nicht*; wir können die Besonderheiten des Geographischen verschieben von dem einen zum anderen; bei allem läßt es sich nicht thun, und es sind Wiederholungen oder Rükweisungen *nicht zu* vermeiden.

Nun, wenn wir hierüber einig sind, daß wir *nicht nach* Ländern und 15 Verwaltungsordnung, sondern *nach den durch* Kirchengemeinschaft getrennten Massen gehen wollen, so *fragt sich* noch: wobei wollen wir anfangen und wie weit wollen wir die Trennung verfolgen? Denn die Einheit zwischen solchen SpecialKirchengemeinschaften ist auch immer nur eine relative; als Kirchengemeinschaft ist die protestantische Kirche 20 z. B. in den meisten Gegenden selbst eine getheilte; wollen wir aber selbst nur in die Lutherische und Reformirte die ganze Evangelische Kirche theilen, so gibt es hier doch auch wieder verschiedene Differenzen die wirklich streng geschieden sind, z. B. die deutsch Reformirten und französisch Reformirten, wo freilich die [*Differenz der*] Lehre auch wieder 25 so gut als Null ist; da aber die eine eine andere Verfassung hat, als die andere, so verlangt sie auch einen besonderen Akt. Wir werden also hier einen gewissen Durchschnitt beobachten müssen, um durch dies Schwankende der Einheit uns durchzufinden.   Die Frage w o und w o b e i wir anfangen wollen, scheint nun ganz willkührlich beantwortet 30 werden zu können. Ich habe deswegen diejenige Ordnung gewählt, die am leichtesten dazu führt, ein solches Totalbild, das ich eigentlich beabsichtige, hervorzubringen. Wenn wir das *Christenthum* in *seiner* Ausbreitung verfolgen, so müssen wir sagen, es findet | hier doch zwischen dem, was das Centrum, und was die Peripherie ist, ein gewisser Unter- 35 schied statt. Das erste ist der innerste und reinste Kern, das andere das

---

15 Nun] *folgt* ⟪ware⟫

---

27 *Gemeint ist der Aufnahmeakt in ihre Gemeinschaft.*

durch Fremdes begränzte. Betrachten wir das *Christenthum* an *seinen*
Gränz*en*, so ist *nicht zu* läug*nen*, daß diese Position *auf den* Zustand
selbst einen Einfluß hat, th*eils durch d*ie Einwirkung der fremd*en* Welt,
theils *durch d*ie Entfernung von dem Mittelp*unk*t der Gemeinschaft. Das
5 eine ist mehr b*ei der* alt*en*, *das* andere mehr b*ei der* neuen Welt der Fall.
D*er* Gege*n*satz zw*i*schen dem Centrum u*n*d der Peripherie ist nun gar
nicht zu läug*nen*, m*an* mag d*ie* Sache ansehn wie m*an* will; u*n*d so h*a*be
ich es *für* gut gehalten, v o n d i e s e m G e g e n s a t z a u s z u g e h n .
Wenn wir *das Christenthum* in *seiner* allmähligen Verbreitung be-   *4. Stunde*
10 tr*a*chten, so hat es *seinen* Ort *auf der* Erde g*a*nz u*n*d gar verändert, im
G*a*nzen genomm*en kann man* sagen: in einer Vorrük*ung* von Süd Osten
nach N*or*d W*e*sten. Es war erst wes*en*tlich asiatisch in d*er* semitischen Sprache, dann ab*er auch* im Gebiet d*er* griechischen; *seine*
zw*eite* Gestaltung war nun im europ*äis*chen Griechenland u*n*d im Afri-
15 kanischen, d.h. in Aegypten. Da nun u*n*d in Italien u*n*d *dem* eig*en*tlichen
Afrika w*ar d*ie Blüthe der *christlichen* Kirche im patristischen Zeitalter
u*n*d es waren nur wenig Ausläufer davon, nach *dem* damaligen Gallien.
Nun ab*er* ist diese g*a*nze erste Region in die Gewalt des Muhamedanismus gerathen; *das Christenthum* ist in diesen Geg*en*den die die süd*lichen*
20 Gränzgeg*en*den sind, in ein*em* Zustand d*er* Unterdrük*ung* u*n*d Herabwürdigung. Nun ist also der Hauptsitz u*n*d die größte Lebendigkeit des
*Christenthum*s in Europa u*n*d zwar in *dem* Theil, der damals entwe*d*er
die äuß*er*ste Gränze d*er* griechischen Kultur enthielt, oder an derselben
gar *k*einen Theil hatte; zugle*ich* hat s*ich* nun aber im N*or*den von Eu-
25 ropa, im N*or*d Osten unter den slawischen Völk*er*n *das Christenthum*
festgesetzt. Dabei müss*en* wir nun gle*ich mi*t berüksichtigen, wie s*ich*
schon von der Zeit an, wo d*as Christenthum* eine re*ligio* licita im Römischen Reich wurde, s*ich* dies *n*ach *den* beiden Sprachen die am
m*e*isten galt*en*, in *das* Griech*i*sche u*n*d lat*ein*ische gesondert hat. V*o*n
30 *den* slawischen Völk*er*n sind nun einige von *dem* grie*chi*schen *Christen*-
thum *a*ufgenomm*en* word*en*, andere von *dem* lat*einischen*, u*n*d so
gehört denn ein Theil derselb*en zur* Griech*i*schen, ein Theil *zur* Römischen Kirche. Das ist d*ie* Spaltung, die *a*uf dieser nordöst*lichen* Seite d*er*
christlichen Welt herrscht. Nun aber wenn m*an* in jener Zeit sagen k*ann*:
35 daß *das* griechische *Christenthum* in vieler Hinsicht das mehr ausgebildete war, das lat*einis*che wenn gle*ich mi*t einer große*n* Anlage zur T*ie*fe,
aber doch ungeschliffen, | so ist doch *nach*her *a*uf den Trümmern der   *9*^r

---

1 *Zusatz Schubring 11 (Stolpe 258; Schmidt 18): „beim jetzigen Zustand der Welt ist der
Unterschied auch nur relativ; es werden überall auch Nichtchristen sein; aber sie sind da
nur ein minimum und haben auf das Christenthum keinen Einfluß.“*

griechischen Kultur eine neue Kultur in Beziehung auf Wißenschaft und Kunst im lateinischen Christenthum aufgestanden. Das ist nun die des Mittelalters; sie hat ihren ersten Ursprung in dem fränkischen Reich gehabt, welches als eine große organisirende Gewalt in jenem Zeitalter auftrat und hier müssen wir also das Centrum der neuen Zeit setzen. 5 Von da aus ist nun das ganze übrige Europa christianisirt worden und bleiben wir dabei stehen, so ist das der Hauptgegensatz zwischen dem, was von dem griechischen Christenthum und dem, was vom lateinischen Christenthum abstammt. Das erste hat seine Gränzen da wo es am meisten vom Muhamedanismus unterdrükt und wo ein unläugbarer Zu- 10 stand des Verfalls sichtbar ist. Sein fortwährendes gesundes geschichtliches Leben hat es theils in der neu griechischen Kirche, die freilich auch unter dem Muhamedanismus seufzt aber doch nicht so verfallen ist als in Asien, dann in der rußischen oder slawonisch-griechischen Kirche. In demjenigen was zum Gebiet des lateinischen Christenthums gehört ist 15 nun später eine Spaltung entstanden, so wie sich das griechische Christenthum in neuerer Zeit mehr getheilt hat durch einen Zuwachs, so hat sich das Gebiet des lateinischen Christenthums, doch nicht eigentlich seinem Zuwachs nach getheilt in ein ebensolches älteres und neueres, sondern es ist die Spaltung von innen heraus geschehen, wodurch der 20 Gegensatz der R ö m i s c h e n u n d E v a n g e l i s c h e n K i r c h e gebildet ist, und so haben wir also im Hauptsitz des *christlichen* Lebens die beiden Duplicitäten: das griechische Christenthum in seinem nördlichen und südlichen Theil und das lateinische Christenthum in seinem Römisch Katholischen und seinem Evangelischen, nun ist dies im Ganzen 25 genommen auch mehr ein nördlicher und südlicher geworden, und so haben wir im Ganzen genommen auch eine geographische Sonderung.

    Nun ist von der alten Welt aus auch die neue Welt bevölkert worden und das *Christenthum* ist mit hinübergewandert: sehen wir nun, wie es da im Allgemeinen steht, so ist hier auch eine südliche und nördliche 30 Differenz: im südlichen durchaus ein Vorherrschen des Römisch Katholischen, was damit zusammenhängt, daß das südliche Amerika von südlichen europäischen Völkern ist in Kulturbesitz genommen worden. Im nördlichen ist eine Mischung von Römisch Katholischem und von allen Formen des Evangelischen Christenthums mit großem Übergewicht 35 des letzteren. Wenn nun Rußland von seinen östlichen asiatischen Besitzungen aus, angefangen hat, das westlichste Amerika zu colonisiren, so |

9ᵛ ist allerdings auch eine Ansiedlung der slawisch griechischen Kirche obgleich in einem minimum, in dem westlichen Amerika; und so ist die Mischung dort ähnlich wie in Europa.   Offenbar bildet nun Europa 40

den eigentlichen Kern, das wahre Centrum des *christlichen* Lebens, die asiatischen und afrikanischen Gränzländer sind auf der einen Seite das sich Verlieren des Christenthums in das Muhamedanische, also in *eine andere* mannigfaltig ausgebildete Weltreligion. Die neue Welt sehen wir
5 im Ganzen genommen als die Kolonie auch in religiöser Hinsicht von der alten an; hier gibt es nun auch einen solchen Gegensatz; denn die *christlichen* Gemeinden gränzen hier auch an unchristliche Völker, die aber *nicht* eine solche einige religiöse Masse bilden, wie die muhamedanischen, an die es im Osten gränzt, so daß sich ein entgegengesetzter
10 Character dieser Gränzen *nicht* verkennen läßt; im östlichen erscheint das Christenthum an der Gränze im Abnehmen, extensiv und intensiv, und es sind bisher nur einzelne und einseitige Einwirkungen von dem Centralpunkte aus, wogegen nun an eine Verbreitung des Christenthums unter den angränzenden Muhamedanern, wenn *nicht* ein ganz anderer
15 Zustand eintritt, [*nicht*] zu denken ist. Die westlichen Gränzen in A m e - r i c a dagegen bieten eine entgegengesetzte Erscheinung dar. Im Ganzen genommen sind jetzt friedliche Verhältniße eingetreten zwischen den europäischen Colonen und den ursprünglichen Einwohnern, die freilich unter sich sehr verschieden sind, ein Theil die sich einer *nicht* unbedeu-
20 tenden Cultur erfreuten, welche von der gewaltsamen Colonisation der Europäer zerstört wurde, andere solche, die sich in einem einfachen, wenn auch *nicht* barbarischen Zustand befunden hatten; diese sind nun mehr oder weniger empfänglich für die europäische Kultur; damit ist nun auch eine Empfänglichkeit für das Christenthum verbunden. Hier
25 sind nun auch schon mannigfaltige Bemühungen in Thätigkeit um diese Völker für das Christenthum geneigt zu machen; es erscheint also das Christenthum hier *nicht* in Abnahme, sondern in einer Erweiterung.
　　F r a g e n w i r n u n : w a s w i r d n u n d i e n a t ü r l i c h e Behandlung d e s G e g e n s t a n d s s e i n ? Es kommt darauf an, mit was für Vorkennt-
30 nissen ich Sie, meine Herren, ausgerüstet denke. Wenn Sie noch keine Kenntniß der Kirchengeschichte hatten, so ging davon aus; es liegt in der Natur der Sache, daß man eine allgemeine Kenntniß der Kirchen-geschichte voraussetzt; die, denen es noch daran fehlen mögte, [bitte ich] das, worauf ich mich beziehen muß, in ganz allgemeinen Hülfsmitteln
35 nachzuholen. Von hier aus scheint es nun am natürlichsten von dem |
　　a n z u f a n g e n , w a s i m g e g e n w ä r t i g e n Z u s t a n d d e r D i n g e d a s   10ʳ

3f *eine andere*] das *(korr. nach Schubring 12; Schmidt 21)*　　36 a n z u f a n g e n] *davor* 《dem》

---

24 *Zusatz Schubring 12 (Fink 15; Stolpe 259): „denn es giebt keine europäische Cultur ohne das Christenthum“.*

Produkt der ältesten Zeit [ist]; das sind nun die östlichen
Gränzländer, die sich in einem solchen Zustand des Verfalls befinden, der sich an eine alte Vergangenheit anknüpft, während das in der
lateinischen Kirche nicht ist. Es ist bei jenen Ländern seitdem sie durch
die Eroberung unchristlicher Völker [aus dem allgemeinen Zusammenhange der christlichen Welt ausgeschieden sind] der Fall, daß sie aus der
Entwiklung ganz herausgerissen sind; und an die ältere Zeit, wo sie in
diesen Verfall kamen, muß man anknüpfen.   Die westlichen
Gränzländer hingegen sind in Beziehung auf ihren religiösen Zustand
nur das Resultat von dem, was sich in dem Centrum des modernen
Christenthums ereignet hat und die können wir nicht anders als nach
dem letzteren aus diesem letzten verstehen. Und wenn wir einmal bei
jenen Gegenden des Verfalls anfangen, so ist wohl die natürliche Fort-
schreitung die, dem Zuge der Geschichte zu folgen, und da würden wir
denn das griechische Christenthum voranschiken und dann das
lateinische in seinem ganzen Umfange folgen lassen. So weit wir nun
in der Darstellung der letzteren unserer Haupteintheilung nach den sich
sondernden Religionsgemeinschaften treu bleiben können, wird es immer natürlicher sein, den Zustand der Römischen Kirche voran-
zuschiken und den Zustand der Evangelischen Kirche folgen zu
lassen, theils auch aus dem Grund, der uns vorher bestimmte. Dann
würden wir also zur Darstellung der Evangelischen Kirche
übergehen: aber doch so, daß wir doch hier wieder dem Geographischen
eine gewisse Gewalt zustehen müssen und Europa zuerst isoliren
und die Römische Kirche wie sie in Europa ist und die Produc-
tionen der Reformation wie sie sich in Europa gestaltet
haben, betrachten, und dann zu der neuen Welt in eben der
Reihenfolge übergehen.   Dann würden wir den Beschluß machen
mit dem was vorherrschend als das Produkt der allerneusten
Zeit ist, mit der Bemühung der neueren Zeit zur Verbreitung des Christenthums unter unchristlichen Völkern, wo wir auch weiter die ganze
Peripherie zu durchlaufen haben; und dann werden wir das Bild auf
diese Weise vollendet haben.   Dies ist mir als die zwekmäßigste Art
erschienen, die verschiedenen Theile an einander zu reihen: es ist darin

---

5f [aus ... sind]] *Stolpe 260*

3f *Schleiermacher meint, daß der gegenwärtige Zustand der römisch-katholischen Kirche
nur aus der jüngeren Vergangenheit zu verstehen ist.*   21 *Schleiermacher meint, ein
Großteil der römisch-katholischen Kirche sei von der Reformation kaum berührt worden,
stelle also einen älteren Zustand als die evangelischen Kirchen dar, ebenso wie es die
Ostkirchen im Vergleich mit der römisch-katholischen Kirche täten.*

eine Mischung der Principien: [Im Wesentlichen herrscht vor die Theilung nach Religionsgemeinschaft;] aber die anderen Principien der Geographischen Eintheilung machen sich ebenso geltend, wie die der Kirchengemeinschaft. Es läßt sich nicht anders thun: die Behandlung ist
5 practisch und nicht theoretisch, und da wird man nicht immer theoretisch einfach zu Werk gehen können und es auf die zwekmäßigste Weise thun. |

[Darstellung]

Das bringt nun natürlich die Frage hervor: wie mag es da stehen, wo die 10ᵛ
10 christliche Kirche zum ersten Mal zum Vorschein kam; d.h. im jüdischen Lande; da finden wir nun das vollkommene Gemisch von allen verschiedenen christlichen Parteien, mit Ausnahme des Evangelischen Theils der Abendländischen Kirche durch das Interesse an dem Lokalen dahingezogen. Es ist bekannt wie dies Interesse eine Zeitlang der Impuls
15 zu großen allgemeinen Weltbewegungen gewesen ist; seitdem nun jene so weit zurükgedrängt sind, daß man den Besitz der Lokalität aufgegeben hat, so ist dies Interesse doch vorherrschend geblieben indem man es für verdienstlich gehalten hat, diese Lokalität in Augenschein zu nehmen und zu begrüßen. Die Evangelische Kirche ist die einzige, die dies ma-
20 terielle Intereße ganz aufgegeben hat; alle übrigen haben zum Behuf dieser Interessen ihre Repräsentanten in der Nähe des sog. heiligen Grabs. Da findet man gastfreie Veranstaltungen für fromme Pilger und dergleichen von allen Confessionen, von denen jede einen bestimmten Punkt in Besitz hat. Die Türken rächen sich nun für alle Unbill, die
25 ihnen die Kreuzzüge früher gemacht durch die Art wie sie die Pilger bedrüken und aussaugen. Also in dieser ursprünglichen Lokalität des Christenthums haben wir nichts besonderes anzuschauen; indeß ist der dortige Zustand doch ein gewisser Maaßstab dafür wie die materielle und mehr geistige Ansicht des Christenthums aus einander stehen. Es
30 sind von Zeit zu Zeit auch Evangelische Christen nach Palästina gewandert, aber besonders doch aus einem wissenschaftichen Interesse, um Forschungen über die Lokalität anzustellen; aber nie ist von unserer Seite ein solcher Werth darauf gelegt worden, daß man sich herabgewürdigt hätte, dort irgend eine kirchliche Anstalt unter einem solchen
35 unwürdigen Druk um eines solchen materiellen Intereßes wegen zu erhalten.

1f [Im ... Religionsgemeinschaft;]] *Schubring* 13

Wollen wir nun aber unserem Vorhaben treu bleiben, so würden wir
doch wenigstens *nicht* sehr weit von jenen Gegenden unseren ersten
Standpunkt *zu* setzen haben. Wenn wir nun zuerst von den Territorien
der *christlichen* Kirche reden, so entsteht hie und da der Zweifel über
das, was *zum Christenthum* gehört. Im unmittelbar geistigen Sinn gehört   5
hieher schon der Unterschied zwischen der sichtbaren und unsichtbaren
Kirche und der zwischen wahren und Namens-Christen; der letzte kann
uns hier aber gar *nicht* afficiren; wir haben es nur mit dem Äußeren *zu*
thun; da hat man es nun von jeher als das Kennzeichen angesehen, wo
die *christliche* Taufe noch ist, da ist auch noch die *christliche* Kirche[,]   10
sie mag *sich* sonst in noch | so schlechtem Zustand befinden; indeß neh-
men wir das *auch nicht* so streng. Insofern man es aber wenigstens so
weit wollte gelten lassen, daß w e n i g s t e n s da, wo die *christliche* Taufe
ist, g e w i ß ein Theil der *christlichen* Kirche sein soll; und wo sie *auch
nicht* ist, aber es wird der Name *Christi* bekannt, da ist doch auch eine   15
Jüngerschaft *Christi*. Aber an jenen süd östlichen Gränzen der *christlichen* Kirche da gibt es mehrere Punkte, wo man *nicht* weiß: soll man die
Menschen Christen nennen oder *nicht*. Das kommt besonders daher,
*wei*l keine Tradition, keine Geschichte da ist, sonst ließe es sich wohl
ausmitteln. Da findet sich nun in dem Lande, das wir im weiteren Sinn   20
Georgien nennen, einzelne Stämme, die eine Vermischung von *christlichen*, muhamedanischen und heidnischen Gebräuchen haben. Aber das
ist so wenig Ausgebildetes und geistiger Gehalt, daß man gar keine Ursache hat, ein religiöses Fundament, das da herrschend gewesen wäre
anzunehmen. Anders ist es mit den D r u s e n in den Gegenden des Li-   25
banon; da ist auch eine Vermischung, aber auch eine bestimmtere von
Christenthum und *Muhamedanismus*; sie haben eine gewiße Anerkenntniß *Christi* und einen Theil von *christlichen* Büchern und Gebräuchen;
nun haben die Muhamedaner auch eine gewisse Anerkennung *Christi*;
und so ließe sich jenes wohl aus einem herrschenden *Muhamedanismus*   30
erklären. Aber sie haben nun noch außer dem Curan noch eigenthümliche Bücher, von einigen späteren Gesetzgebern, die sie aber sehr ge-
heim halten. Sie scheinen also doch mit einem Zusatz einer Einmischung
von *Christlichem* begabt *zu* sein. Nun kann man das aber *nicht* so hoch
anschlagen, daß man sie irgend als *Christen* könnte ansehen. Sie haben   35
freilich eine Taufe, aber das beweist auch *nicht*s; sie ist *keine* Taufe im

---

12 *Zusatz Stolpe 261 (Schubring 14; Fink 17f.; Schmidt 25; Röseler 6ᵛ): „denn es giebt ja
kleine Secten, die die Taufe nicht annehmen, und denen wir doch den Namen der Christen
nicht absprechen".*   20–22 *Vgl. Stäudlin 1, S. 315–319. Dort werden die Kisti, Duschi,
Abgasen und Ossi beschrieben.*   35–203,2 *Von einer Taufe bei den Drusen ist nichts
bekannt.*

Namen *Christi*, d.h. *nicht* so, daß *Christus* dad*urch* als d*as* religiöse
Centrum d*es* Lebens gesetzt w*ird*. Nicht anders ist es ein Paar Tagreisen
von d*em* asiatischen Tripolis; wo d*ie* N a s s a r i e r sektiren, sie h*aben*
offenbar bei vielem Muhamedanischen *Christliches* auf bestimmtere

5 W*eise* ausgebildet, und zwar in Analogie *mit* m*anchen* Ansichten älter*er*
christlicher Zeit. Sie nehmen mehrere *göttliche* Mensch*werdungen* an,
sehen d*en* Abrah*am*, Moses, *Chris*tus und Mahomed so an; h*aben* s*ich*
nun ab*er* v*on Chris*tus doch eine bes*ondere* Theorie gebildet, näml*ich*
einen gewissen Doketismus: *Chris*tus wäre *nicht selbst* am Kreuz ge-

10 storb*en*, sond*ern* er hätte *nicht* sterben | können; es wäre ein*e* bloße 11ᵛ
Scheinform gekreuzigt w*orden*. Das muß m*an* nun doch wohl f*ür* etwas
Christliches halten. Dabei theilen sie d*ie* meist*en christlichen* Feste; ja sie
h*aben* auch ein gewisses apokryph*es* Ab*e*ndmahl, wo si*e* statt Brod
F l e i s c h nehmen; (ich weiß *nicht* warum?).

15   Das sind also zweifelhafte Erscheinungen, von d*enen* s*ich* schwer sagen läßt wie sie eig*entlich* anzusehen sind. D*ie* erste k*ann* m*an* wohl f*ür*
Null setzen, da d*as Christ*liche bei ihnen nur aus d*em* magischen Interesse hergekommen ist, wi*e auch* d*ie* übrige Rel*igion*. Die müßt*e* nun erst
in ein*em* höheren Grade civilisirt w*erden*, und da könnte m*an* denn

20 sehen, ob ein eigenthümlich *christliches* Leben in ihnen k*ann* hervorgebracht w*erden*. Was die Drusen betrifft, so ist ihre g*anze* Tendenz eine
überwiegend politische: *sich* in ein*er* größeren Unabhängigkeit *zu* h*alten*
gegen die sie umgebende türkische Macht; sie sind ein Bergvolk und also
d*urch* die Lokalität ziem*lich* gesichert; d*en* Muhamed*anismus* h*aben* sie

25 wohl deshalb angenommen, um *nicht* einen religiösen Enthusiasmus d*er*
Türk*en* gegen s*ich zu* erreg*en*; un*d* da schien es denn, d*aß* sie das *Chri*-
sten*thum* als ihr eig*entliches* religiöses Fundament ansehen. *Gegen* die
Christen, die dahin kommen, v*er*h*alten* sie s*ich* vollk*ommen* neutral. Die
N a s s a r i e r aber zeigen an ein*en* gewissen *christlichen* Zustand, der

30 d*urch* das Muhamedanische alterirt w*orden* ist. *Die* Gleichstellung zwischen *Chris*tus und Muhamed zeigt auf eine Idee, die sie nur v*om* Muhamedanismus h*aben* k*önnen*. Es ist hier eine Amalgamation von J*üdi-
schem Christlichem* und Muhamedanischem entstand*en*. Nun k*önnen*
wir wohl *nicht* zweifeln, wenn ein lebendiges Commercium *mit* d*er*

35 *Christenheit* in jenen Gegenden könnte begründet w*erden*, so könnte
leicht sein, d*aß* jenes wegfiele un*d* nur das *Christenthum* übrig bliebe;

21–27 *Paulus IV, S. 61: „Die Religion der Drusen besteht aus einer sonderbaren Zusammensetzung der Grundsätze und Gebräuche, die sie noch von ihrem ehemaligen Christenthum beybehalten, und aus mahomedanischen Gewohnheiten und Gebräuchen, welche sie
entweder durch den beständigen Umgang mit den Türken, oder aus politischen Absichten
angenommen haben, um ihres Wohlwollens und ihres Schutzes gewiß zu seyn.“*

obgleich auch ebenso gut das Gegentheil statt finden könnte. Diese letzte
Erscheinung ist nun sehr merkwürdig. Mit den anderen beiden scheint es
so zu sein, daß wenn eine Verkündigung des Christenthums unter ab-
göttische Völker kam, sie nun bereit waren, Christum unter ihre Götter
aufzunehmen; so ist es wohl mit den Georgischen ScheinChristen, die in   5
ihre magischen Elemente etwas Christliches aufgenommen haben. Hier
sehen wir also das Christenthum in einem doppelten Verfall: einmal bei
jenen Tripolitanern: daß es auf eine solche Weise zu dem Islam hinüber-
geleitet hat, auf der anderen Seite: daß es sich dazu hergeben kann, auf
solche Weise an|gewendet zu werden, wie das bei den anderen geschieht.   10
Das liegt nun freilich auch in dem Zustand von mehreren, ohne Zweifel
christlichen Parteien, zu denen wir nun übergehen.

12ʳ

Die Alte Welt.

Die morgenländische Kirche.

Die östlichen Gränzländer der *christlichen* Kirche.   15

Wenn die eigenthümlichen Theorien der N a s s a r i e r an die Zeit des
judaisirenden Gnosticismus erinnern, so daß man die erste Abstammung
in jener Ausbildung des Christenthums suchen mögte, so sind die späteren häretischen Bildungen spurlos verschwunden. Aber der Gegensatz
in der Theorie von der Person Christi der sich in N e s t o r i a n i s m u s   20
und M o n o p h y s i s m u s ausgebildet, findet sich noch in einigen Theilen
des Orients als Abartung von der griechischen Kirche. Das sind also
entgegengesetzte *christliche* Parteien. Sie sind auf dem Punkt erstarrt,
wie die anderen, wo dieser Gegensatz sich gebildet hat; und die *christliche* Lehre ist gar *nicht* weiter scharf ausgebildet, als bloß in diesem   25
Punkte. Nun ist auch gar *keine* solche Art von dialektischer Bildung
unter ihnen, sondern eben nur eine Erstarrung deßelben. Die Geschichte
aus der man sie verstehen kann ist diese: theils wurden sie vertrieben,
theils kamen sie bald durch die Zurükdrängung des Römischen Reichs
aus dem Zusammenhang mit der allgemeinen Kirche heraus, und sind   30

---

11 *Das*] Da   **26** *keine*] eine

16f *Vgl. das, was Schleiermacher in seiner Kirchengeschichtsvorlesung 1821/22 über die
Gnostiker und ihren Doketismus gesagt hat (Boekels S. 208–212).*

auf dem Punkt *auf welchem* sie standen stehen geblieben. Daher ist nun
ihr *ganzes äußeres Christenthum* in mancher Hinsicht viel einfacher als
das Katholische. Aber *mit* dem Inneren sieht es allerdings schwach aus,
was frei*lich* in dem Mangel des Zusammenhangs *seinen* Grund hat. *Die*
5 Römische Kirche hat s*ich* lange *Zeit* Mühe gegeben, diese *verschiedenen*
Parteien *mit* s*ich zu* vereinigen; wenn es *auch* mehr oder weniger
gelungen ist, so ist doch *nicht* viel da*durch* gewonnen worden, *weil* sie
*nicht mi*t der occidentalischen Kirche in einen lebendigen *Zusammen*-
hang gekommen wären. *Sie* erkennen nur den Primat des *Römischen*
10 Bischofs an, weiter bringt man ihnen *nicht*s; allmählig wird man denn
dahin kommen, die Differenz in den Gebräuchen etwas *zu* mildern, und
dies und jenes aus dem Römischen Kultus ihnen annehm*lich zu* machen.
All diese kleinen Parteien leiden leider daran, daß sie ihre | gottesdienst- 12ᵛ
liche Sprache so fixirt haben, wie sie damals gewesen ist; *die* Sprache ist
15 nun aber ausgestorben, und darum ist der *Gott*esdienst ein unwirksa-
mer, und so ist die*ser Theil* der *Christen*heit ein sehr bedaurenswerther.

I D*ie* Nestorianischen *Chris*ten.

Diese finden s*ich* in Syrien und Mesopotamien in der Gegend von Babylon, im ehemaligen Medien und Persien und vereinzelt in der Tartarei
20 und in China, die *selbst* noch in Ostindien eine *kirchliche* Organisation
bilden. Sie existiren da unter bedeutend *verschiedenen Verhältnissen*,
sind aber doch wesent*lich* nur als Eins anzusehn. D*ie ganze* Lehrbildung
der Nestorianer ist *auf* den alten P*unkt*en stehen geblieben; so sind sie *zu*
verschiedenen Zeiten aus dem Gebiet des *Römischen Reichs* hingetrie-
25 ben worden und liegen da noch jetzt, aber in mancher Hinsicht doch in
einem *verschiedenen* Zustand. Sie stehen alle unter mehreren von einander unabhängigen Obrigkeiten, wie dies zugegangen ist, das ist *nicht*
recht klar; indeß k*ann* man wohl sagen: daß wenn doch jenes Trachten
nach kirchlicher Gewalt gewesen wäre, das s*ich* in Rom manifestirt hat,
30 so *müß*te wohl einer gesucht haben eine Alleinherrschaft *zu* bekommen;
das ist also *nicht* der Fall gewesen. Sie fallen im *Ganzen* in *zwei* Parteien;
beide halten den *Gott*esdienst in einer Sprache, die sie wenig mehr verstehen, und es besteht derselbe fast bloß aus liturg*ischen* symbol*ischen*
Handlungen.

1. Die Nestorianer im besonderen

Die türkischen [*und*] persischen stehen unter *zwei* Patriarchen; der persische führt immer den Namen S i m e o n und der mesopotamische E l i a s. Der persische wohnt in O r m i a, der andere in M o s u l. Außerdem gibt es noch in D i a b e k a r in M e s o p o t a m i e n einen Metro- 5
p o l i t e n der sich des Titels eines Patriarchen anmaßt und der Römischen Kirche uniirt ist; und von dem Römischen Pabst hat er auch den Titel eines Patriarchen bekommen. Diese Nestorianer sind nun von der edessenischen Schule großentheils ausgegangen, und weil die dortigen Bischöfe dem Nestorius günstig waren so haben sie sich so zu einer 10
besonderen Partei gebildet. Sie haben in vielen Riten noch das Einfache der älteren Zeit beibehalten. Es hing mit der Theorie des Nestorios zusammen die Maria *nicht* so hoch zu stellen, wie es in der übrigen Kirche schon geschah; er nannte sie *nicht* θεοτόκος sondern χριστοτό-
13ʳ κος; darum sind nun die Nestorianer | *keine* besonderen Verehrer der 15
Maria, wodurch sie sich überhaupt zugleich vor Bildern und Statuen dieser bewahrt haben. Das Priesterthum haben sie unter sich in den *drei* Hauptabstufungen der alten Zeit: das E p i s k o p a t das P r e s b y t e r i a t und D i a k o n a t; aber auch mit verschiedenen Graden; sie haben ihre Patriarchen und Metropoliten, die nun *mit zu den* Bischöfen gerechnet 20
werden außer den eigentlichen Localbischöfen; ebenso sind bei dem Presbyteriat Abstufungen: die Archidiakone sind die nächsten Gehülfen der Bischöfe, und sie bilden die erste Stufe der Presbyter; dann haben sie noch besondere Periodeuten, denen die Metropoliten den Auftrag geben, umher zu reisen und Kirchenvisitation zu halten. Bei den Diakonen sind 25
auch Abstufungen; sie haben S u b d i a k o n e und A n a g n o s t e n, Vorleser, wie das in der alten Kirche schon war. Mit diesen Anagnosten hat es nun besonders die Bewandniß, daß sie beim *Gottesdienst* bisweilen Homilien in der verständlichen Sprache des gemeinen Lebens vorlesen und das ist das eigentlich Volksmäßige im ganzen Gottesdienst; denn die 30
Meße wird in der ausgestorbenen Syrischen Sprache gehalten. Die E h e -
l o s i g k e i t der Geistlichen ist bei ihnen *nicht* eingeführt, sogar die Bischöfe können verehelicht sein, nur die Metropoliten und Patriarchen

---

12–15 *Nestorius, 428 Patriarch von Konstantinopel, 431 auf dem Konzil von Ephesus durch die Partei des Patriarchen Cyrill von Alexandrien und die Gesandten des Papstes Coelestin gestürzt, verstorben um 450. Daß Nestorius Maria nicht Gottesmutter, sondern nur Christusmutter nennen wollte, resultierte aus seiner Lehre, die in der Person Christi die göttliche und die menschliche Natur konsequent voneinander schied: Maria habe nur die menschliche Natur geboren. Am Streit um den Gottesmutter-Titel entzündete der 428 der Streit um Nestorius. Vgl. Boekels S. 297–302.*

nicht; sie h*aben auch* eine Art v*on* M*o*n*a*c*h*a*l*i*n*s*t*i*t*u*t, aber das sind *nicht* eig*en*tlich Mönche, sonder*n* solche, die *sich auf g*anz freie W*e*ise für längere oder kürzere *Z*eit *z*u einem besonderen gottesdi*en*stlichen Leben zusammenthun, sie sind *auch zum* Theil verh*e*irathet.

5   2 D*i*e N*e*s*t*o*r*i*a*n*e*r i*n I*n*d*i*e*n, die sogenannten T*h*o*m*a*s*-C*h*r*i*s*t*e*n verdi*en*en nun eine b*e*sond*e*re Aufmerks*a*m*k*eit; sie bild*en* eine b*e*sond*e*re Republik unt*er* dem Schutz d*er* britt*i*schen Regierung in Ostindien. Als d*i*e Portugiesen di*e*se Gegenden beherrschten, so that m*an* Alles, sie *z*u d*er* Römischen Kirche überzuzi*e*hen, was m*an auch* in
10 gewiß*em* Grade erreichte; aber *wei*l m*an* noch *durch* List u*nd* Gewalt erreichen wollt*e*, so fiel*en* sie wieder ab. Im 16 *Jahrhundert* in Udi*a*mper hielten sie *die* Vereinigungssynode, wobei di*e* Thomas*C*hristen aber doch d*a*s wesentl*ich*e ihrer Gebräuche behielten. Als nun ab*er* di*e* Por-tugiesen v*on* d*en* Holländern v*e*rtrieben w*a*ren, warfen sie di*e* erzwun-
15 g*en*e Vereinigu*ng* wieder ab u*nd* seitdem ist es so g*e*blieben. Sie erk*en*nen wie d*ie* übrigen nur *drei* Sacramente T*a*u*f*e, A*b*e*n*d*m*a*h*l u*nd* P*r*i*e*s*t*e*r*w*e*i*h*e.|

    In d*e*mselben Sinn aber wie Taufe u*nd* Abendmahl können sie di*e* 13ᵛ Priesterweihe *nicht* für ein Sacr*a*ment halten; es ist ihn*en* aber doch
20 etw*a*s Wesentl*ich*es u*nd* Bedeutendes, da sie d*a*s Priesterth*u*m so weit ausg*e*bildet h*a*ben. Als d*i*e Katholiken s*i*ch *mi*t ihn*en* besprachen, so fanden sie ihre Vorstellung v*o*m Abendmahl g*a*nz protestantisch; in ihr*er* Liturgie, die sonst fr*eil*ich viel Ähnl*ich*es *mi*t dem Römischen Meß*Canon* hat, kommt doch *nicht*s vor v*o*n einer Anbetung des Sacr*a*ments, wie es
25 denn *auch* *nicht* *z*ur Schau gestellt wird. D*ie* Communion h*a*ben sie *auch* in beiderlei Gestalt, so d*a*ß d*a*s Brod in d*en* Wein eingetaucht wird. Sie h*a*ben *auch* noch d*a*s alte Institut d*er* Excommunication u*nd* der Kir-ch*en*buße, die aber k*e*inem Mißbrauch unterworfen sind, *weil* die G*e*ist-lichen k*e*ine äuß*er*liche Macht h*a*ben. D*a*rdurch, d*a*ß sie in jen*em* Uni-
30 onsversuch *auch* *nicht* dahin g*e*bracht word*en* sind, die Buße oder Beich-te *f*ür ein Sacr*a*ment *z*u h*a*lten, sieht m*an auch* d*a*ß sie v*o*n der spät*er*en Corruption frei g*e*blieben sind. Diese T*h*o*m*a*s*C*h*r*i*s*t*e*n sind nun ziem*lich* angesehen in ihr*er* Gegend, sie sind N*a*i*r*i, d.h. sie gehör*en z*u der zw*e*iten AdelsKlasse, u*nd* leben groß*en* Theils vom Handel, ohne so
35 zerstreut word*en z*u sein, wie die Armenier. Ihren Nam*en* h*a*ben sie, wie m*an* glaubt, v*on* einer alten Tradition, d*a*ß Thomas d*a*s *Evangelium* n*a*ch Indien g*e*bracht hat; diese Tradition ist nun sehr unwahrschein*lich*,

---

4 *Zusatz Schubring 17 (Fink 21; Schmidt 30):* „*und dazu giebt es Institute, Örter mit gemeinsamen Wohnungen welche Ringmauern umgeben*".

denn sie sind gewiß erst später von Persien nach Indien gegangen; ihre
Patriarchen heißen nun nicht Elias oder Simeon, wie die anderen, sondern Thoma.

Daß nun die Berührung mit den brittischen Christen einen besonderen Einfluß auf sie gehabt, ist nicht bekannt. Sie haben eine eigene Re-   5
publik und hängen sehr an ihrer religiösen Eigenthümlichkeit, so daß es
wohl nicht leicht ist, sie zu Änderungen zu bewegen. Solche einfache
Gestaltung des Christenthums in einer Analogie mit einem ziemlich
gesunden Zustand der älteren Zeit kann und sollte auch immer so fort
bestehen; nur daß der Gottesdienst in einer todten Sprache in der syri-   10
schen gehalten wird. Das ist ein großes Übel, wovon man versuchen
müßte sie zurük zu bringen. Damit hängt nun zusammen daß der er-
mahnende Theil des Gottesdienstes für niedriger gehalten wird als jener,
weil jener die Autorität der heiligen Sprache für sich hat. In der abendländischen Katholischen Kirche ist daßelbe, und man sieht daraus wie   15
unübertragbar ein solches auf die Protestantische Kirche ist, weil diese
eine solche heilige Sprache gar nicht hat. In den westlichen Nestorianischen Gemeinden, die unter dem Patriarchen von Mosul stehen ist der
14ʳ Name chaldäische | Christen gewöhnlich, und sie haben auch den
chaldäisch aramäischen Dialekt, der aber ebenso wenig gesprochen   20
[wird].

2. Die monophysitischen Christen

Hier müssen wir bedeutende Unterschiede im Allgemeinen festhalten:
    a. die Maroniten in der Gegend des Libanon.
    b. die Kopten die ägyptischen Christen und von denen hängen ab   25
    c. die Abyssinischen Christen
    d. die Armenischen Christen[.] Das sind bedeutend verschiedene
Zweige. Das eigentliche Centrum ist hier eigentlich wohl Ägypten, wie
sich aus der Geschichte ergibt.   Die beiden auf einander folgenden
Ägyptischen Patriarchen Cyrill und Dioscurus sind die, auf welche   30

12–14 Theil ... hat] *Stolpe 264 (Anonym: „Vortrag mehr nieder gehalten wird“)*

29f *Cyrill, 412–444 Patriarch von Alexandrien, 431 auf dem Konzil von Ephesus durch die
nestoriusfreundliche Partei des Patriarchen Johannes von Antiochien vorübergehend abgesetzt, stürzte mit seinen Parteigängern auf demselben Konzil Nestorius. Nach Cyrill haben
sich mit der Menschwerdung Christi die göttliche und die menschliche Natur nicht nur zu
einer Person, sondern auch zu einer Natur vereint, der einen fleischgewordenen Natur des
Gott-Logos. – Dioskur, 444 Patriarch von Alexandrien, 451 auf dem Konzil von Chalcedon
gestürzt, † 454. Vgl. Boekels S. 299–303.*

di*e Dogmatik* der Monophysi*ten* zurü*k*geht; v*on* di*esen* leiten sie si*ch* ab. Die eig*entliche* monophysi*tische* Hairesis ist nun eig*entlich* v*on* Eutyches entstand*en*; aber di*e* ägypt*ische* K*irche* theilt di*ese* Partei u*nd* wenn *auch* di*e* Modification [*nicht*] di*e*selbe w*ar*, so w*ar* doch d*er* Typus, worin sie

5 dem Nestorius entg*eg*eng*e*setzt w*ar*, derselbe. Sie nehm*en* Alle das Chalcedonische Concil *nicht* an, das sich *zum* Th*eil* freil*ich* auf di*e* Seite des Nestor*ius* neigte. Sie bleiben *bei* der Vorstell*ung* v*on* einer, aber *nicht* d*urch* συγχυσις oder κρασις, sond*ern* d*urch* ἑνωσις entstand*enen* Na*t*ur Christi.

10 ## a. Die Maroniten.

Si*e* befinden s*ich* g*a*nz in d*er* Nähe j*en*er apocryph*en* Miß*Christ*en. Sie sind am m*e*isten unt*er* di*esen* verschieden*en* christl*ichen* Parteien m*it* der Römischen K*irche* uniirt, sie erk*ennen* d*en* Pabst als Oberhaupt, u*nd* es gibt in Rom ein besond*er*es maronitisches Collegium, (wie *auch* A s s e -

15 m a n i (im 18 J*a*hrhundert) ein solch*er* Maronit w*a*r) wo Geistliche für di*e* Maroniten gebildet w*er*den. Sie h*a*ben nun ebenso wie di*e* Thomas-Christen eine eig*e*ne Verfa*ßung* und leben in jenen Geg*e*nden ausschließ-lich. Diese Verfa*ßung* h*a*t aber etwas Hierarchisch*e*s. Sie h*a*ben ein*en* Patriarch*en* u*nd* mehrere Bisch*ö*fe; daneb*en* aber d*a*s w e l t *l i c h e* R e g i -

20 m e n t f ü h r e n *z w e i* D i a k o n e, worin m*a*n sieht, d*a*ß d*a*s weltl*iche* m*it* d*em* kirchl*ichen* zusamm*e*ngewachsen ist. D*a*s Politische ist freil*ich* unt*er*geordnet, *wei*l di*e* Türken da doch eig*entlich* obgl*eich* [*auf*] eine sehr ungewisse W*eise* di*e* Obergewalt h*a*ben; di*e* D r u s e n di*e* ihn*en* zunächst leben, u*nd gegen* di*e* Türken s*ich* *auf*lehnen, schütz*en* di*e* Ma-

---

1 Monophysi*ten*] monophysiten   **6** freil*ich*] *gestrichen*   **7** *bei*] von

2f *Eutyches, Archimandrit in Konstantinopel und Pate des allmächtigen Hofeunuchen Chrysaphius, 448 auf der endemischen Synode in Konstantinopel von Patriarch Flavian verurteilt, 449 auf dem (nicht als ökumenisch anerkannten) Konzil von Ephesus durch Dioskur (s. o.) rehabilitiert, 451 auf dem Konzil von Chalcedon erneut verurteilt. In seiner Ablehnung der Trennung von göttlicher und menschlicher Natur in Christus ging Eutyches über Cyrill hinaus: Christi göttliche Natur habe seine menschliche Natur vergottet, so daß schon der irdische Christus unverweslich gewesen sei.*   **5–7** *Das Konzil von Chalcedon 451 stürzte Dioskur von Alexandrien, rehabilitierte die von Dioskur gestürzten Bischöfe und bestätigte Eutyches' Verurteilung von 448. Es definierte, daß Christus eine unteilbare Person in zwei vollständigen und unvermischten Naturen (Gott und Mensch) sei. Die Monophysiten nannten dies ein „zweiköpfiges Götzenbild". Trotz allen staatlichen Anstrengungen ließ sich die Anerkennung des Chalcedonense in Ägypten und Syrien nicht durchsetzen. Vgl. Boekels S. 303 f.*   **14f** *Joseph Simonius Assemani (1687–1768), am Maronitenkollegium in Rom ausgebildet, bedeutender Gelehrter, Begründer der orientalischen Handschriftensammlung in Rom, Kustos der vatikanischen Bibliothek und Herausgeber der bis heute grundlegenden Bibliotheca orientalis, einer Edition monophysitischer und nestorianischer Quellen.*

14ᵛ roniten zugleich mit. | Ihre Sprache ist die Arabische; ihre Meße wird aber in der ausgestorbenen Syrischen Sprache gehalten. Daraus entsteht natürlich daß sie sich in einem ungebildeten Zustand befinden, der von der Römischen Kirche noch *nicht* viel verbessert ist. Die Katholiken schiken dahin Missionarien was frei*lich* ein uneigentli*cher* Name für 5 solche ist, *welche* geistliche Verrichtungen außer der ordentlichen Bestimmung des Kirchendiensts ausüben. Diese Missionen haben nun auch *nicht* direkt den Zwek die Maroniten zu Römischen Katholiken umzubilden; obgl*eich* sie ihnen die Römischen Gebräuche denn darauf kommt es den Katholiken doch besonders an, näher zu bringen suchen, was 10 ihnen aber noch *nicht* besonders gelungen ist.

7. *Stunde*   Es ist natür*lich* daß sie in ihren Gebräuchen mit den griechischen viel übereinstimmen, wenn gl*eich* ihre gottesdienst*liche* Sprache *nicht* die griechische ist, sondern die syrische. Indeß ihre Hierarchie ist fast ganz griechisch; ihr Patriarch und ihre Bischöfe leben im Cölibat, die übrigen 15 Priester *nicht*, obgl*eich* diese nur einmal heirathen dürfen und zwar nie Wittwen, ihre Feste sind einfach: sie feiern: Weihnacht, Ostern, H i m - m e l f a h r t, das F e s t d e r b e i d e n A p o s t e l und die H i m m e l f a h r t M a r i a e, wo also eins von unseren Hauptfesten sogar fehlt.

     Ihr *Gottesdienst* hat nun auch den großen Mangel überwiegend li- 20 turgisch [*zu sein*]; eine freie selbstständige Predigt gibt es *nicht*; nun ist die Liturgie noch dazu syrisch, und also kann der Gottesdienst überhaupt wenig erwek*lich* sein. Die Römische Kirche hat sich nun lange mit den Maroniten beschäfftigt, aber es ist wenig dabei herausgekommen, *weil* sie ihnen zu viel Freiheit gönnen, da sie so sehr *mit* ihnen selbst 25 übereinstimmen.

     Eine andere ebenfalls monophys*itische* Partei sind die sogenannten

Jacobitischen *Christen,*

welchen Namen sie von einem Abt J a c o b B a r a d a e u s [*haben*], der die monophys*itischen* Christen in einigen Gegenden, die sehr in Unordnung 30 gekommen waren, wieder in Ordnung brachte. Sie haben einen Patriarchen (Catholicus) [*welcher*] in der Gegend von Bagdad im Kloster Safran seinen Sitz hat, und einen in Diabekar; sie unterscheiden sich von den Maroniten durch einen größeren Reichthum von heiligen und Bil-

---

18 f *Das Fest der beiden Apostel: das Fest Peter und Paul (29.6.). Das fehlende Hauptfest: das Pfingstfest.*   26 *Zusatz Schubring 19 (Fink 24; Stolpe 265; Schmidt 34): „Das maronitische Collegium bringt einige Kenntniß unter die Gemeinde, wodurch vielleicht künftig für das Unterrichtswesen Verbesserungen zu erwarten sind."*

dern und eine größere Verehrung der Maria. *Bei den Maroniten* wird
auch *nicht* viel *auf die* Beichte gehalten; sie hat *nicht den* Rang eines
Sacraments und ist *auch nicht* an eine kirchl*iche* Autorität geheftet. D*ie*
Communion wird oft ohne alle Beichte gereicht, und alle, die *zum* prie-
5 ster*lichen* Stande gehören, *können* alles absolviren, wie es | in der Rö-   15ʳ
m*ischen Kirche nicht* ist. *Bei den* Jacobiten ist dies aber schon *auf die*
später best*immte Weise* eingerichtet. Wir gehen nun *zu den*

Kopten

über; die ebenfalls monophys*itische Christen* waren. Der Name ist so-
10 wohl ein nationaler als kirchl*icher*, näm*lich* alle ägypt*ischen Chris*ten
gehören *zu keiner anderen* Partei in Asien als *zu dieser*. Der Name hat
auch viel Ähnlichkeit *mit*: Aegyptier. Unrecht ist es wohl, wenn man es
hat als einen kir*chlichen* Spottnamen in *Beziehung auf* ihre abweichende
Mein*ung* erk*annt*. Ihr Patriarch residirt in Cairo und wird allemal aus
15 den Mönchen gewählt von den Bischöfen deren es *neun* gibt. Auch die
Repräsentanten d*er* Commune nehmen T*heil* an die*ser* Wahl, obgl*eich*
dieser Anth*eil* wohl nur ein scheinbarer ist. Außer diesen *neun* Bischö*fen*
haben d*ie* Kopten noch einen Bischof in Jerusalem.
Diese g*anze christliche* Gemeinsch*aft* befindet s*ich* in ein*em* sehr
20 bedrükt*en* Zustand, unt*er der* Oberherrsch*aft des* türk*ischen* Sultans.
Ihre hierar*chische* Verfass*ung* sch*eint* eine sehr in s*ich* abgeschloßene *zu*
sein, und *sich selbst zu* ergänzen; d*ie* Bischö*fe* wählen den Patriarchen,
und d*er* Patriar*ch* wählt d*ie* Bischöfe. D*iese* sind nun alle im G*anzen* in
ein*em* sehr dürftigen Zustand u*nd* dabei b*ei* jeder Gelegenheit Bedrü-
25 kung*en* ausgesetzt, und müss*en sich* oft d*urch* Geldsummen v*on den*
Türken lösen. D*er* Patriarch ver*pächt*et nun an d*ie* Bischö*fe* d*ie* kirch-
lichen Gefälle an d*em* Sprengel *und* das ist s*eine* Einnahme; ebenso muß
er b*ei seiner* Einsetzung bedeutende Abgaben an d*ie Türken* zahlen.
Unter d*em* Bischof stehen dann d*ie* Komos d*ie* Erzpriester, u*nd* Kassis
30 d*ie* gewöhn*lichen* Priester. D*ie* Priester leiten nun *auch* den Unterricht
d*er* Kinder; allein b*ei* viel gut*em* Willen ist doch d*ie* Unwissenh*eit* in *der*
g*anzen* Nation sehr groß; ihre eig*entliche* Spr*ache* d*ie* koptische ist fast
ganz ausgestorben; *und* so sind sie *auf die* arabische reducirt, wäh*rend*
ihre gottesdienst*liche* Spr*ache* d*ie* koptische ist. Indeß h*aben* sie nun
35 arabische Bibelübersetzung*en*, *welche* in d*en* liturg*ischen* Abschnitten

---

22 wählen den] sind d*ie* wähl*enden*   28 *Türken*] *Kirche*

immer arabisch gelesen werden, und ebenso die Erklärung der Homilien
griechischer Väter. Sacramente haben sie eigentlich nur die ursprünglichen: Abendmahl, Taufe und Priesterweihe, die überall bei den Ori-
15ᵛ entalen ist, wo eine hierarchische Ordnung [ist]. | Die Priester sind so   5
arm, daß sich fast keiner mehr dazu hergeben will; sie werden oft mit
Gewalt dazu gezwungen; sie werfen ihm das Oberhemd um, und da muß
er Priester sein, da hilft nichts dazu; Diakonus muß er aber wenigstens
vorher gewesen sein; zu Diakonen machen sie nun schon die Knaben, die
schon die Weihe empfangen. Es ist unter den Kopten die Beschneidung gebräuchlich, was sie aber nicht als ein Gebot und   10
auch nicht als etwas Religiöses wollen angesehen wissen; sie haben es
wahrscheinlich von den Muhamedanern angenommen; oder es ist unter
ihnen noch aus der vorchristlichen Zeit aus Aegypten her übrig geblieben. Sie fangen aber jetzt an, es aufzugeben seitdem sie mit katholischen
Christen von Cairo aus in Verbindung getreten sind. Bei der Taufe   15
haben sie vielerlei Gebräuche, Salbung, Räucherung, Kreuzeszeichen; sie
taufen aber nicht eher als nach dem 40 Tag, wenn die Reinigungszeit der
Mutter vorüber ist; Mädchen werden zuweilen früher getauft; zuweilen
schieben sie die Taufe noch länger als 40 Tage auf, ja sieben Monate,
und dabei haben sie doch die Vorstellung von der Unseligkeit eines Kin-   20
des das ungetauft stirbt. Daher lassen sie die Kinder so bald sie geboren
sind, salben, welches die erste Handlung der Taufe ist; und das ist nach
ihrem Canon hinreichend zur Seligkeit.
    Bei der Communion bedienen sie sich eines künstlichen Weins, der
aus getrokneten Trauben bereitet wird; das thun sie deswegen, weil der   25
natürliche Wein ein Monopol der Ungläubigen ist. Ein Katholik, dem es
sehr um das Seelenheil der Kopten zu thun war, fragte einmal einen
Naturkundigen, ob man das für Wein halten könne; der beruhigte ihn
darüber: es sei allerdings Wein. Aber andere Katholiken sind nun ge-
wissenhafter cf. die Reise des Missionars Siccard (Assemani war mit   30

---

30 Siccard] Sicca

1 f *D. h. die Erklärung der biblischen Lesungen aus Homilien griechischer Kirchenväter.*
26–29 *Paulus IV, S. 258 f., wo Pater Du Bernat SJ schreibt: „Da ich nach Ethiopien zu
gehen bestimmt war, wo man denselben Gebrauch beobachtet [Rosinen erst in Wasser
einzuweichen und dann auszupressen], und wo man nicht Wein hat, wie in Aegypten, so
war ich in Verlegenheit, wie ich dort Messe halten könnte. Ein französischer Arzt und
guter Chemiker, Poncet, versicherte mich: daß das Wasser, welches in die Trauben ein-
dränge, ihnen wieder ihren natürlichen Saft gebe, und das, was davon ausgedrückt würde,
natürlicher Traubensaft, also wahrhaftiger Wein sey; daß es ohnehin einerley wäre, ob das
Wasser durch die Haut der Trauben, oder durch einen Umweg, aus der Wurzel in den
Weinstock und in die Reben gekommen sey. Ungeachtet dieses chemischen oder physika-
lischen Räsonnements, welches die Kopten und Abessinier wahrscheinlich nie gemacht
haben, verwerfe ich ihre Gewohnheit, gegen welche sie selbst aber nie den kleinsten Zweifel haben."*

ihm). Dieser Gegensatz ist nun wirklich merkwürdig; eine so gebildete
Kirche wie die Römische und eine solche in so großem Verfall, wie die
koptische, und dabei doch der freiere Geist in der koptischen – Man
kann nun auch sagen: es sei doch eigensinnig daß sie den Wein nicht von
5 den Türken nehmen wollen; aber das kann man eigentlich nicht sagen.
Nun sind sie noch geblieben bei den alten Gebräuchen; sie haben keinen
Glauben an die Transsubstantiation; sie haben kein Herumtragen des
geweihten Brods und auch keine Verehrung desselben. |
Sie haben von der Alten Kirche noch dieses, daß sie das geweihte 16ʳ
10 Brod nach der Communion als ein Brod des Segens an die übrigen Christen vertheilen; es bleibt nichts übrig; es ist also gar [keine] Ausstellung
des Brods.
Nun haben sie aber eine große Menge von Fasten; sie fasten vor
Ostern noch länger als die Griechen und Römer; nach Pfingsten fasten
15 sie noch einen Monat; und die ganze Adventszeit vor Weihnachten; dann
einen halben Monat nach Mariae Himmelfahrt; dann fasten sie auch alle
Mitwoch und Freitag; indeß nach Sonnenuntergang essen sie gewöhnlich; in einigen Fasten dürfen sie aber weder Fleisch noch Fisch essen.
Das Abendmahl wird nur während der Fastenzeit ausgetheilt. Ihr Jahr
20 fängt an mit dem 29 August alten Stils (dem 10 September), ihr Weihnachten fällt auf den 29 December. Ihre Monate haben alle nur 30 Tage
und dann kommen fünf Schalttage.
Sie haben 32 Marienfeste, aber ohne daß sie die Maria als Vermittlerin ansehen. Dann haben sie noch ein besonderes Fest zum Andenken
25 der Taufe Christi, das auch bei Abyssiniern ist und auch sonst noch
irgend wo; es wird am 16 Januar gefeiert; in den größeren Kirchen ist
dabei ein besonderes Bassin; das Wasser wird geheiligt, und allgemein
darin gebadet, natürlich mit Trennung der Geschlechter. Sie haben viele
Kirchen, zu denen immer nur eine kleine Gemeinde gehört; sie sind aber
30 schlecht gebaut, klein und dunkel; Statuen sind nicht darin, aber Bilder,
die sie gar nicht durch Gebete und Anrufungen verehren, aber doch
küssen. Wenn eine Kirche einfällt, so dürfen sie sie nicht wieder bauen;
und dürfen die alten Gebäude immer nur reparieren; wenn eine Kirche
eingefallen ist, so ist es vorbei mit ihr. Das wird bei den asiatischen
35 Christen überall so gehalten. Die Türken nehmen ihnen auch viele
Kirchen; das hält sie nun sehr nieder, sie sind auch in Abnahme begrif-

---

7 Transsubstantiation] Sustantiatio   16 *nach*] vor   20 10] 27   23 *sie*] die

25f *In der russisch-orthodoxen Kirche (vgl. Kirchliche Geographie und Statistik* [19.];
Griechischer Zweig 45).

fen, und wenn ihnen *nicht* etwas mehr *zu* Hülfe gekommen wird, so
werden sie wohl ihrem Untergang entgegen gehen.

8. *Stunde*   Was ihren Lehrbegriff betrifft so ist der Hauptpunkt darin die Anhänglichkeit an die ägyptische Partei, also die monophysitische Ansicht,
die wenngleich *nicht* völlig mit den Ausdrüken des Eutyches unter ihnen   5
besteht. Nun sind sie seit jenen Streitigkeiten abgerissen und haben an
aller weiteren Ausbildung des Lehrbegriffs keinen Theil genommen. |
16ᵛ   Dieses ist hier um so bedeutender da wir es mit einer National-Kirche *zu*
thun haben, wie bei den übrigen nicht. Wir können fast *nicht* begreifen,
wie sie *auf diesem Punkt* haben können stehen bleiben; es ist offenbar   10
eine Erstarrung, die damit zusammenhängt, daß überhaupt schon ein
größeres Gewicht *auf* die symbolische Handlung als *auf* den Begriff gelegt wird. Das zeigt sich auch in der Art und Weise ihres oben
beschriebenen Gottesdienstes, der schon in den letzten Stunden der
Nacht vor dem Sonntag anfängt. Ebenso sieht man daßelbe daraus, daß   15
sie die Erklärung der Schrift neben dem Lesen *nicht ganz* vernachläßi-
gen, aber es gibt *nichts* Eigenes, sie begnügen sich mit dem Alten aus den
vornestorianischen Zeiten her. Sie haben nun im Gegensatz gegen die
Nestorianer auch Fürbitten der heiligen und Märtyrer in ihrem Glauben,
der damals in praxi auch schon angenommen war, wenn gleich *nicht* als   20
Glaubenslehre festgestellt; so haben sie auch Fürbitte für die Todten,
doch ohne die Vorstellung von dem Fegfeuer, das später entstand; sie
basiren jene Fürbitte darauf: daß der definitive Zustand in der Hölle erst
mit dem jüngsten Tag anfängt, und daß bis dahin den Verstorbenen das
Gebet der Gläubigen kann zu Statten kommen.   25

Sie haben nun in Beziehung auf die Beichte auch die Vorstellung von
einer satisfactio durch gute Werke, aber sie legen nur Gebete und häufige
Verrichtungen von allgemeinen gottesdienstlichen Handlungen auf ohne
besondere Kasteiungen; sie sagen dabei: wenn wir den Beichtkindern
etwas besonderes auflegten, so würde das ja bemerkt werden von an-   30
deren, und das Beichtgeheimniß würde verrathen.

Das koptische Mönchswesen verdient noch eine besondere Betrachtung. Das anachoretische und coenobitische Leben hat offenbar in
Aegypten seinen Ursprung; nun ist auch bei den Kopten noch jetzt der
Mönchsstand vorhanden und mit Ansehen und Vorrechten begabt. Der   35
coptische Patriarch der freilich zu Cairo wohnt, aber der Patriarch von

---

18 *vornestorianischen*] nestorianischen   19 Nestorianer] *folgt* 《her》   25 Statten
kommen] Sta *(ergänzt nach Stolpe 267)*

3–6 *Vgl. dazu oben* 209,2–3.

Alexandria heißt, wird immer aus den Mönchen gewählt, und ebenso
die Bischöfe. Nun sind bei ihnen zwei Arten von Mönchen zu unterscheiden. Die einen: das sind die s t r e n g e n in den Klöstern der heiligen
Antonius, Makarius, und des heiligen Paulus des Einsiedlers; aus diesen
5 wird der Patriarch gewählt, und der Patriarch wählt aus diesen auch den
abyssinischen Metropoliten. Sie wohnen in abgesonderten kleinen Häusern, die durch eine Ringmauer umschlossen sind. Daneben liegen zugleich ihre Ländereien, denn sie treiben Akerbau. Dann die zweite Art
der Mönche in den Klöstern der Engel Michael u. a. | sind verheirathet 17ʳ
10 und haben sich mit ihren Familien (ohne eigentliches Gelübde) ein strenges gottesdienstliches Leben aufgelegt. – Diese Mönche haben nun aber
weit weniger Einfluß auf die geistige Kultur als anderwärts. Man findet
in ihren gegen die Araber errichteten Thürmen viele Bücher, die sie aber
bloß hüten auf eine mehr oder weniger eifersüchtige Weise. Der Unter-
15 richt der Jugend ist Nebensache; es ist nur der häusliche oder wird durch
Priester, denen es aber sehr ärmlich geht und die daneben ein Gewerbe
treiben, sehr kümmerlich gehalten. Da haben sich nun die katholischen
Christen ins Mittel geschlagen und die coptischen Bischöfe gestatten
ihnen auch Zulaß zu den Leuten, wobei sie ihnen freilich zur Bedingung
20 machen: sie sollten ihren Glauben nicht irre machen und sie nicht zum
Chalcedoner Concil bringen. Aber die katholischen Priester lassen es
nicht und bringen manche zur katholischen Kirche was ihnen aber auch
nichts hilft, weil sie keine Aussicht haben, eine katholische Kirche dort
zu errichten. Wenn [sich] die katholischen Priester dieses Proselyten-
25 machens enthalten könnten, so könnten sie das Vertrauen eher gewinnen
und wirklich viel thun für diese zerschlagenen Christen. Da nun die
Priester der Kopten verheirathet sind, so ist natürlich, daß sie dem Cölibat keine Heiligkeit zuschreiben; durch das Verbot der Ehescheidungen

---

13 *errichteten*] unlesbar   28 *keine*] eine

12–14 *Paulus III, S. 302, wo Wansleb OP schreibt: „In dem Thurm, den ich vorher angab,
waren drey bis vier Kisten mit arabischen und koptischen Manuscripten, die ich alle
durchgeblättert habe. Alle diese waren zwar nur Andachts- und Kirchenbücher; dennoch
waren einige darunter, die es wohl verdient hätten, in einer königlichen Bibliothek aufbewahrt zu werden. Da aber die Geistlichen Umstände machten sie zu verkaufen, unter
dem Vorgeben, daß sie nichts veräussern könnten, was dem Kloster gehöre, ohne vom
Patriarchen die Excommunication zu befürchten, welche zu Anfange eines jeden Buches
steht, und da ich auch nur so viel Geld bey mir hatte, als ich zu Bestreitung meiner Reise
brauchte, so gab ich mir weiter nicht viele Mühe um ihren Besitz. Unter andern waren
zwey sehr merkwürdig, die bey mir sehr große Lust sie zu besitzen erregten. Das eine war
eine koptische und arabische Grammatik und Wörterbuch, von Ibn il assel, eines der
weitläufigsten und besten Bücher dieser Art, die ich noch gesehen habe, und das auf
dreyßig Thaler geschätzt wurde. Ich getraue mir zu behaupten, daß mit diesem Wörterbuch und dieser Gramatik man die koptische Sprache wieder herstellen könnte, die heut zu
Tage verlohren ist. Das andre war ein Rituale der Ceremonien ihrer Kirche in Folio, das
sehr gut geschrieben war.“*

sind sie freilich auch begränzt, obgleich sie dieses Verbot auch übertreten, indem sie sich durch den muhamedanischen Cadi können scheiden lassen.

Eine sehr verwandte Kirche mit den Kopten ist nun:

Die Abyssinische Kirche.   5

Die Abyssinier sind auch Monophysiten und halten sich für völlig gleich mit den koptischen Christen. Die Verschiedenheit der äußeren Lage ist diese: daß in Abyssinien die herrschende Religion die christliche ist und alle anderen nur auf untergeordnete Weise geduldet werden, was sich aber so weit erstrekt, daß den Franken, d. h. den europäischen Christen   10
auch durchaus gar keine Duldung verstattet wird. Nun ist aber ihre Verwandtschaft mit der koptischen Kirche doch so groß nicht, als die Abyssinier glauben. Die Abyssinier stehen unter dem Patriarchen von Alexandria und der koptische Patriarch wählt den abyssinischen Metropoliten aus seinem eigenen Klerus. Dieser heißt Abuna (Papa) und   15
wohnt in Hadosch; er ist das Haupt der Geistlichkeit und ordinirt die Geistlichen und zwar auf eine eigenthümliche Weise nämlich durch An
hauchen *(Joh 21)*. |

17ᵛ   Etwas Eigenthümliches bei den Abyssiniern ist: daß das Christenthum bei ihnen mit dem jüdischen vermischt ist, was für ihr hohes Alter   20
spricht. Die Kopten beschneiden sich freilich auch aber sehen es nicht als ein eigentlich religiöses Gesetz an; bei den Abyssiniern ist aber die Beschneidung etwas ganz Wesentliches und muß allemal der Taufe vorangehen, *acht* Tage nach der Geburt; ebenso beobachten sie die mosaischen Speisegesetze und wollen sogar mit Unbeschnittenen keine Ge-   25
meinschaft haben. Ebenso sind bei ihnen noch jüdische Reinigungsgesetze, die mosaischen Ehegebote im Gange; und der Gebrauch der Leviratsehe wird nur als Ausnahme statuirt. Ebenso haben sie bei ihrem Gottesdienst viel Jüdisches; in ihren kleinen dunklen mit Stroh bedekten Kirchen sind die Altäre in Form der Bundeslade und in ihrer Hauptkir-   30
che ist noch eine Abbildung der eigentlichen Bundeslade übrig. Die Po-

---

15 Abuna] Habuna   16 und] *folgt* 《der》   17 f *Anhauchen (Joh 21)*] Handauflegen *(korr. nach Schubring 23)*

15 f *Der abessinische Metropolit residierte damals in Kairo. Über seinen Residenzort steht aber in Schleiermachers Manuskript und in den anderen Nachschriften nichts. Wie dieser Satz und der sonst unbekannte Name Hadosch in die Nachschrift kommt, ist unklar.* 17 f *Joh 20,22 f.*   31 *Zusatz Schubring 23 (Fink 30; Schmidt 41; Röseler 12'): „Das ist also der einzige Überrest eines judaisirenden Christenthums; offenbar früh gestiftet aber auch früh herausgerissen aus dem Zusammenhang mit der christlichen Kirche."*

lygamie ist bei ihnen in der königlichen Familie einheimisch, außer
derselben ist sie streng verboten; das ist auch etwas Jüdisches; in Beziehung auf die Taufe halten sie es ebenso wie die Kopten; sie taufen ebenso
spät und mit ebenso vielen Gebräuchen; in Beziehung auf das Abend-
5 mahl haben sie auch das Abendmahl unter beiderlei Gestalten, keine
Transsubstantiation, kein Meßopfer u.s.w. Sie bedienen sich dazu des
gesäuerten Brods, das dazu immer eigends von den Geistlichen verfertigt
wird mit dem doppelten Kreuzzeichen; am grünen Donnerstag wird nur
ungesäuertes Brod genommen, was auch mit dem jüdischen zusammen-
10 hängt; ebenso haben sie die Anaphora, die Vertheilung des übrigen
gesegneten Brods unter die Christen, also keine Verehrung des Brods.
Ebenso wie die Kopten haben sie eine häufige Verehrung der Maria; sie
verehren sie aber mehr als die Kopten, als HimmelsKönigin und Vor-
steherinn aller Heiligen. Sie haben *zwei* Mönchsorden unter sich, die
15 nach den heiligen Eustathius und Thecla genannt werden, aber sie scheinen sämmtlich verheirathet zu sein; übrigens ist der König des Landes
zugleich auch in Beziehung auf Alles was Gerichtsbarkeit betrifft, das
Oberhaupt der Geistlichen; es findet also keine solche *Exemtion* statt,
wie in der lateinischen Kirche. Unerachtet nun das *Christenthum* hier
20 das herrschende ist, und nicht so gehindert wie bei den Kopten, so ist
doch auch die Entwiklung nur eine höchst dürftige; ihr *Gottesdienst* ist
auch nicht lebendiger als der der Kopten. Sie haben mehrere Übersetzungen, arabische besonders von griechischen Büchern, und darin befin-
den sich auch manche apocryphen Schriften, unter welchen | das Buch   18ʳ
25 Henoch; ob dies daßelbe ist, das im *Neuen Testament* angeführt wird
oder ob es nach einer Übereinstimmung nach dieser Anführung gemacht
worden ist, das ist noch nicht untersucht. Von irgend ausgedehnten
Unterrichtsanstalten in welchen sich eine höhere *christliche* Erkenntniß
bilden könnte, ist bei ihnen nicht die Rede; sie haben kein Verlangen sich
30 mit dem Ausland in Berührung zu setzen und Theil zu nehmen an der
Entwiklung des *christlichen* Lebens; also ein Lebensmangel und geistige
Erstarrung. Stellen wir uns die Kopten und Abyssinier nun zusammen,

---

15 Thecla] Hecla   18 *Exemtion*] Exception

24–27 *Das sog. „äthiopische Henochbuch", eine vom 4. Jh. v. Chr. bis ins 1. Jh. n. Chr.
entstandene, sehr umfangreiche jüdische Apokalypse (ursprünglich hebräisch oder ara-
mäisch), gehört zum alttestamentlichen Kanon der äthiopischen Kirche. Das Neue Testament zitiert das Henochbuch einmal: Jud 14 f. = äth. Hen. 1,7. Im Westen geriet das von
vielen Kirchenvätern geschätzte und gelegentlich zitierte Buch in Vergessenheit und wurde
erst im 18. Jh. wieder bekannt. Schleiermachers Skepsis gegen die Echtheit kommt wohl
daher, daß im 17. Jh. eine nach den damals bekannten Zitaten hergestellte Fälschung
kursiert hatte. Vgl. Allgemeine Encyklopädie der Wissenschaften und Künste 2,5, 1829,
S. (399–409) 408 (A. B. Hoffmann).*

so müssen wir gestehen daß die ersteren *nicht* bloß durch die Unterdrükung gehindert werden an einer lebendigen Entwiklung des *Christenthums*; es ist bei den Abyssiniern ja klar, daß es eine Unterdrükung
des Geistes ist. Daraus müssen wir offenbar schließen, daß alles Isoliren
etwas dem innersten Geiste des *Christenthums* widerstrebendes ist, es   5
wird aus diesen Völkern nie etwas mehr werden als es ist, und das
Christenthum wird ihnen auch *nicht*s beßeres als etwas bloß Äußerliches
und Statuarisches bleiben, wenn sie *nicht* durch andere *christliche Kirchen* angefaßt und belebt werden, aber das ist leider durch ihr judaisi-
rendes Starrsein abgeschnitten.   10

Die armenischen *Chri*sten.

D i e K o p t e n stammen offenbar von den alten Aegyptern ab, ihre geistige Blüthe ist abgefallen, *nicht* in der *christlichen* Zeit, sondern
eigentlich schon in der vor*christlichen*, denn wenn die griechische Kultur
von der aegyptischen abstammt, so hatten die Griechen sich sehr   15
schlecht revanchirt. Denn seitdem Aegypten griechisch geworden, ge-
rieth es in den größten Verfall; die geistige Kultur in Alexandria war
eigentlich keine griechische, und die ursprünglichen Einwohner zogen
sich immer mehr aus dem Gebiet der Kultur zurük. Die Kopten theilen
sich in *drei Stände*: in die Priester und in die niedrigste ärmliche Klaße 20
und den industriösen Ausschuß, dem der Unterhalt des ganzen kirchli-
chen Wesens aufliegt und *welche* die Agenten der türkischen Großen im
Lande sind. Da ist also immer ein tiefer Verfall zu erwarten.
D i e A b y s s i n i e r sind in einem ganz anderen Verhältniß. Der Staat
ist ein *christlicher* für sich. Da müssen wir es nun wohl theils auf die   25
Lage und auf das Eigenthümliche der Abstammung schieben daß sie so
tief gesunken sind; sie gehören *nicht* der edleren geschicht*lichen* Raçe an;
sie sind wahrscheinlich eine Mischung von Arabern und *Negern*.
D i e A r m e n i e r bieten nun aber eine ganz andere Art der Entwik-
lung des Lebens dar, und zwar äußer*lich* angesehen *nicht* unter den   30
günstigsten Umständen. Die Armenier heißen so von ihrem Lande, *nicht*
von einer besonderen kirchlichen Partei, denn in Beziehung auf den
Lehrbegriff sind sie von den monophysitischen Christen fast gar *nicht*
18ᵛ verschieden. | Das eigentlichen A r m e n i e n liegt bekanntlich in der

---

9 f judaisirendes] judaisirende   **20** *Stände*] Stämme *(korr. nach Schubring 24; Fink 31;
Stolpe 269; Schmidt 43)*   **28** Negern] Medern *(korr. nach Schubring 24; Fink 31; Schmidt
43; Röseler 12ᵛ)*   **30** dar] vor

Gegend des Euphrat und Tigris, höher als Mesopotamien; aber die Armenier haben sich nun viel weiter ausgebreitet. Im Mittelalter gab es ein Armenisches Königreich, *welches* die cilicische Küste bis nach dem Kaukasus hinauf begriff. Jetzt haben sie nur in den oben beschriebenen
5 Gegenden ihren Sitz theils unter türkischer theils unter persischer Hoheit. Ihre Geschichte ist durch große Wechsel hindurchgegangen; ihr Vaterland ist der Schauplatz großer Kriege gewesen, ein Nationalwesen haben sie nicht mehr. Sie haben sich auch in Rußland niedergelaßen zu der Zeit als man in Rußland viele Ausländer ins Land zog der Kultur
10 wegen; die Armenier waren industriös besonders in Beziehung auf Bearbeitung der Metalle; sie hatten da manche Vorzüge, ebenso wie bei uns Anfangs die französischen Kolonien. Ebenso findet man die Armenier in allen Hauptplätzen des levantischen Handels, in Aleppo, Smyrna etc, *selbst* in Europa finden sich armenische Gemeinden; häufig sieht man sie
15 auf den Leipziger Messen. Es gibt in Europa in Venedig einen armenischen Erzbischof; in Triest, London, Amsterdam und Marseille und anderen Orten sind die Armenier sehr zahlreich und die stehen alle unter jenem Erzbischof. So sind sie ein vielfach gebildetes Volk; sie haben die Buchdrukerei bei sich eingeführt, *selbst* in ihren persischen Hauptsitzen,
20 in Amsterdamm lassen sie die Typen für alle ihre Drukereien fertigen die *selbst* nach Persien hingehen.

Ihre kirchliche Verfaßung ist nun auch die bischöfliche in verschiedenen Abstufungen; sie haben in dieser Beziehung mehr Ähnlichkeit mit der katholischen Kirche; einige von ihnen sind Uniirte mit der ka-
25 tholischen Kirche und das hat bei ihnen mehr zu sagen, als das Uniirtsein der Maroniten mit der katholischen Kirche. So haben sie nun auch ein Oberhaupt ihrer Kirche der den Namen Katholicus führt, der seinen Sitz hat im persischen Armenien im Kloster Etschmiasin; unter ihm stehen drei Patriarchen, von denen der eine seinen Sitz hat auf
30 der Insel Agthamar, der eine zu Gandasar, der andere [zu Sis in Caramanien], sie haben auch einen Titularpatriarchen: in Jerusalem und Konstantinopel, so gibt es auch einen besonderen armenischen Erzbischof der russischen Nation, der gewöhnlich Joseph heißt und früher seinen Sitz in Astrachan hatte, jetzt in einer anderen neuen Stadt. Au-

---

19 *Hauptsitzen*] Drukereien *(korr. nach Schubring 24; Fink 32; Stolpe 269; Schmidt 44)*
30 *Agthamar*] Actama   *Gandasar*] Dangasar   30f *[zu Sis in Caramanien*]] Lakune

21 *Zusatz Schubring 24 (Fink 32; Schmidt 44): „Also schon ein bedeutender Apparat, um ein kirchliches Leben zu fixiren, und in allen Beziehungen große Vorzüge vor den vorigen Christen."* 34 *Scil in Nachitschewan im Gouvernement Ekaterinoslaw.*

ßerdem sind nun die Armenier auch zahlreich gewesen in Georgien, als
es noch nicht ganz unter russischer Hoheit stand. Es ist nun bei ihnen
mehr von einer eigentlichen Theologie die Rede, als bei den anderen.
Daher es unter ihren Geistlichen Gelehrte und Schriftsteller gibt und von
einer armenischen Litteratur die Rede sein kann. Etwas die Regsamkeit 5
des kirchlichen Lebens sehr hemmendes, nämlich der Unterschied zwischen einer heiligen Sprache und der des gemeinen Lebens, findet sich
19ʳ auch bei ihnen. | Die armenische Sprache selbst hat den Unterschied in
alt- und neu-armenische; in der ersten ist ihre Bibelübersetzung abgefaßt
und das ist die ursprüngliche kirchliche. Von einem Verbot des Bibelle- 10
sens wißen die Armenier nichts; sie ist in Jedermanns Händen; es gibt
unter ihren Geistlichen: ein kritisches gelehrtes Bibelstudium; sie vergleichen die verschiedenen Handschriften; eine Kenntniß von dem
Grundtext haben wohl nur diejenigen welche unmittelbar mit Europa in
Berührung sind. Nun haben sie sich aber in dieser Beziehung auch gar 15
nicht so starr und unbeugsam bewiesen, als die übrigen; ihre Liturgie
freilich ist alt-armenisch und dem Volk unverständlich; aber gepredigt
wird immer in dem Neu-Armenischen; nun gibt es in der Nähe ihres
eigentlichen Vaterlandes solche Gegenden, wo das [Türkische und] Syrische verständlicher ist, als das Alt-Armenische selbst; so daß die Geist- 20
lichen zuweilen das Neu-Armenische in das [Türkische und] Syrische
übersetzen, was nun eine unnütze Duplicität hervorbringt, so daß der
Gottesdienst oft 7–8 Stunden dauert; vier Stunden ist das gewöhnliche
wegen der Länge der Liturgie. In der rußisch armenischen Kirche ist nun
die Landessprache der Armenier eigentlich nicht verloren gegangen nur 25
in einigen Beziehungen[,] beim Tauf-Ritus z.B.; die russische Kirchen-
sprache ist freilich auch nicht mehr eine lebende. In Beziehung auf die
Sacramente haben sie nun eine große Analogie mit den anderen monophysitischen Parteien; ihre Taufe ist beides: Besprengung und Untertauchung (wie bei den Kopten) und nach der Taufe eine Art von Kinder- 30
communion, d.h. es wird dem Kind etwas von dem consecrirten [Brod
und] Wein nur eben auf die Lippen gestrichen. Ihr Abendmahl halten sie
in beiderlei Gestalt, selbst die uniirten, sie bedienen sich dazu gewöhnli-

---

19 [Türkische und]] ergänzt nach Schubring 25; Fink 33; Stolpe 270; Schmidt 45; Röseler
13ᵛ

3 Zusatz Schubring 25 (Fink 33; Stolpe 270; Schmidt 45; Röseler 13ᵛ): „Zwar ist ihre
Dogmatik wesentlich auch auf dem Punkt stehen geblieben, wo der Streit sich entwickelte
zwischen dem chalcedonischen Concil und ihren Gegnern. Aber sie haben doch von diesem
Streit eine lebendige Erkenntniß und es giebt noch dogmatische Ausführungen wo diese
Punkte den Mittelpunkt bilden, wie sie denn freilich in der Christologie und in der praktischen Darstellung des Vorbildlichen in Christus, wesentlich sind." **23** Zusatz Schubring
25 (Fink 33; Stolpe 270; Schmidt 45; Röseler 13ᵛ): „Auch hier fängt der Gottesdienst bald
nach Mitternacht an".

chen gesäuerten Brods ohne davon eine judaisirende Ausnahme zu machen wie die Abyssinier und dazu haben sie reinen, ungemischten Wein. Von einer Verehrung des Brods wissen die eigentlichen Armenier *nicht*; obgleich die katholischen Referenten über den armenischen Glau-
5 ben die Sache immer so darzustellen suchen. Dabei verhält es sich nun so: sie *fragen auf* eine *nicht* sehr scharfe Weise; ihre Ausdrüke haben immer eine gewisse Latitudo wie bei den Griechen. Ihre Bischöfe, deren es viele gibt, lassen sich ihr geistliches Ammt im *Ganzen* genommen sehr angelegen sein; sie predigen weit mehr *selbst* als es die katholischen
10 Bischöfe gewohnt sind, und visitiren fleißig ihre Diöcesen. Die Bischöfe haben auch Vicarien, analog *mit der katholischen Kirche*; diese vertreten die Stelle der Bischöfe wenn sie *selbst* abwesend sind; diese Vicarien werden nur aus den Mönchen genommen; sie sind zugleich auch Lehrer für die künftigen Geistlichen; also eine Art von geistlicher Bildungs-
15 anstalt. Ihre Priester sind verheirathet und zwar | *mit* der Conditio sine 19ᵛ qua non: sie müssen verheirathet sein: wenn sie Priester werden wollen, dürfen aber *nicht zum zweiten* Mal und auch keine Wittwe heirathen. Die katholischen Referenten behaupten auch, daß die Armenier die sieben Sacramente anerkennen; das ist aber wohl mit großer Einschrän-
20 kung zu verstehen; z.B. die letzte Ölung ist bei ihnen weiter nichts als Salbung n a c h dem Tod der Verstorbenen, und zwar nur bei den Geistlichen. So ist es auch mit der sogenannten Firmelung; das ist weiter *nichts* als die Salbung bei der Taufe. Ebenso *fragt* sich noch: ob die Armenier auch die Ehe in dem Sinn wie die katholische Kirche für ein
25 Sacrament halten. Dabei muß man auch bedenken, daß das Wort Sacrament bei ihnen gar *nicht* gebräuchlich; sie haben das griechische μυστήριον; nun wird in Epheser Epistel die Ehe ein μυστήριον genannt, und in solchem Sinn wie da mögen sie es auch verstehen, aber nur *nicht* in dem Sinn der Katholiken wo sacramentum eine andere Bedeu-
30 tung bekommen hat, als das ursprüngliche μυστήριον. Die Priesterweihe ist nun freilich bei ihnen ein Sacrament was auch *nicht* fehlen kann, wo der Unterschied zwischen Geistlichen und Laien so auf die Spitze gestellt ist, wie bei den Armeniern. Sie haben sogar doppelte Feste, für das Volk und für die Geistlichen. Indeß sind unsere Nachrichten über die Arme-
35 nier aus solchen Quellen: daß man *nicht* wissen kann, ob sich alles dies *nicht* bloß auf die uniirten Armenischen Christen bezieht. –

---

12 sind] sie

---

27 f *Eph* 5,32

Ihre Fasten sind *nicht* so streng wie bei den Kopten, und *nicht* so weit
wie bei den Katholiken. Sie haben auch das Fest der Taufe Christi. In
den Osterfeiertagen haben sie ein kirchliches Verlesen der Leidens-
geschichte; in einigen Gegenden harmonisch aus allen *vier* Evangelien
zusammengesetzt; in anderen folgt man mehr dem einen, oder dem   5
anderen. Hier ist also eine Kritik schon sichtbar; wo sie verschiedene
Sprachen sprechen, wird das Evangelium auch in diesen Sprachen gelesen; in Aleppo z.B. in *fünf* verschiedenen Sprachen zuweilen, jenachdem
man die Anwesenden als verschieden voraussetzen kann. Die Sprachen
unter den Armeniern sind s e h r g e m i s c h t . Die syrische arabische sla-   10
wische (in Rußland) etc. Wenn man nun bedenkt daß sie doch schon eine
gewisse Art von Theologie und Studium haben, und von Zeit zu Zeit
wißenschaftliche Abhandlungen herausgeben, und auch kritisch verfahren in Beziehung auf die Reinigung des Codex, so kann man doch *nicht*
sagen, daß sie diese verschiedenen S p r a c h e n studirten. Mit den früher   15
angeführten Parteien haben die Armenier auch ein *nachtheiliges Verhält-*
niß der verschiedenen Abstufungen der Geistlichen gegen einander gemein. Z. B. das Χρῖσμα, die Salbe, die bei der Taufe und Trauung u. s. w.
vorkommt, ist ein Monopol des Patriarchen; er allein darf es nur verfertigen; er verkauft das Χρῖσμα an die Bischöfe; das ist seine Hauptein-   20
nahme; diese verkaufen es wieder an die Priester, und diese berechnen es
auch bei den Handlungen, wo es gebraucht wird, und lassen sich dafür
bezahlen. |

Hier sehen wir nun, wie die Vielfältigkeit der Gebräuche *nicht* bestimmter fixirt werden kann, als auf solchem Wege. Es würde nun sehr   25
wunderlich sein, wenn bei den geistlichen Handlungen dies der einzige
Gebrauch wäre, wofür Abgaben und Gebühren müssen bezahlt werden.
Wir klagen schon häufig über das Accidenzienwesen bei uns, aber wir
haben doch im Vergleich mit jenen [einen] bedeutenden Vorzug.

    Die Armenier in ihrem eigentlichen Vaterland und überhaupt im   30
Orient stehen in einem sehr guten Ruf; sie sind *nicht* nur gebildeter, wie
die übrigen Orientalischen Christen, sondern stehen auch in dem Ruf
einer reineren Sittlichkeit; woraus man also folgern *muß*, daß die große
Menge der äußeren Gebräuche *nicht* das opus operatum in dem Umfang

---

18 Χρῖσμα] Χρίσμα   20 Χρῖσμα] Χρίσμα

10f *Variante Stolpe 271 (Schubring 26; Schmidt 48): „1. die Alt 2. die Neuarmenische, 3.*
die Syrische die kirchliche[,] die türkische die gemeine Sprache, 4. Gemeinden in Russland,
wo die Altslavonische die kirchliche Sprache ist und die Russische die gemeine 5. In
Georgien haben sie wieder eine eigenthümliche Sprache, 6. sind sie auch wohl da, wo die
Arabische die Hauptsprache ist.“   34 *D.h. die Vorstellung, korrekt durchgeführte kirch-*
liche Handlungen wirkten automatisch, auch ohne gläubige Anteilnahme, zum Heil. Der
Vorwurf eines solchen magischen Sakramentenverständnisses ist ein Allgemeinplatz der
protestantischen Polemik gegen den römischen Katholizismus, der die römisch-katholische
Lehre allerdings nicht ganz trifft.

hervorgebracht h*a*t, wi*e* das andersw*o der* Fall ist. Das hängt wohl damit zusamm*en*, da*ß* b*e*i ihn*en* d*i*e Predigt ein w*e*sent*licher* Bestandth*e*il
des Gottesdienstes ist, u*nd* da*ß* d*i*e Mönch*e* *nicht* so *a*uf d*a*s k*i*rch*l*iche
Leben einwirken.

5   In d*en* versch*i*edenen Geg*en*den, *welche* sie bewohnen, befind*en* s*i*ch
d*i*e Armeni*e*r nun *a*uch in sehr versch*i*edenen Verhältniss*en*, u*nd* so ist
*a*uch ihre Sittl*i*ck*e*it sehr modific*i*rt word*en*. Z. B. in Constantinopel
stehen sie *nicht* in b*e*s*onders* gut*em* Ruf; in Co*n*stantinopel sind sie no*c*h
neul*i*ch viel verfolgt word*en*. Ein solch*e*r prekär*e*r Zustand, d*e*r an d*a*s
10 Rechtlose gränzt, k*a*nn *nicht* anders als *na*chth*e*ilig wirken, wenn nun
einmal d*i*e Verhält*ni*sse so sind, d*a*ß d*e*r Handel ihr H*au*ptgeschäfft ist
*a*uß*e*r ihr*em* Vaterland; u*nd* da müssen sie denn fre*i*l*i*ch unerlaubte Vortheile nehm*en* um s*i*ch einiger m*a*ßen sicher *z*u stellen. In Rußland sind
sie in gut*em* Ruf; in d*en* übrig*en* Europä*i*sch*en* Gegenden erfreuen sie
15 s*i*ch aller Freih*e*it in bürger*l*ich gesittet*en* Zuständen, u*nd* h*a*ben d*en*
b*e*ßten Ruf. D*a*s Nachtheilige k*a*nn m*a*n also ihrem *Christenthum nicht*
d*i*e Schuld beilegen.

    Nun sind wir vermittelst di*eser* Armeni*e*r unser*en* Gegenden näher
gerükt; in di*eser* g*an*zen Ausbreitung angesehen sind sie schon etw*a*s
20 bemerkenswerthes, da d*e*ßungeachtet ein Zu*s*amm*en*halten unt*e*r ih*nen*
statt findet. Ihr *westlichster* Patriarch ist d*e*r in Venedig, d*e*r s*e*inen
E*i*nsetzungsbrief von d*e*m katho*l*isch*en* Patriarch*en* in Venedig nehm*en*
m*u*ß; obgl*e*ich d*a*s s*e*ine Unterordnung noch *nicht* involv*i*rt. Eine Nei-
g*u*ng *z*u einer monarchischen Verf*a*ßung h*a*t s*i*ch bei ihn*en* doch eigent-
25 *lich nicht* entwik*e*lt. Ihr K a t h o l i c u s ist fre*i*l*i*ch d*e*r Oberste; ab*e*r mehr
in B*e*ziehung *a*uf d*i*e Heiligk*e*it d*e*s Orts, d*e*n er inne h*a*t; sonst ist er
eig*en*tl*i*ch bloß ein Patriarch. Übrig*en*s könn*en* wir *a*uch b*e*i d*en* Armeni*e*rn d*a*s Bestreben d*e*r Katholik*en* sie *z*u s*i*ch überzuz*i*ehen, wahrneh-
m*en*; es gibt schon viel*e* uniirte Armeni*e*r, d*i*e *nicht* nur d*en* Primat d*e*s
30 Römisch*en* Bischo*f*s anerk*en*n*en*, w*a*s ab*e*r bloß Ehrensache ist, sond*e*rn
*a*uch d*i*e katho*l*ische Lehre von d*e*m Ausgang d*e*s H*e*il*i*gen Geistes; he*i*-
l*i*ge u*nd* Bild*e*r sind in ihr*en* K*i*rch*en* *a*uch, ebenso wi*e* b*e*i d*en* ander*en*
Armeni*e*rn; ob sie ab*e*r d*i*e Vorst*e*llung d*e*r Transsubstantiation ange-

---

21 *westlichster*] erster *(korr. nach Fink 36; Schmidt 49; Röseler 15')*

8 f *Nach Schubring 27; Schmidt 49 hatte diese Verfolgung ihren Grund in betrügerischem
Unterschleif armenischer Münzpächter. Schleiermacher meint offenbar ein Ereignis des
Jahres 1819: Sultan Mahmud II. (1808–39) ließ vier Mitglieder der armenischen Familie
Duzian hinrichten, denen Unterschlagung ihnen anvertrauten staatlichen Vermögens vor-
geworfen wurde. Mitglieder der Familie hatten zwischen 1757 und 1880 nahezu ununterbrochen die Aufsicht über das Finanzwesen des Sultans.*   31 *Vgl. unten 224,35–36 zum
„filioque".*

nommen haben ist sehr zweifelhaft, obgleich manche katholische Refe-
20ᵛ renten es so darstellen. | Es gibt freilich bei ihnen eine Verwahrung von
geweihtem Brod, was zu Ostern verfertigt wird, aber das ist bloß für die
Kranken und wird nicht als ein Sacramentliches angesehen. In eine be-
stimmte kirchliche oder theologische Berührung mit der protestantischen 5
Kirche sind die Armenier *nicht* gekommen, obgleich sie zu Amsterdam
London und Marseille wohnen; wo doch überall auch Protestanten sind.
Dann sind wohl viele gute Elemente in der Armenischen Gemeinde, aus
der sich viel schönes entwikeln könnte, wenn ein Neues Ferment hinzu
käme. 10
Nun gehen wir weiter westlich und reden

3. Von der griechischen Kirche.

Die bisher behandelten Parteien sind großentheils von der griechischen
Kirche ausgegangen, aber doch mehr auf dem Grund und Boden der
semitischen Sprachen angesessen; sie sind *nicht* allein von der griechi- 15
schen Kirche sondern auch von der griechischen Sprache abgesondert. –
Die griechische Kirche nun aber als Einheit zu fassen, hat auch seine
großen Schwierigkeiten, umso schwieriger wäre es gewesen, die anderen
noch mit zur griechischen Kirche zu rechnen, und sie mit den griechisch
redenden in eins zu bringen. 20
Was wir jetzt d i e g r i e c h i s c h e K i r c h e nennen ist nun auch nicht
einmal durch die Sprache zusammengehalten; denn es gibt viele griechische Christen, *welche* die griechische Sprache weder zur Kirchen-
sprache haben, noch zur Umgangssprache. Ebenso wenig haben sie eine
äußere Einheit eines gemeinen Zusammenhangs; was bleibt also eigent- 25
lich übrig, weshalb man sie als e i n e ansieht? Das ist wirklich schwer zu
sagen; die Sonderung der abendländischen Kirche von der griechischen
ist es eigentlich auf die man zurükkommen muß. Aber diese ist auch
etwas allmählig gewordenes und ist an verschiedenen Punkten zu
verschiedenen Zeiten ausgegangen; und dann gibt es ja auch uniirte 30
Christen, die mit der abendländischen Kirche in Verbindung stehen, und
die man doch zu der griechischen Kirche rechnet.
Gehen wir nun auf das Älteste zurük, so werden wir wohl sagen
müssen: woran sich zuerst eine Spaltung zwischen der Römischen und
sogenannten Griechischen entwikelte nämlich in der Lehre vom Ausgang 35
des heiligen Geistes (in der lateinischen Kirche der Zusatz filioque),

---

35f *Im dritten Artikel des Nicaeno-Constantinopolitanums von 381 (NC), des einzigen in
praktisch allen Kirchen rezipierten Glaubensbekenntnisses, heißt es über den Heiligen
Geist: „der vom Vater ausgeht". Seit Augustin (354–430) herrscht in der westlichen Kirche
die Vorstellung, daß der Heilige Geist vom Vater und vom Sohn ausgehe. So wurde der
dritte Artikel des NC in den Kirchen des spanischen Westgotenreichs (seit 589) und des*

da muß man anfangen. Der *zweite* Streit war der zwischen dem Römischen und Konstantinopolitanischen Patriarchen, die sich gegenseitig excommunicirten; dieser Gegensatz hat lange gepaßt, aber jetzt *nicht* mehr; denn der Constantinopolitanische Patriarch ist schon lange *nicht*
5 mehr das Oberhaupt der ganzen griechischen Kirche. Nun gibt es aber Punkte, die stringent zu sein scheinen. In der griechischen Kirche finden wir das Abendmahl unter beiderlei Gestalten, was zwischen der griechischen und römischen Kirche einen bestimmten Unterschied bildet. Dasselbe gilt von der Ehelosigkeit [*des Klerus*]. Die Spaltung erfolgte,
10 ehe bei dem niederen Klerus die Ehelosigkeit etwas Gesetzliches wurde, und davon weiß die griechische Kirche nichts, ebenso wenig wie von dem ersten. Übrigens darf man die griechische Kirche darum *nicht mit* uns | identificiren; denn die griechische Kirche hat offenbar mehr Ähnlichkeit mit der Römisch Katholischen Kirche. Da nun also die Schei- 21ʳ
15 dung zwischen der griechischen und abendländischen Kirche älter ist, als die Entstehung der protestantischen Kirche so haben wir auf diese gar *nicht zu* sehen. – Nun finden wir noch eine Differenz, nämlich die: daß keine allgemeine Einheit einer gottesdienstlichen Sprache bei den Griechen ist. Wenn wir nun aber den Zustand dieser Kirche wollen kennen

Frankenreichs (seit 767) um das Wort „filioque" („und vom Sohne") erweitert. Als es in Jerusalem zwischen fränkischen und griechischen Mönchen darüber zum Streit kam, ließ Karl der Große 809 auf einer Synode in Aachen das „filioque" bestätigen; Papst Leo III. billigte es zwar seinem Inhalt nach, wollte aber das NC nicht verändern. 867 verhängte Patriarch Photius von Konstantinopel über Papst Nikolaus den Großen (vor allem aus kirchenpolitischen Gründen, u. a. weil Nikolaus Photius nicht für rechtmäßig ansah und weil es Konkurrenz in der Slawenmission gab) Bann und Absetzung und machte dem Papst u. a. das „filioque" zum Vorwurf; das Schisma dauerte bis 870. Für Rom ließ erst Papst Benedikt VIII. i. J. 1014 das „filioque" in das NC und damit in die Liturgie der Messe aufnehmen. Vgl. dazu Boekels S. 331 f. 356–358. 1–3 I. J. 1053 unternahm Papst Leo IX., der das Ansehen des Papsttums sehr gehoben hatte und darin von Kaiser Heinrich III., seinem Vetter, unterstützt worden war, zusammen mit Deutschen und Byzantinern einen unglücklichen Feldzug gegen die Normannen in Süditalien, auf dem er in Kriegsgefangenschaft geriet. Kardinal Humbert reiste an der Spitze einer Delegation nach Konstantinopel und verhandelte über die Erneuerung des Bündnisses. Die Verhandlungen scheiterten nicht nur, sondern führten 1054 (Leo IX. war inzwischen frei gekommen, aber kurz darauf gestorben, ein Nachfolger war noch nicht gewählt) auch zur gegenseitigen Verdammung zwischen Humbert und Michael Caerularius, dem Patriarchen von Konstantinopel. Damit war die Spaltung zwischen griechischer und römisch-katholischer Kirche perfekt. Rangstreitigkeiten zwischen Rom und Konstantinopel hatte es seit dem 4. Jh. gegeben, Schismen u. a. in den Jahren 484–519 und 867–70. Vgl. dazu auch Boekels S. 304. 355–360. 9–12 Zum definitiven Schisma zwischen griechischer und lateinischer Kirche kam es 1054 (s. o.). Erst seit etwa 1200, mit der Vorstellung von der Transsubstantiation (1215 auf dem IV. Laterankonzil dogmatisiert) die Scheu vor den eucharistischen Elementen, besonders dem leicht zu verschüttenden Wein, wuchs, nahm bei der Meßfeier in der lateinischen Kirche nur noch der Priester den Kelch. Die Konzile von Konstanz und Trient bestätigten 1415 bzw. 1551 gegenüber Hus und den Reformatoren, daß den Laien der Kelch nicht zu reichen sei. Die Beschlüsse des Trullanischen Konzils (Konstantinopel 692), das u. a. den Zwangszölibat für Priester verbot, wurden zwar von Papst Segius I. verworfen. Doch erst seit 1074 setzten die Päpste den Zölibat für Priester durch. Vgl. Boekels S. 317. 369 f. 395. 409. 12–14 Vgl. CG¹ § 26 Anm. (CG² § 23,1).

lernen, so ist es *nicht* möglich, daß wir bei der Einheit stehen bleiben
können, die zwischen beiden doch Statt hat. Das ist *zu* unbequem, wir
müssen also *auf* eine Theilung der Sache denken. Da weiß ich aber doch
keine bessere als die *durch* die Sprache; und da zerfällt die *ganze* in d r e i
v e r s c h i e d e n e R e g i o n e n : Das Centrum bildet die g r i e c h i s c h e   5
S p r a c h e die ältere und neuere; nach Osten hin gibt es u n g r i e c h i s c h e
T h e i l e , das ist das U n g r i e c h i s c h e n a c h d e m O r i e n t a l i s c h e n
hin; und dann *nach* Westen hin, *welches* das U n g r i e c h i s c h e n a c h
d e m S l a w i s c h e n hin bildet.

[*Orientalisch-ungriechische Griechen*]   10

Die griechische Kirche im Allgemeinen ist sehr ausgebreitet; es gibt unter
den Drusen in der Nähe der Maroniten eine bedeutende Anzahl griechischer Klöster und in der ganzen Gegend von dort bis Palästina, Tripolis, Aleppo gibt es griechische Christen, Uniirte und Nicht-Unirte,
welche arabisch reden, ihren *Gottesdienst* aber in der griechischen Spra-   15
che halten. So gibt es in N a t o l i e n viele *Christen*, die nun gar kein
Griechisch wissen *nicht* einmal das Neugriechische; sie reden turkisch,
was sie aber *mit* griechischen Lettern schreiben; ihren *Gottesdienst*
halten sie griechisch; aber es [*ist*] damit wie *mit* dem Latein im Mittelalter, sie verstehns *selbst nicht*. Etwas dem ähnliches ist die g e o r g i -   20
s c h e o d e r g r u s i n i s c h e K i r c h e . Georgien ist erst seit kurzem und
nicht ganz unter rußischer Oberherrschaft; es gehört *zu* den kaukasi-
schen Ländern. Einige Stämme wollen sich der russischen Oberherrschaft noch *nicht* recht fügen; von diesen sind *auch* manche *Christen*, die
sich zur Griechischen Kirche bekennen. Sie sind jetzt freilich *mit* der   25
russischen Kirche so vereint, daß ihr erster Geistlicher, Katholicus in
Tifflis Hauptstadt des russischen Georgiens, ein beständiges Mitglied
der dirigirenden russischen Synode ist; aber sonst hat die Russische Kirche noch wenig Einfluß gehabt. Es herrscht dort z.B. noch eine Art von
Lehnswesen, es ist *dieselbe* Erscheinung hier, die wir im Abendlande in   30
früherer Zeit kannten, *mit* derselben Licenz und Unwissenheit. Es ist *nur*
der Patriarch, *welcher* in dieser Hinsicht den geistlichen Stand angemes-
sen repräsentirt; er ist schon von diesem weltlichen Leben abgesondert,
da er immer aus den Klöstern genommen wird. Für *das* geweihte Brod,
das besonders am grünen Donnerstag geweiht *wird* aber besonders zur   35

---

6 *Osten*] Norden   21 g r u s i n i s c h e] drusinische   30 *dieselbe*] diese   31 *nur*] nun

ἀναφορὰ dient, haben die Georgischen und Drusen Priester eine große Verehrung und tragen es immer bei sich herum. [Doch hängt dieß durchaus nicht mit dem Sacrament oder mit der Transsubstantiation zusammen, wovon sie gar nichts wissen. Bei den begüterten Vornehmen
5 ist es sehr gewöhnlich, daß sie sich einen Ablaßbrief und einen Empfehlungsbrief an den heiligen Petrus mit in den Sarg legen lassen. Man sieht da also schon ein bedeutendes Gesunkensein des Christenthums in das Magische.]

1. Die griechische Kirche bei den National-Griechen.

10 Wir reden erst von der griechischen Kirche bei den Nationalgriechen und dann bei anderen Nationen.

Die griechisch redenden Christen sind unter türkischer Oberherrschaft, sowohl die eigentlichen Griechen, als auch zum Theil die aus Mischnationen bestehenden, die Servier Wallachen, die zum Theil auch
15 unter österreichischer Hoheit stehen. Alle sind im Grunde aber doch eines und desselben Glaubens. | Das sogenannte apostolische Symbol hat 21ᵛ bei den Griechen keine so große Autorität als bei den Katholiken. Ihr allgemeines Glaubensbekenntniß ist das nicänisch constantinopolitanische Symbol. Nun aber gibt es außerdem ein von den Griechen und
20 Russen gemeinschaftlich anerkanntes Religionsbuch, welches das Nicänische Symbol zu Grunde legt, aber in Form eines Katechismus die griechische Lehre auseinandersetzt; die Servier und Wallachen erkennen ihn aber nicht so bestimmt an. Zu der Zeit der Reformation lenkte sich natürlich die Aufmerksamkeit der Reformatoren auf die Differenz der
25 Römischen und Griechischen Kirche, wo damals noch überall die Römische Kirche und der Pabst alljährlich in den Bann gethan wurden. Dies gab von Seiten der Protestanten Anlaß zu Unionsversuchen mit der griechischen Kirche; es fanden auch einzelne Erwiderungen statt; es kamen einige Griechen nach Wittenberg; und es gab damals wirklich An-

---

2–8 [Doch … Magische.]] *Schubring 29. Die Passage bieten auch: Fink 39; Stolpe 273; Schmidt 53; Röseler 16ᵛ.* **14** Wallachen] Balatten **20** *welches*] *welche* **22** Wallachen] Balatten

---

19 *Zusatz Schubring 29 (Fink 39; Stolpe 273; Schmidt 53; Röseler 16ᵛ): „Dieß ist die Grundautorität für alle; und die Unterschiede zwischen der griechischen Kirche und den Parteien welche wir bisher gehabt haben; denn es kommen darin schon Ausdrücke vor welche gegen die Monophysiten gerichtet sind." – Zum NC vgl. oben 224,35–36. Zum Problem, ob das NC, das gegen trinitarische Häresien aufgestellt ist (Arianer, Pneumatomachen, Marcell von Ancyra), sich auch gegen die christologische Häresie (Apollinaris von Laodicea) richtet, vgl. S. Gerber: Theodor von Mopsuestia und das Nicänum, S. 283–285.*

näherungen an die protestantische Ansicht; besonders der Metropolit
Cyrill Lucaris nachher Patriarch von Alexandria und Constantinopel, früher war er Vorsteher der griechischen Schule zu Wilna gewesen
und so in unmittelbarer Berührung mit der Römischen Kirche. Nach
seinem Glaubensbekenntniß kam er in vielen wesentlichen Stüken mit   5
den Protestanten überein. Wie es aber damals ging, daß der Patriarch oft
durch Intriguen abgesetzt wurde, so geschah es auch diesem im besonderen durch den Einfluß der Römischen Kirche. Sein Nachfolger 1629
romanisirte um desto mehr und so kam endlich wieder eine stärkere
Annäherung an die Römische Kirche in die griechische Kirche hinein.   10
Peter Mogilas in Kiew faßte nun, obgleich sonst Alles ruhig, die
Idee eines solchen allgemeinen Religionsbuchs und sctzte dies zuerst auf
als Glaubensbekenntniß der russischen Kirche in griechischer Sprache:
ἔκθεσις |τῆς| τῶν Ρώσσων πίστεως. Eine gemeinschaftliche russische
Comission der vier griechischen Patriarchen (aus Constantinopel Alex-   15
andria Antiochia und Jerusalem) machte noch einige Änderungen darin
und so erschien das Buch nachher unter dem Titel: ὁμολογία ὀρθοδοξος
τῆς καθολικῆς καὶ ἀποστολικης ἐκκλησίας τῆς ἀνατολικης. Das ist also
ihr gemeinschaftliches Religionsbuch, | es ist aber sehr römisch; früher
22ʳ | hatte man dies Römische in den Bekenntnißschriften noch _nicht_; indeß   20
ist es auch hier nicht als wesentlich kirchlich anzusehen. Erst kurz vorher hatte ein unirter Grieche ein griechisches Wort aufgebracht für die
lateinische Transsubstantiatio μετουσιωσις und dies hat erst in diesem
Katechismus seinen Ort gefunden. Der frühere Ausdruk dafür war mehr
rhetorisch als dialektisch.   25

Die Griechische Kirche hatte eigentlich nur _drei_ Sacramente, die
Priesterweihe und unsere _zwei_, μυστηρια genannt. (Den Ausdruk: sacramentum haben sie _nicht_). Die anderen Gebräuche waren zwar, hatten
aber _nicht_ daßelbe Ansehen, und um dies zu vertilgen hat die Salbung
gleich nach der Taufe ihre Stelle bekommen. Nun, wenn man spätere   30
Katechesen der griechischen Kirche betrachtet, so findet man da das
Romanisiren sehr gemildert und fast verschwunden (so der Katechismus
des Archimandriten Platon, der ins deutsche übersetzt wurde, der

---

9 _romanisirte_] räsonnirte _(korr. nach Schubring 30.)_   11 _Kiew_] Wien   33 _des Archi-
mandriten_] von Richard

11–21 _Stäudlin I, S. 269–274. Vgl. dazu Exzerpte zur griechischen Kirche [26.]; Griechischer
Zweig 15._   29 f _In der römisch-katholischen Zählung der Sakramente steht die Firmung
hinter der Taufe an zweiter Stelle. Indem also bei den Orthodoxen übliche Salbung
nach der Taufe zu einem eigenen Sakrament erklärt wird und in der Zählung der Sakramente ebenfalls den Platz hinter der Taufe bekommt, sie also die Stelle der Firmung
einnimmt, soll die orthodoxe Sakramentenlehre der römisch-katholischen angeglichen
werden._

Unterricht des verstorbenen Kaisers Paul) die eigentliche Praxis gestaltet sich aber immer mehr in die Ähnlichkeit mit der römischen Kirche hinein. Auch der Ausdruk, der bei den griechischen Vätern anerkannt und natürlich ist, daß das Abendmahl ein Opfer genannt wird, ist in der
5 jetzigen Confession völlig römisch behandelt. Das bloße Gewärtigsein beim Abendmahl sei schon heilig. Das katholische Ablaßwesen hat die griechische Kirche freilich nicht; auch nicht den thesaurum supererogatum, aber die Lehre von der satisfactio in Verbindung mit der Lehre von der Beichte und äußeren Handlungen bei der pönitentia ist in der Praxis
10 sehr begünstigt. Wenn der damals fixirte Glaubenszustand in dieses Religionsbuch aufgenommen ist, so ist es auch so geblieben, ohne daß in der griechischen Kirche seitdem die lebendige dogmatische Entwiklung [förmlich] stattfand wie in der abendländischen Kirche, wo die Differenz dieses dogmatische Leben sehr begünstigt. Die Unionsversuche sind da-
15 her verschwunden und die griechische Kirche befindet sich in einer dogmatischen Ruhe. Das hat seinen Grund darin, daß sie sich noch in einem anderen Punkt völlig katholisch ausgesprochen hat, indem sie die Tradition neben die heiligen Schrift als Glaubensregel feststellt und diese auf die allgemeinen Concilien beschränkt. Die griechische Kirche räumt aber
20 keinem das Recht ein, irgend etwas an der Lehre zu verändern, was ihr nun freilich gar nicht zu besonderem Vortheil gereicht. |
In der eigentlichen griechischen Kirche ist auch wenig Veränderlich- 22ᵛ keit in der practischen Behandlung der Glaubenslehren zu erwarten; sie

---

2 *römischen*] griechischen

6 *Zusatz Schubring 30 (Fink 41; Stolpe 274; Schmidt 55; Röseler 17ᵛ): „es sei ein Opfer für die Sünden der Lebenden und Verstorbenen Gott dargebracht. Es ist also ganz falsch, wenn man eine solche Vorstellung hat als ob die griechische Kirche in solchen Hauptpunkten der protestanischen Kirche näher stände als der katholischen. Denn was den anderen Punkt, welcher die Rechtfertigung betrifft so muß man bedenken daß der ganze Streit, welcher durch Augustin und Pelagius entstand in die griechische Kirche nicht übergegangen ist, und sie sich in völliger Indifferenz dagegen verhält." – In der Zeit der Gegenreformation bildete die römisch-katholische Kirche die durch die Kirchenväter und die Ablaßpraxis des Mittelalters vorbereitete Lehre aus, daß bei der Messe der Priester Gott ein Opfer darbringe, eine Erinnerung und zugleich eine Repräsentation und unblutige Wiederholung des Opfers von Golgatha, das auch ohne Kommunion der Gemeinde zum Heil wirke, indem es den Schatz der überschüssigen Verdienste, über den die Kirche verfüge, erhalte und vergrößere. Während die Protestanten die Meßopferlehre verwarfen, fand sie in der griechischen Kirche Eingang, ohne allerdings die gleiche Bedeutung wie in der römisch-katholischen Kirche zu erlangen. – Im Streit um die Rechtfertigung beriefen sich die Reformatoren sich auch auf Augustin, der im pelagianischen Streit (411–431) jeden Anteil des menschlichen freien Willens und menschlicher Verdienste an der Seligkeit geleugnet hatte. Die griechische Kirche hatte an diesem Streit kaum teilgenommen. Die lateinische Kirche verurteilte zwar den Pelagianismus (u. a. Synoden von Karthago 418 und Orange 529), machte sich aber Augustins radikale Position nicht ganz zu eigen. Im jansenistischen Streit (1640–1713) entfernte sich die römisch-katholische Kirche immer weiter von Augustin.*
7f *D.h. die Vorstellung vom Schatz der guten Werke und überschüssigen Verdienste, über den die Kirche verfügt und aus dem sie Ablässe vergeben kann; er wird besonders durch die Darbringung des Meßopfers erhalten und vergrößert.*

sind nur ein statutarisch in den Bekenntnißbüchern Ruhendes und in der
Liturgie sich Wiederholendes. Schwerlich läßt sich denken, daß durch
etwas Anderes als durch eine Berührung mit dem abendländischen Leben, dieses kann abgeändert werden.

12. Stunde Über die Beschaffenheit des Gottesdienstes in der griechischen Kirche.   5

Wir finden hier manche Analogien mit den übrigen Parteien im Orient.
Sie fangen ihren Gottesdienst früh an bei Kerzenschein. Das Wesen des
Gottesdienstes ist das liturgische und nun wird [er] überall in diesem
Theil der christlichen Kirche in der alt griechischen Sprache gehalten,
die nur von wenigen verstanden wird von dem Volke gar nicht. Die   10
Verwandschaft zwischen dem Neugriechischen und dem Alten ist etwa
so wie die zwischen dem Romanischen und dem Lateinischen. So findet
man auch in neugriechischen Büchern die biblischen Stellen in altem
Griechisch. Das Predigen geschieht freilich mitunter in der neugriechischen Sprache; aber es kommt selten vor und ist etwas unwesentliches;   15
im Gegensatz gegen die ältere Kirche. – Die griechische Liturgie ist nun
sehr ausführlich; es gibt mehrere Bücher, aus denen man sich vollständig
darüber unterrichten kann. Es wird auch viel gesungen, aber nicht von
der Gemeinde, sondern vom Chor unter Leitung der Vorsänger, die ein
besonderer geistlicher Ruf ist. Dazwischen stehen: lesen aus der Schrift,   20
aus alten Legenden, Predigt, und Lesen aus älteren Homilien. Die griechische Kirche hat, wie wir gesehen haben auch ein Meßopfer; und so ist
denn das Messelesen das häufigste Geschäfft der Geistlichen. Nun gibt
es viel Superstition in der griechischen Kirche und die Geistlichen haben
unendlich viel zu thun mit Besprechung etc, so daß ihre ganze Theologie   25
am Ende d a r i n aufgeht. Das größte Fest in der griechischen Kirche i s t
d a s O s t e r f e s t. Es fängt am grünen Donnerstag an: mit einer Menge
von Gebräuchen: dem Heiligen des Brods mit Wein begossen bei Aussprechung einer besonderen Formel und dann wird es so verwahrt und
am Sonntag nach Ostern wird das Brodt geräuchert in kleine Stückchen   30
zerschnitten und für die Kranken aufgehoben; das ist das was gewöhnlich die ἀναφορά genannt wird; es wird mehr Brod dargebracht, als zum
Abendmahl nothwendig ist; es wird dann unter den Übrigen Christen
vertheilt. Dem zu Ostern geheiligten Brod wird aber noch eine besondere
Kraft zugeschrieben.   35

---

18 *Zusatz Schubring 31 (Stolpe 275; Schmidt 56; Röseler 18'): „Dabei ist die ganze Ab-*
stufung der Geistlichkeit thätig".

Es ist b*ei* ihnen nun *auch di*e H a n d l u n g d e s F u ß w a s c h *e*n s am
grünen Donnerstag üblich; d*er* Bischof wäscht d*e*n übrig*e*n G*ei*st*l*ich*en* |
d*i*e Füße u*n*d so v*on* oben herab; u*n*d so geht auch am grün*en* Donners- 23ʳ
tag an: d*i*e Verles*un*g der Leidensgesch*i*chte, die nun dramatisirt wird,
5   u*n*d da *muß* denn immer dafür gesorgt w*er*d*en* d*aß* ein rothbärtiger
Judas da ist, der *muß* aber *n*achher machen, d*aß* er davon kommt. Es
gibt ab*er* in d*er* gri*e*ch*i*sch*e*n K*i*rche eine Menge v*on* D*a*nkfesten u*n*d
heil*i*g*e*n Tag*e*n, di*e* aber *nicht* alle gl*ei*ch allgemein sind. In B*e*ziehung
*au*f di*e* Verwaltung des *Sac*r*a*ments wird d*a*s Abendmahl in beiderlei
10 Gestalt*e*n ausge*theilt: d*a*s gesäuerte Brod wird gebrochen u*n*d ein Stük
davon in ei*n*e*n* Löffel v*on* Wein getha*n* u*n*d so b*ei*des gereicht. D*i*e Kindertaufe wird großentheils ziemlich spät verrichtet; am *achten* Tag ab*er*
find*e*t als ein Anfang der Taufe schon d i e V e r s i e g e l u n g statt, wo-
durch die Seligkeit der Kinder *für* d*en* Fall des Todes soll gesichert w*er*-
15 d*en*. D*i*e Taufe w*i*rd ab*er* b*ei* ihn*en* *nicht* wes*e*ntlich in d*er* Kirche
verrichtet; sie w*i*rd gewöh*n*lich im Hause vollzogen, wo denn irg*en*d ein
heil*i*g*er* Ort, ein Altarblatt u*n*d dergl*ei*ch*e*n sein *m*uß.   In Beziehung
*au*f d i e E h e wird nun in d*er* gri*e*ch*i*sch*e*n K*i*rche *au*ch noch *au*f die in
Moses Gesetz gebot*e*n*e*n Grade geh*a*lten. Das ist früher in d*er* g*a*nzen
20 *ch*r*i*stlichen Kirche der Fall gewesen. D*i*e türk*i*sch*e*n Obrigk*ei*ten h*a*ben
aber *a*uch ein Recht davon z*u* disp*e*nsiren, in *w*elch*e*m Fall ab*er* di*e* Ehe
*k*eine kirch*l*iche Gültigkeit mehr h*a*t, und der Bischof h*a*t dann d*a*s
Recht z*u* excommuniciren u*n*d das w*i*rd sehr gefürchtet. Was nun d*a*s
Übrige kir*ch*liche Leben im G*a*nzen bet*r*i*fft* so ist eine große M*e*nge v*on*
25 Gebräuchen u*n*d äußer*lich*en Beobacht*un*g*en*: von Gri*e*chenland aus
w*i*rd in ruhig*e*n Zeiten häufig gewallfahrtet *n*ach Jerusalem u. s. w. hin.
Besprechungen u. s. w. *für* einzel*n*e Unglüksfälle u. s. w. sind in d*er* gri*e*-
chischen K*i*rche *au*ch wie in d*er* Röm*i*schen K*i*rche. Auch den Rosenkranz h*a*ben sie *w*elch*er* wahrsch*ei*nlich v*on* dorther ins Abendland
30 gekomm*e*n ist u*n*d *au*s d*e*m w*e*iteren Osten stammt, d*e*m eine b*e*sond*e*r*e*
magische Kr*a*ft beigelegt wird. Jedes Haus h*a*t sein b*e*sond*e*res Heilig*e*n
od*er* Marienbild, *v*or d*e*m eine Lampe brennt u*n*d gebet*e*t wird. Nun
könn*e*n die Heiligen noch immer vermehrt w*er*d*e*n; d*er* Patriarch h*a*t d*a*s
Recht z*u* canonisiren; aber es *muß* viele Liebhaber *für* einen kräftig*e*n
35 Heilig*e*n geben, denn d*i*e Sache macht viele Umstände u*n*d Kosten.

---

1 F u ß w a s c h e n s] Fuschwaschens   10 ausgetheilt] getheilt   29 f *welcher …
stammt*] *Schubring 32 (Anonym:* „aus der Römischen Kirche")   32 vor] wo

---

17 *Zusatz Schubring 31 (Stolpe 275; Röseler 18ᵛ):* „*nur gewöhnlich so lange verschoben bis
die Reinigungszeit der Mutter vorbei ist*".

Was das Verhältniß der Priester zu den Laien betrifft, so ist der Unterschied ebenso streng als in der Katholischen Kirche. Im Klerus selbst aber ist wieder ein sehr bestimmter Unterschied; die reinen Weltgeistlichen sind verehelicht; die Klostergeistlichkeit ist es nicht und aus ihnen wird immer die höhere Geistlichkeit genommen. Die verheiratheten 5 bringen es nicht weiter, als bis zum Obersten in einer Kathedral-Kirche. |

23ᵛ Die niederen Geistlichen [sind] die Presbyter und Erzpriester. Diese müssen alle verheirathet sein, dürfen aber auch nur einmal heirathen; wenn er Wittwer geworden ist, so verliert er sein Ammt und geht unter dem Namen Hicromonachus in das Kloster, aus diesem werden gewöhnlich 10 die Bischöfe genommen. Die Mönche theilen sich nun in ἡγούμενοι die Vorsteher kleiner Klöster und die Archimandriten, die Vorsteher größerer Klöster. Die Klöster stehen aber nicht unter den Metropoliten. Merkwürdig ist noch, daß die Priester die liturgischen Handlungen zwar verrichten, selbst aber nie die Beichte annehmen, sondern das thun die 15 Mönche und besonders die Mönche des heiligen Basilius, die umher reisen und Beichte hören und bei der Gelegenheit Geschenke für ihre Klöster einsammeln; sie wohnen auf dem Berg Athos, wo der größte Sitz ist für die Mönche. Diese ganze Halbinsel ist von Klöstern besetzt die aber eine Verfassung zusammen haben. Es sollen einige 1000 20 Mönche da leben; die Klöster sind theils griechisch theils bulgarisch und auch ein armenisches Kloster ist da. Auf diesen Klöstern sind nun Schulen, wo auch das AltGriechische gelehrt wird.

Das Kirchenregiment hat nun in der griechischen Kirche viel Eigenthümliches; es ist mit dem geistlichen eine Art von weltlichem verbun- 25 den, was sich gerade durch die türkische Obrigkeit gemacht hat. Da die Christen einen anderen Glauben haben, so können sie nicht von den geistlichen obrigkeitlichen Personen der Türken behandelt werden und so haben sie denn den griechischen Geistlichen eine untergeordnete Obrigkeitlichkeit [gewährt]; der Patriarch bekommt einen Stab mit einem 30 elfenbeinernen Knopf als Investitur, den der Sultan ihm bei seiner Einsetzung zugleich mit dem Kaftan überreichen läßt. Er ist die höchste obrigkeitliche Person unter den Griechen; auch bei dem Sultan und überhaupt steht der Patriarch in großem Ansehen; er hat den Rang eines Pascha von drei Roßschweifen. Er kann nun seine Erkenntnisse machen 35 wie er will, sie finden in ihrer Ausführung die obrigkeitliche Unterstützung. Es besteht nun in Constantinopel eine immerwährende Synode aus acht Metropoliten und Bischöfen an deren Spitze der Patriarch steht.

24–37 *Stäudlin II, S. 594–599. Vgl. Exzerpte zur griechischen Kirche [9.].*

Hier haben alle auswärtigen Bischöfe und Erzbischöfe ihre besonderen
Vertreter und hier ruht das ganze Kirchenregiment. Der Patriarch wird
von dieser Synode gewählt; aber das ist nur ein Schein; die Synode hat
auch weltliche Mitglieder, und diese haben die entscheidende Stimme. |

5   Von dieser Synode werden auch die anderen Erzbischöfe und Bischöfe   24ʳ
nicht ernannt aber bestätigt; aber die Synode hat am Ende doch immer
das Vorstellungsrecht, so daß am Ende die Wahl durch die Gemeinde
auch nur ein Schein ist. Zu manchen Bisthümern hat nun der Patriarch
aber das ausschließende Besetzungsrecht. Alle müssen aber eine Bestä-
10   tigung des Sultans haben. Ordinirt werden die Bischöfe von dem Patriarchen oder von seinem Stellvertreter. Außer dem Patriarchen in Constantinopel gibt es nun einen in Antiochia der in Constantinopel lebt von
der Gnade des anderen, weil seine Diöcese in Verfall ist. Daßelbe gilt in
geringerem Grade vom Patriarchen zu Jerusalem. Es gibt nun etwa 50
15   Erzbischöfe und Metropoliten, und etwa 120 Bischöfe, das erste ist aber
bloß ein Titel. Eine bischöfliche Ernennung ist aber mit bedeutenden
Kosten verbunden eben wegen der Bestätigung von der türkischen Pforte. Daher geschieht es, daß seit kurzer Zeit die bischöflichen Sitze verringert worden sind.

20   Die weltliche Gewalt des Patriarchen und der Bischöfe ist nun da-   13. *Stunde*
durch beschränkt oder vielmehr rectificirt, daß weltliche Mitglieder
müssen zugezogen werden; das sind dann die Angesehenen, die Primaten
der Griechen. Es gibt nun außerdem noch einen Antheil, den die
Geistlichen haben an den ökonomischen Angelegenheiten der Gemeinde.
25   Es gibt in Constantinopel ein Collegium über das Gemeinwesen, das aus
vier Bischöfen, vier Primaten und vier aus dem Bürgerstand besteht;
ebenso ist es an anderen Orten in größeren Kommunen; das hat auch
seinen Grund darin, daß die Türken alles auf die religiöse Communität
zu beziehen pflegen; dennoch darf man sich aber den Zustand der äu-
30   ßerlichen Kirche nicht als glänzend denken, sondern in höchstem Grade
beschränkt. Die Türken sind zwar nicht proselytenmacherisch; es würde
auch ein Unglük für sie sein, wenn die Griechen wollten Türken werden,
weil sie dann die Griechen nicht mehr könnten in diesem Zustand der
Unterwürfigkeit lassen. Doch aber legen sie der Ausübung des christli-
35   chen Gottesdienstes viele Schranken in den Weg. Es sollen gar keine
neuen griechischen Kirchen gebaut werden; lassen die Griechen sie

---

1 alle ... Erzbischöfe] *Schubring 33 (Anonym: „die verschiedenen* Priester u.s.w.")   14
50] 150   25 *das*] die

29–234,14 *Stäudlin II, S. 588–591*

verfallen, so dürfen sie keine neu bauen; selbst wenn es auch nur bedeutende Reparaturen gibt, so müssen sie die Erlaubniß dazu mit schweren
Summen erkaufen. Für die Geistlichen ist die Bildung nun auch sehr
mangelhaft; es findet sich außer dem geistlichen Stand mehr Bildung als
in demselben. Die niederen Geistlichen die verheirathet sind, scheinen   5
nicht aus den höheren Kreisen der Bildung herzurühren; sie haben selten
eine Kenntniß von der alt griechischen Sprache. Wenn man nun bedenkt,
daß der Gottesdienst größtentheils liturgisch ist und je vorherrschender
das Gewicht ist, das man auf äußerliche Werke legt, so sind auch die
Geschäffte | der Geistlichkeit darin abgeschlossen, es fühlt niemand, daß   10
ihnen dabei etwas fehlt. Die höhere Geistlichkeit aus den Klöstern hat
nun damit einige Bildung erhalten; man hat da noch förmliche Schulen;
mit denen geht es denn so nothdürftig. Das Volksunterrichtswesen
scheint aber in gar keinem Zusammenhang mit der Kirche zu stehen.
Hier sehen wir also die Analogie mit der Richtung der katholischen   15
Kirche auf das stärkste hervortreten. Denn wenn nicht die Reibung mit
der Evangelischen Kirche wäre auf der einen Seite und auf der anderen
wieder ein großer politischer Einfluß der Geistlichkeit, so wäre im inneren Wesen der katholischen Kirche die Veranlassung nicht länger die
Geistlichkeit zu einem höheren Grad geistlicher Bildung zu bringen. Wir   20
haben noch zwei besondere Zweige der griechischen Kirche zu betrachten 1.) die russische, 2. die walachische d.h. solche die aus einer
Mischung von slawischen und anderen Völkern bestehen und nicht griechisch reden.

2. Die russisch-griechische Kirche   25

In Beziehung auf das Dogma und das unmittelbar Kirchliche das Verhältniß des Clerus zum Volk u.s.w. ist nun hier nichts Eigenthümliches
zu sagen; das neuste symbolische Buch der orthodox-griechischen Kirche
ist eigentlich von der russischen ausgegangen. Die Kirche befindet sich
hier in derselben dogmatischen Unthätigkeit, in welcher sich die eigent-   30
liche griechische auch befindet. Was wir also besonders zu betrachten
haben ist das durch die politischen Verhältnisse bedingte und dann ein

---

22 walachische] walakkische

11 *Zusatz Schubring 34 (Fink 46; Schmidt 61; Röseler 20'):* „so daß der Wahrscheinlichkeit
nach, auch wenn die Griechen in einen besseren Zustand kommen, so wird die geistige
Cultur am spätesten in den geistlichen Stand eindringen, wenn hier nicht auch andere
Ansichten herrschend werden".

24ᵛ (margin, left of line 10)

Gegensatz zwischen dem großen Körper der Hauptmasse und abwei-
chenden Sekten von einander.

Der Unterschied zwischen Klerus und Laien, und auch die innere
Organisation ist ganz dieselbe als in der eigentlichen griechischen Kir-
5   che.

Nun hatten wir in der eigentlichen griechischen Kirche die von einander unabhängigen aber doch mit einander in Verbindung stehenden
einen gewissen Rang unter sich einnehmenden Patriarchen; und die in
Constantinopel bestehende immer während Synode; wenn die anderen
10   Patriarchen in Constantinopel sind, so haben sie dann immer ein Dokument ihres kirchlichen Zusammenseins gegeben, und was denn da
beschlossen wurde, galt denn auch für die übrigen Patriarchen.

In Rußland war sonst auch ein solches Verkehr mit dem Patriarchen
von Constantinopel, außer diesem war aber eine Ungleichheit unter den
15   Bischöfen aber ohne bestimmtes Verhältniß. Es gab einige Erzbischöfe.
Nur erst im 17 Jahrhundert wurde ein Patriarch für die Russische
Kirche ernannt, deßen Anerkennung auch von der übrigen griechischen
Kirche keine Schwierigkeit scheint gehabt zu haben. Peter der Große der
dies Patriarchat vorfand, war demselben *nicht* besonders günstig. Da die
20   höhere Geistlichkeit das Recht der Excommunication hatte, so war ihm
eine concentrirte Societät zu gefährlich. Er ließ also bei einer entstehenden Vakanz das Patriarchat durch einen Erzbischof versehen, ohne ihn
zu einem Patriarchen zu machen; und als dieser starb so setzte er die
heilige regierende | Synode ein, ähnlich der in Constantinopel; und dieser   25ʳ
25   gab er nun die Rechte des Patriarchats; diese besteht nun aus einer Anzahl von Geistlichen und weltlichen Mitgliedern, die von kaiserlicher
Ernennung sind. Dieser sind alle Bischöfe untergeordnet; die Bischöfe
sind wieder Erzbischöfe, Metropoliten und Bischöfe, die aber alle auf
dieselbe Weise zu dieser Synode stehen. Was nun die Synode beschließt
30   bedarf aber noch der Bestätigung des Kaisers; aber er weicht *nicht* gern
von ihren Bestimmungen ab. Diese Synode hat ihren Sitz in Petersburg
und eine Comission derselben in Moskaw. Der Zustand der russischen
Geistlichkeit ist nun auch *nicht* viel besser daran, als [der] der griechischen. Die niederen Geistlichen stehen in großer Ammtsautorität, aber
35   auch weiter *nicht*s. Darauf beruht ihre Autorität, und darauf beschränkt
sie sich; und es ist noch *nicht* lange her, daß die Geistlichen in Russland
eximirt sind von körperlicher Strafe. Die russische Kirche hat auch dieselbe Differenz der gottesdienstlichen Sprache und der gewöhnlichen;
nur ist ihre Sprache *nicht* die alt griechische sondern die alt slawonische;
40   in dieser wird die ganze Liturgie gehalten und es ist *nicht* lange her, da

existirte auch die Bibel noch bloß in dieser Sprache. Peter der Große
wollte sie in die eigentliche russische Sprache übersetzen lassen; aber es
kam *nicht zu* Stande. Man findet noch eine Ausgabe der slawischen
Bibel unter Peter besorgt, wo die eine Hälfte des Blatts leer gelassen ist;
die Geistlichkeit *muß sich* also wohl stark opponirt haben.   5
    Erst in diesem Jahrhundert ist eine rußische Übersetzung der Bibel zu
Stande gekommen; zuerst die Evangelien, so daß das Slawische auf der
einen und das Rußische auf der anderen stand. Und erst 1823 ist eine
rußische Bibel herausgekommen ohne slawischen Text. Man gibt sich
nun auch viele Mühe die Bibel unter dem Volk zu verbreiten. Es ist in   10
der russischen Kirche schon seit langer Zeit eine bedeutende Spaltung
entstanden, die sich so mannigfach und verworren organisirt hat, daß es
schwer ist, hinter die eigentliche Beschaffenheit der Sache zu kommen.
Es gibt nämlich in Rußland eine Secte die Rascolniken heißen, d.h.
Schismatiker; das können nun ganz verschiedene Glaubensgenossen sein.   15
Es findet sich unter ihnen viel Enthusiasmus aber auch viel Fanatisches.
Die Unterschiede sind nun *wesentlich* diese.
    Schon im 13 und 14 Jahrhundert gab es solche Rascolniken; die
ersten erinnern an eine ähnliche Spaltung in der altgriechischen Kirche.
Es *fragte sich* wie oft das Halleluja in der Liturgie vorkommen sollte und   20
ob [man] bei der Taufe rechts oder links um den Altar gehen sollte und
mehr dergleichen Kleinigkeiten. Ebenso entstand im 14 Jahrhundert ein
25ᵛ Auflehnen | gegen die Gebühren der Priesterweihe; man schalt es Simo-
nie; der Geistliche solle sein Ammt so *nicht* erkaufen. Daran knüpfte
sich nun ein Streit über die Beichte; denn man wollte einem solchen   25
Geistlichen *nicht* beichten; und so entstand ein Streit über die Nothwendigkeit der Beichte überhaupt. Nun wurde nachher freilich auf einer
Synode beschlossen, diese Gebühr aufzuheben; aber über die Beichte
blieb noch die Spaltung. Die neueren Rascolniken sind im 17. Jahrhundert entstanden auf gelehrte Veranlassung; es entstand unter denen,   30
welche sich auf die Sprache etwas legen, eine große Klage über die
Unrichtigkeit der alten Kirchenbücher (worin die Liturgie u.s.w. verzeichnet war) und es entstand das Unternehmen, sie zu verbessern. Dar-

---

14 Rascolniken] Rascolniten   18 Rascolniken] Rascolniten   29 Rascolniken] Rascolniten

---

4 *Die Hälfte des Blattes war für die dort einzufügende russische Übersetzung freigelassen
worden, die dann nicht kam.*   19 *Schleiermacher denkt offenbar an den Streit um den
von Petrus Fullo, Patriarch von Antiochien, um 470 verordneten Zusatz „der für uns
gekreuzigt wurde" zum Trishagion-Hymnus.*   23f *Als Simonie wird (nach Apg 8,18–20)
der Kauf und Verkauf geistlicher Ämter für Geld bezeichnet. So nannte z.B. im 11. Jahrhundert die gregorianische Reformpartei jede Investitur Geistlicher durch Laien Simonie.*

über wurde nun im 17 Jahrhundert mit dem Patriarch von Constantinopel communicirt; welche Communication aber nicht von der Geistlichkeit ausging, sondern von dem Zaar aus. Der russische Patriarch
Nicon beförderte dieses Unternehmen; und so entstand nun auch eine
5 heftige Protestation dagegen. In den Kirchenbüchern stand auch die For- 14. Stunde
mel der Weihe wonach die Geistlichen eingesetzt wurden, gingen diese
Bücher verloren, so wurden die wiederhergestellten Kirchenbücher als
eine neue Einrichtung angesehen, obgleich es immer das Alte blieb, und
dann waren auch die keine rechten Priester, die nach diesen Büchern
10 geweiht waren, und so konnte man denn auch die Sacramente nicht von
ihnen nehmen. Nun waren aber diese Bücher in dem ganzen Land geändert worden; woher sollte man denn nun die Priester nehmen; es entstand eine Sekte, die die Geistlichen für ganz überflüßig erklärte und so
entstand eine gänzliche Verachtung des äußerlichen Worts und alles, was
15 damit zusammenhing; dies war eigentlich die rechte innere Opposition
gegen die Überschätzung des Äußerlichen in dieser Kirche. Aber freilich
war nun die Opposition eine übertriebene. Andere, die nun nicht so weit
kamen, nahmen nun doch wieder die Geistlichen auf; die Geistlichen
mußten aber die neuen Bücher abschwören und keinen Gebrauch davon
20 machen. Man sieht wohl, daß diese nun bald die große Masse bildeten
und die anderen sehr verfolgt wurden. Jetzt ist das nicht mehr der Fall
und diese Rascolniken sind im südlichen Rußland sehr ausgebreitet; die
meisten Cosacken bekennen sich zu ihnen. Wie diese Gemeinde nun
unter sich zusammenhängt, darüber hat Schleiermacher keine Notiz be-
25 kommen; er vermuthet, daß es unter ihnen gar keinen Clerus gebe. Außerdem daß bei einem kleinen Theil eine solche mystische Verachtung
des Buchstabens sich gebildet, so hat sich nun auch allerlei anderer Fanatismus daraus entwikelt, sie wollten keinen Eid schwören, keine
Kriegsdienste leisten, und suchten das Märtyrerthum, so daß sie nicht
30 selten Verbrechen begingen um eines gewaltsamen Todes zu sterben, den
sie | dann doch für einen Märtyrertod hielten. Unter denen aber die sich 26ʳ
gefallen ließen Geistliche zu haben, welche die neuen Bücher abschwo-
ren blieb doch immer das Bewußtsein daß das nur ein Auskunftsmittel
wäre, das die Noth gäbe. Sie sind auch häufig durch Betrüger geäfft
35 worden, welche vorgaben sie wären anderswo geweiht und dergleichen.
– Jetzt scheint nun aber in jeder Hinsicht ein ruhiger Zustand eingetreten zu sein.

---

3 *russische*] griechische   22 Rascolniken] Rascolniten

8 *Es blieb insofern das Alte, als die erneuerten Kirchenbücher ja besser als die alten der
griechischen Vorlage entsprachen.*

Gegen Ende des vorigen Jahrhunderts ist noch eine neue Spaltung entstanden, dadurch daß ein Mönch in Moskaw behauptet hat: das χρῖσμα das man gab sei *nicht das rechte*; ihm sei das rechte geoffenbart, und so entstand um ihn eine Partei. *Fragt man* nun: wie kann aus solchen Einzelheiten rein äußerlicher Art eine solche Bewegung hervorgehen, so muß man nothwendig von der Voraussetzung eines unbefriedigten Zustands ausgehen, dessen Ursache kann man *nicht* einsehn. – Auf dem richtigen Weg sind nur die gewesen, welche in einen Indifferentismus gegen das äußerliche hineingeriethen, die aber das Ziel auch übersprungen. Man sieht[,] also ist der Keim zu einem Besseren da. Es ist schlimm, daß die Russische Kirche so in sich abgeschlossen ist; und daß die griechische Kirche für die allein rechte gehalten wird. Indeß unter der höheren Geistlichkeit ist wohl schon hie und da eine gewisse Bekanntschaft mit deutscher Theologie, seitdem die deutsche Sprache sich in den größeren Städten verbreitet hat. Da nun aber in der griechischen Kirche die dogmatischen Hauptpunkte, welche im Abendland die wesentlichsten, um das ganze System zu bestimmen gewesen sind, nie mit derselben Schärfe behandelt worden sind, so läßt sich doch *nicht viel* beßeres für die russische Kirche erwarten; es müßte sich denn eine allgemeine Verbreitung der Bibel in der Volkssprache entwikeln was durch die Veranstaltung der Synode denn auch scheint ins Werk gesetzt werden zu wollen.

Nur ist das Schlimme immer das nachtheilige Verhältniß zwischen der höheren und niederen Geistlichkeit. Die russische hohe Geistlichkeit hat wohl eine höhere Bildung als die griechische; aber die niedere russische ist noch viel gemeiner, roher und unsittlicher als je eine in einem anderen Theil der griechischen Kirche. Das ist freilich *nichts* anderes als eine Abbildung des Volkszustandes in dem Clerus; das *Verhältniß* der Herren zu den Sklaven ist auch in die Geistlichkeit übergegangen. Nun ist das Volk überwiegend in den Händen der niederen Geistlichkeit; wenn also diese *nicht* anders wird, so kann das Volk es auch nicht. – Eine Bemerkung noch. Wir haben eine große Mannigfaltigkeit des griechischen Kirchenzustands. Deßungeachtet gilt in der rußischen Kirche nur der eine gemeinschaftliche Name, der das Schisma ausdrükt für die von der herrschenden Kirche abgewichenen. Das ist ein starker Beweis davon wie sehr die Äußerlichkeit das herrschende ist. |

---

3 χρῖσμα] χρίσμα   33 rußischen] gestrichen

33–35 *Schleiermacher meint die Bezeichnung „Raskolniken" (Schismatiker), unter der ganz verschiedene Richtungen zusammengefaßt werden.*

Das Verhältniß der niederen zur höheren Geistlichkeit geht nun auch 26ʳ
in den äußerlichen gottesdienstlichen Verrichtungen sehr stark durch.
Die ganze Unordentlichkeit und Unreinlichkeit findet da ihren vollkommenen Eingang in das Gebiet des Gottesdienstes selbst; und daß ein
5   Pope die Messe entweder gar *nicht* liest, weil er zu betrunken ist, oder
daß er sie eben liest, wie es ein Betrunkener kann, das ist gar *nichts*
seltenes, und [es] wird sich daraus nichts gemacht; dagegen die höheren
Geistlichen haben einen Anstand und eine Pracht bei den gottesdienstlichen Verrichtungen, der gegen jene gewaltig absticht. Ähnlich auch in
10   der Römischen Kirche. Ob nun diese Pracht auch nicht eine Verminderung erleiden wird durch die Operation, welche die neuere Regierung
gemacht hat, das wird sich nun in der nächsten Zukunft ausweisen.
Peter der Große hatte schon die Idee eine Art Chalif zu werden und das
geistliche Regiment sich auch anzumaßen. So wenig der Kaiser von dem
15   abweichen wird, was die Synode beschlossen so wird diese auch *nichts*
beschließen, was der Kaiser *nicht* will und direct oder indirect befindet.
Das Verdienst der Bibelübersetzung in die Landessprache hat z. B. nur
der verstorbene Kaiser, die Synode im Grunde *nicht*. Die Russische Kirche war bisher mit Grundstüken reich dotirt, und da herrschte die Leib-
20   eigenschaft, und da wollte Alexander eine Verbesserung bewirken und
er fing an: auf den Krongütern die Leibeigenschaft immer mehr einzuschränken; nun wünschte er, daß das für die Kirchengüter auch geschehen mögte; aber die waren nun verpachtet und die Sache wollte *nicht*
gehen: da kam nun die Übertragung der Kirchengüter an den Staat in der
25   Synode zum Vorschlag und die Sache ging durch. Also verwaltet jetzt der
Staat die Kirchengüter; der Geistlichkeit wurde dadurch von ihrem Einkommen nichts entwendet; aber die Überschüsse werden doch wohl für
die Bedürfnisse des Staats verwandt werden; und so wird denn wohl
nach und nach die große Pracht des Gottesdienstes auch schwinden,
30   wenn der Überschuß *nicht* mehr so darauf verwandt wird.
Außer dem öffentlichen Gottesdienst zeigt sich nun die Religiosität
der Russen in häufigen strengen Fasten, die ziemlich so ausgedehnt sind,
wie in der griechischen Kirche. Nächst dem ist nun für den Gemeinen
Russen die Verehrung der Heiligen Bilder das Wesentlichste und es ist
35   *nicht* zu läugnen, daß man hier fast einen Fetischdienst findet. Die Theorie ist gerade auf denselben Fuß gesetzt wie die Römische; aber die
Praxis ist noch mehr götzendienerisch als die katholische. Jedes Haus

---

18–28 *Nicht Alexander I., sondern seine Großmutter Katharina die Große säkularisierte*
1764 die Kirchengüter und gewährte der Kirche 1/8 der Einnahmen der eingezogenen
Güter; vgl. Exzerpte zur griechischen Kirche [22.]; Griechischer Zweig 68.

hat einen großen Reichthum von Heiligen; w e n i g s t e n s Einer, wo dem
immer eine heilige Lampe brennt, entweder eine Maria, ein heiliger Ge-
org, Andreas, | Wladimir u.s.w. Außerdem haben sie aber auch porti-
tative Heilige, die sie in der Tasche tragen; die sind nun aber zufolge
ihrer Schmutzigkeit oft sehr unrein; da spukt denn der Russe darauf,   5
kniet davor nieder und betet, und dann stekt er ihn wieder ein und geht
seiner Wege weiter. Dabei kann einem Christen nun ganz bange werden
aber man muß das Beßte hoffen wenn nur die Basis bleibt.

Es leben auch Muhamedaner und andere Religionsbekenner an den
Russischen Gränzen und im Lande. Die anderen Religionsparteien ha-   10
ben ihre eigenen Consistorien, die aber einen weltlichen kaiserlichen
Beammten zum Vorsteher haben; und dann stehen sie in letzter Instanz
unter dem höchsten JustizCollegium. Sie befinden sich in dieser Hinsicht
besser in der Türkei. In Beziehung auf die Muhamedaner [und Heiden]
gibt es noch ein besonderes Collegium de propaganda fide um unter   15
ihnen das griechische Christenthum zu verbreiten. Das Übergehen aus
der griechischen Kirche zu einer anderen christlichen Confeßion wird als
ein bürgerliches Verbrechen angesehen; so auch wenn eine gemischte
Ehe geschlossen wird, ist das Gesetz, daß alle Kinder in der griechischen
Kirche müssen erzogen werden.   20

Hier sieht man also die herrschende Kirche in höchstem Sinne h e r r -
s c h e n d ! Und noch eins: Es haben sich seit der Mitte des vorigen Jahrhunderts die Evangelischen Brüdergemeinen große Mühe gegeben eine
Mission zu den Kalmüken zu veranstalten und haben in Sarepta an der
Wolga dazu eine eigene Colonie angelegt; und nachdem sie 60 Jahre   25
vergeblich gearbeitet, entsteht plötzlich eine Bewegung von mehreren
Calmükischen Familien, die nun wirklich Christen werden wollten. Aber
das Collegium de propaganda fide gab es nicht zu; sie sollten g r i e c h i -
s c h e Christen werden! Übrigens ist die Rußische Kirche in 31 bischöfliche Diöcesen getheilt; aber hier ist auch Alles der Willkühr des Kaisers   30
überlaßen; man rechnet hier 18–19000 Pfarrkirchen und 67–68000 Per-

(margins: 27ʳ; 15. Stunde)

---

10 *Zusatz Schubring 38 (Fink 52; Stolpe 280; Röseler 23ᵛ): „Das Gesetz Petri Magni von
1721 (wo auch die Synode eingesetzt wurde) machte den Czaar zum Oberhaupt der Kirche
indem er die Mitglieder der Synode ernennt und ihre Beschlüsse bestätigt; zugleich aber
auch zum Oberhaupt der anderen christlichen Parteien welche in Rußland leben."   20
Zusatz Schubring 38 (Fink 52, Stolpe 280, Schmidt 69): „Ja wenn zufällig anderer Christen
ihre Kinder der Noth wegen haben vom russischen Priester getauft werden müssen, so sind
sie dadurch eo ipso schon griechisch."   22–29 Dies geschah im Herbst 1822. Vgl. AKZ 2
(1823), 13 (12.2.), S. 107 (wohl nicht Schleiermachers Quelle): „Der Kaiser Alexander hat,
wie der Sun erzählt, die Mission der Mährischen Brüder zu Sarepta plötzlich aufgehoben.
Er hat ihnen untersagt, ferner heidnische Calmucken zu bekehren und zu taufen, und ihnen
blos bewilligt, Bibeln ohne allen weitern Commentar zu vertheilen. Dieses Verbot dehnt
sich über alle protestantische Missionen in Rußland aus."*

sonen Geist*lichen* Standes wo *auch* d*ie* Klöster *mit* gemeint sind, was
frei*lich* nur *auf* ei*nen* mä*ß*igen Mönchsstand schlie*ß*t. D*ie* Klöster
stehen übrigens *nicht* unter d*en* Bischöfen sond*ern* wie d*ie* Bisch*öfe*
s*elbst* unmittelb*ar* unt*er* d*er* regierenden Synod*e*.

5   3. V*on* d*er* grie*chischen* K*irche* unt*er* d*en* gemischt*en*
                        slawisch*en* Nationen.

            D*ie* Servier, Illyrier u*nd* Wallachen

Di*e* Einwohn*er* d*er* Wallach*ei* u*nd* Moldau so f*ern* sie *Christ*en s*ind*,
stehen unt*er* d*em* Patriarch*en* von Constantinopel.
10   D*ie* S e r v i e r aber sind th*eils* unt*er* türkischer, th*eils* unt*er* österrei-
chisch*er* Oberherrschaft. Schon seit d*em* 13 J*ahr*hundert haben sie *mit*
Bewilligung d*es* Patriarch*en* | von Constantinopel einen eig*en*en Bischof 27ᵛ
gehabt, der später ein Patriarch w*urde*. Dieses Patriarchat ist nun *nach*
Constantinopel gebracht w*orden*, wo immer ein Grieche *zum* serbischen
15   Patriar*chen* ernannt w*ird*. Ebenso müssen nun *auch* d*ie* serbischen Bischöf*e* ihre Ernennung von *den Türken* erkaufen, wer am m*eisten* bietet, der wird gewählt. Im Inneren h*aben* d*ie* Servier übrigens viel Ähnlichk*eit mit* d*er* übrig*en* grie*chischen* Kirche. Sie haben aber weniger
Bilder als d*ie* Griechen, haben *drei* Bischöfe, d*ie aus* d*en* Archimandri-
20   ten, d*en* Vorstehern d*er* Klöster genomm*en* werden; d*ie* niedrige Geistlichk*eit* ist *auch* so zurük, d*aß* sie *nicht selbst* predig*en* darf, sond*ern* nur
lesen wie b*ei* uns d*ie* Küster; *auf* d*em* Berg Athos haben sie *auch* ein
Kloster, u*nd* von da w*erden* die Mönche ausgeschikt Beichte u*nd* Absolution *zu* halt*en*. Die Vorsteher d*er* Klöster w*erden* von d*er zum* Spren-
25   gel d*es* Klosters gehörigen Geg*end*, also von d*en* ang*esehenen* Einwohnern aus d*en* Mön*chen* des Klosters gewählt; sie stehen ab*er* unt*er* d*en*
Bischöf*en*.
        D*ie* Servier unt*er* österreichisch*er* Oberherrschaft haben ein*en* eig*en*en
Erzbischof der immer aus d*er* sog. illy*rischer* Nation genomm*en* sein
30   [*muß*]. Dieser wird in G*egen*wart eines königlich*en* Commissars *auf* ei-

---

14 serbischen] sergischen   **15** serbischen] sergischen   **16** *den Türken*] der griechischen
Kirche (korr. nach Schubring 39; Fink 53; Schmidt 70; Röseler 24ʳ)

17 *Zusatz Schubring 39 (Stolpe 280; Schmidt 70; Röseler 24ʳ): „Gewählt werden sie auf*
Versammlungen welche den Charakter der Synode haben.“

nem Nationalcongreß gewählt. Die Nation ist auf eigenthümliche Weise
getheilt in: Geistliche, Krieger, die eigentlichen Hausbesitzer und die
Städter – Von diesen Serbiern und Illyriern wohnen nun auch im
eigentlichen Ungarn viele, wo sie größere Vorrechte haben, als die
Protestanten. Sie haben Bischöfe die Sitz und Stimme auf dem Reichstag 5
haben, wie die katholischen. Ihr Bürgerrecht erstrekt sich über alle ungarischen Provinzen. Außer den serbischen Bischöfen gibt es noch
andere griechische Bischöfe in Österreich.

Man hat nun immer in Österreich viele Versuche gemacht, diese Griechen mit der katholischen Kirche in Verbindung zu bringen. Es haben 10
sich die Bischöfe auch oft dazu geneigt finden lassen; aber bei dem Volk
geht es *nicht* durch. Am Ende der ersten Hälfte des vorigen Jahrhunderts
war es mit den Walachen ziemlich gelungen, weil sie da keine bestimmten kirchlichen Rechte hatten. Aber es kommt ein Mönch aus Rußland
und predigt gegen die Union und setzt Alles in Aufruhr und die 15
Verbindung mit der katholischen Kirche wird wieder aufgehoben; obgleich sie jetzt schon wieder einen Bischof haben; sie sind *nicht* recipirte,
sondern nur tolerirte. Überhaupt waren in Ungarn am Ende des vorigen
Jahrhunderts etwa 1500 griechische Pfarrkirchen die *nicht* zur katholi-
schen Kirche gehörten. An Bildungsanstalten für sie fehlt es sehr. – | 20

Die unirten Griechen.

sind es in einem etwas höheren Grad als die orientalischen; sie nehmen
den Ausgang des heiligen Geistes vom Vater und Sohn an, nehmen auch
das Fegfeuer an. Übrigens aber behalten sie die Austheilung des Abendmahls unter beiderlei Gestalt; ebenso bleibt auch die Priesterehe unter 25
den niedrigen Geistlichen. Indeß ist in einem großen Theil dieser unirten
Kirche die Observanz aufgehoben, daß ein Geistlicher, wenn er Wittwer
wird, ins Kloster geht; es fehlt wahrscheinlich an Geistlichen. Von den
unirten Griechen sind nun in Ungarn und in den mit Ungarn verbundenen Provinzen eine bedeutende Menge. Sie sind auch in einem Theil 30
des südlichen Rußlands häufig und haben da einen eigenen Metropoliten; in dem Theil von Rußland, der einmal mit der preußischen Monarchie, oder der polnischen verbunden war, sind sie auch häufig. Dort gibt

---

3 Serbiern] Sergiern   7 serbischen] sergischen

23 Vgl. oben 224,35–36 zum „filioque".

es *auch* unirte Griechen, die aber als *zur* rus*sischen* Landeskirche gehörig *nicht* angesehen *werden*, ebenso wenig zählt m*an* sie *zur* katholi-
schen Kirche. Wenn m*an* nun dies erwägt u*nd* überlegt s*ich*, worin ei-
g*en*t*lich* diese Union besteht, so ist schwer *zu* bestimmen, wozu m*an* sie
5   eigen*tlich* rechnen soll. Die Lage d*er* Sache ist eig*en*t*lich* die: es sind ein
Paar Dogm*en* die in d*as* eigen*tliche* Leben wenig eingreifen, wod*urch* sie
sich d*er* kath*olischen* Kirche nähern. D*er* Gottesdienst, d*ie* Gottesdienst-
liche Spr*ache* d*ie* Verhältnisse d*er* Geistl*ichen* bleiben dieselben; d*ie* Anerkennung d*es* Römischen Primats ist noch wes*en*tl*ich*; aber *auch* ohne
10   bedeutenden Einfluß. Was bezwekt d*ie* kath*olische* Kirche eigen*tlich* m*it*
d*em* Allen? D*ie* Anerkennung d*es* Römischen Primats ist am Ende doch
auch nur ein leeres Wort. Aber d*ie* Römische Kirche glaubt schon imm*er*
etw*as zu* haben, wenn sie nur etw*as* Äußeres h*at* *von* d*em* Grundsatz
aus: d*aß* m*an* *nicht* wissen k*ann*, was dad*urch* m*it* d*er* Zeit wird. Üb-
15   rig*ens* ist *zu* erwähnen, d*aß zwischen* diesen unirten u*nd* *nicht*unirten
Christen k*eine* Art von Zwiespalt oder Verfolgung stattfindet.

Mit d*en* Bestrebung*en* uns*erer* Kirchen um d*ie* beiden getrennt*en*
Zwei*ge zu* vereinig*en* h*at* dieses Unionswesen d*er* Kath*oliken* wenig
Ähnlichkeit; uns*er* Bestreben geht *auf* Vereinigung d*es* Kirch*en*regim*en*ts;
20   es entsteht aber eher eine *dritte* Kirche d*urch* d*ie* Römische Kirche bei
d*en* Griechen, u*nd* wir woll*en* beide eben *zu* einer machen. Überall, wo
d*er* Patriarch von Const*an*tinopel keinen besonderen Einfluß h*at*, was
k*ann* da hindern, d*aß* beide *nicht* zusammen fliessen; d*er* Römische u*nd*
d*er* Constantinopolitanische Patriarch geht sie gleich wenig an, u*nd* dar-
25   in besteht eben d*ie* Spaltung, d*aß* d*ie* einen d*en* einen d*ie* anderen d*en*
anderen als Primas erkennen. Für d*en* Zusamm*en*hang m*it* d*er* abendländischen Bildu*ng* ist nun d*urch* dieses Unionsbestreben wenig gewonnen;
d*er* meiste Gewinn ist noch *auf* d*er* orient*alischen* Seite; aber d*ie* unirt*en*
Serb*ier* u*nd* Wallachen sind hierin d*urch* nichts unterschied*en* von d*en*
30   Nicht-Unirten. |

Wir woll*en* noch ein*en* Blik dar*auf* thu*n*, was wohl dies*em* ganz*en*   28ᵛ
Theil d*er* orient*alischen* Christenh*eit* bevorstehen mag.   16. *Stunde*

Offenbar sind sie in Verfall u*nd* in ein*em* Zustand d*er* Unzulänglich-
k*eit* s*ich* s*elbst zu* helfen. Es gibt aber *auch* von solchen Zuständen *aus*
35   noch imm*er* d*ie* Aussicht einer neuen Entwi*k*lung *von* Innen her*aus*. Das
*Christen*thum an u*nd* für s*ich* muß imm*er* noch d*ie* Kraft *haben* d*urch*

---

29 Serb*ier*] Serg*ier*   36 *haben*] aber

3 *Zusatz Schubring 40 (Fink 55; Stolpe 281; Schmidt 72; Röseler 24ᵛ): „In Österreich ist es
ebenso; sie sind getrennt von Griechen und Katholiken."*

die äußeren Mängel durchzubrechen. Die Art und Weise läßt sich da nun
freilich nicht bestimmen. *Fragen* wir von wo ist dieser Zustand des Verfalls ausgegangen, so geht das auf den Punkt zurük, wo wir angefangen
haben; von dem isolirten Zustande der einzelnen kleinen Parteien. Von
der Aufhebung dieses Zustands muß nun also auch am ersten die Ver- 5
besserung ausgehen. Nun werden wir weiter sehen, wie es gegenwärtig
in der Abendländischen Kirche ein merkwürdiges Bestreben gibt, die
Gemeinschaft mit jenen zerstreuten Christen wieder herzustellen; wird
dies eine Zeitlang mit gehöriger Beharrlichkeit unterhalten, so läßt sich
wohl denken daß sich daran eine innere Entwiklung anknüpfen kann. 10
    Sehen wir auf die eigentliche griechische Kirche so theilt sie offenbar
die Erscheinungen die wir zum Verfall der christlichen Kirche rechnen
und welche die Kirchenreformation hervorgebracht hat. Eine solche
Reformation hat es in der griechischen Kirche eigentlich nicht gegeben.
Bei den Nationalgriechen kann nun gegenwärtig auch die politische Be- 15
drükung einen bedeutenden Antheil daran haben. Denken wir uns diese
aufgehoben und die Griechen kommen wieder zu einem selbstständigen
politischen Leben, so wird sich uns ein Zustand darstellen, von dem wir
am Ende nichts Gutes erwarten können. In der Totalität wird sich dann
eine geistige Bildung wohl etwas heben; aber nicht so wohl im geistli- 20
chen Stand als in den übrigen. Es muß erst ein Gleichgewicht entstehen
zwischen der Bildung der Nation im Ganzen und der Bildung des geistlichen Stands in allen seinen Theilen. Das ist nun auch leichter zu erwarten von einer Anschließung an die abendländische Kirche; nur fragt
sich dann an welchen Theil der abendlänßdischen Kirche sie sich an- 25
schließen; schlössen sie sich an uns, so wärs ihnen freilich besser. Aber es
läßt sich über Alles dies noch wenig Gutes ahnden. Von den übrigen
Kirchen läßt sich noch weniger mit Bestimmtheit erwarten. |

Von der abendländischen Kirche

29ʳ

Wir reden zuerst von der Alten Welt. 30
    Hier haben wir zwei Hauptmassen die Römisch Katholische
und die Protestantische Kirche zu trennen.

15–18 *Die den griechischen Unabhängigkeitskrieg (1821–29) entscheidende Seeschlacht bei
Navarino fand erst am 27.10.1827 statt.*

1.) Die Römisch Katholische Kirche

Hier müssen wir noch auf einen bestimmten Gegensatz zwischen der Griechischen und Römischen Kirche aufmerksam machen.

Der Begriff des Patriarchats als des Gipfels der geistlichen Würde ist
5 ihnen beiden gemein. Im Griechischen hat sich dieses aber in mehrere Einzelheiten zerstreut. In Rom gibt es nur einen Patriarchen; das ist kein Zufall, sondern absichtlich. In der griechischen Kirche gibt es noch Patriarchen, die gar in dem Umfange *nicht* mehr bestehen den sie eigentlich haben sollen; deßungeachtet erkennt die Kirche sie als Patri-
10 archen an, und der Patriarch von Constantinopel hat das nun *nicht zum* Vorwand genommen, sich eine höhere Würde beizulegen. So bei den Serviern entstand erst spät das Patriarchat. Als sich nun im Abendlande auch große einzelne Kirchen bildeten, wie natürlich wäre es gewesen, daß sich da nun auch besondere Patriarchate gebildet hätten. Aber das
15 würde der Römische Patriarch gewiß *nicht* gelitten haben. Obgleich der Sitz von Ravenna ein Patriarchat lange gewesen ist unabhängig von dem päbstlichen Stuhl, so haben doch die Päbste, nach der Tendenz ihrer Monarchie, gestrebt, diese Unabhängigkeit aufzuheben. Daßelbe Streben sehen wir überall, wo die Katholiken eine Union eingehen; die geistliche
20 Monarchie, die Anerkennung des Pabstes ist immer die Conditio sine qua non. Dieses Streben bildet also einen starken Gegensatz zwischen beiden Kirchen.

Fragen wir nun: worin das *eigentlich* gegründet ist, so ist das schwer *zu* sagen. Denken wir uns eine starke monarchische Neigung in der
25 griechischen Kirche so würde eine Veränderung, wie Peter *Magnus* sie vorgenommen hat, gewiß *nicht* ohne große Unruhe durchgegangen sein. Da scheint es als ob in der griechischen Kirche diese Neigung von Hause aus *nicht* gewesen ist. Gehen wir nun auf den ursprünglichen Anfang der Trennung zurük, so ist da immer ein bedeutender Moment | der Rang- 29ᵛ
30 streit zwischen dem Constantinopolitanischen und Römischen Bischof.

11f *Vgl oben 241,11–13* **15–17** *Nicht Ravenna, sondern Aquileja kündigte 557 die Kirchengemeinschaft mit Rom auf und erklärte sich zum unabhängigen Patriarchat; dies geschah im Rahmen der abendländischen Opposition gegen die Päpste Vigilius und Pelagius I., die sich im Drei-Kapitel-Streit Kaiser Justinian unterworfen hatten. 50 Jahre später teilte sich das Patriarchat in die Patriarchate Grado (unter byzantinischer Hoheit, in Gemeinschaft mit Rom; die Patriarchen waren vor den Langobarden auf diese Insel geflohen) und Aquileja (unter langobardischer Hoheit). Seit 700 stand auch Aquileja in Gemeinschaft mit den Päpsten. 1451 wurde das Patriarchat Grado aufgehoben und in Venedig wiedergegründet, wo die Patriarchen schon seit 1156 residiert hatten; dort besteht es noch heute. Der Patriarch von Aquileja verlegte im 13. Jahrhundert seinen Sitz nach Udine. 1751 hob Papst Benedikt XIV. das Patriarchat Aquileja-Udine auf.* **25f** *Schleiermacher meint die Abschaffung des Moskauer Patriarchats; vgl. oben 235,18–25.*

Rom war offenbar ein älterer Bischofssitz, und zugleich die erste Stadt
des Reichs; Constantinopel erscheint dagegen anmaßend, wenn es
diesem den Rang streitig machen wollte. Aber es gab doch in der griechischen Kirche keinen inneren Grund für diese geistliche Abstufung; sie
war ja etwas Politisches; sonst müßte sie an die Persönlichkeit des Ein-   5
zelnen geknüpft gewesen sein. Aber die Bischöfe von Städten, die Pro-
vinzialCentra waren haben die übrigen auch unter sich gebracht; man
ging immer dem Politischen nach. Das Bestreben des byzantinischen Bischofs ging nun auch nicht weiter als nach einer Gleichheit, und darin
liegt doch nicht eine Neigung nach kirchlicher Monarchie. Man kann   10
also nicht sagen: daß in der griechischen Kirche je eine solche Tendenz
existirte. Wenn wir nun also zwischen beiden Kirchen eine so große
Übereinstimmung finden in vielen anderen Punkten, so müssen wir sagen: dies Eine ist doch ein bedeutender Punkt des Gegensatzes; es ist
darum eben auch ein Hauptmoment um das Eigenthümliche in   15
der katholischen Kirche zu verstehen.

Dies kann nun mit einigen anderen meiner Äußerungen in Widerspruch zu stehen scheinen: wir sagten früher die Katholische Kirche
würde auch ohne das Pabstthum ihren eigenthümlichen Character
behalten im Gegensatz gegen die Protestantische Kirche. Das war aber   20
nur eine Fiction: womit nicht gesagt war: daß das Pabstthum ebenso gut
nicht sein könnte als es ist. Z. B. wir haben in England die besondere
Thatsache, daß sich die Kirche von der Römischen Oberherrschaft los-
gerissen hat; das war verbunden mit einer Annahme des protestantischen Characters; hätte sich dies nicht entwickelt so würde wieder eine   25
monarchische Form entstanden sein; dann hätte es freilich in Beziehung
auf die Englische Kirche kein Pabstthum gegeben; aber die monarchische
Form hätte sie doch auch gehabt. Sehen wir nun auf die Zeit: wo der
Pabst abgesetzt wurde und die Kirche doch bestand; wir hätten uns nun
ja denken können, er wäre nicht wieder eingesetzt worden: was wäre   30
geschehen? Jede einzelne größere Kirche würde dann ihren Patriarchen
bekommen haben, und die monarchische Tendenz wäre geblieben, vorausgesetzt, daß sie sich nicht zum Protestantismus geneigt hätte, was
wohl auch leicht hätte geschehen können. Wenn wir jetzt nun die katholische Kirche in ihrer Totalität ansehen, so gibt es da einzelne Regio-   35

---

18 scheinen] *folgt* 《, mißverstanden werden》

28 f *Papst Pius VI. wurde nach Aufrichtung der römischen Republik im Februar 1798 aus
Rom verschleppt und verstarb 1799 in Valence. Seinen Nachfolger, Pius VII., im März 1800
in Venedig gewählt, hielt Napoleon 1809–14 in Savona und Fontainebleau gefangen.*

nen, wo es *nicht* geradezu anerkannt wird, daß der Pabst über den Con- 30ʳ
cilien sei; diese Parteien haben frei*lich* dann | *auch* immer keine rechte
Autorität gehabt; und das herrschende Princip ist doch immer der reinste
Monarchismus.

5 *Fragen* wir nun: wie wollen wir die ganze Masse der katholischen
Kirche ordnen; so ist das Pabstthum immer das Allem zu Grunde
liegende. Die *Frage* über das Verhältniß des Pabstes zur allgemeinen
Kirchenversammlung ist jetzt eine bloß theoret*ische*, denn diese Kirchenversammlung ist etwas Undenkbares, wie es zu Stande kommen sollte.

10 Nun ist das geist*liche* und welt*liche* Regiment bei dem Pabstthum eng
mit einander verbunden. Betrachten wir nun den Pabst in seinem
Verhältniß zur Totalität der katholischen Kirche so müssen wir *auch*
sein polit*isches* Verhältniß betrachten zu den Staaten, wo die katholische
Kirche ist; da gibt es nun aber verschiedene Verhältnisse.

15 Einmal gibt es Länder, wo man die katholische Kirche als die e i n -
z i g e (im wesent*lichen*) ansehen kann; in anderen Gegenden ist die katholische Kirche die h e r r s c h e n d e , aber *nicht* die einzige. Da wird also
auch das Verhältniß des Pabstes zu diesen Ländern, und besonders zu
dem regierenden Centrum darin verschieden sein. Dann finden wir die
20 katholische Kirche in Ländern, wo sie in gleichen Rechten sind *mit* den
übrigen; da muß also eine Gleichheit berüksichtigt werden, was bei den
anderen gar *nicht* vorkommt. End*lich* findet man die katholische Kirche
im Einzelnen in bloß protestantischen Ländern; indeß ist dies *nicht* von
besonderem Einfluß, weil der Katholizismus da zu zerstreut ist. Dies ist
25 nun also wohl der beßte Eintheilungsgrund; wir handeln also von der
katholischen Kirche nach dieser Verschiedenheit der katholischen Kirche
in den verschiedenen Ländern.

[Papsttum und Kirchenstaat] 17. *Stunde*

Vorher aber müssen wir noch das Gemeinsame bei allen: das P a b s t -
30 t h u m etwas näher ins Auge fassen.

Wir haben da *dreierlei*: zuerst die ursprüng*liche* Basis des Ganzen:
daß der Pabst der Römische Bischof oder Patriarch ist; dann: daß er
Beherrscher des Kirchenstaats; und 3.) daß der Pabst das Oberhaupt der
Römisch Katholischen Kirche ist. Das sind nun sehr verschiedene
35 Dinge; wir müssen zuerst das Verhältniß derselben zu einander betrachten.

---

2 *auch*] davor 《dann》

Denken wir uns: D*ie* K*irche* als sol*che* solle monarchisch regiert werden so könnte das geschehen von einem, der gar *nicht* eine besondere
Würde in der Kirche außerdem hätte; es könnte von einem geschehen,
der zugleich gar *nicht* eine weltliche Macht hätte. Nun ist es aber *nicht*
so. Es ist indeß *mit der Verbindung* dieses *drei* genau betrachtet, etwas　5
sehr loses. Nämlich in Beziehung auf die geistliche Würde ist das: daß
der Pabst Patriarch und daß er das Oberhaupt der Kirche ist, völlig
identisch; aber daß er nun der Bischof der Römischen Gemeinde ist, das
ist etwas Anderes; aber wir | wissen eigentlich *nicht*, wie es damit zu-
sammenhängt; für sein erzbischöfliches Geschäft hält sich der Pabst ei-　10
nen Vicarius aus den Kardinälen; das untergeordnete kirchliche Ammt
ist also ganz von ihm gelöst. Hier ist nun, wenn wir dar*auf* sehen:
w o r *auf* eigentlich diese monarchischen Principien beruhen, so ist das
eine wunderliche Sache. Sie sagen doch: der Pabst ist Nachfolger des
Apostels Petrus; das ist er aber doch nur als Bischof von Rom; denn daß　15
Petrus (ich gestehe, daß ich keinen sonderlichen Glauben daran habe)
Bischof von Rom gewesen, das liegt doch dem Ganzen zu Grunde.
In Beziehung auf die weltliche Macht, wollen wir nun *nicht* darauf
zurükgehen, wie sie erworben oder erschlichen ist, das gehört in die
Kirchengeschichte. Nun haben wir aber eine Zeit erlebt, wo der gute　20
Pabst sein weltliches Regiment verlor, als Napoleon sein Reich zu dem
seinen machte; *seine geistliche* Macht hat er daneben aber noch immer
in der Kirche behauptet und da sieht man ja, daß also das weltliche
Regiment *nicht* die conditio sine qua non ist um eine geistliche Monarchie zu behaupten. Nun wollen wir aber einmal *fragen* was entstehen　25
würde, wenn diese Vereinigung nun wirklich für immer aufhört? Irgendwo müßte er doch existiren; und wenn *nicht* als Oberhaupt, also als
Privatmann, also als Unterthan der weltlichen Macht. Nun kann er existiren in einem katholischen oder gemischten oder protestantischen oder
was freilich *nicht* einmal zu denken in einem unchristlichen Land. In　30
einem evangelischen Lande hätte das weltliche Regiment sich gar *nicht*
darein zu mischen: wie der Pabst da sein *kirchliches* Regiment führt;
aber das läßt sich ebenso wenig denken, als jenes letzte ausführen. Die
katholische Kirche würde doch keinen Glauben an die Unabhängigkeit
ihres Monarchen haben, wenn sie ihn als Unterthan eines Nichtkatho-　35
liken wüßte. Nun kann er also nur in einem katholischen Lande leben;

---

22 *geistliche*] geistige　　32 *kirchliches*] weltliches *(korr. nach Fink 61; Schmidt 79)*

15–17 *Vgl. Boekels 199.*　　20–23 *Vgl. oben 246,28–29.*

und da wird er denn wirklich recht gut leben können, unter der Voraussetzung des ewigen Friedens; das eine katholische Land mögte ihn wohl ebenso gern haben, als das andere, oder auch ebenso ungern. Die Auskunft wäre nur: daß [sich] der Ort, wo der Pabst lebte für unabhängig
5 erklären würde von allen politischen Unruhen; was heißt das aber anderes, als daß er da in dieser seiner Wohnung das Regiment hätte, wie klein sie auch sein mag. Es scheint also auch nicht anders zu gehen als daß, soll die Kirche monarchisch regiert werden der Monarch auch eine weltliche Herrschaft haben muß, sie mag noch so klein gedacht werden
10 als sie will. Warum | will man ihm aber nun dies Regiment nicht ein 31ʳ bischen weiter ausdehnen; er kann ja seine Einkünfte und dergleichen daraus ziehen und da ganz bequem leben. Er könnte jetzt aber nicht einmal bestehen durch die Einkünfte seines Kirchenstaats, so wie er lebt, wenn er nicht noch Zuflüsse von anderen katholischen Ländern bekäme.
15 Aber nun fragt sich: worauf beruht denn nun die Eifersucht, welche die übrigen katholischen Länder haben müßten, wenn der Pabst der Unterthan des einen oder anderen katholischen Fürsten wäre. Wir sind nun gewohnt, das Weltliche immer von dem Geistlichen zu trennen; aber wir müssen uns doch besinnen, daß es sich im strengsten Sinn nicht
20 immer trennen läßt; die Katholiken können es g a r nicht begreifen, wie man es trennen kann; bei ihnen ist beides in dem Unterschied zwischen der Geistlichkeit und den Laien in der Kirche begründet.
  Nun müssen wir auf das Verhältniß des Klerus zu den Laien, das durch die Beichte besteht, Rüksicht nehmen, und darauf sehen, wie der
25 Geistliche der Gewissensrath und Gewissensentscheider jedes Laien, des Fürsten wie jedes Anderen ist. In der Praxis mag sich das nun wohl anders gestalten; aber in der Idee liegt es; und wenn der Fürst ein aufrichtiger Katholik ist, so muß er sich in dieser Beziehung von dem Geistlichen leiten lassen. Dann sind die Geistlichen die Ausspender der
30 Sacramente und diese sind die Zeichen, daß einer in der Kirche ist; haben sie nun das Recht diese zu verweigern so haben sie das Recht der Excommunication; ist nun außer der Kirche keine Seligkeit, so ist der Geistliche also der Herr der Seligkeit des einzelnen Laien, und darin liegt also ein Einfluß für den sich keine bestimmte Gränze absehen läßt. Nun
35 kann man sagen: es muß doch ein Zusammenhang sein zwischen einer Handlung und dem unmittelbaren Interesse der Kirche? Aber da ist doch eine ungeheure latitudo: wenn der Beichtvater z. B. sagt: wenn du die

---

22 *Zusatz Schubring* 44 *(Fink 61; Stolpe 284; Schmidt 80; Röseler 27ᵛ): „Alle bürgerlichen Obrigkeiten sind Laien und stehen also kirchlich auf einer untergeordneten Stufe."*

Unterthanen in ein gleiches Verhältniß setzt (die Protestanten gleich mit
den Katholiken) so versündigst du dich an der Kirche; aber es gestaltet
sich dabei doch immer eine Gewöhnung, sich an das Urtheil des Geistlichen zu halten, wie denn auch die katholische Frömmigkeit darin
besteht, nichts ohne den Rath des Beichtvaters zu thun. Das hängt nun   5
im Ganzen nicht mit der monarchischen Verfassung zusammen. Aber
wo eine monarchische Verfassung ist gestaltet sich dieser Einfluß des
Beichtvaters doch auf eine ganz andere Weise. Je mehr nun freilich
die bischöfliche Autorität unabhängig ist von dem Pabst, und je unabhängiger die einzelnen Geistlichen in ihrem Ammt sind (d. h. je mehr   10
sich das Ganze mehr aristokratisch oder demokratisch gestaltet) um so
geringer wird der Einfluß des Oberhauptes auf die weltliche Regierung. |
31ᵛ Je mehr aber die monarchische Verfassung absolut ist, und in das Einzelne eingreift, desto furchtbarer muß jener Einfluß sein. Es darf keiner,
selbst nicht der weltliche Oberherr eine Einwendung machen gegen die   15
geistliche Autorität. Darin liegt auch ein Grund zur Beschränkung der
weltlichen Oberherrschaft des Pabstes; denn wenn er als weltlicher Regent so stände, daß er einen politischen Ausschlag geben kann, dann
hätte er die Politik der ganzen katholischen Christenheit in seiner
Gewalt. Es hat Zeiten gegeben, wo man dies doch als drükend gefühlt   20
hat; jetzt kann er es nicht mehr; und in so fern ist das, daß er der
Oberherr des Kirchenstaats ist ganz ohne Gefährden und es ist nicht
anders als daß er der Oberherr eines Klosters oder einer Stadt wäre und
dergleichen. Die geistliche Monarchie hängt also wesentlich mit einer
weltlichen Herrschaft zusammen. Die Zeit wo der Pabst der letzteren   25
beraubt war, war eine Zeit der allgemeinen Spannung. Das politische
Übergewicht des französischen Staats war damals so groß, daß dieses:
daß Napoleon den Pabst in seine Gewalt bekam, von gar keinem besonderen Einfluß [war]; und es ist sehr die Frage wenn Napoleon ihn früher
in seine Gewalt bekommen hätte, ob er ihn nicht würde gebraucht   30
haben, um durch seine geistliche Autorität Alles das zu bewirken, was er
durch die Gewalt der Waffen gewirkt hat.

   So wie die Sachen also liegen und bis politische Verhältnisse von der
Art eintreten, daß [er] von der hierarchischen Organisation der katholischen Kirche in ihrer monarchischen Verfassung keinen, das Politische   35
bestimmenden Einfluß bekommt, wird es immer zugestanden werden
müssen, daß der Pabst zugleich eine weltliche Macht habe.

25–29 Vgl. oben 246,28–29.

Nun aber von der kirchlichen Würde des Bischofs von Rom ist nun
die Würde des Oberhaupts der Kirche ganz gelöst; und das führt uns auf
eine Betrachtung von ganz eigener Art. Das ist nun allmählig so geworden; die ganze Theorie des Pabstthums liegt eigentlich auf dem Römi-
5 schen Bischof; aber die Art wie der Römische Bischof zu Stande kommt,
ist nun mit der Zeit eine ganz andere geworden; es ist ja bekannt daß die
jetzige Form der Pabstwahl ein regelmäßiger Weise zu Stande gekom-
menes Resultat von Unregelmäßigkeiten ist, von abscheulichen Intriguen, Unanständigkeiten und weiß *Gott*, was Alles. Nun ist die Wahl des
10 Pabstes etwas, woran die katholische Kirche in ihrer ganzen Ausdehnung gleichen Antheil nimmt; er müßte nun so auch durch ein Zusammentreten der g a n z e n katholischen Kirche gewählt werden. Aber das
ist noch *nicht* der Fall; sondern die Art, | wie er zu Stande kommt, liegt 32ᵛ
noch sehr nah an der Art, wie früher ein Bischof gewählt wurde; der
15 Einfluß der übrigen katholischen Länder ist sehr unbedeutend gegen den
der Lokalität, denn es ist eigentlich die römische Klerisei allein, welche
den Pabst macht. Um dies nun noch recht zu verstehen, müssen wir auf 18. *Stunde*
Älteres zurükgehen: es ist bekannt daß, sobald die bestimmte Sonderung
zwischen den Presbytern und Bischöfen eintrat, man davon ausging in
20 einer Gemeinde könne und dürfe nur ein Bischof, obgleich mehrere
Presbyter sein; der Bischof war eben Primus inter pares; es fiel da aber
bald der Begriff der *christlichen* Gemeinde mit dem einer bürgerlichen
zusammen, die doch *nicht* zusammengehören; z.B. in Rom, in Carthago
u.s.w. war eine geschlossene bürgerliche Gemeinde, nun wenn die Chri-
25 sten sich weiter verbreiteten so mußte es da mehrere Kirchen und also
auch mehrere *christliche* Gemeinden geben; aber doch durfte nur e i n
Bischof sein; nun war die ursprüngliche Form, daß der Bischof von der
Gemeinde gewählt wurde; später aber wurde es überwiegend der Klerus,
der ihn wählte, und die Gemeinde gab ihre Zustimmung oder auch *nicht*
30 dazu. Auf diese Weise müßte nun auch unser Pabst gewählt werden,
aber das ist *nicht* der Fall; es ist bei weitem *nicht* der ganze Römische
Clerus, der ihn wählt, sondern die Kardinäle, die ihn wählen, und deren
Auszeichnung eben darin besteht, daß sie dies dürfen. Dem Römischen
Volk ist *nichts* weiter übrig geblieben als die Acclamation.
35 Aber wenn wir nun bedenken: daß dieser Pabst viel weniger der Römische Bischof [*ist*] (denn als solcher verrichtet er gar keine bischöfliche
Handlung), als das Oberhaupt der g a n z e n Kirche; er sollte also auch
eigentlich von der g a n z e n Kirche gewählt werden. Nun das geht frei-

---

32 wählen] *gestrichen*

lich nicht an; es *können nicht* einmal a l l e Erzbischöfe und Bischöfe ihn
wählen, sie *müßten* ja doch Alle zusammenkommen. Aber es könnte
doch eine Repräsentation eines solchen katholischen Geistlichen Collegiums geben, das ihn wählt; das soll nun das Cardinal-Collegium
eigentlich sein; es hat aber mehr an sich von einem bestimmten Dom-   5
kapitel als von einer solchen allgemeinen Repräsentation. Nach der neusten päbstlichen Constitution sollen nun *nicht* mehr als 70 Kardinäle
sein, und die Zahl ist selten voll; diese sollen nun der Römischen Kirche
angehören; von diesen sind nun 50 Cardinales Presbyteri und 14 Car-
dinales Diaconi; außer diesen gibt es nun *sechs* Cardinales episcopi, die   10
sind nun aber *nicht* in Rom, denn da dürfen sie nicht bischöflich fun-
giren; diese *sechs* sind aber bloß innerhalb des *Kirchen*staats; also kön-
nen *auch* d i e s e die g a n z e katholische Kirche *nicht* repräsentiren. |

32ᵛ   Der Antheil der *ganzen* übrigen Kirche an dieser Geschichte besteht
nur darin, daß unter den Cardinälen auch einige Nicht-Italiener sein   15
dürfen Deutsche, Spanier und Franzosen; aber sie müssen dann in den
*Kirchen*staat hinein; im Vaterlande dürfen sie nicht bleiben. Übrigens ist
nun die Sache nie recht in der Ordnung; und wenn einmal mehr Franzosen da sein sollten als Deutsche, und diese wollten sich darüber beschweren; so würde der Pabst sagen: ich habe noch einige in Petto; sie   20
sind noch *nicht* voll; sie werden schon kommen.

Was nun den Einfluß dieser Ausländer auf die Pabstwahl betrifft, so
ist der Fond davon dieser:

Die Wahl soll eine von allen äußeren Einflüssen völlig reingehaltene
sein; die Cardinäle werden also wenige Tage nach dem Begräbniß des   25
verstorbenen Pabstes eingesperrt und das ist das Conclave; der Haushof-
meister des Pabstes der major domus (ein Prälat) ist nun der Vorsteher in
diesem Conclave. Außerdem ist nun auch noch ein Marschall. Die gewöhnliche Art der Wahl ist das lateinische s c r u t i n i u m , wo jeder einen
Namen auf einen Zettel schreibt. Es dürfen aber die Cardinäle nur aus   30
sich selbst wählen; und so findet hier ein merkwürdiges Verhältniß *statt*
: der Pabst wählt eigentlich immer seinen Nachfolger; denn er wählt ja
die Cardinäle, von denen es doch einer werden *muß*. Die Regel ist nun
die: Wenn einer *zum Pabst* gewählt werden soll, so muß er 2/3 der
Stimmen haben; nun kann aber auch sein, daß auf diesem Wege die   35
Sache gar *nicht zu* Stande kommt. Die Ausländischen Cardinäle haben

9 14] 15   10 Diaconi] *folgt* 《sein》   31 *statt*] hier

6–12 *Bulle „Postquam verus" von Sixtus V. (13.12.1586)*

hier nun d*as* Recht eventualiter *zu* protestir*en*, wenn der gewählt*e nicht*
ein solc*h*er ist, v*on* dem sie gl*au*ben, d*aß* ihr Hof, dess*en* Vollmacht sie
h*a*ben, *nicht* wünsch*en* würde, diesen als Pab*st zu* sehen. Das ist ihr
einzig*er* Einfluß, ab*er* es ist *nicht* ihrer, sond*ern* d*er* welt*lichen* Macht;
5 h*a*ben sie ab*er* währ*en*d dies*er* scrutinia *nicht* ihre Protestation eingelegt
– so dürf*en* sie *nachher nicht*s mehr sag*en*. Das ist denn am Ende ein
solc*h*es Minimum, d*aß* m*a*n wohl sagen k*ann*: es ist im Grund*e* doch nur
di*e* Römische Kleri*s*ey die d*en* Pab*st* wählt. Nun *muß* jeder Card*inal*
wenn er gewählt w*ird* schwör*en* d*as* Ansehen des *R*ömisch*en* Stuhls *n*ach
10 sein*en* Kräft*en zu* mehr*en* u*nd zur Ausrottung* der Ketzer u*nd* Schis-
matik*er* *mitzuwirken.* Denk*en* wir uns nun *die* Möglich*keit* eines Wi-
derstreits zw*ischen* dem Interesse des *R*ömisch*en* Stuhls *und dem* einer
kath*olischen Kirche* in Frankr*eich* | oder D*eu*tschland, so h*a*ben diese 33¹
wenig gewonn*en*, d*aß* sie Anth*eil* an d*er* Wahl h*a*ben; sie dürf*en* g*egen*
15 d*en* Pab*st nichts* unternehm*en*, wenn er einmal gewählt ist. Es ist also
ein eig*en*t*lich* positiver Anth*eil* gar *nicht* abzusehen. Nimmt m*a*n nun
noch dies dazu: d*aß* noch kürz*lich* bestimmt ist: der Pab*st* s*e*l*b*st solle
immer ein Italiener sein, – nun so sieht m*a*n ja, d*aß* d*as* Ganze *au*f die
Römische *Kirche* sich bezieht. Aber warum h*a*ben d*ie* *a*nderen Staaten
20 sich diese Constitution g*e*f*a*ll*en* lass*en*? Es ist bloß d*ur*ch di*e* Eifersucht
gekomm*en*; u*nd* d*ie* Ital*iener* bef*in*d*en* s*ich* im Grunde doch gar *nicht*
wohl dabei; d*ie* and*er*en Staat*en* sind eifersüchtig *au*f einand*er*; d*ie* Itali*ener* ab*er* h*a*ben eine neutrale Nullität in B*e*ziehung *au*f d*as* Politische;
daher lass*en* sich di*e* Anderen ein*en* Pab*st* aus di*es*en wohl g*e*f*a*ll*en* ab*er*
25 *nicht* aus einem unt*er* sich, v*on* d*e*m sie befürcht*en*, er mög*te* g*egen* sie
irg*en*dwie etwas unternehm*en*.

Nun soll d*er* Papa wenigst*en*s 55 J*ahre* alt sein; gewöhn*lich* ist er
schon äl*ter* (meist 60 J*ahre.*) Da ist also eine lange u*nd* eine persön*liche*
kräftig*e* V*er*waltung die*ser* Monarch*ischen* Würde *nicht* etwas, was m*a*n
30 als Regel vor*au*ssetzen k*ann*; u*nd* darum ist m*a*n denn *auch* gewöhnt:
*au*f die Persönlich*keit* des Pab*stes* weit weniger *zu* sehen; sond*ern* m*a*n
rechnet nur *au*f di*e* Einh*ei*t in d*er* Verfahrungsw*ei*se. Verfassungsmäßig
b*e*tr*a*chtet ist nun d*er* Pab*st* als kirch*licher* Oberherr g*an*z unabhängig;
d*as* Card*inals*Coll*egium* bildet den ihm zugegebenen Rath; u*nd* wenn er
35 sie beruft, so heißt das ein Consistorium; ab*er* er braucht sie *nicht zu*

---

10 *zur Ausrottung*] *zum Beßten (korr. nach Stolpe 286; Röseler 29ᵛ)*   12 *und dem*] *oder*
27 55] 155

16–20 *Eine Bestimmung, nur ein Italiener dürfe zum Papst gewählt werden, hat es nie*
gegeben. Allerdings hatten seit dem Ende des 14. Jahrhunderts die Italiener im Kardinals-
kollegium stets die Mehrheit.

berufen, und wenn er sie beruft, so braucht er ihnen doch *nicht zu* folgen; es gibt aber außer diesen öffentlichen Consistorien (die eigentlich nur geschehen, um gewisse Acte der päbstlichen Macht auf öffentliche Weise zu vollziehen; die eigentlichen Berathungen gehören *nicht* hieher) auch noch ge h e i m e Consistorien, wo der Pabst *sich von den beßten* 5 Cardinälen rathen läßt. Es kann nun eine solche unabhängige Persönlichkeit des Pabstes großen Einfluß haben, und den hat er auch; aber er ist auch so gemildert *durch* den Geist der Römischen Curie, der durch alle päbstlichen Regierungen so ziemlich derselbe ist, daß ihm wenig eigener Wille übrig bleibt. Seit *Aufhebung des* Jesuiterordens ist der 10 Pabst ein Instrument in der Hand *seiner* Cardinäle; das kommt eben daher, *weil* der damalige Pabst ein schwacher war; ein anderer hätte den

33ᵛ Orden *nicht aufgehoben,* | und es *fragt* sich doch noch: ob *nicht* ein jeder andere Pabst genöthigt gewesen sein mögte, daßelbe *zu* thun: nach dem Princip im Fall der Noth nachzugeben; und nachher *zu* sehen, daß 15 er sich mit [der] Zeit wieder davon losmachte. – Ebenso ist *nicht zu* läugnen, daß der jetzige Pabst wohl *mit* aus der Ursache *gewählt* sein mag, *weil* man erwartete: er würde das wieder einholen, was man nachgegeben hatte in jener unruhigen Zeit. *Fragen* wir nun also: wo i s t nun eigentlich die Monarchie der Kirche? – so ist das eine schwer *zu* beant- 20 wortende Frage, sie ist nirgends *zu* greifen und wie etwas Gespenstisches: sie hat ihren Sitz in dem, was man die Römische Kurie nennt, also in der Römischen Prälatur. Will man aber wissen: was ist da eigentlich die Persönlichkeit; so erfährt man *nichts* weiter, als: es ist das hierarchische Interesse. Deswegen haftet sie nun auch so sehr an Rom; man 25 glaubt noch immer, daß Rom die Hauptstadt der Welt sei; und in diesem Geist hat das monarchische Princip also ihre Heimath gefunden. Mit dem Römischen Bisthum hat also das Pabstthum *nicht* viel *zu* thun; aber *mit* dem Römischen Sitz hat es viel *zu* thun; denn in einer anderen Localität hätte sich schwerlich aus so heterogenen Elementen so etwas 30 gestalten können in einer so fortwährenden Continuität und permanentem Character bei allem Wechsel der Person.

---

10 *Aufhebung*] Einführung *(korr. nach Schubring 47; Fink 66; Stolpe 286; Schmidt 86; Röseler 30')*   13 *aufgehoben*] gestiftet   17 *daß*] folgt 《wohl》   *gewählt*] gegeben

10–16 *Auf Druck der katholischen Mächte Frankreich, Portugal und Spanien hob Papst Clemens XIV. durch das Breve „Dominus ac redemptor noster" (21.7.1773) den Jesuitenorden auf. Schleiermacher hält dies für die letzte Handlung eines Papstes, die nicht im Sinne der Kurie war.*   **17** *Leo XII. (1823–29), Annibale della Genga*   **25** *Zusatz Schubring 47 (Fink 67; Stolpe 286; Schmidt 86; Röseler 30'):* „*Denn eben weil Kirche und Monarchie nicht zusammen passen ist kirchliche Monarchie nur da, wo ein solches Bestreben ist, durch das Geistliche in das Weltliche einzugreifen[,] und dieß beständige Bestreben ist der Geist der Sache.*"

Die Sache hat aber doch noch ein anderes Interesse. Nämlich es ist 19. *Stunde*
angenommen: daß auch die Pabstwahl als eine Handlung der gesammten
Kirche ein untrügliches sei, d. h. ein Werk des heiligen Geistes. Es ist nun
schon hier ein wunderbares Ineinandergreifen; die Cardinäle wählen den
5 Pabst und der Pabst die Cardinäle, soll nun das erste ein Werk des
heiligen Geistes sein, so muß es das andere auch sein; das Ursprünglich-
ste wäre dann das Zu Stande kommen des Gesetzes über die ganze
Sache. Das scrutinium ist nun das erste; da können nun Stimmen auf
einen solchen fallen, gegen den protestirt wird. Diese Protestation geht
10 nun von dem aus, was die ausländischen Cardinäle von der Gesinnung
ihres Hofs wissen. Ob die nun auch inspirirt sind, will ich *nicht* ausmachen. Nun kann man nachher zu einer anderen Wahlform schreiten accesso, wo keiner seine Stimme dem geben darf, dem er sie vorher
gegeben hat, aber auch keinem neuen, sondern jeder muß sie dem geben,
15 der vorher schon Stimmen gehabt hat. Das Erste was durch die scruti-
nien entstanden ist, ist nun an und für | sich nichts Bleibendes; die Stim- 34^r
me, die nun jeder einzelne gegeben hat, kann nun doch *nicht* als Werk
des heiligen Geistes angesehen werden, denn die Wahl wird ja dann
verworfen. Nur die zweite kann also als Werk des heiligen Geistes
20 angesehen werden. Wenn nun durch dies auch *nichts* heraus kommt, so
gibt es noch *zwei* Mittel den Compromiss und die Inspiration κατεξ-
οχήν. Das erste besteht darin: daß einige wenige ausgewählt werden, um
zu wählen und die müssen in ihrer Wahl ganz einig sein. Die Inspiration
κατεξοχην ist etwas völlig Revolutionäres. Die einen treten auf und pro-
25 clamiren einen zum Pabst, wenn die anderen *nicht* beitreten, so hat das
freilich keine Folge; aber sie treten gewöhnlich gleich bei, aus Furcht,
denn sie denken: wenn nun die anderen doch meist beitreten und er wird
Pabst, so sieht er ja, daß ich ihn durchaus *nicht* gewollt habe, und – das
ist doch eine schlimme Sache. Da ist also auf der einen Seite die Arro-
30 ganz derer, die einen proclamiren und [*auf der anderen*] die Feigherzig-
keit derer die beitreten etwas was als ein Werk des heiligen Geistes κατ'
εξοχην angesehen wird!!

---

12 *nachher*] nach   12 f accesso] ascesso   15 f scrutinien] scritinien

---

32 *Zusatz Schubring 47 (Fink 68; Röseler 30ᵛ): „Das ist ein Resultat welches sich in der
Praxis der katholischen Kirche oft ergeben würde wenn man es so analysiren könnte. Es
hängt Alles an dem* πρωτον ψευδος *der katholischen Kirche, indem die Idee des Lebens des
göttlichen Geistes in der Kirche übertragen wird auf einen bestimmten Moment in der
Erscheinung. Hier ist die förmliche Repräsentation der Kirche in der Papstwahl durch die
Kardinäle. Nun giebt es freilich nur noch einen Act, wo dieß noch hervortreten kann, das
allgemeine Concil; und der Act wie da Beschlüsse zu Stand kommen, würde völlig dasselbe
Resultat geben.“*

Wir müssen bei diesem Gipfel der Monarchischen Regierung noch
etwas bleiben, um von der Regierungsweise unseres Pabstes etwas zu
erfahren. Wenn wir sein ganzes Leben betrachten wollen so haben wir
da dreierlei zu unterscheiden 1.) sein weltliches Regiment 2. seine
einzelnen geistlichen Ammtsverrichtungen, die freilich persönlich sind;   5
das sind seine gottesdienstlichen Handlungen und 3.) seine Handlungen in Beziehung auf die Totalität der ganzen katholischen Kirche.

In Beziehung auf das erste wollen wir *nicht* eine Statistik des Kirchenstaats geben, sondern nur die Art und Weise: das weltliche Regiment als geistliches Oberhaupt zu führen, das ist das Interessante. Da ist   10
nun das Erste daß Alles, was das Weltliche betrifft durch Geistliche
verrichtet wird mit Ausnahme dessen, was als das eigentliche Munici-
pale angesehen wird, was in anderen Staaten vom Volk oder vom einzelnen Communwesen verrichtet wird. Die übrigen GerichtsCollegien
u. s. w. sind alle in den Händen der Cardinäle oder anderer Prälaten; in   15
Rom ist es nur der sog. Senator von Rom, der noch eine wirkliche
weltliche Person ist; alles Übrige wird von Geistlichen besorgt, die schon
eine Art jus quaesitum haben, Cardinäle zu werden, z. B. der Gouverneur von Rom, der Major domus des Pabstes und Andere, welche die
Präsidien bei | peinlichen Gerichten führen. Diese weltlichen Geschäffte   20
sind die, welche ihnen zuerst anvertraut werden und wodurch sie zu den
Geistlichen gebildet werden. Da sieht man also, wie der eigentliche Geist
der weltlichen Verwaltung in die geistliche übergeht, und das ist ein
bedeutender Theil des Einflusses, den das weltliche Regiment des Pabstes auf die Leitung der Kirche hat.   25

Was nun 2.) die eigentlichen geistlichen Handlungen des Pabstes betrifft so haben wir schon gesagt: daß er als Erzbischof von Rom gar
nicht versiert, sondern das ist der Cardinal vicarius. In der eigentlichen
bischöflichen Kirche in der KathedralKirche verrichtet der Pabst selbst
gar keine Gottesdienstliche Handlung, sondern in der Capelle seiner   30
Palläste und in der Peterskirche. (unter deren Altar die Gebeine Petri und
Pauli begraben sein sollen) Der Pabst hat nun natürlich wie jeder Priester
das Recht: Messe zu lesen; er *muß* es *auch* zuweilen thun, aber er thut es
nur, wenn es ihm gerade recht ist. Außerdem an den Feiertagen, die
Eröffnung des Weihnachtsfestes welche von ihm persönlich vollzogen   35
[*wird*]; und vorher segnet er immer einen Hut und einen Stab mit gewisser Feierlichkeit ein, die bestimmt sind zu Geschenken an Fürsten

34ᵛ

---

27 f *Vgl. oben 248,8–17*   28–31 *Schleiermacher meint die Kirche San Giovanni in Late-
rano, die Sixtinische Kapelle und den Petersdom.*

oder Feldherrn die sich besondere Verdienste um die Kirche erworben haben. Dann in der Paßionszeit am Sonntag Lätare weiht er eine goldene, mit Edelsteinen besetzte Rose. Dann am Palmsonntag hat er die Palmweihe. D.h. in seinem Pallast weiht er Palmen und vertheilt sie an
5 die Cardinäle und an die Gesandten der fremden Mächte u.s.w. Am Gründonnerstag hat er das Hochammt, wo nun eine Menge Processionen vorgenommen werden; und auf dies Hochammt folgt die feierliche Benediction, welche er dem Volk sagt, was nun die ganze Christenheit repräsentirt, vorher spricht er aber noch das Anathema über die Ketzer.
10 Am Charfreitag hält er das Hochammt in der sixtinischen Capelle, das durch die Kirchenmusik, die dabei gegeben wird so sehr berühmt ist. Dann ertheilt er nachher noch eine Benediction wobei er die dreifache päbstliche Krone auf hat.

Dann verrichtet er noch geistliche Handlungen, die er als Gunst-
15 bezeugungen verrichtet (was ein agnus Dei ist weiß ja wohl jeder)[.] Diese Dinge verschenkt der Pabst auch; dann weiht er das Pallium, das den Erzbischöfen zukommt und das er ihnen wohl beräuchert und besprengt zuschikt – In Rom ist eine Kirche der heiligen Agnese, wo gewiße Lämmer erzogen werden und aus deren Wolle die Pallien gewebt
20 werden. |

3. in Beziehung auf das eigentliche Kirchenregiment sind nun die Car- 35ʳ dinäle das eigentliche Collegium des Pabstes, ebenso wie das Domkapitel bei einem Bischof. Der Pabst braucht aber die Cardinäle auch nicht zu berufen, wenn er nicht will; da ist also die Form eine absolute Mon-
25 archie, wo Alle eigentlich nur eine gutachtende Stimme haben. Die höchsten Organe, deren sich der Pabst bedient, zu gewissen Ämtern, das sind nun auch Cardinäle. Diese Ämmter sind folgende: 1. Der C a r d i - n a l C a m e r l e n g o ist der Finanzmeister des Pabstes. 2.) Der C a r d i - n a l S e g r e t a r i o der zugleich eine weltliche Person ist, er ist der höch-
30 ste Chef der Justiz. 3. Der C a r d i n a l p r o d a t a r i o, der ein Collegium die Dataria unter sich hat: und mit der Ertheilung der geistlichen Stellen und mit der Bestätigung der Ämmter zu thun. 4.) der S e g r e t a r i o d e l - l e B r e v e d.h. der, welcher die kleinen Angelegenheiten und Ausfüh-

---

10 sixtinischen] sextinischen   32 4.)] 5.)

5 *Zusatz Röseler 31ᵛ (Schubring 49; Schmidt 89):* „Dies sind eigentlich nur Zeremonien, mit großer Beziehung auf die weltlichen Verhältnisse."   12 *Nachher: am Ostersonntag.*
20 *Zusatz Schubring 49 (Fink 69; Schmidt 90; Röseler 31ᵛ):* „Hier ist wieder nichts was irgend wie mit der bischöflichen Würde zusammenhinge; entweder sind es Priester- oder Papst-Handlungen."   24 *Zusatz Fink 69f. (Schubring 49; Schmidt 90):* „Er kann auch etwas beschließen ohne ... bestimmten Vortrag der Beamten – dies heißt ein proprio motu".

rungen hat; (die Bullen die gibt der Andere aus) die Breven dieser. 5.
Cardinal Prouditore der eigentliche Chef der Justiz, der aber nicht
mit dem Pabst in unmittelbarer Berührung steht. 6. Der Cardinal Vicarius der das bischöfliche Ammt des Pabstes in Rom vertritt; dies ist
nun dem Rang nach der unterste und der Finanzmann ist der erste.   5

20. Stunde   Außerdem gab es und gibt es noch viele verkäufliche Ämmter. Sixtus
V. soll 4000 verkäufliche Ämmter eingesetzt haben. Nun gibt es noch
andere Collegien sog. Congregationen die von dem Pabst dann oder
wann ernannt werden, und die dann auch beständig sind. Unter diesen
sind nun die ersten die Congregation der Inquisition, dann die der   10
heiligen Gebräuche die de propaganda fide, und endlich die der
kirchlichen Immunität. Die erste hat es [zu] thun mit der Wach-
samkeit über die Lehre; sie soll das Ketzerische aufsuchen und hemmen;
nun ist es eigentlich nur ein Institut für den Kirchenstaat, wo nun
eigentlich nicht viel Ketzerisches vorkommen kann; darum hat man die   15
Römische Inquisition auch noch nie ihrer großen Strenge wegen geta-
delt; wenigstens viel weniger als die spanische und andere. In das Geschichtliche der Inquisition eingehen, geht über unseren Bereich, es wird
bekannt sein; daß in vielen Staaten sich Opposition gegen die Inquisition
erhoben hat, weil sie sich schrekliche Bestrafungen herausnimmt im   20
weltlichen Sinn; im Kirchenstaat kann das nun nicht befremden, da dort
beides das Geistliche und Weltliche mit einander gemischt ist. |

35ᵛ   Nun ist aber die Römische Inquisition in so fern ein allgemeines
kirchliches Institut, daß die übrige Inquisition sich darauf berufen kann:
daß das ketzerisch sei, was die Römische Inquisition einmal verurtheilt   25
hat; denn sie hat dieselbe Infallibilität als der Pabst.

    2. Die Congregation über die heiligen Gebräuche ist ur-
sprünglich auch nur ein Institut für den Römischen Staat und hat die
Aufrechthaltung des Ritus zum Gegenstand, aber als solche auch eine
allgemeine Dignität und einen allgemeinen Einfluß; sie verhält sich zur   30
Inquisition wie der Ritus zur Lehre. Sie hat auch das Geschäft der Kanonisation, und das ist eine vollkommen allgemeine Funktion, die sie
ausübt; von wo her auch ein Anspruch kommt, daß ein einzelner soll
canonisirt werden so ist diese Congregation das forum, vor welches dies
gehört. Ebenso muß auch Alles, was irgend ein neues Fest in der Kirche   35
sein soll, und ebenso, wo es abgestellt werden soll auf allgemeine Weise
von ihr ausgehen.

---

1 5.] 6.   2 Prouditorc] Proditorc   3 6.] 7.   36 Weise] *folgt* 《muß》

3. Die Congregation de propaganda fide ist ein von vielen Seiten großes umfassendes und achtungswerthes Institut; es ist der erste Sitz der Kenntniß der lebenden Sprachen, die außer dem lebendigen Verkehr mit Europa stehen; was unsere Bibelgesellschaften jetzt thun, hat
5 diese Congregation schon lange gethan; sie hat die heilige Schrift übersetzt in alle möglichen lebenden Sprachen. Mit ihr stehen nun alle Missionsanstalten der katholischen Kirche in Verbindung; es ist also ein Institut, das sich gewisser Maßen über die ganze Welt erstrekt.

4. Die Congregation der kirchlichen Immunität hat dafür
10 zu wachen, daß die Rechte der Geistlichkeit unverletzt bleiben, dazu gehören nun alle die kritischen Gegenstände, worüber die Römisch katholische Geistlichkeit mit dem weltlichen Regiment in Uneinigkeit ist. Hier muß also ein großer Verbrauch gemacht werden von dem Geschik in weltlichen Verhältnissen, das in dem eigentlichen Römischen Klerus
15 nothwendig sein muß, um diese Leitung der Kirche nach Außen hin zu führen.

In den beiden ersten Congregationen ist das Interesse der Lehre und der symbolischen Handlungen; in der dritten das Interesse für die Ausbreitung des katholischen Glaubens; und in der vierten das Interesse an
20 der bürgerlichen Macht der Kirche, so sehen wir, wie schlau für alles gesorgt ist.   Wenn wir nun aber dies monarchische Wesen in seiner ganzen Ausübung kennen | lernen wollen, so müßen wir die Verhältnisse 36ʳ kennen lernen, in welchen sich der Pabst nun zu den verschiedenen Gegenden und Staaten befindet.

25 Das Centrum ist nun offenbar der Kirchenstaat selbst; da ist die Leitung ohne alle Schwierigkeit, weil da gar keine Verhältnisse gegen andere Glaubensgenossen vorkommen. Es sind freilich auch nicht-katholische im Kirchenstaat geduldet – wir wollen mal eine Parallele ziehen zwischen Rom und Constantinopel. Im türkischen Reich ist die
30 weltliche und geistliche Gewalt der Idee nach auch eins und dasselbe, und das bürgerliche Recht ruht wesentlich im Glauben. Da haben wir gesehen wie viele Einwohner Christen sind, aber ohne alle bürgerlichen Rechte; sie werden nur einiger Maßen geduldet. Ebenso ist es fast mit dem Kirchenstaat. Im Römischen Gebiet gab es Juden, das sind
35 unchristliche Einwohner, welche die päbstliche Regierung als sie entstand, schon fand; man hat sie zuweilen verfolgt, aber sie existiren doch ebenso, wie die ursprünglichen christlichen Einwohner (die Rajas) in der Türkei existiren. Nun gehört zum Wesen des Römischen Stuhls das Bestreben Alles in den Schooß der katholischen Kirche hineinziehen zu
40 wollen; die Juden können also nicht anders existiren im Römischen Ge-

biet, ohne ein Gegenstand dieses Bestrebens zu sein; sie müssen sich dazu
hergeben, Mißionsversuche an ihnen zu machen; sie müssen an bestimmten Tagen in der Kirche erscheinen, wo für sie besonders gepredigt wird,
um sie zu bekehren; gegen das Judenthum wird da fürchterlich pole-
misirt.   5

   Protestantische Christen werden aber im Römischen Gebiet nur in so
fern geduldet, als man sie ignorirt; sie haben kein Recht zu kirchlichen
Verrichtungen; sie dürfen sich keine Geistlichen halten, ihre Kinder müssen von den katholischen Geistlichen getauft werden. So ist die Sache
gewesen bis protestantische Mächte Gesandte in Rom gehalten haben   10
und am Ende auch das Recht vindicirt, für diese Geistliche zu halten; so
hat es schon seit langem einen englischen Gesandtschaftsprediger in
Rom gegeben und so gibt es auch einen preußischen. Nun können denn
auch die Protestanten auch daneben kirchliche Handlungen verrichten und werden dann ebenso geduldet, wie in der Türkei die so   15
genannten Rajas unter dem Schutz der Gesandten. So bald nun ein Protestant stirbt – ja da ist es schlimm; in geweihter Erde darf er nicht
begraben werden; sie haben ihnen denn einen besonderen Begräbniß-
Platz angewiesen. Neulich ist mit einem unserer Mitbürger in Rom ein
ganz eigener Fall vorgekommen; es ist ein Künstler, der eine Römerin   20
36ᵛ hei|rathete; der ist in einer Römischen Kirche mit ihr getraut worden,
was sonst nie erlaubt wurde. Aber der Pabst hat es mit einem besonderen Breve vergünstigt.

   Nun ist es anders in solchen Ländern, wo die katholische Kirche die
einzige zwar auch ist, aber wo doch die weltliche Gewalt in anderen   25
Händen ist. Wo nun aber die unkatholischen Einwohner so zahlreich
sind, daß sie auch ihre Rechte haben, und die weltliche Gewalt auf sie
Rüksicht nehmen muß – da ist es nun noch anders. Wo endlich die
katholische Kirche zu gleichen Rechten mit anderen kirchlichen
Gemeinschaften existirt, da ist es noch anders, und wo gar die Regierung   30
protestantisch ist und die protestantische Kirche vorherrschend, die katholische aber zu gleichen Rechten besteht, und wo sie nicht so besteht
sondern bloß geduldet wird da ist nun wieder ein verschiedenes Verhältniß.

---

16 Rajas] Protestanten

19–23 Am 28.9.1814 heiratete der Maler und Zeichner Franz Catel (1778–1856) in Rom in
zweiter Ehe Margherita Prunetti, die für ihre Schönheit berühmte Tochter des Schriftstel-
lers Michelangelo Prunetti. Catel, in Berlin geboren, französisch-reformiert, seit 1811 in
Rom ansässig, war eine herausragende Gestalt im gesellschaftlichen Leben der Deutschen
in Rom.

Im ersten Fall ist das Bestreben der Römischen Kirche sehr groß,
Alles in den Schooß der seligmachenden Kirche hineinzuziehen; da ist
also die Congregatio de propaganda fide thätig; es kursiren da immer
eine Menge Missionarien, welche Proselyten machen müssen, wie die
5 Werber. Dergleichen kann nun da, wo die Regierung nicht katholisch ist,
nicht öffentlich geschehen, aber es existirt doch und ist ein ganz natürliches Product von der Vorstellung der allein seligmachenden Kirche.
Ebenso ist es auch in den nichtchristlichen Ländern, die förmlich als
Missionsländer behandelt werden. Hier ist das minimum der Form wo
10 sich das mornarchische Princip geltend machen will.
     Nun ist wohl klar, daß die Römischen Autoritäten nicht unabhängig
vom päbstlichen Stuhl regieren dürfen. Da ist nun auf zweierlei zu sehen.
Einmal auf die eigentlich persönlichen Organe und auf die feststehenden
Verhältnisse durch welche der Einfluß der geistlichen Monarchie in den
15 verschiedenen Ländern sicher gestellt aber auch in gewissen Gränzen
eingeschlossen ist. Die persönlichen Organe sind die Legati a latere und
die nuntii, die Verträge sind die sog. Concordate. Der Unterschied zwischen den Legaten und Nuntien ist eigentlich ein diplomatischer Unterschied wie zwischen Botschafter und Gesandten. Die legati a latere sind
20 gewöhnlich schon Cardinäle; die Nuntiaturen gehören mit zu den Stellen, die am unmittelbarsten zu Cardinälen führen. Der Papa ist noch
nicht lange auch Nuntius bei uns gewesen. So wie nun die großen Europäischen Mächte sich selten Botschafter von höchstem Rang schiken,
so sendet der Pabst auch selten legati a latere, weil es sehr kostspielig
25 ist. | Gewöhnlich schikt er nur nuntii; an protestantische Höfe schikt er   37ʳ
sie gar nicht; die katholischen Einwohner mögen noch so zahlreich sein.
Der Römische Hof will wohl eine solche Anerkennung nicht katholischer Monarchen scheuen. Daraus ist denn nun ein solches ungleiches
Verhältniß entstanden, daß die protestantischen Höfe Agenten in Rom

---

1–25 *Städlin I 432f.: „An den bedeutenderen katholischen Höfen hält der Pabst seine
Gesandte. Sie vertreten den Pabst als weltlichen Fürsten und als Oberhaupt der katholischen Kirche. Sonst haben sie sich große Gewalt angemaast und starke Einkünfte auch für
sich aus den Ländern gezogen, wo sie sich aufhielten, jetzt sind sie überall sehr eingeschränkt worden. Die gewöhnlichen Gesandten heißen Nuntien, außerordentliche, welche
nur in besonders wichtigen Angelegenheiten vom Pabste ernannt und in fremde oder seine
eigene Provinzen gesandt werden, heißen Legaten a latere. Sie werden jetzt selten ernannt,
weil sie einen für die päbstlichen Finanzen zu großen Aufwand erfordern und weil die
ihnen ertheilte Vollmacht an den katholischen Höfen zu viel Widerspruch findet. Solche
Legaten müssen immer Cardinäle seyn. … Für solche Länder, welche von der katholischen
Kirche abgefallen sind, pflegt der Pabst Missionäre zu ernennen, welche mit der Propaganda in Verbindung stehen und welche den Auftrag haben, für die Ausbreitung des Katholicismus in protestantischen Ländern zu thun, was sie können und alle günstige Um-
tände zu diesem Zwecke zu benutzen. Es sind gewöhnlich katholische Priester, welche
geistliche Aemter in solchen Gegenden bekleiden." – Papst Leo XII. (1823–29), Annibale
della Genga, war 1794–1816 Nuntius in Deutschland und der Schweiz.*

haben – ohne daß da eine *Gegenseitigkeit* Statt fände. Daraus entsteht
denn in der ganzen Verwaltung dieser ganzen Angelegenheit mancherlei
Unbequemes, was *sich nicht* gut ändern läßt anders als daß man das
Verhältniß ganz abbräche und dann doch über die Verhältnisse der protestantischen Einwohner in katholischen Ländern und umgekehrt ein   5
aufmerksames Auge hätte; was aber den protestantischen Mächten wohl
21. Stunde [*als eine*] schwierigere Aufgabe scheinen mag, als das erste. Wenn der
Pabst das Oberhaupt der Kirche sein soll, so *muß* er Gesetze und exe-
kutive Befehle in der Kirche geben können; eine jede solche Handlung
aber *muß* die gehörige Beglaubigung haben; da *muß* sie sich also in einer   10
gewissen Form darstellen, was nur in einer gewissen Publicität geschе-
hen kann, *sonst* wäre die Authentie sehr *gefährdet*; es könnte ja jeder
etwas als päbstlichen Befehl geltend machen wollen, was keiner wäre.
Das Natürliche ist also, daß der Pabst auf öffentliche Weise seine Befehle
erläßt und sie in Druk gibt. Dergleichen sind nun eben die päbstlichen   15
B u l l e n und B r e v e n; die ersten haben eine höhere Dignität; in welchen
Fällen nun der Pabst Breven erläßt, beruht auf einer Observanz, die
schwer zu erkennen ist für den, welcher *nicht* darin eingeweiht ist. Nun
fragt sich: wie kommen diese nun an Ort und Stelle? Wenn von je kein
Conflict zwischen der geistlichen und weltlichen Gewalt gewesen wäre,   20
so würden sie successiv an die Geistlichen und die Gemeinden hinkom-
men. Aber wir finden nun von einem solchen Conflict überall Spuren,
der nun seinen Natürlichen Grund hat zumal im Verhältniß zu der monarchischen Verfassung. Wenn der Regent sich ungehorsam bewiesen hat
gegen die Kirche so kann der Pabst seine Autorität geltend machen und   25
ihn strafen. Ebenso, wenn wir uns den Pabst als Oberhaupt der Kirche
denken so stellt sichs auch natürlich so, daß dann die Anderen mehr
oder weniger als seine Beammten oder Lehnsträger erscheinen; darauf
bezieht sich ja auch schon das Pallium. Hier aber tritt die älteste Form,
wie der Clerus in der Kirche entstanden, ganz dagegen auf; der Clerus ist   30
von unten herauf entstanden durch die Wahl der Gemeinde. Nun aber
37ᵛ nicht nur in Deutschland, wo der höhere | Clerus einen politischen An-
theil hat, sieht man: wie hier ganz verschiedene Theilnehmer eintreten,
und da ist nun der Antheil des Staats an Besetzung der geistlichen Stellen
sehr modificirt. Es wird wohl am zwekmäßigsten sein, wenn wir erst in   35
Beziehung [auf] diese verschiedenen Hauptpunkte die Stellung der päbstlichen Monarchie in den verschiedenen Regionen der katholischen Kirche nach der oben angegebenen Abstufung auseinander setzen.

---

12 *sonst*] sondern   *gefährdet*] gefährlich

Im K i r c h e n s t a a t *selbst* ist über diese Dinge nichts weiter *zu sagen;* da hier eine vollkommene Theokratie statt findet. Wenn wir nun aber *auf die* übrigen Theile der katholischen Kirche sehen, so entsteht uns da nun d*ie Frage,* wo wir *mit der* Beschreibung des gegenwärtigen Zustands
5 anfangen sollen? Nun gibt es einen Punkt in der neueren Geschichte, an den wir am zwekmäßigsten anknüpfen können *weil* er doch von großer Allgemeinheit ist. Das ist d*ie durch* das französische Kaiserreich hervorgebrachte Veränderung in den Verhältnissen fast aller katholischen Länder und der damit zusammenhängenden äußeren Destitution des Pab-
10 stes, der nachher wieder in seine Rechte aber sehr modificirt eintrat. Nun werden wir aber diesen Zustand nur begreifen können im Zusammenhang mit mancher früheren Begebenheit. D*as Verhältniß* zwischen der geistlichen Gewalt des Pabstes und der weltlichen der Regenten ist es da, auf das wir besonders rüksicht nehmen müssen; diese beiden
15 Gewalten sind von jeher immer im Kampf gewesen. Nun waren in vielen Ländern, in manchen kurz vor diesen großen politischen Bewegungen solche bedeutenden Reactionen gegen die geistliche Gewalt gewesen; aber das Ende dieser politischen Bewegungen hat auch wieder eine Umkehr hervorgebracht und der geistlichen Gewalt ist wieder mehr einge-
20 räumt worden als sie vorher hatte. Daran müssen wir denn anknüpfen. Es wird wohl am natürlichsten sein anzufangen mit dem, was diesem Centralpunkt am nächsten ist, also mit

Italien.

Es hat sich seit jenen Kriegen ganz anders gestaltet; manche [*Staaten*]
25 existiren *nicht* mehr als *selbst*ständig, die vorher es waren; manche die unter jenen Stürmen erst entstanden sind wieder eingegangen; andere wieder eingesetzt u. s. w. Auch sind mehrere italienische Staaten schon in früheren Zeiten in einer besonders starken Opposition gegen die geistliche Gewalt gewesen, besonders Venedig, was jetzt *freilich nicht* mehr
30 als Republik existirt. Eins der nächsten an den Kirchenstaat unmittelbar gränzende ist
   d a s   t o s k a n i s c h e   G e b i e t, wo eine bedeutende Reaction gegen die Geistliche Gewalt eingetreten war, im letzten Viertel des vorigen Jahrhunderts unter der Reform des Kaisers Josephs in seinen Staaten durch

---

9 f *Vgl. oben* 246,28–29.   29 f *Papst Paul V. verhängte 1606 über Venedig das Interdikt, jedoch ohne Erfolg. 1797 fiel Venedig an Österreich, 1805 an das von Napoleon beherrschte Königreich Italien und 1815 wieder an Österreich.*

den Herzog Leopold. Er hatte viele Klöster *aufgehoben*, aber ganz auf
unabhängige Weise, die übrigen in gewiße Abhängigkeit von | der Regie-
rung gesetzt; hatte die Dotationen und Vermächtnisse in gewissen Gränzen eingeschlossen – kurz er hatte die katholische Kirche in ihrer Macht
sehr beschränkt. Dagegen war nun von Seiten der politischen Autorität   5
selbst eine Reaction aufgetreten. Das Königreich Etrurien hatte viele
Rükschritte gemacht so viele es in seiner Abhängigkeit von Österreich
konnte, und die geistliche Gewalt hat viel von ihren Rechten wieder
erobert. Daßelbe gilt von Parma; er hatte verboten: daß Streitigkeiten in
geistlichen Dingen sollten vor geistliche Tribunale kommen. Der Pabst   10
drohte ihm daher mit dem Bann; aber es kam nicht dazu; man kann
wohl daraus sehen daß wohl *nicht* mehr wird zu besorgen sein, daß ein
Regent von Rom aus sollte excommunicirt werden. Das ist offenbar ein
Erfolg von dem größeren Zusammenhalten der *weltlichen* Mächte in
Beziehung auf die Geistliche; es entstand damals gleich eine Coalition   15
von katholischen Mächten gegen den Pabst; er hatte sich auf eine alte
Bulle berufen, die wurde aber in diesen katholischen Ländern gleich
verworfen. Übrigens ist doch im Toskanischen das Recht der Ernennung
des höheren Klerus ebenfalls beim Landesherrn und der Pabst gibt nur
seine Bestätigung, wie das in den meisten katholischen Landern ge-   20
schieht; eigentlich sollte man sich die Sache wohl umgekehrt denken.
Das hängt nun so zusammen: In protestantischen Ländern würde es
erscheinen als eine Gewißensbedrängung, wenn die Regierung die geistlichen Stellen allein besetzen wollte; es würde scheinen als ob da eine
Neigung wäre: die zu begünstigen, die sich mehr dem Evangelischen   25
nähern, und darum haben sich die Protestantischen Fürsten mehr davon
zurükgezogen. In katholischen Ländern ist es nun anders; da sagen die
Fürsten: wir üben als Repräsentanten des Volks das alte Recht der Gemeinde aus; daß die katholischen Fürsten auch ein großes Interesse
haben, die geistlichen Ämmter zu versehen ist nun auch ganz natürlich; 30
sondern indem diese höheren geistlichen Würden ein bedeutendes Einkommen gewähren und viel Einfluß haben auf die politischen Verhältnisse so kann es ihnen daran gelegen sein, daß dieser oder jener begünstigt wird und ein anderer zurükstehe. Die Form, wie nun in dieser
Hinsicht die landesherrliche Prärogative ausgeübt wird, ist *nicht* überall 35
dieselbe. Einen besonderen Einfluß hat der Pabst noch auf die Hierarchie

---

14 *weltlichen*] *geistlichen*

---

9 *Die Rede ist von Herzog Ferdinand von Parma.*   **16f** *Die Rede ist von der Abend-*
mahlsbulle „In coena Domini".

*mi*t gewiss*en* eigenthümlichen Exemtionen: die Abstuf*ung* ist: Priester, Bischo*f*, Erzbischof; in Toscana gibt es *drei* Erzbischöfe in Florenz, *Siena* u*nd* Pisa. Au*ß*erd*em* gibt es ab*er* noch v*on* d*en* Erzbischö*fen* unabhän-gige Bischöfe, die in einer unmitt*elb*aren *B*ezieh*ung* z*um* Pab*s*t steh*en*.
5 D*er* Ursprung dies*es* Stands ist sehr alt. |

Sardinien

Sard*in*ien hat v*on* jeher gro*ß*e Unterwürfigkeit gegen d*en* R*ö*mischen Stuhl gehabt; u*nd* ist Frankreich unterwürfig gewesen, so da*ß* auch die französische *K*irchenord*n*ung s*ich* oft eingemischt hat. Nachd*em* nun
10 Frankreich in s*eine* frühe*r*en Gränz*en* zurückgewiesen u*nd* d*ie* Republik aufgehoben ist, so ist nun Alles auf d*en* alten Fu*ß* wieder gesetzt. Ein besonderer Punkt in dies*er* Bezieh*ung* ist hier immer in wie fern d*ie* Geistlichen als Organe d*es* Pab*s*tes unt*er* der weltl*ich*en Gerichtsbarke*it* stehen. In Sard*in*ien üb*en* d*ie* Bischöfe d*ie* geistl*ich*e Gerichtsbarkeit aus,
15 d.h. d*ie* Gerichtsbarkeit über *g*eistl*iche Sachen* und geistl*ich*e Pers*on*en. Der König v*on* Sard*in*ien hatte inde*ß* noch einen sog. apostolisch*en* Kanzler im Gebiet des kanonischen Rechts u*nd* dies*er* hatte im Appel-lator*ium* v*on* der g*eistl*ich*en* Gerich*tsbarkeit zu entscheiden. Nun ist hier ein starker Beweis v*on* der Macht der Kirche das Recht der heil*igen*
20 Örter, wo jeder Verbrech*er* vor aller Verfolg*ung* d*es* weltl*ich*en Gerichts geschützt [*ist*]; dies k*ann* m*an* in praxi gar *nicht* so übel find*en*; d*enn* was würde *mit* all*em* Köpfen u*nd* Rädern am Ende ausgerichtet; d*er* *Mensch* mu*ß* da doch so lange bl*eiben*, sonst fassen sie ihn doch ab; da ist er ja also unschäd*lich* gemacht d*urch* dies Eingeschlossensein an
25 solch*en* heil*igen* Örtern: Aber in thesi ist es etwas, was nicht taugt. D*ie* Ernennung der geistl*ich*en Stellen betreffend so hat d*ie* Sache dam*it* auch die Bewandni*ß*, da*ß* der König v*on* Sard*in*ien s*eine* Erzbischöfe u*nd* Bischöfe s*elbst* ernennt. Der Pab*s*t bestätigt sie, u*nd* zwar, wa*s* sonst *nicht* oft vorkom*mt, mit* Vorbehalt*ung* einer Prüf*ung*, wa*s* ein Mißtrau-
30 *en gegen* die Bildungsanstalt*en* in Sard*in*ien voraussetzt; oder auch [*ge-gen*] das Ungeregelte in d*er* Repräsentation.

---

1 Exemtionen] Excerptionen   2 drei] 6   *Siena*] Genua   15 *geistliche Sachen*] alle *Christen (korr. nach Schubring 55)*

8–11 *1798 eroberten die Franzosen Sardiniens festländischen Besitz. Dieser stand zuerst unter Militärverwaltung, seit 1808 war er Teil des französischen Kaiserreiches.*   **25** *Zusatz Schubring 55 (Fink 76; Stolpe 293; Schmidt 100): „weil dadurch eine Beschränkung der Gesetze beständig vor Augen gestellt wird. Durch neuere Übereinkünfte ist dieß Recht bedeutend verringert indem alle Capitalverbrecher vom Genuß dieses Rechts ausgeschlos-sen sind.“*

Neapel und Sicilien

sind *nicht* immer *mi*t einande*r* vereinigt *g*ewese*n*; in Sici*lien* ha*t* s*ich* früh
eine starke Opposition *gegen die* Ausübung der päbst*lich*en Oberherr-
schaf*t* eingestellt, u*nd* es ha*t* de*r* Regent vo*m* Pab*st* erzwung*en*, da*ß* er
ihn *zu* seine*m* geborene*n* Legat*en* a latere ernannte. Es gibt nun me*hrere* 5
solc*he* geboren*en*, all*ein* das sind laute*r g*eist*liche* Personen. De*r* Erzbischo*f* vo*n* Salzburg war immer *g*eborener legat*us* a latere de*s* Pab*stes* im
deutschen R*eich* u. s. w. In Sicilien ist de*r* einzig welt*lich*e. Dies Recht
wir*d* dur*ch* das Tribunal della regia (*g*eist*lich*en) monarchia *au*sgeübt;
vo*n* den Gerichtshöf*en* de*r* Erzbisc*höfe* und Bischöfe wir*d* an dies Tri- 10
bunal ap*p*ellirt. Aber in gewisse*n* Fälle*n* ist noch eine Appellatio*n* a*n d*as
Tribunal des könig*lich*en Gewissens: della conscientia regia – was s*ich*
*au*f das Begnadigungsrecht des Königs be*zieht*. In Sici*lien* ist nun de*r*
geist*liche* Stand ein Reichsstand. De*r* Erzbischof vo*n* Palermo ist de*r*
39ʳ beständi*g*e Präsident de*ß*elben, er mu*ß* aber | ein Ausländer sein, w*as* 15
wohl vermeide*n* soll, da*ß nicht* dieser zugl*eich* dur*ch zu g*roße Familie*n*-
verbindung in de*n* andere*n* Zwei*gen* des R*eich*sstands wirks*am* sein soll.
Unt*er dem* Präsid*ium* des Erzbischof*s* vo*n* Palermo steht *au*ch das Tribunale della crociata. Es hat dies *seinen* Grund i*n dem* Abla*ß*wesen, das
zur Zeit de*r* Kreuzzüge aufkam. Nun hört*en di*e Kreuzzüge *au*f, aber 20
h*ä*tte m*an nicht* diese Abla*ß*bulle noch in Gebrauch erhalt*en*
h*a*ben; u*nd* ma*n* hat es *au*ch gethan, u*nd* allerlei Vorwände gebraucht,
wozu d*a*s Geld verwendet wir*d*. Diese Abla*ß*zettel erthe*ilen* nun allerlei
Dispensatio*n*en vo*n* Fasten*g*esetzen; u*nd* de*r* Erzbisch*of* vo*n* Palermo
nimmt dafür 100000 römische Scudi e*in*; da sieht m*an* nun r*echt*, wofü*r* 25
das Fasten gut ist. [D*er zweit*e Erz*b*ischof ist de*r* [*von*] Messina[.] Jener
hat *vier*, dieser *drei* Bischöfe u*n*ter sich. Daneben aber sind *au*ch di*e*
Äbte de*r* Klöster w*elch*e sehr reich u*nd* an*g*esehen sind mit im Reichsstand.] –
  Es gibt in Sici*lien* wesent*lich zwei*erlei Klöster 1.) B a s i l i a n e r , die 30
noch de*n* griec*hisch*en Ritus u*nd* ga*n*ze griech*ische* Liturgie ha*ben,
di*e* Äbte di*e*ser Klöster sind größ*t*enteils Reichsstände 2. B e n e d i c t i -
n e r wo di*e* Mönche fast blo*ß* a*us* Söhne*n* de*r* ersten Familien be*stehen*;

---

2 *nicht*] *gestrichen*   8f Dies ... ausgeübt] *Fink 77 (Anonym: „der ein Tribunal der*
könig*lich*en *Monarchie d. h. der geistlichen hält")*   10 Gerichtshöfen] Geist*lichen*   12
della] *alla*   13 Begnadigungsrecht] Begnadiungsrecht   18f della crociata] delle cruciate
26–29 [Der ... Reichsstand.]] *Schubring 55. Die Passage bieten auch: Fink 77; Stolpe 294;*
Schmidt 102; Röseler 37ᵛ.

30f *Vgl. die Anm. zu* Exzerpte zur griechischen Kirche *[8.].*

sie haben langen Urlaub und können in ihren Familien leben und sichs wohl gefallen lassen, können die Kutte ausziehen oder nicht, nach Belieben. Diese Mönche sind nun aber doch, da ihr Haupt in Rom ist, mehr abhängig vom Römischen Stuhl als die Basilianer. Hier hat der König nun *nicht* das Recht der Besetzung, sondern er schikt dem Pabst drei Subjekte zu, von denen er aber eines empfiehlt und das wählt der Pabst auch immer – Also – wählt am Ende der König doch.   Nun gehört das eigentliche Calabrien mit zu Sicilien in Beziehung auf die geistliche Ordnung (obgleich es *nicht* unter dem Statthalter von Sicilien sondern unter dem von Neapel besteht).

In N e a p e l ist nun immer noch Streit über das Verhältniß des Königs zum Pabst; der Pabst will hier die Lehnsherrschaft in Anspruch nehmen, was der Staat *nicht* will. Die Oberherren von Sicilien haben ihr Land dem Pabst früher zum Lehn gegeben und er hat sie denn auch als Lehensträger angesehen; sie meinen aber das sci *nicht* so gewesen und die Sache ist noch in dubio.   Die Geistlichkeit ist hier nun sehr stark; und ihre Einkünfte betragen beinah 4½ Millionen Neapolitanische Ducaten, und der Klöster an 5 Millionen. Da sind die übrigen geistlichen Stifter noch *nicht* mit gerechnet, und die Sporteln der Geistlichen auch

---

6 empfiehlt] empfhielt

3 *Zusatz Schubring 56 (Fink 78; Schmidt 102; Röseler 37ᵛ): „Hier tritt der aristocratische Character dieser Stiftungen sehr heraus; als politische Dignität und als Zurücktreten des eigentlich geistlichen Characters."*   13–15 *Papst Nikolaus II. erklärte 1059 auf der Synode zu Melfi die normannischen Fürsten Richard von Aversa und Robert Guiscard, die in Süditalien und auf Sizilien auf Kosten von Byzantinern und Sarazenen ein Reich erobert hatten, zu seinen Lehnsträgern. 1130 erhob Papst Anaklet II. (Gegenpapst zu Innozenz II.) Herzog Roger II., der die verschiedenen normannischen Herrschaften in Süditalien und auf Sizilien zu einem Reich vereint hatte, zum König von Sizilien. Zwischen Papst Hadrian IV. und König Wilhelm dem Bösen wurde das Lehnsverhältnis 1156 erneuert. 1189 fiel Sizilien an Wilhelms Schwester Konstanze und ihren Mann, Heinrich von Hohenstaufen (später Kaiser Heinrich VI.); dieser nahm Sizilien 1194 in Besitz. Nach Heinrichs und Konstanzes Tod regierte Papst Innozenz III. 1198–1208 als Lehnsherr und als Vormund für beider unmündigen Sohn Friedrich. 1228 brach der Konflikt zwischen Friedrich (inzwischen als König von Sizilien volljährig und als Friedrich II. zugleich deutscher König und Kaiser) und den Päpsten offen aus und griff immer weiter um sich (u. a. mehrfache Exkommunikation Friedrichs II.). Die Päpste entzogen 1255 Friedrichs Nachkommen Sizilien und belehnten andere Fürsten, doch erst dem französische Prinz Karl von Anjou konnte Sizilien 1266 in einem Kreuzzug erobern und 1268 den letzten Staufer, Konradin, in Neapel hinrichten. 1282 wurden die Franzosen von der Insel Sizilien vertrieben („Sizilianische Vesper"); das Reich wurde faktisch geteilt: Karl und seine Nachkommen behielten nur das süditalienische Festland (Königreich Neapel), während sich auf Sizilien trotz allen Gegenwirkungen der Päpste Peter von Aragon und seine Nachkommen hielten. 1380 erklärte Papst Urban VI. Königin Johanna I. von Neapel ihres Thrones für verlustig, die im abendländischen Schisma Urbans Konkurrenten Clemens VII. anerkannt hatte, und erhob Karl von Durazzo zum König; der eroberte Neapel 1381 und ließ Johanna ermorden. 1442 fiel auch Neapel an Aragon, und 1720 wurden Neapel und Sizilien endgültig wiedervereinigt, zunächst unter Österreich, seit 1735 als Sekundogenitur der spanischen Bourbonen. Unter Napoleon war Neapel 1806–1815 noch einmal von Sizilien unabhängig. Nach Wiggers II, S. 21 wurde Neapel-Sizilien 1790 gegen die Zusicherung, daß jeder König dem Papst bei Amtsantritt 500000 Dukaten entrichte, aus der päpstlichen Lehnshoheit entlassen.*

nicht, die man auch noch über *zwei* Millionen rechnet. Da *muß* also die geist*liche* Macht groß sein; es sind – 21 Erzbisch*öfe* und 110 Bischöfe in dem kleinen Land. Die Klöster sind sehr zahlreich, und in Neapel und in der Umgebung sind an 150, meist Nonnenklöster; aber die Klöster gewähren *nicht* viel Unterhalt; den müssen die meisten Mönche und 5 Nonnen sich selbst anschaffen.

[Die Benediktiner wie sie *sich* immer literarisch *aus*gezeichnet haben machen den größten Theil des Lehrstands aus an Schulen und Univer-
39ᵛ sitäten.] | Die Theatiner Mönche treiben nun das Predigen. Diese Klöster sind nun unabhängig von Rom; in geist*lichen* Sachen sind sie bischöf- 10 lich, in welt*lichen* den Gerichten unterworfen, was ganz natür*lich* ist, da sie sehr welt*lich* leben. Für die meisten Klöster ernennt der König die Äbte, das oft L a i e n sind, die *nicht* an die Klosterregeln, selbst *nicht* an die Residenz der Äbte gebunden sind. Die großen Benedictiner Klöster Monte Cassino und la Cava haben das Privileg daß sie immer Äbte aus 15 ihrem Orden haben müssen. Nun gibt es außer den Klöstern noch mancherlei Geistliche Verbindungen, die man Congregationen nennt: theils haben sie Andachtsübungen, theils Wohlthätigkeit, theils das Beste der Verstorbenen zum Zwek; auf diese hat man von jeher ein wach-
sames Auge gehabt; sie müssen der Regierung ihre Statuten vorlegen und 20 ein besonderes Personale haben, an das die Regierung sich halten kann. Ein besonderer Punkt der Opposition gegen die Römische Kirche ist hier noch daß man sich in Neapel die Einführung der Inquisition verbeten hat; wozu ein eigenes Collegium besteht, das darauf zu sehen hat, daß dies *nicht* irgend wie sich einschleiche. Da sollte man meinen: es sei hier 25 dadurch ein größerer Schutz gewonnen für jeden Grad geistiger Freiheit und der hat sich dann auch wirksam gewiesen, wenigstens mehr als in den anderen katholischen Ländern. Aber ob die geistige Kultur durch den Genuß einer solchen Freiheit höher gestiegen ist, als anderwärts, das läßt sich wohl *nicht* behaupten.   Das Nächste mögte nun sein, daß 30 wir uns auf die sogenannte p y r e n ä i s c h e H a l b i n s e l begeben, wo sich eine größere Verwandtschaft des italienischen Catholicismus findet.

7–9 [Die … Universitäten.]] *Schubring* 56. *Die Passage bieten auch: Fink 78; Stolpe 294; Schmidt 103; Röseler 38ᵛ.*

Die pyrenäische Halbinsel.

Wir finden hier einen gewissen Conflict der weltlichen Macht mit der geistlichen, die nun in gewissen Schranken gehalten werden soll, wodurch aber die kirchliche Monarchie an und für sich nicht gefährdet
5 wird. Nun kann man nicht anders sagen, als beides Spanien und Portugal sind Länder, wo sich die Fürsten durch große Devotion und Frömmigkeit gegen den Päbstlichen Stuhl ausgezeichnet haben.

In Portugal:

finden wir die besondere Erscheinung eines Patriarchen, wo aber nicht
10 an eine Gleichsetzung mit dem Römischen Patriarchen zu denken ist. Die Entstehung dieses Patriarchats hat ihren Grund in einem sehr superstitiösen König von Portugal gehabt, der ein einheimisches so nahe als mögliches Bild vom Pabst zu haben wünschte, wodurch er sich aber in viele Streitigkeiten mit dem Original setzte, ehe er eine solche Copie |
15 bekam. Es war im ersten Viertel des 18 Jahrhunderts daß der König 40ʳ Johann V. ein sehr katholisch religiöser Monarch den Wunsch bekam, 23. *Stunde* einen eigenen Patriarchen für sein Land zu haben und der sollte immer aus dem königlichen Hause sein, um das weltliche und geistliche Regiment recht zu vereinigen. Nun stand aber der Pabst noch immer in
20 großem Ansehen bei ihm; dieser wollte die Einsetzung aber doch [nicht] genehmigen; endlich hemmte man die Einflüsse von Portugal nach Rom, und das brachte den Pabst zur Besinnung. Es wurde endlich auch die Cardinalswürde mit diesem Patriarchat verbunden und der Pabst machte den Patriarchen zugleich zu seinem legato a latere, so daß er nun doch
25 als ein Ausfluß der päbstlichen Machtvollkommenheit erschien. Dafür war denn nun der König auch sehr dankbar und der Pabst wurde auf andere Weise in pekuniärer Hinsicht entschädigt; was nun dem Land großen Schaden that; denn der Patriarch von Lissabon allein hat 100000 £ Sterling Einkünfte. Es bestand nun damals in Portugal die Inquisition,
30 die nun damals etwas beschränkt wurde, später geschah dies noch kräftiger; allein unter der Regierung der Königinn Maria ist das Alles wieder aufgehoben worden. Seitdem nun der Pabst den Jesuiterorden für den Kirchenstaat wieder hergestellt hat, ist indeß doch in Portugal noch

---

33 Portugal] Potrugal

19–22 *Stäudlin II 111 f.*   30 f *Später: unter Pombal*

*nicht*s geschehen um d*ie* Jesuiten wieder *aufzunehmen*. D*iese*s große Hebel in d*er* päpst*lichen* Macht, das in d*iesen* Staat*en* sonst vorherrscht, ist noch *nicht* wieder in Gang gesetzt; nur in Sardinien ist wieder eine re*ligiöse* Gesellschaft *auf*gekommen, die s*ich* ebenso *gegen* den Pab*s*t stellt, als d*ie* Jesuiten – es w*ird* s*ich* nun später ergeben, *ob* d*iese* 5 Gesellschaft in Sard*inien* eingeführt ist.   Einige Z*e*it w*a*r nun in Por*tu*gal eine poli*tische* Revolution, die nun gleich *auf* d*ie* Re*ligion* hinwirk*te*, ind*em* d*ie* Freiheit proclamirt w*urde*, d*ie* Klostergelübde *auf*zulösen; 5000 Mönche h*a*ben s*ich* aber nur etwa gemeldet, um d*ie*se Erlaub*niß zu* benutzen; es ist ab*er* in Portugal d*er zehnte* Mensch ein Geist*licher*; *und* 10 da*raus* si*e*ht m*a*n, d*aß* jen*e*s nur eine geringe Anzahl ist. Außer d*en* gewöhn*lichen* Mönchsorden, die in Portugal in sehr verschied*enen* Arten *zu* finden sind, gibt [*es*] nun *auch* geist*liche* Ritterord*en*: der Orden von Aviz Ritterord*en* San Jago de la *spatha* *und* d*er* Tempelherrenord*en* *Christ*i; d*iese* h*a*ben ab*er* *nicht* einmal d*a*s Gelübde d*er* Keuschheit; sie 15 sind also *nicht*s anderes, als eine solche Haltu*ng* d*es* geist*lichen* Standes in d*er* Aristokratie; der König ist d*er* beständige Großmeister d*iese*r Or*den; indeß h*a*t d*er* Pabst doch das Oberaufsichtsrecht über ihre Statu*ten.*|

_{40ᵛ} In Spanien   20

ist es schwer eine richtige u*nd* klare Vorstellung von d*em* re*ligiösen* Leben *zu* haben. Wir find*en* hier ebenfalls eine zahlr*eiche* G*e*istlichk*e*it, obg*leich nicht* in d*em*selben Verhältn*iß* als in Portugal. Es sind hier *acht* Erzbisthümer, *w*el*che* 48 Bischöfe unter s*ich* [*haben*]; m*a*n rechnet d*ie* E*in*künfte ders*elben auf* 750 000 Dukaten, wovon d*er* Erzbischof von 25 Toledo allein 300000 bezieht. D*er* König von Spanien h*a*t nun ebenfalls d*a*s R*e*cht der Ernennung der Erzbisch*öf*e u*nd* Bischöfe u*nd* d*er* übrig*en* Geistl*ichen*, so d*aß n*ach d*em* neueren Vertrag d*er* Pab*s*t nur etwa noch 50 Beneficien *zu* vergeben h*a*t, w*a*s s*ein* einziger persön*licher* Einfluß hierin ist. Da nun ab*er* der Erzbischof von Toledo d*er g*eborene *legatus a* 30 latere d*e*s Pab*s*tes ist u*nd* d*ie*ser vom König ernannt wird, so ist d*er* *l*egatus a latere bloß ein Titel; denn er ist *nicht* zugl*eich* d*er* Geschäfts-

---

5 *ob*] d*aß*   14 *Aviz*] Avi   *spatha*] Casa

3–6 *Vgl. Katholische Kirche* 111. *Der Jesuitenorden wurde im Königreich Sardinien bereits 1815 wiederhergestellt; die 1816 gegründeten und 1826 bestätigten Oblaten der seligen Jungfrau Maria, um die es hier geht, waren also nicht, wie Schleiermacher wohl annimmt, eine verkappte Neugründung der Jesuiten.*   28 *Dem 1753 zwischen König Ferdinand VI. und Papst Benedikt XIV. abgeschlossenen Konkordat; vgl. Stäudlin II, S. 139 f.*

träger des Pabstes; sondern der Pabst hat außer ihm einen besonderen
Nuncius, und der hat seine eigene Gerichtsbarkeit für die dem Pabst
reservierten Fälle; und die besteht aus sechs weltlichen Geistlichen, die
der König dem Pabst gewöhnlich vorschlägt, und die der dann auch
5 wählt; eigen ist es aber, daß der König diesen Nuncius dotirt.

Nun hatte aber der Pabst bei Gelegenheit der geistlichen Vakanzen
und in so fern er der Erbe der Erbschaften war, doch einen bedeutenden
Einfluß. Dies hat man dem Pabst abgenommen und gibt ihm dafür eine
Entschädigung von 600000 Scudi (etwa 1 Million rth.) So bekommt er
10 noch ½ Million rth etwa für Dispensationen von Gelübden etc. Dafür
ist nun der Pabst auch wieder billig und hat dem König die Einträge der
Kreuzzugsbulle überlassen, und diese hat eine solche Autorität, daß
dieser Kreuzzugsablaß von jedem Menschen in Spanien gesucht [wird].
Der König hat das Geld nun zur Befestigung seiner afrikanischen Ve-
15 stungen angewandt und sagt: Das sei also noch immer ein Mittel gegen
die Ungläubigen.   Nun fehlt es hier auch nicht an Klostergeistlichen,
man rechnet 9000 Klöster und 100000 Mönche und Nonnen und beinah
ebenso viele durch besondere Gelübde zur Ehelosigkeit verpflichtete Personen beiderlei Geschlechts, die aber kein klösterliches Leben führen.
20 Spanien war nun der Hauptsitz der Inquisition, welche die stärkste Ausübung der weltlichen Gewalt in geistlichen Dingen war; sie war freilich
immer eine Kirchengewalt aber sie verhängte doch weltliche Strafen
über kirchliche Vergehen. Dies Institut hat in Spanien seinen Ursprung
gehabt; es waren deren 15 Inquisitionsgerichte; der Erzbischof von To-
25 ledo war der geborene GroßInquisitor, und war er nicht selbst ein Dominikaner, so mußte es doch der nächste nach ihm sein. Als die Inqui-
sition errichtet wurde, | hatte der Pabst einiges Bedenken, es zu geneh- 41ʳ
migen, da sie sich sehr unabhängig vom Pabst gestellt wissen wollte.
Indeß in der Folge ist immer die Inquisition der Sache nach im vollkom-
30 menen Sinn ultramontan gewesen und in Abhängigkeit vom Römischen
Stuhl. In der letzten Zeit ist sie nun aufgehoben worden aber die Wiederherstellung derselben ist nun das Losungswort der einen Partei in Spanien, die nun mit der anderen beinah in offenem Krieg leben: Sollte die
apostolische Partei siegen, so würde wahrscheinlich auch der Jesuiter
35 Orden wieder hergestellt werden, es müßte denn sein, daß die Regierung
die F o r m verabscheut, und dann könnte er wohl unter jener neuen
Sardinischen zum Vorschein kommen. Betrachtet man nun diesen gan-

---

33–35 *Die Jesuiten waren schon 1823 nach Spanien zurückgekehrt, nachdem Frankreich im*
Auftrag der Heiligen Allianz dort einmarschiert war („die 100000 Söhne des Heiligen
Ludwig"), die Konstitution von 1820 abgeschafft und die absolutistische Herrschaft Fer-
dinands VII. wiederhergestellt hatte.

zen Complexus, die großen Einkünfte des Pabstes aus Spanien, die
ungeheure Klostergeistlichkeit, deren Ländereien nun für den Staat so
gut als verloren sind, denn sie geben keine Abgaben, wenn man dies
damit in Verbindung setzt, wie die Klostergeistlichkeit abhängig ist von
den Oberen ihrer Orden, die in Rom ihren Sitz haben und vom Pabst   5
durchaus abhängig sind – so sieht man, welchen großen Einfluß das
päbstliche Regiment in diesem Land ausübt.

Die Könige sind nun auch noch immer auf besondere Weise mit der
Klostergeistlichkeit in Verbindung. J o h a n n V gründete damals ein eigenes Kloster, Mafra; ebenso in Spanien gründete der König auch ein   10
besonderes Kloster, wo er selbst eine Wohnung hat; (es ist das Escuriale
wie die Portugiesen es nennen) es ist das Kloster des Lorenzo, wo 200
Mönche leben, die des Königs Hauswirtschaft sind, wenn er da ist.
Ebenso ist der König Großmeister von den drei großen Ritterorden, über
deren Statute er wachen muß und sie selbst halten. Dies nun zusammen-   15
genommen: die italienischen Staaten und die pyrenäische Halbinsel sind
diejenigen, wo sich der Einfluß der päbstlichen Monarchie am stärksten
ausspricht. Der Einfluß der Könige auf die Kirche durch Ernennung der
Bischöfe ist nun mehr als aufgehoben durch den Einfluß den die
beständig von Rom aus beseelte Klostergeistlichkeit auf den König und   20
das ganze Land ausübt, und daß die Erzbischöfe und Bischöfe fast ohne
Ausnahme aus den Klöstern genommen werden. Es ist in Spanien noch
ein kleiner Überrest in einer einzelnen Stiftung, der an die Zeit erinnert,
wo Spanien einen nationalen Gottesdienst hatte. Der Cardinal Xіménes
hat in Toledo im Hauptsitz der Kirche eine besondere Kapelle gestiftet, 25
in welcher noch die Messe nach dem mosarabischen Ritus gehalten wird
d.h. in der gemischten Sprache des Maurischen und Spanischen, welches
damals die Landessprache war. Das ist aber auch nur der einzelne
Überrest, sonst ist der Gottesdienst überall lateinisch wie in Italien, ob-
gleich hier weniger verständlich als in Italien. | Es ist nun auch nicht zu   30
verkennen, daß in diesen Ländern, wo die katholische Kirche allein ist,
[sie] einen ganz anderen Character hat, als da, wo andere Religionsparteien daneben sind. Es ist offenbar daß das Zusammenleben mit den

41ᵛ

---

3 sind] ist   10f gründete ... Kloster,] gestrichen   24 Ximénes] Timenus

30–273,5 Vgl. dazu und zum Folgenden SW I/11, S. 636: „Im Abendlande wird auch die
katholische Kirche nur regsam erhalten durch das Verhältniß zum Protestantismus." Boekels S. 182: „Gesetzt, auch der Protestantismus hätte in Beziehung auf die Streitigkeiten
unrecht, so wäre doch sein Entstehen wichtig, weil er die abendländische Kirche verhindert
hat, nicht in dieselbe Trägheit zu versinken, in welche die morgenländische Kirche verfallen ist."

Protestanten ein Bewußtsein in den Katholiken wekt, was bei den übrigen fehlt; alles Magische und Superstitiöse, alles der Idololatrie angränzende tritt in diesen Ländern ganz naiv heraus; dagegen wo zugleich Protestanten wohnen und noch dazu vorherrschen, dies ganz verschwin-

5 det. Dieser südlich katholische Katholicismus in Italien und der pyrenäischen Halbinsel hat also einen ganz eigenthümlichen Character; es herrscht eine Superstition darin, die sich nicht begreifen läßt; ich will nur einige Züge darstellen, wie sie mir gerade vor Handen kommen, wodurch man wohl ein Bild von dem Ganzen bekommen kann. Ich will

10 beim Centrum anfangen: daß in Rom ein überwiegender Theil der Population aus geistlichen Personen besteht und daß es eine unverhältnißmäßige Menge von Kirchen und Klöstern gibt, so ist das ganz natürlich. Denken wir nur an die bei der der heiligen Agnes geweihten Kirche statutenmäßigen Lämmer so sieht man schon, wie das Heilige sich über

15 das Unvernünftige erstrekt; so gibt es auch ein anderes Heiligthum, wo allerlei Vieh durch Besprengung mit Weihwasser in den beständigen Schuz des Heiligen genommen wird, was viel Geld bringt. So gibt es einen anderen Heiligen gegen die Seuche, und wenn sein Fest ist, so gehen die schönsten Ochsen mit den anderen Christen in Procession. Im

20 Kirchenstaat ist das Haus von Loretto bekannt, das in der Reformzeit durch alle Spoliationen durchgegangen ist; von diesem circulirt eine schaurige Geschichte; es soll daßelbe Haus sein, worin Maria in Nazareth gewohnt; es ist mit unsäglicher Mühe sagt man, und Kosten herübergeschleppt worden!! Sieht man nun gar auf die lieben Klöster, so ist

25 doch stark: daß die Unwissenheit der Mönche und Geistlichen in Spanien und Portugal nicht geringer ist als die der entlegensten Geistlichen in der syrischen Kirche. Die Unzüchtigkeit dieser Leute ist nun auch etwas sehr offenkundiges; daß es in Portugal ein Nonnenkloster gibt, das durch viele Regierungen hindurch ein Harem für den König und die

30 Prinzen gewesen ist. So verkaufen die öffentlichen Mädchen Beichtzettel, die sie als Remunerationen für ihre Sünden von den mönchischen Liebhabern bekommen haben. Ebenso ist die Praxis in den öffentlichen religiösen Handlungen und Festen, so daß einem oft der Verstand dabei still steht. Die Heiligen besuchen nun oft einander; und da ist z.B. etwas

---

16f durch ... genommen] *Fink 83 (Anonym: „als heilig aufgezogen")*

28–30 *Stäudlin II, S. 109. Die Rede ist vom Kloster Odivelas.*   34–274,3 *Stäudlin II, S. 121. Es handelte sich dabei aber nicht um ein Marienbild: „Das berühmteste Jesusbild zu Lissabon hat seine Vorliebe für die Kirche, in welcher es sich befindet, auf eine unzweideutige Art zu erkennen gegeben. Man hatte es in die Dominikanerkirche getragen, um es dort zur Verehrung der Glaubigen auszusetzen. Man meinte, man könne es die Nacht über daselbst lassen, man war aber sehr erstaunt, als man den andern Tag bemerkte, daß es von selbst in seine Kirche zurückgekehrt sey. Seit dieser Zeit trägt man es wohl noch zuweilen zu den Dominicanern, man läßt es aber niemals die Nacht über daselbst."*

allgemein Geglaubtes, daß ein Marienbild das man in eine Dominikanerkirche getragen und es da aus Versehen zurükgeblieben war, wirklich
selbst in ihre Kirche wieder zurükgegangen; wenn Christus und Maria
sich so auf der Straße begegnen, so müssen sie sich immer gegen einander verbeugen. Feuerwerke und Stiergefecht gehören nun unbedingt zu   5
den Processionen. Die Hauptpersonen der Processionen werden nun ungeheuer geschmükt, ja ganz mit Brillanten besetzt. Die vornehmsten
Damen setzen eine Ehre darein, eine Maria die ihnen in vollständigem
Negligee ins Haus gebracht wird, mit ihrem reichsten Schmuk zu kleiden
und so zu einem Fest in die Kirche tragen zu lassen.| 10
12ʳ   So sieht man Kinder von 3–5 Jahren in Mönchskleidern herumgehen,
wenn sie einmal krank werden, mussen sie einem Heiligen geweiht werden; hat der nun irgend einen Orden gestiftet, so müssen sie Mönche
werden. Die Kinder, wenn sie sterben, werden oft im schönsten Schmuk
zur öffentlichen Verehrung der Heiligen ausgestellt, denen sie (in ihrer   15
Unschuld) geweiht waren. Es gibt Kalender, worin an bestimmten Tagen
steht: heute befreit man eine Seele aus dem Fegfeuer (d.h. durch Messelesen und Gebete etc)[.] Die Einkünfte der Kirche sind dabei die
Hauptsache. Fragt man sich: worin ist das Alles nun eigentlich gegründet? Ist es etwas Nationales? Das läßt sich eigentlich nicht sagen; es ist   20
auch nicht einmal vollständig der Römischen Kirche eigen, sondern auch
der griechischen, obgleich auf der abendländischen Seite das Übergewicht der religiösen Verirrung ist. Den Grund kann man aber nur darin
finden, daß man die Superstition zu fördern sucht von Seiten der Kirche,
und in der Menge von müssigen Leuten. Alles dies wäre aber ohne die   25
Isolirung nicht möglich, die da Statt findet. Denn so bald wir uns
denken, daß dieser Staat in lebendigeres Verkehr mit der protestantischen Kirche käme, so kann man doch nicht glauben, daß das ebenso
fortdauren würde. Bei uns z.B. finden wir immer mehr ein Abnehmen
jener krassen Erscheinungen. So ist z.B. im österreichischen Kaiserstaat   30
eine große Anlage dazu, aber Alles hat doch eine gemäßigtere Gestalt
und das Idololatrische trat doch nie so hervor; wovon der Grund allein
der ist, daß sie hier in das allgemeine deutsche Leben verflochten wird
und durch eine gewisse Scham zurükgehalten wird.   Nun ist nicht zu
läugnen daß die pyrenäische Halbinsel ein gewisses Maximum darbietet   35
von Isolation in dem ganzen Europa und ein Zurükbleiben in der
geistigen Entwiklung. Sie haben freilich auch Zeiten einer schönen Blüthe gehabt aber von einseitiger Art die auf dieses Verhältniß keinen
wohlthätigen Einfluß ausüben konnte, z.B. die spanische Poesie hat dieselbe Mischung von dem Erotischen und dem licenciösesten, wie die   40

Religion vom superstitiösen. Als Poesie an sich hat die spanische einen
nicht unbedeutenden Werth, aber was die ethische Erscheinung betrifft,
so ist sie nichts anderes als die Blüthe, kann man sagen, von diesem
allgemeinen Unsinn des religiösen Lebens; dieses geht immer durch das
5 Ganze hindurch und ist auch in den gelungensten poetischen Productio-
nen der Spanier nicht zu verkennen.

Ebenso war es mit dem portugiesischen Instinkt der Entdekungen. Es
ist nun nicht zu läugnen, daß, sehen wir auf die Geschichte, so finden
wir die Keime zu großen Reactionen gegen diesen Zustand wirklich da
10 liegend und von Zeit zu Zeit hervorbrechen. Zuerst waren es Reactionen
der politischen Gewalt gegen die Römische Monarchie, so in Portugal
unter Pombal und in Spanien unter Aranda und diese ultramontanen
Tendenzen waren solche zu einer intelligenten Verbesserung. Später waren es revolutionäre, die gegen die zum Despotismus ausgeartete Form
15 der Monarchie und zugleich gegen die Römische Monarchie gingen; einer der ersten Akte war immer die kirchliche Richtung; die Klöster sollten geöffnet und den Mönchen Freiheit gegeben werden ihr Gelübde zu
lösen. In Portugal hat das sehr wenig gewirkt. In Spanien wurden wirk-
lich einzelne geistliche Güter schon verkauft; aber [es] | ließ bald nach; es   42ᵛ
20 wurde hiermit zugleich die Aufhebung der Inquisition [und] wie in Portugal die der Jesuiten verbunden. Aber die Apostolischen fordern die
Inquisition zurük; siegen sie, so wird Spanien wieder eine jesuitische
Provinz, wodurch dann der Pabst wieder Herr würde von ganz Spanien.
Nun ist offenbar daß solche Begebenheiten wie diese Revolution, wie
25 sehr es auch scheint daß sie nicht von einzelnen und von einzelnen Gesellschaften ausgehen, unmöglich Statt finden können, wenn es nicht in
der Nation selbst etwas gibt, worin das seine Haltung hat; sonst wäre
gar kein Versuch da, wenigstens würde er gleich reprimirt werden. Es
liegen also offenbar Keime zu einer Umgestaltung da; ob die andere
30 Partei aber noch einmal siegen wird, das läßt sich nicht entscheiden.
Wäre der Pabst ein Privatmann geworden, so fiele ein großes Moment,
wodurch dieser beständige Zustand unterhalten wird, ganz weg. Bedenken
ken wir, wie in Portugal das Patriarchat sich läßt unabhängig machen
können vom Pabst und ein nationales Pabstthum errichten, und der
35 Pabst Bedenken trug die Inquisition, als sie entstand, zu genehmigen, so

---

12 Pombal] Hombal   Aranda] Arandar   33 Portugal] Spanien

7 *Zusatz Schubring 61 (Fink 85; Schmidt 112; Röseler 42ʳ):* „sie haben dieselbe Superstition
gleich in alle ostindischen Besitzungen etc hingetragen". **11f** *Zu Pombal vgl. Katholische
Kirche 55c. Pedro Pablo Abaraca de Bolea, Graf von Aranda (1718–1798), General und
Reformpolitiker, 1766–1773 Generalstatthalter von Kastilien.*

liegt doch in dem Allen schon eine Andeutung auf einen solchen Natio-
nalcatholicismus. Hätte man den Pabst nicht zurükgebracht nach Rom,
so würden sich wohl die meisten Kirchen als Nationalkirchen abgesondert haben, und es wäre leichter geworden, wenn der ganze isolirte Zustand in Beziehung auf das ganze geistige Leben aufgehört hat, in Bezie- 5
hung auf die Religion Verbeßerungen hervorzubringen.   Spanien hat
eine Zeit gehabt, wo es an der theologischen Bildung Antheil nahm im
scholastischen Zeitalter; nun hat sich die in Spanien sehr zur Kasuistik
ausgebildet und durch den superstitiösen Unsinn zu einer besonderen
Korporation umgebildet; so gab es in Spanien zu einer Zeit auch einmal 10
Mystiker und geistreiche; das war nun auch freilich eine Einseitigkeit,
aber es war doch ein theologisches Leben. Davon ist nun jetzt keine Spur
mehr; die ganze kirchliche Litteratur ist jetzt so gut als Null. Bedenken
wir nun die wissenschaftlichen Anstalten in Spanien und wie wenig sie
auf den geistlichen Stand wirken und weit mehr auf die gebildeteren 15
Stände, so sehen wir daraus, wie tief die Geistlichkeit gesunken sein
muß, und wie die päbstliche Monarchie mit dieser Ausartung in sehr
25. Stunde naher Verbindung stehen muß. Nun ist nicht zu läugnen, daß der Einfluß der Religion auf das sinnliche Leben sich hier sehr gering erweist, es
ist die Wollust, Rachsucht und Trägheit, die dort prädominiren. Das soll 20
nun nicht bloß dem Katholicismus zugeschrieben werden, obgleich wahr
ist, daß die Beruhigung bei äußeren Gebräuchen die Wirksamkeit auf
das Innere verringert; aber wenn wir zuerst auf die Rachsucht sehen, wie
sie sich nicht bloß persönlich manifestirt wie in Italien, sondern vollständig Parteisache geworden ist und zugleich politisch und religiös auf- 25
tritt: die Liberalen (im politischen Sinn) und die im religiösen Sinn sind
ganz daßelbe, wie es sich mit der Apostolischen auch so verhält, so kann
43ʳ man nicht umhin, | dies doch in einem gewissen Sinn der Religion zu-
zuschreiben. Vergleicht man mit dem gegenwärtigen Zustand das frühere Moment, wo diese Bewegungen bald mehr politisch, bald religiös 30
waren, so scheint doch, daß in aller Stille sich diese Keime immer weiter
verbreitet haben und daß eine gegen die geistige Unterordnung gerichtete
Tendenz größer geworden ist, als früher; man kann da also nur immer
einen solchen Wechsel von Gegenwirkungen voraussehen der am Ende
aber zu Gunsten der freieren geistigen Entwiklung einmal ausschlagen 35
wird. In Beziehung auf die religiöse Seite können wir da kein anderes
Element finden, als daß der Streit da entstehen wird zwischen der von

---

8 Kasuistik] Katholistik   27 Apostolischen] *folgt* 《sich》   28f zuzuschreiben] zuschreiben

der Römischen Monarchie unterdrükten episcopalen Autorität und zwischen der von Rom unmittelbaren Abhängigkeit wie er in anderen katholischen Ländern schon herrschend ist. Nun ist es in Spanien besonders die Inquisition gewesen, die mit der bischöflichen Autorität eine
5 bürgerliche Strafgewalt verbunden hat; da war es ebenso natürlich, daß diese sich immer enger an den Pabst anschloß weil nur in einem größeren System der Verbindung der weltlichen Gewalt mit der geistlichen diese kleinere ihren Halt finden kann.

Die katholische Schweiz.

10 Hier findet nun ein ganz eigenes Verhältniß statt. Wir wollten doch zuerst reden von solchen Ländern, wo das katholische das Nationalcharacter wäre und so weiter abwärts. Hier ist es aber so: daß die katholischen schweizerischen Kantone für sich rein katholisch sind, aber sie sind nicht für sich zu betrachten, weil die Schweiz doch ein Ganzes
15 ist. Dies bringt nun offenbar einen verworrenen Zustand hervor. Nun hat die Schweiz auch Theil genommen an den letzten Erschütterungen, es sind da Gebietsaustauschungen und Vermehrungen vorgegangen und allerlei politische Rechte eingetreten, wodurch auch die religiösen Verhältnisse in Beziehung auf die Regierung andere geworden sind, so daß
20 jetzt in Kantonen, die sonst rein reformirt waren, es katholische Gebietstheile gibt. Ein sehr lange bestehendes katholisches Bisthum in der Schweiz ist das Bisthum Chur in Graubünden. Außer diesem standen die anderen katholischen Cantone, was man später aufzuheben gesucht hat. Nun ist eine neue Organisation des kirchlichen Bestands gemacht wor-
25 den, die aber noch nicht vollkommen auf dem Klaren ist; es sind zwei neue Bisthümer entstanden: St. Gallen, das mit dem Bisthum Chur in Verbindung gesetzt ist, was also eine bloße Nominalverschiedenheit wäre; wollte man sagen, es kann ein und derselbe Bischof sein, aber hier es so, anderswo anders verwalten, so ist das freilich im Politischen so, aber
30 im kirchlichen Wesen darf es wohl nicht Statt finden; da hier nicht ein solches vertragsmäßiges Verhältniß statt finden kann, das sich nur auf das Politische beziehen kann und das hat hier keinen anderen Einfluß als in Beziehung auf die Wahl. Das zweite ist das neue Bisthum Basel das seinen Sitz in Solothurn hat, es besteht aus Lucern, Bern, Solothurn,
35 Aargau etc. | Nun ist für dies Bisthum ein Capitel eingesetzt, so daß 2/3   43ᵛ

---

11 *reden*] *unlesbar*   22 Chur] Cur   26 Chur] Cur

Domherren eine höhere Dignität haben, und daß diese eigentlich den
geistlichen Rath bilden und den Bischof wählen in Übereinstimmung mit
den Diöcesanständen. Die Unterhandlungen scheinen nicht den Ausgang
genommen zu haben, welchen mehrere concurrirende schweizerischen
Stände zu wünschen schienen. Es war nämlich ehedem in der Schweiz   5
immer ein päbstlicher Nuncius, der die Untersuchung zu führen hatte,
ob der Vorgeschlagene auch alle kanonischen Eigenschaften hätte. Die
Reformirten haben sehr gewünscht, es möge hierüber eine neue Bestimmung in das Concordat eingelassen werden, aber in Rom will man es
soll dabei bleiben. Das gibt dem Pabst einen größeren Einfluß auf die   10
Ernennung dieses Bischofs, als er in den meisten Ländern hat. So ist nun
auch gewöhnlich, daß überall dafür gesorgt ist, daß keiner zum Bischof
gewählt wird der den Fürsten nicht angenehm wäre. Aber es findet hier
doch nur ein indirecter Einfluß statt, in so fern die Wahl des Bischofs
von den Capitularen abhängt. Nun ist dem Bischof allein eigentlich nur   15
das Recht der Wahl gegeben; nur einzelne Stände können ein veto
einlegen, was aber auf wenige beschränkt ist. Nun kommt noch dazu,
daß diese schweizerischen Bischöfe keine Metropolitanverwaltung haben; es wäre wohl etwas ganz Neues gewesen, daß ein Metropolit nur
sollte einen Bischof unter sich haben; nun gibt es in anderen katholi-   20
schen Ländern eximirte Bischöfe, die unter keinem Metropoliten stehen,
sondern unmittelbar unter dem Römischen Stuhl. Die schweizerischen
Bischöfe sind aber nicht so gestellt, sie sind abhängig von dem Nuncius.
Nun stehen die schweizerischen katholischen Kantone noch in einem
besonderen Verhältniß daß ein großer Theil der Leibwache des Pabstes   25
aus katholischen Schweizern besteht, und das bildet eine gewisse Anhänglichkeit, da es sich gewöhnlich über dieselben Familien erstrekt.
Nun sind daraus natürlich mancherlei Spannungen entstanden; man findet auf der einen Seite eine besondere Hinneigung nach den ultramon-
tanischen Principien, das sich auch in der Aufnahme der Jesuiten   30
offenbart; auf der anderen Seite einen liberaleren Sinn der mit dem ersten immer in Fehde liegt, auf dem unmittelbar practischen Gebiet; es
fragt sich: auf welche Seite sich das Übergewicht neigen wird.

    Nun kommt hier noch viel darauf an: wie sich das Verhältniß solcher
einzelnen welche der herrschenden Religion in einem Kanton nicht bei- 35
treten, gestellt hat? Da ist also nur ein provisorischer Zustand und ein
scheinbares Gleichgewicht, das aber nicht lange so wird bleiben können.

---

7 kanonischen] kantonischen   24 schweizerischen] zeizerischen

16 *D. h. das Recht, die Kapitularen zu wählen, die ihrerseits den Bischof wählen.*

Nun können wir uns wohl nirgend anders hin als *nach dem* Lande hingeben wovon der ganze neuere Zustand der Dinge ausgegangen ist und welches selbst die größte Veränderung in einer Reihe von Jahren erfahren hat. |

5   Frankreich.   44ʳ

Der älteste *Punkt* den wir ins Auge zu fassen haben ist die Deklaration über die Freiheit der gallicanischen Kirche (im letzten Viertel des vorigen Jahrhunderts), es beruht auf vier Sätzen, welche der berühmte Bossuet im Namen des Clerus als Bekenntnißschrift ausgab. I daß die Kirche
10 überhaupt von Gott keine weltliche Gewalt, sondern nur eine geistliche erhalten habe; und daß die Obrigkeit von Gott eingesetzt sei, der j e d e r gehorchen müsse. II die volle Gewalt des Geistlichen sei dem Römischen Stuhl [gegeben], aber so, daß die vierte und fünfte Session in den Beschlüssen des Costnitzer Concils als gültig und unerschütterlich festste-
15 hend angesehen werden müßte; und dann noch III daß in allen Rechtssachen der gallicanischen Kirche das bestehende Herkommen gelten müsse und der Gebrauch der apostolischen Macht durch alle gesetzmäßigen Canones müsse geregelt werden. IV daß der Pabst in Glaubenssachen zwar ein vorzügliches Ansehen habe und besonderen Antheil an
20 den Entscheidungen, daß aber sein Urtheil erst unveränderlich werde durch die Beistimmung der Kirche. Das letzte ist das Allgemeine, wovon das erste die specielle Anwendung auf Frankreich ist. In diesen Sätzen ist   26. *Stunde* nun eine starke Tendenz zur Beschränkung der päpstlichen Monarchie sichtbar; es ist dies ein *Punkt*, der in der Geschichte der Reactionen
25 gegen das Pabstthum von großer Bedeutung ist. Dabei liegt aber freilich noch keine Ahnung von einer Zerfällung der Kirche in einzelne Nationalkirchen zu Grunde. Betrachtet man die Sätze in allgemeiner Beziehung, so wird man sagen, so gut die gallikanische Kirche den Satz aufstellt, daß der Pabst nur nach ihrem Kanon entscheiden dürfe, so liegt
30 darin, daß jede andere Kirche es auch thun könne: worin also das Princip sich zu organisiren und sich selbst zu repräsentiren liegt. Nun hat es in Frankreich seitdem immer nicht gerade eine Schule, aber doch eine Tradition gegeben, welche diese Sätze festgehalten hat; in der Praxis aber ist sie doch oft von der Regierung wenig unterstützt worden und

---

34–280,1 von … bedeutend] *Schmidt* 117 (*Anonym:* „gar sehr unterstützt worden, obgleich die Resultate immer *nicht* sehr bedeutend gewesen sind")

8 *Jacques-Bénigne Bossuet (1624–1704), 1671 Erzieher des Dauphin Ludwig († 1711), seit 1682 Bischof von Meaux, bedeutender Kanzelredner und Theologe. Bossuet redigierte die Declaratio cleri Gallicani de ecclesiastica potestate von 1682.*

die Resultate davon sind nicht sehr bedeutend. Dies ist *der* *älteste* P*unkt* auf *den* wir *zurükgehen* mu*ßten*, da *man* *sich* immer *nachher* *auf* diese Deklaration berufe*n* hat.

Der z*weite* P*unkt* ist nun *der* A*nfang* *der* R*evolution*; da w*urden die* weltlichen Kirchengüter *für* Nationalgüter erklärt und zu 5 alle*n* Zwek*en der* Nation disponibel; nur *daß der* Cultus *vom* Staat sicher gestellt sein *mußte*; zugleich w*urden die* Klöster *aufgehoben*; eine Nationalsynode *zu* Paris im J*ahr* 97 hat *die* Sache *auf* diesen P*unkt* gebracht; dabei w*urde* nun *von* allem Recht *des* R*ömischen* Stuhls g*anz* abstrahirt. *Die* Geistlichen sollten von *den* Gem*einden* erwählt werden. 10 Ein beständig*er* Grund *zum* Zwiespalt w*urde* nun gelegt dadurch *daß* *die* Geistlichen einen bürger*lichen* Eid schwör*en* *mußten* u*nd die* ge-sammte Constitution anerkenn*en*, also diesen gänzlich veränderten Zu-stand *mit* *billigen*, wobei nun *auch der* Cölibat *für* aufgehoben erklärt w*urde*. *Der* Zustand *selbst* *mit* allen *seinen* Verwirrung*en* braucht hier 15 nun *nicht* dargestellt *zu* *werden*; wir brauch*en* nur *die* Momente *kennen*
44ᵛ *zu* lernen, die *für die* Gegenw*art* noch | Einfluß hab*en*.   *Das Dritte* w*ar* nun d*as* Concordat, *das* Napoleon *mit* Pius VII 1801 schl*oß*, wo-*durch* nun *dem* Pabst wieder eine *bestimmtere* Autor*ität* eingeräumt w*urde*, aber so, *daß* keine Bulle u*nd* kein Breve etwas sollte ausricht*en* 20 könn*en*; ebenso verfuhr m*an* *mit den* Geistlichen, sie bekam*en* eine Art Autor*ität* wieder sollt*en* aber *einer* poli*tischen* Oberaufsicht unterworfen sein, bei welch*er* m*an* *sich* *auch* *gegen die* Geistlichen beschweren konn-te[,] appel comme d'abus. (*welcher* noch besteht.) (Staatsrath). D*ie* ka-tho*lische* Religion w*urde* damals *nicht für die* Staatsreligion u*nd nicht* 25 *für die* herrschende erklärt sondern nur *für die* der Majorität *des* fran-zösischen Volks. Es w*ar* dabei *auch* das Besondere *daß* in diesem Con-cordat in eine*m* Anhang Artikel war*en*, *welche die* Verhältnisse *nicht* katholischer U*nterthanen* ordneten, *mit* *denen der* Pabst nun doch *nicht*s zu thun hat. Das *mußte* Napoleon thun, um d*ie* Gleichheit hervor- 30 zubringen, denn in B*eziehung auf die* prot*est*an*tische* K*irche* konnte er ja *mit* keinem anderen einen Vertrag schließen. In diesem Concordat er-*kennt* denn der Pabst den Verkauf der K*irchen*güter an, u*nd* verspr*icht* *seinerseits* die Käufer *nicht zu* beunruhigen, wobei nun *auch die* Dota-

---

14 *billigen*] bilden   22–24 *sollten* ... (Staatsrath)] *Schubring 64* (Anonym: „aber unter einem *geistlichen* Rath")

11–13 *Stäudlin II, S. 177–180. Den Eid auf die Konstitution beschloß die Nationalver-*
sammlung am 27.11.1790. 1792 verließen über 30000 eidverweigernde Priester Frankreich.
14f 1793 schaffte der Konvent den Zölibat ab.   27f *Die Organischen Artikel; vgl. unten*
417,14–18.

tion der Geistlichen auf ein minimum reducirt wurde, das sie vom Staat
beziehen sollten; ein Geistlicher sollte *nicht* unter 1000 Franken erhalten
dürfen. Erzbischof 15000, Bischof 10000. Es wurden die Bisthümer *auf*
50 zurükgeführt, die Erzbisthümer *auf zehn*. Nach der sog. Restauration
5 ist nun mit dem Pabst ein neues Concordat geschlossen, wo man dem
alten Knaben etwas mehr eingeräumt hat; man ging *nicht auf das* Napoleonische Concordat *zurük*, sondern auf das frühere; was der Grund
dazu gewesen ist, ob eine Hinneigung *zum* Römischen Stuhl, die man bei
den Bourbons sonst wohl bemerkt, oder ob aus Perhorrescenz gegen
10 alles Napoleonische, ist *nicht* ganz auszumachen; es mag wohl beides
sein; in diesem Concordat war nun der große Fehler, daß man die katholische Kirche wieder *für* die Religion des Staats erklären *muß*; was
nun offenbar eine Inconsequenz ist. Eigentlich hätte man sagen müssen:
da es constitutionell festgesetzt, daß alle Religionsformen im Staat
15 gleichen Schutz haben sollen so kann von einer Religion des Staats gar
nicht mehr die Rede sein.

Die Sanction des Verkaufs der Kirchengüter blieb nun allerdings in
ihrer Gültigkeit; aber was ist *auch* in dieser Hinsicht geschehen? Es ist
lange nachher (vor ein Paar Jahren) in Rom eine Schrift herausgekom-
20 men, worin ganz deutlich der Satz durchgeführt wird: daß die Käufer
kirchlicher Güter, wenn sie ihr Seelenheil lieb hätten, genöthigt wären,
sie wieder herauszugeben; daß der Pabst versprochen habe, sie *nicht*
beunruhigen *zu* wollen, habe keinen anderen Sinn: als er wolle sie *nicht*
vor einem weltlichen Gericht belangen; aber die ewige Höllenstrafe
25 *müßten* sie doch büßen. Die französische Regierung hat nun dagegen gar
nicht protestirt und so stillschweigend ausgesprochen, daß die Käufer
der Kirche die Güter doch um ihr Seelenheil mögten wieder zurükgeben;
und eine Partei am Hofe arbeitet auch wirklich dahin, daß dies durchgesetzt wird. Nun ist es mit den Klöstern auch so: Napoleon hatte sie
30 abgeschafft in dem Concordat. Allein schon unter ihm entstanden neue
Congregationen, aber sie mußten auch selbst sehen, wie und wo sie
blieben. Nun ist denn völlig die Möglichkeit der Entstehung eine
gesetzliche geworden, indem bestimmt ist, unter welchen Modificatio-

---

6f Napoleonische] Napoleoni

11–13 *Das steht nicht im Konkordat von 1817, sondern im 6. Artikel der Charta von 1814,
deren 5. Artikel Religions- und Kultusfreiheit gewährt.* **25f** *Filippo Anfossis Schrift „La
Restituzione de' Beni Ecclesiastici", 1824, zog doch diplomatische Verstimmungen mit
Frankreich, Neapel und Österreich nach sich; vgl. A.-F. Artaud de Montor: Histoire du
pape Léon XII, Band 1, S. 275–280.* **29f** *Nicht das Konkordat oder die Organischen
Artikel, sondern ein Beschluß der Nationalversammlung vom 13.2.1790 hatte die Klöster
aufgehoben; vgl. Stäudlin I, S. 176.*

nen solche religiösen Congregationen bestehen dürfen. Die Congregationen unter Bonaparte verboten doch wenigstens noch ausdrüklich: daß
45ʳ den Mitgliedern kein Gelübde sollte abgenommen werden. | Gegenwärtig
sind die Gelübde aber wieder ganz in ihre alten Rechte wieder eingetreten und es sind schon 2800 Nonnenklöster dermalen wieder da, von   5
denen aber nur 20 rein contemplativ sein sollen; die anderen practisch
nützlich, etwa Krankenpflegerinnen und dergleichen. Aber wenn man
sich konsequent hätte bleiben wollen, so mußten diese 20 auch nicht
existiren, und jene anderen nur mit Freiheit; es sind also offenbar viele
Rükschritte geschehen. Und noch mehr seit der Regierung des neuen   10
Königs, der an den Römischen Stuhl sich immer enger wieder anschließt.
Er hat gesagt, seines Bruders Beruf sei gewesen das Reich politisch zu
gründen und die Karta zu geben; sein Beruf aber sei, das Reich in religiöser Hinsicht zu consolidiren. Dardurch muß man sich erklären was
dermalen in Frankreich geschieht. Das bedeutendste Motiv wollen wir   15
doch nicht unberührt lassen.

    Es ist bekannt, daß die spanische absolutistische Partei von Frank-
reich aus unter der Hand bedeutend unterstützt wird. Die Absicht ist
offenbar das archimedische δός ποὺ στῶ καὶ γὴν κινήσω, sie haben in
Frankreich keinen Ort, wo sie den Hebel anlegen können, darum wollen   20
sie es außerhalb thun und in Spanien erst die Inquisition und Jesuiten
wieder herstellen und dann auch in Frankreich es möglich zu machen
suchen. Ebenso ist nun in der französischen Charta das bonapartische
Princip wieder aufgenommen: die Neutralität des Staats gegen alle Religionen; ja, was unter Bonaparte nicht der Fall war, es ist hier sogar   25
dem protestantischen Cultus ein verhältnißmäßiger Beitrag aus den Einkünften des Staats zugetheilt. So liegt die Sache in thesi; aber in praxi
finden wir beständig von Anfang der Restauration an: daß den Protestanten im Gebrauch ihrer gesetzlichen Freiheit beständige Hindernisse
in den Weg gelegt werden. Nun gibt es jetzt noch äußere gesetzliche   30
Ordnungen zu den früheren inneren (in dem bonapartischen Concordat
ausgesprochen) es soll eine bestimmte Anzahl von Familien zur Errichtung einer Gemeinde sein; ehe die nun zusammenkommen, das dauert
oft sehr lange, und so sucht man denn absichtlich dadurch die protestantischen Niederlassungen so sehr als möglich in die Länge zu ziehen.   35

---

18 Hand] *folgt* 《von Frankreich aus》

10f *Karl X. (1824–30).*   19 *Archimedes, in: Pappus von Alexandria: Collectio mathematica VIII, 11, 19 (propos. 10)*   30–33 *Eine protestantische Pfarrgemeinde (église
consistoriale) sollte mindestens 6000 Seelen haben (vgl. Protestantische Kirche 18).*

Ähn*liche* Klagen sind in d*er* letzt*en* Zeit in B*e*ziehung auf d*as* Unter-
richtswe*sen* geführt worden. Kurz wie m*an* auf d*er* ein*en* Seite sucht d*as*
päbst*liche* Ansehen *aus*wärts *zu* heben, so sucht m*an* in Frankreich
selbst d*as* protest*antische* System immer mehr *zu* schwäch*en*. D*as* fran-
5 zösische Ministerium wird nie ein*en* Protestanten *zum* Deputirten machen. Ganz besond*ers* gehört nun *zu* dies*en* Motiv*en* d*ie* unläugbare
Begünstig*ung* d*er* Jesuiten von Seit*en* d*er* Regierung, wo nun alles
ang*ewendet* w*ird*, dies Verfahr*en* gegen d*ie* bestehend*en* Gesetz*e zu*
rechtfert*igen*. M*an* behaupt*et* näm*lich* d*ie* Jesuiten wär*en* nicht mehr
10 dieselben, nun das k*ann* m*an* frei*lich* sagen. Wenn m*an* es genau nimmt,
sie könn*en* ja nur ein*e* neue Einrichtung einsetz*en*, oder eine alte ab-
schaffen. M*an* begünstigt sie nun unt*er* d*er* Hand offenbar von Seit*en*
d*es* Staats, u*nd* es ist niemand | da, d*er* sag*en* k*ann*: dies*es* oder j*e*n*es* 45ᵛ
Recht würde dad*urch* verletzt. Da sehen wir also ein*en* stark*en* Gäh-
15 rungsstoff u*nd* ein *zwei*fach*es* Verhältniß in *w*elch*em* sich d*ie* katholische Kirche findet; erst*lich* ist sie gesetz*lich* wieder hergestellt auf festere
Weise im Interesse d*es* Römisch*en* Stuhls als unt*er* Bonaparte *n*ach einer
gänz*lichen* Auflösung; was *n*ach d*er* erst*en* Tendenz d*er* Revolution
geschehen ist, als d*ie* Relig*ion* wieder öffent*lich* anerk*annt* wu*rde*, k*ann*
20 m*an* übersetzen als d*as* Bestreben d*ie* kath*olische* Kirche vollk*ommen* zu
nationalisiren, u*nd* all*en* Zwiespalt zwisch*en* d*em* Religiös*en* u*nd* Politi*schen* aufzuheben. Denn das ist wohl nicht *zu* läug*nen*, d*aß* [*man*], d*ie*
päbst*liche* Autor*ität* vor*aus*gesetzt u*nd* d*ie* Abhängigk*eit* d*es* Clerus v*om*
Pap*st* u*nd* ihre Ehelosigk*eit*[,] d*as* Politische ganz Null m*achen* k*ann*.
25 Davon ist m*an* nun jetzt d*urch*aus zurükgekomm*en*, nur d*ie* Beschränkungen d*ie* d*urch*aus nothw*endig* sind, sind geblieben.

Es ist bek*ann*t*lich* kurz *n*ach d*er* Restauration im süd*lichen* Frank- 27. *Stunde*
reich eine Art von Verfolg*ung* gegen d*ie* Protest*anten* ausgebrochen. Der
eigen*tliche* Zusamm*en*hang derselben ist noch sehr verborgen. Die
30 Regierung hat sich dabei auf unbegreifliche W*eise* paßiv verhalten bei
einer solch*en* Ruhestörung, so d*aß* [sich] d*ie* Protestant*en*, so sehr sie
sich auf d*en* Schutz d*er* Gesetze *zu* verlassen glaubt*en*, nur d*urch* eine
bewaffnete Stellung gegen d*ie* Verfolgend*en* retten konnt*en*. Dazu hat
nun d*ie* Regierung ebenfalls still geschwieg*en*. D*ie* Motive *zu* d*em* All*en*
35 sind *zwei*felhaft; es sind dabei nicht eben Versuche gemacht wo*rden* d*ie*
Protest*anten zu* Katholiken *zu* m*achen*; also etwas kirch*liches* ist es nicht
gewesen, es bleibt nicht*s* übrig, als d*aß* m*an* es für etwas politisches hält,
vielleicht *w*eil d*ie* Protest*anten* besond*ere* Anhänger Napoleons gewesen;

27–36 *Vgl. KHA 1823,3, S. 1–51; 1823,4, S. 1–44.*

aber sie verhielten sich doch bei Napoleons Rükkehr von Elba ganz
neutral. Man muß am Ende doch wohl sagen: es sei etwas Religiöses
gewesen, welchen Excessen die Regierung nachgegeben hat mit einer der
religiösen Constitution ganz zuwiderlaufenden Parteilichkeit. Nehmen
wir nun diese facta zusammen, so finden wir darin doch eine starke   5
Reaction gegen die in der französischen Constitution liegende Maxime
von der bürgerlichen Gleichheit beider Religionsparteien: denn sie steht
in thesi fest, in praxi aber wird ihr immer entgegen gehandelt. Setzen wir
nun damit in Verbindung die erste beginnende Gegenwirkung gegen den
Grundsatz daß die Kirche als solche kein Grundeigenthum haben soll, so   10
finden wir darin *zwei* unläugbare Tendenzen für die päbstliche Monarchie. Es ist offenbar daß die Unabhängigkeit der Geistlichen und die
Abhängigkeit des Staates von den Geistlichen sehr befördert wird durch
den Mitbesitz der Kirche an dem Grundeigenthum. Es ist dann *auch*
nicht anders zu erwarten, als daß diese Reaction, von der wir das   15
eigentliche Interesse nur in der päbstlichen Monarchie suchen können,
noch immer fortgehen wird. In Spanien ist beides *nicht auf* gleiche Weise
vorhanden, die Zerstörung des Grundbesitzes der Kirche hat erst angefangen. Von einem bürgerlichen Bestehen der Protestanten neben der
katholischen Religion ist in Spanien fast | gar *nicht* die Rede; dessen   20
ungeachtet finden wir dort auch dieselbe Stärke einer Thätigkeit für die
kirchliche Monarchie: das Motiv ist daßelbe nur unter einer anderen
Form. Wir sehen also hier die kirchliche Monarchie als solche in be-
stimmtem Kampf mit dem nationalen Interesse als solchem; denn man
kann doch eine bürgerliche Umwälzung nie anders ansehen als von ei-   25
nem nationalen Interesse ausgegangen. Das ist keine Rechtfertigung derselben in ihrer Form und keine Billigung in ihrem Material, das letzte
kann falsch werden und die erste ist immer zu verwerfen, wenn sie die
bürgerlichen Ordnung stört. *Fragt* man aber nach den Motiven: so *muß*
man sagen: die Menschen stürzen sich in so etwas nicht um *nicht*s und   30
wieder *nicht*s; es *muß* irgend ein Instinct eine Noth der Veränderung da
sein, daßelbe gilt von Frankreich – man sieht in den letzten Bewegungen
und in den Veränderungen, welche die bürgerliche Macht jetzt unter-
nimmt und leidet, sieht man überall die kirchliche Macht und das nationale Interesse im Streit. Nun *fragt* sich, was ist das wahrscheinliche   35
Resultat davon? Das soll uns *nicht* in die Zukunft führen, sondern uns
nur eine richtige Schätzung des Moments geben. Die kirchliche Macht
ist nun offenbar das offensive; aber daraus folgt *nicht*, daß es siegen
werde, in der pyrenäischen Halbinsel ist es freilich geschehen — der
Grad, in *welchem* die Anhänger der kirchlichen Macht sich fürchten   40

46ʳ

zeigt aber doch deutlich daß sie sich der Stärke der Gegenpartei bewußt
sind. In Frankreich kommt nun die religiöse Spaltung mit in Betracht.
Bonaparte sagte einmal: wenn die Geistlichen sich nicht in seine Maaßregeln fügen wollten, so würde er zur protestantischen Religion überge-
5 hen und mit ihm an 20 Millionen. Da hat er gewiß im gewissen Sinn
recht gehabt. Nun finden wir ungeachtet der Schwierigkeiten, die den
Protestanten in den Weg gelegt wurden immer schon eine Neigung sich
lieber zu dem Protestantismus hinzuwenden, als die kirchliche Monarchie überhand nehmen zu lassen. Da sieht man doch, daß die Gesinnung
10 gegen die kirchliche Monarchie auch in dem katholischen Theil der Nation mehr verbreitet ist als man glauben sollte; so daß man schwerlich
an einen Sieg der Römischen Partei glauben kann, als etwa auf vor-
übergehende Weise.

Der Katholicismus hat nun in Frankreich schon gar nicht mehr eine
15 solche Gestalt, wie in Italien und in der pyrenäischen Halbinsel. Das
Magische und Idololatrische tritt hier nicht so hervor; denn das Volk ist
gebildeter. Man rechnet jetzt 30000 katholische Geistliche, wobei die
klösterliche Geistlichkeit wohl nicht mitzurechnen ist. Nun sind unter
den Geistlichen viele, die gar keine Seelsorge üben. Das Verhältniß ist
20 so, daß auf 1000 Einwohner überhaupt ein Geistlicher kommt. Nun gibt
es freilich viele Klöster in Frankreich aber die Nonnenklöster sollen bei

---

1 zeigt] zeig   **5** 20] 2 *(korr. nach Schubring 67; Stolpe 303)*   **18** ist] sind

*3–5 Der Hintergrund dieser von Schleiermacher berichteten Anekdote ist unklar. Nach
A. Thiers: Geschichte des Consulats und des Kaiserthums, Band 3, 1845, S. 169–175 (12.
Buch), erklärte Bonaparte im März 1801 vor den Konkordatsverhandlungen seinen Rat-
gebern und den Mitgliedern des Staatsrats und des Corps législatif, er wolle sich weder
zum Haupt einer katholischen Nationalkirche aufwerfen (wie Heinrich VIII. von England)
noch Frankreich protestantisch machen. Ercole Consalvi wiederum erzählt in seinen (allerdings erst 1864 veröffentlichen) Memoiren, Bonaparte habe ihm Ende Juni 1801, als die
Verhandlungen zu scheitern drohten, zugerufen: „Nun, Herr Kardinal, es hat Ihnen gefallen, die Unterhandlungen abzubrechen! Gut! Ich brauche Rom nicht. Ich werde nach
meinen eigenen Gutdünken handeln. Ich brauche den Papst nicht! Wenn Heinrich VIII.,
der nicht den zwanzigsten Teil meiner Macht besaß, es verstanden hat, eine andere Religion in seinem Lande einzuführen, so wird mir das noch weit besser gelingen. Und wenn
ich die Religion in Frankreich ändere, wird dies auch in ganz Europa geschehen, wenigstens überall da, wohin sich der Einfluß meiner Macht erstreckt. Rom wird fühlbare
Verluste erleiden; es wird sie beklagen, aber dann ist es zu spät!" (Hg. J. Crétineau-Joly:
Mémoires du Cardinal Consalvi, Band 1, S. 365. Übersetzung: F.M. Kircheisen: Gespräche
Napoleons des Ersten, Band 1, 2. Aufl. 1912, S. 126) Nach Ns. Stolpe 303 am rechten Rand
wiederum soll Bonaparte dies gesagt haben, „als er der |Ge] [der Rest des Worts, etwa 3
Buchstaben, ist abgeschnitten; vielleicht Gemeinde] in den Niederlanden Audienz gab".
Dies würde auf den September oder Oktober 1811 schließen lassen, als Napoleon sich nach
dem französischem Nationalkonzil 1811 und den ersten Verhandlungen über das Konkordat von Fontainebleau (1813 abgeschlossen) in Holland aufhielt; vgl. Thiers: a. a. O. 13,
1856, S. 185–189 (41. Buch).*

46ʳ weitem überwiegen, | was offenbar nur dem Bedürfniß der Familien ent-
gegenkommt, sonst findet man *nicht* besondere Neigung zum klösterli-
chen Leben; es fehlt also eine gewisse Macht des geistlichen Standes, wie
er in Spanien ist. Wenn man nun so aus Furcht vor heftigen Bewegungen
einen langsamen Gang geht, so wird der Kampf sich so ziemlich aus-   5
gleichen und die kirchliche Monarchie in ihren Schranken bleiben, die
darin bestehen *nach* jener alten Constitution, daß der König die geistlichen Ämmter besetzt, u.s.w.

Die allgemeinen Betrachtungen, die wir noch hinzufügen wol-
len, sind diese: das unverkennbare Interesse, das die päbstliche Monar-   10
chie daran hat, und das in allen neuen Verhandlungen mit den verschiedenen Staaten zum Vorschein gekommen ist. Das nämlich: der Kirche
wieder zu einem Hausbesitz zu verhelfen, das ist eins der bedeutendsten
Momente für die päbstliche Monarchie. Wenn wir dies in *seinem* maximum betrachten, so finden wir dies in dem Standschaftsrecht, *welches*   15
die höhere Geistlichkeit zum Theil noch ausübt, *zum* Theil ausgeübt
hat. Die geistlichen Pairs in Frankreich wollen wir *nicht* dahin rechnen,
aber in Sicilien ist die Sache so, daß die weltlichen Barone, die eigens
Grundbesiz haben, zugleich geistlich sind – und so finden wir denn oft:
daß die geistlichen Fürsten [*in Deutschland*] sich mit dem Kaiser verbun-   20
den haben gegen den Pabst und mit dem Pabst gegen den Kaiser; da
waren sie offenbar eine persona duplex. Betrachten wir die Sache aber
jetzt, *nachdem* dies *aufgehört* und dazu nehmen, wo der geistliche
Grundbesitz in *seinem* eigentlichen Character besteht, so ist es aber-
malen so: daß dieser von Abgaben frei ist, und das ist es eben, wonach   25
die geistliche Monarchie strebt. Dadurch wird eben die bürgerliche
Macht von der geistlichen abhängig. In Spanien hat die Geistlichkeit
immer zu den Staatsausgaben beigetragen aber *nicht nach* einer Regel,
sondern nur, wenn die Noth da war unter Form des Geschenks. In
Beziehung auf die *Evangelische* Kirche hat man nun auch oft den   30
Wunsch geäußert, daß die Geistlichen mögten auf Grundbesitz fundirt
werden in der Beziehung: in wiefern es mit ihrem Beruf zusammen-
stimmte oder nicht. Das gehört nun eigentlich *nicht* hieher. Nur das
scheint eine hieher gehörige *Frage* ob die Geistlichkeit wohl einen
solchen Grundbesitz wünschen sollte mit einer solchen Immunität ver-   35
bunden. Es verschwindet da offenbar die Sicherheit, daß die Kirche dem
Staat je könnte entgegentreten. *Fragt* man nun: was kann wohl mehr ein

---

3 fehlt] feht   15 Standschaftsrecht] Stammschaftsrecht   17 Frankreich] Frankreichs   31
Grundbesitz] *folgt* 《mögten》

kirch*liches* Interesse sein, ein fester kirch*licher* Verband, oder der Besitz
von Grundeigenthum, so wird es doch das erste sein, aber zugleich werden wir sagen: die Evangelische Kirche will nie eine dem Staat gegenüber
tretende Macht sein, also auch keinen Grundbesitz haben mit einer
5 solchen Immunität. Beides ist aber von je das Streben der katho*lischen*
Kirche gewesen. Wo man sich dieser welt*lichen* Macht entziehen will, da
muß man auch aufhören *nach* einer welt*lichen* Ausübung von Seiten der
Geist*lichen* zu trachten, und dies ist der Maaßstab, wonach wir die
verschiedenen Verhältnisse in den katholischen | Ländern beurtheilen 47ʳ
10 werden. So ist nun *nicht zu* läug*nen*, daß der Katholicismus als Römi- 28. *Stunde*
scher mehr Einfluß hat auf das welt*liche* in Spanien als in Frankreich.
Allerdings der höhere französische Klerus scheint jetzt überwiegend ultramontan zu sein; allein von der niederen Geistlichkeit kann man dies
eben *nicht* sagen; am wenigsten ist es in das Volk eingegangen. Die
15 Versuche, die man neulich gemacht hat, das Katholische mit seinem
Idololatrischen und Magischen durch Mißion wieder einzuführen, sind
doch zum Theil *nicht* gelungen, zum Theil in manchen Gegenden gar
nicht gemacht worden. Die allgemeine Stimmung ist also offenbar dem
entgegen. So ist es auch mit den Wundern, die man versucht hat; es hat
20 neu*lich* ein sehr unterrichteter geistreicher Franzose eine Berechnung angestellt, aber ein bedeutendes Moment ausgelassen: er stellt entgegen:
das alte Frankreich und das neue Frankreich; das erste ist in seiner Kraft
nur zum Vorschein gekommen bei der Restauration; nun sagt er aber:
binnen so und so viel Zeit, wird von dem alten Frankreich nur noch so
25 und so viel übrig sein, und das neue wird wieder ein so und so großes
Übergewicht gewinnen. Das ist ganz richtig; aber der Wechsel kann sich
immer nur erneuern; die neueren Motive in der jetzigen Regierung sind
der Art, daß nach langer Zeit wieder das erneuerte Alte zum Vorschein
und das ganze Bildungswesen wieder in die Hände der Ultramontanen
30 geistlichen kommt. Die pecuniäre Kraft, die Rom aus den katho*lischen*
Ländern zieht beruht einmal auf den Ernennungsgebühren der geistlichen Stände, wo diese nun an die welt*lichen* Regierungen gekommen
sind, sind sie entweder ganz gefallen oder sehr beschränkt worden; dann

---

19 *Zusatz Schubring 69 (Fink 95; Stolpe 305): „Freilich wenn die Wirkungen von oben
herab so fortgehen so daß die niedere Geistlichkeit in Seminarien gebildet wird welche
unter der jesuitischen Leitung stehen so wird es anders werden."* **19–26** *Schleiermacher
redet von: Charles Dupin: Situation progressive des forces de la France, 1827. Dupin
beschreibt statistisch das rapide Wachstum der Bevölkerung und der wirtschaftlichen und
geistigen Kraft Frankreichs seit 1815. S. 60–78 handelt von der allmählichen Ablösung der
Generation der bis 1769 Geborenen, die die Zeit der Revolution und des Kaiserreichs aktiv
mitgestaltet habe, durch die folgende Generation. Letztere habe seit 1825 auch unter den
Wählern die Majorität; sie zeichne sich aus durch Respekt vor dem Recht und Interesse am
wirtschaftlichen und produktiven Fortschritt.*

auf die Dispositionen *für* alle *für den* Pabst reservirten Fälle; diese haben
nun *auch* schon seit langem sehr abgenommen in Frankreich; ein sehr
bedeutender Punkt ist das sog. J u b e l j a h r ; denn indem dies sonst immer viele Menschen nach Rom zog, um einen Ablaß *zu* gewinnen, der
sonst *nicht zu* gewinnen war, und dem Pabst viel einbrachte, so ist dies   5
doch seiner Endschaft sehr nahe. Darum ist nun *auch aufgekommen,*
daß das Jubeljahr *auch* außer Rom gehalten werden *kann;* da wird es
den Leuten nun näher gelegt; und da fließt dem Römischen Stuhl noch
manches zu, obgleich der unmittelbare Handel immer einträglicher ist.
Nun hat man aber noch ein Mittel erfunden: freiwillige religiöse   10
Verbindungen die besonders einen contemplativen Zwek haben aber zugleich mit einem Beitrag *zu* geistlichen Zweken verbunden sind, soll es
nun im südlichen Europa schon sehr viel *geben;* der römischen Congregation *dei* santi Riti sollen dadurch schon 200 Millionen französische
Livres einkommen, was freilich ein glänzender Ersatz wäre.   Nun   15
gehen wir *auf* ein anderes Territorium über; aber da ist nun das deutsche
ein höchst schwieriges; eigentlich genommen gibt es *kein* Deutschland
mehr, und wenn man Deutschland sagt, so weiß man *nicht* was man
meint; es gibt nur deutsche Staaten, und die sind zum Theil wenigstens
nicht einmal rein deutsche, und die Betrachtung wird dadurch offenbar   20
erschwert, wenn man von rein Intellectuellem redet; da hier doch die
Sprache und Litteratur etwas Gemeinsames sind, was in vieler Hinsicht,
was von einzelnen politischen Punkten ausgeht[,] unterstützt und auf der
anderen Seite entgegenwirkt. – |

Das sogenannte Deutschland   25

Geht man von dem Verband der Sprache aus und nennt das deutsch,
was deutsch redet und vom Deutschen stammt, so gibt es da Theile, wo
die Römisch Katholische Kirche fast ausschließend da ist, und noch
häufiger, wo der Katholicismus so überwiegt, wie in Frankreich; und
noch andere, wo das Verhältniß der Katholiken und Protestanten ziem-   30
lich sich das Gleichgewicht hält, wo aber die Regierung katholisch ist;
und solche, wo es das Protestantische ist und endlich solche, wo das
Protestantische ganz überwiegt.

---

13 *geben*] gehen   14 *dei*] delle

15 *Zusatz Schubring 69 (Fink 96; Röseler 48ᵛ): „Zugleich wird von diesem Centrum aus
bedeutender politischer Einfluß gehandhabt, z.B. die Leitung der apostolischen Partei in
Spanien."*

Ebenso sind die äußeren Verhältnisse zwischen den katholischen deutschen Gebieten und dem Römischen Stuhl ebenso different, wie in ganz Europa. Dasselbe läßt sich sagen von der inneren Gestaltung des *Katholizismus* selbst. Da haben wir also im Gebiet der deutschen Sprache die ganze Mannigfaltigkeit zusammen.

Wenn wir uns nun hier das aussondern, was ehedem auch in förmlicher Beziehung ein Ganzes war und von den Ländern abstrahiren, die zum Römisch deutschen Reich noch nicht gehört haben, so kommen wir da auf frühere Zustände, wo wir anknüpfen können, da wo eine größere Gleichheit des politischen und religiösen Systems war, als gegenwärtig ist. Die Auflösung des deutschen Reichs bildet hier nun einen Punkt von wo aus die religiösen Verhältnisse sich nun auch neu gestalten mußten. Das kirchliche Land wurde aufgelöst. Die deutsche katholische Kirche bildete in so fern ein Ganzes, als [es] einen deutschen Primas gab und als es dem Corpus Evangelicorum gegenüber ein Corpus Catholicorum gab. Das hörte nun mit der Auflösung des deutschen Reichs auch auf. Es mußte nun entweder stillschweigend dasselbe fortdauren, oder es mußten andere Verträge geschlossen werden. Nun ist durch das allmählige Sekularisiren von geistlichen Ländern viel Veränderung gekommen. Überall wo sonst ein ehedem geistliches Reichsland einem weltlichen Fürsten gegeben wurde, da mußten natürlich neue Verhältnisse gebildet werden. Nun ist dies eigentlich noch nicht einmal durchgängig geschehen und es gibt deutsche Länder, wo der Zustand noch schwankend ist; bald hat der Römische Stuhl es mit katholischen bald mit nicht katholischen Regenten zu thun; im Ganzen verhandelt er so, daß er mehr auf seinem Einfluß besteht, wenn er es mit den Protestanten zu thun hat; den katholischen läßt er schon mehr Concessionen zu. Wogegen nun auf der anderen Seite nicht zu läugnen ist, daß der Römische Stuhl durch das Aufhören des Corpus Evangelicorum viel gewonnen hat; denn so lange das bestand, hatte die Evangelische Kirche in

---

4 *Katholizismus*] Interesses *(korr. nach Schubring 70; Fink 97; Stolpe 305; Schmidt 127)*

---

7 f *Ost- und Westpreußen, Posen, die deutsche Schweiz (seit 1648), das Herzogtum Schleswig.* 16 *Zusatz Schubring 70 (Fink 97; Stolpe 305; Schmidt 127; Röseler 48'–48'): „Das Concordat hatte allerdings in einzelnen Ländern schon manche Abänderungen erlitten; aber es gab immer noch einen großen Theil von Deutschland wo das alte Concordat mit dem Papst noch galt." Gemeint ist das Wiener bzw. Aschaffenburger Konkordat von 1448/49.* 19 *Zusatz Schubring 70 (Fink 97f.; Stolpe 305): „In Deutschland war ja auf mannigfache Weise die Verbindung von geistlicher und weltlicher Macht realisirt in den hohen Geistlichen, welche Standspersonen waren. Ganz aufgelöst ist dieß Verhältniß erst lange nach der Auflösung des Reichs (so ist der Reichskanzler von Regensburg auch noch beim Deutschen Bund [d. h. dem Rheinbund] geblieben und hat erst später aufgehört)".*

Deutschland eine gewisse Einheit, die der katholischen gegenüber stand.
Nun ist aber die Evangelische Kirche zertheilt und da ist nun leichter auf
48ʳ diese Einzelheiten einzuwirken. | Wenn wir das alles zusammennehmen:
das Aufhören des Reichs und des Reichsverbands, das Verschwinden der
Reichsstände und das Verschwinden der Verbindung derselben zu einem   5
Corpus evangelicorum, so sehen wir, müssen sich die Verhältnisse sehr
geändert haben.   Nun führt uns dies zum Theil in entfernte Zeiten
zurük: das erste Concordat des Römischen Stuhls mit dem deutschen
Reich war das Wormser im Anfang des 12 Jahrhunderts. Die Wahl,
Ernennung und Investitur der Bischöfe war das, worüber verhandelt   10
wurde; nachher aber war die Wahl ausschließend an das Domcapitel
gekommen und es war nur noch von Bestätigung die Rede. Der zweite
Hauptpunkt waren die Beschlüsse des Baseler Concilii, die auf gewisse
Weise vom deutschen Reich angenommen wurden. Dadurch wurde der
Pabst sehr beeinträchtigt. Aber in der Mitte des 15 Jahrhunderts erfolgte   15
wieder das Aschaffenburger Concordat, wodurch ihm wieder Alles eingeräumt wurde. Seit dem ersten tridentinischen Concil welches eigentlich nicht allgemein vom deutschen Reich angenommen wurde; sie
haben sie nur in subsidium angenommen als Entscheidungsgrund, hat in
Deutschland das Nuntienwesen angefangen; die Nuntien sollten die   20
Rechte des Römischen Stuhls wahrnehmen um zu dispensiren und zu
entscheiden in diesen und jenen Fällen. Das nahm nun so überhand, daß
diese Nuntien bald eine Gerichtsbarkeit ausübten. Das erregte nun eine
Eifersucht der hohen Geistlichen. Und es kam im Jahr 1786. eine
Verbindung der deutschen Erzbischöfe in Ems zu Stande, welche eine   25
starke Tendenz gegen den Römischen Stuhl aussprachen; aber doch
ohne bedeutenden Erfolg.

29. Stunde   ## Die Stiftung des deutschen Bundes

Es sind in dieser letzten Constitution alle Spuren von einer Vereinigung
geistlicher Würden und weltlicher unabhängiger Macht erloschen, aber   30
doch das nicht: daß auch in deutschen Ländern wieder ein bestimmtes
politisches Recht der Repräsentation mit der geistlichen Würde verbunden sein kann. Ebenso ist die Verbindung zwischen evangelischen
Reichsständen im Gegensatz gegen die katholischen (das corpus evange-

---

5 derselben] derseben   8 Stuhls] Stuhl   9 *Reich*] Concilio   11f war … Rede] *Schubring*
71 (Anonym: „handelte es sich bloß noch in Beziehung auf die Investitur")   25 welche]
welches

licor*um*) *auf*gehoben. Ebenso ist *auch* anstatt eines ehemaligen Verfahrens *zur* Sicherstellung des religiösen Interesses ein anderes Verfahren
getreten. Sonst war unter den Reichsständen, wenn etwas berathen wurde die Gleichheit der Stimmen zwischen katholischen und Evangelischen
5 *nicht* gültig; es *mu*ßte eine gütliche Übereinkunft geschlossen werden.
Dagegen ist etwas sehr *wesentliches* stipulirt, daß in allen deutschen
Staaten die *drei* sonst anerkannten *christlichen* Religionsgemeinschaften
gleiche bürgerliche Rechte haben sollten. Das ist offenbar etwas unmittelbar am meisten *zum* Vortheil der Evangelischen Kirche gereichendes,
10 und also eine Opposition gegen das katholische Interesse; aber man
kann nur sagen: unmittelbar, insofern nämlich als damals da dies entschlossen wurde in vielen deutschen Ländern die Evangelischen Unterthanen in ihren Rechten verringert wurden und die katholischen viel
weniger. Was nun daraus entsteht im Gegensatz der beiden Kirchen
15 hängt davon ab, wie sich nun von dieser gemeinsamen Voraussetzung
aus die Verhältnisse in den verschiedenen Staaten gestalten werden. |
Übrigens ist dies nun gar *nicht* etwas so bestimmtes, als man glauben 48ᵛ
sollte; es ist eigentlich nur ein Hinderniß weggeräumt, was hie und da
noch bestand im Widerspruch mit dem guten Willen und mit dem Ver-
20 hältniß der [Ausbildung]. In allem Übrigen war bei den vielen Veränderungen des Besitzes eine neue Ordnung der Verhältnisse für die katholische Kirche mit dem Römischen Stuhl ein unerläßliches Bedingniß;
es ist also dieser Zeitpunkt anzusehen als der, von dem neue Anordnungen der Verhältnisse zwischen der katholischen Kirche in deutschen Län-
25 dern und dem Römischen Stuhl vorgenommen wurden unter verschiedenen Formen.   Noch etwas Allgemeines über diese verschiedenen
Formen. Einmal die Form des Concordats d.h. eines förmlichen Ver-
trags zwischen der Regierung eines Landes und dem Römischen Stuhl;
die andere Form ist die von landesherrlich autorisirten Bullen; eine Bulle
30 ist eine Anordnung des Pabstes in Beziehung auf kirchliche Verhältnisse;
die haben in manchen Ländern erst Giltigkeit durch das placitum regium. Es können nun diese beiden Formen auf verschiedene Art angesehen
werden. Nämlich in einem Concordat tritt die Regierung und der Pabst
auf als paciscirender Theil; die sind doch immer im Wesentlichen gleich,
35 homogen, und da erscheint also die Sache auf gewisse Weise von der
weltlichen Gewalt des Pabstes ausgehend, was nun mit dem eigentlichen
Inhalt der Verträge gar *nicht* stimmt. Eine Bulle geht immer vom Pabst
als Oberhaupt der Kirche aus, und da ist von einer weltlichen Gewalt

---

14 entsteht] entsteh   **19f** und … der] *gestrichen*   **20** [Ausbildung]] *ergänzt nach Fink*
100

gar *nicht* die Rede. Dagegen erscheint der Pabst in der Bulle als *für sich
selbst* und aus eigener Machtvollkommenheit anordnend. Faßt man dies
ins Auge, so sieht man allerdings, daß es noch eine *dritte* Form geben
muß, daß nämlich eine Anordnung von der Regierung ausginge. Nun
fragt sich welches ist denn die vortheilhafteste Form in Beziehung auf   5
das Verhältniß der Regierungen zu dem Römischen Stuhl: denn in dem
Maaß als die Römische Kurie einen Einfluß auszuüben scheint auf die
Regierung, so erscheint die geistliche Monarchie in ihrem Glanz; in demselben Maaß als die Regierungen unabhängig scheinen in ihren kirchlich
katholischen Verhandlung, in dem Maaß scheint die geistliche Monar-   10
chie partiell *aufgehoben.* Allein man kann die Sache sehr verschieden
fassen. Denken wir uns: ein *Evangelischer* Fürst müsse die kirchlichen
Verhältnisse mit dem Römischen Stuhl ordnen; er kann nun ein Concordat mit dem Pabst schließen. Das ist nun eine gefährliche Sache kann
er meinen; er paciscirt als Gleicher mit dem Gleichen und [ich] stelle die   15
Gewalt des Pabstes als eine mir homogene; er will es also nicht. Nun ist
bekannt, daß in der Römischen Kurie immer noch das Princip gilt, daß
nicht katholische Landesherren *nicht* mit Recht über katholische Unterthanen herrschen; obgleich das lange *nicht* mehr ausgesprochen ist. Da
kann nun also der Pabst ja sagen: das ist eine gefährliche Sache für mich   20
ein Concordat zu schließen; denn wenn ich mit einem nicht katholischen
Landesherrn paciscire, so erkenne ich ihn ja an, und das kann üble
Folgen haben, | wenn die Zeit einmal günstig wäre, jenes Princip wieder
geltend zu machen. Nun soll dasselbe durch eine Bulle gemacht werden.
Da kann nun der Pabst sagen: ich bin gewohnt: in der Kirche ganz   25
unabhängig zu verfügen; freilich müssen meine Anordnungen erst die
Zustimmung des Landesfürsten bekommen; was nun von den Evangelischen ebenso gut gilt als den katholischen. Das ist nun freilich
schlimm; aber das kirchliche dabei bleibt immer doch mein Werk. Aber
wenn ich das Verhältniß der Kirche überhaupt ordnen soll in einem   30
Evangelischen Land, so ist das ganz etwas anderes; da darf ich durch das
placitum regium *nicht* beschränkt werden. Der Fürst kann nun auch ein
Bedenken haben, die Bulle von dem Pabst ausgehen zu lassen. Da sagen
sie also beide, sie mögen die Bulle *nicht.* Der dritte Fall ist nun seit
langer Zeit gar *nicht* mehr vorgekommen. Das einzige Beispiel dieser Art   35

49ʳ (margin)

---

18 *nicht*] ⟨nicht

4 *Zusatz Schubring 72 (Fink 100; Stolpe 306; Schmidt 130f.; Röseler 49ʳ): „wobei freilich
vielleicht die Zustimmung des römischen Hofs nöthig wäre, zur Beruhigung der katholi
schen Unterthanen"   15 Scil. der Papst paciscirt.   16 Scil. der evangelische Fürst will es
nicht.   35–293,4 Vgl. Katholische Kirche 122.*

ist d*as* Weimarische L*an*desgesetz über die kath*o*l*ische*n Verhältnisse. Aber d*as* b*ez*og [*sich*] doch im Eing*an*g *auf* d*ie* Bulle de salute anima-rum, *un*d d*as* ist d*ie*, wo*dur*ch d*ie* preuß*ischen* Cath*o*lik*en* im Verhältn*iß* *zu* d*em* Pabst sind geord*n*et wo*r*d*en*. D*ie*se Form sch*eint* *al*so weniger
5 *an*gem*es*sen *zu* sein. Es ist nun *zu* m*e*rk*en*, d*aß* d*e*r Römische Hof in d*ie*s*en* Verh*an*dlung*en* d*en* Ev*an*gelisch*en* Fürst*en* *an*geboten h*at*, unt*er* d*er* Form d*es* Concordats *mit* ihm *zu* v*er*h*an*del*n*. D*ar*in lag doch, d*aß* er d*ie* Ev*an*gelisch*en* Fürst*en* *an*erk*an*nte, obgl*eich* m*an* wohl m*an*ch*er*lei Clauseln w*ir*d gebraucht h*aben*, wor*an* er *sich* *n*achher h*ä*tte h*a*lt*en* kön-
10 *nen*.
    W*en*n w*ir* nun d*ie* einz*el*n*en* Bundesst*aa*t*en* näh*er* d*ur*chgeh*en* woll*en* so treten uns da *au*ß*er* d*er* V*er*schied*en*heit d*ie* *al*lg*em*ein w*ar*, noch d*ie*se *an*d*er*en V*er*h*ä*ltn*is*se *en*tg*e*g*en*, d*aß* es m*e*hr*er*e St*aa*t*en* gibt, *wel*ch*e* *nicht* *zu*m deutsch*en* Bund gehörig*e* Länd*er* h*aben*; es ist d*a*m*a*ls in d*en*
15 gem*ein*en V*er*h*an*dlung*en* d*ie* Rede davon g*e*w*e*sen, d*aß* s*ie* d*ie*se Länd*er* soll*ten* in d*en* deutsch*en* Bund *mit* *au*fn*e*hm*en*; d*as* h*ä*tte b*eim* König v*on* Preuß*en*, Österreich u.s.w. g*e*sch*e*h*en* könn*en*, obgl*eich* b*ei* *an*d*er*en wied*er* *nicht*. Nun ist d*as* z.B. b*ei* Hannover, b*ei* Dänem*ar*k n*icht* mög-*lich*; d*ie*se könn*en* ihr k*ir*chl*iches* Verhältn*iß* ordn*en* g*an*z *un*abhängig
20 *von* d*en* *an*d*er*en; Österreich k*an*n d*as* in Beziehung *auf* Ungarn *nicht* sag*en*; d*en*n d*ie* sind *mit* einbegriff*en* in d*er* Bundesvereinigung. W*en*n w*ir* nun *al*so *n*ach d*er* Ordnung [*vorgehen*], d*ie* w*ir* eingeschlag*en* h*aben*, so müss*en* w*ir* *mit* d*en* deutsch*en* St*aa*t*en* *an*f*an*g*en*, wo d*er* K*a*th*o*liz*is-mus* d*as* Übergewicht h*at*, *un*d da ist nun Österreich d*as* nächste.|

25   Österreich.   49ᵛ

Wir müss*en* hier zunächst *auf* Kais*er* Josephs Zeit zu*rü*kgeh*en*, d*er* eine bedeut*en*de Reaction in Oppos*ition* geg*en* d*ie* Römische K*ir*che *au*sg*e*übt h*at*. Inde*ß* s*ei*ne revolutionär*en* Änd*er*ung*en* in Beziehung *auf* d*en* Geist d*er* Un*a*bhängigk*eit*, d*ie* Unterordn*un*g d*es* Geistl*ichen* unt*er* d*as* Welt-
30 l*iche*, d*ie* *Au*fhebung d*er* Klöst*er* sind eine s*e*hr vorüberg*e*h*en*de Er-scheinung g*e*w*e*sen. D*ie* Opposition dag*e*g*en* d*ie* *sich* in d*en* Niederl*an*-d*en* entw*i*k*e*lte, sch*eint* d*as* bestimmte Gefühl d*er* Regierung geg*e*b*en* *zu*

---

10 *Zusatz Schubring 72 (Stolpe 307; Röseler 49ᵛ): „Es wurde zum Theil von den Regie-rungen abgelehnt."* **18** *Hannover war damals in Personalunion mit Großbritannien, Dänemark mit Schleswig-Holstein.* **31 f** *1788 kam es in den österreichischen Nieder-landen als Reaktion auf die josephinischen Reformen zu Unruhen; am 11.1.1790 wurde die „Republik der vereinigten belgischen Provinzen" ausgerufen, die nach 10 Monaten wieder unterworfen wurde.*

haben, daß sie dergleichen Erschütterungen *nicht* ertragen könne. Es
stand nun das frühere Losreißen von Spanien vor Augen und überhaupt
dieser Punkt war der Wendepunkt. Es geschahen Rükschritte obgleich
allmählig und doch so: daß jetzt *nicht* mehr viel von Josephs Vorkeh-
rungen übrig geblieben ist. Es ist nun eine bedeutende Ungleichheit auch   5
in dieser Beziehung zwischen den wesentlichen Bestandtheilen des österreichischen Kaiserthums; wenn man die italienischen Staaten abrechnet,
so hat die Reformation in allen österreichischen Provinzen bedeutende
Fortschritte gemacht. Sie war schon ziemlich weit in Österreich verbreitet; Böhmen hat seine eigene Reformation gehabt und Ungarn ist *auch*   10
ein starker Theil der *Evangelische,* obgleich jetzt im Abnehmen, von der
Gesammtheit der Unterthanen ist die Hälfte katholisch und von der
übrigen Hälfte die Hälfte der Evangelischen Kirche zugethan. Es ist aber
nun das Verhältniß sehr ungleich. In Böhmen hat die Reformation eine
Reihe blutiger Kriege zur Folge gehabt. Ebenso sind die *Evangelischen*   15
im eigentlichen Österreich verfolgt und unterdrükt worden. Allein als
nun Kaiser Joseph sein [*Toleranz-*]Edikt gab, so zeigten sich gleich
wieder viele geheime Protestanten, die sich äußerlich zur katholischen
Kirche gehalten oder von ihr waren ignorirt worden. So ist auch im
eigentlichen Österreich eine *nicht* unbedeutende Anzahl von protestan-   20
tischen Unterthanen, die erst durch die Bundesacte gleiche Rechte mit
den übrigen Religionsformen erhalten haben. Wieviel davon zur Ausführung kommt, das ist nun freilich eine andere Frage. – Nun hat sich
aber die Regierung und die katholische Kirche seit Joseph an in den
verschiedenen Ländern auf sehr verschiedene Weise gestellt. In U n g a r n   25
ist ein consequentes System der Bedrükung der Protestanten beständig
befolgt worden, was seinen eigentlichen Sitz in der höheren Geistlichkeit

50^r gehabt, die zugleich Reichsstände, | also weltlich sind. Die Gesetze sind
den Protestanten günstig gewesen; aber es wurde ihnen ungeheuer
schwer gemacht, zu ihrem Recht zu gelangen; und man sieht wohl da   30
wie die Regierung ihrer Praxis nach doch auf Seiten der katholischen
Kirche steht. In Böhmen und Österreich kann man daßelbe *nicht* sagen;
wo denn das wohl in den Verhältnissen seinen Grund hat.

30. Stunde   Es gibt in Österreich eine große Mannigfaltigkeit in jeder Hinsicht: in
der Sprache, Civilisation, Völkerstämme: Deutsche Ungarn, Slawen Ita-   35
liener sind nur *die* wesentlichsten Umrisse; überall sind noch fremde

---

17 [*Toleranz-*]] *Lakune*

16–19 *Stäudlin II, S. 567 f.*   27 f *Stäudlin I, S. 363–365*

eingemiczht; unter den Ungarn wohnen nicht nur viele Deutsche sondern auch Wallachen; ebenso in den deutschen Provinzen ist Ungarisches Slawisches, Armenisches und Griechisches. Ebenso ist es mit dem Verhältniß der Landesherren zu den Unterthanen. In Ungarn ist eine bestimmte

5 Constitution die unter gewissen Umständen ein Wahlrecht in sich schließt und der Nation in dieser Hinsicht eine Stellung ü b e r dem Monarchen gibt. Dann haben die Stände ihre bestimmten Rechte, welche den Monarchen beschränken. In den anderen Provinzen gibt es auch noch Schattenbilder einer ständischen Verfaßung; ebenso ist es mit der Stel-

10 lung der Regierung zu der katholischen Kirche in verschiedenen Gegenden ein verschiedenes. Von Ungarn war es eine Zeitlang streitig ob es sich zur Römischen oder Griechischen Kirche wenden würde. Allein die königliche Würde des Landesherren, nebst einer großen Verleihung von Dotationen u.s.w. war eines und daßelbe. Der König Stephan bekam

15 allerlei Rechte vom Pabst, wurde päbstlicher Legat, vergab alle geistlichen Stellen, zog die Einkünfte von den vakanten geistlichen Stellen, und beerbte die testamentlosen Bischöfe und Geistlichen; dagegen ist der politische Einfluß der Geistlichkeit wieder bedeutend; die Prälaten bilden den ersten Reichsstand und das haben sie benutzt um die protestan-

20 tischen Magnaten mehr und mehr einzuschränken. Die Regierung hat sich allerdings immer für die Aufrechthaltung der bestehenden Gesetze f ü r die Protestanten erklärt. Aber in der Ausführung werden sie nicht gehalten. Schon die Gesetzgebung selbst hat schon stark den Character der Zurüksetzung der Protestantischen Kirche. Alle Ehesachen kommen

25 bloß vor die bischöflichen Gerichte; wie häufig dort nun die gemischten Ehen sind, läßt sich denken, und da bekommt also die katholische Kirche ein bedeutendes Übergewicht. (Berzeviczy ein ungarischer Edelmann hat eine Schrift darüber herausgegeben) In B ö h m e n sind die Rechte des Landesherrn nicht so ausgedehnt; der Erzbischof von Prag ist hier der

30 Legat des päbstlichen Stuhls. Es sind hier auch noch viele Protestanten aber nicht mehr in den höheren Ständen, weil hier also kein großer politischer Einfluß von Seiten der Protestanten zu fürchten ist, so läßt man ihnen viel Freiheit, weil sie keine Rechte haben, und sie befinden

---

27 Berzeviczy] Berzewitz

11–15 *Städlin I, S. 360. Papst Sylvester II. verlieh König Stephan I. von Ungarn i. J. 1000 für seine Verdienste um die Mission die Stephanskrone und den Titel der Apostolischen Majestät; letzteren erneuerte Papst Clemens XIII. 1758 für Kaiserin Maria Theresia und ihre Nachfolger.* 27 f *Gergely Berzeviczy: Nachrichten über den jetzigen Zustand der Evangelischen in Ungarn, 1822. Ob Schleiermacher das Buch gelesen hat, ist ungewiß. Angezeigt wird es in dem in Schleiermachers Besitz befindlichen Buch: F. Friederich: Vertraute Briefe über die äussere Lage der evangelischen Kirche in Ungarn, 1825, S. 3–10 und passim.*

sich hier viel beßer als in Ungarn; obgleich das Katholische in Böhmen
50ᵛ überwiegender ist als in Ungarn. | Dasselbe gilt nun von dem eigentlichen
Österreich. Hier gab es eine bedeutende Anzahl Protestanten, die von
Zeit zu Zeit sehr sind verfolgt worden. Salzburg war damals zwar ein
unabhängiger Reichsstand aber sie wanderten doch mit aus; als Joseph   5
II sein Toleranzedikt gab, so standen überall die Protestanten wieder
auf. – Hier haben die Protestanten nun eine ordentliche Constitution;
aber es ist kein bestimmtes Hervortreten eines katholischen Überge-
wichts[,] ausgenommen in allen solchen Fällen, wo sich irgend eine Neigung zum Übertritt nach der protestantischen Kirche entwikelt. So sehen   10
wir überall die Regierung in einem desto engeren Bündniß mit der geistlichen Monarchie in demselben Verhältniß als der Protestantismus sich
geltend macht. Die Regierung ist hier zwischen zwei verschiedene
Parteien gestellt zwischen die Römische Curie und das protestantische
Princip. Überall ist eine gewisse Eifersucht gegen die Römische Curie   15
auch nicht zu verkennen. Auf der anderen Seite ist die in Wien bestehende Nunciatur des Pabstes eine der ältesten; da entwikelte sich nun
von selbst eine gewisse Eifersucht zwischen der päbstlichen Nuntiatur-
gerechtigkeit und zwischen dem Erzbischof von Wien; zwischen diesen
hat es immer arge Streitigkeiten gegeben, und die Regierung hat den   20
letzteren immer begünstigt; jetzt beugt man aber dergleichen Streitigkeiten so sehr als möglich vor. Diese Maxime kann nun auch bald einer
entgegengesetzten Raum machen. (Päbstliche Bullen dürfen nicht ohne
kaiserliche Erlaubniß bekanntgemacht werden.) Die Angst die man in
Wien hat vor Unruhen, seit den niederländischen und vor den protestan-   25
tischen Umtrieben (d. h. der Kraftentwiklung die von Deutschland ausging um Frankreichs Joch abzuschütteln) entsteht daher, weil man durch
ein katholisches Glas sieht. Von den josephinischen Verbesserungen ist
leider nicht mehr viel übrig. Ein großer Theil der Klöster hat sich wieder
eingefunden; nur in e i n e m Punkt scheint man gegen Rom festzustehen   30
nämlich in Beziehung auf das jesuitische Princip. Diese Menschen haben
sich freilich unter gewissen fremden Gestalten hie und da wieder eingeschlichen; aber ihre Statute dürfen nichts von dem Jesuitischen Princip
haben. Wie es aber mit ihrer Praxis aussieht, das ist bedenklicher. In
Prag ist nun der Erzbischof sogar der beständige Kanzler der Universität,   35
wodurch man nun auch dem protestantischen Princip auf das wirksam-
ste entgegenzutreten meint. Er hat vier Bischöfe unter sich und das Land

---

5 *Die Protestanten aus Österreich mit den 1731 vertriebenen Salzburger Protestanten.*
5–7 *Stäudlin II, S. 567 f.*   23 f *Stäudlin II, S. 566*   25 *Vgl. oben.*   31–33 *Schleiermacher*
denkt offenbar an die 1732 von Alfonso Maria de' Liguori (1696–1787) begründeten und
1749 bestätigten Redemptoristen.

ist in *fünf* Bisthümer getheilt. In Mähren ist *auch* das Erzbisthum Olmütz u*nd* ein Bisth*um* Brünn; das ist ein selt*ener* Fall, daß ein Erzbischof
nur einen Suffraganbischof unt*er* sich hat. D*er* Erzbischo*f* von Olmütz
h*atte* au*ch* in Preu*ßisch* Oberschlesi*en* ein*e* Diöcese. Ich weiß *nicht* ob
5 diese V*er*hältni*sse* schon geändert sind; es war beschlos*sen*; ab*er* es ist
wohl noch *nicht* du*rch*gesetzt. In G a l i z i e n ist *auch* ein Erzbischo*f* u*nd*
au*ßerdem* sind noch *drei* Bisthümer da. |

In T y r o l sind *zwei* Bisthümer Trident u*nd* Brixen; ein Th*eil von*   51ʳ
Tyrol stan*d* früher unt*er* *Salzburg, Augsburg und Freising*. Im eigentli-
10 *chen* Österreich sind di*e* *drei* Erzbisthümer Wien, Salzburg u*nd* Laibach.
Überall h*at* z*u* di*esen* Bisthümern d*er* Kaiser d*as* R*echt* d*er* Ern*ennung*,
u*nd* d*er* Pab*st* bestätigt nur. Es ist also hier g*anz* in d*ie* Gewalt d*er*
Regi*erung* gestellt vermöge di*eses* Einflu*ßes* in d*ie* Laufbahn d*er* kirch-
lichen Reform, die unt*er* Joseph angef*angen* war, zurük*zuge*hen. Allein
15 bis jetzt ist k*eine* Neig*ung* dazu da; es w*ird* wohl so la*nge* dauern, bis
ihn*en* d*as* Feuer an d*en* Fing*ern* brennt u*nd* d*as* Römische Princip an-
fängt gefährlich*er zu* werden. Es ist zur Zeit Josephs off*enbar* geworden,
was *für* ein antirelig*iöses* Element in d*er* katholisch*en* Kirche von je
existirt hat. Es war damals so wie in Frankreich *zur* Zeit d*er* Encyclo-
20 pädist*en*; als d*as* Toleranzedikt ersch*ienen* war, so meld*ete sich* viel
Volks in Böhm*en*, di*e sich* als Deist*en* constituiren wollt*en*; dazu wollte
Joseph nun *nicht* Einwillig*ung* geb*en*; u*nd* h*at sich* da *auf* eine ein*em*
solch*en* Reformator ziem*lich* unanständi*ge* Weise gen*ommen*; er h*at* ih-
n*en* näm*lich* d*en* Deismus woll*en* du*rch* Sto*k*prügel austreiben lass*en*
25 u*nd* da sind sie geschwinde *zu* uns herüberg*ekommen*, wofür wir ihn*en*
eb*en* nicht viel Da*nk* wiss*en* können; denn solch Volk hält *sich nicht*
lange – Ähnliches latitirt gewiß immer noch: in d*en* gebildet*en* Ständ*en*
ist d*er* Atheismus od*er* d*er* Ungla*ube* am herrschendst*en*, obgl*eich die*
äu*ßerlichen* Gebräuche *mit* einer gewissen Gleichgültig*keit* verrichtet
30 werden.   Also so wie im südl*ichen* Europa tritt d*er* Katholicismus
hier *nicht* auf; d*as* superstit*iöse* u*nd* phantastische ist doch in enger*en*
Gränz*en* eingeschlossen; obgl*eich* es *sich* in d*er* Rede noch häufig aus-
sp*richt*, was *sich* aber doch leichter corrigir*en* läßt. Es ist wohl *nicht zu*
läugn*en* d*aß* d*er* Antheil an d*er* allg*emeinen* deutschen Bild*ung*, die
35 Vermisch*ung mit* Protestant*en* u*nd* die litterärisch*en* Element*e* viel dazu

---

1 *fünf*] 4   9 *Salzburg ... Freising*] dem Breisinger

9f *Stäudlin II, S. 565 f.*   **30** *Zusatz Schubring 75 (Fink 107; Stolpe 309; Röseler 52ʳ): „Die
Wallfahrten und Ähnliches hatte Joseph abgestellt; sie floriren jetzt wieder wie ehedem mit
derselben Rohheit und Unsittlichkeit als mit der Superstition verbunden ist.“*

beigetragen; der Regent, obgleich er katholisch ist, ist sonst ganz tolerant und gut gesinnt, er ist auch sehr für Wissenschaften und Künste,
macht selbst Sylben u. s. w.   Ob nun die bürgerliche Wichtigkeit,
welche zu Maria Theresias Zeit auf die Kirchlichkeit gelegt wurde,
wieder eingeführt ist, wie vor Joseph, davon habe ich keine Kenntniß.   5
Wahrscheinlich befleißigt man sich derselben je mehr man von dem Hof
abhängig ist, wo das kirchliche oben an steht. Was dem Katholicismus
hier noch eine mildere Gestalt gibt, als in den südlichen Ländern, sind
die Universitäten, vermöge deren die Bildung der Geistlichen nicht in die
Seminare der Bischöfe eingeschlossen ist. Freilich ist man da immer sehr   10
vorsichtig; allein die | Form der ganzen Anstalt zugleich mit dem Zusam-
menhang der ganzen wissenschaftlichen Bildung sind Elemente, welche
viel Gutes bringen können; es sind viele Geistliche da, die den Josephinischen Reformen geneigt sind, aber sie dürfens nicht merken lassen.
Obgleich nun alle Bücher unserer Theologie verboten sind, und so   15
ziemlich alle protestantischen Schriften auf dem Register stehen, so ist
doch noch eine ziemliche Bekanntschaft hie und da mit unserer theologischen Litteratur.

31. Stunde   Der Zusammenhang der Vorbildung der Geistlichen mit der allgemeinen Geistesbildung ist hier ein ganz anderer als in den orientalischen   20
Kirchen und in der abendländischen in Spanien etc. In der Evangelischen
Kirche ist aber die Tendenz noch eine ganz andere als in der katholi-
schen Kirche überhaupt. Der innerste Grund dieser Differenz ist offenbar die verschiedene Ansicht von der geistlichen Funktion selbst. Die
Einwirkung durch die Lehre ist bei uns immer das erste; dort ist das   25
Hervortreten der symbolischen Handlung vorherrschend. Nun kann
man freilich sagen: auf der anderen Seite ist doch nothwendig um die
Achtung für den geistlichen Stand aufrecht zu halten, daß die geistlichen
zu der gebildeten Klaße gehören. Das ist aber bloß eine Evangelische
Ansicht. Bei den Katholiken beruht die Achtung auf dem Priesterthum   30
an sich. In Griechenland bekommen sie Prügel, nachher aber küßt man
ihnen die Hand und läßt sich von ihnen segnen. Wo aber die Diener der
Kirche Diener des Worts sind, und ihre Wirkung beruht auf dem psych-
agogischen, da ist eine solche Trennung des Lebens von dem Ammt nicht
möglich. Wenn es nun in der katholischen Kirche nun ebenso eine noth-   35

51ᵛ

---

1 *Zusatz Schubring* 75 (*Fink* 107; *Stolpe* 309; *Schmidt* 136; *Röseler* 52ʳ): „*Zur Zeit Josephs
waren die in den Klöstern vorgehenden Greul welche ihm zufällig bekannt wurden, der
erste Anstoß wodurch diese gewaltsame Reform eintrat. Jetzt wird man sich wol hüten in
dieser Hinsicht zumal die Möglichkeit der Verheimlichung geringer ist.*" **1–3** *Kaiser
Franz I.* (1792–1806 als Franz II. letzter Kaiser des alten Deutschen Reichs, 1804 Kaiser von
Österreich, † 1835). **31 f** *Städlin I, S.* 284, wo es um russische Popen geht.

wendige Aufgabe ist, so müßte man doch sagen: es *muß* etwas Hemmendes dazu kommen. Wenn ein solcher *Gegen*satz in dieser Beziehung dazu kommen soll, da müssen wir nun noch etwas von der Verfassung hinzunehmen. In der *Evangelischen Kirche* ist eine unleugbare Tendenz
5 die Mitglieder des Geistlichen Stands als alle unter sich gleich anzusehen. In der katholischen Kirche bildet der Bischof eine besondere Abstufung, was nun besonders in dem Recht der Priesterweihe liegt. Dieser Unterschied knüpft sich nun eben an den analogen Unterschied im bürgerlichen Leben. Die höhere Geistlichkeit ist aus den höheren Ständen,
10 die niedere Geistlichkeit aus dem Volk. Die höhere gewinnt mehr Geistesbildung *nicht* in Beziehung auf ihre ammtliche Function, sondern in Beziehung ihrer Stellung zu der Gesellschaft. Nun hat sich in den höheren Ständen der katholischen Kirche bald unter dieser bald unter jener Gestalt ein Unglaube entwikelt ein Libertinismus unter verschie-
15 denen Formen und da ist natürlich daß ein Zusammenhang gesetzt wird zwischen dem einen und dem anderen, und die Kirche nun auch Alles zu verhüten sucht, was zur Entwiklung eines solchen Losreißens von dem kirchlich Feststehenden führen kann. Daher ist nun die Organisation eigentlich die, daß ein höherer Grad von geistlicher Bildung für die un-
20 mittelbare Ammtsführung *nicht* erforderlich ist. Daher auch die Idee von allgemeinen Bildungsanstalten für den geistlichen Stand keine herrschende ist, sondern das ist nur die Specialschule. Indem nun die Bischöfe die Priesterweihe haben und die Subjecte auszusuchen pflegen, die Priester werden sollen, so hängt die Geistlichkeit in ihrer Genesis ganz von ihnen
25 ab. | Die Bischöfe haben nun auch Seminare wo die Geistlichen gebildet 52ʳ werden; was hier von der geistlichen Funktion zu wissen nöthig ist, das wird gelehrt abgesehen von aller anderen geistigen Bildung. Nun sind in Wien und Prag Universitäten welche zugleich Erzbischöfliche Sitze sind, da läßt es sich gar *nicht* thun daß die Mitglieder der bischöflichen Se-
30 minare *nicht* sollten von der allgemeinen Bildung ergriffen werden. Nun hat die Regierung auch immer einen Antheil an der Besetzung der geistlichen Stellen. Nun läßt sich auch gar *nicht* aus dem Gebiet der allgemeinen Gesetzgebung ausschließen, daß man verlangen kann: daß die Geistlichen auch ein gewisses Maaß von Kenntniß haben sollen, da sie
35 zugleich den Schulen vorstehen müssen. Nun kann sich der Staat aber dagegen auch ganz indifferent verhalten; in der bischöflichen Autorität liegt allerdings die Möglichkeit, ein Verbot der höheren Ausbildung auszusprechen; wogegen der Staat dann protestiren kann, wenn er will. In Wien und Prag ist nun eine beständige gesetzliche Verbindung zwischen
40 der höheren Bildungsanstalt und der erzbischöflichen Würde; indem der

Erzbischof der Kanzler der Universität ist. Aber eine Nothwendigkeit
des akademischen Unterrichts für den Geistlichenstand kann gar *nicht*
gesetzt werden. – Weil nun in der Evangelischen Kirche das Entgegengesetzte statt findet, und es dieser wesentlich ist so viel möglich allgemeine geistige Bildung in den Geistlichen Stand hinein zu bringen, so   5
scheint da, wo beide Kirchen bei einander sind[,] jene Tendenz der katholischen Kirche, die sich für die allgemeine Bildung erklärt, als eine
Annäherung an die Protestantische Kirche. Je mehr also in *einem* solchen Staate die Regierung gegen die Zunahme der Protestanten auf ihrer
Hut sein zu müssen glaubt, desto weniger muß sie die allgemeine Bil-   10
dung für ihre Geistlichen zulassen, je mehr sie Ursache hat in *einen*
Widerspruch gegen die kirchliche Monarchie zu treten, um so mehr wird
sie die umgekehrte Tendenz begünstigen.
   Wir wollen noch einmal das von Österreich Gesagte resumiren. In
allen österreichischen Provinzen fehlt es *nicht* an allgemeinen Bildungs-   15
anstalten und auch *nicht* an einem Fundament allgemeiner Bildung.
Aber es zeigt sich in den verschiedenen Provinzen ein verschiedenes Ge-
hemmtsein dieser Richtung, was mit den verschiedenen politischen und
kirchlichen Verhältnissen zusammenhängt. In Ungarn sucht die Kirche
die allgemeine Geistesbildung zurükzuhalten. In Italien ist sie indifferen-   20
ter wegen der Nähe der Römischen Kurie. In Böhmen ist die Besorgniß
vor einer nachtheiligen Wirkung der Protestanten verschwunden; daher
die Theilnahme des Klerus an den allgemeinen Bildungsanstalten [und]
an der Universität ungehemmt ist. Was die deutschen Provinzen betrifft,
so hatte hier die Reformatorische Tendenz Josephs am meisten Eingang   25
in die Geistlichkeit gefunden, und es ist noch immer eine Neigung gegen
die Superstition und gegen den überwiegenden Einfluß der Römischen
Kirche die aber *nicht* viel heraustreten kann; obgleich man noch immer
sieht die Regierung vigilirt auf die freieren Ansichten, die von den Universitäten in der Geistlichkeit verbreitet werden. Wenn nun diese Ansicht   30
der Regierung sich einmal ändert, so sind in den österreichischen Kai-
52ᵛ serstaaten | die Grundzüge zu einer geistigeren Gestaltung des Katholi-
cismus da.

---

2 Unterrichts] Unterricht   8–12 also ... treten,] *Stolpe 311 (Anonym:* „die Römische
Kirche aber auf der anderen Seite besorgt, daß eine hinter dem allgemeinen Bildungszu-
stand des Volks zurükbleibende Geistlichkeit sich nicht an das Volk anschließen kann,
sondern ihre Stützung in der Kirche hat,")   21 Nähe] nähe

---

24 *Zusatz Schubring 77 (Fink 110; Stolpe 311; Röseler 53ᵛ):* „Daß daraus nicht Nachtheil
*für die katholische Kirche entsteht dafür verläßt sich der Staat auf die Einwirkung des
geistlichen Standes auf die Universität indem die Lehrer doch immer Geistliche sind.*"

Baiern.

Die Regierung ist auch hier katholisch; ja das ganze Land war es einmal, durch die neusten Weltbegebenheiten sind nun erst die fränkischen Provinzen mit Baiern verbunden worden, und das Band zwischen dem rhei-
5 nischen Theil der Monarchie und dem alten Baiernlande ist nun erst recht festgesetzt und auch der kirchliche Zustand ist durch die letzten Begebenheiten motivirt. Es ist seitdem ein Concordat zwischen der baierschen Regierung und dem Römischen Stuhl abgeschlossen im Jahr 1817. Da müssen wir aber etwas weiter zurükgehen. Als der letzte ver-
10 storbene König zur Regierung kam, fingen große kirchliche Veränderungen an, eine allgemeine Aufhebung der Klöster, eine Einschränkung der superstitiösen Formen der Religionsübungen, eine bedeutende Reaction gegen den Einfluß des Römischen Hofes. Diese Reform hatte ihrer Plötz-
lichkeit wegen ebenso sehr einen revolutionären Character als die jose-
15 phinische. Da war also eine Reaction allerdings zu erwarten. Aber es waren zu viele Umstände, die dagegen wirkten. Die persönliche Richtung des damaligen Königs, der Indifferentist war[,] und der Zusammenhang dieser Maßregeln mit der Vergrößerung des Staats hielt sich, um so mehr protestantische Länder mit ihm vereinigt waren. Damals fing man
20 auch an die Verbreitung einer allgemeinen Geistesbildung unter dem Klerus zu begünstigen. Anlaß dazu gab die Verlegung und Umlegung der Universität von Ingolstadt nach Landshut. Nun dürfen wir hier nicht übersehen die Constitution, die von dem Thron selbst auf vollkommen freie Weise ohne besondere äußere Veranlaßung gegeben worden ist.
25 Hinter dieser ist nun erst das Concordat erschienen, aber da ist nun in diesen beiden großen Statuten, durch welche das Verhältniß des Staats zur Kirche bestimmt werden soll, ein gewisser Mangel an Zusammenstimmung, welcher auch leicht zu erklären ist. Auf diesen Punkt werden   *32. Stunde*

---

4 *und*] *folgt* 《es ist》   14 ebenso] ebenso so

---

2 *Zusatz Schubring 77 (Fink 110; Stolpe 311; Röseler 53ᵛ): „die Fortschritte der Reformation waren durch Reaction gehemmt worden und so gut wie vernichtet. Das gegenwärtige Haus hat es schon immer anders gehalten; Es war erst der nächste Vorfahr des vorigen Königs welcher zur katholischen Kirche übergetreten war, und 《erhielt》 immer durch gemischte Ehen einen gemäßigten Character in der Familie erhalten." – Pfalzgraf Friedrich von Pfalz-Zweibrücken-Birkenfeld († 1769) war 1746 zum römischen Katholizismus übergetreten. Sein Sohn Maximilian Joseph (1756–1825) wurde 1795 Herzog von Zweibrücken, 1799 als Maximilian IV. Joseph bayrischer Kurfürst und 1806 als Maximilian I. Joseph der erste König von Bayern. Maximilian Josephs Frauen Wilhelmine Auguste von Hessen-Darmstadt und Karoline von Baden waren lutherisch.   9–15 Kurfürst Maximilian IV. Joseph (vgl. oben) erließ 1801–03 mehrere Gesetze, die die Klöster aufhoben, den Protestanten Toleranz gewährten und die Kirche der staatlichen Aufsicht unterstellten.   28 Zusatz Schubring 78 (Stolpe 312; Schmidt 140): „weil man wenn man mit dem Papst unterhandeln will, sich auf einen ganz anderen Standpunkt stellen muß."*

wir also besonders unsere Aufmerksamkeit richten müssen. Es ist das Concordat (1817) mit der Römischen Kurie ein sehr wichtiges. Es ist zuerst darin unter der Form eines Tractats der Kirchenstaat festgestellt. Es sind zwei Erzbisthümer, eins für das alte Land und Franken, und das andere für die rheinischen Länder. Das eine von München Freisingen, darunter Augsburg, Passau und Regensburg. Das Rheinische ist Bamberg darunter stehen Würzburg Speier und Eichstädt. Ausländische Bischöfe hatten erst Constanz und Salzburg, so daß das Land ganz in sich selbst in Beziehung auf die kirchliche Hierarchie abgeschlossen ist. |

53ʳ   Die Erzbischöfe und Bischöfe müssen dem König den Eid der Treue leisten nach einer im Concordat selbst bestimmten Formel wogegen der eigentliche kirchliche Ammtseid den sie dem Pabst leisten nicht besonders modificirt ist. Darin liegt nun schon eine Art von Widerspruch mit der Constitution; denn durch diese sind die politischen Rechte der Protestanten anerkannt worden. Nach dem Ammtseid der Bischöfe verheißen sie aus allen Kräften die Ketzer zu verfolgen; sie schwören also etwas, was sie nach der Constitution des Landes nicht leisten können. Bei den Verhandlungen in der Schweiz in Beziehung auf das neue Bisthum Basel sind diese beiden Punkte ebenfalls zur Sprache gekommen. Die Kantone haben gewollt, der Bischof sollte ihnen den Eid der Treue leisten; der Nuntius hat es geweigert weil es sonst nie gewesen. Aber sonst war das Verhältniß auch anders, da in mehreren protestantischen Kantonen mehrere Katholiken einen öffentlichen Gottesdienst haben und der Bischof ein inländischer ist. Ebenso kam nun der Ammtseid zur Sprache in Beziehung auf die Verfolgung der Ketzer; der Nuntius hat endlich nachgeben müssen. In Baiern ist das aber gelassen; es hat jetzt freilich nicht einen besonderen Nachtheil, aber es könnte doch einen haben. Nun ist auch der Zustand der Kapitel bei jedem Erzbisthum und Bisthum bestimmt; jedes Capitel hat seinen Dechanten. Es ist auch die Dotation festgestellt für Erzbisthümer und Bisthümer u.s.w. Aber diese Einkünfte sind nicht auf Grundeigenthum fundirt, obgleich der Römische Hof wohl viel dahin gearbeitet hat. Die bischöflichen Seminarien sollen auf Grundeigenthum dotirt sein und der vollkommen freien Aufsicht der Bischöfe übergeben; so daß keine Behörde der Regierung sich darein mischen soll. Ebenso ist stipulirt, daß die Bischöfe in der Aufsicht über Glaubens und Sittenlehre in den öffentlichen Schulen nicht sollen gehindert werden. Das ist nun ein bedeutendes Recht; aber was dies für

---

4f *Die Aufteilung war anders: Bamberg hatte (wie Schleiermacher dann richtig sagt) Franken und die Rheinpfalz, München-Freising nur Altbayern unter sich.*

einen Erfolg haben soll, darüber scheint nichts bestimmtes stipulirt worden zu sein. Sie werden also wohl der Regierung nun über dies und jenes können Vorstellungen machen, ohne eine besondere eigene Anordnung. Nun ist doch dies schon ein Nachtheil für die Protestanten auf indirekte
5 Weise, indem in den öffentlichen höheren Schulen keine besondere Trennung der religiösen Confessionen ist. Haben nun die Bischöfe die Aufsicht für die Glaubens und Sittenlehre so hat das erste keinen Nachtheil; aber mit der Sittenlehre ist es doch etwas anderes, insofern diese überhaupt ein Gegenstand des Unterrichts ist. Nun ist der Kirche auch
10 ein Erwerbungsrecht zugeschrieben; ganz unabhängig von der Regierung; es ist also hier die Möglichkeit gelassen, daß die Kirche in einen Grundbesitz nach und nach wieder eintreten kann. Da hat man noch zu sehr | auf den gegenwärtigen Zustand Rüksicht genommen; denn in der 53ᵛ vorigen Regierung war die allgemeine Stimmung wohl nicht von der Art,
15 daß man der Kirche große Vermächtnisse gemacht hätte. Ist in einem Volk erst ein gewißer Grad von Bildung erreicht, und die AgriCultur auf einer gewissen Höhe, so kann es dem Staat auch nicht lieb [oder] gleichgültig sein den Grundbesitz auf die todte Hand zu beschränken, es würde sonst kein Wetteifer sein in Beziehung auf den Akerbau; er wird
20 immer zum Vortheil des Staats bebaut. Baiern ist freilich noch sehr ungleich bedacht, also wenn je Gebrauch von dem Erwerbungsrecht gemacht würde könnte man wohl bedenklich sein. Der Staat hat wohl geglaubt, ehe die Gesinnung sich so änderte, würde auch die Agricultur so weit sein, daß jene Concession nichts schadet. Die Concession des
25 Staats scheint hier also auf der Basis zu beruhen, daß ehe [sich] eine solche Gesinnung entwikelt auch ein solcher Zustand der Kultur eintreten werde, so daß jene nicht mehr nachtheilig sein kann. Für diese Concession hat nun der Pabst auch manches geleistet und dem König das ewige Ernennungsrecht der Erzbischöfe und Bischöfe als ein Indult
30 gegeben. Wenn einer dem anderen ein Recht gibt, so muß er es doch erst haben; hier haftet nun auf der ganzen Form der Übertragung das Kennzeichen, daß das Recht am Römischen Stuhl haftet und die Ausübung nur als eine Vergünstigung der Regierung übertragen sei. Woher [und] wann hat nun der Pabst das Recht gehabt: die Bischöfe zu wählen.
35 Früher hatte es ja das Kapitel. Wie kommt man denn dazu, sich dies Recht von dem Pabst geben zu lassen? Es erscheint freilich als eine leere Form; aber es ist eine allgemeine Erfahrung, daß die weltliche Macht in den Verhandlungen mit dem Römischen Stuhl in der Form immer nachgibt, weil sie meint sie hat das Materielle in Händen, verliert sie das
40 nun einmal mehr oder minder, so sieht man denn, daß das nicht immer

bloß leere Formeln sind. Die Kapitel waren nun eigentlich schon
aufgehoben, als das Concordat geschlossen wurde. Das Ernennungsrecht
war also vakant, aber warum konnte es *nicht* ebensogut der Landesherr
in Besitz nehmen, als der Pabst, oder noch beßer warum brachte man es
nicht auf den alten Zustand wieder zurük, durch diesen Vertrag hat man   5
offenbar anerkannt, daß alle bischöfliche Autorität vom Pabst ausfließt.
Das ist also eine ganz eigenthümliche Erscheinung durch einen Vertrag
einem Anderen ein Recht beizulegen, was er nie gehabt hat. Nun ist
freilich wahr, daß durch den ganzen Geist der katholischen Kirche (wie
jetzt der Klerus die Kirche ist und die Gemeinden nur an der Kirche   10
sind) sind die Gemeinden eigentlich Null geworden, und es ist die Vorstellung von einem Recht derselben in Beziehung auf den Klerus ganz
verschwunden. In der letzten Zeit hätte sich dafür wohl etwas thun
lassen, wenn nur in der katholischen Kirche der rechte Sinn gewesen. In
54ʳ   der Beziehung auf die Capitel wurde nun | auch stipulirt, daß der Nun-   15
tius im Einverständniß mit dem König das erste Capitel bestimmt. In
einzelnen Monaten ernennt der König, in anderen das Capitel, in
anderen der Bischof. Die Vicariate besetzen die Erzbischöfe und Bischöfe
ausschließlich. Von dem Generalvikar, den Vertretern des Bischofs und
von den bischöflichen Secretarien ist in dem Concordat *nicht auf* be-   20
stimmte Weise die Rede. Es ist nur für die, welche diese Officien versehen eine gewisse Remuneration stipulirt; und den Bischöfen hier alles
frei gelassen, was offenbar ein *Gegengewicht* ist gegen das dem König
gegebene Ernennungsrecht.   Über das *Recht der Bischöfe* ist nun
aber bestimmt: sich selbst Vikarien und Gehülfen zu bestellen und das   25
Recht der Weihe, so wie die geistliche Gerichtsbarkeit, wovon jedoch
alle bürgerlichen Verhältnisse ausgenommen sind.   Wie die Römische Kurie bisweilen in der Form doch auch etwas vernachläßigt, was
man kaum glauben sollte, das lehrt folgendes: daß die Bischöfe das
Recht der Weihe haben liegt ja eigentlich über allen Vertrag hinaus, wie   30
können sie so unbedachtsam sein, dies durch eine Formel erst festzu-
stellen. Den Bischöfen ist ferner das Recht cedirt worden die Censur in
geistlichen Dingen, und das Recht der Hirtenbriefe und das der freien
Communication mit dem Römischen Stuhl in geistlichen Dingen. Das ist
ein eigener Punkt von dem ich nicht weiß, wie weit es sich erstrekt. Die   35

---

12 derselben] deßelben

27–32 *Schleiermacher meint, die Bischöfe hätten doch sowieso das Recht der Weihe; eigens*
zu stipulieren, sie hätten dieses Recht, erwecke den Anschein, als hätte ihnen die Regierung
das erst als besonderes Entgegenkommen gegen den römischen Stuhl eingeräumt.

baiersche Regierung hat sich gewiß *nicht* nehmen lassen, die päbst*lichen*
Bullen und Breven erst selbst zu bestätigen. Aber daß die Bischöfe sich
unmittelbar an den Pabst wenden dürfen, ohne Vermittelung der Regierung, so liegt darin doch zuerst, daß der Pabst ihnen *auch* antwortet.
5 Das braucht er nun frei*lich nicht* in Bullen und Breven zu thun, aber er
kann es *auf* andere Weise thun, und es bleibt da*ß*elbe, denn die Bischöfe
haben ja das Recht der Hirtenbriefe, können also Alles, was vom Pabst
an sie kommt, bekannt machen. Nun haben die Bischöfe *auch* noch das
Recht der Vertheilung der Pfarreien, der Errichtung neuer und Combi-
10 nation kleinerer, ohne daß die Regierung etwas dabei zu thun hätte. Es
ist frei*lich auch* eine bloß kirch*liche* Sache. Aber es ist doch dies wieder
ein Mittel, wo*durch* den Bischöfen leicht gemacht wird, einzelne Personen des geist*lichen* Stands außer Wirksamkeit zu setzen, wenn diese
ihnen *nicht* recht ansteht. Die niedere Geistlichkeit, die das Volksmäßige
15 ist, ist also in großer Abhängigkeit, wo*durch* offenbar der Staat sich viel
vergibt. Schließ*lich* hat sich nun der König noch anheischig gemacht,
Verunehrung der Kirche und ihrer Diener *nicht* [*zu*] gestatten, und die
Verbreitung solcher Bücher zu hindern | von denen die Bischöfe glauben, 54ᵛ
daß sie dem Glauben gefähr*lich* sind. Das sind wieder *zwei* Punkte,
20 *welche den* Verträgen in Be*ziehung auf* die Protestanten viel Eintrag
thun. Die Römische Geistlichkeit wird immer geneigt sein, jenen Ausdruk, Verunehrung sehr weit auszudehnen, und *auch* die bescheidenste
Polemik der Protestanten gegen sie mit diesem Namen zu belegen, und
da wird es immer nur auf den Sinn den die Regierung mit diesem Aus-
25 druk *verbunden* wissen will ankommen, so daß Alles in die*ser Beziehung*
abhängt *von der* Parthei*lich*keit der Regierung und [*davon,*] welche Confession am meisten begünstigt wird. Ebenso ist es mit den Büchern. Die
Freiheit der Presse wird offenbar gänz*lich* da*durch auf*gehoben, wenn
Alles, was Glaubenssachen betri*fft,* von der Discretion der Bischöfe ab-
30 hängen soll. Es wurde in dem Concordat *auch* stipulirt, der König solle 33. *Stunde*
die Hospitien für alte Geistliche fundiren und einige Klöster wieder-
herstellen. Etwas so unbestimmtes kann man frei*lich* eigent*lich* gar keine
Stipulation nennen, und man hat *auch* wohl in Rom wenig dar*auf* gerechnet, daß das geschehen werde. Die Fundation eines sol*chen* Hospitii
35 hat viel für sich, *wei*l es so manchen Geist*lichen* mög*lich* gemacht wird,
wenn sie keine Familie und keine Pfründe haben, *auf* anständige Weise
zu subsistiren. Da aber sonst in diesem Lande die Unterrichtsanstalten in
gutem Zustand sind, so ließ sich kein Grund absehen für die Fundation

---

21 thun] thut   **30** solle] *folgt* «ein»

der Klöster. Unter der vorigen Regierung ist auch nichts von der Sache
geschehen. Jetzt aber ist dekretirt die Wiedererrichtung des Schottenklosters in Regensburg und einer Benedictinerabtey und auch eines Franziskaner Klosters in München und ein Frauenkloster in Dillingen, wozu
die Commune selbst einen Beitrag zu geben versprochen hat. Dillingen   5
war früher der Sitz der Jesuiten; daß die da wieder aufkommen mögten,
ist wohl nicht zu befürchten. Man sieht nun, wie sehr verschieden sich
die Sache nach einem solchen Koncordat gestellt; es ist auch nicht gut
anders möglich bei solchen Gegenständen, wenn in einem Vertrag über
Dinge, die ganz äußerlich existiren, nicht auf einerlei Weise gehandelt   10
wird. Man muß immer wohl nur darauf sehen was dabei mit der vollkommenen Sicherheit, die bei äußerlichen Gegenständen sein kann,
bestimmt ist.   Wenn wir nun im Gebiet des Deutschen bleiben so
gehen wir wohl zunächst über zu den kleineren Regierungen, denn
bedeutendere katholische finden wir nicht mehr, es könnte freilich Sach-   15
sen jemandem hier einfallen. Allein da ist nicht die Regierung, sondern
nur die Familie katholisch geworden; die Stände haben da einen bedeutenden Antheil an der Regierung, und die sind protestantisch. Sachsen
gehört also auch in die folgende Kategorie.|

55ᵣ   Von dem Zustand der katholischen Christen in denjenigen   20
      deutschen Ländern, wo die Regierung protestantisch ist.

Nun ist merkwürdig, daß seit den letzten Bewegungen mehrere mittlere
deutsche Staaten [sich] verbunden hatten, das Verhältniß ihrer katholischen Unterthanen gemeinschaftlich zu organisiren. Es ist ihnen aber
nicht gelungen. Die Absicht von Seiten des Römischen Hofs ist gewiß   25
gewesen, die Staaten zu isoliren lieber, als zusammen mit ihnen zu
verhandeln; und nun ist der Abschluß der einzelnen Staaten mit dem
Römischen Hof ziemlich nahe. Darum ziemen sich diese nicht: daß wir
von ihnen reden, vielleicht kann im Verlauf dieses Monats noch das
Concordat bekannt werden.   30
     Für jetzt nur dies. Mehrere dieser Staaten haben sich bis jetzt auf
gewisse Punkte gestellt, die sie schwerlich aufgeben werden. B a d e n z.B.

3f Franziskaner] Franziszaner   4 Dillingen,] Düllingen,   29 im] im im

---

29f *Die Verhandlungen endeten im Oktober 1827 damit, daß die betreffenden Staaten
(Würtemberg, Baden, Hessen-Kassel, Hessen Darmstadt, Nassau und Frankfurt) im
Herbst 1827 die Bullen „Provida solersque" (16.8.1821) und „Ad dominici gregis custodi-
am" (11.4.1827) in ihre Gesetzessammlungen aufnahmen. Vgl. Katholische Kirche 167.*

hat sich im Jahre 1807 schon eine kirchliche Constitution gegeben: daß
die geistliche Gerichtsbarkeit der Bischöfe auf verschiedene Weise soll
eingeschränkt werden:

1.) daß alle auswärtigen Bischöfe nur bis zum Ableben der dermaligen
5 geistlichen Inhaber sollten eine geistliche Gewalt ausüben dürfen.

2 daß kein Patron, der ein Benefiz oder Pfründe zu vergeben hat, dem
Bischof einen präsentiren sollte, ohne vorher das landesherrliche placet
bekommen zu haben.

3. daß die geistliche Gerichtsbarkeit sollte beschränkt werden. Alle
10 Ehesachen alle Klagen über Geistliche, über Privatverbindlichkeiten, alle
Erbschaftssachen so wie Klagen und Vergehen gegen die Staatsgesetze
sollten vor die weltlichen Gerichte gewiesen werden. Ebenso sollten die
Kinder bei gemischten Ehen der Religion des Vaters folgen. Daßelbe hat
Hessen-Darmstadt auch festgestellt, wobei es scheint daß die Eltern
15 gar keine Willkühr mehr ausüben dürfen. Es ist dies ein schwieriger
Punkt über den wir etwas Allgemeines sagen müssen. Die Ehe ist auch
ein bürgerliches Verhältniß (außer ihrem religiösen Character) und in so
fern beides collidirt, sind die Gränzen schwer zu ziehen. Da sind
besonders zwei Punkte schwierig; nämlich sobald beide Theile nicht ei-
20 ner und derselben Kirchengemeinschaft angehören: die Bestimmung
über die Religion der Kinder, und dann in Beziehung auf die Trennung
der Ehe, welche in der Evangelischen Kirche in einem gewissen Sinn
erlaubt in der katholischen Kirche aber nicht statt finden kann (bis auf
eine äußere Trennung).

25 In Beziehung auf die Religion der Kinder da ist nun natürlich
angesehen die Sache so: die Eltern können ebenso wenig ein Recht haben
über die Kinder in dieser Hinsicht zu bestimmen, als der Staat oder die
Kirche es bestimmen können. Die Eltern haben offenbar eine bestimmte
Pflicht, die rein auf dem religiösen im weitesten Sinn des Worts beruht;
30 sie haben das religiöse Element in den Kindern zu weken. Nun können
sie dabei keinen anderen Maaßstab haben als ihre Überzeugung und da
ist nichts anderes zu erwarten, als daß sie die Kinder zu ihrer Kirchen-
gemeinschaft anhalten. Wenn sie aber | nicht [zu] einer und derselben 55ᵛ
Kirchengemeinschaft gehören, so ist da nun ein Zwiespalt in die Ehe
35 gesetzt in dem wichtigsten Theil der Erziehung, vorausgesetzt, daß beide
gleiches Recht und gleiches Interesse an der Erziehung haben; was sich
eigentlich gar nicht ausgleichen läßt, da wäre also um das zu vermeiden,
das einzige Mittel keine vermischten Ehen zu dulden. Sie laßen sich nur

18 *beides*] bis

erklären auf zweifache Weise: entweder in beiden Theilen ist eine
Gleichheit, d.h. die der Indifferenz gegen ihre Kirchengemeinschaft
überhaupt, oder in Beziehung auf die Erwekung des religiösen Princips
in den Kindern; das letzte ist das schlimmste, und das erste ist auch
schlimm genug. Denn wenn man auch sagen wollte: es kann ja einer ein   5
rechter guter Christ sein, ohne zu einer von beiden Kirchengemeinschaften zu gehören: das hört sich nun recht gut an – aber es geht doch
nicht an.   Da nun der Staat auch ein Interesse daran hat, daß das
religiöse Princip innerhalb seiner gewekt wird, so hat er ein Recht daran
über die Sache zu entscheiden, denn wer soll es sonst? wenn *nicht* andere   10
Verwandte oder sonstige Privatpersonen sich der Sache annehmen.
Daßelbe wäre der Fall, wenn beide Theile gleiches Interesse haben: da
erklärt sich, wie der Staat dazu kommt, hierüber zu entscheiden. Aber
nun hat der eine Theil ein größeres Interesse für seine Kirchengemeinschaft als der andere, da liegt in der Natur der Sache, daß er die   15
Entwiklung des religiösen Princips in den Kindern übernimmt; da ist
also der natürliche Erfolg der, daß alle Kinder dem Theil folgen, in
welchem das religiöse Interesse am stärksten ist. Denken wir uns nun
den Staat gegen die verschiedenen Kirchengemeinschaften neutral, so
sieht man nicht ein, was für ein Interesse der Staat haben kann, gegen   20
diese stillschweigende Übereinkunft unter den Eltern zu entscheiden.
Wenigstens ließe sich das *nicht* rechtfertigen: daß die Eltern sich gegen
ihre gemeinschaftliche Überzeugung demselben unterwerfen müßten.
Soll aber der Staat nun einmal entscheiden, so läßt sich eine *dreifache*
Entscheidung denken: 1.) sie theilen sich nach dem Geschlecht; oder 2)   25
sie folgen einem von beiden; nun ist aber merkwürdig, daß alle Staaten
nur *zwei* von diesen Entscheidungen gewählt haben; die *dritte* aber
nicht: daß die Kinder der Mutter folgen sollen. Früher war allgemein das Princip der Theilung das herrschende; später ist das andere
eingetreten. Darin scheint ein verstärktes religiöses Interesse des Staats   30
zu liegen; er will, daß die in einem Hause und einer Familie in der
Religion sollen eins sein, wo sie dann auch einiger und wirksamer sein
können. Aber warum ist der Staat nicht auf das andere gekommen? Es
liegt in der Natur unserer ganzen Lebensweise, daß die Mutter überwiegend die ersten geistigen Einflüsse auf die Kinder ausübt; der Vater ist zu   35
sehr in dem äußeren Leben. |

56ʳ   Da scheint es also, als ob die Entscheidung hätte getroffen werden
müssen der Natur der Sache nach, welche nirgends getroffen worden ist.
Die Religion wird in den Kindern immer stärker sein, wenn das geistige
Leben von der Mutter aus auf die Kinder übergeht.   Nun aber die   40

Entscheidung des Staats geltend zu machen, ohne zu fragen ob die Eltern über die Sache einig sind oder nicht, das ist auch schwierig. Die Sache hat offenbar zwei Seiten. Man sieht keinen Grund, warum der Staat ins Mittel treten will, wenn er neutral ist, wo Einigung unter den Eltern ist.

5 Dann: handelt der Staat hier auch nicht in seiner gesetzgebenden Qualität in Beziehung auf streitige Fälle, sondern er handelt in seiner Qualität als allgemeiner Vormund des jüngeren Geschlechts; und da soll er die Freiheit der Kinder schützen auch gegen die möglichen Eingriffe der Eltern. Wenn wir nun den Staat als indifferent gegen die verschiedenen

10 Kirchengemeinschaften denken, so hat dies doch nur einen Sinn, wenn er in der einen eine größere Neigung voraussetzt, die Freiheit zu beeinträchtigen als die andere. Das ist nun besonders das, was man den Katholiken zum Vorwurf macht, die Evangelische Kirche hat sich vor diesem Vorwurf der unrechten Proselytenmacherei freigehalten. Da

15 scheint es also als ob, wenn der Staat da allgemein entscheidet, er es darum thue, um die Freiheit der Kinder zu schirmen. Aber dann darf er selbst auch nicht entscheiden. Es fragt sich da aber erst nach dem Zeitpunkt für welchen diese Entscheidung gilt. (Wenn die eine Kirchengemeinschaft sich Mitglieder sammelt und auf junge Gemü-

20 ther, die noch kein besonderes Intereße und keine Einsicht haben[,] einzuwirken sucht, um sie zu gewinnen, so ist das immer das Unrecht in der Proselytenmacherei; erlaubte Mittel kann man keinem verdenken. Wer wollte nicht gar, daß seine Überzeugung alle theilen mögten, wo es [möglich] wäre.)

25 Der Staat muß selbst wünschen, daß jeder nach seiner eigenen **34.** *Stunde* Überzeugung, oder wenn er es dahin nicht bringt, nach seinem eigenen Gefühl handelt. Eine solche Bestimmung kann aber nicht eher eintreten, als bis eine gewisse Kenntniß der verschiedenen Religionsformen da ist. Nun scheint es hiezu aber kein Gesetz zu bedürfen, wenn es nicht Ge-

30 setze gibt, welche die Freiheit des Kirchenwechsels selbst beschränken. Wenn die Zeit der Mündigkeit eingetreten ist, so hat auch ein jeder so sehr als das religiöse Intereße in ihm rege geworden, Gelegenheit gehabt, die beiden Religionsformen kennen zu lernen, und da tritt seine eigene Bestimmung ein. Wenn also nun doch die Regierung hier eingreift, so

35 kann dabei doch nur, entweder unbewußt oder absichtlich die Voraussetzung liegen, daß dann eine freie Selbstbestimmung nicht mehr Statt finde. Allein wozu auch da das Einschreiten des Staats, wenn es andere nähere Organe für das Einzelwesen gibt, die es bestimmen. Es kann also nur in Beziehung darauf sein, wenn diese Organe (nämlich die Eltern)

40 ungleich sind. Denken wir | uns das Verhältniß eines Hauswesens zur **56ᵛ**

Kirche so ist das in der Katholischen Kirche ein anderes als in der Evangelischen Kirche, es wird bedingt durch die Ohrenbeichte und durch das Recht der Geistlichen die Absolution zu weigern. Von einem solchen Einfluß der Kirche auf das Hauswesen weiß die Evangelische Kirche nichts. Setzen wir uns also in den Fall, es würde eine solche gemischte 5 Ehe geschlossen, so ist das Erste dies, daß der katholische Geistliche die Gelegenheit der Ohrenbeichte wahrnimmt, um dem katholischen Theil seine Verpflichtung einzuschärfen, seine Kinder katholisch zu erziehen. Wenn nun ein Gesetz ist, nach welchem die Kinder bis auf einen gewissen Zeitpunkt evangelisch erzogen werden sollen, so macht das eigent- 10 lich doch keine Änderung. Der Geistliche sagt dann: du kannst ja dem doch heimlich entgegenwirken; es kann dir niemand wehren, deine Kinder mit in die katholische Kirche zu nehmen; die Kirchen stehen ja jedem offen und dergleichen. Ebenso hat nun der Beichtvater eines Hauses da, wo die katholische Kirche eine freie selbstständige Existenz hat, das 15 Recht des Hausfreundes, und also einen beständigen persönlichen Einfluß. Wenn ihm nun durch diese Kenntniß vom Hauswesen ein Argwohn kommt, daß der katholische Theil nicht den rechten Eifer habe in der Erziehung der Kinder, so kann er ihm die Absolution weigern; dieser kann dann zu einem anderen Beichtvater gehen und an den Bischof 20 appelliren; allein da kann es ja wieder ebenso kommen; und da fügen die Leute sich lieber und lassen sich lieber von einem leiten, als von vielen. Dieses Verhältniß findet freilich doch nur statt in der Voraussetzung, daß die betreffenden Glieder eifrige Katholiken sind. Wir wollen nun auf der anderen Seite ganz ehrlich sagen auf der Evangelischen Seite bei 25 demselben Eifer wird daßelbe Resultat herauskommen; es wird ein Wettstreit des religiösen Eifers beider Theile sein; je größer der ist, um desto weniger kann die Ehe im eigentlichen Sinn bestehen; und wo sie bestehen ist immer ein gewisser Grad von Indifferentismus in einem oder in beiden Theilen. Und in solchen Fällen wird doch auf der katholischen 30 Seite die Absolution einen großen Einfluß haben, dem auf der Evangelischen Seite nichts gegenübersteht; denn das wäre doch ein zu großer Indifferentismus wenn einem Mitglied einer Kirchengemeinschaft die Versagung der Sacramente ganz gleichgültig wäre. Da hat also die katholische Kirche ein Mittel auf die Indifferenten in seiner Kirche zu 35 wirken, die die Evangelische Kirche nicht hat. Wie soll da nun die Evangelische Kirche fahren? Wenn nun ein Gesetz verordnet, die Kinder sollen bis auf einen gewißen Zeitpunkt in einer Kirchengemeinschaft erzogen werden so schließen sie auch bis dahin die Kenntniß der anderen Kirchengemeinschaft aus, bloß dadurch daß die Kinder den Character 40 derselben an einem *von ihren* Eltern sehen. Solche Einschreitung ist also nur in so fern richtig, als m*an vor*aussetzt, daß d*as* Hauswesen *selbst* ein hinreichendes Bild *von der* | Form beider *Kirchen* gebe; das ist unter 57ʳ gewissen Voraussetzungen mö*glich* und wahr; aber daß dad*urch* ein

5 Recht begründet w*erden kann* zu einem gesetz*lichen* Einschreiten *mit* Ausschluß aller elter*lichen* Bestimmung, folgt *nicht.*

Wie würde es nun aber ohne solche Einschreitung (di*e* bloß in sol*chen* Fällen wäre wo d*ie* Eltern, wenn sie *nicht* einig w*erden können, das* Gesetz *zu* Hülfe nehmen, und entw*eder durch* einen Compromiß oder

10 *durch* gesetz*liche* Entscheidung ih*ren* Streit schlichtet; *das* erste wäre frei*lich das* beßte; und wenn di*e* Regierung sagt: ich will eine sol*che* Kla*ge nicht* annehmen, di*e* Eltern müss*en sich durch*aus vertragen: das würde dahin führen, daß gleich in d*em* Ehepakt darauf Rüksicht genom-men wird, wollte der Staat nun aber *auch* die Übertretung die*ser nicht*

15 als Kla*ge* annehmen, was bliebe dann a*nd*eres übrig als *der* Compromiß; etwas besseres *kann* man ja *auch* unter solchen Umständen *nicht* wün-schen.) stehen? Di*e* kath*olische Kirche* wird gewiß sehr zufrieden damit sein, aber di*e* Evangelische *nicht, wei*l di*e* letzte überall mehr *von der* Regierung abhängt, als d*ie* kath*olische,* und ihre Wirksamkeit doch

20 *nicht* so entwikel*n kann,* so daß sie einer a*nd*eren Unterstützung *von* a*nd*ers woher bedarf. Z. B. *denken* wir uns in uns*erer Kirche* die Pres-byterialverfaß*ung;* da würd*e* di*e* Evangelische *Kirche* der kath*olischen* *Kirche* gegenüber beschließen: wenn *der* Evangelische *Theil* bei einer gemischt*en* Ehe d*as* Versprechen gibt, s*eine* Kinder katholisch erziehen

25 *zu* lassen, diesen aus der *Kirche*gemeinschaft auszuschließen; und d*as* wäre g*anz* richtig u*nd* schön. *Bei* uns aber steht nun einmal fest: d*aß* k*ein* Geist*licher* das Recht hat d*em* Laien das Sacrament *zu* versagen; das ist *auch* richtig, wenn der Geist*liche* als einz*elner* betrachtet wird; ab*er nicht* richtig wenn m*an* an d*ie* Repräs*entant*en aller Geist*lichen* an

30 d*ie Kirche*nregimente überhaupt d*enkt.* Wo also di*e* Evangelische *Kirche* eine solche Freiheit *nicht* hat, da geht sie immer hinter s*ich, u*nd verliert, wenn *nicht* solche gesetz*lichen* Bestimmung*en* da sind, über di*e* nun di*e* katholische *Kirche sich* immer beschwert. Am beßten wäre also frei*lich* wenn der Staat gar *nicht* eingriffe, aber *auch* der Evangelischen *Kirche*

35 dieselbe Freiheit g*äbe,* ihre Kraft völlig *zu* entwikel*n* um der kath*oli-schen Kirche* das Gegengewicht *zu* halten. Es ist nun also *nicht zu* läug*nen,* daß ein vollk*omm*ener Zustand unter d*en* jetzigen Verhältnis-sen da sein w*ürde,* wo di*e* gemischt*en* Ehen so wenig als mö*glich* vor-

---

22 *Kirche*] folgt 《 *gegen*》

kommen; und dem müßte man denn nun suchen entgegenzuwirken. Indem nun in der katholischen Kirche ein solcher positiver Einfluß des Klerus auf die Gemeindeglieder statt findet, so ist die Tendenz der katholischen Kirche auch die gemischten Ehen zu verhüten und zu verhindern. Die größte Annäherung ist nun die Erziehung aller Kinder in der katholischen Confeßion, oder sonst: die Kinder nachher wieder zurükzuführen zur Katholischen Kirche (aus der Evangelischen heraus). In der Evangelischen Kirche kann es ebenso sein, daß die religiöse Differenz im Stand | sein würde eine Neigung, die sich sonst würde entwikelt haben, zurükzuhalten. Ein häufiges Vorkommen von gemischten Ehen ist immer ein Zeichen von relativem Indifferentismus. Einem solchen aber in Beziehung auf seine Folgen entgegenzuwirken, wo nun noch irgend ein religiöser Haltungspunkt da ist, dazu hat die Katholische Kirche einen größeren Reichthum von Mitteln als die Evangelische Kirche.

Wenn nun also von protestantischen Regierungen Maaßnehmungen in dieser Beziehung getroffen werden so ist nicht möglich daß sie nicht sollten ihr nachtheilige Folgen haben auch für die Partei zu deren Beßten sie ergriffen worden sind; und je mehr darin ein Argwohn ist gegen den Einfluß der katholischen Kirche umso mehr Bewußtsein ist auch darin von dem geringeren Einfluß der Evangelischen Kirche, und das ist ein Conflikt, der sich nicht lösen läßt. Wozu nun aber der Staat ein bestimmtes Recht hat, ist dies: daß dasjenige was die Eltern thun, es sei denn, daß es in dem Ehepakt festgestellt sei oder daß sie sonst darüber einig geworden sind, daß sie hier gewisse Schranken setzen können[,] nämlich nicht in Beziehung auf das Interesse der Kirchengemeinschaft sondern in Beziehung auf das Intereße der Kinder selbst. Es ist hier ein großer Unterschied zwischen der Evangelischen und Katholischen Kirche: Wenn die volle Theilnahme an den Sacramenten die volle Mitgliedschaft bezeugt so gehören die katholischen Kinder der Kirche schon zeitiger an als [die evangelischen Kinder] der Evangelischen Kirche, und eine Änderung in einem gewissen Zeitpunkt wäre für die Katholische Kirche schon eine Religionsveränderung, während sie es in der Evangelischen Kirche noch nicht ist. So gibt es gesetzliche Bestimmungen, welche aussagen: das 14 Jahr sei das Jahr, von wo an die Kinder sich selbst bestimmen können; bei uns ist das das minimum. Bekommt nun ein solches Kind in dem 14 Jahr Lust katholisch zu werden, so brauchte es die Religionsgemeinschaft noch nicht zu ändern; aber bekommt nun ein katholisches Kind im 14 Jahr die Lust evangelisch zu werden, so

---

35 D. h. das Mindestalter, um konfirmiert und zum Abendmahl zugelassen zu werden.

müßte es da seine Religionsgemeinschaft völlig ändern, denn es ist schon
ein Paar Jahre zur Communion gegangen; und da ist also eine größere
Bedenklichkeit, wie ganz natürlich. Sollen wir nun sagen: wir wollen
unsere Kinder auch so früh der Mitgliedschaft der Kirche theilhaft wer-
5 den lassen, damit das Gleichgewicht da hergestellt werde? Keinesweges;
denn es ist das offenbar ein Mangel; freilich hat die katholische Kirche
durch diesen Mangel eine größere Kraft in Beziehung auf die gemischten
Ehen und auf die dafür feststehenden Gesetze, aber wir wollen doch
diese Kraft nicht mit theilen auf Kosten einer besseren Einrichtung unter
10 uns, als unter ihnen. Das Gleichgewicht muß auf andere Weise, wo
möglich hergestellt werden. |

Wir kommen nun von der Digression, die ich mir erlaubt habe, auf   58ʳ
den Gegenstand selbst zurük. Ich habe noch eine ähnliche in Petto, die   *35. Stunde*
will ich mir aber noch aufsparen bis an einen anderen Ort.

15 Wir hatten also diejenigen deutschen Staaten im Sinn, wo die Regierung protestantisch war; ihr Verhältniß zu der katholischen Kirche in
ihnen ist noch nicht klar geworden, weil das Concordat mit dem Pabst
noch nicht heraus ist. Indeß Einiges darüber im Allgemeinen.

W ü r t e m b e r g , B a d e n , H e s s e n , N a s s a u und andere Königreiche
20 Fürstenthümer, Grafschaften und was sie alle für Namen angenommen
haben, haben ein und daßelbe Verhältniß ungefähr. Preußen schließen
wir hievon aus; denn mit dem verhält es sich anders. Diese haben nun
das Gemeinsame, daß sie in einen anderen Zustand des Religionsver-
hältnisses gekommen sind durch einige Begebenheiten der neueren Zeit,
25 auf die wir hier zurükgehen müssen.

1) D a s   e r s t e   war der sogenannte Reichsdeputationsschluß von
1803, wodurch mehrere deutsche geistliche Fürstenthümer secularisirt
wurden. 2. Die Aufhebung des Deutschen Reichs, worin diese Königreiche auf eine höhere Stufe der Souveränität gehoben wurde.

30 Dazwischen trat der Rheinische Bund, und die Occupation durch
Frankreich was aber nur vorübergehend war. Dann d e r   l e t z t e   Krieg,
der W i e n e r   C o n g r e ß   und die Stiftung des Deutschen Bundes. In Beziehung auf den Religionszustand namentlich der R ö m i s c h e n   K i r c h e
sind hierdurch b e d e u t e n d e   V e r ä n d e r u n g e n   hervorgebracht wor-
35 den, besonders in z w e i   P u n k t e n .

1.) daß die Zwittergestalt, die es so lange in Deutschland gab, nämlich daß die Regierung bedeutender Landesstüke an ein geistliches Ammt
gebunden war, wobei die Geburt nichts ausmachte (das letzte der Art
war der Primas von Deutschland wie dies Primat unter der Form des

39–314,1 D.h. des Rheinbundes

deutschen Bundes bestand, *welches* nun ewig *mit* d*em* Regensburger
Kreis *auf* ewig *v*erbunden sein sollte, *welche* Ewigk*eit* d*ie* kürzeste ist,
d*ie* es wohl je gegeben hat.) daß diese aufgehoben ist.

2.) daß d*ie* katholische Kirche in jed*em* Staat territorialisirt *wor*den
ist. Daran w*ar* ehedem gar *nicht zu* denken, d*ie* Erzbischöfe u*nd* Bi-   5
schöfe erstrekten ihre Diöcesen *nicht* bloß über das ihnen zugehörige
Land, sond*ern auch* über Einwohner and*erer* kath*olischer* Staat*en*. Es
k*onn*te also damals v*on* ein*em* Einfluß des Staates *auf* d*en* katholischen
Theil d*er* Einwohner in *B*eziehung *auf* d*ie* ki*rch*lichen Verhältnisse viel
weniger│d*ie* Rede sein. Nun ist *nicht* allein *auf*gehoben, daß d*ie* Bischöfe   10
nicht mehr Reichsstände sind, sond*ern* m*an* hat *auch* darauf gedacht,
daß kein Bischof sollte *s*eine Diöcese zugl*eich* haben in ein*em* and*eren*
Staat, um *zu* vermeiden, daß in *B*eziehung *auf* ki*rch*liche Verhältnisse
nicht ein Staat in Collision käme *mit* einem and*eren*. Jed*er* Staat h*at*
gesucht d*en* Einfluß fremd*er* Staat*en aufzu*heben. In *B*eziehung hier*auf*   15
*wu*rde *auf* d*em* Wiener Congreß sehr bald d*er* Antrag gemacht, es solle
ein neues Concordat d*urch* d*en* Pab*st* für g*an*z Deutschland abgeschlossen *wer*den, wofür nun d*ie* größt*en* deutschen Mächte d*ie* Garantie
übernehmen wollt*en*. Aber daraus ist *nich*ts geworden. *M*an hat es d*en*
einzelnen Staat*en* überlassen u*nd* das Verhältniß ist nun so, daß jed*er*   20
s*ich* *mit* d*em* Pab*st* in *B*eziehung *auf* d*ie* ki*rch*lichen Verhältnisse zu
einig*en* sucht, entw*eder* d*urch* Concordat od*er* Bulle, u*nd* daß dann d*er*
Staat v*on* d*er* getroffenen Einigung d*em* deutschen Bund Kenntniß gibt.
Diese Verhältnisse können also nun in d*en* verschiedenen Staat*en auf*
sehr versch*ie*dene W*eise* geordnet *wer*den; denn es hat s*ich* schon ge-   25
zeigt, daß d*er* Römische Stuhl *nicht* besonders *auf* eine Gleichförmigk*eit*
in d*ie*sem Sinn bedacht ist; er würde sonst *auch* genöthigt sein: d*as*
minim*um* *s*eines Einfluß*es* überall einzuführen, wenn er *mit* einem Staat
angefangen h*at*te, wo er *nicht* so viel d*urch*setzen *zu* k*önn*en glaubte.
Als m*an* also nun jenes allg*em*eine Concordat aufgegeben *hat*te, so   30
haben s*ich* d*ie* meisten kleineren deutschen Staat*en* unter einander *v*er-

---

4 territorialisirt] territoliarisirt   30 *hatte*] war

15–19 *Denkschrift des Freiherrn von Wessenberg, General-Vicars des Bisthums Constanz*
und Domcapitulars zu Augsburg, worin das Begehren der teutschen katholischen Kirche
ausgedrückt ist, ihr Eigenthum, ihre Verfassung, ursprüngliche Rechte und Freiheit wieder
zu erhalten, mit Angabe einer festen, der teutschen Bundesacte deßhalb einzurückenden
Bestimmung; datirt Wien den 27. Nov. 1814, AWC 4 (1815), S. 299–304 (Huber/Huber Nr.
46). Dort heißt es u. a.: „Das Concordat, sobald es förmlich abgeschlossen ist, wird einen
wesentlichen Bestandtheil des teutschen Bundes ausmachen, und es wird unter den Schutz
der Verfassung der obersten Bundesbehörde und des Bundesgerichtes gestellt, in dessen
Umfange alle Bisthümer zusammen ein Ganzes, als teutsche Kirche unter einem Primas,
bilden werden."

einigt und gemeinschaftliche Bedingungen festgesetzt, welche sie dem
Römischen Stuhl proponirten. Die kleineren Staaten schlossen sich natürlich an die größeren an, die bedeutenderes bei dem Pabst einlegen
konnten, als sie; darum hat auch der Pabst keine sonderliche Notiz von
5 diesen Vorstellungen genommen; er sucht mit den einzelnen Staaten besonders fertig zu werden, wobei er besser zu fahren meint. Allein dies
Abschließen ist von Seiten des Pabstes etwas sehr trügerisches; schon auf
dem Wiener Congreß hat er sich durch eine sehr allgemeine Protestation
verwahrt: nämlich man soll ihm nichts vorstellen, was den Römischen
10 Stuhl irgendwie | beeinträchtigen kann. Der berühmte jetzt verstorbene 59ʳ
Cardinal Consalvi verlangte die Restitutio in integrum bis auf den
w e s t p h ä l i s c h e n F r i e d e n zurück, obgleich er das freilich nicht sagte,
sondern nur auf das nächst vergangene zurük ging, das sich aber bis
dahin zurükführen läßt. (Hiezu findet sich in der neuen Verhandlung
15 noch ein besonderes Beispiel.)

Der Pabst schloß mit Bonaparte den tolentinischen Vertrag, den er
jetzt für ungültig erklärt hat; weil er sich für neutral erklärt hatte und
Bonaparte doch in seinen Kirchenstaat eindrang und er nur in Folge der
Invasion diesen Vertrag geschlossen. Die europäischen Mächte, sagt er,
20 hätten ihn auch eigentlich factisch auch für ungültig erklärt indem sie
ihm nachher sein Land doch wieder zurükgegeben; allein das ist nicht
wahr; ein anderer kann sich da gar nicht einmischen; wenn der Pabst
hätte diesen Vertrag für ungültig erklären wollen, so hätte er ihn gar
nicht schließen sollen, sondern die Invasion ruhig geschehen lassen müs-
25 sen (wie der Hessische Fürst gethan)[.] Seine Berufung auf die ungerech-
te Invasion käme auf den türkischen Grundsatz von bloß einem Waffen-
stillstand und nicht von einem Frieden zurük. Ebenso kann er nun ja alle
diese Verträge, die er jetzt schließt, nachher, wenn ihm die Flügel wieder
gewachsen sind, für ungültig erklären. Die pacicirenden Mächte haben
30 das gewiß auch gewußt, nur haben sie gemeint, ihm würden die Flügel
so bald nicht wieder wachsen. Nun hat der Papa auch sehr protestirt
dagegen, daß Österreich einen Theil von Ferrara für sich behalten wollte, und daß Avignon und [Venaissin] ihm genommen wären, was er doch

---

14 (Hiezu] Hiezu   **19** *europäischen Mächte] deutschen Fürsten (korr. nach Schubring 84;*
Fink 123; Schmidt 152)   **33** *[Venaissin]] Lakune*

16–21 *Vgl.: Note des CardinalLegaten Consalvi (14.6.1815; vgl. Katholische Kirche 106),*
in: AWC 4 (1815), S. 319–325; Protestation des Cardinal-Legaten Consalvi (14.6.1815; vgl.
Katholische Kirche 106), in: AWC 4 (1815), S. 325–328. – Im Frieden zu Tolentino vom
19.2.1797 hatte Pius VI. Avignon, Venaissin, Ferrara, Bologna und Ravenna an Frankreich
abgetreten.   **24f** *Kurfürst Wilhelm I. von Hessen-Kassel wurde 1806 von Napoleon seiner*
Lande für verlustig erklärt; sein Land wurde dem Königreich Westfalen zugeschlagen.

immer besessen. Er hat aber dabei gar *nicht* daran gedacht, daß er es
nicht hat vertheidigen können, und daß die anderen es erst haben wieder
erobern müssen; da denn auch von ihnen abhängen kann, wieviel sie ihm
davon wiedergeben wollten und wieviel *nicht*. – Was einen noch mehr
Wunder nehmen kann: der Pabst hat auch protestirt gegen die Aufhe-   5
bung des Römischen Reichs, als ob ihn das etwas anginge. Er hat das
aber in Verbindung gebracht mit dem Heil der Seele, das dabei zu Grunde liegend ist: daß die Römische Kurie sich einbildet, daß der Pabst den
deutschen Kaiser einsetze und daß überhaupt die Würde von Rom
herrühre. Unser Pabst hat dies Recht in der Consistorialbehörde selbst   10
bestätigt als ob ausdrüklich eine päbstliche Bulle darüber erlassen wäre,
und hat da eine Rede gehalten, die eben auf all diese Punkte abzwekt,
59ᵛ die er wieder gewinnen will. | In dieser Rede drükt er sich nun sehr
dankbarer Weise aus, auch im Curialstyl ist er sehr nachgiebig; aber
Alles nur in Beziehung auf das, was sie für die Römische Kirche gethan   15
haben. Er nennt sie glorreiche Fürsten, die leider *nicht* der Römischen
Kirche angehörten u.s.w. Da wird auch unserem König der Titel König
gegeben wogegen sonst von Seiten des Römischen Stuhls lange ist protestirt worden.

Noch eine Probe von dem Römischen Trug: In der lateinischen Pro-   20
testation der Römischen Kirche gegen alle Einigung, welche der Römischen Kirche zum Nachtheil gereichen und auch gegen die Säcularisation
der Bischöfe und Erzbischöfe von 1803 heißt es unter anderem so:
temporales ecclesiarum germaniae possessiones; in dem französischen
Schreiben, worin der Cardinal Consalvi sie vorlegt: possessions de l'égli-   25
se en Allemagne, also ganz anders die Besitzthümer d e r K i r c h e welche
sie in Deutschland hat, das ist immer die Römische K i r c h e κατεξοχην.
Man sieht es also an als zur geistlichen Domäne des Stuhls Petri gehörig.

In Beziehung auf das Territorialisiren der katholischen Kirche was
auf dem Wiener Congreß allgemeiner Beschluß war, dagegen sind auch   30
Vorstellungen von einem Einzelnen eingereicht worden, nämlich von
dem merkwürdigen GeneralVicar von Wessenberg: es sollte doch ein
Artikel aufgenommen werden des Inhalts: daß die katholische Kirche in
Deutschland ein Ganzes unter einem gemeinschaftlichen Primas bilden
mögte. Was wäre daraus wohl geworden; dieser hätte sich leicht bald   35
eine völlige Unabhängigkeit von Rom verschaffen können; dabei fräge
sich aber freilich erst welche Gesinnung in Deutschland herrscht, die
Ultramontanische oder die entgegengesetzte; das erste wäre freilich sehr

---

6 Reichs] Reich   18 Stuhls] Stuhl   29 Territorialisiren] Territoliarisiren

schlimm gewesen; wäre aber die andere Gesinnung vorherrschend
geworden, wie sich Wessenberg wohl gedacht hat, so wäre es offenbar
ein beßerer Zustand gewesen, als es jetzt ist für uns. Dieser Antrag fand
aber kein Gehör. Ein anderer Antrag, den dieser Wessenberg machte, hat
5 auch keinen Erfolg gehabt: es soll festgesetzt werden als ein gemeinsames Princip für alle Bundesstaaten mit dem Römischen Stuhl, daß die
katholische Kirche doch sollte in liegenden Gründen gegründet werden
mit demselben Recht, als jeder andere Eigenthümer, und da die Bischöfe
ihr Reichsstandsrecht verloren hätten so sollte man zur Entschädigung
10 ihnen einen Theil von der landständischen Repräsentation einräumen,
und zwar nach dem Range. | Man hat es aber jedem Staat überlaßen, 60ʳ
nach seiner besonderen Convenienz die Römische Kirche in seinem Land
zu dotiren. Es gibt Staaten wo Erzbischöfe und Bischöfe ihre Stelle haben in der ersten Kammer der Stände u.s.w. aber auch andere, wo
15 darüber nichts stipulirt ist. Das sind also die Punkte, von welchen die
neuere Constitution der Kirche ausgeht, und das ist nun die Stellung,
welche sich die katholische Kirche gegeben hat: sich Alles vorzubehal-
ten, was sie von je her besessen hat, und so mit den einzelnen Staaten
sich abzufinden wie es der gegenwärtige Zustand nöthig macht – immer
20 einen Ausweg für sich behaltend, wenn die Umstände sich ändern sollten. Die Punkte nun, über welche der Römische Stuhl mit 36. *Stunde*
den deutschen Staaten sich zu vereinigen hat, werden folgende sein:
   1.) Die Diöcesen. Da wäre zwekmäßiger gewesen die gemeinsame
25 Ordnung in Beziehung auf alle deutschen Staaten; durch die Vereinze-
lung ist die Sache erschwert. Fragen wir nun: ist aber nothwendig, daß
eine protestantische Regierung mit dem Römischen Stuhl über die Bestimmung der Diöcesen unterhandelt, wenn sie z.B. sagt: ich verbiete
allen meinen katholischen Pfarrern sich an einen auswärtigen Bischof zu
30 wenden; ich befehle den Bischöfen in meinem Land, über die Geistlichen
die nöthige Aufsicht zu haben u.s.w. Was wäre dagegen einzuwenden.
Ist nun der Römische Hof der Vormund der ganzen katholischen Kirche
so kann sich doch aber sein Intereße nicht auf diese bloß persönlichen
Verhältnisse erstreken. Es kann ihm ja gleichgültig sein, ob die Geistli-
35 chen [an] den einen oder den anderen Bischof sich halten, wenn nur der
Bischof das Seinige thut. Also die Nothwendigkeit hat hier nur immer
ihren Sitz in der Art, wie der Römische Hof diese Sache ansieht. Der
Bischof könnte nun wohl sagen: ich will das wohl thun, aber der Römische Stuhl muß es erst genehmigen; wenn der Fürst das nun nicht will,
40 so sagt er: gut ich werde einen anderen Bischof einsetzen; da fragt sich

aber ob s*ich* ein anderer einsetze*n* läßt. Es kommt dabei immer *auf* d*ie* Verhältnisse der Geist*lichen* überhaupt *zu* de*r* Regierung an; d*iese* sind aber *zum* Theil so, da*ß* d*ie* Regierung d*ie* Sache immer ordne*n* k*ann*, oh*ne* daß d*ie* Geist*lichen* protestire*n* werde*n*. Friedr*ich* II hat nie Vergle*iche* m*it* d*em* Pab*st* abgeschlosse*n*; es gab damals *keine* Bulle u*nd*   5 *kein* Concordat, das kam aber daher, da*ß* er s*ich auf* s*eine* U*n*terthanen verließ u*nd* das k*onnte* er *auch*; denn d*ie* Geist*lichen* h*aben* ihre Gränze*n* nie überschritte*n*. Ein *P*u*nkt* k*ann* nun freil*ich* Schwierigkeite*n* m*achen*, wenn e*i*n B*i*sch*of nicht* folge*n* wollte, u*nd* es sollte ein anderer einge-
setzt werde*n*, so käme dar*auf* | an, wer d*as* Recht hätte de*n* Bischof   10 abzusetze*n* *u*nd eine*n* *a*ndere*n* einzusetze*n*. Ein m*er*kwürdiges Beispiel davon h*aben* wir in der französische*n* K*ir*che gehabt. *Z*ur *Z*ei*t* der Re-volution ware*n* viele Bischöfe ausgewandert, u*nd* beh*aupte*ten doch im-mer sie seie*n* Bischöfe; denn ihre Diöcese*n* läge*n* in partibus infidelium. Als Bonap*arte* nun d*as* Concordat *mit* d*em* Pab*st* abschloß so *muß*ten   15 *auch* d*ie* Bisthümer neu besetzt werde*n*, u*nd* da wurde *n*un *mit* de*n* ausgewanderte*n* Bischöfe*n* verhandelt, ob sie ihre Bisthümer renunciren wollte*n*; denn z*u*rükkehre*n* wollte*n* sie *nicht*. Sie beh*aupte*te*n* immer sie wäre*n* noch in Besitz ihrer Bisthümer. Ähn*liches* könnt*e* nun *auch* wieder vorkomme*n*. Wenn nun in Deutschla*nd* wie es gewöhn*lich* ist, d*ie*   20 Ernennu*ng* des Bischofs in de*n* Hände*n* des Capitels ist, so müßte also dieses eine*n* wähle*n*, wenn de*r* Fürst eine*n a*ndere*n* absetzt. Nun soll aber dieser geweiht werde*n*: *welcher* andere Metropolitanbischof würde s*ich* dazu verstehe*n*. Wäre d*ie* Sache ga*nz* national so würde s*ich* der Bischof wohl *nicht* weigern. Anders angesehen frei*lich* erscheint das als   25 ein Eingriff der R*e*gier*u*ng in d*as* eigen*tliche* kirch*liche* Wesen; dem nä-heren Gru*nd n*ach hat d*ie* Regierung nur ein negatives Verhält*niß* zur K*i*rche, sie muß darüber w*a*che*n*, da*ß* von de*r* K*i*rche *nicht*s Nachtheili-ges *auf* de*n* Staat übergeht. Aber d*ie* innere k*ir*ch*liche* Aufsicht liegt bloß in de*r* K*i*rche. Indeß d*ie* Regierung k*ann* doch sagen: ich will meine   30 U*n*terthane*n* in dieser Beziehu*ng nicht* abhängig vo*m* Auslande h*aben*; wäre das eine rein geistige Abhängigke*it* so würde sie da frei*lich* gar *nicht*s verbiete*n* könne*n*. Aber nun sind immer äußer*liche* Dinge *mit* im Spiel; es handelt s*ich* da *von* Einkünfte*n* u*nd a*ndere*n* Forderu*ng*en an d*ie* Mitglieder der K*i*rche. Sind also d*ie* Regierung*en* dazu gekomme*n*,   35 da*ß* sie um d*iese*n *P*u*nkt* in Ordnu*ng zu* bringen, eine*n* Vertrag *mit* d*em* Römische*n* Stuhl schließe*n* müsse*n*, so ist das ein Zeichen, da*ß* s*ich* d*ie* Sache*n nicht* anders ausgleiche*n* könne*n*, d*aß* also d*ie* Sache*n nicht auf*

11–19 *Vgl. Katholische Kirche 141.*

dem Punkt stehen, daß die deutsche katholische Kirche eine solche Neigung sich kirchlich zu nationalisiren, hätte. Wäre das gewesen, so wären
die Wessenbergschen Vorschläge gewiß nicht zurükgewiesen worden.
Wir können diesen Faden weiter verfolgen; wir wollen nur auf den Em-
5 ser Congreß zurükgehen, wo die Häupter des katholischen deutschen
Reichs sich sicher zu stellen suchten gegen den Römischen Stuhl; aber es
hat nichts gefruchtet: die Erzbischöfe u. s. w. haben immer wieder nach
dem Römischen Stuhl sich hingeneigt. Da sieht man also, wie das Na-
tionalisiren | der katholischen Kirche begränzt ist und abhängig von dem 61ʳ
10 monarchischen Oberhaupt auch in Beziehungen wo das gar nicht nöthig
wäre. Wenn doch einmal ein Bischof als qualificirt erkannt ist, so ist es
doch kein Interesse der geistlichen Monarchie, ob dieser Bischof nun
räumlich so oder so begränzt ist; wenn dem Römischen Stuhl nur das
erst aufbehalten bleibt, so kann ihm die Bestimmung der Gränzen der
15 Wirksamkeit des einen oder anderen Bischofs ganz gleichgültig sein;
denn das ist ja ein rein bürgerliches Intereße.
  2. Die Dotation der Kirche. Wie steht es nun mit der, wenn man
die Sache nach allgemeinen Principien beurtheilt: Es ist gewiß[,] eine
geistige Wirksamkeit läßt sich nicht ausüben ohne äußerliche Subsidien.
20 Die geistliche Monarchie ist aber nicht so, daß sie nun die Subsidien für
den ganzen Clerus herbeischaffte; es ist vielmehr umgekehrt. Soll der
Pabst aber doch die Leitung der höchsten kirchlichen Wirksamkeit haben, so muß er doch wenigstens dafür sorgen, daß die Subsidien da sind;
er würde ein beständiges Recht haben, zu sollicitiren, bis die Bischöfe
25 und Geistlichen so dotirt wären, daß sie ihre Wirksamkeit ausüben können. Das wäre nun aber bei den Gemeinden anzuwenden; diese müßten
auf dem Wege der Ermahnung dahin gebracht werden, die Geistlichen zu
besolden. Nun aber ist die Sache so, daß aus dem Staat einzelne Gebiete
ausgesondert wurden welche nun die Einkünfte hergeben mußten. Das
30 muß man nun der Kirche wiedergeben; denn sie hat es gehabt. Dies
Kirchengut haben nun die politischen Verhältnisse verschlungen und es
ist natürlich daß die Geistlichen nachdem sie aufgehört hatten Fürsten
zu sein, auch keines so großen Subsidiums mehr bedurften; aber ein
Hinreichendes mußte diesen secularisirten Geistlichen doch ausgeworfen
35 werden; das war aber eine Pension mit Hinsicht auf ihre ihnen noch
anklebende fürstliche Würde; ihre Nachfolger waren darum auch nicht

---

1 daß] *folgt* 《in》   12 *geistlichen*] geistigen   17 Dotation] Dotatiton   21 den] den d

4–7 *Vgl. oben* 290,24–27.

so dotirt worden als sie selbst pensionirt waren. Nun hätten aber die
Fürsten zugleich die künftige Dotation der Geistlichen, wenn sie bestehen sollten, einrichten müssen; dann wäre die Einmischung vom Papst
nachher nicht zu befürchten gewesen; und alle diese Verträge wären
überflüßig gewesen. Das wäre also eine Pflicht gewesen; man hat aber   5
die Sache in suspenso gelaßen. Die Staaten haben nur gewisse Anerbie-
tungen gemacht, der höheren Geistlichkeit so und so viel auszusetzen;
wenn diese nun irgendwie äußerlich erschienen, wenn es repräsentirende
Convente der katholischen Geistlichen | in einem deutschen Land gäbe,
und diese vertrügen sich mit dem Landesherrn darüber, so würden sich   10
die Nachfolger darüber nicht zu beschweren haben, und der Römische
Hof hätte auch nichts darein zu reden. Das wäre etwas ganz Natürliches; es wären Synoden, wie die Römische Kirche sie immer gehabt hat
und der Römische Hof könnte nichts dagegen einwenden. Woran liegt es
aber, daß die Sache auf diesen Fuß nicht gekommen ist? Entweder ist es   15
eine politische Eifersucht, welche diese Synodalversammlungen nicht
will aufkommen laßen; obgleich man nicht sagen kann, daß überhaupt
eine Tendenz dazu gewesen ist außer jenes Wessenberg Vorschlägen.
Eher ist es eine Entwöhnung in der katholischen Kirche selbst, wodurch
allmählig eingeschlichen ist, daß kein Konzil zusammenberufen werden   20
kann, ohne päbstliche Bewilligung. Dagegen ist aber früher immer gehandelt worden. Die Bischöfe haben früher immer Synoden versammelt,
und auch die Metropoliten haben das Recht gehabt; und so lange wir im
Erzbischof von Salzburg einen Primas der deutschen katholischen Kirche
hatten, so hatte der immer eine solche Synode versammeln können, ohne   25
den Pabst zu fragen. Es ist aber in Beziehung auf die Aussprechung des
allgemeinen Willens gar keine Gliederung da. Das ist der Grund, warum
das nicht zum Vorschein gekommen ist. Wenn ein besserer Geist in der
Römischen Kirche erwacht, wird auch wieder die Tendenz entstehen,
diese kirchliche Form wieder ins Leben zurükzurufen und dann wird die   30
Sache wieder auf den Fuß kommen, daß in solchen Fällen ein Zurükgehen nach Rom nicht nöthig sein wird.

3. Die Art und Weise wie die kirchlichen Würden vergeben werden. Da sind nun einzelne Staaten, wie Baden durch die
kirchliche Constitution von 1807 schon in Beziehung auf die niedere   35
Geistlichkeit mit Bestimmungen vorangegangen, sie hat festgesetzt, daß
ein jeder, der eine kirchliche Qualification an sich hat, [und] von dem
Patron dem Bischof zur Installation präsentirt werden will, erst den

---

23–25 *Stäudlin II, S. 570*

Beifall des Landesherrn haben muß. Da kommt nun darauf an zu bestimmen, worin das Interesse der Regierung bestehen kann mitzuwirken
bei der Bestimmung einzelner Personen, wie dieser Geistlichen. Untersucht man die Sache genauer so kommt man da wieder auf merkwürdige
5 Resultate.

[Niederlande]

37. *Stunde*

Das Königreich der Niederlande ist durch die neusten Weltbegebenheiten in die auffallendste Lage gesetzt worden. In Holland sind
die Katholiken ein Minimum; in den südlichen Provinzen die Protestan-
10 ten; und diese besondere Art der Vertheilung macht die Lage des Staats
zu einer so eigenthümlichen. | In der Regierung muß die größtmögligste 62ʳ
Indifferenz sich zeigen; aber das kann in dem Volk keine Harmonie
hervorbringen. Die niederländische Regierung ist nun auch schon lange
in Unterhandlung mit dem Römischen Hof; aber die Sache stößt sich
15 noch an gewissen Einrichtungen in Beziehung auf den höheren Unterricht, den die Regierung in Beziehung auf die katholischen Geistlichen
beschlossen hat. Es soll kein katholischer Geistlicher die Genehmigung
der Regierung erhalten, wenn er auf auswärtigen Universitäten seine
Bildung empfangen; das geschieht zur Verhütung des jesuitischen Ein-
20 flusses besonders von Frankreich aus. Dagegen ist nun von Rechts
wegen von Seiten des *römischen Hofs* nichts einzuwenden. Die zweite
Einrichtung in Beziehung auf das Unterrichtswesen ist: daß die Regierung verordnet in einem gewissen dazu bestimmten philosophischen
Collegium in Löwen soll jeder seinen Cursus gemacht haben. Dagegen
25 hat der Papst sich opponirt. So viel ist gewiß, der Gegensatz zwischen
Klerus und Laien ist überall etwas rein kirchliches was den Staat als
solchen eigentlich gar nicht intereßirt, und wobei dem Staat nichts
anderes obliegen kann, als das allgemeine Recht der Aufsicht. Sobald
von Bildungsanstalten des Klerus als solchen die Rede ist, so ist das eine
30 rein kirchliche Sache; aber die erste prohibitive Maaßregel des Staats
war aus dem Aufsichtsrecht des Staats abzuleiten. Aber mit diesem
anderen ist es etwas Anderes; wenn der Staat sagt: die Geistlichen sollen
die und die Bildung haben, so geht das über seine Befugniß hinaus.
Worin kann nun wohl diese Einmischung der Regierung ihren Grund
35 haben.

---

21 *römischen Hofs*] Staats

Wenn es in den Niederlanden wäre, wie es in Sicilien ist und wie es
früher in Deutschland war, daß die höhere Geistlichkeit als solche eine
politische Stellung hätte und Theil nähme an der Gesetzgebung; so
könnte nun schon das Recht des Staats zu einer solchen Maaßregel keiner mehr bezweifeln. Der Staat könnte sagen: ich beziehe dies bloß auf   5
die, *welche* in die politischen Vorrechte eintreten, die sollen diese Bildung haben; aber so müßte es denn auch beschränkt werden. Nun gibt
es aber noch einen anderen Gesichtspunkt nämlich den Zusammenhang,
der Statt findet zwischen der Kirche und den allgemeinen Volksbildungs-
anstalten; wenn *auch* ein solcher *nicht* existirt und die niedere Geistlich-   10
keit keinen solchen Einfluß hat auf die allgemeine Volksbildung (und die
höhere *keine* politische Stellung hat) so kann es der Regierung durchaus
gleichgültig sein, *welche* Bildung der Geistliche hat oder nicht. *Man* hat
sogar schon oft die Aufstellung gemacht, daß eine protestantische Re-
gierung | *sich* um die Corruption der katholischen Kirche gar *nicht* zu   15
bekümmern brauche; die Kirche würde dann eher verfallen, und das
müßte ihr ja lieb sein; allein es würden da doch Krisen eintreten, die
man eigentlich absichtlich nie herbeiführen soll; denn die Regierung
würde doch in Beziehung auf die Folgen einen Antheil nehmen an dem
Zustand der Kirche. Allein das andere ist klar, daß der Staat *sich* in   20
dergleichen *nicht* zu mischen hat. Friedrich II hat das immer öffentlich
ausgesprochen; freilich war er Indifferentist, aber daran ist die Maxime
eigentlich *nicht* gebunden. In Beziehung auf unsere vorliegende *Frage*
steht die Sache nun so: wenn ein Zusammenhang der Kirche mit der
allgemeinen Volksbildung *nicht* statt findet, dann hört das Intereße der   25
Regierung an diesem Punkt auf; findet das aber statt, so läßt *sich* nur
zweierlei denken: entweder sie *muß sich* um die Bildung der Geistlichen
bekümmern, oder diesen Zusammenhang aufheben. Die Sache steht in
der Evangelischen *Kirche* anders als in der *Katholischen*, es hat da die
ganze Gemeinschaft ein *wesentliches* Interesse daran, daß ein gewißer   30
Grad geistiger Bildung auf allen Punkten des gemeinschaftlichen Lebens
vorhanden, weil sie in allen ihren Institutionen auf den freien Gebrauch
des göttlichen Wortes rechnet und den erwachsenen *Christen* das Ver-
ständniß der Schrift immer mehr öffnen will. Sie muß also dafür sorgen,
daß jeder die Sprache bis auf diesen Punkt in seiner Gewalt habe und das   35
Denkvermögen bis auf einen gewissen Grad da ist. Bei der Katholischen
Kirche findet das aber *nicht* statt; da ist der Christ an *nichts* weiter
gewiesen, als an das Verhältniß zu seinem Seelsorger, die Kirche hat also

---

2 solche] sohe   4 könnte] *folgt* «man»

kein anderes Interesse, als dem Laien einen Geistlichen zu geben, ihn
selbst zu entwikeln braucht sie nicht; darum hat sie an und für sich auch
eigentlich kein Interesse an der Volksbildung. Das ist der wesentliche
Unterschied.   Nun ist natürlich und folgt hieraus, daß, je mehr eine
5 katholische Regierung rein kirchlich ist, d.h. daß die Regierenden keinen
anderen Gesichtspunkt haben als die Kirche hat[,] so wird von ihnen
auch die Volksbildung ebenso vernachlässigt; das ist auf der pyrenäischen Halbinsel z.B. der Fall gewesen.   Hier müssen wir nun aber
sagen in Beziehung auf eine Protestantische Regierung ist der Staat in
10 einem anderen Verhältniß zur Evangelischen Kirche als zur katholischen; bei der Evangelischen Kirche kann er rechnen auf den Einfluß auf
die Volksbildung, und daß dies der Kirche Interesse ebensogut ist, als
sein eigenes; wenn er nun aber die weitere Entwiklung der Kirche zu-
schieben wollte, so könnte sies auch | zurükschieben. Bei der Katholi-   63ʳ
15 schen Kirche kann er sich aber nicht darauf verlassen; da bleibt ihm also
nichts übrig; im Allgemeinen ist dies Interesse nicht; haben aber die
Geistlichen einen gewissen Grad der Bildung, so wird diese von ihnen als
ein persönliches Verhältniß zu dem Volk auf dieses übergehen; oder er
muß sagen: die Geistlichkeit soll gar nicht auf das Volk einwirken. Das
20 richtige scheint da zu sein, daß der Staat von dem ersten so viel thut als
er kann und von dem anderen so viel als er muß. Nun muß man freilich
sagen: es kann Situationen geben, in welchen es für den Staat besonders
bedenklich ist, solche Krisen herbeizuführen; und in solcher befinden
sich die Niederlande, weil die Hälfte ihrer Unterthanen Katholiken sind,
25 und noch dazu erst kirchlich ihre Unterthanen geworden und dazu ein
bewegliches Volk, daß also die Regierung sich nicht hat dazu entschlie-
ßen wollen, diesen Zusammenhang aufzuheben, und daß sie den anderen Weg eingeschlagen hat, ist ganz natürlich. Nun ließe sich freilich hier
auch eine Beschränkung denken; es wäre ja natürlich daß die Regierung
30 sagt: ich will mich darum nicht bekümmern, was ihr als Geistliche wißt,
aber wenn ihr die Schulaufsicht haben wollt, so müßt ihr dies und das
wissen, sonst übertrage ich Euch dies Gebiet nicht. Das wäre nun ein
richtiger Ausweg. Aber die Regierung müßte denn auch wissen, wem sie
die Schulaufsicht denn sonst übertragen sollte; hat sie sonst keinen, so
35 muß sie schon die Geistlichen gern nehmen. Sie hat wohl das volle Recht
den künftigen Geistlichen zu verbieten, daß sie nicht in Frankreich ihren
Cursus machen sollten; aber beschränkt wäre doch die Freiheit ganz
gewaltig, wenn sie [auch] denen das nicht gestatten wollte, die ihre all-

---

16 nicht] ist   **23f** befinden … Niederlande] befindet sich die Niederländische Kirche

gemeine Bildung gern auswärts suchen; diese würden dabei von dem
jesuitischen Princip immer etwas mitbringen und d e n e n mögte sie doch
die Schulaufsicht auch wohl *nicht* gern übertragen.   Was hat nun
aber der Römische Stuhl für ein Interesse sich der Bildung seiner Geistlichkeit entgegenzusetzen? Kann er wünschen, daß der Clerus in der   5
allgemeinen Bildung zurükbleibe. Das wohl *nicht*; die Katholiken glauben ja, daß sich alle Wissenschaft und alle Kunst mit dem Glauben der
Katholischen Kirche verträgt. Der Grund kann also nur in der besonderen Stimmung des Pabstes oder seiner Curie liegen, oder in der beson-

38. *Stunde*   deren Beschaffenheit des Landes, worauf sich dies bezieht. Nun ist *nicht*   10
zu läugnen, daß wenn schon Pius VII die Jesuiten im Kirchenstaat
63ᵛ   wieder eingesetzt | hat, daß auch der jetzige Römische Hof für die Je-
suiten interessirt ist, und ihnen gern überall hin die Thür öffnen mögte.
Man hat freilich *nicht* daran gedacht, andere als katholische Lehrer an
diese Lehranstalten zu setzen, wie sich von selbst versteht. Die Katho-   15
lische Kirche die sich nun für die allein seligmachende und untrügliche in
der Erscheinung erklärt, müßte ja behaupten daß alle ihre Mitglieder in
diesem Complexus lägen und also auch, daß ein katholischer Lehrer
weder wollen könne, etwas dem Geist des Katholischen entgegen zu
lehren, noch auch er so etwas lehren k ö n n e , so fern er katholisch ist.   20
Das müßte sie offenbar voraussetzen. Das wird sie da auch thun, wo die
katholische Kirche ganz in sich abgeschlossen ist, aber nirgends mehr
wird sie sie machen können, weil da, wo die katholische Kirche möglichst abgeschlossen ist, sich doch aus ihr *selbst* eine große Maße von
Unglauben entwikelt hat, der Antikatholicismus ist, weil er Antireligiös   25
ist.   Nun sind die Niederlande immer der Ort gewesen, wo der französische und englische Libertinismus ihren Sitz für die Publication
aufgeschlagen hat; also werden da immer solche Katholiken sein, die
davon afficirt sind. Damit wird freilich noch immer *nicht* ein Verkehr
des Klerus mit dem Römischen Stuhl aufgehoben sein; die katholischen   30
Geistlichen können ja sich an *die Regierung* wenden, wenn Antikatho-
lisches vorgetragen wird, und das müßte ja Gehör finden; und so kann
denn die Römische Kurie immer sicher sein, allem Gefährlichen zu
rechter Zeit vorbeugen zu können. Es ist also doch wohl, was zu Grun-

---

9 Curie] [Citer] (korr. nach Fink 132; Stolpe 321; Schmidt 159, Röseler 62ᵛ)   **15** *zu setzen*]
gesetzt   **31** *die Regierung*] den Römischen Stuhl   **32** wird] werden

---

1–3 *Dabei: bei ihrer Ausbildung an jesuitisch geprägten Schulen im Ausland, an denen*
nicht Geistliche ausgebildet werden (solche Schulen zu besuchen ist Niederländern ja ver-
boten), sondern andere Studien getrieben werden.   **34** *Zusatz Schubring 89 (Fink 133;*
Röseler 63ᵛ): „wie ja auch der Kirche selbst das Mittel der Excommunication zu Gebot
steht".

de liegt, dies daß *ein Argwohn* dabei sei, daß die Regierung eine durchaus antikatholische Tendenz habe. Allein dies Mißtrauen ist durchaus
ungegründet, sobald man bei der Regierung nur einen gesunden Men-
schenverstand voraussetzt; sie würde ja durch solche religiöse Reaction
5 zugleich eine politische erregen und das wird sie *nicht* gern wollen. Die
Tendenz der Regierung richtet sich nun aber besonders auf das Jesuitische, und das will der Römische Stuhl aufrecht erhalten. Der Kampf ist
nun noch *nicht* entschieden. Es zeigt sich nun die Tendenz des Römischen Hofs auf das höhere Bildungssystem einen solchen abwehrenden
10 Einfluß auszuüben, überall wo nun von Verhandlung mit protestantischen Regierungen die Rede ist; ja auch in dem baierschen Concordat
finden sich solche Stipulationen, obgleich die Regierung da katholisch
ist; das kommt daher, weil in | der Beziehung auf die Unterrichtsangele-   64ʳ
genheiten auf keine Trennung der Religionsparteien gesehen wird. Da ist
15 nun stipulirt worden: der Bischof sollte das Recht haben, die Aufsicht
über die Schulen zu führen; das kann aber großen Nachtheil bringen; es
fragt sich nur welches Princip stärker ist, das geistliche oder weltliche.

Die preußischen Staaten.

Hier sind die Verhältnisse bis auf einen gewissen Punkt in Ordnung
20 gebracht *nicht* in der Form eines Concordats, sondern in der Form einer
päbstlichen Bulle (de salute animarum 16 July 1821) die nach einem
placet von Seiten der Regierung öffentlich bekannt gemacht wurde. (23
Aug 1821 wurde sie öffentlich publicirt.) In dieser Bulle ist das Wesentlichste die Anordnung und Dotation der Diöcesen; das erste wird aufge-
25 stellt als von der päbstlichen Autorität ausgehend; die Dotation wird
aber dargestellt als ein vom König gemachtes Anerbieten, was der Römische Hof angenommen habe; es ist *nicht* in dem Ton der Verordnung
abgefaßt: als: der und der Bischof soll so viel haben etc., sondern es ist
nur eine Nachricht von dem, was der König bewilligt hat. (Die Regie-
30 rung selbst hat die Form eines Concordats abgelehnt.) Nun ist noch ein
dritter Theil der Bulle: da dies noch Stipulation war, die noch *nicht*
realisirt war, als die Bulle gegeben wurde so lag es in der Natur der
Sache, daß der Pabst einen apostolischen Executor ernannte, der im
Namen des Pabstes darauf sehen sollte, daß auch alles so angeordnet

---

1 *ein Argwohn*] die Absicht *(korr. nach Fink 133; Schmidt 160; Röseler 63ʳ)*   **10** aus-
zuüben] ausüben   **23** publicirt.)] publicirt.

würde, wie es stipulirt wäre. Das hätte auch eigentlich nicht ausbleiben
können, und war kaum zu vermeiden. Aber dennoch erscheint es immer
als eine Unterordnung der weltlichen Macht unter die geistliche, denn
der Pabst tritt hier rein in seiner geistlichen Gewalt auf (in dem Concordat wäre das weltlich gewesen) und controllirt die weltliche Gewalt   5
förmlich in ihrer Handlung. Das könnte nun von einer Seite als eine
Eifersucht erscheinen.

   Was nun den Kabinetsbefehl, wodurch die Publikation der päbstlichen Bulle verordnet wird (sonst wurde sie nur erlaubt; aber hier war sie
eine Constitution, und darum mußte die Bewilligung | oder vielmehr eine   10
Verordnung vom König selbst ausgehen.) [betrifft] so ist denn diese Bulle zugleich mit dem Kabinetsbefehl in die Gesetzsammlung aufgenommen. – Wir müssen nun etwas weiter zurükgehen.

   Vor diesen letzten Kriegen, oder vor der französischen Revolution gab
es im preußischen Staat eine bedeutende Masse katholischer Einwohner,   15
in Schlesien, Preußen und einem Theil der damals so genannten westphälischen Provinzen. In Schlesien und Preußen gab es zwei Bischöfe (in
jedem einen) in Breslau und Ermeland, aber die westphählischen Provinzen hatten keinen eigenen Bischof, sie standen unter einem auswärtigen, dessen Einfluß aber so gering gemacht wurde als möglich.   20
Außerdem gab es noch hier und da einzelne katholische Gemeinden die
nicht in Betracht kommen.

   Nun bekam Preußen neue Besitzungen: vorübergehend 1803 und
definitiv mit dem letzten Friedensschluß. Da waren in den alten wieder-
gebrachten und in den neu erworbenen Ländern große religiöse Verän-   25
derungen vorgegangen, dadurch, daß sie französisch geworden waren;
sie waren mit in dem Concordat das Napoleon im Jahr 1801 mit dem
Pabst machte, eingeschlossen; das war nun dem preußischen Staat
nachher unbequem und unpaßend und es wurden neue Verordnungen
getroffen. Die Bisthümer sind nach den Gränzen hin ganz abgerundet,   30
und keine katholische preußische Gemeinde steht mehr unter einem auswärtigen Bischof. – In Preußen und Schlesien ist das nicht ganz so abgeschlossen; in Preußen freilich früher; aber seit der Theilung von Polen,
wo bald mehr, bald weniger Preußen davon in Besitz genommen hat,
waren nun die preußischen Besitzungen auf das Großherzogthum Posen   35
beschränkt worden; und da hat man sich denn auch kirchlich getrennt
von dem russischen Königreich Polen. Die Anordnung selbst ist
n u n   s o : daß es zwei Erzbisthümer gibt: das eine in Cöln und das andere

---

5 gewesen)] gewesen   25 Ländern] folgt «waren»

vereinigt in Posen und Gnesen (im westlichen und östlichsten Theil des Reichs). Dann *zwei* eximirte (unmittelbare) Bisthümer: das sind die beiden alten; der Bischof von Breslau und der von Ermeland standen früher unmittelbar unter dem Pabst und in diesem Verhältniß sind sie geblie-
5 ben; sie stehen unter keinem Erzbischof. Außerdem hat das Erzbisthum Posen und Gnesen einen untergeordneten Bischof | in Culm; das Bisthum   65ʳ Breslau steht aber für sich. D a s   E r z b i s t h u m   C ö l n hat noch unter sich die Bisthümer Trier, Münster und Paderborn. Früher war dies Erzbisthum nach Aachen verlegt worden, um aber die achensche Kirche
10 *nicht zu* sehr herabzusetzen, so ist sie nun ein sog. Collegiatstift geworden, wo aber kein Bischof mehr ist, sondern nur ein Probst[.] Ebenso hat nun Trier erst wiederhergestellt werden müssen. Münster und Paderborn bestanden schon; Paderborn in Vereinigung *mit* Hildesheim, was nun aber auch säcularisirt worden ist (schon dadurch daß Hildesheim han-
15 növersch geworden ist)[.] Diese Anordnung nimmt nur den ersten Theil der Bulle ein; in dem Eingang ist nun wieder ein merkwürdiger Ausdruk. Der Preußische Staat wird genannt: regiones, quae actu dominationi regis borussiae subsunt. A c t u bedeutet dies: weil unter diesen Besitzungen früher solche waren, die kirchlich waren, und der Pabst immer
20 gegen die Secularisation protestirt, so sagt er: der König besitzt *nicht mit* Recht die Erzbisthümer Magdeburg und Cöln etc., sie sind nur actu seiner Herrschaft unterworfen. Man hat sich aber daran *nicht* gekehrt, *wei*l es ohnmächtige Worte sind, aber es verstekt *sich* doch immer dahinter eine Präsumtion, *welche* den gegenwärtigen Zustand *nicht* aner-
25 kennt. Nun setzt die Bulle zuerst fest: daß das alte Erzbisthum von Cöln als MetropolitanKirche wieder hergestellt werden soll; und daß die bisherige CollegiatKirche von Posen *mit* der von jener [*vom*] Erzbisthum Gnesen *zu* einer MetropolitanKirche soll vereinigt werden. In Beziehung *auf* Cöln ist in der Bulle noch kein Erzbischof gesetzt. Aber in Posen war
30 zuletzt schon ein Bischof und der wurde nun *zum* Erzbischof von Posen und Gnesen ernannt. Endlich hat sich denn auch in Cöln ein Erzbischof gefunden, der beiden Theilen genügt.   Die BischofsKirchen von Breslau und Ermeland sollen in ihrer Unmittelbarkeit bestehen. Nächstdem sind nun die Kapitel für diese Bisthümer angeordnet und die Di-
35 öcesen bestimmt u. s. w. In dem baierschen Concordat hat der Pabst dem   *39. Stunde* König als einen besonderen Indult das Recht der Ernennung der Erzbi-

---

13–15 *Daß Franz Egon von Fürstenberg 1798–1802 Bischof sowohl von Hildesheim als auch von Paderborn war (vgl. Katholische Kirche 121), bedeutete nicht, wie Schleiermacher offenbar annimmt, daß beide Bistümer zusammengelegt gewesen wären. Hildesheim kam 1813 an Hannover.* **31 f** *Ferdinand August Graf Spiegel von Desenberg (1764–1835), seit 1824 Erzbischof von Köln.*

schöfe gegeben. In dieser Bulle hingegen nach der Übereinkunft unserer Regierung mit dem Pabst bleibt es bei der alten Art: daß die Kapitel die Bischöfe wählen. Es *fragt sich* dann immer, wie die Kapitel organisirt sind. Jedes erzbischöfliche und bischöfliche Capitel besteht aus *zwei* Dignitarien einem Probst und *einem* Dechant, und aus einer Anzahl 5
65ᵛ Canonicis, | sie sind numerarii oder honorarii (wirklich oder titular). Der Unterschied zwischen beiden ist, daß die honorarii *nicht* zur Residenz am Ort des Capitels verpflichtet sind und *nicht zur* Funktion des Gottesdienstes. Dann sind noch einige untergeordnet: Vicarii. Nun ist die künftige Ernennung der Capitel so bestellt, daß der Pabst überall den 10
Probst allein ernennt und die Canonikate, insofern sie in gewissen Monaten erledigt werden; den Dekan und die Canonici insofern sie in den *sechs* anderen Monaten erledigt werden, ernennt der Bischof. Da ist also die Ernennung gänzlich zwischen dem Römischen Stuhl und dem Bischof getheilt und die Regierung hat gar keinen Antheil daran. Allein es 15
gibt einen indirekten Einfluß, theils dadurch, daß diese Kanonikate verknüpft sind *mit* anderen Stellen, woran die Regierung mehr oder weniger concurrirt. Z. B. die Funktionen der katholischen Räthe bei den Regierungen sind immer *mit* solchen Canonikaten verbunden. Da macht nun der König doch einen zum Consistorialrath oder Schulrath und 20
verständigt sich mit der Kirche daß sie ihn *zum* Canonicus mache. Vor den letzten Begebenheiten waren die eigentlichen Canonikate rein beschränkt *auf* den stiftsfähigen Adel; es war also eine Verknüpfung der Aristokratie *mit* dem kirchlichen Wesen. Das ist nun aber *auf*gehoben; und es soll keiner *zum* Canonicus ernannt werden, der *nicht der Kirche* 25
irgendwie schon Dienste geleistet hat. Das ist *für* das kirchliche Intereße offenbar von großem Vortheil und zugleich für den Staat. Die Ehrencanonici sollen aus dem Erzpriesterthum genommen werden, was daßelbe ist, was Superintendent ist. (Unter den Diensten die einer geleistet haben muß, um Canonicus zu werden ist auch die für das theologische 30
Cathedar *mit* begriffen.) So ist auch wenn einer auf dem gehörigen Weg Doktor der Theologie oder des kanonischen Rechts geworden ist, so wird das *auch* als ein Dienst der Kirche angesehen.

Sobald nun die Function der Capitel eintritt einen Bischof *zu* wählen, so haben die Ehrencanonici da auch eine Stimme; wenn das Capitel nun 35
einen Bischof gewählt hat, so hat nun der Pabst die kanonische Untersuchung, d.h. ob der *auch* alle *zu* einem Bischof erforderlichen Eigenschaften hat. Da ist nun festgesetzt, daß der Pabst diese Untersu-

---

1 gegeben] geben 35 *auch eine Stimme] Fink 137 (Anonym: „großen Einfluß")*

chung einem preußischen Bischof *zu* übergeben [*hat*], der dann an den Pab*st* berichtet, u*nd* der *muß* dann bestätigen. Nun ist dabei in der Bulle *selbst* dem Kapitel befohlen: einen sol*chen zu* wählen *von* dem sie wüß*ten* daß er *auch* dem König angenehm wäre. Darum ist nun b*ei* der
5 Bischo*fs*wahl immer ein könig*licher* Commißarius, der nun ein Veto aus*sprechen kann,* oder der wohl *die* Capitularen *leiten kann.* Das ist doch immer | ein indirekter Einfluß, d*er die* Spaltung zw*ischen* K*irche* u*nd* 66ʳ Staat ve*rhindert.* Eine solche V*erbindung* zw*ischen* der Wü*rde* e*ines* Ca*nonicus* u*nd* ei*nem* ki*rch*lichen oder litte*rarischen* Staatsdienst hat
10 frei*lich* immer wieder ihre Unbequemlichke*it, wei*l sie *von zwei* ver*schiedenen* mo*ralischen* Int*eressen* ausgehende Person*en* vor*aus*setzt. Allein das ist hier do*ch* weniger bed*enklich, wei*l eine Übereinstimm*ung von beiden* immer etw*as für beide* wünsch*ens*würdiges u*nd* nothwendi*ges* ist.
15 Nun sind in *der* Bull*e auch die* Canonicate der Anzahl *n*ach best*immt.* Cöln, Gnesen u*nd* Posen sind *die beiden* Erzbist*h*ümer; d*as* Capitel ist ab*er* *nicht mit* der Person d*es* Bisch*ofs* verbunden; darum gibt es ein beso*nderes* Capitel in Gnesen u*nd* ein beso*nderes* in Posen; um dies ab*er nicht zu* sehr *zu* vervielfältigen, so sind d*ie* Capitel nur unvollständig; in
20 Gne*sen* ist *n*ur ein Probst; u*nd* n u r in Posen ein Probst u*nd* ein Dechant. Das unmittelba*re* Bist*hum* Breslau ha*t* ein noch reicheres Capitel als Cöln. Das kommt daher, *weil* es ein altes ist. Es hat *seinen* Probst u*nd* Dechan u*nd zehn* Canonici numerarii wor*un*ter der Erste die Würde d*es* Scholasticus hat; es h*at sechs* Canonici honorar*ii*; (in Cöln nur *vier*) u*nd*
25 *acht* Vicarii. D*ie* Suffraganbist*h*ümer sind ei*n*ander ziemlich gleich; sie h*aben* ein Paar Dignitar*ii* u*nd* Canonici weniger als d*ie* Erzbist*h*ümer. Mit d*em* eximirt*en* Bist*hum* Breslau sind *durch* d*ie* neue Bulle *auch* d*ie* kath*olischen* zerstreut*en* Gem*einden* verbunden in der Mark u*nd* Pom*mern,* Berlin, Brand*en*burg, Spandau P*o*tsdam Stettin, Frankfurt an der
30 Oder Stralsund etc. D*er* Pro*bst zu* Berlin ist *der* Delegat d*es* Bisch*ofs* in Breslau.
Dies Alles h*at der* Pab*st* nun aus ei*g*ener Machtvollkomm*en*heit geord*n*et; in B*eziehung auf die* Theil*ung* der Diöcesen h*at* d*er* Pab*st* diese bestimmt *n*ach Anhör*ung* der Cardinäle, *welche* d*ie* congregatio de pro-
35 paganda fide bild*en.* Für d*en* Römischen Stuhl näml*ich* theilt s*ich* der g*anze* Erdkreis in *zwei* Theile: d*ie* eigen*t*lichen *Kirchen*länder u*nd* die Missionsländer, d.h. alle prot*est*a*ntischen* Länd*er* wo d*ie* kath*olische* K*irche* *nicht* herrschend ist, u*nd* alle übrig*en* *auch* grie*chischen* Länder.

---

16 Erzbisthümer] Bisthümer

Da herrscht die Tendenz der Ausbreitung des Glaubens. Wir sind hier
auch ein Missionsland. Und was also dahin gehört, hat die Congregatio
de propaganda fide anzuordnen. Sie vertheilt also die Diöcesen so, wie
sie es der Ausbreitung des Glaubens für zwekmäßig findet. In Frankreich
66ᵛ kommt aber der Begriff der Kirchenländer und Mißionsländer | etwas in   5
Verwirrung; es wird als ein Kirchenland angesehen, aber das Verhältniß
ist *nicht* rein, *weil* die Protestanten da eine vollkommen anerkannte
bürgerliche Stellung haben. Und sollte es nämlich geschehen daß ein
König von Frankreich protestantisch würde, so würde Frankreich gewiß
für ein Missionsland erklärt. Der französische Gesandte in Rom hat bei   10
der letzten Abschließung des Concordats eine Erklärung gegeben, die
hierauf hinzudeuten scheint.

Was nun die Anordnung der Diöcesen betrifft so sind *zwei*
Gesichtspunkte dabei zu merken. In den westlichen Provinzen, wo man
sich von Frankreich und den Niederlanden völlig isolirt hat und auch   15
von der Abhängigkeit deutscher Bischöfe in anderen deutschen Ländern
sich frei gemacht standen mehrere Bischöfe daselbst früher unter dem
Bischof von Metz (132 Kirchen), andere gehörten zum Bisthum von
Mainz (jetzt zu Paderborn). Dagegen sind die katholischen Gemeinden
von [Coburg,] Hessen Homburg, und Oldenburg mit zu Trier geschla-   20
gen, die in Weimar zu Paderborn. Im Bisthum Münster sind mehrere
Pfarreien enthalten, über welche sich der Pabst vorbehält noch anders zu
verfügen; das sind nämlich solche die mit der Hannöverschen Kirche
zusammenhängen, mit der der Pabst noch kein Concordat geschlossen
hat.   25

Der *zweite* Gesichtspunkt ist der: daß die bischöflichen Diöcesen
nach den Regierungsbezirken eingerichtet worden sind; ganz genau ist es
wohl *nicht* festgehalten. Offenbar ist da nun kein päbstliches Interesse
dabei und auch keins, was von der Congregatio de propaganda fide
ausgegangen sein kann, sondern ein solches, was von der Regierung   30
ausgegangen ist, *weil* die Schulen und die Oberpräsidien und dergleichen
nach den Regierungsbezirken vertheilt sind. Man hat nun zwekmäßig
gefunden die katholischen Consistorialräthe von den SchulCollegien
wegzunehmen (cf. Pacificus Sincerus); sie hätten sonst mit Sitz und Stim-

---

34 (cf ... Sincerus)] *ohne Klammern am linken Rand*

12 *Zusatz Schubring 92 (Fink 138 f.; Stolpe 324; Roseler 65ᵛ): „Sein König habe mit
Schmerz vernommen, daß in der Charta welche er beschworen habe Einiges vom Papst als
mit dem Gesetz und der Lehre der Kirche streitend angesehen werde. Allein was er den
akatholischen Unterthanen beschworen habe beziehe sich durchaus nur auf ihren bürgerlichen Stand und habe also durchaus keine Beziehung auf die Kirche."* 34 *Unter dem
Pseudonym Pacificus Sincerus veröffentlichte Schleiermacher 1824 seine Streitschrift im
damaligen Agendenstreit „Ueber das liturgische Recht evangelischer Landesfürsten. Ein
theologisches Bedenken" (KGA I/9, hg. von Günter Meckenstock, 2000, S. 211–269).*

me und erführen von unseren Angelegenheiten, während wir von den
ihrigen nicht erführen, und dürften mit drein reden. Man hat nun die
Regierungsbezirke, weil man fand, daß es zu viele waren, eingeschränkt
und somit auch wohl die katholischen Consistorialräthe. Man hat jetzt
5 auch besondere Provinz-Schulcollegien gebildet. Die Diöcesen sind nun 40. *Stunde*
ungleich; das Erzbisthum Cöln hat 680 Pfarreien und das Bisthum Münster nur 280; das Bisthum Ermeland hat etwa 120, ist also das kleinste.
Diese Ungleichheiten sind natürlich wegen der Provinzen. Wenn man in
den westlichen Provinzen sich mit dem kirchlichen System ganz zu iso-
10 liren sucht, so wird das durch die neue Einrichtung in den fremden
Staaten erleichtert; in den östlichen Provinzen war das zwar auch der
Fall mit Polen aber nicht mit Österreich. Es war gerade in Preußen eine
Erledigung des Bisthums Ermeland und es sollte nun aufs neue besetzt
werden. Da ließ sich nun auch eine neue Vertheilung machen[,] und da
15 Posen und Gnesen zusammengezogen so wurden diese nun von Polen
abgeschlossen und Ermeland und Culm konnten sich nun unter einander
beßer organisiren. Aber in Schlesien war nun das besondere Verhältniß
daß der Bischof von Breslau einen bedeutenden Theil der Diöcese in
Österreich hatte, und manche österreichische Bischöfe von Prag, Olmütz
20 und andere in Schlesien einen Theil ihrer Diöcesen [hatten]; so hatte
auch Krakau einen Theil von Oberschlesien und mit diesem letzten |
setzte man sich auseinander; aber mit Österreich ist Alles beim Alten 67ʳ
geblieben. Der Bischof von Breslau hätte viel verloren, wenn ihm das
hätte sollen genommen werden, was er in Österreich hat. –
25 Bei der Größe der meisten dieser Bisthümer war es nicht möglich, daß
der Bischof allein alle bischöflichen Handlungen verrichten kann; er hat
allein das Recht die priesterliche Weihe zu ertheilen und zu firmeln und
die Kirchen zu visitiren; dies letzte theilt er mit dem Capitel wie die
Aufsicht über die ganze Diöcese; der Generalvikar kann ihm da Hülfe
30 leisten, aber die Weihe und Firmelung sind an die bischöfliche Würde
gebunden; da kann ihm keiner helfen; darum hat man die Weihbischöfe, die das Recht haben zu weihen; seit den Kreuzzügen ist diese
Form: von Bischöfen in partibus infidelium wohl erst aufgekommen;
diese Bischöfe haben denn auch einen bischöflichen Sitz und die bi-
35 schöfliche Würde, aber eigentlich kein anderes Ammt, als die Weihe. Der
Pabst kann nur solche Bischöfe in partibus infidelium machen. In Breslau und Ermeland waren die Weihbischöfe ursprünglich; nachher wur-

---

12–14 *Josef von Hohenzollern-Hechingen (vgl. Katholische Kirche 121) wurde vom Ka-*
pitel 1808 Bischof und 1809 zum Bistumsverweser von Ermeland gewählt. Pius VII. be-
stätigte ihn erst 1818 als Bischof und ermöglichte so Weihe und Amtsantritt.

den sie aber der Gleichheit wegen *auch* den kleineren Bisthümern
beigegeben, wo es eige*ntlich nicht* so nöthig *gewesen wäre.*

   Zum apostol*ischen* Executor die*ser* Bulle, um b*ei den* erledigten Bisthümern b*ei* de*r* Wahl d*ie* canon*ische Untersuchung zu* führ*en, die* Capitel *zu* organ*isiren* etc., w*urde* nun d*er* FürstBisch*of von* Ermeland er-   5
nannt. In d*er* Bulle steht di*ese Ernennung n*ach d*en Bestimmung*en über
d*ie* bischö*flichen* Sitze, etc. ehe v*on* der Dotation d*ie* Rede ist, um *zu*
bezei*chnen* da*ß* dieser Auftrag an d*en* Executor das rein kirch*liche* be-
träfe. Dann folgt nun: was d*er* König aus Geneigt*heit und Großmuth d*er
K*irche* dotire *und* was d*er* Pab*st* acceptirt. Es ist näml*ich* eine Dotation   10
von einer Geldsumme *für d*ie* kath*olische* Geistlichkeit ausgeworfen, so
da*ß d*ie* Erzbischöfe gesetzt sind auf 12000 rth. D*ie* unmittelba*ren Bischöfe *auf* 10000 rth, d*ie* Suffraganbischöfe *auf* 8000; das maxim*um* in
d*en* übrigen geist*lichen* Ämtern ist 2000, d*as* minim*um* 1000 rth u*nd
nachher so herab. –   15

   Nun ist stipulirt, wenn d*ie* kath*olische K*irche* dar*auf* dringt, da*ß ihr*e
Einkünfte *auf* den Grund u*nd Boden reducirt w*erden* sollten. In Ermeland u*nd* Breslau ist noch ein Th*eilchen* übrig geblieben; sie h*aben* noch
ein Landgut; aber das ist an ihre Persönlichk*eit* u*nd nicht* eige*ntlich* an
ihr Am*m*t gebunden; man hat es ihn*en* gelassen. Früher hatten sie   20
freilich alle v*iel* Grundbesitz; aber das Alles war nun eingezogen u*nd
j*eder* deutsche Fürst war autoris*irt w*orden* in s*einem* Land d*ie* Klöster
u*nd* geist*lichen* Stifte u*nd* Besitzthümer einzuziehen u*nd zum* Staate *zu
schlag*en.* Nun ab*er* hat man sich doch *nicht* dazu verstanden d*ie* einge-
67ᵛ zogenen K*irchen*güter d*er K*irche* | wiederherzustellen; es ist ein medius   25
terminus eingetreten. Näml*ich* d*ie* Domänen d*es Preuß*ischen* Staats
selbst sind bis *auf* einen gewissen Grad wandelbar u*nd* sie sollen in
Erbpachtung*en* verwandelt w*erden.* Aber *weil* m*an* sie nun so wandelbar
gem*acht* h*atte,* so war dar*auf* keine Rüksicht *zu* nehmen. M*an* ist also
nun b*ei den* Staatswaldung*en stehen gebli*eben* (diese waren aber *auch* in   30
einer Verpfändung, sobald die erlosch[,] könnten die*se* hypothekarisch
*auf d*en* Grundzins zurükgebracht werden); nun soll d*ie* Verpfändu*ng
dieser Waldung*en* erlöschen *mit dem* Jahr 30; bis dahin soll d*ie* Dotation
lediglich aus d*er* Staatskasse *gegeben* werden (was *auch* in d*er* Bulle so
festgestellt ist), *nachher* aber sollen d*ie* Staatswaldungen ihn*en* die Do-   35
tation hergeben was denn ja bald eintret*en* wird. Jetzt ist m*eines Wissen*s
der K*atholischen K*irche* keinesweges irgend ein Recht *zur* Beaufsichti-
gung der Staatswaldung*en gegeben, u*nd* es ist dies rein ein V*erhältniß

30–32 (diese ... werden)] *ohne Klammern mit Einfügungszeichen am linken Rand*

des Vertrauens gegen den Staat, und der Grundbesitz mehr imaginär, als
wirklich. –

Nun sind noch allerlei Einzelheiten auf unbestimmte Weise stipulirt,
nämlich daß für die Bischöfe die gehörigen Residenzgebäude sollten aus-
5 gemittelt oder aufgeführt werden und daß sie einen anständigen Landsitz
im Sommer haben sollten; und Hospitien und Correctionshäuser für
ausgediente und mißrathene Geistliche. Die Klöster sind nämlich aufgehoben, sonst hätte man sie dahin geschikt. Da ist aber der Executor nur
gewiesen auf das was der König bewilligt habe.

10 Die königliche Kabinetsordre wodurch nun verordnet wird dies als
ein Gesetz bekannt zu machen, enthält nun nichts weiter als dies und gar
keine weitere Anordnung. Es ist in dieser Bulle von dem Verhältniß der
katholischen Kirche zur Evangelischen Kirche gar nicht die Rede. In der
Cabinetsordre zur königlichen Publication derselben ist auch nichts dar-
15 über enthalten; und man weiß nun gar nicht, wie das eigentlich steht.

In unserem preußischen Landrecht ist von dem kirchlichen Verhältniß
im II Theil 11 titulus die Rede, und das ist die allgemeine gesetzliche
Basis für die Schlichtung dieser Angelegenheiten; nun hat man aber den
preußischen Staat in seinem damaligen Zustand im Auge gehabt, wo die
20 Anzahl der katholischen Geistlichen lange nicht so groß war. In den
Friedensschlüssen ist bestimmt: daß man in Beziehung auf die katholische Kirche Alles wolle in statu quo lassen. Dieser status ist nun aber
doch ganz verändert worden dadurch daß die protestantische Kirche in
ein anderes Verhältniß getreten ist; man hat das nun freilich [nicht] so
25 ausgelegt, als ob das die katholische Kirche etwas anginge. Durch die
Aufhebung der Klöster und geistlichen Stiftungen aber hat sich nun
dieser Status quo auch für sie sehr verändert. Das beruht nun auf dem
Reichsdeputationsschluß vom Jahr [1803]. Wo es nun in diesen Beziehungen etwas zu schlichten gibt zwischen beiden Kirchen so ist da das
30 Landrecht die einzige Basis. Aber dies ist in den neuen Provinzen noch
gar nicht gesetzlich also kann es da auch nicht zur Entscheidung dienen.
Daher ist nun die gegenwärtige Lage der Dinge diese: man übernahm die
Provinzen, d.h. sie kamen | unter eine provisorische Regierung, die im   68ʳ
Namen der verbündeten Mächte eingesetzt war. Als diese Regierung sie
35 nun in Besitz nahm, so galt für sie das Concordat von 1801; in Frankreich hat man dieses Concordat aufgehoben, aber erst nach dem Frieden.
Die rechtliche Lage ist die: daß die Provinzen von der Regierung übernommen werden unter der Gültigkeit des Concordats von 1801. Das

---

28 [1803]] *Lakune*

bestimmte nun eine solche Gleichheit zwischen den verschiedenen Religionsparteien, wodurch nun in dem Zusammensein mit anderen eine
jede in gewissen Gränzen eingeschloßen wurde. Das war offenbar eine
Stipulation, die zu Gunsten der Evangelischen Kirche ausfiel weil sie
nicht so viel Ansprüche machte. Die Proceßionen z.B. gehören zu der   5
Religionsübung in der katholischen Kirche; das sind außerkirchliche
Handlungen. Die Gleichheit wird nun so ausgelegt werden: daß wo die
Protestanten actu eine wirkliche Religionsübung hätten, sollten die katholischen Gemeinden keine Proceßionen außerhalb der Ringmauern des
katholischen Gebäudes halten. Aber die Praxis hat nun eine ganz andere   10
Gestalt genommen und eine sehr fluctuirende, weil es an strengen
gesetzlichen Bestimmungen fehlt. Die ganze Einrichtung damals hat sich
so gestellt, daß man Alles, was ein Produkt der bonapartischen Regierung war, abgeschafft hat; die katholische Kirche hat gesagt: sie sei unter
Bonaparte in einem Zustand der Bedrükung gewesen; es sei von seinen   15
Verordnungen nichts legal gewesen. In vielem hat man ihnen nun auch
nachgegeben und ihnen viel von ihren Rechten wiedergegeben, wodurch
aber die Protestanten beschränkt wurden. Das ist offenbar ein Zustand
der Aufregung und Schwankung, in welchem sich in den neuen Provinzen die Kirchen gegen einander befinden. Wenn man gleich bei Bekannt-   20
machung der Bulle von Staats wegen über das Verhältniß beider Kirchen
sich ausgesprochen hätte, so wäre doch diesem schwankenden Zustande
so vorgebeugt worden, das ist aber nicht geschehen und es besteht eine
solche Aufregung der Ungewißheit, daß jenachdem einmal eine Thatsache erkannt, der eine glaubt hinter dem anderen zurükzustehen. Es wur-   25
den also noch ergänzende Bestimmungen nöthig. Wenn nun das preußische Landrecht was ja geschehen soll, auch in den neuen Provinzen
eingeführt wird, so wird es auf die Weise auch seine subsidiarische Geltung bekommen. Allein die einmal bestehenden Verhältnisse werden sich
dadurch noch nicht gleich besser gestalten. Der jetzige Zustand hat sich   30
durch das bisherige Nachgeben von Seiten der Regierung festgesetzt und
das Landrecht mag da wohl wenig ausrichten. Der Zustand wäre nur
dann ein sicherer, wenn Preußen es gemacht hätte, wie ein anderer
kleinerer deutscher Staat; allein freilich war es für Preußen nicht so
leicht als für diesen. – | 35

68ᵛ
41. Stunde   In bezug auf die alte Gesetzgebung über diesen Punkt noch Einiges.
Z u e r s t   d i e   a l l g e m e i n e n   Principien, die aus den allgemeinen
Gesetzen hervorgehen und dann die besondere A n w e n d u n g   d a v o n
a u f   d i e   K a t h o l i s c h e   K i r c h e .

33f Scil. Sachsen-Weimar

Der 11te Titel im II Theil des allgemeinen Landrechts ist das eigentliche Wort der Gesetzgebung über diese Gegenstände[; er] hat zwar in so
fern, als allgemeine Principien darin aufgestellt werden sollen, nicht die
Klarheit, welche zu wünschen wäre. Die Hauptgesichtspunkte sind die-
5 se: 1.) es ist ein Bestreben darin so genau als möglich auseinanderzu-
halten, was die Kirchen an sich und was ihr Verhältniß zum Staat betrifft. In Beziehung auf das letzte sind zwei Abstufungen von Kirchengesellschaften aufgestellt: geduldete und recipirte. Von diesen letzten ist
der Grundsatz: daß sie in dem Staat die Rechte haben, die anderen
10 privilegirten Corporationen zukommen. Jede Corporation hat ihren
Zwek für sich, der Staat hat von ihr Notiz genommen und ihre Tendenz
gebilligt; sie ist also eine moralische Person in Beziehung auf den Staat.
Nun wird aber immer unterschieden für alle Kirchengesellschaften im
Allgemeinen wie eine jede von ihnen steht unter ihren Geistlichen
15 Oberen in Beziehung auf den Zwek der Corporation selbst und wie in
Beziehung auf ihre Stellung im Staat in Beziehung auf andere im Staat.
Das gilt für alle Kirchengesellschaften. Nun kommen aber an diesem
allgemeinen Ort gleich Punkte vor, die nur in Beziehung auf die Katholische Kirche eine Realität haben, aber doch für andere Kirchen auch
20 etwas Mögliches haben, z.B. daß die Evangelische Gemeinde eines
Landes in Verbindung träte mit einer anderen und daß es dafür einen
Centralpunkt gäbe, der in einem anderen Land läge. Hier ist also nun
von einem solchen Verhältniß zu einem auswärtigen geistlichen Centralpunkt die Rede. Der Geist also der hier herrscht ist: der Kirche an
25 und für sich die möglichste Unabhängigkeit zu sichern jedoch mit dem
Beding als von einem solchen Centralpunkt aus kein Nachtheil für den
Staat hervorgehe. Der zweite Gesichtspunkt ist der: jedes einzelne
Mitglied der Kirche ist auch eins des Staats und als solches hat er bürgerliche Freiheit. Da soll also verhindert werden: daß nicht die Beschrän-
30 kung in seinem Recht einen beschränkenden Einfluß auf seine bürgerliche Selbstständigkeit ausüben kann. Hier ist nun ein Unterschied zwischen protestantischen und katholischen Regierungen: die Gesetzgebung
zeichnet sich hier offenbar aus durch eine besondere Eifersucht gegen die
katholische Kirche als eine solche welche die Tendenz hat: die bürger-
35 liche Freiheit des Einzelnen zu beschränken. Die Punkte worin sich das
zu erkennen gibt sind etwa folgende. Zuerst ist festgestellt in Beziehung
auf das Verhältniß der Gemeinde in einem Lande zu einem anderen

---

6–10 ALR II, XI, §§ 17. 20 (Mirbt Nr. 557; Huber/Huber Nr. 1)   10–12 ALR II, VI, § 25
22–27 ALR II, XI, §§ 135–140 (Mirbt Nr. 557; Huber/Huber Nr. 1)   29f D.h. die
Beschränkung bürgerlicher Rechte durch Satzungen der Kirchengemeinschaft.

Oberhaupt in einem anderen Land, was besonders die Katholische Kir-
che angeht: daß kein katholischer auswärtiger Oberer | ein Recht der
Ausübung selbst, sondern einen Bevollmächtigten haben soll. 2.) kein
inländischer geistlicher Oberer soll von einem ausländischen irgend eine
Verordnung annehmen und bekannt machen ohne Genehmigung des   5
Staats. Dadurch wird offenbar der Einfluß der geistlichen Monarchie in
bestimmte Gränzen zurükgeführt. Da gibt es in der Katholischen Kirche
eine Menge von Fällen, wo sich der Pabst allein die Verfügung aufbehalten hat, bei Ehedispensen etc. Für alle solchen Ausübungen des päbstlichen Rechts müßte der Pabst also einen Stellvertreter haben. So stand   10
auch die Sache unter Friedrich II; er hatte keinen Geschäfftsträger in
Rom, so wie auch der Pabst nie einen Legaten in ein protestantisches
Land schikt. Der Pabst mußte also einen apostolischen Vicarius innerhalb der Gränzen des Reichs haben. Dann hat der Pabst, wenn die Capitel einen Bischof gewählt haben, das Recht zu untersuchen ob er auch   15
die Canonicität habe; da muß also der Pabst die Untersuchung dieser
kanonischen Eigenschaften einem inländischen Bischof übertragen, und
das hat er auch gethan. Dadurch ist nun offenbar der unmittelbare Einfluß aufgehoben. Ferner: es soll kein Geistlicher die Einweihung zu seinem Ammt bei einem auswartigen geistlichen Oberen nachsuchen, wo-   20
durch auch der Einfluß auswärtiger Bischöfe auch in dieser Beziehung
ausgeschlossen ist. Haben also ausländische Bischöfe noch Diöcesen in
unserem Staat, so müssen sie sich zu diesem Behuf einen Vicarius im
preußischen Land halten.   Aus all diesem Verfügen spricht sich das
Bestreben aus den auswärtigen Einfluß so viel möglich abzuwehren. Nun   25
sollen auch eigentlich nur Inländer zu geistlichen Stellen gewählt werden, was auch in der Bulle wiederholt ist; dabei werden aber ausdrüklich
die Vorschriften des kanonischen Rechts als gültig anerkannt; also die
preußische kirchliche Gesetzgebung hat sich auch der Katholischen Kirche gefügt. Darin liegt nun auch Alles, was die Rechte und Pflichten der   30
Bischöfe betrifft daß sie das Recht der Aufsicht, der Visitation und Kirchenzucht haben; man muß ihm diese Rechte offenbar zugestehen auch
wenn er ausländisch ist, weil das seine eigenthümliche Würde ist. Da ist
aber doch stipulirt: er muß vorher die Visitation anzeigen und dann
bekommt er einen weltlichen Begleiter; gewöhnlich laßen sie sie durch   35
den Vikarius vollziehen. In dem Recht der Aufsicht und Kirchenzucht
liegt auch, daß der Bischof Strafen verhängen kann über die niederen
Geistlichen, dem muß sich jeder unterwerfen, oder austreten aus der

---

2f *D.h. das Recht, unmittelbar Einfluß auf die Kirche in Preußen auszuüben.*

Kirche. | So steht denn auch fest: daß Geistliche nach der Erkenntniß der 69ᵛ
geistlichen Gerichte bestraft werden müssen, auch wenn die Strafen einer weltlichen Vollziehung bedürfen. Dabei ist aber stipulirt, daß kein
Unterthan vor ein auswärtiges geistliches Gericht gezogen werden dürfe,
5 sondern da muß wieder ein Vicarius sein.   Was die Bestellung der
Bischöfe betrifft, so war auch schon bevorwortet, daß die Domcapitel
das Recht hätten sich ihren Vorsteher (den Bischof) zu wählen, aber daß
der Staat das Recht habe: durch einen weltlichen Commissarius die
Sache zu leiten; dasselbe gilt auch von den Dignitarien. Früher mußten
10 die Capitularien von Adel sein und zwar von 16 Ahnen; die Geistlichen
haben nun die Untersuchung über die kanonische Beschaffenheit; damals
aber mußte der Streit über die adlige Herkunft vor dem weltlichen Gericht entschieden werden.   Nun gibt es in der Katholischen Kirche
für den Clerus mancherlei Vertretungen, wie nun Domherren ihre Vicarii
15 haben; die Bischöfe als Canonici auch ihre Vicarii haben und die
Geistlichen einen Caplan haben; ebenso kann ein Bischof sich einen
Generalvicar für alle Fälle nehmen, wozu nicht die BischofsWeihe nöthig
ist. Nun ist aber in der Gesetzgebung bestimmt: wie bei der Wahl solcher
Vertreter verfahren werden müsse. Ebenso steht fest: daß an keine aus-
20 ländische Kirche ohne Genehmigung des Staatsoberhaupts irgend etwas
entrichtet werden darf. Das ist nun gegen alle Einnahmen des Pabstes
außerhalb des preußischen Staats. Indeß hat man Manches wieder
nachgegeben.
    2. Was den Gesichtspunkt der bürgerlichen Freiheit des
25 Einzelnen betrifft, so ist festgestellt: daß niemand durch Zwang
oder listige Überredung verleitet werden soll, irgend einer Kirche beizu-
treten, was besonders seine reale Beziehung auf die Katholische Kirche
hat. Dann: daß niemand unter Vorwand des Religionseifers den Hausfrieden stören darf, was auch besonders seine Beziehung auf die Ka-
30 tholische Kirche und besonders wohl auf den Familienzustand in gemischten Ehen; dann: daß wegen abweichender Meinung keiner aus der
Kirchengemeinschaft ausgeschlossen werden darf, in Rüksicht auf die
bürgerliche Freiheit, wozu eben die Freiheit der Meinung, indem diese
nichts anderes ist als ein Durchgangspunkt für die religiöse Meinung;
35 das ist gerade gegen die Katholische Kirche; denn die hat sich immer

---

25 niemand] *folgt* ⟨⟨soll⟩⟩

9f *ALR II, IX, §§ 18 f., auf die II, XI, § 1086 verweist, setzen als Bedingung nicht 16 adelige*
Ahnen (also vier adelige Generationen) fest, sondern wirklichen Besitz des Adels seit min-
destens 1740 oder stillschweigende Anerkenntnis des Adelstitels durch den Staat seit min-
destens 44 Jahren.

vorbehalten: die Ketzer auszuschließen; freilich ist doch *parallel* nur
gesagt, wenn einer eine abweichende Meinung hegt: wenn er sie laut
macht, | und ausbreiten will, da kann die Excommunication doch Statt
finden.

In Beziehung auf die Ehe ist es ein schwieriges Verhältniß; sie hat
einen *zweifachen* Character, einen bürgerlichen und einen kirchlichen; in
beiden Fällen gibt es eine Gesetzgebung darüber; [nicht] in der Evangelischen Kirche freilich aber wohl in der Katholischen Kirche. Aber die
Gegenstände des Streits sind von sehr verschiedener Art: 1.) in Beziehung
auf die verbotenen Grade (aus der mosaischen Gesetzgebung) hat die
Katholische Kirche ein besonderes Eherecht; allein der preußische Staat
erkennt diese Beschränkung *nicht* an; tritt nun ein solches Verhältniß ein
so muß die Katholische Kirche offenbar dispensiren; was aber der Staat
gar *nicht* für nöthig hält. Da ist nun also festgesetzt: daß wenn der
katholische Geistliche dem die Trauung gebührt sich weigert die Ehe
einzusegnen weil der Dispens von dem katholischen Oberen fehlt, so
kann die Einsegnung einem anderen Geistlichen übertragen werden und
wenns auch ein protestantischer wäre. Das ist ein Recht, das der Staat
sich nimmt in Beziehung auf die bürgerliche Freiheit. Die Katholische
Kirche kann es ja sehr leicht machen, eine solche Dispensation einzuholen; dann braucht sie keine Gewalt zu leiden. In Beziehung auf die
Erlaubniß der Trennung der Ehen und die Wiederverheirathungen ge-
trennter Eheleute ist der Widerspruch viel größer. Wenn die Gerichte
eine Ehe trennen so muß darin immer bestimmt werden unter welchen
Beschränkungen eine neue Ehe geschlossen werden kann. Da wird nun
dem katholischen Theil immer gesagt: es werde seinem Gewissen anheim gestellt, von diesem Recht Gebrauch zu machen. Nun kommt es
vor, daß ein katholischer eine geschiedene protestantische Frau heirathen will, so wird das die Katholische Kirche *nicht* zugeben; sie wird sie
nicht einsegnen. Da tritt der Staat hinzu, um die Gewissensfreiheit zu
schützen und läßt sie von einem protestantischen Geistlichen einsegnen.
Was nun *nachher* daraus für Mißhelligkeiten des katholischen Theils mit
seiner Kirche hervorgehen können, so bekümmert sich der Staat darum
wenig; es tritt nachher das Recht ein: daß keiner den Hausfrieden stören
soll. Was aber die Excommunication betrifft, so hat der Staat darüber
weiter *nicht*s festgestellt, als daß dem einzelnen Geistlichen *nicht* erlaubt
sein soll, sie zu vollziehen, sondern nur dem Bischof; schließt der nun
einen solchen Ehemann aus der Kirchengemeinschaft um jener Verhei-

---

11–14 *ALR II, I, §§ 11 f. Anh. § 63*

rathung | willen [aus], so muß er es sich gefallen lassen, oder zu einer 70ᵛ
anderen Kirche übertreten. Das Gesetz enthält nun auch eine Bestim- 42. *Stunde*
mung über die religiöse Erziehung der Kinder in Beziehung auf die
gemischten Ehen. Das L a n d r e c h t bestimmt, die Söhne sollten dem
5 Vater und die Töchter der Mutter folgen; später [wurde] erlaßen: daß
alle Kinder dem Vater folgen sollen. Allein das Gesetz ist nie so gehandhabt worden, daß einer Kirche dadurch ein bestimmtes Recht an den
Kindern gegeben würde. Das Gesetz ist nur schiedsrichterlich eingetreten, wenn die Eltern uneins miteinander waren. Die Praxis ist nie anders
10 gewesen. Nun ist bekannt daß in der katholischen Kirche immer bei
gemischten Ehen der katholische Theil das Versprechen geben soll, den
anderen zur katholischen Kirche hinüber zu ziehen und wenigstens alles
zu thun, um die Kinder für die katholische Kirche zu gewinnen. In
anderen Ländern ist dies so verboten, daß wenn es gesetzlich bekannt
15 wird daß ein katholischer Geistlicher ein solches Versprechen gefordert
hat, er bestraft wird von den obrigkeitlichen Behörden. Bei uns ist das
nicht; wir haben nur freilich doch das Gesetz, daß kein Geistlicher sich
in Familienverhältnisse drängen soll. Nur mit Rüksicht auf dies Gesetz
kann in diesem Fall eine Klage Statt finden. Wenn nun der Geistliche
20 aber dem katholischen Theil die Absolution versagt weil er dies Versprechen nicht geben will, so liegt das nicht in den Familienverhältnissen
und da kann die Obrigkeit diese geistliche Gewalt nicht hindern. Das ist
ein offenbares Übergewicht der katholischen Kirche über die Evangelische. Es hat dies aber im Gesetz seinen Ort darin, daß festgestellt ist: ein
25 Geistlicher für sich allein darf kein Gemeindeglied ausschließen; dagegen
aber ist dem geistlichen Oberen ganz für sich allein das Recht der Kirchenzucht zugeschrieben. In der katholischen Kirche hat dies Recht nun
der Bischof; will also der Parochus einen excommuniciren, so kann er
sich nur auf die Instruction von seinem Bischof berufen und da ist denn
30 doch nichts zu machen. Ebenso ist es in der Evangelischen Kirche. Da
sind nun die Oberen die Consistorien, die üben aber dies Recht doch
nicht aus; bei denen herrscht, ich weiß nicht warum, die Maxime, daß es
in der Evangelischen Kirche keine Kirchenzucht gebe, und auch wohl

---

4f *ALR II, II, §§ 76–78 (Mirbt Nr. 556; Huber/Huber Nr. 122); II, XI, § 447 (Huber/Huber Nr. 1)*   **5f** *So die Deklaration Friedrich Wilhelms III. vom 21.11.1803, durch die Kabinettsordre vom 17.8.1825 auf Westfalen und das Rheinland ausgedehnt, abgedruckt in: Gesetz-Sammlung für die Königlichen Preußischen Staaten 1825, 18 (6.10.), S. 221f.; AKZ 4 (1825), 145 (29.10.), S. 1191 (A. v. Roskovány: De matrimoniis mixtis inter Catholicos et Protestantes, Band 2, Nr. 91; Mirbt Nr. 561; Huber/Huber Nr. 123); die Kabinettsordre Friedrich Wilhelms III. an den Kultusminister v. Altenstein vom 6.4.1819, abgedruckt in: AKZ 1 (1822), 18 (1.6.), S. 146 (Roskovány: a.a.O. Nr. 143; Huber/Huber Nr. 124).*   **6–10** *Dies bestimmt auch ALR II, II, § 78.*

die: daß die Ausschließung vom Sacrament eine bürgerliche Beschimp-
fung sei, obgleich doch das Abendmahl *nicht* eine bürgerliche Handlung
ist. So ist denn die Evangelische Kirche auf dem Weg vermittelst der
gemischten Ehen überall gegen die Katholische Kirche den Kürzeren zu
ziehen. In den Gesetzen ist nun freilich alles gethan um die Katholischen   5
Geistlichen hierin zu beschränken, allein alle | dergleichen Bestimmungen
finden ihre Gränzen an dem religiösen Interesse, und so wie das lebendig
ist, so werden jene Gesetze von selbst unwirksam.

Im preußischen Landrecht sind nun auch besondere Bestimmungen
über die verschiedenen religiösen Corporationen, namentlich über das   10
Klosterwesen, was jetzt wieder aufkommt. Es bestehen schon wieder
Klöster besonders vom Franziskaner Orden, der sich von keiner Seite
aus besondere Verdienste um die Kirche erworben hat. Hier waren nun
die gesetzlichen Bestimmungen diese: keine solche *geistliche* Corporation dürfte ohne landesherrliche Erlaubniß der Aufsicht des Diöcesan-   15
bischofs entzogen werden; das ist eine Wahrnehmung der Rechte der
ursprünglichen geistlichen Constitution gegen eine solche Emancipation;
wogegen nun der Pabst sich immer besonders aufgelehnt; denn die Orden haben dem Römischen Stuhl immer viel zugeführt. Dann sollen auch
die Ordensoberen *nicht* in Rechte des Bischofs auf irgend eine Weise   20
eingreifen und keine geistlichen Geschäffte verrichten außer ihrer eigenen Gesellschaft ohne Erlaubniß des Bischofs. Ebenso in so fern als
alle dergleichen Stifter das Recht von Korporationen haben, so dürfen
sie in ihren Verfassungen keine Änderungen machen ohne Einwilligung
des Staats und des Bischofs – dann ist verordnet: daß auswärtige Obere   25
der Orden einen inländischen Vicarius haben müssen, ja daß sie ohne
landesherrliche Erlaubniß keine Visitation vornehmen dürfen in inländischen Klöstern etc. Da hat man in Beziehung auf die bürgerliche
Freiheit bestimmt: daß alle Strafgesetze von dem Staat noch besonders
bestätigt werden müssen, und wo dies *nicht* beobachtet wird und der   30
Fall klagbar wird sollen die Bestrafenden selbst nach dem bürgerlichen
Gesetz bestraft werden. Ebenso dürfen die Oberen *nicht* einzelne Mitglieder ins Ausland verpflanzen und *nicht* andere auswärtige hereinzie-
hen. Dann ist auch bevorwortet, daß sich keiner, wenn er eintritt einer
schon bestehenden Verbindlichkeit entziehen kann. Z. B. wenn *zwei*   35
verlobt sind, so darf keiner von ihnen ins Kloster gehen es müßte denn
die Verlobung aufgehoben werden mit Einwilligung beider Theile. Nun

---

1 f *ALR II, XI, § 57 (Mirbt Nr. 557; Huber/Huber Nr. 1) besagt, ein Ausschluß aus einer
Kirchengemeinschaft, der die bürgerliche Ehre des Ausgeschlossenen verletze, bedürfe
staatlicher Genehmigung.*   33–35 *ALR II, XI, § 1166–1168*

ist in Beziehung auf die Lebenslänglichkeit hinsichtlich der Klostergelübde festgestellt – jeder kann sich an den Staat wenden, wenn der
Bischof das Gelübde nicht aufheben will. Der Staat hat sich vorbehalten
zu dispensiren und die Gewissensfreiheit seiner Unterthanen in allen
5 Fällen zu sichern, und die Freiheit des einzelnen in Beziehung auf das
thätige Leben nicht in der Gewalt der Kirche zu lassen. | Ebenso ist dafür 71ᵛ
gesorgt: daß das Recht der einzelnen Mitglieder über ihr Vermögen zum
Nachtheil des natürlichen Erbverhältnisses zu disponiren, auf mancherlei Weise beschränkt ist.

10   Nehmen wir nun das Alles zusammen so läßt sich nicht läugnen, daß
vermöge der Gesetzgebung die Katholische Kirche sich im Preußischen
Staat aller ReligionsFreiheit erfreut, welche sie sich nur wünschen kann,
und daß der Staat kein anderes Recht gegen sie ausübt, als das allgemeine Aufsichtsrecht. Hier kann also die Katholische Kirche alle Kraft
15 entwikeln die sie vermöge ihrer Organisation innerhalb des Landes entwikeln kann; und auch die Beschränkung in Beziehung auf das Ausland
hat sich in praxi doch nicht immer auf das rein kirchliche erstrekt.
Insofern also nun die Katholische Kirche durch ihre ganze Organisation
eine größere Kraft entwikeln kann als andere Kirchengemeinschaften,
20 die nicht auf ebenso kräftige Weise in sich selbst organisirt sind, so kann
man nicht läugnen, daß sie im Preußischen Staat eine Stelle hat, wie sie
sie nur immer wünschen kann, und daß andere Intereßen von der Regierung wahrgenommen werden müssen.

    Neuerdings sind mehrere Klöster errichtet worden, obgleich vorher
25 alle aufgehoben waren außer den Krankenklöstern. Man hat immer
gefragt: ob nicht der Staat ein Recht hätte, solche Verbindungen zu
verbieten, in so fern jedes Mitglied darin ein civiliter mortuus ist, d.h.
mit seiner ganzen Thätigkeit für den Staat: Null. Aber es kann doch
wohl keine richtigere Gesetzgebung darüber geben als sie bei uns
30 besteht, so lange dies noch als etwas Verdienstliches in der Katholischen
Kirche angesehen wird; es würde immer eine Beeinträchtigung der religiösen Freiheit sein. Selbst wenn die Sache sich so stellt daß die
Lebensweise eine bloß contemplative ist, und kein nützliches Geschäft
den Franziskanern obliegt, und sie noch dazu auf die Wohlthätigkeit
35 Anderer gewiesen sind, so scheint doch zur vollkommenen religiösen
Freiheit dies zu gehören. Nur kann der Staat das einlegen, daß die
Lebenslänglichkeit der Gelübde nur etwas bedingungsweise bestehendes
ist, und daß er das Wiederheraustreten aus solchen Verbindungen auf
alle Weise muß zu erleichtern suchen.

---

12 ReligionsFreiheit] *folgt* 《sich》   20 sich selbst] *selbst sich*

[Sachsen-Weimar]

Noch etwas: in der Bulle sind die *katholischen Gemeinden* des Großherzogthums Sachsen Weimar dem Bischof von Paderborn zugetheilt.
Das hat natürlich *nicht* ohne Einwilligung des Herzogs geschehen können. Gleich nach der Bekanntmachung dieser Bulle hat den 7 Oct 1823   5
die weimarische Regierung ein Gesetz erlaßen über die in der Bulle fest-
72ʳ gesetzten Bestimmungen; es tritt aber noch ein eigener Fall ein. | Die
Katholische Kirche hatte nämlich hier vorher gar *keine kirchliche* Organisation; durch neue Erwerbungen ist erst eine bedeutende Zahl von
katholischen Unterthanen an diesen Staat gewiesen worden. Es ist nun   10
interessant dies zu vergleichen mit dem früher in den preußischen Gesetzen bestimmten.

Der Bischof von Paderborn muß sich für die Ausübung seines bischöflichen Ansehens dem Großherzog und seinen Nachfolgern *auf
gewisse Weise verpflichten*. Wahrscheinlich ist das mit dem *Römischen*   15
Hofe auch schon abgemacht, sonst würden Erweiterungen eingerichtet
worden sein, und das hat so viel wir wissen, *nicht* Statt gefunden. Nun
ist im Großherzogthum eine ImmediatCommißion eingesetzt in Verbindung mit den Staatsministerien, zur Wahrnehmung der kirchlichen [*Verhältnisse*] so daß e i n weltliches und e i n geistliches Mitglied sollten   20
immer nur der katholischen *Kirche* zugethan sein. Vor diese soll Alles
gehören, wobei Einwilligung des Staats nothwendig ist. Ebenso ist es in
den preußischen Gesetzen; nur daß da *nicht* eine besondere Comission
besteht für die katholische *Kirche* was unleugbar mehr Nachtheile hat.
Nun sollen auch alle bischöflichen Verordnungen und *Römischen* Bullen   25
und Breven dieser Commißion zur Bestätigung vorgelegt werden; die
Communication mit dem *Römischen* Hof ist auch auf eine bestimmte
Weise begränzt: es soll nur auf *Kirchen*sachen beschränkt werden. Dann
ist bestimmt: daß gegen alle Äußerungen der geistlichen Gewalt ein Re-
kurs an den Landesherrn Statt finden kann. Unter diesen Maaßnehmun-   30
gen ist nun der *Katholischen Kirche* eine freie Ausübung zugesichert
ohne Beeinträchtigung der protestantischen *Kirche*.   In Beziehung
auf die Feste ist hier stipulirt: daß alle Feste, *welche die Protestanten*

---

2 *katholischen Gemeinden*] Besitzthümer (*korr. nach Schubring 98*)   19f [*Verhältnisse*]]
Lakune (ergänzt nach Fink 151)   21 immer ... *Kirche*] Schmidt 176 (*Anonym: „dieser
Commission")*

---

17 *Zusatz Schubring 98 (Fink 151): „(Im Concordat mit der Schweiz ist dieser Antrag auch
gemacht worden, daß der Bischof sich verpflichten sollte, und dort hatte der römische
Nuntius dagegen protestirt. Er sucht zu erhalten was er kann und thut jedesmal nur das
was er muß)".*

nicht mitfeiern *auf* den Sonntag verlegt werden sollen und daß solche
Festtage (z.B. Charfreitag, Bußtag) *welche die* Katholiken gewöhn*lich*
nicht feiern, nun doch *mit*feiern sollen. So kommt es in katho*lischen*
Ländern *auch* vor, daß die Protestanten *auch* einige Feste *mit*feiern müs-
5   sen, frei*lich nicht* das Frohnleichnamsfest und derg*leichen* aber doch die
Marienfeste.

Wir kommen jetzt *auf* einen schlimmen Punkt, ich *muß* gestehen, daß   *43. Stunde*
ich etwas *nicht* weiß, was ich täg*lich* erfahren *kann*. Das geht mir oft so.
(schmunzelnd) In *Be*ziehung *auf* die Fürbitten des könig*lichen* Hauses
10   näm*lich* weiß ich gar *nicht*, wie das *bei* uns gehalten wird, wenn etwas
im regie*ren*den Hause vorfällt, so wird wohl *vom* geist*lichen* Ministerium den bischö*flichen* Behörden dieses zugehen; eine andere Möglichkeit
sehe ich *nicht*.

Nun sind beide Re*li*gionstheile in *Be*ziehung *auf* die Parochialpflich-
15   ten und Rechte völlig auseinandergesetzt. Im Weimarischen | *konnte* es   *72ᵛ*
nicht anders sein, als daß Evan*gelische* Pfarrer ihre katho*lischen* Unterthanen *taufte*n und trauten etc, *weil* es an katho*lischen* Geist*lichen* fehl-
te. Nun ist das *nicht* mehr und ist *auch* keine Entschädigung *gegeben mit*
vollem Recht. Hie*mit* zug*leich* sind *auch* die Parochialgränzen der ka-
20   tho*lischen* Pfarreien im Land rein *durch* das Gesetz bestimmt. Dazu war
hier ein *ganz* schik*licher* Ort. D*as* Intere*ße* der Regierung an der Ausbildung der katho*lischen* Geist*lich*keit ist in diesem Gesetz *auf* bestimmte Weise wahrgenommen. Näm*lich* es müssen alle katho*lischen* Geistlichen ihre letzte Vorbildung für *das* Ammt in den bischö*flichen* Semi-
25   narien erhalten. Wenn sie näm*lich aus* diesen Seminarien von den geist-
lichen Behörden entla*ßen* werden so ist von *Seiten* der Regierung über
ihre Qualification *nicht*s mehr auszusprechen. Das einzige ist nur: daß
sie bestimmen *kann: wer in* das Seminar hineinkommen soll; alle *welche*
sich dem Geist*lichen* Stande widmen wollen, müssen *bei* der katho*li*-
30   schen Universität ihre Studien gemacht haben *mit* dem nöthigen Zeugniß, *auch* über ihren sitt*lichen* Wandel[,] müssen sich *bei* der Immediat-
commi*ß*ion melden und diese empfiehlt sie dann *zur* Aufnahme in *das*
Seminar.   Da ohne dies die Pfarreien gesetz*lich* nur an Landeskinder
vergeben werden sollen, so ist dies der natür*liche* Gang. In *Be*ziehung
35   *auf* die Schullehrer ist der Immediatcommission ein ausschließendes
Recht eingeräumt; sie setzt die Schullehrer ein und visitirt sie; das sind
nun Trivialschulen, die frei*lich mit* der Ki*r*che zusammenhängen aber
frei*lich nicht* so, wie *bei* uns. Der Re*li*gionsunterricht wird bloß von den

---

28 *wer in*] wenn sie   30 Studien] *folgt* 《müssen》   31 müssen] *folgt* 《sie》

Geistlichen besorgt.　　In Beziehung auf die b ü r g e r l i c h e n　V e r h ä l t -
n i s s e der Geistlichen ist festgesetzt, daß sie in allen bürgerlichen Dingen vollkommen den bürgerlichen Gesetzen unterworfen sind, wie die
Evangelischen Geistlichen. Es ist auch den Geistlichen ebenso das Recht
über ihr Privatvermögen zu verfügen, wie die Evangelischen. In den　5
meisten katholischen Ländern haben freilich die Bischöfe das Recht von
der Hinterlassenschaft der Geistlichen etwas für sich abzuziehen; das ist
hier aber völlig aufgehoben. In Beziehung auf die geistlichen Verhältnisse ist bestimmt: daß die Straferkenntnisse der bischöflichen Behörde
sofern sie bürgerliche Wirkung haben, vorher durch die weltlichen Be-　10
hörden müssen bestätigt werden. In der preußischen Gesetzgebung ist
den geistlichen Gerichten ein gewißes Strafquantum freigelassen, das sie
ohne alle Genehmigung vollziehen können; das sind die sogenannten
Ordnungsstrafen, welche auch andere Behörden ohne gerichtlichen Einfluß vollziehen können. Eine Suspension vom Ammt kann man wohl　15
nicht als *mit* einer bürgerlichen Wirkung verbunden ansehen; darum ist
auch in Beziehung hierauf bestimmt daß wenn periculum in mora ist, |

/3ʳ die bischöfliche Behörde die Dispensation vollziehen kann. Nun ist aber
der Immediatcommißion zur Pflicht gemacht: dafür zu sorgen: daß die
Disciplinarvergehungen der Geistlichen nicht ungestraft bleiben; da liegt　20
ein Argwohn zu Grunde, daß die höheren Geistlichen die Strafen *nicht*
auf die rechte Weise vollziehen. Die Erfahrung mag das wohl gelehrt
haben, daß die Regierung nothwendig wird. Allein es erscheint doch
immer als ein Eingreifen in das kirchliche Recht. Der Cölibat hat gewiß
viele Vergehungen dieser Art zur Folge und das hat schlimmen Einfluß　25
auf die öffentliche Moralität und da hat der Staat offenbar ein Interesse
daran; aber er muß sich doch eher auf die religiöse Gesinnung verlaßen,
als auf die äußeren Strafgesetze; aber auf die Gesetze einer bestimmten
Kirchenverfaßung soll er sich *nicht* verlassen; sondern in seiner Wirksamkeit auf die Erziehung soll er diesen moralischen und religiösen　30
Stützpunkt in dieser Beziehung haben. Die Kirchengesellschaft muß aber
über jenes ihre Einrichtung allein für sich machen können ebenso wie die
Evangelische Kirche; sonst ist da Partheilichkeit von Seiten des Staats in
Beziehung auf die beiden Kirchengemeinschaften vorherrschend, und
das soll doch *nicht* sein. Wo die katholische Kirche das Minimum aus-　35
macht, da ist freilich eine zu große Gelindigkeit von Seiten der Kirche in
dieser Beziehung vorauszusetzen; und das ist der Fall in der Weimar-
schen Kirche und davon ist die Regierung auch ausgegangen obgleich
nicht ohne unrechtmäßige Eingriffe, denn einer rein bürgerlichen Behörde eine solche Controlle aufzutragen, wodurch sie die geistlichen Behör-　40

den bestimmen kann, so zu handeln und nicht anders, ist immer ein
Eingriff.   In Beziehung auf die Erziehung der Kinder in gemischten
Ehen hat die Weimarer Regierung ganz besondere Einrichtungen. Einmal
hat sie alle Privatverträge der Eltern über die religiöse Erziehung der
5 Kinder aufgehoben und die rein gesetzliche Bestimmung als eine durch-
gehende hingestellt. Die gesetzliche Bestimmung scheint in der Sache
etwas für sich zu haben, aber in der Ausführung scheint es sehr schwierig: es soll darauf ankommen: welche von beiden Gliedern in ihrer Familie am längsten im Lande einer von beiden Kirchengemeinschaften
10 angehört; wenn die Familie des Evangelischen Theils länger im Lande
bestand als die Familie des Katholischen Theils, so werden die Kinder
alle Evangelisch und so umgekehrt. Es sind da zweierlei Gründe. Man
kann so sagen: je länger eine Familie in einer Reihe von Generationen
einer bestimmten Kirchengemeinschaft angehört hat, desto gewissere
15 Kenntniß und Intereße ist vorauszusetzen, also auch: daß das religiöse
Princip in der | Erziehung wirksamer sein wird, denn wenn ein Übertritt 73ᵛ
erfolgt, so ist immer die Präsumtion einer Vorliebe für die Confession zu
der man übergeht; allein man kann sagen: es kann aus Täuschung oder
fremdartigen Motiven herrühren; also gewährt das keine Sicherheit für
20 die lebendige Fortwirkung des religiösen Princips in dieser bestimmten
Form. Das hat die Erfahrung auch häufig gelehrt.
      Der zweite Grund ist ein specieller; es ist das Interesse der Regierung
als einer Evangelischen an der Evangelischen Kirche. Das Übertreten von
der Evangelischen Kirche in die Katholische kommt mehr zur Notiz,
25 nämlich in einzelnen Fällen und da entsteht der Schein, daß dies wirklich
häufiger geschieht, als eigentlich der Fall ist; und da ist es das Intereße
der Evangelischen Regierung gewesen solche Übertritte in ihrem Einfluß
für die Zukunft zu beschränken. Diese Bestimmung rührt aber gewiß
von einem Theoretiker her; denn die Ausführung muß ja sehr schwierig
30 sein. Wer will das ausmitteln wie lange eine Familie als einer bestimmten
Kirchengemeinschaft angehörig im Lande existirt; sie können ja auch
beide gleich lange existiren.   Nun ist noch interessant, daß dieses
Gesetz auch Bezug nimmt auf den Fall: daß in einer geschlossenen Ehe
ein Theil die Religion ändert. Da ist bestimmt daß wenn ein Theil seine
35 Religion ändert, so hat das auf die ursprüngliche gesetzliche Bestimmung gar keinen Einfluß. Wenn beide Theile ihre Religion ändern, so
bleiben diejenigen Kinder, die zur Zeit dieses Übertritts schon in dem
Alter sind, in welchem sie Religionsunterricht empfangen in der Kir-

---

24 kommt] komm

chengemeinschaft, in welcher sie schon Unterricht erhalten haben; die Kinder, die aber erst später anfangen Religionsunterricht zu erhalten, oder die überhaupt erst später geboren werden, werden dann unterrichtet in der Kirchengemeinschaft der beiden Eltern. Das ist allerdings ganz consequent insofern die Kirchengemeinschaft mit der häuslichen 5 Hand in Hand geht. Aber es ist doch ein übles Verhältniß: beide müssen nachher doch gegen einander wirken.   In Beziehung auf den Übertritt aus einer Kirchengemeinschaft in die andere ist besonders bei gemischten Ehen besondere Rüksicht zu nehmen, da diese immer wieder Vcranlaßung werden zu anderen neuen Übertritten. Wenn nun die Kin- 10 der sui juris werden freilich so können sie wählen; bei uns können sie schon früh wählen, denn sie werden schon in Beziehung auf die Religion sui juris im 14 Jahr dem annus abitionis. Im Weimarschen darf vor dem 21 Jahr dem Jahr der Mündigkeit überhaupt kein Religionsübertritt 74ʳ gestattet werden, und das ist allerdings besser. | Nun sind dabei noch 15 allerlei Bedingungen; wenn einer in articulo mortis zu einer anderen Kirchengemeinschaft übertritt ohne die Bedingung erfüllt zu haben, so wird der Übertritt für nicht geschehen betrachtet. Stirbt er, so hat das *keinen* Einfluß auf seine Kinder und sein Begräbniß; stirbt er *nicht*, so muß er nachher noch, soll der Übertritt gültig sein, jene Bedingungen 20 erfüllt haben, die unter anderem auch darin bestehen, daß er seinen Geistlichen vorher von seinem Entschluß muß Notiz gegeben haben, so daß der ihn noch hat ermahnen können in seiner Kirchengemeinschaft zu bleiben. Das ist nun ein Verfahren, was offenbar gegen die katholische Proselytenmacherei gerichtet ist, die sich offenbar auf dem Kran- 25 kenbett so sehr wirksam zeigt.

44. *Stunde*   Es wird in diesem Gesetz den katholischen Geistlichen auch die Verantwortlichkeit der *richtigen* Führung der Kirchenbücher aufgegeben (der Listen). Wenn der Staat dies thut so thut er das, weil er das Resultat der Kirchenbücher gebraucht zu bürgerlichem Behuf. Nun ist dies also 30 ein rein bürgerliches Geschäft das an das kirchliche angeknüpft ist, was darauf beruht, daß die kirchliche Gemeinde ein Interesse der Ordnung daran hat, den Bestand ihrer Mitglieder zu kennen. Im bürgerlichen Regiment ist das Intereße das, daß man die Volksmenge und wie sie sich verändert wissen will; früher waren die besten Zählungen sehr mangel- 35 haft. – Nun hat der Staat sich dessen, was die Kirche unter sich

---

19 *keinen*] nur   28 *richtigen*] gerichtlichen

35 *D.h. sogar die besten der vom Staat aufgestellten Listen über Geburten, Eheschließungen und Todesfälle.*

eingerichtet hat, *zu seinem* Behuf bedient; dadurch bekommen die
Geistlichen eine bürgerliche Verantwortlichkeit und werden dadurch
wirklich Beammte. Damals als mehrere deutsche Provinzen zum französischen Reich geschlagen waren, da war [es] in der französischen
5 Gesetzgebung die Sache der bürgerlichen Obrigkeit diese Listen zu führen; und jeder Hausvater hat die Verpflichtung einen Todesfall in seinem
Hause oder dergleichen mit allen Umständen binnen einer gewissen Zeit
an die Obrigkeit zu berichten und die verfertigte nun die Listen. Nun
hatten die Mairs kein rechtes Geschik in dieser Arbeit – – Da stellte nun
10 die Regierung eine Comission von Geistlichen auf, welche dieses besorgen mußten; aber diese Register waren immer bürgerliche Register, und
wollte der Geistliche Kirchenbücher verfertigen, so mußte er besondere
machen. Dagegen ist nun nichts auszusetzen. Aber bei uns gibt es nun
gar keine bürgerlichen Listen, und die Thätigkeit der Geistlichen greift
15 hier gar *nicht* in eine bürgerliche Funktion, sondern ist selbst für sich
eine. In unserem Landrecht ist in dem betreffenden Artikel ein *Paragraph*, worin es heißt: die Geistlichen der vom Staat recipirten Kirchen-
gesellschaften | welche dieselben Rechte haben, als eine andere Corpo-   74ᵛ
ration, wären als Beammte des Staats frei von gewissen Abgaben. Das
20 geschieht nun, um dies Commodum für die Geistlichen zu motiviren.
Nun geht das: daß die Geistlichen Beammte des Staats sind, *nicht* daraus
hervor, daß die Kirche eine Corporation ist; z.B. hier in Berlin ist die
Kaufmannschaftsgilde eine besondere Corporation; die wählt nun ihre
Vorsteher, aber die sind darum keine Staatsbeammte; nur daß der Ob-
25 rigkeit Notiz davon gegeben wird, wenn sie gewählt werden. Nun
beruht dieses *auch nicht auf* dem Verhältniß der Evangelischen Kirche
zum Staat; denn es gilt ja auch für alle Kirchengemeinschaften. Was ist
denn nun mit diesem Ausdruk gemeint, offenbar nichts anderes, als daß
ein Theil der kirchlichen Funktionen der Geistlichen ein wirkliches
30 bürgerliches officium geworden ist. Was daraus nun für Nachtheile und
Unbequemlichkeiten entstehen, ist klar; einmal wird die rein religiöse
Handlung etwas rein bürgerliches, und unterliegt einem bürgerlichen
Zwang. Z. B. es gibt bei uns keine anderen Geburtsregister als die Tauf-
register der Kirche. Wo nun Kirchengesellschaften bestehen, die die Kin-
35 der *nicht* taufen, (und doch vom Staate anerkannt sind) so muß der Staat
nun, (denn er muß zur Kenntniß dieses Statuts kommen) auf anderem
Wege zu der Notiz von der Geburt kommen, als so – nun ist in der
Evangelischen Kirche nicht geboten auch die Geburt dem Geistlichen

9 rechtes] recht

anzuzeigen und der Geistliche erfährt *nichts* davon eher, als bis die Leute
kommen und es taufen lassen. Wenn nun *sechs* Wochen vorbei sind, so
mischt sich der Staat in die Sache, aber was liegt ihm daran, ob das Kind
dann oder dann getauft [*wird*]. Nun kommt dazu, daß der Geistliche
hier Dinge wissen muß, die ihn gar *nichts* angehen und *weil* sie ihn   5
nichts angehen auch kein Interesse hat, sie *zu* behalten. In Frankreich
und in den Niederlanden sind diese bürger*lichen* Akte von den *kirchli-*
chen geschieden und kein Geistlicher darf eine Ehe einsegnen, bis der
Staat anerkannt hat, daß keine Schwierigkeit mehr ist; der Geistliche hat
nicht nöthig sich ins Geringste darum *zu* bekümmern, er *fragt nicht* erst,   10
ob sie *nicht* Bruder und Schwester sind, sondern er traut. Dieses Schil-
lern in ein bürger*liches* Polizeiverhältniß ist etwas sehr Schlimmes (sie
könnten wohl alle kassirt werden, die Geistlichen, denn sie machen da
gewiß immer sehr viele Fehler)[.] Nun greift dieses Mißverhältniß immer
weiter: die katholischen Geistlichen sollen verantwort*lich* sein, wenn sie   15
nicht – ja was wird denn nun geschehen – wenn sie *nicht* [*die Kirchen-*
bücher richtig führen] – die Katholischen Geistlichen stehen doch unter
75ʳ   ihrem | Bischof. Da müßte sich der Staat also bei diesem beschweren,
und das ist doch eigentlich seiner *nicht* würdig. Warum hat man da
nicht eine andere Anstalt gemacht und dem Staat dies von vorn herein   20
gegeben. Jetzt ist es nun eingerissen, daß die Geistlichen als Beammte
des Staats angesehen werden, ungeachtet der Grund ein gemeinschaft-
licher ist, so verschwindet er bei der katholischen Kirche doch immer
weiter, *weil* sie ein bestimmteres kirchliches Ganzes bildet und eine
festere Organisation hat.   Ein eigenthümlicher Zustand ist nun der   25
der katholischen Kirche in:

dem Königreich Sachsen.

Da müssen wir etwas weiter zurükgehen. Sachsen war ein ganz Evangelisches Land, katholische Christen waren nur ausnahmsweise geduldet
und hatten keine vom Staat anerkannte kirchliche Organisation. Nun   30
wurde die regierende Familie nach und nach ganz katholisch. Sachsen

---

7 f *kirchlichen*] bürger*lichen*   11 sie *nicht*] sie auch   24 Ganzes] Ganze

21 *Zusatz Schubring 102 (Fink 157): „Dieß ist in größeren Staaten mit Bezug auf Men-*
noniten und Juden doch eingeführt."   30 f *Kurfürst Friedrich August I., der Starke*
(1694–1733, seit 1697 auch als August II. König von Polen) trat 1697 zum römischen
Katholizismus über, 1717 auch sein Sohn und Nachfolger Friedrich August II. (1733–1763).

war damals ein integrirender Bestandtheil des deutschen Reichs; und in diesem bestand das Corpus evangelicorum, von dem Sachsen das Haupt war. Sachsen hatte nun eine ständische Verfaßung. Also umso mehr *weil es das Haupt der Evangelischen Kirche in Deutschland war* so mußte
5 nun dahin gesehen werden, daß die Evangelische Kirche keinen Schaden litte. Die Stände traten zusammen und schlossen mit der Regierung einen Vertrag; so blieb nun doch die Regierung Evangelisch und kein Mitglied durfte katholisch sein. Nun mußte aber der Hof einen katholischen Gottesdienst haben; es entstand nun in der Residenz eine ka-
10 tholische Geistlichkeit und eine katholische Gemeinde, aber immer nur eine Hausgemeinde. Die LandesCollegien und Behörden blieben dieselben, also auch die, welche die kirchlichen Angelegenheiten zu versehen hatten. Der Fürst mußte versprechen sich alles persönlichen Eintritts zu enthalten, und die Evangelische Kirche blieb also in ihrem vorigen Zu-
15 stand. In den letzten Kriegen als das deutsche Reich aufgehoben war und Napoleon den rheinischen Bund stiftete und die ausgezeichneten zu Königen erhob, so geschah es auch in Sachsen und da wurde nun mit stipulirt, daß alle Kirchengemeinschaften sollten gleiche Rechte haben. Diesem Buchstaben nach war nun in Sachsen die Evangelische Kirche
20 nicht mehr die herrschende, und der Landesherr (nun König) sollte Souverän sein; dadurch wurde die bisherige Regierung eigentlich aufgehoben. Allein so wie der König weder die Verfaßung geändert hat, ebenso wenig hat er etwas in dem kirchlichen Zustand geändert, obgleich er das Recht dazu hatte (oder auch *nicht*) was ihm zum Ruhm gereicht. | Na- 75ᵛ
25 türlich nahm nun aber doch die Zahl der katholischen Unterthanen zu, so daß endlich die Katholische Kirche doch als solche faktisch bestand; die Geistlichkeit wurde vermehrt und es wurde auch ein Bischof eingesetzt – wodurch aber das Land *nicht* beeinträchtigt wurde. Nun war aber das Verhältniß zwischen ihr und der Evangelischen Kirche nicht
30 geordnet. Der Bischof war mehr ein Bischof in partibus infidelium und hatte eigentlich keine bischöfliche Diöcese. Endlich entstand aber die Nothwendigkeit die Katholische Kirche in Sachsen genauer zu organisiren; denn in allen Dingen, wo es etwas zu entscheiden gab, standen die katholischen noch immer unter den Evangelischen Collegien und Behör-
35 den. Erst in der letzten Zeit der vorigen Regierung ist nun ein organisches Gesetz für die Katholische Kirche zu Stande gekommen. D a s W i c h t i g s t e   i s t   d i e s :

14–21 *Schleiermacher meint das Mandat vom 16.2.1807; vgl. Katholische Kirche 127.*

Es gibt in Sachsen (um *mit der* Spitze anzufangen) – einen apostolischen Vicarius der das Recht des Pabstes wahrnimmt in der *Katholischen Kirche* in Sachsen; er hat aber keinen Legatenrang, denn er ist
keine diplomatische Person; es steht an der Spitze der Verfaßung ein
katholisches Consistorium, das aus *drei* Geistlichen und *zwei* weltlichen   5
Mitgliedern besteht (in Dresden)[;] umgekehrt wie bei unseren Protestantischen Collegien hat nun eins von den *drei* geistlichen Mitgliedern
den Vorsitz. Außerdem besteht ein Vicariatsgericht in *welchem* der Vicar
den Vorsitz führt und *welches* die geistliche Gerichtsbarkeit ausübt. *Die*
Mitglieder jenes Consistoriums wählt der Vicar doch unter Landesherr-   10
licher Bestätigung – darf dies *nicht* von der Regierung allein eingesetzt
werden – kommt sonst wohl *nicht* vor; es ist *auffallend*, es ist eine
Behörde und wird *nicht* von der Regierung allein gewählt. Das Vicariatsgericht natürlich besetzt der Vicar *mit* vollem Recht. Es besteht aus
drei weltlichen und *zwei* geistlichen Räthen, einer ist aus der Landesre-   15
gierung und einer aus dem Appellationsgericht und e i n weltliches Mitglied noch, das immer katholisch sein *muß*. Der Vicar hat hier das entscheidende Votum. Wenn nun auch jene Mitglieder des Consistoriums
von dem Vicarius gewählt werden –, so müssen sie doch alle den Unterthanen und Diensteid leisten[;] und also das Vicariatsgericht wird doch   20
insofern angesehen, als *zum Staatsdienst gehörig*. Da ist also eine förm-
liche Verbindung. Es gibt eine eigene Staatsbehörde (das Consistorium)
die vom Vicar ernannt wird, und eine kirchliche Behörde, die dem Landesherrn den Diensteid leisten *muß*, und also dadurch etwas bürgerli-
ches wird. | 25

Es ist hier nun die Form eine ganz Andere, wie überall: *mit* Ausnahme
des Weimarischen. Im sächsischen Mandat vom Februar 1827 ist aber
eine Beziehung auf den Römischen Hof gar *nicht*, wie es doch noch im
Weimarischen ist.

Denn dem Pabst werden hier erst überhaupt Rechte eingeräumt, die   30
er vorher gar *nicht* hatte. Es heißt: Mandat über die Ausübung der
katholischen geistlichen Gerichtsbarkeit im Königreich und über das
Verhältniß der beiden Glaubensgenossenschaften zu einander. Der erste
Ausdruk scheint die Sache *nicht* zu erschöpfen, aber es umfaßt doch das
Ganze, man muß das nur der Art zuschreiben wie dieser Ausdruk: 35
Sächsisches Recht überhaupt gebraucht wird. Man beruft sich da nun
auf die frühere Ordnung von 1807 und auf die deutsche Bundesacte vom
July 1815; demzufolge sollte das Verhältniß der Katholischen Kirche
festgesetzt werden. Es sind hier also *zwölf* Jahre vergangen, ehe man zu
dieser neuen Ordnung gekommen ist, und das nimmt einen allerdings   40

Wunder; die Ursache hat *nicht* darin gelegen, daß *mit* dem Römischen
Hof es etwas *zu* schlichten gab, *weil* dergleichen hier gar *nicht*s bestanden; so alt die Reformation ist, war Sachsen immer ganz Evangelisch.
Der Grund hat wohl darin gelegen daß in einer solchen Unbestimmtheit
5 der Verhältnisse die Katholische Kirche sich recht gut befand; die Veränderung ist wohl von der Evangelischen Seite aus veranlaßt worden. Es
war auch wohl *für* Sachsen besonders wünschenswerth, daß ein solches
Gesetz gegeben wurde noch unter der Regierung des verstorbenen Königs. Nun ist hier als derjenige, der die geistliche Gerichtsbarkeit in der
10 Katholischen Kirche auszuüben hat, ein apostolischer Vicar gestellt, der
vorher nur *auf* stillschweigende aber *nicht* öffentlich anerkannte Weise
bestand als Bischof in partibus infidelium. Der Ausdruk: apostolischer
Vicar deutet darauf, daß ein eigentliches Bisthum in Sachsen *nicht* ist,
und auch eigentlich kein Zusammenhang *mit* einem anderen Bisthum;
15 sondern er ist ein Bischof der die Kirchengewalt im Namen des Pabstes
ausübt. Dieser Mensch wird nun vom Pabst ernannt, was freilich *nicht*
ausdrüklich da steht; er muß dann aber den Unterthanen und Diensteid
leisten, worin die Voraussetzung liegt daß er ein Ausländer sein *kann*
und vom Pabst vorgeschlagen.
20   Nun versteht sich von selbst, daß der Pabst keinen ernennt, von dem
er *nicht* weiß, daß er dem Landesherrn angenehm ist. Dieser ernennt nun
also die Mitglieder seines Vicariatgerichts und seines Consistorii oder
präsentirt sie vielmehr und die werden dann in Dienstpflicht genommen.
Das Consistorium ist die niedere Instanz –. | Der Vicar hat immer das 76ᵛ
25 Votum decisivum; nun gibt es ebenso *parallel* in der Evangelischen ein
OberConsistorium und ein DistrictConsistorium; das OberConsistorium hat aber den ersten Rang überhaupt, *weil* die Evangelische Kirche
die herrschende ist; der Oberconsistorialrath ist der Erste dem Range
nach, dann kommt der Vicarius und so fort. In Allem, was nun rein
30 katholische Verhältnisse betrifft, ist nun das Vicariatgericht die obere
Instanz; kommen aber Verhältnisse vor, *welche* auch andere Behörden
betreffen, da ist nun eine sehr weise Auskunft getroffen: der geheime
Rath, das höchste Collegium in Sachsen, macht dann darüber einen
Vortrag an den Landesherrn und den muß der apostolische Vicar auch
35 *mit* unterzeichnen und der Landesherr entscheidet.
    Es werden nun die katholischen Geistlichen auch in ihren Personalrechtsverhältnissen von den gewöhnlichen Gerichten ausgenommen und

---

9 *Zusatz Schubring 104 (Fink 160; Schmidt 181): „weil er als treu dem alten Landesrecht
anerkannt war. Daher ist es gut daß es vorher zu Stand kam". Die Rede ist von Kurfürst
Friedrich August III., dem Gerechten (1763–1827), seit 1806 als Friedrich August I. König.*

diesen kirchlichen Behörden überwiesen, die nun alle Gerechtsame einer
förmlichen Gerichtsbarkeit haben. Nur in schlimmen Criminalfällen
fällt die Entscheidung dem weltlichen Gericht anheim. Mit der Evangelischen Kirche ist es hier ebenso (die Consistorien sind das forum
exemtum für die Geistlichen, sie sind zugleich Justizbehörden. In der   5
sogenannten *nicht* streitigen Gerichtsbarkeit, z.B. in den testamentari-
schen Verhältnissen des Nachlasses der Geistlichen, Bevormundung der
Schwachgewordenen haben sie alle Rechte wie die Evangelischen), und
das ist der Grund dieser Vergünstigung, die wir sonst nirgend finden.
Ein eigener *Punkt* ist der: die katholische Kirche ist nun in dieser   10
öffentlichen Anerkennung etwas Neues in Sachsen und bei dem Volk ist
ein großer Eifer für die Evangelische Kirche anzunehmen, wobei denn
von Seiten dieser oft Störungen und feindliche Äußerungen vorkommen
können. Nun ist es da mißlich Evangelische Unterthanen unter das katholische Gericht zu stellen; da ist nun die Auskunft getroffen, daß Ex-   15
ceße gegen die Katholischen Kirchlichen Handlungen vor die höchste
Gerichtsbarkeit kommen, wenn die Excesse von einem Evangelischen
verübt wurden; d.h. aber nur so viel: jeder kann appelliren; wer *nicht*
appellirt, nun der hat auch gewiß Unrecht.   Was nun die Einsetzung
der Geistlichen betrifft, so hat das Consistorium das Recht des Vor-   20
schlags und der Vicar das der Ernennung und dann vereidet das Consistorium im Namen des Landesherrn diese Geistlichen. Nur ist nirgend
eine bestimmte Vorschrift, daß die Geistlichen nur Inländer sein sollten,
das ist vor der Hand auch nicht recht thunlich gewesen, weil die Anzahl
der katholischen Unterthanen sehr gering ist. – Das Consistorium ist   25
nun auch die unmittelbar aufsichtführende Behörde über die Geistlichen
und über die Schulen und die untergeordneten Kirchenbedienten; ein
besonderes Prädicat ist nun: die Censur der katholischen g e i s t l i c h e n
Schriften: der Ausdruk ist nun sehr unbestimmt; es können [*in*] einer
Schrift, deren Inhalt ein ganz | anderer ist, einzelne Stellen vorkommen,   30
wegen welcher man die Schrift nun für religiös ausgeben kann, da ist
nun also noch eine Unbestimmtheit, obgleich die Bestimmung wohl gut
gemeint war.
     Was die Verhältnisse der beiden Glaubensgenossen gegen einander
betrifft, so betreffen die theils Familien-, theils Communal- und Übertre-   35

77ʳ

---

1 einer] eines   **4–8** (die ... Evangelischen)] *ohne Klammern mit Einfügungszeichen am*
linken Rand

31–33 *Variante Schubring 104 (Fink 162; Brodkorb 41ʳ):* „*Dies ist insofern wesentlich als in*
der katholischen Kirche überall Schrift von religiösem Inhalt oder auch nur von geistlichen
Personen, das bischöfliche Imprimatur haben muß, was doch sonst die Staatscensur nicht
überflüssig macht."

tungsverhältnisse. – In Beziehung auf die Familienverhältnisse sind *zwei*
Hauptpunkte: einmal die verschiedenen Ansichten beider Kirchen in
betreff der Trennung, und die Rechte beider in Beziehung auf die Schließung gemischter Ehen und die Erziehung der Kinder. In der Katholi-
5 schen Kirche hat die Verlobung nun auch noch eine größere Bedeutung
als bei der Evangelischen Kirche. Da ist nun festgestellt bei Klagen: von
den Sponsalien (in Beziehung auf die Auflösung des Verlöbnisses) an bis
auf die Trennung der Ehe, soll die Sache vor das Gericht der Beklagten
gehören. Wenn nun z.B. der Evangelische Theil beim katholischen Ge-
10 richt geklagt hat und dieses hat auf lebenslängliche Separation entschieden, da kann nun der Evangelische Theil zu seiner Geistlichkeit gehen
und fordern: daß diese Separation in Beziehung auf ihn ausgedehnt werden möge auf eine *gänzliche* Trennung. Ebenso umgekehrt der katholische Theil kann dann zu seiner Gerichtsbarkeit gehen: da ist nun
15 bestimmt: daß ein katholischer nie einen Evangelischen geschiedenen
heirathen darf, so lange der andere Theil der früher bestandenen Ehe
noch lebt. Dadurch ist freilich die bürgerliche Freiheit der Evangelischen
Unterthanen beschränkt, und darum hat man bei uns dies *nicht* so eingerichtet, was aber viele schwierige Fälle verursacht. Warum soll auch
20 der Staat auf der Möglichkeit gewissenloser Ehen bestehen; denn gewis-
senlos bleiben sie immer, *weil* in solchem Fall der katholische Theil
nicht kirchlich in die Ehe tritt. Bei Schließung der Ehen richtet sich das
Aufgebot nach der Confeßion der Braut.
    In Beziehung auf die Kinder ist bestimmt: der Staat habe bedenklich
25 gefunden: etwas darüber zu bestimmen; er überlaße das der Übereinkunft der Eltern; das ist gerade umgekehrt wie im Weimarischen. Es ist
dies immer sehr unbestimmt und inconsequent, wenn *nicht* Ehepakten
geschlossen werden. Es ist nur festgesetzt: wenn die Kinder das 14 Jahr
überschritten hätten, so blieben sie in der Confeßion in der sie erzogen
30 wären, und sie veränderten ihre Confeßion *nicht* durch den Übertritt
eines der Eltern, wodurch die Ehe erst eine gemischte wird; was *mit*
Kindern unter diesem Jahr geschehen soll – ist den Eltern selbst über-
lassen. | Daß dies so geschehen ist, ist im Grund sehr *löblich*; denn das 77ᵛ
Gesetz setzt offenbar ein lebendiges religiöses Interesse voraus. In Bezie-
35 *hung* auf das Communalverhältniß kommen *zwei* Punkte in Betracht:
die Begräbnisse und die Schulen, in Beziehung auf einzelne Familien in
einer fremden Gemeinde: da muß diese die fremden Glaubensgenossen
aufnehmen; in Beziehung auf die Schulen ist aber noch eine eigene Bestimmung: es sollen nie Kinder die katholisch sind in die Evangelische
40 und umgekehrt aufgenommen werden, wo beiderlei Schulen sind. Das

---

40 werden] *folgt* 《sollen》

hat besonders darin seinen Grund, weil sich da die Proselytenmacherei leicht anschließt, und daß man ein solches Gesetz hat geben müssen gereicht der Evangelischen Kirche gar *nicht zur* Ehre; denn es läßt voraussetzen, daß sich manche Evangelischen Eltern haben von den Katholiken bewegen lassen durch das Versprechen des freien unentgeldli- 5 chen Besuchs ihre Kinder in die Katholische Schule zu schiken.   In Beziehung auf den Übertritt von einer Confession zur anderen ist festgestellt, daß vor dem 21 Jahr kein Geistlicher ein Individuum *zum* Übertritt annehmen darf, so daß jede Einwirkung in diesem Behuf auf Minderjährige dadurch aufgehoben wird. Dann steht fest: jeder der 10 übertreten will muß zuerst dem Geistlichen seiner Confession und wo es mehrere gibt dem ersten die Anzeige davon machen, und daß dieser das Recht und die Pflicht hat zu ermahnen *vier* Wochen lang; nach Verlauf derselben muß er ihm einen Schein geben und mit dem geht der Convertent zu dem Geistlichen der anderen Confession. Es ist nun ausdrük- 15 *lich* gesagt, daß bei dieser Ermahnung der Geistliche sich aller Herabwürdigung der anderen Confession enthalten soll. Sobald ein geheimer Übertritt bekannt wird, muß Alles doch geschehen, was man hat dabei vermeiden wollen; alles, was man also so lange *nicht* mehr mit Recht genossen hat, wird ihnen dann wieder genommen und der Übertritt für 20 ungültig erklärt.   Nun ist noch ein besonderer Punkt: in Beziehung auf den Übertritt mit dem Vorbehalt: sich noch zu der anderen Kirche im Äußeren halten zu dürfen. Ein solcher Vorbehalt, den die Geistlichen oft gestatten ist durchaus verpönt durch die Remotion vom Amt. Alle diese Maßregeln sind offenbar gegen die katholische Kirche gerichtet, ob- 25 gleich sie ganz allgemein gestellt sind, als wenn sie auch gegen die Evangelische Kirche gerichtet wären (H. v. Haller ging zur katholischen Kirche über und blieb öffentlich ein Protestant)[.] Alle diese Verordnungen sind sehr rühmenswerth, besonders darum, weil sie von einem katholischen Fürsten ausgegangen sind. Aber der Anspruch auf einen Rechts- 30 zustand der katholischen Kirche war schon lange vorhanden und wenn man dazu nimmt, daß die katholische Kirche in Sachsen immer mehr zunahm, so kann es der Evangelischen Kirche auch nur zum Vortheil

---

12 machen] folgt 《muß》   24 durchaus] durch auch

27 f *Karl Ludwig von Haller (1768–1854), bedeutender Staatstheoretiker, wirkte in Bern und Solothurn. Haller, der den Begriff der Restauration prägte und der in der Reformation die Vorläuferin von Revolution und Verfassungsgedanken sah, trat 1820 auf seinem Landgut bei Freiburg (Schweiz) heimlich zum römischen Katholizismus über. 1821 teilte er seiner Familie von Paris aus seinen Übertritt mit. Als dieser öffentlich bekannt wurde, entfernte man Haller aus dem Berner Staatsdienst.*

gereichen, | einen solchen Rechtszustand herbeizuführen. Was nun die 78ʳ
Begünstigung des Römischen Hofs betrifft, so kann nun sein, daß darin
eine besondere Hinneigung in der königlichen Familie liegt; aber es kann
auch etwas anderes dabei zu Grunde liegen. Da die Katholische Kirche
5 in Sachsen nicht so bedeutend war, daß [sie] sich ein eigenes Bisthum
hier hätte setzen können, so wäre es nun wohl eine wunderliche Abhängigkeit des Hofs vom Ausland gewesen, wenn er das Kirchenregiment
von einem ausländischen Bischof erhalten hätte; darum ging man lieber
unmittelbar zum Pabst, wobei nun doch immer noch festgestellt ist, daß
10 keine Bulle und kein Breve bekannt gemacht werden kann ohne das
landesherrliche Placet.

[In den Anordnungen von 1807 und 15 ist ausdrücklich auch eine
Gleichheit politischer Rechte für alle verschiedenen christlichen Kirchen
in den deutschen Bundesstaaten stipulirt; da könnte man sich denken,
15 daß das ganze sächsische Ministerium einmal katholisch werden könnte;
dies wird aber ebenso wenig der Fall sein, wie in Österreich das Ministerium ganz evangelisch werden wird; dazu muß man bedenken daß die
Bundesacte nicht bestimmt ist frühere Verträge aufzuheben, die mit den
Ständen geschlossen worden waren, als die regierenden Fürsten katho-
20 lisch wurden.]

12–20 [In ... wurden.]] *Stolpe 332. Die Passage haben auch: Schubring 106; Fink 164 f.;*
Schmidt 184 f.; Brodkorb 42ʳ–42ᵛ.   **16 f** das Ministerium] *zweimal*

9–11 *Diese Bestimmung ist in den von Schleiermacher hier besprochenen Gesetzen nicht*
enthalten.

Von der katholischen *Kirche* in denjenigen deutschen
Ländern, die *mit* dem *Römischen* Hof noch in Abschließung
ihres Concordats (oder in irgend einer anderen Form)
begriffen sind.

Würtemberg, Baden und Nassau. 5

Würtemberg war ehedem ein fast ganz Evangelisches Land bis zu seinen
neuen Erwerbungen, wo es einige katholische geistliche Landestheile
und *neun* Reichsstädte bekam. Als Evangelisches Land war es eine Zeitlang wie Sachsen; der Landesherr war katholisch und die Regierung
doch protestantisch, hier besteht der größte Theil des Landes nun aus 10
ehemaligem *Kirchen*gut, welches der Römische Hof noch immer so ansieht. Es wurde aber der Krone schon als ein secularisirtes übergeben.
Nun muß die Katholische Geistlichkeit aber anders dotirt werden, und
darüber wird noch verhandelt.

In den beiden h e ß i s c h e n Ländern ist derselbe Fall, daß sie durch 15
die neue Erwerbung eine Menge katholischer Unterthanen bekamen, da
sie vorher fast ganz Evangelisch waren. Hessen Cassel hatte auch einmal
einen katholischen Fürsten, und da sorgte noch das Corpus evangelico-
rum, daß diese Veränderung auf das Land keinen schlimmen Einfluß
haben konnte, denn eine so rein ständische Verfassung war da *nicht*, als 20
in Sachsen und Würtemberg.   Nun ist hier über die neue Organisation der Katholischen Kirche auch noch *nicht*s ausgemacht.

B a d e n hatte früher schon einen katholischen Landestheil gehabt,
aber nun ist die Masse der katholischen Unterthanen durch die neuen
Erwerbungen in der Pfalz bedeutend erweitert worden. Hier sind die 25
*Verhältnis*se auch noch zu ordnen, was ja recht bald geschehen wird.

---

8 *neun*] 5

6–8 *Stäudlin II, S. 545 f. Die neun durch den Reichsdeputationshauptschluß (1803) gewon-*
nenen Reichsstädte waren: Weil, Reutlingen, Eßlingen, Rottweil, Aalen, Giengen, Schwä-
bisch Hall, Schwäbisch Gmünd und Heilbronn. 1805–09 gewann Würtemberg in mehreren
Friedensschlüssen weitere Gebiete, darunter die Reichsstadt Ulm.   9 *Herzog Karl Alex-*
ander (1733–37) und seine drei Söhne, die Herzöge Karl Eugen (1737–93), Ludwig Eugen
(1793–95) und Friedrich Eugen (1795–97).   17 f *Landgraf Friedrich II. (1760–85) war 1749*
heimlich und 1754 öffentlich zum römischen Katholizismus konvertiert.   21 *Zusatz*
Schubring 106 (Fink 165; Schmidt 185; Röseler 73ᵛ; Brodkorb 42ᵛ): „Auch hier sind viele
secularisirte Besitzungen der Kirche.“   23–25 *1771 erbte Markgraf Karl Friedrich von*
Baden-Durlach (1738–1811, lutherisch) das Territorium der ausgestorbenen katholischen
Linie Baden-Baden. Im Zeitalter Napoleons wuchs Baden um etwa 700% und wurde 1803
zum Kurfürstentum und 1806 zum Großherzogtum erhoben.

Diese verschiedenen Fürsten (in Nassau sind dieselben Verhältnisse) wollten gemeinschaftlich mit dem Römischen Hof verhandeln, aber das hat Schwierigkeiten | gefunden, obgleich schon 1821 am 21 August der 78ᵛ Pabst eine Bulle erlassen hatte zur Regulierung einer neuen kirchlichen

5 Provinz (in Betreff dieser Länder), provida solersque fing sie an, weiter weiß ich es *nicht*; die Regierung war *nicht* damit einverstanden; im April soll nun der Pabst eine *zweite* ergänzende Bulle erlassen haben. Nach den neusten Nachrichten *wurde* in einem Consistorium im July glaube ich die Kirche zu Freiburg zu einer MetropolitanKirche erklärt, also zur

10 erzbischöflichen: ebenso ist *auch* die Kirche zu Limburg an der Lahn zu einem Bisthum erhoben und ein Bischof von Limburg bekannt gemacht worden. Das deutet nun darauf, daß mit Baden und Nassau die Verhältnisse in Ordnung sind. Würtemberg will nun ein Bisthum in Rottenburg; aber da ist noch *nicht* die Rede davon. Wahrscheinlich wird nun der

15 Bischof von Limburg ein Suffraganbischof des Erzbisthums von Freiburg werden, obgleich das Erzbisthum Cöln ihm näher gelegen; die nassauische Regierung scheint sich aber lieber an Baden anschließen zu wollen als an Preußen.　Es ist nun *nicht zu* glauben, daß der [römische] Hof diesen Regierungen mehr sollte nachgegeben haben als der preußischen;

20 es wird wohl auf einen ganz ähnlichen Typus herauskommen; denn die Regierungen werden auch *nicht* mehr concediren, als die Preußen. Wenn nur darüber gehalten wird, daß die Kapitulare Deutsche sein müssen und daß sie in Beziehung auf die Wahl auf die deutsche Klerisei beschränkt sind, so ist die Sache noch *nicht* viel anders als früher. – Üb-

25 rigens haben schon früher mehrere von diesen Regierungen kirchliche Verordnungen gegeben 1807, als sie ihre neuen Erwerbungen machten als nach Auflösung des deutschen Reichs diese Länder souverän wurden.

　Also die *Katholische Kirche* in Deutschland hat im *Ganzen* genommen jetzt wieder eine vollständige Organisation; denn das Rükständige

30 wird ja bald auch in Ordnung kommen.

　Nehmen wir da nun noch einen Überblik über das Ganze, so ist klar, daß die katholische geistliche Monarchie mehr Einfluß hat in denjenigen Ländern wo die Regierung Evangelisch ist und umgekehrt (zu welchen umgekehrt Sachsen aber *nicht zu* rechnen ist)[.] Das müssen wir nun

35 allerdings natürlich finden; aber da die Kapitularen doch in einer mannigfachen Abhängigkeit von der Regierung sind, so findet doch immer

---

5 solersque] sollersque　　8 *wurde*] sind　　9 erklärt] *folgt* 《hat》　　13 Rottenburg] Rothenburg　　31 Überblik] Überbik

---

3 *Recte: am 16. August.*

ein innerer Einfluß der Regierung statt und der des Römischen Hofs ist
mehr ein äußerer. Freilich ist die deutsche Kirche noch *nicht* in dem
Punkt wie die gallikanische, die in einer beständigen Protestation *gegen*
die Anmaßung des *römischen Hofs* [ist]. Freilich hat man in Deutschland auch Versuche gemacht z.B. die Synode von Pistoja und der Emser   5
79ʳ Congreß waren solche; aber man | ist *nicht durch*gedrungen. Man muß
aber da wohl bedenken: es gibt in Deutschland eine mehr liberale Gesinnung im katholischen Klerus, die nur eines Punkts bedarf an dem sie
sich krystallisiren wird, um dann einen Zustand hervorzubringen, der
noch freier und schöner für uns sein wird, als der gallikanische Vortheil.   10
Man denke nur an die Vorstellungen des Katholischen Geistlichen (eines
Wessenberg) auf dem Wiener Congreß. –

47. Stunde   ## Allgemeine Bemerkung über den Zustand
der katholischen Kirche in Deutschland.

Es treten dabei verschiedene Beziehungen ein; einmal die katholische   15
Kirche in sich selbst betrachtet, abstrahirend von ihrer monarchischen
Verfaßung, und sie in ihrem Leben und Lehrentwiklung angesehen – In
Beziehung auf das lezte befindet sie sich in Deutschland in einem
geistigeren Zustand als in den übrigen Europäischen Ländern wovon die
Gemeinschaft der Litteratur mit den Protestanten die Ursache ist. Es   20
sind aus Spanien und Italien große Werke theologischen Inhalts hervorgegangen, die aber doch eine andere Tendenz hatten; und das war auch
in einer Zeit wo ein ruhiges Verhältniß in Beziehung auf den dogmatischen Gegensatz noch gar *nicht* bestand. Nun aber ist der Zustand ein
ganz anderer da wo die Katholische Kirche eine für sich und da wo sie in   25
einer örtlichen Gemeinschaft mit der Evangelischen besteht. Dieses ist in
Frankreich auch aber *nicht* in so hohem Grade, als in Deutschland, und
in Frankreich ist die Evangelische Kirche dermalen auch *nicht* so ein
erregendes Princip, als in Deutschland. Bei uns hat sich ein theologisches
Leben in der Katholischen Kirche entwikelt das anderswo *nicht* so zu   30
spüren ist. Nun gibt es aber unleugbar eine Eifersucht des Pabstes gegen
dieses freie theologische Leben; in dieser Hinsicht kann nun der Römi-

---

4 des ... Hofs] der Katholischen Kirche   21 *sind*] sie

5f *Vgl. Katholische Kirche 88; 95.*   20–24 *In den Nachschriften Schubring 107; Fink 167
wird als Beispiel der italienische Jesuit Robert Bellarmini (1542–1621) genannt; dieser
schrieb gegen die Protestanten die Disputationes de controversiis christianae fidei adversus
hujus temporis haereticos.*

sche Hof am meisten wirken in Ländern wo die Regierung katholisch ist. Der Grund liegt hier offenbar in dem Bewußtsein daß ein Wetteifer mit der Evangelischen Kirche ebenso sehr als eine Polemik dagegen damit zu Grunde liegt, das ist also die Besorgniß, es mögten sich protestantische
5 Principien einschleichen; und die ist *nicht* ganz ungegründet; denn je mehr die Beschäfftigung mit der Schrift steigt in solchen Untersuchungen desto mehr muß von der Autorität der Tradition abgegangen werden. Es ist also *für die* katholische Kirche ein wesentlicher Vortheil, daß sie im Centrum von Europa in ein solches Verhältniß zu der Evangelischen
10 Kirche gesetzt ist; und man kann die Reformation ansehen, als einen Punkt von dem an die geistige Stagnation immer mehr im Abnehmen ist in der Katholischen Kirche, was *nicht* bloß in dem Massenverhältniß seinen Grund hat, sondern in der größeren Regsamkeit des geistigen Lebens, und in der Gemeinschaft der Litteratur. | Es ist *für die Katho-* 79ᵛ
15 *lische Kirche selbst* vortheilhaft, daß die Katholische Geistlichkeit sich *nicht* von außen her erneuert, sondern von innen heraus, wo sie *nicht* anders als unter diesen guten Einflüssen aufwachsen kann, und es wäre zu wünschen, daß die Geistlichkeit in solchen Ländern, wo die Regierung katholisch ist, ihre Bildung auswärts suchte. – Was das
20 gemeinsame Leben in der Katholischen Kirche Deutschlands betrifft, so müssen wir hier unterscheiden die Sitte (das Moralische) und die Verfassung auf der anderen Seite. Wo die Regierungen Evangelisch sind, da zeigt sich dies durch die politische Position, daß man den Einfluß auswärtiger geistlicher Oberen hemmen müßte. Nun noch etwas
25 Allgemeines. –

Wir finden in den deutschen Regierungen offenbar die Tendenz die Kirchen überhaupt in den Gränzen des Landes zu concentriren; diese ist auch in den katholischen Staaten, wo sie durch die päbstlichen Nunciaturen ausgeführt werden, die sich freilich der Einwirkung der lokalen
30 Interessen *nicht* entziehen, weil in einer solchen Person eine Continuität dieser Einflüsse gesetzt ist. Aber weder der Evangelische noch der Katholische Staat kann die Einheit dieser Totalität die sich an Rom hält, aufheben wollen. Es kann offenbar die Isolirung der geistigen Bildung in den einzelnen Ländern aber immer nur einen nachtheiligen Einfluß aus-

---

14 *Zusatz Schubring 108 (Fink 168; Schmidt 187; Röseler 74ᵛ; Brodkorb 43ʳ–43ᵛ):* „Hier besonders sucht daher der römische Hof beschränkend einzutreten. Das ist in evangelischen Ländern nicht durchzusetzen, und diese sind daher als das eigentliche Centrum anzusehen, von wo aus das Leben in der katholischen Kirche muß gehegt werden." **23** *D.h. es zeigt sich, daß die Regierungen den Einfluß des Papstes und des Auslandes überhaupt auf die katholische Kirche in ihrem Land in Schranken halten wollen (vgl. Schubring 108; Fink 168; Schmidt 187; Röseler 74ᵛ; Brodkorb 43ᵛ).*

üben auf katholische Staaten; in Evangelischen Staaten ist es offenbar anders und beßer. In Beziehung auf die Evangelische Kirche kann dies Bestreben der Regierung auf der einen Seite viel wirksamer sein, indem die Evangelische Kirche eine solche allgemeine Einheit äußerlich aufzeigbar nicht hat, wogegen es nun völlig unmöglich ist, die Evangelische 5 Kirche zu isoliren in Beziehung auf die geistige Gemeinschaft. Also dies Bestreben der Regierung die Landeskirche zu isoliren, ist für die Katholische Kirche [in sofern] etwas vortheilhaftes als es den Einfluß des Römischen Stuhls mindert, aber in sofern etwas Nachtheiliges, als es den wohlthätigen Einfluß anderer Staaten hindert. Um dieses ins Werk zu 10 richten wurde auf dem Wiener Congreß von den besseren katholischen Mitgliedern der Vorschlag [gemacht]: die deutsche Katholische Kirche als eine ganz für sich zusammen abzuschließen, was aber nicht durchgedrungen.

In Beziehung auf das m o r a l i s c h e L e b e n ist es nun ein rein objek- 15 tives Urtheil, daß wir sagen müssen: es ist eine große Neigung in der Katholischen Kirche Superstition zu entwikeln und den Kultus in einen Mechanismus zu verwandeln. Vergleichen wir nun in dieser Hinsicht die Katholische Kirche Deutschlands mit anderen, so wird offenbar dieser Neigung in Deutschland mehr entgegen gearbeitet; die Predigt hat einen 20 größeren constanten Einfluß in Deutschland; Frankreich kann man nur 80ʳ etwa vergleichen. | Es haben sich früher in der Katholischen Kirche Frankreichs große Redner gebildet und auch jetzt neben der politischen entwikelt sich die Kanzelberedsamkeit und das ist besonders das Interesse, woran sich die Wirksamkeit der Predigt entwikelt. Aber eben weil es 25 hier mehr an einem äußeren Intereße haftet, so scheint es doch nicht so constant, als es in Deutschland ist. Und auch hier können wir den Einfluß der Evangelischen Kirche auf die Katholische nicht verkennen. Es geschieht nicht nur darum: um die Gemeinden von der Besuchung Evangelischer Kirchen abzuhalten, wenn sie ein Bedürfniß nach der Predigt 30 haben, sondern es hat seinen Grund auch in der Theilnahme der homiletischen Litteratur; es entwikelt sich immer mehr das Bestreben, hinter der Evangelischen Kirche in dieser Hinsicht nicht gar zu sehr zurükzubleiben.   Daßelbe findet auch Statt in Beziehung auf die Sittlichkeit in demselben Verhältniß. Da ist offenbar wenn wir vergleichen 35 die Sittlichkeit im katholischen Deutschland mit der in Frankreich und Spanien und der slawischen so wird man der deutschen offenbar einen großen Vorzug darin geben müssen, und das beruht nicht bloß auf dem Einfluß der Evangelischen Kirche, sondern in dem gesammten Nationalcharacter, weil die Deutschen nicht in einer solchen Brutalität bleiben 40

können, wie die slawischen und *nicht* einer solchen Leidenschaftlichkeit
fähig sind, wie die südlichen Völker.

Also in allen Beziehungen befindet sich die Katholische Kirche in
Deutschland in dem beßten und geistigsten Zustand, und je mehr dies
5 sich auf die anderen Länder ausbreiten wird, um desto mehr Gutes wird
auch von Deutschland aus über die ganze Europäische Katholische Kirche ausgehen.

Wir haben nun die Katholische Kirche in Europa noch zu betrachten
in *zwei* Staatensystemen: in Großbrittanien und in Rußland, in
10 Scandinavien ist die Katholische Kirche fast gar *nicht* mehr.

Staatensysteme nennen wir beide darum *weil* die politische Einheit in
beiden *nicht* so groß ist, als in anderen Ländern, und ebenso die kirchliche Einheit: Grossbrittannien zerfällt in Irland und Schottland,
Russland hat noch Polen daneben. |

15 # Großbrittannien

Hier sind nun die *drei* Theile zu sondern: In Schottland sind nur
wenig Katholiken, in England sind ihrer mehr seit kurzem, aber im
Ganzen doch wenig. Im letzten Theil des vorigen Jahrhunderts zählte
man in England nur etwa 60000 Katholiken, was etwas sehr Unbedeu-
20 tendes auf die ganze Volksmaße ist, und auch jetzt kann man die Katholiken wohl *nicht* höher als *zwei* Procent anschlagen. In Irland aber
machen die Katholiken wenigstens ¾ der Einwohner aus. Das Verhältniß der Regierung zur Kirche ist nun hier ein ganz Anderes als irgend wo
anders.

25 Die Regierung bekümmert sich auf keinerlei Weise um die Confession, die *keine* Landeskirche ist; nur in so fern, als es darauf ankommt zu
bestimmen wieviel Rechte in politischer Hinsicht den anderen Confessionen zuzugestehen ist; das bezieht sich aber *nicht* auf das, was wir
bürgerliche Freiheit nennen, die ist überall gleich; es bezieht sich auf das
30 rein Politische, erst sind alle politischen Rechte an die herrschende Kirche festgebannt gewesen, nachher hat man Einzelnes auch an andere
Kirchen ausfließen lassen. Der Grund zu diesem Verhältniß der Regierung gegen die fremden Kirchengemeinschaften liegt auch in der Gesetzlichen Bestimmung daß England *keine* Kommunication mit dem Römi-

---

21f Stäudlin I, S. 206: „*Wenn man die ganze Bevölkerung von Irland auf 4 Millionen
anschlägt, so machen die Katholiken 3 und die Protestanten 1 Million aus.*"

schen Stuhl gestatten noch selbst haben kann; wer eine Gemeinschaft
mit dem Pabst anknüpfen will, ist vogelfrei, er hat das praemunire gegen
sich. Wenn mit dem Pabst doch etwas verhandelt werden soll, so geschieht das durch den sardinischen Gesandten, der nicht an den Pabst,
sondern an einen guten Freund in Rom sich deshalb wendet, der dann   5
keine Antwort erläßt als etwas, was er von dem Pabst in Erfahrung
gebracht und so geht dann die Antwort zurük nach England.

48. Stunde   In Beziehung auf den Unterschied zwischen den verschiedenen Theilen des Reichs ist zu [merken] daß die Irländer zur Zeit der Reformation
schon von England erobert waren; aber die Irländer waren noch in einer   10
beständigen Opposition auch gegen die kirchliche Reform. Indem sie
also bei ihrem unveränderten kirchlichen Zustand blieben so zeigte sich
dies auch in ihrem verstärkten Zusammenhang mit Rom und der geistlichen Monarchie. So empörten sie sich öfter, zur Zeit der Restauration
nahmen sie die Partei der Stuart und so sind sie häufig in bürgerliche   15
Strafen verfallen und so ist durch Confiscation fast alles Landeigenthum
81ʳ in die Hände der | englischen Eingewanderten (Reformirte) übergegan-
gen, daher die Überzahl der katholischen Einwohner in großer Dürftig-
keit und Abhängigkeit leben; die Agrikultur überragt noch die Industrie,

---

1 Stuhl] *folgt* 《zu》

9–15 *Städlin I, S. 196–199, wo es u. a. heißt: „Indem die Englischen Könige Irland nach
und nach eroberten, fieng in England die Reformation an. Die Irländer verstanden davon
nichts, sie wußten nicht, wozu eine Reformation dienen sollte. Ihrem alten Glauben eifrig
zugethan und in ihrem isolirten Zustande wünschten sie überall keine Veränderung ihrer
kirchlichen Einrichtungen. Heinrich VIII. aber wollte nicht nur Oberhaupt der Kirche in
England, sondern auch in Irland seyn. Auch der Irländer, der noch an seinem Pabste hieng,
sollte den König dafür anerkennen. Dieser verjagte die Mönche mit Gewalt aus dem
Reiche und ließ ihre Klöster zerstören, die Bilder und Reliquien aus den Kirchen wegneh-
men und den Suprematseid, so gut es gehen wollte, schwören. Eduard VI. ließ bereits die
neue Englische Liturgie, so weit sein Arm in Irland reichte, mit Gewalt einführen und eine
grausame Verfolgung wider die Katholiken daselbst eröffnen. Die Königin Maria hatte
bereits den Befehl unterschrieben, mit den Protestanten in Irland eben so zu verfahren, wie
bereits in England geschehen war, nur der zufällige Umstand, daß ihrem Commissair auf
der Reise die königliche Vollmacht von einer Protestantin aus der Brieftasche gestohlen
wurde und die Königin bald darauf starb, verhinderte die Vollziehung dieses Befehls. Unter
der Königin Elisabeth und den nachfolgenden Regierungen wurden die strengsten Gesetze
wider die Katholiken in Irland gegeben und die daselbst lebenden Protestanten, welche
meistentheils aus englischen Colonisten bestanden, wurden begünstiget und vorgezogen.
Unter dem Könige Jakob I. wurde erst das Land vollends erobert und nun erhielten die
Protestanten, nämlich die Episcopalen, neue Vortheile und Vorzüge. Das Land hatte nun
Einen Herrn, aber seine Bewohner theilten sich in katholische Eingebohrne, an welche sich
wenige Ausländer anschlossen und welche den gedrückten, aber immer größeren Theil
ausmachten, und in protestantische Colonisten, an welche sich wenige Irländer anschlos-
sen, und welche den kleineren aber begünstigten und herrschenden Theil ausmachten. Ein
unnatürliches Verhältniß, welches bis auf den heutigen Tag die Quelle unzähliger Uebel für
Irland und England geworden ist. Unter Carls I. Regierung brach eine Empörung der
Katholiken in Irland aus, unter welcher viele tausend Protestanten umkamen, und da dieß
auf die Rechnung des Königs geschrieben wurde, so trug es zu seiner Verurtheilung und
Hinrichtung bei." – Zur Hinrichtung Karls I. vgl. unten; zu Cromwell, Jakob II. Stuart
und Wilhelm III. von Oranien vgl. Katholische Kirche 179 und unten.*

und so sind manche auf dem Grund und Boden, den ihre Vorfahren besessen haben, Tagelöhner oder doch kleine Pächter. *Dieser ärmliche Zustand der Katholiken in Irland ist auch der Grund daß es an eigentlichen* Bildungsanstalten fehlt; in anderen Ländern sind dergleichen in
5 Italien, Frankreich Deutschland. Das sind die sogenannten Schottenklöster; in Deutschland sind sie freilich in die Säcularisation übergegangen. Vermittelst dieser fremden Erziehung fehlt es den Geistlichen auch an Anhänglichkeit für das Land und der Regierung werden sie immer dadurch verdächtiger, so daß die Spannung immer aufs neue wächst. Da
10 nun die Regierung sich um die kirchliche Verfaßung nicht bekümmert so liegt es um so mehr in den Händen des Römischen Stuhls. England ist in *vier* bischöfliche Diöcesen getheilt, in die nördliche wo sie am zahlreichsten sind, in die westliche, mittlere, und die Diöcese von London. Diese Bischöfe ernennt der Römische Stuhl ganz nach seinem Interesse,
15 ohne Garantie in Beziehung auf die Regierung. Ebenso ists in Irland. Der Pabst wegen der schwierigen Communication versieht nun die Bischöfe mit einer allgemeinen Vollmacht von geistlichen Dispensationen, sein unmittelbarer Einfluß ist also in dieser Hinsicht gehemmt; aber er ernennt doch die Bischöfe. So ist es seit der Restauration gewesen, bis zum
20 letzten Decennium des vorigen Jahrhunderts vielerlei Veränderungen zu Gunsten der Katholiken getroffen worden sind, die von einer reineren Einsicht in Beziehung auf das Staatswohl ausgegangen sind. Die Besorgniß gegen die katholische Kirche ist aber bei einigen noch so groß, daß sie weissagen: den Untergang des ganzen Reichs, wenn die Verhältnisse
25 der Katholiken anders gestaltet würden. Es hat also auch so sehr viel *nicht* geschehen können. In Irland sind darum bürgerliche Unruhen ausgebrochen in den ersten Jahren dieses Jahrhunderts welche durch die Union wieder beigelegt worden sind. Vor dieser Union hatte Irland sein eigenes Parlament, aber die Katholiken waren davon ausgeschlossen; im
30 Oberhause gehörten zum irländischen Parlament die protestantischen Bischöfe in Irland, und andere große irländische Familien, die da sich niedergelassen hatten, ebenso durften im Unterhause nur Protestanten gewählt werden. Seit der Union ist nun dieser Mißstand aufgehoben, daß die Legislatur in Irland selbst aus lauter protestantischen Irländern

---

2f Dieser ... Zustand] Diese Überzahl (korr. nach Schubring 110; Fink 172; Stolpe 334; Schmidt 190; Röseler 75ᵛ; Brodkorb 44ʳ)   12f zahlreichsten] zahreichsten   28 sind.] ist.

1f Stäudlin I, S. 200   19–22 Vgl. Katholische Kirche 179.   26–28 Stäudlin I, S. 203f. Irland rebellierte 1795–98 gegen die englische Herrschaft. 1801 wurde Irland staatsrechtlich mit Großbritannien zum Vereinigten Königreich zusammengeschlossen.

81ᵛ [*bestand.*] | Jetzt werden die irländischen Protestanten mit in das Engli-
sche Parlament gerechnet und dadurch mußten sich offenbar die irländischen Katholiken politisch erleichtert fühlen; denn die englischen Mitglieder haben kein so großes Interesse gegen die katholischen Irländer,
als die irländischen Mitglieder allein; diese werden also durch jene doch   5
etwas beschränkt. Deßungeachtet ist die Parteiwuth in Irland noch *nicht*
ausgerottet, sie nennen sich noch Parteigänger des Oranischen Hauses.
Nun ist freilich in der letzten Zeit viel für Irland geschehen, mehrere
Parlamentsacti gegen sie sind aufgehoben; allein sie leben doch immer
noch in großer Bedrükung, freilich können die Katholiken nun schon   10
einen Antheil nehmen an der Parlamentswahl, wovon sie früher auch
ausgeschlossen waren, aber selbst Parlamentsglieder werden können sie
nicht; denn sie haben nicht so viel Grundeigenthum als dazu gehörte. Sie
haben nun jetzt auch schon Antheil an den Geschworenengerichten was
nun auch ein bedeutendes politisches Recht ist, da hat doch jeder die   15
Hoffnung, daß er zum Theil wenigstens von seinen Glaubensgenossen
gerichtet werden kann. Ebenso können sie auch schon in der Armee und
Flotte dienen, ja auch an vielen Staatsämmern theil nehmen; wogegen
allerdings aber durch den Corporationsact sie noch von allen ständischen Corporationen und von allen Communalämmtern ausgeschloßen   20
sind.
    Es ist nun bekanntlich noch immer ein Werk die katholischen
Unterthanen mit den übrigen auf einen völlig gleichen Fuß zu setzen,
was auch gewiß mit der Zeit zu Stande kommen wird, obgleich wohl die
Sache noch immer wieder unter anderen Gestalten zum Vorschein kom-   25
men wird, obgleich das jetzige Ministerium auf einem Punkt der Liberalität steht wie noch nie.   Das Beklagenswerthe für die Katholiken
ist hier eigentlich nur die Armuth derselben; als Unterthanen haben sie
mehr Rechte, als anderswo die Unterthanen überhaupt nicht haben.
Aber in Beziehung auf die Lage der katholischen Kirche ist nun im   30
Gegensatz gegen die Dissenters das Verhältniß in der bischöflichen
Kirche so, daß die bischöfliche Kirche ein gewisses Gefühl von Schwäche
gegen die Dissenters hat, weil man fürchtet: es mögten manche wenn die
Dissenters mehr begünstigt würden, von der bischöflichen Kirche zu
ihnen übergehen. Weil man nun diesen Dissenters nicht zu viel politische   35
Rechte einräumen kann, so kann man es doch offenbar um sich conse-

36–365,1 um ... bleiben] *gestrichen*

13 *Zusatz Schubring 111 (Fink 174; Stolpe 334; Schmidt 191; Röseler 76ʳ; Brodkorb 44ᵛ):*
„Man hat schon darauf gedacht, die finanziellen Bedingungen für die Parlamentswahl
gliedern zu sollen, wenn nur der unmittelbare Einfluß des Pöbels ausgeschlossen würde
doch ist noch nichts zu Stand gekommen."

quent *zu* bleiben noch weniger bei den Katholiken die der bischöflichen Kirche doch ferner stehen. Wie kann sich die Lage der katholischen Kirche in England gestalten, wenn die bürgerliche Verbesserung der Katholiken *zu* Stande kommt; dies hängt *zum* Theil ab von der anderen
5 *Frage*, die damit zusammenhängt: wie muß dann das Verhältniß des Römischen Stuhls anerkannt oder organisirt werden. Daß die katholischen Geistlichen [*nicht*] im Lande erzogen werden ist sehr ungünstig. |

Es sind den Katholiken schon Vorschläge gemacht worden, man wol- 82ʳ
le ihren Zusammenhang mit dem Römischen Stuhl legalisiren aber mit
10 der Bedingung daß die Krone einen Antheil an den Bischofswahlen haben wollte, was in allen Ländern die protestantisch sind, ja die katholisch sind statt findet. Aber die Katholiken haben sich dem beständig entgegengesetzt, *weil* es ihnen an der Kenntniß von der Katholischen Kirche in anderen Ländern fehlt. Und das ist ihr Irrthum, wodurch sie
15 die beßre Lage ihrer Kirche selbst von sich abweisen. Selbst die weltlichen Katholiken sind in dieser Beziehung von den geistlichen bestimmt worden. Es ist überhaupt eine gewaltige Gleichgültigkeit in England vorherrschend gegen die Lage der Dinge in anderen Ländern, wenn es nicht in ihren Handel einschlägt.

20 Ebenso würde sicher nothwendig sein, daß die Bildung der Geistlichen in anderen Ländern aufhörte. Aber wie soll das geschehen? Die öffentlichen Bildungsanstalten in England stehen im engsten Zusammenhang mit der herrschenden Kirche. Alle Schulen die nicht mit der Kirche zusammenhängen sind bloß Privatanstalten. Wollen die Katholiken
25 solche gründen, so sind die irländischen zu arm dazu und die englischen obgleich reich genug, nicht so zahlreich. Die Regierung kann auch nicht helfen; fast müßte sie eher noch für die Dissenters sorgen. Im regierenden Hause selbst ist eine starke Opposition gegen die Emancipation, die ihren ostensibeln Grund hat in dem Krönungseide, aber noch mehr in
30 dem traditionellen Gefühl daß nur durch religiöse Polemik das heutige Haus das regierende geworden ist. Zwar sind die Stuarts ausgestorben. Aber der Krönungseid läßt sich nicht gut anders interpretiren (z.B. der Kirche kein Vorrecht entziehen) er müßte also geändert werden. Sollte

---

23 *der herrschenden Kirche*] den Schulen

---

26 *Zusatz Schubring 112 (Schmidt 192; Röseler 76ᵛ–77ʳ): „Die Dissenters haben auch keine Unterstützung der Regierung sondern genießen entweder halten sie sich zu den bischöflichen Schulen oder haben ihre eigenen.“*   **30f** *1714 fiel die englische Krone an das Haus Hannover. Dies hatte allerdings nichts mit der Absetzung Jakobs II. Stuart 1688/90 zu tun: Auf Wilhelm III. von Oranien folgte 1702–14 seine Tante Anna, eine Tochter Jakobs II. Stuart, und nach ihrem Tod Kurfürst Georg I. Ludwig von Hannover (seit 1698, † 1727), der ein Urenkel Jakobs I. Stuart (1603–25) war.*

das geschehen so müßte der König seinen Einfluß aufgeben, was er
kaum thun könnte, da er alle seine Prärogative dadurch verliert.

Der innere Zustand der katholischen Kirche ist sehr verschieden in
England und Irland. In Irland ist der geistige Zustand der Katholiken sehr niedrig. Aber so wie man das Volk hat zu begünstigen gesucht   5
so hat sich auch gleich eine Opposition entwikelt. Die Engländer stehen
höher und sind sogar zahlreicher, da in Irland viele protestantisch geworden sind. Es zeigt sich aber darin nur die Unfähigkeit der bischöflichen Kirche; denn die Dissenters nehmen noch mehr überhand als die
Katholiken.   10

49. Stunde   ## Rußland und Polen.

Die eigentliche Russische Nation ist durch die griechische Kirche organisirt worden und ihr zugethan. Peter Magnus war der erste, der ausdrüklich fremde in sein Reich einlud und ihnen auch freie Religionsübung verhieß. So sind zuerst Katholiken nach Rußland gekommen und   15
haben sich besonders in Petersburg und anderen großen Städten niedergelassen; denn es waren Leute von Industrie. So entstand eine Katholische Gemeinde in Petersburg. Die Jesuiten hatte Peter aber ausdrüklich
ausgeschlossen. Bei der ersten Theilung von Polen kamen viele Katholiken unter die Rußische Botmäßigkeit und unter diesen wurden auch   20
Jesuiten mit übernommen; da konnte man sie nicht gut entfernen; und
da sie sich viel mit dem Unterrichtswesen beschäfftigten, so begünstigte
man sie vielmehr. Nun mußte auch eine Verfaßung für die katholischen
Unterthanen eingerichtet werden. Die Geistlichen mußten vom Ausland
genommen werden, weil es in Rußland selbst keine Bildungsanstalten   25
für die katholische Geistlichkeit gab. Rußland wurde als ein Missionsland angesehen und erhielt also seine Geistlichen von der Congregatio de
propaganda fide; alle vier Jahre sollten sie gewechselt werden. Die Gemeinden beklagten sich aber über diese italienischen Geistlichen, sie gingen zurük und ließen ihre Schulden die Gemeinden tragen und derglei-   30
chen was nicht so bleiben konnte. Nach der Theilung von Polen erschien
nun ein päbstlicher Nuntius mit Zustimmung des Rußischen Hofs und

---

6 hat sich] sich hat   16 Petersburg] Rußland   27 *Congregatio*] Commission

---

6 *Scil. eine Opposition gegen die katholische Geistlichkeit.*   24–31 *Städlin I, S. 320 f. Die
Beschwerde über die aus Rom geschickten Geistlichen fällt ins Jahr 1769, also vor die erste
polnische Teilung und die Aufnahme von Jesuiten (1772).*

es wurde die Kirche von [Mohilew] zur MetropolitanKirche ernannt, ein
Erzbischof der das | Pallium tragen durfte; er bekam *drei* Suffragan- 82ᵛ
bischöfe und ein Consistorium. Bei der zweiten und dritten Theilung
von Polen kamen nun noch mehr Katholiken unter die Rußische Herr-
5 schaft. Davon ist aber jetzt *nicht zu* reden. In jenem katholischen Theil
von Rußland war auch eine bedeutende Menge von Klöstern, Franziskaner, Bernhardiner, Carmeliter, Dominikaner etc, die von allen auswärtigen Oberen unabhängig gemacht waren. Später unter Kaiser Paul
ist auch ein ReichsCollegium für die katholischen Angelegenheiten er-
10 richtet worden, ein eigenes Departement für die katholischen Angelegenheiten unter dem höchsten JustizCollegium in Petersburg. Dieses hat das
Recht des Staats in Beziehung auf alle kirchlichen Angelegenheiten
wahrzunehmen, den päbstlichen Bullen und Breven das landesherrliche
Placet zu ertheilen und den Hirtenbriefen des Erzbischofs die Publication
15 zu ertheilen. Es entstanden nun bald Streitigkeiten zwischen diesem Departement und dem Erzbischof, der dahin geschlichtet wurde, daß der
Erzbischof Präsident dieses Collegiums wurde, was einen hohen Grad
des Zutrauens beweist.   Die Aufhebung des Jesuiterordens erfolgte
bald nach dieser Erweiterung der Katholischen Kirche in Rußland; allein
20 der kaiserliche Hof versagte der *päbstlichen* Bulle, wodurch der Jesuiterorden aufgehoben wurde, das Placet; die Jesuiten blieben also, besonders in Lithauen hatten sie sich niedergelaßen; auch in Petersburg hatten
sie ein blühendes Collegium. Nun strömte alles Jesuitische nach Rußland, wo sie nun *sechs* oder *acht* verschiedene Collegien bildeten. Der
25 Erzbischof von Mohilew autorisierte im Jahr 79 die Jesuiten aufs neue;
sie sollten fortbestehen und auch Novizen aufnehmen können; Pius VII
1801 bestätigte dies, und nachher stellte er sie *selbst* auch in Italien
wieder her; wären sie in Rußland *nicht auch* geduldet worden, sie wären
vielleicht nie wieder aufgestanden. In der letzten Zeit haben sie sich in
30 Rußland *selbst* so schlecht aufgeführt, daß sie mit einmal aufgehoben
und über die Gränzen gebracht wurden, wahrscheinlich ist [das] durch
den Einfluß der griechischen Geistlichkeit geschehen, *weil* sie sich nicht
des Proselytenmachens hatten enthalten können. Nun haben sie aber
umgekehrt wieder Zuflucht in Italien und Frankreich und anderswo ge-
35 funden. In Petersburg haben sich die Katholiken in dem ziemlich natürlichen Verhältniß mit dem Wachsthum der Stadt selbst, so vermehrt, daß

---

1 [*Mohilew*]] *Lakune*   20 *päbstlichen*] kaiserlichen   25 Mohilew] Mohiles

---

8 *Zusatz Schubring 112 (Fink 177; Stolpe 336; Brodkorb 45ᵛ): „Sie wurden unter die
Oberaufsicht des Erzbischofs gestellt." Vgl. Stäudlin I, S. 325.*   **18–21** *Vgl. oben 254,10–13.*
30f *Dies geschah im Jahr 1820.*

83ʳ sie *drei* bedeutende Gem*einden* | das*elbst* haben. Das ist de*r* Zustand de*r* Katho*lischen* Kirche in Rußland ziem*lich* unt*er* denselben V*er*hältnissen, wie in d*en* übrigen Ländern. Sie bekomm*en* ihre Geist*lichen* auch *nicht* mehr aus Ital*ien*; sie soll*en* aus d*en* Orden d*er* Franziskaner u*nd* Piaristen genomm*en* w*erden*. Seminarien gibt es nun b*ei* d*en* Bischöf*en*[,] 5 mögen si*ch* aber wohl *nicht* in d*em* blühendsten Zustand befind*en*.

Eine Z*eit*lang hat nun ein großer The*il* von d*em* gesammt*en* P o l e n zu Rußland gehört, u*nd* nun ist end*lich*

das jetzig*e* Königreich Polen

gebildet. Es hat seit die*ser* Z*eit* der pol*itischen* Restitution, seit d*em* 10 Pariser Frieden der Ruß*ische* Kaiser auch einen rußisch polnischen Bevollmächtig*ten* in Rom, um d*ie* Vermittlung d*er* Communication zu sein (ebenso wie Preussen es jetzt hat.) aber erst seit Alex*ander* König von Polen geword*en* ist.   Es sind nun hier lange eine M*enge* bürger*licher* Unruh*en* gewesen, *welche die* Religion zum Vorwand hatten. Die 15 R*eformation* hatte einen b*edeutenden* Fortschritt in Polen g*emacht* u*nd* es gab in d*en* verschiedenen Provinz*en* auch unt*er* d*en* Groß*en* eine bedeutende Anzahl Ev*angelischer* Famili*en*; es entsta*nden* unt*er* d*em* Nam*en* von Confoederationen Privatfehden, die aus Re*ligionshaß* si*ch* geg*en*seitig befehd*eten* u*nd* das hat d*en* ersten Vorwand geg*eben* zur 20 Zerstükelung von Polen. Preussen u*nd* Russland hab*en* si*ch* ins Mittel geschlag*en*; Preussen hat si*ch* der Ev*angelischen* angenomm*en* u*nd* sie geg*en* d*ie* kath*olischen* Conföderationen in Schutz genomm*en*. Nun ist es denn dahin gekomm*en*, daß Preuß*en* d*en* größt*en* The*il* des protestan*tischen* Polens inne hat; obgl*eich* in d*em* eigent*lichen* Königreich auch 25 noch einig*e* Protestant*en* sind.   Es hat nun eine Einthe*ilung* in *neun* Bisthümer u*nd sechs* Collegiatkirchen etwa 2000 Pfarrk*irchen* u*nd* geg*en* 3 ½ Mill*ionen* kath*olische* Einwohner. Die pol*nische* Nation ist nun in *Beziehung* auf d*ie* Bildung sehr ungl*eich* bedacht. Der hohe Adel hat eine französische Bildung; d*ie* Städte sind unbedeutend u*nd* besteh*en* meist 30 aus Juden u*nd* fremd*en*, u*nd* das Volk ist unt*er* d*em* Zustand der Leibeigenschaft. Daraus entsteht nun auch d*ie* nacht*heilige* Folg*e*, daß ein großer Untersch*ied* ist zwi*schen* der höher*en* u*nd* niederen Geist*lichkeit*;

---

21 *sich*] sic

---

13 f *1815 wurde Zar Alexander I. König von Polen.*

die | niedere ist in den Seminaren unzulänglich genug abgerichtet und   83ᵛ
lesen ihr Latein her, ohne daß sie es verstehen. Die höhere Geistlichkeit
ist dagegen aus den höheren Ständen wegen der Domkapitel; sie haben
eine allgemeine litterarische Bildung, eine theologische auch nicht; sie
5 sind freilich an gewisse theologische Prästationen in wissenschaftlicher
Hinsicht gebunden, wenn sie ihre Stellen antreten. Aber es wird damit so
genau nicht genommen. Es gibt wohl kein Land wo der Kultus auch bei
den Geistlichen so zurük wäre. Das Volk ist roh und der Gottesdienst
und die Feste sind mit den gröbsten Ausschweifungen verknüpft. Es ist
10 nun eine Universität in Warschau errichtet; auch in Krakau; es fehlt also
nicht an höheren Bildungsanstalten; es sind an diesen auch einige Lehrer
aus Deutschland, die aber mit ihrer Wissenschaft wie sie klagen, keinen
Eingang finden können.

    Nun wäre noch etwas zu sagen über den Zustand der katholischen
15 Kirche in der

Türkei

Da leben viele Katholiken, die aber nicht Einwohner, sondern Eingewanderte sind; aber sie haben alles mit sich geführt, was zur Katholischen Kirche gehört. Als sogenannte Franken stehen sie unter dem
20 Schutz der Europäischen Mächte, die ihre Gesandten da haben. Das ist
eine ganz andere Verfaßung, als unter der die syrischen armenischen und
griechischen Christen in der Türkei stehen; denn sie sind Rajas (Unterthanen) unterworfene.

    Die Türkei ist nun auch ein Missionsland; es steht also unter der
25 Congregatio de propaganda fide; den Schutz der katholischen Unterthanen theilen sich hier [Österreich,] Spanien, Frankreich, Sardinien; es
sind hier zwölf Katholische Kirchen und sechs Klöster, besonders Franziskaner, welche auch die sog. Missionen bedienen; das ist aber keine
Anstalt: Türken zu Christen zu machen; denn das ist gar nicht gestattet;
30 sie sind nichts anderes als Anstalten um die zerstreuten Katholiken mit
den Sacramenten und dem nothwendigen Religionsunterricht zu bedienen. Diese Franziskaner sind theils Franzosen, theils Italiener, theils Spanier, das sind die Sprachen, die in der Levante ziemlich gäng und gebe

---

25 den] davor ⟪in⟫   26 [Österreich,]] *ergänzt nach Schubring 114; Stolpe 337; Schmidt*
196

26f *Hier: in Konstantinopel*

sind. Das Deutsche wird wenig oder gar *nicht* gesprochen, obgleich sonderlich der Österreichische Gesandte jetzt großen Einfluß hat. Der superior dieser Franziskaner *muß* immer ein Römer sein, der procurator
ein Spanier und der Vicarius ein Franzose; der procurator hat die
84ʳ Rechtsverhältnisse wahrzunehmen | und herrscht eigentlich unum-   5
schränkt, obgleich der Superior eigentlich höher steht. Nächst Constan-
tinopel ist nun J e r u s a l e m der *Hauptsitz der katholischen Kirche*, wo
sie das Kloster S t S a l v a t o r inne haben. Daß die Katholischen Christen
dort ebenfalls sich in einem sehr untergeordneten Zustand auch in Beziehung auf die religiöse Bildung [*befinden*], ist klar. Ihre Religiosität ist   10
auf dem Fuß, wie sie in den Romanischen Städten überhaupt ist. Die
Klöster ergänzen sich nun gar aus den niederen Volksklassen aus Aben-
theurern, aus Matrosen, die sich da niederlaßen und aus freigewordenen
Gefangenen etc. Indeß ist doch Alles in einem solchen Zustand, daß man
die Möglichkeit *nicht* verkennen kann, daß sich etwas ganz Neues ge-   15
stalten wird. Man kann *nicht* läugnen daß die Katholiken durch ihre
Missionen sich dort immer mehr verbreitet haben, nämlich unter den
griechischen und armenischen Christen, mit den griechischen geht es so,
daß es u n i r t e gibt und diese ziehen immer mehrere von den übrigen an
sich. Kurz die *Katholische Kirche* ist dort gegenwärtig im Verhältniß   20
gegen die übrigen *christlichen* Parteien in Zunahme aber auch nur in
Beziehung auf die Extension.

50. Stunde

Allgemeine Zusammenstellung

Der Zustand der Katholischen Kirche und
ihre Handlungsweise als lebendiges geschicht*liches* Ganzes   25
in Europa

Wenn wir sie rein als *Kirche* ansehen und als *christlich* so müssen wir ihr
doch ein lebendiges Bestreben zuschreiben: das *Christenthum* zu begünstigen und auszubreiten wenn auch unter einer uns fremden Form. Wir
können es aber *nicht* anders [*denn*] als ein geistiges ansehen; die Form   30

---

6 Superior] Sucer

11 *Zusatz Schubring 114 (Fink 179; Stolpe 337; Schmidt 196; Brodkorb 46ᵛ): „Man muß
einen Unterschied machen zwischen reichen katholischen Handlungshäusern welche dort
Generationen hindurch blühen, welche eine größere Bildung und mehr romanische haben."*
16–20 *Stäudlin II, S. 615*

können wir *nicht* anders bestimmen als daß wir ihr den Character der geistlichen Monarchie beilegen.   Wenn wir nun die bisherige Geschichte und den gegenwärtigen Zustand befragen, so ist wohl der Sitz der geistlichen Monarchie *nicht* das Centrum des geistigen Bestrebens[.]

5   In dem Obigen über die päbstliche Regierung. – Jenes religiöse Bestreben kommt in der Organisation wenig zum Vorschein; sie haben freilich ihren Ort in der Congregatio dei santi riti und in der de propaganda fide; aber das Wesen der ersten hat eigentlich fast gar keine Richtung darauf, die Kraft des religiösen Princips durch den Gottesdienst mehr zu

10 fördern und zu verbreiten; es scheint hier aber nur darauf herauszugehen das Centrum der geistlichen Monarchie zu befestigen. In der congregatio de propaganda fide finden wir *zwei* Bestebungen: das *Christenthum* unter den Heiden zu verbreiten und es zu vernichten in der Gestalt der Ketzereien, wobei die polemische Thätigkeit überwiegend auf die geist-

15 liche | Monarchie gerichtet ist. Es ist in der Mitte von beiden ein *Punkt*   84ᵛ
wo dies recht zum Vorschein kommt, nämlich in der Wirkung der katholischen Kirche auf das verlassene äußerste Ende der Christenheit legt sie es darauf an: die Form des katholischen Gottesdienstes und die Autorität des Pabstes einzuschwärzen. *Fragen* wir nun: wo hat denn

20 eigentlich das g e i s t i g e Leben der *Katholischen* Kirche seinen Sitz? Offenbar können wir es nur in dem K l e r u s suchen, die Laien haben gar keine Art sich geistig zu äußern; nun ist wohl das geistige Leben in der *Katholischen* Kirche am stärksten da wo sie am meisten von der *Evangelischen* Kirche durchdrungen ist. Da finden wir auf der einen Seite am

25 meisten sich das Theologische entwikeln *nicht* bloß in dem traditionellen sondern auch wissenschaftlichen Character, da finden wir auch die Seelsorge eine ächt *christliche* Richtung nehmend. Wo i s t das nun? Nur in Frankreich und besonders in D e u t s c h l a n d. Sehen wir also auf die ganze Vertheilung so ist Rom das Centrum der geistlichen Monarchie

30 und Deutschland das Centrum der intelligenten Kraft. Beide bilden offenbar einen großen Antagonismus gegen einander. Wenn wir nun die Geschichte fragen so ist eigentlich in der ganzen modernen Zeit die Regierung Karls *Magni* der *Punkt* gewesen wo sich eine Größe und Kraft in der *Katholischen* Kirche in der neueren Zeit geäußert hat, und

35 in dem waren Frankreich und Deutschland zugleich[,] also gebührt ihnen beiden der Ruhm dieses geistigen Lebens.
     Wir können den gegenwärtigen inneren Zustand der katholischen Kirche in der That auf diesen Antagonismus zurükführen; es ist in dem

---

16f in ... *Christenheit*] *Schubring 115 (Anonym: „unter den entlegensten heidnischen Völkern")*

Centrum der geistlichen Monarchie immer eine Fürsorge dafür, daß sich
das Centrum der geistigen Lebendigkeit nicht allzu sehr verbreiten mögte und umgekehrt. Daher nun in der geistlichen Monarchie selbst das
sichtliche Bestreben alles in Beziehung auf die Gestaltung des Lehrbegriffs und die christliche Sitte als bestehend festzuhalten und was sich als   5
Neues geltend machen will abzuwehren als verderbend. Das neuere Bestreben: den Pabst über die Autorität der Kirchenversammlung zu erheben tritt jetzt wieder mehr und mehr zurük und die Römische Kurie
schließt sich offenbar an die tridentischen Concilbeschlüsse und der
Pabst beschneidet sich in seinem Recht, um die ganze Kirche immer   10
mehr in die Fessel des tridentischen Concils zu schmiegen. Dagegen vom
Centrum des geistigen Lebens aus man nun manche Theorie aufzustellen
sucht, um daneben noch so viel möglich eigene Geistesfreiheit übrig zu
behalten, was freilich sich schwer thun läßt, aber man ist doch in diesem
Bestreben. Nun wollen wir die Katholische Kirche betrachten in ihrem   15
Verhältniß zur weltlichen Macht. |

Von dem Verhältniß der weltlichen Macht
zur Katholischen Kirche und umgekehrt.

Da finden wir auch einen merkwürdigen Antagonismus, von dem man
nicht wissen kann, was daraus sich entwikeln wird.   20
  Zu der Zeit, als nun der Streit, was in der Kirche die höchste Autorität sei (der Pabst oder die Kirchenversammlung) am meisten lebendig
war, und man nun das letzte dafür hielt und die Monarchie dadurch in
einer beschränkten, und umgekehrt in einer unbeschränkten Form erschien, – (im ersten Fall kann die Kirchenversammlung o h n e[,] im   25
anderen nur d u r c h den Pabst zu Stande kommen) so ist dieser nun
nicht mehr im Gange, weil eine allgemeine Kirchenversammlung jetzt
nicht mehr möglich erscheint, weil eine zu große Menge von selbstständigen Mächten da ist, deren Mitwirkung dabei erforderlich wäre. Indem
das usurpirte Primat des Römischen Kaisers verschwunden ist, hat auch   30
das Verhältniß der weltlichen Macht zur Katholischen Kirche eine
andere Gestalt angenommen, besonders durch das T e r r i t o r i a l I n -
t e r e ß e wodurch die Katholische Kirche in einem bestimmten Raum

---

7 Kirchenversammlung] Kirche

21–25 *Schleiermacher meint die Blütezeit des Konziliarismus in der ersten Hälfte des 15.*
Jahrhunderts.

beschränkt und unabhängig gemacht werden soll von dem Römischen Stuhl.   Es kommt also bei unserer obigen Untersuchung darauf an: wie die verschiedenen weltlichen Mächte das Territorialsystem begünstigen oder nicht; die akatholischen haben es immer beschützt und
5 da es zusammenfällt mit dem Interesse der geistigen Lebendigkeit so sind also auch die Evangelischen Staaten die, welchen es am meisten natürlich ist die Katholische Kirche in Schutz zu nehmen gegen die erstarrten Principien, die vom Römischen Hofe ausgehen. Freilich hat der Pabst auch am meisten einräumen müssen bei Katholischen Regierungen, aber
10 wie benutzen die das? Die Regierungsmaximen wißen wir hängen in monarchischen Staaten von der Persönlichkeit des Regenten oder seiner Organe ab und wechseln je nachdem diese wechseln. Die Katholischen Regierungen sind offenbar in dem Interesse des Römischen Hofes befangen: lieber alles zu lassen wie es ist. So entsteht denn nun ein
15 Gleichgewicht zwischen beiden, wogegen nicht zu läugnen ist, daß, wenn die weltliche Macht sich zusammen auf das Monarchische Princip würfe, der Ausgang entschieden sein würde. Aber nun kann es freilich ja auch Evangelische Fürsten geben, welche das Interesse des Pabstes begünstigen und das geistige Leben nicht entwikeln wollen; der
20 Grund dafür wird besonders ein Meinungsgrund sein, obgleich auch politische Verhältnisse dazu wirken können. An die Religion der Regierung selbst ist also jenes nicht gebunden. Nun ist offenbar das Interesse des Römischen Hofs immer dies: das Territorialsystem auf alle Weise in Schranken zu halten und die Abhängigkeit jeder | Landeskirche 85ᵛ
25 vom Römischen Stuhl so fest zu machen als möglich.
    Ein Paar kürzlich bekanntgewordene Ereignisse sind noch nachzuholen. In der letzten Verhandlung mit den Schweizerregierungen bei der Gründung des Bisthums Basel war die Regierung darauf bedacht, daß die Bischöfe in Beziehung auf die Verwaltung der Kirche in ihrem Gebiet
30 sich den Regierungen verpflichten sollten. Das hat nun der Papa überall zugegeben in den neueren Concordaten, hier aber nicht und hat gemeint: die schweizerischen Bischöfe wären nie eine solche Verpflichtung gegen die Regierung eingegangen. Dadurch hat man sich beschwichtigen lassen; aber es ist doch eine wichtige Präcedenz; denn Katholische Bischöfe
35 sind in der Schweiz auch nie in einer solchen Lage gewesen. – Da hat nun also das TerritorialSystem den Kürzeren gezogen.   Ebenso hat sich neuerdings ergeben, daß der Römische Hof in Sachsen dem obersten Geistlichen dem Vicar seine Ernennung noch nicht gegeben und deswegen nicht, weil dieser einen Unterthanen und Dienst-eid leisten sollte
40 und weil dem Consistorium dem Vicariatsgericht weltliche Mitglieder

beigegeben werden sollten, die gar *nicht* katholisch zu sein brauchen,
und auch darum, *wei*l ein Verbot *gegen* das Proselytenmachen in dem
Mandat enthalten ist. Da*gegen* könnte nun der Pabst eigentlich *nicht*s
einwenden; aber er hat doch gesagt: daß diese Vorschrift die *Geistlichen*
beständigen *Untersuchungen* vor den weltlichen Gerichten aussetzen   5
würde, und das kann sich die Kirche nicht gefallen laßen. Man würde
das wohl schwer*lich* zu opponiren gewagt haben, wenn man sich *nicht*
auf die Frömmigkeit des Hofs verlassen hat oder auf die Geistlichen die
vielleicht größere Hoffnung haben auf die Ausbreitung der Katholischen
Kirche in Sachsen.   10

Verhalten des Römischen Hofs in Beziehung auf die Evangelische Kirche.

Die Doctrin steht in der *Katholischen* Kirche noch *nicht* fest, ob die
Evangelische Kirche eine häresis oder eine Spaltung ist; in praxi waltet
das erste noch immer mehr ob. In dem Römischen Diensteid müssen sich   15
die Bischöfe verpflichten die Ketzer und auch die Spaltungen zu verfolgen, – also verfolgt werden wir in jedem Fall. Nun hat der Pabst *nicht*
umhin gekonnt die Protestantischen Fürsten anzuerkennen, und neuerlich noch: sie zu loben und sich bei ihnen zu bedanken, *wei*l sie ihn auch
mit eingesetzt haben in *seinen* alten Stuhl; aber jure sieht er sie doch   20
nicht als rechtmaßig an, wenn auch facto; er hat immer eine beständige
Richtung *gegen* ihr Recht und ihre Kirchen. Nun ist offenbar, daß die
Reformation ein fortwachsendes | ist und darum auch in dem Interesse
gegen die *Katholische Kirche* fortlebt, aber auch nur auf dieselbe Weise
wie sie es von Anfang gethan, indem sie nur *gegen* das protestirt, was in   25
der *Katholischen Kirche gegen* die Schriftmäßigkeit ist.   Hier ist zu merken: daß ein *Verhältniß* der Evangelischen Kirche zur
Katholischen Kirche nur statt findet in gewissen Regionen, die gar *nicht*
die nächsten sind am Centrum der *geist*lichen Macht; und dann: daß es
ein *Verhältniß* der *Katholischen Kirche* gibt in katholischen Ländern das   30
polemisch *gegen* die *Kirche* auftritt nämlich in der Gestalt der Irreli
giosität der Freigeisterei.   Dieses beides scheidet die Katholische Kir-

86ʳ (margin left, line 23)
51. Stunde (margin left, line 27)

---

31 die] *folgt* 《Evangelische》

17–20 *Vgl.* 316,13–19.   **21** *Zusatz Schubring 117 (Fink 184; Schmidt 199):* „Alle über-
wiegend evangelischen Länder werden als Missionsländer angesehen; also eine beständige
Polemik."

che nicht genau und identificirt dieses immer. Das *kann* freilich uns
nicht anders als ein Irrthum erscheinen, und wir haben das bestimmte
Urtheil darüber; aber wenn wir davon ausgehen: in der *Katholischen*
Kirche ist nun einmal dieser Irrthum, so beurtheilen wir die *Katholische*
5   *Kirche* weniger ungerecht; freilich ist der Irrthum *selbst* eine Handlungs-
weise die will auch beurtheilt werden. – Da ist nun das Erste: daß die
Katholische Kirche einen Anspruch darauf macht: die katholische die
allgemeine zu sein; in Allem, was sich von ihr ausscheidet, setzt sie ein
unchristliches; dabei macht sie auch keinen Unterschied zwischen dem,
10 was in ihr das gemeinsam *christliche* ist und zwischen dem, was ihren
besonderen Character bestimmt. Darum erscheint ihr ein jeder Antagonismus gegen ihr monarchisches Princip wie ein Antagonismus gegen
das *Christenthum selbst*, weil ihr die *Katholische Kirche nicht* etwas
besonderes ist.   Nun wollen wir noch etwas anderes bedenken: näm-
15 lich daß als sich der Protestantismus entwikelte auch jenes Princip sich
entwikelte (wie wir denn *nicht* läugnen können, daß schon unter den
Socinianern manche waren, die an eine Vernichtung des eigenthümlich
christlichen sich anschlossen, und daß andere Philosophen Feindselig-
keiten gegen das *Christenthum* aufstellten) man auch das *Evangelische*
20 *Princip mit dem Socinianischen* etc. identificirt hat und sie ebenso wenig
hat gelten laßen wollen, als alle anderen Abweichungen. Im gegenwärtigen Augenblik ist das allgemeine Verhältniß sehr merkwürdig; mit der
Orientalischen Kirche ist die *Römische Kirche* darin getrennt, daß jene
die Autorität des Pabstes *nicht* anerkennt; die Katholiken gehen *nicht*
25 mehr auf die alten facta zurük: daß früher *zwei* Patriarchen gewesen und
daß der zu Constantinopel dem zu Rom ursprünglich *nicht* unterworfen
war. Nun bestehen noch manche andere Differenzen zwischen beiden;
aber die *Römische Kirche* hat sich immer begnügt auf die *Orientalische*
Kirche eine solche Thätigkeit auszuüben, daß sie das immer als etwas
30 *Partikulares* stehen ließ, wenn nur einzelne Gemeinden sich gefallen
laßen wollten, den Primat des Pabstes anzuerkennen, dann konnten sie
immer sub utraque communiciren und die Geistlichen konnten heirathen
etc. |

In Böhmen, *zur Zeit der Hussiten* haben wir ein ähnliches; die Spal-   86ᵛ
35 tung drehte sich zunächst um den Genuß des Abendmahls, und man
gestattete ihnen auch die beiderlei Gestalten. Mit der Protestantischen
Kirche aber hat sich nie eine solche Union finden wollen; und das ist das

---

34–36 *Das Konzil von Basel gestand 1433 den gemäßigten Hussiten (Calixtinern oder*
Utraquisten) zu, daß bei der Feier der Eucharistie auch die Laien den Kelch empfangen
dürften.

Auffallende; es kommt aber daher, *weil* die Dogmatik in der *Evangeli-*
schen Kirche einen solchen Gang genommen hat, daß an dem *Punkt* der
Anerkennung des *Pabstes keine* Vereinbarung verfangen konnte; denn
man kann uns nirgend sonst etwas anbieten, als den Einfluß des *Pabstes*
und *seinen* Primat anzuerkennen – das können w i r nie zugeben. Darum   5
bleibt die *Katholische Kirche* gegen die *Evangelische Kirche* immer in
demselben Zustand wie gegen das, was wir nun ebenso gut wie sie als
ein Unchristliches setzen, und darum ist auch eher zu entschuldigen daß
die *Katholische Kirche* immer beides *weil* sies als eins ansieht, *nicht*
dulden will in ganz gleichem Maaß.   Dann kommt auch die Natio-   10
nalbildung der *Evangelischen Kirche* dazu, *welche die* Italiener nie ver
standen haben. Diejenigen Theile der *Katholischen Kirche welche* mit
der *Evangelischen Kirche* in unmittelbarer Berührung stehen, die stehen
offenbar in einem *zweifach* verschiedenen *Verhältniß* zur Evangelischen
Kirche. Hier und da erkennt man auch Manches als Mißbrauch an, was   15
die Protestanten [*als solchen ansehen*]; dann aber streiten sie auf spe-
culative *Weise mit* uns und *construiren sich* einen Special-Catholicismus,
wobei sie gar *nicht* so darauf dringen, daß wir den Pabst anerkennen
sollen. Es ist also hier ein ganz anderer Zustand, *weil* hier die geistige
Lebendigkeit vorherrscht; die *Katholische Kirche* ist also in dieser Bezie-   20
hung in *sich selbst* gar *nicht* so einig, wie sie *sich* immer dastellen will.

   Von einer anderen *Seite* angesehen, so ist doch klar: die *Evangelische*
Kirche ist gleichsam aus Nichts durch die Polemik gegen die *Katholische*
Kirche und aus der *Katholischen Kirche* entstanden. A u s N i c h t s d.h.
das wesentliche des *Protestantismus* ist zwar früher vorhanden gewesen   25
aber nur in einzelnen Erscheinungen, aber die Organisation dieses Einzelnen ist immer eine plötzliche gewesen; die *Evangelische Kirche* ist
immer aus der *Katholischen Kirche* geworden und hat ihren ganzen
Umfang jetzt der *Katholischen Kirche* entrissen. Die Ausbreitung geschah freilich nur in der Form einer rapiden Umwälzung und einer plötz-   30
lichen Reaction. Allein wenn auch jetzt Manches, was der *Evangelischen*
Kirche schon gewonnen, an die *Katholische Kirche* wieder verloren gegangen war, so sind doch das nur einzelne Erscheinungen und wir kön-
nen nicht sagen, daß es *sich* ebenso schnell und in demselben Umfang
wiederhole, wie die Ausbreitung der *Evangelischen Kirche*. Die *Evan-*   35
gelische Kirche kann *selbst* nur auf dieselbe *Weise* fortbestehen, als wie
87ʳ   sie entstanden ist, | sie hat freilich nun eine größere *Bedeutung* gewonnen

---

35 *Zusatz Schubring* 119 (*Fink* 187): „*Vielmehr wenn wir bedenken, wie früher öfter sind*
evangelische Fürstenhäuser zur katholischen Kirche zurückgekehrt, so finden wir im Ge-
gentheil daß das Maß jetzt geringer ist. Wir haben alle Ursache, den Zustand noch als
denselben anzusehen."

und nimmt ebenso unter Juden und Heiden zu, wie die Katholische
Kirche, so ist doch ihr Hauptgebiet in der abendländischen Kirche und
die Hauptsache in ihr bleibt immer: das *nicht zu* verwirren, was sie
verwirrt, und sie neben uns bestehen zu lassen, so gut als wir wollen,
5 daß sie uns sollen bestehen lassen, und das hat sie gethan, und wenn sie
es *nicht* gethan hätte, so wäre die Evangelische Kirche gar *nicht* entstanden. Die Katholische Kirche hat also immer das Intereße sich gegen
uns zu wehren, *weil* wir uns immer mehr ausbreiten und sie zurükdrän-
gen. Wie verfährt sie nun da gegen uns? Ihre Darstellung des Lehrbe-
10 griffs in der gegenwärtigen Zeit ist noch dieselbe als die frühere; da wäre
also in dieser Beziehung *nicht*s zu sagen, aber in Beziehung *auf* das
Verhältniß gegen die Evangelische Kirche müssen wir doch etwas davon
sagen, wenigstens von dem Verfahren mit derselben. Näm*lich* wer der
Katholischen Kirche angehören will, *kann* von einer verschiedenen
15 Gestaltung des Lehrbegriffs in ihr *nicht* reden. *Ganz* anders aber ist es,
wenn davon geredet wird die Elemente des Lehrbegriffs zusammen-
zustellen, als ein Corpus und dann, wie sie vertheidigt werden soll gegen
die Evangelische Kirche; denn da ist die allgemeine Annahme doch: daß
insofern nur die Elemente des Lehrbegriffs dieselben bleiben, ein jeder so
20 frei ist in der Katholischen Kirche als in der Evangelischen. Da gibt es
also ein Verfahren dem Lehrbegriff eine solche Stellung zu geben, wo
man den Begriffen der Evangelischen Kirche ausweichen kann. Dann
kommt es darauf an in einem anderem wissenschaftlichen Gebiet die
Vertheidigung der Katholischen Kirche gegen die Evangelische zu füh-
25 ren; dies kann geschichtlich und philosophisch sein. In all diesem ist die
Katholische Kirche jetzt sehr beschäfftigt aber auch nur in Deutschland;
sie ziehen Alles zurük was der Evangelischen Kirche am meisten anstö-
ßig ist und schieben anderes vor, wodurch nun, was dahinter ist, auch
annehmlicher werden soll. Ebenso in Beziehung auf das philosophische;
30 man gibt das Geschichtliche dabei auch *nicht* ganz auf, aber das Philosophische ist doch das Vorherrschende. Das ist also die intelligente Apo-
logetik der Katholischen Kirche die zugleich eine indirekte Polemik
gegen uns ist. Diejenigen Mittel aber die man sich vom Centrum der
geistlichen Macht aus gegen die Evangelische Kirche gebraucht, sind

---

3f *Scil. was die katholische Kirche verwirrt.*   25–33 *Schleiermacher denkt offenbar an
Georg Hermes (1775–1831) und seine Schüler oder an Franz Xaver von Baader
(1765–1841). Hermes, Professor der Dogmatik in Münster und seit 1819 in Bonn, meinte,
beeinflußt von Kants kritischer Philosphie, die Notwendigkeit der übernatürlichen Offenbarung und die Richtigkeit des römisch-katholischen Dogmas rational, durch Zweifel und
Untersuchung hindurch, zu beweisen zu können. Papst Gregor XVI. verdammte 1835 in
dem Breve „Dum acerbissimas" die Lehre Hermes'. Baader hielt seit 1826 in München
spekulative Vorlesungen zur Religionsphilosophie. Als er 1838 den Ultramontanismus kri-
tisierte, verbot ihm das Ministerium die Vorlesungen.*

ganz anders. Da legt man es besonders darauf an, zuerst im Großen im
Politischen: die Katholische Kirche immer so zu stellen, daß die Evangelische insofern sie auch eine weltliche Macht besitzt ihr nichts anha-
ben kann; dann aber auch besonders im Einzelnen auf die Gemüther zu
wirken[,] und da gibt sich am meisten kund, wie man die Evangelische   5
87ᵛ Kirche, | die protestantische Gesinnung und den Unglauben und die Un-
christlichkeit auf dieselbe Weise behandelt, denn es ist daßelbe Missionswesen gegen allen Unglauben und gegen die Evangelische Kirche. Hiezu
sind nun von je im Allgemeinen die Mönchsorden, in specie die Jesuiten,
hernach aber alle kleineren Verbrüderungen in der Katholischen Kirche 10
gebraucht worden. So sehen wir, wie nun z.B. *parallel* Frankreich
ebenso gut der Sitz eines lebendigen Protestantismus als auch der Sitz
eines lebendigen Unglaubens in den Augen des Römischen Hofs ist. Nun
gibt man sich alle Mühe wobei man freilich sehr behutsam zu Werk
gehen muß, die Jesuiten in die Nähe der Protestanten zu bringen, wie in 15
der Schweiz schon geschehen, in Baiern aber *nicht* durchgedrungen ist,
und wie solche Versuche in Frankreich in Beziehung auf die Niederlanden angelegt wurden.
    Fragen wir nun aber nur aus dem Gesichtspunkt der Katholischen
Kirche woran sich diese Wirksamkeit am meisten bricht: offenbar in 20
unserem schwächeren kirchlichen Band findet die Katholische Kirche
manche Erleichterung auf diese Weise im einzelnen zu verfahren; aber
indem wir constant bei dem ursprünglichen bleiben und den lebendigen
Verkehr der Glieder der Kirche unter einander unterhalten so bricht
[sich] hieran doch die Thätigkeit der Katholischen Kirche, so daß wir 25
eigentlich ganz unabsichtlich so gegen die Katholische Kirche uns wehren.   Man kann also doch wohl das Verhältniß *nicht* anders, als wie
früher ansehen; das rapide Wachsthum *muß* natürlich abnehmen, aber
die Entwiklung geht freilich immer langsam und nur im Kleinen, aber
doch immer im Fortschreiten.   30
52. Stunde   Wie steht es nun um d i e T e n d e n z n a c h e i n e m w e l t l i c h e n
E i n f l u ß die sich so stark in der geistlichen Monarchie früher entwikelt
hat? Sehen wir *auf die letzte Zeit* zurük so ist offenbar diese *ganze*
Tendenz auf Null reducirt gewesen damals als der Römische Bischof sich
in der französischen Gefangenschaft befand; sein g e i s t l i c h e s Ansehen 35
hatte damals gar *nicht* gelitten, ja es war wohl am größten damals; aber
seine weltliche Macht war auf Null reducirt – es blieb ihm *nichts* übrig
an Kraft – Was würde nun dadurch geworden sein, wenn man den Papa

---

33–35 Vgl. oben 246,28–29.

in s*einen* welt*lichen* Sitz *nicht* wieder eingesetzt hätte, sond*ern* ihm nur
in Rom als Bischof etwa eine Pfründe gegeben? Das wäre *nichts* weiter
gewes*en* als d*ie* Vollendung dessen, was in g*anz* Deutschland geschehen
war, wo m*an* d*ie* Reichsstände von d*en* Personen d*er* Erzbischöfe ge-
5   trennt, weiter wäre wohl *nicht*s dara*us* entstanden. Warum es *nicht*
geschehen ist, wage ich *nicht* zu entscheiden; es k*ann* sein: daß es eine
Pietät d*er* kath*ol*ischen Fürst*en* gewes*en* sei od*er* eine Uneinigkeit sich
darüber zu vertragen, wer d*en* K*irchen*staat nun h*ab*en sollt*e*, was d*en*
Grund dazu gegeben h*a*t. Dies war nun d*er* Mitter|nachtsculminations-   88ʳ
10   *punkt* d*er* päbst*lichen* Macht – er war am m*eisten* gesunken; jetzt ab*er*
fängt er an wieder zu steig*en*; in Deutsch*land* freilich *nicht* so sehr; ab*er*
in einz*elnen* Ländern arbeitet d*er* Römische Hof immer dahin d*en*
Geistlich*en* ihren Grundbesitz wieder zu verschaffen (so ist es in d*en*
Niederlanden das in *zwei* Theile getheilt ist, in Niederlande *und* Belgien;
15   da h*a*t sich d*er* Pab*st* beklagt: daß in Belgien d*ie* *Katholische* Kirche
nicht für d*ie* herrschende erklärt word*en* ist, was eine g*anz* unsinnige
Forderung ist; denn Belgien ist doch nur ein Th*ei*l d*er* Niederlande)[.]
Ebenso sucht d*er* Römische Hof d*ie* Verringerung s*einer* Geldmacht
wieder zu dek*en*; *und* da sieht m*an* recht, wie weit m*an* es m*it* d*er*
20   Gewalt d*er* M*ei*nung bring*en* k*ann*. Es ist dar*auf* gedrung*en* word*en* in
Deutsch*land*, daß d*er* Pab*st* sich ein*en* Stellvertreter setzen sollte *und*
k*ein* Geld n*ach* Rom geh*en* sollt*e* – das h*a*t dem Pab*st* nun sehr l*ei*d
gethan; er h*a*t d*ah*er d*as* Mittel ergriffen: freiwillige Beiträge für d*en*
Römischen Stuhl zu sammeln, dazu biet*en* nun d*ie* bestehenden Klöster
25   *und* Congregation*en* *auch* unt*er* d*en* Laien *und* d*ie* Verbindungen d*ie*
beßte Veranlass*un*g; d*ie* Jesuiten h*ab*en meist all*er* Verbrüderungen sich
bemächtigt *und* ihnen diese Richtung nach Rom hin gegeben. Auf diese
W*eise* sollen schon bedeutende Summen in Rom disponibel gewesen
sein, wod*urch* d*er* Römische Hof ein*en* groß*en* Einfluß i*m* westl*ichen*
30   Europa ausüben soll, wie m*an* sagt.
      Wenn m*an* nun dar*auf* sieht, was seit d*em* Wiener Congreß *und* dem
Pariserfrieden d*er* Pab*st* schon für welt*liche* Fortschritte gemacht h*a*t –
so ist *nicht* zu verkennen, daß s*eine* poli*tische* Macht wieder im Steig*en*
ist. Ja d*ie* welt*liche* Macht s*elbst* in Spani*en* *und* Fr*an*kreich kommt ihm
35   sogar dabei zu Hülfe; *und* Fr*an*kreich auf eine g*anz* unverfassungs-
mäßige W*eise*. Es gibt ein Recht d*er* Berufung an eine welt*liche* Macht

---

2 *nichts*] *nicht*   24 sammeln] samm   bestehenden] festehenden

15 *Leo XII. (1823–29)*   22 *Pius VII. (Luigi Barnaba Graf Chiaramonti OSB, 1800–23)*

über Mißbräuche der geistlichen. So ist der Fall vorgekommen: daß ein
Geistlicher einer Frau das Sacrament verweigert, weil sie Kirchengüter
besitze; nun hat aber Pabst und der König die Vertheilung der Kirchengüter sanctionirt – es ist also gar kein Rechtsgrund vorhanden; früher ist
schon in Rom mit päbstlicher Autorisation ein Buch erschienen daß,   5
wenn der Pabst versprochen habe, die Besitzer der Kirchengüter nicht zu
beunruhigen, so sei damit bloß gemeint: er wolle sie nicht vor ein weltliches Gericht ziehen. Das hätte er nun eigentlich gar nicht zu versprechen brauchen; denn das verstand sich von selbst; von den Geistlichen
Strafen aber hätte er sie gar nicht durchaus ausgeschlossen. Da nun der   10
Kirche und den Geistlichen das Recht behalten ist: Vermächtnisse frommer Personen anzunehmen; so wird schon dadurch der Weg geöffnet,
der Katholischen Kirche den Besitz der Kirchengüter wieder zu verschaffen.

Das sind nun freilich alles nur einzelne Anfänge, aber wenn man   15
darauf sieht wie in einem großen Theil der Geistlichkeit das ultramon-
tane Princip schon wieder überhand genommen hat, und man also
denken kann, daß das sich noch mehr | entwikeln wird so kann das für
die Katholische Kirche sehr bequeme Folgen haben. Es wird also hier der
Punkt von wo aus diesem Bestreben Gränzen gesetzt werden können,   20
kein anderer sein, als daß zuerst die Evangelischen Fürsten dieses zu
verhindern suchen, und daß die Intelligenz in der Römischen Kirche
welche nicht den Römischen Stuhl eben höher haben will, sich ganz auf
d i e s e Seite schlage. So ist es leider freilich nicht; es gibt Evangelische
Fürsten, die aus Großmuth dem Pabst viel nachgeben, weil sie glauben: 25
es gehöre dies zum Wesen der Katholischen Kirche, und sie wollen nicht
gern die Gewissen verletzen; aus kryptocatholischen Gründen thun sie es
wohl nicht.

Wir wollen nun hier ausnahmsweise den Theil Amerikas mitnehmen
der überwiegend katholisch ist.   30

88ᵛ

Das ehemalige spanische und portugiesische Amerika

In Brasilien sind die kirchlichen Verhältnisse völlig geordnet. Auf den
Kaiser von Brasilien ist das übergegangen, was der König von Portugal
sonst ausübte. Er hat das Ernennungsrecht der Bischöfe und der Pabst
bestätigt sie. Aber das ehemalig spanische Amerika ist in einem anderen 35

---

3 f *Dies bestimmte Art. 13 des Konkordats von 1801.*

Verhältniß. Hier hatte der König von Spanien das Ernennungsrecht der Bischöfe; welche theils aus geborenen Amerikanern bestanden theils aber, und besonders die höhere Geistlichkeit, aus spanischen großen Familien; diese sind nun ausgewandert; so sind mehrere bischöfliche
5 Sitze erledigt worden – und es war nun ein Mangel an Bischöfen und an der wesentlichen Organisation. Wie sollte dem nun wieder abgeholfen werden. Unter den Geistlichen war immer eine große Anhänglichkeit an den Römischen Stuhl; obgleich einzelne liberalere Männer wohl geneigt gewesen waren, die Katholische Kirche als eine nationale von Rom ganz
10 abzuschließen. Jene sind aber durchgedrungen. Der Pabst konnte nun die Deputirten des Staats *nicht* als Obrigkeit anerkennen; denn *der* König von Spanien hatte *sein* Recht noch *nicht* aufgegeben; er konnte ihnen auch *keinen* Bischof geben; denn das Recht hatte der König von Spanien; nun sollte der es thun; aber er wollte es *nicht*; die neuen Regierungen
15 hätte man freilich denken sollen, müßten diese gar *nicht* angenommen haben;

Nun gewann die Sache eine andere Gestalt, als nun andere Mächte diese Staaten anerkannten, aber das waren nur England, Niederlande und in gewissem Sinn auch Preußen: das waren aber nur Evangelische
20 Staaten und auf sie konnte sich der Pabst *nicht* verlaßen; aber als man ihm endlich vorgestellt: daß eine Spaltung entstehen werde und sie würden sich loslösen von dem Römischen Stuhl so hat er sich im Mai dieses Jahres dazu entschlossen und Bischöfe ernannt. Nun hat er sich an den König von Spanien gewendet und ihm die Proposition gemacht, daß er
25 sich nun erklären möge, daß er von diesem Recht nun auch abstrahiren wolle, da er es *nicht* habe ausüben wollen. | Es sind nun aber während 89ʳ daß der Pabst ernannt hat, einzelne ungeduldig geworden und [haben] sich Bischöfe ernannt. Wie sie damit nun auseinander kommen werden, wird die Zeit lehren. Sie haben überhaupt besonders in M e x i c o sehr
30 liberale Gesinnungen, so daß sie wohl bald in dem guten Vernehmen mit dem Römischen Stuhl gestört werden. Es sind da Veränderungen gemacht worden mit Bezugnahme auf die Concile zu Costnitz und Basel und [man] berief sich zugleich auf die Verhandlungen der Synode zu Pistoja – die Gemeinden sollten ihre Geistlichen selbst wählen; die Re-
35 gierung soll sich zur Beschützerinn der Kirche erklären und haften für die Dekretirung der katholischen Gesetze und sich der Anmaßung des Römischen Stuhls entgegensetzen. Also wird angenommen: die mexi-

---

2–4 welche … Familien] *Schubring 122 (Anonym: „diese bestanden oft aus europäischen und am häufigsten")* 16 haben;] *folgt* ⟪aber es⟫ 31 f gemacht] macht

kanische Kirche unterwerfe sich den ökumenischen Concilien; die Kirche
sollte immer katholisch sein; der Generalcongreß werde einen Metropoliten ernennen, der die Geistliche Autorität ausüben solle – so daß es
einer päbstlichen Bestätigung nicht bedürfe; aber kein Ausländer darf
geistliche Gerichtsbarkeit üben; auch die Mönchsorden sollen kein aus-   5
ländisches Oberhaupt haben. Der Erzbischof von Mexico sollte die
Macht haben jeden Klostergeistlichen auf sein Verlangen zu secularisiren; der Pabst sollte jährlich 100000 Piaster haben. Bis itzt ist Papa *nicht*
darauf eingegangen.

    Den Erzbischof von Santa sede Bojota und einen anderen in Carracas   10
(beide also für Columbien) ferner die Bischöfe von Antioquia, Santa
Marta[,] Kuença und Quito hat der Pabst ernannt. In Peru und ähnlich
auch in Bolivien soll man eigene Bischöfe ernannt haben. In der Republik Bolivia von der überhaupt noch unsicher ist, wieviel sich erhalten
wird, hat man auch akatholische Christen für amtsfähig erklärt, was ein   15
großer Fortschritt ist seit der Befreiung von Spanien; es ist eigentlich
dasselbe, als man will die fremden Ansiedler so naturalisiren, daß sie in
die Verwaltung und Gesetzgebung eingreifen können (die Einwohner
sind alle katholisch.) |

   89ᵛ   Ebenso hat man hier die Unauflöslichkeit der Klostergelübde aufge-   20
hoben und den Klöstern, welche sich secularisiren wollen, eine Unterstützung versprochen. – Die Klöster sind nun freilich [verarmt] und haben sonst *nicht*s. In Buenos Aires besteht wirklich ein protestantischer
Gottesdienst; den Engländern ist eine Kapelle eingeräumt, um ihren Gottesdienst darin zu halten. Man sieht also, der Pabst hat *nicht* Unrecht   25
gehabt die Sache so darzustellen, die Ausbreitung der Protestanten lege
ihm die Nothwendigkeit auf durch Erhaltung der Kirche für den apostolischen Glauben zu sorgen. Es ist nun schon der Grund gelegt, daß in
Beziehung auf das ganze Religionswesen eine größere Liberalität sich
wird geltend machen. Es wird sich gewiß im BildungsSystem von   30
NordAmerica aus eine größere Elasticität der Bildung entwikeln, wodurch verhindert wird daß die kirchliche Monarchie nicht so leicht das
Übergewicht gewinnen wird, wogegen durch das Verkehr mit allen Europäischen Nationen die geistige Lebendigkeit immer größer werden
muß. In Beziehung auf die Evangelische Kirche entwikelt sich ein ähn-   35
licher Gegensatz zwischen der Alten und Neuen Welt.

---

11 Antioquia,] Antioqui   19 katholisch.)] katholisch.   23 Aires] Aiires   30 Bildungs-
System] BildungSystem

Was Nordamerika betrifft übergehen wir hier noch, *weil* es uns den Zusammenhang stören würde. Wir gehen nun über zu

[2.] Die Evangelische Kirche

Die erste Schwierigkeit ist hier nun die, wiefern wir von der Evangeli-
5 schen Kirche als einer reden können und was wir zu ihr zu rechnen haben und ob uns *nichts* übrig bleibt vom *Christenthum* wenn wir die Gränzen uns zu eng steken. Von der Katholischen Kirche wird uns im-mer von neuem [der Vorwurf] gemacht, daß es gar keine Einheit in der Evangelischen Kirche gebe, daß es völlig willkührlich wäre, was man
10 dazu rechnen wollte, – und es ist *auch* wirklich schwer sich über den Umfang den das Wort haben soll, zu verständigen. Die Sache liegt so:
Der Name: **Protestantische oder Evangelische Kirche** ist von Anfang an ein gemeinsamer Name für mehrere noch *nicht mit* ein-
15 ander verbunden oder nie völlig zusammengetretene Kirchengemein-schaften gewesen. Mit dieser Unsicherheit des Ausdruks verhält es sich so. Die Evangelische Kirche entstand an *zwei* Centralpunkten auf ver-schiedene Weise und verbreitete sich nach anderen | Punkten hin wieder   90ʳ
auf verschiedene Weise unabhängig der eine von dem anderen. Wodurch
20 ist denn da zuerst ein Zusammenhang in die Evangelischen Gemeinden gekommen so werden wir sagen, das ist in Deutschland durch die Visi-tationsordnung geschehen, die sich aber *nicht* weiter als über das Ter-ritorium erstreken konnte. Wollte man nun daher sagen: es gebe nur Territorial-Kirchen in der Evangelischen – so wäre das viel zu viel
25 behauptet, denn jenes war ja nur ein äußerer Umstand. Nun kann man die Sache von einem anderen Punkt fassen: nur das ist eine Kirchenge-meinschaft *welche* ein und dieselben symbolischen Schriften hat; aber das ist ja gegen allen Sprachgebrauch besonders wenn wir auf die refor-mirte Kirche sehen, wo es eine Menge von partiellen Symbolen gibt und
30 besondere symbolische Schriften – das ist auch nur ein zufälliger Um-stand; wie kann man auch behaupten, daß die Existenz der Evangeli-schen Kirchengemeinschaft auf den symbolischen Schriften beruhe; diese sind *nicht* zur Vereinigung der Kirche aufgesetzt worden, sondern sie waren ein Akt nach außen hin, ein diplomatischer, um *diejenigen,*

7–10 *Vgl. CG¹ § 28,1 (CG² 24,3).* **21–23** *Durch Kirchenvisitationen, die zugleich Be-standsaufnahme und Einführung der neuen Lehre und Ordnung waren, konstituierten sich die evangelischen Landeskirchen in Deutschland. Die Visitationen begannen 1526 in Kur-sachsen und Hessen.*

*welc*he *ke*ine *Evangelischen Christen* waren, *zu* unterrichten von *dem*,
was sie lehren und was sie *nicht* lehren wollten. Das ist ja etwas rein
Äußerliches und zufälliges. Nun gibt es freilich einen anderen Punkt:
man kann sagen: daß die Einheit der Kirchengemeinschaft so weit geht,
als die Gemeinschaft der Sacramente geht. *Ganz* kann man das freilich   5
nicht sagen: die Taufe geht durch die ganze Christenheit, selbst die
Anabaptisten taufen *nicht* einmal überall *zum zweiten* Maal, wenn
schon die Confirmation vorhergegangen. Und wollten wir beim Abendmahl stehen bleiben, so ist die Praxis da so verschieden und schon lange
die Tendenz die Gemeinschaft des Abendmahls zuzulaßen, unerachtet   10
der Verschiedenheit der Kirchengemeinschaft (im Landrecht steht schon:
daß die Evangelische Kirche einem Reformirten das Sacrament reichen
soll, wenn er *nicht* Gelegenheit hat in seiner Kirche es zu genießen, ohne
ihn darum als einen übergetretenen anzusehen) – und ebenso auf der
anderen Seite eine große Abgeschloßenheit – Also das ist auch eine   15
schwankende Sache! man muß daraus schließen daß das äußere Einheits-
verhältniß der Evangelischen Kirche noch *nicht* consolidirt ist.   Nun
noch ein merkwürdiges Beispiel. Die englische bischöfliche Kirche wird
zur protestantischen gerechnet. Wenn aber Rüksicht genommen wird
[auf] den Unterschied zwischen den Lutheranern und den Reformirten   20
und man sagt nun den Engländern: hört mal das ist nun die Evangelische
Kirche wozu gehört ihr denn? so wissen sie *nicht*, was sie sagen sollen; in
Beziehung auf den Lehrbegriff ja! da wären wir wohl reformirt, in Beziehung auf die Verfassung aber eher lutherisch; denn die lutherische
Confeßion läßt doch noch einen ehrlichen Bischof gelten. Die Reformir-   25
te will ja aber gar *nicht*s davon wissen. – Ebenso verhält es sich mit den
anderen Theilen die der bischöflichen Kirche entgegengesetzt sind; es
sind D e n o m i n a t i o n e n nach amerikanischem Ausdruk der auch *nicht*
übel ist. |

90ᵛ   Nun ist dies aber *nicht* eine Eigenthümlichkeit der Evangelischen Kir-   30
che, sondern es ist ja die Geschichte des Christenthums überhaupt, die
sich immer wiederholt. Die äußere Einheit der Kirche ist nur eine Depra-

---

11–14 (im ... anzusehen)] *ohne Klammern am rechten Rand*   **20** [*auf*] *... zwischen*]
zwischen den Unterschied   Reformirten] *folgt* «Ruksicht genommen wird»   **32–385,1**
eine Depravation] *Fragezeichen in Klammern über der Zeile*

11–14 *ALR II, XI, § 39 (Mirbt Nr. 557; Huber/Huber Nr. 1). Dort ist von „protestantischen Kirchengesellschaften des Augsburgschen Glaubensbekenntnisses" die Rede, worunter nicht nur Lutheraner gefaßt sind, sondern (gemäß dem Sprachgebrauch des Westfälischen Friedens) auch Reformierte.*   **29** *Zusatz Schubring 124 (Schmidt 208; Brodkorb
51"): „Kurz die Einheit ist noch nicht festgestellt. Und das ist aus der Entstehungsart ganz
natürlich[.] Die Einheit des Prinzips war da, aber in der Anwendung entstand Verschiedenheit."*

vation – früher waren die einzelnen Gemeinden gar *nicht* unter einander organisirt; der bischöfliche Sitz bezog sich nur auf ihre eigene Gemeinde, und *nicht* weiter. Ein allgemeines Band ist gar *nicht gewesen*; es wurde erst gewebt durch die erste *Kirchen*versammlung; denn was früher gegen
5 häretische Abweichungen geschehen ist, ist besonders geschehen von einzelnen Punkten aus, und die Zustimmung aller war *nicht* dabei. Die Form, daß die einzelnen Gemeinden ihre Mitglieder einander empfehlen ist noch *nicht* die Organisation der höheren *Kirchen*einheit, sondern ein bloßes Werk der Liebe untereinander. Nun ist die Einheit eigentlich auch
10 mit der ersten *Kirchen*versammlung noch *nicht* einmal zu Stande gekommen und erst da hat sie sich festgesetzt als Einheit der Abendländischen Kirche, als die Griechische sich von der Römischen Kirche trennte. Wir können sagen: wir sind uns der Einheit des Geistes bewußt: wie sich die äußere Einheit organisirt ist eine Sache der Zeit und das müssen wir
15 abwarten.   Nun ist also um unsere Einheit zu bestimmen keine andere, als daß wir alles Akatholische als p r o t e s t a n t i s c h ansehen; ebenso macht es ja die *Katholische Kirche* mit uns: sie bringen uns mit den Juden in einen Kloß. – Bei uns ist nun keine Tendenz gewesen, die so alt wäre, als die, sich von der *Katholischen Kirche* zu unterscheiden (die
20 Weigerung das tridentinische Concil zu beschiken war die erste bestimmte Trennung der Evangelischen Kirche gegen die Katholische Kirche.) Viel früher ist oft ausgesprochen worden die Tendenz sich von den Schwärmern zu unterscheiden – Soll nun das *ministerium verbi* als Kennzeichen die Evangelische Kirche angeben so können wir die *Quäker*
25 nicht zu uns zählen denn die haben kein *ministerium verbi*. Wir müssen uns also doch wohl ausschließen von einzelnen abgesonderten Organisationen aber wo da die Gränze finden? Dann können die einen so, die anderen ganz anders finden – Wir wollen nur einen allgemeinen Maaßstab angeben der sich aber auf etwas festes *nicht* zurükbringen läßt.
30   Die Sache im Allgemeinen betrachtet in der Erscheinung ist: daß wir *54. Stunde* da auf die geschichtliche Duplicität zurükgehen müssen: nämlich auf das Bildungszentrum der a k a t h o l i s c h e n K i r c h e das sächsische und s c h w e i z e r i s c h e, von wo aus sich die lutherische und die reformirte

---

10 Kirchenversammlung] Kirchengemeinschaft   24 Quäker] Quaden

---

4 *Das Konzil von Nicäa i. J. 325.*   30–386,1 *In seiner Kirchengeschichtsvorlesung 1821/22 sagt Schleiermacher (Boekels S. 425): „Wir müssen uns hier nur an das Allgemeinste halten, und da haben wir 3 Punkte zu betrachten, von denen die Bewegungen ausgingen: 1. Sachsen; 2. Schweiz; 3. Frankreich (das letztere wird oft zu sehr übersehen). In Sachsen wurden die Bewegungen veranlaßt durch ein dringendes Bedürfnis, in Frankreich war das, was die ersten Lebensregungen hervorbrachte, die reine theologische Gelehrsamkeit, die eine andre Richtung genommen, in der Schweiz der reine Sinn fürs Praktische, welcher durch jene richtigen Ansichten genährt worden war."*

Kirche ausgebreitet. Anfangs gab es diese Trennungen *nicht*[,] sie sind
erst später geworden. Von dem schweizerischen Punkt aus ging eine
größere Entfernung von der katholischen Kirche aus und die Maxime
worauf diese beruht bildet die eigentliche Differenz zwischen der lutherischen und Reformirten Kirche. Gleichzeitig waren auch fanatische   5
91ʳ Bildungspunkte | die sich aber nicht zu gleichmäßigen Gestaltungen eig-
neten, und also natürlich verschwanden (z. B. die Anabaptisten) andere
haben ihr Fanatisches gemildert und bilden kleine Religionsgesellschaften: die Mennoniten und Baptisten z. B. in England. So hätten wir also
dem Wesen nach drei Hauptgegenstände: die l u t h e r i s c h e K i r c h e   10
von Wittenberg aus; die r e f o r m i r t e Kirche v o n Z ü r c h a u s und die
g l e i c h z e i t i g e n t s t a n d e n e n k l e i n e r e n P a r t e i e n (nur die, welche
jetzt noch existiren)[.] Nun fehlt uns aber noch ein *ganzes* Glied, näm-
lich die E n g l i s c h e K i r c h e in der man unterscheiden muß: was von
der damaligen reformatorischen Tendenz ausgegangen ist. Da finden wir   15
schon größere Differenzen; aber davon müssen wir wieder unterscheiden
was von der Antirömischen Tendenz der *englischen* katholischen Kirche
ausgegangen war; dieses ist das Vorherrschende geworden in der Englischen Kirche – der Geist der Reformirten Kirche ist eigentlich nach
England nicht übergegangen; die Englische bischofliche Kirche ist mehr   20
im katholischen Sinn eine statutarische, wie die deutsche Kirche.
Nun ist aber die Existenz dieser bischöflichen Kirche nicht zu verstehen
ohne die anderen Parteien die gleichzeitig mit ihr entstanden und fortbestehen in England und Schottland. *Man* hat freilich gut sagen, die Presbyterianer sind Reformirte; sie sind ganz individuell von ihnen verschie-   25
den. Wir müssen a l s o w o h l G r o ß b r i t t a n n i e n a b s o n d e r n u n d
f ü r s i c h s e t z e n; von ihnen aus ist nun auch Amerika bevölkert; also
ist auch eine Verwandschaft des kirchlichen mit übergegangen. Da ist es
wohl am natürlichsten, Großbrittannien zuletzt zu lassen und von da
den Übergang nach Amerika zu nehmen.   30
   Was nehmen wir nun zuerst? Doch am beßten die, welche sich am
wenigsten von der Römischen Kirche entfernt hat.

---

4 bildet] bild d   17 *englischen … Kirche*] antiromischen katholischen Tendenz   20
England] Frankreich

---

19 *Zusatz Schubring* 125 *(Fink* 199f.; *Stolpe* 342; *Schmidt* 209): „Nämlich die deutschen
Reformatoren hatten in England bei der ersten Reformation bedeutenden Einfluß; aber
eigentlich war doch sowol bei Heinrich VIII, als bei der zweiten Reformation die Haupt-
tendenz die bloß antirömische".

Die lutherische Kirche

Nun ist die Trennung zwischen ihr und der Reformirten Kirche selbst
wankend geworden und auf die Verhältnisse die hieraus entstanden sind,
ist auch Rüksicht zu nehmen. Leider gibt es da nun nichts bestimmtes,
weil die Einigung an verschiedenen Orten ganz verschieden ist und an
anderen noch gar nicht. Wir werden also die Trennung nur nach Maaß-
gabe machen können, wie es die Darstellung mit sich bringt.   Vorher
aber ist noch etwas zu erinnern über die Gegenstände, die hier eigentlich
zu verhandeln sind. Es gibt gewisse für das innere Leben und die geistige
Entwiklung in der Kirche sehr wichtige Gegenstände, die in verschie-
denen Ländern ganz auf dieselbe Weise | gestellt sind, davon geben wir
am beßten allgemeine Darstellungen, um uns nicht zu wiederholen.
Dagegen gibt es auch sehr wichtige Punkte wofür es gar nichts Gemeinschaftliches gibt in dem Ausdruk und in den Principien.

In der Betrachtung der Katholischen Kirche gewährte uns die kirchliche Monarchie den Hauptpunkt für die ganze Betrachtung, indem sich
alles mehr Äußerliche darauf zurükführen läßt. In dieser Beziehung ist
nun die protestantische Kirche eine unendliche Vielheit, indem eine äußerliche Einheit nirgends ist, aber man auch nicht sagen kann, daß die
Trennung auf eine gleichmäßige Weise bestimmt wird. Es findet hier die
größte Mannigfaltigkeit von Verhältnissen statt. Ja, es ist schwierig,
dem, was man sagen kann, einen bestimmten Werth beizulegen; wenn
man nicht auch sagen kann: wie viel Stabilität das hat, daß es so ist,
wenn man sagt: so ist es heut (und morgen kann es vielleicht ganz anders
sein) denn damit hätte man sonst nichts gesagt. Das ist nun hier mehr
und dort weniger, aber überall wahr, daß es an den Principien fehlt.
Nun gibt es Länder die, auch bei diesem Mangel, doch recht gut fortbestehen in einem ziemlich gleichmäßigen Verhältniß, dies liegt bald in
dem Nationalcharacter bald an der Regierung etc.; und die gleichmäßige
Fortdauer ist eher eine Zufälligkeit. Eben das Bedürfniß die Sache auf
Principien zurükzubringen, kann sich gar nicht regen in einem solchen
gleichmäßigen Zustand, wo aber ein aufgeregter Zustand ist, da kommt
man am ersten auf Principien, aber eben weil man aufgeregt ist, kann
man sich nicht darüber vereinigen. Es kommt z. B. in der Evangelischen
Kirche ganz besonders auf die Streitfrage an: in welchem Verhältniß
die Kirche zum Staat steht. Da tritt die Aufgabe aber auch nur
den Theoretikern nahe; diejenigen welche mitten darin steken bekümmern sich nicht darum; und wenn die Theoretiker nun nach Principien

schreien, so wird ihnen gestattet; aber so wie sie es gar *nicht* wünschen;
denn eine Verständigung, die dabei immer vorausgesetzt werden muß,
wird *nicht* zugelassen und die Gründung der Principien geht dann
wieder von dem *Punkt* aus, wo die Macht ist. Was soll man da anfangen;
man muß wohl hoffen und wünschen, daß das auch lange bleibt. Dieser   5
Mangel an allgemeinen Principien erschwert nun die Darstellung und
das fest ins Auge fassen des ganzen Zustands gar sehr. Es hat sich einmal
in der *Evangelischen Kirche* gestaltet, aber *nicht auf* ihrem Princip
92ʳ   beruhend | sondern nur durch die Umstände, daß die Evangelische Kir-
che in jedem Land eine besondere Einheit bildet, d. h. daß jede auf po-   10
litische Weise getrennt ist in so viele Ganze als es Evangelische Staaten
gibt.   In Deutschland ist nun die Reformation durch Luthern
entstanden und mit dem müssen wir anfangen. Hier war nun vor kurzem durch das Corpus evangelicorum eine Einheit; es bildete freilich
keine Identität des Typus in kirchlichen Dingen und auch keine (was für   15
eine auch immer) Abhängigkeit; aber es war doch ein bestimmtes Zusammenhalten. Denn der deutsche Bund, der an die Stelle des deutschen
Reichs getreten ist, hat das *nicht* hervorgebracht, was das Corpus evangelicorum war. Dies ist besonders in **einem** *Punkt* unangenehm; wenn
ein *Evangelischer* Fürst und seine Familie zur Katholischen Kirche   20
überging, so trat das Corpus hinzu und ordnete die Verhältnisse der
Landeskirche. Das findet jetzt gar *nicht* Statt; und da doch die Fälle von
Zeit zu Zeit vorkommen (obgleich jetzt *nicht* mehr als sonst) so müssen
wir auf das Verhältniß der kirchlichen Angelegenheiten zu der Möglichkeit der Religionsänderung des Regenten Rüksicht nehmen.   Es ist   25
natürlich zu fragen: in welchem Verhältniß stehen die politisch von einander getrennten Theile der Kirchen von demselben Typus? Die kann
gar *nicht* anders als allgemein beantwortet werden und muß voraus-
geschikt werden. – Nun ist dies aber auch wieder etwas sehr Verschiedenes und Unbestimmtes; wir können *nicht* sagen, daß über solche Ver-   30
hältnisse nirgend Bestimmungen vorhanden wären die eine äußerliche
Gültigkeit haben.   Z. B. in welchem Verhältniß steht die Evangelische Kirche in Sachsen zu der in Dänemark? in keinem anderen, als daß
sie sich anerkennen, und ihre einzelnen Mitglieder annehmen. Was hat
diese Anerkennung für einen Einfluß auf die Einkünfte des Klerus? Nun   35
da läßt sich auch sagen: daß in manchen Ländern die beiden Landeskirchen ihre Ordination anerkennen, in manchen aber auch *nicht*. Im Allgemeinen läßt sich nur das sagen: über die gegenseitige Anerkennung

---

24f *Möglichkeit ... Regenten*] Fink 202 *(ähnlich Schubring 127. Anonym: „Kirche der
Landestheile")*

findet eine Übereinstimmung statt, die *sich von selbst* gebildet hat. In
der Schwed*ischen* u*nd* deutsch*en* E*vangelischen* K*irche* ist die Differenz,
daß der Spender ein Bischof ist; deßungeachtet erkennen sie s*ich* an als
E*vangelische* C*hristen* aber es ist *keine* äußerlich festzuhaltende Überein-
5   stimmung. In was *für* w i r k l i c h e n Verhältnissen stehen diese Verhältnisse nun *mit* einander? Die wirk*lichen* Verhältnisse sind leider nur eine
Ausnahme; nur einz*elne* Personen sind in näher*en* Verhältnissen in Beziehung au*f* die Verfassung u*nd* das geistig*e* Leben; wir rechnen ihre
Schrift*en* a*uch* zu den luther*ischen* u*nd* das ist die Gemeinschaft des
10 geistigen Verkehrs, die die einzige allgemeine ist, aber a*uch* *keine* be-
sti*mmte* Form hat. | Daß zwisch*en* beiden Transactionen über kirch*liche*   92ᵛ
Verhältnisse vorkomm*en* sollten, ist *nicht* der Fall; u*nd* was man von
dem jetzigen formlosen Zustand erwart*en* k*ann* ist *auch* nur spottwenig.
       Nun ist die Schwierigkeit der Sonderung der luther*ischen* K*irche* von   55. *Stunde*
15 der Refor*mirten* das erste, was uns hier begegnet. Wir müss*en* die
Punkte der Sonder*ung* zusammenstell*en* in Beziehung au*f* den gegenwärtigen Zustand. Näm*lich* die Sonder*ung* ist *nicht* vollständig, näm*lich*
weil m*an nicht* sag*en* k*ann*, daß die Protestant*en* von beid*en* Confessio-
n*en* ihr Außereinandersein ebenso ansehen, wie jede von ihn*en* ihr Ver-
20 hältni*ß* zur kath*olischen* K*irche*. Das *nicht* vollständig Gesondertsein
gibt s*ich* zu erkennen im g*egen*wärtigen Zustand. Einmal in der Art wie
beide Kir*chen* Gebrauch mach*en* von ihrer Litteratur. Wenn wir dar*auf*
Acht hab*en* wie m*an* in d*en* hieher gehörig*en* wissenschaft*lichen* Disciplinen zu Werke geht, so w*ird* von dem letzt*en* Viertel des vorig*en* Jahr-
25 hunderts an beides immer weniger von einand*er* geschieden. Und wenn
m*an* citirt so w*ird* von Glaub*en*sgenoss*en* beid*er* Parteien die eine pro-
miscue *mit* der a*nd*eren citirt. Sieht m*an* au*f* die ganze Organisation der
Theo*logie* so unterscheidet m*an* gar *nicht* eine luth*erische* oder refor-
mirte Dogmatik, noch viel weniger Exegese u*nd* K*irchen*geschichte. Da
30 werd*en* also durch die Praxis selbst beide als id*en*tisch ang*es*eh*en*; u*nd*
das ist doch *keine* vollständig*e* Sonder*ung*.   Sieht m*an* nun au*f* das
Gottesdienstliche so geh*en* ja a*uch* E*vangelische* C*hristen* a*uch* in die
Katholische Kirche, aber es ist wohl *nicht* dieselbe Empfindung, wenn
ein Lutheraner in eine R*efor*mirte u*nd* K*atholische* K*irche* geht, obgl*eich*
35 in der Praxis der luth*erischen* K*irche* eine große Verwandschaft *mit* der
Katholisch*en* K*irche* ist. Sieht m*an* nun dar*auf* wie es s*ich* macht, wo
einz*elne* zerstreute Glieder der einen unt*er* einer Masse von der a*nd*eren
Gemeinsch*a*ft vorkomm*en*, so trag*en* sie *keine* Bedenken an dem Sa-

---

10 Verkehrs] Verkehr   13 jetzigen] jetzien   24 wird] *folgt* 《man》

crament der anderen Theil zu haben, da ist doch die Sonderung momentan völlig aufgehoben. Auf eine andere eigenthümliche Weise ist nun etwas in das Mittel getreten zu einer positiv sich aussprechenden Vereinigung beider. Es gibt nun Gegenden wo lauter Lutheraner sind und keine Reformirten, was besonders von den scandinavischen Ländern gilt 5 und das umgekehrte beinah in den Niederlanden und Schweiz. Da hat sich noch nirgends eine Spur von Neigung zu erkennen gegeben, daß diejenigen, die in die Union eingegangen waren, nun ausgesondert werden sollten von denen die nicht unirt waren. Es ist ja bekannt daß Miene 93ʳ dazu | gemacht wurde in Sachsen, als hier die Union einging; als aber 10 mehrere Theologen aus beiden Ländern mündlich zusammen kamen, hat es sich ausgeglichen und die Miene ist verschwunden.

Wollen wir nun von der lutherischen Kirche für sich handeln so müßten wir weil wir von einzelnen Ländern ausgehen, das Verhältniß der Kirche zum Staat in diesem Lande zuerst ins Auge fassen, wie wir es bei 15 der Katholischen Kirche gethan. Nun ist dieses Verhältniß in verschiedenen Ländern verschieden; aber das trifft die lutherische Kirche nicht allein, sondern auch die Reformirte; obgleich manches Verschiedenes noch unter ihnen in Beziehung auf den Staat ist – Alles das müßen wir auf gemeine Weise zuvor behandeln. Wir wollens nur so ausdrüken, daß 20 nirgends in keiner von beiden Kirchen, die Kirche mit dem Staat rein auseinandergesetzt ist. In vielen Ländern ist das auch nicht der Fall in Beziehung auf die Katholische Kirche aber es ist doch ein so characteristischer Unterschied da, daß man auch hieran beide auf bestimmte Weise unterschieden kann.   Es hat dies einen doppelten Anknüp- 25 fungspunkt; der eine ist ein mehr äußerlicher, der andere ein mehr innerlicher. Der äußerliche ist der: es gibt überall gewisse Handlungen, die eigentlich von der Kirche ausgehen, zugleich aber auch eine Beziehung auf den Staat haben. Das ist zunächst die Aufnahme des einzelnen in die christliche Gemeinschaft durch die Taufe, und ebenso das Begraben der 30 Verstorbenen von Seiten der Kirche. Insofern nun Staat und Kirche wirklich zwei verschiedene sind, so müssen wir auch sagen, auch für den Staat muß es gleichgültig sein, ob seine Mitglieder zu der einen oder anderen Kirche gehören. Aber die Sache ist die: die Kirche hat hier eher eine bestimmte Ordnung eingeführt, die nachher auch als etwas bedeu- 35 tendes und wichtiges vom Staat anerkannt wurde. Darum hat er sie sich

---

9f *Christoph Friedrich von Ammon, Oberhofprediger in Dresden (vgl. unten 399,23), und Johann August Heinrich Tittmann (1773–1831, seit 1805 Ordinarius in Leipzig) schrieben 1817/18 gegen die Union; vgl. R. von Brück: Die Beurteilung der preußischen Union im lutherischen Sachsen in den Jahren 1817–1840, S. 22–55. 161–183; Hans-Friedrich Traulsen: Einleitung zu KGA I/10, 1990, S. XV–XXXVI; Günter Meckenstock: Einleitung zu KGA I/9, S. LXII f.*

angeeignet, und er hat die Verwaltung zu einer bürger*lichen* gemacht –
Das ist also eine Verwikelung der *Kirche* mit dem Staat. In wiefern nun
die Europäischen Staaten *christlich* sind, so gibt es doch auch eine Differenz von Rechten zwischen den *Christen* und *Nichtchristen*, so muß
5 sich auch jeder gegen den Staat als *Christ* ausweisen können – und da
verlangt denn der Staat von der *Kirche* daß sie Beglaubigungen darüber
ausstellen soll, denen der Staat trauen soll. Das findet nun ganz promis-
cue Statt. Alle Geist*lichen* sind so zugleich Staatsbeammte und dem
Staat gebührt dann ein Aufsichtsrecht für diesen Theil | der kirch*lichen*   93ᵛ
10 bürger*lichen* Verwaltung. Die Kirche müßte nun sagen: wir wollen nicht,
daß unsere Geist*lichen* Staatsbeammte sind; ihr mögt auch eure bürger-
lichen Listen selbst halten. In der *Katholischen Kirche* ist nun wenigstens
eine constante Tendenz die *Kirche* mit dem Staat so viel möglich ausein-
anderzuhalten – und in Frankreich ist beides durchaus getrennt, aber
15 dennoch strebt der *Katholische* Klerus dahin, daß die *besondere* bürger-
liche Form cessiren möge und sie wieder eine bürger*liche* Verwaltung
bekämen, sie suchen in den Staat wieder hineinzukommen und sich mit
ihm zu amalgamiren; aber sie haben dabei die Tendenz, den Staat wieder
unter sich zu bekommen, und würden sich wohl hüten, daß sie dadurch
20 doch *nicht* unter die Aufsicht des Staats kämen und ihm verantwort*lich*
würden. Eine solche Tendenz kann nun die *Evangelische Kirche* ihrer
Natur nach *nicht* haben. Darum müßte sie nun rein auf eine solche
Sonderung drängen, wenn die Tendenz den Staat von der *Kirche* zu
trennen stark bei ihr ausgesprochen würde; aber das ist leider *nicht* der
25 Fall.
    D e r   i n n e r l i c h e   A n k n ü p f u n g s p u n k t ist der. Denken wir uns
christliche Staaten so werden wir wohl gestehen, sie *muß* sagen: es
kann uns *nicht* genug sein daß wir durch Furcht vor Strafe die Menschen
von dem Bösen abhalten und durch Belohnung etc. sie *zum* Guten brin-
30 gen. Es muß uns wohl daran gelegen sein, daß die Liebe *zum* gemeinen
Wohl in jedem selbst lebendig sei; das ist aber eine rein sitt*liche* Sache.
Die Regierung muß also ein *natürliches* Intereße nehmen an der Sittlichkeit des Volks. Aus diesem Interesse müßte nun also eine Organisation
zur Beförderung der Sittlichkeit hervorgehen; denn was wäre sonst das
35 Intereße. Eine solche Anstalt finden wir *nicht* und es ist natürlich weil
die Kirche da ist, durch die es geschieht; nun muß der Staat aber f ü r die

---

32 natürliches] rein sittliches (korr. nach Schubring 129; Fink 206; Schmidt 214)

---

27 Scil. die Regierung muß sagen.

christliche K i r c h e sorgen, damit sie diesen Zwek recht ausführen kann.
Das ist denn auch ein allgemein anerkannter Satz, daß die Regierung
eine Advokatie über die Kirche ausübe, eine schützende Fürsorge; was
sie denn als eine Pflicht ausübt. Nun muß sie aber auch ein R e c h t
haben, diese Pflicht zu üben. Dieses ist nun kein anderes: als das Recht   5
der *christlichen* Kirche wohl zu thun, und das gibt jeder gern. Aber
freilich nur: daß man ihm wohl thue *auf seine* Weise und so wie er es
bedarf. Das gilt für alle Kirchen in einem Staat. Allein in der Katholischen Kirche findet nun eine andere Stellung der Kirche über dem Staat

94ʳ statt, weil hier alle kirchliche Erkenntniß | rein vom Klerus ausgeht und   10
die Regierung immer *auf* der Seite der Laien steht; die Regierung kann
da die Art der Ausübung dieser Pflicht nur vom Klerus erfahren. Da
entsteht nun keine solche Verflechtung der Kirche mit dem Staat. Bei uns
ist das *nicht:* wir schreiben jedem das Recht einer eigenen Erkenntniß zu
in Beziehung auf das, was die Kirche von ihm fordert. Da kann die   15
Kirche dem Staat *nicht* vorschreiben, so und so sollst du uns wohl thun;
sondern er thut es so, wie er es s e l b s t erkennt daß es |noth| ist. Da ist
nun in den Regierungen natürlich ein höherer Grad des *Selbst*bewußtseins und der *Selbst*ständigkeit in Beziehung auf die Ausübung dieser
Fürsorge. Aber nun nimmt die Kirche auch die Möglichkeit des Irrthums   20
an bei jedem Einzelnen also auch bei der Regierung; nun muß sie auch
ein Recht haben sich dagegen zu verwahren. Soll diese Pflicht der Fürsorge nun aber eingehen in die Gestalt eines Rechtsverhältnisses so muß
die Kirche doch dabei Raum behalten sich dagegen zu wehren, wenn die
Fürsorge anfangen sollte verderblich zu werden. Da ist nun aber *nicht*   25
im Allgemeinen sondern leider nur in einzelnen Punkten ein Riegel vor-
geschoben wie weit der Staat in seiner Advokatie gehen dürfe und wie

56. *Stunde* weit *nicht.* Diese Advokatie ist kein Verhältniß, das etwa bloß Statt
fände zwischen Evangelischer Kirche und Evangelischer Regierung, sondern um diesen Begriff recht aufzufassen müssen wir auf die Verschie-   30
denheit der Zustände in dieser Hinsicht sehen. Die *christliche* Kirche
war in ihrem Entstehen eine verfolgte; die öffentliche Gewalt suchte sie
zu unterdrükken von der Meinung aus, daß sie schädlich sei. Dann bildete sie im Römischen Reich eine religio licita, bis die öffentliche Gewalt
selbst christlich wurde; von dem an beginnt jener Begriff, daß die   35
öffentliche Gewalt die Kirche schützt und vertheidigt und die Überzeugung daß sie dem Gemeinwohl nützlich sei; das Geschäft des bürgerlichen Regiments ist ein Schutz und eine Fürsorge; so entsteht eine Nei-

---

22 Pflicht] Plicht

gung zu der Ansicht als ob diese Thätigkeit der öffentlichen Gewalt ganz derselben Art wäre wie in Beziehung auf andere Thätigkeiten der bürgerlichen Gesellschaft und das richtet Verwirrung an. In der Katholischen Kirche ist das anders; da kann die weltliche Macht nur als Alliirter

5 der geistlichen Oberherrschaft erscheinen und findet auch ihre Begränzung im Verhältniß von Klerus und Laien. Daher die Neigung, den Schutz, den der Staat der Kirche angedeihen läßt für einen Theil des bürgerlichen Regiments anzusehen nirgends so gedeihen kann als in der protestantischen Kirche und unter protestantischer Regierung. | Wenn 94ᵛ

10 wir auf die Totalität des Zustands sehen und religiöse und bürgerliche Gesellschaft scheiden so finden wir folgende natürliche Relation zwischen beiden:

1.) der Staat erkennt das religiöse Element an wie jedes andere, was die geistige Natur des Menschen constituirt. Er muß daher auch die

15 Möglichkeit der Corruption darin setzen also auch etwas, was dem Allgemeinwohl nachtheilig sein kann; er muß also die Gewißheit haben daß in einer ReligionsGesellschaft nichts dem Staat nachtheiliges geschehe. Darin liegen die jura majestatica circa sacra, die der Staat gegen alle Verbindungen hat. Eine christliche Regierung hat Vertrauen zu allen

20 Religionsgesellschaften die christlich sind. Die Verschiedenheit drückt sich aus durch eine Mannigfaltigkeit von Verhältnissen in die der Staat die religiösen Gesellschaften stellt. Es gibt vier.

a. der Staat stellt sich ausschließend und verfolgend gegen eine Religionsgesellschaft was in christlichen Staaten nie gebilligt werden

25 kann.

b. der Staat duldet eine Religionsgesellschaft; bloße Negation der Verfolgung ohne positive Anerkennung.

c. er recipirt oder privilegirt die Kirche. D.h. sie bekommt die Rechte einer moralischen Person.

30 d die Kirche ist herrschend; diese steht gegenüber der bloß geduldeten. Worin besteht aber der Begriff einer herrschenden Kirche bei einer Mehrheit von recipirten? Daß die Mitgliedschaft einer Religion nothwendige Bedingung ist zu gewissen bürgerlichen Vorzügen. So wie man das aufhebt, bleibt bloß übrig, daß neben einer herrschenden Kir-

35 che noch geduldete sind.　　　Das sind die Abstufungen der Advokatie

---

9 *Zusatz Schubring 130 (Fink 208; Brodkorb 54ᵛ): „Die Überzeugung von der Heilsamkeit der kirchlichen Institute für das gemeine Wohl hat denn noch dieß Verhältniß, daß die protestantische Regierung besonders eben der protestantischen Kirche dieß zutrauen wird; die katholische Regierung der katholischen Kirche. Daher wird bei protestantischen Ländern in der protestantischen Kirche die Möglichkeit dieser Vermischung am größten sein. Das finden wir auch geschichtlich."*

des Staats. Es liegt aber auch darin, daß der Staat von der Kirche in
Beziehung auf seinen Zwekk gewisse Erwartungen hegt, gewisse Aufträge gibt. Er erwartet: daß sie den bürgerlichen und sittlichen Geist
werde aufrecht erhalten, und gibt ihr Aufträge der Reinigung des sittlichen Geistes. Dies Recht, der Kirche bestimmte Aufträge zu geben,   5
schreiben sich die christlichen Regenten in Beziehung auf alle christlichen Gesellschaften zu, z.B. das Recht zu außerordentlichen kirchlichen
Festtagen; z.B. wenn die Person des Regenten sich erneuert, wird eine
kirchliche Feier ausgeschrieben, um der bürgerlichen Gesinnung die
Richtung auf das Staatsoberhaupt zu geben; bei Kriegen, Landplagen 10
werden Bußtage, Siegespredigten und Siegesfeste ausgeschrieben; früher
war auch üblich: daß befohlen wurde gewisse Edikte in der Kirche unter
einer admonitio vorzulesen, z.B. das Gesetz über den Kindermord und
Desertation und Blatternimpfung – so gibts verordnete Schulpredigten;
so soll jährlich am ersten Sonntag über den Eid gepredigt werden. So 15
liegt nun sehr nahe, daß die Kirche angesehen wird als eine vom Staat
ausgegangene Anstalt. Das ist in der katholischen Kirche weniger zu
fühlen, weil da die Identität der Kirche über den Staaten deutlich zum
Vorschein kommt. Nun haben wir in unserer Kirche keinen bestimmten
Unterschied zwischen Clerus und Laien wie in der katholischen Kirche, 20
sondern wir fordern im Gegentheil von jedem Christen die Selbstständigkeit seiner Überzeugung. Nun nimmt ja die Regierung oder der Monarch als Christ natürlicher Weise Partei und mischt sich leicht auch in die
Lehre ein und sucht das Vertragen seiner Gleichgesinnten zu heben und
die Anderen zurükzudrängen. Da ist also nothwendig ein Interesse in der 25
Kirche als solcher, einen überwiegenden Einfluß einzelner Mitglieder
vermöge einer rein äußerlichen weltlichen Macht, in gewisse Schranken
zurükzudrängen. Aber was haben wir für Mittel dazu? Es kommt nur
darauf hinaus, daß man das einzig Äußerliche was gegeben ist nämlich
diejenigen Feststellungen welche zu Stand kamen als die Kirche geltend 30
wurde, aufrecht hält. Also die symbolische Bestimmung als Beschränkung der Macht des Staats auf die Kirche. Weiter giebt es keine äußerliche Hülfe. Wenn also der Staat dagegen etwas unternehmen wollte

---

17–395,10 Das ... heraus.] *Schubring 131 (Anonym:* „In der Evangelischen Kirche gibt es
nun keine gemeinsame Regierung wie in der katholischen.") 21 jedem] *folgt* ⟪katholi-
schen⟫

15 *Solche staatlichen Auflagen gab es in verschiedenen Staaten. In Schleswig-Holstein z.B.*
waren die Pastoren durch Landesgesetz verpflichtet, am 2. Weihnachtstag im Hauptgot-
tesdienst und am Ostermontag im Nachmittagsgottesdienst über den Eid zu predigen; vgl.
die Rezension zu Claus Harms' Neuer Winterpostille (Altona 1825) in den Jahrbüchern der
Theologie und theologischer Nachrichten 1826,1, S. 50.

hätte die Kirche das Recht ihn an diese Gränze zu erinnern. Alles Andere kann nur beruhn auf der Art, wie die kirchliche Gemeinschaft im Staat selbst privilegirt ist, d. h. wie sie in ihrer Verfassung vom Staat anerkannt ist. Wie natürlich es also ist, daß es in der evangelischen Kirche
5 von Zeit zu Zeit wiederum Streitigkeiten giebt über dieß Verhältniß von Kirche und Staat ist klar; aber leider auch dieß, daß die Sache niemals zu vollkommener Klarheit gelangt. Denn indem der Streit nur immer bei vorliegenden Fällen vorkommt begnügt man sich auch wenn nur dieser besondere Streit beigelegt ist. Dabei kommt für das Kirchenrechtliche
10 immer nicht viel heraus. So ist das Verhältniß der Evangelischen Kirche in den christlichen Staaten zum bürgerlichen Verein noch immer ein sehr schwankendes und nur in wenig Punkten fixirt. Dadurch wird die Darstellung erschwert; wo nichts fixirt ist, kann man bloß fragen: was wird geschehen wenn sich so etwas ereignete, und diese Unsicherheit ist nicht
15 bloß in evangelischen Regierungen, sondern factisch liegt die Sache so, daß sich auch katholische Regenten über ihre protestantische Kirche sich mehr Rechte anmaßen als über ihre eigene katholische Kirche (z. B. in Österreich und Rußland); so hat der österreichische Kaiser was ihn gar nichts angeht, verboten der Evangelischen Kirche sich zu uniiren. Der
20 rußische Kaiser hat seiner Evangelischen Kirche rein kirchliche Institutionen gegeben, wozu er auch das Recht nicht hat. Der Grund hievon ist freilich daß die Evangelische Kirche nicht privilegirt genug ist, und ihr eigenes Recht nicht hat. Darin liegt die ganze Differenz. Allgemeine Unsicherheit ist da Regel. Alles Andre ist bloß Ausnahme. Die Sicher-
25 stellung ist auf | das beschränkt, was in der Kirche symbolisch feststeht. 95ʳ Worauf gründet sich aber das, daß man die Bestimmungen in unseren symbolischen Büchern überall gelten läßt und daß sobald man sich auf diese beruft, auch die bürgerliche Macht sich zurükkzieht. Wenn damals die Kirche einen Repräsentanten hatte, so constituirte das das Wesen der
30 Kirche; denn Repräsentation heißt Selbstregierung der Kirche. Wenn das Recht sich darauf zu berufen jeder anerkennt, so liegt darin auch die Anerkennung der Selbstregierung der Kirche und auch dies, daß wenn sie eine solche fortwährend hätte, sie auch ein ähnliches Recht und ähnliche Begränzung aufstellen müßte.

15–17 factisch … Kirche] *Schubring 132 (Anonym: „auch bei katholischen Regenten deren Landeskirche evangelisch")* **21** gegeben] *geben*

---

23 *Scil. die Differenz zur römisch-katholischen Kirche.* **28** *Damals: zur Zeit, als die symbolischen Bücher entstanden.*

Daß also so die Tendenz zu einer Selbstregierung in der Evangelischen Kirche liegt und daß jede Richtung der Kirche sei zu bilden, das ist nothwendige Folgerung, die aber von der einen Seite immer übersehen wird, weil man sie von der anderen *nicht* genug geltend macht.

Man müßte denn sagen: die Evangelische Kirche brauchte einen Re-   5
präsentanten zur Verfertigung der symbolischen Bücher; dann hat sie sie abgeschafft. Aber das ist leicht zu widerlegen. Wo eine Spaltung, eine Differenz entsteht, ist derselbe Fall wie damals und da *muß* auch daßel-be Recht sein. Es ist wichtig ob und wie sich in der Kirche als einer *für sich* bestehenden Gesellschaft natürliche Neigung sich *selbst* einen Re-   10
präsentanten zu verschaffen sich in verschiedenen Gegenden manife-stirt. |

Wenn wir nun auf das sehen, was hier am unmittelbarsten im Wesen der Evangelischen Kirche liegt, so ist es die Art, wie die Kirche im öffentlichen Gottesdienst wirklich erscheint und auftritt, wo nun ein   15
anerkannter Grundsatz der ist: daß es in ihr ein m i n i s t e r i u m v e r b i gebe, d. h. einige, die den Clerus bilden, das Geschäfft des Gottesdienstes versehen, wobei das Predigen die Hauptsache. Nun stehen wir hier in einem bestimmten Gegensatz zur katholischen Kirche indem in dieser die priesterliche Würde eine andere Bedeutung hat, als bei uns das mi-   20
nisterium verbi; dies erscheint immer als immer wieder aus dem inneren der Gemeinde hervorgehend, unter der Form eines Mandats, *nicht* so aber daß wir dadurch eine Facultät erlangen, *welche die Gemeinde nicht* hätte, und *nicht* so als ob die, *welche dies* Mandat erhalten sich nur aus und durch einander ergänzen können. Wenn nun aber doch dies: daß die   25
Verrichtung der Geschäfte des Gottesdienstes und die öffentliche Dar-legung des göttlichen Worts ein solches bestehendes bestimmtes Mandat in der Evangelischen Kirche ist und sie sich dadurch von mehreren klei-*neren* Religionsparteien unterscheidet, die dies leugnen und einem jeden dies Recht gestatten, so sind wir da nun in eine große latitudo gestellt in   30
der sich bedeutende Differenzen denken lassen. In einem Punkt aber stimmen in der Evangelischen KontinentalKirche alle überein, nämlich daß eine wissenschaftliche Qualification dazu erfordert werde um dies Mandat zu erlangen, was bei der Katholischen Kirche viel weniger noth-wendig ist. Hierdurch tritt die Evangelische Kirche überall zugleich ein   35
in die Gestaltung der wissenschaftlichen Bestrebungen in den verschie-denen Ländern. Da kommt es nun darauf an, daß man sich eine richtige Vorstellung von dem ganzen Zusammenhang macht und *nicht* das hergebrachte als etwas in dem Wesen der Evangelischen Kirche gegrün-detes ansehe. Dies also, wie die Kirche zusammenhängt mit der Wißen-   40

39f gegründetes] gegründet

schaft, das sind allgemeine Hauptpunkte auf die wir uns werden gefaßt
zu machen haben.

Nun haben wir schon gesehen, wie im Ganzen genommen die Evangelische Kirche immer besonders abgeschloßen ist in jedem einzelnen
5 Staat. Das erklärt sich nun aus zwei Punkten. 1.) aus dem Mangel einer
äußerlich hervortretenden Einheit und dann auch aus der Advokatie des
Staats über die Kirche, die ohne einen solchen Mangel diesen Character
nicht annehmen kann. Wenn es nun schwer ist in der Evangelischen
Kirche besondere Sondrungen zu machen, und auf der anderen Seite
10 auch keine absolute Sonderung in Beziehung auf die inneren Punkte
zwischen den verschiedenen Zweigen der Evangelischen Kirche statt findet, so haben wir also auf unserem europäischen Continent die beiden
Hauptzweige: die lutherische Kirche und die reformirte in einem
ungewißen Zustand von Trennung und Vereinigung unter sich, dann
15 auch jede besonders abgesondert in den einzelnen Staaten aber auch auf
verschiedene Weise. Diese Verschiedenheit hat nun auch besonders zum
Gegenstand den Zusammenhang mit der wißenschaftlichen Organisa-
tion, und die Art, wie das Mandat nur innerhalb eines | größeren poli- 96ᵣ
tischen Bezirks oder auch außerhalb anerkannt wird. Da werden wir die
20 verschiedensten Verhältnisse finden.   Wir fangen mit der lutherischen Kirche an, also natürlich dem ersten Land:

lutherische Kirche im Königreich Sachsen.

Hier ist das Verhältniß der Regierung zu der Kirche ein ganz eigenthümliches, das aber auch nur durch die politische Verfaßung ein solches
25 werden konnte. Das ehemalige Cursachsen war ein ganz Evangelisches
Land; es war zugleich durch eine bestimmte Ständische Verfaßung constituirt, so daß der Curfürst durch diese beschränkt war. Da wurde das
Curhaus katholisch. Nun traten die Stände zusammen um den Religionszustand sicher zu stellen; es war aber zugleich ein Interesse von
30 ganz Deutschland, weil der Curfürst von Sachsen sonst das Haupt des
Corpus evangelicorum gewesen war. Es war dies Corpus obgleich nach
einer bloßen Observanz entstanden, doch politisch anerkannt worden.
Die Sache wurde nun so geordnet: daß der Curfürst, damaliger König
von Polen eine sog. Religionsversicherung ausstellte, welche auf jedem

---

6 Advokatie] Avokatie   18 größeren] davor 《eines》   20 verschiedensten] verschiedend-
sten

Landtage wiederholt wurde und zugleich als Bedingung erschien wodurch die Verwilligung der Landstände gewonnen wurde. Hiedurch
übertrug der Curfürst alle Rechte in Beziehung auf die Evangelische
Kirche seinem geheimen Rath, der aus lauter Evangelischen Staatsdie-
nern bestand und von allem Gehorsam gegen persönlich von dem Cur-　5
fürsten ausgehende Befehle dispensirt wurde und ganz unabhängig von
ihm war.　　　Nun ist bekannt wie sich gleich in den ersten Zeiten der
Reformation in Sachsen die Advokatie des Fürsten über die Kirche aus-
bildete zu einer Übertragung des Kirchenregiments an den Fürsten. Dies
hatte seinen Grund in dem Begehr einer Kirchenvisitation, welche von　10
der ersten Reformation ausging. Man drükte es so aus: da die Bischöfe
sich weigerten den Evangelischen Gottesdienst zu ordnen, so wurde der
Curfürst gebeten, ob es [gleich] sonst den weltlichen Herren nicht
gebühre geistliche Dinge zu ordnen, die Kirche zu visitiren weil die Noth
da sei. Da setzte der Fürst nun die Consistorien und Superintendenten　15
ein.　　　Nun war es aber doch immer natürlich diese dem Landesherrn
übertragene Befugniß die Kirche zu ordnen zu sondern von demjenigen
Recht, was der Landesherr in Beziehung auf jede Religionsgemeinschaft
in seinem Staat hatte. Diese Sonderung wurde nun vorher eigentlich
nicht gemacht; als aber der Kurfürst zur Katholischen Kirche übertrat da　20
erfolgte diese Scheidung. Das Collegium des geheimen Raths übertrug
nun das Kirchenregiment dem Kirchenrath weiter; dieser repräsentirt
also in Sachsen das Kirchenregiment; | und der geheime Rath behielt sich
die jura circa sacra des Aufsichtsrechts über alle Religionsgemeinschaften vor. Aber alles eigentlich Kirchliche, alle liturgischen Anordnungen,　25
alle Prüfungen und alle Besetzungen von geistlichen Stellen gehen vom
Kirchenrath aus und nur in bedeutenden Fällen muß das placet des
geheimen Raths hinzukommen.　　　Außerdem macht der König sich
anheischig alle ammtlichen Stellen im Lande außer dem Militär und
Hofstaat, aus Evangelischen besetzen zu laßen.　　　　　　　　30
　　Der Kirchenrath hat nun zunächst die Consistorien unter sich; jetzt
sind nur noch das Oberconsistorium in Dresden und das Consistorium
in Leipzig, sie sind verwaltende Collegien unter dem Kirchenrath.
Nun besteht in Sachsen noch die geistliche Gerichtsbarkeit. Dazu gehört
1.) die in Beziehung auf die Ehen. Diese sind noch von dem Übergang　35
aus der Katholischen Kirche her in allen Evangelischen Ländern Attri-
bute der Consistorien gewesen welche die Stellen der Bischöfe vertraten.
Nun ist aber die Ehe kein Sacrament woraus hervorgeht, daß die bürgerliche Seite ein größeres Übergewicht bekam und ein Interesse des
Staats abgesondert von dem kirchlichen das Übergewicht bekam, so　40

96ᵛ

konnte auch dies den Consistorien übertragen werden. In mehreren Ländern hat sich das geändert und ist dieser Gegenstand ganz an die weltlichen Gerichte übergegangen. 2.) das Gericht über die Geistlichen *selbst* (was wir freiwillige Gerichtsbarkeit nennen) diese Gerichtsbarkeit
5 und die kirchliche Gesetzgebung beruht in dem Kirchenrath (in der letzten Instanz)[.] Die Consistorien haben nun Superintendenten unter sich, und diese haben auch noch einen Antheil an dieser geistlichen Gerichtsbarkeit. Sie sind in Beziehung auf die Ehesachen und Scheidungen die Comissarien der Consistorien, um die Sache zu instruiren, sie
10 müssen die Sühneversuche machen etc. Die Evangelische Kirche war nun in Sachsen so sehr die herrschende daß so wohl die Katholiken als Reformirten nur an wenig Orten eine freie, doch *nicht* öffentliche Religionsübung hatten; allein der Hof hatte einen öffentlichen Gottesdienst, weil der Fürst ja eine öffentliche Person ist; die Kirche hieß aber
15 bloß die Hofkapelle und so gab es noch sonst im Land einige Capellen, nur in der Lausitz *nicht*, das jetzt ja aber meist zu Preußen geschlagen ist.

Was den Geistlichen Stand betrifft so ist mir *nicht* bekannt, daß ein Verbot existire daß die Geistlichen *nicht* auf fremden Universitäten ihre
20 Bildung suchen sollten, allein das ist auch wohl selten vorgekommen. Das kam wohl von der guten Vorschule die sie in den Fürstenschulen haben; ein auswärtiges geistliches Mandat aber ist *nicht* gültig; es müßte denn eine bestimmte Ausnahme sein z. B. *mit* Ammon – So ist nun auch eine bestimmte Aufsicht über die wißenschaftliche Fortbildung der
25 Geistlichen. Die Abstufung ist die: die Geistlichen stehen unter den Superintendenten und so herauf – das wird als verschiedene Qualification angesehen; der Geistliche wird geprüft, wenn er Superintendent werden will, *nicht* allein in Beziehung auf die Geschäftsführung, sondern auch wissenschaftlich, weil er die Candidaten unter sich hat und sie prüfen
30 muß. Ebenso wenn ein Geistlicher eine andere Stelle bekommt, die gar *nicht* mehr einbringt, so wird er wenn *nicht* von neuem geprüft, doch muß er ein Colloquium bestehen, das ist nun freilich ein enges Aufsichtsrecht, aber es liegt doch die gute Tendenz zu Grunde, die wissenschaftliche Beschäftigung bei den Geistlichen lebendig zu erhalten. |

---

3 übergegangen] übergangen

6 *Zusatz Schubring 134 (Fink 214; Stolpe 346; Schmidt 220; Brodkorb 56ʳ–56ᵛ): „Nur eine Criminalklage wird sogleich an das weltliche Gericht abgegeben."* **16** *Vgl. Stäudlin II, S. 429. 432: „[Die Lausitz] hat viele lutherische und katholische Kirchen, in welchen wendisch und deutsch geprediget wird … In Lauban ist ein Nonnenkloster der Maria Magdalena von der Buße. Bei Ostriz, einem katholischen, ist das Cistercienser Nonnenkloster Marienthal, welches sehr ansehnliche Besitzungen hat".* **23** *Christoph Friedrich von Ammon (1766–1850), 1789–1813 Professor in Erlangen und Göttingen, 1813–49 sächsischer Oberhofprediger in Dresden.*

Fragen wir nun, wie es eig*entlich* um d*as* Verhältniß der K*irche zum*
Staat steht, so brau*chen* wir daran, d*aß* d*as* regier*ende* Haus katholisch
ist, gar *nicht* [*zu*] d*enken. Di*e R*egie*r*ung* ist d*er* Regent; dieser h*at* ab*er*
d*em* K*irchen*rath alle interna u*nd* d*i*e positive Initiative so überl*aß*en,
wie d*er* König d*em* Geheimrath d*as* g*anze* Regiment. Das K*irch*liche ist   5
also von d*em* Weltl*ich*en durch*aus* gesondert. Frei*lich* besteht nun d*er*
K*irchen*rath *nicht* aus lauter Geist*lich*en; sie müss*en* ja *auch* rechtskun-
di*g*e Mitgliede*r* h*a*ben, da sie *auch* d*ie* ki*rch*liche Gerichtsbarkeit gesondert haben. Insofern ab*er*, *weil* der K*irchen*rath vom Geheimrath eingesetzt w*ird*, ist d*i*e Trenn*ung nicht* vollständig; ab*er* sie ist doch vorhan-   10
den. W*enn* nun frei*lich* d*er* Regent d*as* Personal best*imm*t, so müss*en*
wir nur *zwei* verschied*en*e Qual*i*täten *i*n *i*hn*en* hier *un*terscheid*en*. Einmal als Regent, insofern ihm d*ie* jura circa sacra zukomm*en* u*nd* dann
als von d*er* K*irche* erwählte*r* Ordner d*er* K*irche* als *welcher er die* Abstuf*ung* der verschied*en*en K*irche*nämmt*er* u*nd* d*ie* Wahl bestimmt. V*on*   15
einer sol*ch*en Form ab*er*, d*aß* irg*end* etwas in k*irch*lichen Ding*en von*
d*en* Gemeinden s*elbst* ausgin*ge*, ist in Sa*ch*sen keine Spur.   Was h*at*
nun dies*e* Verf*aß*ung *au*f d*en* inner*en* Zustand d*er* K*irche* für einen *E*in-
fluß g*e*h*a*bt? Off*en*b*a*r *i*s*t di*e sächs*ische* K*irche* ein Muster u*nd* sie h*at*
einen b*e*deut*enden* R*an*g, ab*er* frei*lich* in ihre*r* Art. Wie d*ie* Reform*ation*   20
s*elbst* in Sa*ch*sen milder gewes*en* ist in B*e*zieh*ung au*f d*ie* Änder*un*gen
des ursprüng*lichen* Zustands im Vergleich m*it anderen* Länder*n* so h*at*
auch d*ie* sächs*ische* K*irche* diesen Ca*r*akter immer behauptet, d*aß nichts*,
was d*en* Caracter eines Revolutionär*en* h*a*tte, vorgekomm*en* ist; sie ist
immer ihr*en* still*en* Gang weggegang*en*, ab*er* frei*lich nicht* ohne an Al-   25
l*em* was geistig produc*irt* word*en* ist, Theil *zu* nehm*en*. Das h*at* nun
s*einen* Grund in d*er* inner*en* Abgeschl*oß*enheit u*nd* in d*er* Verfassung
s*elbst*, die immer dieselbe gebli*eben* ist, u*nd* die eine Stabilität in all*em*
Übrig*en* gangbar gem*a*cht h*at*. D*i*e einzeln*en* Reform*en* m*it* d*en* Gesang-
büchern u*nd* jetzt m*it* d*en* Pericop*en* sind immer erst aus ein*em* a l l g e -   30
m e i n e n Bedürf*niß* hervorgegang*en*.   Einen *nicht* gering*en* Antheil
hieran h*at auch* d*ie* Constitution des öff*ent*lichen Unterricht*s* in Sa*ch*sen,
wo gewiß eine *gro*ße Stabilität wahrzunehm*en* ist. D*as* höhere Unter-
richtsw*e*sen ist in d*en* sogenannt*en* Fürstenschulen immer *auf* d*em*selben
Fuß geblieb*en*. Mit d*er* eig*entlich*en Landesuniversität, j*e*tzt Leipzig h*at*   35
es dieselbe Bewand*niß*; sie war eine unanhängi*ge* Corporation, ab*er* um

---

30 *Das 1812 erschienene „Kirchenbuch für den evangelischen Gottesdienst der Königlich*
Sächsischen Lande" enthielt eine Perikopenordnung, die, nachdem bis dahin im Haupt-
gottesdienst nur über das Evangelium des Tages gepredigt worden war, auch eine Epistel-
reihe hatte, diese hatte Franz Volkmar Reinhard (1753–1812, seit 1792 Oberhofprediger in
Dresden) durch seine seit 1805 auch über Episteltexte gehaltenen Predigten maßgeblich
vorbereitet.

das *zu* bleiben, mußte sie *au*ch vorsichtig *zu* Werke gehen. D*ie* Fakul-
täten | schlag*en* die vor, die als L*e*hrer eingesetzt w*er*den sollen u*n*d der 97ᵛ
R*e*gent bestätigt sie. Nun gab es unt*e*r d*en* Stiftern gewisse Präbend*en*
die nur einem *von* d*e*m u*n*d d*e*m Karacter erth*ei*lt w*er*den sollt*en*, was
5 Alles eine *g*ewisse Stabilität begünstigte. So ist d*er* kir*ch*liche Zustand
hier ein sehr ruhig*er*, aber doch allg*e*m*ei*n befriedig*en*der; es ist fr*ei*lich
immer ein langsam*er* Gang in d*er* Entwi*k*lung.
    Was nun *die* sä*ch*s*isch*en Universitäten für *die* Theolo*g*ie g*e*leistet
h*a*ben, ist ja bek*a*nnt. Es ist *au*ch *nicht zu* läug*n*en, d*a*ß unt*e*r d*er*
10 sä*ch*s*isch*en Geistlich*k*eit immer viele sind, die *sich du*rch litter*a*rische
Producti*v*ität *au*szeichn*en*; sie haben ein*en* Karacter der Wiß*en*schaft-
lichk*ei*t überwieg*en*der als in a*n*deren R*e*gion*en* d*er* E*van*gelisch*en* Kirche. Ab*er* d*a*s kommt dah*er we*il sie einen solch*en* Spor*n* h*a*b*en* i*n d*en
öff*en*t*lich*en specimina die sie abl*e*g*en* müss*en*, wenn sie *sich* verbessern
15 woll*en*. Auf *die* Ammtsführ*un*g hat das ab*er nicht* solch*en* Einfluß, d*a*ß
m*a*n sag*en* k*a*nn: h i e r wäre mehr Leben als a*n*derswo; das ist *nicht* der
Fall.
    Etwas sehr Analo*g*es find*en* wir *au*ch in d*en* a*n*deren sä*ch*s*isch*en
K*i*rchen.

20   Die herzog*lich* sächsischen Häuser.

Hier sind neuerlich politi*sch*e Veränder*un*gen vorgegang*en*, wod*u*rch der
Landesverband ein a*n*derer g*e*word*en* ist. Aber das hat k*ei*nen Einfluß
*au*f das kir*ch*liche gehabt. Wir l*a*ssen also d*ie* Sache noch, wie sie war:
d a s W e i m a r i s c h e u*n*d das G o t h a i s c h e H a u s.
25   In d*e*m l*e*tzt*en* ist m*a*n mehr b*ei* d*e*m bestehend*en* g*e*blieben; im weimarischen h*a*t s*ich* mehr Leben geregt.

---

21 f *1825 erlosch mit dem Tode Herzog Friedrichs IV. das Haus Sachsen-Gotha-Altenburg.
Nach dem Teilungsvertrag von 1826 erbte Herzog Friedrich von Sachsen-Hildburghausen
(seit 1780) den einen Teil des erloschenen Herzogtums und begründete die neue Linie
Sachsen-Altenburg, während sein bisheriges Herzogtum zwischen Sachsen-Meiningen und
Sachsen-Coburg aufgeteilt wurde. Der andere Teil des ehemaligen Sachsen-Gotha-Alten-
burg wurde mit Sachsen-Coburg zum Herzogtum Sachsen-Coburg-Gotha vereinigt.*

Das Gothaische Haus.

Hier gibt es als Haupt der Kirche gewissermaßen, einen Generalsuper-
intendenten der zugleich Mitglied des höchsten Collegii des Oberconsi-
storii ist. Er ist also *nicht* Monarch. Es besteht hier nun die sogenannte
Ernestinische Kirchenordnung (von Ernst dem Frommen, der sich als   5
Fürst mehr für die Kirche interessirt hat, als die Fürsten sonst pflegen)[.]
Die kirchliche Gerichtsbarkeit in den kirchlichen Collegien ist hier auch,
wie in Sachsen obgleich noch auf besondere Weise, ebenso ist es in
Meiningen. Es gibt in allen Städten noch besondere geistliche Untergerichte (Ämmter) die auf das Schul und Kirchenwesen im Besonderen zu   10
sehen haben in Verbindung mit der Justiz der Städte. Sie *sind* also ei-
gentlich das, was Gemeindeälteste sein sollen in presbyterianischen |
Verfassungen, nur mit dem Unterschied daß die Oberen sie wählen, und
nicht die Gemeinden. Aus den Gemeindegliedern *selbst* aber gehen sie
doch hervor. Hier ist dasselbe Verhältniß des Regenten als des obersten 15
Ordners der Kirche, so daß den Gemeinden als solchen keine freie Thä
tigkeit zukommt. Aber doch liegt dieser Punkt den Gemeinden unmittelbar nah, was in Sachsen *nicht* ist. In Gotha sind nun alle symbolischen
Bücher der lutherischen Kirche inclusive der Concordienformel eingeführt und bilden eine kirchliche Norm. Übrigens ist die Autorität der- 20
selben nie *auf* drükende Weise gebraucht worden, wobei freilich viel auf
die Persönlichkeit des Generalsuperintendenten ankommt. Er hat die
Pflicht alle *fünf* Jahre Generalvisitation zu halten; die Superintendenten
müssen die Specialvisitationen halten. Er kann die Geistlichen zur Ver-
antwortung ziehen; hat also sehr viel zu thun. Die Hofgeistlichen (er ist 25
selbst oberster Hofprediger) stehen aber unmittelbar unter dem Oberconsistorium.

---

3 f Ober*consistorii*] Ober*collegii*   **11** *sind*] stehen

---

5 f *Ernst der Fromme, 1640–75 Herzog von Sachsen-Gotha (seit 1672 auch von Altenburg),
ein Bruder des Kriegshelden Bernhard von Weimar, machte sich um den Wiederaufbau
seines Landes nach dem Dreißigjährigen Kriege verdient, besonders um das Kirchen- und
Schulwesen.*

Im Weimarischen Hause

ist man nun zu anderen Resultaten gekommen von demselben Punkt
aus. Weimar und Eisenach sind zwei verschiedene Provinzen; jedes hat
sein besonderes Oberconsistorium und seinen Generalsuperintendenten
5 wie in Gotha. Aber die sog. geistliche Gerichtsbarkeit besteht nicht
mehr, so daß die Geistlichen in allen Angelegenheiten unter den gewöhnlichen Gerichten stehen. Die Schlichtung der Ehestreitigkeiten ist auch
dem Gericht zugetheilt. Man hat hier auch die Union zwischen der lutherischen und Reformirten Kirche zu Stande gebracht. Die Reformirten
10 haben da keine besondere kirchliche Verwaltung sondern sind mit den
lutherischen ganz zusammengeschmolzen mit Beseitigung alles dogmatischen. Es ist hier die Universität Jena, die unter dem Gesammtschutz
aller sächsischen Häuser steht, aber doch so daß das weimarische Haus
einen besonderen Einfluß darauf einübt. Jena hat nun einen anderen
15 Karacter entwikelt als die cursächsische im Königreich Sachsen. Das
kommt daher, weil sie für das Land zu groß und eigentlich eine deutsche
Universität ist, wogegen im Königreich alles auf das Bedürfniß des Landes selbst berechnet wird.   Daraus ist entstanden, daß Alles neu sich
Entwikelnde immer mit auf diese Universität verpflanzt worden ist, so-
20 wohl in Beziehung auf die Philosophie als Theologie. Sie ist in der letz-
ten Zeit ein besonderer Sitz für die neueren philosophischen Systeme |
gewesen und auch in Beziehung auf die besondere Behandlung der Theo-   98ᵛ
logie. Dies hat nun eine viel größere geistige Freiheit in dem ganzen
Land verbreitet, so daß in diesem kleinen Lande eine große Variabilität
25 in allen Künsten und Wissenschaften statt hat. Sehen wir von diesem
einzelnen Theil auf das ganze Deutschland, so ist es gewiß sehr heilsam
gewesen daß es neben den größeren Staaten solche kleineren gegeben
hat, die eine solche Freiheit begünstigten und Zufluchtsstätten ausmachten. Freilich hängt das immer noch von der Persönlichkeit des Regenten

---

15 als] *folgt* ⟨⟨in⟩⟩ *mit Einfügungszeichen über der Zeile*   22 *gewesen*] gegeben

11f *D. h. ohne auf die dogmatischen Differenzen weiter einzugehen.*   20–23 *Schleiermacher spielt hier offenbar an auf die Philosophen des Deutschen Idealismus: Johann Gottlieb
Fichte (1762–1814, 1794–99 Prof. in Jena), Friedrich Wilhelm Schelling (1775–1854,
1798–1803 ao. Prof. in Jena) und Georg Friedrich Wilhelm Hegel (1770–1831, 1800–1806
in Jena, seit 1801 als Privatdozent). Für die Theologie sind zu nennen: Johann Jakob
Griesbach (1745–1812, seit 1775 Prof. in Jena, Neutestamentler), Johann Gottfried Eichhorn (1752–1827, seit 1788 Prof. in Jena, Orientalist und Exeget, mit Griesbach einer der
Initiatoren der kritischen Textforschung und Exegese), Johann Philipp Gabler (1753–1826,
seit 1804 Prof. in Jena, Exeget, Vertreter eines gemäßigten Rationalismus), Ludwig Friedrich Otto Baumgarten-Crusius (1788–1843, seit 1812 Prof. in Jena, von Schleiermacher
beeinflußt, vertrat die biblischen, historischen und dogmatischen Fächer).*

ab; und es kann sich freilich wieder ändern; wodurch dann freilich
wieder eine Regeneration des geistigen Lebens in den einzelnen Ländern
auf besondere Weise entstehen wird, wie jetzt das Extrem einer zu großen Lebendigkeit und Regsamkeit vorherrscht. Im Wesentlichen ist aber
nun hier daßelbe Volk und dieselbe Art des Aufnehmens und der Be- 5
handlung, und so ist *nicht* zu läugnen, daß wieder in der kirchlichen
Verfaßung des Landes die große Regsamkeit sich gar *nicht* hat merken
lassen. Da ist noch dieselbe Stabilität, wie in Gotha und Sachsen, nur
daß die Scheidung der weltlichen Angelegenheiten von der Kirche ange-
gangen ist. Es ist hier wohl eine erwünschte Gelegenheit mich über diese 10
Trennung zu erklären. Die sog. geistliche Gerichtsbarkeit besteht wesentlich aus *zwei* solchen Elementen, nämlich daß die Geistlichen ein
privilegirtes *forum exemptum* haben und daß sie zugleich das Ehegericht
haben. Das sind *zwei* verschiedene Dinge. In Beziehung auf *das* letzte ist
es gewiß ein bedeutender Fortschritt, wenn es *nicht* kirchliche Gerichte 15
sind, *welche* die Auflösung der Ehe aussprechen; die Kirche soll die Ehe
nie *auflösen*; das ist nur eine Licenz die nur dem weltlichen Gericht zu
geben ziemt. Es herrscht da, wo die Geistlichen mit richten freilich
weniger Leichtigkeit die Ehe zu scheiden, als da, wo das weltliche
Gericht allein scheidet. Das ist freilich ein materieller Vortheil. Aber das 20
hat doch *nicht* seinen Grund in der Frivolität des weltlichen Gerichts;
sondern in der Gesetzgebung und in der Erziehung; denn ein *christlicher*
Staat soll diesen Leichtsinn weder in dem Gesetz haben noch in der Sitte.
Der Vorzug der Form aber daß die Kirche es nie ist, *welche* die
Trennung ausspricht ist doch nach meinem Gefühl ein größerer Vortheil. 25
99¹ Der andere Punkt nun, daß die Geistlichen ein | *forum exemptum* haben,
so liegt es in Beziehung auf die Sonderung der Stände in der Natur der
Sache, daß alle *wissenschaftlich* Gebildeten zu den höheren Ständen
gehören. Wo das *nicht* ist, da müssen sie freilich ein solches forum ha-
ben. Aber was hat sonst die kirchliche Verwaltung mit dem äußerlichen 30
Recht zu thun – es liegt darin fast ein hierarchisches – es ist gewiß ein
Fortschritt, wenn die höhere Gerichtsbarkeit der Geistlichen *nicht* besonders ist, sondern mit der gewöhnlichen Gerichtsbarkeit dieselbe.

---

29 *D.h. wo die wissenschaftlich gebildeten, höheren Stände kein eigenes gerichtliches*
Forum haben, das auch für die Geistlichen zuständig ist.

Die Hannoverschen und Braunschweiger Lande. *59. Stunde*

In Hannover gehört der Landesherr der englischen bischöflichen Kirche
zu; aber davon wird keine Notiz genommen; die Landesregierung
besteht aus lauter deutschen Evangelischen. Es geschieht alles unter der
Evangelischen Form. Wir finden hier auch dieselbe Tendenz in Bezie-
5 hung auf die Ausübung des Kirchenregiments. Die lutherische Confession ist die eigentliche Landesreligion, die anderen beiden Kirchen haben
bisher nur eine beschränkt freie Ausübung gehabt. Katholiken gab es
nur an einigen Orten in Hannover und ich glaube auch in Göttingen, sie
durften keine Dispensation der Ehe anders als bei den Evangelischen
10 Consistorien nachsuchen und waren sonst auf mancherlei Weise beschränkt, mußten den Evangelischen Pfarrern die Gebühren entrichten.
Was die kirchliche Verfaßung betrifft so ist die Landesregierung da
ebenso gestellt, wie in dem Königreich Sachsen das geheime RathsCol-
legium, und die Consistorien haben die geistliche Gerichtsbarkeit wäh-
15 len die Geistlichen bestimmen die liturgischen Veränderungen; aber die
Landesregierung hat die jura circa sacra. Wie nun das Land zusammen-
gewachsen ist aus mehreren getrennten Linien so haben diese auch jedes
ihre besonderen Consistorien. Unter diesen stehen Generalsuperinten-
20 denten (sechs) und unter diesen 48 Specialsuperintendenten (die ersten in
Göttingen und Klausthal Celle Harburg etc.) – Bremen- und Verden
haben in Stade ihr Consistorium; auch Ostfriesland hat sein besonderes
Consistorium, welches aber gemeinschaftlich ist für Lutheraner und Reformirte. Die Gemeinden sind unter diesem in zwei Coetus geteilt, de-
25 ren jeder einen Generalsuperintendenten und acht Specialinspectoren
hat. | Die Reformirten Gemeinden in dem Hannöverschen Land (mit 99ᵛ
Ausnahme von Ostfriesland) in Braunschweig und in der Herrschaft
Bückeburg stehen in genauem Synodalverband und haben also ein
Centrum welches ausländisch ist. Da sieht man wie auch von dem Prin-
30 cip, daß in der Evangelischen Kirche die Einheit immer eine politische
sei, Abweichungen statt finden; daß sie nun freilich keine bedeutenden
Veränderungen machen dürfen, das versteht sich von selbst bezieht sich

---

6 Kirchenregiments] *folgt* 《 auf ganz ähnliche Weise bestimmt》   17 hat] haben   20
Specialsuperintendenten] Specialsynoden   21 etc.)] etc.   Verden] Werden   25
Specialinspectoren] Specialsynoden (*korr. nach Stäudlin II, S. 503*)

2f *Georg IV., 1820–30 König von Großbritannien und Hannover.*   8f *Nach Stäudlin II,
S. 372–374 in Hannover, Celle und Göttingen. 1827 gab es nach der Erweiterung Hanno-
vers um katholische Gebiete (z.B. Hildesheim, Teile des Bistums Münster) aber über 150
katholische Pfarreien; vgl. Katholische Kirche 175.*

aber *auch* nur wieder *auf* das landesherr*liche* Recht circa sacra. Es ist
nun [*in*] diesen verschiedenen Landestheilen das Verhältniß der symbo-
lischen Schriften *nicht* dasselbe – In dem Fürstenthum Verden und Bremen besteht die größte Freiheit – im eigen*tlich* Hannöversch*en* ist es
anders; obgl*eich* eine verschiedene dog*matische* oder symbol*ische* Ein-   5
heit ist, so besteht doch eine ungehinderte Kirchengemeinschaft und da
sehen wir wieder das Fließende von dieser Seite, was der Protestan-
tischen Kirche wesent*lich* ist.

    D i e b r a u n s c h w e i g i s c h e n L ä n d e r sind in einer ganz ähn*lichen*
Verfassung; die Evangelisch luther*ische* Kirche ist die herrschende; die   10
Kath*oliken* sind ebenso beschränkt, die Reformirten aber *nicht* – Hier
gibt es *zwei* Consistorien, die das eigentl*iche* Kirchenregiment ausüben;
das eine in Wolfenbüttel, das andere in Blankenburg; hier ist also die
Behörde *nicht* in der Residenz in Braunschweig, sondern in der alten
Hauptstadt Wolfenbüttel. In Braunschweig besteht ein eigenes geist*liches*   15
Gericht für die Stadt und Umgegend, was aber dem Consistorium in
Wolfenbüttel untergeordnet ist. Hier sind nun *auch sechs* Generalsuper-
intendenten der erste in Wolfenbüttel, die anderen in Braunschweig etc.

    Braunschweig hat nun noch das eigen, daß jähr*lich* sog. Synoden
bestehen; sie haben aber mit dem eigentlichen Kirchenregiment *nichts* zu   20
thun; sie sind nur litterar*ische* Vereinigungen, Colloquia, die aber von
der kirch*lichen* Obrigkeit angeordnet werden um eine wissenschaft*liche*
Thätig*keit* ammtlich zu machen. Es ist daßelbe permanent was in Sachsen einzeln war und sich bloß an eine best*immte* Begebenheit knüpfte.
Das braunschweigsche ist allerdings nobler.   25

    Nun bestehen hier aus der kathol*ischen* Zeit noch männl*iche* und
weibl*iche* Stiftungen die noch ein polit*isches* Verhältniß zu dem Gericht
haben. (Die Äbte und Pröbste sind zugleich Landstände.) Sie sind jetzt
aber zu Schulen und Seminarien umgeschmolzen und so ganz in den
Geist der Evangelischen Kirche hineingezogen. Es ist nun merkwürdig,   30
wie sich in diesen Ländern ein so gemeinschaft*licher* Kirchen*typus*
ausspricht mit der bestimmten Tendenz (obgleich das ganze Kirchenregiment vom Landesherrn ausgeht) doch die beiden Beziehungen deßelben durch die Art der Einrichtung zu trennen, näm*lich* dahin, daß man
deut*lich* sieht[:] diejenige Stelle, *welche* die jura circa sacra vornimmt ist   35
eine ganz andere als die *welche* das eigentl*iche* Kirchenregiment zu ver-

---

3 Verden] Werden   21 Vereinigungen] Vereiniungen   28 (Die ... Landstände.)] *ohne*
Klammern am linken Rand

5 f D.h.: *obgleich nicht überall in Hannover dieselben Bekenntnisschriften gelten.*

walten haben, und man sieht deutlich, daß das letzte vom Landesherrn
nicht ausgeht in so fern er Landesherr ist, sondern in so fern ihm die
Advokatie über die Kirche von ihr selbst übertragen ist. | Es ist dies ein 100ʳ
recht guter Mittelzustand; die Consistorien sind in keine anderen poli-
5 tischen Geschäffte verwikelt (wie bei uns) und die eigentlich politischen
Stellen üben nicht die Initiative in Kirchensachen aus. Nun ist freilich
immer ein Nachtheil, wenn aus Veranlaßung von kirchlichen Veränderungen Verstimmungen entstehen; da werden sie durch die Vorstellungen, die sie von der öffentlichen Stimmung haben bestimmt werden.
10 Wäre z.B. die kirchliche Behörde neuerungssüchtig so wird sie ein
Gegengewicht finden in der politischen, und das ist sehr schön; so
verbreitet sich immer mehr eine ruhige Entwiklung, so daß Neuerungen
nicht eher gemacht werden als bis sich ein allgemeines Bedürfniß ausgesprochen hat. Was veraltet ist bekommt allmählig eine andere Gestalt
15 aber nicht durch ein voreiliges Eingreifen. Die Kirchenordnungen werden von Zeit zu Zeit revidirt; neue Gesangbücher werden eingeführt etc.
Es gibt hier noch das Corpus doctrinae Julium das am Anfang des 18
Jahrhunderts von neuem revidirt wurde, (es ist aus dem 16 Jahrhundert
her) und so kann es nicht fehlen, wenn nur die Bildung der Geistlichen
20 den gehörigen Gang nimmt, wofür durch die Universität gesorgt ist. Die
Universität Helmstädt (in Braunschweig) ist noch nicht seit langem aufgehoben. Hannover hat aber noch Göttingen, wo auch eine freie Regung
herrscht – mehr freilich noch in Helmstädt.   Nun haben sich alle
diese Länder auch immer ausgezeichnet durch eine Freiheit des wissen-
25 schaftlichen Gedankenverkehrs, was auch seinen guten Grund hat in der
Trennung der politischen und kirchlichen Behörden. Wenn in der Kirche
alles von eigentlich politischen Stellen ausgeht so kann auch alle Einseitigkeit in diese höchsten Stellen eindringen, sowohl religiöse als andere –
da können also alle theologischen Einseitigkeiten ans Regiment kommen
30 und die werden immer rapide voreilige Neuerungen treffen. In diesen
Ländern ist aber weder ein steifes Halten über das Verjährte noch ein
voreiliges Neuern sondern alles geht von dem Bedürfniß aus und wird
durch dieses bestimmt. Alles dies hat seinen Grund auch mit darin, daß
in diesen Ländern die Kirche bloß Evangelisch und [man] also keine
35 Einflüße von fremden zu befürchten hat. Das Gute hängt also mit dieser
Einheit der Kirche zusammen – die katholische Kirche kann hier durchaus gar nicht nachtheilig wirken – und doch hat auch das Irreligiöse gar
nicht so viel Gewalt bekommen, wie in anderen Ländern. Nun wollen

---

20–22 *1809 hob König Jerôme von Westfalen die Universität Helmstedt auf.*

wir *zu* einem anderen La*n*d übergehen, wo d*i*e Verhältni*s*se schon anders
werde*n*, wo ab*e*r d*i*e E*v*angelische Kirche *au*ch noch d*i*e herrschende ist. |

Das Königreich Würtemberg

Es h*a*t fr*ei*l*i*ch in d*e*r neues*t*en Z*ei*t einen Zuwachs v*o*n katho*li*schen
Unterthanen bekomm*e*n, ebenso w*i*e Hannover d*ur*ch die Acquisition   5
von Hildesheim. Allein d*i*e Verfaßu*n*g der E*v*angelischen Kirche im ga*n*-
zen La*n*d ist darum *nicht* alter*i*rt word*e*n. Solche Verhältni*s*se fr*ei*lich
wie d*i*e *zw*i*s*ch*en* der E*v*angelischen u*n*d Katholischen Kirche in Han-
nov*e*r sollt*e*n *n*ach d*e*m deut*s*ch*en* Bund*e*sgesetz *nicht* s*ein* – denn b*ei*de
Kirchen sollen ja gleiche Rechte h*a*ben.   10
   In Würtemberg ist nun in poli*ti*scher Beziehung ein a*n*deres Verhält-
*n*iß *w*eil es dort eine alte ständische V*e*rfass*un*g gibt. Es sind in Brau*n*-
schweig *au*ch schon lang*e* Landstände gewes*e*n; in Hannover ist eine
Ständeverfassu*n*g im Sinn d*e*r deut*s*ch*en* Bund*e*sacte e*i*ngel*ei*tet, aber das
h*a*t *a*uf d*i*e ki*r*chliche Verfaßu*n*g, noch k*ei*nen Einfluß gehabt. D*a*s Con- 15
sistor*i*um is*t* *n*u*n* in Würt*e*mberg verfassungsmäßig best*e*h*en*d *a*us e*t*li-
*ch*en weltl*i*ch*en* Gli*e*der*n*, d*i*e d*a* sind v*o*n wegen des La*n*desherrn, u*n*d
aus Theologen, die d*a* sind im Nam*e*n d*e*r gem*ein*en Kirche. In d*e*r
constitui*r*e*n*de*n* Versamml*un*g d*e*s La*n*des v*o*n 1819 wo d*i*e V*e*rfassu*n*g in
vieler Hinsicht eine a*n*dere Gestalt genomm*e*n hat, ist nun *au*ch in Be- 20
ziehung *au*f d*i*e ki*r*chliche eine andere Bestimm*un*g gelt*en*d gem*a*cht
word*e*n wod*ur*ch s*i*ch das Verhältn*iß* noch g*a*nz anders gestaltet. M*a*n
h*a*t hier d*i*e Synode f*ür* gesetzgebend u*n*d d*a*s Consistor*i*um f*ür* verwaltend erklärt. Die erste besteht nun mit *a*us d*e*m Consistorium [*u*nd] aus
den Generalsuperint*e*nd*e*nten u*n*d die G*ei*st*li*chen h*a*ben darin ein e*n*t- 25
scheid*e*ndes Übergewicht; d*i*e G*e*m*ei*nde *selbst* ist g*a*nz passiv. M*a*n h*a*t
nun schon eine V*e*rstärk*un*g d*e*r Synode in di*e*s*e*m Sinn in Vorschlag
60. Stunde gebr*a*cht, ab*e*r noch *nicht* ausgef*üh*rt.   Nun noch eins. Es sind Fälle
e*i*ngetreten wo d*e*r Fürst *z*ur katho*li*schen Kirche übergi*n*g. Da ist nun
etwas Äh*n*liches geschehen als in S*a*chsen; der Herzog h*a*t d*i*e Kirchen- 30
G*e*w*a*lt abtr*e*t*e*n m*ü*ss*e*n *a*n d*i*e Regierung od*e*r d*e*n Geheimen Rath.
Di*e*s*e*r hat nun d*i*e Oberdirection u*n*d es sch*ei*nt als ob er eben das d*e*n

---

5 Acquisition] Aqquisition   **13** Landstände] Lanststände

7–10 *Art. 16 der Bundesakte (vgl. Protestantische Kirche 37).*   **28f** *Herzog Karl Alexan-*
der (1733–37) war im österreichischen Kriegsdienst zum römischen Katholizismus über-
getreten. Auch seine drei Söhne und Nachfolger, die Herzöge Karl Eugen (1737–93), Lud-
wig Eugen (1793–95) und Friedrich Eugen (1795–97), waren katholisch.

Landesherr*n* vertretende sei u*n*d ihm nur d*ie* jura circa sacra zukomme*n*
müßt*en*; d*as* K*irchen*leitende Regim*en*t geht dann vo*n* dem Consistor*ium*
[*und der Synode*] aus – also ist hier derselbe Typus; nur d*aß* d*as* Kir-
*chen*regiment getrennt ist in ein Gesetzgebendes u*n*d ein Verwaltendes
5 wie ein politisches.   Sehen wir nun *auf die* neuste Geschichte so ist
doch *auf der anderen Seite* wieder ein Rükschritt geschehen in *Beziehung*
*auf d*ie Unabhängigkeit der Kirche. Näm*lich* d*as* K*irchen*gut hat sonst
als etwas g*anz* Unabhängiges bestanden. Nun ist es ab*er mit* dem Staatsgut verschmolzen u*n*d dad*urch* tritt nun umso stärker das hervor, d*aß*
10 die Diener der Kirche als Staatsbeamte erscheinen. Das ist ab*er nichts*
bedeut*en*d Verschiedenes | von d*em*, was wir bisher h*at*ten. Dies Kir-   101ʳ
*chen*gut wird nun ab*er auch* mit verwendet *zu den* Bildungsanstalten *für*
d*ie* Geistlichen. – Hiedurch hat nun Würtemberg etwas g*anz* Eigenthüm-
liches. D*as* Kirchengut ist aus d*em* ehemaligen Katholischen K*irchen*gut
15 gebildet worden. Von d*ie*sen Stiftern sind d*ie* sogenannt*en* Prälatur*en*
übrig, d*ie* eig*en*tlich nur kir*ch*liche Ehrenäm*m*ter sind (d*ie* General-
super*in*tendenten sind immer Prälat*en*)[.] Mit einig*en* von d*ie*sen sind
besondere Vorbildungsanstalt*en* verbunden für d*ie welche sich dem*
Geistlichen Stand widm*en* woll*en*, vo*n* hier gehen sie über *na*ch Tübin-
20 gen, wo d*ie* Theo*logen* in einem enger*en* Zusamm*en*leben organisirt sind
als *auf* ander*en* Universität*en*. Aus d*ie*sem ist nun ein b*esonderer* Character hervorgegang*en*, so d*aß* d*ie* würtembergische Theologie eine ei-
g*en*e Schule bildet. Dad*urch* ist ab*er* ein and*erer* Character entstand*en*,
näm*lich* ein Auseinandertret*en* dessen, was *sich* in d*en* übrig*en* Länd*ern*
25 *zu* einem allmäh*ligen* Entwiklungsgange gebildet h*at*te. Es h*at sich* hier
eine gewisse Stabilität eingeschlich*en*, u*n*d da nun Veränderung*en* doch
nothw*en*dig wurden so h*at* m*an sich* getrennt u*n*d einzelne separatisti-
sche Gem*einden* gestiftet. Das k*ann*, wenn es in gewiss*em* Maaß bleibt,
nur ein beneficium naturae sein g*egen* d*ie zu* große Stabilität in d*er*
30 ganzen Organisation d*er* Landeskirche. Es h*at sich* dies besonders *bei*
Gelegenheit liturgischer Veränderung*en* entwikelt. Nun finden *sich auch*
Wünsche: d*aß* d*as* ganze Vorbildungssystem für d*en* geistlichen Stand
verändert werden mögte. Da k*ann* auch etw*as* Gutes zu Stande gebracht
werden, vielleicht d*aß* d*ie* einzelnen Gegensätze *sich* dann wieder einig-
35 ten u*n*d mehr in Verkehr träten *mit* der übrigen deutschen Theologie.
Würtemberg ist in d*er* neuer*en* Zeit seit 1802 schon bedeutend vergrößert worden d*urch* Länderein, wo d*ie* Katholische Kirche herrschend ist. Das hat Unterhandlung*en* mit dem *Römischen Stuhl* verur-

---

20 in] in in   29 große] *gestrichen*   38 dem *Römischen Stuhl*] *der Katholischen Kirche*

sacht, die noch *nicht* zu Ende sind. Aber auch die Evangelische *Kirche*
hat dadurch gewißer Maaßen eine andere Gestalt bekommen. Als nun
die ständische Verfaßung wieder erwekt wurde, ob da nun NeuWür-
temberg mit dem alten amalgamirt worden ist, davon weiß ich nichts. |

Holstein und Dänemark   5

Hier ist auch noch die Evangelische *Kirche* ebenso gestellt wie in den
bisher betrachteten Ländern. Die dänische *Kirche* ist freilich eine bischöfliche und die holsteinische *nicht*; aber das ist *nicht* wesentlich. Wir
fassen beides zusammen.

   Dänemark wurde zuerst nach der Wittenberger Kirchenordnung   10
reformirt, wozu nachher noch besondere Artikel kamen und unter Friedrich II noch besondere Sicherheitssätze für die Verbreitung anders Den-
kender. Die Concordienformel ist *nicht* aufgenommen worden, weil sie
gegen solche Irrthümer gerichtet sei, von denen man in Dänemark keine
Spur finde. In Holstein und Schleswig ist sie eingeführt.   Seitdem ist   15
nun Dänemark ein bloß Evangelisches Land geblieben nach der Augsburger Confession, und die Katholiken sind streng behandelt worden.
Weil nun aber der Fall hier *nicht* war wie in Deutschland, daß die Bischöfe sich der Reformation entgegengesetzt, so war auch kein Grund
die Bischöfe aufzuheben; sie sind also in *sechs* Bisthümer getheilt, *zwei*   20
auf den Inseln, der Metropolitanbischof ist in Seeland, er hat den Vorzug der Königskrönung und der Ordination der Bischöfe (er selbst wird
vom Bischof auf Fünen ordinirt.) Auf Jütland sind die *vier* anderen [.]
Auf Island sind *zwei* Bisthümer. Diese Bischöfe ernennt nun der König;
dagegen werden die Pröbste (die Specialsuperintendenten) von der Geist-   25
lichkeit der Diöcese ernannt und nur von den Bischöfen ordinirt. Die
Bischöfe mit den Pröbsten ihres Stifts halten jährlich *zwei*mal Synodalversammlungen, auf denen ein könig*licher* Comissarius präsidirt. Hier
wird der kirchliche Zustand erwogen und berathen und die königlichen
Verordnungen publicirt. Die Bischöfe haben nun eine *nicht* unbedeuten-   30
de Autorität über die Geistlichen, *nicht* nur das Recht der Visitation,
sondern auch der Suspension, aber dann müssen sie die Sache dem Gericht übergeben, wenn es zu einer decisiven Entscheidung kommt. Wo-

---

3 wurde] *folgt* 《und》   16f Augsburger] Augburger   23 anderen] anderen)   25
Specialsuperintendenten)] *folgt* 《werden》

11–13 *D.h. gegen andere Meinungen.*

her kommen nun die königlichen Verordnungen, wodurch das ganze
geleitet wird, so ist da ein politisches Collegium, die Kanzlei
und das MinisterialCollegium oder der Staatsrath wo der König präsidirt; wäre die Kanzlei eine rein kirchliche wie in Sachsen so wäre das
5 Verhältniß daßelbe; aber es ist ein politisches, und so ist die Trennung
eine ganz andere; es können Verordnungen in kirchlichen Dingen rein
von politischen Behörden ausgehen und die haben allein die Initiative.
Wünschen die Bischöfe Veränderungen so müssen | sie das an die Kanzlei   102ʳ
bringen und die publicirt es nach Zustimmung des königlichen Staats-
10 raths. Also haben wir hier doch eigentlich ein rein von der weltlichen
Gewalt ausgehendes Kirchenregiment. Das ist nun allerdings so zu erklären daß der König an die Stelle der päbstlichen Autorität getreten ist;
ähnlich ist es in England, in Schweden anders modificirt, liegt das nun
daran, daß die bischöfliche Verfaßung beibehalten ist. Das hätte recht
15 gut sein können, und man hätte das Recht des Römischen Stuhls ganz
exstinguiren können, oder sie in die Gesammtheit der Bischöfe hinein-
legen können, die dann hätten organisch verbunden sein müssen. Nun
ist klar, daß man eine überwiegende Gewalt der Bischöfe fürchtete; sie
haben sich gegen den bürgerlichen Verein gestemmt mit Hülfe des Pab-
20 stes und umgekehrt, beides ist oft genug vorgekommen. Ist es nun aber
möglich daß in der Evangelischen Kirche bei einer bischöflichen Verfaßung diese Gewalt hätte bleiben können? Sie beruht doch auf der
Excommunication und der Interdiktion[,] es liegt aber nicht im Wesen
der Evangelischen Kirche alle Kirchenzucht aufzuheben und die Ex-
25 communication als Mittel der Kirchenzucht aufzuheben, aber wohl: daß
die Excommunication weiter als Mittel gebraucht werden kann, indeß
da ist sie nicht in den Händen der Geistlichkeit allein, die Gemeinde
selbst, die Totalität muß es sein, welche die Kirchenzucht ausübt. Wäre
das nur festgehalten worden so hätte man nicht zu fürchten brauchen,
30 daß die Bischöfe sich der weltlichen Gewalt entgegensetzen würden.
Nun war freilich damals das Politische selbst unruhig wegen der Königs-
wehen, es war ja zur Zeit der Reformation eine Erbfolge und die Souveränität wurde überhaupt sehr stark ausgesprochen, also auch über die

---

4 kirchliche] *folgt* ⟪wäre⟫

14–17 *Schleiermacher meint also, die bischöfliche Verfassung an sich führe keineswegs
dazu, daß die weltliche Gewalt das Kirchenregiment führe.*   31f *Nach dem Tode König
Friedrichs I. (1523–33) versuchten die Hansestädte und ihre Verbündeten, Friedrichs abge-
setzten Vorgänger und Neffen Christian II. (1513–23, † 1559) wieder an die Macht zu
bringen („Grafenfehde"). 1534 wählten die Stände Friedrichs Sohn Christian zum König
von Dänemark und Norwegen (Christian III., † 1559). Dieser eroberte bis 1536 sein Reich
und führte 1536 die Reformation ein.*

Kirche. – Nun kann dies freilich *nicht* von bedeutende*m* Nachtheil sein,
da der König selbst der Kirche zugehört und auch keine anderen Organe
hat als Evangelische. – Es wäre nur *zwei*erlei was man besorgen kann,
näml*ich* daß eine Indifferenz der Regierung gegen das kirchliche Interesse nachtheilig wirken kann; dann daß in einem Zustand des Streits sie   5
sich vollkommen auf die eine *Seite* würfe, wodurch die freie Entwiklung
gehindert würde. Es kann sich freilich bei dem ersten manches von selbst
ändern in den Kirchensachen, ohne daß die Regierung es organisirt; da
wäre also der Nachtheil noch so sehr groß *nicht*. In Beziehung auf das
*Z*weite wäre auch *nicht* zu fürchten, daß die ganze Organisation nun die   10
Gestalt dieser besonderen Partei annehmen würde; es würde sich dies
doch in der Ausübung wieder brechen, wie sich das bei uns unter
Friedrich Wilhelm II gezeigt hat. Der war auch in einer solchen Einseitigkeit befangen, aber er hat sie *nicht* durchgesetzt durch das ganze
Land. Also läßt sich auch hier ein so großer Nachtheil *nicht* befürchten,   15
je gesunder der Zustand im Ganzen ist. | Und Dänemark hat sich denn
immer von jeher ausgezeichnet durch sehr liberale Gesinnungen in Beziehung auf die Gedankenäußerung, und darin hat denn immer ein
Gegengewicht gegen jenen zu befürchtenden Nachtheil gelegen. Die Re-
gierung hat auch nie etwas in kirchlichen Dingen verordnet ohne das   20
Gutachten der Bischöfe (zunächst der von Seeland) zu fordern, und dies
Verhältniß ist ein sehr lebhaftes. Der Impuls geht immer von der *Kirche*
aus; nur gibt es keine Garantie dafür. Der Geist aber ist auch immer die
Hauptsache und die Form kann nie eine wahre Garantie geben. In den
deutschen Herzogthümern (Schleswig und Holstein) ist die Form der   25
Verfaßung anders. Es sind keine Bischöfe und Synoden, sondern Generalsuperintendenten und OberConsistorien. Das Verhältniß dieser zu der
deutschen Kanzelei ist dasselbe, wie das der dänischen Bischöfe; auch
hier wird erst das Gutachten der Consistorien gefordert; auch damals,
als die neue Agende gegeben wurde, worüber der Streit itzt wieder   30
aufgewärmt ist. Die Geistlichen waren dafür; aber die Gemeinden da-

102ᵛ (margin, line 16)

61. Stunde (margin, line 19)

---

22 der *Kirche*] *dem Christenthum*   **28** der] *folgt* | | *über der Zeile*

12–15 *Gemeint ist das Wöllnersche Religionsedikt vom 9.7.1788.*   **29–413,1** *Die unter
dem Generalsuperintendenten von Schleswig Jakob Christian Georg Adler (1756–1834)
erarbeitete, 1797 erschienene „Schleswig-Holsteinische Kirchen-Agende" rief in den Gemeinden heftige Proteste hervor, u. a. weil sie das Vaterunser und den Segen durch Para-
phrasen ersetzte. Als der Kieler Jurist Nicolaus Falck (1784–1850) 30 Jahre später die
Quellensammlung „Actenstücke, betreffend die neue Preußische Kirchenagende" (Kiel
1827) herausgab, die besonders das Problem des königlichen ius liturgicum erörterte, kam
es in den Herzogtümern zu einer Erneuerung des Streits und zu einer liturgischen Neu-
besinnung. Vgl. L. Hein: Eine liturgische Bewegung in den Herzogtümern Schleswig und
Holstein im zweiten Drittel des 19. Jahrhunderts, S. 116–119.*

gegen. Die Herzogthümer sind in P r o b s t e i e n getheilt, diese *sind die* Specialsuperintendenturen; aber der Generalsuperintendent verwaltet einige Probsteien selbst. Die Ungleichheit der Geistlichen unter sich tritt in Dänemark stark hervor; bei jeder Kirche ist bloß e i n Geistlicher,
5 der Kapläne zu Gehülfen hat; in den Herzogthümern sind manche Anomalien. Manche Pröbste z.B. hängen gar *nicht* ab vom Generalsuperintendenten, sondern stehen unmittelbar unter dem Consistorium. Andere Kirchen für die Ritterschaft stehen unter besonderen Consistorien. In Holstein sind die Consistorien *auch das allgemeine* Forum; in Schleswig
10 sind sie es bloß *für die* Disciplinarsachen; sonst stehen die Geistlichen unter *weltlichen* Gerichten.

Zu der Prüfung der Geistlichen vom Oberconsistorium wird immer abwechselnd *ein* Professor theo*logiae* aus Kiel zugezogen, so daß dadurch die Facultät *mit* repräsentirt wird. |

15 Itzt wäre noch *zu* reden von *zwei* detachirten Theilen von Dänemark,   103ʳ
nämlich I s l a n d u n d G r ö n l a n d. Im ersten ist die bischöfliche Verfassung wie in Dänemark; es sollen *auch* Synoden sein; aber die Unwegsamkeit hindert daran. Sonst ist eine Art patriarchalischer Verfassung. Die Geistlichen müssen gewöhnlich noch ein anderes Geschäft treiben zu
20 ihrer Subsistenz; alles hat einen alterthümlichen Character (Sprache Bibelübersetzung)[.] Von Grönland werden wir erst bei den Missionsländern reden.

Königreich Schweden

Schon *zu den Zeiten der* Reformation hatte Schweden eine der itzigen
25 ähnlichen Verfassung, eine ständische, deren Ausfluß der Regent war;
unter den Ständen [hatte] der geistliche die erste [Stelle]. Erst *auf dem*
Reichstag *zu* Westeraes 1527 unter Gustav Vasa hat der geistliche Stand
seine zweite Stelle unter dem Adel erhalten. Damals wurde *auch* der
Grund *zur* kirchlichen Verfassung anders gelegt. Der König erhielt volle
30 Gewalt über die Kirche. Aller Einfluß von Rom her wurde *auf*gehoben;
der König verfügte *auch* über das Kirchengut und *konnte* es *nach* Belieben in Krongut verwandeln. Auch der Adel erhielt die Erlaubniß das
nicht längst an die Kirche Geschenkte zurükzunehmen. Die Reformation
begann *mit* einer Spoliation in der *Kirche.* Etwas später *auf dem*
35 Reichstag *zu* Orebro wurde die Reformation völlig *aus*geführt. Doch

---

1f *sind die*] in   **15** detachirten] detaschirten

erst am Ende des 16 Jahrhunderts auf dem Reichstag zu Upsala wurde die lutherische Confession für die allein geltende erklärt.

Unter Karl XII wurde der Übertritt eines Schweden zu einer anderen Kirche mit Verbannung und Verlust aller politischen und ErbRechte bestraft; man hatte nämlich versucht den Katholicismus und Calvinis-   5
mus wieder einzuführen.   Erst am Ende des 18 Jahrhunderts brachte es der Adel zur Sprache, daß Fremde die sich in Schweden ansiedelten freie Religionsübung haben sollten, nur unfähig zu Ämmtern und ohne Schulen sollten sie sein; für die Schweden aber blieb das alte Gesetz. Dies nahm Papa gleich wahr und schikte einen apostolischen Vicar nach   10
Schweden. Bei der Thronbesteigung muß jeder König versprechen: die ungeänderte lutherische Religion nach der Augsburger Confession und der Concordienformel zu erhalten. |

103ᵛ   Die bischöfliche Verfassung ist kürzlich auch abgeschafft worden aber doch wieder hergestellt worden. Ein Oberconsistorium hat man   15
auch einrichten wollen, aber doch immer als unpassend verworfen; es besteht ein unmittelbarer Zusammenhang zwischen den Geistlichen. Bei den Bisthümern aber ist das Domcapitel geblieben, wozu außer dem Bischof der Probst an der Kathedralkirche und ein lector der Theologie, die an jeder KathedralKirche sind und in Upsala und Lund die Profeßo-   20
ren der Theologie gehören, an Gymnasien der Rector und erste Lehrer, nach ihnen der Probst oder Geistliche aus einem nahen Ort. Die Kapitel sind rein kirchliche und theologische Collegia und das privilegirte Forum der Geistlichen. Wenn ein Geistlicher vor das weltliche Gericht gefordert wird, schikt das Domcapitel einen Comissarius hin als seinen   25
Anwalt und wenn der Geistliche verliert wird er zuvor entsetzt. Nach Erledigung eines Sprengels geben alle Geistlichen ihre Stimmen ab; daraus sucht das Capitel drei aus die die meisten Stimmen haben und schlägt diese dem König vor, der einen wählt. Der Bischof von Upsala heißt Erzbischof und hat viele Vorzüge. Wenn sich bei den Visitationen   30
bedeutende Ausstellungen gegen einen Geistlichen finden und Ermahnungen helfen nichts, so gibt der Erzbischof ihm eine admonitio; und dann erst kommt die Sache vor den König; über bloß moralische Vergehungen kann der Bischof selbst den Geistlichen entsetzen; dieses Recht wird streng gehandhabt. Die Bischöfe halten auch Synoden; es sind aber   35
bloß litterarische Convente. Der Erzbischof von Upsala hat noch den

---

26 Anwalt] Anwald

---

10 *Pius VI., Giovanni Angelo Braschi (1775–99)*

Vorzug – bei Erledigung des Bisthums gibt die ganze schwedische Geistlichkeit ihre Stimmen ab – dies ist das Bild einer bischöflichen Verfassung, wie man sie in der Evangelischen Kirche nur wünschen kann. Zu
vermissen ist nur ein bestimmter Antheil der Gemeinde. Die Geistlichen
5 regieren allein die Kirche ausgenommen die wenigen scholarischen Mitglieder der Domkapitel welche besonders auf die wissenschaftliche
Integrität halten werden.   So haben wir zwei Gegensätze: diese bischöfliche Verfassung und eine Synodalverfassung wo es gar keine
permanente geistliche Autorität gibt. Welche von beiden die beßte ist,
10 hängt von den Umständen ab.
    In Schweden ist der König entschieden das Oberhaupt, aber er muß
auch der Kirche angehören; ändert er die Religion so ist der Thron
erledigt; die Kirche erzieht sich also ihren König von Jugend auf und es
ist ihre Schuld wenn er nicht in ihrem Geist handelt. Zwar ist es kein
15 Grundgesetz, daß der König mit seiner ganzen Familie lutherisch sein
muß, und die itzige Königin ists nicht; aber sie darf keinen öffentlichen
Gottesdienst haben; und kein Beammter darf katholisch sein. Wo dieses
nicht Gesetz oder Sitte ist, z.B. bei uns, da ist immer ein gefährlicher
Einfluß möglich und die Sache gewinnt ein bedenkliches Ansehen. Im
20 inneren Zustand der Kirche ist das merkwürdig, daß der geistliche Stand
in Schweden politische Dignität hat. Jeder Bischof ist eo ipso Mitglied
des geistlichen Standes, sobald der Reichstag berufen wird, und also
verpflichtet dahin zu kommen; die anderen Geistlichen wählen Mitglieder; zwar nur 30–40 aber das thut nichts, da die Stände rein unter sich
25 stimmen und jeder Stand für eine Einheit gilt. Sind die Stimmen gleich so
wird der Reichstag vertagt, wenn die Sache vom Reichstag ausging; ging
die Sache von der Regierung aus, so wählen die Stände einen Ausschuß
aus allen Ständen zur Entscheidung. Der geistliche Stand hat also noch
dieses Interesse, deswegen wird strenge Aufsicht eines permanenten
30 kirchlichen Collegiums ziemlich nothwendig.   Die schwedische Kirche ist an die Hauptsymbole der lutherischen Kirche gebunden; es wird
auch streng auf das Symbolische in der Lehre gehalten und das gibt den
Geistlichen eine gewisse Unbeweglichkeit; aber in der neusten Zeit durch
das Verkehr mit Deutschland haben sich auch schon zwei Parteien ge-

1 f Geistlichkeit] Geistlich   5–7 ausgenommen ... werden] *Schubring* 144 (Anonym: „Nur
das einzige Scholarchat kann noch als Repräsentant der Laien angesehen werden")

16 *Eugenie Bernhardine Désirée Clary (1781–1860), seit 1798 Gemahlin Jean Baptiste Jules
Bernadottes (1763–1844), der 1818 als Karl XIV. Johann König von Schweden wurde, blieb
katholisch, während ihr Mann zur lutherischen Kirche übertrat.*

bildet; eine am alten hängend und eine beweglich; da erkennt man doch
die Richtung der Kirche sich weniger national zu isoliren und sich mit
dem Centrum des Protestantismus (Deutschland) zu verbinden; es sind
auch viele Schweden schon nach Deutschland gekommen. Im Ganzen
herrscht also ein guter Geist in der schwedischen Kirche und die Got-   5
tesdienstlichkeit des Volks ist groß trotz vieler Beschwerden. Die strenge
Aufsicht über die Geistlichen wirkt gewiß sehr wohlthätig. |

104ʳ
62. *Stunde*

Die Schulmänner sind immer geborene Mitglieder des Domkapitels
was sehr viel Gutes hat, und die Bischöfe des Capitels sind auch immer
geborene Kanzler der Universitäten und üben so auch großen Einfluß   10
auf das Unterrichtswesen aus, wobei es freilich immer auf die Persönlichkeit dieser Leute ankommt, denn neulich noch ist die akademische
Lehrfreiheit durch einen solchen Prokanzler sehr bedrängt worden. –
Nur noch eine Bemerkung. Wenn wir sagten: daß eine solche bischöfliche Verfassung in Schweden zu einer großen Vollkommenheit gedeihen   15
kann, so war damit nicht mit gemeint: daß die Geistlichkeit eine politische Dignität hat und einen Stand des Reichs bildet; dies steht mit dem
kirchlichen gar nicht in Verbindung. Vielmehr ist klar, daß dies den
geistlichen Stand auf manche Weise von seiner Bestimmung abführt.

Nun sind wir mit den Regionen, wo der eine Zweig der Evangeli-   20
schen Kirche wo die Evangelisch Lutherische Kirche auf bestimmte Weise dominirt in ihrer Getrenntheit von der Reformirten Kirche zu Ende.
Nun gibt es theils Gegenden, wo beide Confessionsverwandte in ziemlich gleichen Verhältnissen neben einander sind in völliger Getrenntheit
und solche, wo sie mehr oder weniger schon eins geworden sind. Wir   25
nehmen die ersten zuerst.   Es sind freilich von Deutschland noch die
beiden Hansestädte Hamburg und Lübek übrig, von denen man sagen
kann, daß die Lutherische Kirche die herrschende ist und so, daß dies
auch auf das Politische Einfluß hat, sie sind nach den Kirchspielen auch
politisch getheilt und die geistlichen Würden sind die Stufen zu den   30
bürgerlichen. – Übrigens sind die Verhältnisse ebenso, daß der Magistrat
als die eigentliche bürgerliche Autorität auch die ist, in deßen Namen die
kirchlichen Angelegenheiten geordnet werden. – Die Länder, wo nun
beide Confeßionen in ziemlicher Gleichheit neben einander aber ohne
Vereinigung sind, sind die N i e d e r l a n d e und F r a n k r e i c h; in   35

---

3 Protestantismus] Protestismus

---

10 *Nicht Kanzler (so Schleiermacher nach übereinstimmendem Zeugnis der Nachschrif-*
ten), sondern Prokanzler.   12f *Die Rede ist offenbar von Vilhelm Faxe (1767–1854, seit*
1811 Bischof von Lund), Jacob Lindblom (1746–1819, seit 1805 Erzbischof) oder Carl
Rosén von Rosenstein (1766–1836, seit 1819 Erzbischof).

Deutschland findet man dies nirgend; denn hier existirt schon seit langer Zeit eine Annäherung *zu* kirchlicher Vereinigung. Was nun *zuerst*

Frankreich

betrifft, so haben wir schon einmal manches von dem Verhältniß der
5 katholischen zur Evangelischen Kirche schon gesagt. Was die Geschichte betrifft so dürfen wir wohl *nicht* weiter zurükgehen als bis auf die Aufhebung des Edikts von Nantes wodurch sie ignorirt und verfolgt wurde. Seitdem hat Ludwig XVI im Jahr 1788 ein bestimmtes Gesetz für sie gegeben, so daß sie manchen Druk los wurde. | *Durch die* Revolution 104ᵛ
10 wurde nun eine völlige Gleichheit aller Religionsparteien gesetzt und die bestand noch in dem Concordat von 1802, wodurch die Katholische Kirche als eine die Mehrzahl ausmachende Kirche angegeben wurde und wo es auf eine sonderbare Art ausgedrükt wurde wodurch man den Pabst zugleich demüthigte. Es ist freilich gesagt worden: daß die orga-
15 nischen Artikel erst hinzugefügt worden wären, nachdem der Pabst das Edikt schon unterzeichnet, also hinter seinem Rüken. Ob das wahr ist, weiß ich *nicht.* Der Pabst hat sich darüber beschwert in einer eigenen Deklaration und auf andere mehrfache Weise, so daß sich Ludwig XVIII bewegen ließ: zu bestimmen: daß Alles was für die Protestanten be-
20 stimmt sei, nur in der Form der Duldung geschehen sei etc. Auf dem Grund dieser Verhandlungen die *nicht* einmal ein Gesetz oder ein Vertrag sind, kann leicht den Protestanten ihr in der Charta ausgesprochenes Recht gekürzt werden.   Itzt liegt die Sache so, daß den Protestanten derselbe Schutz verheißen ist, dessen sich die Katholische
25 Kirche erfreut und daß eine politische Gleichheit zwischen den Protestanten und Katholiken festgestellt ist, so daß keiner auf irgendeine Weise von einem politischen Ammt ausgeschlossen werden kann, weil er ein Protestant ist. Aber schon jetzt sieht man, wie die Regierung hier doch die Protestanten zurüksctzt.   In dem Concordat von 1802 in jenen
30 organischen Artikeln wurde nun die kirchliche Verfaßung der Protestanten festgestellt freilich mit manchen Beschränkungen aber doch so, daß

6f *Ludwig XIV. hob 1685 das Edikt von Nantes auf, durch das Heinrich IV. 1598 den Hugenotten Duldung gewährt hatte.* **11** *Das Konkordat wurde 1801 geschlossen und trat 1802 zusammen mit den Organischen Artikeln in Kraft.* **14–18** *In der Tat wurden die Organischen Artikel (77 über die katholische und 44 über die protestantische Kirche) am 8.4.1802 ohne Wissen und Zustimmung Pius' VII. erlassen, und zwar als Einführungsverordnung zusammen mit der Erhebung des Konkordats vom 15.7.1801 zum Staatsgesetz. Die Artikel verschoben im ersten Teil die im Konkordat festgesetzte Rechtslage zugunsten des Staats. Am 23.5.1802 protestierte Pius VII. in einer Allokution dagegen. Der zweite Teil der Artikel bestimmte die Rechte der Protestanten.*

eine *Parallele mi*t der Katholischen Kirche daneben ging. Z. B. es sollte
kein Ausländer ein kirchliches Ammt verwalten, in der *Lehre* oder in der
Disciplin dürfe *keine* Änderung beschlossen werden ohne Genehmigung
der Regierung. Das ist *auch* etwas *ganz* natürliches; die Protestantische
Kirche wurde ja eine recipirte *vom* Staat und sie wurde ja als eine be-   5
stimmte recipirt, ändert sie nun, so muß sie *nach*weisen daß das *k*einen
*nach*theiligen Einfluß auf die Reception hat. Dies hat *parallel gegen* sich
daß in der Kirche auch *k*ein Ausländer ein geistliches Ammt versehen
darf und alles kirchliche auch erst das politische Placet *nach*suchen
[*muß*]. Jede Gemeinde von einer gewissen Größe soll ein consistoire (ein   10
Collegium *mi*t Geistlichen und *mi*t Mitgliedern der Gemeinde) haben.

Die verwandten der Augsburger Confession der Consistorialkirche
sollten *verbunden* sein *mi*t den Inspectionen (Superintendenturen) und
diese wieder mit Generalinspectionen (Consistorien damals *drei*, jetzt
nur noch Strassburg) diesen sollte | einer präsidiren, *zwei* Inspectoren   15
und *ein* weltlicher Deputirter sein. Dies Generalconsistorium sollte sich
erst *nach* Anzeige an die Regierung versammeln; in der Zwischenzeit
sollte ein Direktorium bestehen *aus* einem Präses, *einem* Inspector und
drei Deputirten; das ist eine ganz eigene Form, aber Annäherung an die
Verfassung der R e f o r m i r t e n   K i r c h e in Frankreich. Auch umgekehrt   20
ist es; woraus schon hervorgeht, daß in so fern diese Kirchen der Lehre
nach getrennt sind eins doch *nicht* so ist, daß eine eigentliche Verfassung
*mi*t dieser Differenz verbunden wäre. Man hat das nämlich behauptet,
daß die Lutherische Kirche eine überwiegende Neigung zur Episcopal
oder Consistorialverfassung und die reformirte zur Synodalverfaßung   25
[*habe*]. Das ist nur *auf* beschränkte Weise wahr und hat gar *nicht seinen*
Grund in der Differenz der Lehre. –   In

den Niederlanden

ist derselbe Fall. Hier ist Holland und die katholischen Niederlande, in
Holland waren ursprünglich die Reformirten die herrschenden, erst *seit*   30
1798 haben die Lutheraner eine politische Gleichheit bekommen. Eben-
deswegen weil die lutherischen Gemeinden in den Niederlanden nur auf
solche einzelne Weise entstanden sind, so hat nun jede ihre eigene Kirchenordnung. Es gibt freilich eine allgemeine von dieser ist aber jede eine
besondere Modification davon. Hier hat sich nun die Verfaßung *ganz*   35

---

30 *seit*] sei

der Reformirten assimilirt. Jede Gemeinde hat ihren Kirchenrath mit
Ältesten und Diakonen. Früher hatte die Lutherische Gemeinde in Amsterdam, die zahlreichste die es gibt (etwa 30000 Seelen) wozu *fünf* holländische und *ein* deutscher Prediger gehört, eine Art schiedsrichterliche
5 Autorität in der lutherischen Kirche. Der Amsterdammer Kirchenrath
berief dann eine Versammlung um die Sache zu vermitteln. Das hat nun
aufgehört. In Amsterdamm besteht nun der Kirchenrath außerdem noch
aus *zwölf* Ältesten und *für* wichtige Fälle gibt es noch eine größere
Versammlung, das größere Consistorium wozu noch alle gewesenen
10 Presbyter gezogen werden, und noch ein größeres wozu auch alle wirklichen und gewesenen Diakone gezogen werden (Almosen vertheilen
etc.) (die Presbyteri sind es nur *zwei* Jahre). Merkwürdig ist daß unter
den holländischen Lutheranern auch solche Spaltungen eingetreten sind
wie bei uns zwischen Rationalisten und Supranaturalisten. Die Neoteri-
15 sirenden haben besonders in Amsterdam die Mehrheit gebildet; die Anhänger der alten Lehre haben sich besonders constituirt als die wieder-
hergestellte lutherische Gemeinde, | die andere besteht unter dem Na- 105ᵛ
men: die Gemeinde v o m   n e u e n   L i c h t.
   Nun, kommen wir nach D e u t s c h l a n d, so finden wir überall mehr
20 oder weniger eine angefangene Vereinigung der Zweige beider Konfessionen, obgleich sie selbst in B a i e r n und B a d e n noch *nicht* vollkommen ist. Eigentlich hat es auch schon in Frankreich angefangen; denn da
bestand schon in den Departements die jetzt preußisch oder anders
geworden sind schon früh eine Deputation der rheinischen Departe-
25 ments (In manchen Departements bestanden zu den Zeiten der bonapartischen Herrschaft eine Union in den Gegenden von Mainz Coblenz
und Cöln.) wo sich 80 Kirchen von beiden Confeßionen unter der gemeinsamen Union zusammengethan haben und ein protestantisches
Consistorium die uniirte Kirche hieß; unter dieser Verfaßung gingen sie
30 auch an die deutsche Herrschaft über; in diesem Zustand sind sie auch
deutsch geworden.
   Nun wollen wir die Darstellung dieser Länder mit Preußen anfangen.

---

24 sind] *folgt* 《bestand》   24–27 (In ... Cöln.)] *ohne Klammern mit Einfügungszeichen am
linken Rand*

Preußen.

Geschichtlich können wir hier auf nichts bestimmtes zurükgehen; sondern nur erinnern, wie das Regierende Haus zur Reformirten Kirche
überging, was keinen besonderen Einfluß gerade darauf gehabt hat, daß
die Unterthanen auch alle reformirt geworden wären.   Fragen wir 5
wo denn die allgemeinen Principien über das Verhältniß der Kirche zum
Staat zu finden sind, so können wir uns da an nichts anderes halten als
an das Landrecht: dieses behandelt in einem besonderen Artikel das
Verhältniß der Religionsgesellschaften auf ganz allgemeine Weise. Da ist
nun festgestellt: der Begriff von geistlichen Oberen, d. h. der Begriff einer 10
Kirchengewalt, als solche werden für die Katholische Kirche die Bischöfe für die Evangelische Kirche die Consistorien genannt, ganz
parallel. Diese Eintheilung geht nun auf die Oberconsistorien für
die Lutherische und in das Kirchendirectorium für die Reformirte Kirche
aus. Dagegen die Verwaltung der landesherrlichen Rechte in Beziehung 15
auf die Kirche wird auch beigelegt auf gleiche Weise für beide Kirchen
dem geistlichen Departement, was mit zum Justizministerium gehört.
Das Cabinettsministerium für alle auswärtigen Angelegenheiten; dann
Generaldirectorium für die inneren Angelegenheiten (Finanz und Poli-
zeisachen) und 3.) das Justizministerium, von dem das geistliche 20
Departement ein Zweig war. Die Consistorien wurden vom Landesherrn
ernannt als die Oberen der Kirche. Die Oberconsistorien und [das]
kirchliche Oberdirectorium hatten jedes einen Minister an der Spitze der
zwar auch im geistlichen Departement saß aber in ganz anderer Func-
tion; dort waren sie collegialisch hier sind sie ganz allein. | 25

106ʳ   So war es bis zu der Periode, die mit dem Jahr 1806 angeht; bis dahin
also übte die Kirchengewalt das landesherrliche Recht in einer bestimmten Form aus aber auf abgesonderte Weise.

Dem Oberconsistorio und dem Kirchendirectorio konnte für die Katholische Kirche nichts entsprechen aber wohl gab es für die auch ein 30
geistliches Departement für die landesherrlichen Rechte und das war
immer mit dem lutherischen vereinigt und das geistliche Departement
für die Reformirte Kirche war ein besonderes. Dies hat nun seit den
neuen Einrichtungen von dem Frieden von 1807 an eine ganz andere

---

18 Cabinettsministerium] Cainettsministerium

3f *1613 ging Kurfürst Johann Sigismund von Brandenburg zur reformierten Kirche über.*
13–17 *Stäudlin II, S. 489. 494–496. – „für beide Kirchen": d. h. für die protestantische und
die katholische Kirche.*

Gestalt angenommen, so daß etwas ganz anderes an die Stelle getreten
ist. – Die Consistorien waren damals *nicht ganz* unabhängige Collegien 63. *Stunde*
sondern *mit* dem JustizCollegium verbunden was seinen Grund hatte in
der geistlichen Gerichtsbarkeit die sie ausübten; nachher kam aber die
5 Geistliche Gerichtsbarkeit an die weltliche. Damals waren nun im
Wesentlichen die beiden Evangelischen Confeßionen noch getrennt;
doch im Landrecht ist schon etwas aufgenommen, was auf eine Vereinigung hindeutet, nämlich: daß Evangelische Gemeinden von der einen
einzelnen Gliedern von der anderen Confession den Genuß des Sakra-
10 ments nicht verweigern sollten ohne daß das als ein bestimmter Übertritt
angesehen werden sollte. Nach dem Kriege von 1806, wo man die ganze
Administration vereinfachen wollte, hörte die besondere Ausübung des
Kirchenregiments für die Reformirte Kirche auf; das Kirchendirectorium
hörte auf und verschmolz mit dem Oberconsistorium. Deßungeachtet
15 bestand nun noch die Differenz, daß die Consistorien immer die geistlichen Oberen blieben etc. Später aber *unter* einer neuen Organisation
hörte das nun ganz auf; das Oberconsistorium und das geistliche Departement schmolz völlig zusammen in dem geistlichen Ministerium;
nun kann auch nichts mehr in der Form angegeben [werden] als ver-
20 schiedener Sitz der Kirchengewalt und der landesherrlichen Rechte circa
sacra, daher auch die Verwirrung der Gränzländer ein natürliches Resultat ist. Nun ist aber diese Verfassung *nicht* überall gleich construirt
gewesen. Die Provinzen, die aus der o r a n i s c h e n E r b s c h a f t stamm-
ten waren schon von Anfang an in einer Synodalverfaßung; sie übten
25 durch ihre Deputirten das Kirchenregiment selbst aus; dies war ihnen
durch Verträge mit ihrem ehemaligen Landesherrn garantirt. In dieser
Form sind sie nun an Preußen gekommen; und so ist es geblieben: die
Kirchengewalt ist bei den Synoden die sich theilen in untergeordnete und
höhere; die unmittelbare Aufsicht wird nun von Superintendenten ge-
30 führt, die nur in dem Zwischenraum von einer Synode zur anderen
gewählt werden wo sie auch Rechenschaft ablegen müssen. Daßelbe findet statt in der Generalsynode, wo der Generalsuperintendent gewählt
wird. In diesem Zustand blieb den Consistorien | die da auch bestanden, 106ᵛ
nichts übrig, als im Namen des Landesherrn die jura circa sacra wahr-
35 zunehmen. Sie mußten das landesherrliche Placet über die Beschlüsse der
Synode aussprechen. Als nun diese Provinzen von Preußen eine Zeitlang
getrennt waren und mit Trier und Cöln wieder an daßelbe kamen, so
hatten sich nun die Synodalverbindungen auf mancherlei Weise geän-

---

7–11 *ALR II, XI, § 39. Vgl. oben 384,11–14.*

dert, da *nicht*preußische Provinzen *mit* di*es*en preuß*isch*en zusammen-
getreten waren. Da sagt man nun: dies hat *nicht* mehr die alte Garantie;
das ist etwas Neues, was durch die französische Regierung entstanden
ist; das muß wieder abgeschafft werden. Daher ist nun die kirchenrechtliche Lage dieser Provinzen noch zweifelhaft und es sind neuerdings   5
gewisse Verhandlungen darüber eingeleitet worden. Die Sache liegt aber
noch im Dunkeln –   In allen übrigen Provinzen ist nun aber die
Consistorialverfassung mit dieser gänzlichen Vermischung mit der Landesherrlichen.   Das für sich bestehen der beiden Confessionen hat
nun allmählig aufgehört. Zuerst durch jene ursprüng*liche* Stipulation im   10
Landrecht, denn was unter Friedrich Wilhelm I geschehen war, daß Simultankirchen errichtet wurden, die getheilt waren zwischen Reformirter und Lutherischer Kirche war keine Form der Einigung; obgleich ein
Mittel zur Annäherung: factisch, eine Vorbereitung. Die gemeinschaftliche Verwaltung des Kirchenrechts war nun ein gewisser Fortschritt,   15
dazu kamen auch gesetz*liche* Bestimmungen über das höhere Schulwesen, das *nicht* mit der Kirche so zusammenhängt wie das Elternschul-
wesen ganz mit Recht. Nun ist aber neuerdings ein noch entschiedenerer
Schritt geschehen. Er war zusammentreffend mit einer Tendenz, der
durch verschiedene Stimmen [der] öffentlichen Meinung angeregt, und   20
von der Regierung factisch ausging, sich entwikelte: nämlich die Synodalverfassung. Das geist*liche* Ministerium ließ einen Entwurf zu einer
solchen Verfassung ausarbeiten und vereinigte die Geist*lichen* in den
Kreissynoden die ihr Gutachten darüber abgeben sollten. Dazu kam ein
ähn*licher* Versuch der Gemeindeordnung, welcher der Synode auch vor-   25
gelegt wurde. Dann hat man die zweite Stufe hinzugefügt und das Gutachten der Kreissynoden der Provinzialsynode vorgelegt, die einen ganzen Consistorialbezirk begriff und aus den Superintendenten bestand. So
wurde nun das Gutachten aus den Provinzialsynoden dem Ministerium
zugeschikt. Nun war auch von Generalsynoden in dem Entwurf die Re-   30

10f *Hier ist offenbar wieder ALR II, XI, § 39 gemeint und nicht die Bestimmungen über*
Simultankirchen (ebd. §§ 309–317).   **21–423,1** *Der 1816 vom König angeordnete und 1817*
fertiggestellte Entwurf ein Presbyterial- und Synodalverfassung für die Kirche in Preußen
wurde infolge staatskirchlich-romantischer Gegenströmungen (bes. Kultusminister Karl
Freiherr vom Stein zum Altenstein, 1817–38, † 1840) nicht publiziert; nur für das Rhein-
land und Westfalen trat 1835 die „Evangelische Kirchenordnung" in Kraft, die konsisto-
riale und presbyterial-synodale Elemente verband. Schleiermacher publizierte 1808 und
1817 Verfassungsentwürfe für die preußische Kirche, die die Eigenständigkeit der Kirche
im Staat betonten und für ein von unten aufgebautes, presbyterial-synodales Kirchenre-
giment optierten. Vgl. C. Dinkel: Kirche gestalten – Schleiermachers Theorie des Kirchen-
regiments, S. 149–187; A. Geck: Schleiermacher als Kirchenpolitiker; Günter Meckenstock:
Einleitung zu KGA I/9, S. XXV–XXX. XLIX–LIV.

de, *welche das g*anze Reich zusammenfassen sollt*en.* Damit ging nun gleichzeitig unmittelbar *von der* Person des Königs der Wunsch | *au*s, daß 107ʳ m*an die* bisher getrennten Kirchengemeinschaften vereinigen möge, aber nur so daß m*an sich zu* einer Gemeinschaftlichkeit der Sacr*amente* ver-

5 einigen mögte was in d*en* preußischen Staat*en die* einzige Differenz gewesen war. Freilich gibt es *auch [eine]* dogmatische Differenz, die aber nur ostensibel in der AbendmahlsLehre und in der PrädestinationsLehre besteht, *welche* letzte aber *nicht* überall in der Reformirten Kirche an-erkannt wird, wie *auch [in] der* preußischen Kirche die Geistlichen *nicht*

10 *auf die* Concordienformel verpflichtet wurden, worin der Gegensatz gegen diese PrädestinationsLehre a*u*sgesprochen wird. Diese Tren-nung also existirte in symbol*ischer* Hinsicht *nicht* im preußischen Staat. Dieser Wunsch der ein all*gem*einer war wurde nun bereitwillig ange-nommen. Das Sccularfest 1817 war d*ie* Veranla*ß*ung, d*ie* Sache *zu* einer

15 bestimmten Zeit *zur* Sprache *zu* bringen. Nun kann man sagen: daß die Union *auf gewisse* Weise besteht im Preußischen Staat aber *nicht g*anz; denn da es viele Provinzen gibt, wo sie *sich* gar *nicht* beide berühren, so sehen diese *keine* Veranla*ß*ung ihr*en* Abendmahlsritus *zu* ändern, und es war schwer sie darüber *zu* belehren. Dagegen wird nun bei Besetzung

---

1–15 *Friedrich Wilhelm III., der den Wunsch zur Union schon länger gehegt hatte, kün-digte in einer Proklamation vom 27.9.1817 (Huber/Huber Nr. 259) für das Reformations-jubiläum (31.10.) eine gemeinsame Abendmahlsfeier und die Vereinigung der bislang ge-trennten Potsdamer Hof- und Garnisongemeinde an und forderte dazu auf, ein Gleiches zu tun, da bei ernstlich christlichem Sinn der Vereinigung nichts entgegenstehe. Die Berliner Stadtgeistlichkeit hatte unter Schleiermacher, der den Synodenvorsitz innehatte, schon vor-her den Beschluß gefaßt, zur gemeinsamen Abendmahlsfeier für den Vortag des Jubiläums aufzufordern; die dogmatischen Differenzen wurden zugegeben, blieben aber unerörtert. Vgl. Meckenstock: Einleitung zu KGA I/9, S. LVI–LXII. – Calvin lehrte, Gott habe schon vor dem Sündenfall den einen Teil der Menschen zur Seligkeit, den anderen zur Verdamm-nis vorherbestimmt (supralapsarische Prädestination). Die reformierten Bekenntnisschrif-ten lehren entweder, Gott habe nur einen Teil der Menschheit auserwählt, um sie aus der selbstverschuldeten Verdammnis zu erlösen, und die anderen in der Verdammnis gelassen (infralapsarisch, wobei die supralapsarische Position nicht ausgeschlossen wird, so Con-fessio Gallicana, Art. XII; Confessio Belgica, Art. XVI; die Kanones der Dordrechter Synode [vgl. Protestantische Kirche 71]; vgl. CG² §§ 118,2; 120), oder sie übergehen diesen Punkt (so der Heidelberger Katechismus und die Confessio Helvetica posterior, die beiden weitestverbreiteten reformierten Bekenntnisschriften). Die anläßlich des Übertritts des Kurfürsten Sigismund zur reformierten Kirche für Brandenburg verfaßte Confessio Mar-chica Sigismundi verwirft ausdrücklich die Lehre, der Grund der Unseligkeit der Ver-dammten sei, daß Gott sie dazu bestimmt habe (Art. XIV). Formula Concordiae, Art. XI (vgl. CG¹ § 138 [CG² § 119]) verwirft die calvinistische Prädestinationslehre und lehrt, es sei zwischen Gottes Vorherwissen und Vorherbestimmung zu unterscheiden; der im Evan-gelium offenbarte Heilswille Gottes gelte allen Menschen und nicht nur einem Teil.* 18 *Seit 1822 wurde um die Einführung der vom König entworfenen gemeinsamen Abend-mahlsritus unter maßgeblicher Beteiligung Schleiermachers gestritten (Agendenstreit); während des Sommersemesters 1827 erschien Schleiermachers anonyme Schrift „Gespräch zweier selbst überlegender evangelischer Christen über die Schrift: Luther in Bezug auf die neue preußische Agende" (KGA I/9, S. 373–460). Erst nach vielen Modifikationen führten die Provinzen 1827–34 die Unionsagende ein.*

der geistlichen Ämmter jetzt *nicht* mehr *n*ach der Confeßion der Can-
didat*en* gefragt, sonder*n* nur: ob sie s*ich dem* Unionswesen angeschlos-
s*en* h*a*b*en*; h*a*t einer das noch *nicht* gethan, dann ist er *en*tweder noch
luth*er*isch oder refor*m*irt u*nd* nur qualificirt *für die* eine oder andere
Gem*ei*nde. Also ist eig*en*tlich die Union noch im Werden. D*ie* theolo-   5
gi*s*chen Facultäten bereiteten sie eig*en*tlich *au*ch schon vor. D*ie* Universitäten Halle, Frankfurt, Königsberg u*n*d Duisburg w*a*ren d*ie* preußischen, die s*ich* zwischen luth*er*ischer u*nd* Reformirter Confeßion theilten; Halle u*nd* K*ö*nigsberg waren luth*er*isch, die anderen beiden reformirt; obgl*ei*ch *au*ch Theologen von der ander*en* Confeßion *au*f beiden   10
g*e*bild*e*t werd*en* konnt*en, we*il *au*f jeder außerord*en*tliche Professoren
d*er* ander*en* Confeß*io*n waren; diese w*u*rden nun *n*achher in d*ie* Facul
 tät*en au*fgenomm*en* u*nd* so d*ie* Differenz auch hier verwischt.

  D*ie* Sache liegt nun *ei*g*en*tlich so: es besteht im Preußischen ein Princip der Union, näm*lich* dies, daß *m*an gesagt hat: die dog*m*atischen   15
Differ*en*zen wär*en* nur als Schulstreitigkeiten anzusehen, die *k*eine verschied*en*e Kirch*en*gemeinschaft constituirt*en*. Ebenso: die Union besteht
für einen j*e*d*en*, der sie will bestehen lassen, nam*en*tlich *für* einen
Geistlichen in so fern er s*ich d*urch die That *für das* Princip der Union
erklär*t*. Dann *für* jeden einzelnen Christen: so *t*ern er *m*it beiden Kir-   20
ch*en*gemeinschaft*en* communicir*en k*ann ohne d*a*ß das als ein Übertritt
angesehen wird. Aber in d*em* Gemeindeverband ist d*ie* Union noch *nicht*
107ᵛ vollk*o*mm*en* durch*g*eführt. | Das zeigt s*ich besonders in *zwei* Stük*en: 1)
d*a*ß an *m*anchen Orten beide Gemeind*en* abg*e*sondert best*e*hen in Beziehung *au*f den Gemeind*e*verband, obgl*ei*ch im Rel*i*gionsritus sie verbun-   25
d*en* sind. Das sollte nun eig*en*tlich *nicht* sein, sie müßt*en n*ach d*ie*sem
Princip der Union auch hier *ver*bunden sein. So besteht *au*ch d*er* Gebrauch *für* dieselbe Kirche für beide, wo eine jede ihre Einheit fortsetzt.
Das h*a*t s*einen* Grund in d*er* äußerlichen Gemeind*e*verfaßung u*nd* na-
m*en*tlich in d*em* Interesse d*er* Geistlichen in Beziehung *au*f ihre Einkünf-   30
te u*nd* ebenso im Interesse d*es* Kirch*en*vermög*en*s. Diese hemm*en*d*en*
Gründe sind bloß äußerliche, u*nd* wenn m*an au*f das Inn*er*liche sieht, so
ist da d*ie* Union frei*lich* vollzog*en*.

  Wenn wir nun d*ie*sen Zustand d*er* Evangelischen Kirche in Beziehung
*au*f beide *Punkte* [*betrachten*] einmal in Beziehung *au*f den Confessions-   35
unterschied dann in Beziehung *au*f das Kirch*en*regiment, so befindet s*ich*
die Kirche in beiden Beziehungen in einem schwankenden Zustand; *au*f
der einen *Seite* ist er bestimmter gewesen, näm*lich* die kirchliche u*nd*

15–17 *Dies war auch Schleiermachers Auffassung; vgl. CG¹ § 26 Zusaz (CG² § 24 Zusaz).*

weltliche Gewalt war mehr getrennt; in der anderen Beziehung hat sich
das ganze Verhältniß nun mehr entwikelt. Die Union war schon im
Keim vorhanden; diese hatte sich viel weiter entwikelt aber es steht noch
auf einem Punkt, wo es nicht stehen bleiben kann. Sieht man nun dar-
5 auf: daß eine solche Tendenz die Synodalverfassung im Land allgemein
zu machen bestanden hat, nachher aber das Verfahren eingetreten ist,
die Synodalverfassung, wo sie rechtlich bestand, in die Consistorialverfaßung umzugestalten, was nun noch im Werden ist. In Beziehung auf
das erste ist es nun freilich nicht auf öffentliche Weise zurükgenommen,
10 sondern es ist nur kein weiterer Fortschritt geschehen; das ist nun doch
ganz unbestimmt, – was will man denn eigentlich? Der Zustand ist offenbar nur ein Durchgangspunkt. Was das Verhältniß beider Confessionen zu einander betrifft so sind da nun schon so viele facta die nicht
mehr ungeschehen gemacht werden können, so daß also die Union nicht
15 mehr zurükgehen kann; aber die letzten Schritte, die noch übrig sind
können immer mehr verzögert werden, so daß am Ende aber doch das
Bedürfniß entstehen wird die Sache auf eine definitive [Art] zu Ende zu
bringen. In Beziehung auf den anderen Punkt ist die Synodalverfassung
zur Sprache gebracht aber die Consistorialverfassung eingesetzt, oder
20 nicht einmal diese, sondern ein Zwitter zwischen kirchlicher und weltlicher Gewalt. Nun kann es dabei nicht bleiben; und darum sucht man
auch da, wo die Synodalverfaßung schon bestand die andere einzuführen, damit Übereinstimmung, die nothwendig ist, herauskommt.

Sehen wir nun auf die übrigen mehr inneren Verhältnisse der Kirche
25 so haben wir es eigentlich mehr mit der lutherischen Kirche zu thun. Da
ist nun dadurch, daß das regierende Haus zur Reformirten Kirche
übergetreten ist ein anderes Verhältniß | entstanden als vorher war. Es ist   108ʳ
dadurch erst die Reformirte Kirche als gleichberechtigt anerkannt worden; die Reformirte blieb aber immer als die untergeordnete, als die
30 Hofkirche, und die lutherische war die allgemeine. Wo nun die reformirte Gemeinde bestand, da hat sie eine eigene Presbyterverfassung; sie
war volksmäßig in sich selbst organisirt; immer mehr aber entwikelte
sich die lutherische Kirche als u n t e r dem Regenten so daß nun eine
Differenz entstand, die das Bedürfniß der Annäherung wieder hervor-
35 rufen mußte. Nun hat diese Wechselwirkung auch auf die mehr innerliche Entwiklung mancherlei Einfluß gehabt – –

---

32 organisirt] angesehen *(korr. nach Schubring 150; Fink 241; Schmidt 236)*

5–8 *Zum gescheiterten Projekt einer Presbyterial- und Synodalverfassung für die Kirche in
Preußen vgl. oben.*

64. *Stunde* Noch etwas über den inneren Zustand.

Man muß hier *nicht* bei dem unmittelbaren Moment stehen bleiben. Vergleichen wir Preußen *mit* den analogen Evangelischen Ländern in Deutschland, dem sächsischen und hannöverschen, so hat es einen sehr verschiedenen Character entwikelt. Es sind beständig bewegtere Gegen- 5
sätze und ein rascher Wechsel in dem Übergewicht des einen über das andere wogegen in den übrigen Ländern eine gewisse Ruhe und Stabilität vorherrscht. Daß das so ist ist ja bekannt. Schon seit Friedrich II finden wir den Gegensatz zwischen der größten Anhängigkeit an orthodoxe Buchstaben und den der allergrößten Freiheit in Beziehung auf 10
exegetische und dogmatische Ansichten immer neben einander, finden den Übergang von einer vorherrschenden Gleichgültigkeit gegen das Religiöse und dann das stärkste Hervortreten deßelben. Wir finden bald in der großen Kirche eine Trägheit und Lauheit und ein starkes Gegenübertreten kleinerer Verbindungen und umgekehrt. Worin das gegründet ist, 15
das ist etwas sehr Zusammenhängendes; der Wechsel der Regierung hat wohl großen Einfluß darauf gehabt, obgleich *nicht* der dominirende von dem Regenten ausging. Zu cincr Zeit wo Friedrich II in einer großen Indiffcrenz gegen die Confeßionen und das Positive überhaupt und doch sich als Repräsentant der Protestanten ansah, so finden wir damals in 20
den Massen die bestimmteste Abscheu gegen Alles was Freigeisterei heißt, wo hingegen erst in späterer Zeit, als sein Nachfolger den kirchlichen Buchstaben wollte geltend machen, da war es umgekehrt, die Freigeisterei nahm überhand in allen Ständen. Aber die politischen Verhältnisse in einem Staat, der von dem unbedeutendsten sich zu einem 25
bedeutenden heraufgehoben hat, haben gewiß immer auf das ganze Leben des Volks einen großen Einfluß. |

108ᵛ Und da das Leben sich *nicht auf* materielle Weise sondern frei geistig entwikelt, so hat sich diese Freiheit auch immer neben der Rechtmäßigkeit erhalten. So finden wir nun einen hinreichenden Zustand der 30
Evangelischen Kirche; denn das bewegte Leben in unserem Staat ist von Anfang an ein Ferment gewesen um in den anderen die Stagnation zu verhüten und hingegen der ruhige Gang in den anderen hat unserer Beweglichkeit wieder Gränzen gesetzt und so haben beide gleichsam auf einander und auf den ganzen kirchlichen Zustand gewirkt. Darum ist 35
auch nothwendig, daß die Principien, die sich immer anerkannt geltend gemacht haben, immer in ihrer Gültigkeit bleiben, und daß es Preußens Bestimmung ist, die Freiheit der Bewegung zu erhalten, was aber auch

---

22 f *Friedrich Wilhelm II. durch das Wöllnersche Religionsedikt (9.7.1788).*

nur geschehen kann, dadurch daß diese Gegensätze in einer Einheit zusammengefaßt sind. Und wenn zuweilen Tendenzen ausgesprochen werden von einer äußeren Kirchentrennung in Beziehung auf den Gegensatz
der Ansicht (des Supranaturalismus und Rationalismus) so kann das
nirgends verkehrter sein als in der preußischen Landeskirche, sie müssen
neben einander bleiben; daher es auch immer ein natürliches Gefühl
gewesen ist, wo sich eine solche Gewalt manifestirt hat, die eine Partei
zu unterdrüken, daß immer eine Reaction dagegen entstand.

Nun kommen wir zu einem Land, wo auch eine solche Mischung
beider Confessionen vorhanden ist, wo aber doch noch nicht so viel zu
ihrer Verschmelzung entstanden ist als bei uns; das ist

Hessen

Churhessen   Hier ist noch eine große Mischung der Katholischen
und Evangelischen, die neuerlich noch vermehrt wurde. Die Regierung
ist aber protestantisch. Alle Regierungsbeammte (die Armee ausgenommen) müssen der Evangelischen Kirche angehören; das Kurhaus bekennt
sich zu der reformirten Konfeßion, und so muß auch die Regierung aus
lauter reformirten Mitgliedern bestehen. Darauf ist in Preußen nicht
gehalten worden; in Beziehung auf den Staatsdienst sind hier beide Confeßionen immer gleichgestellt gewesen. Diese Regierung bildet nun mit
einem geistlichen Verein das geistliche Consistorium. Also das höchste
Collegium, unter dem beide | Confessionen stehen; das ist offenbar eine
Einleitung zur Union. Ebenso ist auch in Marburg ein solches gemischtes
Consistorium; in Cassel machen die Reformirten den größten Theil aus;
in Marburg die lutherischen. – Nur in Hanau ist noch die Verwaltung
beider Confeßionen getrennt; beide Confeßionen haben da ein besonderes Consistorium, obgleich sie sonst da am meisten gleich sind und am
wenigsten eifersüchtig auf einander zu sein brauchten. Außerdem bestehen nun in Hessenkassel mehrere französische Kolonien, die unter der
Inspection eines besonderen Superintendenten stehen. Auch diese haben
also nicht mehr eine vollkommen selbstständige Existenz. In Beziehung

---

15 *Zusatz Schubring 151 (Fink 243; Stolpe 356; Schmidt 237): „wobei auch der Übertritt eines Regenten keinen Einfluß gehabt hat". Landgraf Friedrich II. (1760–85) war 1749 zum römischen Katholizismus konvertiert.* **20–22** *Ein gemeinsames Oberkonsistorium gab es in Kurhessen weder 1804 (fünf Konsistorien) noch nach 1821 (drei dem Innenministerium unterstellte Konsistorien in Kassel, Marburg und Hanau).* **25–27** *In Wirklichkeit vollzog die kurhessische Provinz Hanau bereits 1818 die Union (Huber/Huber Nr. 295); Schleiermacher referiert hier also den Stand von 1804, wie Stäudlin ihn beschreibt. Für das gesamte Kurhessen kam es durch das Reorganisationsedikt von 1821 lediglich zu einer Verwaltungsunion.*

auf das dogmatische Verhältniß ist nun *auch* eine Annäher*ung* beider
Theil*e* schon vorhanden. Di*e* beiden Confeßionen werden auf di*e drei*
Symbole, *das* ephes*inische* und chalcedonische *verwiesen, die* Lutherischen Prediger *auf* di*e* Augsburg*er* Confeßion und di*e* Apologie derselben, aber *nicht auf* di*e* Concordienformel, di*e* d*en* Gegensatz gegen di*e*   5
Reformirte Confeßion *ausspricht* [die reformierten *nich*t *auf* di*e* Dordrechter Synode].   Bis jetzt sind nun legal di*e* Catholiken sehr beschränkt *gewesen.* Aus all*en* gemischt*en* Ehen mußt*en* di*e* Kinder
sämmt*lich* in d*er* Evangelisch*en* K*irche* erzog*en* werden, und an Orten
wo k*eine* katholisch*e* K*irche* oder Gemeinde war mußt*en* di*e* Kinder d*er*   10
K*atholiken selbst* Evangelisch erzog*en* werden. Nun werden aber doch
auch hier Maaßnehmung*en* getroffen werden di*e* d*as* Verhältniß mehr
*n*ach d*er* deutschen Bundesacte umgestalten.
          Mehr und bestim*mter* ist schon d*as* Verhältniß beider Confessionen
*z*u einer *Z*usammenschmelzung modificirt worden in d*en*   15

badischen Ländern

Da war nun schon in d*en* ersten Jahren *n*ach d*em* bekannten Reichsdeputationsschluß, wo di*e* deutschen Reichsstände sekularisirt *w*urd*en,*
eine Constitution geg*eben,* di*e auch auf* di*e* staatsbürger*lichen* Religions-
verhältnisse Bedacht nahm, und d*as* Princ*ip* d*er* deutschen Bundesacte   20
anwendete *auf* g*anz* verschieden*e* W*eise.* M*an* m*ach*t einen Unterschied
zwischen Staatsbürgerrecht und Ortsbürgerrecht; in *B*eziehung *auf* d*as*
erst*e* sollt*en* all*e drei* K*irche*n gleich sein, aber *nicht* in *B*eziehung *auf* d*as*
letzt*e*; sond*ern* wenn an einem Ort eine bestimm*te* K*irche* in Besitz d*er* |
109ᵛ eig*entlich*en Religion*s*übung sei, so k*onnte* einer aus einer and*eren* Con-   25
fession da *nicht* d*as* Bürgerrecht erhalt*en*; sich *auf*halten und s*eine* Kin-
d*er* da in s*einer* eigenen K*irche* erziehen k*onnte* er immer, aber an d*er*
Municipalverwaltung k*onnte* er k*einen* Antheil bekomm*en,* so d*aß* also
dad*urch* di*e* verschiedenen Religionsverwandten localiter auseinander
gehalt*en* wurden. Ihr Gottesdienst sollt*e* immer nur Privatgottesdienst   30

---

6 f [*die … Synode*]] *ergänzt nach Fink 244 (Schubring 151; Stolpe 356; Schmidt 237)*   15
Zusammenschmelzung] Zusammenschmelung   19 staatsbürger*lichen*] staatbürgerlichen

---

5 f *Die Artikel VII (Vom heiligen Abendmahl Christi), VIII (Von der Person Christi) und XI
(Von der ewigen Versehung und Wahl Gottes) der Konkordienformel verurteilen die cal-
vinistische Lehre. Damit war die Trennung zwischen beiden Konfessionen perfekt.*   6 f
Zur Dordrechter Synode 1618/19 vgl. Protestantische Kirche 71; 447,26–30.

bleiben und von dem Regenten geordnet werden müssen. Dies galt gleich
für alle drei und so wurden dadurch auch die Lutheraner und Reformirten auseinandergehalten. Aber in dem letzten Jahr 1821 ist nun eine
völlige Verschmelzung der Evangelischen Kirche zu Stande gekommen,
5 die Sache war angeregt worden auf dieselbe Weise wie zugleich in
anderen Gegenden Deutschlands. Die Geistlichen hatten einen Entwurf
im Juli 1821 zu einer Union gemacht; die Regierung modificirte ihn
etwas und so wurde er noch in demselben Jahr publicirt. Die Sache hat
aber doch eine andere Wendung genommen als bei uns. Das kommt
10 daher, daß die Reformirten hier eine größere Masse bilden und ihr kir-
chenrechtlicher Zustand einen bedeutenden Einfluß auf die allgemeine
Kirchenverfassung erlangt hat, so daß nicht nur eine Gemeinderepräsen-
tation, sondern auch eine Synodalabstufung festgestellt wurde, aber
auch wieder auf andere Weise als wir die Synodalverfaßung in der preu-
15 ßischen rheinischen Provinz kennengelernt haben, nicht mit einer Aus-
einanderhaltung der Kirchengewalt und der landesherrlichen Rechte circa sacra, sondern in Vermischung mit einander.
     Was die Lehre betrifft, so hat man hier nicht so bestimmt erklärt wie
bei uns, daß man hierin den Unterschied nicht für so bedeutend halte
20 daß er eine Trennung motiviren könne. Sondern man hat aber auch nur
in Beziehung auf das Abendmahl eine Reihe von Bestimmungen in Fragen und Antworten über das Abendmahl in die Unionsacte aufgenommen, was nun in das allgemeine Lehrbuch eingetragen werden soll. Diese
Fragen sind nun von der Art daß 1.) die Verwandlung bestimmt
25 geleugnet ist. Die Art und Weise der Gegenwart des Leibs und Bluts
Christi unbestimmt gelassen und nur gesagt wir empfingen es zur geistigen Vereinigung mit ihm; und positiv wird nur unterschieden und
aufeinander bezogen die sichtbaren Zeichen und die unsichtbare Gnade;
so daß der Unterschied in Beziehung auf den Genuß der Zeichen und die
30 unsichtbare Gnade eliminirt wird (was bei uns nicht geschehen ist.) Der
Ritus ist ähnlich wie bei uns bestimmt worden. |
     Schon in diesem Akt heißt der Großherzog der Landesherr und Bi-   110ʳ
schof der Kirche, ja in der Beilage von der Kirchenverfassung heißt es,
die Evangelische LandesKirche bilde ein organisches Ganzes, die die
35 Staatsaufsicht mit in sich aufnehme und in dem Regenten den letzten
Staatsrechtlichen und kirchlichen Vereinigungspunkt finde. Dagegen

---

21 *Reihe*] rein

3 *Zusatz Schubring 151 (Fink 245; Stolpe 357):* „In den größeren (d.h. canzleisäßigen)
Städten waren natürlich alle Confessionen neben einander und da wurde den anderen
mehr eingeräumt.“

läßt sich nun viel sagen; es ist der Fall *nicht* vorgesehen worden, daß der
Landesherr einmal katholisch werden kann; und dann ist es auch gegen
die bisherige Darstellung der Sache, daß dem Landesherrn als solchen
nur die negativen Rechte circa sacra zugeschrieben werden – auf der
einen Seite ist ihm etwas gegeben in dem Namen daß er der oberste   5
Landesherrliche Bischof sei und doch hat man ihm *nicht* die jura sacra
selbst zugeschrieben die ihm als solchem doch gebühren und *nicht* die
jura circa sacra.

   Nun ist die Gestaltung diese: in jeder Gemeinde besteht ein Ge-
meindekirchenrath aus Ältesten und Diakonen bestehend; die beständi-   10
gen Vorsteher sind Geistliche, diesen Repräsentanten der Gemeinden ist
nun auch das Recht der Ermahnung an die Einzelnen gegeben, so daß
wenn dies unfruchtbar bleibt dies an die Kirchenvisitation berichtet
wird, von der es nach der Disciplin an die höchste Behörde kommt, und
wenn deren geistliche Ausübung auch *nicht* fruchtet so soll die Ent-   15
scheidung an die weltlichen Behörden nach dem Ausspruch der Gesetze
gegeben werden. Das ist wieder eine ungesunde Mischung des geistlichen mit dem weltlichen. Es wird aber wohl selten vorkommen, daß eine
Sache durch alle diese Instanzen durchgehen sollte.

   Dann gibt es Specialsynoden die sich über die einzelnen Dekanate   20
erstreken, sie entstehen aus den Geistlichen der Diöcese und aus halb so
viel Weltlichen, die Deputirte von den Kirchenräthen sind. Diese Synode
soll sich alle *drei* Jahre versammeln; der Dekan präsidirt, aber ein weltlicher Comißar der Regierung wohnt ihr bei und das ist die Mitaufnah-
me der Staatsaufsicht auf dieser Stufe, und die Beschlüsse gehen dann   25
65. Stunde auch an die Regierung zur Sanction.   Die Generalsynode sollte sich,
dem ursprünglichen Project nach alle *fünf* Jahre versammeln. Die Regierung hat es aber dahin modificirt, daß sie sich versammeln soll, wenn
110ᵛ es nöthig sei; die DiöcesanSynoden sollen diese Noth erkennen. | Diese
Generalsynode ist nun anders organisirt; je zwei Diöcesen schiken *einen* 30
Abgeordneten (es ist etwa 30 Dekanate) also nur 15 Mitglieder; und nur
vier Dekanatsdistricte zusammen schiken e i n e n weltlichen Abgeordneten, welcher in den Gemeinden von bestimmten Wahlmännern gewählt wird. Nun gehören aber zu dieser Synode *zwei* Geistliche und
zwei weltliche Mitglieder der Kirchenbehörde; die aber *nicht* gewählt   35
werden, sondern die der Fürst als unter der Form der Advocatie ernennt;
ein Professor der Facultät soll auch dabei sein; und dem ganzen präsidirt

---

9–11 *Evangelische Kirchenvereinigung (vgl. Protestantische Kirche 64), Beilage C. Nach § 4
hat der Pfarrer den Vorsitz im Kirchengemeinderat. Die Mitglieder werden in § 5 erstmals
Älteste genannt; von Diakonen ist nicht die Rede.*   **12–14** *Beilage C, § 15*

ein welt*licher* Commißär; hier ist es also *nicht* wie bei der vorige*n*; hier ist off*en*bar eine unklare *Vermischung* der *Verhältnisse.* Wenn ich mir das nun erkl*ären* soll, so hat es s*einen* erst*en* Ursprung wohl darin, daß m*an* Glieder der kir*chlichen* Staatsbehörden in die Synode gebracht hat,

5 die m*an nicht* hat unter ein g*eistliches* Präsidium stell*en* woll*en*, u*nd* so ist es wohl entstand*en.*

Nun ist no*ch* ein ander*er* P*unkt* näm*lich* daß die K*irchen*visitation*en,* die vo*n* d*em* g*anzen* Synodalwes*en* versch*ieden* sind, die Dekane verri*ch*-ten sie *mit* Zuzieh*ung* zweier b*enachbarter* Pf*arrer* u*nd* die Berichte dar-

10 über gehen an die Behörde u*nd* komm*en nicht* in der Synode zum Vor-trag; es liegt also hierin no*ch* ein b*esonderer* Nexus der kir*chlichen* Staatsbehörde *mit* der b*esonderen* Gemeinde. Es ist näm*lich* im Großherzog*thum* Baden schon 1807 in d*er* erst*en* kir*chlichen* Constitu-tion für alle *christlichen* Confession*en* b*estimmt* word*en* in wiefern die

15 Geist*lichen au*ch Staatsdiener wär*en*; das ist b*esonders* bezog*en au*f das, was die Franzos*en* d*en* état civil nenn*en.* So lange fr*eilich* als der Staat hier *nicht* s*eine* eigene Manipulatio hat, ist es richtig, daß die Geist*lichen* Staatsdiener sind. Nun b*ezieht* si*ch* die Visitation großentheils darauf, daß die Vorgesetzt*en* si*ch* überzeug*en* soll*en,* daß die Kir*chen*bücher etc.

20 ord*entlich* gef*ührt* werd*en.* Ein and*erer* P*unkt* ist no*ch* daß die Aufsicht des Schulwesens d*en* Geist*lichen* anheim geg*eben* ist, u*nd* da ist der Geist*liche au*ch Staatsdiener denn die Schule ist nun einmal ein so ge-mischter Gegenstand. Besser wäre es, wenn der Staat si*ch* hier g a n z *au*f die Kirche verließe, so daß das Gemischte *au*fhörte, oder daß die

25 Geist*lichen* g a r *nicht*s damit zu thun hätt*en.*

Nun bekomm*en* die kir*chlichen* Staatsbehörd*en,* an die diese Berichte komm*en* einen eigenth*ümlichen* Character. Sie sind die *welche* die Rechte des Staats wahrnehm*en*; es bliebe dies*en* e i g e n t l i c h *nicht*s an-deres übrig, als die positiv*en* Rechte des Staats wahrzunehm*en* u*nd* die

30 negativ*en* in Bezieh*ung au*f das in der Synode beschloss*ene.* M*an* sieht aber der g*anzen* Verfassung ihre Entsteh*ung* leicht an, es ist ein *nicht* reiner Übergang aus der Consistor*ial*verfass*ung* in die Synodalver-faßung. |

In Bezieh*ung au*f die übrigen P*unkte* ist nun zu lob*en,* daß m*an nicht* 111ʳ

35 im erst*en* Augenblik alles hat fertig ma*chen* woll*en.* Es klingt fr*eilich* sonderbar, daß in d*er* erst*en* Unionsakte, die doch das Fundam*ent* aller dies*er* Verhältnisse ist, diese allg*emeine* Frage *mit au*fgenomm*en* wurde

---

15 f *D. h. die Führung der Tauf-, Trau- und Sterberegister.*   **20 f** *Dies wird im Konstitutionsedikt von 1807 nicht bestimmt.*

in Beziehung auf die AbendmahlsLehre, aber es ist doch unter den Umständen etwas ziemlich Natürliches. Hätte man warten wollen mit der
Operation der Union, bis man mit einem solchen allgemeinen Lehrbuch
fertig geworden, so hätte man sich mit diesem übereilen müssen. Dasselbe Recht was nun das Lehrbuch hatte als symbolische Grundlage hat   5
auch die Agende als liturgische, die hat man auch mit Recht *nicht* übereilen wollen, ebenso hat man ein neues Gesangbuch *nicht* gleich gewalt-
sam eingeführt; denn es sieht aus, als eine allgemeine Auflage. In Beziehung auf die künftige Agende ist nun verordnet, daß sich alle Geistlichen
an dieselbe halten sollen: „es wird besonders erwartet und empfohlen   10
daß in dem ersten Jahr kein Geistlicher sich Abweichungen in der
Abendmahlsform erlaube" – da sieht man doch, daß hier eine gewisse
Gradation freigestellt ist. Dann ist im Allgemeinen gesagt, wenn ein
Geistlicher sich Abweichungen erlaube so solle ihm das in dringenden
Fällen hingehen, aber er solle auch gewärtig sein sich darüber zu verant- 15
worten. Das ist ein sehr gesundes Princip; es ist im Gegentheil ganz
gegen das Princip des Evangelischen Geistes den Geistlichen so darzustellen, daß er *nichts* anderes sei als ein mechanisches Organ, und darum
ist nun diese Freiheit als eine solche Cohibenz dargestellt. Das ist vollkommen in der Ordnung und gewiß das einzig richtige.   20
     Nun sind in anderen kleineren Ländern, wo die Evangelischen Con-
feßionen in einem gewissen Gleichgewicht mit einander stehen, ebenfalls
schon Annäherungen beider Confessionen geschehen. Namentlich in

den Nassauischen Landen

eine Union zu Stande gekommen, die nur das gegen sich hat, daß sie auf 25
ziemlich abrupte Weise von der Regierung allein ausgegangen ist, und
sie ohne kirchliche Vorbereitung den ersten Impuls dazu gegeben hat.
Allerdings nun, wo ein geringer Umfang und das Verhältniß leicht zu
übersehen ist, da läßt sich das auch leichter machen; ein Gewaltstreich
der Regierung ist es *nicht*, wie man es mit Unrecht angesehen hat. Ob-   30
gleich es *nicht* mit der gehörigen Weisheit geschehen; denn es ist ja kein
periculum in mora. Die beiden Theile sind indeß mit der Vereinigung
auch zufrieden. Ebenso in

---

13 gesagt] sagt

19 *D.h. eine solche Einschränkung.*   25–27 *Vgl. zu solchen Vorwürfen gegen die nassauische Union z.B. ThN 1824, S. 328–339.*

dem Waldekischen Land

das noch kleineren Umfang hat ist *auch die* Union ebenso entstanden
und man hat wie in Preußen gesagt: *die* Differenz in *der Lehre* sei *nicht*
bedeutend genug, um eine verschiedene *Kirche zu* motiviren [*und* hat
5 man demnach *eine* gemeinsame Abendmahlsfeier bestimmt.]

Nun gehen wir über zu *den* deutschen Ländern, wo d*ie Evangelische
Kirche nicht* die herrschende *und nicht die, welc*her der Land*es*herr zu-
gethan ist. |

Die deutschen Länder, wo d*ie Evangelische Kirche* 111ᵛ
10 *nicht* die herrschende ist.

Baiern.

Es war sonst ganz katholisch; als es aber an d*as* pfälzische Haus kam so
war d*ie regierende Familie au*ch katholisch geworden, u*nd* seitd*em* hat
sich d*ie* Evangelische Kirche in Baiern festgesetzt d*urch* viele Staatsdie-
15 ner *au*s anderen Ländern, besonders seit die Resid*en*z *n*ach München
verlegt w*urd*e. Später ist d*as* Gebiet vergrößert wor*den zum* Theil d*urch*
Evangelische Länder (wenigstens überwiegend Anspach u*nd* Baireuth),
zum Theil d*urch* gemischte (d*as* Land am Rhein).

D*ie* vorige Regierung hatte sich viel Mühe geg*eben durch* Einführung
20 des protestan*t*ischen Princips ein reges Leben in d*as* alte Land *zu* bringen, daher war sie freigebig *mit* der Duldung u*nd* Anerkennung der
Evangelischen Kirche im Lande. Später w*urd*e die Parität der Confeßionen in der deutschen Bundesacte als ein kirchliches Recht *au*fgestellt.
Nun ist aber doch d*as* Verhältniß der E*v*angelischen Kirche hier ein g*an*z

---

4f [*und* ... bestimmt.]] *Stolpe* 358   **13** *regierende Familie*] *Regierung (korr. nach Schu-*
bring 154; *Fink* 250; *Schmidt* 240)   **17** Baireuth)] *Baireuth*

---

5 *Zusatz Fink* 249 f. *(Schubring* 154): „*Durch diese beiden Masregeln wird die Union*
immer erreicht. Wenn die Union vollständig äußerlich zu Stande kommen soll, so müssen
in Berlin noch ganz bedeutende Veränderungen vorgehen. Die lutherischen und reformirten
Kirchen sind verschieden, jene topografisch, diese ideal begrenzt. So kann die Union zu
Streitigkeiten Veranlassung geben. Man wird [zu] einer neue[n] Einteilung der Parochien
schreiten müssen." **12f** *D.h. erst vor kurzem katholisch geworden. Das Kurfürstentum*
Bayern fiel 1777 an das Haus Pfalz-Sulzbach (seit 1655 römisch-katholisch) und 1799 an
das Haus Pfalz-Zweibrücken-Birkenfeld (seit 1746/58 römisch-katholisch; vgl. oben
301,34–35. **19** *Kurfürst Maximilian IV. Joseph (1799–1825, seit 1806 als Maximilian*
I. Joseph König). **22f** *Vgl. Protestantische Kirche 37.*

eigenthümliches. Bei der Besitznahme der fränkischen Fürstenthümer
fand man nun die Evangelische Consistorialverfaßung, die nun an den
Landesherrn überging, der katholisch war, er bekam die jura majestatica
[circa] sacra ja auch die Advokatie und er hat sich auch bisher immer
den obersten Bischof der Evangelischen Kirche in seinem Land genannt,   5
wobei freilich bestand, daß diese bischöflichen Rechte durch Behörden
sollten wahrgenommen werden, die aus Evangelischen Mitgliedern bestanden. [Bei] den jura circa sacra die rein negativ sind erscheint diese
Nothwendigkeit nicht, wenn das nur feststeht, daß alles Positive in der
Kirche durch ihre eigenen Behörden bestimmt wird und geschieden wird   10
von dem anderen, so kann das Alles seinen guten Gang gehen, wenn
auch der Landesherr katholisch ist. Wenn er es ist, so ist es allerdings
vorzüglicher, wenn ausdrüklich der Landesherr sich aller persönlichen
Einmischung entschlägt; das ist in Baiern nicht ausgesprochen worden;
aber auch mit der vorigen ausgesprochenen Form hätte es recht gut   15
bestehen können. Wie leicht aber doch, da man den Unterschied mehr
als einen äußerlich latitirenden festhalten muß, die da übrig bliebe, diese
Spur sich verwischen kann, ist auch zu sehen. Dies haben wir am preußischen Staat gesehen, und es gilt von Baiern dasselbe, der auch in dieser
Beziehung viel Ähnlichkeit mit Preußen hat; er hat sich auch schnell   20
112ʳ vergrößert, daher auch die schnelle Umgestaltung der | Gesetzgebung
und Verwaltung; nun hat Baiern eine politische Constitution, in dieser
sind der protestantischen Kirche ihre Rechte gesichert und sie steht also
als ein selbstständiges Element im Staat da. Aber in der Organisation der
Verwaltung sind neuerlich solche Veränderungen eingetreten, wodurch   25
sich die bisherigen Unterschiede verwischt haben. Es ist im Ministerio
des Inneren, welches den unmittelbaren Episcopat hat, welchem das
Evangelische Oberconsistorium untergeordnet ist, [eine Ministerialsection für Kirche und Unterricht;] es soll hier nun ein wesentlich protestantischer Rath sein, der dem Minister des Inneren referirt und die   30
ganze Section ist nur eine instruirende und berathende Behörde. Der
eigentliche oberste Episcopat ist der Leitung des inneren Ministeriums
vorbehalten (dieses ist aber die Advokatie über die Evangelische Kirche.)
Da aber der Minister des Inneren gewiß ein Katholik ist und das
protestantische Oberconsistorium diesem untergeordnet, so ist also die   35
Evangelische Kirche unter einen katholischen Staatsbeammten gestellt
der die höchste Entscheidung hat.

---

10 Kirche] folgt «welches»

15 D.h. so, wie es z.B. im Königreich Sachsen ist.   18f Schleiermacher denkt offenbar an
seine Auseinandersetzungen mit Friedrich Wilhelm III. um die königlichen Rechte, die
Kirche zu regieren.

Der Unterschied nun zwischen jener Ministerialsection für K i r c h e
und U n t e r r i c h t und dem inneren Ministerium selbst für die protestantische Behörde und Oberconsistorium ist schwer zu begreifen; jene Section kann bei dem allen doch Beschlüsse fassen nach Mehrheit der Stim-
5 men, obgleich diese nichts weiter sind als zu einem Gutachten, sie hat
nun Anstalten für GeistesCultur und Nationalerziehung und Curatel der
für den Cultus vorhandenen Stiftungen – da ist die Gränze zwischen dem
Positiven und Negativen gar nicht mehr wahrzunehmen. Die Hauptsa- 66. *Stunde*
che dabei ist die: es gibt allerdings eine collegialische Ausübung des
10 Kirchenregiments in dem protestantischen Oberconsistorium. Dies steht
wieder unter dem Ministerium des Inneren, und da ist ein einzelner
vortragender Kirchen und Studienrath als *Referent.* Der Minister des
Inneren, wenn der hier nun *nichts* anderes thut, als das dem Staat nachtheilige verhüten dann ist der Zustand ordnungsmäßig und gut; aber da
15 ist keine Garantie als darin daß man dann zur Constitution seine Zuflucht nehmen kann. Nun ist *Baiern* in *zwei* Theile getheilt; die einen
haben ihre Deputirten auf dem Landtag , und die gravamina der Evangelischen Deputirten werden hier zur Sprache kommen, wenn dergleichen vorkommen; und ob sie da nun die Majorität auf ihre Seite bringen
20 würden das ist nun die Frage aber die Verfassung ist doch constitutionell
und Rüksicht wird doch immer darauf genommen werden.
      Was nun die innere Organisation betrifft so sind nun *zwei* Tendenzen
herausgekommen, die Union und die Synodalverfaßung der Kirche. Die
erste Anregung ist übrigens von dem sogenannten Rheinbaiern ausge-
25 gangen, wo als Princip der Union festgestellt worden ist, da man schon
alle | Symbole abgeworfen hatte, daß man den *drei* allgemeinen Sym- 112ᵛ
bolen und den beiden protestantischen gebräuchlichen symbolischen Büchern so weit sie mit einander verträglich wären, seine Achtung bezeigen
soll, obgleich immer nur die Schrift soll als Lehr und Glaubensnorm
30 angesehen werden. Worin soll nun aber die Achtung liegen als darin, daß
man auf sie zurükgehen soll, wenn der Gegensatz gegen die katholische
Kirche zur Sprache kommt. In Beziehung auf die Synodalverfassung ist
natürlich, daß in einem constitutionellen Lande, so fern die Gemeinden
ein lebendiger Bestandtheil derselben sind, sich [*die Synoden*] diesen
35 nachbilden. *Fragen* wir nun: wie entsteht denn eine Synode? so haben

---

11 ein] ein ein   **12** *Referent*] Different   **16** *Baiern*] Baden   **17** Landtag] *folgt* 《die
anderen》

16f *Gemeint sind die Protestanten in den neuen bayrischen Provinzen (Franken, Rhein-*
pfalz), die dort z. T. die Mehrheit der Bevölkerung bilden.

wir einen doppelten Begriff: eine Synode aus lauter Geistlichen und eine
gemischte. Die erste kann ganz gut repräsentativ sein; die Gemeinde
kann ja die Geistlichen wählen (wie in Amerika)[.] Wenn nun aber die
Geistlichen nicht von der Gemeinde gewählt werden oder doch so, daß
es ein lebenslängliches Band ist, da kann man sich denken, daß die   5
Geistlichen ihr eigenes Interesse bezweken können und da ist denn eine
gemischte Synode die nothwendige. Sollen nun Deputirte geschikt werden, so muß eine Organisation in der Gemeinde sein, ein Presbyterium
muß in der Gemeinde sein. In Baiern hat man auch darnach gestrebt;
aber es erhoben sich viele Bedenken dagegen die schwerlich einen reinen   10
Grund haben. Es war nämlich eine Opposition der höheren Stände
gegen den Gemeingeist, indem die hoheren Stände nicht wollten unter
der Censur solcher ältesten stehen. So daß nun im fränkischen Baiern
eine große Anzahl von städtischen Gemeinden gegen die Presbyterial
verfassung protestirte; nun wollte man sie nicht mit Gewalt durchsetzen;   15
es wurde also festgestellt: wo die Gemeinde es wollte, sollte es geschehen; wo nicht, da sollte es ausgesetzt bleiben; diese konnten nun auch
über die Deputirten sich nicht vereinigen: Nun ist von der Landgemeinde
aber nicht zu erwarten, daß sie tüchtige Deputirte schikt, diese bedürfen
nun der Stadtdeputirten und diese wollen die Presbyterialverfaßungen   20
nicht. Die Dekanate schlagen hier nun die Deputirten vor; für die Generalsynode schlägt jeder Superintendent drei Hausväter vor, und aus
diesen allen wählt das Consistorium sechs um auf der Generalsynode zu
sitzen; ebenso werden nun die Geistlichen Beisitzer von der Geistlichkeit
vorgeschlagen und so aus jedem Bezirk Deputirte für die Synode gewählt   25
die dann auch unter dem Präsidium eines weltlichen Commißars stehen,
und die Beschlüsse kommen nun an den Regenten der sie sanctioniren
muß, wenn er will. | Es sind nun freilich auch nicht alle Beschlüsse
genehmigt worden; aber es läßt sich auch nicht denken daß eine so
entstandene Versammlung immer das Beßte beschließen kann. Meines   30
Wißens ist noch immer Alles einen guten Gang gegangen.   Über
einen gewissen Conflict zwischen der Constitution und dem mit dem
Römischen Stuhl abgeschloßenen Concordat haben wir uns schon oben
erklärt.

    Nun ist nicht zu leugnen, daß [sich] seit dem letzten Regierungswech-   35
sel eine gewisse Neigung der Regierung zu einem gewissen Übergewicht

113ʳ

---

4 doch] folgt 《nicht》

31–34 Vgl. oben 302,10–17; 302,35–303,27; 305,16–30.   35f 1825 von Maximilian I. Joseph auf Ludwig I.

nach der katholischen Kirche entwikelte, wenn gleich *nicht* so stark, als man es anfangs besorgte. In einer äußeren Kleinigkeit hat sich neulich etwas besonders hieran gezeigt. In der neueren Verordnung über die Organisation der Staatsverwaltung hat die Regierung der protestan-
5 tischen Kirche nicht mehr den Namen K i r c h e gegeben sondern Gesammtgemeinde. Darin scheint eine Absichtlichkeit zu liegen, als ob die Evangelische Kirche nicht ebenso eine Kirche sei als die Katholische Kirche sondern nur ein Aggregat von Gemeinden. Und das läßt sich in gewissem Sinn auch wohl sagen. Nun ist die *Frage* wie sich die
10 Evangelische Kirche hier entwikeln wird, ob freier durch die Constitution, oder begränzter durch die Vorliebe für die Katholische Kirche.
Wie sehr nun für die Evangelische Kirche so wie sie gestellt ist, durch politische Constitutionen gesorgt ist und wie sie zurükgedrängt werden kann, wo dergleichen Gewährleistungen fehlen und die Mehrzahl der
15 Unterthanen katholisch ist das sieht man am meisten in dem Verhältniß der Evangelischen Kirche in den

Österreichischen Staaten

wobei wir freilich über die Gränzen Deutschlands schon hinauskommen. Wir haben hier zu betrachten: das eigentliche Österreich, Böhmen und
20 Ungarn; in dem letzten ist die Evangelische Kirche am meisten politisch sicher gestellt. In Österreich hat am meisten ein mittlerer Zustand Statt gefunden; in Böhmen ist die Evangelische Kirche durch die Waffen immer aufrecht erhalten worden. Die Zahl der Protestanten ist hier freilich jetzt sehr geschwächt (etwa 50000) früher etwa ½ Million die durch die
25 Waffen vertrieben oder in den Schooß der alleinseligmachenden Kirche zurükgetrieben wurden. Von Joseph's Toleranzedikt an haben sie aber mehr zu als abgenommen. Im eigentlichen | Österreich ist die An- 113ᵛ
zahl etwa 100.000; aber das Verhältniß der Vermehrung und Verminderung ist da umgekehrt (die illyrischen Provinzen nehmen wir dazu)[.]
30 Es hat Zeiten gegeben wo in Österreich der dritte Theil des hohen Adels protestantisch war und fast im Ganzen ebenso viele Protestanten als Katholiken. Aber das hat durch allmählige Einschränkungen und Benachtheiligung (wenn auch nicht durch offenbare Gewalt wie in Salzburg) viele Einschränkungen erlitten. Unter Joseph II kamen sie nun
35 wieder zum Vorschein – aber nachher haben sie auch wieder abgenom-

---

3–6 *Verordnung vom 7.12.1825; vgl. Paulus: Kirchen-Beleuchtungen 1, S. 164 f.*

men. Es ist nun ein Consistorium in Wien das *die* Oberaufsicht über alle
Protestan*ten* in d*en* österreichischen Provinzen führt. Dieses Consisto-
rium steht aber *selbst unter* einer Staatsbehörde, die g*a*nz aus katholi-
schen Mitgliedern besteht, u*nd* der alte Franz will d*u*rch*a*us Bischof der
Evangelischen Kirche sein u*nd* mischt s*ich* immer hinein. So z.B. ist in   5
Österreich di*e* Union d*er* beid*en Kirchen* verboten wo*rden* unt*er* d*em*
Vorwand daß das eine ne*ue Kirche* sein würde, die hätte aber in d*er*
ne*uen* Bundesacte *keine* Berüksichtig*ung* empfangen. Darum h*a*t der alte
Franz es *nicht* gewollt, u*nd* es läßt s*ich a*uf *r*echt*lichem* Weg *nichts*
d*a*gegen sagen.   In d*en* Provinzen, wo di*e* meisten Protestanten sind: 10
in Inner u*nd* Niederösterreich da rechnet m*a*n d*en* 16t*en* oder 20t*en*
Theil der Einwohner für Protestanten. In d*en* neueren Zeiten haben s*ich*
fr*e*ilich neue Ausbreitung*en* der Protestantischen Kirche gezeigt, aber
diese Tendenz k*a*nn s*ich* leider *nicht* frei e*nt*wik*eln*, m*a*n hat das Toleranzedikt Josephs in vi*e*l*en* Stük*en* eingeschränkt. Der Übertritt ist   15
ungeheuer erschwert. In Böhm*en* sind di*e* Luther*a*ner u*nd* Refo*r*mirten
*a*uch getrennt, die letzt*en* sind mehr besonders im Chrudim*er* Kreise di*e*
erst*en* im Czaslauer Kreise. In Galizien sind *a*uch Protest*a*nten für di*e*
kürz*lich* ein e*i*ge*ner* Superi*nt*endent ist bewilligt wo*rden*.   In Ungarn
sind *a*uch beide Confessionen getrennt ab*er nicht* gew*a*lts*a*m; *e*s h*a*t hi*e*r   20
*a*uch s*eine*n inneren Grund, sie sind völlig gesetz*lich* constituirt; *die* Protestant*en* können zu allen höchst*en* Würd*en* des Reichs gelang*en*, sogar
zu der eines Palatinus. Aber in d*er* Praxis sind sie doch beschränkt. Ein
besond*erer* Druk, der d*en* Ungarn | neulich erst *a*ufgelegt wo*rden* ist, ist
der: *nachdem* Franz in Wien eine theo*logisch* prote*s*t*a*ntische Facultät   25
errichtet, d*a*ß im Ausland keiner studir*en* soll. V*o*n der Seite muß *die*
protest*a*ntische *Kirche* in Österreich immer tiefer herabsink*en*; *die* litterar*ische* Communication ist da d*u*rch di*e* Censur sehr beschränkt. Für
di*e* Ungarn ist es noch drük*ender*; es besteh*en* ab*er a*uf deutschen Universität*en* für di*e* refo*r*mirten [*ungarischen*] Theologen eine Menge Be-   30
nefizien, die sie nun gar *nicht* genießen können. Das Verhält*niß d*er
Evangelischen ist nun so in Ungar*n*. Die Luther*a*ner h*a*ben 4–500 Kir-
chen und stehen unt*er vier* Superi*n*tend*enten* (die m*a*n sonst General-

114ʳ

---

3 *unter*] aus   **17** Chrudim*er*] Crudimer   **18** Czaslauer] Schaslauer

4 *Franz I., 1804–1835 Kaiser von Österreich, 1792–1806 als Franz II. letzter Kaiser des*
alten Deutschen Reichs.   **25 f** *1818/19 verbot die Regierung aus Furcht vor Unruhen den*
Ungarn den Besuch ausländischer Universitäten (vgl. Protestantische Kirche 75). 1821 wur-
de in Wien mit zunächst zwei Lehrstühlen eine protestantisch-theologische Lehranstalt
eröffnet, die 1850 in eine Fakultät umgewandelt und 1922 der Wiener Universität ange-
gliedert wurde.

superintendenten [*nennt*]) die sonstigen Superintendenturen heißen hier
Contubernien, die einen welt*lichen* und einen geist*lichen* Inspector haben; was hier recht gut ist, da die welt*lichen* einen be*ßeren* Schutz
gewähren können. Ebenso gibt es einen welt*lichen* DistriktInspector, der
5 dem Superintendenten *zur Seite* steht und einen Generalinspector, der
aus dem Adel ist und auf den Land und Reichstagen das Recht der
Kirche geltend machen kann. In dem letzten Jahr des vorigen Jahrhunderts kam noch unter Genehmigung des Kaisers Leopold eine Synode *zu*
Stande, *deren Beschlüsse* er aber *nicht* genehmigt hat. Warum weiß ich
10 *nicht*; ich finde *nicht*s darin was dem Staat *nachtheilig* sein könnte. Itzt
kommen sie *nicht* mehr zu Stande, *wei*l es eben wohl *verge*blich ist.
Die Refor*mirten* haben an 1300 Kirchen und bestehen meist aus Nationalungarn und haben eine ähn*liche* Einrichtung wie die Lutheraner; sie
haben *zwei* große Gymnasien und einige kleinere; die Lutheraner haben
15 *neun*, die nun zwischen den größeren und kleineren der Reformirten
stehen. Aber an einer höheren wi*ßenschaftlichen* Anstalt fehlt es; und
die 1800 Evangelischen Prediger sind nun an die so unvollst*ändige* Evangelische Facultät in Wien gewiesen und dürfen *nicht* weiter.

Es gehört nun dazu auch S i e b e n b ü r g e n das einen merkwürdigen 67. *Stunde*
20 Gegensatz *zu* Ungarn bildet; es sind hier Lutheraner und Reformirte
ziemlich gleich[,] getrennt aber durch die Nationalität; die National-
Ungarn sind Refor*mirte* und die eingewanderten Sachsen und ihre
Nachkommen sind Lutheraner; der welt*liche* Inspector heißt hier notarius und dagegen sind die geist*lichen* die Senioren und der Super-
25 intendent und Generalnotar. | Die Lutheraner sind ebenso organisirt, nur 114ᵛ
daß sie ein besonderes Consistorium haben. Was aber den Gegensatz
betrifft so besteht der darin: daß in Ungarn die gesetzlich bestehende
Religionsparität *nicht* im Stande ist die Protestanten zu schützen gegen
den katholischen Klerus, der durch die katholischen Magnaten unter-
30 stützt wird, so geht die Sache in Siebenbürgen ihren *ganz* ruhigen und
gesetzlichen Gang; die katholischen sind hier *ganz* untergeordnet und
k ö n n e n solchen Einfluß *nicht au*süben. Die Siebenbürger Protestanten
haben nun *auch* ihr eigenthümliches höheres Unterrichtswesen und die
akademischen Studien entwi*keln sich* da neben den Gymnasien und kön-
35 nen sich eher *selbst* genügen als es in Ungarn angeht; dürfen *auch* andere
Universitäten besuchen.

---

9 *deren Beschlüsse*] die

Zustand der Evangelischen Kirche
unter dem Übergewicht der griechischen in Rußland

Wer aus der griechischen Kirche in eine andere tritt, verliert das
Bürgerrecht etc. – und in gemischten Ehen müssen die Kinder für die
griechische Kirche erzogen werden. Das bringt nun natürlich ein stren- 5
geres Zusammenhalten jeder nichtgriechischen Religionspartei in sich
hervor. – Die Evangelische Kirche (die von der Augsburgischen Confession) ist hier nun in ganz verschiedener Lage. Es gibt Provinzen wo die
lutherische Confession die herrschende Religion in der P r o v i n z ist, was
aber doch das Verhältniß zu der herrschenden Kirche im ganzen Land 10
wesentlich nicht ändert. Ebenso gibt es solche, wo die katholische Religion die herrschende ist, z. B. die polnische; die Evangelische Kirche ist
in den deutschen Provinzen in Curland und Liefland und Estland die
herrschende. Hier haben sie nun ihr Land und StadtConsistorium und
diese ordnen die Kirche in sich selbst. In Kurland gibt es über den Pfar- 15
rern Pröbste und zwischen beiden in jedem Sprengel besondere Kirchenvisitatoren und über diesen einen Superintendenten; in Liefland ist ein
Generalsuperintendent der Mitglied des Provinzialconsistoriums ist, von
dessen Entscheidung aber doch an das höchste JustizCollegium appellirt
werden kann, unter dem alle Evangelischen auch außer dieser Provinz 20
also diese *nicht* unmittelbar stehen. |

115^r   Neuerdings ist nun durch die Eroberung und Abtretung noch F i n n -
l a n d hinübergekommen. Als es schwedisch war hatte es die bischöfliche
Verfaßung und die hat es auch beibehalten. Überall aber erklärt sich der
rußische Kaiser für den Oberbischof dieser Kirche und es ist hier auch 25
eine solche Vermischung der eigentlichen kirchlichen Rechte mit dem
Aufsichtsrecht des Staats. Wie dies nun im Einzelnen alle kirchliche Ordnung stören kann, davon nur ein Beispiel: Es lebt in Rußland ein
gelehrter Mann und sonst bekannt: Fessler, katholischer Geistlicher, der
nachher zur Evangelischen Kirche übergegangen ist, aber ohne sich auf 30
unsere Weise zum geistlichen Stand gebildet zu haben. Er ist nach Rußland gegangen und ist da in der GesetzgebungsComission gebraucht
worden. Nun ist er aber mit einmal in den geistlichen Stand übergegan-

---

32 GesetzgebungsComission] GesetzgebungComission

29–441,2 *Ignaz Aurelius Feßler (1756–1839), 1773 Eintritt in den Kapuzinerorden, 1784–88*
Professor für Orientalistik und Altes Testament in Lemberg, 1791 Übertritt zur lutheri-
schen Kirche, 1798–1807 im preußischen Staatsdienst, seit 1809 in Rußland, 1820 Superin-
tendent und Konsistorialpräsident der evangelischen Gemeinden in Saratow, 1833 Gene-
ralsuperintendent und Kirchenrat der lutherischen Gemeinde in St. Petersburg.

gen, und der Kaiser hat ihn durch den Bischof von Finnland zum Generalsuperintendenten des ganzen Saratowschen Gouvernements gemacht
also auf eine ganz die kirchliche Ordnung zerstörende Weise. Ebenso hat
der Kaiser in Petersburg einen ansehlichen Geistlichen durch einen Ukas
5 (Kabinetsbefehl) seines Amtes entsetzt unter dem Vorwande, daß er
bei Einführung eines neuen Gesangbuchs gewisse Formeln nicht gebraucht hätte. Es war eine bloße Hofintrigue, die sich hinter einer religiösen Ansicht verstekte – so ist denn hier die Willkühr, die hier im
Reich politisch gesetzmäßig ist, auch in die Evangelische Kirche eingrei-
10 fend.
      Die Reformirten sind in Rußland sehr zerstreut. Ursprünglich gab es
bloß in Moskau eine holländische Gemeinde und jetzt auch in Petersburg Archangel und anderen Orten. In Petersburg sind auch Annäherungen zu einer Union geschehen; aber die Sachen werden höchsten Orts
15 oft anders dargestellt, als sie wirklich sind, und so hat man denn hier
auch geglaubt, die Union wäre schon zu Stande, und es ist gar nicht
wahr. Dies Mißverständniß hat nun, da es aufgedekt ist, ähnliche Un-
ordnung hervorgebracht. |
      Wir haben also nun im Allgemeinen wohl gesehen, daß in der lu-   115ᵛ
20 therischen Kirche eine Hinneigung zur Consistorialverfassung ist und in
der Reformirten Kirche eine Tendenz zur Presbyterial und Synodalverfaßung, wodurch das rechte Verhältniß zum Staat erst gesichert werden
kann. Da sich nun beide Theile genähert haben, so haben sie auch etwas
von einander angezogen; hier und da ist auch in der Reformirten Kirche

---

1f durch … gemacht] *Schubring 159 (Anonym: „zum* Generalsuperintendenten gemacht
über *die* finnländische *Kirche")*   4 Ukas] Jukas   5 *Amtes*] Geistes   12 Moskau] Moska

---

3–8 *Hier ist wohl nicht von der Einführung des evangelischen Gesangbuchs für die Ost-*
seeprovinzen die Rede (Sammlung alter und neuer geistlicher Lieder, Riga 1810), sondern
von der Absetzung des Pastors an der Petersburger Katharinen-
kirche und Seniors der Petersburger Geistlichen, durch den Zaren i. J. 1819. Busse hatte
1818 die rationalistische „Petersburger Sammlung gottesdienstlicher Lieder für die öffent-
liche und häusliche Andacht evangelischer Gemeinden" von 1783 neu herausgegeben.
Staatsrat Pesarovius schrieb eine polemische Schrift gegen das wiederaufgelegte rationali-
stische Liedgut, die zur Kenntnis des Zaren gelangte und zu Busses Entfernung aus dem
Amt führte. Vgl. H. Dalton: Beiträge zur Geschichte der evangelischen Kirche in Rußland,
Band 1, S. 260 f.; E. Amburger: Die Pastoren der evangelischen Kirchen Rußlands vom
Ende des 16. Jahrhunderts bis 1937, S. 281.   13–17 Das Reformationsjubiläum am
19.10.1817 (dem 31.10. des gregorianischen Kalenders) wurde in Petersburg mit einer ge-
meinsamen Abensmahlsfeier von Lutheranern, Reformierten, Herrnhutern und Anglika-
nern begangen. Am 20.6.1819 erließ Zar Alexander I. einen Ukas, wonach in Petersburg
ein Reichs-Generalkonsistorium für die gesamte evangelische Kirche in Rußland und ein
Bischof für die evangelische Kirche eingesetzt werden sollten. Bei Alexanders Tod war dies
Projekt aber nicht über Entwürfe hinausgekommen. 1832 wurde in Petersburg ein luthe-
risches (nicht gesamt-evangelisches) Generalkonsistorium errichtet, unter dem acht Kon-
sistorialbezirke standen. Der Plan eines lutherischen oder evangelischen Bischofs für ganz
Rußland wurde aufgegeben. Nur in Archangel vereinten sich am 30.11.1817 die lutherische
und reformierte Gemeinde. Vgl. dazu Dalton: Beiträge 1, S. 256–327; 2, S. 33–37. 152–159.

die Consistorialverfassung die dominirende geworden und umgekehrt,
so daß also jene Differenz *nicht* wesentlich in dem Character der beiden
Kirchen an und für sich liegt. Die Union scheint also doch auch auf die
Verfassung übergegangen zu sein, so daß dies aber *nicht mit* der inneren
Differenz zusammenhängt; denn das calvinische und zwinglianische   5
Abendmahl hängt doch wohl *nicht mit* einer Synodalverfaßung zusam-
men. Die Differenz in der Verfassung hängt also wohl nur *mit* den po-
litischen Zuständen zusammen.

Nun ist uns noch übrig: ebenso von der Reformirten Confession zu
reden, wie wir es *mit* der Lutherischen gethan haben, wo wir aber nur   10
die Länder noch brauchen, wo die Reformirte Kirche die dominirende
ist. Das übrige ist bei der lutherischen Kirche schon vorgekommen.
Hier werden wir nun also von dem ersten Entstehungspunkt von der

Schweiz

die Länder, wo die Reformirte Kirche die herrschende ist,   15

auszugehen haben. Hier können wir nur reden von den verschiedenen
Zuständen in den verschiedenen Centren, die ja durchaus getrennt sind.

Nun ist die Reformation zuerst in Zürch entstanden also von dem
zuerst.

Der Kanton Zürich.   20

Hier ist nun die Hauptkirche die *zum großen* Münster, die ehedem eine
CollegialKirche war und die ihre Verfassung bei der Reformation
beibehalten, nur daß die Chorherren *mit* dem höheren Unterricht zu
thun haben. Der Pfarrer daran heißt Antistes und ist der erste *Geistliche*
116ʳ in dem Kanton; er präsidirt in dem größeren | und kleinen Convent und   25
in der jährlichen (großen) Synode. Der kleine Convent hat die executive
Gewalt in kirchlichen Dingen und besteht aus den *zehn* ersten Geistlichen aus der Hauptstadt und aus *drei* anderen aus der Synode gewählten
Geistlichen. Dazu kommen noch *vier* von dem großen Rath gewählte
Mitglieder der Regierung.   Der größere Convent ist eine vorbera-   30
thende Behörde für die Gesammtsynode, besteht aus dem kleinen Con-

---

13 also] als

vent und den gesammten Dekanen, die von der ganzen Synode gewählt werden und noch *vier* anderen Pfarrern aus verschiedenen Landbezirken; weltliche Mitglieder sind *nicht* dabei.   *Zu der großen Synode* gehören nun alle Geistlichen, auch alle, die noch kein besonderes Ammt
5 haben, sondern bloß die ordines; nämlich wenn die Prüfungen vollendet sind, und einer zur Candidatur zugelassen ist, so empfängt einer gleich die Ordination und ist ein wirklicher Geistlicher, aber ohne Anstellung. Darin entwikelt sich ein ausgezeichneter demokratischer Character, daß diese auch Mitglieder der Synode sind. Die Synode ist nun constitutiv
10 und unabhängig und wendet sich an die Regierung nur, wenn sie ihrer Hülfe bedarf. Da scheint es nun, daß der bürgerlichen Gewalt die besondere Procedur fehle um wenigstens negativ die jura circa sacra auszuüben. Aber da in den kleinen Convent schon Mitglieder der Regierung aufgenommen sind, und die Synode nur aus Geistlichen besteht,
15 weil nun hier also nur durchaus kirchliche Dinge vorkommen, so kann ja schon in dem kleinen Convent der die Synode vorbereitet von der Regierung das zurükgewiesen werden, was staatsgefährlich erscheint. Ebenso ist nun auch in

dem Kanton Bern

20 das kirchliche Wesen eingerichtet. Es besteht hier ein Kirchenrath worin der Ammtsschultheiß der Präses ist; außerdem gehören dazu *zwei* Mitglieder des kleinen Raths und *zwei* andere weltliche Mitglieder, außerdem gehört der Dekan dazu und der Pfarrer am Münster, ein Professor der Theologie und ein Geistlicher von der heiligen Geist Kirche. Diese
25 machen ihre Vorträge an den kleinen Rath; außerdem tritt hier nun die politisch executive Gewalt[,] der kleine Rath als die Behörde an, von der die definitiven Anordnungen ausgehen. | Unter der Autorität von Schult- 116ᵛ
heiß und Rath der Stadt der Republik wurden noch jüngst einige kirchliche Veränderungen publicirt; also gerade wie bei uns. Wenn hier nun
30 die kirchliche Behörde so gemischt ist, so muß man bedenken, daß hier bisher nur eine E i n h e i t der Kirche Statt gefunden hat. Diese Einrichtung ist aus der Zeit, wo Bern ein rein reformirter Canton war; da war also *nicht* zu besorgen, daß sich fremdartige Einflüsse hätten einmischen können durch *nicht* reformirte weltliche Mitglieder.

---

18 in] *folgt* ⟪dem⟫

13–17 *Nicht der kleine, sondern der größere Konvent ist es, in den Mitglieder der Regierung aufgenommen sind und der die Synode vorbereitet.*

68. *Stunde*   Es ist hier bemerklich ein sehr großes Übergewicht der eigent*lich*
weltl*ichen* Autor*ität* über die K*irche* und ein Bestreben die K*irche* so
sehr als mög*lich* unter den Staat zu stellen und auch ihre Einwirkung *auf*
ihn zu hemm*en*. Wir haben das schon ob*en* bemerkt beim K*ir*chenrath;
dieser macht aber doch immer nur Vorschläge an den großen Rath, der   5
die gesetzgebende bürger*liche* Gewalt ist, und von dem geht definitiv
Alles aus. Die Geist*lichkeit* ist nun in ihre Dekanate getheilt, die nun in
den Orten des Districts zu einer Synode s*ich* versammeln, wo die Ob*-*
rigk*eit* das Präsidium führt; in Bern versammeln s*ich* nachher die De*-*
kane zur Berichterstattung der Beschlüsse dieser Synode an den K*ir*chen*-*   10
rath; sogar die Introduction der Geist*lichen* geschieht im Beisein der
Dekane aber *durch* die welt*liche* Obrigkeit. Die Gemeinden wahlen auch
nicht die Geist*lichen*, sondern die Stadtpfarrer wählt der Magistrat und
die Dekane auch *auf* Vorschlag der Kapitel (d. i. der Geist*lichen*). Den
obersten Dekanen wählt der große Rath auf einen *zweifachen* Vorschlag   15
des K*ir*chenraths. Es ist in Bern auch *keine* solche Gleichheit der Geist*-*
lichen wie in anderen Theilen der refor*mirten* K*ir*che, sondern es gibt
ein*en* Unterschied zwischen Pfarrern und Helfern (Diakonen). Merk*-*
würdig ist noch dies: daß alle Geist*lichen* wenn sie den Stand einmal
aufgeben von allem positiven Antheil an den Staatsämmtern ausge   20
schlossen sind; und als kirch*liche* Personen sind sie immer unter den
möglichst größten bürger*lichen* Einfluß gestellt. Das ist offenbar ein
antikath*olisches* Princip aber es gestaltet s*ich* doch sehr schroff.
    Nun sind noch *zwei* refor*mirte* Kantone übrig – S c h a f f h a u s e n
u n d B a s e l –| 25

117ʳ   ## Der Kanton Schaffhausen.

Hier haben die Stadtgeist*lichen* ein großes Übergewicht über die übri*-*
g*en*; die *drei* Stadtpfarrer, von d*en*en der erste der Antistes ist, bilden ein
Colleg*ium* unter dem Titel Schulrath, der dem kleinen Rath alle Vor*-*
schläge macht zur Besezung neuer Stellen. Das hat nun *seinen* Grund in   30
der alten schweizer*ischen* Verfassung, wo das Land der Stadt immer
subordinirt war.

---

29 f dem … Stellen] *Fink 261 (Anonym: „alle Beschlüsse an den großen Rath bringt und die*
Geistlichen auf dem Land einsetzt")

---

5 *Nicht an den großen (so Schleiermacher laut den Nachschriften), sondern den kleinen*
Rat.   13 *D.h. der große Rat.*

Der Kanton Basel

zeichnet *sich* dadurch aus, daß es eine Universität hat, wodurch die Theologen wohl einen größeren Einfluß auf die Verfaßung ausüben. Im Kirchenconvent sind außer *vier* Deputirten die Hauptpfarrer der Stadt
5 [und] die Professoren der Theologie. Die Geistlichkeit ist in mehrere Kapitel getheilt, die jährlich in dem Hauptort die kirchlichen Angelegenheiten berathen.

Die Kantone Glarus und Appenzell.

Die Einwohner sind hier evangelisch und katholisch, wodurch auch die
10 bürgerliche Verfaßung sich gespalten hat, namentlich in Appenzell, in Glarus ist es so weit *nicht* gezogen. Es ist hier die kirchliche Verfassung demokratischer. Es steht ein Geistlicher und ein weltlicher an der Spitze des gemeinen Wesens. Die Pfarrer werden von der Gemeinde gewählt, aber *nicht* lebenslänglich. Auch in Glarus besetzt die Gemeinde die
15 Geistlichen Stellen durch Wahl.

Nun sind noch schweizerische Kantone die früher anderen untergeben waren, eigene geworden:

Der Kanton Aargau

stand sonst unter Zürich und Bern; ebenso die Reformirten in Thur-
20 gau gehörten sonst *zur Synode zu* Zürich. Wie sich diese nun seitdem sie eigene Kantone geworden sind [entwikelten] davon ist mir *nicht*s bekannt geworden, aber es scheint wohl, daß es nach Analogie der übrigen geschehen ist. Auch der Kanton St. Gallen gehört zu denen, wo | das demokratische in der Kirchenverfaßung mehr vorherrscht.   117ᵛ
25 In Graubünden ist die reformirte Geistlichkeit in *sechs* Distrikte getheilt, von denen jeder [ein Colloquium hat] aus einem Präses Kanzler und Quästor die sich jährlich *drei*mal versammeln, selten kommt nur vor, was aber die höchste Spitze der Kirchenverfassung ist, eine gemeinschaftliche Synode aller *drei* Bünde, wo der Dekan gewählt wird, sonst
30 hat jeder Bund seine eigene Synode.

---

20 *Synode*] Gemeinde   26 [*ein Colloquium hat*]] Lakune

Im Waatland, das sonst zu Bern gehörte bestand auch schon damals eine besondere Kirchenordnung; und diese konnte also beibehalten
werden. In der neueren Zeit haben sich dort allerlei Regungen ergeben
die eine Richtung zur Spaltung haben und die kirchliche Verfaßung hat
sich sehr streng dagegen erklärt. Man hat kürzlich noch einen Prediger   5
entsetzt weil er einige besondere Versammlungen gehalten mit einzelnen
Geistlichen. Das scheint mir sehr streng zu sein; es scheint dies eine
ordentliche Beschränkung des religiösen Lebens zu sein in der Maxime
der kirchlichen Verwaltung. In Genf wo sich etwas Ähnliches bewegt
hat, hat man doch die Verfolgung aufgegeben und sie bestehen da als   10
dißentirende Privatgemeinde; man hat also die Abschließung nur begünstigt. Es ist nun merkwürdig daß dies beides sich gefunden hat in den
Gegenden, wo die französische Sprache dominirt, und die immer der
Punkt gewesen ist, von welcher die französische Kanzelberedsamkeit
ausgegangen ist. Nun sind [in] Genf und Lausanne die höchsten geistli-   15
chen Bildungsanstalten Akademien; es ist nun nicht zu verkennen, daß
eine Tendenz zur schönen Beredsamkeit eingerissen war mit Vernachlässigung des eigentlich christlichen Gehalts; da hat man nun eine
Gegenwirkung hiergegen getroffen in diesem lebendigen christlichen Leben.   20
   Nun ist noch Neufchatel übrig, wo wir im Gegensatz gegen Bern
die größte Unabhängigkeit in der kirchlichen Verwaltung bemerken
können. Es haben schon früh die Landstände den Geistlichen in der
ehrwürdigen Klasse die ganze Aufsicht über das Kirchenwesen überlassen; sie versammelt sich jährlich, wählt die Geistlichen und die Dekane,   25
prüft die Kandidaten und regiert sich ganz selbst. Die Geistlichkeit ist in
fünf Colloquien (Kapitel) abgetheilt; nur daß die gewählten Prediger
dem weltlichen Statthalter vorgestellt werden müssen, der nur aus sehr
dringenden Gründen ihn nicht anerkennen darf. Nur ist zu tadeln, daß
die Gemeinde nicht mehr Einfluß hat. | 30

---

21 Neufchatel] Neufschatel

7 *Zusatz Schubring 162 (Fink 262):* „Man sollte doch zufrieden sein, wenn, wo eine solche
Richtung in der Gemeinde ist, der Geistliche als ordnend sich an die Spitze stellt".

Das Königreich der Niederlande. 118ʳ

Die Reformirten haben hier beinah 2000 Prediger (1600 holländische.)
Die Reformirte Kirche nämlich ist in *zwei* Theile gespalten in die holländische und wallonische Kirche; nur selten folgt ein Zusammentreten.
5 Der Heidelberger Katechismus, Confessio belgica und die Dortrechter
SynodenArtikel sind die symbolischen [*Bücher*] die hier gelten. Die
Verfaßung ist eine rein presbyteriale; es gibt keinen hierarchischen
Unterschied. Die Geistlichen sind alle gleich. Jede Gemeinde hat ihren
eigenen Kirchenrath der aus den Ältesten den Diakonen besteht und aus
10 dem Geistlichen; er ergänzt sich unter sich; die weltlichen Mitglieder
sind nur auf ein Paar Jahre gebunden; der besetzt auch die geistlichen
Stellen.
Die größeren Städte sind nun nach Anzahl der dasigen Prediger in
Quartiere getheilt; aber es gibt keine eigenen ParochialKirchen, die
15 Prediger wechseln mit den verschiedenen Kirchen; nur jeder hat einen
besonderen District für die häusliche Seelsorge; sonst ist die Beziehung
auf die Lokalität gar nicht. Nun kommen die Geistlichen jährlich zusammen und halten einen Klassenconvent der die Kandidaten prüft und
ordinirt und introducirt; mehrere solche Klassen zusammen bilden dann
20 eine Synode und in jeder Provinz versammelt sich jährlich eine Provinzialsynode, auf der jedesmal ein weltlicher Commissar gegenwärtig [*ist*],
bloß um die jura circa sacra wahrzunehmen; diese Synoden nehmen nun
Appellationen an von den Klassenconventen; sie haben also die höchste
Autorität um die Prediger zu censiren; sie können sie auch suspendiren
25 und dimittiren. Es ist hier die vollkommene Gleichheit.
Nun gibt es auch Nationalsynoden, aber die sind seit der Dortrechter
Synode nur der Idee nach; die Veranlassung dazu wäre schon seit langer
Zeit ebenso dringend wie zur Zeit der Dortrechter Synode, wo die Streitigkeiten über die PrädestinationsLehre geschlichtet wurden durch die
30 Spaltung und Trennung beider Parteien; ebenso ist nun auch eine orthodoxe und heterodoxe Partei einander gegenüberstehend; die heterodoxen nähern sich offenbar den Remonstranten; aber man hat sich ge-
hütet die Sache auf die Spitze zu treiben; die Synode würde wieder | eine 118ᵛ
Spaltung hervorbringen. Die Heterodoxen würden zu den Remonstran-
35 ten übergehen und diese dadurch ein zu großes Übergewicht gewinnen.
Die Holländische Kirche hat nun im Inneren viel Eigenthümliches; es
ist ein großes Vorherrschen des Begriffs; die Predigten haben ganz den
Character der dogmatischen Dissertationen und zeichnen sich durch ihre

Länge aus; jeder Laie hat auch seine gloßirte Bibel, sie treiben die Sache
alle wissenschaftlich. Auch das Katechisiren hat einen anderen Styl als
bei uns; es gibt Katecheten, die eine förmliche Innung bilden und den
vorbereitenden Religionsunterricht besorgen; sie brauchen gar keine
akademischen Studien gemacht zu haben, müssen sich aber doch ex-   5
aminiren lassen; sie betreiben die Sache ziemlich mechanisch. Die
Geistlichen freilich unterrichten auch selbst; aber davon hat man eben
nicht genug. Es sind nun in der holländischen Kirche auch Agenden
vorschriftsmäßig; aber dennoch ist ein gewißes liberales Princip; die
Geistlichen sind an diese Formulare gar nicht buchstäblich gebunden;   10
von einigen wird gar kein Gebrauch gemacht; man sieht da, wie wenig
man darauf ausgeht die Geistlichen im Vortrag selbst an einen bestimmten Buchstaben zu binden. Was in dem Zustand der stillen Gährung
dieser Kirche große Reibungen hervorbringen kann, hat man lieber unberührt gelassen. Es ist aber zu glauben, daß sich bald bedeutende   15
Veränderungen ergeben sollten. Die Trennung der holländischen und
wallonischen Kirche ist etwas ganz unzwekmäßiges, in beiden ist der
Zwiespalt jener Ansichten und der kann bei dieser Verfassung dahin
wirken, daß dogmatische Fragen vor die Synode gebracht werden, und
da kann denn die Spaltung auch einmal wieder zur Sprache kommen,   20
und ob daraus sich eine neue Spaltung ergeben wird oder nicht, das läßt
sich kaum übersehen. Der Geist der holländischen Theologie ist ja bekannt. Die Holländer scheinen nicht so als die Engländer in den Geist
der deutschen Theologie einzugehen; nicht als ob sie mit unserer Litteratur unbekannt wären; die häuft sich bei ihnen auch an; aber sie ge-   25
brauchen und verbrauchen sie auf eine rein litterarische Weise, so wie
denn dies und das Philologische bei ihnen das Vorherrschende bleibt,
aber das Dogmatische ist abstrus ohne den lebendigen philologischen
Geist und dieser ist auch wieder nicht kirchlich so daß er sich auf das
119ʳ Dogmatische wendete. Der Geist der Deutschen | der beides glüklich   30
zusammenschmilzt, ist ihnen darum auch fremder, als den Engländern;
so scheint denn eine Umbildung ihnen bevorzustehen, die erst wieder ein
neues Leben in sie bringen muß.

Frankreich.

Mit dem müssen wir uns sehr ins Kurze ziehen; Vieles ist schon bei der
lutherischen Kirche vorgekommen, wo wir sagten daß die lutherischen
Gemeinden viel von der Verfaßung der Reformirten angenommen
5 haben. Es hat nun eine Union da angefangen, was früher französisch
war und nun deutsch geworden ist. In Frankreich sind sie jetzt vollkommen getrennt. Gehen wir auf das Geschichtliche zurük so war in den
Zeiten, als die Reformation in Frankreich mehr ignorirt wurde eine freie
Entwiklung unter ihnen in der Presbyterialverfassung. Das Princip der
10 Gleichheit aller Geistlichen und die Nothwendigkeit des Zutritts weltlicher Mitglieder zu allen kirchlichen Versammlungen war vollkommen
ausgebildet. Ein Jahr vor der Revolution gab Ludwig XVI das Toleranzedikt für die Evangelischen Christen, wodurch sie gewisser Maaßen eine
Sicherheit erhielten. Seit der Revolution wuchsen sie ebenso viel als die
15 katholische Kirche abnahm; sie traten natürlich mit als Republikaner
auf und man kann das gar *nicht* anführen als einen Fall um zu beweisen
daß in der reformirten Kirche eine Neigung zum Republicanismus wäre.
Hätten sie damals dieselbe Freiheit und denselben Schutz genossen wie
die katholische Kirche so würden sich *nicht* so viel Anhänger an den
20 Neuerungen unter ihnen gefunden haben. Nun sind seitdem andere Verhältnisse entstanden. Es ist durch die Charta allen *drei christlichen* Confessionen ein gleicher Schutz vom Staat gewährt und die Unkosten der
äußeren Kirche, die Civilliste der Reformirten Kirche ist in die allgemeine Liste der Staatsausgaben aufgenommen wie die der katholischen,
25 die hier nun in doppelter Beziehung freilich viel geringer sind als für die
Katholiken. Aber die katholische Kirche übt gegenwärtig doch ein drü-
kendes Verhältniß aus gegen die Evangelische Kirche und das bildet ein
so unentschiedenes Verhältniß daß man jetzt noch keine bleibende Darstellung davon geben kann, es kommt darauf an, wie die Regierung
30 durch permanente Maßregeln diese Richtung der katholischen Kirche
begünstigen wird oder *nicht*.
  In Beziehung auf die inneren Zustände sind die Verhältnisse hier sehr
dieselben als in der französischen Schweiz. Wir finden auch hier eine
solche auseinandergehende Richtung: eine Laxität in der Evangelischen

---

12f Toleranzedikt] Toleganzedikt

27 *Zusatz Schubring 164 (Fink 266; Stolpe 364): „wogegen sich im Volk namentlich bei der
reformirten Kirche sich eine ganz bestimmte Tendenz zur protestantischen Religion entwickelt".*

Doctrin *auf* der einen *Seite* u*n*d da*ge*gen ein *zur* Absonderu*n*g geneigtes
119ᵛ Parteiwesen. | Wie beides *sich* trenne*n* oder vereini*ge*n *wird, w*elches
letzte *das* wünschenswerth*este* wäre, muß die *Z*eit lehr*en.*

Groß-Brittannien

*h*abe*n* wir bis hieher verspart th*eils weil* es vo*n* de*n* übrige*n* in *seiner*   5
Eigenthümlichkei*t* gesondert ist, th*eils weil* es hier der schiklichs*te Punkt*
ist, d*ie* Betrachtu*n*g der kleineren unevan*ge*lischen Kirche*n*parteie*n* an
d*ie* Darstell*u*ng der *Evangelischen Kirche* anzuschließen.
In AltEngland herrscht die b i s c h ö f l i c h e in Schottland d *i e* p r e s -
b y t e r i a n i s c h e   K *i r c h e .*   10

Die bischöfliche Kirche.

Wir müsse*n* hier de*nk*en a*n* de*n* alten Kampf in Engla*n*d vor der
Reforma*ti*on zwi*sch*en de*m* Hofe u*n*d de*m* Römischen Stuhl; u*n*d so
kö*nn*en wir den*n* die eigentliche engl*isch*e Kirche (die bischö*fl*iche Kir-
che) nur ansehen als d*ie* eigentl*iche* Entscheidu*n*g dieses Kampfs. Die   15
Reforma*ti*on ist nur d*ie* Losreißu*n*g der Kirche vo*n* Rom gewesen. Das
eigentl*iche* die Kirche umbilde*n*de Bestrebe*n* ist schon ursprüngl*ich* vo*n*
der Regierung vo*n* der Persönlichkeit Heinrich VIII ausge*ga*ngen u*n*d
[*hat*] seine Beziehu*n*g nur gefu*n*de*n* i*n* der gänzl*ichen* Losreißu*n*g der
Landeskirche vo*n* de*m* Römischen Stuhl. Nu*n* hatte*n sich* aber zugl*eich*   20
Keime der Reforma*ti*on *n*ach England verbreitet u*n*d das gab Veranlas-
su*n*g i*n* der ki*rch*l*ichen* Konstitu*ti*on de*n* reformirte*n* Geist im Volk
*aufzunehmen; aber er w*urde *nicht* zulänglich genug *aufgenomm*en *für*
diese*n Ev*angel*ischen* Sinn u*n*d daher die viele*n* klei*n*e*n* Parteien. Was
nu*n auch* weiter *auf* die V*er*fassu*n*g einwirkte; d*ie* Constitu*ti*on der bi-   25
schö*fl*ichen Kirche i*n* Beziehu*n*g *auf* die *L*ehre u*n*d de*n* Kultus beruht *auf*
vier symbol*ischen* Büchern, 1.) de*n* 39 Artikeln 2. de*m* Homilienbuch
(beide i*n* Beziehu*n*g *auf* die Disciplin) 3. der Liturgie u*n*d 4 der Kirche*n*-
regel (i*n* Beziehu*n*g *auf* de*n* Kultus[.] Die Artikel ware*n* zuerst 42 u*n*d
*h*abe*n auf* [*einer*] Convoka*ti*on der G*ei*stl*ichen* eine Verä*n*deru*n*g erlitte*n*   30

9f p r e s b y t e r i a n i s c h e] presbyterialische

28f *Schleiermacher meint 3. das Common Prayer Book und 4. das Book of Canons.*
29–451,5 *Stäudlin I, S. 152f. Die erwähnte Convocation fanden 1562 statt. Art. 9–14 be-*
handeln die Lehre von der Erbsünde, der Rechtfertigung und den guten Werken im Sinne
der Reformation.

bis *auf* 39: in *den wesentlichen Punkten, auf welchen die* ersten Anfänge
der Reformation in *Deutschland* beruhten, nämlich der Theorie *von der*
Nichtverdienstlichkeit der guten Werke und in der Lehre *von der Recht-*
fertigung durch *den Glauben;* in *dieser Beziehung* sind sie rein Evange-
5 *lisch;* in *Beziehung auf das* Abendmahl sind sie calvinisch, sie identifi-
ciren den geistigen und leiblichen Genuß. | In der *Lehre von der Prä*-   120ʳ
destination sind sie weder calvinisch noch richten sie sich nach der Concordienformel; sie sprechen nur die eine *Seite* davon aus und berühren
die *andre* gar *nicht;* von denen *die* außerhalb des Glaubens sterben ist
10 gar *nicht die* Rede, und gewiß absichtlich; aber man sieht daraus, wie
ein System von freier Entwiklung des Lehrbegriffs gar *nicht* Statt
gefunden hat bei ihnen; und damit hängt auch zusammen, daß diese 39
Artikel in ihrer Bestimmung von dem Verhältniß der Autorität der Kirche zur christlichen Lehre gar *nicht* Evangelisch sind; die freie Entwik-
15 *lung* der Lehre wird durch diese Beschränkung, die hier gemacht wird,
sehr zurükgehalten hinter der deutschen. Was es von dogmatischer Entwiklung also hier gibt, hat einen ganz untergeordneten Character,
wogegen freilich das Exegetische durch diese Bestimmung recht hätte
gehoben werden können; was aber auch *nicht* geschehen ist und zwar
20 aus dem Grund, daß man, wie in allen symbolischen Büchern falsche
Exegese vorkommt, durch eine freie exegetische Behandlung auf solche
Resultate käme, wodurch die symbolisch festgestellte Lehre auf die Probe hätte genommen werden können, wodurch ein Zwiespalt entstanden
wäre zwischen dem Leben und der Lehre viel schroffer als bei uns. Sie
25 kommentiren über die Symbole selbst und nur in Beziehung auf das was
festgestellt ist werden nur die Differenzen, die natürlich in Spitzfindig-
keiten ausgehen, aufgesucht.   Was das Liturgiebuch betrifft so hat
dies am meisten Veranlassung gegeben zu der Kirchenspaltung, die eine

---

3 *Nichtverdienstlichkeit*] Verdienstlichkeit   27 Was] *folgt* 《d》

14 *Zusatz Schubring* 165 *(Fink* 267; *Stolpe* 365; *Schmidt* 248): „*sondern sie geben der*
Kirche das Recht, die Lehre zu bestimmen, natürlich schriftgemäß". Vgl. Stäudlin I, S. 154
(nach Art. 20).   28–452,2 *Karl I. (1625–49) hatte sich durch rücksichtsloses Vorgehen*
gegen die Dissenters und Begünstigung der Katholiken unbeliebt gemacht. 1642 *brach der*
Bürgerkrieg aus zwischen den Anhängern der Krone und der bischöflichen Kirche und
denen des Parlaments, das von Puritanern (strengen Calvinisten) und Independenten (Kon-
gregationalisten, Befürworter einer völligen Unabhängigkeit der Einzelgemeinden und ei-
ner strikten Trennung von Staat und Kirche) beherrscht wurde und sich mit den schotti-
schen Presbyterianern verbündete. Das Parlamentsheer unter dem Independenten Oliver
Cromwell (1599–1658) gewann seit 1645 *die Überhand; Cromwell ließ das Parlament von*
den Puritanern säubern und dem nach Schottland geflohenen, aber 1647 *ausgelieferten*
König den Prozeß machen (Hinrichtung am 30.1.1649). 1649 *wurde die parlamentarische*
Republik ausgerufen, doch Cromwell sprengte 1653 *das Parlament und richtete eine au-*
ßenpolitisch erfolgreiche Diktatur mit ihm selbst als Lordprotector auf Lebenszeit auf.
Nach Cromwells Tod und der Abdankung seines unfähigen Sohnes und Nachfolgers Ri-
chard Cromwell wurde 1660 *die Monarchie wiederhergestellt, Karls I. Sohn Karl II.*
(1660–85) *zog in London ein.*

politi*sche* w*urde* u*nd* den Tod Karls I z*ur* Folge h*at*te u*nd* den dar*auf*
folg*enden* anar*ch*ischen Zust*and*. Als di*es* Bu*ch* zuerst ersch*ien*, so fan-
d*en* di*e* französischen u*nd* deutschen Theo*logen* viel Unevang*elisches*
darin u*nd* *auf* Calvins Wunsch wurde m*an*ch*es* darin geändert u*nd* *nach*-
her ersch*ien* denn unt*er* Karl II d*as* Bu*ch* in einer and*eren* Gestalt, wo-   5
d*urch* der buchstäb*liche* Gebrauch der gegebenen Formeln z*ur* Pflicht
g*e*macht w*urde*. Dad*urch* h*at* der Kultus etwas Mechanisches bekom-
m*en*, di*e* Liturgie dauert gar *eine* starke Stunde, nur ist d*er* Vorzug d*aß*
di*e* Gemeinde etwas dabei z*u* thun h*at*, ind*em* sie *mit* d*em* Liturg*en* in
ein Zwiegesprä*ch* tritt. Der K*irch*eng*e*sang u*nd* di*e* Rede ist dad*urch* fast   10
g*anz* v*er*schl*ungen*; di*e* Predigt*en* zeichn*en* si*ch* ebenso d*urch* ihre Kürze
als di*e* der Dissenters d*urch* ihre Länge aus.

    In B*e*ziehung *auf* di*e* Verf*aß*ung so ist d*er* König d*as* Oberhaupt d*er*
K*irche* u*nd* das ist ein constitutionelles Princip, wod*urch* zugleich di*e*
politi*sche* Existenz derer, die diesen Satz *nicht* annehm*en* woll*en* ver-   15
120ᵛ kürzt ist. Aber wie nun d*er* König als Oberhaupt d*es* | Staats *nicht*s für
si*ch* allein thun k*an*n, sond*ern* di*e* gesetzgebende Gewalt th*eil*t *mit* d*en*
beiden Häusern d*es* Parlaments, so ist ih*m* *auch* als Oberhaupt d*er*
K*irche* ein Ob*er* u*nd* Unterhaus (di*e* kirch*liche* Convocation) beig*ege*-
b*en*; ab*er* sie ist leider nur ein Schein; er beruft sie nur b*ei* Erneuer*ung*   20
d*es* Parlaments vor d*er* Eröffnung d*es* Parlaments damit di*e* Wünsche
d*er* K*irche* vorgelegt w*erden* soll*en*, um in d*em* Parlam*ent* v*er*handelt
w*erden* [*zu*] könn*en*; denn alles kirch*liche* k*an*n nur *auf* d*em* Wege d*er*
welt*lichen* Gewalt z*u* Stande komm*en*. Di*e* Convokation h*at* k*ein*
and*eres* Recht als Vorschläge z*u* thun.   25

    D*as* g*anze* Land ist in 25 Bisthümer geth*eil*t unt*er* *zwei* Erzbischöfen
ab*er* sehr ungleich, denn der Erzbischof von Kanterbury, der zugl*eich*
d*er* Primas d*es* Reichs u*nd* d*as* Oberhaupt der Convocation [*ist*,] hat 21
Bisthümer u*nd* der v*on* York hat nur di*e* and*eren* *vier*.

    24 davon h*a*ben di*e* parlam*ent*arische Würde; näm*lich* Wilh*elm* von   30
Oranien als er König v*on* England w*urde* verwandelte den Grundbesitz
d*er* K*irche* in Baronien, wod*urch* di*e* Bischöfe Barone d*es* Reichs w*urden*
u*nd* als solche sind sie Mitleiter d*es* Reichs u*nd* gehen all*en* welt*lichen*
di*e* *nicht* einen höh*eren* Titel h*a*b*en*, vor. Der 25te Bischof v*on* Sodor d*er*
w*ir*d v*om* Herzog v*on* Derby ernannt u*nd* *auf* dessen Grundstük liegt   35

---

18 Parlaments] Parlament

30f *In Wirklichkeit nicht Wilhelm von Oranien (1688–1702 König von England), so
Schleiermachers Vortrag nach einhelligem Zeugnis der Nachschriften, sondern Wilhelm
der Eroberer (1066–87 König von England); vgl. Protestantische Kirche 72.* **34–453,1**
Stäudlin 1, S. 146

sein Besitz; er ist *kein* unabhängig*es* Mitglied der Krone. D*er* Erzbischof von Kanterbury und einige andere [*haben*] 8000 £ Sterling (56000 r*th* nach unser*em* Geld)[.] Andere die *nicht* so viel haben, haben nun ab*er* ander*e* einträgliche Pfarrämter, die sie d*urch* andere versehen lassen.

5   Mit jeder KathedralKirche ist nun ein Kapitel verbunden und dieses bildet d*en* geist*lichen* Rath des Bischofs, der archidiaconus [*der decanus*] und die canonici; diese letzt*en* werden vom Pabst und das ist der König ernannt. D*as* Capitel wählt den Bischof aber nur *zum* Schein; *das* Kapitel muß den König erst um Erlaubniß bitt*en*, wenn eine Stelle erledigt
10 ist, und er gibt sie nur ind*em* er zugleich einen vorschlägt, d*en* sie nehm*en* müssen; der Premierminister schlägt ihn dem König erst vor; und das geschieht alles aus polit*ischem* Interesse um d*en* Zusammenhang der Kirche *mi*t dem Staat d*urch* die angesehenen Familien *zu* erhalten. | Auf 121ʳ die Bischöfe folgen die Dekani der Capitel und auf die die Archidiakone,
15 dann die [*Rural Deans*] die bei uns Superintendenten heißen. Diese bilden nebst den Canonicis die höhere Geistlichkeit. Wogegen die Rectoren und Vicars und [*Curates*] die niedere Geistlichkeit bilden. Diese haben nun d*en* Rang der Presbyteri und unt*er* ihnen stehen noch die Diakone, die aber *nicht* das Recht des Priesters haben, denn sie haben nur die
20 *zweite* Weihe empfangen; er *kann nicht* Abendmahl halten, *nicht* taufen, *nicht* predigen, sondern nur vorlesen, etwa die Kelchweihe etc. Die Bischöfe haben nun die Ordination der Priester und der Diakone; sie sollen nur ordiniren *nach* vorhergegangen*er* Prüfung und *nach* Anfrage bei der Gemeinde, ob sie *nicht*s dagegen auszusetzen haben. Aber diese Prüfun-
25 gen sind sehr lax. Schon dad*urch*, daß die Priester mehrere Pfarren haben, die sie d*urch* andere verwalten lassen; *zu denen* geben sich aber Studirte selt*en* her; es sind oft solche die nur empirische Kenntniß vom *Christenthum* haben; das ist ein großer Verfall.
    Die ganze Bildungsweise der Geistlichen ist nun von der unsrigen
30 ganz unterschieden. Die beiden Universitäten Cambridge und Oxford sind allerdings kirch*liche* Institute; die Hauptpersonen haben eine kirch*liche* Stellung und haben viele Stellen *zu* vergeben; aber es sind doch wenig eig*entlich* theolog*ische* Studien da; für alles, was wir Facultätswissenschaft nennen, ist gar *nicht* gesorgt, sondern ist dem Privatfleiß
35 überlassen; und da *haben* nun die Fellows oder Socii der Colleg*ien* die Verpflicht*ung* den Studiosis Anleitung *zum* Privatstudium *zu* geben.

---

6 [*der decanus*]] Lakune   15 [*Rural Deans*]] Lakune   17 [*Curates*]] Lakune   35 *haben*]
sind   Fellows] Fellos   36 Studiosis] Studiis

32–36 *Sack: Ansichten* S. 52

70. *Stunde*   Der Erzbischof von Canterbury und eigentliche Metropolitan führt
einen so großen Hofstaat, daß es eine große Ähnlichkeit gewinnt mit der
römischen Kurie; er hat vier Bischöfe die nach dem Erzbischof den ersten Rang haben; der Bischof von London ist allemal der Kapiteldecan
und so fort – es ist ganz ein geistlicher Hofstaat – Alle Bischöfe können   5
sich nun Suffraganbischöfe ernennen, denen sie ihre Function übertragen. So können sie von ihrem bischöflichen Sitz so lang sie wollen,
entfernt sein. Das ist nun nothwendig z.B. dann, wenn sie den Parla-
mentssitzungen beiwohnen sollen. Aber das ist etwas sehr Gemißbrauch-
tes; der Erzbischof von Canterbury wohnt immer in London, und die   10
anderen bekümmern sich um ihre bischöflichen Sitze gar nicht. Nun
haben die Bischöfe auch das Recht der Confirmation der Jugend; wie die
katholischen Bischöfe der Firmelung; der ganze Akt ist rein liturgisch.
121ᵛ   Noch eins ist dabei: die bischöfliche Ordination | wird für etwas so
wesentliches gehalten, daß sie keinen für einen Prediger halten, der nicht   15
ordinirt ist; ja sie halten die katholischen Bischöfe sich näher als unsere
geistlichen Corporationen, die die Ordination verrichten. Diese Verehrung der bischöflichen Würde geht so weit, daß manche den eigentlich
kirchlichen englischen Character für das Wesentliche der Kirche halten
und alle übrigen für unrein die nicht unter diesem Kirchenverein stehen.   20
So ist nun neulich ein Streit entstanden, als die Dissenters die Bibel und
Missionsgesellschaft stifteten, so hat die hohe Kirche es für unrecht erklärt, mit fremden Kirchen in eine so enge Verbindung zu treten. Wenn
man dies nun mit dem was wir von dem ganzen Typus des Gottesdienstes sagten zusammennimmt, so kann man sich wohl des Urtheils   25
nicht erwehren, daß die Frömmigkeit in der bischöflichen Kirche einen
sehr mechanischen Character hat; dieser manifestirt sich in einer strengen Buchstäblichkeit und in einer Scheu vor wissenschaftlichen Untersuchungen; es hat dies ein ungenannter Engländer, der zur bischöflichen
Kirche gehört, eingestanden, daß die Zurüksetzung der deutschen Theo-   30
logie besonders ihren Grund darin habe, daß man die strenge Untersuchung scheue. So wie nun durch diesen Character der englischen Kirche
die Methodisten entstanden sind, denen der Character der Buchstäblichkeit zuwider war so hat sich der eigentliche Geist der hohen Kirche nun
auch darin ausgesprochen in der Art, wie sie die Polemik gegen die   35
Methodisten führt; obgleich hier selbst in der bischöflichen Kirche darüber ein Streit entstanden ist. Es ist nämlich ihre Tendenz daß die

---

21f *Die 1795 gegründete London Mission Society und die 1804 gegründete British and
Foreign Bible Society waren von Anfang an überkonfessionell.*

Kanzelvorträge überwiegend moralisch oder dogmatisch *sind*, wobei
das Religiöse zu kurz kommt; wogegen nun der Methodist auf das
Hervortreten des Gefühls drängt und die Buße predigt, und [sie] darauf
Rüksicht nehmen, das Bewußtsein zu haben von der Sicherheit der
5 Vergebung der Sünden. Dagegen hat man nun doch den Satz aufgestellt:
es sei für die, *welche* unter *Christen* geboren und erzogen *wurden* gar
keine Wiedergeburt nöthig; die Taufe sei das schon. Das haben aber
doch einige aus der bischöflichen Kirche selbst *nicht* gelten lassen wollen, die den Namen haben (ob sie *sich selbst* den Namen gegeben oder
10 *nicht* weiß ich *nicht*) d i e   e v a n g e l i s c h e   P a r t e i.
Diese Gährung, die *sich* in dem *Gegensatz* zwischen diesen beiden
Parteien ausspricht, und die allgemeinen *christlichen* Verhältnisse, in
welche viele Mitglieder der bischöflichen Kirche eingezogen sind z. B. die
Missions Bibel etc gesellschaft, das ist das eigentliche Leben, das *sich* in
15 der bischöflichen Kirche jetzt regt, wogegen die starren Formen worauf
sie ruht doch einen hemmenden Gegensatz bilden. Es ist nun | aber *nicht* 122ʳ
zu verkennen, daß die bischöfliche Kirche immer mehr im Abnehmen
begriffen ist, ungeachtet ihrer großen politischen Vortheile; die zu einer
Kirchengemeinschaft übergehen, müssen doch, weil die bischöfliche Kir-
20 che ein Staatsinstitut ist, *zur* Unterhaltung der Kirche beitragen. Ja da
nun die Ehe zugleich ein bürgerliches Institut ist, so daß eine Eheschei-
dung nur durch einen Parlamentsakt erfolgen kann, so haben die bischöflichen Geistlichen auch nur allein das Recht zu trauen; die übrigen
Kirchengemeinschaften müssen sich also immer bei der bischöflichen
25 Kirche trauen lassen, weil die Ehe sonst keine politische Gültigkeit hat.
Trotz dem aber nimmt die bischöfliche Kirche doch ab, und das ist ein
gutes Zeichen. Man hat nun gefunden daß die Kirche nun gar *nicht mit*
der Bevölkerung zugenommen und das Parlament hat neulich noch große Summen zu neuen Kirchen hergegeben, aber die Gebäude werden es
30 nun doch allein *auch nicht* machen, wenn das Alte doch wieder hinein-
kommt. Der Boden, wo die Kirchen gebaut werden, wird geweiht, alles
katholische Vorstellungen.

---

1 *sind*] ist

Schottland

bildet nun d*urch* ihre P r e s b y t e r i a n i s c h e   K i r c h e einen Gegensatz
gegen England! Sie erkennen kein anderes Oberhaupt der Kirche als
Chri*s*tum. Aber der König von England erklärt sich nun auch für das
Oberhaupt der schottischen Kirche von dem sie nun nichts wissen will.   5
Ihr *zweites* Princip ist: die absolute Gleichheit aller Mitglieder der Kirche unter diesem Oberhaupt, also auch die Gleichheit von Klerus und
Laien; allerdings haben sie das ministerium verbi aber doch so, daß [*für*]
alles was außer dem Lehrbegriff liegt die Prediger keinen Vorzug vor den
Laien haben. Nun ist die ganze Verfaßung diese: die eigentlichen Pfarr-   10
stellen sind größtentheils Patronatstellen und zwar so, daß der König
etwas mehr als die Hälfte aller Pfarrstellen in der Kirche zu besetzen hat
und die anderen von Korporationen oder Grundbesitzern besetzt werden. In jeder Gemeinde gibt es außer dem Prediger weltliche Vorsteher
die mit den Geistlichen den gemeinschaftlichen Namen Presbyteri haben   15
und mit ihnen das K i r c h e n Collegium bilden; diese zusammen bilden eine kleine Provinzialversammlung das P r e s b y t e r i u m , das sich
monatlich versammelt. Es hat das Recht diejenigen zu prüfen, welche
sich dem Lehrstand widmen wollen. |

122ᵛ   Die Presbyterien ordiniren und führen das Kirchenregiment etc. Alle   20
Presbyterien bilden nun zusammen eine Provinz, die halbjährlich eine
Provinzialsynode bilden; die höchste Instanz ist nun die Generalversammlung die sich jährlich in Edinburg versammeln; die etwa aus 400
Personen besteht aus Deputirten von den Presbyterien. Diese Versammlung wählt sich ihren Präses selbst aus ihrer Mitte. Hier sehen wir nun,   25
wie die einzelnen in der That alle einander gleich sind und nur die
Deputation hebt einzelne heraus, um an den größeren Versammlungen
theilzunehmen. Hier haben wir also ein so reines Muster von allgemeiner Synodalverfaßung im *Gegentheil* gegen die Englische Kirche. Das
weltliche Oberhaupt tritt nun in dieser Generalversammlung hervor, zu   30
der der König einen Commissar schikt, der gewöhnlich der schottischen
Kirche angehört, obgleich es nicht nöthig und gesetzlich ist. Dieser eröffnet die Versammlung im Namen des Königs; macht ein großes Haus
in Edinburgh wo er denn die Mitglieder dieser Sitzung und alle Fremden
die sich da um die Zeit zu versammeln pflegen, einladet und bewirthet   35
und da kirchliche Gastfreundschaft ausübt – der moderator aber öffnet
und schließt wieder im Namen der Kirche – und daß der Kommissar dies

---

6 Ihr] Ir   34 Edinburgh] Edingburg

im Namen des Königs thut das ist ihnen ganz gleichgültig; die Kirche dadurch in Thätigkeit zu setzen das geben sie ihm gar *nicht zu* und setzen *sich* als ganz unabhängig.   In der schottischen Kirche ist nun auch die Bildungsanstalt des Geistlichen Standes verschieden; ihre Uni-
5 versitäten sind auch mit der Kirche in Verbindung stehende Institute und sie haben das Recht einen besonderen Abgeordneten auf die General-versammlung zu schiken.   Die schottische Kirche ist eigentlich dem calvinischen Lehrbegriff zugethan, aber die Art, wie die Prädestinations-Lehre in diesem gefaßt ist in Verbindung mit der Ewigkeit der Höllen-
10 strafen so ist nun darin ein Gegensatz in der schottischen Kirche zu finden analog der Art, wie sich das unter uns entwikelt hat, nur weit milder. Von dem was wir Rationalismus zu nennen pflegen ist in der schottischen Kirche keine Spur; aber es ist ein verschiedener Geist in der Behandlung; einige ziehen sich von dem Lehrbegriff mehr zurük und
15 behandeln ihn gleichgültiger, und richten den ganzen Cultus mehr auf das Moralische. Das ist auch bei uns der Fall gewesen damals als die-selben Principien in unsere rationalistische Theologie übergegangen wa-ren, und als | etwas durchaus unchristliches angesehen wurden. Das ist 123ʳ bei uns nur der Vorläufer gewesen von dem Gegensatz der sich jetzt
20 unter uns gebildet hat. Ob das in Schottland nun auch so kommen wird das läßt sich nicht gut übersehen. Die naturalistische Richtung ging doch im 18 Jahrhundert aus von England und Schottland und wir waren noch *nicht* so weit und bei uns ist dieser Gegensatz wieder antiquirt durch einen anderen; es geht also bei ihnen wohl einen langsameren Gang; und
25 das kommt ebendaher *weil* das rein litterarische und wißenschaftliche [Gebiet] keinen solchen Einfluß bekommen kann auf das kirchliche Gebiet, wegen der Vermischung von Laien und Klerus; die Laien bekom-men von Jugend alles was es hier gibt, aber sie können doch den ganzen Umfang *nicht* übersehen – sie halten sich also immer eher an das
30 bestehende. Es wird allen Spaltungen in der Schottischen Kirche noch für längere Zeit vorgebeugt werden können, wenn eine Modification des Lehrbegriffs von der calvinischen Prädestination vorgenommen wird und das Anstößige daraus entfernt. Aber freilich wird auch durch den großen Antheil der schottischen Kirche an den allgemein christlichen
35 Bestrebungen, diesen Spaltungen entgegengewirkt. Die Differenzen die

---

2 Thätigkeit] Thät

---

4 *Scil. von der in England verschieden.*   **21f** *Schleiermacher denkt hier offenbar an Empirismus und Deismus in der ersten Hälfte des 18. Jahrhunderts.*   **23f** *Gemeint ist der Gegensatz zwischen Rationalismus und Supranaturalismus.*

es hier gibt sind immer nur gering u*nd* [*durch*] das Zusamm*e*nhalt*en zu* allg*emein christlichen* Zwek*en* wird d*er* inn*e*ren Gähr*u*ng immer m*e*hr vorg*e*beugt.

Vorlesung 1833/34
Nachschrift Ohle

Kirchliche Statistik

vorgetragen von Schleiermacher im W. S. 1833–34

K Ohle

[*Einleitung*]

5 Erst seit Kurzem hat man die kirchliche Statistik als eine eigene
Disciplin aufgestellt. Das Verdienst gebührt dem Dr. Staeudlin. Unter
politischer Statistik versteht man die Zusammenfassung des ganzen Eigenthümlichen der einzelnen Staaten, Culturzustände pp (= politische
Statistik). Wenn wir dies anwenden auf den Begriff der christlichen Kir-
10 che, so setzt die ganze Sache Differenzen voraus, wenn man sie mit dem
vergleicht was man in der politischen Statistik allgemeine Statistik
nennt. Irgend etwas was man Religion nennt, gibt es überall. Da könnte
es noch geben eine ganz allgemeine religiöse Statistik, so daß die Statistik der christlichen Kirche etwas Untergeordnetes sein würde. –
15 Jetzt würde niemand glauben, daß jemand könnte ein Mann in dem
Staate sein, wenn er nur wüßte wie es bei ihm zu Hause steht. Ebenso ist
es in Beziehung auf die Kirchen in der gegenwärtigen Zeit. Ein besonderes Interesse haben außer seiner eigenen diejenigen kirchlichen Gemeinschaften mit denen der Theolog zusammenlebt. Es gibt Länder, die
20 gar keine verschiedenen Gemeinschaften in sich haben. Da hat das Frem-
de für sie wenig Intereße. | Es gibt aber *einen* Gesichtspunkt, auf dem
sich jeder Theolog stellen sollte: Es geziemt jedem *eine* gewiße übersicht-
liche Kenntniß der Kirche zu haben in allen ihren verschiedenen Zuständen. In dem *Christenthum* an und für sich ist *eine* gewiße Einheit.
25 Wenn wir nun doch so große Differenzen finden und gehen von dem
aus, was uns allen dasselbige ist, so sind diese Differenzen Produkte von
diesem Einen ins Andere. In allen Fällen dieser Art hat jeder *eine* gewiße

---

6 *Zu C. F. Stäudlin und seiner „Kirchlichen Geographie und Statistik", Tübingen 1804,*
vgl. die Einleitung.

Geneigtheit die Modifikation der Sache *mit* der Sache s*elbst* zu identi-
ficiren. Dies ist am meisten der Fall in d*er* römisch katholischen Kirche.
Das ist *eine* Beschränkung der Kenntniß, der noch *eine* andere Beschränkung *zu* Grunde liegt. Wenn auch *nicht auf* diese Weise *ausge*-
sprochen, so finden wir diese Beschränktheit doch sehr viel im Einzel-   5
nen. Dag*egen* ist das beste Mittel *eine* umfassende Kenntniß der verschiedenen Modifikationen. Man sucht s*ich* Rechenschaft zu geben, wie
2ʳ das, was d*ie* Differenz vermittelt, s*ich* zu der Einheit verhält. | Das läßt
s*ich* auch auf d*ie* KirchenGemein*schaften* anwenden, beide: Kirchen-
Geschichte und KirchenStatistik gehören ab*er* auch wesentl*ich* zusam-   10
men. In der KirchenGeschichte ist d*er* wahre Gehalt das Entstehen das
Differenzen. D*ie* k*irchliche* S*tatistik* i*st* e*igentlich* n*ichts* a*n-*
d*eres*, a*ls* *eine auf einem* gew*ißen* P*unkte* gehemmte K*ir-*
c*henGeschichte*, so daß dem Raum *entlang* gesehn wird, und das
Zugleichseiende in d*er* Gesamtheit s*einer* verschiedenen Zustände und   15
s*einer* Differenzen betr*achtet* wird. Zu *einer* solchen Hemmung des Geschichtl*ichen* sind *nicht* alle Zustände gleich günstig. In ruhigen Zuständen hat man eher die Richtung *auf* das reine Zusammenschauen. Das ist
ab*er eine* Einseitigkeit. Auch mitten in d*em* Strudel der Begebenheiten ist
es sehr heilsam *mit* der Betrachtung *nicht* alle*in mit* dem in der Bewe-   20
gung Begriffenen stehen zu bleiben. Man muß immer die Gesammt-
zustände im Auge haben.

    Es kommt bei allen m*enschlichen* Dingen sehr d*arauf* an, *auf* w*elchen*
Punkt man s*ich* stellt. So wie in d*er* Kirche Bewegu*ngen* sind, in denen
wir *mitbegriffen* sind, so erscheine*n* die Gegenstände, um wel*che* es s*ich*   25
2ᵛ handelt, als etwas sehr Bed*eutendes*, | sizt man *nicht auf* dems*elben*
Raum, so erscheine*n* die Bewegu*ngen* geringer. Sollen wir uns *ein* gesch*ichtliches* Leben d*enken* das in d*er* Bewegung des Ergriffene*n* ist, so
ist das der Natur der Sache *nach* etwas Gleichgültiges. Jeder d*er* in der
Wiss*enschaft* etwas leisten will, muß s*ich auf ein* bestimm*tes* Gebiet   30
beschränken; all*ein* ihm darf doch *nicht* die allgem*eine* Uebersicht über
die Wissenschaft fehlen: Wo es an d*er* allgem*einen* Uebersicht fehlt, verliert das Achtu*ngswertheste* an s*einem* Werthe doch immer. Der Eifer für
eine bestimm*te* Kirche ist *ein* nothw*endiges* und achtungswerthes Element, aber er muß in V*erbindung* stehen mit mit *einer* allgem*einen*   35
Kenntniß d*es* Ganzen. Der Theolog*ie* muß sonst das fehlen, was außer
der Ken*ntniß* seines unmittelbaren Kreises liegt.

    Wenn wir *eine* allgem*eine* Statistik der *christlichen* Kirche *auf*stellen
wollen, so heißt das: wir wollen uns d*ie* verschiedene*n* Notizen verschaffen von den Formen und Zuständen d*er christlichen* Kirche in der ge-   40
genwärtigen Zeit.

Dies ist *nicht* gleich leicht oder schwierig. Solchen | Gegenden der 3ʳ
christlichen Kirche, die sich in der Ruhe befinden, die Darstellung solcher wird viel leichter sein als die Darstellung derer die sich in der
Bewegung befinden. Eine Relation ohne Urtheil ist *nicht* möglich.

5 Die erste Frage ist: Ist in der Beziehung keine Differenz vorhanden,
daß alle sich den Umfang der *christlichen Kirche* gleich denken (So wie
man absteht von der Einseitigkeit *einzelner christlicher* Gemeinschaften,
die alles *außer sich* nur in untergeordnetem Maße für *christlich* halten.)
so scheint darüber kein Zweifel obwalten zu können. Wo die Geschichte
10 *einer* religiösen Gemeinschaft sich zurückführen läßt auf denselben Anfangspunkt, da ist auch ein Theil derselben KirchenGemeinschaft. Wenn
wir auf eine allgemeine religiöse Statistik hinsehen, so muß diese Darstellung das *Christenthum* in seinem verschiedenen Zustand, das Judenthum in seinem verschiedenen Zustand, die muhamedanische Religion
15 ebenso usw. [*behandeln.*] Eine solche allgemeine religiöse Statistik, kann
sie so vollkommen sondern, wäre klar, und man könnte sagen, was in
einer solchen als Theil der *christlichen Kirche* aufgestellt wird, das ha-
ben wir auch als solchen zu behandeln. | Geht aber etwas von den For- 3ᵛ
men *auf einen* anderen Punkt als *auf einen christlichen* zurück, so haben
20 wir keine bestimmten Gränzen. Z. B. Wenn wir uns *die* Nazaraeer oder
Ebioniten [*ansehen*], ihrer Abstammung nach Juden aber sie hatten den
Glauben an *Christus* aufgenommen, dabei aber beobachteten sie das
ganze Gesetz, da konnte man *nicht mit* Sicherheit sagen, sind sie *Christen*, oder sind sie Juden. Nach den Gesetzen sind sie Juden, in so fern
25 sie aber die messianische Verheißung in der Person Jesu für erfüllt hielten, gingen sie *auf* den *christlichen* Anfangspunkt zurück. – Ob es
gegenwärtig solche auch gibt, so ist das *eine* thatsächliche Frage. Es ist
möglich, daß es solche gibt in Beziehung auf das Judenthum, und daß es
solche gibt im Muhammedanismus. Die Möglichkeit solcher unsicherer
30 Grenzregionen müssen wir zugestehen. – Es kann auch zweifelhafte Regionen geben in *einer ganz* anderen Beziehung. – Natürliche, Vernunft-
Religion: Da ist auch *ein* solches zweifelhaftes Gebiet. Unser *Gegenstand*
liegt also *nicht* vollkommen fest. Es ist darin positives *Christliches mit*
positivem Fremden vermischt. | Als Regel annehmen: Wir müßen Alles 4ʳ
35 als *christlich* anerkennen, was sich seiner Geschichte nach auf diesen
Anfangspunkt zurückführen läßt. Wenn wir den gegenwärtigen Zustand
der *christlichen Kirche* im Ganzen vor Augen setzen, so gibt es da sehr
bedeutende Differenzen, auf die gleich im Voraus muß aufmerksam ge-

---

9 Wo] *folgt* ⟨⟨sich⟩⟩   20f *die ... [ansehen]*] wie an den Nazareern oder Ebioniten

macht werden. Wie verhalten sich die Differenzen der Lokalitäten zu der
Einheit des *Christlichen*? Es gibt ganz *christliche* Völker, wo das
religiöse Gesammtleben *ein christliches* ist, zugegeben, es können da
auch Elemente von anderen Religionen sein. Nehmen wir dazu den reinen Gegensatz, so gibt es also Gegenden, wo das *Christenthum* als *ein*   5
Minimum existirt, wo *christliche Kirche* erst anfängt. Das ist überall da
der Fall, wo es *christliche* Missionen gibt, wo die *christliche Kirche* noch
im Werden begriffen, sie *keine Selbständigkeit* hat. Es gibt aber andere
Regionen noch, wo das *Christenthum zurückgedrängt* ist, im Verschwinden begriffen z. B. denken wir diejenigen *Länder* in Asien, wo das   10
Christenthum zuerst ist ausgebreitet worden das graecisirende Klein-
asien, | so ist es da *zuruckgetreten*. Wie ist es *zurückgetreten*? Das *christ-* ^{4v}
liche Element ist *nicht ausgestorben*, sondern theils durch Abfall und
Abtrünnigkeit, durch und ohne Gewalt, theils durch Vermischung mit
dem Unchristlichen. Es ist nur noch in *einem* unterdrückten Zustand   15
vorhanden. Das sind die *drei Hauptdifferenzen*. Unscr Interesse beruht
zunächst auf dem Zustand, wo die *christliche Kirche* im Werden
begriffen ist. In der theoretischen Beziehung verschwindet die Verschiedenheit des Interesses. Also wenn wir beides gegen einander überstellen:
das theoretische und praktische Interesse, so compensirt das Eine das   20
Andere. Ein anderes Interesse ist das der Hülfsmittel. Für das was uns
fern liegt fehlt es uns an Hülfsmitteln. Es ist *eine* andere Behandlung
postulirt für diejenigen Gestaltungen des *Christenthums* die ganz fern
liegen und für diejenigen die uns ganz nahe liegen. Das theoretische
Interesse ist immer nur im Allgemeinen als es ein Wirkliches ist. Dies   25
folgt, daß nur in dem Maße als uns die Dinge nahe liegen eine ausführ-
lichere Behandlung zur Pflicht wird und auch rathsam ist. | Welches sind ^{5r}
die Quellen für die Kenntniß, mit welchen wir es jetzt zu thun haben.
Die Geschichte ist eigentlich nur die Quelle von dem, was wir unter
Statistik begreifen. Wenn wir über alle die einzelnen Positionen der   30
christlichen Kirche eine vollständige Kunde hätten so wäre diese ausschließlich die Quelle für unsere Notizen. So steht es aber *nicht*. Es
verhält sich damit ebenso: der Reiz, die Geschichte *auf eine* ausführliche
Weise in ihrem Zusammenhang darzustellen, ist denselben Bedingungen
unterworfen, worunter das praktische Interesse steht. Wo *kein* statisti-   35
scher Zusammenhang der Wechselwirkung ist, da kommen die Notizen
auch nur *auf eine* fragmentarische Weise zu uns. Beides ist nur da wo
eine gegenseitige Einwirkung Statt findet. Es gibt gewiße Gebiete, wo

^{2. Stunde} (marginal note at line 16)

---

31 voll*ständige*] *folgt* [d st]   33 Reiz] *folgt* 《sowohl》

wir *auf* die Geschichte *v*erweisen können, *un*d and*ere* wo *d*ie Quellen
nur fragment*arische* geschichtl*iche* Notizen s*in*d. Die Geschichte geht
auf d*ie* geschichtl*ichen* Quellen *zurück*, d*ie* auch *d*ie letzten Quellen für
unsere Notizen s*in*d. Es müss*en* d*ie* Notizen nur richtig *zus*ammenge-
5 stellt werden. | Die eigentl*iche* geschichtl*iche* Betrachtung *un*d d*ie* an 5ᵛ
*einem gewiß*en P*un*kte hemm*en*de müss*en* s*ich gegenseitig* ergänz*en*.
Eine wohlgearb*eit*ete Geschichte liefert doch oft *nicht* alle Materialien,
d*ie* m*an* gerne haben möchte. Dem Geschichtschr*ei*ber liegt d*as* Comparative eig*en*tl*ich* unmittelb*ar außer seines Bewuß*ts*ein*s. Das was noch
10 unmittelb*ar* in d*er* Gegenwa*rt selbst* Thats*ache* ist, unmittelb*ar*es Produkt des Moments, wird überall als *ein* nothw*en*diges Supplem*en*t d*er*
eig*en*tl*ichen* geschichtl*ichen* Quellen erschein*en*. Wir erfahr*en* v*on* an-
d*er*en Länd*er*n durch Reisebeschreibung, briefl*iche* Mitth*ei*lung, V*er*-
h*an*dlung*en* usw., w*a*s wir *d*urch Geschichte *nicht* erfahr*en*, das s*in*d
15 Thats*ache*n des gegenwärt*igen* Moments. Wo es an d*er zus*ammenhän-
g*en*den geschichtl*ichen* Darstellung fehlt gibt es nur Fragmente *au*s
verschieden*en* Zeiten. − Die Gemeinschaft d*er* verschiedenen Erdth*ei*le
hat seit Kurz*em* sehr zugenomm*en*, d*a*s religi*öse* Interesse hat s*ich* in
gewissen Zeiten besond*er*s geregt, wie auch in jetziger Zeit. In den Jour-
20 nalen, Zeitung*en* usw haben wir *eine* Masse *einz*eln*er* Notiz*en*. Seit
Stäudl*in* ist *nicht*s zus*ammen*fass*en*des Neues erschienen. | Mehr spezielle 6ʳ
Statistik*en* in Beziehung *au*f d*a*s w*a*s uns nahe liegt wünschenswert. −
Wie wollen wir uns*ere* Untersuchung*en* fortführen? Mit dem Gleich-
zeitigen ist es wie *mit* dem geschichtl*ichen* Verla*uf*e, der ist *ein* ununter-
25 brochener Fluß. D*ie* Gegenwa*rt* ist *eine* zus*ammen*hängende Masse. Da
hat m*an* *un*mittelb*ar* gegeb*en* nur *ein* unendl*iches* Aggregat v*on* Einzelheiten. Im geschichtl*ichen* Verlauf [*gibt es*] besondere Absätze, w*el*che
einzelne Perioden *au*s dem Ganzen *au*sscheiden. Ebenso ist es in d*ieser*
Beziehung *mit* dem Zugleichsein. Einz*el*ne Regionen s*in*d in k*einem* un-
30 mittelbar*en* Zus*ammen*hang oft *mit* andern. Z. B. Es gibt k*einen* wesent-
l*ichen* Zus*ammen*hang *zwischen* unserer deutsch evangel*ischen* Kirche
mit den orientalischen K*ir*chen. Jedes Einzelne jedoch hängt *mit* anderen
zus*ammen*, wenn es in dem Wirkl*ichen nicht* geschieden ist. Zur Uebersicht ist da *eine* Scheidung zu machen. Wie haben wir diese zu machen?
35 *D*urch *eine* allg*em*eine Uebersicht, die d*a*s Resultat uns*erer* Untersuchung schon *auf eine* gewisse Weise anticipirt. Die nächste Thats*ache* ist:
d*aß* überhaupt d*ie* *Christen*heit gegenwärtig *nicht ein* ungeth*ei*ltes
Ganz*e*s ist, sond*er*n d*aß* die Einh*ei*t d*er*s*el*ben eig*en*tl*ich* nur etwas Idea-

---

2 Die] *folgt* [*durchgestusdte*]

6ᵛ les ist. | In der Gegenwart sind es kirchlliche Gemeinschaften, Kirchen, einzelne Gemeinen. Dies Faktum im Allgemeinen ist ziemlich alt, schon in *einem* gewissen Sinn mit dem Fixirtsein der *christlichen Kirche* gleichzeitig. Die *christliche Kirche* hat *nicht aus* zwei einander feindlichen Parteien von Anfang an bestanden: jüdischen Christen und heidnischen 5 Christen, aber dennoch ist *nicht* zu läugnen, daß die Gemeinschaft *nicht eine* gleiche gewesen ist, sondern daß es Hemmungen gegeben hat. Dieser Mangel an Einheit ist also etwas Ursprüngliches. Die Geschichte stellt uns *eine* Menge solcher Sonderungen dar, aber *auch* solche, die wieder verschwunden ist. Zu *einer* Zeit war die Kirche gespalten in die 10 orthodoxe und arianische, dieser Gegensatz ist jetzt verschwunden. So katholisches und häretisches zu sich abgesondert im Einzelnen, nachher verlor sich dies wieder. Außerdem hat es aber von Anfang an noch andere Theilungen gegeben in Beziehung auf die Sprachen. Gehen wir in 7ʳ die Geschichte zurück, so finden wir von Anfang an | gleich *eine* Du- 15 plicität: die palaestinische und hellenistische Sprache. Die Scheidung war aber *nicht* vollständig. Ueberall wo die palaestinische lebendig war, wurde auch die hellenistische verstanden, also war die Gemeinschaft *nicht* ganz aufgehoben, durch Reisen, durch Gebrauch der heiligen Schrift, durch jüdische Lehre, die aus Palaestina kam etc. Da war *eine* 20 Duplicität der Sprachen, aber ohne *eine* völlige Trennung. Anders gestaltete sich die Sache zwischen den Griechen und Lateinern. Wenn man die Geschichte der Kirchenversammlungen mit einiger Aufmerksamkeit liest, so findet man leicht, daß beide Theile sich *nicht* verständigen konnten mit einander. Die dogmatischen Differenzen, welche die 25 Trennungen zwischen der lateinischen und griechischen Kirche fixirt haben, sind nur etwas Zufälliges. Die Trennung war eigentlich motivirt durch den Mangel an Verständigung, durch die Zweideutigkeit, die aus den verschiedenen Sprachen entstand. – Betrachten wir *eine* Gemeinschaft, *ein* Zusammenleben, so hat es gewiße Gränzen, über welche hin- 30 aus kann *nicht* Eins bleiben. Eine der ersten Fragen bei dem Allen: wie 7ᵛ groß soll *ein* Staat πόλις sein? | Es lassen sich *keine* Lebensaktionen denken, die als *eine* Einheit durch die Gesamtheit des Raumes durchgingen. Es ist immer zugleich die Bestimmung in die Trennungen einzugehen. Die *christliche Kirche* hat die Bestimmung, sich über alle Welt zu 35 verbreiten. *Fragen* wir, wäre es möglich, daß die *christliche Kirche* als *eine* äußerlich gemeinschaftliche sich über die ganze Erde verbreiten könne, so müssen wir sagen, es ist *nicht* möglich, weder monarchisch,

---

35 *christliche*] kirchliche

noch demokratisch noch in *einer* zwischen diesen beiden liegenden
Form. Hier liegt das Princip der Sonderung. Es gibt Trennungen in der
Christenheit, wo die einen mehr das Gepräge der *einen* Gemeinschaft
und andere mehr das Gepräge *einer* anderen Gemeinschaft an sich tra-
5 gen. Sie sind durch innere Differenzen gesondert, oder durch *eine* rela-
tive Unmöglichkeit der Verständigung durch Sprachen, die *einen* ganz
verschiedenen Charakter haben.

Worin besteht denn die Einheit der *christlichen Kirche*, obgleich die
Trenungen unüberwindlich sind, diese *Frage* ist an und für sich eine
10 einfache. Es gibt dabei etwas Äußerliches und Innerliches. Das Äußer-
liche ist: | es gibt etwas äußerliches welches allen *christlichen Kirchen* 8ʳ
gemein ist: das Bekenntniß *Christi* und die Art und Weise das Bekenntniß zu manifestiren durch die Taufe. Die Dignität ist verschieden. Die
Taufe aber geht ganz durch die *christliche Kirche* durch. Das Innere ist
15 etwas Anderes. Es ist *eine Tendenz*, diese Principien zu überwinden in
der *christlichen Kirche*, vermöge dieser *Tendenz* ist sie auch innerlich
eins. Alle streben nach *einer* gewissen Gemeinschaft. Ebenso gibt es *eine*
Tendenz, die Differenz der Sprache zu überwinden. Dadurch wird auch
dies Princip der Trennung überwunden. Ebenso die *Tendenz*, den Werth
20 der Differenz zu verringern im Verhältniß zu dem, was das Gemeinschaftliche ist. So ist die *christliche Kirche* wirklich e i n e durch die äußerlichen Verhältnisse, also auch durch die innere *Tendenz*.

Jedes Differente müssen wir für sich betrachten. Es entsteht die *Frage* 3. *Stunde*
(die Differenzen können zu Stande kommen durch 1) das Anwachsen des
25 Gegenstands, 2) durch die Sprache durch 3) verschiedene Modifikationen des Wesens des *Christenthums* selbst) wie steht es gegenwärtig um
diese Differenzen? | Wir finden Verhältnisse, wo zwischen *zwei* Regionen 8ᵛ
eine Einheit gesetzt in der *einen* Beziehung, aber *eine* Differenz in der
anderen. Z. B. Die englische EpiscopalKirche ist *eine* eigenthümliche
30 Gestaltung. Sie hat sich von der römischen Kirche getrennt, wie die
übrige protestantische Kirche, von der protestantischen Kirche ist sie
aber geschieden durch eine territoriale Einheit. – In Amerika finden wir
auch *Christen*, die sich zur EpiscopalKirche bekennen, große Gemeinen,
die durch Bischöfe nach Form der englischen Kirche regiert werden. Das
35 Oberhaupt der EpiscopalKirche in England ist der König von England;
mit ihm aber haben die Bischöfe in Amerika nichts zu thun. Beide sind
eins in Beziehung auf die innere Differenz; sie sind gänzlich geschieden,
weil es kein zusammen Leben gibt, da gleich *eine* verschiedene Möglichkeit: die EpiscopalKirche in NordAmerika muß abgehandelt werden mit
40 der Kirche von England; aber eben so gut können wir sie abhandeln in

Verbindung mit den übrigen Kirchen desselben Weltheiles. Da sind also
9ʳ zwei verschiedene Verfahrungsarten möglich. | Um in dieser Beziehung
nichts rein Willkürliches aufzustellen, so müssen wir in Beziehung dieser
verschiedenen Differenzen erst eine allgemeine Uebersicht machen und
alsdann eine Bestimmung über die Ordnung des Complexes der Unter-   5
suchungen machen.

Die christliche Kirche findet sich jetzt in allen Weltheilen also auch
in einer solchen Ausdehnung, daß wir sehn, eine absolut Gemeinschaftliches des Lebens würde nicht zu realisiren sein. Als bekannt setze
ich voraus, daß in der römisch katholischen Kirche die Vorstellung zu   10
Grunde liegt, die ganze Christenheit solle auch äußerlich vollkommen
eins sein, so daß der römische Bischof das Oberhaupt der christlichen
Kirche wäre in der ganzen Welt. Es soll in diesem ganzen Umfange also
eine Gemeinschaft des ganzen Lebens möglich sein. Dies wäre möglich,
wenn in der christlichen Kirche keine Bewegungen Statt fänden, die   15
durch das Oberhaupt müßten geordnet werden. Dies sieht die christliche
9ᵛ Lehre als etwas Vollendetes, Fertiges an. | Wenn wir bedenken, wie es um
die Communication im menschlichen Leben steht, so ist die allgemeine
Communication der Menschen in allen Weltheilen in einem sehr hohen
Grade erleichtert. Das Oberhaupt der Kirche müßte überall Organe ha-   20
ben, die seine Stelle verträten. Dadurch wäre aber die Einheit aber schon
gefährdet, es würden Differenzen nothwendig entstehen. Also der Umfang der christlichen Kirche ist ein solcher, daß die Kirche nicht eine sein
[kann]. So wir auf das Verhältniß der alten und der neuen Welt sehen, so
ist das ein Ort, wo derlei Differenzen sehr häufig vorkommen. – Es gibt   25
Differenzen, abgesehen von der Lokalität und der Sprache, die sich beziehen auf die Modifikation des Christenthums. Es gibt solche Differenzen in dieser Beziehung, die fortbestehen durch die Differenz der Sprachen.

Wir wollen das Continent der alten und das der neuen Welt betrach-   30
ten. Wir finden in beiden dieselben Modifikationen des Christenthums
zum Theil. Ausnahme: die römisch katholischen Christen in der neuen
10ʳ Welt haben den Zusammenhang mit der alten Welt | nicht aufgehoben.
Wenn wir in der neuen Welt die geographische Eintheilung festhalten,
den Norden und Süden Amerikas so finden wir daß die innere Gestal-   35
tung sich sehr nach der äußeren gerichtet hat. In Südamerika herrscht
nur die katholische Kirche. Im Norden finden wir eine fast unendllliche
Mannigfaltigkeit von Kirchengemeinschaften.

Betrachten wir das Continent der alten Welt, so unterscheidet sich
sehr das Abendländische von dem Morgenländischen. Bisweilen rechnet   40

man die griechische Kirche zum Morgenländischen bald zum Abendländischen. Da ist schon äußerlich ein Schwanken. Betrachten wir das Abendländische und das Morgenländische in Beziehung auf das Innere, so bildet das Abendländische eine vollständige räumlich zusammenhängende Masse, und zwar so, daß das eigentlich gar nicht an Unchristliches grenzt. Wenn wir die griechische Kirche mit zur morgenländischen rechnen, so befindet sie sich ganz und gar in einem Zustande der Vermischung mit Unchristlichem; die russisch griechische Kirche als solche z.B. betrachtet, wir können da unterscheiden das mehr Zusammensein; und ein Unchristliches. – Die anderen morgenländischen Kirchen sind mit Unchristlichem, Muhamedanischen vermischt. | Die griechische Kirche hat einen solchen Umfang, daß sie schon deswegen nicht ist e i n e geblieben. Als das russische Kaiserthum anfing, seine gegenwärtige Gestalt zu gewinnen, so sagt es sich los von dem Oberhaupte der griechischen Kirche, von dem Patriarchen in Constantinopel. Jetzt ist eine ähnliche Sonderung im Werke; die griechische Kirche in Griechenland ist im Begriff sich von dem Patriarchen in Constantinopel zu sondern. Dies sind Theilungen, die nur von den Massenverhältnißen ausgehen. Gehen wir auf die eigentlichen Gränzgebiete, so finden wir eine Menge von inneren Differenzen, die gar nicht zusammenhängen mit den Differenzen, die sich in der abendländischen Kirche gebildet haben. Sie haben ihren Grund nur in der frühen Geschichte der christlichen Kirche. Da müssen wir auf diese zurückgehn, um sie zu begreifen. Die Differenzen der abendländischen Kirche gehn auch von einem bestimmten geschichtlichen Punkte aus, selbst diejenigen Trennungen der Kirche, die nur in der Massenverschiedenheit ihren Grund haben sind auch von der Art, daß es durch ein geschichtliches Moment verbreitet wurde. | Dies gibt eine Anleitung, wie wir den ganzen Gegenstand zu ordnen haben.

Das Hauptsächlichste ist: Es muß zusammen bleiben was aus einem und demselben geschichtlichen Moment begriffen werden muß.

Zu sondern hätten wir dann: ein Gebiet welches wir als eine Einheit behandeln müßten ist die m o r g e n l ä n d i s c h e mit Ausschluß der griechischen, weil ihre inneren Differenzen begriffen werden müssen aus denselben Momenten der christlichen Kirche.

Eine zweite Masse, die als Eine behandelt werden muß ist die gesammte a b e n d l ä n d i s c h e Kirche mit Einschluß der griechischen. Wir müssen da scheiden die g r i e c h i s c h e Kirche und die l a t e i n i s c h e Kirche (aus letzterer die Sonderung der P r o t e s t a n t i s c h e n Kirche von der r ö m i s c h e n hervorgegangen ist).

Wir sind immer geblieben im Continente der alten Welt, wie sollen
wir es mit der neuen Welt machen. Wir können sie nicht als Eins behandeln, sondern alles was katholisch ist, müssen wir subsummiren unter die römisch katholische. Wo hingegen alles was nicht römisch ka-
11ᵛ tholisch ist, alles | [was] durch die Bevölkerung von der alten Welt aus   5
geworden ist werden wir als eigenthümlich ansehen müssen. Daher wollen wir dies für sich behandeln.

In der lateinischen Kirche [besteht der] Gegensatz zwischen römisch
katholischer und protestantischer. Protestantische Kirchengemeinschaften im weitesten Sinn des Worts, da ist wieder eine bedeutende Differenz   10
von kleineren Gemeinschaften, die selbständig sind.

4. Stunde   Ein Hauptpunkt ist noch übrig: diejenigen Arten der christlichen Kirche da zu beleuchten, wo erst Christenheit gebildet wird aus anderen
Verhältnissen, d.h. also das gesammte Missionswesen. Diese Bemühungen müssen doch von irgendwo ausgehen; also ließe sich denken, in wie   15
fern, wo, und wie? Also wenn wir von der römischen Kirche redeten, so
würden wir auch von der Mission zu reden haben u.s.w. Das wäre
richtig von der einen Seite. Aber der Gegenstand würde uns dadurch
auch zersplittert. Daher ist es das Beste, diesen Gegenstand im Ganzen
auch für sich zu behandeln, und zwar am letzten Orte, der sich von   20
selbst anweiset. |

12ʳ   In Beziehung auf die übrigen aufgestellten Theile, die zweckmäßige
A u f e i n a n d e r f o l g e , ist noch nichts gesagt.

Es sind zwei entgegengesetzte Ordnungen möglich: Entweder wir
gehn vom Nächsten zum Entferntesten über, oder wir fangen von dem   25
Entferntesten an und schließen mit dem Nächsten.

Was heißt: wir wollen bei uns selbst anfangen? Das hieße: bei der
protestantischen Kirche, und dann würden wir zur katholischen Kirche
übergehn, und dann zur griechischen Kirche, und die morgenländische
würde zuletzt kommen. Nach welchem Maßstabe sollen wir messen? Ist   30
die morgenländische Kirche entfernter, oder sind es die verschiedenen
Kirchengemeinschaften in der Neuen Welt?

Wollen wir umgekehrt vom Entferntesten anfangen, so würden wir
nicht können die Neue Welt als das Entfernteste setzen, da diese
Religionszustände nur hieher aus der Alten Welt durch Verpflanzung   35
gekommen sind. Wir fingen also an bei der Morgenländischen, gingen
über zur griechischen, dann zur Abendländischen Kirche, und dabei zu

---

6 werden wir] aber so, daß wir Alles   22f Theile, … ist] Theile ist die zweckmäßige
A u f e i n a n d e r f o l g e   34 setzen] folgt ⟪können⟫

den Religionszuständen in der Neuen Welt. Eine eigentliche Constanz
des Princips würde so auch *nicht* entstehn.

Eines *von* beidem aber müssen wir wollen. Sehn wir uns um *nach
einem* Entscheidungsgrund, so kommt noch hinzu *ein* anderer Gegensatz
5 von Nahem und Entferntem. Alle morgenländischen Kirchen haben gemein, daß sie sich unmittelbar an sehr alte Zustände der *christlichen
Kirche* anschließen, als ob vom *sechsten* und *siebten* Jahrhundert nichts
geschehen wäre. Sie sind das Entfernteste in der Zeit.⌉

Bei der abendländischen Kirche hingegen ist der Hauptscheidungs- 12ᵛ
10 punkt erst, wo sich der Hauptgegensatz zwischen Protestanten und Katholiken entwickelt. Die griechische Kirche hat sich von der römischen
Kirche geschieden eher als die Scheidung in Protestanten und Katholiken.

Fragen wir nun, so ergibt sich, daß wir bei demjenigen anfangen, was
15 sich bei dem ältesten Zustand anfand.

1) Wir fangen also an mit dem M o r g e n l ä n d i s c h e n, als demjenigen was der Zeit nach von uns das Entfernteste ist, und was auch unsrer
Thätigkeit das Entfernteste ist.

2) Dann würden wir folgen lassen die g r i e c h i s c h e   K i r c h e.
20 3) Dann die abendländische K i r c h e.

4) und die Zustände in der Neuen Welt
5) und sodann: die Darstellung des M i s s i o n s w e s e n s.

Worauf haben wir bei allen diesen verschiedenen Bestandtheilen der
Christenheit zu sehen?
25 Diese *Frage* wird eigentlich beantwortet durch die theologische Encyklopädie. Eine *Kirchengemeinschaft* ist *ein* Ganzes bestehend aus lauter Thätigkeiten. Was ist *eine* theologische Encyklopädie?⌉

Was ist eine theologische Encyklopädie? 13ʳ

Sie ist die Darstellung der Gliederung der theologischen Disciplinen. Sie
30 haben aber ihre Beziehung auf die kirchliche Gemeinschaft. Indem wir
da zusammen finden was zur Leitung zur Kirchengemeinschaft gehört,
so finden wir auch die Thätigkeiten derselben. Wir würden auch keine
Vorstellung haben die ein Ganzes wäre von den gegenwärtigen Zuständen der *Christenheit*, wenn wir *nicht* hätten die Vorstellung der ver-
35 schiedenen Gestaltung der Lehre, das ist das Zurückgehen auf die Dogmatik. Das *Christenthum* ist aber auch *nicht* geworden ohne Kenntniß

25–27 *Vgl. CG² § 2,2 (KGA I/13, 1, S. 15–18).*   **29–32** *Vgl. KD² §§ 1–5.*   **34–36** *Vgl. KD² §
97.*   **35–474,2** *Vgl. KD² § 88.*

der heiligen Schrift; in wie fern man sich mit der heiligen Schrift beschäftigt, also geht dies auf die exegetische Theologie zurück. Auch
müssen wir wissen, wie in der kirchlichen Gemeinschaft die eigentlich
kirchliche Mittheilung gestellt ist, die Einrichtung des Gottesdiensts die
Form der kirchlichen Gemeinschaft, das weiset zurück auf die praktische   5
Theologie.

Es ist wahr, daß hier etwas schon hinweggenommen ist durch eine
andre theologische Disciplin, die unter dem Namen der Symbolik
besteht, welche ist eine comparative Darstellung des Lehrbegriffs der
verschiedenen kirchlichen Gemeinschaften; also gerade das dogmatische.   10
Wollen wir das mit aufnehmen, da es eigentlich in den Umfang unserer Untersuchung mit hineingehört. In unseren Studien ist hier eine
kleine Verwirrung, die ihren Grund darin hat: Man hat früher ein sehr
13ᵛ natürliches Interesse gehabt, die | verschiedene Gestaltung der einzelnen
Gemeinschaften genau zu kennen. Die Symbolik für sich ist in Beziehung   15
auf die kirchliche Statistik eine Anticipation. Die Symbolik eigentlich
nur ein Theil der kirchlichen Statistik. Man kann sich ebenso gut denken
wenn ebenso besonders behandelt würde: die komparative Darstellung
der kirchlichen Verfassungen. – Jeder, der sich der Kirche widmet, hat
einen thätigen Antheil an den Zuständen, oder den Veränderungen des   20
Lehrbegriffs. –
Wie wollen wir es halten mit der Symbolik?

Es ist am besten, wenn wir uns hier an die Art halten, wie sich die
Symbolik selbst entwickelt hat. Sie ist ausgegangen von dem Interesse
der Kirche. Sie ist noch nicht alt, und ist am meisten bearbeitet von der   25
protestantischen Kirche. In dieser Region ist die Symbolik ausgebildet.
Wir nehmen also die Sache so, wie sie liegt. Handeln wir von der protestantischen Kirche im europäischen und vorzüglich deutschen Sinne
und von den kleinen protestantischen Formen, die mit der Geschichte
zusammenhängen, da sind wir darauf hingewiesen, uns auf die Symbolik   30
zu berufen. Bei der morgenländischen Kirche ist das weniger der Fall. Da
14ʳ ist etwas Anderes. Sie knüpft sich an an ältere kirchliche Zustände, | die
in der KirchenGeschichte abgehandelt werden. Da werden wir in Beziehung auf den Lehrbegriff uns auf die KirchenGeschichte berufen, so daß
dieser Punkt unserer Darstellung sich am natürlichsten auf eine gewisse   35
Weise zusammenzieht.

Wenn wir diese verschiedenen Zustände der Christenheit betrachten,
so können wir die Differenzen ins Auge fassen, so wäre das die Differenz

---

37 betrachten] *folgt* 《und geben zu》

2–6 Vgl. KD² §§ 25. 274.   7–17 Vgl. KD² § 249.

in den Formen der Gemeinschaft und der Art, wie sie *sich* an das Normale anschließen. Das gibt noch keine vollständige Vorstellung. Alle stehen in *einem* quantitativen Verhältniß welches *mit* zu berücksichtigen ist, und müssen angeben, der wie vielste Theil zu *einer* bestimmten
5 kirchlichen Gemeinschaft gehört. – Eine jede solche Gemeinschaft ist ein lebendiges Ganze. Das Leben ist auch *ein* quantitativ Verschiedenes, es ist *ein* intensives Quantum. – Die morgenländischen Kirchen schließen *sich* unmittelbar an frühe kirchliche Zustände an, daher haben sie nur *einen* geringen Grad von Beweglichkeit. Wogegen wenn wir andere
10 kirchliche Gemeinschaften nehmen, so finden wir darin *eine* größere Lebensentwicklung.

Wie weit sind wir im Stande, die so gefaßte Aufgabe zu lösen? | Theils 14ᵛ kann es uns vielfach fehlen an den nöthigen Hülfsmittcln, da man es eigentlich nur haben kann an der unmittelbaren Anschauung, dies kann
15 freilich ersetzt werden durch Erzählung und Mittheilung andrer. Die meisten Reisenden sind aber *nicht* von den richtigen Gesichtspunkten ausgegangen, daher kann man nur ungewiß sich das Resultat herauswählen; wo das Interesse wirklich gewesen ist, so tritt oft *ein*, daß die Gegenstände *mit einer* gewissen Parteilichkeit angesehen worden sind.
20 Eins von beiden ist fast immer der Fall.

Jedes Bild in dieser Beziehung aufgestellt ist nur noch etwas Vorläufiges, Critik üben die Quellen, aus welchen die Nachrichten fließen.

Ein lebhaftes religiöses Interesse erhält *sich* selten unbefangen von *einer* gewissen Parteilichkeit. Zu *einer* gewissen Sicherheit kann man nur
25 gelangen durch *einen* Reichthum von Hülfsmitteln beider Art. Wir können unsre Notizen aber nur für sehr unsicher halten. In der neusten Zeit ist für dies Gebiet allerdings Manches geschehn. Das kirchliche Leben und Wesen hat *sich* allmälich der Hülfsmittel bemächtigt, um die Kenntniß des Vorhandenen zu erweitern. |

30 Die neue Welt ist in *einem* untergeordneten Verkehr *mit* der alten. 15ʳ Das ist in der neuen Zeit sehr anders geworden. Betrachten wir die orientalische Kirche, so bekommen wir selten neue Nachrichten über ihre Zustände. |

I Von den Zuständen der orientalischen Kirche.

Diese kirchlichen Gemeinschaften haben ihre Hauptsitze im türkischen
Reiche (alles, was bis zur neuesten Zeit dazugehört hat). Auch im Persischen sind Bestandtheile. In dieser Region also versiert die orientalische Kirche. –   5
    Als bekannt aus der KirchenGeschichte setze ich voraus die Streitig-
keiten über die Lehre von Christo, seiner Person, und seinen zwei Naturen: Nestorianische und monophysitische Darstellung der Sache. Diese
Streitigkeiten wurden damals zugleich politisch. Die byzantinischen Kaiser, an der Spitze der Kirche, entschieden über die Sache. Verfolgungen. 10
Die gegenwärtigen morgenländischen Christen sind Nachkömmlinge
von den häretischen Parteien. Der kleinste Theil ist nestorianisch, der
größte monophysitisch. Sind sie Ueberreste und Nachkommen von
diesen Parteien, die in denselben Gegenden verbreitet worden, das kann
man mit größter Gewißheit nur von einem Theile derselben sagen. Die   15
anderen sind Flüchtlinge wegen der Verfolgung. Eine vollständige Geschichte gibt es nicht. Sie sind für uns zum Theil nur wieder entdeckt.
Sie waren außer Zusammenhang gekommen mit der griechischen Kirche
in der Türkei.|
Hiezu gehört auch das Moment der Sprache. Diese morgenländi- 20
schen Christen reden Dialekte, die zum semitischen Sprachstamm gehören, und solche, welche die koptische Sprache reden (Aegypten). Außer dem Bereiche alles desjenigen bleiben sie, was die griechische Kirche
in Bewegung setzt.
    Der Gesammtzustand dieser Christen ist sehr dürftig und mangelhaft. 25
Es fehlt an aller lebendigen Fortentwicklung. Es bleibt Alles auf dem-
selbigen Flecke. Der Unterschied zwischen Clerus und den Laien ist ein
Minimum: dem Klerus fehlt es an aller eigenthümlichen Geistesentwick-
lung. Die religiöse Mittheilung ist daher höchst beschränkt.

Allgemeine Betrachtung.   30

In den Momenten von Streitigkeiten über spitzfindige Begriffe welche
mit dem lebendigen Glauben der Christen nicht mehr zusammenhängen
sondern ganz außerhalb desselbigen liegen, gerathen Gemeinden in einen
isolirten Zustand, so ist dies ein Beispiel welches die Wirkung solcher
Streitigkeiten ist. Alles fortentwickelnde Princip ist in diesen Gemeinden 35

6–10 Vgl. 206,12–15.

ein Minimum. *Fragen* wir weiter, was äußert das *christliche* Princip *eine* Kraft in ihm in Beziehung auf den lebendigen Glauben, und wie manifestirt sich die Eigenthümlichkeit des *christlichen* Glaubens im Leben, so finden wir sie als Null. Das *Christenthum* verräth sich gar *nicht* auf
5 *eine* bestimmte Weise. |

Nur an der äußerlichen Hülle, Zeichen, erkennt man sie als *christlich.*   17ʳ – Denken wir, daß es solche Momente in der *christlichen* Kirche waren, so in der griechischen Kirche, *fragen* wir, was würden diese Zustände gewirkt haben, so sehen wir es an diesen orientalischen Christen. Sie
10 sind außerdem auf sich selbst reducirt, doch *eine christliche* Gemeinschaft kann nie so *auf sich selbst* reducirt werden, denn *eine* solche hat das ganze Lebensprincip in sich, und das *christliche* Princip kann seine ganze Wirksamkeit äußern. Gewisse Mängel sind freilich davon abzuleiten, aber dieser Zustand an und für sich kann nie der Grund sein von
15 *einem* gänzlichen *Zurückbleiben.* – Die Gewalt des Buchstaben und der Streitigkeiten darüber ist als der *einzige* Grund davon anzusehn. Der Buchstabe tödtet, sagt der Apostel. Hier der schlagendste Beweis der Wahrheit dieses *Ausspruchs.* –

Nestorianer und Monophysiten haben sich auch gegenseitig von
20 einander isolirt. Es ist *ein* ganz todtes Wesen.

Alle die *Christen* welche den Namen *Christen* vollkommen verdienen, die die semitische Sprache reden, und in diesen Gegenden wohnen, sind entweder *nestorianische oder* monophysitische *Christen,* wieder auf mancherlei Weise unter sich getrennt. Außerdem gibt es in diesen
25 Gegenden auch zu betrachtende Erscheinungen. Es gibt gewisse Societäten (unvollständige Nachrichten) die Drusen und Nassarier, in der Gegend des Libanon und im *asiatischen* Tripolis, *eine* Mischung des *Christenthums* und des Islam. Die Drusen am Libanon sind die bekannteren. | Von diesen ist eigentlich nur zu sagen, daß sie sich in *einer*   17ᵛ
30 Neutralität zwischen *Christenthum* und Islam halten. Es leben unter ihnen *Christen,* es gibt Klöster der *Christen,* sie besuchen die christlichen Kirchen aber auch auf dieselbe Weise die Moscheen, sie haben türkische Gebräuche. Ihr ganzes Leben ist *ein* solches, daß sie das religiöse Element nur als äußerlich betrachten.

---

23 oder] und   27 asiatischen] afrikanischen

16f 2 Kor 3,6   28–33 *Stäudlin II, S. 628 f.: „Die Drusen, welche gleichfalls auf dem Libanon wohnen, sind weder Muhammedaner noch Christen, und immer liegt noch nach allen Untersuchungen, welche man angestellt hat, viel Dunkelheit auf ihrer Geschichte und Religion. Sie werden hier bloß deswegen angeführt, weil ein Theil derselben die Bücher Mosis verehrt und fleißig liest, weil sie die christlichen Kirchen besuchen und ihre Gebräuche mitmachen, aber eben so in die Moscheen gehen, auch oft die Leichenbegängnisse der Christen begleiten, weil sie selbst den Christen Land eingeräumt haben, um daselbst Klöster zu bauen."*

Mehr Ausbildung ist bei den Nassariern bei Tripolis. Sie haben alte
häretische Meinungen aufbewahrt. Die Nachrichten sind *nicht* sicher
genug. Die Theorien sind gnostisch und kabbalistisch. Vorstellung von
einer ursprünglichen reinen menschlichen Seele, welche mehrere Male
erschienen wäre. Sie sehen Mose, Abraham, *Christus*, Muhammed als   5
Erscheinungen derselben Individualität an; so muß man sie als Muham-
medaner halten, wenn sie den Muhammed über die anderen stellen. Sie
feiern freilich die meisten *christlichen* Feste, so erscheinen sie äußerlich
überwiegend als *Christen.* Das *männliche* Geschlecht nimmt nur am
Gottesdienst Theil; dem Jüdischen ähnlich. Sie haben auch etwas dem   10
Abendmahle Ähnliches, aber statt des Brods haben sie Fleisch. Es ist *eine*
18ʳ Mischung also von *verschiedenen* Elementen. | Soll man sagen, das
christliche Princip ist so durch Fremdes corrumpirt worden, oder ist das
Ursprüngliche das Fremde, welches einiges *Christliche* aufgenommen
hat. Das Letztere spricht uns mehr an, da das Erstere als *ein* Rückschritt   15
sonst erschiene.

Frage, ob das *Christenthum* hinausgehen könne über das Ursprüng-
liche, was in Christo gesetzt. Diese Perfectibilität wird von Einigen behauptet, von anderen geläugnet. Das *Gegen*stück wäre die Corrupti-
bilität des *Christenthums.* So wie wir *ein* solches Faktum vor Augen   20
haben, so bildet die *Frage* über die Corr*uptibilität* das reine Gegenstück
zu der über die Perf*ectibilität.* Behaupten wir das *Christenthum* hat *einen* solchen Charakter, daß das Wesen desselben immer dasselbige
bleibt, so muß man auch *auf der anderen Seite* sagen: das *Christenthum*
muß alsdann so sein, daß etwas Incorruptibles darin ist. Im Einzelnen ist   25
dies schon *auf*gestellt, und *ein* Gegenstand des Streites gewesen. *Frage,*
ob das *Christenthum aus*getilgt werden könnte, wo es einmal ist. Wenn
es irgend wo ist, so wirke es als das absolut Gute und Vollkommene.
Das wäre die Incorrupt*ibilität* des *Christenthums.* Diese theoretische
Betrachtung darf niemals *einen* solchen Charakter haben, daß, wenn es   30
sich zeigte, daß diese gemischten Zustände wirklich aus *christlichen* Zuständen *entstanden,* dieser *geschichtliche* Zustand *nicht* abgeläugnet
werden könne. Es *entsteht* die *Frage,* würden wir sagen, weil diese Zustände aus *christlichen entstanden* sind, so ist auch das Wesen des *Chri-*
18ᵛ *stenthums* noch darin, aber getrübt. | Das könnten wir schwerlich durch-   35
führen. – Jene frühen Zustände können wohl äußerlich *christlich* gewesen sein, aber das eigentliche innere Wesen des *Christenthums* ist
nicht da gewesen.

---

9 *männliche*] menschliche

Ich will noch eine Betrachtung hinzufügen, um den Weg zu zeigen, wie solche rein historischen Betrachtungen *eine* Beziehung *auf* uns*ere* allg*emeinen christlichen* Zustände gewinnen können. Die lebendige An- schauung lenkt uns w*enn man* es *mit* d*em* Wesentl*ichen* in V*erbindung*
5 bringt.

Denk*en* wir uns also diese Zustände, sind sie Gegenstand für *eine* Missionsthätig*keit*, oder *nicht*? Der *Aus*druck ist sehr unbestimmt u*nd* vieldeutig. Denk*en* wir uns *Christen* von *verschiedenen* Ansichten im Gebiete d*es* G*l*a*u*ben*s*, von verschiedenen Lebensweisen, in Streit *mit*
10 einander, u*nd* denk*en* uns Bemühungen, jeden Th*eil auf die* Seite d*er* Wahrh*ei*t hinüberzuziehen, so w*erden* wir das *nicht mit* diesen *Aus*- drück*en* bez*eichnen*; wohl aber die Thätig*keit*, um solchen die *nicht christlich* sind, das *Christenthum mit*zutheilen, das bezeichn*et* d*er Aus*- druck: Mission, ἀποστέλλειν, ἀπόστολος. Denk*en* w*ir* uns also diese
15 Theorie *auf* die Erschein*ung* Christ*i* in d*er* Welt, u*nd* denk*en* ein Be- streben *eines* Christ*en auf* diese Richtung. Könnte man da *auf eine* sol- che Mein*ung* von Christus anknüpfen kön*nen* als identischen Punkt, so ist es k*eine* Mission*s*thätig*keit*, wohl ab*er*, w*enn man* ihnen etwas völlig Neues bringt, wo*durch* sie außer*christlich* gesetzt würden. | Eine andre
20 Frage *en*tsteht, soll *sich* die Lösung der *Frage aus* dem Historischen oder *aus* d*er* Betrachtung des Praktischen ergeben. Die praktische Betrach- t*ung* der Sache muß der historischen unt*er*worfen werden. 19ʳ

Wir woll*en* nun die nestorianischen u*nd* monophysitischen Christen *durch*gehen, so d*aß* wir *mit* d*en* nestorianischen beginnen.

25 ## [*Die Nestorianer*]

Die *Christen* des Morgenlands sind Nestorianer oder Monophysi*t*en. Ein dritter Zweig: die Monotheleten. Die Monophysi*t*en sind die Do- minirenden. Die Monothel*e*t*en* sind nur in *einer* einzigen Kirch*en*ge- m*einschaft* vorhanden. D*ie* Nestorianer sind weit*er* verbreitet, sie sind
30 nur geschieden d*urch* die Lokalität; sie bilden kein gem*einschafft*liches Leben. Die Nestorianer sind in Syrien, Baby*l*onien, Mesopot*a*mien, th*eil*s in OstIndien, u*nd* außerdem in d*er* Tartarey u*nd* in China. Die beiden H*au*ptgem*einschaften* sind die Mesopot*amische* u*nd* die Ostin- dische. Die Mesopot*amischen* stehen wied*er unter zwei verschiedenen*
35 Oberhäuptern, von d*en*en ein Patriarch Nam*en*s Elias in Syrien s*einen*

---

27 Monotheleten] Monoteleten   28 Monothelet*en*] Monotelet*en*

Sitz hat und der andere in Persien. Diese syrischen Nestorianer sind von
den *christlichen* Schulen von Edessa *ausgegangen.* Die Nestorianer in
Indien führen den Namen ThomasChristen, sie leben an der Persischen
Gränze. Sie waren *eine* Zeitlang u n i r t d. h. sie hatten den Primat des
19ᵛ römischen | Papstes *anerkannt* (durch die Portugiesen bewirkt). Jetzt   5
aber haben [sie] eine selbstständige besondere Kirchengemeinschaft. Seit
ihrer Absonderung sind sie in ihrem ganzen kirchlichen Leben auf
diesem Punkte stehen geblieben, so erkennen sie nur *drei* Sakramente:
Taufe, Abendmahl, Priesterweihe; sie wissen auch *nicht*s vom Coelibat
der Geistlichkeit. Sie haben *keine* eigentlichen Mönche und Klosterge-   10
lübde. Die Bischöfe haben *eine* bedeutende disciplinarische Autorität
durch Excommunication und Kirchenbuße. Sie unterscheiden: die Bischöfe, Presbyter, Diakonen. Sie haben aber auch schon die Unter-
abtheilungen: die Bischöfe sind den Metropoliten *untergeordnet*, und
über diesen soll *ein* Καθολικὸς stehen, dies ist aber mehr in der Idee, als   15
daß es in der Wirklichkeit bestände. – Ihre gottesdienstliche Sprache ist
die syrische. Diese wird aber *von* Wenigen nur verstanden (wie in der
römischen Kirche die lateinische Sprache)[.] Der Gottesdienst müßte der
Sprachbildung beim Volk *dienen*; daß das *nicht* geschieht liegt darin,
daß der Gottesdienst *ein* Buchwesen ist, in der Heiligkeit des Buchsta-   20
bens besteht. Das Volk hat *von* den Gottesdiensten *einen* mittelbaren,
aber keinen lebendigen Genuß.

[*Die Monophysiten und Monotheleten*]

2) Die Monophysiten sind sehr weit verzweigt. Die ganze *eingeborene*
Christenheit in Aegypten, Abessinien sind Monophysiten, ebenso die   25
ganze Armenische Kirche und außerdem die sogenannten J a k o b i t e n. |
20ʳ   Sie sind *nicht* vollkommen identisch. Es gab erst einen *Gegensatz*
gegen die Nestorianischen Ausdrücke, den Cyrillus von Alexandrien ver-
focht, nachher durch Eutyches, der wie Nestorius hernach als Ketzer
verurtheilt war. Ein Theil der Monophysiten stammen mehr von der   30
Cyrillischen Ansicht ab, und *ein* anderer Theil ist mehr Eutychianisch.
Die koptischen *Christen* sind strenge Eutychianer; die Armenischen
mehr Cyrillisch, sie nehmen für *sich eine* Natur an, aber sie sagen: Gott

---

5 *anerkannt*] erkannt   19 *dienen*] bilden

27–30 Vgl. 208,29–209,9.

ist Mensch geworden ohne Verwandlung und Veränderung, sie sehen das Menschliche als das Äußere dabei an, aber ohne die Vollständigkeit der menschlichen Natur; wogegen die Kopten ganz streng der Theorie des Eutyches folgen. – Der ganze Zustand ist mehr zu übersehn aus den
5 Lokalverhältnissen und der Verschiedenheit der Gemeinschaften.

Zuerst wollen wir die J a k o b i t e n betrachten, die im Paschalik von Bagdad vorzüglich ihre Wohnsitze haben. Diese haben ihren Namen von einem Jakobus schon von Ende des *sechsten* Jahrhunderts, der hier die monophysitischen Christen gesammlet und organisirt hat.

10 Der *zweite* Hauptzweig sind die a r m e n i s c h e n *Christen*, sehr verbreitet in Armenien, Rußland, [*dem*] türkischen Reiche, selbst in einzelnen europäischen Städten.

Der *dritte* Hauptzweig sind die Kopten, wozu gleich die Habessinier mitzurechnen sind: die C h r i s t e n in A e g y p t e n u n d Nubien.|

15 1) Die J a k o b i t e n sind ganz in der Nähe von Nestorianern, aber 20ᵛ ohne Polemik gegen dieselben. Sie haben eine gewisse Indifferenz gegen Alles was außer ihnen ist. Die A r m e n i e r sind unter allen diejenigen die am meisten Beachtung verdienen, sie stehen uns am nächsten in Beziehung auf das geistige Leben, weil sie ihre Lehre auch weiter ausgebildet
20 haben, und das *Christenthum* unter ihnen *nicht* so zum todten Buchstaben geworden ist. Ihre Verfassung hat die nämlichen Abstufungen, sie haben *ein persönliches einzelnes* Oberhaupt, ihr Catholicus im jetzigen russischen Persien, der seinen Sitz hat im Kloster [*Etschmiazin*], unter ihm sind *drei* Patriarchen der eine in Karamanien etc. Sie haben auch in
25 Konstantinopel einen Patriarchen, der es aber nur dem Namen nach ist. Auch in Venedig gibt es *einen* armenischen Erzbischof. Es gibt eine eigene armenische Sprache, daher diese *Christen* auch in dem Falle sind, daß die gottesdienstliche *nicht* eine andere ist; sie leiden die Trennung *nicht*. Im russischen Reiche haben sie *sich* den anderen *Christen* in dieser
30 Beziehung assimilirt. – Es gibt *auch eine* armenische Literatur, die gar *nicht* ganz unbedeutend ist. In der eigentlichen Lehre ist außer dieser Theorie über die Person Christi und die Natur Christi keine besondere Eigenthümlichkeit. Sie haben schon mehr von den späteren Zuständen in sich aufgenommen, sie haben *sieben* Mysterien (Sakramente), doch *mit*
35 einiger Abweichung. Die letzte Oelung ist nur den Geistlichen eigenthümlich, – auch erst nach dem Tode. Auch haben sie in der Theorie des Altars die Transsubstantiation schon angenommen. Sie vermischen die beiden Elemente, sie geben das (gesäuerte) Brod in Wein eingetaucht. Bei

---

23 [*Etschmiazin*]] *Lakune*

der Taufe ist die Vereinigung der Besprengung und der Untertauchung;
21ʳ sie berühren | die Lippen der Täuflinge mit consecrirtem Brod und Wein.
Auch verehren sie Heilige, sie haben viele Fasten, die für die Geistlichen
besonders streng sind. Sie unterscheiden Feste des Clerus und des Volks.
Ihr Gottesdienst hat den eignen Charakter, daß er in der Nacht beginnt   5
und sehr lang ist (bisweilen *sieben* oder *acht* Stunden einnimmt). Was
Liturgie bei ihnen ist, existirt in der alt-armenischen Sprache, aber dabei
Uebersetzungen ins Neu-Armenische, Syrische, Türkische etc. Dabei ist
ihr Gottesdienst *nicht* blos liturgisch; sondern die Predigt ist etwas sehr
Bedeutendes. Die Bischöfe predigen *selbst*; sie haben besondre Vicarien,   10
denen namentlich obliegt, die Predigt zu verrichten; sie wissen *nicht*s
vom Coelibat, die Priester müssen heirathen, aber sie dürfen es nur ein
Mal. Sie haben auch noch vielerlei eigenthümliche Gebräuche, z B Fußwaschen am Gründonnerstage; am Ostersonnabende wird die Leidens-
geschichte *Christi* verlesen, und es erfolgt die Consecration des Brodts. –   15
Die Armenier sind sehr weit in Asien verbreitet; ihre Hauptsitze sind
jetzt unter russischer Botmäßigkeit in Armenien und Georgien, sie erstrecken sich in Theile des asiatischen Rußlands Persiens, es gibt armenische Bischöfe in Aleppo Smyrna, und überhaupt in Kleinasien viele
armenische Christen.   20

Die koptischen *Christen*, die auch monophysitisch sind im strengen
eutychianischen Sinne, sind weit hinter den Armeniern zurück in Bezie-
21ᵛ hung auf das geistige Leben. | Sie stehen unter *einem* Patriarchen in
Kairo. *Neun* Bischöfe wählen den Patriarchen aus den Klöstern des heiligen Antonius oder des Makarius. Die Habessinische *Kirche* steht in   25
einem untergeordneten Verhältniß zu der koptischen. Die Bischöfe haben die Erzpriester und Priester unter sich. Die letzten haben sich zugleich mit dem Unterricht der Kinder zu beschäftigen. In ihren Gottesdiensten ist *eine* sehr lange Messe; von Predigt wissen sie *nicht*s; es
werden Legenden vorgelesen, Homilien usw. über Evangelien und Epi-   30
steln. – Die Kopten sind der jetzige Ueberrest von den National-Aegyp-
tern, welche vor der Einwanderung der muhammedanischen Eroberer
im Lande war, also *ein* gemischtes Volk, wie die Sprache auch gemischt;
die koptische Sprache aber existirt nur mehr in den Büchern, da sie die
Sprache der Muhamedaner angenommen haben.   35

Die Kopten sind also im großen Nachtheile dadurch daß ihr Gottesdienst todt ist, keine Predigt existirt u. s. w. Die Armenier und Kopten
haben *mit einander* gemein ihr Oberhaupt, die Kopten ihren Patriarchen, der den Namen des Patriarchen von Alexandrien führt, obgleich er
seinen Sitz in Kairo hat; *auch* haben sie *mit* den Armeniern gemein, daß   40

ein pekuniäres Verhältniß zwischen den geistlichen Oberhäuptern Statt
findet und zwischen den anderen Geistlichen. Die Armenier gebrauchen
ein heiliges Salböl zur Firmelung. | Diese vollziehen sie bald *nach* der   22ʳ
Taufe. Das heilige Salböl wird ebenso noch gebraucht bei Trauungen
5 und Ordinationen der Geistlichen. Das Χρῖσμα, Salböl zu verfertigen ist
allein *ein* Werk der Patriarchen, die das Χρῖσμα den Bischöfen verkaufen, und die Bischöfe verkaufen es wieder den anderen Geistlichen. Bei
den Kopten wird der Patriarch angesehen als die Quelle aller geistlichen
Handlungen; also ist er es, der Alles dafür zu empfangen hat, so ver-
10 pachtet er an die Bischöfe, und diese verpachten es wieder an die unteren
Geistlichen. Die sogenannten heiligen Handlungen, das Caerimonell und
die äußerlichen Gebräuche, sind das Ueberwiegende, die *selbst*thätige
religiöse Mittheilung fehlt ganz, die Messe und die Liturgie und Verle-
sungen der Legenden treten an die Stelle der Predigten; keine freie selbst-
15 thätige religiöse Mittheilung.

   Die Kopten sind äußerlich auch weit mehr unterdrückt als die Armenier. *Selbst* die religiöse Duldung ist sehr beschränkt. Denn eigentlich
dürfen sie keine neuen Kirchen bauen. Das ist *eine* bestimmte Art von
Proselytenmacherei, welche die Mohamedaner ausüben. Die Geistlichen
20 sind daher auch in einer sehr bedrückten Lage; oft ist *selbst* Mangel an
denselben. Die Kopten haben auch schon sehr viel aufgenommen von
späten Zusätzen und Menschensatzungen; sie verehren Heilige, Marien,
sie haben viele äußerliche Gebräuche, Exorcismen bei der Taufe, Kir-
chenbuße, und weit mehr Fasten, | als in anderen *christlichen* Gemein-   22ᵛ
25 schaften vorkommen. Bilder haben sie viel in den Kirchen. Sie haben
Klöster *nach* der Regel des heiligen Antonius und des heiligen Makarius.
Aus diesen Klöstern muß immer der Patriarch gewählt werden. Sie haben auch *eine* Art Seelenmesse, Gebet für die Todten, doch haben sie
nicht den Glauben an das Fegefeuer. Die Höllenstrafen beginnen erst am
30 jüngsten Tage, bis dahin Fürbitte. Sie haben auch Klöster, wo verhei-
rathete Mönche sind und in Familien leben. – Das Abendmahl genießen
die Kopten *unter* beiderlei Gestalten, aber sie nehmen in der Regel zu
ihrer Communion keinen Wein, sondern den Saft von getrockneten
Trauben, *nachdem* sie im Wasser aufgelöst sind. – Eigenthümlich ist bei
35 den Kopten, daß sie *unter* sich die Beschneidung haben, jedoch erklären
sie [sie] *nicht* als religiöses Gebot und Gebrauch, denn sie ist *nicht* einmal nöthig von Geistlichen. Es ist wohl noch *ein* Ueberrest *aus* dem

---

5 Χρῖσμα] Χρίσμα   6 Χρῖσμα] Χρίσμα   6f den ... verkaufen] verkaufen den Bischöfen

ältesten National-Zustand, denn die alten Aegypter hatten *unter sich* die Beschneidung.

Als die griechische Kirche noch in Aegypten bestand, war die Beschneidung nicht. Das Griechische ist in Aegypten ganz untergegangen und nach der saracenischen Eroberung sind die Griechen ganz unter- 5 drückt. Die koptische Kirche ist eigentlich abzuleiten von den alten aegyptischen Einwohnern. |

23ʳ   Wie die koptische Sprache entstanden ist, so sind die gottesdienstlichen Handlungen in der koptischen Sprache verrichtet, weil der Zusammenhang der Geistlichkeit mit der griechischen Kirche muß ganz aufge- 10 löst sein. So ist die koptische Sprache die heilige geblieben. Das Arabische ist nur *eine* aufgedrungene Sprache, daher haben sie auch die Abneigung, sie in Gottesdiensten zu gebrauchen.

Von den Maroniten.

Diese *Christen* bewohnen dieselben Regionen, *wie* die Drusen, sie sind 15 Anwohner des Libanon, und erstrecken sich bis nach Syrien hinein. Ihren Namen haben sie von einem gewissen Johannes, der sich Maronita nannte. Sie stammen aus der Syrischen Kirche ab und haben noch syrische Messe und Liturgie. Die monotheletischen Streitigkeiten waren *gleichzeitig* mit denen [des] Patriarchen von Konstantinopel und des rö- 20 mischen Bischofs über den Primat. In dieser Zeit der Bewegungen stellte

---

15 *wie*] wo   **16** *bis nach*] in   **19** monotheletischen] monoteletischen

19–485,1 *Stäudlin II, S. 624: „Sie zogen sich einst, so wie andere Mißvergnügte, vor den Verfolgungen und der Intoleranz der griechischen Kaiser und ihrer Agenten, der Melchiten, nach dem Libanon, wo ihre Parthei stets mehr zunahm. Man weiß, daß damals theologische Streitigkeiten in jenen Gegenden immer zugleich politisch wurden und daß man Widersetzlichkeit gegen die Hoftheologie als Rebellion zu betrachten und zu behandeln pflegte. Die Maroniten wurden um so mehr als solche behandelt, da sie unter den Streitigkeiten zwischen Rom und Constantinopel in manchen Stücken sich nach Roms Seite hinneigten. Johann der Maronite, welcher dieser Secte nicht den Namen gab, sondern sich von einem älteren Asceten Maron diesen Beinamen beilegte, war ein Mönch, welcher gegen das Ende des 7. Jahrhunderts lebte, und bestimmter die Parthie des Pabsts ergriff. Nachdem er sich sammt seinen Anhängern nach dem Libanon gezogen hatte, so nannten sie sich alle Maroniten." Die Rede ist vom monernergetischen und monotheletischen Streit um die Frage, ob der Gottmensch Christus eine oder zwei Energien und einen oder zwei Willen hatte (622–680). Nachdem Kaiser Heraklius, unterstützt von Patriarch Sergius von Konstantinopel und Papst Honorius, eine monenergetische Formel hatte aufstellen lassen und so 633 eine Union mit den Monophysiten zustandegekommen war, widersprachen die Päpste Johann IV. und Martin den monenergetischen und monotheletischen Dogmen. Martin wurde daher 653 in kaiserlichem Auftrag abgesetzt und verschleppt, was zeitweilig zu einem Schisma zwischen Rom und Konstantinopel führte. Die Union der monotheletischen Maroniten mit Rom wurde erst im 13. Jahrhundert geschlossen, nachdem die Maroniten durch die Kreuzzüge Kontakt mit der westlichen Kirche bekommen hatten.*

sich diese syrische Kirche auf die Seite des römischen Patriarchen; daher gehören sie gewisser Maßen der abendländischen Kirche an. In Rom gibt es ein Maronitisches Collegium. Doch haben sie sehr wenig von einer höhern geistlichen Entwicklung aufgenommen, sie | stimmen theils mit 23ᵛ
5 der morgenländischen theils mit der griechischen Kirche überein. Es gibt auch unter den Armeniern solche, die mit der römischen Kirche unirt sind; diese Vereinigung besteht nur darin daß ein Theil dieser Christen den Primat des römischen Bischofs anerkennen. Der Zusammenhang den die Maroniten mit Rom haben, ist sehr gering. Unter den Maroniten 8. Stunde
10 ist jetzt die arabische Sprache die herrschende, aber ihre gottesdienstliche ist die syrische. Die Laien also verstehen nicht die gottesdienstliche Sprache. Außer Messe, Liturgie gibt es nichts Bedeutendes, freie religiöse Mittheilung tritt ganz zurück.

Die Maroniten haben noch etwas Besonderes: die Blutrache, das an-
15 erkannte Recht des Einzelnen sich selbst Genugthuung zu verschaffen. (So wie bei uns der Zweikampf, der aber nicht anerkannt ist und nicht in allen Theilen der Gesellschaft ist). Die Maroniten sind in gewissem Sinne Unterthanen des türkischen Sultans doch an den Gränzgebieten ist diese Abhängigkeit etwas sehr Zweifelhaftes; sie verrichten nur dem je-
20 desmaligen Paschah von Tripolis einen Tribut.

Die Gesellschaft ist also nicht bloß als eine religiöse zu betrachten sondern als politisch zugleich. Politische Hierarchie. Ihr Oberhaupt ist ein vom Volke gewählter Patriarch Namens Petrus, dem zugewählt sind zwei Diaconen, welche dasselbe Regiment führen, wie in früher Zeit; sie
25 besorgen die allgemeinen Angelegenheiten. | Die Maroniten haben einen 24ʳ großen Sinn sich ihre Unabhängigkeit zu erhalten. Die Männer sind immer bewaffnet. – Die Blutrache ist also ein Zeichen, daß der eigentliche christliche Geist die Masse noch nicht durchdrungen hat. –

Die Maroniten haben Ordensgeistliche, Mönche, größtentheils legen
30 sie keine strengen Gelübde ab, sondern sie sind im höheren Grade frei, der Ausdruck Mönch in unserem Sinn paßt für sie nicht.

Die christliche Kirche in Habessinien

Sie steht im Zusammenhange mit der koptischen Kirche. Das koptische Oberhaupt von Alexandrien sendet ihr jedesmal das Oberhaupt, daher
35 sind sie zu den Monophysiten zu rechnen. Doch von dem Eigenthümlichen der monophysitischen Lehre ist sehr wenig bei ihnen zu merken. Sie sind mehr als die anderen orientalischen Christen judaisirend. Sie feiern

den Sabbath, sie halten mosaische Speise- und Reinigungsgesetze und
Gebräuche. Sie sind ähnlich der ältesten christlichen Gemeinde in Jeru-
salem. Die christliche Kirche in diesen Gegenden ist sehr alt. Aus ihrem
Judaismus möchte man schließen, daß ihre Verbindung mit der mono-
physitischen aegyptischen Kirche erst etwas Späteres ist. | 5

24ᵛ   Wenn wir die morgenländische Kirche noch einmal übersehen, so
müssen wir auch auf die übrigen Zustände dieser Christen mit Rücksicht
nehmen. Es ist ein bedeutender Unterschied, ob das Christenthum zugleich das bürgerliche Leben bestimmt, oder ob das nicht der Fall ist. In
der ersten apostolischen Kirche war das nicht der Fall, jedoch müssen   10
wir in ihr den hohen Grad der Lebendigkeit des christlichen Princips
anerkennen. Das christliche Princip hat von Anfang an darnach gestrebt,
das ganze Leben zu umfassen. Es ist nicht möglich, daß wir von christlichen Gesellschaften die unter dem bürgerlichen Drucke unchristlicher
Völker leben, dasselbe verlangen oder erwarten können.   15

Die morgenländischen Christen leben in früher ganz christlichen Ländern wo die christliche Ordnung zerstört ist durch unchristliche Völker.

Vergleichen wir sie mit der ersten Kirche, so ist möglich, daß das
christliche Princip hier doch denselben Grad von Lebendigkeit haben
kann, da ja auch die erste christliche Kirche sich in dem Zustande des   20

25ʳ   Drucks und der Verfolgung befand. | Allein es ist nur Tradition des
Buchstabens. Sie leben in der Differenz der Lehre neben einander, ohne
das Bestreben, bei den einen oder den anderen zu wirken. Wenn man
dies bedenkt, so muß man sagen, die Lehre übt keine lebendige Wirksamkeit aus, sondern sie bleiben beim Buchstaben stehen.   25

Ein großer Theil dieser Christen hält seinen Gottesdienst in einer
ihnen unbekannten Sprache, so findet sich das auch in der abendländischen Kirche, wenn wir finden eine Menge von symbolischen Handlungen, Salbungen, Räucherungen und dergleichen, so finden wir dies
auch bei einem großen Theil der abendländischen Kirche. Wir halten es   30
für eine Verunstaltung der christlichen Kirche.

Vergleichen wir den Gesamtzustand der morgenländischen Kirche mit
der abendländischen römischen Kirche, so müssen wir doch einen großen Unterschied anmerken. In der katholischen Kirche ist ein großes
mystisches Element, ein Bestreben das religiöse Princip als ein innerlich 35
günstiges aufzufassen und es zum Gegenstand der Beobachtungen und
des Nachdenkens zu machen. So finden wir ungeachtet der vielen Cä-
rimonien, und ungeachtet der Genugthuungslehre, (von den äußeren
Werken) in der abendländisch katholischen Kirche ein sehr thätiges und

25ᵛ   wirksames ascetisches Element, und | doch die Aufmerksamkeit auf die 40

inneren Zustände, so ist doch ein inneres *christliches* Leben wovon wir
in der orientalischen Kirche *nicht*s finden.

In der orientalischen Kirche ist der freie Gebrauch der heiligen Schrift
gar *nicht* bestimmt beschränkt. Man findet viel das *Neue Testament* und
5 die Psalmen in Arabischen Uebersetzungen pp. Man sollte daher denken,
sie hätten darin *einen* Vorzug vor der großen Masse der Katholiken.
Aber es findet sich dennoch *nicht*, daß der freie Gebrauch der Schrift bei
den Orientalen *ein* lebendiges *Christenthum* hervorriefe. Sie setzen bloß
ihr *Christenthum* in der strengen Beobachtung der äußern Gebräuche.

10 Betrachten wir die Gränzregionen, die Elemente aus der Muhamedanischen Religion aufgenommen haben, die ferner noch ganz und gar
an dem mosaischen Gesetze hängen, so erscheint das doch ganz anders
als die Menge von einzelnen Satzungen, die wir in der katholischen
Kirche finden. Durch dieses Aufnehmen von Fremdem ist die eigenthüm-
15 liche Kraft des *Christenthum*s alterirt. Nehmen wir dazu daß sie auf
dem jetzt stehenden Punkte schon Jahrhunderte gestanden haben, ohne
daß einzelne Individuen | bei ihnen aufgestanden wären, in denen sich 26ʳ
das *Christenthum* auf eine lebendigere Weise manifestirt hätte. Seit 1000
Jahren ist *nicht*s bei ihnen vorgekommen aus dem bei ihnen sich hätte
20 ein besserer Zustand entwickeln können. – Das *Christenthum* hat gewiß
sich verbreitende Richtungen nach diesen Gegenden hin; die griechische
Kirche in Kleinasien und die syrische Kirche waren doch die ersten,
großen, festen, consolidirten *christlichen* Gemeinschaften. Die Menschen haben denselben Volkscharakter behalten. Es hat *sich* in ihnen
25 *nicht* einmal etwas entwickelt, woraus *eine* Verbesserung hätte hervorgehen können. Die Verhältnisse also in welchen *sich* das *Christenthum*
zuerst entwickelt hat haben am wenigsten innere Empfänglichkeit für
das *Christenthum* gehabt; daher hat das *Christenthum* unter diesen Völkern sehr leicht *ein* solches äußerliches werden können. – Das *Christen*-
30 thum ist hier durch die Saracenen zerstört worden; es ist *ein* günstiger
Umstand, daß *sich* vorher die *christliche Kirche* im Abendlande fixirt
hatte. Nachdem das *Christenthum* von den Saracenen zerstört war, so
constirt *nicht*, daß es *sich* würde besser gestaltet haben, wenn auch die
äußere Zerstörung *nicht* erfolgt wäre. |

35 Wir können *nicht* läugnen, die Versunkenheit, in welcher *sich* die 26ᵛ
morgenländische Kirche findet, hat *ihren* Grund in der Corruption des   9./10. Stunde
*Christenthum*s, wenn die Aeußerungen des religiösen Bewußtseins zu
bloßen Gebräuchen geworden sind, und die Lehre zum todten Buch-

---

36 *ihren*] seinen

staben, welches man in der morgenländischen Kirche daraus sieht, daß
der Besitz der gesamten Dokumente der *christlichen* Lehre, der heiligen
Schrift, so wenig lebendige Wirkung hervorbringt. Dasselbe gilt von der
Ueberladung der symbolischen Handlungen. Diese Neigung ist überall in
der *christlichen* Kirche, daher sind diese Zustände *ein* warnendes Bei- 5
spiel für alle andern, zu berechnen, wohin die Corruption des *Christen-*
thums führen kann. Den morgenländischen *Christen* mangelt die Gemeinschaft mit der gesammten *christlichen* Kirche. Es gibt kein lebendiges Verhältniß zwischen Ausgezeichneten und Masse. – Knaben versehen schon priesterliche Verrichtungen. – Sie sind abgeschnitten von der 10
Gemeinschaft anderer Theile der *christlichen* Kirche, welches zusammenhängt mit ihrem äußeren dürftigen Zustande und Drucke. Wie
könnte es mit diesen *Christen* auf *einen* besseren Fuß kommen? Es muß
27ʳ   *eine* Totalveränderung | in ihrem Zustande vorgehen. Sehen wir den
Mangel an geistiger Bildung, Freiheit als die hemmenden Ursachen an, 15
so ist ihnen *nicht* anders zu helfen, als daß sie aus diesem Zustande
befreit werden.

    Es hat diesen *Christen* schon seit langer Zeit gefehlt an Verbindung
mit der römischen Kirche. Die alte Gewohnheit bleibt immer. Die Tendenz der römischen Kirche ist nur auf *eine* äußere Vereinigung gerichtet. 20
Aus der Verbindung mit der römischen Kirche kann keine wesentliche
Verbesserung hervorgehn.

    Sagen wir: die morgenländischen *Christen* haben das *Neue* Testa-
ment, aus diesem hat sich in der Kirche alles religiöse Leben entwickelt,
und hat noch immer seine Haltung darin: wie ist es zu erklären, daß dies 25
seine Wirkung nicht hervorbringt? Es läßt sich *kein* anderes Mittel zur
Besserung denken als die Einwirkung anderer *Christen*, in welchen das
göttliche Wort wirklich zum Leben gekommen ist. Es müßte *ein* solches
lebendiges Verkehr zu Stande gebracht werden. Die römische Kirche
kann *nicht* so viel leisten, da es zu viel Widersprechendes hat. Es wäre 30
daher *eine* Aufgabe für die *evangelische* Kirche, die sie zu lösen berufen
ist. Das Verkehr der europäischen Länder mit diesen Gegenständen be-
steht aber jetzt noch *nicht* auf *eine* gehörige Weise. |

---

31 *evangelische*] abendländische

II Von der griechischen Kirche.   27ᵛ

Wenn wir die Länder betrachten, in welchen die morgenländische Kirche ihren Ort hat, so haben diese früher mehr oder weniger zur griechischen Kirche gehört. (Habessinien ausgenommen) Die syrische Kirche
5 in Kleinasien war in lebendigem Verkehr mit der griechischen Kirche. In
Antiochia, wo das *Christenthum* zuerst an die Heiden gebracht wurde,
war die Volksmasse Syrer, aber diejenigen an welche das Christenthum
gebracht wurde, waren griechische und macedonische Kolonisten. Die
eigentliche syrische Kirche ist erst das Zweite in diesen Regionen, und
10 die griechischen Gemeinden sind das Erste gewesen. Unter den griechisch Redenden war eine höhere Bildung, unter den syrischen Redenden mußte sich dies erst entwickeln. Im griechischen Volke lag eine
höhere Beweglichkeit. Die Araber haben unter den Semiten am meisten
eine große Cultur entwickelt, welches nur hervorging aus der Stiftung
15 der einen Religion. Der morgenländischen Kirche liegt die griechische
Kirche am nächsten. Die Trennung besteht seit alten Zeiten hier. Die |
griechische Kirche hat sich aus jenen Gegenden zurückgezogen. Die grie-   28ʳ
chische Kirche ist auf einen weit geringeren Umfang beschränkt als jetzt
– Sie steht größtentheils unter fremder Botmäßigkeit; sie ist in einer
20 Territorial-Sonderung; die griechischen Christen bilden eine äußere Gemeinschaft.

Historische Punkte.

Gehen wir zurück in die Zeiten des Metropolitan-Systems so waren die
Patriarchen von Constantinopel Alexandria Antiochia die *drei* Ober-
25 häupter der griechischen Kirche. Zu ihnen gehörten noch die Patriarchen
von Jerusalem und Rom. Die Patriarchen von Jerusalem und Antiochia
hatten die meisten Christen, die *nicht* Griechisch redeten. Indem diese
Länder aufhörten zur griechischen Seite des römischen Reichs zu gehören hörte auch diese *christliche* Verfassung auf. Die koptische Kirche
30 isolirte sich, weil das griechische Leben in Aegypten ganz aufhörte,
ebenso die syrische Kirche. Das antiochenische Patriarchat zerspaltete
sich. Die griechische Kirche hörte da so gut als ganz auf. Jetzt bestehet
sie wesentlich im türkischen Reiche, überwiegend in der europäischen
Türkei, aber auch in Smyrna, Ephesus pp. Diese stehen alle *unter* dem
35 Patriarchen von Constantinopel. Von der griechischen Kirche aus sind

---

5f Vgl. Apg 11,19–26.

christianisirt worden: Rußland vorzüglich, auch andere slavische Völ-
28ᵛ ker. | Die russische Kirche blieb *unter* dem Patriarchen *von* Constan-
tinopel lange Zeit, als Rußland aber Gewicht bekam *unter* den euro-
päischen Ländern, so riß sich die russische Kirche von ihm los, und hat
nun *eine ganz* eigene Verfassung. Sie haben *eigentlich kein* persönliches   5
Oberhaupt, sondern die heilige Synode hat die oberste Autorität (unter
dem Kaiser freilich). Jetzt finden wir dieselbige Tendenz in dem neuen
griechischen Staate. Dort wird wahrscheinlich *eine ähnliche* Verfassung
sich bilden als in Rußland.

Allgemeine Betrachtung.   10

Warum ist es *auf* der griechischen Seite geschehen, daß die politischen
Machthaber *nicht* wollen daß die *Kirche unter einem* Oberhaupte stehe,
welches *nicht* in demselben Lande den Sitz hat, obgleich dies noch in der
römischen Kirche besteht. Fragen wir nach den Ursachen, so sind es
folgende: 1) Es macht *einen großen Unterschied,* daß der römische Bi-   15
schof Niemands Unterthan ist, aber der Patriarch von Constantinopel
steht unter dem Einflusse des Sultans, wenn gleich dieser sich nicht in
kirchliche Angelegenheiten mischt. 2) Diejenigen Länder welche der römischen Kirche angehören, sind *lange* Zeit in *einem* Zustande innerer
29ʳ Gährung gewesen, daß in diesem | inneren Conflikte jedes Theil zum   20
Oberhaupte der Kirche seine Zuflucht nehmen konnte. So *lange* dieser
Zustand der Gährung fortdauerte, so wußte jeder, daß er das Oberhaupt
der Kirche gebrauchen konnte. So haben die römischen Bischöfe die
Kaiser, und die Kaiser die Bischöfe in Schutz genommen u. s. w. In der
griechischen Kirche hat ein solcher Conflikt von politischer Bedeutung   25
nicht Statt gefunden. Daher trat *ein Verhältniß* ein, in welchem es wünschenswerth schien, sich von den Patriarchen zu Constantinopel loszu-
reißen. So auch jetzt in Griechenland, wo dasselbe *eine größere Selbst-*
ständigkeit erlangt hat und ein größeres politisches Gewicht.
   1) Von der griechischen Kirche   30
   2) von der russischen Kirche als dem II Haupttheile
   3) von den zerstreuten Griechen
   4) von der griechischen Kirche in Griechenland

II Von der griechischen Kirche

Drei verschiedene äußere Gemeinschaften: 1) die Griechen unter dem Patriarchen von Constantinopel. 2) die Griechen in Rußland unter der heiligen Synode in Petersburg. 3) die Griechen im neuen griechischen
5 Staate wollen *auch ein Ganzes* bilden für sich. | Außerdem solche Chri- 29ᵛ
sten, die ursprünglich von der griechischen Kirche christianisirt worden.
Der lateinische Theil theils protestantisch theils katholisch. So finden
wir griechische Christen in Siebenbürgen, Ungarn, Illyrien, und weiter
verbreitet bis in Sicilien hinein, ebenso in Litthauen und in Polen.
10   Die Griechen in Kleinasien stehen auch *unter* dem Patriarchen von
Constantinopel, doch sind sie von den Griechen in Europa sehr verschieden, was in dem Verhältniß der Sprache seinen Grund hat. Das
Griechische hat sich zu einem vulgare umgebildet, [so] daß das Altgriechische *nicht* von allen verstanden wird, die das Neugriechische reden.
15 Das Griechische des *Neuen* Testaments ist *nicht* mehr ihre lebende Sprache. Die noch jetzt Griechisch Redenden gelangen leichter zu der Kenntniß des AltGriechischen, als die nicht Griechisch reden.
      Wir gehen auf das Geschichtliche zurück.
      Die griechische Kirche hat einen Gegensatz gebildet zu der lateini-
20 schen lange ehe in dieser der Gegensatz des Römischen und Protestantischen ausgebildet war. Es scheint manchen, als ob die griechische Kirche mehr ähnlich sein müßte der protestantischen als der katholischen.
Dies ist aber genau betrachtet ganz falsch. Es war wohl *ein* Zusammenhang zwischen protestantischen Theologen und den höheren Geistlichen
25 der griechischen Kirche, z.B. zur Zeit der Reformation durch Melan-
chthon etc. | In dieser Zeit wurde Cyrillus[,] Vorsteher der griechischen 30ʳ
Schule in Wilna, Patriarch zu Constantinopel, der sich sehr dem Protestantismus annäherte, allein sein Nachfolger ging gleich auf das mehr
dem katholischen analoge Alte zurück. Eine gewisse Ähnlichkeit mit
30 dem Protestantismus ist aber auf der anderen Seite. Es gibt in der griechischen Kirche auch *eine* Opposition gegen das Feststehende. Es haben
sich Einzelne für sich constituirt und von dem Zusammenhang mit der
griechischen Kirche gelöst, das ist namentlich der Fall im russischen
Reiche.
35   Die griechische Kirche im *Ganzen* betrachtet bietet aber wenig Differenzen von der katholischen Kirche dar, welches schon hervorgeht aus
der Trennung zwischen beiden.

Es ist wahr, daß sehr zeitig zwischen der Kirche des griechischen
Kaiserthums und zwischen der Kirche des lateinischen Kaiserthums ein
gewisser Mangel an Verständigung bestand, welches vorzüglich auf der
Verschiedenheit der Sprache beruhte. Das lateinische persona und das
griechische πρόσωπον werden z. B. als identisch angesehen, doch be-   5
zeichneten sie bei der Trinitätslehre darunter etwas ganz Verschiedenes.
Dieser Mangel an Verständigung brachte einen Mangel an Verständigung hervor. Es entstand bald ein Vorzug den sich der Patrarch zu Con-
30ᵛ stantinopel anmaßte, | und so eine Aemulation zwischen dem constan-
tinopolitanischen und römischen Patriarchen. Aus diesen Rangstreiten   10
entstanden auch dogmatische Streitigkeiten. So ist es häufig geschehen,
daß sie sich gegenseitig verketzert haben, bis eine gänzliche Trennung
entstand, so daß der Patriarch von Constantinopel den römischen mit
seinen Anhängern excommunicirte. Die griechische Kirche glaubte die
rechtgläubige zu sein und nennt sich noch so. Seitdem bestand die   15
äußere Trennung beider Kirchen, daher zog sie auch keine weitere dogmatische Veränderung nach sich. Die griechische Kirche war damals in
einer ganz analogen Entwicklung wie die römische, daher ist bei der
griechischen Kirche ebenso die Corruption, als in der lateinischen Kirche. Es gibt das Abendmahl *unter einer Gestalt*, das Coelibat der Geist-   20
lichen pp., was nicht auf die griechische Kirche überging. Aber im Allgemeinen ist wenig Unterschied zwischen der griechischen und katholischen Kirche. Die griechische Kirche theilt mit der katholischen fast
Alles wodurch wir uns der katholischen entgegensetzen. Sie hat einen
Mönchsstand, Kirchenzucht, so daß die Geistlichen den Laien Satisfac-   25
tion geben, also auch eine Satisfactionslehre, sie hat Heilige und eine
gewisse Verehrung derselben. |

[Die abendländische Kirche]

[Die römisch-katholische Kirche]

31ʳ Als Schlesien mit dem Preußischen Staate vereint wurde, entstanden   30
38./39. Stunde ganz neue Verhältnisse. Die Protestanten waren in den Zeiten der österreichischen Regierung sehr gedrückt worden. Im Frieden wurde stipulirt,

---

5 πρόσωπον] προσῶπον   20 *unter einer Gestalt*] beider Gestalten

---

8–14 *Vgl. 225,1–5.*   32–493,1 *Im Präliminarfrieden von Breslau (11.6.1742) verpflichtete
sich Friedrich der Große, den Status quo der katholischen Religion im eroberten Schlesien
aufrechtzuerhalten.*

daß der Religionszustand sollte unverändert bleiben. Zugleich war auch in den kirchlichen Verhältnissen der Katholiken *selbst nichts* zu ändern. Unter Friedrich II fand kein diplomatisches Verhältniß *mit* dem Papste Statt. Es blieb Alles so, daß nirgends *eine* Anmaßung des katholischen
5 Clerus möglich war und Alles *auf* die Bestimmung der Gesetze ging. Unter Friedrich Wilhelm II war *ein* Resident nach Rom geschickt. Tendenz also, unmittelbar *mit* dem Papste über die Verhältnisse der katholischen Kirche in Preußen in Verbindung zu treten. Nach den letzten großen Ereignissen, wo die Rheinprovinzen an den Preußischen Staat
10 kamen, war *eine* allgemeine Anordnung in der Natur der Sache. Ein großer Theil dieser Provinzen hatte früher den geistlichen Kurfürsten gehört. Da sie von Frankreich abgelöst wurden und zu Preußen kamen, so mußte etwas bestimmt werden. Es war *ein gewisses* Interesse, die bischöflichen Sitze anders *zu* begrenzen, und dies machte Unterhandlun-
15 gen nothwendig. Es erfolgte *eine* päpstliche Bulle (16 Juli 1821 De salute animarum), die hernach durch die königliche Sanction (23 Aug. 21 Cabinetsordre) Gesetz des Landes wurde. Hier wurden die bischöflichen Sitze im Preußischen Staat geordnet. Das ErzBisthum Coeln wurde wieder besetzt und als *eine* Metropolitankirche gesetzt. |
20 Unter dies Erzbisthum wurde gesetzt: Münster, Paderborn, 31ᵛ Trier.
Der *zweite* ErzbischofsSitz ist Posen in Verbindung *mit* Gnesen, darunter steht der Bischof von Culm. Unabhängige Bisthümer Breslau und Ermeland. – Coeln hat *einen* Dompropst Dechanten, Vikarien etc
25 Posen: *ein* Propst *ein* Dechant, *acht* Canonici. Die unabhängigen BischofsKirchen sind den erzbischöflichen *gleich*gestellt. Der Bischof hat bald *einen* Generalvikar Weihbischof, oder auf *andere* Weise kann er seine Funktionen *auf* andre übertragen. In jedem Kapitel soll *ein* canonicus poenitentiarius und *ein* theologus sein. Stellen von canonici ho-
30 norarii. Die Ehren-Canonici. Die Wahl der Canonicorum wurde beschränkt. Stand und Geburt sollte keinen Unterschied begründen; früher immer *aus* den adeligen Familien genommen. Die Kapitel sollten den Bischof wählen. *Ein* Executor apostolicus wurde in der Person des Bischofs von Culm ernannt zur Ernennung der Kapitularien. Der Papst
35 sollte die Probsteien ernennen und die in den *sechs* ungleichen Monaten fallenden Erledigungen von Canonicate. Die Kapitel sollten das Recht

---

15f (16 ... animarum)] *ohne Klammern am rechten Rand*

33f *Nicht der Bischof von Kulm, sondern der von Ermland war Executor apostolicus der Bulle.*

haben zu wählen *aus der* gesammten preußischen katholischen Geistlichkeit. Bei jedem bischöflichen Sitz soll *ein* Seminar sein. – Der Papst
behandelt die protestantischen Länder als Missionsländer, daher übertrug er die Sache der congregatio de propaganda fide. –

Unter C o e l n sollten gehören die katholischen Pfarreien von Regie-   5
32ʳ rungsbezirken in Achen, Düsseldorf und Coeln. | Trier unter Coeln, soll-
te in sich schließen: Trier und Coblenz. Unter *diesem* Bisthum auch
diejenigen Distrikte, welche früher zu Metz gehörten pp. M ü n s t e r sollte mehrere sonst *zu* Coeln und Achen gehörig gewesene Gemeinden
unter sich bekommen. P a d e r b o r n bekam noch etwas von Coeln *unter*   10
sich, unter Paderborn wurden auch die Pfarreien in Weimar gestellt.
Diese Erweiterung sollte eintreten nach dem Abgange des Bischofs von
Fürstenberg. – In Gnesen, Posen, Culm gingen keine bedeutende Veränderungen vor. Der Bischof von Culm hat zeither seinen Sitz in der selbstständigen Abtei Oliva, welche zu Culm geschlagen wurde, und der Sitz   15
[*wurde*] nach einem Schloß bei Culm verlegt. Der Bischof von B r e s l a u
bekam noch einiges was bisher unter Krakau und Ollmütz stand.
Sämmtliche katholische Gemeinden in der Mark und Pommern sind
unter Breslau gestellt. Der Propst in Berlin führt die Aufsicht darüber.
Ermeland bleibt unverändert. Da einzelne Bisthümer über 600 Pfarr-   20
gemeinden in sich schließen so mußte er *einen* Gehülfen in der bischöflichen Funktion haben, dazu ist der Weihbischof, der *einen* bischöflichen
Titul bekommt in partibus infidelium und die bischöfliche Weihe. Zum
apostolischen Executor wurde *ein* Bischof ernannt, der mit allen unbekannt war. Indeß dies war auch mehr nur *eine* Form. – Der Hauptpunkt   25
war das Interesse der Kirche wahrzunehmen in Beziehung auf ihre Dotation. Da wurde *eine eigene* Form beobachtet. Die Dotation des Königs
wurde in der Bulle erwähnt als *eine* königliche Proposition. Sie ist auf
32ᵛ Grund|zinsen gesetzt. Es gibt in Preußen noch weitere Waldungen welche
dem Staat gehören, und aus diesen Zinsen sollte die Dotation bestimmt   30
werden. Dieser Grund und Boden ist mit verpfändet den Gläubigern des
Staats. Diese Fundierung der Dotation sollte erst *eingetragen* werden
1830, weil bis dahin die Staatsschulden so weit wohl vermindert *sein*
würden. Seit 1830 ist hierüber *nichts* öffentlich bekannt gemacht worden. Grundstücke sind *nicht* verkauft, um sie den katholischen Gemein-   35
den zu übergeben. Die Staatsschulden sind auch *nicht* so weit abgetra-
gen, daß die Dotation der Kirche ex nexu der Staatswaldungen gesetzt
wäre. Für jeden Erzbischof wurde bestimmt die Einnahme von 12,000

---

31 Gläubigern] Gläubigen

Thalern, den *zwei* Bischöfen von Breslau und Ermeland 10,000 Thaler;
ergänzt: den Weihbischöfen 8000 rth den Pröpsten 2000–1000 rth. Aedilen sind bestellt, welche für die Bauangelegenheiten zu sorgen haben
(fabrica). Die Fabrica sollte ihre bisherigen Güter behalten. Die Einkünfte werden bestimmt, welche nach Rom kommen, sobald *eine* höhere
Würde erledigt worden. – Zugleich waren auch damit die Verhältnisse
der katholischen Gemeinden in We i m a r geordnet, die gestellt waren
unter Paderborn. Es wurde verordnet, der Bischof von Paderborn sollte
sich dem Großherzog verpflichten. Es besteht in Weimar *eine* Immediat-
Commission *für* die kirchlichen *Verhältnisse.* Den katholischen Mitgliedern dieser Comission sollten alle bischöflichen Verordnungen, päpstlichen Bullen und Breven vorher vorgelegt werden. Berufung an den Papst
solle nur *auf* reine *Kirchen*sachen beschränkt sein. Ueberall wo die geistliche Gewalt einschreite solle Recours an den *Landesherrn* Statt finden.
Nun kamen noch einige besondere *Bestimmung*en vor, z. B. Prozessionen
sollten nur geschehen in Kirchen und auf Kirchhöfen. Alle anderen Prozessionen untersagt. Alle Feste welche die Protestanten *nicht* mit feiern
(Frohnleichnahmsfest, das Fest aller Heiligen, Himmelfahrt Mariae)
mußten auf den Sonntag verlegt werden. |

Spekulation *in* der *katholischen Kirche* in Deutschland: Idealität des
römischen Papstes als des Oberhaupts der Kirche in jeder Hinsicht oder
als Oberhaupts des Clerus. Die erste Form ist die streng romanistische,
kann sie wünschen, daß dies das Princip der Anhänglichkeit der Gläubigen an die *katholische Kirche* würde? Die römische Curie würde sich
sehr bedenken. Prak*tische* Richtung ist vorherrschend, die *ein* Mißtrau-
en haben muß gegen das Spekulative. Die Specula*tion* verbunden *mit* der
wirklichen kirchlichen Gewalt in der römischen Kurie wird nun etwas
Festes werden. Die andere Form die den Papst der allgemeinen Kirchenversammlung unterordnet. Es gibt nirgends *eine* Auctorität von der sie
ausgehen könnte. Diese versteht [man] daher als Null. Eine allgemeine
Kirchenversammlung beruhte wesentlich auf einer Einheit. Solange das
römische Reich noch eins war, so war es möglich, zuletzt aber *nicht.* Die
höchste weltliche Macht ist *nicht* eine, also kann die Convocation einer
allgemeinen Kirchenversammlung niemals Statt finden. Also bezieht sich
diese Theorie nur *auf* die *Vergangenheit.* Fragt man, was soll dadurch
gesagt sein in Beziehung auf die weitere Entwicklung? Entweder soll
*nicht*s in *Frage* gebracht werden, was *nicht* schon durch allgemeine Kir-

---

3 f die … (fabrica)] (fabrica) die Bauangelegenheiten zu sorgen haben   29 Auctorität]
folgt 《gibt》

33ᵛ *chen*versammlungen bestimmt ist, und wenn es nun doch zur | Sprache
kommt, so ist keine Entscheidung darüber weil es keine entscheidende
Gewalt gibt. Da würde nun *ein* Protestantismus in der katholischen Kirche entstehen vermöge dieser Theorie welche die römische Curie nie
zugeben kann.   5

In Deutschland finden wir *zwei* sehr verschiedene Charaktere der
katholischen Religiosität selbst 1) der des unbedingten Gehorsams und
der buchstäblichen Anhänglichkeit an das was die geistliche Gewalt feststellt, dies ist die Gestalt des Katholizismus in den Gegenden von
Deutschland, wo die Katholiken am meisten gesondert gewesen sind von 10
den Protestanten. 2) dem entgegengesetzt *eine* römisch katholische
Religiosität die beruht auf solchen Darstellungen des kirchlichen Glaubens und der kirchlichen Praxis, wie sie eigentlich dem herrschenden
Sinne der Kirche entgegen sind. Wenn man Gebildeten unter den Katholiken vorhält: Verehrung der Heiligen, gute Werke pp so werden sie 15
sagen, das sei gar *nicht* die eigentliche Lehre der katholischen Kirche, die
Verehrung der Heiligen sei gar [*keine*] eigentliche Verehrung, es solle
nicht der Werth gelegt werden auf die Handlungen, sondern auf die
34ʳ Gesinnungen pp | und so geht das durch alle verschiedenen Punkte
durch. Betrachten wir aber die Praxis, wie der katholische Clerus auf das 20
Volk wirkt, so ist das uns Anstößige das Wirkliche. Dieser gebildete,
verfeinerte Katholicismus ist *nicht* übereinstimmend mit der Wirklichkeit der Praxis, wie die Kirche selbst sie übt. Indem die Religiosität der
gebildeten Katholiken sich an diese höhere Theorie hält, so ist sie im
Widerspruch mit der eigentlichen römisch katholischen Kirche. Dies ist 25
also *ein* Moment des Zerfallens der Kirche.

In Deutschland ist schon häufig von dem katholischen Clerus *eine*
Tendenz ausgegangen gegen d a s C o e l i b a t der Geistlichkeit. Dieses
Gesetz der römischen Disciplin ist in Deutschland am spätesten zur Ausführung gekommen, und eigentlich ist es nie völlig zur Ausübung ge- 30
kommen. Als nicht wirkliche Ehen sind sie von dem höheren Clerus
tolerirt worden[.] Auf diesem moralischen Zwiespalt beruht diese Richtung; die Unmöglichkeit das Gesetz in volle Ausübung zu bringen liegt
zu sehr zu Tage, daß aber dadurch jene Indulgenz hervorgelockt wird. |
34ᵛ In der Vermischung mit den Protestanten erscheinen diese Concubinate 35
doch immer als etwas Unmoralisches. Die Concubinen sind gewöhnlich
auch von der niederen Bildungsstufen. Daher ist im beßeren Theile des
katholischen Clerus die Tendenz entstanden das Coelibat wieder aufzuheben. Die römische Curie wird *nicht* darein willigen. Die Tendenz ist
die, die Geistlichen von dem Zusammenhange mit dem politischen Le- 40

ben gänzlich zu sondern, damit sie nicht an den Instituten des Landes
hängen, sondern nur an dem römischen Stuhle, welches sich bezieht auf
den Streit zwischen der geistlichen und weltlichen Macht. Dieser ist aber
geschlichtet und aufgehoben, daß kein Gedanke daran ist, ihn je wieder
5 aufzunehmen. Es wird dem Papste nie einfallen einen Regenten zu excommuniciren und die Unterthanen von dem Eide gegen die Regierung
entbinden können. Der Papst z B. hat vor einiger Zeit eine heftige Rede
gehalten gegen die Regierung des Pedro in Portugal; aber doch hat er es
nicht gewagt, den Pedro zu excommuniciren. Wenn es unter solchen
10 Umständen nicht mehr gewagt wird, so sieht er wohl, daß es überhaupt
nicht mehr gewagt werden kann. | Für die römische Curie ist das schon 35ᵣ
ein hinreichender Grund, daß man etwas für nicht geschehen erklären
müsse, worauf seit so langer Zeit so fest gehalten worden. Der ganze
Zuschnitt des römischen Clerus müßte auch bedeutend geändert wer-
15 den. Daran also ist nicht zu denken, daß es sollte mit Genehmigung des
Papsts oder der römischen Curie geschehen. Es ist aber auch nicht zu
denken, daß diese Tendenz aufhören sollte. Die Möglichkeit, daß es
könnte geändert werden gegen die römische Curie vermöge der bischöflichen Auctorität liegt zu Tage. Man kann eine Ahndung davon bekom-
20 men, daß aus diesem vorzüglich könnte eine Spaltung in der Kirche
hervorgehen. Denn eine Nachgiebigkeit wird von der römischen Kurie
nicht ausgehen. Das Vermittelnde wäre, daß es von der römischen Curie
ignorirt würde, wenn solche Veränderungen von den Bischöfen geschehen. In Deutschland ist dieser casus in terminis vor uns in dem
25 Verfahren des römischen Stuhls gegen den Herrn von Wessenberg, der so
lange als bischöflicher Vikar fungirt hatte auf tadellose und exemplari-
sche Weise, nur weil er sich bestimmt ausgesprochen über den Umfang
der bischöflichen Auctorität. Der römische Stuhl hat ihm daher keinen
bischöflichen Sitz gegeben. | Die Tendenz kann dadurch aber nicht auf- 35ᵥ
30 gehoben werden. In solchen Staaten, wo Religionsfreiheit ein constitu-
tiver Artikel ist, sehen wir auf der einen Seite das jansenistische Bisthum
in Holland (von der Gemeinschaft mit Rom gelöst), in Frankreich und
Belgien Anfänge zu einer katholischen Kirchengemeinschaft ohne Ge-

---

31 sehen wir] und wir sehen   33 *Belgien*] Bildungen

---

7 *Gregor XVI. (1831–46), Bartolomeo Alberto Cappellari OSB Cam.*   8 *Peter de Alcán-*
tara (1798–1834), 1822 Kaiser von Brasilien. 1826 wurde er als Peter IV. auch König von
Portugal, dankte aber, nachdem er Portugal eine Verfassung gegeben hatte, zugunsten
seiner Tochter Maria ab, für die sein Bruder Michael die Regentschaft führte. Nach ver-
schiedenen Mißerfolgen mußte Peter 1831 als Kaiser von Brasilien abdanken. 1833/34 griff
er noch einmal in die portugiesische Politik ein: Er konnte seinem Bruder die inzwischen
usurpierte Krone entreißen und wurde zum Regenten gewählt, dankte aber erneut zugun-
sten der nun volljährigen Maria ab (Maria II., 1834–53).

meinschaft *mit* dem röm*ischen* Stuhle; in and*eren* Ländern d*ie* Maxime,
daß der Richt*ung auf eine* religiöse Gemei*n*schaft k*ein* Hinderniß in d*en*
Weg gelegt werden soll, w*enn keine* Richt*ung* g*egen* d*en* Staat, so kön-
n*en* darin *n*ach dem allg*emeinen* geistigen Bedürfnisse solche Zustände
ohne d*en* röm*ischen* Stuhl erled*igt* w*erden.* Es gehört ab*er* auch *eine*   5
geraume Zeit dazu, u*nd* das Bedürfniß muß s*ich* noch sehr steigern. Auf
dem Boden des geschichtl*ichen* Bewußtsein*s* hat es gar k*eine* Bed*en*ken.
Ein Geistl*icher* sollte als deutscher Primas constit*uirt* w*erden* in Deutschland, der v*on* dem röm*ischen* Hofe sollt*e* bestätigt w*erden* pp. „Herr v*on*
Wessenberg *auf d*em *Wiener* Congreß". | 10

So s*ind* im Zustande der kath*olischen* K*irche* gegenwärtig sehr be-
denkl*iche* Mom*ente.* W*ir* find*en* sogar in der pyren*äischen* Halbins*el* die
Aufreg*ung* g*egen* das polit*ische* Ueb*er*gewicht d*er* Geistlichkeit so stark
hervortr*eten* als es früher nie gewes*en* ist. Dies geschieht d*urch* d*en* größeren Einfluß des Mittelstandes, (der Städte, des Verkehrs u*nd* des   15
Handels) d*ie*se Tendenz wird imm*er* fortschreiten. E*s* wird *eine* Crisis
*ent*stehen. Der festeste Sitz des Kath*olizismus* und der röm*ischen* Curie
ist da zu suchen, wo dies Princip *nicht* ist; in d*en* slawischen *Ländern,*
Polen u*nd* Rußland. Da ist dies am wenigsten; nächst dem fehlt i*n* Italien
dies Element. Da wird s*ich* der Kathol*icismus* in s*einem* gegenwärtig*en*   20
Zust*ande* am längst*en* halten. D*ie* Einh*eit* der kath*olischen* K*irche* in
Europa wird nicht lange fortdaue*rn,* s*elbst* in d*en* slaw*ischen Ländern* ist
eine Art v*on* untergeordneter Spalt*ung.* Dies schließt *nicht* in s*ich eine*
Annäher*ung* der kath*olischen* K*irche* an die protestant*ische.* D*as* bi-
schöfl*iche* System kann *einen* vollst*ändigen* Sieg davon tragen üb*er* das   25
Princip der päpstl*ichen* Gewalt, aber der Gegens*atz* | zwisch*en* der ka-
thol*ischen* u*nd* protest*antischen* K*irche* wäre dad*urch* durch*aus nicht*
vermindert. Es könnt*e* in jener Beziehung *eine* Veränder*ung* vorgehen
ohn*e* Einfluß *auf* diesen. (Röm*ische* Satisfaktionslehre pp.) |

Protestantische Kirche.   30

Was wollen wir d*azu* rechnen? W*enn* wir uns in [*den*] Gesichtsp*unkt* der
kath*olischen* K*irche* stellen, so *unter*scheidet m*an* da Kath*oliken* u*nd*
Akath*oliken.* Die kath*olische* K*irche unter*scheid*et* aber *nicht* einmal
Christ*en* u*nd* Heiden v*on einander,* alle Protest*anten* Juden pp w*erden*
alle oft *unter* ein*em* u*nd* dem*selben* Namen begriff*en.* W*ir* könn*en* den   35

---

10 *Wiener*] kathol*ischen*   29 pp.)] pp.

Unterschied machen der e v a n g e l i s c h e n K*irche*. W*orauf* wollen wir
diese Unterscheidung gründen u*nd* wie rectifici*ren*, so komm*en* wir immer *auf* streitige P*unk*te. In Deutschland ist es *eine* alte Praxis d*aß* m*an*
d*ie* e v a n g e *l i s c h* r e *f o r m i r t e* u*nd* e v a n g e*l i s c h* l u t h *e r i s c h e* K i r -
5 *c h e n* g e m e i n s c h *a f t* unter d*em* Namen des E v a n g e l i s c h e n
oder des P r o t e s t a n t *i s c h e n* [*zusammenfaßt*]. W*orauf* gründet *sich*
das? B*ei* uns ist es nun *einm*al so, d*aß* wir d*ie* beiden unt*er* Einen gemeinschaft*lich*en Namen zus*ammen*fassen. Es gründet *sich auf* poli*tische* Verhältnisse. Gehn wir *auf* d*as* Entst*ehen* d*er* Reform*ation zu*rück, so liegt
10 in der Nat*ur* der Sache, d*aß* d*as* neue Element *nicht* als *eine* vollkom-
m*ene* Einheit *sich* von Anfang an gestalten konnte. Wäre d*as* Auftret*en*
Luthers etw*as ganz für sich* bestehendes gewesen, so wäre d*as* der eigent*liche* Anfangspunkt. D*as* ist ab*er* nun *nicht*, es hatte schon viele
Anreg*ung*en zu *eine*r Reform*ation* der K*irche* an Haupt u*nd* Gliedern
15 gegeben. | Dies war schon seit ein Paar Jahrh*undert*en in Bewegung ge-   37ᵛ
wesen. Einzelne Erscheinung*en* traten völl*ig* unabhäng*ig* von *einand*er in
derselben *Tendenz* hervor. Die Anfäng*e der* Reform*ation* hätten *sich* zu
*eine*r Einheit gestalten könn*en*, d*as* ist ab*er nicht* geschehen. Es *ent*stand
gleich *eine* Duplic*ität*, *zwei ent*gegengesetzte Richt*ungen*. Die *eine* hat
20 *sich gleichs*am crystallisirt an dem, w*as* von Sachsen *ausg*ing u*nd* die
and*ere* von dem, w*as* von der Schweiz *ausg*ing. Da *fragt* es *sich* also von
Anfang an, ist es richt*iger* d*aß* m*an* beides zus*ammenfaßt*, oder r*icht*iger,
d*aß* m*an* beides trennt. Gibt es irgendwo *einen* bestimmten Akt, von
dem m*an* sagen kann, d*aß ein Zusamm*enfassen *ausg*egangen wäre, u*nd*
25 wiederum *eine* Trennung *ausg*egangen wäre? D*as* kann m*an* auch *nicht*
sagen. Es gibt gewisse Punkte. Sächs*ische* Kirchenvisit*ation*. (Territorial-
akt) – Marburger Colloquium (Trenn*ung nicht* als Tr*ennung* abge-
schloss*en*, s*ond*ern als *eine* Unmöglichk*eit* zus*ammen* zu komm*en*.) D*as*

---

26 Sächs*ische*] (Sächs*ische*

8–18 *Vgl., was Schleiermacher in der Kirchengeschichtsvorlesung von 1821/22 sagte (Boe
kels S. 424):* „Wir müssen nicht Luther in Sachsen und Zwingli in der Schweiz ansehen als
die, in welchen die Bewegungen ihren Grund gehabt hätten, sondern die allgemeine Verbreitung zum Grunde legen, die Einzelnen sind nur die hervorragenden Punkte, in welchen
sich jene Kräfte konzentrierten. Die Art und Weise, wie sich die Reformation bildete,
können wir uns nur erklären, wenn wir davon ausgehn, wie ein und derselbe Geist im
stillen gärte in verschiedenen Gegenden, unter verschiedenen Verhältnissen und durch verschiedene Individualitäten an den Tag gefördert worden. Die allgemeine Opposition war
das erste, die Verständigung über das Positive erst das zweite. Die Entwicklungsgeschichte
des Protestantismus mit ihrem Guten und mit ihren Abweichungen läßt sich aus diesen
verschiedenen Faktoren erklären." 18–21 *In der Kirchengeschichtsvorlesung von 1821/22
redet Schleiermacher von einer Triplizität Sachsen – Schweiz – Frankreich; vgl.
385,30–386,13.* 26 *Vgl. 383,21–23.* 27 *Im Marburger Religionsgespräch von 1529, das
Landgraf Philipp der Großmütige von Hessen veranstaltet hatte, konnten sich Luther und
Zwingli in allen Lehrpunkten einigen außer in der Abendmahlslehre. Vgl. Boekels S. 432f.*

war also nur *ein* Aussetzen der Vereinigung, die man ⌊eigentlich⌋ bewirken wollte.

Der Zwist zwischen beiden ist oft schärfer hervorgetreten, als der gemeinschaftliche gegen die römische Kirche. Auf der lutherischen Seite finden wir oft *eine* häufige Klage über Kryptocalvinismus, und ebenso in 5 der reformirten Kirche Differenzen, die rechten Verfechter der Dortrechter Synode hätten die anderen Reformirten eben so Kryptolutheraner nennen können. | Also müssen wir sagen, in der geschichtlichen Erscheinung ist hierüber *eine* gewisse Ambiguität.

Fragen wir nun, wie steht es um die Unterscheidung zwischen der 10 protestantischen Kirche, so wie diese beiden Kirchengemeinschaften darunter begriffen gedacht werden, wie steht nun die Sonderung dieser von anderen kleineren Religionsparteien? Da können wir keine ganz bestimmte Sonderung machen. Um die Zeit der Reformation haben wir *eine* große Sonderung der Lehre und Praxis (Tendenzen, die 15 Bilder aus den Kirchen zu verbannen. *Tendenz* gegen die Kindertaufe (Mennoniten Baptisten).) Ist da *ein* hinreichender Grund zu *einer* Absonderung, da diese *Frage* eine Zeitlang in der protestantischen Kirche *selbst* streitig war. Worauf beruht die Sonderung der Mennoniten z B? Man hat nie behauptet, daß die Kindertaufe etwas nothig ware. Also 20 besteht eigentlich kein wesentlicher Unterschied. Es besteht nur wirklich, in so fern eine getrennte Gemeinschaft Statt findet in gegenwärtigen Zuständen. Diese Mennoniten bilden unter sich keine Einheit, da keine kirchliche Gemeinschaft mit sich Statt findet (z.B. Mennoniten ganz gesondert und ohne Gemeinschaft mit den englischen Baptisten). | Bildet 25 denn die lutherische Kirche ein Ganzes? Nein, jede Landeskirche bildet *eine* Einheit für sich. Sie existirt in so fern, als sie einerlei Symbole hat – das ist auch gar *nicht* der Fall. Geht man auf die Augsburger *Confession* zurück, so nimmt dies die reformirte Kirche auch an, nur daß es sich nur um *zwei* verschiedene Ausgaben hier handelt. Da schwindet die Trennung. 30 Also ist es *eine* ganz unbestimmte Gestalt. Wir können die lutherische Kirche durchaus *nicht* als ein Ganzes ansehen, weil *nicht* Statt findet *eine* Identität der Symbole und *eine* äußere Gemeinschaft. Dagegen läßt sich einwenden: Es hat in der Kirche beständig von Anfang an gegeben *einen* Zusammenhang zwischen einzelnen *christlichen* Gemein- 35 den, so daß wenn ein Christ aus der einen Gemeinschaft in die andere

---

17 Baptisten).)] Baptisten.)   **28** *Confession*] Reformation

6f *Vgl. Protestantische Kirche 71.*   28–30 *Vgl. zur Confessio Augustana invariata und variata Protestantische Kirche 42.*

kam, und er brachte literas formatas *mit*, so wurde er in der anderen eo
ipso als Glied der Gemeinschaft aufgenommen. Daher die lutherischen
Kirchen in Deutschland oder Schweden oder Dänemark sind *nicht eins*,
aber *wenn ein* Lutheraner *na*ch Dänemark kommt, so ist er eo ipso auch
5 *ein* Glied der dortigen Kirche. In dieser Anerkenntniß liegt *eine* Gemeinschaft. *Wenn* wir dieselbe *Frage* auf *einen* anderen Fall anwenden, so
verschwindet dies wieder. | Wenn [ein] *einzelner* Reformirter in *ein* rein   39ʳ
lutherisches Land versetzt wird und er sagt, ich möchte am Sakramente
des Altars *Theil nehmen*, und er muß sagen, ich bin *ein* Reformirter aber
10 hie ist *kein* reformirter Cultus, soll ich deswegen das Sakrament des
Altars *ent*behren? Das ist niemals die Praxis gewesen. Einem solchen
sagt man, wenn er sich kein Gewissen daraus mache, so solle er in
*Gott*es Namen unter den Lutheranern communiciren. Das ist *ein* gewisses Kennzeichen der Gemeinschaft.
15   Was ist das Resultat? Dieses, wir werden sagen müssen: Eben dieses,
daß die Sache j e t z t auf diesem Punkte steht, so besteht *ein* solches
Verhältniß zwischen den beiden Parteien der Reformation des 16 Jahrhunderts daß sie in einer solchen Gemeinschaft bestehen, so daß wir sie
als Eins oder Ganzes in *zwei* verschiedene Hälften zerfallend ansehen
20 können gegenüber der katholischen Kirche.
      Dies wird befördert durch *eine* andere Betrachtung. *Wenn* wir *auf* die
Praxis sehen, so können wir *nicht* sagen daß in Beziehung *auf* den Cultus
ein bestimmter Unterschied zwischen den Lutheranern und Reformirten
wäre, sondern wir finden sehr häufig, daß da wo *Chr*isten von beiden
25 Zweigen der evangelischen Kirche in *einem* Lande in verschiedenen Ver-
hältnissen zusammenleben | daß sich der kleinere Theil in Beziehung auf   39ᵛ
den Cultus dem größeren Theile a s s i m i l i r t . Auch dieses zeigt eine
gewisse Einheit an, und daß die Trennung *nicht auf eine* gleichmäßige
Weise durchgeht.
30   Alles dasjenige also, was nun der evangelisch lutherischen Kirche und
der evangelisch reformirten Kirche angehört, gehört *zur* protestantischen
Kirche, und alles Andere fassen wir zusammen *unter* dem Namen der
kleineren Religionsparteien. Da sind wir auch noch *nicht* [im Reinen].
Seit geraumer *Zeit* ist die Differenz zwischen diesen beiden Theilen we-
35 nigstens *auf eine* lokale Weise verschwunden. Das ist die Union der
beiden Hauptzweige der Protestantischen Kirche. Dieses bringt uns in

---

9 *Theil nehmen*] annehmen   33 *nicht*] mit

7–13 *Vgl. 384,11–14.*

eine neue Verwirrung. Sollen wir dies als *eine* eigene Kirche ansehen?
Das ist sehr gegen die Absicht. Denn die Union will ja *eine* Gemeinschaft
der beiden. Aber es *fragt* sich nun ob wir ihnen *nicht* werden sagen
müssen: ihr seid doch für unsere gegenwärtige Betrachtung *eine* einzelne,
in so fern die Union noch *nicht* allgemein ist. So gibt es für uns *eine*   5
Triplicität: Lutheraner, Reformirte, Unirte. In dieser Thatsache liegt allerdings die Tendenz, den Unterschied ganz aufzuheben. Wir aber reden
nur von dem Gegenwärtigen. Also können wir *nicht* anders sagen als es
gibt in der protestantischen Kirche einen Theil, wo die Tendenz zur
40ʳ Vereinigung Platz gegriffen hat | und *einen* anderen Theil, wo diese   10
Tendenz *nicht* Platz gegriffen hat. Diese Sache ist in einer solch eigenthümlichen Lage so daß die Union schon ganz vollkommen war, wenn
sich nur einer unirt hätte. Der Anfang ist schon das Ganze. Alsdann
brauchten wir keine solche Trennung zu machen. Wenn wir aber *eine*
andere Beziehung geltend machen; so stellt sich die Sache noch ganz   15
anders. Wir wollen stehn bleiben bei der ursprünglichen Duplicität. Was
aber wollen wir machen, wenn wir auf die gegenwärtige Lage der Dinge
sehen. Wir müssen jede Landeskirche für sich betrachten. Wenn wir von
einem lutherischen Lande handeln, so müssen wir sagen, ist die Concordienformel *ein* symbolisches Buch, oder nicht? Dasselbe gilt von der   20
reformirten Kirche, wo in jedem Lande eine besondere Glaubens-
bekenntniß-Formel ist. Diese Duplicität können wir aufstellen. Wir nehmen also die Landeskirchen nach einander durch; und betrachten die
Union bei diesen im Einzelnen.

    Wir müssen uns also an das Territorium halten. Protestantische   25
Länder und Länder wo Protestanten und Katholiken zusammenleben
und solche wo die beiden Hauptzweige der Protestanten getrennt und
40ᵛ wo sie vereinigt sind. – Es ist noch der Punkt zu berücksichtigen: | Es gibt
Erscheinungen und kirchliche Verfassungen, die gar *nicht* mit den Anfängen der Reformation in Deutschland, Frankreich und Schweiz zusam-   30
menhängen, das sind die religiösen Gestaltungen in Großbritannien mit
denen es *eine* ganz eigene Bewandniß hat. Die Reformation fing hier an
durch ein regierendes Individuum, das in vollkommener Opposition gegen die Reformation auf dem Continente stand. Dann siegte das römi-

---

32–503,3 *Heinrich VIII., der 1534 die englische Kirche von Rom löste, hatte 1521 von Leo
X. für seine gegen Luthers Schrift „De captivitate Babylonica ecclesiae praeludium" (1520)
gerichtete „Assertio septem sacramentorum" den Titel „Defensor Fidei" erhalten. Er un-
terdrückte mit dem Blutigen Statut (1539) evangelische Regungen in England. Eduard
VI. (1547–53) öffnete die englische Kirche der Reformation. Maria (1553–58) stellte die
päpstliche Jurisdiktion über England wieder her und verfolgte die Protestanten. Elisabeth
erneuerte seit 1559 die königliche Suprematie über die englische Kirche und verpflichtete
die Kirche auf die Liturgie und die Bekenntnisse der Zeit Eduards VI. Vgl. Boekels S. 438 f.*

sche Princip wieder, aber *na*ch diesem wieder d*i*e Reformat*i*on im ursprünglichen Sinne, welche von *einem* anderen Princip *au*sging, als in
Deutschland. Differenz. Die Reformation auf dem Continente ging
überall *au*s von solchen Lehrpunkten welche *eine* unmittelbare Bezie-
5 hung *au*f d*i*e *christliche* Frömmigke*i*t, in ihrer sittlichen Richtung hatten
(sowohl d*i*e sächs*i*sche als die schweizer*i*sche Reformat*i*on.) Wenn man
dag*e*gen d*e*n ersten Anfang d*e*r Reformation in Großbrit*a*nnien betrachtet, so war d*a*s ebenso wenig etwas ursprünglich Neues, als in Deutsch-
l*a*nd u*n*d d*e*r Schweiz; schon früher Huß u*n*d *seine* Anhänger etc. Das
10 großbrit*a*nnische hing nur zus*a*mmen mit d*e*r Streitigke*i*t d*e*r bürgerlichen Gewalt u*n*d den Anmaßungen des röm*i*schen Stuhls. Hier war d*e*r
ursprüngliche Akt d*e*r Absonderung vom röm*i*schen Stuhle, was in
Deutschl*a*nd nicht intendirt war? | Die Absonder*u*ng vom röm*i*schen 41ʳ
Stuhle ging hier von d*e*r röm*i*schen Seite durch d*i*e Excommunicat*i*on
15 des Papstes *au*s. All*ei*n in Großbrit*a*nnien war *ei*n offensives Princip
g*e*gen d*e*n röm*i*schen Stuhl. Hiemit st*a*nd in V*e*rbindung fast gleichz*ei*tig
eine Opposit*i*on, d*i*e *eine* größere Ähnlichk*ei*t hatte *m*it d*e*r Reformation
*au*f dem Continente. Die Presbyterianisch*e* oder Puritan*i*sche Reforma-
t*i*on war *eine* Opposit*i*on g*e*gen d*i*e großbrit*a*nnische, zugleich aber von
20 d*e*r d*e*r Reformat*i*on auf d*e*m Continente g*a*nz [abgewandt]. D*ie* *e*ngli-
sche Reformation: D*e*r König s*e*i Oberhaupt d*e*r K*i*rche, wod*u*rch d*a*s
theokrat*i*sche Princip des röm*i*schen Hofs umg*e*kehrt w*u*rde, d*a*ß d*i*e
bürg*e*rliche Gewalt von d*e*r g*e*istlichen *au*sgehen sollte. – Staat u*n*d Kirch*e* sollten Eins sein. – Dag*e*g*e*n *e*ntst*a*nd d*i*e Opposit*i*on d*e*r Presbyte-
25 rian*e*r, d*i*e h*e*rnach ihr*e*n eig*e*ntlichen Körper in Schottland g*e*f*u*nden
h*a*t, welche d*e*n Satz *au*fstellte: d*e*r bürgerlichen Gewalt g*e*bühre k*e*in
Anth*ei*l an d*e*r g*e*istlichen, sond*e*rn d*i*ese müsse g*a*nz von d*e*r Gemeinde
*au*sgehen. D*i*eser Charakter: Opposit*i*on g*e*gen Jenes zu sein: hat hier
eine g*a*nz ander*e*, u*n*d von d*e*n Continental-Formen *eine* g*a*nz differente
30 Gestaltung hervorgebracht. | *Au*s d*i*eser Opposit*i*on g*e*gen d*i*e polit*i*sche 41ᵛ
Anmaßung in Beziehung *au*f d*i*e Gestaltung d*e*r K*i*rche *e*ntstand *nicht*
bloß jene große presbyterianische K*i*rche in Schottland sond*e*rn *au*ch
eine Menge von kleinen Religions-Parteien. Das hat *seinen* Gr*u*nd th*e*ils
in d*e*r Art, wie d*a*s Verhältn*i*ß zw*i*schen K*i*rche u*n*d Staat s*i*ch g*e*staltete,
35 th*e*ils *au*s jenen Principi*e*n d*e*r bischöflichen K*i*rche *selbst*: Alles andre zu
ignorir*e*n, w*e*nn m*a*n es *nicht* verfolgen könnt*e*. –

Von den kleinen Religionspart*e*ien ist ist der größere Th*e*il in Beziehung *au*f d*i*e großbrit*a*nnische K*i*rche u*n*d von da *au*sgehend erst anderwärts. Das bedingt d*i*e g*a*nze Stellung u*n*d Ordnung unsrer Auseinan-
40 dersetzung. W*i*r dürf*e*n d*i*e Betrachtung d*e*r kleinen Relig*i*onsgemein-

schaf*ten nicht* sondern v*on* dem, wor*auf* sie in der ursprünglichsten Beziehu*ng* stehen. Wolle*n* wir der oben angeg*ebenen* Ordnu*ng* folgen (rö-
m*ische Kirche* (größte *äu*ßer*liche* Einheit) Griechen Protest*anten* usw bis
zu d*en* klei*n*en Organi*sationen*)[.] Hiezu ko*mm*t: a*uf* dem Continen*te* ist
eine größere Neigu*ng* Zersplitteru*ng* des*sen* zu verhinder*n*, was *unter*   5
den Princip*ien* der Reform*ation* steht, u*nd* Diff*erentes* zu sich zu halten,
wog*egen* in Engla*nd* die große Leichtigkeit [*ist*], Zersplitterungen zu
42ʳ organisir*en*. | Das Continent hat *eine* große Richtu*ng* auf *eine* besondre
Einheit der K*irche*. In Großbritannien ursprü*nglich* nur d*ie* Richtu*ng* auf
die Ident*ität* sog*ar* der K*irche* mit dem Staate. Alles Uebrige sich selbst   10
überlassen u*nd* der Leichtigkeit der Organisatio*n* von Zersplitterungen
hingegeb*en*. Daher recht*fertigt* es sich auch, wenn wir die kleinen
Rel*igions*parte*ien* auf dem Continent*e unter einem* ga*nz* and*eren* Ge-
sich*ts*pu*nkte* betr*achten*, als die in Großbritann*ien* (u*nd* Amerika). Auf
dem Continen*te* liegt d*ie* Neigu*ng* zu Grunde Zersplitterungen a*uf*zulö-   15
sen, wog*egen* es in Großbrit*annien* gerade das *Gegen*theil ist.

   D i e   k l e i n e r e n   R e l i g i o n s p a r t e i e n   auf dem Continen*te* woll*en*
wir behandeln in Beziehu*ng* auf die größ*ere* Continentalform. Die klei-
nen Rel*igions*parte*ien* in Großbritannien müssen wir aber in ihren eigen-
thümlic*hen* Principi*en* für sic*h* betr*achten*. Die Verbindu*ngen* in der pro-   20
test*antischen* K*irche*, die sich zu sondern streben, kommen vor, aber es
kommt zu k*einer* vollständigen Sonderu*ng*, wog*egen* die großbrittanni-
schen gleich *eine* besti*mm*te Organisation a*uss*prechen u*nd* sich *eine* besondere Constitution geben. Daher auch, wo wi*r*kl*ich eine* dogmat*ische*
Analo*gie* ist (Mennon*iten* – Baptisten) sich die Einen ga*nz* anders   25
42ᵛ verhalten als die And*eren*. | Doch woll*en* wir z u e r s t v*on* d*en* beid*en*
Hauptkirchengeme*in*sch*aften* auf d*em* Continent*e* handeln u*nd* von d*en*
kleinen Rel*igions*parteien in Beziehu*ng* auf sie. Dann v*on* d*en* beid*en*
Hauptk*irchen* in England, u*nd* von d*en* verschied*enen* Religionsgemei*n*-
sch*aften*, die sic*h* dort gestaltet haben. –   30

   Frage über d*ie* Anfä*nge* u*nd* Fortschreitu*ngen*.

   D*ie* erste *Frage* ist: W*as* woll*en* wir als d*en* Ha*u*ptunterschied setzen
zw*ischen* d*en* Luther*anern* u*nd* Reformirt*en* in ihr*er* Sonderu*ng*, oder sol-
l*en* wir als d*ie* größ*ere* Differenz ansehn das Isolirtsei*n* d*er* Protest*anten*,
u*nd* a*uf* d*er* and*eren* Seite ihr Zusammensein mit den Katholiken? Im   35
ersten Fall*e* handelten wir von d*en* Länder*n*, wo entwed*er* d*ie* reformirte
od*er* luther*ische* K*irche* [vorwaltet], oh*ne* Beziehu*ng* d*ar*a*uf* wie es mit
and*eren* Kirchengeme*in*sch*aften* steht, im and*eren* Fall oh*ne* Sonderu*ng*

---

25 Baptisten] Bapthisten

dessen was lutherisch und dessen was reformirt ist. Wir wollen das
Uebersichtlichste wählen. Wenn wir diejenigen europäischen Staaten betrachten, die überwiegend katholisch sind, und auf die Zustände der
Protestanten [sehen, die] darin sind, so verschwindet da der Unterschied
5 der beiden protestantischen Confessionen ganz und gar. Daher würden
wir die Uebersicht verlieren, wenn wir beide von einander trennten, und
kämen auf Wiederholungen. | Wir kommen von der katholischen Kirche 43ʳ
her, wo wir oft auf den Unterscheidungspunkt des Protestantischen Bezug genommen haben. Daher fangen wir an mit der Darstellung aller der
10 Erscheinungen, welche sich aus diesen Punkten organisirt haben; zuerst
wie sie noch im Gemenge mit den Katholiken liegen. Alsdann zu den
Regionen gehen, wo das Protestantische über das Katholische das Uebergewicht hat, und alsdann wo das Protestantische isolirt ist. Dies wird
uns unstreitig die beste Uebersicht gewähren.

15 Den Unterschied zwischen Lutheranern und Reformirten als bekannt
vorausgesetzt, und ohne Rücksicht darauf werden wir nun zuerst 1) von
den Zuständen der Protestanten in den katholischen Ländern, dann 2)
von den Zuständen der Protestanten in den Ländern, wo das Protestantische Element das Uebergewicht hat, und 3) wo die Protestanten isolirt
20 sind, und das katholische Element als Minimum verschwindet. 4) würden wir übergehen zur großbritannischen Kirche und
5) zu den kleinen Religionsparteien dort. |

Westeuropäische Länder, welche fast ganz katholisch 43ᵛ
sind: Es gibt hier Protestanten unter der Form von einzelnen Gemein-
25 den ohne eine rechte Organisation. Die protestantischen Gemeinden erscheinen als ignorirte geduldete, ohne daß man das Mehr oder Weniger
als bedeutende Differenzen hervorhebe.

Im Kirchenstaat sind die Protestanten vollkommen ignorirt. In
Rom sind Fremde, Künstler, es sind hier also immer Protestanten, aber
30 sie haben keine ordentliche Organisation. Die diplomatischen Agenten
in Rom haben einen Cultus, der aber keinen anderen Charakter hat als
den einer Gesandschaftskapelle. In Rom können keine religiösen Handlungen von protestantischen Geistlichen unternommen werden, welche
dort irgend eine Gültigkeit hätten. Auf ähnliche Weise verhält es sich in
35 Italien überhaupt. In Livorno z B. ist schon lange eine protestantische
Gemeinde. Der Unterschied der Lutheraner und Reformirten wird ganz
ignorirt (auch Englischen). Da haben auch die Protestanten einen eigenen Gottesacker, den sie jetzt in Rom auch haben. Dies Zugeständniß

35–37 Vgl. Stäudlin II, S. 94

ist schon *eine gewisse* Öffentlichkeit, weil die Bestattung der Todten
44ʳ (*nach einem* eigenen Ritus) vor den Augen des Publicums geschieht. | In
diesem Zustand befinden sich alle zerstreuten Gemeinden der Protestanten in Italien, die Waldenser in Piemont und Savoyen ausgenommen. (die
eigentlich *zu* dem corpus der Continental-Reformation *nicht* gehören,   5
sondern auf frühere Zustände in ihrer Absonderung zurückgehn. *Mit
der Zeit* werden sie sich an die Protestanten wohl anschließen. Annäherungen *zu einer* solchen Vereinigung sind die Unterstützung von der
deutschen protestantischen Gemeinschaft. Wir reden von ihnen bei den
besonderen kleinen Religionsparteien).   10
    In Spanien und Portugal hat es ganz dieselbe Bewandniß, als in
Italien[.] In den Handelsstädten gibt es auch solche ignorirten Protestantischen Gemeinden; seit langer Zeit schon in Lissabon pp. Vergängliche,
und zufällige einzelne Gemeinden, die an dem bestimmten Unterschied
von Lutheranern und Reformirten keinen bestimmten Theil nehmen. | 15

[Hannover]

45ʳ [*Es tritt*] die salische Erbfolge ein. Im Grundsatze ist stipulirt, wenn der
49. Stunde König *nicht* zur evangelischen Kirche gehöre so gehe die Verwaltung auf
die evangelischen Mitglieder des Ministeriums über, und mit Zustimmung der allgemeinen Stände-Versammlung solle das Nähere verordnet   20
werden. Darin liegt die Möglichkeit, daß im Ministerium auch Katholiken sind, *was* ganz billig ist, da so viele katholische Einwohner in
Hannover sind. In Hannover ist bei der Reformation die Aufhebung der
Klöster zu einem abgesonderten Fonds vereinigt. Dies Kirchengut solle
allein für die evangelische Kirche, die evangelische Landes-Universität   25
und für die evangelischen Schulen verwendet werden. Auch ist stipulirt:
der Abt von Loccum und der Abt [*von*] Lüneburg gehören beständig zur
ersten Kammer, außerdem werden zur Zeit der Versammlung der Stände
zwei Geistliche zur ersten Kammer bestimmt; zur *zweiten* Kammer *drei*
Geistliche oder höhere Schulmänner, die *einen* beständigen Sitz in der   30
45ᵛ *zweiten* Kammer haben. | Zwei evangelischen Consistorien gehören mit
zur *zweiten* Kammer. Es ist die Frage entstanden, ob die Kirche sollte

---

22 *was*] wenn

17 *Die lex Salica schließt die weibliche Thronfolge aus. Weil in Hannover die salische
Erbfolge galt, endete die Personalunion mit Großbritannien – 1834 bereits absehbar – i.
J. 1837 mit dem Regierungsantritt der Königin Viktoria. König von Hannover wurde Ernst
August, Herzog von Cumberland.*

mit repräsentirt werden durch die Kammer? Hier ist es bejahend beantwortet worden, wie in Sachsen. Die *Frage aus* den Gesichtspunkten der
Kirche betrachtet erscheint sehr zweideutig. –

In Ostfriesland bestand *eine größere* Gleichheit zwischen Reformirten *50. Stunde*
5 und Lutheranern; es bestand *ein* gemeinschaftliches Consistorium für
beide, als es mit *unter* Preußen stand, es theilte sich nur in *zwei*
verschiedene Coetus bei den ganz eigentlichen Confessionssachen. In
einem sehr nahen Verhältniß hat immer

Braunschweig

10 *mit* Hannover gestanden. Die evangelisch luthcrische Kirche die eigentliche Landesreligion; jetzt die *drei* Confessionen in Parität. Das Fürstenthum Blankenburg ist besonders verwaltet worden, die höchste geistliche
Behörde für das übrige Land ist das Consistorium in Wolfenbüttel worunter sechs Generalsuperintendenten stehn. Synoden sind blos literari-
15 sche Colloquia. Es gibt *eine* gewissen Repraesentation bei der kirchli-
chen Verfassung – landständische Rechte. | Diese Richtung, die Kirche in 46ʳ
die ständische Verfassung einzuverleiben hat allerdings ihre sehr verschiedenen Seiten. Denkt man sich dabei die *Tendenz,* die Kirche solle
vertreten werden bei der Gesetzgebung und solle daran Theil haben.
20 Denkt man sich, daß die gesetzgebende Versammlung zugleich soll die
gesetzgebende Gewalt über die Kirche haben, (wie früher auf den
Reichstagen in Deutschland) und dabei *eine* solche Repraesentation als
eine Garantie dafür ansehn, daß die Gesetzgebung auch kirchliche Gesetze gebe, so würde dies *nicht* hinreichend sein. Daß die Kirche da
25 repräsentirt ist, erscheint als ganz überflüssig. Sobald sichs nur *um das*
Aufsichtsrecht des Staates über die Kirche handelt, so braucht da die
Kirche daran gar keinen Antheil zu haben. Soll die Kirche *eine* selbstständige Existenz haben, so ist es offenbar etwas sehr Nachtheiliges. –
Eine andere *Frage* ist, wenn *nicht* Mitglieder der Kirche als solche d. h.
30 Geistliche ex officio und constitutionsmäßig sind, daß sie *nicht* anders
darin sein dürften, als frei gewählt von ihren Mitbürgern. – Ein ebenfalls
überwiegend protestantisches Land ist

13f *worunter*] [wovon]   20 daß] folgt ⟪sich⟫   25 *um das*] vom

5f *1744–1807 (also auch zu dem Zeitpunkt, den Stäudlin beschreibt) gehörte Ostfriesland
zu Preußen.*

Hessen (das Kurfürstenthum)

46ʸ Die reformirte Kirchengemeinschaft war früher die herrschende, | das
regierende Haus mußte reformirt sein; ebenso die höchste Behörde, und
alle protestantisch. Die höchste Landesbehörde bildete mit Hinzuzie-
hung von *zwei* Geistlichen das Consistorium, eigentlich das reformirte,   5
aber *ein* Theil der Lutheraner stand mit darunter. In Marburg gab es *ein*
gemischtes Consistorium für Beide; und *ein* gesondertes noch in Rinteln.
Die Grafschaft Hanau ganz abgesondert hatte *ein* lutherisches und *ein*
reformirtes Consistorium. Für Hanau aber ist schon 1818 *eine* Synode
berufen gewesen, welche Unions-Artikel beschlossen hat, und seitdem   10
besteht dort *ein* gemeinschaftliches Consistorium, das beauftragt ist,
eine gemeinschaftliche Agende einzuführen, so daß der Unterschied zwischen beiden äußerlich ganz aufhören würde. Seitdem ist für Kurhessen
selbst von *einer* solchen Union die Rede gewesen, aber die vielfachen
Unruhen haben diese Sachen ins Dunkel gestellt.   15

     Wie in Deutschland das Verhältniß der beiden Zweige der protestan-
tischen Kirche sich im Allgemeinen gestellt hat, dieser schroffe *Gegensatz* zwischen beiden hat sich schon seit langer Zeit sehr abgestumpft,
und *eine* Neigung zur gemeinschaftlichen Verwaltung ist schon fast
49ʳ überall hervorgetreten, der erste Anfang zu *einer* gänzlichen | Vereini-   20
gung. Das nennt man in dieser Beziehung: Die Gewalt der Dinge. Wenn
die [Menschen] welche die Candidaten der Theologie examiniren einen
berufen, so muß sich ihnen der Mangel *eines* bestimmten Unterschieds
immer aufdringen. Der Unterschied zwischen beiden ist schon im Verschwinden begriffen. Es kommen natürlich gemischte Ehen vor; so wie   25
die äußere Trennung noch besteht, so wird sie in den Familien als *eine*
Last gefühlt, weil sie dem Gefühle der Einheit entgegensteht; die Söhne
folgen dem Vater, die Töchter der Mutter. Mit Ausnahme der Sakramente ist kein Unterschied als nur das verschiedene Beten des Vater
Unser, und daß die Reformirten über freie Texte predigen, und die Lu-   30
theraner über Perikopen. Die Trennung wird von den Gemeinden und
den kirchlichen Behörden als *ein* gezwungener Zustand empfunden. Die
Vereinigung wird schwierig, wo das Verhältniß der beiden Theile in
verschiedenen Theilen *ein* sehr verschiedenes ist. (So auch in Preußen.
Im eigentlichen Preußen gibt es sehr wenige Reformirte, daher spricht   35
den Lutheraner die Vereinigung gar *nicht* an, und es erscheint ihnen als
Zwang, und aller Zwang in religiösen Dingen wird zurückgestoßen. Es

---

20f Das ... Dinge.] *Fragezeichen am rechten Rand*

wird allmählich die Vereinigung aber gewiß geschehen, wenn man die Gewalt der Dinge und die Verhältnisse selbst walten läßt.) |

Das Herzogthum Nassau 49ᵛ

Der Anfang zur Vereinigung beider protestantischen Kirchengemein-
5 schaften wurde hier gleichzeitig mit der preußischen Vereinigung gemacht 1817 beim Reformationsjubiläum. – Antrag der Generalsuperintendenten eine Synode dazu auszuschreiben. Auf dieser Generalsynode
wurde sogleich beschlossen, daß beide Religionsparteien nur eine gemeinschaftliche Kirche bilden sollen, welche den Namen der evange-
10 lisch-christlichen Kirche führen solle. Die Genehmigung des Landesherrn erfolgte schon im August 1817. Bei dieser Vereinigung ist man im
Ganzen genommen mit sehr viel Umsicht zu Werke gegangen. Das Kirchenregiment der einzelnen Gemeinden blieb völlig getrennt. Dagegen
wurde ein gemeinschaftliches Kirchenvermögen gebildet als eine Ge-
15 sammtstiftung für beide. Die kirchliche Oberaufsicht sollte lokal getheilt
werden unter zwei Centralpunkten: Wiesbaden und Weilburg. Weilburg
immer überwiegend lutherisch gewesen, Wiesbaden reformirt. Lokale
Theilung. Eine höhere Bildungsanstalt für Geistliche zu Herborn wird
für beide Religionsgemeinschaften eine gemeinschaftliche. | Künftig solle 50ʳ
20 nur ein Generalsuperintendent sein. Eine andere geographische Kirchen-
eintheilung wurde gemacht. Die Pfarreien in Beziehung auf ihre Dotation classificirt. – Die Pericopen sollten allgemein ein liturgisches Element bilden, vorgelesen wird, es sollte aber dem Prediger darüber zu
predigen oder einen anderen biblischen Text zu wählen, frei stehen. Man
25 hat gesagt, der Abendmahlsritus solle nur bei den Neuconfirmirten beständig gebraucht werden, die älteren könnten bei der bisherigen Ad-
ministrationsweise verbleiben. Wo zwei Gemeinden an einem Orte vereinigt werden, da sollten die kirchlichen Handlungen nach einer gewissen Reihenfolge geschehen. So war die Sache in den Vorschlägen der
30 Generalsynode in Antrag gebracht und so ist es auch genehmigt und
ausgeführt worden. Dieselbige Bewandniß hat es mit der Kirche in den

---

16f *Tatsächlich war es umgekehrt.*

Anhaltischen Ländern.

Bekanntlich war der regierende Herzog von Cöthen katholisch geworden, um die Zeit, wo in unseren Ländern die Union in Antrag kam. Da
50ᵛ wurde in Coethen diese Union förmlich verboten. | Seitdem hat Coethen
jetzt auch wieder *einen* protestantischen Herzog. Daher ist das Verbot   5
als nicht mehr bestehend anzusehn. In Anhalt-Bernburg und Anhalt-
Dessau ist die Union bereits eingeführt.

2f *1825 trat Herzog Ferdinand von Anhalt-Köthen (1818–30) mit seiner Frau zum römischen Katholizismus über.*   4f *Scil. Ferdinands Bruder Heinrich (1830–47).*

Verzeichnisse

Synopsen

Wie schon zu Beginn des editorischen Berichtes bemerkt, dienen diese Synopsen dazu, den Sachapparat von Querverweisen zwischen Manuskript und Nachschriften zu entlasten. Die ersten beiden Synopsen weisen anhand der einzelnen Stunden der Vorlesungen 1827 bzw. 1833/34 nach, auf welche Teile seines Manuskriptes (Material und Stundenaufrisse) sich Schleiermacher in welcher Stunde stützt. Die dritte Synopse verweist umgekehrt von den numerierten Absätzen des Manuskripts auf die Vorlesungsstunden, in denen sie herangezogen werden (allerdings ohne Nachweis der Stundenaufrisse, die ja schon im Sachapparat zum Manuskript den Vorlesungsstunden zugeordnet sind).

Die vierte Synopse zeigt im Zusammenhang, welche Literatur Schleiermacher an welcher Stelle seines Manuskriptes und seiner Vorlesungen benutzt hat. Bei Sammelwerken wie dem Kirchenhistorischen Archiv und Paulus' Sammlung der merkwürdigsten Reisen in den Orient wird dazu nachgewiesen, um welche der in ihnen veröffentlichen Beiträge und Aufsätze es sich jeweils handelt.

Folgende Abkürzungen werden für die Abteilungen des Manuskripts Schleiermachers verwendet:

A	Amerika
AZ	Abendländischer Zweig
EGK	Exzerpte zur griechischen Kirche
GZ	Griechischer Zweig
KGS	Kirchliche Geographie und Statistik
KK	Katholische Kirche
KlP	Kleine Partheien
M	Missionen
PrK	Protestantische Kirche
SZ	Semitischer Zweig
VNE	Verschiedene Notizen und Exzerpte
ZGK	Zur griechischen Kirche
ZS	Zur Statistik

1. Vorlesung 1827 und Ms. Schleiermachers

1. Stunde *(7.5.):* E i n l e i t u n g. *Stellung der Statistik in der theologischen Enzy-*
   klopädie.
   Stundenaufriß: KGS [1]
2. Stunde *(8.5.): Verhältnis der Statistik zur Kirchengeschichte. Quellen und*
   Hilfsmittel.
   Stundenaufriß: KGS 2
3. Stunde *(10.5.): Ordnung des Stoffs.*
   Stundenaufriß: KGS 3
4. Stunde *(11.5.): Ordnung des Stoffs (Schluß).*
   Stundenaufriß: KGS 4
5. Stunde *(14.5.):* D a r s t e l l u n g. *Christentum im ehemals jüdischen Land. Dru-*
   sen und Nassarier. D i e m o r g e n l ä n d i s c h e K i r c h e. *Nestorianismus und*
   Monophysitismus. Die N e s t o r i a n e r.
   Stundenaufriß: KGS [5].
   Material: SZ 4; 9; 8
6. Stunde *(18.5.): Die Nestorianer (Schluß). Die* M o n o p h y s i t e n. *Maroniten.*
   Stundenaufriß: KGS [5].
   Material: SZ 1; 15; 14; 5
7. Stunde *(21.5.): Maroniten (Schluß). Jakobiten. Kopten.*
   Stundenaufriß: KGS [14].
   Material: SZ 5; 16; 12; 2; 7; 10; 19
8. Stunde *(22.5.): Kopten (Schluß). Abessinische Kirche.*
   Stundenaufriß: KGS [14].
   Material: SZ 7; 19; 18; 2; 6; 13; 17
9. Stunde *(23.5.): Armenier.*
   Material: SZ 3; 20
10. Stunde *(25.5.): Armenier (Schluß). Die* g r i e c h i s c h e K i r c h e. *Vorbemer-*
    kung.
    Stundenaufriß: KGS [16].
    Material: SZ 20; 3
11. Stunde *(28.5.): Orientalisch-ungriechische Griechen. Nationalgriechen.*
    Stundenaufriß: KGS [17].
    Material: GZ 32; 30; 3; 34; 40; 37; 38; 39
12. Stunde *(29.5.): Nationalgriechen (Fortsetzung).*
    Stundenaufriß: KGS [18].
    Material: GZ 51; 52; 59; 61; 28; 31; 53; 54; 52; 56; 55; 27; 58; 47; 25; 29; 33;
    4; 49; 13; 23; 50; 57
13. Stunde *(30.5.): Nationalgriechen (Schluß). Russisch-griechische Kirche.*
    Material: GZ 5; 41; 43; 1; 36; 14; 15
14. Stunde *(31.5.): Russisch-griechische Kirche (Fortsetzung).*
    Stundenaufriß: GZ 70.
    Material: GZ 16; 19; 6; 20; 69; 68; 45; 67

15. *Stunde (1.6.): Russisch-griechische Kirche (Schluß). Serben, Illyrier und Wallachen. Unierte Griechen.*
Stundenaufriß: GZ 70; 71.
Material: GZ 48; 46; 47; 8; 11; 12; 10; 9; 44; 71; 35; 62; 24; 70

16. *Stunde (7.6.): Schlußwort zur morgenländischen Kirche. Die abendländische Kirche. Die römisch-katholische Kirche. Kirchliche Monarchie. Ordnung des Stoffs*

17. *Stunde (8.6.): Geistliche und weltliche Macht des Papstes. Papstwahl.*
Stundenaufriß: VNE 35.
Material: KK 14

18. *Stunde (11.6.): Papstwahl (Fortsetzung).*
Stundenaufriß: KGS [20].
Material: KK 34; 27; 29; 30; 28; 33; 12

19. *Stunde (12.6.): Papstwahl (Schluß). Weltliches Regiment im Kirchenstaat. Geistliche Handlungen des Papstes. Organe des päpstlichen Kirchenregiments.*
Stundenaufriß: VNE [1].
Material: KK 12; 34; 27; 39; 38; 40

20. *Stunde (13.6.): Organe des päpstlichen Kirchenregiments (Schluß). Minderheiten im Kirchenstaat. Wirkungen des Papstes nach außen.*
Stundenaufriß: VNE [2].
Material: KK 41; 45

21. *Stunde (14.6.): Wirkungen des Papstes nach außen (Schluß). Toskana und Parma.*
Stundenaufriß: VNE [3].
Material: KK 51; 53; 52

22. *Stunde (15.6.): Sardinien. Neapel und Sizilien. Spanien und Portugal.*
Material: KK 25; 42; 21; 22; 23; 16; 17; 18; 19; 20

23. *Stunde (18.6.): Spanien und Portugal (Schluß). Südeuropäischer Katholizismus.*
Material: KK 55; 54; 11; 56; 58; 59; 61; 60; 62; 63; 64

24. *Stunde (19.6.): Südeuropäischer Katholizismus (Fortsetzung).*
Material: KK 38; 47; 26; 48; 55; 57; 65

25. *Stunde (20.6.): Südeuropäischer Katholizismus (Schluß). Schweiz. Frankreich.*
Material: KK 4; 36; 73; 12

26. *Stunde (21.6.): Frankreich (Fortsetzung).*
Material: KK 66; 67; PrK 18; KK 68; 10; 72; 1

27. *Stunde (22.6.): Frankreich (Fortsetzung).*
Material: KK 31

28. *Stunde (25.6.): Frankreich (Schluß). Deutschland.*
Material: KK 89; 93; 91; 92; 90; 95

29. *Stunde (26.6.): Deutschland (Schluß). Konkordate, Bullen und staatliche Konstitutionen. Österreich.*
Material: KK 89; PrK 37; KK 102; VNE [9]

30. *Stunde (27.6.): Österreich (Fortsetzung).*
    Material: KK 102; VNE [9]; KK 98; VNE [8]; KK 95; 99; 104; 97
31. *Stunde (28.6.): Österreich (Schluß). Bayern.*
    Material: KK 98; 79
32. *Stunde (29.6.): Bayern (Fortsetzung).*
    Material: KK 79; 85
33. *Stunde (2.7.): Bayern (Schluß). Protestantische deutsche Staaten. Mischehen.*
    Material: KK 79; 76; 80; 78
34. *Stunde (4.7.): Mischehen (Schluß).*
35. *Stunde (5.7.): Protestantische deutsche Staaten.*
    Material: KK 93; 106; 119; 117; 118
36. *Stunde (6.7.): Protestantische deutsche Staaten (Schluß).*
37. *Stunde (9.7.): Niederlande.*
    Material: PrK 21
38. *Stunde (11.7.): Niederlande (Schluß). Preußen: Die Bulle De salute animarum.*
    Material: KK 9; 121
39. *Stunde (12.7.): Preußen: Die Bulle De salute animarum (Fortsetzung).*
    Material: KK 79; 121; 67
40. *Stunde (13.7.): Preußen: Die Bulle De salute animarum (Schluß). Das allgemeine Landrecht.*
    Material: KK 121; 123
41. *Stunde (16.7.): Preußen: Das allgemeine Landrecht (Fortsetzung).*
    Material: KK 123
42. *Stunde (17.7.): Preußen: Das allgemeine Landrecht (Schluß). Sachsen-Weimar.*
    Material: KK 123; 2; 121; 122; 85
43. *Stunde (18.7.): Sachsen-Weimar (Fortsetzung).*
    Material: KK 122; 123
44. *Stunde (20.7.): Sachsen-Weimar (Schluß). Sachsen.*
    Material: KK 122; 123; PrK 46; KK 127; 77
45. *Stunde (23.7.): Sachsen (Fortsetzung).*
    Material: KK 127; 77
46. *Stunde (24.7.): Sachsen (Schluß). Südwestdeutsche Staaten. Zustand der katholischen Kirche in Deutschland.*
    Material: KK 127; 125
47. *Stunde (25.7.): Zustand der katholischen Kirche in Deutschland (Schluß). Großbritannien.*
    Material: KK 118; 128
48. *Stunde (26.7.): Großbritannien (Schluß).*
    Material: KK 129; 128
49. *Stunde (27.7.): Rußland und Polen. Osmanisches Reich.*
    Material: KK 131; 124; 113; 6; 7
50. *Stunde (30.7.): Zustand der katholischen Kirche in Europa. Verhältnis zwischen weltlicher Macht und katholischer Kirche. Verhältnis des römischen Hofs zur evangelischen Kirche.*

Stundenaufriß: KK 132.
Material: KK 85; 127

51. *Stunde (31.7.): Verhältnis des römischen Hofs zur evangelischen Kirche (Schluß).*
Stundenaufriß: KK 136

52. *Stunde (1.8.): Streben der Kurie nach weltlicher Macht. Mittel- und Südamerika.*
Stundenaufriß: KK 136.
Material: KK 135; 118; 120; 72; 37; 88

53. *Stunde (2.8.): Mittel- und Südamerika (Schluß). Die evangelische Kirche. Umfang und Einheit der evangelischen Kirche.*
Material: KK 49; 112; ZS [2]

54. *Stunde (6.8.): Umfang und Einheit der evangelischen Kirche (Schluß).*
Material: KK 89

55. *Stunde (7.8.): Trennung und Union von Lutheranern und Reformierten. Verhältnis der evangelischen Kirche zu den Staaten.*

56. *Stunde (9.8.): Verhältnis der evangelischen Kirche zu den Staaten (Schluß).*

57. *Stunde (10.8.): Das gemeinsame Merkmal der evangelischen Kirche. Sachsen.*
Material: PrK 46

58. *Stunde (13.8.): Sachsen (Schluß). Sächsische Herzogtümer.*
Material: PrK 46; 47; 48

59. *Stunde (14.8.): Hannover und Braunschweig. Würtemberg.*
Material: PrK 41; 42; 44; 43; 22

60. *Stunde (15.8.): Würtemberg (Schluß). Schleswig-Holstein und Dänemark.*
Material: PrK 66; 53; 33; 54

61. *Stunde (16.8.): Schleswig-Holstein und Dänemark (Schluß). Schweden.*
Material: PrK 54; 56

62. *Stunde (17.8.): Schweden (Schluß). Hamburg und Lübeck. Frankreich (lutherisch). Niederlande (lutherisch). Beginnende Union in Deutschland. Preußen.*
Material: PrK 56; 57; 58; 17; KK 66; 67; PrK 18; 61; 60; 38; 50

63. *Stunde (20.8.): Preußen (Fortsetzung).*
Material: PrK 50

64. *Stunde (21.8.): Preußen (Schluß). Hessen-Kassel. Baden.*
Material: PrK 45; 59; 64

65. *Stunde (22.8.): Baden (Schluß). Nassau und Waldeck. Bayern.*
Material: PrK 64; 62; 6; 23

66. *Stunde (23.8.): Bayern (Schluß). Österreich.*
Material: PrK 23; 10; 12; 26; VNE [9]; [10]

67. *Stunde (28.8.): Österreich (Schluß). Rußland. Kirchenverfassung bei Lutheranern und Reformierten. Schweiz.*
Material: VNE [10]; PrK 69; 25; 7

68. *Stunde (29.8.): Schweiz (Schluß). Niederlande (reformiert).*
Material: PrK 7; 70; 52; 71

69. *Stunde (30.8.): Frankreich (reformiert). Anglikanische Kirche.*
    Material: PrK 16; 17; 72
70. *Stunde (31.8.): Anglikanische Kirche (Schluß). Schottisch-presbyterianische*
    Kirche.
    Material: PrK 72; 73; 51

2. Vorlesung 1833/34 und Ms. Schleiermachers

1. *Stunde (21.10.):* E i n l e i t u n g. *Aufgabe und Nutzen der Statistik. Abgrenzung*
    des Gegenstands.
2. *Stunde (22.10.): Quellen und Hilfsmittel. Teilung und Einheit im Christentum.*
    Stundenaufriß: KGS [22]
3. *Stunde (23.10.): Teilung und Einheit im Christentum (Schluß). Ordnung des*
    Stoffs.
    Stundenaufriß: KGS [22]
4. *Stunde (24.10.): Ordnung des Stoffs (Schluß). Stellung der Statistik in der*
    theologischen Enzyklopädie. Schlußwort über die Aufgabe.
5. *Stunde (25.10.):* D a r s t e l l u n g. D i e m o r g e n l a n d i s c h e K i r c h e. *Charak-*
    terisierung. Drusen und Nassarier. Perfektibilität des Christentums?
    Stundenaufriß; KGS [22].
    Material: SZ 8
6.–7. *Stunde (28./29.10.):* D i e N e s t o r i a n e r. D i e M o n o p h y s i t e n u n d
    M o n o t h e l e t e n. *Jakobiten. Armenier. Kopten. Maroniten.*
    Stundenaufriß: KGS [22].
    Material: SZ 1; 14; 15; 7; 3; 12; 20; 5
8. *Stunde (30.10.) Maroniten (Schluß). Abessinische Kirche. Schlußwort über die*
    altorientalischen Kirchen.
    Material: SZ 5; 2; 7
9.–10. *Stunde (31.10./1.11.) Schlußwort über die altorientalischen Kirchen*
    (Schluß). D i e g r i e c h i s c h e K i r c h e. *Charakterisierung.*
    Material: SZ 7; GZ 41; 43; 63; 64; 65; 66; 40
11.–37. *Stunde (4.11.–11.12.): Die griechische Kirche (Schluß).* D i e a b e n d l ä n -
    d i s c h e K i r c h e. D i e r ö m i s c h - k a t h o l i s c h e K i r c h e.
38.–39. *Stunde (12./13.12.): Preußen (Schluß). Sachsen-Weimar. Antagonismus*
    zwischen monarchischem und geistigem Zentrum des Katholizismus.
    Material: KK 121; 122; 118
40.–41. *Stunde (16./17.12.):* D i e e v a n g e l i s c h e K i r c h e. *Umfang und Einheit*
    der evangelischen Kirche. Protestanten in West- und Südeuropa.
42.–44. *Stunde (18.–20.12.)*
45. *Stunde (6.1.) Bayern.*
46.–47. *Stunde (7./8.1.)*
48. *Stunde (9.1.) Würtemberg.*
49. *Stunde (10.1.) Würtemberg (Schluß). Hannover.*
    Material: PrK 78

50. *Stunde (13.1.): Hannover (Schluß). Braunschweig. Hessen-Kassel. Nassau.*
    Anhalt.
    Material: PrK 44; 43; 45; 67; 99; 40; 68
51.–64. *Stunde (14.1.–6.2.)*

3. *Ms. Schleiermachers und Vorlesungen 1827 und 1833/34*

Exzerpte zur griechischen Kirche (EGK) –

Zur Statistik (ZS)
   [2]   *Kolleg 1827, 53. Stunde*

Kirchliche Geographie und Statistik (KGS) –

Semitischer Zweig (SZ)
   1   *Kolleg 1827, 6. Stunde; Kolleg 1833/34, 6.–7. Stunde*
   2   *Kolleg 1827, 7.–8. Stunde; Kolleg 1833/34, 8. Stunde*
   3   *Kolleg 1827, 9.–10. Stunde; Kolleg 1833/34, 6.–7. Stunde*
   4   *Kolleg 1827, 5. Stunde*
   5   *Kolleg 1827, 6.–7. Stunde; Kolleg 1833/34, 6.–8. Stunde*
   6   *Kolleg 1827, 8. Stunde*
   7   *Kolleg 1827, 7.–8. Stunde; Kolleg 1833/34, 6.–10. Stunde*
   8   *Kolleg 1827, 5. Stunde; Kolleg 1833/34, 5. Stunde*
   9   *Kolleg 1827, 5. Stunde*
  10   *Kolleg 1827, 7. Stunde*
  12   *Kolleg 1827, 7. Stunde; Kolleg 1833/34, 6.–7. Stunde*
  13   *Kolleg 1827, 8. Stunde*
  14   *Kolleg 1827, 6. Stunde; Kolleg 1833/34, 6.–7. Stunde*
  15   *Kolleg 1827, 6. Stunde; Kolleg 1833/34, 6.–7. Stunde*
  16   *Kolleg 1827, 7. Stunde*
  17   *Kolleg 1827, 8. Stunde*
  18   *Kolleg 1827, 8. Stunde*
  19   *Kolleg 1827, 7.–8. Stunde*
  20   *Kolleg 1827, 9.–10. Stunde; Kolleg 1833/34, 6.–7. Stunde*

Griechischer Zweig (GZ)
   1   *Kolleg 1827, 13. Stunde*
   3   *Kolleg 1827, 11. Stunde*
   4   *Kolleg 1827, 12. Stunde*
   5   *Kolleg 1827, 13. Stunde*
   6   *Kolleg 1827, 14. Stunde*
   8   *Kolleg 1827, 15. Stunde*
   9   *Kolleg 1827, 15. Stunde*
  10   *Kolleg 1827, 15. Stunde*
  11   *Kolleg 1827, 15. Stunde*
  12   *Kolleg 1827, 15. Stunde*
  13   *Kolleg 1827, 12. Stunde*

14   *Kolleg 1827, 13. Stunde*
15   *Kolleg 1827, 13. Stunde*
16   *Kolleg 1827, 14. Stunde*
19   *Kolleg 1827, 14. Stunde*
20   *Kolleg 1827, 14. Stunde*
23   *Kolleg 1827, 12. Stunde*
24   *Kolleg 1827, 15. Stunde*
25   *Kolleg 1827, 12. Stunde*
27   *Kolleg 1827, 12. Stunde*
29   *Kolleg 1827, 12. Stunde*
30   *Kolleg 1827, 11. Stunde*
32   *Kolleg 1827, 11. Stunde*
33   *Kolleg 1827, 12. Stunde*
34   *Kolleg 1827, 11. Stunde*
36   *Kolleg 1827, 13. Stunde*
37   *Kolleg 1827, 11. Stunde*
38   *Kolleg 1827, 11. Stunde*
39   *Kolleg 1827, 11. Stunde*
40   *Kolleg 1827, 11. Stunde; Kolleg 1833/34, 9.–10. Stunde*
41   *Kolleg 1827, 13. Stunde; Kolleg 1833/34, 9.–10. Stunde*
43   *Kolleg 1827, 13. Stunde; Kolleg 1833/34, 9.–10. Stunde*
44   *Kolleg 1827, 15. Stunde*
45   *Kolleg 1827, 14. Stunde*
46   *Kolleg 1827, 15. Stunde*
47   *Kolleg 1827, 12. und 15. Stunde*
48   *Kolleg 1827, 15. Stunde*
49   *Kolleg 1827, 12. Stunde*
50   *Kolleg 1827, 12. Stunde*
51   *Kolleg 1827, 12. Stunde*
52   *Kolleg 1827, 12. Stunde*
55   *Kolleg 1827, 12. Stunde*
56   *Kolleg 1827, 12. Stunde*
57   *Kolleg 1827, 12. Stunde*
58   *Kolleg 1827, 12. Stunde*
62   *Kolleg 1827, 15. Stunde*
63   *Kolleg 1833/34, 9.–10. Stunde*
64   *Kolleg 1833/34, 9.–10. Stunde*
65   *Kolleg 1833/34, 9.–10. Stunde*
66   *Kolleg 1833/34, 9.–10. Stunde*
67   *Kolleg 1827, 14. Stunde*
68   *Kolleg 1827, 14. Stunde*
69   *Kolleg 1827, 14. Stunde*
70   *Kolleg 1827, 15. Stunde*
71   *Kolleg 1827, 15. Stunde*

Verschiedene Notizen und Exzerpte (VNE)
  [8]   *Kolleg 1827, 30. und 66. Stunde*
  [9]   *Kolleg 1827, 29.–30. und 66. Stunde*
 [10]   *Kolleg 1827, 67. Stunde*

Zur griechischen Kirche (ZGK) –

Abendländischer Zweig (AZ) –

Missionen (M) –

Katholische Kirche (KK)
   1   *Kolleg 1827, 26. Stunde*
   2   *Kolleg 1827, 42. Stunde*
   4   *Kolleg 1827, 25. Stunde*
   6   *Kolleg 1827, 49. Stunde*
   7   *Kolleg 1827, 49. Stunde*
   9   *Kolleg 1827, 38. Stunde*
  10   *Kolleg 1827, 26. Stunde*
  11   *Kolleg 1827, 23. Stunde*
  12   *Kolleg 1827, 18.–19. und 25. Stunde*
  14   *Kolleg 1827, 17. Stunde*
  16   *Kolleg 1827, 22. Stunde*
  17   *Kolleg 1827, 22. Stunde*
  18   *Kolleg 1827, 22. Stunde*
  19   *Kolleg 1827, 22. Stunde*
  20   *Kolleg 1827, 22. Stunde*
  21   *Kolleg 1827, 22. Stunde*
  22   *Kolleg 1827, 22. Stunde*
  23   *Kolleg 1827, 22. Stunde*
  25   *Kolleg 1827, 22. Stunde*
  26   *Kolleg 1827, 24. Stunde*
  27   *Kolleg 1827, 18.–19. Stunde*
  28   *Kolleg 1827, 18. Stunde*
  29   *Kolleg 1827, 18. Stunde*
  30   *Kolleg 1827, 18. Stunde*
  31   *Kolleg 1827, 27. Stunde*
  33   *Kolleg 1827, 18. Stunde*
  34   *Kolleg 1827, 18.–19. Stunde*
  36   *Kolleg 1827, 25. Stunde*
  37   *Kolleg 1827, 52. Stunde*
  38   *Kolleg 1827, 19. und 24. Stunde*
  39   *Kolleg 1827, 19. Stunde*
  40   *Kolleg 1827, 19. Stunde*
  41   *Kolleg 1827, 20. Stunde*
  42   *Kolleg 1827, 22. Stunde*
  45   *Kolleg 1827, 20. Stunde*

47	*Kolleg 1827, 24. Stunde*
48	*Kolleg 1827, 24. Stunde*
49	*Kolleg 1827, 53. Stunde*
51	*Kolleg 1827, 21. Stunde*
52	*Kolleg 1827, 21. Stunde*
53	*Kolleg 1827, 21. Stunde*
54	*Kolleg 1827, 23. Stunde*
55	*Kolleg 1827, 23.–24. Stunde*
56	*Kolleg 1827, 23. Stunde*
57	*Kolleg 1827, 24. Stunde*
58	*Kolleg 1827, 23. Stunde*
59	*Kolleg 1827, 23. Stunde*
60	*Kolleg 1827, 23. Stunde*
61	*Kolleg 1827, 23. Stunde*
62	*Kolleg 1827, 23. Stunde*
63	*Kolleg 1827, 23. Stunde*
64	*Kolleg 1827, 23. Stunde*
65	*Kolleg 1827, 24. Stunde*
66	*Kolleg 1827, 26. und 62. Stunde*
67	*Kolleg 1827, 26., 39. und 62. Stunde*
68	*Kolleg 1827, 26. Stunde*
72	*Kolleg 1827, 26. und 52. Stunde*
73	*Kolleg 1827, 25. Stunde*
76	*Kolleg 1827, 33. Stunde*
77	*Kolleg 1827, 44.–45. Stunde*
78	*Kolleg 1827, 33. Stunde*
79	*Kolleg 1827, 31.–33. und 39. Stunde*
80	*Kolleg 1827, 33. Stunde*
85	*Kolleg 1827, 32., 42. und 50. Stunde*
88	*Kolleg 1827, 52. Stunde*
89	*Kolleg 1827, 28.–29. und 54. Stunde*
90	*Kolleg 1827, 28. Stunde*
91	*Kolleg 1827, 28. Stunde*
92	*Kolleg 1827, 28. Stunde*
93	*Kolleg 1827, 28. und 35. Stunde*
95	*Kolleg 1827, 28. und 30. Stunde*
97	*Kolleg 1827, 30. Stunde*
98	*Kolleg 1827, 30.–31. Stunde*
99	*Kolleg 1827, 30. Stunde*
102	*Kolleg 1827, 29.–30. Stunde*
104	*Kolleg 1827, 30. Stunde*
106	*Kolleg 1827, 35. Stunde*
112	*Kolleg 1827, 53. Stunde*
113	*Kolleg 1827, 49. Stunde*

117   *Kolleg 1827, 35. Stunde*
118   *Kolleg 1827, 35., 47. und 52. Stunde; Kolleg 1833/34, 38.–39. Stunde*
119   *Kolleg 1827, 35. Stunde*
120   *Kolleg 1827, 52. Stunde*
121   *Kolleg 1827, 38.–40. und 42. Stunde; Kolleg 1833/34, 38.–39. Stunde*
122   *Kolleg 1827, 42.–44. Stunde; Kolleg 1833/34, 38.–39. Stunde*
123   *Kolleg 1827, 40.–44. Stunde*
124   *Kolleg 1827, 49. Stunde*
125   *Kolleg 1827, 46. Stunde*
127   *Kolleg 1827, 44.–46. Stunde*
128   *Kolleg 1827, 47.–48. und 50. Stunde*
129   *Kolleg 1827, 48. Stunde*
131   *Kolleg 1827, 49. Stunde*
135   *Kolleg 1827, 52. Stunde*

Protestantische Kirche (PrK)

  6   *Kolleg 1827, 65. Stunde*
  7   *Kolleg 1827, 67.–68. Stunde*
 10   *Kolleg 1827, 66. Stunde*
 12   *Kolleg 1827, 66. Stunde*
 16   *Kolleg 1827, 69. Stunde*
 17   *Kolleg 1827, 62. und 69. Stunde*
 18   *Kolleg 1827, 26. und 62. Stunde*
 21   *Kolleg 1827, 37. Stunde*
 22   *Kolleg 1827, 59. Stunde*
 23   *Kolleg 1827, 65.–66. Stunde*
 25   *Kolleg 1827, 67. Stunde*
 26   *Kolleg 1827, 66. Stunde*
 37   *Kolleg 1827, 29. Stunde*
 33   *Kolleg 1827, 60. Stunde*
 38   *Kolleg 1827, 62. Stunde*
 40   *Kolleg 1833/34, 50. Stunde*
 41   *Kolleg 1827, 59. Stunde*
 42   *Kolleg 1827, 59. Stunde*
 43   *Kolleg 1827, 49. Stunde; Kolleg 1833/34, 50. Stunde*
 44   *Kolleg 1827, 59. Stunde; Kolleg 1833/34, 50. Stunde*
 45   *Kolleg 1827, 64. Stunde; Kolleg 1833/34, 50. Stunde*
 46   *Kolleg 1827, 44. und 57.–58. Stunde*
 47   *Kolleg 1827, 58. Stunde*
 48   *Kolleg 1827, 58. Stunde*
 50   *Kolleg 1827, 62.–63. Stunde*
 51   *Kolleg 1827, 70. Stunde*
 52   *Kolleg 1827, 68. Stunde*
 53   *Kolleg 1827, 60. Stunde*
 54   *Kolleg 1827, 60.–61. Stunde*

56 *Kolleg 1827, 61.–62. Stunde*
57 *Kolleg 1827, 62. Stunde*
58 *Kolleg 1827, 62. Stunde*
59 *Kolleg 1827, 64. Stunde*
60 *Kolleg 1827, 62. Stunde*
61 *Kolleg 1827, 62. Stunde*
62 *Kolleg 1827, 65. Stunde*
64 *Kolleg 1827, 64.–65. Stunde*
66 *Kolleg 1827, 60. Stunde*
67 *Kolleg 1833/34, 50. Stunde*
68 *Kolleg 1833/34, 50. Stunde*
69 *Kolleg 1827, 67. Stunde*
70 *Kolleg 1827, 68. Stunde*
71 *Kolleg 1827, 68. Stunde*
72 *Kolleg 1827, 69.–70. Stunde*
73 *Kolleg 1827, 70. Stunde*
78 *Kolleg 1833/34, 49. Stunde*
99 *Kolleg 1833/34, 50. Stunde*

Amerika (A) –

Kleine Partheien (KlP) –

4. Von Schleiermacher benutzte Literatur

* bedeutet: Schleiermacher hat hier seine Quelle angegeben.
(*) bedeutet: Schleiermacher hat hier angegeben, auf welches Dokument er sich bezieht, aber nicht, aus welcher Quelle er dieses kennt.

Acten des Wiener Congresses 2 (**1815**), S. 298–308: PrK 37(*); S. 314–322: PrK 37(*); S. 587–615:PrK 37(*); **4** (**1815**), S. 299–304: Kolleg 1827, 35. Stunde; S. 304f.: KK 118; S. 306f.: KK 118; S. 316–318: KK 106(*); 119; S. 319–325: KK 106; Kolleg 1827, 35. Stunde; S. 325–328: KK 106; Kolleg 1827, 35. Stunde; **6** (**1816**), S. 437–441: KK 106; 117(*); S. 441–446: KK 106; 117(*)
Allgemeine Kirchen-Zeitung 5 (**1826**), 9 (15.1.), S. 80: ZS [2]; 61 (18.4.), S. 504: KK 78; 155 (1.10.), S. 1268f.: KK 78; 191 (3.12.), S. 1576: PrK 34; 204 (28.12.), S. 1688: PrK 35; **6** (**1827**), 6 (11.1.), S. 52–54: ZS [9]; [10]*; 9 (16.1.), S. 75–77: ZS [11]*; 11 (20.1.), S. 96: M [20]; 16 (28.1.), S. 136: KK 112; A [2]; 17 (30.1.), S. 143f.: PrK 21; 41 (13.3.), S. 329–335: KK 86; 46 (22.3.), S. 376: PrK 36; 48 (25.3.), S. 385–388: KK 87; 52 (1.4.), S. 417–424: KK 77; KK 127(*); 52 (1.4.), S. 421: KK 127; 53 (3.4.), S. 425–428: KK 77; KK 127; 53 (3.4.), S. 432: PrK 52; 54 (5.4.), S. 438f.: KK 127; 65 (26.4.), S. 528: KK 2*; 68 (1.5.), S. 551: KK 1*; 72 (8.5.), S. 584: PrK 40; 86 (2.6.), S. 695f.: PrK 26; 94 (17.6.), S. 767f.: KK 85; 100 (28.6.), S. 816: KK 127*; 104 (5.7.), S. 855: KK

125*; 104 (5.7.), S. 856: KK 126; 109 (14.7.), S. 896: KK 73; 111 (17.7.),
S. 910: VNE [6]*; 112 (19.7.), S. 919: KK 138*; 121 (4.8.), S. 985 f.: PrK 67*;
121 (4.8.), S. 989: VNE [8]; PrK 89; 121 (4.8.), S. 989–992: VNE [7]*; **11**
(1832), *112 (17.7.), S. 912: KK 172; 153 (27.9.), S. 1241–1246: KK 171;* **12**
(1833), *51 (30.3.), S. 416: KK 167; 68 (30.4.), S. 552: KK 167; 170 (27.10.),*
S. 1367 f.: KK 166*; 171 (29.10.), S. 1376: KK 166; 173 (2.11.), S. 1392: PrK
76; 184 (21.11.), S. 1480: KK 177; 191 (3.12.), S. 1544: ZGK 67*
Allgemeines Landrecht für die Preußischen Staaten II, Tit. I: Kolleg 1827, 41.
Stunde*; Tit. II: Kolleg 1827, 42. Stunde*; Tit. VI: Kolleg 1827, 41. Stunde*;
Tit. XI: KK 123*; PrK 38*; PrK 39; PrK 50*; Kolleg 1827, 41.*, 42.*, 53.* und
63.* Stunde
Allgemeines Repertorium für die theologische Literatur und kirchliche Statistik 2
(1833), 11 (21.8.), S. 171: KK 148; PrK 94; 13 (1.9.), S. 201 f.: KK 149; 14
(6.9.), S. 221–224: KK 150; 15 (11.9.), S. 240: KK 151; 17 (21.9.), S. 272: PrK
96; 18 (26.9.), S. 276: PrK 97
Archiv für alte und neue Kirchengeschichte 1,1 (1813), S. 85 f.: KlP 4; 1,2 (1813),
S. 91: PrK 84; S. 206–209: KK 139; 1,3 (1814), S. 132–137: PrK 60; S. 139:
PrK 85; S. 139–147: PrK 86; S. 146–148: KlP 5; S. 149–152: PrK 87;
S. 157–162: PrK 98; S. 164–167: KK 182; S. 174–182: PrK 98; 2,2 (1815),
S. 467–469: PrK 79; S. 470: PrK 30; PrK 89; S. 471: PrK 1; PrK 30; PrK 80;
S. 472–474: PrK 81; 2,3 (1815), S. 676–678: PrK 82; S. 694: PrK 83; 3,1
(1815), S. 225–230: PrK 77; 3,2 (1816), S. 493–495: KK 140; 4,1 (1818),
S. 152–160: KlP 6; S. 165–219: PrK 99*; 4,2 (1819), S. 379–389: KK 141;
S. 387: KK 32; S. 394 f.: KK 142; S. 396–399: KK 143; S. 420–423: KK 144;
S. 422: KK 31; S. 427 f.: KK 145; S. 430 f.: KK 146; S. 433–454: PrK 100; 4,3
(1820), S. 624–653: KlP 8; 5,1 (1821), S. 134–221: PrK 101*; 5,2 (1822),
S. 277–286: KlP 8; S. 354: PrK 93; S. 354 f.: PrK [102]; S. 370: KK 147; PrK
[102]; S. 401–404: PrK 99(*)

1,1, S. 83–135	*Johann Georg Rosenmüller: Kurze Darstellung des eigen-thümlichen Lehrbegriffs der Unitarier in Siebenbürgen*
1,2, S. 91–124	*Kurze Geschichte des durch Gesetze bestimmten politi-schen Zustandes der Protestanten in Ungarn von 1608 bis 1740*
1,2, S. 202–226	*Johann David Goldhorn: Betrachtungen über den gegen-wärtigen Zustand des öffentlichen Unterrichtes der ka-tholischen Geistlichkeit in Frankreich und Deutschland, von einem ehemaligen Großvicar*
1,3, S. 131–236	*Briefe über den kirchlichen Zustand in Holland*
2,2, S. 462–469	*Johann Christoph von Schmid: Aeußere Geschichte der reformirten Kirchengemeinden zu Grönenbach, Herbis-hofen und Teisselberg, im Königreich Bayern*
2,2, S. 470–474	*Evangelische Gemeinden im Oestreichischen Schlesien, in Böhmen, Niederöstreich, Steyermark und Siebenbürgen*
2,3, S. 673–686	*Beytrag zur neuesten Kirchengeschichte der Protestanten in Ungarn*

2,3, S. 687–698; 4,1, S. 220–236 *Einige Nachrichten zur Geschichte der Evang. Luth. Gemeine am Vorgebirge der guten Hoffnung gehörig*

3,1, S. 225–250   *Gustav Adolph Stenzel: Vertheidigung der Protestanten in Nieder-Languedoc*

3,2, S. 493–496   *Kurze Nachricht von der neu errichteten theologischen Lehranstalt zu Ellwangen im Königreiche Würtemberg*

4,1, S. 149–164   *Carl Friedrich Stäudlin: Einige Nachrichten, die Geschichte, Lehre und den gegenwärtigen Zustand der Unitarier in Siebenbürgen betreffend*

4,1, S. 165–219   *August Ludwig Christian Heydenreich: Actenstücke, die Vereinigung der evangelisch-lutherischen und reformirten Kirche im Herzogthum Nassau bertreffend*

4,2, S. 379–432   *Heinrich Gottlieb Tzschirner: Beyträge zur neuesten Geschichte der katholischen Kirche in Frankreich aus der Schrift des Hrn. de Pradt von den vier Concordaten*

4,2, S. 433–464   *Ludwig Pflaum: Die im Königreiche Würtemberg entstehenden religiösen Gemeinden*

4,3, S. 624–658; 5,2, S. 277–316 *Friedrich Wilhelm von Schubert: Die Leser in Nordschweden*

5,1, S. 113–236   *Wilhelm Adolph Schickedanz: Die Kirche von Genf im 19. Jahrhunderte*

5,2, S. 277–316   *s. 4,3, S. 624–658*

5,2, S. 346–379   *Johann Daniel Ferdinand Neigebaur: Verwaltung der kirchlichen Angelegenheiten am Rheine seit der Vertreibung der Franzosen*

5,2, S. 400–416   *Landesherrliches Edikt, die äußeren Verhältnisse der Evang. christl. Kirche im Herzogthum Nassau betreffend*

J. S. Assemani: *Bibliotheca orientalis Clementino-Vaticana* III/2: SZ 15*

Der aufrichtige und wohlerfahrne Schweizer-Bote 24 (1827), 1 (4.1.), S. 2: KK 81*; 3 (18.1.), S. 17: KK 81*; 8 (22.2.), S. 59: KK 81*

G. Berzeviczy: *Nachrichten über den jetzigen Zustand der Evangelischen in Ungarn*: Kolleg 1827, 30. Stunde*

Le Constitutionnel 1827, 121 (18.7.): KK 127*

Ch. Dupin: *Situation progressive des forces de la France*: Kolleg 1827, 28. Stunde

Erstes ConstitutionsEdict, die Kirchliche Staatsverfassung des Grosherzogthums Baden betreffend: KK 78*; PrK 59*; 62

Evangelische Kirchenvereinigung im Großherzogthum Baden nach ihren Haupturkunden und Dokumenten: PrK 64(*); Kolleg 1827, 64. Stunde

Evangelische Kirchen-Zeitung 13 (1833), 96 (30.11.), S. 768: ZGK 67*

Gesetzblatt für das Königreich Baiern 1818, 18 (22.7.), S. 397–436: KK 79(*); PrK 88(*)

Gesetz-Sammlung für die Königlich-Preußischen Staaten 1821, 12 (1.9.), S. 113–152: KK 121(*)

Grosherzoglich Badisches Regierungs-Blatt 5 *(1807),* 21 *(23.6.), S.* 87f.: *KK* 80*
Großherzoglich Badisches Staats- und Regierungsblatt 25 *(1827),* 23 *(16.10.),
S.* 211–238: *KK* 167(*)
Großherzoglich Hessisches Regierungsblatt 1826, 7 *(30.3.), S.* 69f.: *KK* 78; 25
(23.9.), S. 249–251: *KK* 78
*H. Ph. K. Henke: Allgemeine Geschichte der christlichen Kirche nach der Zeit-
folge* 2 *(4. Aufl.* 1801), *S.* 360f.: *KK* 75(*); 5 *(1802), S.* 240–242: *GZ* 44
– und J. S. Vater: Handbuch der allgemeinen Geschichte der christlichen Kirche
2, *S.* 400: *KK* 75(*); 3, *S.* 196–199: *GZ* 40; *S.* 309: *GZ* 43
*J. H. Hinton: The History and Topography of the United States of North Ame-
rica* II *(1832), S.* 362–369: *A* [3]*–[9]
L. Ideler: Handbuch der mathematischen und technischen Chronologie 1 *(1825),
S.* 140–144: *KGS* [12]*
*Ch. G. Jähne: Dankbare Erinnerung an die Gemeinde der Schwenkfelder zu
Philadelphia in Nordamerika, S.* 8: *KlP* 3; *S.* 23–36: *KlP* 2*
Jahrbücher der Theologie und theologischer Nachrichten 1826,1, *S.* 342–346: *ZS*
*[5]**
Kirchenhistorisches Archiv **1823,1**, *S.* 7f.: *M* [2]*; *S.* 7–10: *M* [3]*; *S.* 14–17: *M*
[4]; *S.* 20–31: *AZ* [2]*; *S.* 33: *GZ* 1*; *GZ* 3; *S.* 33f.: *GZ* 2; *S.* 36: *GZ* 4; *GZ* 5;
S. 38: *GZ* 5; *S.* 40f.: *SZ* 1*; *S.* 41f.: *SZ* 2; *S.* 42–44: *SZ* 3; *S.* 44–46: *GZ* 6;
S. 47: *GZ* 7; *S.* 50–55: *AZ* [3]; *S.* 59: *AZ* [4]; *S.* 60f.: *AZ* [5]; *S.* 62–64: *AZ*
[8]; S. 64: *AZ* [6]; *S.* 68f.: *AZ* [7]; *S.* 69f.: *AZ* [9]; *S.* 72–74: *AZ* [10];
S. 75–83: *AZ* [11]; *KK* 8; *S.* 80: *AZ* [12]; *KK* 10; *S.* 85: *AZ* [11]; *KK* 11;
S. 87f.: *AZ* [11]; *S.* 89: *KK* 9; *S.* 89f.: *AZ* [11]; **1823,3**, *S.* 1–51: *Kolleg* 1827,
27. *Stunde; S.* 111: *GZ* 8; *S.* 112f.: *GZ* 9; *S.* 118: *GZ* 9; *S.* 119: *GZ* 10;
S. 120f.: *GZ* 11; *S.* 122–127: *GZ* 12; **1823,4**, *S.* 1–44: *Kolleg* 1827, 27. *Stunde;*
S. 80f.: *GZ* 13; *S.* 87f.: *GZ* 13; **1824,1**, *S.* 66–92: *AZ* [13]; **1824, 2**, *S.* 49f.:
GZ 14; *S.* 57–62: *GZ* 14; **1824,3**, *S.* 97–99: *AZ* [14]; *S.* 99: *AZ* [4]; **1824,4**,
S. 26f.: *GZ* 15; *S.* 29–31: *GZ* 16; *S.* 30: *GZ* 6; *S.* 34f.: *GZ* 16; *S.* 35f.: *GZ* 17;
S. 40: *GZ* 18; *S.* 43–74: *GZ* 19

> 1823,1, *S.* 1–74; 1823,2, *S.* 1–58 *Carl Friedrich Stäudlin: Grundriß der Kir-
> chengeschichte des 19. Jahrhunderts bis in das Jahr 1822*
> 1823,1, *S.* 75–96 *Johann Severin Vater: Ueberblick der Römisch-Katholi-
> schen Kirche von 1814–1822*
> 1823,3, *S.* 1–51; 1823,4, *S.* 1–44 *Mark Wilks/Carl Friedrich Stäudlin: Ge-
> schichte der Verfolgung der Protestanten im südlichen
> Frankreich und besonders im Gard-Departement wäh-
> rend der Jahre 1814. 15. 16. etc.*
> 1823,3, *S.* 107–127 *Johann Severin Vater: Der jetzige Zustand der Serbi-
> schen Kirche*
> 1823,4, *S.* 71–96 *Johann Severin Vater: Von der* Σύνοδος ἐνδημοῦσα *oder
> von der stätigen Synode in der Hauptstadt*
> 1824,1, *S.* 46–100 *Carl Friedrich Stäudlin: Ueber die kirchliche Geschichte
> und Geographie von Island, vorzüglich nach den neuesten
> Englischen Reisebeschreibungen*

1824,2, S. 46–91; 1824,4, S. 26–76 *Philipp Strahl: Geschichte der Irrlehren*
          und des Sectenwesens in der Griechisch-Russischen Kir-
          che, aus Russischen Quellen entwickelt
1824,3, S. 96–100 *Johann Severin Vater: Nachricht über die Amerikani-*
          schen Baptisten aus Berichten von Washington v. J. 1823.
1828,4, S. 26–76   s. 1824,2, S. 46–91

Königlich Württembergisches Staats- und Regierungs-Blatt **1817**, 30 (10.5.),
          S. 222f.: PrK 65; **1819**, 65 (27.9.), S. 634–682: PrK 66(*)
C. G. Leonhardt: Die gesegnete Ausbreitung des Christenthums unter Heyden,
          Mahommedanern und Juden in der neuesten Zeit: M [1]*; S. 40f.: M [17]*;
          S. 114. M [15]; *S. 118:* M [15]; *S. 132f.:* M [16]
Neuere Geschichte der Evangelischen Missions-Anstalten zu Bekehrung der Hei-
          den in Ostindien, Band 6, **61** (1805), S. 1–47: M [19]; **66** (1816), S. 539–558:
          M [1]*; **69** (1820), S. 844: M [9]; **71** (1823), S. 1104–1124: M [1]*;
          S. 1110–1118: M [13]

61, S. 1–46	*Herrn Gericke's Tagebuch vom Jahr 1802*
66, S. 539–558	*Georg Christian Knapp: Abriß einer allgemeinen prote-* *stantischen Missionsgeschichte mit vorzüglicher Rück-* *sicht auf Ostindien*
69, S. 842–847	*Herrn Dr. Steinkopff's Bericht von den Missions- und* *Bibel-Gesellschaften in London im Jahre 1820*
71, S. 1104–1124	*Uebersicht der bekannt gewordenen evangelischen Missi-* *onsplätze auf der ganzen Erde, mit Angabe der Gesell-* *schaften, die dort arbeiten, und ihrer Glaubensboten*

Orthodoxa Confessio Catholicae atque Apostolicae Ecclesiae Orientalis, hg. von
          L. Norrmann: GZ 38*; 39*
H. E. G. Paulus (Hg.): Kirchen-Beleuchtungen: oder Andeutungen, den gegen-
          wärtigen Standpunct der römisch-päpstlichen, katholischen und evange-
          lisch-protestantischen Kirchen richtiger zu kennen und zu beurtheilen, **1**,
          S. 42–46: KK 88; S. 164f.: Kolleg 1827, 66. Stunde; S. 164–170: PrK 23*; **2**,
          S. 93–125: KK 77; KK 127(*); S. 125–136: KK 127; S. 146–148: PrK 74

1, S. 42–46	*Bedenkliches Beispiel von kirchlichen Licht-Ansichten aus* *Südamerika*
1, S. 164–172	*Die neueste Organisation über Kirchen- und Unterrichts-* *anstalten, auch Stiftungen der Protestanten*
2, S. 93–148	*Die neuesten Kön. Sächsischen Mandate, die Verfassung* *beider Kirchen betreffend, nebst einer Bekanntmachung* *des PäbstlichenVicars, und der Kön. Kirchenassecuration* *von 1827. Mit Bemerkungen von Dr. Paulus*

– *(Hg.): Sammlung der merkwürdigsten Reisen in den Orient* **II** (1792), S. 49: SZ
          4; S. 127: SZ 5*; S. 208–236: SZ 5*; **III** (1794), S. 44f.: SZ 6*; S. 69–97: SZ 7;
          S. 81: KGS [12]; S. 156: KGS [12]; S. 296: SZ 7; S. 302: Kolleg 1827, 8. Stun-

*de; S. 335 f.: SZ 7; **IV (1798)**, S. 56–58: SZ 8; S. 60–63: SZ 9; S. 61: Kolleg
1827, 5. Stunde; S. 239–258: SZ 7; S. 257: AZ [15]; S. 258 f.: Kolleg 1827, 7.
Stunde; S. 261–264: SZ 10; S. 271: SZ 10; **V (1799)**, S. 77: SZ 4; S. 90: SZ 7;
S. 97: SZ 7*; S. 114: SZ 7; S. 118: SZ 18*; S. 127–153: SZ 19*; S. 292–295:
GZ 23*; S. 295 f.: EGK [13]; GZ 24; S. 296 f.: EGK [16]; S. 297 f.: EGK [14];
GZ 25; GZ 29; S. 298 f.: GZ 26; S. 299: EGK [15]; GZ 27; S. 300: EGK [17];
S. 300 f.: GZ 28; S. 301 f.: EGK [18]; S. 303: EGK [19]; GZ 28; S. 312–328:
EGK [10]*; S. 313–319: GZ 29; **VI (1801)**, S. 15: GZ 30*; S. 20–22: GZ 28*;
S. 21: EGK [15]; S. 48 f.: EGK [20]; S. 108: GZ 31; S. 109–111: SZ 20; S. 134:
GZ 31*; S. 243: SZ 15*; S. 269: GZ 32**

II, S. 27–200	*Jonas Korte's Reise durch Egypten über Joppe nach Palästina, Syrien und Mesopotamien (1737–39), nach der Ausgabe Halle 1751*
II, S. 201–240	*Hieronymus Dandini's Reisebemerkungen über die Maroniten, während seiner päpstlichen Gesandtschaft zu denselben auf dem Libanon gemacht (1596)*
III, S. 1–122	*Johann Michael Wansleb's bisher ungedruckte Beschreibung von Aegypten im Jahr 1664*
III, S. 123–384	*Johann Michael Wansleb OP: Neue Beschreibung einer Reise nach Aegypten in den Jahren 1673. in Form eines Tagebuchs, nach der französischen Ausgabe Paris 1677*
IV, S. 43–64	*Denkwürdigkeiten der Stadt Aleppo und ihrer Gegend [von einem nicht genannten Jesuiten, 1724]*
IV, S. 233–288	*Brief des Paters Du Bernat, Missionairs von der Gesellschaft Jesu, in Aegypten; an den Pater Fleuriau, von derselben Gesellschaft [1717]*
V, S. 1–125	*Schreiben [von C. Siccard SJ] an Se. Durchlaucht, den Herrn Grafen von Toulouse [1717]*
V, S. 126–157	*Brief des Pater Siccard, an den P. Fleuriau, über eine Reise in die Wüste von Thebais und die dortigen Klöster [1725]*
V, S. 273–303	*Die Insel Samos, nach Joseph Georgirenes [1689]*
V, S. 312–328	*Joseph Georgirenes: Beschreibung des Berges Athos [1689]*
VI, S. 1–VII 260	*Stephan Schulz: Reise durch einen Theil von Vorderasien, Aegypten und besonders Syrien, vom Jahr 1752 bis 1756, nach der Ausgabe Halle 1774*

J. Ch. Pfister: Die evangelische Kirche in Wirtemberg: PrK 22
Regierungsblatt für das Königreich Württemberg **1824**, 40 (5.8.), S. 575: PrK 66*;
   1826, 24 (29.5.), S. 242: PrK 66*; 35 (6.9.), S. 392: PrK 66*
Repertorium für Biblische und Morgenländische Litteratur 12 (1783), S. 108–224:
   SZ 9*

532   *Verzeichnisse*

12, S. 108–224   *Johann Gottfried Eichhorn: Von der Religion der Drusen*

K.H. Sack: Ansichten und Beobachtungen über Religion und Kirche in England, S. 52: Kolleg 1827, 69. Stunde; S. 53–64: PrK 72

Sammlung der Gesetze, Verordnungen und Ausschreibung für das Königreich Hannover 1824,1, 12 (2.6.), S. 89–110: KK 175(*); 1833,1, 24 (9.10.), S. 286–330: KK 174(*); PrK 78(*)

J. M. Schröckh und H. G. Tzschirner: Christliche Kirchengeschichte seit der Reformation 5 (1806), S. 406 f.: EGK [26]; 6 (1807), S. 339 f.: KK 12(*); 9 (1810), S. 6–16: EGK [1]; S. 34 f.: EGK [2]; S. 36: EGK [3]; S. 38: EGK [5]; S. 40–43: EGK [4]; S. 51: EGK [6]; S. 51 f.: EGK [7]; S. 52 f.: EGK [8]; S. 59–62: EGK [9]; S. 63–68: EGK [10]; S. 70: EGK [10]; S. 105–107: EGK [11]; S. 146 f.: EGK [21]; S. 159–188: EGK [22]; S. 189: EGK [23]; S. 206: EGK [23]; S. 212 f.: EGK [24]; S. 214: EGK [25]; S. 217: EGK [25]; S. 217 f.: EGK [24]; S. 227–229: EGK [27]

Staats und Gelehrte Zeitung des Hamburgischen unpartheyischen Correspondenten 1827, 91 (8.6.): KK 35*

C.F. Stäudlin: Kirchliche Geographie und Statistik, Band I, S. 57: SZ 12; S. 57 f.: SZ 16; S. 59 f.: SZ 20; S. 60: SZ 3; S. 63: SZ 5; S. 89: VNE [5]; S. 138–160: PrK 72; S. 146–154: Kolleg 1827, 69. Stunde; S. 180 f.: KK 179; S. 181–183: KK 128; S. 189–192: PrK 73; S. 193: KK 179; S. 196–204: Kolleg 1827, 48. Stunde; S. 198 203: KK 129; KK 179; S. 206: Kolleg 1827, 47. Stunde; S. 213–223: PrK 54; S. 222: PrK 55; S. 231–244: PrK 56; S. 239–243: PrK 69; S. 268–289: GZ 20*; S. 269–271: GZ 15; S. 269–274: Kolleg 1827, 11. Stunde; S. 275: GZ 27; S. 275–277: GZ 67; S. 276–279: GZ 45; S. 279: KGS [19]; S. 281–283: GZ 46; S. 282 f.: GZ 47; S. 284: Kolleg 1827, 31. Stunde; S. 284–287: GZ 69; S. 285 f.: GZ 68; S. 287: GZ 48; S. 288: GZ 47; GZ 52; S. 299 f.: PrK 69; S. 302: SZ 20; S. 307–315: GZ 34; S. 315–319: Kolleg 1827, 5. Stunde; S. 320 f.: Kolleg 1827, 49. Stunde; S. 320–329: KK 131; S. 325: Kolleg 1827, 49. Stunde; S. 331–334: PrK 69; S. 345 f.: KK 181; S. 347: GZ 70; S. 347–349: GZ 21*; S. 349: KGS [15]; S. 349–355: GZ 20; S. 360: Kolleg 1827, 30. Stunde; S. 360–363: KK 102; S. 360–367: KK 176*; S. 361–365: PrK 90; S. 363–365: Kolleg 1827, 29. Stunde; S. 364 f.: PrK 29; VNE [9]; S. 367–374: GZ 21*; S. 368: EGK [4]; GZ 35; GZ 62; S. 371 f.: GZ 63; S. 373: GZ 71; S. 374–383: VNE [9]; S. 387: GZ 64; GZ 65; GZ 71; S. 388: VNE [10]; S. 390: KlP 6; S. 405–407: KK 27; S. 407: KK 28; S. 412–414: KK 29; S. 415 f.: KK 30; S. 415–418: KK 34; S. 416 f.: KK 33; S. 418–420: KGS [20]; S. 423–426: KGS [21]; KK 38; S. 426 f.: KK 39; S. 427: KK 163; S. 427–431: KK 164; S. 428: KK 40; S. 429: KK 162; S. 430 f.: KK 41; S. 432: KK 42; S. 432 f.: KK 153; Kolleg 1827, 20. Stunde; S. 433: KK 13; KK 152; S. 433 f.: KK 154; S. 434: KK 43; KK 44; S. 434 f.: KK 14; KK 39; KK 155; S. 435–438: KK 45; S. 439: KK 46; S. 439 f.: KK 15; KK 156; S. 442 f.: KK 158; S. 448: KK 15; KK 165; S. 449: KK 38; KK 47; KK 157; KK 159; S. 451: KK 160; S. 453–455: KK 48; S. 453 f.: KK 161; S. 457–459: KK 16; S. 460–463: KK 17;

S. 464f.: KK 18; S. 466: KK 19; S. 471f.: KK 20; S. 477f.: KK 21; S. 478–481: KK 22; S. 481–484: KK 23*; S. 489: GZ 66; S. 489–491: GZ 21*; S. 500: KK 24; KK 178; **Band II,** *S. 19: KK 180; S. 47: KK 25; S. 52f.: KK 25; S. 55f.: KK 26; S. 62: SZ 3; S. 63: GZ 21; S. 69–73: KK 178; S. 79: KK 178; S. 85–91: KK 51; S. 91: KK 52; S. 98–100: KK 53; S. 102: KK 55; KK 168; S. 102–107: KK 54; S. 104–106: KK 168; S. 108f.: KK 55; S. 109: Kolleg 1827, 24. Stunde; S. 111f.: Kolleg 1827, 23. Stunde; S. 111–114: KK 55; S. 119–125: KK 55; S. 121: Kolleg 1827, 24. Stunde; S. 125f.: KK 56; S. 126f.: KK 168; S. 132–136: KK 57; S. 137–139: KK 58; S. 139f.: Kolleg 1827, 23. Stunde; S. 139–142: KK 59; S. 143: KK 60; S. 149f.: KK 60; S. 152: KK 61; S. 157: KK 62; S. 159: KK 63; S. 161: KK 64; S. 167f.: KK 65; S. 172f.: PrK 17; S. 175–177: KK 66; S. 177–180: Kolleg 1827, 26. Stunde; S. 182: KK 66; S. 183–188: KK 67; S. 193: KK 67; S. 193–198: KK 68; S. 202–208: PrK 18; S. 203–209: PrK 61; S. 209: PrK 16; S. 210f.: PrK 19; S. 214: PrK 20*; S. 218–226: PrK 71; S. 226–231: KK 182; S. 231–235: PrK 60; S. 269–290: PrK 70; S. 274–279: KK 83; S. 288f.: KK 81; S. 306: KK 82; KK 83; S. 308: KK 84; S. 308f.: PrK 70; S. 310: KK 83; S. 336: KK 90; S. 336f.: KK 91; S. 337–339: KK 92; S. 340: KK 93; S. 350f.: KK 94; S. 355f.: KK 95; S. 364–368: PrK 41; S. 372–376: PrK 41; S. 376: PrK 42; S. 379: PrK 42; S. 381–390: PrK 43; S. 399–403: PrK 54; S. 406: PrK 54; S. 416f.: PrK 57; S. 419f.: PrK 58; S. 422–424: PrK 46; S. 469–473: PrK 47; S. 474f.: PrK 48; S. 476: PrK 47; S. 478–482: PrK 50; S. 489: Kolleg 1827, 62. Stunde; S. 494–496: PrK 50; Kolleg 1827, 62. Stunde; S. 503: PrK 44; S. 512–517: PrK 45*; S. 533: PrK 31; S. 536: PrK 32; S. 537–540: PrK 33; PrK 53; S. 540: PrK 22; S. 540f.: PrK 53; S. 545f.: Kolleg 1827, 46. Stunde; S. 546: PrK 53; S. 547f.: KK 116; S. 565: VNE [8]; PrK 89; S. 565f.: Kolleg 1827, 30. Stunde; S. 565–568: KK 178; S. 567f.: Kolleg 1827, 29. und 30. Stunde; S. 568: SZ 3; VNE [8]; KK 103; PrK 30; PrK 89; S. 568f.: KK 104; S. 570: KGS [8]*; Kolleg 1827, 36. Stunde; S. 573: VNE [8]; KK 97; PrK 1; PrK 89; PrK 92; S. 574f.: KK 178; S. 574–576: KK 98; S. 575f.: PrK 30; S. 580f.: KK 99; KK 178; S. 581: PrK 27; VNE [8]; S. 586–588: KK 6; S. 588–591: Kolleg 1827, 13. Stunde; S. 591: GZ 22; S. 594–599: Kolleg 1827, 12. Stunde; 595f.: GZ 49; S. 599: GZ 42; S. 600–602: GZ 57; S. 601f.: GZ 50; S. 603: GZ 58; GZ 59; GZ 60; S. 605f.: GZ 51; S. 606f.: GZ 52; S. 607: GZ 53; S. 608: GZ 54; S. 609: GZ 55; S. 609f.: GZ 56; GZ 61; S. 610: SZ 3; S. 610–615: SZ 20; S. 615: Kolleg 1827, 49. Stunde; S. 615f.: KK 6; S. 616: KK 7; S. 620f.: KK 7; S. 624: Kolleg 1833/34, 6./7. Stunde; S. 624–626: SZ 5; S. 628f.: KGS [22]*; Kolleg 1833/34, 5. Stunde; S. 629: SZ 20; GZ 32; S. 631: KGS [22]*; SZ 11; S. 635: SZ 1; SZ 20; S. 636f.: SZ 12; S. 641: SZ 10; S. 651: SZ 6; S. 651–654: SZ 13; S. 651–657: SZ 17; S. 659f.: PrK 28; S. 661: M [18]; S. 662: KK 100; S. 666: KK 101; S. 685–692: SZ 14; S. 705: KGS [22]*; S. 743: KK 54*

Theologische Nachrichten **1823,** *S. 38–61: PrK 6*; S. 63–66: PrK 7*; PrK 70; S. 66–70: PrK 7*; S. 70–72: PrK 70; S. 217–219: PrK 9(*); S. 263f.: PrK 10; S. 264: GZ 36; S. 329–332: PrK 11; S. 333–336: PrK 12; S. 336–338: PrK 13;*

S. 377–379: PrK 14; S. 393–399: PrK 15; **1824,** S. 9f.: M [6]; S. 18f.: M [7]; S. 19: M [8]; S. 19f.: M [9]; S. 27–33: PrK 2*; S. 41–48: KK 3*; KK 122*; S. 60–62: M [11]; S. 63: M [12]; S. 78–101: KK 3*; KK 122*; S. 109–116: PrK 3; S. 116–123: PrK 4*; S. 225–232: KK 4; S. 373–400: KK 5; S. 484–486: PrK 5; **1826,** S. 143–147: ZS [4]; S. 161–164: ZS [6]; S. 164: ZS [7]

Vossische Zeitung **1827,** 129 (6.6.): KK 37; 133 (11.6.): KK 36*; PrK 8; 172 (26.7.): KK 133*; KK 134*; 178 (2.8.): KK 137; **1833,** 274 (22.11.): KK 169; KK 170*

Abkürzungen

AANKG	*Archiv für alte und neue Kirchengeschichte*
AKZ	*Allgemeine Kirchen-Zeitung*
ALR	*Allgemeines Landrecht für die Preußischen Staaten*
ARTL	*Allgemeines Repertorium für die theologische Literatur und kirchliche Statistik*
Arndt/Virmond	*A. Arndt und W. Virmond: Schleiermachers Briefwechsel (Verzeichnis) nebst einer Liste seiner Vorlesungen*
Art.	*Artikel*
AWC	*Acten des Wiener Congresses*
Boekels	*J. Boekels: Schleiermacher als Kirchengeschichtler*
Br.	*Aus Schleiermacher's Leben. In Briefen*
Br. Gaß	*W. Gaß: Fr. Schleiermacher's Briefwechsel mit J. Chr. Gaß*
CG	*F. Schleiermacher: Der christliche Glaube*
fol.	*Blatt (bei Handschriften)*
Henke	*H. Ph. K. Henke: Allgemeine Geschichte der christlichen Kirche nach der Zeitfolge*
Henke/Vater	*H. Ph. K. Henke und J. S. Vater: Handbuch der allgemeinen Geschichte der christlichen Kirche*
Hinton	*J. H. Hinton: The History and Topography of the United States of North America*
Huber/Huber	*E. R. Huber und W. Huber: Staat und Kirche im 19. und 20. Jahrhundert, Band 1*
Jähne	*Ch. G. Jähne: Dankbare Erinnerung an die Gemeinde der Schwenkfelder zu Philadelphia in Nordamerika*
KD	*F. Schleiermacher: Kurze Darstellung des theologischen Studiums*
KGA	*F. Schleiermacher: Kritische Gesamtausgabe*
KHA	*Kirchenhistorisches Archiv*
korr.	*korrigiert*
Leonhardt	*C. G. Leonhardt: Die gesegnete Ausbreitung des Christenthums unter Heyden, Mahommedanern und Juden in der neuesten Zeit*
Mirbt	*C. Mirbt: Quellen zur Geschichte des Papsttums und des römischen Katholizismus, 4. Aufl.*
Mirbt/Aland	*C. Mirbt und K. Aland: Quellen zur Geschichte des Papsttums und des römischen Katholizismus, 6. Aufl., Band I/1*

Ms.	*Manuskript (besonders Schleiermachers Vorlesungsmanuskript)*
NGEMA	*Neuere Geschichte der Evangelischen Missions-Anstalten zu Bekehrung der Heiden in Ostindien*
Ns.	*Nachschrift*
pag.	*Seite (bei Handschriften)*
Paulus II–VI	*H. E. G. Paulus (Hg.): Sammlung der merkwürdigsten Reisen in den Orient*
Pfister	*J. C. Pfister: Die evangelische Kirche in Wirtemberg*
RE³	*Realencyklopädie für protestantische Theologie und Kirche, 3. Aufl.*
RGG	*Die Religion in Geschichte und Gegenwart*
SB	*G. Meckenstock: Schleiermachers Bibliothek*
Schröckh/Tzschirner	*J. M. Schröckh und H. G. Tzschirner: Christliche Kirchengeschichte seit der Reformation*
Schweizer-Bote	*Der aufrichtige und wohlerfahrene Schweizer-Bote*
SS	*Sommersemester*
Stäudlin	*C. F. Stäudlin: Kirchliche Geographie und Statistik*
SW	*F. Schleiermacher: Sämmtliche Werke*
ThEnz (Strauß)	*F. Schleiermacher: Theologische Enzyklopädie (1831/32), Nachschrift David Friedrich Strauß*
ThN	*Theologische Nachrichten*
TRE	*Theologische Realenzyklopädie*
Wiggers	*J. Wiggers: Kirchliche Statistik*
WS	*Wintersemester*

Editorische Zeichen

⌊ ⌋	*unsichere Lesart*
[ ]	*Ergänzung des Bandherausgebers*
⟨ ⟩	*Streichung des Schreibers oder Abschreibers*
⟪ ⟫	*versehentlich nicht durchgeführte Streichung*
|	*Seitenwechsel in der Vorlage*
/	*Zeilenumbruch (bei der Wiedergabe der Handschriftentitel im editorischen Bericht)*
]	*Lemmazeichen*
Kursivschrift	*Herausgeberrede*
S p e r r d r u c k	*Hervorhebung im Original*

Chiffren in den Manuskripten und ihre Auflösung

Vom Ms. Schleiermachers und den Leitnachschriften Anonym (An.) und Ohle (O.) werden sämtliche Kürzel wiedergegeben. Die Nachschriften Schubring (Schu.), Fink (F.), Stolpe (St.) und Schmidt (Schm.) sind nur berücksichtigt, soweit ihr Text kursiviert wiedergegeben wird. Da Röseler und Brodkorb nicht kursiviert wiedergegeben werden, bleiben ihre Kürzel hier unberücksichtigt.

Θ	*Gott (Ms., An., St.)*
Θt	*Gott (An.)*
Θtt	*Gott (An.)*
X	*Christus (Ms., O.)*
X	*Christ (Schu.)*
Xt	*Christ (An., O.)*
χtlich	*christlich (An., St.)*
χρ	*christlich (O.)*
Xρ	*Christ (O.)*
Xρst	*Christ (O.)*
χlich	*christlich (Ms.)*
#	*Dukaten, Gulden (Ms.)*
#	*parallel, Parallele (An.)*
§	*Paragraph (An.)*
1	*ein (An., Schu., St., O.)*
1t.	*erste (An.)*
2 *usw.*	*zwei usw. (An., Schu., O.)*
?	*fragen, Frage (An., O.)*
Abkürzungsschleife	*Abkürzungzeichen, z.B. für -lich (Ms., An., Schu., St., Schm., O.)*
überstrichenes o	*nicht (Ms., O.)*
stehender Bogen	*der (F.)*
Punkt in stehendem Bogen	*nicht (An.)*
Punkt über stehendem Bogen	*nicht (St.)*

Literaturverzeichnis

Das Literaturverzeichnis führt die ungedruckten Quellen und die Druckschriften auf, die in den Texten sowie in den Apparaten und der Einleitung der Bandherausgeber genannt sind.

Folgende Grundsätze sind besonders zu beachten:

1. Die Verfassernamen und Ortsnamen werden in der heute gebräuchlichen Form angegeben.

2. Ausführliche Titel können in einer sinnvollen Kurzfassung wiedergegeben werden, die nicht als solche gekennzeichnet wird.

3. Werden zu einem Verfasser mehrere Titel genannt, so bestimmt sich deren Abfolge nach Gesammelten Werken, Teilsammlungen und Einzelwerken. Gesammelte Werke und Teilsammlungen werden chronologisch, Einzelwerke alphabetisch angeordnet.

4. Bei anonym erschienenen Werken wird der Verfasser in eckige Klammern gesetzt.

5. Für die Ordnung der Sachtitel ist die gegebene Wortfolge unter Übergehung eines am Anfang stehenden Artikels maßgebend.

6. Bei denjenigen Werken, die im Verzeichnis der Bibliothek Schleiermachers zu finden sind (siehe: Schleiermachers Bibliothek. Bearbeitung des faksimilierten Rauchschen Auktionskatalogs und der Hauptbücher des Verlages G. Reimer. Besorgt von Günter Meckenstock. Berlin und New York 1993), wird nach dem Titel in eckigen Klammern die Angabe SB mit der jeweiligen Katalognummer hinzugefügt.

1. Ungedruckte Quellen

Die von der Universität zu Berlin halbjährlich eingereichten Tabellen, vom Mai 1811 bis Dezember 1845: Geheimes Staatsarchiv Preußischer Kulturbesitz, I. HA, Rep. 76 (Kultusministerium), Va (Universitäten), Sekt. 2 (Universität Berlin), Tit. XIII, Nr. 1, Band I–XII

Acta betreffend: Die Vorlesungen auf der Königl. Universität zu Berlin, vom Juli 1848 bis Dezember 1858: Geheimes Staatsarchiv Preußischer Kulturbesitz, I. HA, Rep. 76 (Kultusministerium), Va (Universitäten), Sekt. 2 (Universität Berlin), Tit. VII, Nr. 18, Band I–III

*Friedrich Schleiermacher: Tagebücher 1827/28, 1833, 1834: Berlin-Brandenbur-
gische Akademie der Wissenschaften, Archiv, Schleiermacher-Nachlaß 447,
453, 454*

—: *Manuskript und Nachschriften zu den Statistik-Vorlesungen: vgl. den editorischen Bericht*

2. Literatur

** vor einer Literaturangabe bedeutet, daß Schleiermacher das Werk für
seine Statistik-Vorlesungen benutzt hat; zum Einzelnen vgl. Synopse 4.*

* *Acten des Wiener Congresses, hg. von Johann Ludwig Klüber, Erlangen
1815–35 (AWC)*

Allgemeine Deutsche Biographie, München 1875–1912

Allgemeine Encyklopädie der Wissenschaften und Künste, Leipzig 1818–89

* *Allgemeine Kirchen-Zeitung, hg. von Ernst Zimmermann und Karl Zimmermann, Darmstadt 1822–72 (AKZ)*

* *Allgemeines Landrecht für die Preußischen Staaten, Berlin 1794 (neue Aufl., 4
Bände, 1825 [SB 2236]) (ALR)*

* *Allgemeines Repertorium für die theologische Literatur und kirchliche Statistik, hg. von Friedrich Heinrich Rheinwald, Berlin 1833–60 (ARTL)*

*Ambrosij (Abraam Serebrennikov): Kratkoe rukovodstvo k oratorii rossijskoj,
Moskau 1778, 2. Aufl. 1791*

*Amburger, Erik: Die Pastoren der evangelischen Kirchen Rußlands vom Ende
des 16. Jahrhunderts bis 1937, Lüneburg und Erlangen 1998*

*Amtliche Verzeichnisse des Personals und der Studirenden auf der Königl. Fried-
rich-Wilhelms Universität zu Berlin, Berlin 1827–1836*

Andrees Allgemeiner Handatlas, 4. Aufl., 5. Abdruck, Bielefeld und Leipzig 1904

*[Anfossi, Filippo, OP]: La Restituzione de' Beni Ecclesiastici, Rom 1824 (dt.
Ausgabe, hg. von Johann Daniel Ferdinand Neigebaur, Leipzig 1832)*

* *Archiv für alte und neue Kirchengeschichte, hg. von Carl Friedrich Stäudlin
und Heinrich Gottlieb Tzschirner, Leipzig 1813–22 (AANKG)*

*Aretin, Karl Otmar Freiherr von: Heiliges Römisches Reich 1776–1806, Veröf-
fentlichungen des Instituts für europäische Geschichte Mainz 38, Wiesbaden
1967*

*Arndt, Andreas und Wolfgang Virmond: Friedrich Schleiermacher zum 150. To-
destag. Handschriften und Drucke, Berlin und New York 1984*

— *und Wolfgang Virmond: Schleiermachers Briefwechsel (Verzeichnis) nebst
einer Liste seiner Vorlesungen, Schleiermacher-Archiv 11, Berlin und New
York 1992 (Arndt/Virmond)*

*Artaud de Montor, Alexis-François: Histoire du pape Léon XII, Band 1, Paris
1843*

* *Assemani, Joseph Simonius: Bibliotheca orientalis Clementino-Vaticana, Band
III/2: De Syris Nestorianis, Rom 1728*

* *Der aufrichtige und wohlerfahrne Schweizer-Bote, Aarau 1798–1835 (Schweizer-Bote)*

Badische Biographien, hg. von Friedrich von Weech, Band 1, Heidelberg 1875

Die Bekenntnisschriften der evangelisch-lutherischen Kirche, 8. Aufl. Göttingen 1979

Bellarmini, Roberto, SJ: Disputationes de controversiis christianae fidei adversus hujus temporis haereticos, 3 Bände, Ingolstadt 1586–93

* *Berzeviczy, Gergely: Nachrichten über den jetzigen Zustand der Evangelischen in Ungarn, Leipzig 1822*

Beyträge zur Statistik und Geographie vorzüglich von Deutschland aus der neuesten Litteratur, Tübingen 1780–82

Bidembach, Balthasar: Kurtzer vnnd warhafftiger Bericht von dem hochlöblichen vnd Christlichen leben, auch seligem absterben, Weilundt des Durchleüchtigen, Hochgebornen Fürsten vnnd Herrn, Herrn Christoffen, Hertzogen zu Wirtemberg vnnd Theck, Grauen zu Mümppelgart c. hochlöblicher vnd seliger Gedechtnuß, Tübingen 1570

Biographisches Jahrbuch und Deutscher Nekrolog, Berlin 1897–1917

Birkner, Hans-Joachim: Die Kritische Schleiermacher-Ausgabe zusammen mit ihren Vorläufern vorgestellt. In: New Athenaeum 1, 1989, S. 12–49

—. *Schleiermachers „Kurze Darstellung" als theologisches Reformprogramm. In: Helge Hultberg u. a. (Hg.): Schleiermacher in besonderem Hinblick auf seine Wirkungsgeschichte in Dänemark, Vorträge des Kolloquiums am 19. und 20. November 1984, Kopenhagener Kolloquien zur deutschen Literatur 13 = Text & Kontext Sonderreihe 22, München 1986, S. 59–81*

—: *Schleiermacher-Studien, Schleiermacher-Archiv 16, Berlin und New York 1996*

Boekels, Joachim: Schleiermacher als Kirchengeschichtler, Schleiermacher-Archiv 13, Berlin und New York 1994 (Boekels)

Brück, Regina von: Die Beurteilung der preußischen Union im lutherischen Sachsen in den Jahren 1817–1840, Theologische Arbeiten 41, Berlin (DDR) 1981

Brun, Friedrich L.: Tabellarisches Lehrbuch der neuesten Geographie und Statistik, Basel 1786

Bugg, George: Spiritual regeneration not necessarily connected with baptism, London 1816

Butte, Wilhelm: Die Statistik als Wissenschaft, Landshut 1808

Campe, Joachim Heinrich: Wörterbuch der Deutschen Sprache, 5 Bände, Braunschweig 1807–11

—: *Wörterbuch zur Erklärung und Verdeutschung der unserer Sprache aufgedrungenen fremden Ausdrücke, 2. Aufl. Braunschweig 1813*

Catalogi praelectionum publice et privatim in Academia Georgia Augusta habendarum, Göttingen, 1790–1826

Collectio confessionum in ecclesiis reformatis publicatarum, hg. von Hermann Agathon Niemeyer, Leipzig 1840

Confession de foi des églises de la Suisse. Précédée de quelques réflexions des éditeurs sur la nature, la legitime usage et la nécessité des Confessions de foi, Genf 1819

Consalvi, Ercole: Mémoires, hg. von Jacques Crétineau-Joly, Band 1, Paris 1864

* Le Constitutionnel, Journal du commerce, politique et littéraire, Paris 1815–1914

Correspondance de l'Avocat Grenus, avec M. le Professeur Duby, Vice-Président de la société Biblique, sur l'accusation d'Arianisme et de Socinianisme, faite à la Compagnie des Pasteurs de Genève, Genf 1818

Dalton, Hermann: Beiträge zur Geschichte der evangelischen Kirche in Rußland, Band 1, Gotha 1887; Band 2, Gotha 1889

Deutsches Wörterbuch von Jacob und Wilhelm Grimm, 33 Bände, Leipzig 1854–1971

Dinkel, Christoph: Kirche gestalten – Schleiermachers Theorie des Kirchenregiments, Schleiermacher-Archiv 17, Berlin und New York 1996

Dohm, Christian Wilhelm von: Materialien für die Statistick und neuere Staatengeschichte, Lemgo 1777–85

Drews, Paul: Das kirchliche Leben der Evangelisch-Lutherischen Landeskirche des Königreichs Sachsen, Evangelische Kirchenkunde 1, Tübingen und Leipzig 1902

—: Das Problem der Praktischen Theologie, Tübingen 1910

—: „Religiöse Volkskunde", eine Aufgabe der praktischen Theologie. In: Monatsschrift für die kirchliche Praxis 23 (= N. F. 1) (1901), S. 1–8

* Dupin, Charles: Situation progressive des forces de la France, Brüssel 1827

Eisenlohr, Theodor: Geschichtliche Entwicklung der rechtlichen Verhältnisse der evangelischen Kirche in Würtemberg, Tübingen 1836

Eon de Beaumont, Charles d': Statistik der Königreiche Neapel und Sizilien, Leipzig 1775

* Erstes ConstitutionsEdict, die Kirchliche Staatsverfassung des Grosherzogthums Baden betreffend, Karlsruhe 1807

* Evangelische Kirchenvereinigung im Großherzogthum Baden nach ihren Haupturkunden und Dokumenten, Heidelberg 1821

* Evangelische Kirchen-Zeitung, hg. von Ernst Wilhelm Hengstenberg u. a., Berlin 1827–1930

Fernex, François de: Discours prononcé au consistoire de l'église de Genève, le 14. Janvier 1819, Genf 1819

Finsler, Georg: Kirchliche Statistik der reformirten Schweiz, Zürich 1854

Fischer, Otto: Evangelisches Pfarrerbuch für die Mark Brandenburg seit der Reformation, Band II/2, Berlin 1941

Friederich, Ferdinand: Vertraute Briefe über die äussere Lage der evangelischen Kirche in Ungarn, Leipzig 1825 [SB 696]

Fuchs, Karl Heinrich: Allgemeine Uebersicht des Zustandes der protestantischen Kirche in Bayern bei der dritten Säkularfeier der Augsburgischen Confessions-Uebergabe im Jahr 1830, Ansbach 1830

Galanti, Giuseppe Maria: Nuova descrizione storica e geografica delle Sicilie, Band 1, Neapel 1788

Gaß, Wilhelm: Fr. Schleiermacher's Briefwechsel mit J. Chr. Gaß, Berlin 1852 (Br. Gaß)

Gaupp, Carl Christian: Amts-Handbuch für die evangelischen Geistlichen und Lehrer des Königreichs Württemberg nach dem Stand vom 1. Jan. 1822, Stuttgart 1822

Geck, Albrecht: Schleiermacher als Kirchenpolitiker, Unio et Confessio 20, Bielefeld 1997

Geistliches Reglement auf hohen Befehl und Verordnung des von Gott gegebenen und mit Weißheit ausgezierten Herrn Czaaren und Groß-Fürsten Petri des Ersten Kaysers von gantz Rußland, etc. etc. und mit Bewilligung des gantzen heil. dirigirenden Synodi der orthodoxen Rußischen Kirche welcher durch Sr. Czaar. Majestät Bemühung mit Einstimmung und Beyrath des Geistlichen Standes von gantz Rußland wie auch des regierenden Senats den 14. Febr. 1721. in der Residenz S. Petersburg verrichtet worden, Petersburg 1721; auch Danzig 1725

Gemberg, August Friedrich: Die schottische Nationalkirche nach ihrer gegenwärtigen innern und äußern Verfassung, Hamburg 1828

Geographie, Geschichte und Statistik der Europäischen Staaten, Lemgo 1782/83

Gerber, Simon: Schleiermacher und die Kirchenkunde des 19. Jahrhunderts. In: Zeitschrift für neuere Theologiegeschichte 11 (2004), S. 183–214

—: Theodor von Mopsuestia und das Nicänum, Supplements to the Vigiliae Christianae 51, Leiden 2000

* *Gesetzblatt für das Königreich Baiern, München 1818–1873*

* *Gesetz-Sammlung für die Königlich-Preußischen Staaten, Berlin 1810–1906*

Goeß, Georg Friedrich Daniel: Ueber den Begriff der Statistik. Ein historisch-kritischer Versuch, Ansbach 1804

Graf, Herrmann: Anhaltisches Pfarrerbuch, Dessau 1996

Grenus, Jacques: Fragmens de l'histoire ecclésiastique de Genève au XIXe. siècle, Genf 1817

—: Suite aux fragmens de l'histoire etc., Genf 1817

* *Grosherzoglich Badisches Regierungs-Blatt, Karlsruhe 1807/08*

Großer Atlas zur Weltgeschichte, 2. Aufl., Braunschweig 2001

* *Großherzoglich Badisches Staats- und Regierungsblatt, Karlsruhe 1817–44*

* *Großherzoglich Hessisches Regierungsblatt, Darmstadt, 1819–1918*

Harms, Christian: Claus Harms' akademische Vorlesungen über den Kirchen- und Schulstaat der drei Herzogtümer. In: Schriften des Vereins für Schleswig-Holsteinische Kirchengeschichte, Reihe II, 1, Heft 2 (1898), S. 45–87

Heideke, Benjamin: Russischer Merkur, Riga 1805

Hein, Lorenz: Eine liturgische Bewegung in den Herzogtümern Schleswig und Holstein im zweiten Drittel des 19. Jahrhunderts. In: Schriften des Vereins für Schleswig-Holsteinische Kirchengeschichte, Reihe II, 18 (1961/62), S. 114–181

Henderson, Ebenezer: Iceland; or the journal of a residence in that island, during the years 1814 and 1815, 2. Aufl. Edinburgh 1819

* *Henke, Heinrich Philipp Konrad: Allgemeine Geschichte der christlichen Kirche nach der Zeitfolge, 9 Bände, 1.–4. Aufl. Braunschweig 1800–23 [SB 873] (Henke)*

* — *und Johann Severin Vater: Handbuch der allgemeinen Geschichte der christlichen Kirche, 3 Bände, Braunschweig 1827 (Henke/Vater)*

Heyer, Jean: Coup-d'oeil sur les confessions de foi, Genf 1818

* *Hinton, John Howard: The History and Topography of the United States of North America, Band II, London 1832 (Hinton)*

Hirsch, Emanuel: Geschichte der neuern evangelischen Theologie, Band 5, Gütersloh 1954

Hörschelmann, Friedrich Ludwig Anton: Politische Statistik der Vereinigten Niederlande, Frankfurt (Main) 1767

Holberg, Ludvig: Dannemarks Og Norges Geistlige og Verdslige Staat, 2. Aufl. Kopenhagen 1749

Huber, Ernst Rudolf und Wolfgang Huber: Staat und Kirche im 19. und 20. Jahrhundert, Band 1, Berlin 1973 (Huber/Huber)

Hupel, August Wilhelm: Die kirchliche Statistik von Rußland nebst andern kürzern Aufsätzen, Riga 1786

* *Ideler, Ludwig: Handbuch der mathematischen und technischen Chronologie. Aus den Quellen bearbeitet, Band 1, Berlin 1825*

Indices lectionum quae auspiciis regis augustissimi Friedrerici Guilelmi Quarti in universitate litteraria Friedericia Guilelma habebuntur, Berlin 1810–55

Jacobi, Johann Heinrich: Allgemeine Übersicht der Geographie, Statistik und Geschichte sämmtlicher Europäischen Staaten, Riga 1791/92

* *Jähne, Christoph Gottlob: Dankbare Erinnerung an die Gemeinde der Schwenkfelder zu Philadelphia in Nordamerika, Görlitz 1816 (Jähne)*

* *Jahrbücher der Theologie und theologischer Nachrichten, hg. von Friedrich Heinrich Christian Schwarz, Frankfurt am Main 1824–31*

Jursch, Hanna: Schleiermacher als Kirchenhistoriker, Band 1, Jena 1933

Kaftan, Julius: Dogmatik, Grundriss der Theologischen Wissenschaften, Reihe I, V,1, 5. und 6. Aufl. Tübingen 1909

Kattenbusch, Ferdinand: Lehrbuch der vergleichenden Confessionskunde, Sammlung theologischer Lehrbücher 8, Freiburg 1892

Kintzinger, G. J.: Die katholische Kirchenregierung und das landesherrliche Schutz- und Aufsichtsrecht im Großherzogthum Baden, Karlsruhe 1834

Kircheisen, Friedrich Max: Gespräche Napoleons des Ersten, Band 1, 2. Aufl. Stuttgart 1912

Kirchenbuch für den evangelischen Gottesdienst der Königlich Sächsischen Lande, Dresden 1812

* *Kirchenhistorisches Archiv, hg. von Carl Friedrich Stäudlin, Heinrich Gottlieb Tzschirner und Johann Severin Vater, Halle 1823–26 (KHA)*

Kirchliches Jahrbuch, Gütersloh 1901 ff.

Koch, Friedrich: Ideen zu einer Statistik des öffentlichen Schul- und Erziehungswesens, Stettin 1803

* *Königlich Württembergisches Staats- und Regierungs-Blatt, Stuttgart 1806–23*

Kruse, Ludger: Die Stellungnahme des Konzils von Trient zur Ansicht Cajetans über die Kinderersatztaufe in konzilsgeschichtlicher Würdigung und theologiegeschichtlicher Gegenwartsbedeutung. In: Catholica 14 (1960), S. 55–77

* Leonhardt, Carl Gottfried: *Die gesegnete Ausbreitung des Christenthums unter Heyden, Mahommedanern und Juden in der neuesten Zeit*, Dresden 1820 [SB 1133] (Leonhardt)

Le Pique, C. D.: *Statistik der evangelisch-protestantischen Kirchen und Schulen im Großherzogthum Baden*, Heidelberg 1824

Loofs, Friedrich: *Symbolik oder christliche Konfessionskunde, Grundriss der theologischen Wissenschaften*, Reihe I, IV,4, Tübingen und Leipzig 1902

Luca, Ignaz de: *Oestreichische Spezialstatistik*, Wien 1792

Luthardt, Christoph Ernst: *Kompendium der Dogmatik*, 8. Aufl. Leipzig 1889

Magazin für Geographie und Statistik der Königlich-Preußischen Staaten, Berlin 1791

Magnum Bullarium Romanum, Band 15, Rom 1853; Band 16, Rom 1854

Mant, Richard: *Two tracts, intended to convey correct notions of regeneration and conversion, according to the sense of the holy scripture and of the Church of England*, London 1815

Marheineke, Philipp: *Christliche Symbolik oder comparative Darstellung des katholischen, lutherischen, reformirten, socinianischen und des Lehrbegriffes der griechischen Kirche; nebst einem Abriß der Lehre und Verfassung der kleineren occidentalischen Religions-Partheien*, D. Philipp Marheineke's theologische Vorlesungen 3, hg. von Stephan Matthies und Wilhelm Vatke, Berlin 1848

—: *Christliche Symbolik oder historischkritische und dogmatischkomparative Darstellung des katholischen, lutherischen, reformirten und socinianischen Lehrbegriffs; nebst einem Abriß der Lehre und Verfassung der übrigen occidentalischen Religionspartheyen, wie auch der griechischen Kirche*, 3 Bände, Heidelberg 1810–13

—: *Institutiones symbolicae, doctrinarum Catholicorum, Protestantium, Socinianorum, ecclesiae graecae, minorumque societatum christianarum summam et discrimina exhibentes*, Berlin 1812 [SB 1223] (2. Aufl. 1825 [SB 1224], 3. Aufl 1830 [SB 1225])

Markos, Georg: *Summa universae theologiae christianae secundum Unitarios in usum auditorum theologiae concinnata et edita*, Klausenburg 1787

Mauchart, David: *Kirchliche Statistik des Königreichs Würtemberg evangelisch-lutherischen Antheils*, Stuttgart und Tübingen 1821

Meckenstock, Günter: *Schleiermachers Bibliothek. Bearbeitung des faksimilierten Rauchschen Auktionskatalogs und der Hauptbücher des Verlages G. Reimer*, Schleiermacher-Archiv 10, Berlin und New York 1993 (SB)

Meusel, Johann Georg: *Lehrbuch der Statistik*, Leipzig 1792

Meyer, Johann Ludwig: *Gräuelscenen, oder Kreuzigungsgeschichte einer religiösen Schwärmerin in Wildenspuch, Cantons Zürich*, 2. Aufl. Zürich 1824

Mirbt, Carl: *Quellen zur Geschichte des Papsttums und des römischen Katholizismus*, 4. Aufl., Tübingen 1924 (Mirbt)

— und Kurt Aland: *Quellen zur Geschichte des Papsttums und des römischen Katholizismus*, 6. Aufl., Band I/1, Tübingen 1967 (Mirbt/Aland)

Müller, Ernst: Die Evangelischen Geistlichen Pommerns von der Reformation bis zur Gegenwart, Band 2, Stettin 1912

Mulert, Hermann: Konfessionskunde, Die Theologie im Abriß 5, Gießen 1927

Neher, Stephan Jakob: Kirchliche Geographie und Statistik oder Darstellung des heutigen Zustandes der katholischen Kirche mit steter Rücksicht auf die früheren Zeiten und im Hinblick auf die anderen Religionsgemeinschaften, 3 Bände, Regensburg 1864–68

Neu, Heinrich: Pfarrerbuch der evangelischen Kirche Badens von der Reformation bis zur Gegenwart, Veröffentlichungen des Vereins für Kirchengeschichte in der evangelischen Landeskirche Badens 13, Teil 2, Lahr 1939

* Neuere Geschichte der Evangelischen Missions-Anstalten zu Bekehrung der Heiden in Ostindien, Band 6, hg. von Johann Georg Knapp, Halle 1825 (NGEMA)

Nitzsch, Friedrich: Lehrbuch der evangelischen Dogmatik, Sammlung theologischer Lehrbücher 7, 2. Aufl. Freiburg und Leipzig 1896

Nösselt, Johann August: Anweisung zur Bildung angehender Theologen, 3 Bände, 2. Aufl. Halle 1791 [SB 1383]

Nowak, Kurt: Schleiermacher, Göttingen 2001

—: Theorie der Geschichte. Schleiermachers Abhandlung „Über den Geschichtsunterricht" von 1793. In: Meckenstock, Günter und Ringleben, Joachim (Hg.): Schleiermacher und die wissenschaftliche Kultur des Christentums, Theologische Bibliothek Töpelmann 51, Berlin und New York 1991, S. 419–439

Ohst, Martin: Schleiermacher und die Bekenntnisschriften, Beiträge zur historischen Theologie 77, Tübingen 1989

* Orthodoxa Confessio Catholicae atque Apostolicae Ecclesiae Orientalis, hg. von Lars Norrmann, Leipzig 1695

Ostervald, Jean Frédéric: Catéchisme ou Instruction dans la religion chrétienne, Neuenburg und Genf 1702

Pappos von Alexandria: Collectio mathematica, hg. von Friedrich Hultsch, 3 Bände, Berlin 1876–1878

* Paulus, Heinrich Eberhard Gottlob (Hg.): Kirchen-Beleuchtungen: oder Andeutungen, den gegenwärtigen Standpunct der römisch-päpstlichen, katholischen und evangelisch-protestantischen Kirchen richtiger zu kennen und zu beurtheilen, 2 Bände, Heidelberg und Leipzig 1827

* — (Hg.): Sammlung der merkwürdigsten Reisen in den Orient mit ausgewählten Kupfern und Charten, Anmerkungen und kollectiven Registern, Jena 1792–1803 (Paulus)

Petersburgische Sammlung gottesdienstlicher Lieder für die öffentliche und häusliche Andacht evangelischer Gemeinden. Neue verbesserte Auflage, Petersburg 1818

Peukert, Herbert: Die Slawen der Donaumonarchie und die Universität Jena 1700–1848, Veröffentlichungen des Instituts für Slawistik 16, Berlin (DDR) 1958

* Pfister, Johann Christian: Die evangelische Kirche in Wirtemberg, ihre bisherige Verfassung, ihre neuesten Verhältnisse und Forderungen, in gedrängter Kürze, Tübingen 1821

Pieper, Paul: Kirchliche Statistik Deutschlands, Grundriss der Theologischen Wissenschaften, Reihe II, 5, 2. Aufl. Tübingen und Leipzig 1900

Planck, Gottlieb Jakob: Abriß einer historischen und vergleichenden Darstellung der dogmatischen Systeme unserer verschiedenen christlichen Hauptpartheien nach ihren Grundbegriffen, ihren daraus abgeleiteten Unterscheidungslehren und ihren praktischen Folgen, Göttingen 1796 (2. Aufl. 1804, 3. Aufl. 1822)

—: Einleitung in die theologische Wissenschaften, 2 Bände, Leipzig 1794/95 [SB 1480]

Platon (Archimandrit): Pravoslavnoe ucenie ili Sokrascennaja christianskaja bogoslovija, dlja upotreblenija Ego Imperatorskago Vysocestva, Presvetlejsago Vserossijskago Naslednika, Blagovernago Gosudarja, Cesarevica i Velikago Knjazja Pavla Petrovica, Moskau 1765

—: Socinenija, 11 Bände, Moskau 1780

Pontoppidan, Erik: Kurtz gefaste Reformations-Historie Der Dänischen Kirche, Lübeck 1734

Putzger Historischer Weltatlas, 103. Aufl., Berlin 2001

Rauch, D.: Tabulae librorum e bibliotheca defuncti Schleiermacher, Berlin 1835 (= SB S. 11–130) (Rauch)

Realencyklopädie für protestantische Theologie und Kirche, 3. Aufl., 24 Bände, Leipzig 1896–1913 (RE³)

* Regierungsblatt für das Königreich Württemberg, Stuttgart 1824–1918

Die Religion in Geschichte und Gegenwart, 1. Aufl., 5 Bände, Tübingen 1909–13; 2. Aufl., 6 Bände, Tübingen 1927–32; 3. Aufl., 7 Bände, Tübingen 1957–65; 4. Aufl., Tübingen 1998 ff. (RGG)

* Repertorium für Biblische und Morgenländische Litteratur, hg. von Johann Gottfried Eichhorn, Leipzig 1777–86 [SB 1591]

Reports of the British and Foreign Bible Society 2 (1811–13), London 1813

Röder, Philipp Ludwig Hermann: Geographie und Statistik Wirtembergs, Laibach 1787

Roskovány, Agost von: De matrimoniis mixtis inter Catholicos et Protestantes, Band 2, Fünfkirchen (Ungarn) 1842

* Sack, Karl Heinrich: Ansichten und Beobachtungen über Religion und Kirche in England, Berlin 1818 [SB 1645]

Sammlung alter und neuer geistlicher Lieder, Riga 1810

* Sammlung der Gesetze, Verordnungen und Ausschreibung für das Königreich Hannover, Hannover 1818–66

Scheibel, Johann Gottfried: Einige Bemerkungen über das Studium der Universalgeschichte, Statistik und Kirchengeschichte, Breslau 1811

Schleiermacher, Friedrich: Sämmtliche Werke, Berlin 1834–68 (SW)

—: Kritische Gesamtausgabe, Berlin und New York 1980 ff. (KGA)

—: *Aus Schleiermacher's Leben. In Briefen,* 4 Bände, Berlin 1861–64 (Br.)

—: *Der christliche Glaube nach den Grundsäzen der evangelischen Kirche im Zusammenhange dargestellt,* 1. Aufl., 2 Bände, Berlin 1821/22 (KGA I/7, 1–3, hg. von Hermann Peiter und Ulrich Barth, 1980–84) [SB 2522]; 2. Aufl., 2 Bände, Berlin 1830/31 (KGA I/13, 1–2, hg. von Rolf Schäfer, 2003) [SB 1704] (CG)

—: *Kurze Darstellung des theologischen Studiums zum Behuf einleitender Vorlesungen,* 1. Aufl. Berlin 1811 (KGA I/6, hg. von Dirk Schmid, 1998, S. 243–315) [SB 1708]; 2. Aufl. Berlin 1830 (KGA I/6, S. 317–446) [SB 1709] (KD)

—: *Theologische Enzyklopädie (1831/32), Nachschrift David Friedrich Strauß,* hg. von Walter Sachs, Schleiermacher-Archiv 4, Berlin und New York 1987 (ThEnz [Strauß])

Schönemann, Carl Traugott Gottlob: *Grundriss einer Statistik des Teutschen Religions-und Kirchenwesens,* Göttingen 1797

* Schröckh, Johann Matthias und Heinrich Gottlieb Tzschirner: *Christliche Kirchengeschichte seit der Reformation,* 10 Bände, Leipzig 1804–12 [SB 1764] (Schröckh/Tzschirner)

Schubring, Julius jr.: *Briefwechsel zwischen Felix Mendelssohn Bartholdy und Julius Schubring, zugleich ein Beitrag zur Geschichte und Theorie des Oratoriums,* Leipzig 1892

Schwarz, Karl: *Zum 175–Jahr-Jubiläum der Evangelisch-Theologischen Fakultät in Wien.* In: *Österreichische Osthefte* 38 (1996), S. 629–637

Seebaß, Georg und Friedrich Wilhelm Freist: *Die Pastoren der Braunschweigischen Evangelisch-Lutherischen Landeskirche seit Einführung der Reformation,* Band 2, Wolfenbüttel 1974

Sophronizon oder unpartheyisch-freymüthige Beyträge zur neueren Geschichte, Gesetzgebung und Statistik der Staaten und Kirchen, hg. von Heinrich Eberhard Gottlob Paulus, Heidelberg 1819–27

* *Staats und Gelehrte Zeitung des Hamburgischen unpartheyischen Correspondenten,* Hamburg 1731–1868

* Stäudlin, Carl Friedrich: *Kirchliche Geographie und Statistik,* 2 Bände, Tübingen 1804 [SB 1880] (Stäudlin)

Statutum canonicum sive ecclesiasticum Petri Magni, vulgo regulamentum in sancta orthodoxa Rossorum ecclesia praescriptum et auctum, Petersburg 1785

Stephan, Horst: *Zur gegenwärtigen Lage der vergleichenden Konfessionskunde.* In: *Zeitschrift für Theologie und Kirche* 32 (= N. F. 5) (1924), S. 16–36

Stromeyer, M.: *Die katholisch-kirchlichen Ortsbehörden, Pfarreien, Benefiziate und Lehranstalten im Großherzogthum Baden,* Karlsruhe 1825

* *Theologische Nachrichten,* hg. von Friedrich Heinrich Christian Schwarz, Frankfurt am Main 1800–27 [SB 981] (ThN)

Theologische Realenzyklopädie, Berlin und New York 1977 ff. (TRE)

Theophylactus: *Dogmata christianae orthodoxae religionis,* Moskau 1773

Thiers, Adolphe: Geschichte des Consulats und des Kaiserthums, 20 Bände, Leipzig 1845–62

Thomas von Aquino OP: Opera omnia, Band 12, Rom 1906

Townsend, Joseph: A journey through Spain in the years 1786. and 87., Band 1, London 1791

Traulsen, Hans-Friedrich: Aus Schleiermachers letzten Tagen (25. Januar bis 12. Februar 1834). In: Zeitschrift für Kirchengeschichte 102 (1991), S. 372–385

Verzeichnisse der Vorlesungen, welche von der Friedrich-Wilhelms-Universität zu Berlin gehalten werden, Berlin 1810–55

Virmond, Wolfgang: Schleiermachers Vorlesungen in thematischer Folge. In: New Athenaeum 3 (1992), S. 127–151

* *Vossische Zeitung, Berlin 1751–1934*

Walter, Ferdinand: Fontes iuris ecclesiastici antiqui et hodierni, Bonn 1862

Wiggers, Julius: Kirchliche Statistik oder Darstellung der gesammten christlichen Kirche nach ihrem gegenwärtigen äußeren und inneren Zustande, 2 Bände, Hamburg und Gotha 1842/43 (Wiggers)

Wiltsch, Johann Elieser Theodor: Handbuch der kirchlichen Geographie und Statistik, 2 Bände, Berlin 1846

Württembergische Kirchengeschichte, Calw und Stuttgart 1893

Zimmermann, Ernst: Verfassung der Kirche und Volksschule im Großherzogthume Hessen nach der neuesten Organisation, Darmstadt 1832

Zschokke, Heinrich: Stunden der Andacht zur Beforderung wahren Christenthums und häuslicher Gottesverehrung, 6 Bände, Aarau 1815/16

Register

Personen

Clemens Wenzeslaus von Sachsen, Eb.
v. Trier
110_9

Codde, Peter, Eb. v. Utrecht
127_{9-10}

Consalvi, Ercole
54_{7-8} 64_{14-15} 92_{11-12} 315_{10-14} 316_{24-27}

Cromwell, Oliver
126_{1-3}

Cyrill, P. v. Alexandrien
18_8 208_{29}–209_1 480_{27-29}

Cyrill, P. v. Konstantinopel: → *Luka-*
ris, Kyrillos u. Kontara, Kyrillos

Cyrill, Metropolit v. Korinth
50_{4-5}

Cyrill, Metropolit v. Larissa
50_{8-9}

Dioskur, P. v. Alexandrien
208_{29}–209_1

Drews, Paul
XXXII XXXIV-XXXVI

Du Bernat, Jesuitenpater
21_{17} 212_{26-29}

Dupin, Chalres
287_{19-26}

Ernst I., der Fromme, v. Sachsen-Al-
tenburg
402_{5-6}

Eugenie, Kgn. v. Schweden
415_{16}

Eutyches, Archimandrit
18_9 209_{2-3} 214_5 480_{29-30}

Ferdinand v. Anhalt-Köthen
510_{2-4}

Ferdinand v. Parma
74_{14-17} 264_{9-11}

Ferdinand VII. v. Spanien
381_{23-26}

Fernex, Francois de
170_{17}–171_3

Feßler, Ignaz Aurelius
154_{14} 440_{28}–441_3

Fink, Ernst
XLIV

Franz I. v. Frankreich
80_{14}

Franz I. v. Österreich
298_{1-3} 395_{18-19} $438_{4-10.23-26}$

Frayssinous, Denis Luc Graf von
69_{16}–70_1

Friedrich II. v. Dänemark
146_{4-5} 410_{11-13}

Friedrich II. v. Hessen-Kassel
356_{17-20}

Friedrich v. Pfalz-Zweibrücken-
Birkenfeld
301_{34-35}

Friedrich I. v. Preußen
163_{9-12}

Friedrich II., der Große, v. Preußen
176_{10-11} 318_{4-8} 322_{21-23} 336_{10-13}
$426_{8-11.18-22}$ 493_{3-5}

Friedrich August I., der Starke, v.
Sachsen
397_{33}–398_7

Friedrich August I. (III.) v. Sachsen
349_{22-24} 351_{6-9}

Friedrich Wilhelm I. v. Preußen
422_{11-14}

Friedrich Wilhelm II. v. Preußen
412_{12-13} 426_{22-24} 493_{6-8}

Friedrich Wilhelm III. v. Preußen
423_{1-6}

Fürstenberg, Franz Egon von, B. v. Pa-
derborn u. Hildesheim
97_{25} 122_{24-25} 494_{12-13}

Georg IV. v. Grobritannien
405_{2-3}

Georgirenes, Joseph
36_{12-19}

Gorzenski, Timotheus, B. v. Posen,
Eb. v. Posen-Gnesen
96_{6-8} 327_{29-31}

Fünen
$146_{11.14}$ 410_{23}

Fürstenau
122_{19}

Fulda
99_{12} 117_{23}

Galizien
48_{10-11} 91_{1-3} 124_{19} 137_{10-11} 166_7
297_{6-7} 438_{18-19}

Gallien
197_{17}

Gandasar in Schirwan (zu Persien, 1813 zu Rußland)
18_{20} 28_4 219_{30}

Genf (Rep., 1798 zu Frankreich, 1815 zur Schweiz)
52_{16} 114_{12-15} 145_{13-14} 167_{10}
170_{10}–172_6 446_{9-20} 449_{32}–450_3

Georgien (Kgr., 1801 zu Rußland)
29_{18} 30_{7-9} 38_{5-15} 202_{20-22} 204_{5-6}
219_{34}–220_2 226_{20} 227_8 482_{17}

Girgenti
67_{14}

Glarus (Kanton)
156_{10-13} 445_{9-15}

Glatz
96_{30}

Glaucha
143_{23}

Glückstadt
147_{20-21}

Gnesen
$96_{5-8.14-15}$ 97_{26-28} $327_{1.6}$ 327_{27-31}
329_{16-20} 331_{15-16} 493_{22} 494_{13}

Görlitz (zu Sachsen, 1815 zu Preußen)
176_8

Görz
124_{13}

Göttingen
122_{16} 140_{22}–141_2 $405_{9.21}$ 407_{22-23}

Graaf-Reynet
59_{22}

Gradisca (zu Österreich, 1809 zu Frankreich, 1814 zu Österreich)
92_2 124_{14}

Gran
4_{3-4} 72_9 123_{6-10}

Graubünden
119_{10} 156_{22-27} 277_{22} $445_{25.30}$
siehe auch Chur

Greene
142_{2-3}

Griechenland (im Alterum)
197_{13-14}

Griechenland (Kgr., seit 1827)
49_{14}–50_{10} 471_{16-17} 490_{7-8} 490_{33}–491_5

Grönenbach (zu Kempten, 1803 zu Bayern)
163_{12}

Grönland
59_4 413_{16-22}

Großbritannien
$13_{11.22}$ 52_{15} 59_{13-14} 107_{1-13} 125_{15}–126_8
131_{10-11} 158_{12}–161_{16} 176_{3-5} 191_{21-28}
207_{6-8} 361_9–366_{16} 381_{18} 386_{26-29}
450_5–458_3 502_{28}–504_{30} 505_{20-22}
siehe auch Bombay, Ceylon, England, Irland, Kalkutta, Kapkolonie, Madras, Malta, Schottland

Großwardein
4_3 39_2 51_5

Grubenhagen
141_{2-3}
siehe auch Einbeck

Gurk
124_{15}

Haarlem
127_{8-12}

Halberstadt (Fsm., bis 1806)
163_{9-12}

Halle
$424_{7.9}$

Hamburg
148_{22}–149_2 416_{26-33}

Bremen (Stadt)
59_{17-19} 130_{1-2}

Bremen-Verden
141_{13-15} 405_{21-22} 406_{3-4}

Brescia (zu Venedig, 1797 zu Italien, 1815 zu Österreich)
125_9

Breslau
90_{15} $96_{8-11.31}$ 98_{16-21} 326_{18} $327_{3-7.33}$
329_{21-31} $331_{18-24.36-37}$ 332_{17-20} 493_{23}
494_{16-19} 495_1

Brixen (zu Österreich, 1805 zu Bayern, 1814 zu Österreich)
92_4 124_{15} 297_8

Brünn
90_{13} 124_{18} 297_2

Brüssel (zu Österreich, 1795 zu Frankreich, 1815 zu den Niederlanden, 1831 zu Belgien)
109_{12} 117_{17-19} 127_{21}

Brusa: → Bursa

Budweis
90_{12} 124_{17}

Buenos Aires
9_{4-5} 59_{11} 382_{23-25}

Bursa
27_{12} 29_{14}

Buttlar
99_{18}

Calenberg
141_2
siehe auch Hameln, Hannover (Stadt), Loccum, Wunstorf

Cambridge
453_{30}

Canterbury
159_1 159_{10-12} 452_{27-29} 453_2 $454_{1-4.10}$

Caracas
73_{10} 173_3 382_{10}

Carpi (zu Modena, 1797 zu Italien, 1814 zu Modena)
125_{11}

Catania
67_{14}

Cefalu
67_{16}

Celle
122_{16} 141_3 405_{21}

Cervia (zum Kirchenstaat, 1797 zu Italien, 1815 zum Kirchenstaat)
125_{12}

Ceuta
91_5

Ceylon
58_{9-10} 59_{15}

Charcas
9_{6-7}

Charleston (West Virginia)
173_{10}

Chelm
91_3 124_{19}

Chiemsee
84_5

China
17_6 57_{11} 59_3 205_{20} 479_{32}
siehe auch Mongolei, Tibet

Christiania
147_{22}

Christiansand
147_{22-23}

Chrudim (Kreis)
48_{9-10} 129_2 166_2 438_{17}

Chur
63_2 85_{24}–86_3 119_{9-12} 128_1 277_{22-26}

Cincinnati
173_{11}

Cisalpinische Republik: → Italien

Clausthal
141_2 405_{21}

Cochamba
9_{6-7}

Coimbra
119_{6-7}

Comacchio (zum Kirchenstaat, 1797 zu Italien, 1815 zum Kirchenstaat)
125_{13}

Sachen

Bibelstellen